Carlo Mandosio

Vocabolario italino Latino

Carlo Mandosio

Vocabolario italino Latino

ISBN/EAN: 9783742815880

Manufactured in Europe, USA, Canada, Australia, Japa

Cover: Foto ©Thomas Meinert / pixelio.de

Manufactured and distributed by brebook publishing software
(www.brebook.com)

Carlo Mandosio

Vocabolario italino Latino

VOCABOLARIO

ITALIANO-LATINO

E

LATINO-ITALIANO

DI

CARLO MANDOSIO.

Nuova edizione con molte giunte e correzioni.

Volume unico.

FIRENZE,
G. BARBÈRA, EDITORE.

1878

VOCABOLARIO
ITALIANO-LATINO
E LATINO-ITALIANO

DI

CARLO MANDOSIO

ACCOMODATO ALL' USO

DELLE SCUOLE D' ITALIA

COL VOCABOLARIO DOMESTICO INSERITO AI SUOI LUOGHI ED IN FINE I NOMI DI PERSONE, PROVINCIE, CITTÀ EC.

—

Nuova edizione con molte giunte e correzioni.

VOLUME UNICO.

FIRENZE,
G. BARBÈRA, EDITORE
—
1873.

AVVERTENZA

PREMESSA ALL'EDIZIONE DEL 1857.

Avendo noi potuto conoscere di far cosa grata a molti, stampando un piccolo Vocabolario Italiano-Latino e Latino-Italiano per uso dei giovanetti che cominciano lo studio delle due lingue, ci ponemmo ad esaminare quali lavori si avessero di tal genere. E ci potemmo facilmente convinciere che si aveva ben poco, e che il migliore, che era quello stampato a Livorno nel 1852, cominciava a scarseggiare nel commercio. Noi pensammo adunque di ristampar questo, non senza prima farlo rivedere a persone esperte di tali studi, affinchè vi portassero qualche altro miglioramento, non potendo noi per la urgenza delle richieste ordinare un lavoro tutto nuovo quale avremmo desiderato. Così senza presumere d'aver raggiunto la perfezione dell'opera, possiamo asscrire che la nostra edizione ha non pochi miglioramenti sulle edizioni precedenti.

E per dirne qualche cosa, nel Vocabolario italiano si è riparato più speditamente e meglio che si poteva, a un difetto notabilissimo delle precedenti edizioni, che non dichiaravano quasi mai certe voci che ognun sente non potere essere intese da un giovanetto.

Si son tolte quelle vecchie distinzioni di *ordini* nei verbi attivi, neutri ec., perciocchè non possono generare che confusione nella mente degli alunni, e sono inotte quando il Maestro abbia saputo porger loro idee vere sulla natura dei verbi, e sul reggimento dei nomi.

Si è anche per maggior semplicità corretto il mal uso di recare sotto le particelle A, DI, DA ec., tutti i modi avverbiali che si posson formare con esse, e invece si son notati sotto la voce principale. Così per es.: A DIGIUNO, A TORTO, DI NASCOSTO ec. non si cercheranno sotto l'A, o sotto il DI, ma sotto le parole DIGIUNO, TORTO, NASCOSTO ec., e lì si troverà il modo equivalente latino.

Tanto nei nomi che nei verbi latini si è sempre avuto cura di presentarli in maniera, che il giovinetto non possa mai sbagliarne la declinazione o conjugazione, mentre si è abbandonato come imbarazzante e superfluo l'uso di distinguere con una lineetta la radicale dalla terminazione caratteristica.

Si è anche fatta attenzione a segnare rettamente nelle parole latine le brevi e le lunghe, per assuefare fin da principio i giovanetti ad una regolare pronunzia.

Finalmente non si è trascurato di migliorare anche il piccolo dizionario geografico ec., accennando il regno o la provincia a cui ciascun luogo appartiene.

Non ci resta che pregare i benevoli lettori a ricordarsi che in questo doppio Vocabolario si è mirato solamente ai giovanetti e ai temi dei quali possono esser capaci nei loro primi esercizi grammaticali. Perciò non si troveranno qui che i termini dell'uso più comune e più semplice tanto nell'italiano che nel latino. Per cose più alte bisognerà ricorrere a lavori più vasti. Ma il discreto Maestro che saprà adattare i libri e le sue dettature all'età e alla mente degli alunni, farà sì che sia loro più che a sufficienza la raccolta che noi presentiamo in questo primo nostro esperimento, disposti ad accrescerla e a migliorarla di mano in mano nelle successive ristampe.

SPIEGAZIONE DELLE ABBREVIATURE.

A.	attivo	sost.	sostantivo
N.	neutro	add.	addiettivo
P.	passivo	part.	participio
D.	deponente	sing.	singolare
C.	Comune	pl.	plurale
Dif.	difettivo	indecl.	indeclinabile
V.	vedi	interj.	interjezione
—	linea che sta in luogo della voce taciuta	prep.	preposizione
m.	mascolino	avv.	avverbio, e modo avverbiale
f.	femminino	cong.	congiunzione
n.	neutro	abl.	ablativo
c.	comune	acc.	accusativo.

VOCABOLARIO ITALIANO-LATINO.

A, *ad*, prep. che regge l'accus. Aggiunta a diversi nomi forma molti modi avverbiali; come *A torto*, *a rovescio* ec., la cui traduzione lat. potrà vedersi sotto i nomi respettivi. L'a diventa *ad* innanzi alle parole che cominciano per vocale.

A armacollo, avv. *oblique*, (portare, tenere) *a dextro ad sinistrum humerum*.

A bacio, avv. *ad aquilonem spectans*, *vergens*, c.

A bada: tenere a bada alcuno: *retardare* o *detinere aliquem*. Stare a bada, indugiare, perder tempo, *morari*, *cessare*. Nel senso di stare aspettando, *exspectare*.

Ab antico, anticamente, *antiquitus*, avv.

A bardosso, a cavallo nudo, *nudo equo*: per Alla peggio, *negligenter*, avv. Cavalcare a bardosso, *equo nudo insidēre*.

A bastanza, abbastanza, *satis*, avv.

Abate, capo d'un monastero, *abbas*, *atis*, m. per chierico, *clericus*, *i*, m.

Abbacare, far conti, *ratiocinari*, D. Per pensare, *meditari*, D., per imbrogliarsi, confondersi: *implicare se*; *mente errare*.

Abbacchiare, battere con pertica, *pertica vulnerare*, *decutĕre*: metaf. *prosternĕre*, *deprimĕre*. A.

Abbachista, abbachiere, *ratiocinator*, *oris*: *tabularius*, *ii*, m.

Abbacinamento, acciecamento, *hallucinatio*, *onis*: *obcaecatio*, *onis*, f.

Abbacinare, *occaeco*, *as*, *avi*, *atum*, *are*. A.

Abbaco, *arithmetica*, *ae*, f.

Abbadare. V. Badare.

Abbadessa, abadessa, badessa, *antistita*, *ae*: *abbatissa*, *ae*, f.

Abbadia, badia, abbazia, *abbatis dignitas*: f. *abbatis ditio*, *onis*, f. per Monastero, badia, *coenobium*, *i*, n.

Abbagliamento, abbaglianza, abbagliaggine, *hallucinatio*, *onis*, f. per Inconsideratezza, *inconsiderantia*, *ae*.

Abbagliare. att. *obcaeco*, *as*, *avi*, *atum*, *are*. A. *oculorum aciem alicui perstringere*.

Abbagliare, neutro, *hallucinor*, *aris*, *atus*, *ari*, D. *caligare*, N.

Abbagliato, *hallucinatus*, *a*, *um*, add.

Abbaglio, *hallucinatio*, *onis*, f.

Abbaiamento, *latratus*, *us*, m.

Abbaiare, *latro*, *as*, *avi*, *atum*, *are*. N. — contro uno, *aliquem adlatrare*, *vel alicui allatrare*.

Abbaiare, parlare inconsideratamente, *temere loqui*: *blaterare*, N.

Abbaiatore, *latrator*, *oris*, m.

Abbaiatrice, *latrans*, *antis*, c. *quae latrat*.

Abbaiatura. V. Abbaiamento.

Abbaino, quell' apertura sul tetto, a modo di finestra per cui si prende lume, e si esce anco sul tetto medesimo: *tecti fenestrella*.

Abballare, far balle, *obligare*, *sarcinam rerum circumvestire*.

Abbandonamento. V. Abbandono.

Abbandonante, *deserens*, *entis*, c.

Abbandonare, *desĕro*, *eris*, *erui*, *ertum*, *erĕre*. A. *relinquo*, *relinquis*, *reliqui*, *relictum*, *relinquĕre*. A. Abbandonare l'impresa, *rei curam abjicere*; — la virtù, *a virtute deflectĕre*: Abbandonare il suo stato, *de suo statu declinare*.

Abbandonarsi, perdersi d'animo, *animo cadĕre*, *concidĕre*; *animum despondēre*.

Abbandonatamente, *perdite*, *sine consilio*, avv.

Abbandonato, *derelictus*, **a**, **um**; **carens**, *entis*, c.

Abbandonatore, *desertor*, *oris*, m.

Abbandonevolmente, *perdite*, avv.

Abbandono, *desertio*, *onis*: *destitutio*, *onis*, f. Lasciare in abbandono. V. Abbandonare.

Abbarbagliamento, **oculorum caligatio**, *onis*, f.

Abbarbagliare. V. Abbagliare.

Abbarbaglio, *hallucinatio*, *onis*, f.

Abbarbicare, allignare, *radices agĕre*.

Abbarbicato, *radicibus infixus*.

Abbarrare, *viam intercludere*; *obstruĕre*.

Abbaruffamento, scompiglio, *perturbatio*, *onis*, f. *turba*, *ae*, f.

Abbaruffare, *perturbare*, A.

Abbaruffarsi, *manus conserĕre*, *rixari*, D.

Abbassamento, abbassagione, *depressio*, *onis*, f.

Abbassare, *dēprimo*, *imis*, *essi*, *essum*, *imĕre*, A. Abbassare l'animo, *animum demittĕre*: — l'ardire, *audaciam comprimĕre*: — il volto, *vultum dejicĕre*. In senso neutro: il sole abbassa, *ad occasum vergit*; i fiumi abbassano, *decrescunt*.

Abbassarsi, *se demittĕre*; — a pregare, *ad preces descendĕre*.

Abbassato, *depressus*, *a*, *um*.

Abbasso, *infra; inferius*, avv.
Abbatacchiare. V. Abbacchiare.
Abbattere, *sterno, is, stravi, stratum, ĕre*. A. *everto, tis, ti, sum, tĕre*, A.
Abbattersi in uno. V. Incontrarsi.
Abbattimento, *eversio, onis*, f. *ruina, æ*, f. — di animo, *animi demissio*: — di forze, *virium defectio*: per combattimento, *pugna, æ*, f.
Abbattitore, *eversor, oris*, m.
Abbattuta. V. Abbattimento.
Abbattuto, *eversus, a, um; stratus, a, um; percussus, a, um*, add.
Abbatuffolare, ravvolgere confusamente, *temĕre miscĕre; involvĕre*.
Abbatuffolato, *temĕre mistus, a, um*, add.
Abbazia. V. Abbadia.
Abbellare. V. Abbellire.
Abbellimento, *ornamentum, i*, n. *ornatus, us*, m.
Abbellire, *orno, as, avi, atum, are*, A. *excolo, ĭlis, olui, ultum, olĕre*, A. Per divenir bello, *pulcrum fieri*.
Abbellirsi, *se expolire, exornare*, A.
Abbellito, *exornatus, a, um; expolitus; excultus*.
Abbellitore, *exornator, oris*, m.
Abbellitura. V. Abbellimento.
Abbenchè, *etsi, quamquam, quamvis*, cong.
Abbendare, *fascia alligare*, A.
Abbeverare, *adăquo, as, avi, atum, are*, A. *potum præbĕre alicui*.
Abbeverato, *potus, a, um*, add.
Abbeveratoio, *aquarium, ii*, n.
Abbiadare, *fabis vel hordeo pascĕre: pasco, is, pavi, pastum*, A.
Abbiadato, *fabis pastus, a, um*, add.
Abbicare, ammonisare, *congero, is, esse, estum, gerĕre*.
Abbicci, alfabeto, *alphabetum, i*, n. *literæ elementariæ*, f. pl.
Abbiettamente, *abjecte*, avv.
Abbiettare. V. Abbassare, Avvilire.
Abbiettezza. V. Abbiezione.
Abbietto, e abietto, *abjectus, a, um*, add.
Abbiezione, *abjectio, onis; demissio, onis*, f.
Abbigliamento, *ornatus, us; cultus, us*; m — di cavalli, *phalĕræ, arum*, f. pl. — di donna, *muliebris mundus*, m.
Abbigliare, addobbare, *orno, as, avi, atum, are*, A.
Abbigliato, *ornatus, a, um*.
Abbindolare, ingannare, *fallere*. Abbindolarsi, *declinare de via*.
Abbisognante, *egens, a, indigens, entis*, c.
Abbisognare, *indigeo, diges, digui, digĕre*, N. Abbisognare coraggio, *virtute opus esse*.
Abbiura, e abiura. V. Abbiurazione.
Abbiurare, *abjuro, as, avi, atum, are*, N.
Abbiurazione, *abjuratio, onis; detestatio, onis*, f.
Abboccamento, *colloquium, ii*, n. *congressus, us*, m.
Abboccare, pigliare colla bocca, *ore capĕre*, A.
Abboccarsi, *colloquor, ĕris, collocutus sum, colloqui*, D. Venne ad abboccarsi, *in colloquium venit*.
Abboccato, dicesi d' uomo che mangia molto e di tutto, *edax, acis*. Vino abboccato, *vinum subdulce*.
Abbominabile, *detestabilis*, m. e f. *e*, n.; *execrandus, a, um: detestandus, a, um*.
Abbominamento, abbominanza. V. Abbominazione.
Abbominando. V. Abbominabile.
Abbominare, *abominor; detestor, aris, atus, ari*, D.
Abbominato, *detestatus, a, um*, add.
Abbominazione, abbominio, *detestatio: execratio, onis*, f.
Abbominevole. V. Abbominabile.
Abbominevolmente, *turpiter, fœde*, avv.
Abbominio. V. Abbominazione.
Abbominosamente. V. Abbominevolmente.
Abbominoso. V. Abbominabile.
Abbonacciamento, *malacia, æ*, f. *tranquillitas, atis*, f.
Abbonacciare, *tranquillo, as, avi, atum are*, A. *paco, as*, etc.
Abbonacciato, *pacatus, a, um*.
Abbondante, *copiosus, a, um*: — di ricchezze, *divitiis affluens*: per fertile, *fertilis*, m. e f. *e*, n. add.
Abbondantemente, *copiose, large, abunde*, avv.
Abbondanza, *abundantia, æ: copia, æ: ubertas, atis*, f. — di denari, *magna pecuniæ vis*.
Abbondanziere, *præfectus annonæ*.
Abbondare, *abundo, as, avi, atum, are*, N. — di ricchezze, *divitiis afflŭĕre*, N.
Abbondevole. V. Abbondante.
Abbondevolmente. V. Abbondantemente.
Abbondosamente. V. Abbondantemente.
Abbondoso. V. Abbondante.
Abbonire, e abbonare, far buono, *bonum reddĕre*: per placare, *placo, as*, etc.
Abbordare, accostarsi ad una nave, *ad navem accedĕre*: per investirla, *petĕre*, o, *impetĕre navem*, A.
Abbordo. V. Bordo. T. marin.
Abborracciare, fare alcuna cosa alla peggio, *negligenter vel absurde, aliquid facere*.
Abborrente, *abhorrens, entis*, c.
Abborrevole. V. Abbominabile.
Abborrimento, aborrimento, *odium, ii*, n. *detestatio, onis*, f.
Abborrire, *abominor, aris, atus, ari*, D. *abhorreo, es, ui, ēre*, N.
Abborrito, *detestatus, a, um: invisus, a, um*, add.
Abborritore. V. Abborrente.
Abbottinamento, *seditio, onis*, f.
Abbottinare, accomunare, *in medium conferre*; mettere a bottino, saccheggiare, *prædari*, D.
Abbottinarsi, ammutinarsi, *seditionem facĕre*.
Abbottinato, *seditiosus, a, um*, add.
Abbottonare, *fibulo, as, avi, atum, are*, A. *globulis nectĕre*.

Abbottonato, *globulis adstrictus.*
Abbottonatura, *fibulatio, onis,* f.
Abbozzamento. V. Abbozzo.
Abbozzare, *informo, as, avi, atum, are,* A. *adumbro, as, avi, atum, are,* A.
Abbozzata. V. Abbozzo.
Abbozzaticcio, *primis lineis adumbratus.*
Abbozzato, *adumbratus, a, um: informatus, a, um.*
Abbozzo, *adumbratio, onis,* f. *rudimentum, i,* n.
Abbracciamento, abbraccio, *amplexus, us,* m. *complexio, onis,* f.
Abbracciante, *amplectens, entis,* o.
Abbracciare, *amplector; complector, ecteris, exus, ecti,* D. Abbracciare un partito, *consilium suscipĕre.*
Abbracciato, *amplexus, a, um.*
Abbrancare, *unguibus vel manibus arripere.* Per mettere al branco, unire insieme, *congregare.*
Abbreviamento, *compendium, ii,* n. *contractio, onis,* f.
Abbreviare, *contraho, ahis, axi, actum, ahĕre,* A.
Abbreviato, *contractus, a, um.*
Abbreviatore, *qui aliquid in epitomen cogit.*
Abbreviatura, abbreviazione, *vola compendiaria.*
Abbricare, scagliare, *jacio, is, jeci, jactum, jacĕre,* A.
Abbrividare. V. Abbrividire.
Abbrividato. V. Abbrividito.
Abbrividire, tremar di freddo, *algeo, es, alsi, alsum, ēre: rigeo, es, igui.*
Abbrividito, *algōre confectus.*
Abbrivo, *impetus navis: concitatus cursus.*
Abbronzamento, *adustio, onis,* f.
Abbronzare, abbrostire, abbrostolire, *aduro, is, ussi, ustum, urĕre,* A. *suburo; amburo, is, etc.*
Abbrostitura, *ambustio, onis,* f.
Abbrostolito, *ambustus, a, um: tostus, a, um,* add.
Abbruciacchiare, *ustulare, suburere.* A.
Abbruciamento, *ustio, onis,* f.
Abbruciante, *combūrens, entis,* o.
Abbruciare, *uro, is, ussi, ustum, urĕre: adūro: exūro: combūro: cremo, as, etc.* A.
Abbruciarsi, *ardeo, des, si, sum, dēre,* N. *flagro, as, etc.* N.
Abbruciaticcio, *semiustulatus,* add.
Abbruciato, *combustus, a, um,* add.
Abbrunamento, *decoloratio, onis,* f.
Abbrunare, abbrunire, *infusco, as, avi, atum, are,* A.
Abbrustiare. V. Abbrostire.
Abbrustolare. V. Abbronzare.
Abbuiare, far buio, *obtenebrare,* per nascondere, *silentio premere.*
Abbuiarsi, *obtenebresco, is,* sine praet. et sine sup. *ĕre* N. *advesperascit, abat,* sine praet. V. di terza persona.
Abburattamento, *farinae a furfūre secretio, onis,* f.
Abburattare, *cerno, is, crevi, cretum, -ĕre,* A.
Abburattato, *cribratus, a, um,* add.
Abburattatore, *qui cernit.*
Abdicare, deporre la carica, *abdicare se magistratum.*
Abduzione, *abductio, onis,* f.
A bella posta, *consulto: dedita opera: de industria,* avv.
A bell' agio, pian piano, *pedetentim,* avv.
Aberrare, e antiq. aborrare, *errare, aberrare,* N.
Abetaia, *locus abietibus consitus.*
Abete, *abies, ietis,* f. Di abete, *abiegnus, a, um,* add.
Abetella, stilo, *stilus, i,* m.
Abetino, di abete, *abiegnus, a, um,* add.
Abigeato, furto di bestiami, *abigeatus, tus,* m.
Abile, *habĭlis,* m. e f. e, n. *aptus: accommodatus: idoneus, a, um.*
Abilità, *habilitas, atis, facultas, atis; peritia, ae,* f.
Abilitare, *habilem, idoneum facĕre,* A.
Abilmente, *apte,* avv.
Abissare, e inabissare, *in profundum dejicĕre,* A.
Abissato, *in profundum demersus.*
Abisso, cioè senza fondo, *abyssus, i,* f. per inferno, *tartara, orum,* n. pl.
Abitabile, *habitabilis,* m. e f. e, n. add.
Abitacolo, *habitatio, onis,* f. *domicilium, i,* n.
Abitagione. V. Abitazione.
Abitante, *incola, ae,* f.
Abitare, *habito, as, avi, atum, are: colo, is, lui, cultum, ĕre.*
Abitativo. V. Abitabile.
Abitato, *cultus, a, um; frequens, quentis,* c. add. *frequens locus, i,* m.
Abitato, *locus inhabitatus.*
Abitatore. V. Abitante.
Abitatrice, *habitatrix, icis,* f.
Abitazione, *habitatio, onis,* f. *domicilium, ii,* n.
Abito, *vestis, is,* f. *vestimentum: indumentum, i,* n. per disposizione, *habitudo, inis,* f. per consuetudine, *consuetudo, inis,* f. Far l'abito. V. Abituarsi.
Abituale, *familiaris,* m. e f. e, n. *consuetus; insitus, a, um,* add.
Abitualmente, *ex consuetudine,* avv.
Abituarsi, *assuesco, scis, vi, tum, scere,* N.
Abituato, *assuetus, a, um,* add.
Abitudine, abitualezza, *habitudo, inis,* f.
A bizzeffe, *abunde: abundanter, profuse,* av.
Ablativo, nome del sesto Caso, *ablativus, vi,* m.
Abluzione, lavanda, *ablutio, onis: lotio onis,* f.
Abolire, *aboleo, es, evi, itum, ēre: tollo, is, sustŭli, sublatum, tollere: abrŏgo, as, etc.* A.
Abolito, *abolitus: sublatus, a, um,* add.
Abolizione, *abolitio, onis; abrogatio, onis,* f.
Aborrire ec. V. Abborrire ec.
Abortire, abortare, *abortum facĕre,* A.
Abortivo, *abortivus, a, um,* add.
Aborto, *abortus, us,* m.
Abrogare, annullare, *abrŏgare.*
Abusare, abusarsi, *abutor, utĕris, usus, uti,* D.

Abusivamente, *abusive*, avv.

Abuso, *malus usus; abusio onis*: per abuso, *abusive*, avv.

A cagione, *ob*, *per*, prep. coll'acc.

A caso, *forte*, *casu*, *temere*, avv.

A capriccio, *ad libidinem*, avv.

Acanto, pianta, *acanthus*, *i*, m.

A catafascio, alla rinfusa, *permixte*, *inordinate*, avv.

A cavalcione (sedere) *diductis cruribus insidēre*.

Accademia, *academia*, *æ*, f.

Accademico, sost. *academicus*, *i*, m.: *academicus*, *a*, *um*, add.

Accadere, *evenire*, *evĕnit*, *iebat*, *evēnit*; *accidit*, *ebat*, *accidit*, V. di terza persona imp.

Accadimento, accaduto, *casus*, *us*, m. *eventus*, *us*, m.

Accagionare, incolpare, *accuso*, *as*, *avi*, *atum*, *are*, A.: *criminor*, *aris* etc. D.

Accalappiare, *illaqueo*, *as*, *avi*, *atum*, *are*, A.

Accalorare, accalorire, *calefacio*, *calefacis*, *eci*, *actum*, *acĕre*, A. per mettere ardore, *vim addere alicui*, A.

Accampamento, *castra*, *orum*, n. pl.

Accampare, mettere in campo, accamparsi, *castra ponere*.

Accanalare, scavare a canale, *canaliculatim cavare*, A.

Accanalato, *canaliculatus*, *a*, *um*, add.

Accanare, lasciare il cane contro la fiera, *canem immittere*. **Accanire**, *irrito*, *as*, *avi*, *atum*, *are*. A.

Accanirsi, adegnarsi, *irasci*; *irascor*, *eris*, *atus*, *tum*. n.

Accanitamente, *rabiose*, avv.

Accanito, *exasperatus*, *a*, *um*, add.

Accapacciato, *capite gravis*, *gravedinosus*, *a*, *um*, add.

Accanto, *prope*: *juxta*, prep. coll'acc.

Accapigliarsi, *sibi mutuo comam vellĕre*; per contrastare, *contendĕre*.

Accappiare, legare con cappio, *colligo*, *as*, *avi*, *atum*, *are*, A.

Accarezzamento, *blanditiæ*, *arum*, f. pl.

Accarezzare, *blandior*, *iris*, *itus*, *iri*, D.

Accarezzato, *blanditiis illectus*.

Accartocciare, *involvo*, *vis*, *vi*, *utum*, *vĕre*, A.

Accartocciato, *involutus*, *a*, *um*, add.

Accasamento, *matrimonium*, *ii*, n.

Accasarsi, metter casa, *domicilium collocare*, A. per maritarsi, *nubere*, N. per prender moglie, *uxorem ducere*, A.

Accasato, *nuptus*, *a*, *um*: *matrimonio junctus*.

Accasciarsi, *debilitari*, P.

Accatarrare, divenir catarroso, *pituita laborare*.

Accatarramento, o catarro, *pituita*, *æ*, f.

Accatarrato, *pituitosus*, *a*, *um*, add.

Accatastare, *coacervo*, *as*, *avi*, *atum*, *are*, A.

Accatastato, *congestus*, *a*, *um*, add.

Accattare, *mendico*, *as*, *avi*, *atum*, *are*, N. *victum quæritare*, A. per prendere in prestito, *mutuor*, *aris*, *atus sum*.

Accatto, *mendicatio*, *onis*, f.

Accavalcare, sormontare, *conscendere*, *superare*, A.

Accavallare, soprapporre, *superpono*, *is*, *osui*, *itum*, A.

Accecamento, *excæcatio*, *onis*, f. *hallucinatio*, *onis*, f.

Accecare, e Accecire, *excæco*, *as*, *avi*, *atum*, *are*, A. *obcæco*, *as*, etc. A.

Accecato, *oculis captus*: *excæcatus*, *a*, *um*, add.

Acceleramento, *acceleratio*, *onis*, f.

Accelerare, *accelero*, *as*, *avi*, *atum*, *are*, A.

Acceleratamente, *celeriter*, avv.

Accelerato, *festinatus*, *a*, *um*, add.

Accendere, *accendo*: *succendo*, *dis*, *di*, *sum*, *dere*, A.

Accendersi, *ardeo*, *es*, *arsi*, *arsum*, — *ēre*, N. *exardesco*, *is*, *exarsi*, *exardescere*, N.

Accendibile, *quod accendi potest*.

Accendimento, *incensio*, *onis*, f.

Accenditore, *incensor*, *oris*, m.

Accenditrice, *inflammatrix*, *icis*, f.

Accennamento, *nutus*, *us*, m.

Accennare, *significo*, *as*, *avi*, *atum*, *are*, A. *indico*, *as*, etc A. — cogli occhi, *nutare oculis*: accennare di sì, *annuĕre*: — di no, *abnuĕre*.

Accennato, *indicatus*, *a*, *um*.

Accensione, *incendium*, *ii*, n. *accensio*, *onis*, f.

Accentare, *accentu distinguere*.

Accento, *accentus*, *us*, m. per voce, *verbum*, *i*, n.

Accentrarsi, concentrarsi, *ad centrum propelli*; *in centrum vel in medium se recipere*.

Accerchiamento, *circuitus*, *us*, m.

Accerchiare, *cingo*, *gis*, *xi*, *ctum*, *gere*; *circumdo*, *as*, *dĕdi*, *dătum*, *dăre*, A.

Accertamento, *confirmatio*, *onis*, f.

Accertare, *confirmo*, *as*, *avi*, *atum*, *are*, A.

Accertatamente, *adseveranter*, *adfirmate*, *certe*, avv.

Acceso, *accensus*; *inflammatus*, *a*, *um*, add.

Accessibile, *accessu facilis*, m. e f. *e*, n.

Accessione, *accessio*, *onis*, f.

Accesso, *accessus*, *us*, m. *accessio*, *onis*, f. Dar l'accesso, *aditum præbēre*.

Accessorio, ciò che s'aggiunge al principale, *additamentum*, *i*, n.

Accétta, *securis*; *bipennis*, *is*, f.

Accettabile, *acceptus*, *a*, *um*: *opportunus*, *a*, *um*, add.

Accettare, *accipio*, *ĭpis*, *ēpi*, *eptum*, *ĭpĕre*, A. — qualcuno per amico, *aliquem in amicitiam recipĕre*; per approvare, *probo*, *as*, *avi*, *atum*, *are*, A.

Accettato, *receptus*, *a*, *um*, add.

Accettatore, *acceptor*, *oris*, m.

Accettatrice, *acceptrix*, *icis*, f.

Accettazione, *acceptio*, *onis*, f.

Accetto, accettevole, *gratus*: *acceptus*, *a*, *um*, add.

Acchetare, *sedo*, *as*, *avi*, *atum*, *are*, A. *reprimo*, *imis*, *essi*, *essum*, *imĕre*, A.

Acchetarsi, quiesco, escis, evi, etum, escĕre, N.

Acchetato, sedatus: repressus, a, um, add.

Acchiappare, carpire, arripio, ipis, ipui, eptum, ipĕre, A. — all'improvviso, deprehendo, dis, di, ensum, endĕre, A.

Acchiudere, includo, dis, si, sum, dĕre, A.

Accia, filo, filum, i, n. acia, æ, f.

Acciabattare, fare una cosa alla peggio, negligenter facere, A.

Acciaccare, contundo, undis, ŭdi, usum, undĕre, A.

Acciaccato, contusus, a, um, add.

Acciacco, injuria, æ; contumelia, f.: per malattia, valetudinis incommodum.

Acciaro, acciajo, chalybs, ibis, m.

Acciarino, ignarium, ii, m.

Acciarpare. V. Acciabattare.

Accidentale, fortuitus, a, um, add.

Accidentalmente, forte, fortuito, avv.

Accidente, eventus, us, m. casus, us, m. per colpo apoplettico, apoplexia, æ: morbus subitus.

Accidia, pigritia: desidia, æ, f.

Accidiosamente, desidiose, avv.

Accidioso, piger, gra, grum: desidiosus, a, um, add.

Accigliamento, tristitia, æ, f.

Accigliarsi, supercilia contrahere, A.

Accigliato, superciliosus, a, um: tristis, m. e f. e, n. add.

Accingersi, se adcingĕre: se comparare, A.

Accinto, paratus: præcinctus, a, um, add.

Acciò, acciocchè, ut: Acciocchè non, ne, cong.

Acciuffare, pigliar pel ciuffo, capillis aliquem arripĕre.

Acciuga, pesce, aphya, æ; alecula, æ, f.

Accivire, provvedere, parare.

Acclamare, adclamare; plaudĕre, plaudo, is, plausi, plausum. Acclamarono re Numa, Regem Numam salutarerunt.

Acclamazione, acclamatio, onis, f.

Acclive, leggermente erto, adclivis, m. e f. e, n.

Accoglienza, accoglimento, acceptio, onis, f. Accoglienza cortese, benigna tractatio: Fare buone accoglienze ad alcuno, perhumaniter aliquem accipĕre.

Accogliere, excipio, ipis, epi, eptum, ipĕre, A.

Accogliticcio, raunato in fretta, collectitius, a, um.

Accolito, colui che ha il quarto ordine minore, acolythus, i, m.

Accollarsi, addossarsi una cosa, aliquid sibi sumĕre, A.

Accollato, vesture accollato, vestis collum tegens.

Accoltellante, gladiatore, gladiator, oris, m.

Accolto, exceptus, a, um, add.

Accomiatare, e accommiatare, licenziare, dimittĕre vel discedendi facultatem facere alicui. Accomiatarsi, abeundi potestatem petĕre ab aliquo.

Accomodamento, accomodatura, concinnatio, onis; accommodatio, onis, f. refectio, per Accordo, pactum, i, n. compositio, onis, f.

Accomodare, apto: accommodo, as, avi, atum, are, A. per Risarcire, reficio, ficis, feci, fectum, ficĕre, A. per Acconciare, concinno, as, etc. A. Accomodar la lite, litem componĕre: Accomodarsi ad altri, aliis morem gerĕre: — al tempo, tempori cedĕre: per Pacificarsi, inire pacem cum aliquo.

Accomodatamente, apte, apposite, avv.

Accomodato, aptus, a, um, add.

Accompagnamento, comitatus, us, m.

Accompagnare, comitor, aris, atus, ari, D. prosequor, querris, cutus, equi, D. Accompagnar l'esequie, funus prosequi.

Accompagnato, deductus, a, um, add.

Accomunamento, communio, onis, f.

Accomunare, in commune conferre, A.

Accomunato, communis factus.

Acconciamente, commode; opportune, avv.

Acconciamento, acconciatura, reparatio, onis, f. Ornamento, exornatio, onis, f.

Acconciare, reparare; reficĕre, concinnare, A.

Acconciarsi, se ornare, A.

Acconciatore, concinnator, oris, m.

Acconciatrice, ornatrix, icis, f.

Acconcime, reparatio; refectio, onis, f.

Acconcio, aptus, a, um: Adorno, comptus, a, um, add.

Acconsentimento, assensus, us, m.

Acconsentire, assentior, tiris, sus, iri, D.

Accoppare. V. Ammazzare.

Accoppiamento, conjunctio, onis, f.

Accoppiare, conjungo, ungis, unxi, unctum, ungĕre, A.

Accoppiato, conjunctus, a, um, add.

Accoramento, accorazione, angor, oris, m.

Accorare, ango, gis, xi, gĕre, A. valde affligere.

Accorarsi, dolore affici.

Accorato, angore confectus, morire accorato, dolore confici.

Accorciamento, accorciatura, contractio, onis, f.

Accorciare, contrăho, ahis, axi, actum, ahĕre, A.

Accorciato, contractus, a, um, add.

Accordare, metter d'accordo, compono, nis, sui, situm, ĕre, A. — gli animi, animos conciliare: — gli stromenti, nervos temperare.

Accordarsi con uno, cum aliquo consentire: — al parer degli altri, cum aliis sentire: Non accordarsi con taluno: dissentire ab aliquo, N. Non ci accordiamo, inter nos non convĕnit. V. di terza persona.

Accordato, compositus, a, um: Nel giorno accordato, pacto, et constituto die.

Accordatore, conciliator: d'instrumenti, temperator, oris, m.

Accordo, concordia, æ, f. consensio, onis, f.

D'accordo, *concordi animo: pari consensu.* Star d'accordo, *concordissime vivere:* Accordo di voci, *concentus, us,* m.: per Patto, *conventio, onis,* f.

Accorgersi, *sentio, tis, si, sum: tīre,* A. *intelligo, igis, exi, ectum, igĕre; animadvertere,* A.

Accorgimento, *sagacitas, atis,* f. *prudentia, æ,* f.

Accôrre. V. Accogliere.

Accorrere, *accurro, urris, urri* vel *adcucurri, ursum, urrĕre,* N.

Accorrimento, concorso, *adcursus, us, concursus, us,* m.

Accortamente, *caute: sagaciter,* avv.

Accortare. V. Accorciare.

Accortezza, *solertia, æ: sagacitas, atis,* f.

Accorto, *cautus, a, um: solers, ertis,* o.

Accostamento, *accessus,* m. *admotio, onis; adpulsus, us,* m.

Accostante, *cohærens, entis,* o.

Accostare, *admoveo, ŏves, ŏvi, otum, ovēre,* A.

Accostarsi, *appropinquo, as, avi, atum, are,* N. *accedere.* Accostarsi ad alcuno, *adire aliquem,* Accostarsi pian piano, *adrēpo, epis, epsi, eptum, epĕre,* N.

Accosto, *prope: juxta,* prep. coll' acc.

Accostumanza, costume, *consuetudo, dinis,* f.

Accostumare. V. Avvezzare.

Accostumato, *bene moratus,* per avvezzo, *adsuetus, a, um.*

Accotonare, arricciare il pelo al panno, *carmino, as, avi, atum, are,* A.

Accovacciarsi, *procumbo, mbis, bui, bitum, mbĕre,* N.

Accozzamento, *conjunctio, onis,* f. *congregatio onis,* f.

Accozzare, *conjungo, gis, xi, ctum, gĕre,* A.

Accozzato, *simul junctus, a, um,* add.

Accreditare, *auctoritatem alicui afferre,* A.

Accreditarsi, *nomen sibi facere,* A.

Accreditato, *spectatus, a, um: probatus,* add.

Accrescere, *augeo, ges, xi, ctum, gēre,* A. *amplifico: amplio, as,* etc. A.

Accrescimento, *incrementum, i,* n. *accessio, onis,* f.

Accresciuto, *auctus, a, um: amplificatus,* add.

Accrespare, *crispo, as, avi, atum, are,* A.

Accudire, *operam dare, navare.*

Accumulamento, *cumulus, i: coacervatio, onis,* f.

Accumulare, *congero, geris, gessi, gestum, gerĕre; cumulo: congrēgo,* A.

Accumulato, *congestus, a, um: coactus, a, um,* add.

Accuratamente, *sedulo: diligenter,* avv.

Accuratezza, *sedulitas, atis,* f. *diligentia, æ,* f. *studium, i,* n.

Accurato, *diligens, gentis,* c. *sedulus.*

Accusa, *accusatio, onis,* f. — in giudizio, *postulatio: nominis delatio, onis,* f. *crimen, inis,* n.

Accusare in giudizio, *accuso, as, avi, atum, are: postulo: insimulo,* A. *vocare in crimen:* per Riprendere, *redarguo, is,* etc.

Accusato, *accusatus: delatus, a, um,* add.

Accusatore, *accusator, oris,* m. *delator, oris,* m.

Accusatrice, *accusatrix, icis,* f.

Acerbamente, *acerbe; aspĕre:* per Crudelmente, *crudeliter,* avv.

Acerbetto, *semiacerbus, a, um, subacidus, a, um,* add.

Acerbezza, acerbità, *acerbitas, atis,* f.

Acerbo, *acerbus, a, um:* per crudele, *immanis,* m. e f. *e,* n. add.

Acero (albero), *acer, eris,* n. Di acero, *acernus, a, um,* add.

Acerrimamente, *acerrime,* avv.

Acerrimo, *acerrimus, a, um,* add.

Acetire e acidire, *acesco, is, cui, ĕre,* N.

Aceto, *acetum, i,* n.

Acetosa, erba, *oxalis, idis,* f.

Acetoso, *acidus, a, um,* add.

A che? *ad quid?*

Acidetto, *subacidus, a, um,* add.

Acidezza, acidità, *acor, ōris,* m. *acrimonia, æ,* f.

Acido, *acidus, a, um: acer, cris, cre,* add.

Acino, il granello dell' uva, *acina, æ,* f. *acinus, i,* m. *acinum, i,* n. Pieno di acini, *acinosus,* add.

Aco. V. Ago.

Aconito, erba venefica, *aconitum, i,* n.

Acqua, *aqua, æ,* f. per pioggia, *imber, bris,* m. di fonte, *aqua viva;* corrente, *profluens:* morta, *stagnans.*

Acquaio, *aquarium, i,* n.

Acquatico, *aquaticus, a, um,* add.

Acquattarsi. V. Nascondersi.

Acquerella, acquetta, piccola pioggia, *aquula, æ,* f.

Acquazzone, grossa pioggia, *imber effusus.*

Acquedotto, *aquæductus, us* m.

Acqueo, *aquosus, a, um,* add.

Acquerello, *lora, æ,* f.

Acquidotto. V. Acquedotto.

Acquietamento, *quies, quiētis,* f.

Acquietare, *sedo, as, avi, atum, are,* A.

Acquistare, *acquiro, iris, isivi, isitum, irĕre,* A. *adipiscor, eris, adeptus;* — i, D. Acquistarsi amici, *amicos sibi comparare:* — lode, *laudem sibi parare.*

Acquistato, *paratus, a, um,* add.

Acquisto, *adeptio: comparatio, onis,* f.

Acquosità, *aquosus humor.*

Acquoso, *aquosus, a, um,* add.

Acre, agro, *acer, acris, cre,* add.

Acremente, *acriter,* avv.

Acrimonia, *acrimonia, æ,* f.

Aculeo, *aculeus, i,* m.

Acustica, la teorica che riguarda l'udito e i suoni, *acustica, æ,* f.

Acutamente, *acute: subtiliter,* avv.

Acutezza, acume, *acumen, inis,* n. — d'ingegno, *ingenii acies, solertia, æ,* f.

Acuto, *acutus, a, um: subtilis,* m. e f. *e,* n. add.

Adacquamento, *irrigatio, onis,* f.

Adacquare, *irrigo, as, avi, atum, are,* A. Adacquare il vino, *vinum temperare, diluere.*

Adacquato, *irriguus, a, um: irrigatus, a,*

um, add. Vino adacquato, allungato, vinum dilutum.

Adagiarsi, commoda sibi comparare: per Porsi a sedere, sedeo, des, di, sum, dēre; recubo, as, etc. N.

Adagiato, o agiato, per benestante, locuples, ētis, c.

Adagio, sensim: lente, avv.

Adagio, proverbio, adagium, i, n.

Adamante, o diamante, adamas, antis, m.

Adamantino, adamantīnus, a, um, add.

Adastiare, invidēre, invideo, es, idi, isum, A.

Adattamento, accommodatio, onis, f.

Adattare, accommodo, as, etc. aptare, A.

Adattarsi alle circostanze del tempo, tempori inservire.

Adattato, aptatus, a, um, add.

Adatto, abile, aptus, a, um, add.

Addarsi, accorgersi, sentire, sentio, is, sensi, sensum; percipere, percipio, etc.

Addecimare, decimo, as, avi, atum, are, A. decimas imponēre.

Addensare, condenso, as, avi, atum, are, A.

Addentare, dentibus arripēre.

Addentato, dentibus arreptus.

Addentro, in dentro, intus, intime, avv.

Addestrare, edocēre, instituo, is, etc.

Addestrarsi, aptare se.

Addetto, addictus, a, um, add.

Addietro, retro, avv.

Addiettivo, adjectivus, a, um, add.

Addimandare. V. Dimandare.

Addimesticare, cicuro, as, etc. A.

Addimesticarsi, mansuesco, escis, evi, escēre, N. — con alcuno, uti aliquo familiariter.

Addimesticato, parlando per lo più d'animali, cicur, ris, c. mansuefactus, add.

Addio, vale, sing. valete, plur.

Addirsi. V. Confarsi.

Addirimpetto, a dirimpetto, contra, prep. coll' acc.

Addirizzare, dirigo, igis, exi, ectum, igēre, A.

Addirizzarsi, incamminarsi, iter instituēre.

Additare, indico, as, avi, atum, are, A.

Additato, monstratus, a, um.

Additatore, index, icis, m.

Addivenire, evenio, is, i, tum, ire, N. fieri, P.

Addizione, additamentum, i, n. accessio, onis, f.

Addobbare, orno, as, avi, atum, are, A.

Addobbo, addobbamento, ornamentum, i, n. Masserizia, supellex, ectilis, f.

Addolcire, mollio, is, ivi, itum, ire, A. mitigo; sedo, as, etc. A.

Addolcirsi, dulcesco, escis, evi, escēre, N. mitescēre, N.

Addolcito, delinitus, a, um, add.

Addolorare, dolorem alicui afferre, A.

Addolorarsi, dolore affici, mœreor.

Addolorato, mœstus, a, um: tristis, m. e f. e, n.

Addomandare. V. Dimandare.

Addomesticare. V. Addimesticare.

Addoppiare, duplico, as, avi, atum, are, A.

Addoppiatura, duplicatio, onis, f.

Addoppio, a doppio, dupliciter, avv.

Addormentamento, addormentazione, sopor, oris, m.

Addormentare, sopio, is, ivi, itum, ire, A. somnum facere, conciliare.

Addormentarsi, addormirsi, obdormio, is, ivi, itum, ire, N. somnum capēre, obdormiscere, n.

Addormentato, sopitus, a, um, add.

Addossare, humeris imponere: — un negozio, negotium alicui committere; Addossarsi un negozio, negotium suscipere.

Addossarsi, suscipio, ipis, epi, eptum, ipere, A.

Addossato, impositus, a, um.

Addosso, mettere addosso, impono, nis, sui, situm, nēre, A. Andare addosso, aggredior, ederis, essus, ēdi. D. Metter le mani, gli occhi addosso ad uno, in aliquem manus injicēre; oculos conjicere.

Addotto, adductus, a, um.

Addottorare, in doctorum collegium cooptare, adscribēre.

Addottorato, doctoris lauren donatus.

Addottrinare, erudio, is, ivi, itum, ire, A.

Addrizzare. V. Addirizzare.

Addurre, adducere, adduco, uxi, uctum; afferre, fers, attuli, allatum, ferre, A. allego, as, etc. — per motivo, causam interponere.

Adeguamento, æquatio, onis, f.

Adeguare, pareggiare, exæquo, as, avi, atum, are, A.

Adempimento, complementum, i, n.

Adempire, Adempiere, adimpleo, es, evi, etum, ēre, A. — gli ordini, mandata perficere, exequi; — l'impiego, munere fungi.

Adempito, expletus, a, um.

Adempitore, executor, oris, m.

Aderente, fautor, oris, m.

Aderenza, favor, oris, m. per Appartenenza, convenientia, æ, f.

Aderire, faveo, es, i, fautum, — ēre, N.

Adescare, inesco, as, etc. A. illicio, icis, exi, ectum, icere; allicio, A.

Adescato, illectus, a, um, pellectus.

Adesione, adhæsio, onis, f.

Adesso, nunc, modo, avv. Adesso sì, nunc, enimvero.

A dì, addì, ad diem, die.

Adiacente, adjacens, entis, c.

Adiettivo. V. Addiettivo.

Adirarsi, irascor, ascēris, atus, asci, D. iracundia incendi: Fare adirare, stomachum alicui movēre, facēre.

Adiratamente, iracunde, avv.

Adirato, iratus, a, um: infensus, add.

Adito, aditus, us, m.

Adocchiamento, obtutus, us, m.

Adocchiare, perspicio, icis, exi, ectum, icere, A. oculos in aliquem conjicere.

Adocchiato, conspectus, a, um.

Adolescente, adolescens, entis, m.

Adolescenza, adolescentia, æ, f.

Adombramento, obumbratio, onis, f.

Adombrare, obumbro, as, avi, atum, are, A.

Adombrarsi, aver paura, perhorresco, escis,

ui, *scère*, N. Sospettare, *in suspicionem venire*, *suspicari*, D.

Adombrato, coperto con ombre, *obumbratus*, *a*, *um*: per impaurito, *exterritus*: per insospettito, *in suspicionem adductus*.

Adoperare, adoprare, *utor*, *teris*, *sus*, *ti*, D. *adhibeo*, *es*, *ui*, *itum ēre*, A.

Adoperarsi, *operam dare*: *operam navare*.

Adoperato, *adhibitus*, *a*, *um*.

Adoppiare, dare l' oppio, *opio soporare*, A.

Adorabile, *colendus*, *a*, *um*, add.

Adorare, *colo*, *lis*, *lui*, *cultum*, *lĕre*, A. *veneror*, *ēris*, *atus*, *ari*, D. *adorare*.

Adoratore, *cultor*, *oris*, m. *venerator*, *oris*, m.

Adorazione, *cultus*, *us*, m. *adoratio*, *onis*, f.

Adornare, *orno*, *as*, etc. A.

Adornatamente, *ornate*, avv.

Adornatore, *ornator*, *oris*, m.

Adornatrice, *ornatrix*, *icis*, f.

Adornato, adorno, *ornatus*, *a*, *um*. add.

Adottare, *adopto*, *as*, etc. A. Adottare uno per figlio, *aliquem in filium adoptare*.

Adottatore, *adoptator*, *oris*, m.

Adottivo, *adoptivus*, *a*, *um*, add.

Adozione, adottazione, *adoptio*, *onis*, f. *adoptatio*.

Adro, atro, *ater*, *ra*, *um*: luttuoso, *tristis*, m. e f. *triste*, n.

A due a due, *bini*, *æ*, *a*, add. plur.

Aduggiare, far uggia, *inumbrare*.

Adulare, *adulor*, *aris*, *atus*, *ari*, D. *assentor*, *aris*, etc.; *blandior*, *iris*, *itus*, *iri*, D. *auribus servire*.

Adulatore, *adulator*, *oris*: *assentator*, *oris*, m. Da adulatore, *assentatorie*, avv.

Adulatorio, *adulatorius*, *a*, *um*, add.

Adulatrice, *assentatrix*, *icis*, f.

Adulazione, *adulatio*: *assentatio*, *onis*, f.

Adultera, *adultera*, *æ*, f.

Adulterare, *adulterari*: *adulteror*, *aris*, *atus sum*, D. *mæcor*, *aris*, etc. D. per Falsificare, *corrumpo*, *umpis*, *upi*, *uptum*, *umpĕre*, A.

Adulterato, *adulteratus*, *a*, *um*, add.

Adulterazione, falsificamento, *adulteratio*, *onis*, f.

Adulterino, *adulterinus*, *a*, *um*, add.

Adulterio, *adulterium*, *i*, n.

Adultero, *adulter*, *eri*, m.

Adulto, *adultus*, *a*, *um*, part. da *adolesco*.

Adunamento, *collectio*, *onis*, f.

Adunanza, *cœtus*, *us*, m. *concio*, *onis*, f. *concilium*.

Adunare, *congrĕgo*, *as*, etc. Adunar robe, *opes cumulare*, — il consiglio, *senatum habere*, *cogĕre*, — l' esercito, *copias contrahere*: — il popolo, *vocare concionem*: Adunarsi, *in aliquem locum convenire*.

Adunato, *coactus*, *a*, *um*: *collectus*.

Adunatore, *coactor*, *oris*, m.

Adunatrice, *collectrix*, *icis*, f.

Adunco, *aduncus*, *a*, *um*, add.

Adunghiare, *unguibus arripĕre*.

Ad uno ad uno, *singulatim*, avv.

Adunque, *igitur*, *ergo*, cong.

Adusare, assuefare, *assuefacio*, *efficis*, *effeci*, *factum*, *efcĕre*, A. Adusarsi, *assuescĕre*, n.

Adustione, *adustio*, *onis*, f.

Adusto, *adustus*, *a*, *um*.

Aere, aria, *aer*, *aeris*, m.

Aereo, *aereus*, *a*, *um*, add.

Afa, affanno che rende difficile il respiro, *anhelatio*, *onis*, f. per Molestia, Noia, *fastidium*, n.

A fè, *hercle*, interj.

Affabile, *affabilis*, m. e f. *e*, n. add.

Affabilità, *comitas*, *atis*, f.

Affabilmente, *comiter*, avv.

Affaccendarsi, *laboro*, *as*, etc. N.

Affaccendato, *negotiosus*, *a*, *um*: *negotiis distentus*.

Affacciarsi alla finestra, *de fenestra spectare*: Affacciarsi ad alcuno, *ad aliquem se sistĕre*.

Affamare, *famem inferre*, *excitare*; *fame premere*: per Aver fame, *esurio*, *is*, *ivi*, *itum*, *ire*, M.

Affamato, *famelicus*, *a*, *um*: *esuriens*, *entis*.

Affannare, *facere*, *facessere*, *afferre*, *molestiam*.

Affannarsi, *angor*, *eris*, *i*, D. *laborare*: Affannarsi delle altrui prosperità, *rebus alicujus prosperis angi*.

Affannato, affannoso, *anxius*, *a*, *um*: *sollicitus*, add.

Affanno, noia, *molestia*, *æ*, f. per difficoltà di respiro, *anhelitus*, *us*, m.

Affannosamente, *anxie*, avv.

Affardellare, *in sarcinas colligare*, *consarcinare*.

Affare, *negotium*, *i*, n. Uomo d' affari, *negotiosus homo*; *negotiis plenus*; Uomo di alto affare, *vir nobilis*: — di basso affare, *infimæ sortis homo*; Aver degli affari, *negotiis implicari*.

Affarsi, confarsi, *convenio*, *ēnis*, *ēni*, *entum*, *enīre*, N.

Affaruccio, *negotiolum*, *i*, n.

Affascinamento, malia, *fascinum*, *i*, n. *fascinatio*, *onis*, f.

Affascinare, *fascino*, *as*, etc. A.

Affastellare, *fasces congerĕre*, *misceo*, *sces*, *scui*, *stum*, vel *xtum*, *scēre*, A.

Affatato. V. Fatato.

Affaticamento, *exercitatio*, *onis*, f. *labor*, *oris*, m.

Affaticare, *defatigo*, *as*, etc. A.

Affaticarsi, *laboro*, *as*, etc. N. *laboribus se exercēre*.

Affaticato, *lassus*, *a*, *um*: *defatigatus*, add.

Affatto, *omnino*: *plane*: *prorsus*, avv.

Affatturamento, *veneficium*, *i*, n. *fascinatio*, *onis*, f.

Affatturare, *fascino*, *as*, etc.: *incanto*, *as* etc. A.

Affatturato, *veneficiis affectus*.

Affatturatore, *veneficus*, *i*, m.

Affatturazione, *fascinatio*, *onis*, f.

Affermare, *affirmo*, *as*, etc. A.

Affermatamente, affermativamente, *affirmanter*, *asseveranter*, *certo*, avv.

Affermatore, *assertor*, *oris*, m.

Affermazione, *affirmatio, onis*, f.
Afferramento, *apprehensio, onis*, f.
Afferrare, *apprehendo, dis, di, sum, dĕre*, A.
Afferrato, *apprehensus, a, um: arreptus*.
Affettare (coll'e stretta), tagliare a fette, *in frusta concidĕre: disseco, secas, secui, sectum, secare*, A.
Affettare, (coll'e larga) per desiderare, bramare, ambire, *affecto, as, avi, atum, are*, A. *opto, as*, etc.
Affettatamente, *nimis exquisite*, avv.
Affettato, tagliato in pezzi, *dissectus, a, um*.
Affettato, per ricercato, *nimis exquisitus, a, um*: Parlare affettato, *orationis nimium cultum exquirĕre; putide loqui*.
Affettazione, *affectatio, onis*, f. — di parole, *verborum studium; delectus, us*, m.
Affetto, passione, *animi motus, us*, m. per Benevolenza, *benevolentia, æ*: per Desiderio, *cupiditas, atis*, f.
Affetto, *affectus, a, um*, add.
Affettuosamente, *studiose: benevole*, avv.
Affettuoso, *benevolus, a, um*, add.
Affezionare uno a sè, *aliquem sibi devincīre, vel demerēri*.
Affezionarsi ad alcuno, *amore alicujus capi*.
Affezionatamente. V. Affettuosamente.
Affezionato, *benevolus, a, um*. Essere affezionato ai piaceri, *voluptatibus duci*.
Affezione, *amor, oris*, m. *studium, i*, n.
Affibbiamento, *fibulatio, onis*, f.
Affibbiare, *fibulo, as*, etc. A.
Affibbiato, *fibula nexus, a, um*, add.
Affibbiatura, *nexus, us*, m. *fibula, æ*, f.
Affidare ad alcuno, *aliquid fidei alicujus committĕre, credere*, A.
Affidarsi, *fido, dis, sus, dĕre*, N. *confido, dis*, etc.
Affidato, *fretus: confisus, a, um*.
Affiebolire, affievolire. V. Indebolire.
Affiggere, *affigo, gis, xi, xum, gĕre*, A.
Affigurare. V. Raffigurare.
Affilare, *acuo, uis, ui, ūtum, uĕre* A. *exacuo*.
Affilato, *acutus, a, um*, add. Volto affilato, *vultus macilentus*.
Affilatura, *exacutio, onis*, f.
Affinamento, *perfectio, onis*, f.
Affinare, *perficere*: per assottigliare, *extenuare*.
Affinato, *perfectus, a, um*, add.
Affinchè, affine di, *ut*, cong.
Affine, parente, *affinis*, m. e f. *e*, n. add.
Affinire. V. Affinare.
Affinità, *affinitas, atis*, f.
Affiocamento, *raucitas, atis*, f.
Affiocare, divenir rauco, *raucum fieri*.
Affiocato, *raucus, a, um*, add.
Affiocatura, raucedine, *ravis, is*, f.
Affisare, *intentis oculis aspicĕre*: — lo sguardo nel sole, *adversus solem intuēri*.
Affisamente, avv. *intentis oculis*.
Affisato, *intentus, a, um*, add.
Affiso. V. Affisso.
Affissamente, *intentis oculis, intente*, avv.
Affissamento, *intuitus, us*, m.
Affissare. V. Affisare.
Affisso, congiunto, *affixus, a, um*, add.
Affisso term. gram., *affixum, i*, n.
Affittare, *loco, as*, etc. A.
Affittato, *locatus, a, um*, add.
Affittatore, *locator, oris*, m.
Affitto, *locatio, onis*, f. Pigliare in affitto, *conduco, cis, xi, ctum, cĕre*, A. Dare in affitto. V. Affittare.
Affittuale, *conductor, oris*, m.
Affliggere, *affligo, gis, xi, ictum, gĕre*, A. *excrucio: devexo, as*, etc. A. Affliggersi, *angi animo*.
Afflittivo, *molestus, a, um*, add.
Afflitto, *æger, gra, um: tristis*, m. e f. *e*, n. *mœrore confectus*.
Afflizione, *afflictio, onis*, f. *tristitia, æ*, f. *mœror, oris*, m.
Affluentemente, *affluenter: uberrim*, avv.
Affluenza, *copia, affluentia, æ*, f.
Affogamento, *suffocatio, onis*, f.
Affogare soffogare, *præfoco, as*, etc. A. per sommergere, *demergo, gis, si, sum, gĕre*, A. per morire affogato, *undis submergi*.
Affogato, soffogato, *suffocatus, a, um*, per sommerso, *demersus, a, um*, add.
Affollamento, *turba, æ*, f.
Affollare, *premo, mis, ssi, ssum, mĕre*, A. *calco, as*, etc.
Affollarsi, *sese urgēre magna turba*.
Affollato, *confertus, a, um: frequens, entis*, c. add.
Affondamento, *submersio, onis*, f.
Affondare, *submergo, gis, si, sum, gĕre*, A.
Affondato, *submersus, a, um*, add.
Afforzare, fortificare, *munio, is, ivi, itum, ire*, A.
Affossamento, *excavatio, onis*, f.
Affossare, *fossa munire, circumdăre*.
Affrancare, *libero, as*, etc. A.
Affrancato, *libertate donatus, a, um: immunis*, m. e f. *e*, n. add.
Affratellamento, affratellaaas, *familiaritas, atis*, f.
Affratellarsi, *familiariter uti*.
Affrenare. Vedi Raffrenare.
Affrettamento, *festinatio, onis*, f.
Affrettare, *accelero, as*, etc. A.
Affrettarsi, *festino, as*, etc. **propero**, *as*, etc. N.
Affrettatamente, *celeriter, festinauter*, avv.
Affrettatore, *festinator, oris*, m.
Affrico (vento) *africus ventus*, m.
Affrontamento, *aggressio, onis*, f.; *congressus, us*, m. *congressio, onis*, f.
Affrontare, *aggredi*, affrontarsi col nemico, *cum hoste congredi*: per ingiuriare, *injuria aliquem afficere*.
Affrontato, *injuria affectus*.
Affrontatore, *aggressor, oris*, m.
Affronto, *injuria, æ*, f. *contumelia, æ*, f.
Affumicamento, *fuliginis obductio, onis*, f.
Affumicare, *fumigo, as* etc. A.
Affumicato, *fumo infectus, a, um*, add.
A galla, nuotare a galla, *innato, as*, etc. *fluito, as*, etc. N.

Agata (pietra), *achates, æ*, f.
Agata. quantità di filo che empie l'ago, agugliata, *acia, æ*, f.
Agente. *curator, oris*, m.
Agenzia, *procuratio, onis, administratio, onis*, f.
Agevolamento, *levamen, is*, n. *facilitas, atis*, f.
Agevolare, *facilem reddĕre*.
Agevolato, *facilis redditus, a, um*.
Agevole, *facilis*. m. e f. *e*, n. add.
Agevolezza, *facilitas, atis*, f.
Agevolmente, *facile: expedite*, avv.
Aggecchirsi, abbassarsi, *se deprimere*, A.
Aggentilire, *venustiorem aliquem reddere*.
Aggettivamente, *more adjectivo*, avv.
Aggettivo, *adjectivus, a, um*, add.
Agghiacciamento, *congelatio, onis*, f.
Agghiacciare, *congelo, as*, etc. A. Far divenir ghiaccio. *glacio, as*, etc. A.
Agghiacciato, *glaciatus, a, um: glacie concretus*.
Aggio, vantaggio nello scambio di monete, *collybus, i*, m.
Aggiogare, *jugo, as; jungo, gis, xi, ctum, gĕre*, A.
Aggiogato, *junctus, a, um; jugātus, a, um*.
Aggiornare, *diem constituere*. Per farsi giorno, *illucescĕre*.
Aggiramento, *circumductio, onis*, f.
Aggirare, *circumduco, cis, xi, ctum, cĕre*. A. per ingannare, *circumvenire, circumire*, A.
Aggirato, *circumductus, a, um: deceptus*.
Aggiratore, *deceptor, oris*, m.
Aggiudicare, *addico, cis, xi, ctum, cĕre*, A. *adjudico, as*, etc.
Aggiudicazione, *adjudicatio, onis*, f.
Aggiungere, *addo, dis, didi, ditum, dĕre*, A. *adjicio, icis, eci, ectum, icere*, A.
Aggiunta, *adjectio, onis: additio: accessio: adjunctio, onis*, f.
Aggiunto, *additus, a, um; adauctus*.
Aggiustamento, *concordia, æ*, f. *compositio, onis*, f.
Aggiustare, *compono, nis, sui, situm, nĕre*. A.
Aggiustatamente, *apte: composite*, avv.
Aggiustatezza, *elegantia, æ; concinnitas, atis; moderatio, onis*, f.
Aggiustato, *compositus, a, um*, add.
Aggomitolare, *agglomĕro, as*, etc. A.
Aggomitolato. *glomeratus, a, um: in orbem convolutus*.
Aggradevole, *acceptus, a um*, add.
Aggradire e aggradare, *placeo, es, cui, itum, arrideo, des, si, sum, dēre*, N.
Aggradito, *acceptus, a, um*.
Aggraffare, o aggrappare, *arripere; arripio, is, ipui, eptum: carpere*.
Aggranchiarsi, *obrigeo, es, ui, ēre*, N.
Aggranchiato, *frigŏre contractus*.
Aggrapparsi, *uncis manibus prensare*.
Aggrappato, *arreptus, a, um*.
Aggravare, *premo, is, essi, essum, emere*, A.
Aggravarsi, *ingravesco, cis, cĕre*, N.
Aggravato, *oppressus, a, um*, add.
Aggravio, aggravamento, *onus, ĕris*, n. *molestia, æ*, per Tributo, *vectigal, ālis*, n. per Ingiuria, *injuria, æ*, f. per danno, *incommodum, i*, n.
Aggregare, *aggrĕgo, as*, etc. *adlĕgo, ĕgis, egi, ectum, egĕre*, A.
Aggregato, *adlectus, a, um; cooptatus*.
Aggregato, sost. aggregazione, *complexus, us*, m.
Aggressione, *adgressio, onis*, f.
Aggressore, *adgressor, oris*, m.
Aggrinzare, *corrūgo, as*, etc. A.
Aggrinzato, *rugosus, a, um*, add.
Aggroppare. V. Aggruppare.
Aggrottare le ciglia, *supercilium contrahĕre*.
Aggrumamento, rappigliamento, *concretio, onis*, f.
Aggrumare, *cogo, gis, coēgi, actum, gĕre*, A.
Aggruppare, aggroppare, *implĭco, icas, icui, icĭtum, icare*, A.
Aggruppato, *implicitus: implicatus, a, um*, add.
Agguagliamento, *æquatio: comparatio, onis*, f.
Agguaglianza, *æqualitas, atis*, f.
Agguagliare, *æquo, as*, etc. A.
Agguagliatamente, *æque*, avv.
Agguagliato, *æquiparatus, a, um*, add.
Agguettare, aggiungere, *adjungo, is, xi, ctum, gere*.
Agguerrire, *armis vel belli laboribus exercēre*. A.
Agguerrito, *certaminum expertus*.
Agiare. V. Adagiare.
Agiatamente, *commode*, avv.
Agiatezza. V. Agio.
Agiato, Benestante, *dives, itis:* per Lento, *tardus, a, um*, add.
Agile, *agilis*, m. e f. *e*, n. *alacris*, m. e f. *cre*, n.
Agilità. *agilitas: alacritas, atis*, f.
Agilmente, *agiliter, alacriter*, avv.
Agio, *commoditas, atis*, f. A bell' agio, *commŏde*, avv. A mal'agio, *incommode*. avv.
A giornata, *quotidie:* Lavorare a giornata, *diurna mercede operam suam locare*.
Agitamento. V. Agitazione.
Agitare, *agito: jacto, as*, etc. A.
Agitato, *jactatus: commotus, a um*, add.
Agitatore, *agitator, oris*, m.
Agitazione, *agitatio, onis*, f. *commotio onis*, f.
Aglio, *allium, i*, n. Aglio grosso, *ulpĭcum, i*, n.
Agnella, *agna, æ*, f.
Agnelletta, agnellina, *parva agna*.
Agnellino, agnelletto, *agnellus, i*, m. Di agnello, *agninus, a, um*, add.
Agnello, *agnus, i*, m.
Agnolo. per Angelo, *Angelus, i*, m.
Agnusdeo, agnusdei, *cereum numisma, ătis*, n.
Ago, *acus, us*, f. Ago calamitato; *acus versoria:* Cruna dell'ago, *acus foramen*, n.

Agognare, bramare ardentemente, *expĕto, is, ivi, itum, ĕre*, A.
Agognato, *expetitus, a, um.*
Agonia, *animæ in exitum nitentis luctatio:* essere in agonia, *agere animam.*
Agonizzante, *moribundus, a, um*, add.
Agonizzare, *animam efflare.*
Agosto, *augustus, i: sextilis, is*, m.
A grado a grado, *gradatim*, avv.
Agramente, *acriter: acerbe*, avv.
Agreste, *agrestis*, m. e f. *e*, n. *asper, a, um*, ad.
Agresto, *uva omphacia: omphacium, i*, n.
Agretto, *subacidus, a, um*, add.
Agretto (erba), *nasturtium, i*, n.
Agrezza, agro, *acrimonia, æ: acritudo, inis*, f.
Agricoltore, *agricola, æ*, m.
Agricoltura, *agricultura, æ*, f.
Agro, *acer, acris, acre: acidus*, add.
Agrumi, *poma acria, citrea*, etc.
Aguato, agguato, *insidiæ, arum*, f. pl.
Aguglia, antiq. per aquila, *aquila, æ*, per piramide, *pyramis, idis*, f.
A guisa, *instar*, avv.
Aguzzamento, *exacutio, onis*, f.
Aguzzare, *acuo, cuis, cui, cūtum, cuĕre*, A. – l'appetito, *cibi appetentiam excitare.*
Aguzzatura, *acumen, inis*, n.
Aguzzino, *remigum moderator: portisculus, i*, m.
Aguzzo, *acutus, a, um: acuminatus*, add.
Airone (uccello), *ardea, æ*, f.
Aita. V. Aiuto.
Aitare. V. Aiutare.
Aizzare. V. Stimolare.
Aja, *area, æ*, f.
Ajo, *custos, odis*, m. *educator, oris*, m.
Ajuola, *areola æ*, f.
Ajutante, ajutatore, *adjūtor, oris*, m. – di camera, *cubicularius, i*, m. – di studio, *a studiis.*
Ajutare, *auxilior, aris, atus, ari*, D. *adjuvare aliquem:* Dio ti aiuti, *præsto sit tibi Deus.*
Ajutarsi l'un l'altro, *mutuam sibi operam præstare.*
Ajutato, *adjūtus, a, um.*
Ajutatore, *adjūtor: auxiliator, oris:* m.
Ajutatrice, *adjutrix, icis*, f.
Ajuto, *auxilium: præsidium; subsidium, i*, n. Coll'aiuto di Dio e dei Santi, *Deo favente, ac Superis bene juvantibus.*
Ala, *ala, æ*, f. Fare ala, *viam alicui facĕre:* Batter le ali, *alis plaudĕre.*
Alabarda, *hasta; sarissa, æ*, f.
Alabardiere, *miles hastatus*, m.
Alabastro, *onyx, ȳchis*, m. Vaso di alabastro, *alabaster, tri*, m. *alabastrum, i*, n. di alabastro, *onychinus, a, um*, add.
Alacrità, prontezza, *alacritas, atis*, f.
Alare, ferro da fuoco per sostener le legna, *ferrum focarium.*
Alato, *alatus, a, um*, add.
A lato, allato, *prope*, prepos. coll'accusativo.

Alba, *aurora, æ*, f. All'alba, *prima luce, primo diluculo:* È l'alba, *lucescit.*
Albagia, *fastus, us*, m.
Albeggiamento, *candor, oris*, m.
Albeggiare, *albico, as*, etc. N.
Alberare, alzare, *sustollo, lis, sustŭli, sublatum, – ĕre*, A.
Alberello, vaso piccolo, *vasculum, i*, n. *pyxis, idis*, f.
Albereto, *arborĕtum, i*, n. *locus arboribus consitus.*
Alberetto, *arbuscula, æ*, f.
Albergare, *hospitio excipĕre:* per Abitare, *diversor, aris, atus, ari*, D. *habito, as*, etc.
Albergato, *hospitio exceptus.*
Albergatore, *hospes, itis:* m. per oste, *caupo, onis*, m.
Albergatrice, *hospita, æ*, f.
Alberghetto, *diversoriolum, i*, n.
Albergo, *diversorium, i*, n. Compagno dell'albergo, *contubernalis.*
Albero, *arbor, ŏris*, f. Di Albero, *arboreus, a, um*, add. – di nave, *malus, i*, m. – di famiglia, *stemma, ătis*, n.
Albicocco, *armeniaca malus, i*, f.
Albóre, alba, *dilucŭlum, i*, n.
Alchimia, arte di raffinare e alterare i metalli, *alchimia, æ*, f.
Alchimista, *alchimiæ professor*, m.
Alcione (uccello), *alcedo, inis*, f. *alcyŏne, es.*
Alcuno, *aliquis, aliqua, aliquod:* Se alcuno, *si quis*, etc., add.
Alfabeto, *alphabetum, i*, n. *literæ elementariæ.*
Alfiere, *signifer, ĕri*, m. *vexillarius, ii*, m.
Alga (erba), *alga, æ*, f.
Algebra, *algĕbra, æ*, f.
Alguso, *algosus, a, um*, add.
Aliare, *alas movēre.*
Alido, *aridus, a, um*, agg.
Alidore, *siccitas, tis*, f.
Alienamento, alienazione, *alienatio, onis*, f. – di animi, *animorum discordia.*
Alienare, *alieno, as, avi, atum, are*, A.
Alienarsi, *recēdo, dis, ssi, ssum, dĕre*, N.
Alienato, *alienatus, a, um:* – dai sensi, *sensibus expers.*
Alienatore, scacciatore, *expulsor, oris*, m.
Alienatrice, *expultrix, icis*, f.
Alieno, *alienus, a, um: abhorrens, rentis*, o.
Aligero, *aliger, a, um*, add.
Alimentare, *nutrio, is, ivi, itum, ire: alo, lis, lui, litum*, vel *altum, ĕre*, A.
Alimentato, *altus, a, um*, add.
Alimento, *alimentum: nutrimentum, i*, n.
Alimentoso, *alimentarius, a, um*, add.
Alitare. V. Esalare.
Alito, *halitus: spiritus, us*, m.
Allacciamento, allacciatura, *nexus, us*, m. *vinculum, i*, n. *laqueus, i*, m.
Allacciare, *necto, ctis, xui*, vel *xi, xum, ctĕre: illaqueo, as*, etc. A.
Allacciato, *nexus: obstrictus, a, um.*
Allagamento, *alluvio, onis*, f.
Allagare, *inundo, as*, etc. A.

Allargamento, *extensio: expansio: amplificatio*, onis, f.

Allargare, *amplio: dilato*, as, etc. – la strada, *viam explicare*: – la bocca, *rictum distendere, diducere*, A.

Allattare, *lacto*, as, etc. A. *lac præbere*, per Prender latte, *lac sugĕre*.

Allattato, *lacte nutritus*, a, um.

Alleanza, *fœdus, ĕris*, n. Fare alleanza, *fœdus inire*.

Alleato, *socius; fœderatus*, a, um, add.

Allegare, addurre, citare, *allēgo*, as, avi, atum, are: *afferre*, A. allegare i denti, *hebetare dentes*, vel *hebetari*.

Allegato, *allatus*, a, um, add.

Allegazione, *prolatio: allegatio*, onis, f.

Alleggerimento, *levamen*, ĭnis, n.

Alleggerire, e alleggiare, *levo*, as, etc. A.

Alleggerito, *levatus*, a, um.

Allegoria, *allegoria*, æ, f.

Allegoricamente, *allegorice*, avv.

Allegorico, *allegoricus*, a, um, add.

Allegramente, *hilariter: alacriter*, avv.

Allegrare, *hilăro*, as, avi, atum, are, A.

Allegrezza, *gaudium*, i, n. *lætitia*, æ, f. – spirituale, *animus cœlesti lætitia auctus*.

Allegro, *lætus*, a, um: *hilăris*, m. e f. e, n. add.

Allenamento, allentamento, *remissio*, onis, f.

Allenare, perder la lena, *deficĕre*, N. per dar lena, *robur addere*.

Allentare, *remitto*, ttis, si, ssum, ttĕre: *laxo*, as, etc. A.

Allentato, *remissus*, a, um, add.

Allentatura, Ernia, *laxatio*, onis, f.

Allestire, *paro*, as, etc. A.

Alletamare, *stercŏro*, as, etc. A.

Allettamento, *illecĕbræ*, arum, f. pl.

Allettare, *allicio, illicio*, licis, exi, ectum, licĕre, A.

Allettativo, *illecebrosus*, a, um, add.

Allettato, *illectus*, a, um, add.

Allevamento, *nutritus*, us, m. *educatio*, onis, f.

Allevare, *alo*, is, ui, tum, litum, ĕre, A per ammaestrare, *edŭco*, as, avi, atum, are, A.

Allevato, *nutritus*, a, um: *educatus*.

Allevatore, *educator*, oris, m.

Allevatrice, *nutrix*, icis, f.

Alleviamento. V. Alleggerimento.

Alleviare, *levo*, as, etc. A

Alleviatore, *solator*, oris, m.

Allibbire, impallidire restar confuso e senza voce, *pallescere, obstupescere*, N.

Allibrare, mettere al libro, *perscribere, perscribo*, is, ipsi, iptum, A.

Allievo, *alumnus*, i, m.

Allignare, *radices agere*: *ago*, agis, egi, actum, agĕre, A.

Allignato, *insitus*, a, um; *consitus*.

Allividimento, *livor*, oris, m.

Allividire, *livesco*, is, ĕre, N.

Allividito, *lividus*, a, um, add.

Allocco (uccello), *bubo*, onis, m. per scimunito, *fatuus*, a, um, add.

Allodola (uccello), *alauda*, æ, f.

Allogamento, *locatio*, onis, f.

Allogare, *loco suo reponere*: *repono*, is, etc. *collŏco*, as, etc. A. – la casa, *domum locare*: – la figliuola, *filiam in matrimonium collocare*.

Alloggiamento, *hospitium: diversorium*, i, n. – di soldati, *contubernium*, i, *castra*, orum, n. pl. – di estate, *æstiva*, orum: – d'inverno, *hiberna*, orum, n. pl.

Alloggiare. V. Albergare.

Alloggio, *hospitium*, i, n.

Allontanamento, *recessus*, us, m. *amotio*, onis, f.

Allontanare, *arceo*, es, ui, ĕre, A. *removeo*, ves, vi, tum, vĕre, A.

Allontanarsi, *recedo: secedo*, dis, ssi, ssum, dĕre, N.

Allontanato, *remotus: sejunctus*, a, um.

Allora, *tunc*, avv. Allora che, *tum cum*; Allora più che mai, *tum maxime*: Allora sì, *tum vero*; D'allora in qua, *exinde*.

Alloro, *laurus*, i, f. Di alloro, *laureus*, a, um, add.

Allucinare. V. Abbagliare.

Alludere, *alludo*, dis, si, sum, dĕre, N. *spectare*.

Allume, *alumen*, ĭnis, n.

Alluminazione. V. Illuminazione.

Alluminare. V. Illuminare.

Allungamento, *productio*, onis, f.

Allungare *protraho*, ahis, axi, actum, ahĕre: *produco*, cis, xi, ctum, cĕre, A.

Allungarsi. V. Distendersi.

Allungato, *protractus: productus*, a, um, add.

Allusione. Avere allusione a qualche cosa, *ad aliquam rem rationem habēre*.

Allusivo, *alludens*, entis, c., add.

Alluvione, *alluvio*, onis, f.

Alma, anima, *anima*, æ, f.

Almanacco, *ephemĕris*, idis, f.

Almeno, almanco, *saltem*, avv.

Aloe (erba), *alŏe*, es, f.

Alone, quel cerchio di lume che vedesi talvolta intorno ai pianeti, *halo*, onis, m.

Alpe, *alpes*, ium, f.

Alpestre, *silvester*, ris, re: *asper*, a, um, add.

Alpigiano, *alpinus*, a, um, add.

Alquante volte, *aliquoties*, avv.

Alquanti, *aliquot*. Indecl *aliqui*.

Alquanto, *aliquantus*, a, um, add *Aliquantum: aliquantulum*, avv. Alquanto prima, *aliquanto ante*: Alquanto tempo, *aliquandiu*.

Altamente, *alte*, avv.

Altare, *altāre*, is, n. *ara*, æ, f.

Altarino, *parva ara*, æ, f.

Alteramente, altieramente, *superbe: elate*, avv.

Alterare, *conturbo*, as, etc. A.

Alteramente, *iracunde*, avv.

Alterato, *commotus: iratus*, a, um, add.

Alterazione, *perturbatio: commotio: conturbatio*, onis, f.

Altercare, *altercor*, aris, atus, ari, D. *jurgor*, aris, atus, ari, D.

Altercazione, *altercatio: contentio*, onis, f.

Alterigia, alterezza, *superbia*, *æ*, f.
Alternamente, alternatamente, *alternis*, sottintendi, *vicibus*, *vicissim*, avv.
Alternare, *alterno*, *as*, etc. A.
Alternativa, alternazione, *vicissitudo*, *ĭnis*, f.
Alternativamente. Vedi Alternamente.
Altezza, *altitudo*, *ĭnis*, f.
Altezza reale, *regia majestas*.
Altieramente. Vedi Alteramente.
Altiero, altero, *superbus*: *imperiosus*, *a*, *um*, add.
Alto, *altus*, *a*, *um*, ad; *excelsus*, *a*, *um*. Far alto e basso, *suo arbitratu omnia agĕre*. Parlar alto, *minaciter loqui*: Alzar in alto, *extollĕre*: Far alto, *consistĕre*, N.: Su via, *eja*, *age*, interiez.
Altra volta, *alias*: *alio tempore*.
Altresì, *pariter*: *item*: *itidem*, cong.
Altrettanto, *tantundem*, avv. Altrettanti, *totidem*, indecl.
Altri, altro, *alius*, *a*, *ud*; secondo, *alter*, *a*, *um*. Niun altri, *nemo alius*, per altro, *ceterum*, *alioquin*, avv.
Altrice, *altrix*, *icis*, f.
Altrieri, jeri l'altro, *nudius tertius*, avv.
Altrimenti, *aliter*, *secus*, avv. Non altrimenti che, *non aliter ac*, *atque*, *quam*.
Altronde, *aliunde*, avv.
Altrove, moto, *alio*: stato, *alibi*, avv.
Altrui, V. Altro.
Altura, *altitudo*, *ĭnis*, f.
Alveare, *alveare*, *is*, n., *alvearium*, *i*, n.
Alveo, letto del fiume, *alvĕus*, *i*, m.
Allume o allume, sale terrestre, *alumen*, *ĭnis*, n.
Alunno, allievo, *alumnus*, *i*, m.
Alzamento, alzata, *elatio*, *onis*, f.
Alzare, *extollo*, *lis*, *extŭli*, *elatum*, *lĕre*, A.
Alzarsi in piedi, *surgo*, *gis*, *rexi*, *rectum*, *gĕre*. N.
Alzato, *elatus*: *erectus*, *a*, *um*, add.
Amabile, *amabilis*, m. e f. *e*, n. *expetendus*, *a*, *um*, add.
Amabilità, *amabilitas*, *atis*, f.
Amabilmente, *amabiliter*, avv.
Amante, *amans*, *antis*, c.
Amaraco, specie d'erba odorosa, *amarăcus*, *i*, m.
Amaranto, sorta di fiore, *amaranthus*, *i*, m.
Amaramente, *amare*: *acerbe*, avv.
Amare, *amo*, *as*, etc., *diligo*, *igis*, *exi*, *ectum*, *igĕre*. A. — di cuore, *ex animo*: — fuor di modo, *mirifice*, avv.
Amareggiamento. Vedi Amarezza.
Amareggiare, *exacerbo*, *as*, etc. A.
Amareggiato, *exacerbatus*, *a*, *um*, add.
Amaretto, *subamarus*, *a*, *um*, add.
Amarezza, *amaritudo*, *ĭnis*, f. *tristitia*, *æ*, f.
Amaro, *amarus*, *a*, *um*, add. *tristis*, m. e f. *e*, n.
Ametista, amatisto (gioia), *amethystus*, *i*, f. Diamatista, *amethystinus*, *a*, *um*, add.
Amatita, e matita (pietra), *hæmatites*, *æ*, m.
Amato, *amatus*: *dilectus*, *a*, *um*, add.
Amatore, *amator*, *oris*, m.
Amatorio, *amatorius*, *a*, *um*, add.
Amatrice, *amatrix*, *icis*, f.
Amazone, *amazon*, *ŏnis*, f.
Ambasceria, *legatio*, *onis*, f. Mandarla, *lego*, *as*, etc. A. Andarvi, *legationem obeo*, *is*, *ivi*, *itum*, *ire*, N.
Ambascia, *angor*, *ŏris*, m.
Ambasciata, *nuncium*, *i*, n.
Ambasciatore, ambasciadore, *legatus*, *i*, m. *orator*, *oris*, m.
Ambasciatrice, *nuncia*, *æ*, f. *legati uxor*, f.
Ambascioso, *anxius*, *a*, *um*, add.
Ambedue, amendue, *ambo*, *ambæ*, *ambo*.
Ambiente, *ambiens aer*, n.
Ambiguamente, *ambigue*, avv.
Ambiguo, ambiguità. Vedi Dubbioso, Dubbio.
Ambire, *ambio*, *is*, *ivi*, *itum*, *ire*: *affecto*, *as*, etc. A.
Ambito, giro, *ambĭtus*, *us*, m. desiderato, *optatus*, *gloriosus*.
Ambiziosamente, *ambitiose*, *jactanter*, avv.
Ambizioso, *ambitiosus*, *a*, *um*, add. Essere ambizioso, *ambitioni servire*, *honorum cupiditate ardĕre*.
Ambra, *succinum*: *electrum*, *i*, n. Di ambra, *succineus*, *a*, *um*, add.
Ambrosia, *ambrosia*, *æ*, f.
Amenamente, *amœne*, avv.
Amenità, *amœnitas*, *atis*, f.
Ameno, *amœnus*, *a*, *um*, add.
Anfibio, che vive in acqua e in terra, *amphibia*, *orum*, n. pl.
Amianto specie di pietra, *amiantus*, *i*, m.
Amicamente, amichevolmente, *amice*, avv.
Amichevole, amicabile, *amicabilis*, m. e f. *e*, n. add. All'amichevole, *amice*, avv.
Amicizia, *amicitia*: *benevolentia*, *æ*, f. *amor*, *oris*, m. Amicizia stretta, *summa necessitudo*.
Amico, sost., *amicus*, *i*, m. — Unico, stretto, *amicissimus*. Da amico, *amice*, avv.
Amico per Favorevole, *prosperus*, *a*, *um*, ad.
Amido, *amylum*, *i*, n
Amistà. Vedi Amicizia.
Ammaccamento. Vedi Ammaccatura.
Ammaccare, *contundo*, *undis*, *udi*, *usum*, *undĕre*, A.
Ammaccatura, *contusio*, *onis*, f.
Ammacchiarsi, *abdĕre se vepribus et dumetis*: *delitesco*, *is*, etc. N.
Ammaestramento, *institutio*, *onis*, f. *documentum*, *i*, n.
Ammaestrare, *doceo*, *ces*, *cui*, *ctum*, *cēre*, A. *instituo*, *uis*, *ui*, *utum*, *uĕre*, A.
Ammaestrato, *edoctus*: *imbutus*, *a*, *um*, add.
Ammaestratore. V. Maestro.
Ammaestrevole, *docilis*, m. e f. *e*, n. add.
Ammainare le vele, *vela colligĕre*.
Ammalare, ammalarsi, *ægroto*, *as*, etc. N. *in morbum incidĕre*.
Ammalaticcio, *valetudinarius*, *i*, m.
Ammalato, *æger*, *ri*, m. *ægrotus*, *i*, m. Essere ammalato gravemente, *graviter esse affectum*: — a morte, *lethali morbo urgēri*.
Ammaliamento, *veneficium*, *i*, m.
Ammaliare, *fascino*, *as*, etc. A.

Ammaliatore, veneficus, i, m.
Ammaliatrice, venefica, æ, f.
Ammanettare le mani, manicas inficĕre: — i piedi, compedibus vincire.
Ammanettato, compedibus, manicis vinctus.
Ammannire, apparo, as, etc. A.
Ammansare, ammansire, mansuefacio, facis, eci, actum, acĕre, A.
Ammantare, Ammantellare, tego, gis, xi, ctum, gĕre, A.
Ammantato, amictus, a, um, add.
Ammanto, pallium, indumentum, i, n.
Ammarcimento, putredo, inis, f.
Ammarcire, marcesco, is, ĕre, N.
Ammassamento. V. Ammasso.
Ammassare, congero, ĕris, essi, estum, erĕre; accumulo, as, etc. A.
Ammassato, congestus, a, um, add.
Ammasso, cumulus, i, m. acervus, i, m.
Ammatassare, involvo, vis, vi, lutum, vĕre, A.
Ammattire. V. Impazzire.
Ammattonamento, pavimenti lateritii constructio.
Ammattonare, pavimentum lateribus sternĕre.
Ammattonato, lateribus stratus.
Ammazzamento, cædes, is, f. occisio, onis, f.
Ammazzare, occīdo, dis, di, sum, dĕre; neco, as, avi, atum, are, A.
Ammazzato, interfectus: cæsus, a, um, add.
Ammazzatore, interfector, oris, m.
Ammazzatrice, interfectrix, icis, f.
Ammenda, compensatio, onis, f. multa, æ, f. per Correzione, V.
Ammendabile, emendabilis, m. e f. e, n. add.
Ammendare, compenso, as, avi, atum, are, A. per Emendare, V.
Ammesso, admissus: receptus, a, um.
Ammettere, admitto, ttis, si, ssum, ttere, A. al consiglio, ad consilium adhibēre.
Ammiccare, accennar cogli occhi, nictare ei rei.
Amministrare, administro, as, avi, atum, are, A.
Amministratore, administrator, oris: curator, oris, m.
Amministratrice, administra, æ, f.
Amministrazione, administratio: procuratio, onis, f.
Ammirabile, admirabilis, m. e f. e, n. add.
Ammiraglio, præfectus classis.
Ammirando. V. Ammirabile.
Ammirare, admiror: miror, aris, atus, ari, D.
Ammirativo, mirabundus, a, um, add. Punto ammirativo, punctum admirationis.
Ammiratore, admirator, oris, m.
Ammiratrice, admiratrix, icis, f.
Ammirazione, admiratio, onis, f.
Ammitto, e amitto, amictus, us, m.
Ammogliare, uxorem dare: Ammogliarsi, uxorem ducere.
Ammogliato, uxorem habens, add.
Ammollimento, mollimentum, i, n.
Ammollare, per Bagnarsi, madefieri, Ammolliri. V. Ammollire.
Ammollire, mollio, is, ivi, itum, ire, A. mo-
defacere, A. — colle preghiere, precibus flectĕre, delinire.
Ammollito, delinitus, a, um.
Ammonimento. V. Ammonizione.
Ammonire, admoneo: commoneo, es, ui, itum, ēre, A.
Ammonito, admonitus, a, um.
Ammonitore, admonitor, oris, m.
Ammonizione, monitum, i, n. monitus, us, m. admonitio, onis, f.
Ammontare, Ammonticchiare. V. Ammassare.
Ammorbare, male olēre: per infettare, fætore corrumpĕre.
Ammorbato, fætore corruptus: fœtidus, a, um, add.
Ammorbidare, Ammorbidire, mollio, is, ivi, itum, ire, A.
Ammortire, stramortire, deficio, icis, eci, ectum, icĕre, N.
Ammorzamento, extinctio, onis, f.
Ammorzare e Ammortare, restinguo, is, xi, ctum, uĕre, A.
Ammorzatore, extinctor, oris, m.
Ammostare, uvas calcare.
Ammucchiare. V. Ammassare.
Ammutinamento, tumultus, us, m. seditio, onis, f.
Ammutinarsi, seditionem facĕre.
Ammutinato, seditiosus, a, um, add.
Ammutolito, obmutescens, entis, c, add.
Amo, hamus, i, m. Che ha degli ami, hamatus, a, um, add.
Amore, amor, oris, m. studium, i, n. benevolentia, æ, f. Per amor di Dio, Dei causa. Per amor mio, tuo, mea, tua, causa.
Amoreggiamento, amatio, onis, f.
Amoreggiare, adamo, as, avi, atum, are, A. dare operam amori.
Amorevole, benevolus, a, um: comis, m. e f. e, n. add.
Amorevolezza, benevolentia, æ, f. comitas, atis, f.
Amorevolmente, humaniter: comiter, avv.
Amorosamente, amanter, avv.
Amoroso, amoris, et benevolentiæ plenus, add.
Amovibile, mobilis, m. e f. e, n. add.
Ampiamente, copiose: ample, avv.
Ampiezza, amplitudo, inis, f.
Ampio, amplus: spatiosus, a, um, add.
Amplamente. V. Ampiamente.
Amplesso, amplexus, us, m.
Ampliare, amplio, as, etc. A.
Ampliato, auctus: amplificatus, a, um, add.
Amplificare, amplifico, as, avi, atum, are, A.
Amplificatore, amplificator, oris, m.
Amplificatrice, amplificans, antis, f.
Amplificazione, amplificatio, onis, f.
Amplitudine, amplitudo, inis, f.
Amplo. V. Ampio.
Ampolla, ampulla, æ, f.
Ampollina, ampolletta, parva ampulla.
Ampollosamente, avv. turgide.
Ampollosità, tumor, oris, m.
Ampolloso, inflatus; turgidus, a, um, add.

Amputazione, *amputatio, onis*, f.
Anacoreta, *anachoreta, æ*, m. *homo solitarius.*
Anagramma, *anagramma, ătis*, n.
Analogia, proporzione, convenienza, *analogia, æ*, f.
Anatema, scomunica, *anathĕma, ătis*, n.
Anatomia, *cadaverum sectio.*
Anatomico, *anatomicus, a, um*, add. per Notomista. V.
Anca, coscia, *coxendix, ĭcis: coxa, æ*, f.
Ancella, *ancilla, æ*, f.
Anche, anco, ancora, *etiam: quoque: vel:* Se si parla di tempo, *adhuc*, avv. Non ancora, *nondum:* Ancorchè, *etiamsi*, cong.
Ancipite, dubbio, *anceps, ipĭtis*, c.
Ancora, *anchŏra, æ*, f. Fune dell'ancora, *anchorale, is*, n. Di ancora, *ancorarius, a, um*, add. V. Anche.
Ancudine, e incudine, *incus, ūdis*, f.
Andamento, *gressus, us; incessus, us*, m. per Modo di procedere, *consilium: institutum, i*, n. *agendi ratio.*
Andare, *eo, is, ivi, itum, īre*, N. per Camminare, *incedo:* La cosa andò bene, *res ex sententia cessit:* Andò male, *male vertit:* Lasciare andare, *dimittere:* Andar via, *discedo, dis, ssi, ssum, dĕre*, N. — incontro, *obviam ire alicui:* — avanti, *aliquem antevertere, præire:* — in su, *altum petere, in sublime tendĕre:* — in malora, *in malam crucem abire:* Se ne andò, *abiit:* Andarsene pei fatti suoi, *abire.*
Andata, *itio, onis: discessio, onis*, f.
Andato, passato, *præteritus: anteactus, a, um.*
Andatura, *incessus, us*, m.
Andirivieni, *ambĭtus, us*, m.
Andito, *andron, onis*, m.
Anelante, *anhelus, a, um*, add.
Anelare, *anhelo, as*, etc. A.
Anelito, *anhelitus, us*, m.
Anelletto, anellino, *anellus, i*, m.
Anello, *anulus, i*, m. — di catena, *annula, æ*, f. — da sigillare, *anulus signatorius:* Dar l'anello, *sponsalia tradito anulo confirmare.*
Aneto, *anēthum, i*, n.
Anfibologia, discorso a doppio senso, *amphibologia, æ*, f.
Anfibologicamente, *ambigue*, avv.
Anfibologico, *ambiguus, a, um*, add.
Anfiteatro, *amphitheatrum, i*, n.
Anfora, vaso, *amphora, æ*, f.
Anfratto, luogo stretto e intricato, *anfractus, us*, m.
Angheria, *violentia, æ*, f. *acerba exactio, onis*, f.
Angariare, *premo, mis, ssi, ssum, mĕre*, A.
Angariato, *oppressus, a, um*, add.
Angariatore, *vi cogens.*
Angelico, *angelicus, a, um*, add.
Angiolotto, *parvus angelus.*
Angiolo, Angelo, *angelus, i*, m.

Angolare, *angularis*, m. e f. *e*, n. add.
Angolo, *angulus, i*, m.
Angoscia, *angor, oris*, m. *anxietas, atis*, f.
Angosciare, soffocare, *ango, gis, xi, gĕre*, senza supino, A. Angosciarsi, *angor, eris, gi*, D.
Angosciosamente, *anxie*, avv.
Angoscioso, *anxius, a, um*, add.
Angue, serpe, *anguis, is*, m.
Anguilla, *anguilla, æ*, f.
Anguinaia, *inguen, ĭnis*, n.
Angustia, *angustia, æ: sollicitudo, ĭnis*, f.
Angustiare. V. Affliggere.
Angustioso. V. Angoscioso.
Angusto, *angustus, a, um*, add.
Anice, *anīsum, i*, n.
Anile, da vecchio, *anilis*, m. e f. *e*, n. add.
Anima, *anima, æ*, f. *animus, i: mens:* — per la parte interiore degli alberi, *medulla, æ*, f. d'altre cose *succus, si*, m. V. Anime.
Animalaccio, *immanis bellua.*
Animale, *animal, ālis*, n. *animans, antis*, c.
Animalesco, animale, *animalis*, m. e f. *e*, n. *belluinus, a, um*, add.
Animaletto, animaluccio, *bestiŏla, æ*, f.
Animare, *animo, as, avi, atum, are*, A. per Fare animo, *animum sumĕre ad*, etc.
Animato, che ha anima, *anima præditus, animatus*, add.
Animatore, animatrice, *animans, antis*, c.
Animavversione, gastigo, *animadversio, onis*, f.
Animazione, *animatio, onis*, f.
Anime del paradiso, *animæ in cœlum receptæ:* — del purgatorio, *animæ quæ purgatorio igne torquentur:* — dell'inferno, *animæ æternis suppliciis addictæ* — dei morti, *animæ corporibus exutæ: manes, ium*, m. pl.
Animella, *glandula, æ*, f. *lactes, ium*, f. pl.
Animo, *animus, i*, m. Animo grande, *animus excelsus* — piccolo, *angustus:* Perderai d'animo, *animum abjicĕre:* A. Pigliare animo, *animum colligĕre.*
Animosamente, *animose, fortiter*, avv.
Animosità, *audacia, æ*, f. per Coraggio, *fortitudo animi.*
Animoso, *magnanimus, a, um: animosus, a, um*, add.
Animuccia, *animŭla, æ*, f.
Anitra, *anas, ătis*, f.
Annali, *annales, ium*, m. pl.
Annalista, *annalium scriptor*, m.
Annasare, fiutare, *olfacio, facis, feci, factum, facĕre*, A.
Annasato, *olfactus, a, um*, add.
Annaspare, *filum involvĕre*, vel *agglomerare.*
Annata, *anni spatium*, per Provvisione annuale, *annua, orum*, n. pl. o *annuus proventus.*
Annebbiamento, *nubilum, i*, n.
Annebbiare, annuvolare, *obnubĭlo, as, avi, atum, are*, A. *caliginem obducĕre.*
Annebbiato, *caligine offusus.* Biade annebbiate, *fruges nebula enectæ.*

Annegamento, *submersio, onis*, f.
Annegare, *submergo, gis, si, sum, gĕre*, A.
Annegazione, rinnegamento della propria volontà, *negatio, onis*, f.
Anneghittire, *pigresco, cis, cĕre*, N.
Anneghittito, *piger, ra, rum*, add.
Annegrare, annerare, e annerire, *denigro, as, avi, atum, are*, A.
Annegrarsi, *nigresco, is, ĕre*, N.
Anneramento, *denigratio, onis*, f.
Annerito, *denigratus, a, um*, add.
Annesso, *coniunctus: copulatus, a, um*, add.
Annestare. V. Innestare.
Annichilamento, *exinanitio: destructio, onis*, f.
Annichilare, *ad nihilum redigo, igis, egi, actum, igĕre*, A. Annichilarsi, *se exinanire*.
Annichilato, *ad nihilum redactus*.
Annichilazione. V. Annichilamento.
Annidare, *in nido ponĕre*, A. Annidarsi, *nidum*, vel *sedem ponĕre*.
Annientare. V. Annichilare.
Annitrito, e nitrito, *hinnitus, us*, m.
Annitrire, e nitrire, *hinnio, is, ivi, itum, ire*, N.
Anniversario, *dies anniversarius*: Farlo ai morti, *parentalia*, vel *justa facere, persolvĕre*.
Anno, *annus*, i, m. Anno nuovo, *annus exoriens*: – che corre, *annus vertens*; – compìeto, *annus exactus*: – santo, *annus sacer*. Ogni anno, *quotannis*, avv. Un anno sì, e l'altro no, *alternis annis*. Ogni tre anni, *tertio quoque anno*: Di anno in anno, *in singulos annos*: Per un anno, *in annum*: Sul principio dell'anno, *anno ineunte*: sul finire, *exeunte*: L'anno passato, *superiore anno*: Di un anno, *anniculus*: Di due anni, di tre, *bimus, trimus*: Cosa che si fa ogni anno, *annuus, a, um*, add. Spazio di due anni, *biennium*: di tre anni, *triennium*: – bisesto, *bissextus annus*: Anno del Signore, *annus a reparata salute*.
Annodamento, *nexus, us*, m.
Annodare, *necto, ctis, xui*, o *xi*, *xum, ctĕre*: *alligo, as*, etc. A.
Annodato, *nexus*: *adstrictus, a, um*, add.
Annoiamento, *molestia, æ*, f.
Annoiare, *tædio afficĕre*. Dar noia ad alcuno, *molestiam alicui afferre*.
Annoiato, *pertæsus, a, um*, add.
Annotazione, *annotatio, onis*, f.
Annottare, *noctescit, ebat, escĕre*, Imp.
Annoveramento, *enumeratio, onis*, f.
Annoverare, *recenseo, es, ui, itum, ēre*, A.
Annoverato, *recensitus: adnumeratus, a, um*
Annoverazione. V. Annoveramento.
Annuale, *annuus, a, um*, add.
Annualmente, *quotannis*, avv.
Annullare, *abrogo, as, avi, atum, are*: *aboleo, es, evi, itum, ēre*, A. – un testamento, *testamentum, irritum facĕre*.
Annullato, *abolitus, a, um*.
Annullazione, *abrogatio, onis*, f.

Annumerare. V. Annoverare.
Annumerazione. V. Annoveramento.
Annunziare, *nuncio, as*, etc. A.
Annunziato, *nunciatus, a, um*, add.
Annunziatore, *nuncius*, i, m.
Annunziatrice, *nuncia, æ*, f.
Annunziazione, annunziamento, *nunciatio, onis*, f. per la festività della Madonna, *annunciatio, onis*, f.
Annunzio, *nunciatio, onis*, f.
Annuo, *annuus, a, um*, add.
Annuvolare, *obnubilo, as*, etc. A. Si annuvola, *cælum nubibus obducitur*.
Ano, *anus*, i, m.
Anomalo, *irregularis*, m. e f. *e*, n. add.
Anonimo, senza nome, *ignotus, a, um*, add.
Ansamento, *anhelitus, us*, m.
Ansante, *anhelus, a, um*, add.
Ansare, *anhelo, as, avi, atum, are*, N.
Ansato, *anhelatio, onis*, f.
Ansietà, ansia, *anxietas, ātis*, f. *sollicitudo, inis*, f.
Ansiosamente, *anxie*, avv.
Ansioso, ansio, *anxius: sollicitus, a, um*, add.
Antartico, opposto all' Artico, *antarcticus, a, um*, add.
Antecedente, *antecedens, entis*, c.
Antecedentemente, *antea*, avv.
Antecedenza, *antecessio, onis*, f
Antecedere, *antecedo, dis, ssi, ssum, dĕre*, N.
Antecessore, *decessor, oris, antecessor, oris*, m.
Antemurale, *propugnaculum*, i, n.
Antenati, *majores, um*, m. pl.
Antenna, *antenna, æ*, f.
Anteporre, *antepono, nis, sui, situm, nĕre*: *antefĕro, fers, tuli, latum, ferre*, A.
Anteposizione, *prælatio, onis*, f.
Anteposto, *prælatus: prapositus, a, um*, add.
Anteriore, *anterior, oris*: che è nella parte davanti, prima di tempo, *prior oris*, c.
Anteriorità di tempo, *ætas antecedens*.
Anteriormente, *anterius*, avv.
Antesignano, *antesignanus*, i, m.
Anticaglia, *antiquum monumentum*, i, n.
Anticamente, *olim: antiquitus*, avv.
Anticamera, *procœton, onis*, m. *salutatorium cubiculum*.
Antichità, *antiquitas: vetustas, atis*, f.
Anticipare, *anticipo, as, avi, atum, are*, N.
Anticipatamente, *in antecessum: ante tempus*, avv.
Anticipato, *anticipatus, a, um*, add.
Anticipazione, anticipamento, *anticipatio onis*, f.
Antico, *antiquus: priscus: vetustus, a, um*, add. Uomo fatto all' antica, *vir prisci moris*, o *vir antiquæ virtutis*.
Anticristo, *antichristus*, i, m.
Antidetto, *prædictus, a, um*, add.
Antidoto, contravveleno, *antidotus*, i, f. *antidotum*, i, n.
Antifona, *antiphona, æ*, f.
Antimonio, metallo, *stibium*, i, n.
Antipapa, *antipapa, æ*, *pontifex non legitimus*.

Antipasto, *primum ferculum, i,* n.
Antipatia, avversione, *naturalis repugnantia.*
Antipodi, abitatori del globo che tengono i piedi opposti ai nostri, *antipodes, um,* m. pl.
Antiporto, antiporta, *vestibulum, i,* n. *propylæum, i,* n.
Antiquario, *antiquarius, i,* m.
Antiquato, *obsoletus, a, um,* add.
Antivedere, *prævideo, des, di, sum, dēre,* A.
Antivedimento, *præsensio, onis,* f.
Antiveditore, *præsagus, a, um,* add.
Antivenire, *prævenio, is, eni, entum, ire,* A.
Antro, *antrum, i,* n. *specus, us,* m.
Anzi, *immo,* o *imo,* cong. *potius,* avv. Anzichè, *potiusquam:* per Prima che, *antequam:* Anzi di più, *quin etiam:* Che anzi, *quin imo,* cong.
Anzianità, *ætatis prærogativa.*
Anziano, *senior, oris,* m. *vir primarius.*
Anzidetto, *prædictus, a, um,* add.
Ape, *apis, is,* f. – piccola, *apicula, æ,* f. Il romore che fanno, *bombitatio, onis,* f. o *bombus, i,* m.
Apertamente, *palam; aperte,* avv.
Aperto, *apertus, a, um: patens, entis,* o. Di cuore aperto, *sincerus, a, um, ingenuus.*
Apertura, *apertio, onis,* f. – di terra, *terræ hiatus, us,* m. – di muro, *rima, æ,* f. – di bocca, *rictus, us,* m. – di scuola, *studiorum instauratio, onis,* f.
Apocalisse, rivelazione, *apocalypsis, is,* f.
Apocrifo, non autentico, *adulterinus, a, um,* add.
Apologia, discorso in difesa, *defensio, onis,* f. *apologia, æ,* f.
Apologo, favola, *apologus, i,* m. *fabula, æ.*
Apoplessia, *apoplexia, æ,* f.
Apopletico, *apoplecticus, a, um,* add.
A posta, *consulto: dedita opera: de industria:* Non l'ho fatto a posta, *imprudens feci.*
Apostasia, abbandono della propria religione, *defectio, onis,* f.
Apostata, *desertor: defector, oris,* m.
Apostatare, *deficio, ficis, eci, ectum, icĕre; descisco,* N.
Apostolato, *apostoli munus, eris,* n.
Apostolicamente, *apostolice,* avv.
Apostolico, *apostolicus, a, um,* add.
Apostolo, *apostolus, i,* m.
Apostrofare, *apostropho notare,* A. per rivolgere il discorso ad alcuno; *orationem ad aliquem convertere.*
Apostrofe, *apostrophe, es,* f. *conversio, onis* f.
Apostrofo, *apostrophus, i,* m.
Appagare, *satisfacio, facis, eci, actum, acĕre,* N.
Appagarsi, *acquiesco, scis, vi, tum, scĕre,* N. *contentum esse.*
Appagato, *contentus, a, um,* add.
Appaiare, *jungere, jungo, is, unxi, unctum.*
Appaltare, *loco, as, avi, atum, are,* A.
Appaltatore, *conductor, oris,* m.
Appalto, *redemptura, æ,* f. *monopolium ii* n. Prender l'appalto di qualche cosa, *aliquid conducĕre.*
Appannamento, *obscuratio, onis,* f.
Appannare, *obscuro, as, avi, atum, are,* A.
Appannato, *obscuratus: obumbratus, a, um,* add.
Apparato, per Imparato, *perceptus, a, um,* add. per Fornito, *ornatus, a, um:* sost. *apparatus, us,* m.
Apparecchiare, *paro: apparo, as, avi, atum, are,* A. Apparecchiarsi, *se ad aliquid comparare, accingĕre.*
Apparecchiato, *apparatus: instructus, a, um,* add.
Apparecchio, apparecchiamento, *paratus, us, apparatus, us,* – da re, *regius, a, um,* m.
Appareggiare, *exæquo, as* etc. A.
Apparentare, *affinitate conjungi,* vel *affinitatem cum aliquo jungere:* Apparentati, stretti in sangue, *propinqua cognatione conjuncti.*
Apparente, *perspicuus, a, um:* per Verisimile, *verisimilis,* m. e f. *e,* n. add.
Apparentemente, *verisimiliter, specie,* avv.
Apparenza, *species, iei,* f. Dell'apparenza, *egregia forma:* In apparenza, *specie tenus:* L'apparenza inganna, *fronti nulla fides.*
Apparimento. V. Apparizione.
Apparire, *appareo: compareo, es, ui, ēre,* N.
Appariscente, *speciosus, a, um,* add.
Apparizione, *visum, i,* n. *apparitio, onis,* f.
Apparso, *manifestatus, a, um,* add.
Appartamento, *ædium pars:* – delle donne, *gynæconitis, tidis,* vel *gynæceum, i,* n. – degli uomini, *andronitis, tidis,* f.
Appartarsi, *secēdo, dis, essi, essum, dĕre,* N.
Appartatamente, *separatim: seorsum,* avv.
Appartato, *secretus: segregatus, a, um,* add.
Appartenente, *pertinens, entis,* o.
Appartenere, *pertinet, ebat, uit, ēre: spectat, abat,* etc. imp.
Appassionarsi, *ardenter cupere:* per affliggersi, *mœrore confici.*
Appassionatamente, *perdite: immodice, ardenter,* avv.
Appassionato, *cupidus, a, um:* per Afflitto, *mœstus,* add.
Appassire, *languesco, scis, scĕre,* N.
Appassito, *languidus, a, um,* add.
Appellare, *appello, as,* etc. appellarsi, *ad aliquem provŏcare.*
Appello, appellazione, *appellatio,* f. *provocatio, onis,* f.
Appena, *vix,* avv.
Appendere, *appendo, dis, di, sum, dĕre,* A.
Appendice, aggiunta, *appendix, icis,* f.
Appeso, *affixus: suspensus, a, um,* add.
Appestare, puzzare, *graviter olĕre,* N. per infettare, *peste inficĕre,* A.
Appestato, *pestilentia corruptus.*
Appetenza. V. Appetito.
Appetibile, *expetendus, a, um,* add.
Appetire, *appĕto: expĕto, is, ivi,* vel *ii, itum, ĕre: opto, as,* etc. A.

Appetito, appetitus, us, m. appetentia, æ: della roba altrui, appetitio alieni; per Desiderio, cupiditas, atis, f. — disordinato, libido, inis, f.

Appetitoso, appetitivo, appetitum movens.

Appianare, compianare: exæquo, as, avi, atum, are, A.

Appiattare. V. Nascondere.

Appiccamento, suspensio, onis, f.

Appiccare. V. Attaccare: per Impiccare, in crucem agĕre, figĕre cruci.

Appiccato, suspensus, a, um, add.

Appieno, cumulate: affatim, avv.

Appigionamento, locatio, onis, f.

Appigionare, loco, as, avi, atum, are, A.

Appigliarsi, adhæreo, res, si, sum, rēre, N. Appigliarsi ad un partito, consilium inire: — al parer d'uno, alicujus sententiam sequi.

Appio, erba, apium, i, n.

Applaudire, applaudo, dis, si, sum, dĕre, N. aliquem plausu excipere.

Applaudito, plausu exceptus, a, um, add.

Applauso, plausus, us, m.

Applicare, attendere, incumbo, mbis, ui, itum, mbĕre, N. per Assegnare, attribuo, uis, ui, utum, uĕre: A. Applicarsi a qualche cosa, animum alicui rei, vel ad aliquam rem adjungĕre.

Applicatamente, intente: attente, avv.

Applicato, intentus: attentus, a, um, add.

Applicazione, applicatio, onis, f. attentio, onis, f.

Appo, appresso, apud: juxta: prep. col l'acc.

Appoco appoco, paulatim: sensim, avv.

Appoggiare, admoveo, ōves, ovi, otum, ovēre: applico, as, etc. A. Appoggiare un negozio ad uno, negotium alicui demandare: Appoggiarsi, incumbo, mbis, bui, itum, mbĕre, N. innitor, teris, sum, nixum, ti, D.

Appoggiato, innixus, a, um, add.

Appoggio, fulcrum: fulcimentum, i, e fulcimen, inis, n. per Soccorso, Favore, auxilium, i: subsidium, i, n.

Apporre, incolpare, culpam in aliquem transferre: Porre sopra, appōno, nis, sui, situm, nĕre, A. Se mal non mi appongo, nisi fallor.

Apportare, affero, affers, attuli, allatum, afferre, A.

Apportato, allatus, a, um, add.

Apportatore, lator, oris, m. — di novelle, nuncius, i, m.

Appostare, insidior, aris, atus, ari, D. per Osservare, Guardare, observo, circumspicio; Appostare alcuno, aliquem præstolari.

Appostatamente, consulto, avv. dedita opera.

Apposticcio, additicius, a, um, add.

Apposto, posto accanto, appositus, a, um, add. per Incolpato: Appostogli a delitto, criminis, vel crimine insimulatus.

Apprendere, disco, scis, didici, sine sup., scĕre, A.

Apprendimento, l'imparare, disciplina, æ, f. perceptio, onis, f.

Apprensione, perceptio, onis, f. per Paura, metus, us, m. Mettere in apprensione, metum alicui incutĕre.

Apprensiva, percipiendi facultas, tis, vis, vis, f.

Apprensivo, timidus, a, um, add.

Appressamento, accessus, a, um, m.

Appressare, appressarsi. V. Avvicinare.

Appressato, admotus, a, um, add.

Appresso, apud: juxta, prep. coll'accus. In appresso, deinceps: Appresso a poco, circiter, fere, avv.

Apprestare, apparo, as, avi, atum, are, A.

Apprezzabile æstimabilis, m. e f. e, n. add.

Apprezzamento, æstimatio, onis, f.

Apprezzare, æstimo, as, etc. A.

Apprezzatore, æstimator, oris, m.

Approccio, trincea, coperta, che sporge in fuori, agger, gĕris, m. vallum, i, n.

Approdare, ad ripam appellĕre.

Approdato, ad ripam appulsus.

Approfittare, approfittarsi, proficio, ficis, feci, fectum, ficĕre, N.

Appropriare, attribuo, buis, bui, butum, buĕre, A. Appropriarsi, sibi vindicare.

Appropriato, attributus, a, um, add.

Appropriazione, usurpatio, onis, f.

Approssimare. V. Avvicinare.

Approssimazione, admotio, onis, f. appropinquatio, onis, f.

Approvare, comprŏbo, as, avi, atum, are, A.

Approvato, probatus, a, um, add.

Approvatore, probator, oris, m.

Approvazione, Approvamento, approbatio, onis, f.

Appuntamento, conventio, onis, f. pactio, onis, f. pactum, i, n.

Appuntare, far la punta, acuo, uis, ui, utum, uĕre, A. Appuntare la veste con gli spilletti, vestem aciculis figĕre, per Riprendere, vitupĕro, carpo, is, etc.: appuntare alcuno di errore, aliquem errore reprehendĕre, notāre.

Appuntato, acuminatus, a, um: per Cucito, assutus: per Determinato, statutus: Scritto appuntato, scriptio punctis distincta.

Appuntino, Appunto, adamussim, avv. Fatto appuntino, ammussitatus, a, um.

Appuzzare, fœtore corrumpĕre, A.

Aprico, esposto al sole, apricus, a, um, add.

Aprile, aprilis, is, m.

Aprimento. V. Apertura.

Aprire, aperio, is, ui, tum, ire: recludo, dis, si, sum, dĕre, A. Aprir la vena, venam incidĕre.

A proposito, apposite, avv. ad rem.

Aquario, segno dello Zodiaco, aquarius i, m.

Aquatico, aquaticus, a, um, add.

Aqueo, *aquosus, a, um*, add.
Aquila, *aquila, æ*, f.
Aquilino, *aquilinus, a, um*, add.
Aquilone (vento), *aquilo, onis*, m.
Aquilonare, *aquilonaris*, m. e f. *e*, n. add. *boreus, a, um*, add.
Ara, *ara, æ*, f.
Arabesco, *opus arabicum*.
Arabile, arativo, *arabilis*, m. e f. *e*, n. add.
Araldo, *fecialis*, vel *fetialis, is*, m.
Arancio (albero), *malus assyria*; (frutto) *malum aureum*: D'arancio, aranciato, *citreus, a, um*, add.
Arare, *aro, as, avi, atum, are*, N.
Arato, *aratus, a, um*, add.
Aratore, *arator, oris*, m.
Aratro, *aratrum, i*, n. Manico dell'aratro, *stiva, æ*, f.
Aratura, aramento, arazione, *aratio, onis*, f.
Arazziere, *aulæorum textor, oris*.
Arazzo, *aulæum, i*, n. *tapetum, i*, n.
Arbitra, *arbitra, æ*, f.
Arbitrare, dar sentenza, *arbitror, aris, atus, ari*, D.
Arbitrariamente, *pro arbitrio*, avv.
Arbitrario, *arbitrarius, a, um*, add.
Arbitrio, *arbitrium, i*, n. Dare l'arbitrio, *optionem facĕre*.
Arbitro, *arbiter, ri*, m. Rimettersi agli arbitri, *rem ad arbitros deferre*.
Arbore, *arbor, ŏris*, f.
Arboreo, *arboreus, a, um*, add.
Arboscello, *arbuscula, æ*, f.
Arbusto, *arbustum, i*, n.
Arca, cassa, scrigno, *arca, æ*, f.
Arcaismo, voce antica, *verbum antiquatum*.
Arcanamente, *arcano, arcane*, avv.
Arcangelo, *archangelus, i*, m.
Arcano, sost. *arcanum, i*, n. *arcanus, a, um*, add.
Arcata, *sagittæ jactus, us*, m.
Arcato, *flexus in modum arcus*.
Archeggiare, *arcuo, as, avi, atum, are*, A.
Archetto della lira, *plectrum, i*, n. — da prender uccelli, *pedica, æ*, f.
Archibugio, archibuso, *ballista ignea, æ*, f.
Archibugiata, *ictus ignitæ ballistæ*.
Archibusiere, *ballistarum ignearum faber*.
Archipenzolo, *perpendiculum, i*, n.
Architettare, *architector, aris, atus, ari*, D. *architectonicam artem exercēre*.
Architettato, *extructus, a, um*, add.
Architetto, ingegnere, *architectus, i*, m.
Architettura, *architectura, æ*, f.
Architrave, *epistylium, i*, *superliminare, is*, n.
Archivio, *tabularium, i*, et *tabulaum, i*, n.
Archivista. V. Cancelliere.
Arcidiacono, *archidiaconus, i*, m.
Arciduca, *archidux, ŭcis*, m. e f.
Arciero, *sagittarius, i*, m.
Arcipretato, *archipresbyteratus, us*, m.
Arciprete, *archipresbyter, ĕri*, m.
Arcivescovado, arcivescovato, *archiepiscopatus, us*, m. *archiepiscopi dignitas*, vel *sedes*, vel *ditio*.
Arcivescovo, *archiepiscopus, i*, m.
Arco, *arcus, us*, m. Caricarlo, *nervum intendere*: Scaricarlo, *arcum remittĕre*. — Arco della porta, del ponte, *fornix, ĭcis*, m. — della volta, *testudo, ĭnis*, f. A foggia d'arco, *arcuatim*, avv. Fatto ad arco, arcuato, *arcuatus, a, um*, add.
Arcobaleno, *arcus cœlestis, pluvius*, m. *iris, ĭdis*, f.
Arcolaio, *arcus ad filum glomerandum*.
Ardente, *ardens, entis*: *flagrans, antis*, c.
Ardentemente, *ardenter*: *vehementer*, avv.
Ardere, *ardeo, des, si, sum, dēre*, N. per Abbruciare, *cremo, as, avi, atum, are*, A.
Ardimento, ardire, arditezza, *audacia, audentia, æ*, f.
Ardire, verbo, Avere ardire, *audeo, des, sus, dēre*: *confido, dis, sus*, vel *di, dĕre*, N.
Arditamente, *audacter*: *fidenter*, avv.
Ardito, ardimentoso, *audax, dacis*: *confidens, dentis*, c.
Ardore, ardenza, *ardor, oris*: *fervor*, **oris**, *æstus, us*, m.
Arduo, *arduus, a, um*: *difficilis*, m. e f. *e*, n.
Area, superficie piana, *area, æ*, f.
Arena, e rena, *arena, æ*, f. *sabulo, onis*, m *sabulum, i*, n. Arena minuta, *arenula, æ*, f. — mescolata con calce, *arenatum, i*, n. Cava di arena, *arenaria, orum*, n. pl. — di fiume, *fluviatica*: che ha dell'oro, *aurifĕra*: purgar dalla rena, *exareno, as*, etc.
Arenoso, *arenosus, a, um*, add.
Argano, *ergăta, æ*, f. *tractoriæ machinæ*.
Argenteo, *argenteus, a, um*, add.
Argenteria, *vasa argentea*, n. pl.
Argentiere, *argentarius, i*, m.
Argento, *argentum, i*, n. Di argento, *argenteus, a, um*, add. — lavorato, *argentum cælatum, factum*: — non lavorato, *rude*: filato, *in stamina ductum*: — coniato, *signatum*: — ben purgato, *purgatum*: Coperto d'argento, *argentatus, a, um*, add. Argento vivo, *hydrargirus, i*, m.
Argilla, *argilla, æ*, f.
Argine, *agger, ĕris*, m.
Argomentare, *argumentor, aris, atus, ari*, D.
Argomentazione, *argumentatio, onis*, f.
Argomento, *argumentum, i*, n.
Arguire, *argumentor, aris*, etc.: *deduco*: *colligo, igis, ēgi, ectum, igĕre*. A. per Riprendere, giudicare, *arguo*, *corripio, ĭpis, ĭpui, ĕptum, ipĕre*, A.
Argutamente, *argute*, avv.
Arguto, *argutus, a, um*, add.
Arguzia, *argutiæ, arum*, f. p.
Aria, *aer, ris*, m. Aria grossa *cœlum crassum*: — sottile *cœlum subtile*: — purgata, *cœlum purum defæcatum*: — dolce, *cœlum mite, clemens*: — buona, *cœlum salubre*: — cattiva, *insalubre*: Aria nativa, *natale cœlum*: Qualità d'aria, *cœli habitus*: All'aria, *sub dio*, avv. Parlare in

aria, *inania effutire*: — del volto, *aspectus, us*, m. Di buona aria, *hilariter*, avv.
Aridamente, *aride*: *jejune*, avv.
Aridità, *ariditas, atis*, f.
Arido, *aridus, a, um*: *siccus*, add.
A ridosso, *super*: *desuper*, avv.
Arietare, *ariete percutere*.
Ariete, montone, *aries, arietis*, m. Delcione, macchina da guerra, e segno dello Zodiaco, si dice lo stesso.
Arietta, canzonetta, *cantiuncula, æ*, f.
A rimpetto, a rincontro, *contra*: *e regione*, avv.
Aringa (pesce) *alec, ēcis*, m. e f. Discorso, *oratio, onis*, f.
Aringare, *orationem habere, concionor, āris*, etc.
Aringatore, *orator, oris*, m.
Aringhiera, o ringhiera, *suggestum, i*, n.
Aringo, arringo, *certamen, inis*, n.
Arioso, *perflabilis*, m. e f. *e*, n. add. per Capriccioso, *vanus*; *morosus, a, um*, add.
Aritmetica, *arithmetica, æ*, f.
Aritmetico, *arithmeticæ peritus*.
Armamento, *belli apparatus, us*, m. *armamenta, orum*, n. pl.
Armare, *armo, as*, etc. A. *armis instruĕre*.
Armario, *armarium, i*, n.
Armarsi, *arma induĕre*.
Armata, *exercitus, us*, m. *copiæ, arum*, f. pl. Armata di mare, *classis, is*, f. Metterla in ordine, *aciem instruĕre, apparare*: Schierarla, *copias in aciem educĕre*.
Armato, *armatus, a, um*: *armis instructus*: Stare armato, *in armis esse*: Non armato, *inermis*; mezz'armato, *semiermis, e*: — Ben armato, *perarmatus, a, um*. Armato alla leggiera, *expeditus*, vel *levis armaturæ*: — da capo a piedi, corazziere, *cataphractus*.
Armatura, *armatura, æ*, f. da petto, *lorica, æ*, f. *thorax, ācis*, m.
Arme, *arma, orum*, n. pl.: — offensive e difensive, *arma ad nocendum, et tegendum*. Gridare all'armi, *ad arma conclamare*: Metterle fuori, *arma expedire*: Venire alle armi, *manus conserĕre*.
Arme della famiglia, *stemma, ătis*, n.
Armeggiamento, armeggeria, *armorum lusus*.
Armeggiare, *armis ludĕre*.
Armeggiatore, *gladiator, oris*, m.
Armento, *armentum, i*, n.
Armeria, *armamentarium, i*, n.
Armigero, *bellicosus, a, um*, *armiger, a, um*, add.
Armistizio, sospensione d'armi, *induciæ, arum*, f. pl.
Armonia, *concentus, us*, m. per Unione, *concordia, æ*, f.
Armonico, armonioso, *harmonicus, a, um*, add.
Arnese, *supellex, ectilis*, f. *utensilia*, — da cucina, *coquinaria*.
Arnia, cassetta dove stanno le api, *alvearium, ii*, n.

Aromatico, *aromaticus, a, um*, add.
Aromato, *aroma, ătis*, n. *aromata, um*, n. pl.
Arpa, *psalterium, ii*, n. suonatore d'arpa *psaltes, æ*, *psalterius, ii*, m. suonatrice, *psaltria, æ*, f. — suonare e cantare sull'arpa, *psallo, is*, *psalli*, *psallĕre* N.
Arpeggiamento, *fidium concentus*.
Arpeggiare, *fidibus canĕre*; *psallĕre*.
Arpia, *harpyia, æ*, f.
Arpione, *cardo, ĭnis*, m.
Arrabbiamento, *rabies, ei*, f.
Arrabbiare, *in rabiem agi*: Far arrabbiare, *in furorem agĕre*.
Arrabbiatamente, *rabide*, avv.
Arrabbiato, *rabidus, a, um*, add.
Arrampicarsi, *adrēpo, is, psi, ptum*, *ĕre*, N.
Arrecare, *affero, affers, attuli, allatum, afferre*, A.
Arrecato, *allatus, a, um*, add.
Arrecatore. V. Apportatore.
Arredare, *instruo, struis, struxi, structum, struĕre*, A.
Arredato, *instructus, a, um*, add.
Arredo, *supellex, ectilis*, f.
Arrenare, *in arenam impingi*, *aggere cingi arenæ*.
Arrenato, *in arenam impactus*.
Arrendersi, *deditionem facĕre*: *se se dedĕre*; per Muoversi, Piegarsi, *animum flectĕre*: per Incurvarsi, *flecti, inflecti*.
Arrendevole, *flexilis, flexibilis, facilis*, m. e f. *e*, n. add.
Arrendevolezza, *flexibilitas, atis*; *facilitas*, f.
Arrendimento, *deditio, onis*, f.
Arreso, arrenduto, *deditus, a, um*: *victus*: add. *ad deditionem redactus*.
Arrestare, *detineo, ines, inui, entum, inĕre*, A.
Arrestarsi, *consisto, is, constiti, constitum, consistĕre*, N.
Arrestato, *detentus*: *comprehensus, a, um*, add.
Arresto, *comprehensio, onis*, f. **Mettere in** arresto, *in custodiam dare*.
Arretrarsi, *retrocedo, dis, ssi, ssum, dĕre*, N.
Arricchimento, *divitiarum comparatio, onis*, f.
Arricchire, *dito*: *locupleto, as, avi, atum, are*, A. Arricchirsi, *ditesco, is, ĕre*, N.
Arricciamento, orrore, *horror, oris*, m.
Arricciare per la paura, *horresco, escis, ui, escĕre*, N. — i capelli, *capillos crispare*: — le pareti, *parietes incrustare*.
Arricciato, impaurito, *horrore perculsus*: Capello arricciato, *capillus calamistratus, a, um*, add.
Arrischiamento, *discrimen inis*, n.
Arrischiare, arrisicare, *periclitor, aris, atus*, *ari*, D. *in discrimen adducĕre*, Arrischiarsi, *audeo, des, sus, dēre*, N.
Arrischiato, *periclitatus*; *periculosus, a, um*, add.
Arrisicoso, *audax, acis*, c.
Arrivare, *pervenio*: *devenio, ēnis, ēni, entum, enire*, N. Arrivare uno, *aliquem assequi*: al suo intento, *voti compotem fieri*. Arrivar bene, *bene excipi*.

Arrivo, adventus, us, m.

Arrogante, arrogans, antis: insolens, entis, o. superbus, a, um, add.

Arrogantemente, arroganter: superbe, avv.

Arroganza, arrogantia: superbia, æ, f.

Arrogarsi, sibi tribuĕre: sibi assumĕre aliquid.

Arrolare, in album referre: Arrolar soldati, milites legĕre, A. Arrolarsi fra i soldati, militiæ nomen dare.

Arrolato, cooptatus; conscriptus, a, um, add.

Arrossire, arrossare, rubesco: erubesco, scis, erubui; — scĕre, N. pudore suffundi; Fare arrossire, ruborem alicui elicĕre.

Arrossito, arrossato, pudore suffusus, a, um, add.

Arrostire, torreo, rres, rrui, tostum, rrĕre. A. — dei tordi, turdos in igne versare.

Arrostito, tostus, a, um; assus, a, um, carne arrostita, caro assa.

Arrostitura, arrostimento, assatura, æ, ambustio, onis, f.

Arrosto, sost. assum, i, n. — arrosto di vitello, di maiale, assum vitulinum, porcinum.

Arrotamento, exacutio, onis, f.

Arrotare, acuo, uis, ui, atum, uĕre, A. — i mattoni, lateres levigare: — le pietre, lapides expolire: per Tormentare colle ruota, rota versare, torquĕre.

Arrotato, exacutus: expolitus, a, um, add.

Arrotino, acuens, entis, c.

Arrotolare. V. Avvolgere.

Arroventamento, inflammatio, onis, f.

Arroventare, fare rovente, candefacio, defacis, defeci, defactum, defacĕre. A.

Arroventirsi, candesco: ignesco, is, ĕre, N.

Arroventito, candens, entis, c. ignitus, a, um, add.

Arrovesciamento, inversio, onis, f.

Arrovesciare, inverto, tis, ti, sum, tĕre, A. per Gittare a terra, everto, tis, ti, sum, tĕre, A.

Arrovesciato, inversus, a, um, add.

Arrozzire, rudem reddĕre: per Diventar rozzo, rudem fieri.

Arrozzito, rudis, m. e f. e, n. add.

Arrubinare, dar il color di rubino, rubefacio: — il bicchiere, pateris defundere merum.

Arruffare, sconciare i capelli, capillos turbare.

Arruffato, incomptus, impexus, a, um, add.

Arrugginire, rubigine inficĕre.

Arrugginirsi, rubiginem contrahĕre.

Arrugginito, rubigine infectus, a, um, add.

Arsenale, navale, is, armamentarium, i, n.

Arsenico, arsenicum, i, n.

Arsiccio, semiustus, a, um, add.

Arso, combustus, a, um, add.

Arsura, incendio, combustio, onis, f.

Arte, ars, artis, f. per Artifizio, artificium, i, n. Arti liberali, artes ingenuæ, o liberales. — meccaniche illiberales.

Artefice, artiere, artifex, ĭficis, m. faber, bri, m.

Arteria, arteria, æ, f.

Artico, arcticus, i, m.

Articolare, le parole, articulo, as, etc. pronuntio.

Articolare, articularis, m. e f. e, n. articularius, a, um, add.

Articolatamente, distincte, articulatim, avv.

Articolato, articulatus, a, um; per Organizzato, articulis compactus.

Articolazione, distincta pronunciatio, articulatio, onis, f.

Articolo, articulus, i, m. — di morte, extremum vitæ tempus: — di fede, fidei dogma: — della pace, pacis conditiones. per Parte, Divisione di scrittura, caput, pars, sectio.

Artiere. V. Artefice.

Artificiale, artificioso, artificiosus, a, um: artificialis.

Artificialmente, artificiose, affabre, avv.

Artificiato, artificiosus, a, um, add. per Alterato, Falsificato. V.

Artificio, o artifizio, artificium, i, n. per Astuzia, dolus, i, m. per Ordigno, macchina, machina, instrumentum, i, n.

Artificiosamente. V. Artificialmente.

Artificiosità, artificium, i, n.

Artificioso. V. Artificiale.

Artigiano, artifex, ĭficis, m.

Artigliare, unguibus arripĕre.

Artigliere, artigliero, machinis bellicis præpositus.

Artiglieria, tormenta bellica; machinæ bellicæ, f. pl.

Artiglio, unguis, is, m. ungula, æ, f. con artigli di nibbio e di aquila, milvinis, aut aquilinis ungulis.

Artimone, la maggior vela della nave, artĕmon, ŏnis, m.

Artista, artifex, ĭficis, m. Professor di arti liberali, ingenuarum artium professor.

Arto, stretto, arctus, a, um, add.

Arturo (stella), arcturus, i, m.

Aruspice, specie d'indovino, haruspex, ĭcis, m.

Aruspicio, indovinamento, haruspicium, i, n.

Arzigogolare, fantasticare, comminiscor, miniscĕris, mentus, minisci, D.

Arzigogolo, commentum, i; inventum, i, n.

Arzillo, alacer, ris, re, add.

Ascia, ascia, ascia, æ, f. Far giustizia coll'ascia, inconsiderate judicare.

Ascella, axilla, æ, f.

Ascendente, term. astron. natale astrum, n. horoscŏpus, i, m. nel senso di antenati per linea retta, majores, um, pl. ascendente, ciò che sale, ascendens, entis, part.

Ascendenza, majorum series, f.

Ascendere, ascendo, dis, di, sum, dĕre, N.

Ascendimento, ascensio, onis, f.

Ascensione, ascensus, us, m. ascensio, onis, f.

Ascensore, qui ascendit.

Asceso, erectus, a, um, add.

Ascesso, abscessus, us, m. suppuratio, onis, f.

Ascia, ascia, æ, f.

Asciare, *ascio, as*, etc. : *dolo, as, avi, atum, are*, A.
Asciato, *exasciatus: asciadolatus, a, um*, add.
Asciogliere, *absolvere, liberare*, A.
Asciolvere, colazione, sost. *jentaculum, i*, n. – fare, *jento, as, avi, atum, are*, N.
Ascitizio, preso d'altra parte, *aliunde petitus*.
Asciugaggine, asciugamento, *siccatio, onis*, f. secchezza, *siccitas, atis*, f.
Asciugare, *exsicco, as*, etc. A. Asciugarsi, *aresco, is, arui, ĕre*, A. – le mani, *manus abstergĕre*, – il sudore, *sudorem detergĕre*.
Asciugato, *siccatus: abtersus, a, um*, add.
Asciugatoio, *sudarium, i*, n.
Asciuttamente, *aride : jejune*, avv.
Asciuttare. V. Asciugare.
Asciuttezza, *siccitas : ariditas, ātis*, f.
Asciutto, *siccus : aridus, a, um*, add.
Asciutto. V. Asciuttezza.
Asciuttore. V. Asciuttezza.
Ascolta, *auscultatio, onis*, f. per sentinella, *excubiæ, arum*, f. pl.
Ascoltamento, *auditio, onis*, f.
Ascoltante, ascoltatore, *auditor, oris*, m.
Ascoltare, *audio, is, ivi, itum, ire*, A.
Ascoltato, *auditus, a, um*, add.
Ascoltatore, *auditor, oris*, m.
Ascoltatrice, *quæ audit. audiens, entis*.
Ascolto, *auscultatio, onis*, f. stare in ascolto, *sermones aucūpare*, vel *aucūpari*.
Ascondere. V. Nascondere.
Ascondimento, *latĕbra*, S. f.
Ascosamente, ascostamente, *clam : latenter*, avv.
Ascoso, ascosto, *occultus : abditus, a, um*, add.
Ascrittizio, *adscripticius, a, um*, add.
Ascritto, *adscriptus, a, um*, add.
Ascrivere, *tribuo, uis, ui, utum, uĕre*, A. V. Arrolare.
A scroscio, bollire a scroscio, *aquam, æstu exsultare, fervēre*.
A seconda, *prospĕre*, avv. – del fiume, *secundo flumine navigare, fluĕre*.
A segno che, *adeo ut, ita ut*, cong.
Asilo, luogo di franchigia, *asylum, i*, n.
Asina, *asina, æ*, f. Latte d'asino, *lac asininum*.
Asinaggine, asineria, *inscitia, æ*, f. per Rozzezza, *rusticitas, atis*, f.
Asinaio, *asinarius, i*, m. *aselli agitator*.
Asinello, asinetto, *asellus, i*, m.
Asinescamente, *inscite : impolite*, avv.
Asinesco, *asininus, a, um*, add.
Asinino. V. Asinesco.
Asinità. V. Asinaggine.
Asino, *asinus, i*, m. per Uomo rustico, zotico, ignorante, *asinus, rusticus, stupidus* : Lavare la testa all'asino, *laterem lavare* : Asino salvatico, *onager*.
Asma, *anhelatio, onis*, f. *difficultas spiritus*.
Asmatico, *anhēlus, a, um*, add.
Asparago. V. Sparagio.
Aspe, serpente, *aspis, aspĭdis*, f.
Asperare, inasprire, *exaspĕro, as, avi, atum, are*, A.
Asperarteria, *aspera arteria*.
Aspergere, *aspergo, gis, si, sum, gĕre : conspergo*, etc. A.
Asperità, *asperitas, atis*, f.
Aspersione, *aspersio, onis*, f.
Asperso, *aspersus, a, um*, add.
Aspersorio, *aspersorium, i*, n.
Aspettamento. V. Aspettazione.
Aspettante, *expectans, antis*, c.
Aspettanza. V. Aspettazione.
Aspettare, *expecto, as, avi, atum, are*, A. *præstolor, aris*, D. per Trattenersi, *moror, aris, atus, ari*, D. *maneo, es, si, sum, ēre*, N.
Aspettativa, *spes, spei*, f. *expectatio, onis*, f.
Aspettato, *expectatus, a, um*, add.
Aspettatore, aspettatrice, *expectans*.
Aspettazione, aspetto, *expectatio, onis*, f.
Aspetto, *aspectus, us : vultus, us*, m.
Aspide, serpe, *aspis, idis*, f.
A spilluzzico, a stento, *ægre, vix, parce*, avv.
Aspirare, *aspiro, as, avi, atum, are*, A. ad *aliquid niti : aliquid spectare*.
Aspirato, *aspiratus, a, um*, add.
Aspirazione, *aspiratio, onis*, f.
Aspramente, *aspĕre*, avv.
Aspreggiamento, *irritamentum, i*, n.
Aspreggiare, *exaspero, as, avi, atum, are, irrito, as*, etc. A.
Aspreggiato, *exacerbatus, a, um*.
Aspretto, asprigno, *subasper, a, um*, add.
Asprezza, asprumo, *asperitas, atis*, f. *rusticitas, atis ; duritia, æ*, f.
Aspro, *asper, a, um : acerbus, a, um : crudelis*, m. e f. *e*, n. add.
Assaggiamento, *libatio : degustatio, onis*, f.
Assaggiare, *degusto : delibo, as*, etc. A.
Assaggiato, *degustatus, a, um*, add.
Assaggiatore, *prægustator, oris*, m.
Assaggiatura, assaggio. V. Assaggiamento.
Assai, *satis : multum*, avv. Assaissimo, *plurimum* : Assai bene, *præclare*.
Assalimento, *aggressio, onis*, f.
Assalire, *aggredior, grĕderis, gressus*, D. *adorior, iris, tus, iri*, D.
Assalito, *petitus, a, um*, add.
Assalitore, *aggressor, oris*, m.
Assalitrice, *aggrediens. quæ aggreditur*.
Assaltare ec. V. Assalire ec.
Assalto, *aggressio, onis*. Al primo assalto *primo impetu* : Pigliar per assalto, *vi capĕre*.
Assannare, *dentibus arripĕre*.
Assapere. V. Sapere.
Assaporamento, *degustatio, onis*, f.
Assaporare. V. Assaggiare.
Assaporato. V. Assaggiato.
Assaporazione. V. Assaggiamento.
Assassinamento. V. Assassinio.
Assassinare, *grassor, aris, atus, ari : prædor, aris, atus, ari*, D. *despolio, as, avi, atum, are*, A.
Assassinato, *expilatus, a, um*, add.

Assassinatore. V. Assassino.

Assassinio, latrocinium, i, n. grassatio: proditio, onis, f.

Assassino, grassator, oris, m. prædo, onis, m.

Asse, travicello, asser, ĕris: axis, is, m.

Assecondare, obsecundo, as, avi, atum, are, N.

Assediamento, obsidio, onis, f. per seccaggine, importunitas, atis, f. molestia, æ, f.

Assediante, obsessor, oris, m.

Assediare, obsideo, ides, edi, essum, idēre, A.

Assediato, obsessus, a, um.

Assediatore, obsessor, oris, m.

Assedio, obsidio: oppugnatio, onis, f.

Assegnamento, assignatio, onis, f. per Salario, stipendium, i, n. per Entrata, reditus, us, m.

Assegnare, attribuo, uis, ui, utum, uĕre: assigno, as, etc. A. – Il giorno, diem constituĕre: – i termini, terminos definire.

Assegnatamente, parce: frugaliter: per Nominatamente, speciatim, avv.

Assegnatezza. V. Risparmio, Economia.

Assegnato, constitutus: præscriptus, a, um: parcus, a, um, add.

Assegnazione, assignatio: traditio, onis, f.

Assemblea, cœtus: conventus, us, m.

Assembramento, congressus, us, m. prælium, i, n.

Assembrare, ad pugnam convenire: dispono, nis, sui, situm, nĕre, A. per Raccogliere, colligĕre, A.

Assembrato, ad pugnam instructus, paratus.

Assennare, fare avvertito, cauto, admŏneo, ŏnes, ui, onitum, onēre, A.

Assennatezza, prudentia, æ, f.

Assennato, sapiens, entis, c. cautus, a, um, add.

Assenso, consensus, us, m. assensio, onis, f.

Assentarsi ec. V. Allontanarsi ec.

Assentatore, adulatore, adulator, oris, m.

Assente, absens, entis, c.

Assentire, assentior, tiris, sus, tiri, D.

Assenza, absentia, æ, f.

Assenzio, erba, absynthium, ii, n.

Asserire, affirmo, as, avi, atum, are, A.

Asserragliare, obsepire, obsepio, is, epsi, eptum, A.

Assertivamente, affirmanter, avv.

Assertivo, affirmans, antis, c.

Asserzione, affirmatio, onis, f.

Assessore, assessor, oris, m.

Assestare. V. Aggiustare.

Assetare, sitim afferre.

Assetato, sitiens, entis, c.

Assettamento, accommŏdatio, onis, f. dispositio, onis, f.

Assettare, apto: accommŏdo, as, etc. A.

Assettarsi, aptari, accommodari.

Assettatamente, commŏde: concinne, avv.

Assettato, assetto, aptus: commŏdus, a, um: aptatus: accommŏdatus, a, um, add.

Assettatore, concinnator, oris, m.

Assettatuzzo, attillato, admodum elegans.

Assetto, (coll' e largo), accommodatio, onis, f. (coll' e stretto), Piccolo asse, axiculus, i, m.

Asseverantemente, affirmate, avv.

Asseveranza, affirmatio, onis, f.

Asseverare, assevĕro: affirmo, as, etc. A.

Asseveratamente. V. Asseverantemente.

Asseverativo, affirmans, antis, c.

Asseverazione, asseveratio, onis, f.

Assicella, asserculus, i, m. asserculum, i, n.

Assicuramento, assicuranza, fiducia, æ, f.

Assicurare, tutum reddĕre: – la mercanzia, de merce alicui cavēre.

Assicurarsi, per Certificarsi, certo scire, per Farsi ardito, audēre.

Assicurativo. V. Asseverativo.

Assicurato, tutus, a, um, add.

Assicurazione, fiducia, æ, f.

Assiderare, assiderarsi, algeo, ges, si, gēre, N.

Assiderato, algore correptus.

Assiderazione, stupor, oris, m. sideratio, onis, f.

Assidere, assidersi, consīdo, sīdis, sēdi, sessum, idĕre, N.

Assiduamente, assidue, avv.

Assiduità, assiduitas, atis, f.

Assiduo, assiduus, a, um, add.

Assieme. V. Insieme.

Assiepare, sepio, pis, psi, ptum, pīre, A.

Assillo, asilus: œstrus, i, m.

Assimigliare ec. V. Assomigliare ec.

Assimilare, assimilare, A. imitari, D.

Assimilazione, figura, forma: figura; forma; assimilatio, onis, f.

Assioma, axioma, ătis, n. apophtegma, mătis, n.

Assisa, divisa, livrea, tessĕra, æ, f. signum, i, n. per Balzello, vectigal.

Assiso, assidens, entis, c.

Assistente, adstans, antis, c.

Assistenza, præsentia, æ, f. auxilium, i, n.

Assistere, adsum, es, fui, esse, N. assisto, sistis, stiti, stitum, sistĕre, N.

Assistitore. V. Assistente.

Assito, paries ex assibus, vel asseribus.

Associamento. V. Associazione.

Associare, socio, as, etc. comitor, aris, atus, ari, D. Associarsi, socium se dare.

Associazione, societas, atis, f.

Assodamento, solidatio, onis, f.

Assodare, solido; firmo, as, etc. A.

Assodato, solidatus, e solidus, a, um, A.

Assolcare, far solchi, sulco, as, A.

Assolcato, sulcatus, a, um, add.

Assoldare, milites scribĕre, colligĕre.

Assoldato, mercede conductus.

Assolto, solutus: absolutus, a, um, add.

Assolvere, absolvo, vis, vi, utum, vĕre, A.

Assolutamente, plane: omnino, avv.

Assoluto. V. Assolto: Comando assoluto, summum imperium.

Assolutorio, absolutorius, a, um, add.

Assoluzione, absolutio, onis, f. culpæ venia.

Assomare, porre la soma, onĕro, as, etc.

Assomigliante, similis, m. e f. e, n. add.

Assomiglianza, assomigliagione, similitudo, inis, f. assimilatio, onis, f.

Assomigliare, *assimilo, as,* etc. A. assomigliarsi, *similem alicui esse.*
Assomigliato, *similis,* m. e f. *e,* n. *comparatus, a, um,* add.
Assomigliazione. V. Assomiglianza.
Assommare, condurre vicino al fine, *conficere, absolvere.*
Assonnare, indur sonno, *soporem alicui inducere,* assonnarsi, addormentarsi, *dormio, is, ivi, itum, ire, addormiscere, dormitare,* N.
Assorbere. V. Assorbire.
Assorbimento, *absorptio, onis,* f.
Assorbire, *absorbeo, bes, bui, ptum, bēre,* A.
Assorbito, *absorptus : haustus, a, um,* add.
Assorgere, alzarsi sui piedi, *assurgere alicui.*
Assordare, assordire, *exsurdo, as,* etc. A. divenir sordo, *obsurdesco, urdescis, urdui, descĕre,* N.
Assordato, assordito, *surdus, a, um,* add.
Assortimento, *electio, onis,* f. per Una quantità di cose ordinate insieme, *apparatus : instructus, us,* m.
Assortire (da Sorta), scegliere, *distinguo, guis, xi, ctum, guĕre,* A. (da Sorte), *sorte eligĕre.*
Assortito, scelto, *selectus, a, um* ; per Fornito, *instructus, a, um* : un matrimonio bene assortito, *compar connubium,*
Assorto. V. Assortito.
Assottigliamento, *extenuatio, onis,* f.
Assottigliare, *extenuo, as,* etc. A. – l'ingegno, *ingenium acuĕre.*
Assottigliativo, *extenuans, antis,* c.
Assottigliato, *attenuatus : imminutus, a, um,* add.
Assottigliatore, *extenuans, antis,* c.
Assottigliatura, assottigliazione. V. Assottigliamento.
Assozzarsi, divenir sozzo, *sordesco, cis, cĕre,* N.
Assuefare, *assuefacio, efacis, efeci, efactum, efacĕre,* A. Assuefarsi, *assuesco : consuesco, sui, vi, tum, scĕre,* N.
Assuefatto, *assuetus, a, um,* add. *insuetus.*
Assuefazione, *assuetudo : consuetudo, inis,* f.
Assueto. V. Assuefatto.
Assuetudine. V. Assuefazione.
Assumere, *assumo, is, psi, ptum, ĕre,* A.
Assunto, incarico, *munus, eris,* n. per Tema di orazione, *propositum, i,* n. *assertio, onis,* f.
Assunto, *assumptus, a, um,* add.
Assunzione, *erectio, onis,* f. *assumptio, onis,* f.
Assurdo, assurdità ciò che offende il senso comune, *res absurda : paradoxum.*
Assurdo, *absurdus, a, um,* add.
Asta, *hasta, æ,* f. – da tirare, *hasta missilis,* chi la porta, *hastatus, a, um,* add.
Astallimento, *stabulatio, habitatio, onis,* f.
Astallarsi, *stabŭlo,* et *stabulor, maneo, es, si, sum, ēre,* N.
Astallato, *stabulans, antis,* c.
Astante, *adstans, antis,* partic.
Astata, *hastæ ictus, us,* m.

Astato, armato d'asta, *hastatus, a, um,* add.
Astemio, che non bee vino, *abstemius, a, um,* add.
Astenersi, *abstineo, nes, inui, entum, inēre,* A. — dalla collera, dal ridere, *iram, risum tenere.*
Astergere, *abstergo, gis, si, sum, gĕre,* A.
Asterisco, *nota, æ,* f. *asteriscus, i,* m.
Astersione, *purgatio, onis,* f.
Astersivo, *abstergens, entis,* c.
Asterso, *abstersus, a, um,* add.
Astiare, *invidere, invideo, es, idi, isum,* A.
Asticciuola, astetta, *parva hasta.*
Astinente, *abstinens, entis,* c.
Astinenza, *abstinentia, æ,* f. *continentia in victu.*
Astio, *invidia, æ,* f.
Astioso, *invidus, a, um,* add.
Astore (uccello) *astur, ŭris,* **accipiter**, *tris,* m.
Astraere. V. Astrarre.
Astrale, influito dagli astri, *sideralis,* m. e f. *e,* n. add.
Astrarre, *abstraho, ahis, axi, actum, ahĕre,* A.
Astrattamente, *præcise,* avv.
Astrattezza, *mentis elatio, onis,* f.
Astratto, *abstractus, a, um,* — dai sensi, *a sensibus.*
Astrazione, operazione della mente, *abstratio, onis,* f.
Astrettivo. V. Astringente.
Astretto, *coactus, a, um,* add.
Astringente, *adstringens, entis,* f.
Astringenza, *constrictio, onis,* f.
Astringere, *adstringo, ingis, inxi, ictum* ; *cogo, gis, egi, actum, gĕre,* A.
Astro, *astrum, i,* n.
Astrolabio, telescopio, *astrolabium, i,* n.
Astrologare, *astrologiam exercere.*
Astrologia, *astrologia, æ,* f.
Astrologico, *astrologicus, a, um,* add.
Astrologo, *astrolŏgus, i,* m.
Astronomia, *astronomia, æ,* f.
Astronomico, *astronomicus, a, um,* add.
Astronomo, *astronomus, i,* m.
Astruso, *abstrusus, a, um : difficilis,* m. e f. *e,* n. add.
Astuccio, *veterator, oris,* m.
Astutamente, *callide ; vafre,* add.
Astuto, *astutus, a, um ; callidus,* add.
Astuzia, astutezza, *astutia, æ,* f. *calliditas, atis,* f.
Atante. V. Robusto.
A tastone, andare a tastone, *manibus, pedibusque tentare,* per Operare a caso, *temere agere.*
Atavo, *atăvus, i,* m.
Ateismo, negazione di Dio, *atheismus, i,* m.
Ateista, ateo, *athĕus, i,* m.
Atleta, lottatore, *athleta, æ,* m.
Atmosfera, *atmosphera, æ,* f.
Atomo (cosa indivisibile), *athomus, i,* f.
Atrabiliare, *atra bile tumens, laborans,* c. umori atrabiliari, *humores ex atra bile, nigra bile.*

Atrio, *atrium*, *i*, n.
Atro. V. Nero, Scuro.
Atroce, *atrox*, *cis*, c.
Atrocemente, *crudeliter*: *atrociter*, avv.
Atrocità, *atrocitas*, *atis*, f.
Atrofia, mancanza di nutrizione, *atrophia*, *æ*, f.
Attaccagnolo, *uncus*, *i*, m. *conamentum*, *i*, n.
Attaccamento, *adhæsio*, *onis*: per Affetto, *amor*, *studium*.
Attaccare, *appendo*, *dis*, *di*, *sum*, *dĕre*, A. — il male, il vizio ad alcuno, *morbo*, vel *vitio aliquem inficĕre*: — il nemico, *manus cum hoste conserĕre*: — la rôcca, *arcem oppugnare*: — la battaglia, *pugnam committere*. Attaccarsi, *adhæreo*, *res*, *si*, *sum*, *rēre*, N.
Attaccaticcio, *tenax*, *acis*, c. riferito a malattia, V. Contagioso.
Attaccato, *adnexus*, *a*, *um*, add.
Attaccatura, *adhæsio*, *onis*, f.
Attacco, *adhæsio*, *onis*, f. Attacco di battaglia, *congressus*, *us*, m. — di una piazza, *arcis oppugnatio*, *onis*, f.
Attagliarsi, confarsi, *congruĕre*, *convenire*.
Attamente, *apte*, avv.
Attapinarsi, *discruciari*.
Attecchimento, il crescere, *incrementum*, *i*, n.
Attecchire, crescere, *augesco*, *is*, *ĕre*, N. per Profittare, *proficĕre*.
Attediare, *tædio afficĕre*, attediarsi, *tædio affici*.
Attediato, *tædio affectus*, *a*, *um*, add.
Atteggevole, *gesticulator*, *oris*, m.
Atteggiamento, *gestus*, *us*, m. *modus*, *i*.
Atteggiare, *gesticulor*, *aris*, *atus*, *ari*, D. per Dar gesto alle figure, *simulacra conformare*.
Atteggiarsi, *movere se*.
Attelare, distendere in ordinanza l' esercito, *acies*, *copias instruĕre*.
Attelato, *instructus*, *a*, *um*, add.
Attemparsi, *senesco*, *escis*, *ui*, *escĕre*, N.
Attempato, *ætate gravis*, *provectus*, add.
Attemperamento, *temperantia*, *æ*, f.
Attemperare, *tempero*, *as*, *avi*, *atum*, *are*, A.
Attemperato, *temperatus*, *a*, *um*, add.
Attendamento, *castrorum positio*, *onis*, f.
Attendare, *castra ponĕre*.
Attendato, *castrametatus*, *a*, *um*, add.
Attendere, *incumbo*, *mbis*, *bui*, *bitum*, *mbĕre*, N. — a sè, *sui curam gerĕre*: — alla sanità, *valetudinem curare*: — alla casa, *rem domesticam curare*: — una persona, *aliquem expectare*: Attendere a fare, per Continuare a fare, *pergo*, *gis*, *rexi*, *rectum*, *gĕre*, N. per Stare attento, *attendo*, *dis*, *di*, *tum*, *dĕre*, N.
Attenente, *pertinens*, *entis*, per Parente, *propinquus*, *a*, *um*.
Attenenza, *convenientia*, *æ*: per Parentela, *cognatio*, *onis*. f.

Attenere la promessa, *stare promissis*: attenersi al parere di uno, *alicujus sententiam sequi*: per Stare attaccato, *adhæreo*, *res*, *si*, *sum*, *rēre*, N.
Attentamente, *attente*: *diligenter*, avv.
Attentare. V. Osare, Ardire.
Attentato, *ausum*, *i*, n. *conatum*, *i*, n. per Misfatto, scelleraggine, *facinus*, *oris*, n.
Attentato, attentativo, *ausus*, *a*, *um*, add.
Attento, *attentus*: *intentus*, *a*, *um*: stare attento, *ad aliquid animum intendĕre*.
Attenuare, *extenuo*, *as*, *avi*, *atum*, *are*, A.
Attenuato, *extenuatus*, *a*, *um*, add.
Attenuazione, *attenuatio*, *onis*, f.
Attenzione, *attentio*, *onis*, f.
Attergare, *post terga ponĕre*: attergarsi, andar dietro, *pone sequi*.
Atterramento, atterrazione, *dejectio*: *eversio*, *onis*, f.
Atterrare, *prosterno*, *ernis*, *ravi*, *atum*, *ernĕre*, A. atterrarsi, umiliarsi, *se demittĕre*, *se se deprimĕre*.
Atterrato, *prostratus*: *dejectus*, *a*, *um*, add.
Atterratore, *eversor*, *oris*, m.
Atterrimento, *terror*, *oris*, m.
Atterrire, *terreo*, *es*, *ui*, *itum*, *ēre*, A.
Atterrirsi, *expavesco*, *scis*, *vi*, *scĕre*, N.
Atterrito, *territus*, *a*, *um*, add.
Atterzare, *ad tertiam partem redigĕre*: per Spartire, V.
Attesa, attendimento, *attentio*, *onis*, f.
Attesamente, *attente*, *diligenter*, avv.
Atteso. V. Attento, cauto, sollecito. Atteso che, *quandoquidem*, *quoniam*, cong.
Attestare, *capita conjungĕre*: *testor*, *aris*, *atus*, *ari*, D. attestarsi, unirsi, *conjungi*: *aptari*, P.
Attestato, attestazione, *testimonium*, *i*, n. *fides*, *fidei*, f. — di affetto, *amoris argumentum*, vel *pignus*.
Atticciato, *corpus solidum*.
Attignere, *haurio*, *ris*, *si*, *stum*, *rire*, A.
Attignimento, *haustus*, *us*, m.
Attillatamente, *eleganter*, avv.
Attillato, *compositus*, *a*, *um*: *elegans*, *antis*, c.
Attillatura, attillatezza, *elegantia*, *æ*: *concinnitas*, *atis*, f.
Attimo, *momentum*, *i*, n. In un attimo, *statim*, *hoc momento*.
Attinente ec. V. Attenente ec.
Attingere. V. Attignere.
Attinto, *haustus*, *a*, *um*, add.
Attirare. V. Attrarre.
Attitudine, *habilitas*, *atis*, f. *efficiendi vis*.
Attivamente, *active*, avv. per Destramente, manierosamente, *dextĕre*, avv.
Attività, *habilitas*: *dexteritas*, *atis*, f.
Attivo, *operosus*, *promptus*, *a*, *um*, add. verbo attivo *verbum activum*.
Attizzamento, *irritatio*, *onis*, f.
Attizzare, *concito*, *as*, *avi*, *atum*, *are*, A. — il fuoco, *igni materiam admovēre*.
Atto, Azione, *actio*, *onis*, f. — di commedia, *actus*, *us*, m. atti pubblici, *acta*,

orum, n. pl. *aptus, a, um: idoneus*, etc. add.
Attonito, *attonitus, a, um*, add.
Attorcere, *contorqueo, ques, si, tum, quēre*, A.
Attorcigliare, *vincire, vincio, is, inxi, inctum: convolvere.*
Attore, *actor, oris*, m.
Attoria, *administratio, onis*, f.
Attorniamento, *circuitus, us*, m.
Attorniare, *circumdăre: circumdo, as, dĕdi, ătum*, etc.
Attorno, *circum, circa*, prep. e avv. attorno, in giro, *in orbem, circum, circa*, attorno attorno, *undique*.
Attortigliare, *intorqueo, es, orsi, ortum.*
Attorto, *intortus, a, um*, add.
Attoscare, attoscato. V. Avvelenare.
Attoso, lezioso, *putidus, delicias faciens.*
Attossicagione, attossicamento, attossicare. V. Avvelenamento, ec.
Attrappare, *dolis invadere.*
Attrappato, *contractus, a, um*, add.
Attrarre, *attraho, his, xi, ctum, hĕre*, A.
Attrattiva, *illecĕbra: blanditiæ, arum*, f. pl.
Attrattivo, *alliciens, entis*, c. *illecebrosus, a, um*, add.
Attratto, *attractus, illectus* per Rattratto, *membris captus.*
Attraversare, *trajicio, jicis, jeci, jectum, jicĕre*, A. — la strada, *viam transire, intercludere:* — un fiume, *flumen transnăre.* Attraversarsi, *adversor, aris, atus, ari*, D.
Attraversato, *trajectus: objectus, a, um*, add.
Attraverso, *transversim*, avv.
Attrazione, *attractio, onis*, f.
Attrecciare, *intexo, xis, xui, xtum, xĕre*, A.
Attrecciato, *intextus, a, um*, add.
Attrezzo, attrazzo, *instrumentum, i*, m.
Attribuimento, imputazioni, *insimulatio: accusatio, onis*, f.
Attribuire, *attribuo, uis, ui, utum, uĕre*, A. Attribuirsi, *sibi vindicare.*
Attribuito, *attributus: adscriptus, a, um*, add.
Attributo, *qualitas, atis*, f.
Attribuzione, *attributio, onis*, f.
Attrice, *actrix, icis*, f.
Attristamento, *mæror, oris*, m. *tristitia, æ*, f.
Attristare, *contristo, as, avi, atum, are*, A.
Attristarsi, *doleo, es, ui, itum, ēre*, N. *mœrere*, et *mœreri.*
Attristato, *tristitia affectus.*
Attrito, *attritus, a, um:* per Consumato, *confectus*, add.
Attrizione, *attritio, onis*, f.
Attrupparsi, *coeo, is, ivi, itum, ire*, A. *conglobari.*
Attuale, presentaneo, *præsens, entis.*
Attualità, *actus, us*, m.
Attualmente, *revĕra, modo*, avv.
Attuare, *efficere*, A. attuarsi, *incumbĕre: vires omnes intendĕre.*
Attuario, *actuarius, i*, m.
Attuato, *effectus, a, um*, add.
Attuffamento, *immersio, onis*, f.

Attuffare, immergere, *immergo, is, ersi, ersum.*
Attuoso, operante, *actuosus, a, um*, add.
Attutare, attutire, *lenire, sedare*, A. Attutarsi, *quiescere*, N.
Audace, *audax, acis*, c.
Audacemente, *audacter*, avv.
Audacia, *audacia, æ*, f.
Auditore, *auditor, oris*, m.
Auditorio, *auditorium, ii*, n. Che serve per udire, *quod ad audiendum conducit.*
A ufo, *gratis*, a spese altrui, *alienis sumptibus.*
Auge, *fastigium, i*, n. *apex, icis*, m.
Augello ec. V. Uccello ec.
Auggiare, *adumbro, as*, etc. A.
Auggiato, *obumbratus, a, um*, add.
Augnare, tagliare a ugna, *in modum unguis secare.*
Augnato, *in modum unguis sectus.*
Augnatura, *sectio in modum unguis.*
Augurale, *auguralis*, m. e f. *e*, n. add.
Augurare, *augŭror, aris, atus, ari*, D.
Auguratrice, *quæ auguratur.*
Augure, auguratore, *augur, augŭris*, m.
Augurio, *omen, inis*, n. *augurium, ii: auspicium, ii*, n. Di buon augurio, *auspicatus, a, um*, add. Di cattivo augurio, *inauspicatus, a, um*, add.
Augurioso, *superstitiosus, a, um*, add. Beno o male augurioso, *boni*, vel *mali ominis.*
Augusto, *augustus, a, um*, add.
Aula, stanza reale, *aula, æ*, f.
Aumentare, *augēre, augeo, es, xi, uctum*. A.
Aumentarsi, *cresco, scis, vi, tum, scĕre*, N.
Aumento, aumentazione, *incrementum: augmentum, i*, n.
Aura, venticello, *aura, æ*, f.
Aurato, *auratus, a, um*, add.
Aureo, aurino, *aureus, a, um*, add.
Aureola, *aureŏla: corona, æ*, f.
Auricola, l' orecchia del cuore, *cordis auricŭla.*
Auriga. V. Cocchiere.
Auro. V. Oro.
Aurora, *aurora, æ*, f. Allo spuntar della aurora, *diluculo*, avv.
Ausare. V. Adusare.
Ausiliario, *auxiliarius, a, um: auxiliaris*, m. e f. *e*, n. add.
Ausiliatore, *auxiliator, oris*, m.
Ausilio, *auxilium, i*, n.
Auspice, *auspex, icis*, m.
Auspicio, auspizio, *auspicium, ii*, n.
Austerità, *austeritas, atis*, f.
Austero, *austērus, a, um*, add.
Australe, austrino, *australis*, m. e f. *e*, n. add.
Austro, vento di mezzogiorno, *auster, ri*, m.
Autenticamente, *rite*, avv.
Autenticare, *ratum facĕre, confirmare.*
Autenticato, *confirmatus, a, um*, add.
Autenticazione, *comprobatio, onis*, f.
Autentico, valido, *authenticus, a, um*, add.
Autore, *auctor, oris*, m. *hortator: dux: princeps.*
Autorevole, *multæ auctoritatis.*

Autorità, auctoritas: facultas: potestas, atis, f.
Autorizzare, confirmo, as, etc. A.
Autorizzato, confirmatus, a, um, add.
Autrice, auctrix, Icis, f.
Autunnale, autumnalis, m. e f. e, n. add.
Autunno, autumnus, i, m.
Auzzino. V. Aguzzino.
Avanguardia, e vanguardia, frons exercitus, primum agmen.
Avania, imposizione indiscreta, gravis indictio, per Oppressione, injuria, sævitia, æ, f.
Avanti, antea, prius. avv. la parte davanti, pars anterior: Avanti ieri, nudius tertius: il giorno avanti, superiori die: più avanti, ulterius: farsi avanti, se se alicui offerre: da qui avanti, in posterum, avanti che, prius quam.
Avanti, ante, prep. coll'accus. coram: coll' abl. avanti di sè præ se: avanti gli occhi, præ oculis: ob oculos: avanti il foro, præ fora.
Avanzamento, progressus, us, m. progressio, onis, f.
Avanzare, supěro, as, avi, atum, are, A. præsto, as, iti, itum, tare alicui, n. avanzare la roba, rem augēre: per Restare, superesse, supersum, etc.
Avanzarsi, progrediar, děris, ssus, grědi, D. — negli studi, in litteris proficěre.
Avanzaticcio, avanzuglio, reliquiæ, arum, f. pl. reliquus, a, um, add.
Avanzato, avanzato in età, ætate provectus.
Avanzo, reliquiæ, arum, f. pl. per Guadagno, lucrum, compendium, n.
Avaramente, avare: cupide, avv.
Avaria, jacturæ computatio, onis, f.
Avarizia, avaritia, æ; avarities, ei, f.
Avaro, avarus, a, um, add.
Ave. V. Dio ti salvi, ave: Ave Maria, salutatio Angelica.
Avellana. V. Nocciuòla.
Avellano. V. Nocciuòlo.
Avello, sepulcrum, i, n.
Avena, specie di biada, o Sampogna, avēna, æ, f.
Avere (verbo), habeo, es, ui, itum, ēre, A. Non avere. careo, es, ui, itum, ēre, N.
Avere (nome), res, rei, f. opes, opum, f. pl.
Aversione, aversatio, onis, f.
Avidamente, avide; cupide, avv.
Avidità, aviditas, atis, f.
Avido, avidus: cupidus, a, um, add.
Avo, avus, m.
Avolo, avus, i, m. Avola, avia, æ, f.
Avoltoio. vultur, ŭris, m. vultūrius, i, m.
Avorio, ebur, ŏris, n. Di avorio, eburnĕus: eburnus, a, um, add.
Avvallamento, fossio, onis, f.
Avvallare, deprimĕre, subsidere, descendĕre.
Avvallato, depressus, a, um, add.
Avvaloramento, virtus, utis, f.
Avvalorare, animum alicui augēre, facĕre. Avvalorarsi vires sumĕre.
Avvalorato, animatus: confirmatus, a, um, add.
Avvampare, flagro, as, etc. N.
Avvampato, accensus; incensus, a, um, add.
Avvantaggiamento. V. Vantaggio.
Avvantaggiare, utilitatem comparare, A.
Avvantaggiarsi, proficio, ficis, feci, fectum, ficĕre, N.
Avvantaggio. V. Vantaggio.
Avvantaggioso, lucrum quærens, o, lucri avidus.
Avvedersi. V. Accorgersi.
Avvedutamente, caute: prudenter, avv.
Avvedutezza, ' avvedimento, sagacitas, atis, f.
Avveduto, sagax, acis: prudens, entis, c.
Avvegnachè, avvegnadiochè, quanquam, cong.
Avvelenare, veneno inficĕre. Avvelenarsi, veneno sibi mortem consciscĕre.
Avvelenato, venenatus, a, um, add.
Avvelenatore, veneficus, i, m.
Avvenente, avvenevole, elegans, antis, c.
Avvenentemente, avvenevolmente, eleganter: venuste, avv.
Avvenenza, avvenevolezza, venustas, atis, f.
Avvengachè. V. Avvegnachè.
Avvenimento, eventus: casus, us, m.
Avvenire, sost. futurum tempus: in avvenire, posthac, avv.
Avvenire. V. Accadere.
Avventamento, jactus, us, m.
Avventare, conjicio, Icis, ēci, ectum, icĕre, N.
Avventarsi, irruo, uis, ui, ŭtum, uĕre, N.
Avventato, jactus missus, a, um, per Inconsiderato, imprudens, entis, inconsideratus, a, um, add.
Avventiccio, avventizio, adventitius, a, um, add.
Avvento, adventus, us, m.
Avventore, ad officinam ventitans, antis.
Avventura, casus: eventus, us, m. Per avventura, forte, avv.
Avventurare, sorti committere. Avventurarsi, committere se fortunæ.
Avventuratamente, avventurevolmente, avventurosamente, feliciter, avv.
Avventurato, avventuroso, fortunatus, a, um, add.
Avventuriere, miles voluntarius.
Avveramento, confirmatio, onis, f.
Avverare, confirmo, as, etc. A. Avverarsi, comprobari, P.
Avverato, confirmatus, a, um, add.
Avverbiale, quod se habet ad modum adverbii.
Avverbialmente, adverbialiter, avv.
Avverbio, adverbium, i, n.
Avverdire, viridare, viriditatem dare.
Avversamente, infeliciter, avv.
Avversare, adversor, aris, atus, ari, D.
Avversaria, avversatrice, adversatrix, Icis, f.
Avversario, hostis, is, m. adversarius, ii, m. avversativo, adversativus, a, um, add.
Avversazione, appositio, onis, f.

Avversevole. V. Avverso.
Avversione, *adversatio, onis, aversio, nis,* f.
Avversità, *infortunium, i,* n.
Avverso, *contrarius, a, um,* add. *adversum, contra,* prep.
Avvertente, *prudens, entis,* c.
Avvertentemente, *considerate;* **consulto,** avv.
Avvertenza, *cautio, onis,* f.
Avvertimento, *monitum, i,* n. *monitus, us,* m. *admonitio, onis,* f.
Avvertire, *moneo: admoneo, ēnes, onui, onitum, onēre,* A. per Considerare, *considero, as,* etc. A.
Avvertito, *monitus, a, um.*
Avvezzare ec. V. Assuefare ec.
Avviamento, *progressus, us,* m. *inceptio, onis,* f.
Avviare, cominciare, *incipio, ĭpis, cepi, ceptum, ĭpere,* N. *aggredior, edĕris, essus, ēdi,* D. per Indirizzare, *instruere,* A. avviarsi, *inire viam.*
Avviato, *viam ingressus, inchoatus, a, um: instructus,* add.
Avvicendare, *alterno, as,* etc. A.
Avvicendamento, *alternatio, onis,* f.
Avvicendevole, *alternus, a, um,* add.
Avvicendevolmente, *vicissim, alterne,* avv.
Avvicinamento, *appropinquatio, onis,* f.
Avvicinare, *admoveo, ōves, ōvi, otum, ovēre,* A. Avvicinarsi, *accedo, dis, ssi, ssum, dĕre,* N.
Avvicinato, *admotus, a, um.*
Avvilimento, *dejectio animi.*
Avvilire, *deprimo, is, essi, ssum, mĕre; consternare,* A. Avvilirsi, *se se abjicĕre: animo cadĕre.*
Avvilito, *consternatus, a, um: abjectus,* add.
Avvilitivo, *deprimens, entis,* c. add.
Avviluppamento, *implicatio, onis,* f.
Avviluppare, *implico, as, avi, atum,* vel *ui, itum, are,* A. avvilupparsi, *se se implicare.*
Avviluppatamente, *inordinate, perturbate,* avv.
Avviluppato, *implicatus, a, um,* add.
Avviluppatore, *perturbator, oris,* m.
Avvinato, *vino infectus,* per chi ha troppo bevuto, *vino madidus.*
Avvinazzarsi, *vino se ingurgitare.*
Avvinazzato, *temulentus, a, um,* add.
Avvincere, avvinchiare, *vincio, cis, xi, ctum, cire,* A.
Avvinchiato, avvinto, *vinctus, a, um,* add.
Avvisaglia, affrontamento, scontro: *congressus, us,* m. *prælium, ii,* n.
Avvisamento, avviso, *nuncius, ii,* m. *monitum, i,* n. per Considerazione, *judicium: ratio.*
Avvisare, *significo: nuncio, as, avi, atum, are,* A. per Ammonire, *moneo, es, ui, itum, ēre,* A. per Por mente, osservare, *animadvertere, observare,* A.
Avvisarsi, *existimo, as,* etc. **animo præsentire.**
Avvisatamente, *caute: consulto,* avv.
Avvisato, *admonitus, a, um,* avv.
Avvisatore, *monitor, oris,* m. *nuncius, i,* m.
Avvisatrice, *nuntia, æ,* f.
Avviso, *monitum, i,* n. per Novella, *nuncium, i,* n. per Parere, *sententia, æ,* f.
Avvistato, *venustus: elegans, antis,* c. per Prudente, *prudens, entis,* c. add.
Avviticchiamento, *implicatio, onis,* f.
Avviticchiare, *implico, as, cui, ictum, are,* A.
Avviticchiato, *implicitus, a, implicatus, a, um,* add.
Avvivare, *vigorem afferre, excitare,* **avvivarsi,** *invalesco, escis, ui, escĕre,* N.
Avvizzare, avvizzire, *languescere, languidum fieri.*
Avvizzato, avvizzito, *languidus, a, um,* add.
Avvocare, *causas agĕre.*
Avvocata, protettrice, *patrona, æ,* f.
Avvocato, *causidicus, i,* m. *advocatus, i,* m.
Avvocazione, *advocatio, onis,* f.
Avvolgere, *convolvo, vis, vi, utum, vĕre,* A. *in orbem agere.*
Avvolgimento, *glomeratio, onis,* f. **conversio,** *onis,* f.
Avvolgitore, *involvens, entis,* **c. *fraudator,*** *oris,* m.
Avvoltare ec. V. Avvolgere ec.
Avvolticchiare, *torquēre: contorquēre.*
Avvolto, *convolutus, a, um.*
Azienda, *rei administratio, onis,* f.
Azione, *actio, onis: res, rei,* f. *negotium, i,* n.
Azza, scure, *securis, is,* f.
Azzannare, *dentibus arripĕre.*
Azzannato, *dentibus arreptus.*
Azzardo, *periculum, i,* n.
Azzimare, *ornare elegantius, perpolire,* A. azzimarsi, *se perpolire.*
Azzimato, *elegantius ornatus.*
Azzimella, *panis azymus.*
Azzimo, *azymus, a, um,* add.
Azzoppare, *claudum reddĕre.*
Azzoppato, *claudus, a, um,* add.
Azzuffamento, *congressus, us,* m. *certamen, inis,* n.
Azzuffarsi, *congredior, ĕris, ssus, congrĕdi,* D.
Azzuffato, *congressus, a, um,* add.
Azzuffatore, *manu promptus.*
Azzurreggiare, *vergere in cæruleum colorem.*
Azzurriccio, azzurrigno, azzurrino, azzurro, azzurrognolo, *in cæruleum vergens, cæsius, cyaneus, cæruleus,* add.

D

Babbaccio, babbaccione, **babbeo,** ***fatuus;*** *stolidus, ineptus,* add.
Babbo, *pater, ris,* m.
Babbuassaggine, *stoliditas, atis,* f.
Babbuasso, sciocco, *stolidus, a, um,* add.
Babbuino, scimia, *simia, æ,* f. *simius, i,* m.
Bacare, far vermi, *vermino, as,* etc. N.
Bacaticcio, bacato, *verminosus, a, um,* add.
Bacca, coccola, *bacca, æ,* f.

Baccalà, baccalare, *asellus salitus.*
Baccalare, e bacalare. V. Baccelliere.
Baccanale, *bacchanalia, um,* vel *orum,* n. pl. *bacchanalis,* m. e f. *e,* n. add.
Baccano, *clamor inconditus:* far baccano, *incondite obstrepĕre.*
Baccante, *baccha, æ: mænas, ădis,* f.
Baccato, infuriato, *furens, bacchans, e.*
Baccelleria, o baccellierato, grado al dottorato, *baccalaureatus, us,* m.
Baccelliere, *baccalaureus, i,* m.
Baccello, *siliqua, æ,* f. per Scimunito, *blennus, stolidus,* add.
Bacchetta, *virga: ferula, æ,* f.
Bacchettare, *virgis cædere.*
Bacchettina, bacchettuzza, *virgula, æ,* f.
Bacchettone, divoto affettato, *pietatis simulator, oris,* m.
Bacchettoneria, bacchettonismo, *religionis ostentatio, onis,* f.
Bacchiare, *percutio, is, ussi, ussum, utere,* vel *fustis cædere,* A.
Bacchiata, *ictus baculi.*
Bacchio, *baculus, i,* m. *bacillum, i,* n.
Bacherozzo, bacherozzolo, *vermiculus, i,* m.
Baciabasso, voce di scherzo, *salutatio, onis,* f.
Baciamano, *salutatio, onis,* f. *manus osculatio.*
Baciamento, *osculatio, onis,* f.
Baciare, *osculor, aris, atus, ari,* D.
Baciato, *basiatus, a, um,* add.
Baciatore, baciante, *basiator, oris,* m.
Baciatrice, *quæ osculatur.*
Bacile, bacino, *malluvium, i,* n. *pelvis, is,* f.
Bacio, *osculum, i: basium, i,* n.
Bacio, luogo a tramontana, *locus borealis, opacus,* a bacio, *ad septemtrionem.*
Baciucchiare, *suavior, aris, atus, ari,* D.
Baciucchio, *suaviolum, i,* n.
Baco (verme), *vermis, is,* m. baco da seta, *bombyx, ycis,* m.
Bacolo, bastone, *baculus, i,* m.
Badaluccare, scaramucciare, *velitari,* D. badalucco, *velitatio, onis,* f. per Trastullo, *oblectamentum, i,* n. *ludus,* m.
Badamento, indugio, *mora, æ,* f.
Badare, *animum, mentem intendĕre, advertĕre.*
Badessa, badia. V. Abbadessa ec.
Badiale, *ingens, entis: amplus: spatiosus, a, um,* add.
Badile, strumento di ferro con manico di legno simile alla pala, *batillum, i,* n.
Baffo. V. Basetta.
Bagaglia, bagaglio, *impedimentum, i,* n. *sarcina, æ,* f.
Bagaglione, *calo, nis,* m.
Bagagliume, *impedimenta, orum,* n. pl.
Bagattella, *nugæ: tricæ, arum,* f. pl.
Bagattelliere, giocoliere *præstigiator, oris,* m.
Baggianata, cosa insulsa, *res frivola,* f.
Baggiane, parole lusinghevoli, *falsæ blanditiæ,* f. pl.
Baggiano, balordo, *fatuus, a, um,* add.

Bagliore, *fulgor, oris,* m. *caligatio, onis,* f.
Bagnaiuolo, *balneator, oris,* m.
Bagnamento, *aspersio, onis,* f.
Bagnante, *madefaciens, entis,* c. add.
Bagnare, *madefacio, efacis, efeci, efactum, efacĕre,* A. *proluo, uis, ui, lutum, uere,* A. esser bagnato, *madeo, es, ui, ēre,* N. per Entrar nel bagno, *balnea ingredi.*
Bagnato, *madidus, a, um,* add.
Bagnatore, *balneator, oris,* m. *qui se lavat.*
Bagnatura, *lavatio, onis: lotio, onis,* f.
Bagno, *balneum, i,* n. *balnea, orum,* n. pl.
Bagnuolo, *balneolum, i,* n. per Fomento, *fomentum humidum.*
Bagordare, festeggiare armeggiando, *armis ludere;* per Crapulare, *epulari, comissari,* D.
Bagordo, sorte d'arme antica, *hasta;* per Crapola, *crapula, æ,* f.
Baia, burla, *lusus, us,* m. *nugæ, garum,* f. pl.
Baio, sorta di colore, *badius, a, um,* add.
Baiocco, *assis, is,* m.
Baione, *nugator, oris,* m.
Baionetta, *mucro, onis,* m.
Balausta, fior di melagrana, *balaustium, i,* n.
Balaustrata, *septum, i,* n.
Balaustro, colonnetta, *columella, æ,* f.
Balbettare, *balbutio, tis, utivi, utitum, utire,* N.
Balbo, balbuziente, *balbus, a, um,* add. femmina balba, *blæsa mulier.*
Balbuzie, *linguæ hæsitantia, æ,* f.
Balcone, *fenestra, æ,* f.
Baldacchino, *umbella, æ,* f.
Baldanza, *audacia, æ,* f.
Baldanzeggiare, vivere allegramente, *lascivire exsultare.*
Baldanzosamente, baldamente, *alacriter, audacter,* avv.
Baldanzoso, baldo, *alacer, ris, e: audax, acis,* c. add.
Baldoria, *festus ignis; flamma levis.*
Balena, *balena, æ,* f. *cetus, i,* m. *cete,* n. ind.
Balenamento, *fulguratio, onis,* f.
Balenante, *fulgurans, antis,* c. add.
Balenare, *fulgurat, abat, avit, are,* imp.
Baleno, *fulgur, guris,* B. in un baleno, *momento temporis.*
Balestra, *ballista, æ,* f.
Balestraio, *ballistarius, i,* m.
Balestrare, *jaculari arcu: jacĕre: emittĕre:* balestrarsi, *se jacĕre.*
Balestrata, *ballistæ jactus, us,* m.
Balestrato, *jaculatus, a, um.*
Balestratore. V. Balestriere.
Balestriera, buco nella muraglia da cui si saetta il nemico, *ballistarium, i,* n.
Balestriere, *jaculator, oris; sagittarius, i,* m.
Balestruccio (uccello), *hirundo riparia.*
Balì, grado nell'ordine equestre, *bajulivus, i,* m.
Balia, *nutrix, icis,* f.
Balìa, potestà, *auctoritas, atis,* f. per Fortezza, *vis, vis,* f.

Baliatico, *nutricium, i*, n. mercede della balia, *nutricia, orum*, n. pl.
Baliato, *jus, potestas*, vel *tempus potestatis exercendæ*.
Balio, *altor, oris: nutritius, i*, m. per Governatore, *præses, idis*, c.
Balioso, poderoso, *robustus, a, um*, add.
Balista, sorta d'arme antica, *ballista, æ*, f.
Balivo, governatore, *præses, idis*, c.
Balla, *sarcina, æ*, f.
Ballare, *salto: tripudio, as, avi, atum, are*, N. *choreas ducĕre*.
Ballata, *saltatio, onis*, f. per Canzone a ballo, *cantio, onis*, f.
Ballatella, ballatetta, ballatina, *cantiuncŭla, æ*, f.
Ballatoio, *podium, i*, n. *pergŭla, æ*, f.
Ballatore, *saltator, oris*, m.
Ballatrice, *saltatrix, icis*, f.
Ballerino, maestro di ballo, *saltandi magister*: danzatore, *saltator, oris*, m. ballerino da corda, *funambŭlus, i*, m. *petaurista, æ*, m.
Balletta, *sarcinŭla, æ*, f.
Balletto, *saltatiuncŭla, æ*, f.
Ballo, *saltatio, onis, chorea, æ*, f.
Ballonzare, ballonzolare, *saltitare*.
Ballotta (voto) *suffragium, i*, n. per Castagne lesse, *castanĕa elixa*.
Ballottare, dare il suo voto, *suffragium ferre*: il ballottare, *suffragatio, onis*, f. per Mandare a partito: *in suffragium aliquem*, vel *aliquid mittere*.
Baloccaggine, Baloccheria, *nugæ, arum*, f. pl.
Baloccamento, *stupida aberratio*.
Baloccare, tener a bada, *remorari, nugis morari*, baloccarsi, spassarsi, *inutiliter tempus trahĕre*.
Balocco, per Balordo, *stupidus, a, um*, per Trastullo, *puerile ludicrum*.
Balordaggine. Balorderia, *stupiditas, atis*, f.
Balordamente, *inepte*, avv.
Balordo, *stupidus, a, um*, add.
Balsamico, *balsaminus, a, um*, add.
Balsamo, *balsamum, i*, n.
Balteo, cintura, *balteus, i*, m.
Baluardo, *propugnacŭlum, i*, n.
Balza, rupe, *rupes, is*, f. per ciò che si aggiunge all' estremità di una veste o d'altro per ornamento, *incinia, æ*, f.
Balzana, testa balzana, vale stravagante, *morosus, a, um*.
Balzano, *qui maculam albam habet*.
Balzare, *subsulto, as*, etc. N. — fuori, *exsilio, lis, ilui, o ilii*, ed *ilii, sultum, ilire*, N.
Balzellare, *saltitare; saltuatim procedĕre*.
Balzello, gravezza straordinaria, *tributum, i*, n. *vectigal extra ordinem*, andare a balzello, *lepŏrem ad pascua exeuntem expectare*.
Balzelloni, andar a balzelloni, *saltuatim procedĕre*.
Balzo, *rupes, is*, f. per Salto, *saltus, us*, m. di balzo, *per saltum*, avv.

Bambagia, cotone, *gossipium, i*, n.
Bambagino, *xylĭna tela*.
Bambinaggine, bambineria, *puerilitas, atis*, f.
Bambinesco, *puerilis*, m. e f. *e*, n. add.
Bambino, *infans, antis*, c.
Bambola, *pupa, æ*, f. per Vetro dello specchio, *vitrum speculi*.
Bamboleggiamento. V. Bambinaggine.
Bamboleggiare, *pueriliter agĕre*.
Bambolo. V. Bambino.
Banca, *mensa argentaria*, f.
Banchettare, *convivia celebrare: epulas instruĕre*.
Banchetto, convito, *convivium, i*, n. piccolo banco, *parvum scamnum*.
Banchiere, *argentarius, i, trapezita, æ*, m.
Banco, *mensa, æ*, f. per Scanno, *subsellium, i: scamnum, i*, n. — dei remiganti, *transtrum, i*, n. — dei gabellieri, *publicanorum mensa*: — di banchiere, *argentaria mensa*: — di giudice, *tribŭnal*: far banco, *argentariam facere*.
Bancone, *intior mensa*, f.
Banda, *pars, partis*: da banda: *seorsum*, avv. da ogni banda, *undique*; avv. lasciar da banda, *prætĕreo, ĕris, erivi, eritum, erire*, N. passare da banda a banda, *trajicĕre*: Banda di soldati a piedi, *cohors, ortis*, f. — a cavallo, *turma, æ*, f. per Fascia, o striscia, *tænia, æ, fasciŏla, æ*, f.
Bandato, *fasciŏla ornatus*.
Bandeggiare, *in exsilium agĕre*.
Bandeggiato, *in exilium actus*.
Bandella, *ferrea lamĭna, æ*, f.
Banderaio, alfiere, *signifer, iferi*, m. per Chi fa paramenti da chiesa, *phrigio, onis*, m.
Banderese, *eques fasciŏla insignitus*.
Banderuola, *parvum signum, i*, n. quello strumento che indica la direzione dei venti, *lamina versatilis index ventorum: parvum vexillum*.
Bandiera, *vexillum: signum, i*, n. a bandiere spiegate, *signis elatis*.
Bandire, *edico, cis, xi, ctum, cĕre*, A. per Esiliare, *in exilium agĕre*.
Bandito, esiliato, *exul, ulis*, m. per Promulgato, *promulgatus, a, um*.
Banditore, *præco, onis*, m.
Bando, editto, *edictum, i*, n. per Esilio, *exsilium, i*, n.
Bandoliera, tracolla per appendervi qualche cosa, *balteus, i*, m.
Bandolo, *mataxæ caput*.
Bara, *ferĕtrum, i*, n.
Barabuffa, *tumultus, us*, m.
Baracca, stanza provvisoria di legno o di tela, *tentorium, i*, n.
Baraccare, *tentoria ponĕre*.
Baracchiere, *tabernarius, i*, m.
Barare, frodare per lo più nel gioco, *fraudare*.
Baratore, e baro, *fraudator, oris*, m
Baratro, luogo oscuro e profondo, *barathrum, i*, n.

Barattare, *permuto*, *as*, etc. A.
Barattato, *permutatus*, *a*, *um*, add.
Barattatore. V. Barattiere.
Baratteria, vendita delle giustizie, *justitiæ venditio*; per Frode semplicemente, *fraus*, *fraudis*, f.
Barattiere, barattiero, *fraudator*, *oris*, m.
Baratto, barattamento, *permutatio*, *onis*, f. per Frode, *fraus*.
Barattolo, *vasculum dulciarum*.
Barba, del mento, *barba*, *æ*, f. — di capra, *aruncus*, *i*, m. — del gallo, o bue, *palearia*, *um*, n. — delle biade, *arista*, *æ*, f. per Radica, *radix*, *icis*, f. Metter le barbe, *radices agĕre*, alla barba d'alcuno, a dispetto, *ingratiis*, avv.
Barbacane, scarpa a sostegno di una muraglia, *muri fultura*, *æ*, f.
Barbagianni, *bubo*, *onis*, m.
Barbaglio, *hallucinatio*, *onis*, f.
Barbaramente, *barbare*, avv.
Barbareggiare, *barbare loqui*.
Barbaresco, barbarico, *barbărus*; *barbarĭcus*, *a*, *um*, add.
Barbarie, *barbaries*, *ei*, f.
Barbarismo, *barbarismus*, *i*, n.
Barbaro, *barbarus*: *extraneus*: per Crudele, *inhumanus*, *a*, *um*, add.
Barbatella, *mallĕolus*, *i*, m.
Barbato, *barbatus*, *a*, *um*, add.
Barbazzale, *freni catenŭla*, *æ*, f.
Barberesco, custode de' cavalli da corsa, *equarius*, *i*, m. per Barbaro. V.
Barbero, *equus cursorius*.
Barbetta, *barbula*, f. per Radica, *radicŭla*, *æ*, f.
Barbicamento, *radix*, *icis*, f.
Barbicare, *radices agere*.
Barbicato, *radicatus*, *a*, *um*, add.
Barbiera, *tonstrix*, *icis*, f.
Barbiere, *tonsor*, *oris*, m. di barbiere, *tonsorius*, *a*, *um*, add.
Barbieria, *tonstrina*, *æ*, f.
Barbio, pesce, *barbus*, *i*, m.
Barbone, barbuto, *bene barbatus*: per Sgherro, *sicarius*.
Barbozza, parte della celata che para le gote e il mento, *pars cassidis genas et mentum protĕgens*: pel Mento del cavallo, *labium inferius equi*.
Barbozzo, *mentum*, *i*, n.
Barbugliare, *balbutire*; *turbata mente loqui*.
Barbuta, elmetto, *galea*: *cassis*: per Soldato armato di barbuta, *miles galeatus*.
Barbuto, *bene barbatus*: *adultus*, add.
Barca, *cymba*, *æ*, f. brigantino, *lembus*, *i*, m. per Massa di biade ec. *strues*, *struis*, f.
Barcaiuolo, barcaruolo, *portitor*, *oris*, m. *navicularius*, m.
Barcata, carico d'una nave, *oneraria navis onus*.
Barchetta, barchettina ec. *linter*, *lintris*, m. *navicŭla*.
Barco, parco, *vivarium*: *leporarium*, *i*, n.
Barcollamento, *nutatio*, *onis*, f.
Barcollante, *nutans*, *antis*, o.
Barcollare, *nuto*, *as*, etc. N.
Barcollone, barcolloni, andar barcolloni. V. Barcollare.
Barcone, *navis magna*, *navis oneraria*.
Barda, armatura dei cavalli, *phalĕræ*, *arum*, f. pl.
Bardamentare, bardare, *stragŭlis equum ornare*.
Bardamento, bardatura. V. Barda.
Bardato, *phaleratus*, *a*, *um*, add.
Bardella, specie di sella, *sagma*, *atis*, n.
Bardellone, *ingens sagma*.
Bardotto, la bestia che conduce per suo uso il mulattiere, *agasonis burdo*; per Garzone, *puer*, *eri*.
Barella, *vehes*, *vehis*, f.
Barellare, *vehere*; per Barcollare. V.
Bareria, *fraus*, *udis*, f.
Bargello, *dux lictorum*.
Bargiglione, Bargiglio, *palea*: *verrucŭla*, f.
Bargigliuto, *paleam habens*.
Bariglione, *cadus salsamentarius*.
Barile, *cadus*, *i*, m.
Baritono, voce di tono grave, *barĭtonus*, m.
Barilettaio, *lagunculărum opifex*.
Barlume, *incertum lumen*.
Baro o barro, *fraudator*, *oris*, m.
Baroccio, *plaustrum*, *i*, n.
Barometro, strumento per misurare la gravità dell'aria, *barometrum*, *i*, n.
Barone, *baro*, *onis*, m. per Uomo cattivo, *imprŏbus*.
Baroneria, *imprŏbitas*, *atis*, f.
Baronessa, *baronis uxor*.
Barra, *septum*, *i*, n.
Barrare, *sepio*, *is*, *ivi*, *itum*, *ire*, A.
Barrato, *septus*, *a*, *um*, add.
Barricata, *repagŭlum*, *i*, n.
Barriera, *vallum*, *i*, n.
Baruffa, *contentio*, *onis*, f. *tumultus*, *us*, m.
Barzelletta, *jocus*, *i*, m.
Bascià, dignità presso i Turchi, *prætor*, *præfectus*, *satrăpa*.
Base, *basis*, *is*, f. *fundamentum*, *i*, n.
Basco, goffo, *bardus*: *hebes*, *ĕtis*, o.
Basetta, *labiis superioris pili*.
Basettone, *qui pilos labii superioris pascit*.
Basilica, *templum*, *i*, n. *basilĭca*, *æ*, f.
Basilisco, basilischio, *basiliscus*, *i*, m.
Basire, morire, *agĕre animam*; svenire, *animo deficĕre*.
Bassà. V. Bascià.
Bassamente, *humiliter*, avv.
Bassamento, *depressio*, *onis*, f.
Bassezza, *humilĭtas*, *atis*, f. *abjectio*, *onis*, f.
Basilico, *ocymum*, vel *ocimum*, *i*, n.
Basso, *humilis*, m. e f. *e*, n. *imus*, *a*, *um*. basso nella musica, *sonus gravis*: cantar la parte di basso, *graviter canĕre*: per Bassamente, *humiliter*, avv. parlar basso, *submissa voce loqui*.
Bassorilievo, *anaglyphon*.
Bastabile, durevole, *durabilis*, m. e f. *e*, n. per Bastevole, *sufficiens*, *entis*, o.

Bastaio, bastaro, facitore di basti, *clitellarum faber.*
Bastante, *sufficiens, entis*, c.
Bastantemente, *satis*: avv.
Bastanza, continuazione, *assiduitas*: *continuitas, atis*, f.
Bastardella (vaso), *cucuma, æ*, f. *vas cupreum ad carnem coquendam.*
Bastardigia, *falsa, spuria stirps.*
Bastardo, *spurius, i*, m. *spurius, a, um, nothus, a, um.*
Bastardume, progenie bastarda, *soboles spuria*: rimessiticci superflui delle piante, *inutiles rami insititii.*
Bastare, *sufficio, ficis, feci, fectum, ficere*, N. *satis esse.*
Basterna, specie di carro, *basterna, æ*, f.
Bastevole, bastevolmente. V. Bastante, ec.
Bastie. V. Bastita.
Bastimento, *navis, is*, f.
Bastionare, *vallare*: *vallo munire.*
Bastionato, *vallatus, a, um*, add.
Bastione, *vallum, i*, n.
Bastita, *vallum septum*: *agger*: *munimentum, i*, n.
Basto, *sagma, atis*, n. *sagma, æ*, f. *clitellæ, arum*, f. pl. da basto, *clitellarius, a, um.*
Bastonare, *verbero, as*, etc. A. esser bastonato, *vapulo, as*, etc. N.
Bastonata, *verber, is*, n. *verberatio, onis*, f. *baculi ictus.*
Bastonato, *verberatus, a, um.*
Bastonatura, *verberatio, onis*, f.
Bastoncello, bastoncino, *bacillum, i*, n.
Bastone, *baculus, i*, m. *fustis, is*, m.
Batacchio, batacchiare, ec. V. Bastone, Bastonare, ec.
Batocchio, baston da ciechi, *scipio, onis*, m.
Batolo, falda del cappuccio, *lacinia, æ*, f. per Quel panno o pelle che si porta sulle spalle dai preti costituiti in qualche grado, *almutium, ii*, n.
Batosta, *convicium, i*, n. *rixa, æ*, f. per disgrazia, *infortunium, calamitas*, ricevere una batosta, *calamitatem accipere*: andarne soggetto, *calamitatibus frangi.*
Batostare, *conviciari, altercari*, D.
Battaglia, *pugna, æ*, f. *conflictus, us*, m. — di mare, *navale prælium*: — di terra, *terrestre prælium*: — da burla, *pugna ludicra.* Uscire in battaglia, *prodire in aciem.* Armata ordinata in battaglia, *acies instructa.*
Battagliare, combattere, *dimico, as*, etc. N. *præliari*, D.
Battagliatore, battagliere, *bellator, oris*, m.
Battagliaresco, *bellicus*: *militaris*, m. e f. *e*, n. per Bellicoso, *bellicosus, a, um*, add.
Battaglievolmente, *dimicando*, avv.
Battaglio, ferro che fa suonare la campana, *tintinnabuli malleus, i*, m.
Battaglione, *cohors, hortis*, f. *turma, æ*, f.
Battaglioso. V. Bellicoso.
Battello, *scapha, æ*, f.
Battente, sost. V. Battitoio.
Battente, particip. *percutiens, entis*, c. per Palpitante, *palpitans, antis*, c.
Battere, *verbero, as, avi, atum, are*: *cudo, dis, cudi, sum, dĕre*, A. Battere alla porta, *fores pulsare*: — il grano, *frumentum excutere*: — la rocca, *urbem bellicis tormentis quatĕre*: — il petto, *pectus plangere*: — le mani, *manibus plaudere*: — i piedi, *pedes supplodĕre*: — il fuoco, *ignem de silice excutĕre*: — la palla, *pilam conjicere*: — le ore, *horarum signa dare*: il polso batte, *arteria micat*: in un batter d'occhio, *ictu oculi*; batter l'oro, *aurum ducere*: battersi col nemico, *cum hoste congredi.*
Batteria, *oppugnatio, onis*, f.
Battesimale, *baptismalis*, m. e f. *e*, n. add.
Battesimo, battezzamento, *baptismus, i*, m. *baptisma, atis*, n. tenere al sacro fonte, *e sacro fonte aliquem suscipĕre*: pel Giorno della imposizione del nome, *dies lustricus.*
Battezzante, *baptizans, antis*, c.
Battezzare, *baptizo, as*, etc. A.
Battezzato, *baptizatus, a, um*, add.
Battezzatore, battezziere, *baptismi administer.*
Batticuore, *palpitatio cordis*: *formido.*
Battifolle. V. Bastita.
Battifuoco, fucile, *ignarium, i*, n.
Battilano, *lanarius, ii*, m.
Battiloro, *bractearius, i*, m.
Battimento, *percussio, onis*: *verberatio, onis*: — di mani, *plausus*: — di cuore, *palpitatio*: — di piedi, *supplosio.*
Battiporto, quella parte della nave per la quale entrasi in essa, *aditus in navim.*
Battisegola. V. Fioraliso.
Battistero, battisterio, battisteo, *baptisterium, i*, n.
Battito, coll'*i* breve, *tremor, oris*, m. *palpitatio, onis*, f.
Battitoio, quella parte dell'imposta che batte nello stipito, *postis, is*, m. per quella parte dello stipite battuta dall'imposta, *fores, ium*, f. pl.
Battitore, *percutiens, entis*, c.
Battitura, *verberatio, onis*, f. il batter delle biade, *tritura, æ*, f.
Battuta, misura di tempo nella musica, *numerus, modus musicus*: — di polso, *arteriæ pulsus.*
Battuto (sost.), *solum*: *pavimentum, i*, n. per Vivanda tritata, *intritum.*
Battuto, *percussus, a, um*, add. via battuta, *via trita*: esser battuto, *vapulo, as*, etc. N.
Batuffolo, *congeries, ei*, f.
Baule, *arcula viatoria*, f.
Bava, *saliva*: *spuma, æ*, f.
Bavaglio, *linteolum ad os tergendum.*
Bavero, *collare, is*, n.
Bavoso, *saliva profluente inquinatus.*
Bazzecole, *tricæ, arum*, f. pl.
Bazzicare, conversare, *convivere*: *versari.*
Bazzicature, *quisquiliæ, arum*, f. pl.

Bazzotto, subdurus, a, um, add.
Beare. V. Beatificare.
Beatamente, beate, avv.
Beatificare, beo, as, etc. A. beatificare secondo il rito della Chiesa, in beatorum album referre.
Beatificatore, beatificatrice, beans, antis, c.
Beatificazione, inter beatos adscriptio.
Beatifico, beans, antis, c.
Beatitudine, beatitas, atis: beatitudo, inis, f.
Beato, beatus, a, um: felix, icis, c.
Beccaccia, scolopax, acis.
Beccaccino, minor scolopax.
Beccafico, ficedula, æ, f.
Beccaio, macellaio, lanius, i, m.
Beccamorti, vespillo, onis, m.
Beccare, rostrare: rostro vellere.
Beccata, rostri ictus: morsus, us, m.
Beccatello, sostegno, mutulus, i, m. per diminutivo di becco, parvus hircus.
Beccheria, macello, laniena, æ, f.
Becchino. V. Beccamorti.
Becco, rostrum, i, m. per Caprone, hircus, i, m. di becco, hircinus, a, um, add.
Beccuccio, rostrum ampullæ.
Befana, fantoccio, pupa: larva, æ, f. per Donna brutta, mulier deformis: per La festa dell'Epifania, Epiphania Domini.
Beffa, beffe, beffamento, irrisio: derisio, onis, f. jocus, i, m.
Beffardo. V. Beffatore.
Beffare, beffeggiare, irrideo, ides, isi, isum, idere, A. beffarsi, parvi pendere.
Beffato, irrisus, a, um, add.
Beffatore, beffeggiatore, derisor, oris, m.
Beffatrice, quæ illudit.
Beffevole, contemnendus, a, um, add.
Belamento, belato, balatus, us, m.
Belare, balo, as, avi, atum, are, N.
Bel bello, sensim: pedetentim, avv. andar bel bello, lento procedere.
Bellamente, pulchre: per Ornatamente. V.
Bellotta, limus, i, m. cœnum, i, n. per posatura, sedimen, inis, n. fæx, cis, f.
Belletto, fucus, i, m.
Bellezza, forma, æ: pulchritudo, inis, f.
Bellico, pronunziato lungo, umbilicus, i, m.
Bellico, pronunziato breve, da guerra, bellicus, a, um, add.
Bellicosamente, strenue, avv.
Bellicoso, belligero, belliger, a, um, add.
Bellimbusto, pulcher homo, sed ineptus.
Bello, sost. pulchrum, n. per Occasione, opportunitas, atis: nel bello del discorso, in medio sermone.
Bello, pulcher, cra, crum: venustus, a, um, add.
Bello, pulchre, avv.
Bellumore, jocosus, festivus homo.
Belone, balans: plorans, c.
Beltà. V. Bellezza.
Belva, bellua, æ, f.
Beneaccounciamente, recte: concinne, avv.
Benaffetto, benevolus, a, um, add.
Benandata, strena, æ, f.
Benavventuratamente, feliciter, avv.
Benavventurato, benavventuroso, felix, icis, c. fortunatus, a, um, add.
Ben bene, optime, avv.
Benchè, quamvis, etsi, licet, cong.
Benda, vitta, æ, f.
Bendare, vitta obnubere.
Bendato, velatus: vitta redimitus.
Bendatura, velamen, inis, n.
Bendella, benderella, exigua tænia.
Bendone, infula, æ, f.
Bene, vantaggio, bonum: commodum, i, n. utilitas, atis, f. per Opere buone, bona opera: far del bene, pietatem colere.
Bene, bene, recte: probe, avv.: pigliar in bene, æqui bonique facere: ben bene, etiam atque etiam: ben gli sta, merito illi obtigit.
Benedetto, benedictus, a, um, add. mal benedetto. V. Epilessia.
Benedire, alicui benedicere: bene precari: — la casa, lustrali aqua domum aspergere.
Benedizione, benedictio, onis, f. fausta precatio: — della casa, domus lustratio.
Benefattore, beneficatore, beneficus, i, m.
Benefattrice, benemerens, entis, c.
Beneficente. V. Benefattore.
Beneficare, bene facere: beneficia conferre.
Beneficato, beneficio affectus.
Beneficenza, beneficentia, æ, f.
Benefaciente. V. Benefico.
Beneficiale, spettante a benefizio eccles. beneficiarius, a, um, add.
Benefico, beneficus, a, um, add.
Benefiziato, chi ha benefizio ecclesiastico, beneficiarius, a, um, add.
Benefizio, beneficio, beneficium, i, n. — ecclesiastico, ecclesiæ reditus, us, m.
Benemerenza, meritum: promeritum, i, n.
Benemerito, che ha ben operato in pro d'alcuno, bene vel optime de aliquo meritus, add. per sost. V. Benemerenza.
Beneplacito, beneplacimento, assensus, us, m.
Bene spesso, bene sæpe, avv.
Benestante, dives, itis, c. locuples, etis, c.
Benevolentemente, benevole, avv.
Benevolenza, benevolentia, æ, f.
Benevolo, e benevogliente, benevolus, a, um, add.
Benfacente, beneficus, a, um, add.
Ben fatto, proporzionato, formosus, a, um, add.
Beni, ricchezze, bona, orum, n. pl. divitiæ, arum, f. pl.
Benignamente, benigne, avv.
Benignità, benignitas, atis, f. humanitas, atis, f.
Benigno, benignus, a, um; comis, m. e f. e, n. add.
Benino, belle, bellule, avv.
Benissimo, optime, probe, avv.
Benna, treggia, traha, æ, f. vehes, is, f.

Benservito, *dimissio, onis*, f. *honesta missio*.
Bensì, *utique*, cong. nel senso di Ma, Però, *at, sed*.
Bentornato, *ave, salve, prospere redieris*.
Benvenuto, *conspicere te esse gaudeo*.
Benvolentieri, *perlibenter*, avv.
Benvolere. V. Benevolenza.
Benvoluto, *amatus: carus, a, um*, add.
Beone, *bibax, ācis*, m.
Bercilocchio, coll' occhio **bircio,** ***luscitiosus***, *a, um*, add.
Bere, bevere, *bibo, is, i, itum, ĕre*, A. *poto, as*, etc. A. Bere alla salute di alcuno, *alicui propinare*.
Bere (sost.), *potus, us*, m. *potio, onis*, f. Dar da bere, *potum alicui dare: pocula miscēre*: chi dà da bere, *pocillator, oris*, m.
Berghinella, femminuccia, *muliercula*, f.
Bergolinare, scherzare con bisticci, *ludĕre*.
Bergolo. V. Leggiero, Volubile, Sero.
Berlingozzaio, chi fa confetture, *pistor dulciarius*.
Berlingozzo, confortino, *crustulum, i*, n.
Berillo, gemma, *beryllus, i*, m.
Berlina, mettere alla berlina, *ad cippum alligare*.
Berlingozzo, *scriblita, æ*, f.
Bernocchio, bernoccolo, *tuber, ĕris*, n. f. per Enfiatura che fa la percossa, *vibex, īcis*, f.
Bernoccoluto, *tuberosus, a, um*, add.
Berretta, *galērus, i, pileus, i*, m. — da prete, *sacerdotalis*.
Berrettaio, *galerorum opifex*.
Berrettina, berrettino, *pileolus, i*, m.
Berrettone, *magnus galērus*.
Berroviere, masnadiere, *latro, onis*, m. per Donzello, ec. *lictor, accensus*, m.
Bersaglio, *scopus, i*, m. *meta, æ*, f. dare nel bersaglio, *collineo, as*, etc.
Berta, chiacchiera, *nugæ*. V. Beffa: macchina da piantar pali, *fistūca, as* etc.
Berteggiare, ec. V. Beffare, ec.
Bertesca, *castellum: propugnaculum, i*, n.
Bertone, drudo, *amasius: procus, i*, m. cavallo colle orecchie tagliate, *equus cæsis auribus*.
Bertovello, *nassa, æ*, f.
Bertuccia, bertuccio, *simia, æ*, f. *simius, i*, m.
Bertuccione, *immanis simia*: per Uomo brutto, contraffatto, *homo deformis*.
Bestemmia, bestemmiamento, *exsecratio, onis, blasphemia, æ*, f.
Bestemmiare, *exsecror, aris, atus, ari*, D. *verba impia dicere in Deum*.
Bestemmiatore, *Divinitatis convitiator, oris*, m.
Bestemmiatrice, *contumeliosa in Deum*.
Bestia, *bellua: fera, æ: bestia, æ*, f. — da soma, *iumentum*, per Uomo fiero, *inhumanus*: andare in bestia, *ira corripi*.
Bestiaccia, *immanis bellua, æ*, f.
Bestiale, bestievole, *belluinus: ferus, a, um*, add.

Bestialità, *feritas, atis*, f.
Bestialmente, *immaniter*, ***bestiarum more***, avv.
Bestiame, *pecus, ŏris*, n. — da lavoro, *operarium*: — da lana, *lanare*: — infermiccio, *morbosum*: — del paese, *vernaculum*: — forestiero, *peregrinum*: — grosso, *armentum*: — minuto, *grex, gregis*, m. *pecus, ūdis*, f.
Bestiucciuola, bestiuola, *bestiŏla, æ*, f.
Bestione, *immanis bellua*: per Uomo bestiale, *trux, trucis*, c.
Bettola, *caupōna, æ*, f.
Bettoliere, *caupo, onis*, m.
Bettonica (erba), *betonica, æ*, f.
Beva. V. Bevanda.
Bevanda, *potus, us*, m. *potio, onis*, f.
Beveraggio. V. Bevanda: per Mancia, *strena, æ*, f.
Beveratoio, *aquarium, i*, n.
Bevere. V. Bere.
Beveria, sbevazzamento, ***ebrietas, atis***: *compotatio, onis*, f.
Beverone, *puls, quæ equis præbetur*.
Bevimento, *potatio, onis*, f.
Bevitore, *potator, oris*, m. *ebriosus, a, um: bibax, ācis*, c.
Bevitrice, *potatrix, īcis*, f.
Bevitura, bevuta. V. Bevimento.
Bevone. V. Beone.
Bezzicare, *rostro ferire*, bezzicarsi, *iurgari*.
Bezzicato, *rostro petitus*.
Bezzicatura, *rostri ictus*.
Bezzo, *denariŏlus, i*, m.
Biacca, *cerussa, æ*, f.
Biada, *seges, etis*, f. *fruges, um*, f. pl. — per le bestie, *avena, æ*, f.
Biadaiuolo, *frugum venditor*.
Biadetto, *color cæruleus*.
Biancastro, bianchiccio, ***albĭdus, a, um***, add.
Biancheggiamento, *candor, ōris*, m.
Biancheggiante, *albicans, antis*, c.
Biancheggiare, *albesco, is, ĕre*, N. *albĭco, as*, etc. N.
Biancheria, *res lintearia, lintĕa*.
Bianchetto, *candidulus, a, um*, add.
Bianchezza, *albēdo, ĭnis*, f. *candor, ōris*, m.
Bianchiccio, *albĭdus, a, um*, add.
Bianchimento, *candicantia, æ*, f.
Bianchire, *dealbo, as*, etc. A. V. Biancheggiare.
Bianchito, *dealbatus, a, um*, add.
Bianco, sost. *albēdo, ĭnis*, f. per Gesso, *gypsum, i*, n. — dell' uovo, *albūmen, ĭnis*, n.
Bianco, *albus, a, um*, add.
Bianco spino, *spina alba*.
Biasciamento. V. Masticamento.
Biasciare, biascicare, *difficulter mandĕre*.
Biasimare, *vitupĕro, as, avi, atum, are*, A.
Biasimarsi, dolersi, conquĕri: *dolēre*.
Biasimato, *vituperatus, a, um*, add.
Biasimatore, *vituperator, oris*, m.
Biasimatrice, *quæ vituperat*.
Biasimevole, *vituperabilis*, m. e f. e. n. add.
Biasimevolmente, *turpiter, probrose*, avv.

Biasimo, biasimamento, *vituperatio*, *onis*, f. *probrum*, *i*, n.
Bibbia, per la Scrittura sacra, *biblia*, *orum*, n. pl. per Lunga diceria o scrittura, *prolixa oratio*.
Bibita. V. Bevanda.
Biblioteca, *bibliotheca*, *æ*, f.
Bibliotecario, *bibliothecæ præfectus*.
Bicchieraio, chi fa o vende i bicchieri, *vitrarius*, *i*, m.
Bicchiere, *cyathus* : *scyphus*, *i*, m. *poculum*, *i*, n. *calix*, *icis*, m.
Bicchieretto, bicchierino, *pocillum*, *i*, n.
Bicchierone, *immane poculum*, *i*, n.
Bicipite, che ha due capi, *biceps*, *ĭpitis*.
Bicocca, biccicocca, *castellum rupibus impositum*.
Bicornia, incudine a due corni, *incus bicornis*.
Bicorno, bicorne, bicornuto, *bicornis*, m. e f. *e*, n. add.
Bidello, *bidellus*, *i*, *accensus*, *i*, m.
Bidente, *bidens*, *entis*, c.
Bidetto, cavallino, *equulus*.
Biecamente, *obliquo*, *torvĭter*, avv.
Bieco, *torvus* : *obliquus*, *a*, *um*, add. Guardar bieco, *torvis oculis intuēri*, vel *transversis tueri*, per metaf. *pravus* ; *turpis*, m. e f. *e*, n. add.
Bieta, bietola, *beta*, *æ*, f.
Bietta, zeppa, *cuneus*, *i*, m.
Bifolcheria, *bucolica ars* : per la custodia e amministrazione delle possessioni, *villicatio*, *nis*, f. *villicationis officium*.
Bifolco, *bubulcus*, *i*, m.
Biforcamento, *divisio*, *separatio*, *instar furcæ*.
Biforcato, biforcuto, *bifurcus*, *a*, *um*, add.
Biforme, *biformis*, m. e f. *e*, n. add.
Bifronte, *bifrons*, *ontis*, c.
Biga, cocchio a due cavalli, *bigæ*, *arum*, f. pl.
Bigamia, condizione di due mogli, *bigamia*, *æ*, f.
Bigamo, *bigamus*, *i*, m.
Bigatto, bigattolo, baco da seta, *bombyx*, *ycis*, m.
Bigerognolo, bigiccio, cenerognolo, *cineraceus*, *a*, *um*, add.
Biglietto, *schedula*, *æ*, f. *epistolium*, *ii*, n.
Bigoncetta, *doliŏlum*, *i*, n.
Bigoncia, vaso di legno a doghe, *doliolum*, *i*, n. per Cattedra, *suggestum*, *i*, n. *cathedra*, *æ*, f.
Bilancetta, bilancino, *parva trutina*.
Bilancia, *trutina* : *libra*, *æ*, f. stare in bilancia, *æquilibrem esse* : segno dello Zodiaco, *libra*.
Bilanciamento, *ponderatio*, *onis*, f. *examen*, *inis*, n.
Bilanciare, *libro*, *as*, etc. *expendo*, *dis*, *di*, *sum*, *dĕre*, A.
Bilanciato, *expensus* : *libratus*, *a*, *um*, add.
Bilancina, *parva trutina*.
Bilancio, *libratio*, *onis*, f. per Ristretto dei conti, *summa rationum* : fare il bilancio, *expensi acceptique tabulas conferre*, *rationem habere*.
Bile, *bilis*, *is*, f. per Collera, *ira*, *æ*, f.
Bilenco, storto, *distortus*, *obtortis cruribus*.
Biliario, *bilem continens*.
Bilicare, *libro*, *as*, etc. A. per Ponderare, *perpendĕre*, *deliberare*.
Bilicato, *libratus*, *a*, *um*, add.
Bilico, *æquilibrium*, *i*, n. *libramentum*, *i*, n. stare in bilico, *neutrum in partem inclinare*, *propendĕre*.
Bilingue, di due lingue, dal latino *bis*, due volte, *bilinguis*, m. e f. *e*, n. add.
Bilioso, *biliosus*, *iracundus*, *a*, *um*, add.
Bilustre, *bilustris*, m. e f. *e*, n. add.
Bimbo, *pupus*, *i*, m.
Bimembre, *bimembris*, m. e f. *e*, n. add.
Bimestre, *bimestris*, m. e f. *e*, n.
Binare, partorire due gemelli, *gemellos parĕre*.
Binascenza, *ortus gemellorum*.
Binato. V. Gemello.
Bindoleria, *dolus*, *i*, m. *circumventio*, *onis*, f.
Bindolo, ingannatore, *deceptor*, *oris*, m. — per Macchina da cavar acque, *antlia*, *æ*, f.
Bioccolo, *floccus*, *i*, m.
Biondeggiare, *flavesco*, *is*, *ĕre*, N.
Biondetto, *subflavus*, *a*, *um*, add.
Biondezza, *flavus color*.
Biondo, *flavus* : *rufus*, *a*, *um*, add.
Bipartito, *bipartitus*, *a*, *um*, add.
Bipede, *bipes*, *ĕdis*, c.
Bipenne, scure, *bipennis*, *is*, f.
Birba. V. Frode : per
Birbante, birbone, *erro*, *onis*, *scelestus*, *i*, m.
Birbonata, birboneria, *fraus*, *fraudis*, f.
Birboneggiare, *mendicando errare*.
Birbo, *fasciosus*, *a*, *um*, add.
Biroccio. V. Baroccio.
Birra, *cerevisia*, *æ*, f.
Birracchio, vitello dal primo al secondo anno, *vitulus anniculus* : V. Brano, Branchello.
Birreria, *satellitum cohors* : per Luogo dove si vende o fa birra, *officina cerevisiæ*.
Birresco (da birro), *ad lictores pertinens*.
Birro, birroviere, *lictor* : *satelles* : *apparitor*.
Bisaccia, *mantica* : *pera*, *æ*, f.
Bisarcavolo, *atavus* : bisarcavola, *atavia*.
Bisavo, bisavolo, *proavus*, *i*, m.
Bisbetico, *morosus*, *a*, *um* ; *difficilis*, m. e f. *e*, n. add.
Bisbigliamento, *susurrus*, *i*, m.
Bisbigliare, *susurro*, *as*, etc. N.
Bisbigliatore, *susurrator*, *oris*, m.
Bisbiglio, bisbilio, *susurrum*, *i*, n. *susurrus*, *i*, m. *murmur*, *ŭris*, n.
Bisca, biscazza, *aleatorium*, *i*, n.
Biscaiuolo, biscazziere, *aleator*, *oris*, m.
Biscanto, *angulus retusus*.
Bischero, legnetto a cui si attaccano le corde del liuto, ec., *fidicŭlæ jugum*, *i*, n.
Biscia, *anguis*, *is*, f. *serpens*, *entis*, m.
Biscolore, *discolorius*, *a*, *um*, add.
Biscottare, *recoquo* : *excŏquo*, *ŏquis*, *ari*,

siccum, aquare: **torreo, es, ui, tostum**: — *ēre*, A.
Biscottato, *bis coctus*: *bis tostus*.
Biscottino, *crustulum*, *i*, n. *buccella*, *æ*, f.
Biscotto, *panis tostus*: *panis nauticus*.
Bisestare, venire o essere il bisesto, che è quel giorno, che alla fine d'ogni quattro anni si aggiugne (*intercalatur*, *inseritur*) al mese di febbraio, per aggiustare l'anno col corso del sole, *intercalari*.
Bisestile, *intercalāris*, *e*, m. e f. *e*, n.
Bisesto, *bissextus*, *intercalaris*; *e*, m. e f. *e*, n. add.
Bisgenero, *progener*, *is*, m.
Bisiacco. V. Bisbetico.
Bislungo, *oblongus*, *a*, *um*, add.
Bismalva (erba), *althæa*.
Bisnipote, *pronĕpos*, *ōtis*, m.
Bisnipote, (figlia del nipote) *proneptis*, *is*, f.
Bisnonno, bisavolo, *proavus*.
Bisogna, *res*, *rei*, f. *negotium*, *i*, n.
Bisognantemente, *satis*, avv.
Bisognare, *opus esse*: *oportēre*: secondo che bisogna, *prout opus est*.
Bisognevole, bisognante, *necessarius*, *a*, *um*, add.
Bisogno, *inopia*: *indigentia*, *æ*, f. aver bisogno, *egeo*, *ges*, *gui*, *gēre*, N.
Bisognosamente, *parce*: *duriter*, avv.
Bisognoso, *egenus*, *a*, *um*: add. *pauper*, *is*, m. *indigens*, *entis*, c.
Bisso, *byssus*, *i*, f.
Bisticciare, ec. V. Contendere, ec.
Bisticcio, *annominatio*: *agnominatio*, *onis*, f.
Bistinto, *bis tinctus*.
Bistorto, *tortuosus*, *a*, *um*; *obliquus*; *dolosus*, *a*, *um*, add.
Bistrattare, mal trattare, *male accipere aliquem*, *vel male habere*.
Bisunto, *perunctus*, *a*, *um*, add.
Bitorzo, bitorzolo, *tuberculum*, *i*, n. *verruca*, *æ*, f.
Bitorzolato, bitorzoluto, *tuberosus*, *a*, *um*, add.
Bitume, *bitūmen*, *ĭnis*, n.
Bituminoso, *bituminosus*, *a*, *um*, add.
Bivio, capo di due strade, *bivium*, *i*, n.
Bizza, ira, *ira*, f.
Bizzarramente, *impotenter*, *fastidiose*, avv.
Bizzarria, *furor*, *oris*, m. per Capriccio. V. per Cosa ingegnosa, *ingeniosum inventum*.
Bizzarro, *iracundus*, *a*, *um*, add. per Capriccioso, *cerebrosus*, *a*, *um*; per Vivace, *acer*, *acris*, *acre*.
Bizzocco. V. Bacchettone.
Blandimento, *blanditiæ*, *arum*, f. pl.
Blandire, *blandiri*.
Blandizia, *blanditiæ*, *arum*, f. pl.
Blando, piacevole, delicato, *blandus*, *a*, *um*, add.
Bloccare, assediare alla larga, *aditus intercludĕre*: *laxiore obsidione cingĕre*.
Blocco, *laxior obsidio*, *onis*, f.
Bocaro. V. Bifolco.
Bocca, *os*, *oris*, n. *bucca*, *æ*, f. di ciò parleremo a bocca, *hæc coram*: stare a sentire a bocca aperta, *pendēre ab ore loquentis*: dire ciò che viene alla bocca; *quidquid in buccam venit effutire*: di buona bocca, *vorax*, *acis*, c. di gran bocca, *bucculentus*, *a*, *um*, add. torcere la bocca, *distorquēre os*.
Boccale, *vas*, *is*, n. pel vino, *culigna*; *lagena*, *æ*, f. — da olio, *lecythus*, *i*, m. — per dare acqua alle mani, *gutturnium*, *i*, n.
Boccata, *buccea*, *æ*, f.
Boccetta, *ampulla*, *æ*, f.
Boccheggiamento, *extremus hiatus morientis*.
Boccheggiante, *animam agens*.
Boccheggiare, *extremum spiritum ducĕre*.
Bocchetta, bocchino, ec. *osculum*, *i*, n. per Imboccatura, ec.
Boccia, *ampulla*, *æ*, f. *guttus*, *i*, m. per Bottone dei fiori, *calyx*, *ycis*: *calculus*, *i*, m.
Boccino, per Vitello, *altilis*, *i*, m.
Bocciolo, piccola boccia, *calculus*, *i*, m.
Boccioloso, *calycibus plenus*, *affluens*.
Bocciuolo, fiore non sbocciato, *calyx*: spazio nella canna, tra un nodo e l'altro, *internodium*, *i*, n.
Boccone, gran bocca, *bucca*, *æ*, f. per Quantità di cibo messo in bocca, *frustum*, *i*, n. *bolus*, *i*, m. per Bocconi, cioè a bocconi, *frustillatim* — per Boccone, cioè colla pancia a terra, *pectore*, *vel ore prono* — cader Boccone, *pronum corruere*.
Boia, *carnifex*, *ĭcis*, m.
Bolcione, stromento bellico, *aries*, *ĕtis*, m.
Boldrone, vello, *vellus*, *ĕris*, n.
Bolgia, valigia, *bulga*, *æ*, f.
Bolino. V. Bulino.
Bolla, diploma, *diploma*, *ătis*, n. vescichetta, *pustula*, *æ*, f. bolla dell'acqua, *bulla*, *æ*, f.
Bollare, *obsigno*, *as*, *avi*, *atum*, *are*, A.
Bollato, *obsignatus*, *a*, *um*, add.
Bollente, *candens*, *entis*, *fervens*, *entis*, c. *fervidus*, *a*, *um*, add.
Bolletta e bulletta, *clavulus*, *i*, m. — della sanità, *valetudinis tessera*, *symbolum*: — di vino, di grano, *vini*, *frumenti tesseræ*.
Bollicamento, *levis æstus*.
Bollicella, *bullula*, *æ*, f.
Bollicina, *pustula*, *æ*, f.
Bollimento, bollizione, *fervor*, *oris*: *æstus*, *us*, m.
Bollire, *bullio*, *is*, *ivi*, *itum*, *ire*, N. *ferveo*, *es*, *i*, *ēre*: far bollire, *fervefacio*, A. cessar di bollire, *defervĕo*, N.
Bollito, *fervefactus*, *a*, *um*, add. pan bollito, *panis aqua coctus*.
Bollitura, decozione, *decoctum*, *i*, n. per L'atto del bollire, *fervor*, *oris*, m.
Bollizione. V. Bollimento.
Bollo, sigillo, *signum*, *i*, n.
Bollore, *fervor*, *oris*, m. *æstus*, *us*, m. sollevamento di animo, *æstus animi*.

Bolsaggine, dyspnœa, æ : anhelatio, onis, f.
Bolso, dyspnoicus, a, um, add.
Bolzone. V. Bolcione.
Bolzonata, ictus arietis.
Bomba, pila incendiaria.
Bombarda, balista incendiaria.
Bombardare, tormentis bellicis oppugnare.
Bombardiera, quella buca nella muraglia, da cui si tira la bombarda, ballistarium, i, n.
Bombardiere, ballistarius, i, m.
Bombola, urceus, i, m.
Bonaccia, calma di mare, malacia, æ : tranquillitas, atis, f.
Bonaccioso, placidus, a, um, add.
Bonariamente, simpliciter, avv.
Bonarietà, bonitas, atis, f.
Bonario, bonus : simplex, add.
Bonificamento, instauratio, onis, f.
Bonificare, reficio, icis, eci, ectum, icĕre : instauro, as, etc. A. per Dar credito, segnare a credito, acceptum ferre.
Bonificato, refectus : instauratus, a, um, add.
Bonificazione. V. Bonificamento.
Bontà, bonitas : probitas, atis, f. per Piacevolezza, indulgentia, æ, f. per Cortesia, humanitas, atis, f.
Borbogliamento, borboglimento, borboglio, susurrus, i, m.
Borbottamento, borbottio, murmur, ŭris, n.
Borbottare, mussito, as, avi, atum, are, N.
Borchia, bulla, æ, f.
Borchiaio, bullarum faber.
Bordato, virgatus, a, um, add.
Bordato, specie di tela, pannus virgatus.
Bordeggiare, si dice della nave, quando senza vento si sforza di camminare, huc atque illuc navi circumvolvi.
Bordello, chiasso, ganea, æ, f. lupanar, aris, n. per Rumore, tumultus, us, m.
Bordo, lato della nave che sta fuor d'acqua, latus navis supereminens.
Bordone, bastone da pellegrino, hastile, is, n. baculus, i, m.
Borea, vento di tramontana, boreas, æ, f. aquilo, onis, m.
Boreale, boreus, a, um, add. borealis, m. e f. e, n. add.
Borghese, per Cittadino, civis ; per Abitatore di borgo, suburbii incola, vicanus.
Borghesia, cittadinanza, civitas, atis, f.
Borghetto, viculus, i, m.
Borghigiano, suburbii incola, suburbanus, a, um.
Borgo, suburbium, i, n. vicus, i, m. borgo per Borgo, vicatim, avv.
Boria, boriosità, alterigia, superbia, æ, f.
Boriare, boriarsi, gloriari, D.
Borioso, elatus : superbus, a, um, add.
Borra, tomentum, i, n. per Superfluità di parole nelle scritture, quisquiliæ, arum, f. pl. inania.
Borraggine, borrana (erba), buglossa, æ, et buglossus, i, f.
Borro, borrone, torrente, torrens, entis, m.
Borsa, loculus, i, m. crumena, æ, f.
Borsaio, zonarius, ii, m. institor crumenarum.
Borsaiuolo, manticularius, i, m.
Borsellino, borsetta, locellus, i, m.
Borsello, marsupium, i, n.
Borzacchino, stivaletto, cothurnus, i, m. calceus, ei, m.
Boscaglia. V. Bosco.
Boscaiuolo, sylvicola, æ, m. e f.
Boscareccio, boschereccio, silvester, tris, tre, add.
Boschetto, silvula, æ, f.
Bosco, boscaglia, nemus, ŏris, n. saltus, us, m. silva, æ, f.
Boscoso, nemorosus, a, um, add.
Bosso, buxus, i, f. buxum, i, n. di bosso, buxeus, a, um, add.
Bossolaio, pyxidum artifex, artifex.
Bossolo, bossoletto, pyxis, idis, f. urna, æ, f.
Botanico, erbaiuolo, semplicista, herbarius, i, m. herbarius, a, um, add.
Botola, caverna, æ, f.
Botolino, botolo, o il cane, catellus, i, m.
Botta, (animale), bufo, onis, m. per Colpo, ictus, us, m.
Bottaccio, vaso, cantharus, i, m.
Bottaglie, stivali, ocreæ : caligæ, arum, f. pl.
Bottaio, doliarius, i, m.
Botte, dolium, i, n.
Bottega, officina, æ : taberna, æ, f.
Bottegaio, tabernarius, i, m.
Bottiglia, laguncula, æ, f.
Bottigliere, vini minister.
Bottiglieria, cella promptuaria.
Bottino, spolia, orum, n. pl. præda, æ, f. far bottino, prædor, aris, atus, ari, D.
Botto, colpo, ictus, us, m. di botto, statim, avv.
Bottone, bottoncino, globulus, i, m. — dei fiori, calyx, ycis, m. — di fuoco, cauterium, i, n.
Bottoniera, fibulatio, onis, f.
Bove, bos, bovis, c.
Bovile, bubile, is, n.
Bovina, buina, sterco di bue, stercus bubulum.
Bozza, enfiatura, tumor, oris, f. V. Bozzo
Bozzare. V. Abbozzare.
Bozzetto, bottone dei fiori, calyx, ycis, m. per Schizzo d'un'opera, opus adumbratum.
Bozzima, polenta, æ, f.
Bozzo, sasso rozzamente lavorato, lapis rudis.
Bozzolare, libare, decerpĕre.
Bozzolo, tumor, oris, m. per Quel globetto che fa il baco da seta, folliculus bombycinus.
Bozzoloso, bozzoluto, tuberosus, a, um, add.
Brace. V. Brache.
Braccare, braccheggiare, vestigo, as, etc. il cercare dei cani da caccia, indagare, odorari.
Braccetto, brachiolum, i, n.

Bracchiere, che guarda i bracchi, *vertagorum custos*.
Bracciale, *brachiale, is, n.* **armilla, æ, f.** *brachiale lignum*.
Braccialetto, *armilla, æ, f. parvum brachiale*.
Bracciata, fascio, *fascis, is, m.*
Braccio, *brachium, i, n.* — di braccio, *brachialis*: portare in braccio, *ulnis gestare*: morir nelle braccia di alcuno, *in alicujus complexu emŏri*: ricevere a braccia aperte, *sinu, complexuque aliquem recipĕre*: braccio secolare, *civilis auctoritas*: braccio ecclesiastico, *ecclesiæ potestas*: per Misura, *cubitus, i, m. ulna, æ, f.* di un braccio, *cubitalis*: di mezzo braccio, *semicubitalis*: braccio di mare, *sinus, us, m.*
Bracciuolo, *brachiale fulchrum*.
Bracco, cane, *vertăgus, i, m.*
Braco. V. Bracia.
Brache, brachesse, *bracæ, arum, f.* *braccæ, arum, f. pl.* chi le porta, *brachatus, a, um*, facitore di brache, *bracharius, i, m.*
Brachetta, *subligar, āris, n.*
Brachieraio, *ventralium faber*.
Brachiere, *ventrale, is, n.* *fascia enterocelica*.
Bracia, *pruna, æ, f.*
Braciaiuolo, *carbonarius, i, m.*
Braciere, focolare, *focus, i, m.*
Braciuola, fetta di carne arrostita, *frustulum carnis assæ, ofella, æ, f.*
Brama, *desiderium, i, n.* *aviditas, atis, f.*
Bramabile, *optabilis, m. e f. e, n. add.*
Bramare, *desidero, as, avi, atum, are. A.*
Bramato, *optatus, a, um, add.*
Bramosamente, *avide, avv.*
Bramosia, V. Brama.
Bramoso, *avidus, a, um, add.*
Branca, artiglio, *unguis, is, m.* per Ramo, *ramus*: *ramulus, i, m.*
Brancare, e abbrancare, *unguibus arripere*.
Brancata, *manipulus, i, m.*
Branchie, *branchiæ, arum, f. pl.*
Branciccare, *contrectare*: *palpare*.
Branco, *grex, gregis, m.* *armentum, i, n.* *turma, æ, f.* a branchi, *turmatim, avv.*
Brancolare, *manu tentando incedĕre*.
Brancolone, brancoloni, cercare, andare, brancoloni. V. Brancolare.
Brandello, *frustum, i, n.*
Brandire, *vibro, as, etc. A.* — la spada, *ensem arripĕre*.
Brandistocco, *pilum, i, n.*
Brando, spada, *ensis, is, m.* *gladius, i, m.*
Brano, *frustum, i, n.* a brano a brano, *frustatim, minutim, avv.*
Bravamente, *strenue*: *fortiter, avv.*
Bravare, *increpo, as, avi, atum, are*, A. per Minacciare, *minor, aris, etc.*
Bravata, *objurgatio*: *comminatio, onis, f.*
Bravazzone, *stolide ferox*.
Braveggiare, *sævire, ferocire*.
Braveria, *strenuitas, atis, f.*
Bravo, *sicarius, i, m.* *satelles, itis, m.*
Bravo, *strenuus, a, um*: far troppo il bravo, *nimis sese imperiosum*: per Eccellente, *peritus, a, um, add.*
Bravura, *virtus, utis, f.*
Breccia, *muri eversio*: *ruina, æ, f.* aprir la breccia, *murum tormentis bellicis labefactare*. far breccia per Persuadere, *persuadĕre*.
Breve, patente, diploma, *diploma, atis, n.* per Quel segno di divozione che si porta al collo, *amuletum, i, n.*
Breve, *brevis, m. e f. e, n.* *concisus, a, um, add.* in breve, *brevi, avv.*
Brevemente, *breviter*: *strictim, avv.*
Breviario, *breviarium, i, n.*
Breviloquio, parlar breve, **breviloquium, ii, n.**
Brevità, *brevitas, atis, f.* per brevità, *brevitatis causa*.
Brezza, brezzolina, *ventulus*: *aura frigidiuscula*.
Briaco ec. *ebrius*: *temulentus, a, um*.
Briccone, *scelestus*; *perditus, a, um, add.*
Bricconeggiare, V. Birbonoggiare.
Bricconeria, *nequitia, æ, f.*
Bricia, briciola, briciolo, *frustulum, i, n.* *mica, æ, f.*
Briga, noia, *molestia, æ, f.* **negotium, i, n.** *lis, litis, f.*
Brigante, *negotiosus, seditiosus, a, um, add.*
Brigantino, *phaselus, i, m.*
Brigare, *studeo, es, ui, ēre, N.* *conor, aris, atus, ari, D.* per Ambire, *ambio, is, ivi, itum, ire, A.*
Brigata, *turba, æ, f.* *cœtus, us, m.* in brigata, *simul, avv.*
Briglia, *habēna, æ, f.* a briglia sciolta, *effusis habēnis*: a tutta briglia, *incitato equo*.
Brigliaio, *habenarum artifex*.
Brigoso, *rixosus, a, um, add.*
Brillamento, *coruscatio, onis, f.*
Brillante, *coruscans, antis, c.* per Diamante: *adamas perpolitus*.
Brillare, *emico, as, ui, are, N.* *corusco, as, etc.* brillare per allegrezza, *gestire, lætari*: Spogliare del guscio, o mondare il miglio o altro, *deglubĕre glumam, vel threcam detrahĕre*.
Brillo, un poco ubriaco, *semiebrius*.
Brina, brinata, *pruina, æ, f.*
Brinato, *canescens, entis, c.*
Brindisi, *propinatio, onis, f.* fare un brindisi, *alicui propinare*.
Brinoso, *pruinosus, a, um, add.*
Brio, *alacritas, ātis, f.* *hilaritas, atis, f.*
Brioso, *alăcer, cris, cre, add.*
Brivido, freddo acuto, *frigus acre*, **n.** *horror, oris, m.*
Brizzolato, *bicolor, oris, c.* *variegatus, a, um*.
Brocca, *urna, æ*: *hydria, æ*: da acqua, *aqualis, is, m.*
Broccare, spronare, *stimulare*.
Broccata, colpo, *ictus*: per Riscontro, *congressus, us, m.*
Broccato, drappo tessuto, *textilis pannus*:

broccato d'oro, d'argento, *textile aurum, argentum*: per Steccato, *septum*, i, n.
Broccato, pien di brocchi, *crispatus*; *lacimosus*, a, um, add.
Brocchiere, brocchiero, *parmula*, æ, f.
Brocco, sbrocco, *sarmen*, inis, n. *surculus*, i, m.
Broccolo, tallo, *cyma*, æ, f. *cyma*, atis, n.
Broccoluto, *cymosus*, a, um, add.
Broccoso, broccoloso, *nodosus*, a, um, add. seta broccosa, *sericum grumulis repletum*.
Broccuto, *nodosus*, a, um, add.
Broda, peverada, *jus*, *juris*, n. per Acqua fangosa, *aqua lutulenta*, f. gettar la broda addosso a un altro: *culpam in alium conferre*.
Brodetto, *jus ovis conditum*: *condimentum*, i, n.
Brodo, *jus*, *juris*; *jusculum*, i, n. cotto nel brodo, *jurulentus*, a, um.
Brodoloso, brodoso, imbrattato di brodo, *jure oblitus*.
Brogliare, commoveral, *excitari*, *commoveri*: per Far broglio, *prensare*, *ambire*.
Broglio, *tumultus*, us, m. per Accattamento di voti, *ambitus*, us, m.
Broncio, segno di cruccio nel volto, *mæror*, *oris*, m. *os prominens*, pigliar il broncio, *irasci*, *indignari*, D. portare, tener broncio, *iratum esse*.
Bronco, broncone, sterpo grosso, *truncus*, i. m. *virgultum*, i, n. – da viti, *palus*, i, m.
Brontolare. V. Borbottare.
Brontolatore, *querulus*, i, m.
Brontolatrice, *querula*, æ, f.
Brontolio, *susurratio*, *onis*, f. *questus*, us, m.
Bronzino, incotto dal sole, *sole tinctus*, *coloratus*, a, um, add.
Bronzo, *æs*, *æris*, n. di bronzo, *æreus*, *æneus*, a, um, add.
Brucare, pelar le foglie dagli alberi, *frondes amputare*: *pampinare*.
Brucato, *frondibus exutus*.
Bruciare. V. Abbruciare.
Bruciata, castagna cotta arrosto, *castanea tosta*.
Bruciataio, *castanearum tostarum venditor*.
Bruciato, *ustus*, a, um, add.
Bruciolato, guasto dai bruchi, *corrosus erucis*.
Bruciore, *pruritus*, us, m.
Bruco, eruolo, *eruca*, æ, f.
Brulicame. V. Bulicame.
Brulicare, *ferveo*; *moveo*, *ves*, vi, tum, vēre, A. *scatēre*: brulicare di vermi, *vermibus scatēre*.
Brulichio, *levis motus*, *agitatio*, nis, f.
Bruma, cuor del verno, *bruma*, æ, f. Verme di mare, *teredo*, *dinis*, f. per Sorta di musco, *navium muscus*.
Brumale, *brumalis*: *hiemalis*, m. e f. e, n. add.
Brunazzo, brunetto, *subniger*, *gra*, *grum*.
Brunezza, *nigritudo*, *dinis*, f.
Brunire, lustrare, *expolio*, *ilis*, *olivi*, *itum*, *ire*, A.
Brunito, *expolitus*, a, um, add.
Brunitore, *politor*, *oris*, m.
Brunitura, *politura*, æ, f.
Bruno, abito di lutto, *luctus*, us, m. *vestis lugubris*: vestito a bruno, *atratus*.
Bruno, *fuscus*, a, um, add.
Brunotto, *subniger*, *gra*, *grum*, add.
Brusca, spazzola da cavalli, *penicillus*, is, m.
Bruscamente, *acerbe*, *aspĕre*, avv.
Bruscare, V. Dibruscare.
Bruschetto, *austerulus*, a, um, add. vino bruschetto, *vinum subacidum*.
Bruschezza, *acerbitas*, atis, f. per Asprezza, *asperitas*, atis, f.
Brusco, *acer*, *acris*, *acre*, add.
Bruscolo, Brusco, *festuca*, æ, f. per Rusco, o, pungitopo, *ruscus*, i, f.
Brustolare ec. V. Abbrustolare ec.
Brutale, *ferus*: *inhumanus*, a, um, add.
Brutalità, *feritas*: *immanitas*, atis, f.
Brutalmente, *ferociter*, avv.
Bruteggiare, *turpia facĕre*.
Bruto, *brutum*, i, n. *animal*, alis, n.
Bruttamente, *turpiter*, avv.
Bruttamento, *turpitudo*, inis, f. *inquinamentum*, i, n.
Bruttare, *fœdo*: *inquino*, as, etc. A. bruttarsi, *spurcari*.
Bruttato, *inquinatus*: *contaminatus*, a, um.
Brutteria. V. Bruttura.
Bruttezza, *turpitudo*, *dinis*: *fœditas*, atis, f.
Brutto, *turpis*, m. e f. e, n. per Lordo, *fœdus*, a, um, add.
Bruttura. V. Bruttezza.
Bruzzaglia, gente vile, *popellus*, i, m.
Buaccio, *immanis bos*: per Ignorantaccio, *indoctissimus*, a, um, add.
Buaggine, *stoliditas*, atis, f.
Bubbola (uccello), *upupa*, æ, f. per Menzogna, *commentum*, i, n.
Bubbolare, portar via con inganno, *intervertĕre*: *fraudare*: tremar dal freddo, *intremiscĕre*.
Bubbolone, *blatĕro*, onis, m.
Bubbone, enfiatura, *inguen*, inis, n.
Buca, *cavum*, i, n. *foramen*, inis, n. per Fossa, *scrobs*, bis, f. buca sepolcrale, *sepulcrum*, i, n.
Bucacchiare, *fodico*, as, etc. A. Bucare, *perfŏro*, as, etc. A.
Bucato, *perforatus*, a, um, add.
Bucato, imbiancatura di panni, *lixivia*, æ, *fullonia*, æ, f.
Buccia, *cortex*, icis, m. e f. per Pelle, *cutis*, is, f.
Buccina, strumento da fiato, *buccina*, æ, f.
Buccinare, *bucino*, as, etc. vel *buccino*, as, etc. N. per Pubblicare, *promulgare*.
Buccia. V. Cute.
Buccioso, *corticosus*, a, um, add.
Buccolica, poesia pastorale, *bucolica*, orum, n. pl.
Buccolico, *bucolicus*, a, um, add.
Bucello, *bucŭlus*.
Bucentorio, bucentoro, sorta di naviglio grande, *bucentaurus*, i, m.

Bucherame, sorte di tela, byssus, i, f.
Bucheramento, broglio, accattamento di voti, ambitus, us, m.
Bucherare, ec. V. Forare ec.
Bucherattola, cavernula, æ, f.
Bucherattolo, bucherello, exiguum foramen.
Bucherellato, multicavus, a, um.
Bucinamento, susurrus, i, m.
Bucinare, andar dicendo riservatamente, susurro, as, etc. N.
Bucine, specie di rete, nassa, æ, f.
Buco, foramen, inis, n.
Bucolino, parvum foramen.
Budellame, exta, orum, n. pl.
Budello, budella, exta, orum: viscĕra, um, n. pl.
Budriere, baltĕus, i, m. balteum, i, n.
Bue, bove, bos, bovis, m. e f. bue salvatico, urus, i, m. che ha un sol corno, unicornis, senza corna, mutilus: per Imperito, homo stolidus, guardiano dei buoi, bubulcus, i, m. carne di bue, bubula, æ, f.
Bufalo, bubălus, i, m.
Bufera, turbo, inis, m.
Buffe, baie, nugæ, arum, f. pl. per Visiera, buccula, æ, f.
Buffare, far lo sciocco, nugari: per Spelezzare, pedĕre.
Buffetto, colpo d' un dito, talitrum, i, n. pane buffetto, panis siligineus.
Buffo, flatus, us, m. V. Buffonesco.
Buffonare, scurram agĕre.
Buffone, scurra, æ: morio, onis, m.
Buffoneggiare, scurror, aris, atus, ari, D.
Buffoneria, nugæ, arum, f. pl. scurrilitas, ātis, f.
Buffonescamente, scurriliter, avv.
Buffonesco, scurrilis, m. e f. e, n. add.
Bufolata, corsa del bufalo, cursus bubalorum.
Bufolo. V. Bufalo.
Bufonchiare, borbottare, obmurmuro, as, etc.
Bufone, rospo, bufo, onis, m.
Buganze, geloni, perniones, um, m. pl.
Bugia, mendacium, i, n. sorta di candelliere, candelabrum ellychnio instructum.
Bugiardamente, fallaciter, avv.
Bugiardo, mendax, ācis, c.
Bugiardone, bugiardaccio, admŏdum mendax.
Bugigatto, bugigattolo, cella, æ, latibŭlum, i, n.
Bugliuolo, doliŏlum, i, n.
Buglossa (erba), buglossum, i, n. buglossa, æ, f.
Bugna, umbra: per Cattedra, cathedra, æ, f.
Bugno. V. Alveare.
Bugnola, bugnolo. V. Bugna.
Buietto, subobscurus, a, um, add.
Buio, sost. obscūrum, i, n. tenebræ, arum, f. pl. al buio, in tenebris: esser al buio per ignorare, aliquid ignorare.
Buio, obscurus, a, um, add.
Bulbettino, bulbetto, bulbŭlus, i, m.

Bulbo, bulbus, i, m.
Bulboso, bulbosus, a, um, add.
Bulicame, sorgente d'acqua bollente, scaturigo, inis, f.
Bulicare, ebullio, is, ivi, it, ire, N.
Bulino, bollino, viriculum, i, n. graphium, i, n.
Bulletta. V. Bolletta.
Bullettina, clavulus, i, m.
Bollettino, schedula, æ, f.
Buonamente, equidem, sane, avv.
Buonaventura. V. Prosperità.
Buonavoglia, voluntarius remex.
Buono, dabbene, bonus, a, um: per Piacevole, mitis, m. e f. e, n. per Utile, utilis, m. e f. e, n. per Felice, felix, icis, c. per Acconcio, idoneus, a, um, add. di buon animo, æquo animo.
Buono (sost.), bonum, i, n. ci vuol del buono, arduum est et operosum.
Burattare. V. Abburattare.
Burattello, cribrum pollinarium.
Burattino, pupa, æ, f.
Buratto, cribrum farinarium.
Burbanza, superbia, æ, f.
Burbanzare, gloriari, D.
Burbanzesco. V. Burbanzoso.
Burbanzosamente, superbe, avv.
Burbanzoso, fastosus: superbus, a, um, add.
Burbero, austero, torvus: austerus, a, um.
Burchielletto, burchiello, cymbula, æ, f. phaselus, i, m.
Burchio, linter, tris, m. e f.
Burla, jocus, i, m. facetiæ, arum, f. pl. irrisio, onis, f. da burla, per jocum: Pigliar in burla, in risum vertĕre: dar la burla. V. Burlare.
Burlare, irrideo, des, si, sum, dēre, A. per Ischerzare, jocor, aris, atus, ari, D. burlarsi, contemnĕre, A.
Burlato, contemptus: derisus, a, um, add.
Burlatore, irrisor, oris, m.
Burlesco, burlevole, ludicer, cra, crum.
Burliero. V. Burlone.
Burlone, nugator, oris, m.
Burrasca, tempestas, atis, f. procella, æ, f.
Burrascoso, procellosus, a, um, add.
Burrato, luogo scosceso, rupes, is, f.
Burro, butyrum, i, n.
Burrone, rupes, is, f.
Burroso, butyro plenus, conditus.
Busca, cerca, conquisitio, onis, f.
Buscalfana, rozza, ignobilis caballus.
Buscare, quærito, as, etc. A. buscarsi, sibi comparare, A. prædari, D.
Buscato, comparatus, a, um, add.
Buscatore, captator, oris, m.
Busco. V. Bruscolo.
Busecchia, busecchio. V. Budellame.
Busse, travaglio, vexatio: afflictio, onis, f.
Bussamento, pulsatio, onis, f. pulsus, us, m.
Bussare, pulso, as, etc. A. bussarsi, pulsari.
Bussatore, pulsator, oris, m.
Bussatrice, quæ pulsat.
Busse, batiture, verbĕra, um, n. pl.

Busso, fracasso, *strepitus, i*, m. per Bosso. V.

Bussola, *pyxis nautica*: per Cancello, *cancelli, orum*, m. pl. per la Bussola, *penicillus*: per Sedia portatile, *sedes portatilis*.

Bussolotto, *fritillus*: *alveolus, i*, m.

Busto, petto, corpo tronco, *thorax, ācis*: *truncus, i*, m. per Corazza, *thorax*: per Busto delle donne, *thorax muliebris*: statua dalla testa al petto, *herma, æ*: *hermes, æ*, m.

Butirro. V. Burro.

Buttagra, ova *piscium salita*.

Buttare, *projicio, Icis, eci, ectum, icĕre*, A. — a basso, *dejicere*: — indietro, *rejicere*: — a terra, *prosternĕre*; buttarsi, *abjicĕre, dejicĕre se*.

Buttato, *dejectus*: *prostratus, a, um*, add.

Butterato, *pustularum cicatricibus repletus*.

Buttero, quel segno che lascia la trottola, dove batte col ferro, *signum ex ferro turbinis*: per quel segno che lascia il vajuolo, *cicatrix*: per custode delle mandre de' cavalli, *equarius, i*, m.

Buzzicare, *leniter movēre*: per Bucinare. V.

Buzzo, ventre, *venter, ris*, m.

Buzzone, che ha gran ventre, *ventriosus, a, um*, add.

C

Cabala, arte d' indovinare, per via di numeri, *cabala*, vel *cabbala, æ*, f. per Artifizio, raggiro, *artificium, ii*, n.

Cabalistico, *ad cabalam pertinens*: *cabalæ peritus*.

Cacaja, cacajuola, *cita alvus, liquidior alvus*: per la materia che vien fuori nella cacajuola, *foria, orum*, n. pl.

Cacasodo, affettato, *affectatæ gravitatis homo*.

Cacastecchi, spilorcio, *sordidus, a, um*: per ignorante, *ignarus, a, um*, add.

Cacatamente, adagio e male, *lente, et perperam*, avv.

Caccabaldole, carezze, *blanditiæ, arum*, f. pl.

Cacchione, verme delle pecchie, *fœtus apum*: uova delle mosche, *fœtus muscarum*.

Cacchionoso, *vermium plenus*.

Caccia, *venatio, onis*, f. *venatus, us*, m. — di uccelli, *aucupium, i*, n. da caccia, *venaticus, a, um*, add. dar la caccia. V. Cacciare.

Cacciadiavoli, *adjurator, oris*, m.

Cacciagione, *venatorum præda*: per Caccia, *venatio, onis*, f. per Cacciata, *ejectio, onis*, f.

Cacciamento, *expulsio, onis*, f.

Cacciare, far caccia di fiere, *venor, aris, atus, ari*, D. far caccia di uccelli, *avibus insidiari*: per Discacciare, *expello*: *depello, pellis, puli, pulsum, pellĕre*, A. — in dentro, *intrudo, dis, si, sum, dĕre*, A. — in dietro, *rejicio, Icis, eci, ectum, icĕre*, A. — fuori, *extraho, his, extraxi, extractum, extrahĕre*: *extrudere*, A.

Cacciata. V. Cacciamento.

Cacciato, *expulsus, a, um*, add.

Cacciatore, *venator, oris*, m.

Cacciatrice, *venatrix, Icis*, f.

Cacherello, *stercus, ŏris*, n. — di topi, *muscerda, æ*, f.

Cachessia, cattiva disposizione di corpo, *cachexia, æ*, f.

Cachettico, *cachecticus, a, um*, add.

Cachinno, riso smoderato, *cachinnus, i*, m.

Cacio, *caseus, ei*, m. cacio fresco, *caseus recens*.

Cacioso, *casei ad instar coactus*: *coagulatus, a, um*, add.

Cacografia, errore di scrittura, *scriptio mendosa*.

Cacografizzare, scrivere con errori, *mendose scribere*.

Cacume, sommità, *cacūmen, Inis*, n.

Cadavere, cadavero, *cadāver, ĕris*, n.

Cadaverico, *cadaverosus, a, um*, add.

Cadauno, ciascuno, *unusquisque*, pron.

Cadente, *cadens, entis*, c. per Mancante, *deficiens, entis*, c. età cadente, *senectus*; *ætas senilis*.

Cadenza, per Caduta, *casus, us*, m. Posa musicale, *positio, onis*; *clausula, æ*, f.

Cadere, *cado, dis, cecidi*, — *sum, dĕre*, N. per Intervenire, Accadere, *incidĕre, incurrĕre*: cader malato: in mano dei nemici: in disgrazie, *in morbum, in hostes, in ærumnas incidĕre*: cadere in discorso, *in sermonem incidĕre*: cadere in mente, in pensiero, *in mentem venire*: cader d' animo, *animo deficĕre*: — dalla memoria, *memoria excidere, oblivisci*: — nelle reti, *irretiri* — nei lacci, *laqueis implicari*: — di bocca, *ore excidĕre*: cader morto, *occumbĕre*.

Cadetto, fratello minore, *natu minor, junior*.

Caderole, *caducus, a, um*, add.

Cadimento. V. Caduta.

Caduceo, verga di mercurio, *caduceus, i*, m.

Caducità, *infirmitas, ātis*, f.

Caduco, manchevole, *caducus, a, um*, add. mal caduco, *morbus comitialis*.

Caduta, *casus, us*, m. *lapsus, us*, m. per Rovina, *excidium, ii*, n.

Caduto, *lapsus, a, um*: per Rovinato, *dirutus, a, um*, add.

Caffè, sorta di legume forestiero, *fabula quædam ex Arabia delata*: per La bevanda, *potio calida ex Arabibus fabulis tostis ac tritis*.

Caffettiera, *cucuma, æ*, f.

Caffo, dispari, *impar, ăris*, c. giuocare a pari e caffo, *ludĕre par impar*.

Cagionamento. V. Cagione.

Cagionante, *efficiens, entis*, c.

Cagionare, *efficere, affero, affers, attuli, allatum, afferre*, A.

Cagionato, *affectus, a, um*, add.

Cagionatore, *auctor, oris*, m.
Cagionatrice, *effectrix, icis*, f.
Cagione, *causa, caussa, æ*, f. per Scusa, *excusatio, onis*, f. per Colpa, *culpa, æ*, f. per Occasione, *occasio, onis*, f. a cagione, *ob*, prep. coll' acc.
Cagionevole, cagionoso, *valetudinarius, a, um*, add.
Cagliare, per quagliare, *coagulare*, per ammutolire, perdersi d'animo, *obmutescere, animum despondēre, cedere*.
Cagliato. V. Quagliato.
Caglio, materia acida, che serve a far coagulare il latte, *coagulum, i*, n.
Cagna, *canis, is*, f.
Cagnescamente, biecamente, *torvis oculis*.
Cagnesco, *caninus, a, um*, add. guardare in cagnesco, *torvis oculis intuēri*: per Rabbioso, *rabiosus, a, um*, add.
Cagnetto, cagnolino, ec. *catellus*: *catulus, i*, m.
Cagnola, cagnoletta, *catella, æ*, f.
Cagnotto, sgherro, *satelles, itis*, m. e f.
Caicco. V. Barca.
Cala, piccol seno di mare, *sinus maris*.
Calabrone, *crabro, bronis*, m.
Calafatore, ristoppare i navigli, *commissuras navium ferruminare*.
Calafato o Calafao, *qui navium rimas obturat*.
Calamaio, *calamaria theca*: *atramentarium, ii*, n. per Pesce, *loligo, inis*, f.
Calameggiare, suonar lo zufolo, *calamum, vel fistulam inflare*: star ozioso, *compressis manibus sedēre*.
Calamento. V. Calata.
Calamistro, ferro per arricciare i capelli, *calamistrum, i*, n.
Calamita, specie di pietra che attira il ferro, *magnes, etis*, m.
Calamità, *calamitas, atis*, f.
Calamitare, *magnete ferrum perfricare*.
Calamitato, *magnete perfricatus*, vel *magneticam vim habens*.
Calamitosamente, *calamitose*, avv.
Calamitoso, *miser*: *calamitosus, a, um*, add.
Calandra, specie d'uccello, *acredula, æ*, f.
Calappio, *nodus, i*, m. per Laccio, *laqueus, i*, m. *decipula, æ*, f.
Calare, *demitto, itis, si, ssum, ttĕre*. A. — a basso, *descendo endis, endi, ensum, endĕre*: a fondo, *consido, idis, edi, essum, idĕre*, N. calarsi, *se demittere*.
Calata, *descensus, us*, m.
Calato, *demissus, a, um*, add. *demissum lapsi per funem*: calatisi con una fune.
Calca, *turba, æ*: *populi frequentia*.
Calcagnare. V. Fuggire.
Calcagno, *calcaneum, ei*, n. *calx, cis*, m. e f.
Calcamento, *pressus, us*, m. *conculcatio, onis*, f.
Calcara, fornace di calce, *calcaria, æ*, f.
Calcare, *premo, mis, ssi, ssum, mĕre*: *calco, as*, etc. A.
Calcatamente, densamente, *confertim*, avv.
Calcato, *pressus*: *compressus*: luogo, strada calcata, piena di calca, *locus turba plenus*.
Calcatore, *calcator, oris*, m.
Calcatrice, *calcatrix, icis*, f.
Calcatura, *pressura, æ*, f.
Calce, per Calcina, *calx, cis*, f.: per Piede d'asta o d'archibuso, detto anche Calcio, *pes, dis*, m.
Calcedonio, *onyx, onycis*, m. e f.
Calcese, cima dell'albero della nave, *carchesium, i*, n. per Sorta di carrucola, *trochlea*.
Calcestruzzo, calcistruzzo, *cæmentum, i*, n.
Calcetto, *calceolus, i*, m. mettere alcuno in un calcetto, *aliquem retundĕre, refellere*.
Calcina, *calx, cis*, forno da calcina, *calcaria fornax*: di calcina, *calcarius, a, um*, add.
Calcinaccio, *rudus, ĕris*, n.
Calcinare, *in calcem redigĕre*.
Calcinato, *in calcem redactus*.
Calcinatorio, *in calcem redigendi vim habens*.
Calcinazione, calcinatura, il calcinare. V.
Calcio, *calx, cis*, m. e f. tirar calci. V. Calcitrare. Chi tira calci, *calcitro, onis*, m.
Calcitrare, *calcitro, as*, etc. N.
Calcitrazione, *calcitratus, us*, m. per Contesa, *contentio, onis*, f.
Calcitroso, *calcitrosus, a, um*, add.
Calcola e calcole, regoli del telaio, *insilia, is*: e meglio nel plur. *insilia, um*, n.
Calcaiuolo. V. Tessitore.
Calcolare, *supputo, as*, etc. A.
Calcolato, *computatus, a, um*, add.
Calcolatore, *calculator, oris*, m.
Calcoleria, *ars calculos vel rationes subducendi*.
Calcolo, sassolino, *calculus, i*, m. per Computo, *ratio, onis*, f. *calculus*, errore di calcolo, *calcularius error*.
Calcoloso, *calculosus, a, um*, add.
Caldaia, *ahēnum, i*, n. *lebes, ētis*, m.
Caldamente, *vehementer*, avv. *etiam, atque etiam*.
Caldana, ora più calda del giorno, *æstus meridianus*: per Pleurisia, *pleuritis, idis*, f.
Caldano, *caldarium, ii*, n.
Caldeggiare, proteggere, *favēre*.
Caldeggiato, *protectus, a, um*, add.
Calderaio, *faber ærarius*.
Calderotto, calderino, *carduelis, is*, m.
Calderone, *ahēnum ingens*.
Calderotta, *cacabulum, i*, n.
Calderugio. V. Calderotto.
Caldetto, *tepidus, a, um*, add.
Caldezza, *calor, oris*, m.
Caldo (sost.), *calor, oris*: *ardor, oris*, m. *calidus, a, um*, add. *fervens, entis*, o. con calde lacrime, a caldi occhi, *effusis lacrymis*: a sangue caldo, *in ipso animi æstu*: caldo caldo, subito, sul fatto, *illico*: *statim*, avv.

Calduccio (sost.), *modicus* **calor** *: aliquantum calidus*, add.
Caldura (sost.), V. Caldo.
Calefattivo, riscaldante, *calefaciens, entis*, c.
Calefazione, riscaldamento, *calefactio, onis*.
Calendario, *calendarium, ii*, n.
Calende, e calendi, il primo del mese presso gli antichi romani, *calendæ, arum*, f. pl. per Mestrui, *menstrua, orum*, n. pl.
Calere, importare, *curæ esse*.
Calesso, *rheda, æ*, f. *cisium, i*, n.
Calia, minutissime particelle d'oro, che si spicca nel lavorarlo, *auri scobs*; per niente, *minimum*: far calia, avanzare, *lucrum facĕre*.
Calibro, strumento per misurare la portata dei cannoni, *lumen, ĭnis*, n. Qualità di carattere, *indoles hominum, ingenium*.
Calice, vaso, *calix, ĭcis*, m. *poculum, i*, n. per Boccia, bottone di fiore, *calyx, ycis*, m.
Calicetto, *caliculus, i*, m.
Calicione, *immanis calix*.
Calidità, calido. V. Caldezza.
Caligine, *caligo, ĭnis*, f.
Caliginoso, *caliginosus, a, um*, add.
Calla, callaia, apertura, varco nelle siepi, *ostium: aditus, us*, m.
Calle, *callis, is*, m.
Callidità, accortezza, *calliditas, atis*, f.
Callido, *callidus, a, um*, add.
Callo, *callus, i*, m. fare il callo, cioè assuefarsi, *calleo, es, ui, ēre*, N.
Callone, apertura nelle pescaie per passarvi le barche, *transitus, us*, m.
Callosità, *callositas, atis*, f.
Calloso, *callosus, a, um*, add.
Calma, bonaccia, *malacia, æ*, f. *tranquillitas, atis*, f.
Calmare, *sedo: placo, as*, etc. A.
Calo, *descensus, us*, m. *imminutio, onis*, f.
Calore, *calor: fervor, oris*, m.
Caloria, il concimare i campi, *stercoratio, onis*, f.
Calorifico, *calefaciens, entis*, c.
Calorosamente, *calide: ferventer*, avv.
Calotta. V. Berretta.
Calpestamento, *conculcatio, onis*, f.
Calpestare, *conculco, as*, etc. A.
Calpestata, sost. *via trita*.
Calpestato, *conculcatus, a, um*, add.
Calpestatore, *conculcans, antis*, c.
Calpestio, *pedum strepitus*.
Calterire, intaccar la corteccia dell'albero, *scabo, is, i, ĕre*, A.
Calterito, *læsus, a, um*, add. per **Accorto**, scaltrito, *callidus, a, um*, add.
Calteritura, *læsio, onis*, f.
Caluggine, *lanugo, ĭnis*, f.
Calumare, allentar le funi, ***remittĕre***.
Calunnia, *calumnia, æ*, f.
Calunniare, *calumnior, aris, atus, ari*, D.
Calunniato, *calumniis petitus*.
Calunniatore, *calumniator, oris*, m.
Calunniatrice, *calumniatrix, icis*, f.

Calunniosamente, ***calumniose***: ***sycophantiose***, avv.
Calunnioso, *calumniosus, a, um*, add.
Calvezza, calvizia, *calvitium, i*, n.
Calvo, *calvus, a, um*, add.
Calza, *tibiale, is*, n. *caliga, æ*, f.
Calzaiuolo, *caligarius, i*, m. *caligarius sutor*
Calzamento, calzare, ***calceamen, ĭnis*** *: calceamentum, i*, **n.**
Calzare, *calceo, as*, etc. A. *calceos inducĕre*; per Quadrare, *congruo, uis, ui, uĕre*, N. calzarsi, *calceos sibi inducĕre*.
Calzato, *calceatus, a, um*, add.
Calzatoia, *corium, quo calcei* ***induuntur***; per Sostegno, *fultura, æ*, f.
Calzatura, *calceamen, ĭnis*, m.
Calzerotto, *crassus calceus*.
Calzetta, *caliga, æ*, f.
Calzettaio. V. Calzaiuolo.
Calzolaro, calzolaio, *sutor, oris*, m. ***calcearius***, *ii*, m.
Calzoleria, *sutrina, æ*, f.
Calzoni, *femoralia, um*, n. pl.
Camaleonte, animale, *chamæleon, onis, ontis*, m.
Camamilla. *anthemis, ĭdis*, f.
Camangiare, erbe da mangiare, *olus*, ***ĕris***: per Companatico, *obsonium, ii*, n.
Camarlingato, camarlingatico, *quæstura, æ*, f.
Camarlingo, *quæstor, ærarii præfor*.
Cambiabile, *mutabilis*, m. e f. *e*, n.
Cambiale, *literæ argentarii ad permutationem pecuniæ*.
Cambiamento, cambiatura, *mutatio, onis*, f.
Cambiare, *muto, as, avi, atum, are*, A. — denari, *permutare pecuniam*.
Cambiato, *commutatus, a, um*, add.
Cambiatore, *argentarius, ii*, m.
Cambio, *permutatio, onis*, f. aggio di moneta, *collybus, i*, m. per l'interesse, *fœnus, oris*, n. dare a cambio, *fœneror, aris, atus, ari*, D. lettera di cambio. V. Cambiale. In cambio, *pro*, prep. coll'abl.; far cambio, *permuto, as*, etc. A.
Camera, *cubiculum, i*, n. — da estate, *æstivum*: — da inverno, *hyemale*: — da studio, *librarium*: — degli sposi, *thalamus*.
Camerale, appartenente all'erario pubblico, *ad ærarium pertinens*.
Camerata, *contubernium, ii*, n. per **Compagno**, *contubernalis, is*, m. e f.
Camerella, cameretta, ec. *cellula, æ*, f.
Cameriera, *ancilla a cubiculo*.
Cameriere, *cubicularius, ii*, m.
Camerino, *zothecula, æ*, f. *cellula, æ*, f.
Camerone, *immane cubiculum*.
Camerotto, camerozza. V. Camerino.
Camice, *alba*.
Camicia, *subucula, æ*, f. *indusium, ii*, n. chi fa camicie, *indusiarius, ii*, m. In camicia, *subucula sola indutus*.
Camiciotto, *tunica lintea*.
Camiciuola, *inducula, æ*, f.
Camino. V. Cammino.

Cammellino, di cammello, *camelinus, a, um.*
Cammello, *camelus, i*, m.
Cammeo, figura intagliata di basso rilievo in qualche pietra preziosa, *gemma cælata sculpta : anaglypta, orum*, n. pl.
Camminare, *ambulo, as, avi, atum, are : incedo, dis, ssi, ssum, dĕre.* N. la cosa cammina da sè, *res sponte sua procedit :* camminare a piedi, *iter pedibus conficĕre : —* a cavallo, *iter equo facere.*
Camminata. V. Sala : per l'atto e il luogo del camminare, *ambulatio, onis*, f.
Camminatore, *ambulator, oris*, m.
Cammino. *iter, itinĕris*, n. *via, æ*, f. per Luogo dove si fa il fuoco, *caminus, i, focus, i*, m.
Camoscio, il maschio della capra selvatica, *ibex, ibicis*, m. la pelle del detto animale, *aluta, rupicapræ pellis medicata* : — che ha il naso schiacciato, *simus, a, um*, add.
Camozza, *rupicăpra, æ*, f. *dama, æ*, f.
Campagna, *campus, i : ager, agri*, m. Di campagna. V. Campagnuolo : campagna rasa, *aperta planities.*
Campagnuolo, (sost.), *agrestis, is*, m. *campester, ris, re*, add.
Campale, *campestris :* battaglia campale, *justum prœlium :* oste campale, *exercitus instructus.*
Campamento, scampo, *effugium, ii*, n.
Campana, *nola, æ*, f. sonarla, *pulsare*, sonarla a doppio, *geminatos ictus impingĕre :* a distesa, *vi summa pulsare :* campana di vetro, *vas vitreum.*
Campanaccio, *crepitaculum, i*, n.
Campanaio, campanaro, *tintinnabulorum custos, et pulsator.*
Campanella, *tintinnabulum, i*, n. per Cerchio di ferro a modo d'anello, *anulus, i :* per Orecchini, *inaures, ium*, f. pl.
Campanello, *tintinnabulum, i*, n.
Campanile, *turris tintinnabuli*, da Chiesa, *turris sacra.*
Campanone, *magnum tintinnabulum.*
Campanuzza, campanuzzo. V. Campanello.
Campare, liberare, *libĕro, as*, etc. A. per Uscir di pericolo, *evado, dis, si, sum, dĕre*, N.
Campato, *servatus : liberatus, a, um*, add.
Campeggiare, *castra locare, castrametari :* per Risplendere, *enitēre.*
Campereccio. V. Campestre.
Campestre, campestro, *campester, ris, re.*
Campicello, *agellus, i*, m.
Campidoglio, uno dei sette colli di Roma, dov'era la rócca, *capitolium, ii*, n. Di Campidoglio, *capitolinus.*
Campione, *heros, herōis*, m. *defensor, oris*, m. per Libro de' conti, *liber accepti et expensi :* per Mostra, Saggio, *specimen, inis*, n.
Campionessa, *heroina, æ*, f.
Campo, *ager, agri*, m. — zappato, divelto, *pastinatus, a, um : —* a maggese, *novalis ager :* di battaglia, *locus certaminis : —* dello scudo, *area, æ*, f. Mettere in campo. V. Proporre.
Camuffare, travestire, e travestirsi, *vestem mutare :* per. Imbacuccare, *caput obvolvere :* per. Truffare, *fraudare.*
Camuffato, travestito, *personatus, a, um :* per Imbacuccato, *capite obvolutus.*
Camuso, chi ha il naso schiacciato, *simus, a, um*, add.
Canaglia, canagliume, per Popolaccio, *popellus, i*, m. *plebecula, æ*, f.
Canale, *canalis, is : ductus, us*, m.
Canapa, *cannăbis, is*, f.
Canapino, di canapa, *cannabĭnus, a, um*, add.
Canapo, *rudens, entis*, m.
Canarino, canario, *canarius passer.*
Canata. V. Rabuffo.
Canatteria, quantità di cani, *canum turba.*
Canattiere, *canum custos.*
Canavaccio, canovaccio, *tela levidensis.*
Cancellabile, *delebilis*, m. e f. *e*, n. add.
Cancellagione, cancellamento, *obliteratio, onis*, f.
Cancellare, *deleo, es, ēvi, etum, ēre*, A.
Cancellato, *deletus, a, um :* per Intraversato come i cancelli, *cancellorum in modum dispositus.*
Cancellatura, cancellazione, *litura, æ*, f.
Cancelleresco, aggiunto di carattere, *litteræ majores.*
Cancelleria, cancellierato, *tabularium, ii*, n.
Cancelliere, *scriba, æ : cancellarius, ii*, m.
Cancello, *cancelli, orum*, m. pl. *clathri, orum*, m. pl.
Canchero, *cancer, cri*, m.
Cancheroso, *ulcerosus, a, um*, add.
Cancrena, e cangrena, *gangræna, æ*, f.
Cancrenare, *in gangrænam evadĕre.*
Cancro, granchio, *cancer, cri* vel *ceris*, m.
Candela, *candela, æ*, f. — di cera, *candela cerea : —* di sevo, *candela sebacea.*
Candelabro, *candelabrum, i*, n.
Candeletta, candeluzza, *parva candela.*
Candeliere, e candelliere, *candelabrum, i*, n.
Candente, infocato, splendente, *candens, entis*, c.
Candidamente, *candide*, avv.
Candidato, *candidatus, a, um*, add.
Candidezza, *candor, oris*, m.
Candido, *candidus, a, um*, add.
Candire, *sacchăro condire.*
Candito, confettato, *sacchăro conditus, a, um*, add.
Candore, *candor, oris*, m.
Cane, *canis, is*, c. — da caccia, *venaticus : —* da guardia, *custos : —* da catena, *catenarius : —* dell'archibuso, *rostrum : —* Pesce cane, *canis marinus :* Cane (stella), *canicula, æ*, f.
Canestra, canestro, *qualus, i*, m.
Canestrello, canestrino, ec. *fiscella, æ*, f. *quasillus, i*, m.

Canfora, camphora, æ, f.
Canforato, camphora imbutus.
Cangiamento, mutatio, onis, f.
Cangiante, mutans, antis, c. detto di colore, versicolor, oris: discolor, oris.
Cangiare, permuto, as, avi, atum, are. A. Cangiare sentimento, de sententia decedĕre: — discorso, sermonem alio traducĕre.
Canicola, canicula, æ, f. sirius, ii, m.
Canicolare, canicularis, m. e f. e, n. add.
Canile, letto da cani, lectus caninus, cubile canum.
Caninamente, canatim, avv. more canum.
Canino, piccolo cane, catŭlus, catellus, i, m. di cane, caninus, a, um, add. per Crudele, rabbioso, rabiosus, a, um, add.
Canizie, canutezza, canities, iei, f.
Canna, calamus, i, m. arundo, inis: — da misurare, decempĕda, æ, f. per Sifone, tubus, i, m. — di una fonte, fistula, æ, f. — della gola, guttur, uris, n. — di canna, arundineus, a, um, add.
Cannaio, craticulum, i, n. chi fa le canne, o tubi, fistularum opifex.
Cannamele, arundo sacchărum ferens.
Cannella, parva arundo: fistŭla, æ, f. epistomium, ii, n. per certo Aromato, cinnamomum, i, n.
Cannellato, color cannella, ad cinnamomi colorem vergens.
Cannelletta, cannellina, tubŭlus, i, m. cannula, æ, f.
Cannello, internodium, ii, n. tubŭlus, i, m.
Canneto, arundinetum, i, n.
Canniccio, crates, is, f.
Cannocchiale, e canocchiale, telescopium, ii, n.
Cannonata, tormenti bellici ictus.
Cannoncello, cannoncino, tubŭlus, i, m. sorta di pasta, opus pistorium: sorta di freno, frænum, i, n.
Cannone, tormentum bellĭcum n. caricarlo e scaricarlo, tormentum bellĭcum instruĕre vel explodĕre: per Tubo, tubus, i, m.
Cannoniera, fenestra ad tormenta bellica mittenda.
Cannuccia, calămus, i, m.
Canone, regola, canon, onis, m. parte della messa, canon missæ: canoni, leggi ordinate dai papi, leges pontificiæ, f. pl.
Canonica, canonicorum ædes: ædes parochi.
Canonicale, canonicus, a, um, add.
Canonicamente, legitime, avv.
Canonicato, canonici dignitas, ātis, f.
Canonico, sost. canonicus, i, m. ore canoniche, horæ canonicæ: libri canonici, libri canonici.
Canonista, legum sacrarum peritus.
Canonizzare, in sanctorum numerum referre.
Canonizzato, in superum numerum relatus.
Canonizzazione, in superum numerum relatio.
Canoro, canorus, a, um, add.
Canova, stanza dove si ripongono le vettovaglie, cella penaria: per Quel luogo ove si vende il vino, œnopolium.
Canovaccio, tela rudis cannabina: mappa, æ.
Canovaio, cellarius, ii, m. promus, i, m.
Cansare, amovĕo, ēes, ovi, otum, ovēre, submovēre, vitare. A. cansarsi, allontanarsi, vitare vel declinare periculum.
Cansato, amotus, a, um, add.
Cantacchiare, cantillare.
Cantafavola, fabula, æ: nugæ, arum, f. pl.
Cantafera. V. Cantilena.
Cantaiolo, cantaiuolo, uccello da canto, avis cantātrix.
Cantambanco, cerretano, circulator, oris, m.
Cantare, cano, is, cecĭni, tum, ĕre: canto, as, etc. A. — in musica, ad certos modos canĕre: cantar messa, sacrum ad harmoniam facĕre.
Cantaro (sost.), cantharum, i, n.
Cantarella, e cantaride, insetto, cantharis, ĭdis, f.
Cantarello, parvum scaphium.
Cantaro, misura, cantharus, i, m.
Cantata (sost.), melos, n. ind.
Cantato, cantatus, a, um, add. messa cantata, sacrum cantu celebratum.
Cantatore, cantor, oris, m.
Cantatrice, cantrix, icis, cantatrix, icis, f.
Canterellare, cantillare.
Canterello, orpello, bractea aurea: parvum scaphium.
Canterino, che canta volentieri e spesso, cantitans, antis, c. per Cantore o musico, cantor, oris, m.
Cantero, lasanum, i, n.
Canteruto, che ha angoli, angulosus, a, um, add.
Cantico, cantĭcum, i, n. carmen, ĭnis, n.
Canticchiare, cantillare, A.
Cantiere, luogo dove si costruiscono le navi, navale, is, n.
Cantilena, cantilena, æ, f.
Cantina, cella vinaria.
Cantiniere, cellæ vinariæ custos, m.
Canto, cantus, us, m. modulatio, onis, f. per Parte di poema, canticum, i, n. per Canzone, carmen, cantilena: canto trionfale, epinicia, orum, n. pl. cantus triumphalis: canto funebre, epicedium, ii, n. nænia, æ, f.
Canto, banda, parte, latus, ĕris, n. pars, partis, f. a canto, prope: dal canto mio, quod ad me attinet. lasciare, mettere da canto, prætermitto, ttis, si, ssum, ttĕre, A.
Cantonata, angulus, i, m.
Cantone, angulus, i, m. per Sasso grande, saxum majus: per Banda, parte, latus, pars: i cantoni svizzeri, helveticorum pagi.
Cantore, cantor, oris, m. lector, oris, m.
Cantuccio, per Angolo, angulus, i, m. per Nascondiglio, latebra, æ, f. per Biscotto, buccella, æ, f.

Canutezza. V. Canizie.
Canuto, *canus, a, um*, add. per Vecchio, *senilis, e.*
Canzonare, beffare, burlare, *irridēre aliquem: illūdere alicui.*
Canzoncina, canzonetta, *cantiuncŭla, æ*, f.
Canzone e canzona, *ode, es*, f. *carmen, inis*, n. *canticum, i*, n.
Canzoniere raccolta di canzoni, *lyrica, orum*, n. pl.
Caos, la confusione di tutte le cose, *chaos*, n indecl.
Capaccio, pegg. di Capo, *deforme, fœdum caput:* per Uomo ostinato, rozzo, *pervicax, ācis*, c.
Capace, *capax, ācis*, c. *idoneus, a, um*, add.
Capacità, *capacitas, ātis, aptitudo, inis*, f. per Forza, d'ingegno, *ingenium, ii*, n.
Capacitare, *satisfacio, acis, eci, actum, acĕre*, N. *convincĕre*, A. Capacitarsi, *acquiesco, scis, vi, tum, scĕre*, N.
Capanna, *casa, æ: mapalia, orum*, n. pl.
Capannella, capannetta, *tugurĭŏlum, i*, n.
Capannello, *pyra, æ*, per Radunanza d'uomini, *conventus, us*, m.
Capanno, capanna d'uccellatore, *casa aucupis.*
Capannuccia. V. Capannella, per Presepio, *sacrum præsepe.*
Caparbieria, caparbietà, caparbia, *pervicacia, æ*, f.
Caparbio, *pervicax, ācis*, c. add.
Caparra, *arrha, æ*, f. *arrhăbo, onis*, m.
Caparrare, *arrhabōnem dare.*
Capata, *capitis ictus*,
Capecchio, *tomentum, i*, n.
Capellatura, capelliera, *coma, æ*, f. *caesaries, iēi*, f.
Capello, *capillus, i*, m. *crinis, is*, m. capelli acconciati, *compti, compositi capilli:* — non pettinati, *impexi:* — arricciati, *calamistrati:* — finti, *adciti, capilli*. A capello, *ad unguem* avv. capelli davanti dell'uomo, *antiæ, arum*, f. pl. — della donna, *antecomituli, orum*, m. pl.
Capelluto, *comatus, a, um*, add.
Capestro, *capistrum, i*, n.
Capezzale, guanciale lungo, *cervical, ālis*, n.
Capillare, *capillaris*, m. e f. *e*, n. add.
Capillizio, capellatura, *capillitium, i*, n.
Capinera, capinero (uccelletto), *atricapilla, æ*, f.
Capire, capere, ricevere, contenere, *capio, is, cepi, captum: capĕre*, A. nel senso di esser contenuto, aver luogo sufficiente, *capi, contineri*, pas. per Comprendere coll'intelletto, *percipĕre, intelligĕre.*
Capitale (sost.), fondo di denaro posto a traffico, *sors, sortis*, f. Far capitale, *rationem habere: magni facĕre:* per Principale, o che riguarda il capo, *capitalis*, m. e f. *e*, n. add.
Capitalmente, *capitaliter*, avv.
Capitana, *navis prætoria.*
Capitanare, capitaneggiare, guidare come capitano, *ducĕre, ducere exercitum.*
Capitanato, *ducatus, us*, m. *imperium, ii*, n. *ditio, onis*, per Guidato, *ductus, a, um*, add.
Capitano, *dux, ducis: imperator, oris:* — d'una compagnia, *centurio, onis*, m. — d'infanteria, *peditum præfectus:* — di cavalleria, *equitum magister:* — della nave, *navis præfectus.*
Capitare, arrivare, *advenio, īnis, ēni, entum, ēnire*, N.
Capitato, da capitare, *qui pervenit:* che ha capo, *capitatus, a, um*, add.
Capitello, *capitellum, i*, n. *capitŭlum, i*, n.
Capitolare, *paciscor, ĕris, pactus, pacisci*, D. far convenzioni, *de conditionibus agere:* per Dividere in capitoli, *in capita distinguere.*
Capitolato, *in conventionem redactus*, add. per
Capitolazione, *pactio: conditio, onis*, f.
Capitolino, del Campidoglio, *capitolinus, a, um*, add.
Capitolo, *caput, ĭtis*, n. per Patto, *pactum, i*, n. per Adunanza, *conventus, us:* — provinciale, *provincialia comitia:* — generale, *comitia totius ordinis:* pel Corpo dei canonici, *canonicorum collegium.*
Capitombolare, *volvi in caput, in caput saltare.*
Capitombolo, *saltus in caput.*
Capo, *caput, ĭtis*, n. per Guida, *dux, ducis*, m. per Autore, *auctor, oris*, m. capo di casa, *pater familias:* — di tavola, *convivii princeps:* — di anno, *anni initium:* da capo, *iterum:* da capo a piè, *a vertice ad talos:* in capo del mondo, *in remotissima regione:* a capo basso, *prono capite*, avv. di mio capo, *meo marte:* in capo ad un anno, *uno exacto anno:* mi venne in capo, *mihi venit in mentem:* metter in capo, *suadere aliqui, alicui:* venire a capo d'una cosa, *rem perficere*, vel *ad exitum perducĕre:* col capo coperto, o scoperto, *operto* vel *detecto capite:* col capo all'ingiù, *inverso capite:* all'insù, *supino capite*, avv. mal di capo, *morbus cephalicus.*
Capo bandito, *latronum dux.*
Capo bombardiere, *libratorum præfectus.*
Capocaccia, *venationis dux.*
Capocchia, estremità di bastone, *caput baculi:* per Capo di spillo, *aciculæ caput.*
Capo commediante, *chorăgus, i*, m.
Capo dieci, *decurio, onis*, m.
Capo giro, *vertigo, ĭnis*, f. pensiero stravagante, *insolita cogitatio, onis*, f.
Capolino, dim. di Capo, *capitŭlum:* Far capolino, *per rimas perspicere*, vel *ex insidiis, o clanculum aucupari.*
Capolo. V. Manico.
Capo maestro, *fabrorum magister: præfectus.*
Capo morto, *fæx, fæcis*: f. *sedimentum, i*, n.
Caponaggine, *pervicacia, æ*, f.

Capone, capo grande, *immane caput*: per Ostinato, *pertinax*, *acis*, c.

Capo per capo, *singillatim*, avv.

Capopiede, sossopra, *sus deque*, avv.

Caporale, *decurio*, *onis*: m. per Principale, *princeps*, *ipis*, c. *præcipuus*, *a*, *um*, add.

Caporione, *decurio*, *onis*, m. *ductor*, *oris*.

Caposcuola, *archimandrita*, *æ*, m. *disciplinæ vel sectæ princeps*, *ipis*.

Capoverso, *caput versus*.

Capovolgere, *perverto*, *tis*, *ti*, *sum*, *tĕre*, A.

Capovolto, *inversus*, *a*, *um*, add.

Cappa, specie di mantello, *pallium*, *ii*, n.

Cappare, scegliere, *eligĕre*, *seligĕre*.

Cappella, *sacellum*, *i*, n. *ædicula*, *æ*, f. pel Corpo dei musici addetti a una chiesa, *musicorum societas*.

Cappellaio, *pileorum opifex*.

Cappellania, *sacerdotium*, *i*, n. *capellania*, *æ*, f.

Cappellano, *capellanus*, *i*, m.

Cappelletta, cappellina, *sacellum*, *i*, n.

Cappelliera, *pileorum theca*.

Cappellinaio, *ornamentum unde pendent pilei*.

Cappello, *petasus*, *i*, *pileus*, *i*: *galĕrus*, *ri*, m. per Cardinalato, *cardinalis dignitas*.

Cappellone, *immanis pileus*.

Cappelluto, *cristatus*, *a*, *um*, add.

Capperi, cappita, voce d' ammirazione, *papæ*, interiez.

Cappero, *frutice* (sost.) *capper*, indeclin. *cappar*, *aris*, n. *capparis*, *is*, f.

Capperuccio, capperuccia. V. Cappuccio.

Cappietto, *nodulus*, *i*, m.

Cappio, *nodus*, *i*, m.

Capponaia, gabbia dei capponi, *cavĕa*, *æ*, f.

Capponare, *castrare*.

Capponato, *castratus*, *a*, *um*, add.

Cappone, *capo*, *onis*, m.

Cappotto, ferraiuolo soppannato, *bardo*, *cucullus*, *i*, m.

Cappucciaio, *cucullorum opifex*.

Cappuccino, dim. di cappuccio, *cucullo*, *onis*, m. per Frate francescano, *cappucinus*, *i*, m.

Cappuccio, *cucullus*, *i*, m.

Capra, *capra*, *æ*, f.

Capraio, *caprarius*, *ii*, m.

Capretta, ec. *capella*, *æ*, f.

Capretto, ec. *hædus*, *i*, m.

Capriccio, *libido*, *inis*, f. a capriccio, *temere*, avv. per Raccapriccio, orrore, *horror*, *oris*, m.

Capricciosamente, *pro ingenio*: *ad libidinem*, avv.

Capriccioso, *cerebrosus*, *a*, *um*, add.

Capricorno, *capricornus*, *i*, m.

Caprigno, caprino, *caprinus*, *a*, *um*, add.

Capriuola, *saltatio*, *onis*, f.

Capriuolo, *capreolus*, *i*, m.

Caprone, becco, *hircus*, *i*, m. di caprone, *hircinus*, *a*, *um*, add.

Captivo, prigioniero, *captivus*, *a*, *um*, add.

Caracollare, volteggiare, **equum circum agĕre.**

Caracollo, **volgimento di truppe**, *evolutio aciei*.

Caraffa, vaso, *phiala*, *æ*, f.

Caramente, *benevole*, avv. **per A caro** prezzo, *magno pretio*.

Caratare, pesare minutamente, *ad siliquam examinare*, *pendĕre*: esaminare minutamente, *diligenter examinare*.

Caratello, *doliolus*, *i*, m.

Carato, peso, che è il 24° dell' oncia, *ceratium*, *ii*, n.

Carattere, impronta, *character*, *ĕris*, m. *nota*, *æ*: *dignitas*, *atis*, f. *stilus*, *i*, m. per Indole, *ingenium*: per Forma di lettere, *litteræ*, *arum*, f. pl.

Caratterizzare, *charactĕrem imprimĕre*: per Descrivere il carattere, *formam vel charactĕrem*, *alicujus*, *designare*.

Carbonaia, *carbonaria fornax*: *carbonaria cella*: per Fosso di città, *pomœrium*: per Carcere angusta e oscura, *angustus et tenebrosus carcer*.

Carbonaio, *carbonarius*, *i*, m.

Carbonata, carne di porco **sui carboni,** *ofella porcina*.

Carboncello, *carbunculus*, *i*, m.

Carbonchio (gemma), *carbunculus*, *i*, m. per Tumore pestilenziale, *carbunculus*, *i*, m.

Carbonchioso, arso, *ustus*, *a*, *um*: per Pieno di carbonchi, *carbunculosus*, *a*, *um*, add.

Carbone, *carbo*, **onis, f. carbone acceso,** *pruna*, *æ*, f.

Carcame, *cadaver exsiccatum*.

Carcasso, faretra, *pharĕtra*, *æ*, f.

Carcerare, *in carcĕrem detrudĕre*: **in vin**-*cula conjicĕre*.

Carcerato, *vinculis constrictus*.

Carcerazione, carceramento, *in carcerem objectio*.

Carcere, *carcer*, *ĕris*, f.

Carceriere, *carcĕris custos*.

Carciofo, *cinăra*, *cynăra*, *æ*, f. *carduus altilis*, m.

Cardamomo, *cardamomum*, *i*, n.

Cardare, *carmino*, *as*, *avi*, *atum*, *are*, A.

Cardatore, *carminans*, *antis*, c.

Cardatura, *carminatio*, *onis*, f.

Cardeggiare, per dir male d' uno, *famam alicujus convicii proscindĕre*.

Cardelletto, cardellino, *carduelis*, *is*, m.

Cardinalato, *cardinalis dignitas*.

Cardinale, *cardinalis*, *is*, m. per Principale, *præcipuus*, *a*, *um*, add.

Cardinalesco, *ad cardinalem pertinens*: *cardinalitius*, *a*, *um*: *cardinalis*, m. e f. e, n.

Cardine, arpione, *cardo*, *inis*, m.

Cardo, cardone, *cardus*, *i*: *carduus*, *i*, m.

Careggiare, carezzare, *blandiri*, D. *permulcēre*, A.

Carello, guanciale, *pulvinus*, **i, m** *pulvinar*, *aris*, n. per Chiusino **del cesso,** *operculum latrinæ*.

Carena, il fondo della nave, *carina, æ. f.*
Carestia, *caritas, ātis. f. annonæ gravitas.*
Carezza. *blanditiæ, arum, f.* pl.
Carezzare, ec. V. Accarezzare, ec.
Carezzevolmente, *blande*, avv.
Carica, peso. V. Carico: per Impiego, *munus, ĕris, n. officium, ii, n.*
Caricamento. V. Carico.
Caricante, *onĕrans, antis, c.*
Caricare, *onero, as*, etc. A. per Esagerare, *exaggerare*: caricarsi, *impleri*, P.
Caricato, *oneratus, a, um*, add.
Caricatore, *qui onus imponit.*
Caricatrice, *quæ onerat.*
Caricatura, lo stesso che carico, ma talvolta significa un ritratto ridicolo dove sono esagerati i difetti, *ridicula imago.*
Carico, peso, *onus, ĕris*, n. per Impiego, *munus, ĕris, n.*
Carico, *oneratus: onustus, a, um*, add.
Carie, disfacimento della sostanza delle ossa, *caries, ei, f.*
Carioso, guasto dalla carie, *cariosus, a, um*, add.
Carità. *charĭtas, ātis, f. amor, oris, m.*
Caritatevole, caritativo, *misericors, ordis, c. benignus, a, um.*
Caritatevolmente, caritativamente, *benigne*, avv.
Carme, verso, *carmen, ĭnis, n.*
Carminare, pettinare, *carmino, as*, etc. A.
Carminativo, *carmĭnans, antis, c. carminativus, a, um*, add.
Carminio, *minium, ii, n.*
Carnagione, *carnis color.*
Carnale, per Lussurioso. *libidinosus, a, um*; per Parente, *propinquus, conjunctus, a, um*: fratello, sorella carnale, *germanus frater; soror germana.*
Carnalità, *libido, ĭnis, f.* per Affetto, *amor: humanitas.*
Carnalmente, *libidinose*, avv.
Carname, *caro corrupta*. per Quantità di carne, *vis carnium.*
Carnasciale. V. Carnevale.
Carnascialare, *bacchanalia agitare; bachanaliter vivĕre.*
Carnascialesco, *ad bacchanalia pertĭnens.*
Carne, *caro, carnis*; vel *carnis, is, f.* di carne, *carneus, a, um*: carne salata, *succidiæ, arum, f.* pl. carne lessa, *caro elixa*: arrosto, *assa caro*: cotta sui carboni, *caro tosta.*
Carnefice, *carnĭfex, ĭficis, m.*
Carneo, *carneus, a, um*, add.
Carnevale, *bacchanalia, um, orum*, n. pl.
Carnevalesco, *bacchanalis*, m. e f. *e*, n. add.
Carnicino, *colore carnis præditus.*
Carniera, carniero, *pera, æ, f.*
Carnificina, *carnificina, æ, f.*
Carnivoro, che si nutrisce di carne, *carnivorus, a, um*, add.
Carnosità, *caro: caruncŭla, f.*
Carnoso, *carnosus, a, um*, add.
Caro, *carus: gratus, a, um*, add. *care*, avv. per Carestia. V.

Carogna, *cadaver, ĕris, n. res putris*: cavallo di vile razza, *vilis, malus caballus*. per Donnaccia, *vilis prostituta fœmina.*
Carola, carolare. V. Ballo, ec.
Carota, *siser, i*, n. e m. per Menzogna, *commentum, i, n.*
Carotaio, *siserum venditor*: per Chi spaccia menzogne, *mendax, ācis, c.*
Carotare. *falsa loqui.*
Carotidi, nome di due arterie, *carotides.*
Carovana, quantità di bestie da soma in viaggio, *jumentorum multitudo*: per Viaggio di mare, *iter maritimum*: far la carovana, *tirocinium ponere.*
Carpentiere, carradore, *carpentarius, ii, m.*
Carpine (albero), *carpĭnus, i, f.* di carpine, *carpinĕus, a, um*, add.
Carpiccio, buona quantità di bastonate, *magna verberum vis.*
Carpione (pesce), *cyprĭnus, i, m.*
Carpire, *decerpo, pis, psi, ptum, pĕre*, A.
Carpito, *decerptus, a, um*, add.
Carpo (t. d'anatomia), *carpus, i, m.*
Carpobalsamo, *carpobalsamum, i, n.*
Carpone, carponi, *repiando*, avv. andar carpone, *repo, as*, etc. N.
Carradore. V. Carpentiere, per Conduttor di carri, *essedarius, i, m.*
Carrata, *vehes, is, f.*
Carratello, *cadus, i, m.*
Carreggiabile, *vehicularius, a, um*, add.
Carreggiare, *currum ducĕre.*
Carreggiata, *via trita, f.*
Carreggiatore, *essedarius, i, m.*
Carreggio, *currŭum multitudo.*
Carretta, *plaustrum, i, n.*
Carrettata. V. Carrata.
Carrettiere, *essedarius, i, m.*
Carretto, carrettino, *carrŭlus, i, m. cisium, i, n.*
Carrettone, *magnum plaustrum.*
Carriaggio, *sarcinæ, arum, f.* pl.
Carriera, *curricŭlum, i, n.* a tutta carriera, *laxatis habenis.*
Carriuola, letto con ruote, *carruca, æ, f.* V. Carretto.
Carro, *currus, us, m.*
Carrozza, cocchio, *currus, us, m. vehiculum, i, n.*
Carrozzabile, *currui pervius.*
Carrozzaio, *rhedarius, i, m. rhedarum faber*: per Carrozziere, V.
Carrozziere, *auriga, æ, m.* per Carrozzaio. V.
Carrucola, *trochlĕa, æ, f.*
Carrucolare, *trochlĕis trahĕre*: per Ingannare, *in insidias conjicĕre.*
Carrucoletta, carrucolina, *parva trochlea.*
Carta, *papyrus, i, f. charta, æ, f.* — dei libri, *pagina, æ, f.* — straccia, *charta emporetica*: — sugante, *charta bibŭla*: — reale, *macrocōlum, i, n.* — carta pecora, *membrana, æ, f.* — da giuoco, *charta lusoria.*
Cartaio, venditor di carta: *chartæ venditor.*
Cartapecora, *membrana, æ, f.*

Carteggiare, voltar le carte di un libro: *librum evolvĕre, recensĕre*: per Giuocare alle carte, *de more aleis ludĕre*: per Corrispondere con lettere, *commercium litterarum habēre*.
Carteggio, *epistolarum commercium*.
Cartella, *theca scriptoria*.
Cartello, *libellus*, i, m. — infamatorio, *libellus famosus*: — di sfida, *provocationis libellus*.
Cartiera, *officina chartaria*.
Cartilagine, *cartilago*, ĭnis, f.
Cartilagineo, cartilaginoso, *cartilaginĕus*, a, um, add.
Cartoccio, *cucullus*, i, m.
Cartolaio, *chartarum venditor*.
Cartolare (verbo), porre i numeri alle carte dei libri, *chartis numeros adscribĕre*.
Cartolare, (sost.), libro della nave, *liber nauticus*: per Libro di memorie, *commentarius*, i, m.
Cartone, *charta crassa*: per Modello di pittura a fresco, *picturæ exemplar*: dare il cartone, o lustro ai panni, *nitorem inducĕre*.
Cartoccia, *schedŭla*; *chartŭla*, æ, f.
Casa, *domus*, us, f. *ædes*, *ædium*, f. pl. aprir casa, *domicilium ponĕre*: per Famiglia, *familia*, æ, f. *gens*, *gentis*, f. casa reale, *ædes regiæ*, vel *regia*: casa del podestà, *domus prætoria*, *prætorium*: casa di campagna, *domus rustica*, *villa*: per Patria, *domus patria*.
Casacca, *tunica manicata*: *sagum*, i, n.
Casaccia, *casa*, æ, f.
Casaccio, *insolitus eventus*.
Casale, *pagus*, i, m.
Casalingo, *domesticus*, a, um, add.
Casalone. V. Casolare.
Casamatta, *substructio*, *onis*, f. per Prigione dei soldati, *carcer militaris*.
Casamento, *domus*, us, vel mi, f.
Casata, casato, *familia*, æ: *stirps*, *stirpis*, f.
Cascaggine. V. Sonnolenza.
Cascante, *labans*, ăntis, c.
Cascare, *cado*, *cadis*, *cecĭdi*, *casum*, *cadĕre*, N. *labor*, *labĕris*, *lapsus*, *labi*, D.
Cascata, cascamento, *casus*, us, m.
Cascaticcio, cascatoio, *cadūcus*, a, um.
Cascato, *prolapsus*, a, um, add.
Caschetto, *cassis*, *cassidis*: *cassĭda*, æ, f.
Cascina, *caseale*, is, n.
Casella, *arcula*, æ, f. per Piccola casa, *domuncŭla*, æ, f.
Casereccio. V. Casalingo.
Caserma, *statio*, *onis*, f.
Casetta, *domuncŭla*, æ, f.
Casiera, casiero, *ædium custos*: m. e f. per Serva, *ancilla*, æ, f.
Casino, *domuncŭla*: *nobilium*, *conventus*: casa di delizie, *ædes ad voluptatem*.
Casipola. V. Casetta.
Casista, *theologus moralis*.
Caso, *casus*, us, m. *eventus*, us, m. *sors*, *sortis*, f. a caso, *forte*: *fortuito*, avv. far caso, V. Stimare: casi di coscienza, *ad mores pertinentes quæstiones*.
Casolare, *domus dirŭta*.
Casone, casona, casotta, *ingens domus*.
Casotto, stanza di legno, *lignea casula*.
Cassa, *arca*: *capsa*, æ, f. per Cataletto, *ferĕtrum*, i, n. cassa del pubblico, *ærarium publicum*.
Cassamadia, *mactra*, æ, f.
Cassapanca, *scamnum*, i, n.
Cassare, *deleo*, *es*, *ēvi*, *etum*, *ēre*, A.
Cassato, *deletus*, a, um, add.
Cassazione, *deletio*, *onis*, f. *litūra*, æ, f.
Cassero, fortezza, *castrum*, i, n. per Parte superiore della poppa di una nave, *puppis pars superior*.
Cassetta, cassettina, cassettino, *arcŭla*: *capsŭla*, æ, f.
Cassettaio, *arcularius*, i, m.
Cassettone, *ingens capsa*: per Mobile con cassette, *armarium*, i, n.
Cassia, *casia*, æ, f.
Cassiere, *quæstor arcarius*.
Casso, *cassus*, a, um: *inanis*, m. e f. e, n. add.
Cassone, *magna arca*.
Castagna, *castanea*, æ, f.
Castagnaccio, *panis ex castaneis*.
Castagneto, *castanetum*, i, n.
Castagnino, castagno, *castaneus*, a, um.
Castagno, *castanea*, æ, f.
Castalda, *villica*, æ, f.
Castalderia, *villicatio*, *onis*, f.
Castaldione, castaldo, fattore, *villicus*, i, m. per Maestro di casa, *præfectus domi*.
Castamente, *caste*, avv.
Castellaneria, *oppidi præfectus*.
Castellania, *arcis præfectura*.
Castellano, *arcis præfectus*, i, m. *castellaneus*, a, um, add.
Castello, *oppidum*, i, n. *castellum*, i, n. per Fortezza, *arx*, *arcis*, f. per Macchina da ficcar pali, *fistuca*, æ: o da tirar pesi, *trochlea*: castello in aria, *vana cogitatio*.
Castellotto, castelluccio, *oppidŭlum*, i, n.
Castigare, *punio*, *is*, *ivi*, *itum*, *ire*, A.
Castigato, *punitus*, a, um, add.
Castigazione, *castigatio*, *onis*, f.
Castità, *pudicitia*, æ, f. *castitas*, ātis, f.
Casto, *castus*, a, um, add.
Castone, *pala annŭli*.
Castorio, *castoreum*, i, n.
Castoro, *castor*, *ŏris*: *fiber*, *ris*, m. di castoro, *castoreus*, a, um, add.
Castrametazione, attendamento, *castrametatio*, *onis*, f.
Castrare, *castro*, *as*, *avi*, *atum*, *are*, A.
Castrato (sost.), *vervex*, ēcis, m. *eunuchus*: *spado*, *onis*, m. *eviratus*, a, um, add.
Castratura, *eviratio*, *onis*, f. *castratio* *onis*, f.
Castrense, *castrensis*, m. e f. e, n. add.
Castroneria. V. Balordaggine.
Casuale, *fortuĭtus*, a, um, add.
Casualmente, *forte*, avv.
Casuccia, casupola, *domuncŭla*, æ, f.

Catacomba, *crypta, æ*, f. *hypogæum, i*, n.
Catafalco, *pegma funebre*.
Cataletto, *feretrum, i*, n.
Catalogo, *catalogus, i*, m.
Cataplasma, *cataplasma, ătis*, n.
Catapulta, *catapulta, æ*, f.
Catarro, *pituita, æ*, f. *gravedo, ĭnis*, f.
Catarrosamente, *cum pituita*, avv.
Catarroso, catarrale, *pituitosus, a, um*.
Catasta, *strues lignorum*: per Rogo, *rogus, i*, m.
Catastare, *censum, vectigal, imponĕre*.
Catasto, *vectigal, ālis*, n. *census, us*, m. per Libro del catasto, *liber sanctionum census*.
Catastrofe, *conversio, onis*, f. *catastrophe, es*, f.
Catechismo, *catechismus, i*, m.
Catechista, *christianæ institutionis doctor*.
Catechizzare, *catechizo, as*, etc. *erudio, īdis, udivi, uditum, udire*, A.
Catecumeno, *catechumĕnus, i*, m.
Catellino, catello, *catellus, i*, m.
Catena, *catena, æ*, f.
Catenaccio, *pessŭlus, i*, m.
Catenare, *catenas indŭre*.
Catenato, *catenatus, a, um*, add.
Catenella, catenuzza, *catenŭla, æ*, f.
Cateratta, cateraltola, *cataracta, æ*, f.
Caterva, *caterva, æ*, f.
Catinaio, *catinorum opĭfex, venditor*.
Catinella, *mallurium, i*, n.
Catinetto, catinuzzo, *catillus, i*, m.
Catino, *catinus, i*, m. *pelvis, is*, f.
Catorcio. V. Catenaccio.
Catottrica, *catoptrica, æ*, f.
Catrame, *resina, æ*, f.
Cattabriga, *rixosus, a, um*, add.
Cattano. V. Castellano.
Cattare, *capto, as*, etc. *invenio, ēnis, ēni, entum, enire*, A.
Cattedra, *cathedra, æ*, f.
Cattedrale, *ad cathedram pertinens*: per Chiesa in cui risegga il vescovo, *majus templum*: per Chiesa parrocchiale, *templum parochiæ*.
Cattedrante, *magister, ri*; *antecessor oris*, m.
Cattivamente, *nequiter*: *improbe*, avv.
Cattivare, pigliar prigione, *captivum facĕre*, A. cattivarsi la benevolenza ec. di alcuno, *alicujus benevolentiam captare*.
Cattivato, *in servitutem abductus*.
Cattivello, *improbŭlus, a, um*, add.
Cattiveria, cattivezza, *improbĭtas, ātis*, f.
Cattività, *captivĭtas, ātis*, f. per Scelleratezza. V.
Cattivo, *malus*: *imprŏbus, a, um*, add. per Schiavo, *captivus, i*, m.
Cattolicamente, *catholice*, avv.
Cattolico, *catholicus, a, um*, add. per Religioso, pio, *religiosus, a, um*.
Cattura, *captura, æ*, f.
Catturare, *comprehendo, dis, di, sum, dĕre*, A.
Catturato, *comprehensus, a, um*, add.
Caudatario, colui che sostiene l' estremità posteriore della veste al prelato, *caudatarius, ii*, m.
Causa, cagione, *causa vel caussa, æ*, f. per Lite, *lis, litis*, f. a causa che, *eo quod*, cong.
Causalità, *causa, æ*: *ratio, onis*, f.
Causalmente, con causa, *ex caussa*, avv.
Causare. V. Cagionare.
Causato, *effectus*: *productus, a, um*, add.
Causatore, *auctor*: *effector, oris*, m.
Causatrice, *effectrix, īcis*, f.
Causidico, chi tratta le cause, *causidicus, i*, m.
Caustico, che ha forza di abbruciare, *causticus, a, um*, add.
Cautamente, *caute*, avv.
Cautela, *cautio, onis*, f. *diligentia, æ*, f.
Cautelare, assicurare, *alicui cavēre*.
Cautelarsi, *sibi cavēre*.
Cautelato, *securus, a, um*, add.
Cauterio, apertura nella carne fatta con caustico per medicamento, *cauterium, ii*, n.
Cauterizzare, *cauterio inurĕre*.
Cauto, *cautus, a, um*, add.
Cauzione, *cautio, onis*, f.
Cava, *cavĕa*: *fovĕa, æ*, f. — di metalli, *fodina, æ*, f.
Cavadenti, *dentiducus, i*, m.
Cavalcante, *equitans, antis*, c. *auriga, æ*, m.
Cavalcare, *equito, as*, etc. N. il cavalcare, *equitatio, onis*, f.
Cavalcata, truppa d' uomini a cavallo, *equitatus, us*, m. per l'Passeggiata a cavallo, *equestris deambulatio*.
Cavalcatore, *equitans, antis*, c. per Cavallerizzo, *equiso, onis*, m.
Cavalcatura, *equus, i*, m.
Cavalcavia, *arcus super viam*.
Cavalierato, *equestris dignĭtas*.
Cavaliere, *eques, ĭtis*, m. essere a cavaliere, *immineo, ĭnes*, sine pret. et sup. *inferr*. N.
Cavallerotto, *vir nobilis*.
Cavalla, *equa, æ*, f. dat. e abl. plur. *equabus*
Cavallaro, *agāso, onis*: *equorum pastor*: per Corriere, *tabellarius*: per Famiglio, o cursore, *apparitor*.
Cavalleggiere, *eques levis armaturæ*.
Cavallereccio, *equestris*, m. e f. *e*, n. add.
Cavallerescamente, *ingenue*: *generose*, avv.
Cavalleresco, *nobilis*, m. e f. *e*, n. add. esercizi cavallereschi, *exercitationes equestres*.
Cavalleria, *equitatus, us*, m.
Cavallerizza, *equorum palæstra*.
Cavallerizzo, *equorum magister*; cavallerizzo maggiore, *equorum stabuli regii præfectus*.
Cavalletta, *locusta, æ*, f. per Inganno, *dolus, i*, m.
Cavalletto, cavallino, *eqūlus*: per Stromento da sostener pesi, *fulcĭra, æ*: *cantherius, ii*, m. per Cavallo di legno,

equuleus ligneus: per Tormento, *equuleus*.

Cavallino, di cavallo, *equinus, a, um*, add.

Cavallo, *equus, i*, m. mandra di cavalli, *equitium, ii*, n. *equorum armentum*: Stare a cavallo, *equo insidēre*; andarvi, *equo vehi*: montarvi, *equum conscendĕre*; smontare, *ex equo desilire*; cavallo giannetto, o ginnetto, chinea, *asturco, onis*: — da posta, *veredus, i*, m. — che va di trotto, *succussator*: — di portante, *tolutarius*: — ombroso, *equus meticulosus*: — da vettura, da nolo, *equus meritorius*: — restio, *contumax*: — sboccato, *durioris freni*: — leardo pomellato, moscato, che ha il pelo a scacchi, *scutulatus*: — di maneggio, *edoctus*: — abbigliato, *phaleratus*: — baio, *badius*: — da soma, *sarcinarius*: — bolso, *anhelus, dyspnoicus*: — da cocchio, *redarius*: — da sella, *vectarius*.

Cavallo marino, *hippopotamus, i*, m.

Cavallone, *magnus equus*: cavallone di mare, *fluctus decumanus*.

Cavalluccio, *equulus, i*, m. andare a cavalluccio, *diductis cruribus insidēre*.

Cavamento, cavatura, *fossio, onis*, f. *cavatura, æ*, f.

Cavare, *effodio, dis, di, ssum, dĕre*. A cavar l'acqua, *aquam haurire*: — la terra, *terram effodĕre*: Cavar profitto, *proficio, cis, feci, fectum, cĕre*. N. cavar utile, *commodum reportare*: cavar fuori, *extrahĕre*: cavar di pena, di pericolo, *molestia, periculo liberare*: cavar gli occhi ad alcuno, *oculos alicui effodĕre*.

Cavata. V. Cavamento: cavata di sangue, *sanguinis missio*.

Cavato, *excavatus, a, um*, add.

Cavatore, *fossor, oris*, m.

Caverna, *caverna, æ*, f.

Cavernosità, *caverna, æ*, f.

Cavernoso, *cavernosus, a, um*, add.

Cavezza, cavezzone, *capistrum, i*, n.

Caviale, uova del pesce storione salate, *garum, i*, n.

Cavicchia, cavicchio, *clavulus, i*, m.

Caviglia, osso della gamba, *tibia, æ*, f.

Cavillare, trovar false ragioni per ingannare, *cavillor, aris, atus, ari*, D.

Cavillatore, *cavillator, oris*, m.

Cavillatrice, *cavillatrix, icis*, f.

Cavillazione, cavillo, *cavillatio, onis*, f.

Cavillosamente, *captiose*: *fallaciter*, avv.

Cavilloso, *captiosus, a, um*, add.

Cavità, *cavum, i*, n.

Cavo, *cavus, a, um*, add.

Cavolo, *brassica, æ*, f. cavol fiore, *brassica pompeiana*: cavolo cappuccio, *brassica capitata*.

Cavriolo ec. V. Capriolo ec.

Cazzuola, mestola dei muratori, *trulla, æ*, f. per Arnese da riporvi odori, *pyxis, pyxidis*, f.

Cecaggine. V. Cecità.

Cece, *cicer, ĕris*, n.

Cecità, *cæcitas, atis*, f.

Cedente, *cedens, entis*, c.

Cedere, *cedo, dis, ssi, ssum, dĕre*, n. cedere il loco, *locum dare*.

Cedola, scrittura obbligatoria, *syngrăpha, æ*, f. per Polizza, *schedula, æ*, f.

Cedrato, *cedrus, i*, m.

Cedrato, cedrino, *cedrinus, a, um*, add.

Cedriuolo, cetriuolo, *cucumis citreus*.

Cedro, cedrato (albero), *malus citrea* (frutto), *malum citreum*. Di cedro, *citreus, a, um*, add.

Cefalica (vena), *cephalica, æ*, f.

Cefalico, *cephalicus, a, um*, add.

Ceffata, ceffone, *colăphus, i*, m.

Ceffo, *facies deformis*: muso del cane, *rostrum, i*, n. *rictus, us*, m.

Ceffuto, *habens rostrum*.

Celabro. V. Cervello.

Celamento, *occultatio, onis*, f.

Celare, *celo, as, avi*, etc. A.

Celata, *insidiæ, arum*, f. pl. per Elmo, *galĕa, æ*, f.

Celatamente, *clam*: *occulte*, avv.

Celato, *occultus, a, um*, add.

Celeberrimo, *celeberrimus, a, um*, add. superl.

Celebrabile, **celebrevole, *celebrandus a, um*, add.**

Celebrante, *sacrum faciens*. per Sacerdote che celebra, *sacerdos sacra faciens*.

Celebrare, magnificar con parole, *celebro, as*, etc. — la messa, *rem divinam conficere*.

Celebrato, *celebratus, a, um*, add.

Celebratore, *celebrator, oris*, m.

Celebrazione, *celebratio, onis*, f.

Celebre, *celeber, bris, bre*, add.

Celebrità, *celebritas, atis*, f.

Celere, *celer, eris, ere*, add.

Celerità, *celeritas, atis*, f.

Celeste, celestiale, *cœlestis*, m. e f. *e*, n. add. per Ceruleo, *cæruleus, a, um*.

Celestialmente, *divinitus*, avv.

Celestino (colore), *color cæruleus*.

Celia, scherzo, *jocus, i*, m.

Celiare, *jocari*, D.

Celiatore, *jocosus homo*.

Celibato, vita senza matrimonio, *vita cœlebs*, *cœlibatus, us*, m.

Celibe, *cœlebs, cœlibis*, c.

Cella, *cella, æ*, f. per Cappella, oratorio, *sacellum, i*, n.

Cellaio, cellario. V. Celliere.

Cellerario, cellerario, *cellarius, ii*, m. per Camarlingo del monisterio, *quæstor cœnobii*.

Celletta, cellula, *cellŭla, æ*, f.

Celliere, *cella, vinaria*, f.

Cellulare, *cellularis*, m. e f. *e*, n. add.

Cellule, *cellulæ, arum*, f. pl.

Celsitudine, altezza, *celsitudo, inis*, f.

Cembalo, *cymbalum, i*, n.

Cementare. V. Calcinare.

Cena, *cœna, æ*, f.

Cenacolo, luogo dove si cena, *cœnacŭlum, i*, n.
Cenare, *cœno, as*, etc. N. Chi ha cenato, *cœnatus*: chi non ha cenato, *incœnatus*.
Cenciaia, cosa di niun pregio, *res futilis*, f. pl.
Cenciaiuolo, *scrutorum venditor*.
Cencio, straccio di panno, *scruta, orum*, n. pl. *pannus i*, m.
Cencioso, *pannosus, a, um*, add.
Ceneracciolo, *pannus, i*, m.
Cenerata, *lixivius cinis*.
Cenere, *cinis, ĕris*, m. e f. di dello Ceneri, *sacrorum cinĕrum dies*.
Cenerino, cinericcio, cenerognolo, color di cenere, *cinereus, a, um*, add.
Ceneroso, *cinĕre aspersus*.
Cennamella, istrumento a fiato, *fistula, æ*, f.
Cenno, *nutus, us*, m.
Cenobio, luogo dove si mena vita comune, *cœnobium, ii*, n.
Cenotafio, monumento senza il cadavere in onore di un trapassato, *inane sepulcrum*.
Censo, *census, us*, m. dare a censo, *pecuniam fœnori dare*, pigliare a censo, *accipĕre fœnŏre*.
Censore, *censor, oris*, m.
Censorio, *censorius, a, um*, add.
Censuario, *vectigalis*, m. e f, *e*, n. add.
Censura, *censura, æ*, f.
Censurare, *noto, as*, etc. *reprehendo, dis, di, sum, dĕre*, A.
Censurato, *notatus, a, um*, add.
Centauro, mostro favoloso mezz' uomo e mezzo cavallo, *centaurus, i*, m.
Centellare, bere a piccoli sorsi, *sorbillo, as, avi, atum, are, pytissare*, A.
Centellino, centello, *sorbillum, i*, n.
Centenario, *centenarius, a, um*, add.
Centesimo, centesima, *centesimus, a, um*, add.
Centina, *cameræ, fulcimen, ĭnis*, n.
Centinaio, *centum*.
Centinare, *cameram fulcire, arcuare*.
Centinato, *fultus, a, um*, add.
Centinatura, *cameræ fultūra*.
Cento, *centum*: a cento a cento, *centuriatim*, avv. *centeni, æ, a*, (nome numerale distributivo), cento volte, *centies*: Di cento capi, *centiceps, centicipĭtis*.
Centone, schiavina, o veste di più pezzi, *cento, onis*, m. per Poesia di vari autori, *cento*.
Centrale, *centralis*, m. e f. *e*, n. add.
Centro, *centrum, i*, n.
Centumvirale, *centumviralis*, m e f. *e*, n.
Centumviri, *centumvĭri*, m. pl.
Centuplicato, centuplo, *centuplex, plĭcis*, c.
Centuria, *centuria, æ*, f.
Centurione, *centurio, onis*, m.
Ceppo, pedale, *caudex, ĭcis*, m. *truncus, i*, m. ceppi dei piedi, *compes, ĕdis*, f. per Origine di famiglia, *stirps, stirpis*, f.
Cera, *cera, æ*, f. per Sembiante, *facies, ēi*, f. far buona o cattiva cera, *vultu hilari vel tristi aliquem aspicĕre*: di cera, *cereus, a, um*, add.
Ceraiuolo, *ceræ artifex*.
Ceralacca, *cera hispanica*.
Cerasa. V. Ciriegia.
Ceraste, ceraste, specie di serpente, *cerastes*.
Cerbero, il cane custode dell' inferno, che gli antichi finsero con tre teste, *cerberus, i*, m. di cerbero, *cerbereus, a, um*, add.
Cerbiatto, cerbiatto, piccolo cervo, *cervæ catŭlus*.
Cerca, cercamento, *inquisitio: investigatio, onis*, f.
Cercante, *inquirens, ĕntis*, c. V. Mendicante.
Cercare, *quæro, ris, sivi, situm, ĕre*: *exquiro*, A. *scrutor, aris, atus, ari*, D, cercare, domandar per sapere, *sciscitor, aris, atus, ari*, D. — il favore d alcuno, *gratiam alicujus aucupare*: per Procurare, *curo, as*, etc. A.
Cercato, *quæsitus, a, um*, add.
Cercatore, *investigator: indagator, oris*, m.
Cercatrice, *indagatrix, īcis*, f.
Cerchiare, *circumdăre, cingĕre, ambire*: per Stringer con cerchi, *circulis ligneis, vel ferreis perstringere*.
Cerchiatura, cerchiamento, *ligatūra, æ*, f.
Cerchiello, cerchietto, *circŭlus, i*, m.
Cerchio, *circŭlus, i*, m.
Cercine, *arcŭlus, i*, m. *cesticillus, i*, m.
Cereale, ciò che è frumento, *cerealis*, m. e f. *e*, n.
Cerebello, cerebro. V. Cervelletto, cervello.
Ceremonia, cerimonia, *ceremonia, æ*, f. per Parole ed atti cortesi, *officium, ii*, n.
Ceremoniale, *rituales libri*, m. pl. *officiosus, a, um*, add.
Cerimoniere, *cæremoniarum magister*.
Ceremoniosamente, *officiose*, avv.
Ceremonioso, *officiosus, a, um*, add.
Cerfoglio, (erba), *chærophyllon*.
Cerna, pedoni scelti per la campagna, *tumultuarii milites*. V. Scelta, separazione.
Cernecchiare, scerre minutamente, *cernere*.
Cernecchio, ciocca di capelli sulle tempie, *capillus a temporibus in aurem promissus*.
Cernere, cernire, separare, scerre, *secerno, is, secrevi, secretum, secernere; delectum habere*.
Cero, grossa candela di cera, *cereus, i*, m.
Ceroso, *cereus*; *cerosus, a, um*, add.
Cerotto, *ceratum, i*, n. e *ceratum, i*, n.
Cerretano, *circulator, oris*, m.
Cerreto, luogo pieno di cerri, *locus cerris consitus*.
Cerro, *cerrus, i*, m. di cerro, *cerreus, a, um*, add.
Certame, combattimento, *certamen, inis*, n.

Certamente, *certe: plane*, avv. io certamente, *ego quidem:* tu certamente, *tu quidem:* colui certamente, *ille quidem*.
Certezza, *notitia certa*.
Certificare, *certum facĕre: certiorare*.
Certificato, *certior factus*.
Certificazione, *certioratio*, onis, f.
Certo, *certus*, a, um, add. per Reale, vero, *verus;* per Fedele, fidato, *certus:* per Certamente, *certe*, avv. sost., *quod certum est:* un certo, *quidam, quædam, quoddam*.
Cerva, cervia, *cerva*, æ, f.
Cervellaggine, capriccio, *insana voluntas: insania*, æ, f.
Cervellata, specie di salsiccia, *farcimen*, ĭnis, n.
Cervelletto, *cerebellum*, i, n.
Cervelliera, cappelletto di ferro per difesa del capo, *cassis*, idis, f.
Cervellinaggine, *ineptiæ: nugæ*, arum, f. pl.
Cervello, *cerĕbrum*, i, n. per Intelletto, *mens, mentis: ratio*, onis, f. chi non sta in cervello, *mente captus;* aver cervello, *sapio*, is, ivi, vel ii, ĕre, N. tornare in cervello, *ad sanitatem redire; resipisco*, piscis, pui, sine sup. *piscĕre*, N.
Cervellone, *ingens cerebrum:* per Uomo poco accorto, *stolidus*.
Cervice, la parte posteriore del capo, *cervix*, icis, f.
Cerviere, specie di lupo, *lynx, lyncis: lupus cervarius*.
Cerviero, *lynceus*, a, um, add.
Ceruleo, del color del cielo, *cæruleus*, a, um, add.
Cervo, cervio, *cervus*, i, m.
Cervosia, birra, *cervisia*, æ, f.
Cerusico, *chirurgus*, i, m.
Cerussa, biacca, *cerussa*, æ, f.
Cesare, titolo degl' Imperatori, *Cæsar*, ăris, m.
Cesareo, *cæsareus*, a, um, add.
Cesellare, *cestro*, vel *viriculo, excolpĕre*.
Cesellato, *viriculo exsculptus*.
Cesello, *viriculum*, i: *cestrum*, i, n.
Cesoia, cesoio, *forfex*, icis, f.
Cespo, cespuglio, *cespes*, ĭtis, m.
Cespuglioso, *cespitibus plenus*.
Cessagione, cessamento. V. Cessazione.
Cessante, *cessans*, antis, *deficiens*, entis, c.
Cessare, *desino*, sinis, sivi, vel sii, situm, sinĕre, N.
Cessazione, *cessatio*, onis, f. *mora*, æ, f.
Cessione, *cessio*, onis, f.
Cesso, *latrina: forica*, æ, f.
Cesta, *cista*, æ, f.
Cestella, cestellino, *cistella*, æ, f.
Cestire, far cesto, *cespitem facĕre*.
Cestito, e cestuto, *herbosus*, a, um, add.
Cesto (coll' *e* aperta), armatura della mano, *cestus*, us, m.
Cesto, cespite, *cespes*, ĭtis, m.
Cestone, *corbis*, is, m. e f.
Cesura, *cæsura*, æ, f.
Cetera, cetra, *cithăra*, æ, f.
Ceterista, ceteratore, *citharœdus*, i, m. *citharista*, æ, m.
Ceto. V. Balena.
Cetra. V. Cetera.
Cetrangolo, *malus medica, assyria*.
Cetriuolo. V. Cedriuolo.
Che, relat., *qui, quæ, quod:* Che? interrogativo, *quid?* il che, *quod;* dopo il comparativo, *quam;* per Perciocchè *nam;* per Acciocchè, *ut;* per Perchè interrogativo, *cur:* che che sia, *quidquid sit*. che dopo un verbo, se non si traduce con *ut*, manda all' infinito il verbo a cui serve di congiunzione.
Cheppia (pesce), *clupea*, æ, f.
Cherica, *tonsura*, æ, f.
Chericale, *clericalis*, m. e f. *e*, n. add.
Chericalmente, *clericorum more*.
Chericato, chericheria, *clericatus*, us, m.
Cherico, *clerĭcus*, i, m.
Chermes, grana per tingere in un bel rosso, *coccum*, i, n.
Chermisi, chermisl, cremisi, *coccineus color*.
Chermisino, *coccineus*, a, um, add.
Cherubino, *cherŭbim*, n. indecl.
Chetamente, *tacite*, avv.
Chetare, *sedo*, as, etc. A. chetarsi, *quiesco*, scis, vi, tum, *scĕre; sileo*, es, ui, ĕre, N.
Cheto, *quietus; tacitus*, a, um, add.
Chi, *qui:* chi? *quis?* chi mai? *quisnam?* chi che sia, *quicumque, quæcumque, quodcumque*.
Chiacchiera, *fabula*, æ, f. *nugæ*, arum, f. pl.
Chiacchierare, *garrio*, is, ivi, itum, ire, N.
Chiacchierata, chiacchieramento, *ineptus sermo*.
Chiacchierino, *garrŭlus*, i, m.
Chiacchierone, *blatero*, onis, m.
Chiamante, *vocans*, antis, c.
Chiamare, *voco*, as, etc. A. — in aiuto, *opem alicujus implorare:* — da bande, in disparte, *sevŏco:* — fuori, *evŏco:* chiamarsi, nominarsi, *nominări, vocari*.
Chiamata, *vocatus*, us, m.
Chiamato, *vocatus*, a, um, add.
Chiamatore, *vocator*, oris, m.
Chiamatrice, *quæ vocat*.
Chiana, palude, *palus*, udis, f.
Chiappa, natica, *nates*, ium, f. pl.
Chiappare, pigliare, *capĕre, arripĕre:* chiappato, *captus*, a, um, *prehensus*, e *prensus*, a, um, add.
Chiara d' uovo, *albumĕn*, ĭnis, n.
Chiaramente, *clare: aperte*, avv.
Chiarezza, *claritas*, ātis, f. — di nome, *nominis fama:* — di sangue, *generis nobilitas*.
Chiarificare, *clarare: illustro*, as, etc. A.
Chiarificato, *illustratus*, a, um, add.
Chiarificazione, *illustratio*, onis, f. per Dichiarazione, *declaratio*, onis, f.
Chiarigione, chiarimento, *splendor*, oris, m. per Attestato, *demonstratio*, onis, f.
Chiarina (strumento da fiato), *tibia*, æ, f.

Chiarire, purgare, *defæco, as,* etc. A. per Far manifesto, *clarare, declarare:* per Farsi chiaro, *claresco, scis, clarŭi, scĕre,* N. chiarirsi, *certiorem fieri.*
Chiarito, *clarus, a, um, illustris,* m. e f. *e, n.* V. Limpido, accertato.
Chiaritura, *res defæcata.*
Chiaro, sost. V. Chiarezza, chiarore.
Chiaro, *clarus, a, um; illustris,* m. e f. *e, n.* per Limpido, *lucidus, nitidus, a, um,* add.
Chiaro, avv. chiaramente, *clare, perspicue.*
Chiarore, *splendor: claror, oris,* m.
Chiaroscuro, pittura con chiari ed oscuri del medesimo colore, *monochromăta, um,* n. pl. di chiaroscuro *monochromatus, a, um,* add.
Chiassata, *strepitus, us,* m.
Chiasso, via stretta, *angiportus, us,* m. per Strepito, *strepitus, us,* m.
Chiassuola, chiassolino, *viculus, i,* m. *callis, is.*
Chiavaccio. V. Chiavistello.
Chiavaio, chiavainolo. *faber ferrarius: clavium faber:* per Custode di chiavi, *clavium custos.*
Chiavarda, chiodo grande, *clavus capitatus.*
Chiavare, conficcar con chiodi, *clavis configĕre.*
Chiave, *clavis, is,* f. — falsa, *clavis adulterina:* chiudere a chiave, *obsĕro, as,* etc. A.
Chiavetta, *clavicŭla, æ,* f.
Chiavica, *cloaca, æ,* f.
Chiavistello, *pessŭlus, i,* m.
Chiazza, macchia alla pelle, *macŭla, æ: sordes, ium,* m. pl.
Chiazzato, *maculosus: varius, a, um,* add.
Chicca, *crustulum, i,* n.
Chicchera, *vascŭlum, i,* n.
Chicchessia, chicchè sia, *quicumque.*
Chiedente, *petens, ĕntis,* c.
Chiedere, *peto, is, ivi,* vel *ii, ītum, ĕre,* A. *postulo, as,* etc. chiedere istantemente, *flagito, as,* etc. A.
Chiedimento, *petitio, onis,* f.
Chieditore, *petens: petitor, oris,* m.
Chiesa, *templum: fanum, i,* n. *ædes sacra:* per la Congregazione dei fedeli, *ecclesia, æ,* f.
Chiesetta, chiesino, ec. *ædicŭla, æ,* f.
Chiesta. V. Chiedimento.
Chiesto, *petitus: postulatus, a, um,* add.
Chilo, quel sugo prodotto dagli alimenti digeriti, che poi si converte in sangue, *chylus, i,* m.
Chimera, mostro favoloso, *chimæra, æ,* f.
Chimerico, *inanis,* m. e f. *e,* n. *commentitius, a, um,* add.
Chimerizzare, immaginare cose vane, *inania captare.*
Chimica, *chymia, æ,* f. *chymica, æ,* m.
Chimico (sost.), *chymicus, i,* m. *chymicus, a, um,* add.
China, scesa, *declivĭtas, ātis,* f. *locus declivis.*
China (sorta di radice), *china.*
Chinachina, e china, *cortex peruvianus.*
Chinamento, *inclinatio, onis,* f.
Chinare, *inflecto, ctis, xi, xum, ctĕre: inclīno, as,* etc. A. chinarsi, *se demittere, inclinari.*
Chinatamente, quattamente, *occulte,* avv.
Chinato, curvo, *pronus, a, um,* add.
Chinea, cavallo ambiante, *asturco, onis,* m.
Chino, pendio, *locus declivis.*
Chino, curvo, *pronus, curvus, a, um,* add.
Chioccia, gallina che cova, *gallina, nutrix, incubans.*
Chiocciare, *glocitare, glocire:* per Crocchiare, render suono di cosa fessa, *rauca sonare.*
Chioccio, roco, *raucus, a, um,* add.
Chiocciola, *cochlĕa, æ,* f. per Nicchio, o conchiglia, *concha, æ,* f. *conchilium, ii,* n.
Chiodaglione, *clavorum vis,* vel *congeries.*
Chiodaiuolo, *clavorum faber.*
Chiodare, *clavis figĕre.*
Chiodato, *clavis fixus, confixus.*
Chiodo, *clavus, i,* m. testa di chiodo, *bulla, æ,* f. chiodo col cappello, *clavus capitatus,* staccare un chiodo, *clavum refigĕre.*
Chioma, *coma, æ,* chioma crespa, *cirrus, i,* m.
Chiosa, *interpretatio, onis,* f. per Macchia, *macula, æ,* f.
Chiosare, *interpretari: exponere.*
Chiosato, *expositus, a, um,* add.
Chiosatore, *interpres, ĕtis,* m.
Chiostra, *septum, i: peristylium, ii,* n. per
Chiostro, *claustrum, i,* n.
Chiragra, gotta alle mani, *chiragra, æ,* f.
Chiragrico, *chiragricus, a, um,* add.
Chirografo, scrittura fatta di proprio pugno, autentica, *chirographum, i,* n. di chirografo, *chirographarius, a, um,* add.
Chiromante, che presume indovinare il futuro dalle linee delle mani, *chiromantis,* m. e f. *e,* n.
Chiromantico, *chiromanticus, a, um,* add.
Chiromanzia, *chiromantia, æ,* f.
Chirurgia, *chirurgia, æ,* f.
Chirurgico, *chirurgicus, a, um,* add.
Chirurgo, *chirurgus, i,* m.
Chitare, quietare, *desinĕre: remittĕre.*
Chitarra, *fides, ium,* f. pl. *chelys, is,* f.
Chiudenda, il chiuso, *claustrum:* per Riparo, di siepi, *septum, i,* n.
Chiudere, *claudo: occlŭdo, dis, si, sum, dĕre,* A.
Chiudimento, *conclusio, onis,* f.
Chiunque, chi che sia, *quicumque, quæcumque.*
Chiusa, *septum, i,* n.
Chiusamente, *occulte: clam,* avv.
Chiusino, *opercŭlum, i,* n.
Chiuso (sost.) *claustrum, i,* n.
Chiuso, *clausus, a, um,* add. per Coperto, nascosto, *tectus, occultus:* per Oscuramente, *obscure,* avv. a chius' occhi, *opertis oculis.*

Chiosura, *sepimentum: claustrum*, i: per Serrame, *sera*, æ, f.
Ci, avv. locale, che vale qui, qua, di qua *hic, huc, hinc.*
Ci, particella, **pron. invece di noi, a noi,** *nos, nobis.*
Ciabatta, *calceamentum tritum.*
Ciabattino, *sutor caligarius: cerdo, onis*, **m.**
Cialda, *ofella*, æ, f.
Cialdonaio, *pistor, oris*, m.
Cialdone, *ofella convoluta.*
Ciattrone, *impudens, entis*, c.
Ciambella, *spira*, æ, f. *crustulum*, i, n.
Ciambellaio, *crustularius, ii*, m.
Ciambellotto, sorta di panno, *pannus e villis caprinis contextus.*
Ciamberlano, Ciambellano, *regis cubiculo præpositus.*
Ciampicare, *offendĕre pedem ad aliquid.*
Ciancia, *nugæ: ineptiæ, arum*, f. pl.
Cianciamento. V. Ciancia.
Cianciare, *nugor, aris, atus, ari*, D.
Cianciatore, cianciare, *nugator, oris*, m. *garrŭlus*, i, m.
Cianciatrice, *garrŭla*, æ, f.
Ciancione, *deliramentum*, i, **n. per Cianciatore. V.**
Cianciosamente, *nugatorie*, avv.
Cianfrusaglia, *nugæ, arum*, f. pl.
Ciarla, *garrulĭtas, ātis*, f. per Voce vana, *inanis rumor.*
Ciarlante, *loquax, ācis*, c.
Ciarlare, *garrio, is, ivi, itum, īre: blatero, as*, etc. N.
Ciarlatana, *circulatrix, icis*, f.
Ciarlataneria, *verborum præstigiæ, arum*, f. *circulatoria verba.*
Ciarlatano, *circulator, oris*, m. *agyrta*, æ, m. far il ciarlatano, *circulari.*
Ciarlatore, ciarliere, *garrŭlus*, a, um: *loquax, ācis*, c.
Ciarlatrice. V. Cianciatrice.
Ciarleria, *garrulĭtas, ātis*, f.
Ciarpa, robe vile, *scruta, orum*, n. pl. ornamento muliebre per le spalle, *pallium muliebre:* per Fascia, *baltheus.*
Ciarpame, *scrutorum vis.*
Ciarpare, far presto e male, *præpropere et indiligenter agĕre.*
Ciarpone, chi ciarpa, *negligenter agens.*
Ciaschedune, ciascuno, *quisque, quæque, quodque: unusquisque, unaquæque, unumquodque.*
Cibale, *cibarius*, a, um, add.
Cibamento, *nutrimentum*, i, n. *nutritus, us*, m.
Cibare, *nutrio, is, ivi, itum, īre: cibo, as*, etc. A. Cibarsi, *vescor, ĕris, esci*, D.
Cibato, *pastus*, a, um, add.
Cibo, *cibus*, i, m. *esca*, æ, f.
Ciborio, vaso della S. Eucaristia, *ciborium*, ii, n.
Cicala, *cicāda*, æ, f.
Cicalamento, *garrulĭtas*, **ātis: inepta locutio.**
Cicalante, *garrŭlus*, a, **um, add.**

Cicalare. V. Ciarlare.
Cicalata, cicalegaio, *garrulĭtas, ātis*, f. per Lezione burlesca, *jocosa prælectio.*
Cicalone. V. Ciarlone.
Cicatrice, margine, *cicatrix, icis*, f.
Cicatrizzante, *cicatricem obducens.*
Cicatrizzare, *cicatricem ducĕre.*
Cicerbita (erba), *sonchus*, i, m.
Cicerchia (legume), *cicercŭla*, æ, f.
Cicisbeo, damerino, *politulus, nimia elegantiæ homo:* per Fiocco di nastro, *tænia: vitta*, æ, f.
Ciclope, gigante favoloso, con un **sol occhio in fronte,** *cyclops, ōpis*, m.
Cicogna (uccello), *ciconia*, æ, f.
Cicoria (erba), *cichoreum*, ei: **cichorium,** ii, n.
Cicuta (erba), *cicuta*, æ, f.
Ciecamente, alla cieca, *temĕre:* **inconsulto,** avv.
Cieco, *cæcus*, a, um: cieco d'un occhio, *luscus*, a, um, add. *altero oculo captus.*
Cielo, *cœlum*, i, n.
Cifra, cifera, *nota*, æ, f. favellare in cifra, *arcanis*, vel *arbitrariis verbis loqui:* per Abbreviatura di nome, *nota compendiaria nominis.*
Ciglio, *supercilium*, ii, n.
Ciglione, rialto di terra, *supercilium*, ii, **n.**
Cigne cinghia, *cingŭla*, æ, f. *cingulum*, i, **n.**
Cignale. V. Cinghiale.
Cignere. V. Cingere.
Cigno (uccello), *cycnus*, i, m. *olor*, **ōris,** m. di cigno, *olorinus*, a, um, add.
Cignone, *magnum cilium.*
Cigolamento, cigolio, *stridor, oris*, m.
Cigolare, *strideo, des, dēre: strepo, is, ui, itum, ĕre*, N.
Cilecca. V. Beffa.
Cilestrino, cilestro, *cæruleus*, **a, um, add.**
Cilicio, cilizio, *cilicium*, ii, n.
Ciliegia. V. Ciriegia.
Ciliegio, ciriegio, *cerăsus*, **i, f.**
Cilindrico, *cylindraceus*, a, **um, add.**
Cilindro, *cylindrus*, i, m.
Cima, *cacumen, ĭnis*, n. *vertex, ĭcis*, m.
Cimare, levar il pelo al panno, *tondēre: decacuminare.*
Cimatore, *tonsor, ōris*, m.
Cimatura, il pelo che si taglia al panno cimandolo, *tomentum*, i, n. l'atto del cimare, *tonsio, onis*, f.
Cimentare, *experior, īris, tus, īri*, D.
Cimentarsi, *aggredior, edĕris, essus, ĕdi*, D. *audeo, es, ausus sum, audēre*, A.
Cimento, prova, *periculum: experimentum*, i, n.
Cimice, *cimex, ĭcis*, m. e talvolta f.
Cimiere, cimiero, *crista* æ, f. *insigne galeæ*, f.
Cimino comino (erba), **cyminum: cuminum,** i, n.
Cimiterio, cimitero, *sepulcretum*, **i, n.**
Cimurro, *catarrhus*, æ, f.
Cina. V. China.
Cinabro, *cinnabăris, is*, f.

Cinabrese, sorta di terra rossa, rubrica, æ, terra synopica.
Cinericcio, cinerizio, cinericius, a, um, add.
Cingere, cingo, gis, xi, ctum, gĕre, A.
Cinghia, cingŭla, æ, f. cingŭlum, i, n.
Cinghia, cerchio, circŭlus, i, m.
Cinghiale, aper, pri, m.
Cingolo, cinctus, us, m. cingŭlum, i, n.
Cinguettare, balbūtio, tis, ivi, itum, ire, N. garrire, insulse loqui.
Cinguettería, garrulĭtas, ātis, f.
Cinnamo, cinnamomo, cinnamomum, i, n.
Cinquanta, quinquaginta, add.
Cinquanta volte, quinquagies, avv.
Cinquantesimo, quinquagesimus, a, um, add.
Cinque, quinque: a cinque a cinque, quini: cinque volte, quinquies.
Cinquecentesimo, quingentesimus, a, um, add.
Cinquecento, quingenti, æ, a, add.
Cinquemila, quinque millia.
Cinquennio, spazio di cinque anni, quinquennium.
Cinqueremo, aggiunto di nave, quinquerēmis, is, f.
Cinquina, quinque.
Cinta, ambĭtus, us, m.
Cinto (sost.), cingŭlum, i, n. cinctus, a, um, add.
Cintola, cingŭlum, i, n. zona, æ, f.
Cintolo, nastro, cingŭlum, i, n.
Cintura, zona, æ, f.
Cinturino, cingillus, i, m. cingillum, i, n. zonula, æ, f.
Ciò, hoc, id.
Ciocca di fiori, sertum florum: — di capelli, cirrus, i, m.
Ciocchè, quidquid, id quod.
Ciocco, truncus, i, m. caudex, ĭcis, m.
Cioè, cioè a dire, videlĭcet: nempe, cong.
Cioncare, bere sconciamente, in multum vini procedĕre: largius bibĕre.
Cioncatore, ebriosus: vinosus: bibulus vini.
Cioncio, ebrius, a, um, add.
Ciondolamento, nutatio, onis, f.
Ciondolante, pendŭlus, a, um, add.
Ciondolare, pendeo, es, pependi, pensum, pendere: nuto, as, avi, atum, are, N.
Ciondolo, res pendula: per Orecchini, inaures, ium, sost. pl.
Ciondolone, ciondoloni, pendens: star ciondoloni, pendere: ciondolone dicesi d' uomo inerte, da nulla, iners homo.
Ciotola, vaso da bere senza piede, cotyla vel cotŭla æ, f.
Ciotto, sasso, lapis, ĭdis, m. saxum, i, n.
Ciottolare, dar sassate, lapidĭbus petĕre: per lastricare una strada, silicĭbus viam sternĕre.
Ciottolata, lapidis ictus.
Ciottolato, terreno selciato, silĭceum pavimentum.
Ciottolo. V. Ciotto.

Cipiglio, guardatura truce d' adirato, torvum, supercilium: severa frons.
Cipiglioso, torvus, a, um, add.
Cipolla, cæpa, æ, f. — di fiori, bulbus, i, m.
Cipresso, cupressus, us, vel i, f. di cipresso, cupressinus, a, um, add.
Circa, prep. circum: circa: circa, in circo, circiter, avv. circa quel tempo, sub idem tempus.
Circense, del circo, circensis, m. e f. e, n. add.
Circo, circus, i, m.
Circolare, rotundus, a, um, add.
Circolare (verbo), ambio, is, ivi, itum, ire, A.
Circolarmente, in orbem: circulatim, avv.
Circolazione, circuĭtus, us, m. circuitio, onis, f.
Circoletto, orbicŭlus, i, m.
Circolo, circŭlus, i, m. — di persone, hominum corona.
Circoncidere, circumcido, dis, di, sum, dere, A.
Circoncisione, circoncidimento, circumcisio, onis, f.
Circonciso, circumcisus, a, um, add.
Circondamento, circuitio, onis, f.
Circondante, circumdans, antis, c.
Circondare, circumdo, das, dĕdi, dătum, dare: ambio, is, ivi, itum, ire, A.
Circondato, circumdătus: cinctus, a, um, add.
Circondazione, ambĭtus, us, m. circuitio, onis, f.
Circondotto, menato intorno, circumductus, a, um, add.
Circonferenza, orbis, is, m.
Circonflessione, circumflexio, onis, f.
Circonflesso, circumflexus, a, um, add.
Circonflettere, circumflecto, ctis, xi, xum, ctĕre, A.
Circonfulgere, risplendere intorno, circumfulgeo, ulges, ulsi, ulgēre, A.
Circonfuso, circumfusus, a, um, add.
Circonlocuzione, o circunlocuzione, circumlocutio, onis, f.
Circonscritto, circumscriptus, a, um, add.
Circonscrivere, circumscribo, bis, psi, ptum, bĕre, A.
Circonscrivimento, e circonscrizione, circumscriptio, onis, f.
Circonspetto, cautus, a, um, add.
Circonspezione, prudentia, æ, f.
Circonvallare, cinger con vallo, circumvallare; vallo circumdăre.
Circonvallazione, sorta di difesa militare: circumductio, onis, f. valli circummunitio: fare una circonvallazione, circumvallo, as, etc. A.
Circonvenire, insidiare, ingannare, circumvenio, ēnis, ēni, entum, enire, A.
Circonvenuto, circumventus, a, um, add.
Circonvenzione, circumventio, onis, f.
Circonvicino, proximus; finitimus, a, um.
Circostante, adstans, antis, circumstans, antis, c.

Circostanza, *circumstantia, æ*, f.
Circolmento, *circuitio, onis*, f.
Circuire, *circumĕo, is*, etc.: *circuo, uis, ui, uitum, uĕre*, A.
Circuito, sost., *circuitus, us*, m.
Circuito, *circumdătus, a, um*, add.
Circuizione, *circuitio, onis*, f.
Ciriegeto, luogo ove sono molti ciliegi, *locus cerasis consitus*.
Ciriegia, frutto del ciriegio, *cerasum, i*, n.
Ciriegio (albero), *cerăsus, i*, f.
Ciscranna, seggiola che si piega, *sella plicatilis*.
Cispa, *gramia, æ*, f.
Cispardo, cispicoso, *lippus: gramiosus, a, um*, add.
Cispità, cisposità, *lippitudo, ĭnis*, f.
Cisterna, *cisterna, æ*, f. di cisterna, *cisternīnus, a, um*, add.
Citara. V. Cetra.
Citare, *in jus vocare*: per Allegare, *cito, as*, etc.
Citarista, citarizzatore, sonator di cetra, *citharista, æ*, f.
Citarizzare, suonar la cetra, *cithara canĕre*.
Citato, *in jus vocatus*: per Ricordato, allegato, *citatus: allegatus, a, um*, add.
Citatoria, lettera con cui si cita, *citatorium, ii*, n.
Citazione, *dica, æ*, f. *libellus, i*, m. — di autori, *auctorĭtas, ātis*, f.
Citeriore, che è al di quà, *citerior*, m. e f. *us*, n. add.
Citrino, di cedro, *citrīnus, a, um*, add.
Citriolo, citriuolo. V. Cetriuolo.
Città, *urbs, urbis*, f. *civĭtas, ātis*, f. — marittima, *urbs maritima*: — principale, *urbs princeps*.
Cittadella, *oppidŭlum, i*, n. per Fortezza, *arx, arcis*, f.
Cittadinanza, *civĭtas, ātis*, f. *civium cœtus*.
Cittadinescamente, cittadinamente, *civiliter*, avv.
Cittadinesco, civile, *civilis*, m. e f. *e*, n. *urbanus: civicus, a, um*.
Cittadino, (sost.), *civis*, m. e f. *civilis*, m. e f. *e*, n. add.
Ciuco. V. Asino.
Ciuffare. V. Acciuffare.
Ciuffetto, ciuffo, *capillamentum, i*, n. *capillorum complexus*.
Ciurma, schiavi di galea, *remĭges, um*, m. pl. per Turba, *turba, æ*, f.
Ciurmaglia, *plebs, plebis*, f.
Ciurmare, ec. Ammaliare, incantare; per Ingannare, *fallĕre*.
Ciurmatore, *præstigiator, oris*, m.
Ciurmatrice, *præstigiatrix, icis*, f.
Ciurmeria, *præstigiæ, arum*, f. pl.
Civaia, legume, *legumen, ĭnis*, n.
Civetta, *noctua, æ*, f. per Donna sfacciata, *fœmina impudens*.
Civettare, imitare gli atti della civetta; *instar noctuæ caput motare*: e fig. far atti di vanità e leggerezza, e dicesi per lo più delle donne; *muliebriter ineptire, nugari*.
Civetteria, *muliebres blanditiæ*, f. pl.
Civettino, persona vana, *nugator ineptulus*.
Civettone, *magna noctua*, e detto d'uomo sciocco, *amarius gloriosus*.
Civile, *civilis*, m. e f. *e*, n. *urbanus, a, um, honestus, a, um*, add.
Civilizzare, *expolire: urbanos mores inducere*: civilizzarsi, *urbanos mores induere*.
Civilmente, *civiliter: urbane*, avv.
Civiltà, *urbanĭtas, ātis*, f.
Clamide, manto, *chlamys, ydis*, f. *paludamentum, i*, n.
Clamore, *clamor, oris*, m.
Clandestino occulto, *clandestinus, a, um*, add.
Clangore, strepito, suono delle trombe, *clangor, oris*, m.
Clarificare, *limpidum reddĕre*.
Classe, *classis, is*, f. per Ordine, o grado, *ordo, inis*, m.
Classico, *classicus, a, um*, add.
Clausola, *clausula, æ*, f.
Claustrale, *cœnobita, æ*, m. *ad claustrum pertinens*.
Claustro, chiostro, *claustrum, i*, n.
Clava, *clava, æ*, f.
Clavicola, *clavicula, æ*, f.
Clemente, *clemens, entis*, c. *mitis*, m. e f. *e*, n. add.
Clementemente, *clementer*, avv.
Clemenza, *clementia, æ*, f.
Clero, *clerus, i*, m.
Cliente, clientolo, *cliens, clientis*, c.
Clientela, *clientela, æ*, f.
Clima, *cœli plaga, æ*, f. *cœlum, i*, n.
Clistere. V. Cristeo.
Clivo, collinetta, *clivus, i*, m.
Clizia, girasole, *heliotropium, i*, n.
Cloaca, fogna, *cloaca, æ*, f.
Coabitare, abitare insieme, *cohabito, as, avi, atum, are*, N.
Coabitatore, *convictor, oris*, m.
Coabitazione, *contubernium, i*, n.
Coadiutatore, coadiutore, *adjutor, oris: socius, ii*, m.
Coadiutrice, *adjutrix, icis*, f.
Coadiuvare, *adjuvo, ŭvas, ūvi, utum, uvare*, A.
Coadiuvato, *adjutus, a, um*, add.
Coadunare, *congrĕgo, as*, etc. A.
Coadunazione, *collectio, onis*, f.
Coagulare, coagolare, unire insieme, *cogo, gis, egi, actum, gĕre*, A. *coagulo: denso, as*, A. coagularsi, rappigliarsi, *conspissor, aris, atus, ari*, D. *corre*.
Coagulato, *coactus: coagulatus, a, um*, add.
Coagulazione, *coagulatio, onis*, f.
Coagulo, *coagŭlum, i*, n.
Coartare, ristringere, *coarcto, as, avi, atum, are*, A.
Coartazione, coazione, *coactio, onis*, f.
Cocca, (coll' o stretto), la tacca della freccia, *crena, æ*, f. pel Bottoncino del fuso,

fusi extremitas; nodus: per Angolo, o canto di panni, *extremitas.*
Coccare, accoccare, *crenæ affigĕre:* per Beffeggiare, *illudĕre alicui.*
Cocchiere, *auriga, æ,* m.
Cocchio, *currus, us,* m. *rheda, æ,* f. cocchio a due ruote, *cisium, ii,* n.
Coccige, estremità dell' osso sacro, *cauda: os coccygis.*
Cocciniglia, tinta di color rosso che si cava da una specie di verme, *purpŭra, æ:* per l' Insetto, *coccus, i,* m.
Coccio, *testa, æ,* f.
Cocciuola, piccolo enfiato, *parvum tuberculum.*
Cocco, grana per tinger in chermisi, *coccum, i:* di cocco, *coccineus, a, um,* add.
Coccodrillo, *crocodilus, i,* m.
Coccola, *bacca, æ,* f.
Cocente, *ardens, entis,* c.
Cocimento, *ardor: fervor, oris,* m.
Cociore, arsura, *ardor, oris,* m. *æstuatio, onis,* f.
Cocitoio, che facilmente si cuoce, *coctibilis,* m. e f. *e,* n. add.
Cocitura, decotto, *decoctum, i,* n. per l'Atto di cuocere, *coctura, æ,* f. per Scottatura, *æstuatio, onis,* f.
Coclea, lumaca, *cochlĕa, æ,* f.
Cocolla, veste dei monaci, *cucullus, i,* m.
Cocollo, cappuccio, *cucullus, i,* m.
Cocomeraio, campo di cocomeri, *campus cucumeribus consitus:* per Venditor di cocomeri, *cucumĕrum venditor.*
Cocomero, *cucŭmis, is,* vel *cucumĕris,* m.
Cocuzzo, cocuzzolo, *vertex: apex, icis,* m.
Coda, *cauda, æ,* f. coda del manto, *syrma, ătis,* n. coda dell' occhio, *oculi angulus:* guardar colla coda dell' occhio, o sottocchi, *limis oculis aspicĕre.*
Codardamente, *ignave, segniter,* avv.
Codardia, codardigia, *ignavia, æ,* f.
Codardo, *ignavus, a, um,* add.
Codazzo, seguito, *caterva, comitatus:* far codazzo, per Far corte, *comitari,* D.
Codiare, andar dietro ad alcuno nascosto, *observare: aucupari,* D. *clam subsequi.*
Codiatore, *observator, oris,* m.
Codice, *codex, icis,* m.
Codicillo, *codicillus, i,* m.
Codirosso (uccello), *ficedŭla, æ,* f.
Coduto, *caudâ præditus.*
Coeguale, coequale, *æqualis,* m. e f. *e,* n.
Coerede, *cohæres, ēdis,* m.
Coerente, *cohærens, entis,* c.
Coerenza, *cohærentia, æ,* f.
Coetaneo, della medesima età, *coætaneus, a, um,* add.
Coeterno, *coæternus, a, um,* add.
Cofanaio, factor di cofani, *cophinorum artifex.*
Cofanetto, *parvus cophinus.*
Cofano, *cophinus, i,* m. per Cassa, o forziere, *arca, æ,* f.
Cogitabondo. V. Pensoso.
Cogitare. V. Pensare, meditare.
Cogitativa, *cogitandi facultas.*
Cogitativo, *cogitans, antis,* c.
Cogitazione, *cogitatio, onis,* f.
Cogliere, *colligo, igis, ēgi, ectum, igĕre,* A. per Prendere, *arripio, ĭpis, ipŭi, eptum, ĭpere* A. per Colpire, *ferio, is.*
Coglitore, che coglie, *colligens, entis,* c.
Cognata, *glos, oris,* f. *fratria, æ,* f.
Cognato, *levir, viri,* m. per Congiunto di parentela, *cognatus, a, um.*
Cognazione, parentela, *cognatio, onis,* f.
Cognito, *cognitus, a, um,* add.
Cognizione, *cognitio: notio, onis,* f.
Cognome, *cognomen, ĭnis,* n. *cognomentum, i,* n.
Cognominare, *cognomino, as, avi, atum, are,* A.
Cognominazione, *cognominatio, onis,* f.
Coiaio, chi concia o vende il cuoio, *coriarius, ii,* m.
Coiame, *corium, ii,* n.
Cola. V. Colatoio.
Colà, colaggiù, colassù (stato), *illic* (moto a luogo), *illuc.*
Colamento, *purgatio, onis,* f. *fluor, oris,* m.
Colare, *colo, as, avi, atum, are,* A. per Gocciolare, *stillo, as,* etc. N.
Colativo, atto a colare, *colatorius, a, um.*
Colato, *colatus: percolatus, a, um,* add.
Colatoio, cola, strumento per cui si cola, *colum, i,* n.
Colatura, *colatura, æ,* f.
Colazione. V. Colezione.
Colei, *illa, ea,* pron.
Colendissimo, *maxime colendus.*
Colera, malattia, *cholera, æ,* f.
Colere. V. Venerare.
Colezione, *jentaculum, i,* n. farla, *jento, as,* etc. N.
Colica, *colice, es,* f. *colicus dolor,* m.
Colla, *gluten, ĭnis,* n. per Quella fune con cui si torturava, *funis, is,* m.
Collana, *torques, is,* m. chi la porta, *torquatus, a, um,* add.
Collare, *collare, is,* n.
Collare (verbo), *fune torquēre.*
Collaterale, *proximus, a, um: affinis,* add.
Collazionare, riscontrare scritture, *scripta conferre.*
Collaziono, abboccamento, *collocutio:* per Confronto, *collatio, onis,* f.
Colle, *collis, is,* m.
Collega, *collēga, æ,* f.
Collegamento, lega, *fœdus, ĕris,* n.
Collegare, *jungo, gis, xi, ctum, ĕre,* A. collegarsi, *fœdere jungi.*
Collegato (sost.), *belli socius: fœderatus, a, um,* add.
Collegatore, che collega, *fœderis conciliator.*
Collegazione, *colligatio, onis,* f. *fœdus, ĕris,* n.
Collegialmente, *totius collegii consensu.*
Collegiare, consultare come fanno i medici, *consulto, as,* etc. A.

Collegiato, *ex collegio*, add.
Collegio, *collegium*, i. n.
Collera, *ira*, *æ*, f. *furor*, *oris*, m. Andar in collera, *irasci*: *iracundia effervescĕre*.
Collerico, *iracundus*, a. um, add.
Collericamente, *irate*, avv.
Colletta, *collecta*, *æ*: *collectio*, *onis*, f. per Raccolta di elemosine, *æs collectitium*: per Imposizione. V.
Collettivamente, *simul*, avv.
Collettivo, *collectivus*, a, um, add.
Collettizio, *collectitius*, a, um, add.
Collétto, piccolo colle, *colliculus*, i, m. per Collarino da donna, *strophiŏlum*, ii, n.
Collettore, *colligens*, *tis*, c.
Collezione, *collectio*, *onis*, f.
Collidere, l' urtarsi di due corpi tra loro, *collīdo*, *dis*, *di*, *sum*, *dĕre*, A.
Collimare, dar nel segno, *collinĕo*, *as*, etc. A.
Collina, *clivus*, i, m.
Collinetta, *colliculus*, i, m. di collina, *collīnus*, a, um, add.
Collisione, *collisio*, *onis*, f.
Colliso, *collisus*, a, um, add.
Collo, *collum*, i, n. far il collo torto, *pietatem simulare*.
Collocamento, *collocatio*, *onis*, f.
Collocare, *collŏco*, *as*, etc. A.
Collocato, *collocatus*, a, um, add.
Collocazione, *collocatio*, *onis*, f.
Collocuzione. V. Colloquio.
Colloquio, *colloquium*, i, n. *collocutio*, *onis*, f.
Collottola, la parte deretana fra il collo e il capo, *cervix*, *icis*, f.
Collusione, inganno ordito fra due litiganti che se la intendono insieme, *collusio*, *onis*, f.
Colmare, *cumulo*, *as*, *avi*, *atum*, *are*, A.
Colmata (sost.), il colmare, *expletio*, *onis*, f. poi Terreno colmato, *campus altior redditus*.
Colmato, *expletus*, a, um, add.
Colmatore, *cumulator*, *oris*, m.
Colmatura, *cumulus*, i, m.
Colmo, sommità, *culmen*, *inis*, n. *vertex*, *icis*, m. al colmo, *cumulate*, avv.
Colmo, *refertus*: *cumulatus*, a, um, add.
Colo, vaglio, *cribrum*, i, n.
Colofonia, ragia, *colophonia*: *resina*, *æ*, f.
Colomba, *columba*, *æ*, f.
Colombaccio, colombo selvaggio, *palumbis*, *is*, m. e f.
Colombaia e colombaio, *columbarium*, *ii*, n.
Colombella, colombo selvatico, *palumbis*: piccola colomba, *parva columba*.
Colombino, *columbinus*, a, um, add.
Colombo, *columbus*, i, m.
Colon, intestino, *colon*, indecl.
Colonia, *colonia*, *æ*, f.
Colonna, *columna*, *æ*, f. — scanalata, *striata*: — di armati, *agmen*, *inis*, n.
Colonnato, *peristylium*, ii, n.
Colonnello, *tribunus*, i, m.
Colonnetta, colonnino, *columella*, *æ*, f.
Colono, *colonus*, i, m.
Coloraccio, *ater* vel *fœdus color*.
Coloramento, *color*, *ōris*, m.
Colorare. V. Colorire.
Coloratamente, *ficte*, *simulate*, avv.
Colorazione. V. Coloramento.
Colore, *color*, *oris*, m. — naturale, *nativus*: — vivo, *vividus*: cangiante, *varius*: di brutto colore, *decŏlor*, *oris*, c. di due colori, *bicŏlor*: di molti colori, *multicŏlor*: di diversi colori, *versicŏlor*: di un medesimo colore, *concŏlor*: per Pretesto, *species*, *ei*.
Colorire, *colōro*, *as*, *avi*, *atum*, *are*, A.
Colorito (sost.), *color*.
Colorito, colorato, *coloratus*, a, um, add.
Coloritore, *colorator*, *oris*, m.
Colossale, *colossicus*, a, um, add.
Colosso, *colossus*, i, m.
Colpa, *culpa*, *æ*: *noxa*, *æ*, f. *crimen*, *inis*, n.
Colpabile. V. Colpevole.
Colpabilmente, *criminose*, avv.
Colpare, peccare, *peccare*: per Dar la colpa, *insimulare*; *incusare*.
Colpeggiare, dar colpi. V. Colpire.
Colpetto, *levis ictus*.
Colpevole, *noxius*, a, um: *criminosus*, a, um: *reus*, *rea*, um.
Colpevolmente, *criminose*, avv.
Colpire, *percutio*, *percŭtis*, *ssi*, *ssum*, *tĕre*, A.
Colpito, *ictus*, *percussus*, a, um, add.
Colpo, *ictus*, *us*, m. — di taglio e di punta, *cæsim* vel *punctim*, avv. a un colpo, *simul*: di colpo, *statim*.
Colta (sost.). V. Raccolta.
Coltella, sorta di arma, *machæra*.
Coltellaccio, *ingens culter*, *tri*, m.
Coltellata, *cultri* vel *gladii ictus*, m.
Coltellesca, coltelliera, fodero del coltello, *cultri vagina*.
Coltellinaio, *cultrorum faber*; *cultrarius*, *ii*, m.
Coltellino, *cultellus*, i, m.
Coltello, *culter*, *tri*, m. *cultellus*, i, m.
Coltivamento. V. Coltivazione.
Coltivare, *colo*, *is*, *ui*, *cultum*, *ĕre*, A.
Coltivatore, *cultor*, *oris*, m.
Coltivatrice, *agricultrix*, *icis*, f.
Coltivazione, coltura, *cultus*, *us*, m. *cultura*, *æ*, f.
Colto (coll' o stretto), (sost.), luogo coltivato, *locus cultus*.
Colto (coll' o largo), da Cogliere, *decerptus*, a, um; *lectus*, a, um: per Preso, *deprehensus*: per Raccolto, *collectus*.
Colto (coll' o stretto) (add.), coltivato, *cultus*, a, um, uomo colto, *vir eruditus*.
Coltore. V. Coltivatore.
Coltrare, *cultro terram proscindĕre*, A.
Coltre, coperta da letto, *lodix*, *icis*, f. *culcĭtra*, *æ*, f.
Coltrice. V. Coltivatrice.
Cóltrice, coltricetta, *lodicŭla*, *æ*, f.
Coltro, sorta di vomero, *culter*, *tri*, m.

Coltroncino, *lodicula, æ*, f.
Coltrone, *lodix crassa.*
Coltura, luogo colto, *loca culta*, n. pl. per Coltivazione, *cultura, æ.*
Colubro, serpe, *coluber, bri*, m.
Colui, *ille*, pron.
Coma. V. Chioma: **per Virgola, *incisum*,** *i*, n.
Comandamento, *jussus, us*, m. *jussum, i*, n. eseguirlo, *imperata facĕre*: i comandamenti di Dio, *Dei præcepta*, n. pl.
Comandante, *præfectus, i*, m. — di esercito, *imperator, oris*, m.
Comandare, *impero, as, avi, atum, are*: *jubeo, bes, ssi, ssum, bēre*, A.
Comandativo, *imperiosus, a, um*, add.
Comandato, *jussus, a, um*: non comandato, *injussus*, add.
Comandatore. V. Comandante.
Comandatrice, *imperatrix, icis*, f.
Comando, *imperium, ii*, n. — assoluto, *summa potestas.*
Comare, quella donna che tiene il bambino al battesimo o alla cresima, *commater, tris*, f.
Combaciamento, *apta junctura.*
Combaciarsi, baciarsi insieme, *sese mutuo osculari*; per Esser congiunto bene insieme legno con legno, pietra con pietra, ec. *apte jungi, stricte conjungi.*
Combattente, *miles, itis*, m. *pugnator, oris*, m.
Combattere, *certo*: *decerto*: *pugno, as, avi, atum, are*, N.
Combattimento, *pugna, æ*, f. *certāmen, inis*, n. *prœlium, i*, n.
Combattitore. V. Combattente.
Combattitrice, *bellatrix, icis*, f.
Combattuto, *oppugnatus, a, um*: per Agitato, *agitatus, a, um*, add.
Combibbia, bevuta all'osteria, *compotatio, onis*, f.
Combinamento, *collatio*: *comparatio, onis*, f.
Combinare, *simul conferre*: *comparare.*
Combinazione. V. Combinamento.
Combriccola, *conventiculum, i*, n.
Combustibile, *ad comburendum aptus.*
Combustione, *exustio, onis*, f.
Combosto, arso, *combustus, a, um*, add.
Come, *sicut, velut, ut*; *quemadmŏdum*, cong. Come se, *ut si*: *quasi*: come si voglia, *ut*, *ut*: come? interrogat. *qui? quomodo?* per Poichè, subitochè, *cum ubi primum, ut*; per Quanto, *quam*; in luogo di che, qualmente, *quod, quemadmŏdum*; il come, *modus, i*, n. *ratio, onis*, f.
Comechè, *quamvis*, cong. per Comunque, *utcumque.*
Comentare, *commentor, aris, atus, ari*, D.
Comentario, *commentarius, ii*, m. *commentarium, ii*, n.
Comentato, *explicatus*: *expositus, a, um*, add.
Comentatore, *interpres, ĕtis*, m.
Comento, *interpretatio, onis*, f.

Cometa, *cometa, æ*, m.
Comicamente, *comice*, avv.
Comico, *comicus, i*, m. commediante, *comœdus, i*, m. *comœdus, a, um*, add.
Cominciamento, *initium*: *principium, ii*, n
Cominciare, *incipio, ĭpis, ēpi, eptum, ipere*, *inchŏo, as*, etc. A.
Cominciato, *inceptus*: *susceptus, a, um*, add.
Cominciatore, *inceptor, oris*, m.
Comitiva, *comitatus, us*, m.
Comito, capo della ciurma, aguzzino, *portisculus, i*, m. *remigum moderator.*
Comizi, le adunanze del popolo romano *comitia, orum*, n. pl.
Commedia, *comœdia, æ*, f. rappresentarla, *fabulam agĕre*; stare alla commedia, *spectare comœdiam*: comporla, *facere comœdiam.*
Commediante, *histrio, onis*: *mimus, i*, m.
Commemorare, *commemoro, as, avi*, etc. A.
Commemorazione, *commemoratio, onis*, f.
Commenda, rendita ecclesiastica assegnata a un prete o a un cavaliere, *reditus, proventus ecclesiæ.*
Commendabile, *commendabilis*, m. e f. *e*, n.
Commendabilmente, *laudabiliter*, avv.
Commendare, lodare, *commendo, as, avi, atum, are*, A.
Commendatizia, lettera di raccomandazione, *literæ*, vel *literæ commendatitiæ*, vel *commendatitiæ*, assolutamente.
Commendatizio, *commendatitius, a, um*, add.
Commendatore, *laudator, oris*, m. *commendator, oris*, m. per Chi gode commenda, *antistes, itis*, m.
Commendatrice, *commendatrix, icis*, f.
Commendazione, *commendatio, onis*, f.
Commendevole. V. Commendabile.
Commensale, che siede alla stessa mensa, *conviva, æ*, m.
Commensurare. V. Commisurare.
Commerciare, *mercaturam facere.*
Commercio, *commercium, i*, n.
Commesso (sost.), *mandator, oris*, m. per Agente, o persona che fa per altri, *vicarius, qui vicem gerit*: *demandatus, a, um*: per Fitto, Incastrato, *insertus*: *compactus, a, um*, add.
Commessura, *junctura*, ***æ*, f. *compāges*,** *is*, f.
Commestibile (sost.), cibo, *cibus, i*, m. che si mangia, *esculentus, a, um*, add.
Commettere, comandare, *mando, as, avi, atum, are*, A; per Dar commissione, *negotium alicui dare*: per Affidare, *credo, is, idi, itum, ĕre*, A. per Mettere insieme, *conjungo, gis, xi, ctum, gĕre*, A.
Commettitore, *patrator, oris*, m.
Commiato, licenza di partire, *commeatus, us*, m. *abeundi facultas.*
Commilitone, compagno di milizia, *commilito, onis*, m.
Commischiare, *commisceo, sces, scui, stum, scēre*, A.
Commiserabilmente, *miserabiliter*, avv.

Commiserare, aver compassione, *commisĕror, aris, atus, ari*, D.
Commiserazione, *misericordia, æ*, f.
Commiserevole, *miserabilis*, m. e f. *e*, n.
Commissariato, *præfectura, æ*, f.
Commissario, *præfectus, i*, m.
Commissione, *mandatum : jussum, i*, n.
Commisurare, misurare insieme, *commetior, tīris, nsus, tīri*, D.
Commosso, *commotus, a, um*, add.
Commovimento. V. Commozione.
Commovitore, *motor : concitator, oris*, m.
Commovitrice, *concitatrix, īcis*, f.
Commozione, *commotio, onis*, f. *motus, us*, m.
Commuovere, *commoveo, mŏves, movi, motum, movēre*, A.
Commutabile, *commutabilis*, m. e f. *e*, n. add.
Commutare, *commuto, as, avi, atum, are*, A.
Commutazione, *commutatio, onis*, f.
Comodamente, *commŏde, facile*, avv.
Comodità, *commodum, i*, n. *commŏditas, ātis*, f.
Comodo, sost., V. Comodità, per Utile, Opportuno, *commodus, a, um*, add.
Compagna, *socia, æ*, f.
Compagnevole, *sociabilis*, m. e f. *e*, n. add.
Compagnia, *comitatio, onis*, f. *comitatus, us*, m. per Adunanza, *societas, ātis*, f. — di soldati, *militum manus* : per Congregazione di persone unite per opere spirituali, *sodalitas, atis*, f. in compagnia, *simul*, avv.
Compagno, *socius, ii*, m. *comes, ĭtis*, m. — di scuola, *condiscipulus, i*, m. — di guerra, *commilito, onis*, m. — di tavola, *conviva, æ*, m. — di albergo, *contubernalis, is*, c. — nell'uffizio, *collega, æ*, m.
Compagno, simile, *similis*, m. e f. *e*, n. add.
Companatico, *obsonium, i*, n. chi lo provvede, *obsonator, oris*, m.
Comparativo, *comparativus, a, um*, add.
Comparazione, *comparatio : collatio, onis*, f. senza comparazione, *præter modum* : a comparazione, *præ*, prepos. coll'abl.
Compare che tiene a battesimo, *patrinus, i*, m.
Comparire, *compareo : appareo, es, ui, ĭtum, ēre*, N. — in giudizio, *se apud judicem sistĕre*.
Comparsa, *apparitio, onis*, f. per Apparissenza, *species, ēi*, f.
Compartire, *distribuo, is, ui, ūtum, ĕre*, assignare.
Compartimento, *distributio, onis*, f.
Compassionare. V. Compatire.
Compassione, *commiseratio, onis*, f. Muovere, o mettere compassione, *ad misericordiam excitare* : senza compassione *immisericorditer*, avv.
Compassionevole, *miserabilis*, m. e f. *e*, n. add. *miseratione dignus* : per Chi sente, o ha compassione, *misericors, ordis*, c.
Compassionevolmente, *miserabĭliter*, avv.
Compasso, strumento per descriver circoli, *circinus, i*, m.
Compatimento, *commiseratio, onis*, f.
Compatire, *misereor, ēris, ertus, ēri*, D.
Compatriota, compatriotto, compatrioto, *conterraneus, a, um*, add.
Compendiare, *brevio, as, avi, atum, are*, A.
Compendiato, *contractus, a, um*, add.
Compendio, *compendium, ii*, n. *summa, æ*, f.
Compendiosamente, *brevĭter, summatim*, avv.
Compendioso, *compendiarius, a, um*, add.
Compensamento. V. Compensazione.
Compensare, *compenso, as, avi, atum, are* : *rependo, dis, di, sum, dĕre*, A.
Compensato, *compensatus, a, um*, add.
Compensazione, *compensatio, onis*, f.
Compenso, riparo, *instauratio, onis*, f. *remedium, ii*, n.
Compera, compra, *emptio, onis*, f.
Comperare. V. Comprare.
Competente, *aptus, a, um* : *congruus, ua, uum*, add.
Competentemente, *convenienter, apte*, avv.
Competenza, *æmulatio, onis*, f. a competenza, *certatim*, avv.
Competere, gareggiare, *certo, as, avi, atum, are*, N. *competo, is, ivi*, vel *ii, itum, ĕre* : per Convenire, *convĕnit, eniĕbat, ēnit*, imp.
Competitore, *competitor, oris*, m. *æmulus, i*, m.
Compiacenza, *voluptas, atis*, f. per Favore, *gratia, æ*, f.
Compiacere, *indulgeo, ges, si, tum gēre, alicui*, N. *obsequor, equĕris, ecutus, ĕqui*, D. compiacersi, *delector, aris, atus, ari*, D.
Compiacevole, *delectabilis*, m. e f. *e*, n. add.
Compiacimento, *delectatio, onis*, f.
Compiangere, lamentarsi piangendo, *deploro, as, avi, atum, are*, A. *conquĕror, querĕris, questus, quĕri*, D.
Compianto, *deflectus, a, um*, add. non compianto, *indefletus*.
Compieta, l'ultima delle **ore canoniche**, *completorium, ii*, n.
Compilare, mettere insieme, *compōno, nis, sui, situm, nĕre* : *colligo, igis, ēgi, ectum, igĕre*, A.
Compilato, *compositus* : *collectus, a, um*, add.
Compilatore, *compositor, ōris*, m.
Compilazione, *collectio, onis*, f.
Compimento, *perfectio* : *absolutio, onis*, f.
Compire, compiere, *perficio, ficis, fēci, fectum, ficĕre* : *absolvo, vis, vi, utum, vĕre* : *expleo, es, ēvi, etum, ēre*, A.
Compitamento, *absolute* ; *perfecte*, avv.
Compitare, nominar le lettere, distinguer le sillabe per leggere, *litteras comprehendĕre*.
Compitezza, urbanità, *humanitas, ātis*, f.
Compito (sost. accentuato sul primo o), opera o lavoro assegnato, *pensum, i*, n. finire il compito, *pensum absolvĕre* : per

compulo, calcolo, *computatio; supputatio, onis*, f. *calculus, i*, m.

Complito, compiuto, *perfectus: absolutus, a, um*: per Cortese, *officiosus, a, um*, add.

Compiutamente, *absolute: perfecte*, avv.

Complessionato, che ha complessione buona, *corpus bene constitutum*: Mal complessionato, *infirmus, a, um*, add.

Complessione, *habitudo corporis: constitutio, onis*, f.

Complesso, abbracciamento, (sost.), *complexus, us*, m. *bene constitutus, a, um*, add.

Complice, *particeps, ipis*, c. *conscius, a, um*, add.

Complimentare, *officiosis verbis alloqui*.

Complimento, *officium, ii*, n. far complimenti, *urbanitas officia praestare*.

Complire. V. Complimentare. Comple, verbo di terza pers. torna bene; giova, *juvat expedit*.

Componimento, *compositio, onis*, f.

Comporre, *compono, nis, sui, situm, nere*, A. darsi al comporre, *ad scribendum se dare*: aggiustare, accordare le parti, *componere lites, controversias*.

Comporsi, *animum componere*: per Accordarsi V.

Comportabile, *tolerabilis*, m. e f. *e*, n. add.

Comportare, per Portare, *fero, fers, tuli, latum, ferre*: per Tollerare, *tolero, as*, etc. A.

Compositore, *compositor, oris*, m.

Composizione, *compositio, onis*, f. per Accordo, patto, *pactio, onis*, f. per Opera letteraria, *opus, eris*, n. *lucubratio, onis*, f.

Compostamente, *composite: modeste*, avv.

Compostezza, *modestia, ae*, f.

Composto, ordinato, *compositus, a, um*: per Modesto, *modestus*.

Comprare, *emo, is, i, mptum, ere*, A. — a contanti, *numerata pecunia emere*.

Comprato, *emptus, a, um*: non comprato, *inemptus*, add.

Compratore, *emptor, oris*, m.

Comprendere, *comprehendo, dis, di, sum, dere*: *intelligo, igis, exi, ectum, igere*, A.

Comprensibile, *comprehensibilis*, m. e f. *e*, n.

Comprensione, *comprehensio, onis*, f.

Comprensiva, la facoltà di comprendere, *perceptio, onis*, f.

Comprensivamente, *cum comprehensione*, avv.

Comprensore, *comprehensor, oris*, m.

Compreso, *comprehensus, a, um*, add.

Compressione, l'atto del comprimere, *compressio, onis*, f.

Compresso, *compressus, a, um*, add.

Comprimere, *comprimo, imis, essi, essum, imere*, A.

Compromesso (sost.), l'accordo dei litiganti di rimetter le loro differenze in alcuno, *compromissum i*, n. *compromissus, a, um*, add.

Compromettere, *promissum invicem facere*.

Comprovamento, *comprobatio, onis*, f.

Comprovare, *comprobare*, A.

Compungere, *dolore aliquem afficere, ad poenitentiam aliquem provocare*: compungersi, *poenitet, ebat, uit, ere*, impers.

Compunto, *dolore perculsus, a, um*, add.

Compunzione, *dolor, oris*, m. *animi aegritudo*, f.

Computare, *supputo: computo, as*, etc. A.

Computista, ragioniere, *ratiocinator, oris*, m.

Computo, *calculus, i*, m. *ratio, onis*, f.

Comunale, volgare, *vulgaris*, m. e f. *e*, n. add.

Comunanza, *societas, atis*, f. *communicatio, onis*, f.

Comune, *communis*, m. e f. *e*, n. per Comunità, *commune, is*, n. mettere in comune, *in comune conferre*.

Comunemente, *communiter*, avv.

Comunicabile, *quod communicari potest*.

Comunicare, *communico, as*, etc. *communicare aliquid cum aliquo*, A. *participo, as*, etc. per Dare la comunione sacramentale, *Eucharistiam administrare*.

Comunicarsi, *ad sacram synaxim accedere*: *coenae dominicae accumbere*.

Comunicativa, *docendi facilitas*.

Comunicazione, *communicatio, onis*, f.

Comunione, *communio, onis*, f.

Comunità, il Comune, *commune, is*, n.

Comunque, *utcumque; quomodocumque*, avv.

Con, *cum*, prep. che serve all' abl.

Conato, sforzo, *conatus, us*, m.

Conca, *concha, ae*, f.

Concatenare, *coagmentare: colligare*.

Concatenazione, *conjunctio: colligatio, onis*, f.

Concavità, (sost.), *cavum, i*, n. *cavus, i*, m.

Concavo, *concavus, a, um*, add.

Concedere, *concedo, dis, ssi, ssum, dere*, A.

Conceduto, *concessus, a, um*, add.

Concento, armonia, *concentus, us*, m.

Concentrare, *ad centrum agere*.

Concentrico, che ha il medesimo centro, *concentricus, a, um*, add.

Concepimento, *conceptio, onis*, f.

Concepire, *concipio, ipis, epi, eptum, ipere*, A. per Intendere. *mente percipere*.

Concepito, conceputo, *conceptus, a, um*, add.

Concernente, *pertinens, entis*, c. *spectans, antis*, c.

Concernere, appartenere, *pertineo, es, ui, pertinere*.

Concertare, pattuire, *convenire pacisci*: per Disporre, *disponere, condico, cis, xi, ctum, cere*. A. per Fare armonia, *concentum efficere*.

Concertato, *pactus: condictus, a, um*, add. sost. per Convenzione, *pactum*, n.

Concerto, *concertus, us*, m. *harmonia, ae*, f. di concerto, *concorditer, composito*, avv.

Concessione, *concessio, onis*, f.

Concesso. V. Conceduto.

Concetto, pensiero, *sententia, ae*, f. per Stima, *existimatio, onis*, f. *opinio: fama, ae*, f. essere in buono, o in cattivo concetto, *bene*, vel *male audire*: per Concepito. V.

Concezione, *conceptus*, **us, m.** *conceptio, onis*, f.
Conchiglia, *concha, æ*, f.
Conchiudere, venire alla conclusione, *concludo, dis, si, sum, dĕre*, A. per Inferire, *colligĕre*.
Conchiusione. V. Conclusione.
Conchiuso, *conclusus, a, um*.
Concia, condimento, *medicamen, inis*, n. *conditura, æ*, f. pel Luogo ove si conciano le pelli, *coriariorum officina*.
Conciare, *reficio, ficis, feci, fectum, ficĕre*, A. conciar vini, o altro, *medico, as*, etc. A. — le pelli, *coria perficĕre*.
Conciatore, *coriarius, coriarii*, m.
Conciatura, *concinnatio, onis*, f.
Conciliabolo, *conciliabŭlum, i*, n.
Conciliare, *concilio, as*, etc. A.
Conciliatore, *conciliator, oris*, m.
Conciliatrice, *conciliatrix, icis*, f.
Conciliazione, *conciliatio, onis*, f.
Concilio, *concilium, ii*, n.
Concime, letame, *fimus, i*, m.
Concio, *concinnatus; instauratus, a, um*, add. mal concio, mal trattato, *male acceptus, male affectus*.
Concionare, fare orazioni, prediche, *concionor, aris, atus, ari*, D.
Concione, orazione, *concio: oratio, onis*, f.
Conciossiachè, conciossiacosachè, *cum*, cong. che si riporta al subiuntivo.
Conciso, *brevis*, m. e f. *e*, n. add.
Concistoro, *conventus, us*, m.
Concitare, *concito, as*, etc. A.
Concitato, *concitatus, a, um*, add.
Concitatore, *concitator, oris*, m.
Concitazione, concitamento, *concitatio, onis*, f.
Concittadino, *civis: popularis, is*, m.
Conclave, *pontificia comitia*, n. pl.: il luogo dove i cardinali si adunano per creare il papa, *conclave, is*, n.
Concludere ec. V. Conchiudere.
Conclusione, *conclusio: illatio, onis*: in conclusione, *tandem*, avv.
Concomitante, che va in compagnia, *comitans, antis*, c.
Concomitanza, *conjunctio, onis*, f.
Concordanza, *concordia, æ*, f. *consensus*.
Concordare, *convenio, enis, eni, entum, enire: concordo, as*, etc. N.
Concordato, patto, *pactum, i*, n. per Pattuito, *pactus, a, um*, add.
Concorde, concordante, *concors, cordis*, c. add.
Concordemente, *concorditer*, avv.
Concordia, *concordia, æ*, f.
Concorrente, *competitor, oris*, m.
Concorrenza, competenza, *æmulatio, onis*, f.
Concorrere, *concurro, ris, ri, sum, rĕre*, N. per Gareggiare, *contendo, dis, di, tum, dĕre*, N.
Concorso (sost.), *concursus*, **us, m.** — di popolo, *populi frequentia, æ*.

Concotto, cotto insieme, *concoctus, a, um*, add.
Concozione, *concoctio, onis*, f.
Concreto, cresciuto insieme: si usa per l'opposto di astratto, *concretus, a, um*, add.
Conculcamento, **conculcazione**, *conculcatio, onis*, f.
Conculcare, calpestare, *protero, eris, trivi, tritum, terere: conculco, as*, etc. *proculco, as*, etc. A.
Conculcatore, *conculcans, antis*, c. add.
Concuocere, *concoquo, coquis, coxi, coctum, coquere*, A.
Concupiscenza, *concupiscentia, æ*, f.
Concupiscibile, *desiderabilis*, m. e f. *e*, n. *expetendus, a, um*, add.
Concussione, scotimento, *commotio, onis*, f.
Condanna, *damnatio, onis*, f. *pœna, æ*, f.
Condannabile, condannevole, *damnandus, a, um*, add.
Condannare, *damno: condemno, as*, etc. A. — alla morte, *capitis damnare*.
Condannato, *damnatus, a, um*, add.
Condannatore, *condemnator, oris*, m.
Condegnamente, *digne merito*, avv.
Condegno. V. Degno.
Condensare, far denso, *denso, as*, etc. A.
Condensato, *densus, a, um*, add.
Condensazione, condensamento, *densatio, onis*, f.
Condescendente, *indulgens, entis*, c. add.
Condescendenza, *indulgentia, æ*, f.
Condescendere, *indulgeo, ges, si, tum, gere*, N. *morem gerere*.
Condimento, *condimentum, i*, n.
Condire, *condio, is, ivi, itum, ire*, A.
Condiscendere ec. V. Condescendere ec.
Condiscepolo, *condiscipulus, i*, m.
Condito, *conditus, a, um*, add.
Conditura. V. Condimento.
Condizionale, *conditionalis*, **m. e f.** *e*, n. add.
Condizionalmente, condizionatamente, *sub conditione*, avv.
Condizionato, *sub conditione positus*.
Condizione, patto, *conditio, onis*, f. *pactum, i*, n. A. a Sotto condizione che, *ea lege ut*: di bassa condizione, *humili loco natus*: di grande condizione, *nobili genere natus*: per Lignaggio, *genus, eris*, n.
Condoglianza, *compassio, onis*, f.
Condolersi, *condoleo, oles, ui, ere*, N.
Condonabile, *venia dignus*.
Condonare, *condono, as*, etc. A.
Condonazione, *venia, æ*, f.
Condotta, maniera di vivere, *vitæ ratio, onis*, f. — di un affare, *rei procuratio*: per Trasporto di merci, *mercium advectio*: uomo di condotta, *vir prudens*: per Conducimento, guida, *ductus, us*, m.
Condottiere, *dux, ducis: imperator, oris*, m.
Condotto. V. Acquedotto.
Condotto, *ductus, a, um*, add. — a fine, *perfectus*: mal condotto, *in summas angustias adductus*.

Conducitrice, *dux*, *ducis*, m. e f.
Condurre, *duco*, *cis*, *xi*, *ctum*, *cĕre*, A. condur via, trafugare, *asporto*, *as*, etc. A. — a fine, ad effetto, *perficĕre*.
Confabulare, parlare insieme, *collŏquor*, *loquĕris*, *locūtus*, *lŏqui*, D.
Confabulazione, *colloquium*, *ii*, n.
Confacevole, confacente, *convĕniens*, *ĕntis*, c. add.
Confarsi, *convĕnio*, *ĕnis*, *ĕni*, *entum*, *enīre*, N. *decet*, *ebat*, *euit*.
Confederarsi, fare alleanza, *fœdus inīre*.
Confederato, *socius*: *fœderatus*, *a*, *um*, add.
Confederazione, *fœdus*, *ĕris*, n.
Conferenza, *colloquium*, *ii*, n. *sermo*, *onis*, m.
Conferire, comunicare i pensieri, *sermonem cum aliquo habere*. — una carica, *munus alicui demandare*, *deferre*: per Dar giovamento, *confert*, *ferēbat*, *tulit*, *ferre*: di terza persona, *prodesse*.
Conferma, confermazione, *confirmatio*, *onis*.
Confermare, *confirmo*, *as*, etc. A.
Confermato, *confirmatus*, *a*, *um*, add.
Confermatore, *confirmator*, *oris*, m.
Confessare, affermare, *fatĕor*, *tĕris*, *ssus*, *tĕri*, D. per Manifestare, *patefacĕre*.
Confessarsi, *commissa piacula sacerdoti aperīre*.
Confessato, colui che ha confessato, *confessus*, *a*, *um*, add.
Confessionale, *sacræ pœnitentiæ tribūnal*, *is*, n.
Confessione, *confessio*, *onis*, f.
Confessore, *sacerdos a confessionibus excipiendis*: per Confessore della fede cattolica, *confessor*, m.
Confettare, *sacchăro condīre*.
Confettato, *sacchăro condītus*.
Confettiera, *bellariorum fercŭlum*.
Confettiere, *pistor dulciarius*, m.
Confetti, confettura, *bellaria*, *orum*, n. pl.
Conficcare, *configo*, *gis*, *xi*, *ctum*, *gĕre*, A.
Conficcato, *confixus*, *a*, *um*.
Confidare, confidarsi, *fido*: *confīdo*, *dis*, *di*, vel *confisus*, *dĕre*, N. — in Dio, *divino auxilio niti*.
Confidato, *confisus*: *fretus*, *a*, *um*, add.
Confidente, *particeps consiliorum*: *familiaris*, *is*, m.
Confidentemente, *familiariter*, avv.
Confidenza, *spes*, *spei*, f. *fiducia*, *æ*, f. per Familiarità, *familiarĭtas*, *ātis*: *necessitudo*, *ĭnis*, f. per Ardire, *audentia*, *æ*, f.
Configgere. V. Conficcare.
Configurare, *configūro*, *as*, etc. A.
Configurazione, *figuratio*, *onis*, f.
Confinante, *finitĭmus*: *conterminus*, *a*, *um*.
Confinare, esser confinante, *finitimum esse*: per Relegare, *relēgo*, *as*, etc. A.
Confinato, *relegatus*, *a*, *um*, add.
Confine, *confinium*, *ii*, n. *termĭnus*, *i*, m. *finis*, *is*: *limes*, *ĭtis*, m. mettere i confini, *fines constituĕre*.
Confiscare, applicare al fisco i beni d'un condannato, *publicare bona alicujus*: *proscribĕre*.
Confiscato, *publicatus*: *proscriptus*, *a*, *um*.
Confiscazione, confisca, *confiscatio*, *onis*, f.
Confitto, *confixus*, *a*, *um*, add.
Conflitto, *pugna*, *æ*, f.
Confondere, mescolare, *confundo*, *dis*, *di*, *sum*, *ndĕre*: *perturbo*, *as*, etc. A. confondere uno cogli argomenti, *argumentis et rationibus aliquem perstringĕre*: confonderai, *aberrare*: *sese implicare*.
Confondimento, *conturbatio*, *onis*, f.
Confonditore, *conturbator*, *oris*, m.
Conformare, adattare, *accommodo*, *as*, etc. *conformo*, *as*, etc. A. conformarsi ad alcuno, *morem gerĕre alicui*.
Conformazione, *conformatio*, *onis*, f.
Conforme, *similis*, m. e f. *e*, n. *consentaneus*, *a*, *um*, add.
Conformemente, conforme, *pari ratione*. conforme l'occasione, *pro re nata*: conforme alla natura, *e natura*, avv.
Conformità, *convenientia*: *congruentia*, *æ*, f.
Confortare, *consolor*, *aris*, *atus*, *ari*, D. per Esortare, *hortor*, *aris*, *atus*, *ari*, D. per Ricreare, *recreo*, *as*, etc. A.
Confortativo, *consolatorius*, *a*, *um*, add.
Confortatore, *solator*: *consolator*, *oris*, m.
Confortino, *crustulum*, *i*, n.
Conforto, confortazione, *consolatio*, *onis*, f. per Eccitamento, *hortatio*, *onis*, f.
Confratello, *sodalis*, *is*, m.
Confraternita, *sodalitium*, *ii*, n. *sodalĭtas*, *atis*, f.
Confricazione, *fricatio*, *onis*, f.
Confrontare, *confĕro*, *fers*, *tuli*: *collatum*: *ferre*: *compăro*, *as*, etc. V.
Confrontato, *comparatus*: *collatus*, *a*, *um*.
Confronto, *collatio*: *comparatio*, *onis*, f. A. confronto, *præ*, prep. coll' abl.
Confusamente, *confuse*: *perturbate*, avv.
Confusione, *confusio*: *perturbatio*, *onis*, f.
Confuso, *perturbatus*: *confusus*, *a*, *um*, add. in confuso, alla confusa, V. Confusamente.
Confutare, *refello*, *lis*, *li*, *ĕre*, A.
Confutazione, confutamento, *refutatio*, *onis*, f.
Congedare, licenziare, *discedendi facultatem alicui dare*: *dimittere aliquem*.
Congedo, licenza, *permissus*, *us*, m. — dei soldati, *missio*, *onis*: per qualche tempo, *commeatus*, *us*, m.
Congegnare, unire insieme, copulare: *compōno*, *nis*, *sui*, *situm*, *nĕre*, A.
Congelamento, congelazione, *congelatio*, *onis*, f.
Congelare, *congĕlo*, *as*, etc. A. congelarsi, *gelasco*: *congelasco*, *is*, A.
Congelato, *congelatus*, *a*, *um*, add.
Congerie, massa, *congeries*, *ēi*, f.
Congettura, *conjectura*, *æ*, f.
Congetturale, di congettura, *conjecturalis*, m. e f. *e*, n. add.
Congetturare, *conjicio*, *ĭcis*, *ēci*, *ectum*, *icĕre*, A.

Conghiettura, V. Congettura.
Congiungere, conjungo, gis, xi, ctum, gĕre; copulo, as, etc. A.
Congiungimento, conjunctio, onis, f.
Congiungitore, qui conjungit.
Congiuntamente, conjunctim: una: simul, avv.
Congiuntivo, conjunctivus, a, um, add.
Congiunto, conjunctus: connexus, a, um, per Parente. V.
Congiuntura, junctura, æ; per Occasione, caso, occasio, onis, f. rerum status, secondo le congiunture, pro tempore.
Congiunzione. V. Congiungimento.
Congiura, congiurazione, conjuratio, onis, f.
Congiurare, conjuro: conspiro, as, etc. N.
Congiurato, congiuratore, conjuratus, a, um, add.
Conglobato, raccolto a forma di globo, conglobatus, a, um, add.
Conglomerato, aggomitolato, conglomeratus, a, um, add.
Conglutinare, unire, conglutino, as, etc. A.
Congratularsi, gratulor, aris, atus, ari. D.
Congratulazione, congratulatio, onis, f.
Congregare, cogo, gis, egi, actum, gĕre: congrego, as, etc. A.
Congregazione, cœtus, us: conventus, m.
Congresso, congressus, us, m.
Congruente, congruo, congruus, a, um, conveniens, entis, add.
Congruenza, convenientia, æ.
Coniare, nummos cudĕre, signare.
Coniato, cusus: signatus, a, um, add.
Coniatore, monetiere, cusor, oris, m.
Coniglio, cuniculus, i, m.
Conio, cuneus, i, m. per Impronto, forma, æ.
Coniugale, conjugalis, m. e f. e, n. add.
Coniugare, conjugo, as, etc. A. — i verbi, verba inflectĕre.
Coniugato, unito in matrimonio, matrimonio junctus, a, um, add.
Coniugazione, conjugatio, onis, f.
Connaturale, congruens, entis, c. add.
Connessione, connexio, onis, f.
Connesso, connexus, a, um, add.
Connettere, mettere insieme, connecto, is, xui, xum, ctere, A. non connettere dicesi di chi parla disordinatamente, inordinate loqui.
Connivenza, dissimulazione, conniventia, æ, f.
Cono, conus, i, m.
Conocchia, rocca, colus, i, e colus, us, m. pensum, i, n.
Conoscente, cognoscens, entis, c. per Noto, notus, a, um, add. per Grato, gratus, a, um, add.
Conoscenza, cognitio, onis, f. per Gratitudine. V.
Conoscere, cognosco: agnosco, oscis, ovi, itum, oscĕre, A. per Intendere, intelligĕre; dare a conoscere, ostendo, dis, di, sum, dĕre, A.
Conoscibile, qui cognosci potest.
Conoscimento, cognitio, onis, f.
Conoscitore, cognitor, oris, m.
Conosciuto, notus: spectatus, a, um, add.
Conquassamento, conquassatio, onis, f.
Conquassare, scuotere, conquasso, as, etc. A.
Conquassato, conquassatus, a, um, add.
Conquasso, ruina, æ, f. metter tutto in conquasso, omnia evertere.
Conquidere, ridurre a mal termine, vincere, conficio, icis, eci, ectum, icĕre: vinco, is, ici, ictum, vincere, A.
Conquiso, afflictus, a, um, add.
Conquista, conquisto, acquisitio, onis, f.
Conquistare, in ditionem redigĕre.
Conquistato, in potestatem redactus.
Conquistatore, victor: domitor, oris, m.
Consacrare, sacro: dico, as, etc. A. per Fare il Sacramento dell' altare, corpus et sanguinem Christi conficĕre. Consacrarsi a Dio, divino se se cultui devovĕre, vel mancipare.
Consacrato, dicatus: devotus, a, um, add.
Consacrazione, consecratio: dedicatio onis, f.
Consanguineo, consanguineus, a, um, add.
Consanguinità, consanguinitas, atis, f.
Consapevole, conscius, a, um, add.
Conscritto, conscriptus, a, um.
Conscrivere, conscribo, bis, psi, ptum, bĕre, A.
Consecutivamente, deinceps: continuo, avv.
Consecuzione, consecutio, onis, f.
Consegnare, trado: credo, dis, didi, ditum, dĕre, A.
Consegnato, traditus, a, um.
Consegnazione, consegna, traditio; commissio, onis, f.
Conseguente, consequens, entis, c.
Conseguentemente, consequenter, avv.
Conseguenza, consecutio, onis, f. per Conseguenza, consequenter: igitur, avv.
Conseguimento, adeptio, onis, f.
Conseguire, consequor, sequĕris, secutus, sequi, D.
Conseguito, acquisitus, a, um, add.
Consenso, consentimento, assensus, us, m. di comun consenso, omnium consensu: dare il consenso, assentior, tiris, sus, tiri, D.
Consentaneo, conveniente, consentaneus, a, um, add.
Consentire, consentio, tis, si, sum, tire, N.
Consenziente, consentiens, entis, c. add.
Conserva, dispensa, cella, æ, f. per cose confettate, bellaria, orum, n. pl. andar di conserva, simul ire.
Conservabile, servabilis: durabilis, m. e f. e, n. add.
Conservare, conservo, as, etc. A. custodio, is, ivi, itum, ire, A. conservarsi, valetudinem suam curare.
Conservatore, servator, oris: custos, odis, m.
Conservatrice, conservatrix, icis, f.
Conservazione, conservatio, onis, f.
Consesso, consessus, us, m.
Considerabile, considerandus, a, um, add.

Considerare, *perpendo, dis, di, sum, dĕre.* *considero, as,* etc. A.
Consideratamente, *considerate,* avv.
Considerato, *consideratus, a, um,* add.
Consideratore, *considerator, oris,* m.
Considerazione, *consideratio, onis,* f. senza considerazione, *inconsiderate,* avv.
Consigliare, *consilium dare:* consigliare alcuna cosa, *suadēre aliquid:* consigliarsi, *consulĕre aliquem: consilium ab aliquo petĕre.*
Consigliatamente, *consulto,* avv.
Consigliato, provveduto di consiglio, *consultus, a, um.*
Consigliatore, *consiliator, oris,* m.
Consiliatrice, *consiliatrix, icis,* f.
Consigliere, *consiliarius, i,* m. *consiliator, oris,* m.
Consiglio, *consilium, i,* m. uomo senza consiglio, *inconsideratus:* uomo di consiglio, *homo multi consilii et optimi:* far consiglio, *habere consilium.*
Consimile, *similis,* m. e f. *e,* n. add.
Consistente, *firmus, a, um: stabilis,* m. e f. *e,* n. add.
Consistenza, *firmitas; stabilitas, ātis,* f.
Consistere, *consisto, istis, stiti, stitum, sistĕre,* N.
Consolare, confortare, *consolor, aris, atus, ari,* D.
Consolare, *consularis,* m. e f. *e,* n. add.
Consolarmente, a maniera consolare, *consulariter,* avv.
Consolatamente, *aequo animo, quiete.*
Consolato, (sost.) dignità di console, *consulatus, us,* m. particip. da consolare, *consolationem, adeptus, recreatus, a, um; voti compos.*
Consolatore, *consolator, oris,* m.
Consolatorio, *consolatorius, a, um,* add.
Consolazione, *consolatio, onis,* f. *solatium, ii,* n. *solamen, inis,* n.
Console, consolo, *consul, is,* m.
Consolidamento, *solidatio, onis,* f.
Consolidare, *solido, as,* etc. A.
Consonante, *consonans, antis,* c. add.
Consonanza, *concentus, us,* m. *concordia, ae,* f.
Consonare, *consono, as, ui, are,* N.
Consorte, marito, o moglie, *conjux, ugis,* m. e f. per Compagno, partecipe, *consors, ortis,* m.
Consorteria, compagnia, *societas, atis,* f.
Consorzio, compagnia, *consortium, ii,* n. *societas, atis,* f.
Conspicuo, *conspicuus, a, um,* add.
Conspirare, *conjurare,* A.
Constare, costare, esser manifesto, *consto, constas, stiti, stitum, e, statum.*
Consueto, *consuetus, a, um,* add. non consueto, *insolitus: insolitus, a, um,* add.
Consuetudine, *consuetudo, inis,* f. *usus, us,* m. *mos, moris,* m.
Consulta, consulto, consultazione, *consultatio, onis,* f. per Consultore, *consilium, ii,* n.
Consultare, *consilio, ilis, ilui, ultum, ulĕre: consulto, as,* etc. A.
Consultato, interrogato, *consultus, a, um.*
Consultore, cliente, *consultor, oris,* m.
Consumare, *consumo, is, psi, ptum, ĕre.* A. — il patrimonio, *patrimonium profligare:* — il tempo, *tempus terĕre:* — le cure, *curas impendĕre:* consumarsi dal dolore, *dolore confici.*
Consumato, consunto dal dolore, dal male, ec. *dolore, morbo confectus* etc. — nelle scienze, *omni disciplinarum genere, quam qui maxime refertus:* Virtù consumata, *perfecta virtus.*
Consumatore, *consumptor, oris,* m.
Consumo, consumazione, *consumptio, onis,* f.
Contadinello, villanello, *rusticulus, i,* m.
Contadinesco, *agrestis,* m. e f. *e,* n. *rusticus, a, um,* add.
Contadino, *rusticus, i, agricola, ae,* m.
Contado, *ager, gri,* m. per Distretto, territorio, *territorium, ii,* n.
Contagio, *contagio, onis: pestilentia, ae,* f.
Contagioso, *pestilens, entis,* c. *pestiferus, a, um,* add. male contagioso, *morbus qui contagione contrahitur.*
Contamento, *numeratio, onis,* f.
Contaminare, *contamino, as,* etc. **inquino, as,** etc. A.
Contaminato, *contaminatus, a, um,* add.
Contaminazione, *foeditas, atis,* f.
Contante, *numerata pecunia:* pagare in contanti, vendere a contanti, *solvĕre, vendĕre, numerata pecunia.*
Contare, *numero, as,* etc. A. **per Raccontare,** *narrare,* A.
Contato, *numeratus: recensus, a, um,* add. per Raccontato, *narratus, a, um,* add.
Contatore, *calculator, oris,* m.
Contatto, *contactus, us,* **m.**
Conte, *comes, mitis,* m.
Contea, *comitatus, us,* m.
Conteggiare, *rationes subducĕre.*
Contegno, *gravitas, atis,* f.
Contemperanza, contemperazione, *temperamentum, i,* n.
Contemperare, *tempero, as,* etc. A. per Mitigare, *lenire,* A.
Contemplabile, *contemplatione dignus.*
Contemplare, *contemplor: meditor, aris, atus, ari,* D.
Contemplativo, *contemplans, antis,* c. add.
Contemplatore, *contemplator, oris,* m.
Contemplatrice, *contemplatrix, icis,* f.
Contemplazione, contemplamento, *contemplatio, onis,* f. a tua contemplazione, *tua causa.*
Contemporaneo, ***aequalis,* m. e f. *e,* n.** add.
Contendere, *contendo, dis, di, tum,* ***dĕre,* N.** *altercari,* D.
Contenente, *continens, entis,* c. add.
Contenere, comprendere, *contineo, tines, tinui, tentum, tinēre,* A. *complector, ctĕris, xus, cti,* D. — la collera, *iram cohibēre,*

mercēre: contenersi dal piangere, ec. *temperare a lacrymis*, etc.
Contentare, *sătisfacio*, *ăcis*, *ēci*, *actum*, *acĕre*, N. Contentarsi, *acquiesco*, *scis*, *vi*, *tum*, *scĕre*, N.
Contentezza, contento, ec. *voluptas*: *jucundĭtas*, *ātis*, f.
Contentissimamente, *jucundissime*, avv. sup.
Contento, *contentus*, *a*, *um*, add. per Contentezza, *jucunditas*, *atis*.
Contenuto (sost.), *summa*, *æ*, f. *contentus*, *a*, *um*, add.
Contenzione, *contentio*, onis, f.
Contenziosamente, *pugnanter contentiose*, avv.
Contenzioso, *contentiosus*, *a*, *um*, add.
Contesa, *disceptatio*: *altercatio*, *onis*, f.
Conteso, *oppugnatus*, *a*, *um*: *impeditus*, *a*, *um*, add.
Contessa, *comitissa*, *æ*, f.
Contessere, intrecciare, *contexo*, *xis*, *xui*, *xtum*, *xĕre*, A.
Contestabile, e conestabile, *conestabiles*, *is*, quasi *comes stabuli*: ufficio di grande onore nell'antico impero di oriente.
Contestare, chiamare in testimonio, *contestor*, *ari*, *atus*, *ari*, D.
Contesto, tessitura, *contextus*, *us*, m. per Contessuto, *contextus*, *a*, *um*, add. dicesi *contesto* nei libri quel che precede o segue un passo particolare.
Contezza, *notitia*, *æ*, f.
Contiguità, *proximitas*: *vicinĭtas*, *ātis*, f.
Contiguo, *contigŭus*, *a*, *um*, add.
Continente, terra ferma, *continens*, *entis*, per Contenente, *abstinens*: *continentissimus*, *a*, *um*.
Continentemente, *continenter*, *moderate*, avv.
Continenza, *continentia*: *temperantia*, *æ*, f.
Contingente, *fortuitus*, *a*, *um*, add.
Contingentemente, *casu*: *fortuito*, avv.
Contingenza, *casus*, *us*, m.
Continuamente, *assidue*, avv.
Continuare, *continuo*, *as*, etc. A. — l'impresa, *incepta persĕqui*: — l'affare, *negotium urgēre*.
Continuazione, continuamento, *continuatio*, *onis*: *perseverantia*, *æ*, f.
Continuo, continuato, *continuatus*, *a*, *um*, add. di continuo, *non intermisse*: *usque*, avv.
Conto, calcolo, *ratio*, *onis*, f. *calcŭlus*, *i*, m. *computatio*, *onis*, f. libro dei conti, *accepti et expensi codex*: a buon conto, *interĕa*: tener conto di una cosa, per Risparmiarla, *parce adhibere*: *servare*: far conto di alcuno, stimarlo, *æstimare*: *magni facere aliquem*: render conto, *rationem reddere*: conto, vale anche noto, conosciuto, *notus*, *cognitus*, *a*, *um*, add.
Contorcere, *contorqueo*, *ques*, *si*, *tum*, *quēre*, A.
Contorcimento. V. Contorsione.
Contornare, *delineo*, *as*, etc. A. contornarsi, rifugiarsi, ricorrere, *confugio*, *ŭgis*, *ūgi*, *ugĕre*, N.
Contornato, *delineatus*, *a*, *um*, add.
Contorno, *circuitus*: *ambĭtus*, *us*, m. *corona*, *æ*, f. per Vicinanza, *vicinia*, *æ*, f.
Contorsione, *contortio*, vel *contorsio*, *onis*, f.
Contorto, *contortus*, *a*, *um*, add.
Contra, *contra*, prep. coll'acc.
Contrabbandiere, *vectigalium fraudātor*.
Contrabbando, *vectigalium fraudatio*: di contrabbando, *clam*: *furtim*, avv.
Contraccambiare, *rependo*, *dis*, *di*, *sum*, *dĕre*, A.
Contraccambio, *remuneratio*, *onis*, f. render il contraccambio, *gratiam referre*.
Contracchiave, *clavis adulterina*.
Contraccifera, contraccifra, *furtivarum notarum explanatio*.
Contrada, borgo, *via*, *æ*, f. *vicus*, *i*, m. per Paese, *regio*, *onis*, f.
Contradetto, e contraddetto, *contradictus*, *a*, *um*, add.
Contradire, *adversor*, *aris*, *atus*, *ari*, D. contraddirsi, *pugnantia loqui*.
Contradittore, *adversarius*, *ii*, m.
Contradittorio, *repugnans*, *antis*, c. add. I contradittorii, *sententiæ inter se pugnantes*.
Contradizione, *contradictio*, onis, f. *repugnantia*, *æ*, f.
Contraffacimento, *imitatio*, *onis*, f.
Contraffacitore, *imitator*, *oris*, m.
Contraffare, *imitor*, *aris*, *atus*, *ari*, D. — la persona, *vultum fingĕre*: — la scrittura, *chirographum alicujus imitari*.
Contraffatto, *fictus*, *a*, *um*: per Deforme, *informis*, m. e f. *e*, n.
Contraffazione, *violatio*, onis, f.
Contrafforte, riparo, *crimna*, *æ*, f.
Contralto, *altus*, *i*, m. *vox acutæ proxima*.
Contrappelo, *contraria pilorum deflexio*.
Contrappesare, *libro*, *as*, etc. A.
Contrappeso, *æquipondium*, *ii*, n.
Contrapporre, *oppono*, *nis*, *sui*, *sĭtum*, *nĕre*, *objicio*, *icis*, *ēci*, *ectum*, *icĕre*, A.
Contrapposizione, contrapponimento, *oppositus*, *us*, m. *oppositio*, *onis*, f.
Contrapposto, *adversus*: *opposĭtus*, *a*, *um*, add.
Contrappunto, l'arte del comporre la musica, e la composizione medesima, *symphoniurgia*.
Contrariamente, *contrarie*, avv.
Contrariare, *adversor*, *aris*, *atus*, *ari*, D.
Contrarietà, *repugnantia*, *æ*, f. *oppositio*, *onis*, f.
Contrario, *contrarius*, *a*, *um*, add. per lo contrario, *contra*, avv.
Contrarre, *contrăho*, *ahis*, *axi*, *actum*, *ahĕre*, A. per Far contratto, *transigĕre*: *pacisci*.
Contrascarpa (fortificazione), *munimen*, *inis*, n. *munitio onis*, f.
Contrassegnare, *notis distinguere*.
Contrassegnato, *notis distinctus*.

Contrassegno, *nota*, *æ*, f. *indicium*, *ii*, n. — d'affetto, *amoris argumentum*.
Contrastabile, *contentiosus*, *a*, *um*, add.
Contrastare. V. Contendere.
Contrastato, litigioso, *controversus*, *a*, *um*, add.
Contrastatore, *adversarius*, *ii*, m.
Contrasto, contrastamento, *certamen*, *inis*, n. *altercatio*: *certatio*, *onis*, f.
Contrattare, *paciscor*, *ěris*, *pactus*, *pacisci*, D.
Contrattempo, di contrattempo, *intempestive*, avv.
Contratto (sost.), *contractus*, *us*, m. *contractus*, *a*, *um*, add.
Contravveleno, *antidotum*, *i*, n.
Contravvenire, *opponere se*: *repugnare*: per Disubbidire alla legge, *delinquere*.
Contravvenzione, *prævaricatio*, *onis*, f.
Contravvoglia, *iniquo animo*, avv.
Contrazione, *contractio*, *onis*, f.
Contribuire, *confěro*, *fers*, *tuli*, *collatum*, *ferre*, A.
Contribuzione, *collatio*, *onis*, f. *tributum*, *i*, n.
Contrirsi, aver contrizione, *de peccatis dolēre*.
Contristamento, *tristitia*, *æ*, f.
Contristare, *tristitia afficěre*: contristarsi, *tristitia affici*: *mærore confici*.
Contristato, *tristis*, m. e f. *e*, n. *mærens*: *mærore confectus*, *a*, *um*, add.
Contristatore, vessatore, *vexator*, *oris*, m.
Contritamente, *dolenter*, avv.
Contrito, *culpæ dolore affectus*.
Contrizione, *animi dolor*.
Contro, contra, contra: *adversum*: *adversus*, prep. coll' accus.
Controversia, *controversia*, *æ*, f.
Controverso, *contrarius*, *a*, *um*: *disceptatus*, *a*, *um*, add.
Controvertere, *discepto*, *as*, etc. N.
Contumace, disubbidiente, resistente, *contumax*: *pertinax*, *ācis*, c. add.
Contumacemente, *contumaciter*, avv.
Contumacia, *contumacia*: *pervicacia*, *æ*, f.
Contumelia, ingiuria, *contumelia*, *æ*, f.
Contumeliosamente, *contumeliose*, avv.
Contumelioso, *contumeliosus*, *a*, *um*, add.
Conturbare, sconcertare, *perturbo*, *as*, etc. A.
Conturbato, *perturbatus*, *a*, *um*, add.
Conturbazione, conturbamento, *perturbatio*, *onis*, f.
Contusione, ammaccatura, *contusio*, *onis*, f.
Contuso, *contusus*, *a*, *um*, add.
Contuttochè, *etsi*: *quamquam*, cong.
Contuttociò, *tamen*: *nihilominus*, cong.
Convalescente, *convalescens*, *ěntis*, c. add.
Convalescenza, *recreatio ab ægritudine*.
Convalidare, *confirmo*, *as*, etc. A.
Convenevole, *conveniens*, *ěntis*, c. add.
Convenevolezza, *æquum*: *honestum*, *i*, n.
Convenevolmente, *convenienter*, avv.
Conveniente, *decens*, *ěntis*, c. *aptus*, *a*, *um*.
Convenientemente, *apte*: *decenter*, avv.
Convenienza, *decentia*, *æ*, f. *officium*, *ii*, n.

Convenire, *convěnit*, *iebat*, *ěnit*, *enīre*: *decet*, *ēbat*, *uit*, *decēre*, imp. per Accordare, *convenio*, *ēnis*, *ēni*, *entum*, *enīre*, N. per Radunarsi, *convenīre*: *coīre*, N.
Conventicolo, *conventiculum*, *i*, n.
Convento, *cœnobium*, *ii*, n. per Adunanza, *conventus*, *us*, m.
Conventuale (sost.), frate che sta in convento, *cœnobita*, *æ*, m.
Convenuto, accordato, *conventus*, *a*, *um*, add.
Convenzione, *pactum*, *i*, n.
Conversare, *conversor*, *aris*, *atus*, *ari*, D.
Conversazione, *conversatio*, *onis*: *consuetudo*, *inis*, f.
Conversevole, *sociabilis*, m. e f. *e*, n. *affabilis*, m. e f. *e*, n. add.
Conversione, *conversio*, *onis*, f. — di vita, *anteactæ vitæ emendatio*, f.
Converso, frate laico, *conversus*, *i*, *cœnobita*, *æ*, m.
Convertire, *verto*, *tis*, *ti*, *sum*, *těre*, A. — un peccatore, *perditum hominem ad meliorem frugem revocare*: convertirsi, *ad bonam mentem reverti*.
Convessità (sost.), *convexitas*, *ātis*, f.
Convesso, *convexus*, *a*, *um*, add.
Convincere, *convinco*, *ncis*, *ci*, *ctum*, *ncěre*, A.
Convinto, *convictus*, *a*, *um*, add.
Convitare, chiamare a convito, *convivio aliquem excipěre*: *ad cœnam vocare*: per Far conviti, *epulor*, *aris*, etc. D.
Convitato, *conviva*, *æ*, m.
Convitatore, *convivator*, *oris*, m.
Convito, *convivium*, *ii*, n.
Convitto, *convictus*, *us*, m. luogo del convitto, *contubernium*, *ii*, n.
Convittore, *convictor*, *oris*, m.
Convivere, *convivo*, *vis*, *xi*, *ctum*, *věre*, N.
Convocare, *convŏco*, *as*, etc. A.
Convocazione, *convocatio*, *onis*, f.
Convogliare, *comcio*, *as*, *avi*, *atum*, *are*, A.
Convoglio, *consociatio*, *onis*, f. *comitatus*, *us*, m.
Convolgere, *volūto*, *as*, etc. A.
Convulsione, *convulsio*, *onis*, f.
Convulsivo, moto convulsivo, *motus ex contractione musculorum in nervis*.
Convulso, *convulsus*, *a*, *um*, add.
Cooperare, *operam suam conferre ad*, etc.
Cooperatore, *adjūtor*, *oris*, m.
Cooperazione, cooperamento, *adjumentum*, *i*, n.
Coorte, *cohors*, *ortis*, f.
Coperchiare, *operculo*, *as*, etc. *tegěre*, A.
Coperchio, *operculum*, *i*, n.
Coperta, coprimento, *tegmen*, *inis*, n. — da letto, *stragulum*, *i*, n. per Pretesto, *species*, *ei*, f.
Copertamente, *clam*: *clanculum*, avv.
Copertina, *lodicula*, *æ*, f.
Coperto (sost.), *tectum*, *i*, n. *tectus*: *opertus*, *a*, *um*, add. stare al coperto, *sub tecto*

manēre: mettersi al coperto, *in tectum se recipĕre*.
Copia, abbondanza, *copia*, *æ*: *ops*, *is*, f. — di pittura, *exemplar*, *āris*, n. — di scrittura, *descriptio*, *ōnis*, f.
Copiare, *describo*: *exscribo*, *bis*, *psi*, *ptum*, *bĕre*, A. *exemplum sumĕre*, *referre*.
Copiato, *exscriptus*, *a*, *um*, add.
Copiosamente, *copiose*: *abundanter*, avv.
Copioso, *uber*, *ĕris*: *affluens*, *ĕntis*, c.
Copista, scrivano, *antigrapharius*, *i*, m. *librarius*, *i*, m.
Coppa, vaso per bere, *patĕra*, *æ*, f. *crater*, *ēris*, m. per l'arte deretana del capo, *occiput*, *ĭtis*, n.
Coppella, vaso, *vas*, *vasis*, n. *vascellum*, *i*, n. argento di coppella, *argentum purgatum*.
Coppetta, ventosa, *cucurbita*, vel *cucurbitula*, *æ*, f.
Coppia, *par*, *paris*, c. — di buoi, *boum jugum*.
Coppiere, *pincerna*, *æ*, m.
Coprimento, *operimentum*, *i*, n.
Coprire, *tego*, *gis*, *xi*, *ctum*, *gĕre*: *opĕrio*, *ĭris*, *ĕrui*, *ertum*, *erire*, A.
Copula, congiungimento, unione, *copula*, *æ*, f. *conjunctio*, *onis*, f. *coitus*, *us*, m.
Copulare, congiungere, *conjungĕre*, A.
Coraggio, *animus*, *i*, m. *fidentia*, *æ*, f. far coraggio, *animum facĕre*, *dare*: perder il coraggio, *animo cadĕre*: far perder il coraggio, *alicujus animum frangĕre*.
Coraggiosamente, *strenue*, avv.
Coraggioso, *magnanimus*, *a*, *um*, add.
Corallo, *coralium*: *curalium*: *corallium*: *corallum*, *i*, n.
Corame, *corium*, *ii*, n.
Coratella, *exta*, *orum*, n. pl.
Corazza, panciera, *lorica*, *æ*, f. *thorax*, *ācis*, m. per Coraziere, *loricatus*, *a*, *um*, add.
Corazziere, *loricatus miles*.
Corba, cesta, *corbis*, *is*, f.
Corbellare, corbellatore, beffare, *deridēre*, A.
Corbelleria, *nugæ*, *arum* f. pl.
Corbezzola (frutto), *arbutum*, *i*, n. corbezzolo (albero), *arbutus*, *i*, f.
Corda, *funis*, *is*, m. *restis*, *is*, f. — da suono, *fides*, *fidium*, f. pl. *chorda*, *æ*, f. — dell'arco, *nervus*: trarre le corde, *nervos intendĕre*: allentarle, *nervos remittere*: dare la corda, *fune torquēre*: ballar sulla corda, *per extensum funem incedĕre*: ballerino da corda, *funambulus*, *i*, m. tormento della corda, *fidiculæ*, *arum*, f. pl. *equuleus*, *i*, m.
Cordicella, cordella, cordoncello, *funiculus*, *i*, n.
Cordiale, di buon cuore, *benevolus*: *sincerus*, *a*, *um*, add.
Cordialità, *verus amor*.
Cordialmente, *ex animo*, avv.
Cordoglio, *animi dolor*.
Cordone, *cingulum*, *i*, n. *funis*, *is*, m.
Coreggia, cintura di cuoio, *corrigia*, *æ*, f.
Coricare, coricarsi, *recumbo*, *mbis*, *bui*, *bitum*, *mbĕre*, N.
Coricato, *recubans*, *āntis*, c. add.
Corintio, ordine di architettura, *corinthius*, *ii*, m.
Corista, maestro di cappella, *dux canentium*: *chori magister*.
Cornacchia, *cornix*, *īcis*, f.
Cornacchiare, gracchiare, *cornicor*, *aris*, *atus*, *ari*, D.
Cornacchino, *cornicula*, *æ*, f.
Cornamusa, *tibia utriculo inflata*: per Sonator di cornamusa, *utricularius*, *i*, m.
Cornata, *cornuum*, *ictus*, *us*, m.
Corneo, di corno, *corneus*, *a*, *um*, add.
Cornetta, *buccina*, *æ*, f. per Insegna di cavalleria, *equestre vexillum*: per Alfiere, *signifer*, *ifĕri*, m.
Cornetto, *corniculum*, *i*, n.
Cornice, cornicione, *corona*, *æ*, f.
Cornifero, cornigero, *corniger*, *igĕra*, *igĕrum*, add.
Corniola (frutto), *cornum*, *i*, n. specie di pietra dura, *gemma*, *æ*, f. *lapillus*, *i*, m.
Corniolo (albero), cornio, *cornus*, *i*, f.
Corno, *cornu*, indecl. n. di corno, *corneus*, *a*, *um*, add.
Cornuto. V. Cornigero.
Coro, *chorus*, *i*, m. pel Luogo dove si canta, *odeum*, *i*, n. maestro di coro, *chori canentium magister*.
Corollario, giunta, *corollarium*, *ii*, n.
Corona, *corona*, *æ*, f. *sertum*, *i*, n. — reale, *diadema*, *ătis*, n. per Regno, Impero, V.
Coronare, *corono*, *as*, etc. A.
Coronaro, coronaio, *coronarius faber*, *bri*.
Coronato, *sertis*, vel *corona redimitus*, *a*, *um*, add.
Coronazione, *coronæ impositio*, *onis*, f.
Coroncina, coronetta, *corolla*, *æ*, f.
Corpacciata, e scorpacciata, *ventriculi repletio*, fare una corpacciata, *cibo se replere*.
Corpaccio, *immane corpus*, *is*, *ŏris*, n.
Corpacciuto, *corpulentus*, *a*, *um*, add.
Corpicciuolo, corpicello, *corpusculum*, *i*, n.
Corpo, *corpus*, *ŏris*, n. — d'armati, *agmen*, *ĭnis*, n. *phalanx*, *āngis*, f. — morto, *cadāver*, *ĕris*, n. — di guardia, *præsidium*, *ii*, n.
Corporale, corporeo, *corporeus*, *a*, *um*, add.
Corporalmente, in corpo, in persona, *corporaliter*, avv.
Corporatura, *corporis habitus*, *us*, m.
Corpulento, di grosso corpo, *corpulentus*, *a*, *um*, add.
Corpulenza, *corpulentia*, *æ*, f.
Corpuscolo, picciol corpo, *corpusculum*, *i*, n.
Corpusdomini, *festum corporis Christi*.
Côrre. V. Cogliere.
Corredare, fornire, *instruo*, *is*, *uxi*, *uctum*, *ĕre*, A.

Corredo, *apparatus, us*, m.
Correggere, *corrigo, gis, exi, ectum, igĕre : emendo, as*, etc. A. per Ammonire, *monēre*, A.
Correggibile, *emendabĭlis*, m. e f. *e*, n.
Correlativo, *respondens, entis*, c. add.
Correlazione, *congruentia, æ*, f.
Corrente, *currens, entis*, c. acqua corrente, *aqua profluens* : opinione corrente, *communis sententia* : anno, mese corrente, *annus, mensis vertens*.
Correntemente, *cursim : celerĭter*, avv.
Correre, *curro, rris, cucurri, rsum, rrĕre*, N. — forte, *cursu concitato ferri* : — addosso, *in aliquem irruĕre* : — innanzi, *præcurro, rris, rri*, vel *cucurri, rsum, rrĕre* : — dietro, *insĕquor, ĕquĕris, ecūtus, ĕqui*, D. — per ogni banda, *discurro* : — in giù, *decurro* : in folla, *concurro* : — in aiuto, *accurro* : moneta che corre, *nummus qui est in usu* : corre voce, *fama est* : correr pericolo, *periclitor, aris, atus, ari*, D.
Correria, scorreria, *incursio, onis*, f.
Correttamente, *emendate*, avv.
Correttivo, preservativo, *medicāmen, ĭnis*, n.
Corretto, *castigatus : emendatus, a, um*, add.
Correttore, *corrector : emendātor, oris*, m.
Correttrice, *emendātrix, īcis*, f.
Correzione, *correctio : castigatio, onis*, f.
Corridore, corridoio, *ambulacrum, i*, n. *mœniana, orum*, f. pl.
Corridore, atto al corso, *cursorius, a, um*.
Corriero, lacchè, *cursor, oris*, m. *tabellarius, i*, m.
Corrigibile, *emendabĭlis*, m. e f. *e*, n. add.
Corrispondente, *par, paris*, c. *respondens, ĕntis*, c. add.
Corrispondentemente, *congruenter*, avv.
Corrispondenza, *congruentia, æ*, f. — di affetto, *mutua benevolentia* : — di negozi, *negotiorum commercium*.
Corrispondere, *respondĕo, des, di, sum, dēre : congruo, is, ĕre*, N. mi corrispondi male, *male refers gratiam*.
Corrivo, *præpropĕrus, a, um* : — a credere, *credŭlus, a, um*, add.
Corroborare, *corrobŏro, as*, etc. A.
Corroborativo, *corrobŏrans, āntis*, c. add.
Corroborazione, *confirmatio, onis*, f.
Corrodere, *corrōdo, ōdis, ōsi, sum, dĕre*, A.
Corrodimento. V. Corrosione.
Corrompere, *corrumpo, umpis, ūpi, uptum, umpĕre ; contamĭno, as*, etc. A. corrompersi, *tabesco, is, ĕre*, N.
Corrompitore, *corruptor, oris*, m.
Corrosione, *erosio, onis*, f.
Corrosivo, *corrŏdens, ĕntis*, c. add.
Corroso, *corrosus, a, um*, add.
Corrottamente, *corrupte*, avv.
Corrotto, *corruptus, a, um*, add. — sost. pianto che si fa sui morti, *luctus funĕbris*.
Corrucciarsi, adirarsi, *irascor, ĕris, atus, irasci*.
Corruccio, *ira, æ*, f. *indignatio, onis*, f.
Corruttela, *corruptela, æ*, f.
Corruttibile, *corruptioni obnoxius*.
Corruttore, *corruptor, oris*, m.
Corruzione, *corruptio, onis*, f. — di aria, *cœli intemperies*, vel *aeris inclementia* : — di costumi, *depravatio, onis*, f.
Corsa, *cursus, us*, m. *curricŭlum, i*, n. in una corsa, *uno curriculo*.
Corsaletto, *thorax, ācis*, m.
Corsale, corsaro, *pirāta, æ*, m.
Corseggiare, *piraticam facĕre*.
Corsia, *area, æ*, f. *spatium, ii*, n. — della galea, *fori, orum*, m. pl.
Corsiero, corsiero, *generosus equus*, m.
Corsivamente, con velocità, correndo, *raptim*, avv.
Corsivo, *currens, ĕntis*, c. aggiunta di carattere, *litteræ italicæ*, f. pl.
Corso (sost.) *cursus, us*, m. — dei cavalli, *hippodrŏmus, i*, m. finire il corso della vita, *vitæ spatium conficĕre* : andare in corso, *maritimas excursiones facere* : di corso, di passaggio, *cursim, obĭter*, avv. particip., da correre, *decursus, peragratus : emensus, a, um*, add.
Cortamente, *brevĭter*, avv.
Corte, squadra, *cohors, ortis*, f. per Famiglia del principe, *aula, æ : aulĭci, orum*, m. pl. per Cortile, V.
Corteccia, *cortex, ĭcis*, m.
Corteggiare, *officii causa comitari*.
Corteggiato, *comitatus, a, um*, add.
Corteggiatore, *officiosus comes*.
Corteggiamento, corteggio, *officiosus comitatus : diligens cultus, us*, m.
Corteo, *pompa, æ*, f.
Cortese, *comis*, m. e f. *e*, n. *officiosus, a, um*, add.
Cortesemente, *comĭter : humanĭter*, avv.
Cortesia, *officium, ii*, n. *humanĭtas, comĭtas, ātis*, f. far delle cortesie ad alcuno, *officiis aliquem prosĕqui* : in cortesia, *quæso* : per cortesia, *officii causa*.
Cortezza, *brevĭtas, ātis*, f.
Cortice. V. Corteccia.
Cortigianamente, *aulicis artibus*.
Cortigianeria, costume di chi vive in corte, *aulicæ artes*, f. pl.
Cortigiano (sost.), *aulĭcus, i*, m.
Cortigiano, cortigianesco, *aulĭcus, a, um*, add.
Cortile, *atrii compluvium : cavædium, ii*, n.
Cortinaggio, cortine, *aulæum, i*, n.
Corto, *brevis*, m. e f. *e*, n. add.
Corvo, *corvus, i*, m. Di corvo, *corvīnus, a, um*.
Cosa, *res, rei*, f. *negotium, ii*, n. cosa da niente, *cicus* : cosa per cosa, *sigillatim*, avv.
Coscia, *coxendix, icis*, f. *coxa, æ*, f.
Coscienza, *conscientia, æ*, f. farsi coscienza, *religioni habēre* : di buona coscienza, *religiosissimus* : di cattiva, *homo perditus* : in coscienza, in buona coscienza, *ex animo, hercle*, avv. per Saputa, *cognitio, onis*, f.

Cosellina, coserella, *recula*, *æ*, f.
Così, *sic*: *eo pacto*: per Tanto, *tam*: cosicchè, *ita ut*: così eh? *itane*? così fattamente, *sic*: la cosa va così, *sic se res habet*.
Cosmografia, descrizion delle parti del mondo, *cosmographia*, *æ*, f.
Cosmografo *cosmographus*, *i*, m.
Cospargere, cospergere, *conspergo*, *gis*, *si*, *sum*, *gĕre*, A.
Cosparso, cosperso, *conspersus*, *a*, *um*, add.
Cospetto, *conspectus*, *us*, m. al cospetto, *coram*, prep. coll'abl.
Cospicuo, illustre, *conspicuus*, *a*, *um*, add.
Cospirare, cospirazione. V. Congiurare, ec.
Costa, *costa*, *æ*, f. — di mare, *litus*, *ŏris*, n. — di monte, *clivus*, *i*, m. aiuto di costa, *subsidium inspēratum*.
Costà, *istuc*: costaggiù, costassù (stato), *istic*: (moto), *istuc*: per costà, *istac*: di costà, *istinc*.
Costante, *constans*, *antis*, c. *firmus*, *a*, *um*, add.
Costantemente, *constanter*, avv.
Costanza, *constantia*, *æ*, f.
Costare, esser composto, *consto*, *as*, *stĭti*, *stĭtum*, vel *atum*, *are*, N. per Valere, *valeo*, *es*, *ui*, *itum*, *ēre*, N. (gli si dà o il genitivo, o l'ablat.): per Esser manifesto, *constat*, *abat*, *stĭtit*, imp.
Costato, fianco, *latus*, *ĕris*, n.
Costeggiare, *litus legĕre*: per Andare intorno, *circumire*, N.
Costei, *hæc*, *hujus*: *ista*, *istius*, pron.
Costellazione, *sidus*, *ĕris*, n.
Costernarsi, sbigottirsi, *consternor*, *aris*, *atus*, *ari*, D. *animum despondēre*.
Costernazione, *consternatio*, *onis*, f.
Costì, *istic*: di costì, *istinc*.
Costiera, *ora*, *æ*, f.
Costipare, stringere, condensare, *constipare*, A. *comprimo*, *imis*, *essi*, *essum*, *imĕre*.
Costipazione, costipamento, *constipatio*, *onis*, f.
Costituire, determinare, *constituo*, *uis*, *ui*, *ūtum*, *uĕre*, A.
Costituito, *constitutus*, *a*, *um*, add.
Costitutivo, *constituens*, *entis*, c.
Costituto, esame, *examinatio*, *onis*, f.
Costitutore, *constitutor*, *oris*, m.
Costituzione, *constitutio*, *onis*: — del corpo, *corpŏris habitus*, *constitutio*.
Costo, spesa, *impensa*, *æ*, f. a gran costo, *magno sumptu*.
Costretto, *coactus*: *compulsus*, *a*, *um*, add.
Costringere, *compello*, *ellis*, *ŭli*, *ulsum*, *ellĕre*: *cogo*, *gis*, *ēgi*, *actum*, *gĕre*, A.
Costringimento, *coactus*, *us*, m.
Costruire, *construo*, *uis*, *uxi*, *uctum*, *uĕre*, A.
Costrutto, utile, profitto, *utilitas*, *ātis*, f. per Costruttura, *structura*, *æ*, f. per Fabbricato, *constructus*, *a*, *um*, add.
Costruzione, *constructio*, *onis*, f.
Costui, *hic*, *hujus*, *iste*, *istius*, pron.
Costumanza, *consuetudo*, *ĭnis*, f.
Costumare, *soleo*, *es*, *ui*, vel *ĭtus*, *ēre*, N. per Ammaestrare, ***instruĕre*: *ad humanitatem informare*.**
Costumatamente, *honeste*, avv.
Costumatezza, *morum integritas*.
Costumato, *bene moratus*.
Costume, *mos*, *moris*, m. *consuetudo*, *ĭnis*, f.
Cotale, *talis*, m. e f. *e*, n. add.
Cotanto, *tantus*, *a*, *um*, add. **cotanti**, ***t.t***, pl. ind. cotanto, *adĕo*, avv.
Cote (pietra da affilar ferri), *cos*, *cotis*, f.
Cotenna, cute, *cutis*, *is*, f.
Cotesto, *iste*, *a*, *ud*, pron.
Coticone, grossolano, *agrestis*, *is*, c.
Cotidianamente, *quotidie*, avv.
Cotidiano, *quotidianus*, *a*, *um*, add.
Cotogna (frutto), *malum cydonium*.
Cotognato, *cydonites*, *is*, m. e f.
Cotogno (albero), *malus cydonia*, f.
Cotone, *gossypium*, *ii*, n.
Cotornice, coturnice, quaglia, *coturnix*, *icis*, f.
Cotta, *amictus*, *us*, m. *superpellicĕum*, *i*, n.
Cottimo, lavoro dato a cottimo, *locatio*, *onis*, f. chi prende a cottimo, *redemptor*, *oris*, m.
Cotto, *coctus*, *a*, *um*, add. mezzo **cotto**, ***semicoctus***: per Ubriaco, *ebrius*.
Cottura, *coctura*, *æ*, f. *coctio*, *onis*, f.
Coturno, stivaletto, *cothurnus*, *i*, m.
Covaccio, covacciolo, *lustrum*, *i*, n.
Covare, *ovis incubare*: mettere la gallina a covare, *gallinæ ova supponĕre*: — il fuoco, *ad ignem assidēre*: — il male, *morbum celare*.
Covata, *pullatio*, *onis*, f. *pullities*, *ei*, f.
Covato, riscaldato, ec. *fotus*, *a*, *um*, add.
Covatura, covazione, *incubatio*, *onis*, f.
Covile, covo, *cubile*, *is*, n.
Covone, manipolo, *manipŭlus*, *i*, m.
Cozione. V. Cottura.
Cozzare, *cornu petĕre*: — **insieme, *contendo*, *dis*, *di*, *tum*, *dĕre*, N.**
Cozzata, *cornuum ictus*, *us*, m.
Cozzatura, *cornu petens*, *entis*.
Cozzone, *equorum paratius*.
Cranio, *calvaria*, *æ*, f.
Crapula, crapola, *crapŭla*, *æ*, f. **darsi alla** crapula. V. Crapulare.
Crapulare, crapolare, *cibo vinoque se ingurgitare*.
Crasso, *crassus*, *a*, *us*, add.
Cratere, tazza, vaso, *crater*, *ēris*, m.
Cravatta, *linĕa fascia*.
Creanza, *educatio*: *optima institutio*: buona, mala creanza, *bonus*, *malus mos*.
Creare, *creo*, *as*, etc. A.
Creato, *creatus*, *a*, *um*, add. ben creato, *bene moratus*: mal creato, *inurbanus*.
Creatore, *creator*, *oris*, m. *conditor*, *ōris*, m.
Creatrice, *creatrix*, *icis*, f.
Creatura, *res creata*: per Allievo, *alumnus*, *i*, m.
Creazione, *creatio*: *effectio*, *onis*, f. per Elezione, *electio*, *onis*, f. dalla creazione del mondo, *ab orbe condito*.
Credenza, armario, *abăcus*, *i*, m. per il

credere, *fides, ĕi*: per Opinione, *opinio, onis*, f. a credenza, *solutione dilata*: dar credenza, *fidem adhibēre*.

Credenziale, *fiduciarius, a, um*, add. lettere credenziali, *testimonia, orum*, n. pl. *auctoritates, um*, f. pl.

Credenziere, *abaci custos*: **servus ab argento**.

Credere, *credo, dis, dĭdi, dĭtum, dĕre*, A. *fidem alicui habēre*: a mio credere, **ut** *mea fert opinio*.

Credibile, *credibilis*, m. e f. *e*, n. add.

Credibilmente, *credibiliter*, avv.

Credito, *pecunia credita*: mettere a credito, *in codicem accepti referre*: dar credito, *credĕre, fidem habēre*; per Stima, riputazione, *existimatio, onis*: essere in credito, *nomen habēre*; uomo di credito, *homo magni nominis*; avere del credito, *gratia valēre*.

Creditore, *creditor, oris*, m.

Creditrice, *creditrix, icis*, f.

Credo (sost.), *symbolum apostolōrum*.

Credulità, *credulitas, ātis*, f.

Credulo, *credŭlus, a, um*, add.

Creduto, *credĭtus, a, um*, add.

Cremisi, chermisi, *coccinĕus color*.

Crepacuore, *anxietas, ātis*: *sollicitudo, inis*, f.

Crepare, *disrumpor, mpĕris, plus, mpi*, D. — dal dolore, *dolore angi*: — di fame, o di sete, *fame*, vel *siti confici*: — dalla fatica, *labore frangi*: per Morire, *morior, ĕris, ortuus, mori*, D. — di rabbia, *ira disrumpi*: — di risa, *risu dissolvĕre ilia*.

Crepato, *disruptus, a, um*, add.

Crepatura, *rima*: *fissura, æ*, f.

Crepitare, *crepito, as, avi*, etc. N.

Crepuscolo, *crepuscŭlum, i*, n.

Crescente, *crescens*: *assurgens, entis*, c.

Crescenza, crescimento, *incrementum, i*: *augmentum, i*, n.

Crescere, *cresco, scis, vi, tum, scĕre*, N. cresce il vento, *ventus increbrescit*: cresce il fanciullo, *adolescit puer*: per Aumentare, *augēre*, A.

Cresciuto, *auctus, a, um*, add. — negli anni, *adultus*.

Cresima, *chrisma, ătis*, n. *sacra confirmatio*.

Cresimare, *sacro chrismăte linire*.

Cresimato, *chrismăte confirmatus, a, um*, add.

Crespa, grinza, *ruga, æ*, f.

Crespamento, *contractio, onis*, f.

Crespare. V. Increspare.

Crespo, grinzuto, *crispus*: *rugosus, a, um*, add.

Cresta, *crista, æ*, f. alzar la cresta, *animum tollĕre*: abbassar la cresta, *animum demittĕre*: chi ha cresta, o cimiero, *cristatus, a, um*, add.

Creta, *creta*: *argilla, æ*, f. di **creta**, ***fictilis***, m. e f. *e*, n.

Cretoso, *cretosus, a, um*, add.

Cribrare, vagliare, *cribro, as*, etc. A.

Cribro, vaglio, *cribrum, i*, n.

Criminale, *criminalis*, m. e f. *e*, n.

Criminalista, *quæsitor, oris*, m.

Criminalmente, *criminaliter*, avv.

Criminoso, *criminosus, a, um*, add.

Crine, *crinis, is*, m.

Crinito, *crinitus, a, um*, add.

Crise, crisi, mutazione di una malattia in bene o in male, *crisis, is*, f.

Crisma, *chrisma, ătis*, n.

Crisolito, grisolito, pietra preziosa, *chrysolithus, i*, m.

Cristallino, *crystallinus, a, um*, add.

Cristallo, *crystallus, i*, f. *crystallum, i*, n.

Cristato, *cristatus, a, um*, add.

Cristianamente, *christiano more*: *sancte*, avv.

Cristianesimo, cristianità, *christianorum religio*: *christiana respublica*: *christianum nomen*.

Cristiano (sost.), *christianus, i*, m. farsi cristiano, *Christi religionem* ***amplecti***: *christianus, a, um*, add.

Cristiere, lavativo, *clysterium, ii*, n.

Cristo, *Christus, i*, m.

Critica, *critice, es*, f.

Criticare, *judico, as*, etc. A.

Critico (sost.), *censor, oris*, m. ***criticus, i***, m. *criticus, a, um*, add.

Crivellare, stacciare, *cribro, as*, etc. A.

Crivellato, *excretus*: *purgatus, a, um*, add.

Crivello, *vannus, i*, m. *cribrum, i*, n.

Croce, *crux, crucis*, f. farsi il segno della croce, *sancto crucis signo se munire*: colle braccia in croce, *decussatis brachiis*: croce santa, l'abbiccì, *alphabeti tabula*.

Crocetta, crocellina, *parva crux*.

Crociata (lega dei Cristiani, che vanno contro gl' infedeli colla croce in petto), *militia sacra*, f.

Crocifiggere, *cruci affigĕre*, o *suffigĕre*.

Crocifissione, *cruci affixio*.

Crocifisso, *in crucem actus*: *crucifixus*: il Crocifisso, *Christi in cruce pendentis imago*.

Crocifissore, *carnifex, icis*, m.

Croco, zafferano, *crocus, i*, m.

Crogiuolo, vaso da fondere i metalli, *vascŭlum argillacĕum metallis conflandis*.

Crollamento, *vacillatio, onis*, f.

Crollare, scuotere, *concŭtio, tis, ussi, ussum, utĕre*, A.

Crollo, *commotio, onis*, f.

Cronaca, cronica, storia secondo l'ordine dei tempi, *annales, ium*, m. pl.

Cronico, mal cronico, di lunga durata, *morbus diuturnus*.

Cronista, cronicista, *annalium scriptor*.

Cronologia, *descriptio tempŏrum*.

Croscio, *sonitus*: *strepitus, us*, m.

Crosta, *crusta, æ*, f. *cortex, icis*, m.

Crostata, focaccia, *placenta*: *offa, æ*, f.

Crostino, *crustŭlum, i*, n.

Crostoso, *crustatus, a, um*, add.

Cruccio, sdegno, *ira, æ*, f.
Cruciare, ec. V. Tormentare, ec.
Crudamente, *acerbe: durĭter*, avv.
Crudele, *crudelis*, m. e f. *e*, n. *sævus, a, um*, add.
Crudelmente, *crudelĭter*, avv.
Crudeltà, *crudelĭtas, ātis: sævitia, æ*, f.
Crudetto, *subcrūdus, a, um*, add.
Crudezza, *acerbĭtas, ātis*, f.
Crudo, *crudus, a, um*, add. mezzo crudo, *semicrudus*: per Crudele, V.
Cruento, sanguinoso, *cruentus, a, um*, add.
Cruna, *acus foramen, ĭnis*, n.
Crusca, *furfur, ŭris*, m. di crusca, *furfurĕus: furfurosus, a, um*, add.
Cruschello, *furfurcŭla, æ*, f.
Cruscone, *furfur cribratus*.
Cruscoso, *furfuratus, a, um*, add.
Cubico, che ha la forma del cubo, *cubĭcus, a, um*, add.
Cubito, gomito, *cubĭtus, i*, m. *cubĭtum, i*, n.
Cubo, figura di sei faccie quadrate, *cubus, i*, m.
Cucchiaiata, *plenum cochlĕar*.
Cucchiaio, *cochlĕar*, vel *cochleāre, is*, n.
Cucchiaione, *ingens cochleāre*.
Cucina, *culīna, æ*, f. di cucina, *coquinarius, a, um*, add.
Cucinare, *coquīno, quis, xi, ctum, quĕre*, A. *coquino, as*, etc. A.
Cuciniere, *coquus, i*, m.
Cucire, *suo: consuo, sŭis, sūtum, suĕre*. A.
Cucito, *assūtus: consūtus, a, um*. add.
Cucitore, sartore, *sartor, oris*, m. per Rappezzatore, *sarcinātor, oris*, m.
Cucitrice, sartora, *sarcinātrix, īcis*, f.
Cucitura, *sutūra, æ*, f.
Cucuzza, zucca, *cucurbĭta, æ*, f.
Cuffia, *calantĭca, æ*, f. *reticŭlum, i*, n.
Cugina, *consobrina, æ*, f.
Cugino, *frater patruēlis: consobrinus*.
Culla, cuna, *cunæ, arum*, f. pl. dalla culla, *ab incunabulis*.
Cullare, *cunas agitare*.
Culmine, cima, *culmen, ĭnis*, n.
Culto, *cultus, us*, m.
Cultore, *cultor, ōris*, m.
Cultura, *cultūra, æ*, f.
Cumulare, *cumŭlo, as*, etc. A.
Cumulatamente, *cumulate*, avv.
Cumulazione, *cumulatio, onis*, f.
Cumulo, *cumŭlus: acervus, i*, m.
Cuna. V. Culla.
Cuneo, zeppa, *cunĕus, i*, m.
Cuocere, *coquo, quis, xi, ctum, quĕre*, A.
Cuocore, *ardor, oris*, m. *urēdo, inis*, f.
Cuocitura, *coctio, onis*, f.
Cuoco, *coquus, i*, m.
Cuoiaio, V. e di' Coiaio.
Cuoio, *corium, ii*, n.
Cuore, *cor, cordis*, n. nel cuor della state, dell' inverno, *media æstate, hiĕme*: con buon cuore, di buon cuore, *libenti animo*: di mal cuore, *ægre*: non mi dà il cuore, *ægre fero: non patior*: il cuore mi diceva, *animus mihi præsagiebat*: per Coraggio, *audacia, æ*, f. *animus, i*, m. di gran cuore, *magnanĭmus*: di poco cuore, *pusilli animi*.
Cuoricino, *corcŭlum, i*, n.
Cupidamente, *cupĭde*, avv.
Cupidigia, *cupidĭtas, ātis*, f.
Cupido, bramoso, *cupĭdus, a, um*, add.
Cupo (sost.), cupezza, *profundĭtas, ātis*, f.
Cupo (add.), *profundus, a, um*: uomo cupo, furbo, *homo versūtus, astūtus*.
Cupola, *tholus, i*, m.
Cura, *cura, æ*, f. aver cura, *curo, as*, etc. A. aver cura del corpo, *curare cuticŭlam*: per Governo, *regĭmen, ĭnis*, n. aver cura di sè, *sui rationem habēre*. — delle cose, *rebus consulĕre*: sarà mia cura, *ego vidēro*: cura di malattie, *curatio, onis*, f. per Parrocchia, *parœcia, æ: cura animarum*.
Curabile, *sanabĭlis*, m. e f. *e*, n. add.
Curare, *curo, as*, etc. A. per Medicare. V.
Curativo, *medĭcus, a, um*, add.
Curato parroco (sost.), *parŏchus, i*, m. (add.), *curatus: æstimatus, a, um*.
Curatore, *curator, oris*, m.
Curazione, *curatio, onis*, f.
Curia, *curia, æ*, f. *forum, i*, n.
Curiale, *causidĭcus, i*, m. *curiālis*, m. e f. *e*, n. add.
Curiosamente, *curiose*, avv.
Curiosità, *curiosĭtas, ātis*, f.
Curioso, *curiosus, a, um*, add.
Cursore, *cursor, oris*, m.
Curvare, *curvo, as*, etc. A.
Curvità, curvatura, *curvatūra, æ: curvatio, onis*, f.
Curule, sedia degli antichi magistrati, *sella curulis*.
Curvo, *curvus, a, um*, add.
Cuscino, *pulvinar, āris*, n. cuscinetto, *pulvillus, i*, m.
Custode, *custos, ōdis*, m.
Custodia, *custodia, æ*, f.
Custodire, *custōdio, is, ivi, ītum, īre: servo, as*, etc. A.
Custoditamente, *accurate*, avv.
Custodito, *custodĭtus, a, um*, add.
Cutaneo, della pelle, *cutaneus, a, um*.
Cute, pelle, *cutis, is: cuticŭla, æ*, f.
Cuticola, la prima tunica del corpo, *cuticŭla, æ*, f.
Cutrettola, sorta d'uccello, *motacilla, æ*, f.

D

Da, segno dell' ablativo, *a, ab*.
Dabbenaggine, *bonĭtas, ātis*, f.
Dabbene, *integĕr: probus, a, um*.
Da capo, *itĕrum*, avv.
Dacchè, poichè, *quoniam*, cong. per Dopochè, *postquam*, cong.
Daddovero, davvero, *serio, vere*, avv.
Dado, *talus, i*, m. *tessĕra, æ*, f.
Daino, damma, *dama, æ*, f.
Dama, *matrōna, æ*, f. per Sorta di giuoco,

scrupus, *i*, m. giuocare a dama, *scrupis ludere*, far dama, *scrupos geminare*.
Damerino, *politulus*, *a*, *um*, add. *nimis elegantiæ homo*.
Damigello, *ancilla*, *æ*, f. per Donzella nobile, *puella*, *æ*, f.
Danaro, Danaio. V. Denaro.
Dannabile, *damnabilis*, m. e f. *e*, n. add.
Dannare, *damno*, *as*, etc. *condemno*, *as*, etc. A.
Dannato, *damnatus*, *a*, *um*: — all' inferno, *sempiternis suppliciis addictus*.
Dannazione, *damnatio*, *onis*, f. — eterna, *æterna supplicia*, n. pl.
Danneggiamento, *læsio*, *onis*, f. *detrimentum*, *i*, n. *jactura*, *æ*, f.
Danneggiare, *damnum inferre*: *damno afficere*.
Danneggiato, *damno affectus*: *læsus*, *a*, *um*.
Danneggiatore, *lædens*, *entis*, c. add.
Dannosamente, *perniciose*, avv.
Dannoso, *perniciosus*, *a*, *um*, add.
Danza, danzare. V. Ballo, ballare.
Da ora innanzi, *posthac*: *deinceps*, avv.
Da per tutto, *ubique*: *undique*.
Dappoco, uomo, *iners*, *ertis*: *ignavus*, *a*, *um*, add. da poco in qua, *nuper*, *recens*, avv.
Dappoi, *postea*: *deinceps*, avv. Dappoichè, *post quam*, cong.
Dappocaggine, *inertia*, *æ*, f.
Dappresso, *prope*, *juxta*, prep. coll' acc.
Dapprima, *primo*, avv.
Dardo, *telum*, *jaculum*, *i*, n. colui che tira il dardo, *jaculator*, *oris*, m.
Dare, *do*, *das*, *dedi*, *datum*, *dare*: *tribuo*, *uis*, *ui*, *utum*, *uere*, A. dare ad intendere, *significo*, *as*, etc. A. — l' addio, *valedicere alicui*: — assalto, *aggredior*, *ederis*, *essus*, *edi*, D. — segno, *indicare*, *patefacere*: — contezza, *certiorem facere*: — alloggio, *hospitio accipere*: — agio, comodità, *copiam dare*.
Darsena, la parte più interna del porto, *interior portus*.
Darsi a qualche cosa, *alicui rei operam dare*: darsi tutto ad uno, *se totum alicui addicere*.
Data, nel fine delle lettere, *datum*, *i*, n. metter la data, *diem apponere*.
Datario, *conferendis beneficiis præfectus*, m.
Dativo (il terzo caso dei nomi lat.) *dativus casus*: *dandi casus*, *us*, m.
Dato, *datus*: *tributus*: *traditus*, *a*, *um*, add. dato che sia così, *fac ita esse*.
Datore, *dator*, *oris*, m.
Dattero, frutto della palma, *dactylus*, *i*, m. *palmula*, *æ*, f. *caryota*, *æ*, f. *caryotis*, *idis*, f.
Dattilo (piede metrico di una lunga e due brevi), *dactylus*, *i*, m. per Dattero, V.
Dattorno, d' attorno, *circum*: *circa*, prep. coll' accus.
Davanti, davante, *coram*, prep. coll' abl. *ante*, preposiz. coll' acc.
Davanzo, *satis superque*.
Davvero, *serio*, avv.
Dazio, *vectigal*, *alis*, n.
Dea, *dea*, *æ*, f.
Debellare, espugnare, *debello*, *expugno*, *as*, etc. A.
Debellatore, *debellator*, *oris*, m.
Debellazione, *expugnatio*, *onis*, f.
Debile. V. Debole.
Debilitamento, *debilitatio*, *onis*, f.
Debilitare, indebolire, *debilito*: *infirmo*, *as*, etc. *infringo*, *ingis*, *egi*, *actum*, *ingere*, A.
Debitamente, *merito*: *optimo jure*.
Debito (sost.), *debitum*, *i*, n. *æs alienum*: — di denari, *nomen*, *inis*, n. *pecunia debita*: far debiti, *æs alienum contrahere*: pagarli, o riscuoterli, *nomina expedire*, vel *exigere*: per Uffizio, *officium*, *ii*, n. *munus*, *eris*, n. fare il suo debito, *officii sui partes explere*: per Dovuto, *debitus*, *a*, *um*, add.
Debitore, *debitor*, *oris*, m.
Debitrice, *debitrix*, *icis*, f.
Debole, *infirmus*: *imbecillus*, *a*, *um*, add.
Deboletto, debiletto, *subdebilis*, m. e f. *e*, n.
Debolezza, *infirmitas*: *imbecillitas*, *atis*, f.
Debolmente, *imbecilliter*, avv.
Deca, decina, *decas*, *adis*, f.
Decadere, *decido*, *idis*, *idi*, *casum*, *idere*, N.
Decadenza, *lapsus*, *us*, m.
Decaduto, *delapsus*, *a*, *um*, add.
Decalogo, *decalogus*, *i*, m. *decem legis divinæ præcepta*.
Decampare, levare il campo, *castra movere*.
Decano, capo dieci, *decurio*, *onis*: *decanus*, *i*, m. per Capo di un ordine, *præfectus*, *i*, m.
Decantare, pubblicare, *decanto*, *as*, etc. A.
Decapitare, *caput amputare*, *abscidere*, A.
Decapitato, *capite obtruncatus*, *a*, *um*.
Decapitazione, *capitis amputatio*, *onis*, f.
Decembre, *december*, *bris*, m. di decembre, *decembris*, m. e f. *e*, n. add.
Decennale, decenne, *decennalis*, m. e f. *e*, n. add.
Decennio, *decennium*, *i*, n.
Decente, *decens*, *entis*, c. *decorus*, *a*, *um*, add. È decente, *decet*, imp.
Decentemente, *decenter*, avv.
Decenza, venustà, *decor*, *oris*, m.
Decidere per Tagliare, *decido*, *is*, *idi*, *isum*, *ere*, etc. A. per Determinare, *definire*, A.
Decifrare. V. Dicifrare.
Decima, *decimæ*, *arum*, f. pl.
Decimare, riscuoter le decime, *decimas exigere*: — i beni, *decimas imponere*: — i rei, *decimum quemque sorte ductum supplicio afficere*: per Diminuire, *imminuere*.
Decimo, *decimus*, *a*, *um*, add.
Decina. V. Deca.
Decisione, *decisio*, *onis*, f. — delle lite, *litis diremptio*.

Decisivamente, *definite*, avv.
Decisivo, *decretorius*, *a*, *um*, add.
Declamare, *declāmo*, *as*, etc. A.
Declamatore, *declamātor*, *ōris*, m.
Declamazione, *declamatio*, *onis*, f.
Declinare, *declīno*, *as*, etc. A.
Declinazione, declinamento, *declinatio*, *onis*, f.
Declive, *declivis*, m. e f. *e*, n. *declīvus*, *a*, *um*, add.
Declività, *declivĭtas*, *ātis*, f.
Decollare ec. V. Decapitare.
Decorare, *decōro*, *as*, etc. A.
Decorato, *decoratus*, *a*, *um*, add.
Decorazione, *ornatus*, *us*, m.
Decoro, *decus*, *ŏris*, n. con decoro, *pro dignitate*.
Decorosamente, *decōre*, avv.
Decoroso, *decōrus*, *a*, *um*, add.
Decorso (*anst.*), *decursus*, *us*, m.
Decotto, decozione, *decoctum*, *i*, n. *decoctio*, *onis*, f.
Decremento, decrescimento, *imminutio*, *onis*, f.
Decrepità, decrepitezza, *senium*, *ii*, n.
Decrepito, *decrepitus*, *a*, *um*, add.
Decrescere, *decresco*, *scis*, *vi*, *tum*, *scĕre*, N.
Decretare, *decerno*, *is*, *rēvi*, *retum*, *cernere*: *statuo*, *is*, *i*, *tum*, *ĕre*, A.
Decretato, *decrētus*: *sancitus*, *a*, *um*, add.
Decreto, *decretum*, *i*, n. *lex*, *legis*, f.
Decuplo, *decŭplus*, *a*, *um*, add.
Decuria, *decurĭa*, *æ*, f.
Decurione, *decurio*, *onis*, m.
Dedica. V. Dedicazione.
Dedicare, *dico*, *as*, etc. A. — un tempio, *templum consecrare*: — un libro, *librum alicui inscribĕre*.
Dedicato, *dicatus*, *a*, *um*, add.
Dedicazione, dedicamento, *nuncupatio*, *onis*, f. — d'una chiesa, *dedicatio*, *consecratio*, *onis*, f.
Dedito, *dedĭtus*: *propensus*, *a*, *um*, add.
Dedizione, resa, *deditio*, *onis*, f.
Dedotto, *deductus*, *a*, *um*, add.
Dedurre, tirar giù, *deduco*, *cis*, *xi*, *ctum*, *cĕre*, A.
Deduzione, *deductio*, *onis*, f. per Illazione, V.
Defalcare, *deduco*, *cis*, *xi*, *ctum*, *cĕre*, A.
Defalcato, *deductus*, *a*, *um*, add.
Defalco, *deductio*, *onis*, f.
Defatigare, stancare, *fatigo*, *as*, etc. A.
Deferenza, *obsequium*, *ii*, n.
Deferire, *obsĕquor*, *sequĕris*, *secutus*, *sequi*, D.
Deficiente, *deficiens*, *entis*, c.
Definire, *definio*, *inis*, *inivi*, *initum*, *inire*, A.
Definito, *definitus*: *statutus*, *a*, *um*, add.
Definizione, *definitio*, *onis*, m.
Deformare, *deformo*, *as*, etc. A.
Deformazione, *deformatio*, *onis*, f.
Deforme, *deformis*, m. e f. *e*, n. add.
Deformemente, *deformĭter*, avv.
Deformità, *turpitudo*, *inis*, f. *deformĭtas*, *ātis*, f.

Defraudare, *defraudo*, *as*, etc *fallo*, *lis*, *fefelli*, *sum*, *lĕre*. A.
Defraudato, *fraudatus*, *a*, *um*, add.
Defraudatore, *defraudator*, *oris*, m.
Defraudazione, *fraudatio*, *onis*, f.
Defunto, *vita functus*, *a*, *um*, add.
Degenerante, degenere, *degĕner*, *ĕris*, c.
Degenerare, *degenĕro*, *as*, etc. A.
Degnamente, *digne*, avv.
Degnare, *dignor*, *aris*, *atus*, *ari*, D. per Accettare l'offerta, *accipĕre*.
Degnazione, *comĭtas*, *ātis*, f.
Degnevole, *comis*, m. e f. *e*, n. add.
Degnevolmente, *comĭter*, avv.
Degno, *dignus*, *a*, *um*, add.
Degradare, *dignitate spolio*, *as*, etc. A.
Degradato, *gradu dejectus*, *a*, *um*, add.
Degradazione, *ex honoris gradu dejectio*, *onis*.
Deh! (inter). deprecativa), *ah!*
Dei (plur. di Dio) *dii*, *deorum*, m. Dei del cielo, *cœlĭtes*, *um*: — dell'inferno, *manes*, *ium*, m. pl.
Deificare, *deum facĕre*.
Deificazione, deificamento, *in deos relatio*, *onis*, f.
Deità, *divinĭtas*, *ātis*, f.
Delatore, spia, *delātor*, *oris*, m.
Delazione, *delatio*, *onis*, f.
Delegare, *delĕgo*, *as*, etc. A.
Delegazione, *delegatio*, *onis*, f.
Delfino, *delphin*, *inis*; *delphinus*, *i*, m.
Delibare, assaggiare, *delibo*, *as*, etc. A.
Deliberare, *delibĕro*, *as*, etc. A.
Deliberatamente, *consulto*, avv.
Deliberativo, *deliberativus*, *a*, *um*, add.
Deliberato, *deliberatus*, *a*, *um*, add.
Deliberazione, *deliberatio*, *onis*, f.
Delicatamente, *mollĭter*: *laute*, avv.
Delicatello, *mollicellus*, *a*, *um*, add.
Delicatezza, *mollities*, *iei*, f. — di lavoro, *operis perfectio*: — di coscienza, *religio*.
Delicato, *delicatus*, *a*, *um*: *mollis*, m. e f. *e*, n. add. cibo delicato, *cibus exquisitus*: delicato di coscienza, *religiosus*: — nel mangiare, *in victu elegans*: Affar delicato, *periculosa res*: lavoro delicato, *exquisitum opus*.
Delineare, disegnare, *delineo*, *as*, etc. A.
Delinquente, *reus*, *rei*, m.
Deliquio, *deliquium*, *ii*, n. cadere in deliquio, *sensibus destitui*.
Delirante, *delīrus*, *a*, *um*, add.
Delirare, escir fuori di sè, *delīro*, *as*, etc. N.
Delirio, *deliramentum*, *i*, n. *delirium*, *ii*, n.
Delitto, *delictum*, *i*, n. *crimen*, *inis*, n.
Deliziarsi, o deliziare, *deliciis frui*, D.
Delizie, *delicium*, *ii*, n. *deliciæ*, *arum*, f. pl. darsi alle delizie, *deliciis indulgēre*.
Deliziosamente, *mollĭter*: *suavĭter*, avv.
Delizioso, *suavis*, m. e f. *e*, n. add.
Del resto, *ceterum*, cong.
Deludere, *irrideo*, *ides*, *isi*, *isum*, *idēre*, A.
Delusione, *ludificatio*, *onis*, f.
Deluso, *illusus*: *deceptus*, *a*, *um*, add.

Demagogo, capo di fazione, popolare, *demagogus, i*, m.
Demente, pazzo, *demens, ĕntis*, c.
Demenza, *dementia, æ*, f.
Demeritare, *indignum esse: male merēri*, D.
Demerito, *culpa, æ*, f.
Demolito, *eversus, a, um*, add.
Demolizione, *demolitio, onis*, f.
Demonio, *dæmon, onis*, m.
Denaro, *nummus, i*, m. *pecunia, æ*, f.
Denaroso, *pecuniosus, a, um*, add.
Denigrare, oscurare, *denīgro, as*, etc. A.
Denigrato, *denigratus, a, um*, add.
Denigrazione, *denigratio, onis*, f.
Denominare, *denomino, as*, etc. A.
Denominazione, *denominatio, onis*, f.
Denotare, *denŏto: significo, as*, etc. A.
Densare, *denso, as*, etc. A.
Densità, *densitas, ātis*, f.
Denso, *densus, a, um*, add.
Dentato, *dentatus, a, um*, add.
Dentatura, dentame, *dentes, ium*, m. pl.
Dente, *dens, dentis*, m. denti innanzi, *dentes primores adversi*: — mascellari, *molares*: — posticci, *adsciti*: mettere i denti, *dentīre*: — di sopra, *superiores*: — di sotto, *inferiores*: — in fuori, *exserti*: — guasti, *corrupti*: cavarli, *eximĕre, evellĕre*: stuzzicarli, *scalpĕre, fricare*: nettarli, *colluĕre*: smuoverli, *concutĕre*: mostrare i denti contra alcuno, *contra aliquem audacter*, vel *audacter insurgĕre*: fatto a denti, *denticulatus*: parlar fuor dei denti, *libĕre loqui*.
Dentro (avv. di stato in luogo, e spesso anche di moto), *intus* (col moto a luogo quasi sempre), *intro, introrsus*: (preposiz. coll'acc.) *intra*: per Più addentro, *interius*, comparativo di *intra*: di dentro, *intrinsecus*, avv.
Denudare, *denŭdo, as*, etc. A.
Denunziare. V. Dinunziare.
Deplorabile, *deplorandus, a, um*, add.
Deplorare, *deplōro, as*, etc. A.
Deponente, *deponens, ĕntis*, c. verbi deponenti, *deponentia verba*.
Deporre, *depōno, nis, sui, sĭtum, nĕre*, A. — di dignità, *abrogare alicui magistratum*: — la carica, *abdicare se magistratu*: per Far testimonianza, *testor, aris, ari*: *testificor, aris, ari*, D.
Depositare, *apud aliquem depōnĕre*.
Depositario, colui appresso il quale si deposita, *depositarius, ii*, m. *sequester, tri*, vel *tris*, m.
Depositato, *depositus, a, um*, add.
Deposizione, *depositio, onis*, f. — di testimoni, *testificatio, onis*, f.
Deposto. V. Deposizione: per Dimesso, *depositus, a, um*, add.
Depravare, *depravo: vitio, as*, etc. *viŏlo, as*, etc. A.
Depravatore, *corruptor, oris*, m.
Depravazione, *depravatio, onis*, f.
Depredare, ec. V. Predare, ec.
Depressione, *depressio, abjectio, onis*, f.

Depresso, *depressus, a, um*, add.
Depressore, *deprimens, ĕntis*, c.
Deprimere, *deprĭmo, mis, essi, essum, imĕre*, A.
Depurare, *purgo, as*, etc.
Deputare. V. Eleggere.
Deputato, *legatus, i*, m.
Derelitto, *destitūtus: neglectus, a, um*, add.
Deretano, *postīcus, a, um*: Per Ultimo, *extremus, a, um*, add.
Deridere. V. Burlare.
Derisitrice, *contemptrix, icis*, f.
Derisibile, *irridendus, a, um*.
Derisione, *irrisio, onis*, f. *irrisus, us*, m. con derisione, *per ludibrium*, avv.
Deriso, *derīsus: irrīsus, a, um*.
Derisore, *derīsor, oris*, m.
Derisorio, *deridens, ĕntis*, c.
Derivare, *orior, ŏris, tus, iri*, D.
Derivazione, *origo, inis*, f.
Derogare, togliere, o diminuire l'autorità, *derŏgo, as*, etc. A.
Derogazione, deroga, *derogatio, onis*, f.
Derrata, *res venalis*: per Parte, porzione, *portio, onis*, f.
Desco, mensa, *mensa, æ*, f.
Descrittivo, *describens, ĕntis*, c.
Descritto, *descriptus, a, um*.
Descrittore, *scriptor, oris*, m. *amanuensis, is*, m.
Descrivere, *descrībo, bis, psi, ptum, bĕre*, A.
Descrizione, *descriptio, onis*, f.
Desertare, *vasto, as*, etc. A. — dalla milizia, *a castris discedĕre*.
Deserto, *desertum, i*, n. *solitudo, inis*, f. per Abbandonato, *desertus, a, um*, add.
Desertore, *transfŭga, æ*, m.
Desiderabile, *expetendus, a, um*: *optabĭlis*, m. e f. *e*, n. add.
Desiderare, *desidĕro, as*, etc. A. *cupio, is, ivi, itum, pĕre*, A.
Desiderio, *optatum, i*, n. *desiderium, ii*, n. con desiderio, *avide*, avv.
Desiderosamente, *cupide*, avv.
Desideroso, *cupidus: avidus, a, um*, add.
Designare, notare, *designo, as*, etc. A.
Desinare (sost.), *prandium, ii*, n.
Desinare, *prandeo, des, di, sum, dēre*, N. Chi ha desinato, *pransus*: chi non ha desinato, *impransus*: dar da desinare ad alcuno, *obsonare alicui*.
Desinenza, *terminatio, onis*, f.
Desio, ec. V. Desiderio.
Desistere, *cesso, as*, etc. N.
Desolare, *vasto, as*, etc. *desŏlo, as*, etc. A.
Desolazione, *vastatio, onis*, f.
Desso, *ipse, ipsius*, pron.
Destare, *excito, as*, etc. A. destarsi, *excitari a somno*: *expergiscor, eris, experrectus, expergisci*, D.
Destatore, *qui excitat*.
Destatrice, *quæ excitat*.
Destinare, assegnare, *destĭno, as*, etc. A.
Destinato, *destinatus, a, um*, add.
Destinazione, *destinatio, onis*, f.

Destino, *fatum, i,* n. *sors, sortis,* f.
Destituto, destituito, privato, abbandonato, *destitūtus, a, um,* add.
Desto, *expergefactus: vigil, ĭlis,* c.
Destra, *dextĕra, æ,* f. a destra, (col verbo di moto), *dextrorsum.*
Destramente, *caute: callide,* avv.
Destreggiarsi, *dexteritate, uti,* D.
Destrezza, *dexterĭtas, atis,* — di membra, *agilĭtas, ātis,* f.
Destriere, *equus, i,* m.
Destro, comodità, *opportunĭtas, ātis,* f. come aggettivo, *dexter, ra, rum: agĭlis,* m. e f. *e,* n.
Desumere, *desūmo, is, psi, ptum, ĕre,* A.
Desunto, *desumptus, a, um,* add.
Detenere, *detineo, ĭnes, inui, entum, inēre,* A.
Deterioramento. V. Peggioramento.
Deteriorare, *deteriorem facĕre.*
Determinare, *statŭo, ŭis, ui, ūtum, uĕre,* A. *decerno, cernis, crēvi, crētum, cernĕre.*
Determinatamente, *ad dictum tempus.*
Determinazione, *constitutio, onis,* f.
Detestabile detestando, *detestabĭlis,* m. e f. *e,* n. *execrandus, a, um,* add.
Detestare, *detestor, aris, atus, ari,* D.
Detestazione, *detestatio: execratio, onis,* f.
Detrarre, *detrăho, ăhis, āxi, actum, ahĕre,* A.
Detratto, *detractus, a, um,* add.
Detrattore, *obtrectātor, oris,* m. *dicax, ācis,* c.
Detrazione, *detractio, onis,* f. per Mormorazione, *obtrectatio, onis: maledicentia, æ,* f.
Detrimento, *detrimentum: damnum, i,* n.
Detruso, cacciato in giù, *detrusus, a, um,* add.
Dettame, *ratio, onis,* f. — di natura, *naturæ instinctus, us,* m.
Dettare, *dicto, as,* etc. A. per Comporre, *scribere.*
Dettato, *dictatus, a, um,* add.
Dettatore, *qui dictat.*
Dettatura, *dictatum, i,* n.
Detto (sost.), *dictum, i,* n.
Detto fatto, *statim,* avv.
Deturpare, *deturpo, as,* etc. A. *corrumpo, mpis, pi, ptum, pĕre,* A.
Devastare, *vasto, as,* etc. A.
Devastazione, *vastatio, onis,* f.
Deviamento, deviazione, *aberratio, onis,* f.
Devolvere, *devolvo, vis, vi, ūtum, vĕre,* A.
Devoluto, gettato a basso voltando, *devolutus, a, um,* add.
Devoto, devozione. V. Divoto ec.
Di giorno, *dies, diēi* (m. e f. nel sing., e nel plur. m. soltanto): nel far del dì, *prima luce:* di dì in dì, *in dies singulos:* tutti i dì, *quotidie:* di dì e di notte, *diu noctūque:* al dì d'oggi, *in præsentiarum: hac tempestate.*
Diabolicamente, *nequiter,* avv. *diabolico more.*
Diabolico, *nequam,* indecl.
Diaconato, uno degli ordini sacri, *diaconatus, us,* m.
Diacono, *diacŏnus, i,* m.
Diadema, *diadēma, ătis,* n.
Dialettica, arte di ragionar con ordine, *dialectĭca, æ,* f. *dialectice, es,* f.
Dialetticamente, *dialectice,* avv.
Dialettico, *dialecticus, a, um,* add.
Dialetto, *dialectus, i,* f.
Dialoghetto, *brevis dialogus.*
Dialoghista, *dialogorum scriptor, oris,* m.
Dialogo, *dialogus, i,* m.
Diamante, *adămas, ăntis,* m. di diamante, *adamantĭnus, a, um,* add.
Diametralmente, *de diametro; e regione,* avv.
Diametro, *diamĕtros, i,* f.
Dianzi, testè, *nuper. modo,* avv.
Diario, *ephemĕris, ĭdis,* f. *commentarius, ii,* m.
Diarrea, *alvus soluta,* f. *alvi fluxus, us,* m.
Diaspro, pietra dura, *iaspis, ĭdis,* m.
Diavolo, *diabolus, i,* m. *dæmon, ŏnis:* diavolo! *papæ!* latror.
Di balzo, *per saltum,* avv.
Dibattere, *contundo, undis, udi, usum, undĕre,* A. per Disputare, V. — dibattersi, *diversum agitari.*
Dibattimento, *concussio, onis,* f. per Disputa, *disputatio, onis,* f.
Dibattuto, *vexatus: discussus: jactatus, a, um,* add.
Diboscare, *silvam cædo, is, cecīdi, cæsum, ere,* A.
Diboscato, *dumētis spoliatus, a, um,* add.
Dicembre. V. Decembre.
Diceria, *dicterium, ii,* n. *sermo, onis,* m. per Discorso troppo lungo, *loquacĭtas, ātis,* f.
Dicevole. V. Decente.
Dichiarare, *declāro, explĭco, as,* etc. A. — la guerra, *bellum indicĕre:* — l'affetto, *amorem suum significare:* — i suoi sentimenti, *mentem suam aperīre:* dichiararsi per alcuno, *partes alicujus amplecti,* D.
Dichiaratore, *declarator, oris,* per Interprete, *interpres, ĕtis,* m.
Dichiarazione, dichiaramento, *declaratio: explicatio, onis,* f.
Diciannove, *decem et novem, undeviginti.*
Diciannovesimo, *decimus et nonus: undevigesĭmus, a, um,* add.
Diciassette, *decem et septem: septemdĕcim.*
Diciassettesimo, *decimus septimus, a, um,* add.
Dicibile, *fandus, a, um: quod dici potest,* add.
Dicifrare, *notas explicare:* per Dichiarare, V.
Diciferatore, *interpres, ĕtis,* m.
Diciottesimo, *decimus octavus: duodevicesĭmus, a, um,* add.
Diciotto, *decem et octo: duodeviginti:* diciotto volte, *octies et decies,* avv.

Dicitore, *orator: narrator*, *oris*, m.
Dicitura, *dicendi ratio*, *onis*, f.
Di continuo, *assidue*, avv.
Dieci, *decem*: a dieci a dieci, *deni*, *æ*, *a*: dieci volte, *decies*.
Diecina, decina, *decas*, *ădis*, f.
Dieta, *jejunium*, *ii*, n. *victus inopia*: *abstinentia*, *æ*, f. per Adunanza, *concilium ii*, n. *conventus*, *us*, m.
Dietro, di dietro, indietro, *retro*: *ab tergo*: *post tergum*: andar dietro uno, *aliquem sequi*: parte di dietro, *pars posterior*.
Di fatto, *reapse*: *revēra*, avv.
Difendere, *defendo*, *dis*, *di*, *sum*, *dĕre*, A. *tueor*, *ēris*, *itus*, *ēri*, D.
Difensivo, *defendens*, *ĕntis*, c.
Difensore, difenditore, *defensor*: *propugnator*, *oris*, m.
Difesa, *patrocinium*, *ii*, n. *præsidium*, *ii*, n.
Difeso, *defensus*, *a*, *um*, add.
Difettare, mancare, *deficio*, *ficis*, *fĕci*, *fectum*, *ficĕre*, N.
Difettivo, *deficiens*, *ĕntis*, c.
Difetto, *vitium*, *ii*, n. *crimen*, *ĭnis*, n. per Mancanza, *defectus*, *us*, m.
Difettosamente, *vitiose*, avv.
Difettoso, *vitiosus*, *a*, *um*: *mancus*, *a*, *um*, add.
Diffalcare. V. Defalcare.
Diffamare, infamare, *infamo*, *as*, etc. A. *probrosis dictis aliquem discindĕre*.
Diffamatorio, *famosus*, *a*, *um*, add.
Diffamazione, *convicium*, *ii*, n.
Differente, *dissimilis*, m. e f. *e*, n.
Differentemente, *dissimiliter*, avv.
Differenza, *discrimen*, *ĭnis*, n. *differentia*, *æ*, f. senza differenza, *indiscriminatim*, avv. per Lite, *lis*, *litis*, f.
Differire, *differo*, *fers*, *distŭli*, *latum*, *ferre*, A. *produco*, *cis*, *xi*, *ctum*, *cĕre*, A. — di giorno in giorno, *procrastino*, *as*, etc. A. senza differire, *sine ulla mora*.
Differito, *prolatus*: *protractus*, *a*, *um*, add.
Difficile, *difficilis*, m. e f. *e*, n. *arduus*, *a*, *um*.
Difficilmente, ***difficile*: *ægre*: *difficiliter***, avv.
Difficoltà, *difficultas*, *atis*, f.
Difficoltare, difficultare, *difficilem reddĕre*.
Difficoltoso, difficultoso. V. Difficile.
Diffidare, *diffido*, *dis*, *di*, *sum*, *dĕre*, N.
Diffidente, chi dispera, *diffidens*, *ĕntis*, c.
Diffidenza, *diffidentia*, *æ*, f. con diffidenza, *diffidenter*, avv.
Diffondere, *diffundo*, *undis*, *ūdi*, *usum*, *undĕre*, A.
Difformare, deturpare, *turpo*, *as*, etc. *deformo*, *as*, etc. A.
Difformatamente, ***turpiter*: *deformiter***, avv.
Difforme, *dissimilis*, m. e f. *e*, n. per Deforme, *informis*, m. e f. *e*, n. add.
Difformità, *deformitas*, *atis*, f. per Diversità, *dissimilitudo*, *ĭnis*, f.

Diffusamente, *copiose*: *fusius*, avv.
Diffusione, *effusio*, *onis*, f.
Diffuso, *diffusus*, *a*, *um*: per Verboso, V.
Di fresco, *nuper*, avv.
Di fuori, *foris*, avv.
Di furto, *furtim*, avv.
Di galoppo, *celeriter*, avv.
Digenerare. V. Degenerare.
Digerire, *digĕro*, *ĕris*, *essi*, *estum*, *erĕre*, A. *excoquĕre*.
Digerito, digesto, *concoctus*, *a*, *um*: per Ben composto, messo in ordine, *compositus*, *a*, *um*, add.
Digestibile, *facilis ad concoquendum*.
Digestione, *digestio*, *onis*, f.
Dighiacciare, *liquesco*, *is*, *ĕre*, N.
Dighiacciato, *liquefactus*, *a*, *um*, add.
Di giorno, *de die*, avv.
Di giù, *deorsum*, avv.
Digiunare, *abstinĕre se cibo*.
Digiuno (sost.), *abstinentia*, *æ*, f. *jejunium*, *ii*, n.: a digiuno, *jejuno stomăcho*, avv.: giorno di digiuno, *esuriales feriæ*, f. pl. add. *jejunus*, *a*, *um*.
Dignità, *dignitas*, *atis*, f.
Digradare, ec. V. Degradare, ec.
Di grado in grado, *gradatim*, avv.
Di gran lunga, *longe admŏdum*, avv.
Digressione, *digressio*, *onis*, f.
Digrignare, ringhiare, mostrando i denti, *dentibus frendeo*, *es*, vel *frendo*, *is*, *ĕre*, N.
Digrossare. V. Dirozzare.
Di là, *trans*, prep. coll' acc.
Dilacerare, *dilacĕro*, *as*, etc. A.
Dilacerazione, *laceratio*, *onis*, f.
Dilaniare, lacerare, *dilanio*, *as*, etc. A.
Dilapidare, scialacquare, *dilapido*, *as*, etc. *absumĕre*, A.
Dilatare, allargare, *dilato*: *amplio*, *as*, etc. A.
Dilatato, *prolatus*, *a*, *um*, add.
Dilatazione, dilatamento, ***amplificatio***, *onis*, f.
Dilazione, *dilatio*, *onis*, f. *mora*, *æ*, f.
Dileggiare, dileggiamento. V. Beffare, ec.
Dileggiatore, *irrisor*, *oris*, m.
Dileguarsi, *evanesco*, *escis*, *ui*, *escĕre*: *aufugĕre*, N.
Dileguato, *elapsus*, *a*, *um*, add.
Dilemma, sorta di argomentazione, *dilemma*, *ătis*, n.
Dilettare, *delecto*: *recrĕo*, *as*, etc. A. dilettarsi, *delector*, *aris*, *atus*, *ari*, D.
Dilettevole, *delectabilis*, m. e f. *e*, n. *jucundus*, *a*, *um*.
Dilettevolmente, *delectabiliter*, avv.
Diletto, dilettazione, *delectatio*, *onis*, f. con diletto, *jucunde*, avv. *dilectus*, *a*, *um*, add.
Dilezione, benevolenza, *benevolentia*, *æ*, f.
Diliberare, *delibero*, *as*, etc. A. per Liberare, *liberare*.
Dilicato. V. Delicato.
Diligente, *diligens*, *ĕntis*, c.
Diligentemente, *diligenter*, avv.
Diligenza, *diligentia*, *æ*, f. *studium*, *ii*, n.

Dileggiare, partirsi, discēdo, dis, ssi, ssum, dĕre, N.
Dilombare, delumbo, as, etc. A.
Dilombato, elumbis: delumbis, m. e f. e, n. delumbatus, a, um, add.
Dilucidare, dilucidazione. V. Dichiarare, ec.
Dilungamento, recessus, us, m. per Dilazione, V.
Dilungare, extendo, dis, di, sum, dĕre, A. per Allontanare, e differire, removēre, differre: dilungarsi, recedĕre.
Diluviare, piovere strabocchevolmente, effuse pluĕre, impers.
Diluvio, diluvium, ii, n. eluvio, onis, f.
Diluvione, mangione, helluo, onis, m.
Dimagrare, macresco, is, ĕre, N.
Dimagrato, emaciatus, a, um: macie confectus, add.
Dimanda, petitio: postulatio, onis, f.
Dimandare, peto, is, ivi, vel itum, ĕre: petere aliquid ab aliquo: posco, scis, poposci, poscitum, ĕre, postulo, as, etc. A. — con istanza, flagito, as, etc. A. — col pianto, imploro, as, etc. A. — per sapere, sciscitor: percontor, aris, atus, ari, D.
Dimandatore, petitor: postulator, oris, m.
Dimani, e domani, cras, avv. il dì di domani, dies crastina: dimani a sera, cras ad vespĕrum: diman l'altro, perendie.
Dimenamento, agitatio, onis, f.
Dimenare, agito, as, etc. A.
Dimensione, dimensio, onis, f.
Dimenticanza, oblivio, onis, f.
Dimenticarsi, dimenticare, obliviscor, isceris, itus, isci, D. rei memoriam deponere.
Dimentico, dimenticato, immĕmor, ŏris, c. oblitus, a, um, add.
Dimesso, intermissus, a, um: per Umiliato, V.
Dimesticamento, dimesticazione, cultura, æ, f.
Dimesticare, cicuro, as, etc. A. mansuefacĕre.
Dimestichezza, familiaritas, ātis: consuetudo, inis, f.
Dimestico, familiaris, m. e f. e, n. animale dimestico, cicur, cŭris, c.
Dimettere, dimittere, per Tralasciare, omittere.
Dimettersi. V. Abbassarsi.
Dimezzare, dividere, divido, is, isi, isum, dividĕre, A.
Diminuimento. V. Diminuzione.
Diminuire, diminuo, uis, ui, utum, uĕre, A.
Diminutivo, diminutivus, a, um, add.
Diminuzione, imminutio, onis, f.
Dimissoria (lettera), literæ dimissoriæ, f. pl.
Dimora, mora, æ, f. per Permanenza, mansio, onis, f. senza dimora, nulla interposita mora, avv.
Dimorare, moror, aris, atus, ari, D.

Dimostrabile, demonstrabilis, m. e f. e, n.
Dimostrare, demonstro, as, etc. ostendo, dis, di, sum, dĕre, A.
Dimostrativo, demonstrativus, a, um.
Dimostratore, demonstrator, oris, m.
Dimostrazione, demonstratio, onis, f.
D'improvviso, illico, avv.
Dinanzi, ante, prep. coll'accus. dinanzi a tutti, palam, coll'abl.
Di nascoso. V. Nascostamente.
Dinodare, enōdo, as, etc. A.
Dinominare. V. Denominare.
Dinotare. V. Denotare.
Di notte, noctu, avv.
Dintorno, circa: circum, prep. coll'accus. e avv. per Vicinanza, vicinia, æ, f.
Dinudare, denūdo, as, etc. A.
Dinunzia, denunciatio, onis, f.
Dinunziare, denuntio, as, etc. A.
Dio, Deus, Dei, m. coll'aiuto di Dio, Deo bene juvante: col voler di Dio, Deo volente: Dio il voglia, Dio il volesse, utinam: Dio non voglia, Deus averiat: Dio mi aiuti, ita me Deus adjuvet.
Diocesano, ex diœcēsi.
Diocesi, diœcēsis, is, f.
Dipartenza. V. Partenza.
Dipartimento, divisio, onis, f.
Dipartire, divido, idis, isi, isum, idĕre, A. partire, abire, N.
Dipendenza, clientela, æ, f.
Dipendere, pendeo, es, pependi, pensum, dēre, N.
Dipingere, pingo, gis, xi, pictum, gĕre, A.
Dipinto, pictus, a, um. V. Pittura, Quadro.
Dipintore, pictor, oris, m.
Dipintura. V. Pittura.
Diploma, patente, diploma, ătis, n. estensore dei diplomi, a diplomatibus, m.
Dipoi, postea, avv.
Diportamento, modo di vivere, vitæ ratio.
Diportarsi, darsi al bel tempo, genio indulgēre: per Passeggiare, deambulare, N.
Diporto, solatium, ii, n.
Diradare, rarefăcio, ăcis, ēci, actum, acĕre, A. diradarsi, rarefio, is, actus, iĕri, N. P. rarescĕre.
Diradato, rarefactus, a, um, add.
Diradicare, eradicare.
Diramare, putare: per Dividere in rami, dividĕre: diramarsi, dividi, P.
Diramazione, divisio, onis, f.
Dire (sost.), dictum, i, n.
Dire (verbo), dico, cis, xi, ctum, cĕre: loquor, quĕris, cutus, qui, D. — bene, laudo, as, etc. A. — male, vitupĕro, as, etc. A. — di sì, affirmo, as, etc. A. — di no, nego, as, etc. A. abnuo, is, etc. Si dice, fertur, fama est: Dire pro e contra, in utramque partem dicĕre.
Diredare, privar dell'eredità, exheredare, A.
Direttamente, directe, avv.
Diretto, directus, a, um, add.
Direttore, moderator, oris, m.
Direttrice, moderatrix, icis, f.

Direzione, directio, onis, f. per Governo, regolamento, regimen, ĭnis, n.

Dirigere, dirigo, igis, exi, ectum, igĕre, A. modĕror, aris, atus, ari, D.

Dirimente, che rompe, dirimens, entis, o.

Dirimpetto, e regione, contra prep.

Dirittamente, a dirittura, recte; directe: directo, avv. per Giustamente, æque, jure.

Diritto (sost.), jus, juris, n. come agget. directus, a, um: per Destro, dexter, dextĕra, vel dextra, dextĕrum, vel dextrum: per Accorto, sagax, acis; per Direttamente, recte, avv.

Dirittura, directio, onis, f. a dirittura: recta, avv. prorsus, avv.

Dirizzamento. V. Direzione.

Dirizzare, dirigo, is, exi, ectum, dirigĕre: per Correggere, corrigo, igis, exi, ectum, igĕre, A.

Dirizzato, directus; erectus, a, um, add.

Diroccare, diruĕre.

Diroccato, dirŭtus, a, um, add. mezzo diroccato, semidirutus.

Dirompere, dirumpo, is, upi, uptum, dirumpere, rumpo, etc. A.

Dirottamente, immodice, avv.

Dirotto, strabocchevole, immodĭcus, a, um: dirotta pioggia, largus imber, ris: dirotto pianto, largus fletus, us, m.

Dirozzamento, informatio; institutio, onis, f.

Dirozzare, expolio, ilis, olivi, olitum, olire, A. per Ammaestrare, erudire.

Dirozzato, elaboratus, a, um, add.

Dirugginare, rubigine purgo, as, etc. A.

Dirupato, scosceso, prœruptus, a, um.

Dirupo, precipizio, rupes, is, f. cataracta, æ, f. scrupulosus, vel difficilis locus.

Disabbellire, fœdo, as, etc. A.

Disabitare, levar gli abitatori, solitudinem induco, is, xi, ctum, cĕre: ad vastitatem voco, as, etc. A.

Disabitato, desertus, a, um, add.

Disacconciamente, incomposite, avv.

Disacconcio, inconcinnus, a, um, add.

Disacerbare, mitigo, as, etc. leno, is, ivi, etc. A.

Disadattamente, inepte, avv.

Disadatto, ineptus, a, um, add.

Disadorno, inornatus, a, um, add.

Disaffezionare, animum alieno, as, etc. A.

Disaffezionato, aversus, a, um, add.

Disagevole, disagevolezza, ec. V. Difficile, Difficoltà, ec.

Disaggradare, displicet, ebat, uit, ēre, imp.

Disaggradevole, ingratus, a, um, add.

Disagiare, incommŏdo, as, etc. A.

Disagiatamente, incommŏde, avv.

Disagiato, incommŏdus, a, um: per Bisognevole, egens, entis: inops, opis, o. add.

Disagio, incommŏdum, i, n. per Mancamento, inopia, æ, f.

Disalbergare, lasciar l'albergo, hospitio abire, N.

Disalbergato, senza albergo, hospitio carens, entis, o. add.

Disamare, odio prosĕquor, ĕris, quutus, ĕqui, D.

Disamato, invisus, a, um, add.

Disamina, esame, examen, ĭnis, n.

Disaminare, examino, as, etc. A.

Disamorare, amorem dirĭmo, is, ēmi, emptum, ĭmĕre.

Disamorato, amore carens, entis, c.

Disamore, odium, ii, n. inhumanitas, atis, f.

Disamorevole, inhumanus, a, um, add.

Disamorevolezza. V. Disamore.

Disanimare, exanimo, as, etc. A. Disanimarsi, animo cadĕre, concidĕre, N.

Disanimato, animo fractus, a, um, add.

Disappassionato, perturbationum expers, ertis, c. add.

Disapplicare animum averto, is, ti, sum, ĕre, A.

Disapplicato, negligens, entis, c.

Disapplicazione, incogitantia, æ, f.

Disapprovare, improbo, as, etc. rejicio, icis, eci, ectum, icĕre, A.

Disapprovazione, improbatio, onis, f.

Disarmamento, armorum depositio, onis, f.

Disarmare, exarmo, as, etc. spoliare armis, A. per Licenziar gli eserciti, arma ponere: ab armis discedere.

Disarmato, inermis, m. e f. e, n.

Disarmonia, discordia, discrepantia, æ, f.

Disarmonico, dissonans, antis, c.

Disastro, sciagura, incommŏdum, i, n.

Disastroso, incommŏdus, a, um, add.

Disattento, negligens, entis, c.

Disattenzione, incuria: negligentia, æ, f.

Disavvedimento, imprudentia, æ: inconsiderantia, æ, f.

Disavvedutamente, imprudenter, avv.

Disavveduto, imprudens, entis, c. inconsultus, a, um, add.

Disavvantaggio, iniqua conditio, onis; jactura, æ, f.

Disavvenente, disavvenevole, inelĕgans, antis, c.

Disavvenenza, bruttezza, deformĭtas, atis, f.

Disavventura, infortunium, ii, n.

Disavventuratamente, disavventurosamente, infeliciter, avv.

Disavventurato, disavventuroso, infelix, icis, c.

Disavvertenza, inconsiderantia, æ, f.

Disavvezzare, desuefacio, acis, eci, actum, acĕre, A.

Disbarbare, stoccare, evello, ellis, elli, o, ulsi, ulsum, ellĕre, A.

Disbarbato, imberbis, m. e f. e, n. add.

Disbarcare, e navi educo, is, uxi, uctum, ĕre, A.

Disboscare. V. Diboscare.

Disbrigare, expedio, ilis, edivi, editum, edire, A.

Discacciamento, expulsio, onis, f.

Discacciare, expello, pellis, puli, pulsum, pellĕre; ejicio, icis, eci, ectum, icĕre, A.

Discacciato, expulsus: ejectus, a, um, add.

Discacciatore, expulsor, oris, m.

Discacciatrice, expultrix, tris, f.
Discadère, ec. V. Decadere. ec.
Discalzare, demo, is, empsi, emptum, ĕre. pedis soleam: calceos detraho, is, axi, actum, ĕre, A.
Discalzo. V. Scalzo.
Discapitare, jacturam facio, is, eci, actum, ĕre, A.
Discapito, jactura, æ, f. detrimentum, i, n.
Discaricare, exonĕro, as, etc. A.
Discarico, exoneratio, onis, f.
Discaro, ingratus, a, um, add. aver discaro. ægre ferre.
Discatenare, catenis solvo, is, i, ŭtum, ĕre.
Discendente, descendens, ĕntis, c. i discendenti, posteri, orum, m. pl.
Discendenza, genus, ĕris, n.
Discendere, descendo, dis, di, sum, dĕre, N.
Discendimento, descensus, us, m.
Discepola, discipŭla, æ, f.
Discepolato, il tempo in cui si è discepolo. disciplina, æ: institutio, onis, f.
Discepolo, discipŭlus, i, m.
Discernere, discerno, scernis, screvi, scretum, scernĕre, A.
Discernimento, perspicacitas, ātis, f.
Discernitore, cognitor, oris, m.
Discesa, descensus, us, m.
Disceso, descensus, a, um, add.
Dischiodare e schiodare, refigĕre, refigo, is, xi, xum, A.
Dischiomare, levar la chioma, comas evello, is, elli, o ulsi, ulsum, ellĕre, A.
Dischiudere, reclūdo, is, etc. A.
Dischiumare, despumare, o, as, avi, atum.
Dischiuso, reclusus, a, um, add.
Discioglière, dissolvo, vis, vi, ŭtum, vĕre, A.
Discioglimento, scioglimento, solutio, onis, f.
Disciolto, sciolto, solutus, a, um, add.
Disciplina, disciplina, æ, f. tenere in disciplina, in officio continēre.
Disciplinare, instituo, uis, ui, ūtum, uĕre, A. per Percuotere con disciplina, cædĕre aliquem verberibus; disciplinarsi a sangue, rubēre scutica.
Disciplinato, instructus: institutus, a, um, add.
Discolpa, excusatio, onis, f.
Discolamente, perdite, avv.
Discolo; indisciplinato, perditus: dissolutus, a, um, add.
Discolorire, discolorare, ec. V. Scolorire, ec.
Discolpare, excuso, as, etc. A.
Discompagnare, dissocio, as, etc. A.
Discompagnato, disjunctus, a, um, add.
Discomporre, confundo, ndis, di, sum, ndĕre, A.
Discomposto, incompositus, a, um, add.
Disconciamente, disacconciamente, incomposite, incondite, avv.
Disconsigliare. V. Sconsigliare.
Disconvenevole, disconveniente, indĕcens, ĕntis, c.
Disconvenevolmente, indecenter, avv.
Disconvenienza, indecentia, æ, f.
Disconvenire, dedĕcet, ĕbat, uit, ĕre, imp.
Discoprire ec. V. Scoprire ec.
Discorato, avvilito, exanimatus, a, um, add.
Discordanza, discordamento, dissensus, us, m. dissensio, onis, f.
Discordare, dissentio, tis, si, sum, tīre: discrepare, N.
Discordato, dissonante, dissŏnus, a, um: discors, ordis, c.
Discordemente, sine concordia, avv.
Discordia, discordia, æ, f.
Discorrere, correre qua e là, discurro, rris, rri, vel discucurri, rsum, rrĕre, N. per Parlare, loqui: dissĕrĕre.
Discorrimento, discursus, us, m.
Discorso, sermo, onis, m. oratio, onis, f. cadere in discorso, in sermonem delabi, D. il discorso cadde, sermo incidit.
Discortese. V. Scortese.
Discostamento, abscessus, us, m.
Discostare, scostare, removēre, eo, es, vi, otum, A. scostarsi, recedere, N.
Discosto, remōtus, a, um, add. star discosto abesse; discosto, avv. procul.
Discredente, incredulus, a, um, add.
Discredere, fidem abrogare, o, as, etc. non credere, o, is, ĭdi, ĭtum, A.
Discreditare. V. Screditare.
Discredito, existimationis detrimentum, i, n. essere in discredito, male audire.
Discrepanza ec. V. Discordanza.
Discretamente, moderate, avv.
Discreto, prudens, ĕntis, c.
Discretezza, discrezione, æquitas, ātis, f. moderatio, onis, f. stare a discrezione d'altri, alieno arbitrio vivĕre: rendersi a discrezione, victori nulla proposita conditione se permittĕre: anni della discrezione, usus, vel ætas rationis.
Discucire, dissuo, uis, ui, ūtum, uĕre, A.
Discoprire. V. Scoprire.
Discussione, discussio, onis, f.
Discutere, discutio, ūtis, ussi, ussum, utĕre, A. per Esaminare, V.
Disdegnare, dedignor, aris, atus, ari, D. disdegnarsi, irascor, sceris, atus, asci, D.
Disdegnato, indignatus, a, um, add.
Disdegno, dedignatio, onis, f.
Disdegnosamente, superbe, avv.
Disdegnoso, iratus, a, um, add. per Disprezzante, fastidiosus, a, um.
Disdetta ritrattazione, retractatio, onis: palinodia, æ, f. per Disgrazia, V.
Disdetto, renunciatus, a, um, add.
Disdicevole, indĕcens, ĕntis, c.
Disdire, negare, rinunziare, renuntio, as, etc. A. — la parola data, promissa revocare: — l'affitto, la compera, locationem etc. retractare: disdirsi, palinodiam canĕre.
Disdire, non convenire, dedĕcet, ĕbat, uit, ĕre, imp.
Diseccare, exsicco, as, etc. A.

6

Disegnare, delineare, delineo, as, etc. per Avere intenzione constituo, uis, ui, ūtum, uĕre, A.
Disegnato, delineatus, a, um, add.
Disegnatore, qui delineat.
Disegno, schizzo, descriptio, onis: graphis, ĭdis, f. per Pensiero, consilium, ii, n. far disegno, cogito, as, etc. A. animo aliquid versare: per Intenzione, mens, entis, f.
Disseppellire, terra eruĕre.
Disseppellito, effossus, a, um, add.
Diseredare, exhæredo, as, etc. A.
Diseredato, exhæres, ēdis, m.
Disertare. V. Desertare.
Disfacimento, corruptio, onis, f.
Disfacitore, eversor, oris, m.
Disfamare. V. Sfamare.
Disfare, destruo, uis, uxi, uctum, uĕre: evertĕre, A. demoliri, D. sfarsi, andare in rovina, pessum, ire: per Consumarsi, consumi: disfarsi d' uno, expellĕre, o dimittĕre aliquem.
Disfatta, clades, is, f. strages, is, f.
Disfavore, mala gratia: offensio, onis, f.
Disfavorevole, adversus, a, um, add.
Disfavorire, adversor, aris, atus, ari, D.
Disfida, provocatio, onis, f.
Disfidare, provocare, o, as, etc. lacessĕre, o, is, etc. A.
Disfigurare, deformo, as, A.
Disfiorare. V. Sfiorare.
Disgiungere, disjungo, gis, xi, ctum, gĕre, A.
Disgiuntamente, separātim, avv.
Disgiuntivo, disjunctivus, a, um, add.
Disgiunto, disjunctus, a, um, add.
Disgombramento, demigratio, onis, f.
Disgombrare, vacuum facĕre: disgombrarsi, commorari, P. egredĕre, A.
Disgrazia, infortunium, ii, n. calamitas, ātis, f.
Disgraziatamente, infeliciter, avv.
Disgraziato, infelix, icis, c. per Sgarbato, V.
Disgregare. V. Separare.
Disgroppare. V. Snodare.
Disgustare, displiceo, ces, cui, citum, cēre, N.
Disgustato, offensus, a, um, add.
Disgusto, offensio, onis, f. molestia, æ, f.
Disgustoso, ingratus, a, um, add.
Disigillare, resigno, as, etc. A.
Disimparare, dedisco, scis, dĭci, scĕre, A.
Disimpedire, expedio, dis, divi, ditum, dire, A.
Disimpegnare, libero, as, etc. A. disimpegnarsi, data fide se liberare.
Disimpegno, a munĕre suscepto liberatio.
Disingannare, errorem auferre alicui: disingannarsi, errorem deponĕre.
Disinganno, erroris cognitio.
Disinteressato, pecuniæ liberalis, utilitati suæ non serviens, vel suæ utilitatis contemptor.
Disinteresse, utilitatis aspernatio.

Disinvolto, alacer, cris, c. expeditus, a, um, add.
Disinvoltura, concinnitas, dexteritas, atis, f.
Dislacciare, extrico, as, etc. solvĕre, A.
Disleale, infedele, perfidus, a, um, add.
Slealmente, perfide, avv.
Dislealtà, perfidia, æ, f.
Dislegare, solvo, vis, vi, ūtum, vĕre, A.
Dismettere, intermitto, ttis, si, ssum, ttĕre, A.
Dismisura, excessus, us, m. a dismisura, præter modum, avv.
Dismisurato, immānis, m. e f. e, n. add.
Dismontare. V. Smontare.
Dismovere. V. Smuovere.
Disnodare. V. Snodare.
Disobbligante, inofficiōsus, a, um, add.
Disobbligare, libero, as, etc. A.
Disobbligato, liber, a, um, add.
Disobbligazione, liberatio, onis, f.
Disoccupare, otiosum reddere, o, is, etc. A.
Disoccupato, otiosus, a, um, add.
Disoccupazione, otium, ii, n.
Disonestà, impudicitia, æ, f.
Disonestamente, inhoneste, avv.
Disonesto, impudicus, a, um, add.
Disonorare, dedecōro, as, etc. A.
Disonoratamente, turpiter, avv.
Disonorato, infamia aspersus, a, um.
Disonore, dedĕcus, ŏris, n. probrum, i, n. infamia, æ, f.
Disonorevole, indecōrus, a, um, add.
Disonorevolmente, indecōre, avv.
Disorbitante, eccessivo, modum excedens, entis, c.
Disorbitantemente, supra modum, avv.
Disorbitanza, redundantia, æ, f.
Disordinamento. V. Disordine.
Disordinare, turbo: perturbo, as, etc. A.
Disordinatamente, incomposite, avv.
Disordinato, incompositus, a, um, add. per Intemperante, dissoluto, V.
Disordine, perturbatio, onis, f. per Intemperanza, intemperantia, æ, f.
Disossare, exosso, as, etc. A.
Disotterrare ec. V. Disseppellire ec.
Dispaccio, fasciculus epistolarum.
Disparato, diversus, a, um, add.
Disparere, dissensio, onis, f.
Dispari, dispar, ăris, c. add.
Disparire, evanesco, scis, ui, escĕre, N.
Disparità, differentia, æ, f.
Disparte, in disparte, seorsum, avv.
Dispartire ec. V. Spartire ec.
Disparuto, macie confectus, a, um.
Dispendio, dispendium, ii, n.
Dispendiosamente, sumptuose, avv.
Dispendioso, dispendiosus, a, um, add.
Dispensa, di vino, d' olio, cella vinaria, olearia, etc. per La stanza dove si conservano le cose da mangiare, cella promptuaria, per Distribuzione, distributio, onis, f. privilegio, privilegium, ii, n.
Dispensabile, quod permitti potest.
Dispensare, distribuire, dispenso, as, etc.

A. per Disobbligare, *eximo, imis, emi, emptum, imĕre*, A. *lege, voto solvĕre.*
Dispensato, distribuito, *distribūtus, a, um*: per Disobbligato, *immunis*, m. e f. *e*, n. add.
Dispensatore, economo, *dispensator, oris*, m.
Dispensiere, *promuscondus, i*, m. Dispensiera, dispensatrice, *cellaria, æ*, f.
Disperare, disperarsi, *despēro, as*, etc. N. far disperare, *in desperationem adducere.*
Disperatamente, *desperanter*, avv.
Disperato, *desperatus, a, um*, add. — di salute, della vita, *omni spe salutis, vitæ orbus*: alla disperata, *cæco impĕtu.*
Disperazione, *desperatio, onis*, f. mettere in disperazione, *ad desperationem adigĕre*, darsi alla disperazione. V. Disperare.
Disperdere, dispergere, *dispergo, gis, si, sum, gĕre*, A. *disperdo, dis, dĭdi, dĭtum, dĕre*, A. *effundo, ndis, ūdi, sum, ndĕre*, A.
Dispersione, *dissipatio, onis*, f.
Disperso, *dispersus, a, um*, add.
Dispetto, *contemptus, us*, m. a dispetto tuo, *te invito*: per dispetto, *per contemptum*: far dispetto, *contumeliam facĕre*, come aggett. spregiato, *dispectus, a, um.*
Dispettosamente, *contemptim*, avv.
Dispettoso, *contumeliōsus, a, um*, add.
Dispiacere (verbo), *displicĕo, ices, icui, icitum, icēre*, N.
Dispiacere (sost.), displacenza, *displicentia, æ*, f.
Dispiacevole, *molestus, a, um*, add.
Dispiacevolmente, *moleste*, avv.
Dispiantare. V. Spiantare.
Dispiegare. V. Spiegare.
Dispietatamente ec. V. Spietatamente ec.
Disporre, *dispōno, nis, sui, sĭtum, nĕre*, A. per Determinare, *statuĕre*: per Preparare, *parare*: per Persuadere, *suadēre*: — sul testamento, *testamento cavēre.*
Dispositore, *dispositor, oris*, m.
Disposizione, *dispositio, onis*, f. per Deliberazione, V. — di natura, *naturæ proclivitas*: — di animo, *animi affectio*: — di corpo, *corporis habĭtus.*
Disposto, *disposĭtus, a, um*: per Inclinato, *pronus, a, um*: *proclivis*, m. e f. *e*, n.
Dispoticamente, *pro arbitrio*, avv.
Dispotico, arbitrario, *tyrannicus, a, um*, add. dominio dispotico, *suprema potestas.*
Dispregevole, disprezzabile, *contemnendus, a, um*, add.
Dispregevolmente, *contemptim*, avv.
Dispregiare ec. V. Spregiare.
Disputa, disputazione, *disputatio, onis*, f.
Disputabile, *disputabĭlis*, m. e f. *e*, n.
Disputare, *dispŭto, discepto, as*, etc. A.
Disputatore, *disputātor, oris*, m.
Dissapore, *dissidĭum, ii*, n.
Dissecare, tagliare, *dissĕco, as, ŭi, ctum, are*, A.
Dissecazione, *incisio, onis*, f.
Disseminare, *diffundĕre, o, is, si, sum*; *rem sermonĭbus divulgare.*
Disseminato, *disseminatus, a, um*, add.
Dissennato, sciocco, *fatŭus, a, um*: *amens, entis*, add.
Dissensione, *dissensio, onis*, f.
Dissenteria, *dysenterĭa, æ*, f.
Dissentire, *dissentio, is, ensi, ensum, īre*, N.
Dissenziente, *dissentiens, entis*, c. add.
Disserrare. V. Aprire.
Dissertazione, *dissertatio, onis*, f.
Dissetare, *sitim sedāre, o, as*, etc. A.
Dissetato, *potus, a, um*, add.
Dissigillare, *resigno, as*, etc. A.
Dissimile, dissimigliante, *dissimĭlis*, m. e f. *e*, n.
Dissimilitudine, dissimiglianza, *dissimilitudo, ĭnis*, f.
Dissimulare, *dissimŭlo, as*, etc. A.
Dissimulatamente, *dissimulanter*, avv
Dissimulato, *dissimulatus, a, um*, add.
Dissimulatore, *dissimulator, oris*, m.
Dissimulazione, *dissimulatio, onis*, f.
Dissipare, *dissĭpo, as*, etc. A. dissiparsi, *evanĕsco, escis, ŭi, escĕre*, N.
Dissipatore, *prodĭgus, a, um*, add.
Dissipazione, dissipamento, *dissipatio, onis*, f.
Dissolubile, *dissolubĭlis*, m. e f. *e*, n.
Dissolvere. V. Disciogliere.
Dissolutamente, *perdĭte*, avv.
Dissolutezza, *intemperantia, æ*, f.
Dissoluto, scostumato, *perdĭtus, a, um*, add.
Dissomigliante, dissomiglianza. V. Dissimile ec.
Dissomigliare, *discordo, as*, etc. N.
Dissonante, *dissŏnus, a, um*, add.
Dissonanza. V. Discordanza.
Dissuadere, *dissuadeo, des, si, sum, dēre*, A. *dehortor, aris, atus, ari*, D.
Dissuasione, *dissuasio, onis*, f.
Dissuaso, *dissuasus, a, um.*
Dissuetudine, *desuetūdo, ĭnis*, f.
Distaccamento, *avulsio*; *sejunctio, onis*, f. per Quantità di truppa, *manus, o, manipulus militum.*
Distaccare, *abstrăho, ăhis, āxi, actum, ahĕre*: *avello, ellis, ulsi*, vel *elli, ulsum, ellĕre*. A.
Distante, *distans, antis*, c. add.
Distanza, *distantia, æ*, f.
Distare, *disto, as*, etc. N.
Distemperare, *dissolvo, vis, vi, ūtum, vĕre*, A.
Distemperato, *solūtus, a, um*, add.
Distendere, *extendo, dis, di, sum, dĕre*, A.
Distensione, *extensio, onis*, f.
Disterminare, mandare in perdizione, *exterminare*, A.
Distesamente, *copiose, fuse*, avv.
Disteso, *extensus, a, um*, add.
Distico (che ha due ordini), *distĭchus, a, um*, add. quando è sostantivo, *distĭchon, i*, n.
Distillare, *distillo, as*, etc. A.
Distillazione, *distillatio, onis*, f.

Distinguere, *distinguo, guis, xi, ctum, guĕre*: *discerno, scernis, crēvi, cretum, scernĕre*, A.
Distintamente, *distincte*, avv.
Distintivo, *signum, i*, n.
Distinto, *distinctus, a, um*, add.
Distinzione, *discrimen, ĭnis*, n. *distinctio, onis*, f.
Distogliere, *avŏco, as*, etc. *abstrăho, ahis, axi, actum, ahĕre*, *abducĕre*, A.
Distolto, *deductus, a, um*, add.
Distorcere. V. Storcere.
Distornare. V. Stornare.
Distrarre, *distrăho, ăhis, axi, actum, ahĕre*, A. distrarsi, *animum avocare*.
Distratto, *distractus, a, um*, add.
Distrazione, *animi alienatio, onis*, f.
Distretto, *territorium, ii*, n.
Distribuire, *distribŭo, ŭis, ŭi, ūtum, uĕre*, A.
Distributivamente, *distribūte*, avv.
Distributore, *distribūtor, oris*, m.
Distribuzione, distribuimento, *distribūtio, onis*, f.
Distrigare, *extrīco, as*, etc. A.
Distruggere, *destrŭo, ŭis, ūxi, uctum, uĕre*; *everto, tis, ti, sum, tĕre*, A.
Distruggitore, distruttore, *eversor, oris*, m.
Distruggitrice, *deletrix, īcis*, f.
Distrutto, *eversus, a, um*, add.
Distruzione, distruggimento, *eversio, onis*, f.
Disturbare, *turbo*: *pertŭrbo, as*, etc. A.
Disturbo, disturbamento, *perturbatio*: *deturbatio, onis*, f.
Disubbidiente, *contŭmax, ācis*, n.
Disubbidientemente, *contumaciter*, avv.
Disubbidienza, *contumacia, æ*, f.
Disubbidire, *imperium detrectare*, o, as, etc. A.
Disuggellare. V. Disigillare.
Disuguaglianza, *inæqualĭtas, ātis*, f.
Disuguale, *inæqualis*, m. e f. *e*, n.
Disugualmente, *inæqualiter*, avv.
Disumanarsi, *humanitatem exuo, is, ŭi, ūtum, ere*, A.
Disumano, *inhumānus, a, um*, add.
Disunione, di parti, *sejunctio, onis*, f. — di animi, *discordia, æ*, f.
Disunire, *sepăro, as*, etc. *dirĭmo, imis, ēmi, emptum, imĕre*, A.
Disusanza, *desuetūdo, ĭnis*, f.
Disusare. V. Disvezzare.
Disusato, *desuētus, a, um*, add.
Disuso, *desuetūdo, ĭnis*, f.
Disutile, *inutĭlis*, m. e f. *e*, n. per Dannoso, *damnosus, a, um*, add.
Disutilità, *inutilĭtas, ātis*, f.
Disutilmente, *inutilĭter*, avv.
Disvelare, *detĕgĕre, o, is, xi, ctum*, A.
Disvezzare, *a consuetudine abducĕre, o, is, xi, ctum*, disvezzarsi, *desuĕsco, escis, evi, etum, escĕre*, N.
Disvezzato, *desuētus, a, um*, add.
Disviamento, *aberratio, onis*, f.
Disviare, *abdūco, cis, xi, ctum, cĕre*, A. disviarsi, *aberro, as*, etc. N.
Disviatamente, *perdĭte*, avv.
Disviato, *devius, a, um*, add.
Disviluppare, *extricare, o, as*, etc. *expedire, o, is*, etc. A.
Disviziare, sviziare, *corrigere, o, is, exi, ectum*, A.
Ditale (sost.), *digitāle, is*, n. *digitālis*, m. e f. *e*, n. add.
Ditirambo, poesia in lode di Bacco, *dithyrambus, i*, m.
Dito, *digĭtus, i*, m. — piccolo, *digĭtus minimus*: — anulare, *anularis*: — medio, *medius*: — indice, *index, icis*, m. — grosso, pollice, *pollex, ĭcis*.
Dittamo, (erba), *dictămnus*, m. vel *dictămnum, i*, n.
Dittatore, *dictator, oris*, m.
Dittatura, *dictatura, æ*, f.
Dittongo, *diphthongus, i*, f.
Diurno, del dì, *diurnus, a, um*: Il diurno, quel libro che contien le ore canoniche diurne (sost.) *horæ diurnæ*, f. pl.
Diuturnamente, *diu*, avv.
Diuturnità, lunghezza di tempo, *diuturnĭtas, ātis*, f.
Diuturno, *diuturnus, a, um*, add.
Diva, *dea, æ*, f.
Divagamento, *evagatio, onis*, f.
Divagare. V. Vagare.
Divampare, *ardĕo, ēs, si, sum, dēre*, N.
Divario, *varietas, ātis*, f.
Divellere, ec. V. Svellere, ec.
Divenire, diventare, *fio*; *fis*; *factus*; *fieri*, N.
Divenuto, diventato, *factus, a, um*, add.
Diversamente, *alĭter*, avv. — da quello che, *aliter ac*; *alĭter quam*.
Diversificare, *vario, as*, etc. A.
Diversificato, *dissimĭlis*, m. e f. *e*, n.
Diversificazione, *varietas, ātis*, f.
Diversione, *avocatio, onis*, f.
Diversità, *diversĭtas, ātis*, f.
Diverso, *varius, a, um*: *dissimilis*, m. e f. *e*, n. add.
Diversorio, foresteria, *hospitium, ii*, n.
Divertimento, *solatium, ii*, n.
Divertire, *averto, tis, ti, sum, ĕre*, A. per Dar piacere, *oblecto, as*, etc. divertirsi *remittĕre se*: *jucunditati se dare*.
Dividere, *divĭdo, ĭdis, isi, isum, idĕre*, A.
Divietare, *veto, tas, tui, ĭtum, tare*, A.
Divieto, *interdictum, i*, n.
Divinamente, *divinĭtus*, avv.
Divinazione, *divinatio, onis*, f.
Divincolamento, *distorsio, onis*, f.
Divincolare, *distorquĕo, es, orsi, ortum, orquēre*, A. divincolarsi, *distorqueri*, pass.
Divinità, *divinĭtas, ātis*, f.
Divinizzare, onorare come divino, *in deos referre*, A.
Divino, *divīnus, a, um*, add.
Divisa, *signum, i*, n. per Divisione, spartimento, *partitio*; *sectio, onis*, f.
Divisamente, *separātim*, avv.
Divisamento, *cogitatio, onis*, f. *consilium, ii*, n.
Divisare, pensare, *cogitare, o, as*, etc. per

Descrivere, *describĕre*, per **Istabilire**, *statuĕre*, A.
Divisibile, *dividŭus*, *a*, *um* : *separabilis*, m. e f. *e*, n. add.
Divisione, *divisio*, *onis*, f. per Discordia. V.
Diviso, *divisus*, *a*, *um*, add.
Divisore, *divisor*, *ōris*, m.
Divolgamento, *fama*, *æ*, f.
Divolgare, *evulgo*, *as*, etc. A.
Divoramento, divorazione, *devoratio*, *onis*, f.
Divorare, *voro*, *as*, etc. A.
Divoratore, *vorator*, *oris*, m.
Divorzio, *divortium*, *ii*, n.
Divotamente, *pie* : *sancte*, avv.
Divoto, *pius*, *a*, *um*, add.
Divozione, *pietas*, *ātis*, f. per Ossequio, *obsequium*, *ii*, n. *reverentia*, *æ*, f.
Divulgare. V. Divolgare.
Dizionario, *lexicon*, *i*, n.
Dizione, *dictio*, *onis*, f. per Dominio, V.
Docile, *docilis*, m. e f. *e*, n. add.
Docilità, *docilitas*, *ātis*, f.
Documento, *documentum*, *i*, n.
Dodicesimo, *duodecimus*, *a*, *um*, add.
Dodici, *duodĕcim* : Dodici volte, *duodecies*, A. Dodici a dodici, *duodēni*, *æ*, *a*, add.
Doga, *dolii lamina*, *æ*, f.
Dogana, *vectigalium mensa*, *æ*, f.
Doganiere, *publicanus*, *i*, m.
Doge, *dux*, *ducis*, m.
Doglia, doglioso, V. Dolore, ec.
Dogma, *dogma*, *ătis*, n.
Dogmatico, *dogmaticus*, *a*, *um*, add.
Dolce, *dulcis*, m. e f. *e*, n. cose dolci, *bellaria*, *orum*, n. pl. per Dolcemente, *dulce*, *dulciter*, avv.
Dolcemente, *dulciter*, avv.
Dolcezza, *dulcēdo*, *ĭnis*, per **Piacevolezza**, *comitas*, *atis*, f.
Dolere, *molestum esse*; **dolersi**, *doleo*, *es*, *ui*, *ĭtum*, *ēre*, N.
Dolore, *dolor*, *oris*, m.
Dolorosamente, *dolenter*, avv.
Doloroso, *mæstus*, *a*, *um*, add.
Dolosamente, con frode, *dolose* : *fraudulenter*, avv.
Domanda, ec. V. Dimanda, ec.
Domandassera, *cras vesperi*, avv.
Domare, *domo*, *as*, *ui*, *ĭtum*, *are*, A.
Domato, *domĭtus*, *a*, *um*, add.
Domatore, *domĭtor*, *oris*, m.
Domattina, *cras mane*.
Domenica, *dies dominĭcus*.
Domenicale, *dominicus*, *a*, *um*, add.
Domesticare, ec. V. Dimesticare ec.
Dominante, *domĭnans*, *antis*, c.
Dominare, *domĭnor*, *aris*, *atus*, *ari*, D.
Dominatore, *dominator*, *oris*, m.
Dominatrice, *dominatrix*, *icis*, f.
Dominazione, dominio, *dominatio*, *onis*, f. *dominium*, *ii*, n.
Domo. V. Domato.
Donare, *dono*, *as*, etc. A.
Donativo. V. Dono.
Donatore, *donātor*, *oris*, m.
Donazione, *donatio*, *onis*, f.
Donde, *unde*, avv. Donde che, di qualunque luogo, *undecumque*.
Dondolare, *jacto*, *as*, etc. A.
Donna, *mulier*, *ĕris*, f. *femĭna*, *æ*, f.
Donnescamente, *muliebrĭter*, avv.
Donnesco, *muliĕbris*, m. e f. *e*, n.
Donnetta, donnicciuola, *muliercula*, *æ*, f.
Donnola (animale), *mustēla*, *æ*, f.
Dono, *donum*, *i*, n. *munus*, *ĕris*, n.
Donzella, *puella*, *æ*, f.
Donzelletta, *puellŭla*, *æ*, f.
Donzello, giovane nobile, *adolescens ingenuus* : per Servo, V.
Dopo, *postea* : *deinceps*, avv. *post*, prep. coll' acc. il giorno dopo, *postridie*, dopo che, *postquam*.
Doppia, sorta di moneta, *dobla*, *æ*, f. *aureus nummus*.
Doppiamente, *duplicĭter*, avv.
Doppiare, *duplĭco*, *as*, etc. A.
Doppiezza, *calliditas*, *ātis*, f. *versutia*, *æ*, f.
Doppio (sost.), *duplum*, *i*, n. *duplus*, *a*, *um* ; uomo doppio, *vafer*, *fra*, *um* : *callĭdus*, *a*, *um*, add.
Dorare, *inauro*, *as*, etc.
Dorato, *inauratus*, *a*, *um*, add.
Doratore, *inaurator*, *oris*, m.
Doratura, *auratūra*, *æ*, f.
Dormicchiare, *dormito*, *as*, etc. N.
Dormiente, *dormiens*, *ientis*, c.
Dormiglione, dormitore, *somniculosus*, *a*, *um*, add.
Dormire, *dormio*, *is*, *ivi*, vel *ii*, *ĭtum*, *ire*, N. — dopo pranzo, *meridior*, *āris*, *atus*, *ari*, D.
Dormitorio, *dormitorium cubiculum*.
Dormizione, *dormitio*, *onis*, f.
Dorso, *dorsus*, *i*, m. *dorsum*, *i*, n. *tergum*, *i*, n.
Dose, dosa, porzione, *dosis*, *is*, f.
Dotale, *dotalis*, m. e f. *e*, n.
Dotare, dar la dote, *doto*, *as*, etc. A.
Dotato, *dotatus*, *a*, *um* : per Fornito di doti dell' animo o del corpo, *bonis animi*, vel *corpŏris præditus*.
Dote, *dos*, *dotis*, f.
Dottamente, *docte* : *erudite*, avv.
Dotto, *doctus*, *a*, *um* : *eruditus*, add.
Dottoraccio, *ardelio*, *onis*, f.
Dottorare. V. Addottorare.
Dottorato, *doctoris dignitas*, *atis*, f.
Dottore, *doctor*, *oris*, m. — di legge, *jurisconsultus*, *i*, m. — di medicina, *medicinæ professor*, *oris*, m.
Dottorello, dottoretto, *scioliss*, *i*, m.
Dottrina, *doctrina*, *æ*, f.
Dottrinale, *didascalĭcus*, *a*, *um*, add.
Dove (stato), *ubi* : (moto a luogo), *quo* : per dove, *qua* : dove mai? *ubinam*? verso dove? *quorsum*? fin dove? *quousque*? per Quando, *ubi*, cong.
Dovere (verbo), *debĕo*, *es*, *ui*, *ĭtum*, *ēre*, N. (nome), *officium*, *ii*, n. tenere, ridurre a dovere, *in officio continēre* : *ad officium redigĕre*.
Dovizia, *copia*, *æ*, f. a dovizia, *abunde*, avv.

Dovizìosamente, *copiose*, avv.
Dovizioso, *copiosus*, *a*, *um*, add.
Dovunque (stato), *ubicumque*: (moto a luogo), *quocumque*; (per luogo), *quacumque*.
Dovutamente, *merito*: *jure*, avv.
Dovuto, *debitus*, *a*, *um*, add. non **dovuto,** *indebitus*.
Dozzina, *duodenarius numerus*: tenere a dozzina, *victum locare*, *o*, *as*, etc. A.
Dozzinale, *vulgaris*, m. e f. *e*, n.
Dozzinalmente, *vulgariter*, avv.
Drago, dragone, *draco*, *onis*, f.
Dramma (peso), *drachma*, *æ*, f. **per Com**ponimento, *drama*, *ătis*, n.
Drammatico, *dramaticus*, *a*, *um*, add.
Drappello, *turma*, *æ*, f.
Drappiere, tessitor di drappi, *textor*, *ōris*, m.
Drappo, *pannus*, *i*, m. — d'oro, *pannus auro intertextus*.
Driade, ninfa de' boschi, *dryas*, *ădis*, f.
Dritto, drizzare. V. Diritto, dirizzare.
Droga, droghe, *aromătia*, *um*, n. pl.
Drogheria, *aromătum venditio*, *onis*, f.
Droghiere, *aromătum venditor*.
Drudo, *amans*, *antis*, c. druda, *pellex*, *icis*, f.
Duale, *dualis*, m. e f. *e*, n.
Dubbiamente, *dubie*, avv.
Dubbietà, dubbio, ec. *dubitatio*, *onis*, f. senza dubbio, *procul dubio*.
Dubbiosamente, *dubie*: *dubitanter*, avv.
Dubbioso, dubitativo, *dubius*: *incertus*, *a*, *um*, add.
Dubitare, *dubito*, *as*, etc. N.
Duca, duchessa, *dux*, *ducis*, m. e f.
Ducato, dignità o stato di un duca, *ducatus*, *us*, m. (moneta), *centussis*, *is*, m. — d'oro, *nummus aurĕus*.
Due, *duo*, *duæ*, *duo*: a due a due, *bini*, *æ*, *a*: due volte, *bis*: *iterum*: chi di due? *uter*? due anni, *biennium*, *ii*, n. due giorni, *biduum*, *ui*, n. di età di due anni, *bimus*, *a*, *um*: di due piedi, *bipes*, *ĕdis*, c.
Duellante, gladiatore, *gladiator*, *oris*.
Duellare, *singulari certamine pugnare*, *o*, *as*, etc. A.
Duello, *singulare certāmen*, *inis*, n.
Duemila, *duo millia*.
Dugento, *ducenti*, *æ*, *a*: — volte, *ducenties*, avv. a dugento a dugento, *duceni*, *æ*, *a*.
Dumo, spino, *dumus*, *i*, m.
Dunque, *igitur*: *ergo*, cong.
Duodecimo, *duodecĭmus*, *a*, *um*, add.
Duolo, *luctus*, *us*, m.
Duomo, *princeps templum*, ***i*, n. *ædes* *maxima***.
Duplicamento, *duplicatio*, *onis*, **f.**
Duplicare, *duplico*, *as*, etc. A.
Duplicatamente, *duplicato*, avv.
Duplicità, *simulatio*, *onis*, f.
Duplo, *duplus*, *a*, *um*, add.
Durabile, *durabilis*, m. e f. *e*, n.
Durabilità, *diuturnitas*, *ātis*, f.
Durabilmente, *firmiter*, avv.
Duracine (aggiunto di frutta che hanno durezza), *duracini fructus*, *uum*, m. pl.
Duramente, *dure*: *duriter*, avv.
Duramento. V. Durabilità.
Durare, perseverare, *duro*, **as, etc. N. per** Indurare, *durescĕre*.
Durata, durazione. V. Durabilità.
Duretto, *subdurus*, *a*, *um*, add.
Durevole. V. Durabile.
Durezza, *duritia*, *æ*, f.
Duro, *durus*, *a*, *um*, add. — di testa, *tardus*, *stupidus*: — di cuore, *crudelis*: *inhumanus*: per Ostinato, *pervicax*, *acis*.

E

E, *et*, *ac*, *atque*, e affisso ad altra parola, *que*, come *musamque*, cioè *et musam*, cong.
Ebanista, *qui ex ebĕno opera conficit*.
Ebano, *ebĕnus*, *i*, f. *ebĕnum*, *i*, n.
Ebbro, ec. V. Ubbriaco, ec.
Ebete, pigro, stupido, *hebes*, *ĕtis*, c. add.
Ebraico, *hebræus*, *a*, *um*, add.
Ebrei, *hebræi*, *orum*, m. pl.
Eburneo, d'avorio, *eburnĕus*, *a*, *um*, add.
Eccedente, *nimius*: *immodicus*, *a*, *um*, add.
Eccedentemente, *præter modum*, avv.
Eccedere, superare, *excēdo*, *dis*, *ssi*, *ssum*, *dĕre*, A.
Eccellente, *excellens*, ***ĕntis*, c. *eximius*, *a*,** *um*, add.
Eccellentemente, *eximie*: ***præstanter***: *excellenter*, avv.
Eccellenza, *excellentia*, *æ*, f.
Eccelsamente, *excelse*, avv.
Eccelso, *excelsus*, *a*, *um*, add.
Eccessivamente, *immodice*, avv.
Eccessivo, *immodicus*, *a*, *um*, add.
Eccesso, *præstantia*, *æ*, f. per Delitto, *crimen*, *inis*, n.
Eccetto, *præter*, prep. **coll'acc. eccetto** che, *præterquam*.
Eccettuare, *excipio*, ***ĭpis*, *ēpi*, *eptum*, *ipĕ*re**, A.
Eccezione, *exceptio*, *onis*, f.
Echeggiare, od echeggiare, ***resŏno***, *as*, etc. N.
Eccidio, *excidium*, *ii*, n.
Eccitamento, *incitamentum*, *i*, n.
Eccitare, *excito*: *concito*, *as*, etc. A.
Eccitatore *hortator*: *stimulator*, *oris*, m.
Eccitatrice, *concitatrix*, *icis*, f.
Ecclesiasticamente, *ecclesiastico more*, avv.
Ecclesiastico, *clericus*, *i*, m. *ecclesiasticus*, *a*, *um*, add.
Ecclissare, *obscuro*, *as*, etc. **A. il sole si** ecclissa, *sol deficit*.
Ecclissato, *obscuratus*, *a*, *um*, add.
Ecclisse, *defectio*, *onis*: *ecclipsis*, *is*, f.
Ecco, *ecce*, *en*, avv.
Eco, *echo*, *us*, f. Dai poeti **si dice *jocosa*** *imago*.
Economato, *œconomi officium*, *ii*, **n.**

Economia, *rei domesticæ cura, æ, f.* per Amministrazione, *administratio, onis, f.* per Risparmio, *parsimonia, æ, f.*
Economico, *œconomicus, a, um,* add.
Economo, *rei familiaris administrator oris, m.*
Eculeo, cavalletto, *equuleus, i, m.*
Ecumenico. V. Universale.
Edace, che divora, *edax, acis, c.*
Edera, *hedĕra, æ, f.*
Ederaceo, *hederaceus, a, um,* add.
Edificare, fabbricare, *ædifico, as,* etc. A. per Dare buon esempio, *exemplo esse aliis.*
Edificatore, *ædificator, oris, m.*
Edificazione, fabbrica, *ædificatio, onis, f.* per Buon esempio, *bonum exemplum, i, n.* esser di edificazione agli altri, *bonis exemplis aliis prælucēre.*
Edile, magistrato che presiede ai pubblici edifizi, *ædilis, is, m.*
Edilità, *ædilitas, ātis, f.*
Edilizio, *ædilitius, a, um,* add.
Editto, *edictum, i, n.*
Edizione, pubblicazione d'opere, *editio, onis, f.*
Educare, *edŭco, as,* etc. A.
Educato, *educatus, a, um:* ben educato, *optime institutus,* add.
Educazione, *institutio, onis, f.*
Efemeride (giornale), *ephemĕris, ĭdis, f.*
Effeminare, *effemĭno, as,* etc. A.
Effeminatamente, *effeminate: mollĭter,* avv.
Effeminatezza, *effeminatio, onis, f.*
Effeminato, *mollis, m. e f. e, n. effeminatus, a, um,* add.
Effervescenza, bollore, *fervor, oris, m.*
Effettivamente, *re ipsa: reapse,* avv.
Effettivo, *efficiens, ĕntis, c.*
Effetto, *effectus, us, m.* far lo stesso effetto, *idem præstare:* condurre, recare ad effetto, *perficio, ĭcis, ēci, ectum, icĕre,* A.
Effettore, facitore, *effector, oris, m.*
Effettrice, *effectrix, īcis, f.*
Effettuare, *efficio, ĭcis, ēci, ectum, icĕre,* A.
Efficace, *efficax, ācis, c.*
Efficacemente, *efficacĭter,* avv.
Efficacia, *efficacia, æ, f.*
Efficiente, che fa, produce, *efficiens, ĕntis, c.*
Effigiare, *exprĭmo, imis, essi, essum, imĕre,* A. *imitor, aris, atus, ari,* D.
Effigie, *effigies, ēi, f. imago, ĭnis, f.*
Effimera (febbre che ha il corso di un giorno), *febris unius diei.*
Effluvio, spargimento, *effluvium, ii, n.*
Effusione, *effusio, onis, f.*
Egli (pron.), *ille, illa, illud:* ella, *ipsa:* eglino, *illi:* elleno, *illæ:* egli stesso, *ipsemet.*
Egloga, *eclŏga, æ, f.*
Egregiamente, *egregie,* avv.
Egregio, *eximius: egregius, a, um,* add.
Eguagliare, *æquo: adæquo, as,* etc. A.
Eguale *æqualis, m. e f. e, n.* add.

Egualità, eguaglianza, *æqualĭtas, ātis, f.* di peso: *æquipondium, ii, n.*
Eh, ehi, interj. *ah! ahe! heus!*
Eh via, su via, *agedum,* interj.
Ei. V. Egli.
Elce, leccio (albero), *ilex, ilĭcis, f.* di elce, *iliceus, a, um,* add.
Elefante, *elĕphas, antis, m.* voce dell'elefante, *barritus, us, m.* di elefante, *elephantinus, a, um,* add.
Elegante, *elĕgans, antis, c. concinnus, a, um,* add.
Elegantemente, *eleganter,* avv.
Eleganza, *elegantia, æ, f. ornatus, us, m.*
Eleggere, *elĭgo: delĭgo, igis, ēgi, ectum, igĕre,* A.
Elegia, *elegīa, æ, f.*
Elegiaco, *elegiacus, a, um,* add.
Elementare, *elementarius, a, um:* per Fanciullo che studia gli elementi, *puer elementarius.*
Elemento, *elementum, i, n.*
Elemosina, *stips, stipis, f.* viver d'elemosina, *mendicando vivĕre.*
Elemosiniere, *stipis distributor, oris, m.*
Elenco, catalogo, *index, ĭcis, m.*
Eletto, *electus, a, um:* eletto console, re, *consul renuntiatus: rex salutatus.*
Elettorato, *electoratus, us, m.*
Elettore, *elĕctor, oris, m.*
Elettro, ambra, o metallo, *electrum, i, n.*
Elevare, elevato. V. Innalzare ec.
Elevazione, elevatezza, *elatio, onis, f. altitudo, ĭnis, f.*
Elezione, *electio, onis, f.*
Eligibile, *quod eligi potest.*
Elitropia (gemma), *heliotropium, ii, n.*
Elleboro, *hellebŏrus, m.* vel *um, i, n.*
Ellera. V. Edera.
Elmo, *galĕa, æ, f.*
Elocuzione, *elocutio, onis, f.*
Elogio, *elogium, ii, n.* far elogi, *laudibus celebrare.*
Eloquente, *elŏquens, entis, c. facundus, a, um,* add.
Eloquentemente, *eloquenter,* avv.
Eloquenza, *eloquentia: facundia, æ, f.* senza eloquenza, *indisertus, a, um,* add.
Eloquio, il parlare, *eloquium, ii, n.*
Elsa, manico della spada, *capulus, i, m.*
Eludere, *elūdo, dis, si, sum, dĕre,* A.
Emaciare, ridurre ad estrema magrezza, *emaciare, o, as,* etc. A. emaciarsi, *emaciari: macie confici,* pass.
Emancipare, liberare dall'autorità paterna, *emancĭpo, as,* etc. A.
Emancipazione, *emancipatio, onis, f.*
Emblema, *emblema, ătis, n.*
Embrice, *imbrex, ĭcis, m.*
Embrione, *fœtus, us,* vel *fœtus informis, m.*
Emenda, emendazione, *emendatio, onis, f.*
Emendabile, *emendabĭlis, m. e f. e, n.*
Emendare, *emendo, as, avi, atum, are: corrigo, igis, exi, ectum, igĕre,* A. emendarsi, *resipisco, iscis, iscĕre,* N.
Emendatore, *corrector, oris, m.*

Emergente, che deriva, *proveniens, entis*, c. per Emergenza, caso, avvenimento improvviso, *casus, eventus, us*, m.
Emergere, venir fuori, *emergo, gis, si, sum, gĕre*, N.
Eminente, *emĭnens, ĕntis*, c.
Eminentemente, *egregie*, avv.
Eminenza, altezza, *eminentia, æ*, f. *locus editus*.
Emisfero, *hemisphærium, ii*, n.
Emissario, *admissarius, ii*, m. per Esploratore, *explorator, oris*, m.
Emissione, *emissio, onis*, f.
Emolumento, profitto, *emolumĕntum, i*, n.
Emorroide. V. Moroide.
Empiamente, *impie: nefarie*, avv.
Empiastro, *emplastrum, i*, n.
Empietà, *impietas, ātis*, f.
Empimento. *expletio, onis*. f.
Empio, *impĭus, a, um*, add.
Empiere, empire, *implĕo: replĕo, es, evi, ētum, ēre*, A.
Empireo, celeste, *empirĭus, a, um*, add.
Empito (sost. accentato sull'*i*), impeto, *impĕtus, us*, m. per Empiuto, *impĕtus, a, um*, add.
Empitura, *fartūra, æ*, f.
Emulare, gareggiare, *æmŭlor, aris, atus, ari*. D.
Emulatore, emulo, *æmulator, oris*, m. *æmŭlus, i*, m.
Emulatrice, *quæ æmulatur*.
Emulazione, *æmulatio, onis*, f.
Emulo, *æmŭlus, i*, m.
Enciclopedia, dottrina universale, *encyclopedīa, æ*, f.
Enciclopedico, dotto in tutte le scienze, *vir omnigenæ doctrinæ*.
Encomiare, encomio. V. Lodare, lode.
Endecasillabo, verso di undici sillabe, *hendecasyllăbus, i*, m.
Endivia (erba), *intŭbus*, vel *intybus, i*, m. o f. *intŭbum*, vel *intybum, i*, n.
Energia, *vis, vis, vi, vim*, f.
Energumeno, indemoniato, *malo dæmŏne actus, a, um*, add.
Enfasi, *emphăsis, is*, f.
Enfiagione, enfiatura, *tumor, oris*, m.
Enfiarsi, *tumesco, scis, scĕre*, N. esser gonfio, *tumĕo, es, ŭi, ēre*, N.
Enfiato, *tumens, ĕntis: tumĭdus, a, um*, add.
Enigma, indovinello, *ænigma, ătis*, n.
Enigmatico, *obscurus, a, um*, add.
Enorme, *enormis*, m. e f. *e*, n. add.
Enormemente, *enormĭter*, avv.
Enormità, *enormĭtas, ātis*, f.
Ente, chi o ciò che è, *ens, entis*, n.
Entimema, sorta d'argomentazione, *enthymēma, ătis*, n.
Entrambi, *ambo, æ, o*, add.
Entrante, *penetrabĭlis*, m. e f. *e*, n.
Entrare, *ingredior, edĕris, essus, ēdi*, D. — con forza, *irrumpo, umpis, ūpi, uptum, umpĕre*, N. — in carica, in compagnia, in grazia, *societatem, gratiam, magistratum inīre*.

Entrata, *adĭtus, us*, m. per Rendita, *redĭtus, us*, m.
Entratura, *adĭtus, us*, m.
Entro, prep. coll' accus. *intra: intus*, avv.
Entusiasmo, *furor, oris*, m.
Enumerare, *enumĕro, as*, etc. A.
Enumerazione, *enumeratio onis*, f.
Enunciare, *enuncio, as*, etc. A.
Eoo, orientale, *eōus, a, um*, add.
Epatta, spazio di undici giorni di cui l'anno solare supera il lunare, *epactæ, arum*, f. pl.
Epicedio, canzone funebre, *epicedīon, ii*, n.
Epico, eroico, *epĭcus, a, um*, add.
Epidemia, *pestilentia, æ*. f.
Epifania, *epiphanīa, æ*, f.
Epifonema, sorta di detto sentenzioso, *epiphonēma, ătis*, n.
Epigramma, *epigramma, ătis*, n.
Epigrafe, iscrizione, *titŭlus, i*, m.
Epilessia, mal caduco, *epilepsia, æ*, f. *morbus comitialis*.
Epilettico, *comitiali morbo labōrans*.
Epilogare, epilogo. V. Compendiare.
Epinicio, cantico della vittoria, *epinicia, orum*, n. pl.
Episcopale, *episcopalis*, m. e f. *e*, n. add.
Episcopato, *episcopatus, us*, m.
Episodio, *digressio, onis*, f.
Epistola, *epistŏla, æ*, f.
Epistoletta, *epistolĭum, ii*, n.
Epitaffio, *epitaphĭum, ii*, n.
Epiteto, aggiunto qualificativo, *epithĕtum, i*, n.
Epitome, compendio, *epitŏme, es*, vel *epitŏma, æ*, f.
Epoca, *æra, æ*, f.
Epulone, che mangia lautamente, *epulo, onis: helluo, onis*, m.
Equabile, *æquabĭlis*, m. e f. *e*, n. add.
Equabilità, *æquabilĭtas, ātis*, f.
Equabilmente, *æquabilĭter*, avv.
Equalità, *æqualĭtas, ātis*, f.
Equanimità, moderazione d'animo, *æquanimĭtas, ātis*, f.
Equatore, *æquinoctialis circŭlus, i*, m.
Equazione, *æquatio, onis*, f.
Equestre, *equester, ris, re*, add.
Equilibrare, *libro, as*, etc. A.
Equilibrio, *æquipondĭum, ii*, n.
Equinozio, *æquinoctium, i*, n.
Equipaggio, corredo per il viaggio, *itinĕris instrumenta, orum*, n. per Comitiva *comitatus, us*, m.
Equità, *æquĭtas, ātis*, f.
Equivalente, *æquālis*, m. e f. *e*, n. *æquipollens, ĕntis*, c.
Equivalentemente, *pari ratione*, avv.
Equivalenza, *æquatio, onis*, f.
Equivalere, *idem valēre, eo, es, ui*, N.
Equivocamente, *ambigŭe*, avv.
Equivocare, *allucĭnor, aris, atus, ari*, D. *decĭpi rerum similitudine*.
Equivoco, equivocazione, *ambiguĭtas, ātis*, f. far equivoco, *fallor, ĕris*, etc. *decipior, ipĕris, ĕptus, ĭpi*, P. *ambigŭus, a, um*, add.

Eradicare, cavar **dalle radici**, *eradīco, as*, etc. A.
Erario, tesoreria del pubblico, *ærarium, ii*, n.
Erba, *herba, æ*, f. di color d'erba, *herbaceus, a, um*, add.
Erbaccia, *fullax*, vel *inutilis herba, æ*, f.
Erbaggio, *olus, ĕris*, n.
Erbaiuolo, *herbarius, ii*, m.
Erbetta, *herbŭla, æ*, f.
Erboso, *herbosus, a, um*, add.
Erede, *hæres, ēdis*, m. — di tutto, o universale, *hæres ex asse*: — della metà, *ex semisse*.
Eredità, *hæredĭtas, ātis*, f. adire un'eredità, *hæreditatem adīre*.
Ereditare, *hæredem esse, institui*.
Ereditario, *hæreditarius, a, um*, add.
Eremita, *solitudĭnis incŏla, æ*, f.
Eremitico, *solitarius, a, um*, add.
Eremo, *locus solitarius*.
Eresia, *hæresis, is*, f.
Eresiarca, *hæresis auctor, oris*, m.
Ereticale, *hæretĭcus, a, um*, add.
Eretico (sost.), *hæretĭcus, i*, m. V. Ereticale.
Eretto, *erectus, a, um*, add.
Erezione, *erectio, onis*, f. per Fondazione, V.
Ergastolo, sorta di prigione, *ergastŭlum, i*, n.
Ergere, erigere. V. Innalzare.
Ermellino, *alba mustēla, æ*, f.
Ermo, solitario, *solitarius, a, um*, add. per Eremo, *solitūdo, inis*, f.
Ernia, *hernia, æ*, f.
Eroe, *heros, ōis*, m.
Eroicamente, *strenue*, avv.
Eroico, *heroĭcus, a, um*, add.
Eroina, *herōis, ĭdis*, f.
Erpicare, spianare la terra dei campi lavorati, *occo, as*, etc. N. per Inerpicare, *repĕre*.
Erpice, *irpex, ĭcis*, m.
Errante, *erro, ōnis*, m. *ans, antis*, c.
Errare, *erro, as*, etc. N.
Erroneamente, *falso*, avv.
Erroneo, *falsus, a, um*, add.
Errore, *error, oris*, m.
Erta, poggio, *clivus, i*, m. **stare all'erta**, *sibi cavere*.
Erto, *acclivis*, m. e f. *e*, n. *ardŭus, a, um*.
Erubescenza, *pudor, ōris*, m.
Erudire, *erudio, is, ivi, itum*; *informare*, A.
Eruditamente, *erudite*, avv.
Erudito, *eruditus, a, um*, add.
Erudizione, *eruditio, onis*, f.
Eruttare, mandar fuori, *eructare*, A.
Esacerbare, *exaspĕro, as*, etc. A.
Esacerbazione, *irritatio, onis*, f.
Esagerare, *amplifĭco, as*, etc. A. — una cosa, *accipĕre aliquid in majus*.
Esagerazione, *exaggeratio, onis*, f.
Esagitare, *exagito, as*, etc. A.
Esagitazione, *agitatio, onis*, f.
Esalare, *exhālo, as*, etc. A.

Esalazione, *halitus, us*, m.
Esaltare, *extollo, is, extŭli, elātum, ĕre*, A.
Esaltato, *elatus*: *celebratus, a, um*, add.
Esaltazione, *elatio, onis*, f.
Esame, esamina, esaminazione, *examen, ĭnis*, n. *examinatio, onis*, f.
Esametro, *hexamĕtrum, i*, n.
Esaminare, *examĭno*: *pondĕro, as*, etc. *perpendo, dis, di, sum, dĕre*: — un reo, *in reum quæstionem habēre*.
Esaminatore, *quæsitor, ōris*, m.
Esangue, senza sangue, *exsanguis*, m. e f. *e*, n. add.
Esanimare, *exanĭmo, as*, etc. A.
Esanimato, *exanĭmis*, m. e f. *e*, n. add.
Esasperare ec. V. Esacerbare ec.
Esattamente, *accurate*, avv.
Esattezza, *diligentia, æ*, f.
Esatto, *accurātus, a, um*: *diligens, ĕntis*, c.
Esattore, riscuotitore, *exactor, oris*, m.
Esaudire, *exaudio, is, ivi, itum, ire*, A.
Esaudito, *exaudītus, a, um*: *voti compos*, c.
Esausto, *exhaustus, a, um*, add.
Esazione, *exactio, onis*, f.
Esca, *fomes, ĭtis*, m. per Cibo, *cibus, i*, m. *esca, æ*, f.
Escandescenza, ira subita, *excandescentia, æ*, f.
Escire ec. V. Uscire, ec.
Esclamare, *exclāmo, as*, etc. N.
Esclamazione, *exclamatio, onis*, f.
Escludere, *exclūdo, dis, si, sum, dĕre*, A.
Esclusione, *repulsa, æ*, f.
Escluso, *exclusus, a, um*, add.
Escremento, *excrementum, i*, n.
Escrescenza, crescimento sopra il piano solido, *exuberatio, onis*, f.
Escusare, scusare, *excusare*, A.
Esecrabile, esecrare ec. V. **Detestabile**, ec.
Esecutore, *executor, oris*: *administer, ri*, m. — di giustizia, *carnifex, ĭcis*, m.
Esecutrice, *administra, æ*, f.
Esecuzione, eseguimento, *execūtio, onis*, f.
Eseguire, *exĕquor, equĕris, ecūtus, ĕqui*, D.
Esempio, *exemplum, i*, n. per esempio, *exempli gratia*.
Esemplare (sost.), *exemplar, āris*, n. add. *probus, a, um*: *innocens, entis*, c.
Esemplarità, *probitas, ātis*, f.
Esemplarmente, *integerrĭme*, avv.
Esemplificare, *exempla afferre*.
Esemplificazione, *amplificatio per exempla*.
Esentare, *eximo, imis, ēmi, emptum, imĕre*, A.
Esentato, esente, *immūnis*, m. e f. *e*, n.
Esenzione, franchigia, *immunitas, ātis*, f.
Esequie, *exequiæ, arum*, f. pl. *funebria, orum*, n. plur. farle ad alcuno, *cujuspiam funĕri justa solvĕre*.
Esercitare, *exercĕo, ces, cŭi, citum, cēre*, A. esercitarsi, *operam dare*: — alla lotta, al corso, ec. *palæstras exercēre*.
Esercitato, *exercitatus, a, um*, add.
Esercitatore, *exercitator, oris*, m.
Esercitatrice, *exercitatrix, īcis*, f.

Esercitazione, exercitatio, onis, f.
Esercito, exercitus, us, m. copiæ, arum, f. pl. — a cavallo, equitatus, us, m. — a piede, peditatus, us, m. — di terra, copiæ terrestres: — di mare, copiæ navales.
Esercizio, exercitatio, onis, f.
Esibire. V. Offerire.
Esibitore, qui offert.
Esibizione, oblatio, onis, f.
Esigenza, necessitas, ātis, f.
Esigere, riscuotere, exigo, ĭgis, ēgi, actum, ĭgĕre, A. per Pretendere, velle, repetĕre, contendĕre.
Esile, tenue, exilis, m. e f. e, n. add.
Esiliare, in exilium pellĕre.
Esiliato, exul, ŭlis, m. e f.
Esilio, exilium, ii, n.
Esimere, eximo, ĭmis, ēmi, emptum, imĕre, A.
Esimio, eximius, a, um, add.
Esistenza, existentia, æ, f.
Esistere, existo, istis, ĭti, istĕre, N.
Esitare, vendo, dis, dĭdi, dĭtum, dĕre, A. per Essere dubbioso, hæreo, res, si, sum, rēre, N.
Esitazione, hæsitatio, onis, f.
Esito, exitus, us, m. per Vendita, V.
Esiziale, exitialis, m. e f. e, n. add.
Esizio, rovina, exitium, ii, n.
Esodo, libro della sacra scrittura, exŏdus, i, m.
Esofago, guttur, ŭris, n.
Esorbitante, immodicus, a, um, add.
Esorbitanza, immoderatio, onis, f.
Esorcizzare, esorcismo ec. V. Scongiurare, scongiuro, ec.
Esordio, exordium, ii, n.
Esortare, hortor, aris, atus, ari, D.
Esortativo, esortatorio, hortatorius, a, um, add.
Esortatore, hortātor, oris, m.
Esortazione, hortātus, us, m. adhortatio, onis, f.
Esoso, odioso, exōsus, a, um, add.
Espansione, allargamento, extensio, onis, f.
Espediente (sost.), modus, i, m. ratio, onis, f. utilis, m. e f. e, n. add. È espediente, expĕdit, Imp.
Esperienza, experientia, æ, f.
Esperimentale, usu cognitus, a, um, add.
Esperimentalmente, usu ipso, avv.
Esperimentare, experior, erĭris, ertus, erīri: pericĭtor, aris, atus, ari, D.
Esperimentato, expertus, a, um, add.
Esperimento, experimentum, i, n.
Espero, stella della sera, hespĕrus, i, m.
Esperto, peritus: expertus, a, um, add.
Espettativa, espettazione, expectatio, onis, f.
Espiare, expio, as, etc. A.
Espiazione, expiatio, onis, f.
Espilare, espilazione. V. Rubare ec.
Esplicabile, explicabilis, m. e f. e, n.
Esplicare, explico, as, avi, vel ui, atum, vel ĭtum, are, A.
Esplicatore, explicātor, oris, m.
Esplicazione, explicatio, onis, f.
Esplicito, expressus, a, um, add.
Esplorare, explōro, as, etc. A.
Esploratore, explorātor, oris, m.
Esplorazione, exploratio, onis, f.
Esporre, expōno, nis, sui, sĭtum, nĕre: declāro, as, etc. A. esporsi al pericolo, se periculo objicĕre.
Espositore, interpres, ĕtis, m.
Esposizione, expositio, onis, f.
Esposto, expositus, a, um: — ai pericoli, periculis obnoxius.
Espressamente, expresse, avv.
Espressione, significatio, onis, f.
Espressivo, significans, āntis, c.
Espresso, expressus, a, um, add.
Esprimere, exprimo, ĭmis, ēssi, ēssum, imĕre, A.
Espugnabile, expugnabilis, m. e f. e, n. add.
Espugnare, expugno, as, etc. A.
Espugnatore, expugnator, ōris, m.
Espugnatrice, expugnatrix, īcis, f.
Espugnazione, expugnatio, onis, f.
Espulsione, expulsio, onis, f.
Espulsivo, expellens, ĕntis, c. add.
Esquisito ec. V. Squisito ec.
Essenza, essentia, æ, f.
Essenziale, ad essentiam pertinens, entis, c.
Essenzialmente, naturaliter, avv.
Essere (verbo), sum, es, fui, esse, N. (sost.), conditio, onis, f. essentia, æ, f.
Esso, ipse, ipsa, ipsum, pron.
Estatico, admiratione affectus, a, um.
Estasi, alienazione contemplativa dai sensi, stupor, oris, m. ecstasis, is, f.
Estate, æstas, ātis, f.
Estemporaneo, extemporalis, m. e f. e, n.
Estendere. V. Stendere.
Estensione, amplificatio, onis, f.
Estenuare, extenuo, as, etc. A.
Estenuato, macer, cra, crum, add.
Estenuazione, extenuatio, onis, f.
Esteriore, exterior, oris, m. e f.
Esteriorità, species, ēi, f.
Esteriormente, esternamente, extrinsĕcus, avv.
Esterminare, extermĭno, as, etc. A. abigo, ĭgis, ēgi, actum, igĕre, A.
Esterminatore, exterminator, oris, m.
Esterminio, eversio, onis, f. excidium, ii, n.
Esterno, externus, a, um, add.
Esteso, extensus, a, um, add.
Estimatore, æstimator, oris, m.
Estimazione, æstimatio, onis, f.
Estinguere, extinguo, guis, xi, ctum, guĕre, A.
Estinguibile, qui extingui potest.
Estinto, extinctus, a, um, add.
Estinzione, estinguimento, extinctio, onis, f.
Estirpare, eradico, as, etc. A.
Estirpato, exstirpatus, a, um, add.
Estirpatore, exstirpator, ōris, m.
Estirpazione, exstirpatio, onis, f.
Estivo, æstivus, a, um, add.

Estorsione, ereptio, onis, f.
Estraneo, extranĕus, a, um, add.
Estraordinario ec. V. Straordinario ec.
Estrarre, edūco, cis, xi, ctum, cĕre, A.
Estratto (sost.), summa, æ, f. summarium, ii, n. eductus: extractus, a, um, add.
Estrazione, eductio, onis, f.
Estremamente, ad extrēmum, avv.
Estremità, extremĭtas, ātis, f. — della veste, ora, æ, f.
Estremo (sost.). V. Estremità: extrēmus, a, um, add. venire agli estremi partiti, ad extrēma descendĕre.
Estrinsecamente, extrinsĕcus, avv.
Estrinseco, extrinsĕcus, a, um, add.
Estro, œstrus, i, m. vel œstrum, i, n.
Esulare, andare in esilio, exsŭlo, as, etc. N.
Esulcerare, exulcĕro, as, etc. A.
Esulcerazione, esulceramento, exulceratio, onis, f.
Esule, exsul, ŭlis, c.
Esultare, gestio, is, ivi, itum, ire: exsultare, N.
Esultazione, gaudium, ii, n.
Età, ætas, ātis, f. età tenera, ætatŭla, æ, f. di lunga età, longævus, a, um: della stessa età, æquālis, m. e f. e, n. maggiore di età, natu major: — minore, natu minor: dalla età tenera, a tenĕris unguicŭlis.
Etere, aria pura, æther, ĕris, m.
Etereo, ætherĕus, a, um, add.
Eternalmente, eternamente, perpetŭo, avv.
Eternare, æterno, as, avi, atum, are, A.
Eternità, æternitas, ātis, f.
Eterno, eternale, æternus, a, um, add.
Etesia, venti, etesiæ, arum, f. pl.
Etica, scienza dei costumi, ethĭca, æ, f. vel ethice, es, f.
Etico, tisico, phthisi laborans, antis, c.
Etimologia, la retta derivazione d'una parola, etymologia, æ, f.
Etisia, phthisis, is, f.
Etnico, gentile, pagano, ethnĭcus, i, m.
Eucaristia, eucharistia, æ, f.
Eucaristico, eucharistĭcus, a, um, add.
Euro, vento che spira d'oriente, eurus, i, m.
Evacuare, exhaurio, hauris, hausi, haustum, haurire: evacŭo, as, etc. A.
Evacuazione, egestio, onis, f.
Evangelicamente, christiano more, avv.
Evangelico, evangelĭcus, a, um, add.
Evangelio, evangelo, evangelium, ii, n.
Evangelista, evangelista, æ, m.
Evangelizzare, evangelium promulgare.
Evaporare ec. V. Vaporare.
Evento, eventus, us, m.
Evidente, evidens, ĕntis, c. è evidente, patet: liquet, imp.
Evidentemente, plane: evidenter, avv.
Evidenza, evidentia, æ, f.
Evitabile, evitabĭlis, m. e f. e, n.
Evitare, evito, as, etc. A.
Eziandio, etiam: eziandio che, etiamsi, cong.

F

Fa, dopo un'espressione di tempo, vale prima d'ora, ovvero ora si compie: lat. abhinc, coll'abl. o coll'acc. dieci anni fa, decem abhinc annis: molti giorni fa, plures abhinc dies.
Fabbrica, ædificium, ii, n.
Fabbricare, ædifĭco, as, etc. A.
Fabbricatore, fabricator, oris, m.
Fabbricazione, fabricatio, onis, f.
Fabbricuccia, ædificatiuncula, æ, f.
Fabbrile, fabrilis, m. e f. e, n. add.
Fabbro, faber, ri, m. artĭfex, ĭcis, m.
Faccenda, negotium, ii, n.
Faccendiere, faccendone, ardelio, ōnis, m.
Faccenduola, faccenduzza, negotiŏlum, i, n.
Facchino, bajŭlus, i, m.
Faccia, facies, ēi, f. vultus, us, m. senza faccia, impudens, entis, c. — del foglio, pagina, æ, f.
Facciata, frons, frontis, f.
Facciuola, paginetta, pagĭnŭla, æ, f.
Face, facella, fax, facis, f. facŭla, æ, f.
Facetamente, facete, avv.
Faceto, facetus, a, um, add.
Facezia, facetiæ, arum, f. pl. sales, ium, m. pl.
Facile, facĭlis, m. e f. e, n. expedītus, a, um, add.
Facilità, facĭlĭtas, ātis, f.
Facilitare, expĕdio, ĭdis, edivi, editum, edire, A. explanare.
Facilmente, facile, avv.
Facinoroso, facinorōsus, a, um: scelestus, a, um, add.
Facitore, opĭfex, ĭcis, m.
Facitrice, effectrix, īcis, f.
Facoltà, facultas, ātis, f. per Ricchezza, opes, um, f. pl.
Facoltoso, ricco, dives, ĭtis, c.
Facondamente, facunde: diserte, avv.
Facondia, facundia, æ, f.
Facondo, facundus, a, um, add.
Faggio, fagus, i, f. di faggio, faginĕus, a, um: faginus, a, um, add.
Fagiano, phasiana avis, is, f.
Fagiuolo, phasĕŏlus, vel fasĕlus, i, vel faseŏlus, i, m.
Fagotto, sarcina, æ, f.
Faina, martora, martes, is, f.
Falange, phalanx, angis, f.
Falcato, falcatus, a, um, add.
Falce, falx, falcis, f.
Falcetto, falciuola, falcŭla, æ, f.
Falciata, falcis ictus, m.
Falciatore, fœnisĕca, æ, m.
Falcione, ronca, harpe, es, f.
Falco, falcone, accipiter, tris: falco, onis, m.
Falda, della veste, limbus, i, m. — del monte, radix montis.
Faldistorio, sedia dei prelati in chiesa, cathĕdra, æ, f. faldistorium, ii, n.
Falegname, faber lignarius.

Fallace, *fallax, ācis*, c.
Fallacemente, *dolōse*, avv.
Fallacia, *fallacia, æ*, f. *dolus, i*, m.
Fallimento, *decoctum argentum*, n.
Fallire, fallare, *erro, as*, etc. N. per Mancare al commercio, *decoquĕre*.
Fallito, *decoctus, a, um*, add. *ad inopiam redactus*.
Fallo, *error, oris*, m. per Delitto, *delictum, i*, n. senza fallo, *sine dubio*: cogliere in fallo, *deprehendo, dis, di, sum, dĕre*, A. metter piede in fallo, *pede offendĕre*.
Falsamente, *false*: *falso*, avv.
Falsare, falsificare, *adultĕro, as*, etc. A.
Falsariga, *regula ad scribendum*.
Falsificatore, *falsarius, ii*, m. *qui literas publicas corrumpit*.
Falsificazione, *corruptio, onis*, f.
Falso, falsità, *falsĭtas, ātis*, f.
Falso, *falsus, a, um*, add.
Fama, *fama, æ*, f. *rumor, oris*, m. corre fama, *fama est, dicĭtur*: aver buona o cattiva fama, *bene*, vel *male audīre*: conosciuto per fama, *fama notus*: *famigerabĭlis*, m. e f. *e*, n.
Fame, *fames, is*, f. aver fame, *fame laborare, esurio, īris, urīvi, urītum, urīre*, N. far morire di fame, *torquēre fame*.
Famelico, *famelĭcus, a, um*, add.
Famiglia, *familia, æ*, f. per Stirpe, *prosapia, æ*, f. della mia famiglia, *gentīlis meus*: padre, madre di famiglia, *pater familias, mater familias*.
Famigliare, *familiāris*, m. e f. *e*, n. add.
Famigliarità, *familiarĭtas, ātis*, f.
Famigliarmente, *familiarĭter*, avv.
Famiglio, servente, *famŭlus, i*, m. per Birro, *satelles, ĭtis*: *lictor, oris*, m.
Famosamente, *egregie*, avv.
Famoso, *celĕber, ris, re*: *clarus, a, um*, add.
Fanale, *lanterna, æ*, f.
Fanatico, *furiosus, a, um*, add.
Fanatismo, *fanatica religio*: *furens superstitio, onis*, f.
Fanciulla, *puella, æ*, f.
Fanciullaggine, *puerilitas, ātis*, f.
Fanciullescamente, *puerilĭter*, avv.
Fanciullesco, *puerīlis*, m. e f. *e*, n. add. dalla fanciullezza, *a puero*.
Fanciulletto, fanciullino, *puellus, i*, m.
Fanciullezza, *pueritia, æ*, f. V. Fanciullaggine.
Fanciullo, *puer, ĕri*, m.
Fandonia, *fabŭla, æ*, f. *commentum, i*, n.
Fanello (uccello), *linaria, æ*, f.
Fanfaluca, *nugæ, arum*, pl.
Fango, *lutum*: *cœnum, i*, n. *limus, i*, m. senza fango, *illĭmis*, m. e f. *e*, n. coperto di fango, *lutulentus, a, um*, add.
Fangoso, *cœnosus, a, um*, add.
Fantaccino, *gregarius miles, ĭtis*, m.
Fantasia, *phantasia, æ*, f. per Invenzione, *novum inventum*.
Fantasma, *visum*: *spectrum, i*, n.
Fantasticare, *commĭniscor, iniscĕris, entus*, *intaci*, D.
Fantasticheria, *morosĭtas, ātis*, f.
Fantastico, *morosus, a, um*: *cerebrosus, a, um*, add.
Fante, *pedes, ĭtis*, m. per Servo, *famŭlus, i*, m.
Fanteria, *peditatus, us*, m.
Fantesca, *ancilla, æ*, f.
Fantoccerla, *puerilitas, ātis*, f.
Fantoccio, *pupa, æ*, f.
Fardelletto, fardellino, *sarcinŭla, æ*, f.
Fardello, *sarcĭna, æ*, f.
Fare, *facio, is, feci, factum, ĕre*: *ago, gis, egi, ctum, gĕre*, A. far di bisogno, *opus esse*.
Faretra, *pharĕtra, æ*, f.
Faretrato, *pharetratus, a, um*, add.
Farfalla, *papilio, onis*, m.
Farina, *farina, æ*, f. fior di farina, *pollen, inis*, n. di fior di farina, *similaginĕus, a, um*, add.
Farinata, *polenta, æ*, f. *puls, pultis*, f.
Fariseo, *pharisæus, i*, m.
Farmaco, medicamento, *pharmăcum, i*, n. *medicamentum, i*, n.
Farneticare, *insanio, is, īvi, ītum, īre*, N.
Farnetichezza, farneticamento, farnetico *mentis delirium*.
Farnetico, *phreneticus, a, um*: *insanus, a, um*, add.
Faro, dei porti, *pharus, i*, m. stretto di mare, *fretum, i*, n.
Farragine, *farrāgo, ĭnis*, f.
Farro, specie di biada, *far, farris*, n. di farro, *farracĕus, a, um*, add.
Farsetto, *sagŭlum, i*, n.
Fascetto, *fascicŭlus, i*, m.
Fascia, *fascia*: *tænia, æ*, f. *zona, æ*, f. dalle fasce, *ab incunabŭlis*.
Fasciare, *fascia ligare*.
Fasciatura, *ligamentum, i*, n.
Fascina, *sarmentum, i*, n.
Fàscino (accentuato sull' *a*), malia, *fascĭnum, i*, n.
Fascio, *fascis, is*, m.
Fastidio, *fastidium*: *tædium, ii*, n. dar fastidio, *molestia afficĕre*, vel *molestiam alicui facĕre*.
Fastidiosamente, *fastidiose*, avv.
Fastidiosetto, *submolestus, a, um*, add.
Fastidioso, *morosus*: *fastidiosus, a, um*, add.
Fasto, *fastus, us*, m. *superbia, æ*, f.
Fastosamente, *elate*: *arroganter*, avv.
Fastoso, *elātus*: *superbus, a, um*, add.
Fata, strega, *saga, æ*, f.
Fatale, *fatālis*, m. e f. *e*, n. add.
Fatalità, *fatum, i*, n.
Fatalmente, *fatalĭter*, avv.
Fatato, *incantatus, a, um*, add.
Fatica, *labor, ōris*, m.
Faticante, *labōris patiens, entis*, c.
Faticare, *labōro, as*, etc. N.
Faticato, *defessus, a, um*, add.
Faticosamente, faticbevolmente, *laboriōse* avv.
Faticoso, faticbevole, *laboriōsus, a, um*.
Fatidico, profetico, *fatidĭcus, a, um*, add.
Fato, *fatum, i*, n.

Fatta, foggia, *modus, i*, m. di tal fatta, *hujusmŏdi*.
Fattamente, sì fattamente, *ita*, avv.
Fattezza, *forma, æ: spĕcies, ēi*, f.
Fattibile, *possibĭlis; facilis*, m. e f. *e*, n. add.
Fatto (sost.), *factum, i*, n. fatti, *gesta, orum*, n. pl. fatto d'armi, *prælium, ii*, n. di fatto *statim*, avv. di fatto per Effettivamente, *re ipsa*: in fatto e in detto, *prorsus, omnino*: come aggettivo, *factus, actus: gestus, a, um*: uomo fatto, *homo confirmata ætate*, non fatto, *infectus, a, um*, c.
Fattoio, luogo dove si fa l'olio, *factorium, ii*, n.
Fattore, *conditor: auctor, oris*, m. — di villa, *villicus, i*, m. — di mercante, *institor, oris*, m.
Fattoressa, *villica, æ*, f.
Fattoria di villa, *villicatio, onis*, f. per Tenuta di beni, *latifundium, ii*, n.
Fattucchiera, maga, *venefica: saga, æ*, f.
Fattucchieria, *veneficium, ii*, n.
Fattura, *opus, ĕris*, n. per Mercede del lavoro, *manupretium, ii*, n. per Malia, *incantamentum, veneficium, ii*, n.
Fatturato. V. Affatturato; vino fatturato, *vinum medicatum*.
Fatuità, stolidezza, *fatuĭtas, ātis*, f.
Fatuo, stolto, *fatŭus, a, um*, add.
Fauci, *fauces, faucium*, f. pl.
Fausto, *faustus, a, um*, add.
Fautore, *fautor, oris*, m.
Fautrice, *fautrix, icis*, f.
Fava, *faba, æ*, f. farina di fava, *lomentum, i*, n. nero della fava, *hilum, i*, n. di fava, *fabacĕus, a, um*, add. guscio della fava, V. Baccello: fava infranta, *faba fressa*; per Suffragio, voto, *suffragium, ii*, n.
Favella, *sermo, onis*, m. perder la favella, *obmutesco, escis, ui, escĕre*, N.
Favellare ec. V. Parlare ec.
Favilla, *favilla: scintilla, æ*, f.
Favo, fiale, *favus, i*, m.
Favola, *fabula, æ*, f.
Favoleggiare, *fabŭlor, aris, atus, ari*, D.
Favoleggiatore, favolatore, *fabulator, oris*, m.
Favoletta, favoluccia ec. *fabella, æ*, f.
Favolosamente, *fabulose*, avv.
Favoloso, *fabulosus, a, um*, add.
Favonio, vento zeffiro, *favonius, ii*, m.
Favore, *favor, oris*, m. *studium, ii*, n. a favore *pro*, prepos. coll' abl. per Benefizio, *beneficium, ii*, n. *gratia, æ*, f.
Favorevole, favorabile, *favorabĭlis*, m. e f. *e*, n. per Propizio, *propitius, a, um*: *favens, entis*, c.
Favorevolmente, *favorabilĭter*, avv.
Favorire, favoreggiare, *faveo, ves, vi, autum, vēre*, N.
*Favorito, che è in grazia, *gratiosus: acceptus, a, um*, add.
Fazione, partito, *factio, onis*, f.
Fazioso, *factiosus, a, um*, add.
Fazzoletto, *sudarium, ii*, n.

Febbraio, *februarius, ii*, m.
Febbre, *febris, is*, f.
Febbretta, *febricula, æ*, f.
Febbricitante, *febricitans, antis*, c. *febricosus, a, um*, add.
Febbrifugo, che caccia la **febbre**, *febrem depellens, entis*, c.
Febbrile, *febrīlis*, m. e f. *e*, n. add.
Feccia, *fæx, fæcis*, f. — dell'olio, *amurca, æ*, f.
Feccioso, *fæculentus, a, um*, add.
Fecondamente, *fæcunde*, avv.
Fecondare, *fæcundo, as*, etc. A.
Fecondità, *fæcundĭtas, ātis*, f.
Fecondo, *fertilis*, m. e f. *e*, n. *fæcundus, a, um*, add.
Fede, *fides, ĕi*, f. mancar di fede, *fidem fallĕre*: mantenerla, *fidem præstare*: impegnarla, *fidem obligare*: di buona fede, *vero animo*: far fede, *testor, aris, atus, ari*, D. — cristiana, *fides christiana*.
Fedele, fidato, *fidēlis*, m. e f. *e*, n. *fidus, a, um*, add. per Cristiano, V.
Fedelmente, *fideliter*, avv.
Fedeltà, *fides, ĕi*: *fidelĭtas, ātis*, f.
Fegato, *jecur, ŏris*, e, *jecinŏris*, n. *hepar, ătis*, n. mal di fegato, *morbus hepatĭcus*.
Felce, *filix, icis*, f.
Felice, *felix, icis*, c.
Felicemente, *felicĭter*, avv.
Felicità, *felicĭtas, ātis*, f.
Felicitare, *fortūno, as*, etc. *beo, as*, etc. A.
Fello, fellone, traditore, *perfĭdus, a, um*, add.
Fellonescamente, *imprŏbe*, avv.
Fellonia, *perfidia, æ*, f.
Felpa, *villosus, sericus pannus, i*, m.
Feltrare, *cogo, as*, etc. A.
Feltro, *lana coacta*.
Feluca, *navis cursoria: phaselus, i*, m.
Femmina, *mulier, iĕris*, f. *fœmina, æ*, f.
Femminella, *muliercŭla, æ*, f.
Femminile, femminilmente. V. Donnesco, donnescamente.
Femore, coscia, *femur, ŏris*, n.
Fendente, colpo di taglio, *ictus cæsim inflictus*.
Fendere, tagliare, *findo, ndis, di, ssum, ndĕre*, A. — la terra, *terram proscindĕre*.
Fenditura, *fissūra, æ*, f. *rima, æ*, f.
Fenice, *phœnix, icis*, m.
Fenile, *fœnile, is*, n.
Fenomeno, *phænomĕnon, i*, n.
Ferace, *ferax, ācis*, c. *fertĭlis*, m. e f. *e*, n.
Ferale, *feralis*, m. e f. *e*, n. add.
Feretro, bara, *ferĕtrum, i*, n.
Feria, *feria, æ*, f.
Feriale, giorno, *dies profestus*.
Feriato, ozioso, *feriatus, a, um*, add.
Ferimento, *vulneratio, onis*, f.
Ferino, *ferīnus, a, um*, add.
Ferire, *ferio, is*, etc. *vulnero, as*, etc. A.
Ferita, *vulnus, ĕris*, n. *plaga, æ*, f.
Ferità, crudeltà, *ferĭtas, ātis*, f.
Ferito, *vulneratus, a, um*: — a morte, *letali vulnĕre ictus*.

Feritore, *vulnerator, oris*, m.
Fermaglio, *fibŭla, æ*, f.
Fermamente, *firme: firmĭter*, avv.
Fermare, *detineo, ines, inui, entum, inēre*, A. *moror, aris, atus, ari*, D. fermare i cavalli, *equos cohibēre*, per Deliberare, *statuĕre*, fermarsi, *consisto: subsisto, sistis, stiti, stitum, sistĕre*, N.
Fermata, *pausa, æ*, f. *cessatio, onis*, f.
Fermentare. *fermento, as*, etc. A.
Fermento, *fermentum, i*, n.
Fermezza, *firmĭtas, ātis*, f. — di animo, *constantia, æ*, f.
Fermo, *firmus: immōtus, a, um*, add. tener per fermo, *pro certo habēre:* terra ferma, *contĭnens, ĕntis*, c.
Feroce, *ferox, ōcis*, o.
Ferocemente, *ferocĭter*, avv.
Ferocia, *ferocĭtas, ātis*, f. *ferōcia, æ*, f.
Ferraccio, *rude ferrum*.
Ferragosto, il primo giorno di Agosto, quasi *feriæ Augusti: sextiles calendæ*, f. pl.
Ferraio, *faber ferrarius*.
Ferraiuolo, *pallium, ii*, n. *penula, æ*, f.
Ferramenti, *ferramenta, orum*, n. pl.
Ferrare i cavalli, *ferreas soleas equi inducĕre*.
Ferrata. V. Inferriata.
Ferrato, *ferro munitus, a, um*, add.
Ferratura, *munimentum ferrĕum, i*, n.
Ferreo, ferrigno, *ferrugineus: ferrĕus, a, um*, add.
Ferriera. *ferraria officina*.
Ferro, *ferrum, i*, n. per Arme, *gladius, ii*, m. — per Arricciare i capelli, *calamister, ri*, m. *calamistrum, i*, n. — di cavallo, *equi solea:* ferri dei piedi, *compĕdes, compĕdum*, m. plur. mettere in ferri, *in vincŭla conjicere:* mettere a ferro e fuoco, *vastare*, A.
Fertile, *fertilis*, m. e f. *e*, n. *ferax, ācis*, o.
Fertilità, *fertilĭtas, ātis*, f.
Fertilmente, *fertilĭter*, avv.
Fervente, fervoroso, fervido, *fervĭdus, a, um*, add.
Ferventemente, fervidamente, *ferventer*, avv.
Fervore, *fervor: ardor, oris*, m.
Ferza, sferza, *ferŭla æ*, f.
Fesso, *fissus: scissus, a, um*, add.
Fessura, *rima: fissūra, æ*, f.
Festa, *dies festus, festa lux:* per Giubilo, *lætitia, æ*, f. far festa, *feriari:* dar le buone feste, *ferias faustas alicŭi precari:* feste mobili, *conceptivæ feriæ:* — immobili, *stativæ feriæ*.
Festante, *festīvus, a, um*, add.
Festeggiamento, *festivĭtas: jucundĭtas, ātis*, f.
Festeggiare, *diem festum agĕre*.
Festino, trattenimento da ballo, *chorea, æ*, f.
Festivamente, *festīve*, avv.
Festivo, gioviale, *festīvus, a, um*, add.

Festone, ornamento di foglie e fiori per feste sacre, *lemniscus, i*, m.
Festoso, *lætus, a, um*, add.
Festuca, fuscellino, *festūca, æ*, f.
Fetente, puzzolente, *fetĭdus, a, um*, add.
Feto, creatura nel ventre della madre, *fetus*, vel *fœtus, us*, m.
Fetore, *fœtor, oris*, m.
Fetta, *frustŭm, i: segmentum, i*, n.
Fettolina, fettuccia, *frustŭlum, i*, n. V. Nastro.
Feudale, *feudalis; vectigālis*, m. e f. *e*, n. add.
Feudatario, *princeps suæ civitatis*.
Feudo, *feudum, i*, n.
Fiaccamente, *imbecillĭter*, avv.
Fiaccamento, *debilitatio: abjectio, onis*, f.
Fiaccare, *frango, gis, fregi, fractum, gĕre*, A.
Fiacchetto, *lassŭlus, a, um*, add.
Fiacchezza, *languor, oris*, m.
Fiacco, *lassus: languĭdus, a, um*, add.
Fiaccola, *fax, facis*, f.
Fiamma, *flamma, æ*, f.
Fiammante, *flammĕus, a, um*, add.
Fiammeggiante, *splendens, entis*, o. add.
Fiammeggiare, *corusco, as*, etc N.
Fiammetta, fiammella, ec. *flammŭla, æ*, f.
Fiammifero, *flammifer, a, um*, add
Fiancheggiare, dare aiuto, *opem ferre*.
Fianco, *latus, ĕris*, n. stare ai fianchi, *latĕri adhærēre:* mal di fianco, V. Pleuritide.
Fiasca, *lagēna, æ*, f.
Fiaschetta, fiaschetto, *lagunĕula, æ*, f.
Fiasco, borraccia, *œnophŏrum, i*, n.
Fiata. V. Volta.
Fiatare, *respiro, as*, etc. N.
Fiato, *anĭma, æ*, f. *halĭtus, us*, m. l'ultimo fiato, *extremus spirĭtus*.
Fibbia, fibbietta, *fibŭla, æ*, f.
Fibra, *fibra, æ*, f.
Fibroso, *fibratus, a, um*, add.
Ficcare, *figo: infīgo, gis, xi, xum, gĕre*, A.
Ficaia (albero). V. Fico.
Fico (albero o frutto), *ficus, us*, vel *fici*, f. — selvatico, *caprificus:* — secco, *carica, æ*, f. — di fico, *ficulnĕus, a, um*, add.
Fidanza, *fiducia, æ*, f.
Fidare, *committo, ittis, isi, issum, ittĕre*, A. fidarsi, *confido, dis, sus, dĕre*, N.
Fidatamente, *fidenter*, avv. per Fedelmente, *fidelĭter*, avv.
Fidato, fido, *fidus, a, um*, add.
Fidecommisso, *fideicommissum, i*, n.
Fiducia, *fides, ei*, f. *fiducia, æ*, f.
Fiduciaimente, *fidenter*, avv.
Fiele, *fel, fellis*, n. di fiele, *fellĕus, a, um*, add. spargimento di fiele, *morbus regius*.
Fienile. *fenile, is*, n.
Fieno, *fœnum, i*, n. di fieno, *fœnicularius, a, um*, add. raccolta di fieno, *fœnisecium, ii*, n.
Fiera (bestia), *fera: bellua, æ*, f. di fiera,

fertīlis, a, um, add. — Mercato, nundĭnæ, ārum, f. pl.
Fieramente, sæve: ferociter, avv.
Fierezza, ferĭtas, ātis, f.
Fiero, ferus: sævus, a, um, add.
Fievole ec. V. Debole.
Figlia, filia, æ, f.
Figliare. V. Partorire.
Figliastro, privignus, i, m.
Figliatura, fœtura, æ, f.
Figlio, figliuolo, filius, ii: natus, i, m. — di famiglia, filius familias.
Figliolanza, proles, is, f.
Figlioletto, figliolino, filiŏlus, i, m.
Figliuola, filia, æ, f.
Figura, figura: forma, æ, f. prender la figura di alcuno, cujuspiam figuram mentiri.
Figuralmente, figuratamente, figurate, avv. per figuras.
Figurare, formare, figuro, as, etc. A. effingo, ngis, nxi, ictum, ngĕre.
Figurina, figuretta, parva imāgo, f.
Fila, ordo, ĭnis, m.
Filare, neo, es, vi, tum, re, A.
Filastrocca, lunga e insipida chiacchierata, prolixus sermo: per Baia, nugæ, arum, f. pl.
Filato (sost.), filum, i, n. stamen, ĭnis, n.
Filatoio, rhombus, i, m.
Filetto, filuzzo, filum tenue.
Filiale, amor filiale, filii in patrem pietas.
Filo, filum, i, n. filo del coltello, cultri acies: — di ferro, d'oro, ferrum, aurum ductile: filo di perle, monile baccatum: a filo, ad lineam: filo per filo, filātim, singillatim, avv.
Filosofare, philosŏfor, aris, atus, ari, D.
Filosofia, philosophia, æ, f.
Filosoficamente, philosophico more.
Filosofico, philosophicus, a, um, add.
Filosofo, philosophus, i, m.
Filugello, baco da seta, bombyx, ycis, m.
Filza, series, ei, f.
Fimbria, orlo, fimbria, æ, f.
Finale, ultimus: extremus, a, um, add.
Finalmente, tandem: denique, avv.
Finamente, exquisite, avv.
Finchè, finattantochè, donec: quoad, cong.
Fine, finis, is, c. a che fine? quorsum? a fine di, ec. ut etc. cong.
Finestra, fenestra, æ, f. affacciarsi alla finestra, de fenestra spectare.
Finestrino, finestrello, fenestrella, æ, f.
Finezza, per Cortesia, officium, ii, n. — dell'arte, artis perfectio.
Fingere, fingo, ngis, nxi, ctum, ngĕre: simulo, as, etc. A.
Fingimento, fictio, onis, f.
Fingitore, simulātor, ōris, m.
Finire, finio, is, ivi, itum, ire: conficio: perficio, cis, ēci, ectum, icĕre, A.
Finitamente, finite, avv.
Fino, e fine, subtīlis, m. e f. e, n. perfectus, a, um: per Astuto, vafer, fra, um, add.
Fino, infino, usque, avv.: fino a quando, quousque tandem: fino a questo termine, fin qui, hactĕnus: fin dalla gioventù, jam inde ab adolescentia: fin d'allora, jam tum: fin da ora, jam nunc.
Finocchio, sorta d'ortaggio, fœniculum, i, n.
Finora, hactĕnus, avv.
Finta, finzione, fictio, onis, f. senza finzione, ex animo, avv.
Fintamente, ficte: simulate, avv.
Finto, fictus, a, um, add.
Fio, pœna, æ, f. pagare il fio, pœnas dare.
Fioccare, cadere a fiocchi: dicesi per lo più della neve, decidĕre, N.: ningĕre maxime, imp.
Fiocco, bioccolo, floccus, i, m. per foggia d'ornamento, lemniscus, i, m.
Fiochezza, raucĭtas, atis: ravis, is, f.
Fioco, raucus, a, um, add.
Fionda, strumento di funo per lanciar sassi, o simili, funda æ, f.
Fiordaliso, giglio, lilium, ii, n.
Fiore, flos, floris, m. a fior d'acqua, summā aquā, avv. di fiore, florĕus, a, um, add.
Fiorellino, fioretto, flosculus, i, m.
Fiorente, fiorito, florens, entis, c.
Fiorino, florēnus, i, m.
Fiorire, floreo, es, etc. floresco, escis, rŭi, ĕre, N.
Fiorito, florĭdus, a, um, add.
Fiotto, marèa, fluctuatio, onis, f. fluctus, us, m.
Firmamento, cœlum, i, n. in sing. cœli, ōrum, m. pl.
Fiscale, publico ærario præfectus.
Fischiare, sibĭlo, as, etc. N.
Fischiata, fischio, sibĭlus, i, m. vel sibĭlum, i, n.
Fisco, fiscus, i, m.
Fisica, physica, æ: physice, es, f.
Fisico, physĭcus, a, um, add.
Fiso, fisso, attento, attentus, a, um, add.
Fisonomia, physiognomia, æ, f.
Fisonomista, physiognōmon, ŏnis, m.
Fissamente, guardar fissamente, fixis oculis intuēri, D.
Fissare. V. Determinare.
Fissazione, obtutus, us, m.
Fisso, fixus: immōtus, a, um, add.
Fistola, fistŭla, æ, f.
Fitta, dolore, acutus dolor.
Fittaiuolo, conductor, oris, m.
Fittizio, fictus, a, um, add.
Fitto (sost.), locationis pretium: come addiettivo, fixus, a, um: per Denso, densus, a, um.
Fiumana, aquarum confluxium.
Fiume, flumen, ĭnis, n. fluvius, ii, m. amnis, is, m. letto del fiume, alvĕus, i, m.
Fiumicello, amniculus, i, m.
Fiutare, fiuto. V. Odorare, odorato.
Flaccido, floscio, flaccĭdus, a, um, add.
Flagellare, flagello, as, etc. A.
Flagellato, flagellis cæsus, a, um.
Flagellatore, verbĕrans, āntis, c.

Flagellazione, flagellamento, *verberatio*, *onis*, f.

Flagello, *flagellum*, *i*, n. per Infortunio, *infortunium*, *ii*, n. *clades*, *is*, f. per Quantità, *copia*, *æ*, f.

Flato, *flatus*, *us*, m.

Flauto, *tibia*, *æ*, f. *calămus*, *i*, m.

Flebile, *flebilis*, m. e f. *e*, n. add.

Flemma, catarro, *pituita*, *æ*, f. per Lentezza, *tarditas*, *atis*, f. per Mitezza, *mansuetudo*, *idinis*, f.

Flemmatico, *pituitosus*, *a*, *um*, add.

Flessibile, *flexibilis*, m. e f. *e*, n. add.

Flessibilità, *flexibilitas*, *ātis*, f.

Florido, *floridus*, *a*, *um*, add.

Floscezza, *debilitas*, *ātis*, f.

Floscio, flocco, *enervis*, m. e f. *e*, n. *flaccus*, *a*, *um*, add.

Flotta, *classis*, *is*, f.

Fluidità, fluidezza, *fluxus*, *us*, m. *fluor*, *ōris*, m. *fluxio*, *onis*, f.

Fluido (sost.), *liquor*, *ōris*, m. *fluidus*, *a*, *um*, add.

Flussione, *fluxio*, *onis*, f.

Flusso, *fluor*, *oris*, m. per Flusso e riflusso di mare, *maris æstus*.

Flutto, fluttuare, ec. V. Onda, ondeggiare, ec.

Foca (animale marino), *phoca*, *æ*, f.

Focaccia, *placenta*, *æ*, f.

Focaia, pietra, *silex*, *icis*, m. e f.

Foce, gola, *fauces*, *ium*, f. pl. per Isbocco di fiume, *ostium*, *ii*, n.

Focherello, *igniculus*, *i*, m.

Focile, fucile, *igniarium*, *ii*, n.

Foco. V. Fuoco.

Focolare, *focus*, *i*, m.

Focone, *clibănus*, *i*, m.

Focosamente, *ardenter*, avv.

Focoso, *ardens*: *vehĕmens*, *entis*, a.

Fodera, *pannus vesti adsutus*, *i*, m.

Foderato, *adsutus*, *a*, *um*, add.

Fodero, *vagina*, *æ*, f.

Foggia, guisa, *modus*, *i*, m. a foggia, *instar*, avv.

Foglia, *frons*, *frondis*, f. *folium*, *ii*, n. — d'oro, *bractea*, *æ*, f. — d'argento, *folium argenteum*: di foglie, *frondeus*, *a*, *um*, add.

Fogliame, *folia*, *orum*, n. pl.

Foglietta, sorta di misura, di liquidi, *hemina*, *æ*, f. per Foglia piccola, *exiguum folium*.

Foglietto, *pagella*, *æ*, f.

Foglio di carta, *chartæ plagula*: *papyrus*, *i*, f.

Fogliuto, fronzuto, *foliatus*, *a*, *um*, add.

Fogna, *cloaca*, *æ*, f.

Fola, *nugæ*, *arum*, f. pl.

Folaga (uccello), *fulica*, *æ*, f.

Folgorare. V. Folgoreggiare.

Folgore, saetta, *fulmen*, *inis*, n.

Folgorio, splendore, *splendor*, *oris*, m.

Folgoreggiare, *fulgŭrat*, *ābat*, *avit*, *āre*, imp.

Folla, *frequentia*, *æ*, f.

Follo, follia. V. Pazzo, pazzia.

Folletto, spirito, *cacodæmon*, *onis*, m.

Folto, *densus*, *a*, *um*, add.

Fomentare, *foveo*, *ves*, *vi*, *fotum*, *ēre*, N.

Fomentatore, *qui fovet*.

Fomento, fomentazione, *fomentum*, *i*, n.

Fomite, ciò che muove calore o fiamma, *fomes*, *itis*, m.

Fondacaio, che ha fondaco, *institor*, *ōris*, m.

Fondaco, *taberna*, *æ*, f.

Fondamentale, *præcipuus*, *a*, *um*, add.

Fondamento, *fundamentum*, *i*, n. gettar fondamenti, *fundamenta jacĕre*: alzar dai fondamenti, *a fundamentis extruĕre*: rovinar dai fondamenti, *funditus evertĕre*; per ragione, *argumentum*: senza fondamento, *nulla ratione*.

Fondare, *fundamenta ponĕre*: per Instituire, *instituĕre*: fondarsi sulla ragione, *rationi niti*.

Fondatamente, *firmiter*: *ratione*, avv.

Fondato, *fundatus*, *a*, *um*, add.

Fondatore, *fundator*, *oris*, m.

Fondazione, *fundatio*, *onis*, f.

Fondere, *fundo*, *undis*, *di*, *sum*, *ndĕre*, A. per Fondere metalli, *metalla conflare*.

Fonderia, *fusorium*, *ii*, n.

Fonditore, *fusor*, *ōris*, m.

Fondo (sost.), *fundus*, *i*, m. andare a fondo, V. Sommergersi. Dar fondo alla roba, V. Dissipare; per Possessione, V. — V. Profondo, add.

Fonduto, fuso, *fusus*, *a*, *um*, add.

Fontana, fonte, *fons*, *fontis*, m. di fontana, *fontānus*: *fontaneus*, *a*, *um*, add.

Fontanella, fonticella, *fonticulus*, *i*, m.

Foracchiare, *perforo*, *as*, etc. A.

Foraggiare, *pabulor*, *aris*, *atus*, *ari*, D.

Foraggiere, *pabulator*, *ōris*, m.

Foraggio, vettovaglia, *pabulum*, *i*, n. *pabulatio*, *onis*, f.

Forame, *forāmen*, *inis*, f.

Foraneo, del foro, *forensis*, m. e f. *e*, n. add.

Forare. V. Foracchiare.

Forasiepe (uccelletto), *trochilus*, *i*, m.

Forbice, *forfex*, *icis*, f.

Forbicetta, *forficula*, *æ*, f.

Forbire, *perpolio*, *ōlis*, *olivi*, *olitum*, *olīre*, A.

Forca, *furca*, *æ*, f. *crux*, *crucis*, f.

Forcata, quanto si prende con la forca, *manipulus*, *i*, m. per Colpo di forca, *furcæ ictus*, *us*, m.

Forchetta, forcina, ec. *furcilla*, *æ*, f.

Forcone, *tridens*, *entis*, m.

Forcuto, *bifurcus*, *a*, *um*, add.

Forellino, *parvum foramen*.

Forense. V. Foraneo.

Forese, contadino, *rusticus*: *rusticulus*, *i*, m.

Foresta, *nemus*, *ŏris*, n.

Foresteria, per Quantità di forestieri, *frequentes hospites*: pel Luogo dove si mettono ad abitare i forestieri, *hospitium*, *ii*, n.

Forestiero, *hospes, ĭtis*, c. *advĕna, æ*, c.
Foresto, *silvester, tris, tre*, add.
Forfora, *porrigo, gĭnis*, f.
Foriero, *præcursor, oris*, m.
Forma, *forma, æ*, f. per Norma, *regŭla, æ*, f.
Formaggio, *caseus, i*, m.
Formale, *formālis*, m. e f. *e*, n. add.
Formalità, *formŭla, æ*, f.
Formalmente, *quoad formam*, avv.
Formare, *formo, as*, etc. A.
Formatamente, *perfecte*, avv.
Formato, *formatus, a, um*, add. non formato, *informis*, m. e f. *e*, n.
Formatore, *formātor, ōris*, m.
Formazione, *formatio, onis*, f.
Formento, *frumentum, i*, n.
Formica, *formīca, æ*, f.
Formicaio, *formicarum agmen, ĭnis*, n.
Formicolamento, *formicatio, onis*, f.
Formidabile, *formidabĭlis*, m. e f. *e*, n. add.
Formola, *formŭla, æ*, f.
Formolario, *formularius, ii*, m.
Fornace, *fornax, ācis*, f.
Fornaciaio, vasaio, *figŭlus, i*: *calcarius, ii*, m.
Fornaio, *pistor, ōris*, m.
Fornello fornelletto, ec. *fornacŭla, æ*, f.
Fornimento, *supellex, ectĭlis*, f. *apparatus, us*, m.
Fornire, *instruo, is, xi, ctum, ĕre*: *orno, as*, etc. A.
Forno, *furnus, i*, m.
Foro (coll'o largo), piazza, *forum, i*, n. (coll'o stretto), forame, *forāmen, ĭnis*, n.
Forse, *fortasse*, avv. forsechè forse? *an? num?* stare in forse, *animis pendēre*.
Forsennataggine, forsennatezza, *dementia, æ*, f.
Forsennatamente, *dementer*, avv.
Forsennato, *demens, ĕntis*, c.
Forte, per Fortezza, *arx, arcis*, f. per Robusto, *fortis*, m. e. f. *e*, n. *validus, a, um*: per Inacetito, *acer, acris, acre*: *acidus*, add. per molto, *valde*, avv.
Fortemente, *fortĭter*, avv. per Grandemente, V.
Fortezza, *robur, ŏris*, n. — di animo, *magnanĭmitas, ātis*, f. per Rocca, *arx, arcis*, f.
Fortificare, *confirmo*: *corrobŏro, as*, etc. *munire*: A. fortificarsi, *roborari*: *fortescere*.
Fortificatore, *munītor, oris*, f.
Fortificazione, fortificamento, *munimentum, i*, n. *munitio, onis*, f.
Fortino, *parvum propugnacŭlum*.
Fortuitamente, *fortuito*, avv.
Fortuito, *fortuĭtus, a, um*, add.
Fortuna, *fortuna, æ*, f. *sors, sortis*: — di mare, V. Tempesta.
Fortunatamente, *felicĭter*, avv.
Fortunato, *fortunatus, a, um*, add.
Forza, *vis, vis*, f. essere in forza, *virĭbus valēre*: toglier per forza, *extorquēre*, A. conforme le forze, *pro virĭbus*: per forza, a forza, *vi*: *per vim*, avv.
Forzare, *cogo, gis, ēgi, actum, gĕre*, A.
Forzarsi, *conor, aris, atus, ari*, D.
Forzatamente, *coacte*: *vi*, avv.
Forzato, *coactus, a, um*: per Galeotto, V.
Forziero, *arca, æ*, f.
Forzuto, forzoso, *robustus, a, um*, add.
Fosco, *fuscus, a, um*, add.
Fossa, fosso, *fovĕa*: *fossa, æ*, f.
Fossatella, fossetta, ec. *fossŭla, æ*, f.
Fossile, che si cava di sotto terra, *fossĭlis*, m. e f. *e*, n.
Fra, prep. coll'accus. *inter*: **fra me, fra sè**, *mecum, secum*.
Fra, frate, *frater, tris*, m.
Fracassamento, fracasso, *conquassatio, onis*, f.
Fracassare, *confringo, ingis, ēgi, actum, ingĕre*: *conquasso, as*, etc. A.
Fracasso, per Rumore, *strepitus, us*: *fragor, oris*, m.
Fracassato, *conquassatus, a, um*, add.
Fracido, fradicio, *putrĭdus, a, um*, add.
Fracidume, fracidezza, *putrēdo, ĭnis*, f.
Fragile, *fragĭlis*, m. e f. *e*, n. add.
Fragilità, fragilezza, *fragĭlitas, ātis*, f.
Fragilmente, *infirme*, avv.
Fragola, *fraga, orum*, n. pl.
Fragore, *strepitus, us*, m.
Fragrante, odoroso, *fragrans, antis*, c.
Fragranza, *fragrantia, æ*, f.
Frale, fralezza. V. Fragile, ec.
Frammescolare, *intermiscĕo, sces, scui, xtum, scēre*, A.
Frammento, rottame, *fragmentum, i*, n.
Frammesso, *interpositus, a, um*, add.
Frammettere, *interpōno, nis, sui, situm, nĕre*, A.
Francamente, *libĕre*: *audacter*, avv.
Francamento, esenzione, *immunĭtas, ātis*, f.
Francare. V. Esentare: — le lettere, *solvĕre pro litterarum missione*.
Franchezza, *libertas, ātis*, f. *audacia, æ*, parlar con franchezza, *libĕre loqui*.
Franchigia. V. Esenzione, per Luogo immune, *asylum, i*, n.
Franco, libero, *immūnis*, m. e f. *e*, n. add.
Francolino (uccello), *attagēna, æ*, f. *attagen, ĭnis*, m.
Frangente, risico, *discrīmen, ĭnis*, n.
Frangere, rompere, *frango, gis, fregi, fractum, gĕre*, A.
Frangia, guarnimento, *fimbria*: *lacinia, æ*, f.
Frangimento, *fractura, æ*, f.
Frantendere, intender falso, *perpĕram intelligĕre, o, is, exi, ectum*, A.
Franto, rotto, *fractus, a, um*, add.
Frapporre. V. Frammettere.
Frasario, *phrasium collectio, onis*, f.
Frasca, *ramālus, i*, m.
Frascato, *umbracŭlum, i*, n.
Fraschería, *nugæ, arum*, f. pl.
Fraschetta. V. Frasca.

Frascone, *ramāle*, *is*, n.

Frase, *phrasis*, *is*, f.

Fraseggiare, *eleganti et ornato loquendi genere uti*, *or*, *ĕris*, *usus*. D.

Frassineto, *locus fraxĭnis consĭtus*, *i*, m.

Frassino (albero), *fraxĭnus*, *i*, f. di frassino, *fraxinĕus*, *a*, *um*, add.

Frastornare. V. Distogliere.

Frastuono, *crepĭtus*, *us*, m.

Frate, *cœnobīta*, *æ*, m.

Fratellanza, *fraternĭtas*, *ātis*: per Dimestichezza, *consuetūdo*, *inis*, f.

Fratellevole, fratellesco, *fraternus*, *a*, *um*, add.

Fratellevolmente, fraternamente, *fraterne*, avv.

Fratellino, *fratercŭlus*, *i*, m.

Fratello, *frater*, *tris*, m. — carnale, *germanus*, *i*, m. — cugino, *patruēlis*, *is*, m.

Frateria, *cœnobĭum*, *ii*, n.

Fraterno, *fraternus*, *a*, *um*, add.

Fraticello, *fratercŭlus*, *i*, m.

Fratricida, uccisor di fratello, *fratricīda*, *æ*, c.

Fratricidio, *fratris cædes*, *is*, f.

Fratta, siepe, *sepes*, *is*, f.

Frattanto, *interĕa*, cong.

Frattura, *fractūra*, *æ*, f.

Fraudare, *fraūdo*, *as*, etc. A.

Fraudatore, *fraudātor*, *ōris*, m.

Fraudatrice, *quæ fraudat*.

Fraude, *fraus*, *fraūdis*, f.

Fraudolentemente, *fraudolenter*, avv.

Fraudolento, *dolosus*, *a*, *um*, add.

Fraudolenza. V. Fraude.

Fravola. V. Fragola.

Frazione, *segmen*, *inis*, n.

Freccia, *sagitta*, *æ*, f.

Frecciare, *jacŭlor*, *aris*, *atus*, *ari*, D.

Frecciata, *jacŭli ictus*, *us*, m.

Frecciatore, *jaculātor*, *oris*, m.

Frecciatrice, *jaculātrix*, *īcis*, f.

Freddamente, *segniter*: *frigĭde*, avv.

Freddare, freddarsi. V. Raffreddarsi, ec.

Freddezza, *frigus*, *ŏris*, m. per Pigrizia, V.

Freddiccio, *frigidŭlus*, *a*, *um*, add.

Freddo (sost.), *frigus*, *ŏris*, n. aver freddo, *algĕo*, *es*, *alsi*, *ēre*, N. come aggettivo, *frigĭdus*, *a*, *um*: divenir freddo, *frigescĕre*, N.

Freddura, *frigus*, *ŏris*, n. per Detto sciocco, *inepta locutio*, *onis*, f.

Frega, fregamento, fregagione, *fricatio*, *onis*, f.

Fregare, *frico*, *as*, etc. A.

Fregata, (nave), *myopăro*, *ōnis*, m.

Fregiare, *orno*, *as*, etc. A.

Fregio, *ornatus*, *us*, m.

Fremere, *fremo*, *is*, *ŭi*, *ĭtum*, *ĕre*, N.

Fremito, *fremĭtus*, *us*, m.

Frenare, *fræno*, *as*, etc. A.

Frenesia, *phrenĕsis*, *is*: *insania*, *æ*, f.

Freneticare, *delīro*, *as*, etc. N.

Frenetico, *phreneticus*, *a*, *um*, add.

Freno, *frænum*, *i*, n. metterlo, *frænum injicĕre*: tenere in freno, *in officio continēre*: senza freno, sfrenato, *effrenis*, m. e f. *e*, n.

Frequentare, *frequento*, *as*, etc. *celĕbro*, *as*, etc. A.

Frequentato, *frequens*, *ĕntis*, c. *celĕber*, *ris*, *re*, add.

Frequentatore, *qui ventitat*.

Frequentazione, *frequentatio*, *onis*, f.

Frequente, *frequens*, *ĕntis*, c. add.

Frequentemente, *frequenter*, avv.

Frequenza, *frequentia*, *æ*, f.

Frescamente, *recens*: *nuper*, avv.

Freschezza, fresco, frescura, *frigus*, *ŏris*, n. pigliar fresco, *lenem auram captare*.

Fresco, *frigĭdus*, *a*, *um*: *recens*, *ĕntis*, c.

Fretta, *festinatio*, *onis*, f. aver fretta, *propĕro*: *festīno*, *as*, etc. N. in fretta, *propĕre*, avv. fatto in fretta, *subĭtus*, *a*, *um*, chi ha fretta, *præpropĕrus*, *a*, *um*, add.

Frettolosamente, *festine*: *festinanter*, avv.

Frettoloso, *festīnus*, *a*, *um*, add.

Friggere, *frigo*, *gis*, *xi*, *ctum*, o *xum*, *gĕre*, A.

Frigidità, frigidezza, *frigus*, *ŏris*, n.

Frigido, *frigĭdus*, *a*, *um*, add.

Fringuello, *fringilla*, *æ*, f.

Frittata, *libum*, *i*, n.

Frittella, *artolagănus*, *i*, m.

Fritto, *frictus*, *a*, *um*, add.

Frittura, frittume, fritto, *res fricta*, f. pl. per Pesce minuto fritto, *pisciculi fricti*.

Frivolo, di poca importanza, *frivŏlus*, *a*, *um*, add.

Frizzante, *mordax*, *ācis*: *urens*, *entis*, c. add.

Frizzare, *pungo*, *ngis*, *pupŭgi*, *nctum*, *ngĕre*: *vellicare*, A.

Frizzo, *punctio*, *onis*, f.

Frodare, frode, ec. V. Fraudare, fraude, ec.

Frollare, *macĕro*, *as*, etc. A.

Frollatura, frollamento, *maceratio*, *onis*, f.

Frollo, frollato, *maceratus*, *a*, *um*, add.

Fromba, frombola. V. Fionda.

Frombatore, fromboliere, *fundĭtor*, *oris*, m.

Fronda, fronde, *frons*, *frondis*, f.

Frondeggiante, *frondĭfer*, *a*, *um*, add.

Frondeggiare, *frondesco*, *escis*, *ui*, *escĕre*, N.

Frondoso, frondifero, *frondosus*, *a*, *um*, add.

Frontale, ornamento che si pone sopra la fronte, *frontāle*, *is*, n.

Fronte, *frons*, *frontis*, f. di, o, a fronte, *contra*: *ex adverso*.

Frontiera, *fines*, *finium*, m. pl. *confinĭum*, *ii*, n.

Frontispicio, frontespizio, *frons*, *frontis*, f.

Frondoso, *frondosus*, *a*, *um*, add.

Frotta, *turba*, *æ*, f. in frotta, *catervatim*, avv.

Frottola, *nugæ*, *arum*, f. pl.

Frugale, parco, *frugālis*, m. e f. *e*, n. add.

Frugalità, *frugalĭtas*, *ātis*, add.

Frugare, *inquīro*, *ris*, *sivi*, *situm*, *rĕre*, A.

Frugifero, *frugĭfer*, *era*, *um*, add.

Fruire. V. Godere.
Frullare, *circumăgo, ăgis, ēgi, actum, agĕre*. A.
Frullone, *cribrum farinarium, i*, n.
Frumentaceo, *frumentaceus, a, um*, add.
Frumentario, *frumentarius, a, um*, add.
Frumento. V. Formento.
Frusta, *lorum, i*, n. *scutica, æ*, f.
Frustagno. V. Bambagino.
Frustare, *verbĕro, as*, etc. A.
Frustato, *verberĭbus cæsus, a, um*, add.
Frustatura, *verberatio, onis*, f.
Frusto, pezzuolo, *frustum, i*, n. per Logoro, *tritus, a, um*, add.
Fruttaiuolo, *pomarius, ii*, m.
Fruttare, fruttificare, *fructum ferre, edĕre*.
Fruttifero, fruttifico, *fertilis*, m. e f. *e*, n. *fructĭfer, a, um*, add.
Frutto, *fructus, us*, m. per Rendita, *reditus, us*, m. — del denaro, *usura, æ*, per Utilità, *commodum, i*, n.
Fruttuosamente, *utilĭter*, avv.
Fruttuoso, *fructuosus, a, um*, add.
Fucilare, *igneæ balistæ ictu interficĕre*.
Fucilata, *igneæ balistæ ictus, us*, m.
Fucile. V. Focile.
Fucina, *officina, æ*, f.
Fuco, pecchione, *fucus, i*, m.
Fuga, *fuga, æ*, f. mettersi in fuga, V. Fuggire.
Fugace, *fugax, ācis*, c. add.
Fugacemente, *fugacĭter*, avv.
Fugare, mettere in fuga, *fugo, as*, etc. A.
Fuggiascamente, *furtim*, avv.
Fuggiasco, *profŭgus, a, um*, add.
Fuggire, *fugio, gis, gi, ĭtum, gĕre*, N. Fuggire qua e là, *diffugĕre*: — dal proprio esercito a quello del nemico, *transfugĕre ad hostem*: fuggir di nascosto, *subducĕre se*: — in diverse parti, *fugitare*.
Fuggitivo, *fugitivus, a, um*, add.
Fuggito, *elapsus, a, um*, add.
Fuggitore, *fugĭtor, ōris*, m.
Fulgido, *fulgĭdus, a, um*, add.
Fulgidezza, fulgore, *fulgor, ōris*, m.
Fulgore, *splendor, ōris*, m.
Fuliggine, e filiggine, *fuligo, ĭnis*, f.
Fulligginoso, *fuligĭne oblitus*.
Fulminante, *fulmĭnans, āntis*, c. occhi fulminanti, *oculi ardentes*.
Fulminare, *fulmĭnat, abat, avit, are*, imp.
Fulminato, *fulmĭne ictus, a, um*, add.
Fulmine, *fulmen, ĭnis*, n.
Fulmineo, *fulminĕus, a, um*, add.
Fumaiuolo, rocca del cammino, *caminus, i*, m. *tubus fumi excipiendi*.
Fumare, far fumo, *fumo, as*, etc. N.
Fumeo, *fumĕus, a, um*, add.
Fumicare. V. Affumicare.
Fumicazione, *suffitus, us*, m.
Fumifero, fumoso, *fumĭfer, a, um*, add.
Fumo, fumosità, *fumus, i*, m.
Funaio, funaiuolo, *restio, ōnis*, f. *restiarius, ii*, m.
Funambolo, che cammina sulla corda, *funambulus, i*, m.
Fune, *funis, is*, m. *restis, is*, f.
Funebre, funerale, funereo, *funĕbris*, m. e f. *e*, n. *funerĕus, a, um*, add.
Funerale (sost.), *funus, ĕris*, n. farlo, *alicui parentare*, come aggel. V. Funebre.
Funestare, *contristare, o, as*, etc. A.
Funesto, *funestus, a, um*, add.
Fungo, *fungus, i*, m. di fungo, *fungĭnus, a, um*, add.
Fungoso, *fungosus, a, um*, add.
Funicella, *funicŭlus, i*, m.
Funzione, *functio, onis*, f.
Fuoco, *ignis, is*, m. di fuoco, *ignĕus, a, um*, mettere a ferro e a fuoco, *ferro et igne vastare*.
Fuorchè, *præter*, prep. coll'acc. *præterquam*, cong.
Fuori, di fuori, prep. coll'acc. *extra*: fuori dell'uso, *præter consuetudĭnem*: avv. (di stato), *foris*: (di moto), *foras*.
Fuoruscito, bandito, esiliato, *exul, is*, — *profŭgus, a, um*, add.
Furace, *furax, ācis*, c. add.
Furare ec. V. Rubare ec.
Furbamente, furbescamente, *dolōse*, avv.
Furberia, *dolus, i*, m.
Furbesco, *dolosus*: *callidus, a, um*, add.
Furbo, *vafer, ra, um*, add.
Furfante, *furcĭfer, ĕri*, m.
Furfanteria, *nequitia, æ*, f.
Furia, furore, *furor, ōris*, m. furie infernali, *furiæ, arum*, f. pl.
Furibondo. V. Furioso.
Furiere. V. Foriero.
Furiosamente, *furiose*: *insāne*, avv.
Furioso, *furens, entis*: *vecors, ordis*, c.
Furore. V. Furia.
Furtivamente, *furtim*: *clam*, avv.
Furtivo, *furtīvus, a, um*, add.
Furto, *furtum, i*, n.
Fusaio, *fusorum opĭfex, ficis*, m.
Fusaiuolo, contrappeso del fuso, *verticillus, i*, m.
Fuscello, fuscelletto, ec. *festūca, æ*, f.
Fuso (sost. coll's aspra), *fusus, i*, m. come agg. coll's dolce, *fusus, a, um*.
Fusto, *caulis, is*, m. — della colonna, *scapus*: degli alberi, *truncus, i*, m.
Futuramente, *in posterum*, avv.
Futuro, *futurus, a, um*, add.

G

Gabbamento, gabbo, *fraus, ŭdis*, f.
Gabbanella, piccol gabbano, *lacerna, æ*, f.
Gabbano, *penula, æ*, f. chi lo porta, *penulatus, i*, m.
Gabbare, *decipio, ĭpis, ēpi, ĕptum, ipĕre*, A.
Gabbatore, *deceptor, ōris*, m.
Gabbia, *cavĕa, æ*, f.
Gabbiano (uccello), *larus, i*, m.
Gabbione, *ingens cavea, æ*, f.
Gabbo. V. Gabbamento.
Gabella, *vectīgal, ālis*, n. di gabella, *vectigālis*, m. e f. *e*, n.

Gabellare, pagar la gabella, *vectigal pendĕre.*
Gabelliere, *publicanus, i,* m.
Gabinetto, *penetrāle, is,* n.
Gaggia (fiore), *acacia, æ,* f.
Gagliardamente, *strenŭe,* avv.
Gagliardia, *robur, ŏris,* n.
Gagliardo, *strenŭus, a, um,* add.
Gaglio, materia con che si rappiglia il latte, *coagŭlum, i,* n.
Gagnolare, guaire, *gannio, is, ivi, itum, ire,* N.
Gaiamente, *festive,* avv.
Gaietto, *venustŭlus, a, um,* add.
Gaio, *festivus, a, um,* add.
Gala, *ornatus, us,* m.
Galante, *elĕgans, ăntis,* c. add.
Galantemente, *eleganter,* avv.
Galanteria, *elegantia, æ,* f.
Galantuomo, *vir probus, i,* m.: *honestus, a, um,* add.
Galea, galera (nave), *trirēmis, is,* f.
Galeotta (nave), *birēmis, is,* f.
Galeotto, *remex, ĭgis,* m.
Galla, gallozza, *galla, æ,* f.
Galleggiare, *innăto, as,* etc. N.
Galleria, *pinacothēca, æ,* f. per Cammino coperto, *via subterranea.*
Galletto, *pullus gallinacĕus, ĕi,* m.
Gallina, *gallina, æ,* f. d' India, *gallina numidica, guttata,* di gallina, *gallinacĕus, a, um,* add.
Gallinaio, *gallinarium, ii,* n.
Gallo, *gallus, i,* m.
Gallone d' oro, d' argento, di seta, *tænia aurea, argentea, serica, æ,* f.
Galoppare, *procurro, curris, cucurri, cursum, currĕre,* N.
Galoppo, *gradarius cursus, i,* m. di galoppo, *cursim,* avv.
Gamba, *crus, cruris,* n. l' osso, *tibia, æ,* f. la polpa, *sura, æ,* f.
Gambale, *caudex,* vel *codex, ĭcis,* m.
Gambero, *cammărus, i,* m.
Gambetta, gambuccia, *crusculum, i,* n.
Gambettare, *crura agitare, o, as,* etc. A.
Gambiera, *ocrĕa, æ,* f.
Gambo. V. Fusto. — del frumento, *calămus, i,* m.
Gambone, *ingens crus, ris,* n.
Ganascia, *maxilla, æ,* f.
Gancio, uncino, *uncus, i,* m.
Gangherare, *cardinibus aptare, o, as,* etc. A.
Ganghero, *cardo, ĭnis,* m. *parvus uncus.*
Gara, *contentio, onis,* f. a gara, *certatim,* avv.
Garante, *sponsor, ōris,* m.
Garantire, *spondĕre pro aliquo:* per Mantenere, assicurare, *præstare aliquid integrum alicui.*
Garanzia, *sponsio, ōnis,* f.
Garbatamente, *eleganter,* avv.
Garbatezza, *comitas, ātis,* f.
Garbato, *concinnus: urbanus, a, um,* add.
Garbeggiare, e garbare: *arrideo, ides, isi, isum, idēre,* N.
Garbino. V. Libeccio.
Garbo, *elegantia, æ,* f. uomo di garbo, *vir probus, i,* m.
Garbuglio, *tumultus, us,* m.
Gareggiamento. V. Gara.
Gareggiare, *certo, as,* etc. N.
Garetto, *poples, ĭtis,* m.
Gargarismo, *gargarismatium, ii,* n.
Gargarizzamento, *gargarizatio, onis,* f.
Gargarizzare, sciacquarsi la canna della gola con gargarismo, *gargarizo, as,* etc. N.
Garofano, *caryophyllus, i,* m. *garyophyllon, i,* n.
Garoso, amante di gare, *rixosus, a, um,* add.
Garrire, *garrio, is, ivi, itum, ire,* N.
Garrulità, *garrulitas, ātis,* f.
Garrulo. V. Loquace.
Garzo. V. Airone.
Garzone, garzoncello, *puer, ĕri: famulus, i,* m.
Gastigare, *punio, is, ivi, itum, ire,* A. V. Castigare.
Gastigo, *punitio: animadversio, onis,* f.
Gattaiuola, *forāmen, ĭnis,* n.
Gatto, gatta, *felis,* vel *feles, is,* f. m.
Gattomammone, sorta di scimmia, *cercopithēcus, i,* m.
Gaudio, *gaudium, ii,* n.
Gavazzare, rallegrarsi smodatamente, *tripudio, as,* etc. N.
Gavazzo, *tripudium, ii,* n.
Gavetta, matassa di corde da suono, *fidium metaxa, æ,* f.
Gavoccio, bubbone della peste, *tumor pestilens.*
Gazofilacio, tesoro, *ærarium, ii,* n.
Gazza, *pica, æ,* f.
Gazzetta, *ephemĕris, ĭdis,* f.
Gelamento, *congelatio, onis,* f.
Gelare, *congĕlo, as,* etc. *gelasco, scis, scĕre,* N.
Gelatamente, *gelide,* avv.
Gelatina, *jus coactum.*
Gelato, *gelu concrētus, a, um,* add.
Gelido, *gelĭdus, a, um,* add.
Gelo, *gelu, u,* n. ind. o. *gelus, i,* m.
Gelosamente, *sollicite,* avv.
Gelosia, *zelotypia, æ,* f. *suspicio, onis,* f. per Ingraticolato da finestre, *cancelli, orum,* m. p.
Geloso, *zelotypus, i,* m.
Gelso (albero), *morus, i,* f. (frutto), *morum, i,* n.
Gelsomino, *jasmĭnum, i,* n.
Gemelli, *gemĭni, orum,* m. pl.
Gemello, *gemĭnus, a, um,* add.
Gemere. V. Piangere: per Versare a goccie, *stillo, as,* etc. N.
Geminare. V. Raddoppiare.
Gemito, *gemitus, us,* m.
Gemma, *gemma, æ,* f. di gemme, *gemmĕus, a, um,* add.
Gemmare, *gemmo, as,* etc. A.
Gemmato, *gemmis distinctus.*
Genealogia, origine e discendenza di stirpe, *generatio, onis,* f.

Generabile, *generabilis*, m. e f. *e*, n. add.
Generalato, *præfectura*, *æ*, f.
Generale, *imperator*, *ōris*, m. — di fanteria, *pedestrium copiarum dux* : — di cavalleria, *magister equitum* : — di artiglieria, *tormentis bellicis præfectus* ; in generale, generalmente, *generaliter* ; *in universum*, avv. come add. *generalis*, m. e f. *e*, n.
Generalissimo, *summus imperator*, *oris*, m.
Generalità, *universitas*, *ātis*, f.
Generalmente, *generaliter*, avv.
Generare, *genĕro*, *as*, etc. A.
Generatore, *generator*, *ōris*, m.
Generatrice, *procreatrix*, *icis*, f.
Generazione, *generatio*, *onis*, f.
Genere, *genus*, *ĕris*, n.
Generico. V. Generale, add.
Genero, *gener*, *ĕri*, m.
Generosamente, *generose*, avv.
Generosità, *generositas*, *ātis*, f.
Generoso, *generosus*, *a*, *um*, add.
Genesi, uno dei libri della Scrittura Sacra, *genĕsis*, *is*, f.
Gengiva, gengia, *gingīva*, *æ*, f.
Genia, *infima fæx populi*.
Geniale, *genialis*, m. e f. *e*, n. add.
Genio, *genius*, *ii*, m. per Inclinazione di animo, *voluntas*, *atis*, f. *studium*, *ii*, n. dar nel genio ad alcuno, *alicui morem gerĕre*.
Genitale, *genitalis*, m. e f. e, n. add.
Genitivo, *genitivus*, *i*, m.
Genitore, *genitor*, *ōris*, m.
Genitrice, *genitrix*, *icis*, f.
Genitura, *genitūra*, *æ*, f.
Gennaio, *januarius*, *ii*, m.
Gentaccia, gentaglia, ec. *popellus*, *i*, m.
Gente, *gens*, *gentis*, f.
Gentildonna, *mulier ingenua*, o, *nobilis femina*.
Gentile, *comis*, m. e f. *e*, n. per Delicato, V. per Pagano, V.
Gentilesimo. V. Paganesimo.
Gentilezza, *comitas*, *ātis*, f.
Gentilizio, appartenente a famiglia nobile, *gentilitius*, *a*, *um*, add.
Gentilmente, *comiter*, avv.
Gentiluomo, *vir nobilis*.
Genuflessione, *genuum submissio*, *onis*, f. o, *flexus*, *us*, m.
Genuflesso, *submissis genibus*.
Genuflettere, *genua flectĕre*, *o*, *is*, etc. A.
Geografia, *geographia*, *æ*, f.
Geografico, *geographicus*, *a*, *um*, add.
Geografo, *geogrăphus*, *i*, m.
Geometro, geometra, *geomĕtra*, *æ*, m.
Geometria, *geometria*, *æ*, f.
Geometricamente, *geometrice*, avv.
Geometrico, *geometricus*, *a*, *um*, add.
Gerarca, superiore nella gerarchia, *hierarcha*, *æ* ; *antistes*, *itis*, m.
Gerarchia, principato sacro, *hierarchia*, *æ*, f. *sacer principatus*.
Gergo, *ænigma*, *ătis*, n.
Gerla, cestone, *corbis*, *is*, m. e f.

Germano, germana, aggiunto di fratello o sorella, *germanus*, *i*, m. *germana*, *æ*, f. per sorta d'uccello, *querquedŭla*, *æ*, f.
Germe, germoglio, *germen*, *ĭnis*, n.
Germinare, germogliare, *germĭno*, as, etc. N.
Geroglifico, figura o carattere simbolico, *hyeroglyphicum*, *i*, n. *ænigma*, *ătis*, n.
Gerundio, *gerundium*, *ii*, n.
Gessato, *gypsatus*, *a*, *um*, add.
Gesso, *gypsum*, *i*, n.
Gestire, *gesticŭlor*, *aris*, *atus*, *ari*, D.
Gesto, *gestus*, *us*, m. gesta, *gesta*, orum, n. pl.
Gettamento, *jactus*, *us*, m.
Gettare, *jacio*, *is*, *jeci*, *jactum*, *jacĕre*, A. — a terra, *prosternĕre* : — via, *abjicere*, A. — le parole al vento, *ventis verba dare* : — gli occhi addosso ad uno, *oculos in aliquem conjicĕre* : gettare, versare, *effundĕre* : — a basso, *dejicĕre* : — metalli, *fundĕre* : gettarsi, *immittĕre se* : — a terra, *procidĕre* : in ginocchione, *in genua provolvi*.
Gettatore di metallo, *fusor*, ōris : — di saette, *jaculator*, *ōris*, m.
Getto, *jactus*, *us*, m.
Gheppio, sparviero, *tinnuncŭlus*, *i*, m.
Gherbino. V. Garbino.
Ghermire, *arripio*, *ĭpis*, *ĭpui*, *eptum*, *ipĕre*, A.
Ghetto, *judæorum contubernium*, *ii*, n.
Ghiacciare, *glacio*, *as*, etc. A. per Congelarsi, *glaciari*, pas.
Ghiaccio, *glacies*, *ēi*, f.
Ghiacciuolo, *stiria*, *æ*, f.
Ghiado, eccessivo freddo, *algor*, *ōris*, m. : per Coltello, *gladius*, *ii*, m. : morto a ghiado, *gladio cæsus*.
Ghiaggiuolo (pianta), *gladiŏlus*, *i*, m.
Ghiaia, *glarĕa*, *æ*, f.
Ghiaioso, *glareōsus*, *a*, *um*, add.
Ghianda, *glans*, *dis*, f.
Ghiandaia (uccello), *pica glandaria*, *æ*, f.
Ghiandola, glandola, *glandŭla*, *æ*, f.
Ghiera, cerchio di ferro o d'altro per fortezza o ornamento, *circulus*, vel *anulus ferreus*.
Ghignare, *subrīdeo*, *des*, *si*, *sum*, dēre, N.
Ghignata, *risus*, *us*, m.
Ghignatore, *risor*, *ōris*, m.
Ghignazzare, *cachinno*, *as*, etc. A. vel *cachinnor*, *aris*, etc. D.
Ghigno, *risio*, *onis*, f. *risus*, *us*, m.
Ghiotta, arnese bislungo che si mette sotto l'arrosto, *patella*, *æ*, f.
Ghiottamente, *gulose*, *intemperanter*, avv.
Ghiotto, *helluo*, *onis*, m.
Ghiottoneria, o ghiottornia, *gula*, *æ*, f.
Ghiozzo (pesce), *gobius*, *ii*, m.
Ghiribizzo. V. Capriccio.
Ghirlanda, *sertum*, *i*, n.
Ghirlandato, *corona redimitus*, *a*, *um*, add.
Ghirlandetta, ghirlanduzza, *corolla*, *æ*, f.
Ghiro, *glis*, *gliris*, m.
Già (tempo presente), *jam* : (tempo passa-

to), *olim*: già da gran tempo, *jamdiu*, avv.
Giacchè, *quoniam*, cong.
Giacere, *jaceo*, *es*, *ui*, *ēre*, N. in letto, *in lecto decumbĕre*; — in terra, *humi jacēre*.
Giacchio, sorta di rete da pescare, *rete*, *is*, n. *funda*, *æ*, f.
Giacimento, giacitura, *cubatio*, *onis*, f. — colla faccia in su, *supinus*, in giù, *pronus cubitus*, *us*.
Giacinto, *hyacinthus*, *i*, m. di giacinto, *hyacinthinus*, *a*, *um*, add.
Giaco, armatura fatta di maglie di ferro, *lorica*, *æ*, f. chi lo porta, *loricatus*, *a*, *um*, add.
Gialleggiare, tendere al giallo, *flavesco*, *scis*, *scĕre*, N.
Gialletto, gialliccio, giallognolo, *subflāvus*, *a*, *um*, add.
Giallo, giallezza, gialiore, *color croceus*, m. *flavus*, *a*, *um*, add.
Giambo, sorta di piede metrico, e specie di verso composto di tali piedi, *jambus*, *i*, m.
Giammai, *unquam*, avv.
Giannetta, arme in asta, *hasta*, *æ*: per bacchetta di canna d'India, *bacŭlus*, *i*, m.
Giara, specie di vaso da bere, *pocŭlum*, *i*, n.
Giardinetto, *hortulus*, *i*, m.
Giardiniere, *viridarii custos*, *odis*, m.
Giardino, *hortus*, *i*, m. *viridarium*, *ii*, n.
Giattanza e iattanza, ostentazione, *jactantia*, *æ*, f.
Giavellotto, arme da lanciare, dardo, *telum*, *i*, n.
Gibboso, *gibbosus*, *a*, *um*, add.
Gigante, *gigas*, *antis*, m.
Gigantescamente, *gigantum more*.
Gigantesco, giganteo, *giganteus*, *a*, *um*, add.
Gigantessa, *immanis femina*, *æ*, f.
Giglio, *lilium*, *ii*, n.
Ginepraio, *locus juniperis consitus*, *i*, m.
Ginepro, *junipĕrus*, *i*, f.
Ginestra, *genista*, *æ*, f.
Ginetto, cavallo giannetto. V. Cavallo.
Ginocchio, *genu*, *u*, n.
Ginocchioni, *flexis genibus*.
Giocare, *ludo*, *dis*, *si*, *sum*, *dĕre*, N.
Giocatore, *lusor*, *ōris*, m.
Giochetto, giocolino, *jocŭlus*, *i*, m.
Giochevole, giocoso, *jocosus*, *a*, *um*.
Giochevolmente, giocosamente, *jocose*, av.
Gioco, giuoco, *ludus*, *i*, m. *lusus*, *us*, — di azzardo, *alea*, *æ*, f.
Giocolatore. V. Ciarlatano.
Giocolatrice, *præstigiatrix*, *icis*, f.
Giocondamente, *jucunde*, avv.
Giocondità, giocondezza, *jucundĭtas*, *atis*, f.
Giocondo, *jucundus*, *a*, *um*, add.
Giogaia, la pelle pendente dal collo dei buoi, *palear*, *āris*, n.
Gioglialo, aggiunto di cosa ove è mischiato del loglio, *lolio permixtus*, *a*, *um*.
Gioglio, o loglio, *lolium*, *ii*, n.
Giogo, *jugum*, *i*, n. scuotere il giogo, *servitutis jugum depellĕre*, A.

Gioire. V. Godere.
Gioia. V. Gemma, per Allegrezza, V.
Gioiellare, ec. V. Ingemmare.
Gioielliere, *gemmarum venditor*, *oris*, m.
Gioiellino, *gemmarum globulus*, *i*, m.
Gioiello, *gemmarum sertum*, *i*, n.
Gioietta, *gemmula*, *æ*, f.
Gioiosamente, *jucunde*, avv.
Gioioso, *lætus*, *a*, *um*, add.
Giornale, *ephemĕris*, *idis*, f.
Giornaliero, *diurnus*, *a*, *um*, add.
Giornalmente, *quotidie*, avv.
Giornata, *dies*, *diei*, m. e f. a grandi o piccole giornate, *magnis*, vel *parvis itineribus*: per Lavoro di un giorno, *diurnum opus*: per Viaggio di un giorno, *iter unius diei*: per Fatto d'armi, *prælium*, *ii*, n.
Giorno, *dies*, *diei*, m. e f. nel sing.; e nel pl. m.; sul far del giorno, *primo diluculo*: si fa giorno, *lucescit*: il giorno avanti, *pridie*, avv. il giorno seguente, *postridie*: fra due, tre giorni, ec. *biduo*, *triduo*, etc. ai giorni nostri, *nostra ætate*: giorno e notte, *diu noctuque*: un giorno sì, l'altro no, *alternis diebus*: — di festa, *dies festus*: di lavoro, *dies profestus*: — di domani, *crastinus*: primo giorno del mese, *calendæ*, *arum*, f. pl.
Giostra, *pugna ludicra*, *æ*, f.
Giostrare, *armis ludĕre*, *o*, *is*, *si*, *sum*, A.
Giostratore, *armis ludens ex equo*.
Giovamento, *commodum*, *i*, n. *utilitas*, *atis*, f.
Giovane, giovanotto, *juvĕnis*, *is*, m. *adolescens*, *entis*, m. più giovane, *junior*.
Giovinezza. V. Gioventù.
Giovanile, *juvenilis*, m. e f. *e*, n. add.
Giovanilmente, *juveniliter*, avv.
Giovare, *prosum*, *des*, *fui*, *desse*, N. *juvat*, *exbat*, *vit*, *vare*, imp.
Giovato, *adjutus*, *a*, *um*, add.
Giovedì, *dies Jovis*.
Giovenca, *juvenca*, *æ*, f.
Giovenco, *juvencus*, *ci*, m.
Gioventù, *juventus*, *ūtis*, f.
Giovevole, *utilis*, m. e f. *e*, n. add.
Giovevolmente, *utiliter*, avv.
Gioviale, *hilăris*, m. e f. *e*, n. add.
Giovinetto, *adolescentulus*, *i*, m.
Giovinetta, *puella*, *æ*, f.
Giraffa (animale), *camelopardălis*, *is*, f.
Giramento, *circuitio*, *onis*, f. — di capo, *vertigo*, *inis*, f.
Girandola, ruota di fuochi artifiziali, *igneus turbo*.
Girare, *circumdo*, *ămis*, *umdĕdi*, *umdătum*, *umdăre*, N.
Girasole (fiore), *heliotropium*, *ii*, n.
Girata, *circuitio*, *onis*, f.
Giravolta, *flexus*, *us*, m.
Gire. V. Andare.
Girella, *rotula*, *æ*, f.
Girello, cerchietto, *circulus*, *i*, m.
Girevole *versatilis*, m. e f. *e*, n.
Giro, *girus*, *i*, m. *orbis*, *is*, m.

Girovago, vagabondo, *erro*, *onis*, sost., *vagus*, *a*, *um*, add.
Gita, *itio*, *onis*, f.
Giterella, *ambulatiuncula*, *æ*, f.
Gittare. V. Gettare.
Gittamento, gitto, *jactus*, *us*, m.
Giù, all' ingiù, *deorsum*, avv.
Giubba, *tunica*, *æ*, f.
Giubbone, *thorax*, *ācis*, m.
Giubbilare, *exsulto*, *as*, etc. N.
Giubbileo, *annus sacer*.
Giubbilo, giubbilazione, *gaudium*, *ii*, n.
Giudaico, *judaicus*, *a*, *um*, add.
Giudaismo, *judæorum superstitio*, *onis*, f.
Giudeizzare, *judæorum ritus*, vel *mores imitor* D.
Giudicamento, giudicazione, *judicium*, *ii*, n.
Giudicare, *judico*, *as*, etc. A. per Stimare. V.
Giudice, *judex*, *icis*, c. — competente, *judex legitimus*.
Giudiziale, *judicialis*, m. e f. *e*, n. add.
Giudiziario, *judiciarius*, *a*, *um*, add.
Giudizio, luogo dove si giudica, *forum*, *i*, n. per Opinione, parere, V. — per Sentenza, V. — per Accorgimento, V. — per Mente, intelletto, V. Giudizio finale, *judicium extremum*.
Giudiziosamente, *prudenter*, avv.
Giudizioso, *prudens*, *entis*, c.
Giuggiola (frutto), *zizyphum*, *i*, n.
Giuggiolo (albero), *zizyphus*, *i*, f.
Giugnere. V. Giungere.
Giugno, *junius*, *ii*, m.
Giulivo, *lætus*, *a*, *um*, add.
Giumento, *jumentum*, *i*, n.
Giuncata, latte rappreso, *lac concretum*.
Giunchiglia, fiore, *narcissus*, *i*, m.
Giunco, *juncus*, *i*, m.
Giungere, venire; *pervenio*, *is*, *ēni*, *entum*, *ire*, N. per Congiungere, V.
Giunta *additamentum*, *i*, n. per Arrivo, *adventus*, *us*, m. per Quel che si dà di soprappiù del dovuto, *mantissa*, *æ*: a prima giunta, *primo*, *statim*, avv.
Giuntare. V. Ingannare.
Giunto, unito, *junctus*, *a*, *um*, add. per Arrivato, *perventus*, *a*, *um*, add. per Sorpreso, *deprehensus*, *a*, *um*, add.
Giuntura, *junctura*, *æ*, f. — delle dita, *articulus*, *i*, m.
Giuoco ec. V. Giocare.
Giuramento, *jusjurandum*, *jurisjurandi*: *sacramentum*, *i*, n. — falso, *perjurium*, *ii*, n.
Giurare, *juro*, *as*, etc. N. — il falso, *perjuro*, *as*, etc. N.
Giuratamente, *jurato*, avv.
Giureconsulto, *jurisconsultus*, *i*: *legum peritus*, m.
Giuridicamente, *legitime*, avv.
Giuridico, *legitimus*, *a*, *um*, add.
Giurisdizione, *jurisdictio*, *onis*, f.
Giurista, *jurisconsultus*, *i*, m.
Giurisperito, *jurisperitus*, *i*, m.
Giurisprudenza, *jurisprudentia*, *æ*, f.
Giusdicente, *juridicus*, *i*, m.
Giuso. V. Giù.
Giusta, conforme, secondo, *secundum*, prep. coll' acc.
Giustamente, *merito*, avv.
Giustificare ec. V. Scusare ec. per Provare con ragioni, *probo*, *as*, etc. A.
Giustificatamente, *jure*: *juste*, avv.
Giustificazione, *excusatio*, *onis*, f.
Giustizia, *justitia*, *æ*, f. — rigorosa, *summum jus*.
Giustiziare, *supremo supplicio afficere*.
Giustiziere, giustiziere, *carnifex*, *icis*, m.
Giusto, *justus*, *a*, *um*, add.: il giusto e l'ingiusto, *fas et nefas*, n.
Glaciale, *glacialis*, m. e f. *e*, n. add.
Gladiatore, *gladiator*, *ōris*, m.
Gladiatorio, *gladiatorius*, *a*, *um*, add.
Glande, *glans*, *glandis*, f.
Glandula. V. Ghiandola.
Glauco (colore ceruleo), *glaucus*, *a*, *um*, add.
Gleba, *gleba*, *æ*, f.
Globo, globetto, *globus*: *globulus*, *i*, m.
Globoso, *globosus*, *a*, *um*, add.
Gloria, *gloria*, *æ*, f. — della vittoria, *adorea*: senza gloria, *inglorius*, *a*, *um*, add.
Gloriarsi, *glorior*, *aris*, *atus*, *ari*, D.
Glorificamento, glorificazione, *gloriæ celebritas*, *atis*, f.
Glorificatore, *laudator*, *ōris*, m.
Glorificare, *prædico*, *as*, etc. A.
Gloriosamente, *gloriose*, avv.
Glorioso, *inclitus*, *a*, *um*, add.
Gloriuzza, *gloriola*, *æ*, f.
Glosa, *glossa*, *æ*, f. V. Chiosa.
Glosare. V. Spiegare.
Glutine, specie di colla, *gluten*, *inis*, vel *glutinum*, *i*, n.
Glutinoso, *glutinosus*, *a*, *um*, add.
Gnocco, *puls*, *pultis*, f. per Balordo, V.
Gnomone, *gnomon*, *onis*, f. m.
Gobba, scrigno, *gibber*, *ri*, vel *ris*, m. *gibbus*, *i*, m.
Gobbo, *gibber*, *ra*, *rum*, *gibbus*, *a*, *um*, add. V. Carciofo.
Goccia, *gutta*, *æ*, f. a goccia, a goccia, *guttatim*, avv.
Gocciare, gocciolare, *stillo*, *as*, etc. N.
Gocciolamento, *distillatio*, *onis*, f.
Gocciolatoio, *stillicidium*, *ii*, n.
Gocciolina, *guttula*, *æ*, f.
Godere, *gaudeo*, *audes*, *ūsus*, *audēre*, N. per Possedere, V.
Godevole, *jucundus*, *a*, *um*, add.
Godimento, *voluptas*, *ātis*, f. *gaudium*, *ii*, n.
Goffaggine, *insulsitas*, *ātis*, f.
Goffamente, *inepte*, avv.
Goffo, *ineptus*, *a*, *um*, add.
Gola, *gula*, *æ*, f. *guttur*, *ŭris*, n. mal di gola, *angina*, *æ*, f. per Golosità, V.
Golaccia, *immanis gula*.
Goletto, vestito della gola, *colli* [illegible], *inis*, n.
Golfo, *sinus*, *us*, m.

Golosamento, *gulose*, avv.
Golosità, *ingluvies*, *ei*, f.
Goloso, *gulosus*, *a*, *um*, add. esser goloso, *ventri servire*.
Gomena, e gomona, canapo dell' ancora. *rudens*, *ĕntis*, m. e f.
Gomitata, *cubiti ictus*, *us*, m.
Gomito, *cubitus*, *i*, m. *cubitum*, *i*, n.
Gomitolo, *glomus*, *ĕris*, vel *glomi*, m. far gomitoli, *glomĕro*, *as*, etc. A.
Gomma, *gummi*, n. indecl. *gummis*, *is*, f. — d' alberi, *resina*, *æ*, f.
Gommoso, *gummosus*, *a*, *um*, add.
Gondola, piccola barca, *cymba*, *æ*, f.
Gondoletta, *cymbula*, *æ*, f.
Gondoliere, *portitor*, *ōris*, m.
Gonfalone, *signum*: *vexillum*, *i*, n.
Gonfaloniere, *vexillifer*, *ĕri*: *signifer*, *ĕri*, m. per Capo di magistrato, *urbis præfectus*, *i*, m.
Gonfiatura, gonfiagione, *tumor*, *ōris*, m. *inflatio*, *onis*, f.
Gonfiare, *inflo*, *as*, etc. A. gonfiarsi, *tumĕo*, *es*, *ui*, *ēre*, N. per Insuperbirsi, V.
Gonfio, gonfiato, *inflatus*, *a*, *um*, add. insuperbito, *elātus*, *a*, *um*, add.
Gongolare. V. Rallegrarsi.
Gonna, gonnella, *tunica*, *æ*, f.
Gonzo. V. Goffo.
Gora, canale, *canalis*, *i*, m.
Gorga, gorgia, *guttur*, *ŭris*, n.
Gorgheggiare, *vocem crispare*, *o*, *as*, etc. A.
Gorgo, *gurges*, *ĭtis*, m.
Gorgogliare, *murmŭro*, *as*, etc. N.
Gorgoglio, gorgogliamento, *murmŭr*, *ŭris*, n.
Gota, *gena*: *mala*, *æ*, f.
Gotta, *articularis morbus*, *i*, m.
Gottoso, *arthriticus*, *a*, *um*: *articulari morbo laborans*, add.
Governare, *rego*, *gis*, *xi*, *ctum*, *gĕre*, *guberno*, *as*, etc. A. — cavalli polli ec. *curare*.
Governatore, *gubernātor*, *ōris*, m.
Governatrice, *gubernātrix*, *īcis*, f.
Governo, *gubernatio*, *onis*, f. *imperium*, *ii*, n. — di casa, *rei domesticæ administratio*.
Gozzo, *jugŭlum*, *i*, n. *jugŭlus*, *i*, m.
Gozzoviglia, *comessatio*, *onis*, f.
Gozzovigliare, *comissor*, *aris*, *atus*, *ari*, D.
Gracchia. V. Cornacchia.
Gracchiare, il gridar dei corvi, *crocitare*: *garrio*, *is*, *ivi*, *itum*, *ire*, N.
Gracchiatore, gracchione, *garrŭlus*, *i*, m.
Gracidare, il gridar delle rane, *coaxo*, *as*, etc. N.
Gracile, *gracilis*, m. e f. *e*, n. add.
Gracilità, *gracilitas*, *ātis*, f.
Gradatamente, graduatamente, a grado a grado, *gradātim*.
Gradazione, *gradatio*, *onis*, f.
Gradevole, *gratus*: *jucundus*, *a*, *um*, add.
Gradevolmente, *libenter*, avv. per Cortesemente, V.
Gradimento, *favor*, *ōris*, m.
Gradinata, *scalæ*, *arum*, pl. f. *gradŭum series*, *ēi*, f.
Gradino, *gradus*, *us*, m.
Gradire, *acceptum habēre*, *eo*, *es*, *ui*, *itum*. A.
Gradito, *gratus*, *a*, *um*, add.
Grado, *gradus*, *us*, m. grado per grado, *gradātim*, avv. secondo il grado, *pro dignitate*: di buon grado, *libenter*: di mal grado, *invite*, *ingratiis*: saper grado, essere obbligato, *gratiam habēre alicui*.
Graduare, avanzar di grado, *promovĕo*, *ēves*, *ōvi*, *ōtum*, *ovēre*: *provĕho*, *his*, *exi*, *ectum*, *ehĕre*, A.
Gradualmente. V. Gradatamente.
Graduato, *evectus*, *a*, *um*, add.
Graffiare, *ungulbus lacerare*.
Graffiamento, *laceratio*, *onis*, f.
Graffio, uncino, *uncus*, *ci*, m.
Gragnuola, *grando*, *ĭnis*, f.
Gramaglia, *vestis*, *pulla* f.
Grammatica, *grammatica*, *æ*, f.
Grammaticale, *grammaticus*, *a*, *um*, add.
Grammaticalmente, o grammaticamente, *grammatice*, avv.
Grammatico, *grammaticus*, *i*, m.
Gramigna, *gramen*, *ĭnis*, n.
Graminaceo, *gramineus*, *a*, *um*, add.
Gramo, malinconico, *mæstus*, *a*, *um*, add.
Gramola, maciulla, *stupparius mallĕus*, *i*, m.
Gramolare, *stuppario mallĕo subigĕre*.
Grana, scarlatto, *coccum*, *i*. n. di grana, *coccinĕus*, *a*, *um*, add.
Granaio, *granarium*, *ii*, n. *horrĕum*, *i*, n.
Granata, mazzo di scopa per ispazzare, *scopæ*, *arum*, f. pl. per Bomba, *pila incendiaria*, f.
Granatiere, *pilæ incendiariæ jaculator*.
Granato, ametisto, *amethystus* i, f.
Granato, melagranata (frutto), *punicum malum*, n. (albero), *punicamalus*, f.
Granchio, *cancer*, *ceris*, m.
Granciporro, *cancer*, *cri*, m.
Grande, *magnus*, *a*, *um*: *ingens*, *ĕntis*: sì grande, *tantus*, *a*, *um*: quanto grande, *quantus*, *a*, *um*: più grande, *major*, m. e f. *majus*, n. V. Grandi.
Grandeggiare, *superbio*, *s*, *ire*, N.
Grandemente, *magnopĕre*: *valde*, avv.
Grandetto, grandicello, *grandiuscŭlus*, *a*, *um*: *grandicŭlus*, *a*, *um*, add.
Grandezza, *magnitūdo* *ĭnis*, f. — di animo, *animi excelsitas*: per Dignità, Onore, V.
Grandi, *procĕres*, *um*, m. pl.
Grandinare, *grandĭnat*, *abat*, *are*, imp.
Grandine, *grando*, *ĭnis*, f.
Grandioso, *magnificus*, *a*, *um*, add.
Grandissimo, *maxĭmus*, *a*, *um*, add.
Grandone, *prægrandis*, m. e f. *e*, n. add.
Grandotto, *subgrandis*, m. e f. *e*, n. add.
Granelletto, granellino, *acinus*, *i*, m. *acinum*, *i*, n.
Granello, *granum*, *i*, n. — di uva, *acinus vinacĕus*.
Granelloso, *granosus*, *a*, *um*, add.
Gran fatto, *admodum*: *valde*, avv.
Granire, *grana ferre*, *o*, *ers*, *tuli*, *latum*, A.

Granito (sost.), sorta di marmo, *numidicum marmor*, *ŏris*, n. per Granoso, V.
Grano, *frumentum*, *i*: *granum*, *i*, n.
Granoso, granito, *granosus*, *a*, *um*, add.
Grappolo, *racēmus*, *i*, m.
Grascia, *annona*, *æ*, f.
Grasello, pezzuol di grasso, *adĭpis frustŭlum*, *i*, n.
Grassezza, *pinguēdo*, *ĭnis*, f.
Grasso, grassume, *adeps*, *adĭpis*, m. e f. *pinguis*, m. e f. *e*, n. *obēsus*, *a*, *um*, add. per Fertile, V.
Grassone, *prœpinguis*, m. e f. *e*, n. add.
Grassotto, *subpinguis*, m. e f. *e*, n. add.
Grassume. V. Grasso.
Grata, *cancelli*, *orum*, m. pl.
Gratella, graticola, *ferrĕa crates*, *is*, f.
Graticcio, *crates viminĕa*.
Gratificare, *gratifĭcor*, *aris*, *atus*, *ari*, D.
Gratitudine, *gratus anĭmus*, *i*, m.
Grato, *gratus*, *a*, *um*, add.
Grattamento, *scalpurīgo*, *ĭnis*, f.
Grattare, *scalpo*, *is*, *si*, *tum*, *ĕre*: *scabere*, A.
Grattato, *perfricatus*, *a*, *um*, add.
Grattatura, *fricatio*, *onis*, f.
Grattugia, rodimadia, *radŭla*, *æ*, f.
Grattugiare, *rado*, *dis*, *si*, *sum*, *dĕre*, A.
Gratuitamente, *gratis*: *gratuito*, avv.
Gratuito, *gratuĭtus*, *a*, *um*, add.
Gratularsi. V. Congratularsi.
Gratulazione, *gratulatio*, *onis*, f.
Gravame, peso, *pondus*, *ĕris*, n. per Angheria, V.
Gravare ec. V. Aggravare ec. per Esser di peso, *oneri esse*: o di noia, *molestum esse*.
Grave, *gravis*, m. e f. *e*, n. *onerosus*, *a*, *um*: uomo grave, *vir magnæ auctoritatis*: per Noioso, V. grave di età, d'anni, *annis gravis*.
Gravedine, **sorta di malattia**, ***gravēdo***, *ĭnis*, f.
Gravemente, *gravĭter*, avv.
Gravetto, *gravīusculus*, *a*, *um*, add.
Gravezza, *gravĭtas*, *ātis*, f. per Noia, V. per Imposizione, V.
Gravicembalo, *cymbălum*, *i*, n.
Gravidanza, *gravidĭtas*, *ātis*, f.
Gravido, *gravĭdus*, *a*, *um*: esser gravida, *utĕro laborare*: (parlando delle bestie), *vulva laborare*.
Gravità, peso, *gravĭtas*, *ātis*, f. per Autorità, *auctoritas*, *ātis*, f.
Gravitare, *gravitate deorsum ferri*, P.
Gravosamente. V. Gravemente.
Gravoso, *gravis*, m. e f. *e*, n. V. Molesto.
Grazia, *gratia*, *æ*: *venustas*, *atis*, f. *lepor*, *ōris*, m. malagrazia, *inconcinnitas*, *ātis*, f. con grazia, *eleganter*: senza grazia, *ineleganter*, avv. per Benevolenza, *benevolentia*, *favor*, esser in grazia d'alcuno, *alicujus gratia frui*: per Benefício, *beneficium*, *ii*, di grazia, *quæso*, per Ringraziamento, V. render grazie, *gratias agĕre*: per Permissione, perdono, V. — di Dio, *divina gratia*.

Graziare, *beneficium conferre*: per Liberar dalla pena, *pœna eximĕre*, *o*, *is*, *emi*, *emptum*, A.
Graziosamente, *officiose*: *comĭter*, avv.
Grazioso, *lepĭdus*, *venustus*, *a*, *um*: per Benigno, *benignus*, *a*, *um*, add.
Greco, *græcus*, *a*, *um*: pel vento di ponente maestro, *caurus*, *i*, m.
Gregge, greggia, *grex*, *gregis*, m.
Greggio, grezzo, *rudis*, m. e f. *e*, n. add.
*Grembiale, grembiule, *cinctĭcŭlus*, *i*, m.
Grembo, *gremium*, *ii*, n. *sinus*, *us*, m.
Gremito, folto, *densus*: *spissus*, *a*, *um*, add.
Greppo, sommità di terra, *rupes*, *is*, f.
Greve, grieve, *gravis*, m. e f. *e*. n. add.
Gridare, *clamo*, *as*, etc. A. — aiuto, *auxilium implorare*: per Riprendere, *argŭo*, *is*, *ui*, *ūtum*, *uĕre*, A.
Gridata, *clamor*, *ōris*, m. per Riprensione, *increpatio*, *onis*, f.
Grido, *clamor*, *ōris*, m. *vociferatio*, *onis*, f. per Fama, *fama*, *æ*, alzar grido, *celebrari*.
Grifagno. V. Rapace.
Grifo, *rictus*, *us*, m. V. Grifone.
Grifone, *gryps*, *gryphis*, *gryphus*, *i*, m.
Grigio, *cinerĕus*, vel *cinerăceus*, *a*, *um*, add.
Grilletto, *parvus gryllus*, m.
Grillo, *gryllus*, *i*, m.
Grinza, *ruga*, *æ*, f.
Grinzo, grinzoso, *rugosus*, *a*, *um*, add.
Grisolito, gemma, *chrysolĭthus*, *i*, m.
Gronda, *subgrunda*, *æ*, f.
Grondaia, *stillicidium*, *ii*, n.
Grondante, *fluens*, *ĕntis*, c.
Grondare, *stillo*, *as*, etc. N.
Groppa, *tergum*, *i*, n. montare in groppa, *in tergum insilīre*.
Groppiera, posoliera, *postilēna*, *æ*, f.
Groppo, *nodus*, *i*, m.
Gropposo, *nodosus*, *a*, *um*, add.
Grossamente, *crasse*, avv.
Grosserello, grossetto, *crassior*, m. e f. *ius*, n.
Grossezza, *crassitūdo*, *ĭnis*, f. — d'ingegno, *ingenii hebetūdo*, *inis*, f.
Grosso (sost.), *major et melior pars*: il grosso dell'esercito, *robur exercitus*: per Moneta, *quinarius nummus*: per Grossolano, V.
Grossolanamente, *crasse*, avv. *pingui minerva*.
Grossolano, *crassus*, *a*, *um*: *rudis*, **m. e f.** *e*, n. add.
Grotta, *specus*, *us*, m. e f. *antrum*, *i*, n.
Grotticella, *cavernula*, *æ*, f.
Gru, grue (uccello), *grus*, *gruis*, c.
Gruccia, *scipio*, *onis*, m.
Grufolare, *rictu terram verrĕre*, *o*, *is*, etc. A.
Grugnire, grugnare, lo stridere del porco, *grunnio*, *is*, *ivi*, *itum*, *ire*, N.
Grugnito, *grunnītus*, *us*, m.
Grugno, *rictus*, *i*, m.
Grumo, mucchio, *grumus*, vel ***grummus***, *i*, m.
Gruppetto, *parvus nodus*: *parvus acervus*.

Gruppo. V. Nodo: per Mucchio, V.
Guadagnabile, *lucrativus, a, um*, add.
Guadagnare, *lucror, aris, atus, ari*, D. — uno colle preghiere, coi doni, *precibus aliquem flectĕre, donis devincire*: — il favore d'alcuno, *gratiam apud aliquem inire*: — il vitto, *victum sibi comparare*.
Guadagnato, *lucrifactus, a, um*, add.
Guadagno, *lucrum, i*, n. *quæstus, us*, m.
Guadagnuccio, guadagnuzzo, *lucellum, i*, n.
Guadare, *vado transire, eo, is, ivi, itum*, N.
Guado, passo di fiume, *vadum, i*, n.
Guai! *væ!* interj.
Guaina, *vagina, æ*, f.
Guaire. V. Guagnolare.
Guaio, guai, *ærumna, æ*, f. uscir dei guai, *e malis emergĕre*.
Gualdrappa, coperta, *stragulum, i*, n.
Guancia, *gena, æ*, f.
Guanciale, *pulvinar, āris*, n. *pulvinus, i*, m.
Guancialetto, *pulvillus, i*, m.
Guanciata, *colaphus, i*, m.
Guantiera, sorta di vassoio, *calăthus, i*, m.
Guanto, *manicæ, arum*, f. pl. *chirothēca, æ*, f.
Guardare, *aspicio, ĭcis, exi, ectum, icĕre*, A. — indietro, *respicĕre*: — in su, *suspicĕre*: — in giù, *despicĕre*: — con diligenza, *inspicĕre*, per Custodire, V. per Considerare, V. Guardarsi, *sibi cavēre*.
Guardaroba, *vestiarium, ii*, n.
Guardato. V. Custodito.
Guardatura, *aspectus, us*, m.
Guardia, *custodia, æ*, f. *præsidium, ii*, n. per Sentinella, V. *excubiæ, arum*, f. pl. far la guardia, *excubo, as*, etc. A. per Custode, V. Corpo di guardia, *excubiæ*, per Luogo in cui si fa la guardia, *statio militaris*: — del corpo, *cohors prætoria*: — della spada, *capulus, i*, m.
Guardiano, *custos, odis*, m. — dei frati, *cœnobii præses, idis*, m.
Guardingo. V. Cauto.
Guari, molto, *multum, valde*, avv.
Guaribile, *sanabilis*, m. e f. *e*, n. add.
Guarigione, guarimento, *sanatio, onis*, f.
Guarire, *sano: curo, as*, etc. A. *medicinam facĕre*: per Ricuperare la sanità, *convalesco, escis, ui, itum, escĕre*, N.
Guarnigione, *præsidium, ii*, n.
Guarnitura, guarnimento, guarnizione, *ornatus, us*, m. *ornamentum, i*, n.
Guarnire, e guernire, munire, *munio, is, ivi, itum, ire*, A. per Ornare, *ornare*, A.
Guastamento. V. Guasto, sost.
Guastare, *corrumpo, umpis, upi, uptum, umpĕre*, A. guastarsi, *putresco, escis, ui, escĕre*, N.
Guastatore, *vastator, oris*, m. per Corrompitore, V.
Guasto (sost.), *corruptio, onis*: per Depravazione, V. Dare il guasto, V. Saccheggiare: guastato, *corruptus: vitiatus, a, um*, add.
Guatare. V. Guardare
Guattero, guattaro, *mediastinus, i*, m.
Guazza, rugiada, *ros, roris*, f.
Guazzabuglio, *perturbatio, onis*, f.
Guazzare, *flutio, as*, etc. N.
Guazzetto, sorta d'intingolo, *jusculum, i*, n.
Guazzo, *vadum, i*, n. dipingere a guazzo, *coloribus aqua dilutis pingĕre*: passare a guazzo, *flumen vado trajicĕre*.
Guazzoso, *aquosus, a, um*, add.
Guercio, *strabo, ōnis*, m.
Guernigione, guernire, ec. V. Guarnigione, guarnire, ec.
Guerra, *bellum, i*, n. muoverla, intimarla, *bellum alicui inferre, indicĕre*, intraprenderla, *bellum suscipĕre*: uomo di guerra, *miles, ĭtis*: di guerra, *bellicus, a, um*, add. — intestina, straniera, navale, *domesticum, externum, maritimum*.
Guerreggiare, *bellum gerĕre*.
Guerriera, *bellatrix, īcis*, f.
Guerriero (sost.), *bellātor, ōris*, m. per Bellicoso, *belliger, a, um*, add.
Gufo, *bubo, ōnis*, m.
Guglia, *pyrămis, idis*, f. *obeliscus, i*, m.
Guida, *dux, ducis*, m. e f.
Guidare, *duco, cis, xi, ctum, cĕre*, A.
Guidatore, guidatrice, V. Guida.
Guiderdonare, premiare, *remunĕror, aris, atus, ari*, D.
Guiderdonato, guidardonato, *donatus, a, um*, add.
Guiderdone, guidardone, *præmium, ii*, n.
Guinzaglio, striscia di cuoio che si attacca al collare dei cani, per uso di caccia, *copula, æ*, f. *lorum, i*, n.
Guisa, *modus, i*, m. a guisa, in guisa, *instar*, avv.: in guisa che, *ita ut*, avv. e cong.
Guizzare, *se se agitare, o, as*, etc. A.
Guizzo, *agitatio, onis*, f.
Guscio, *putamen, inis*, n. — dei legumi, *folliculus, i*, m. — dell' ostrica, dell' uovo, ec. *testa, æ*, f. — del formento, *gluma, æ*, f.
Gustare, *gusto, as*, etc. A.
Gustevole, *jucundus: gratus, a, um*, add.
Gusto, *gustus, us*, m. per Piacere, *voluptas, atis*, f. aver gusto, *delectari*, D.
Gustosamente, *jucunde*, avv.
Gustoso, *gratus, a, um*: *gustu suavis, e*, add.

H

Ho, *oh!* interj.
Hoi, *hei!* interj.
Hui, *eheu*, interj.

I

Iddio. V. Dio.
Idea, *idĕa, æ*, f. *species, ēi*, f.
Ideale, *mente conceptus, a, um*, add.
Idearsi, *sibi fingere, o, is, xi, ictum*, A.
Identità, medesimezza, *identitas, ātis*, f.

Idi (giorno che divideva il **mese presso** i Romani), *idus, uum*, f. pl.
Idillio, specie di componimento poetico, *idyllium*, vel *edyllium, ii*, n.
Idioma, *sermo, onis*, m. *idioma, ătis*, n.
Idiota, illitterato, *literarum rudis*, m. e f. *e*, n. *illiteratus, a, um*, add.
Idiotaggine, *literarum ignorantia*.
Idiotamente, *inscienter*, avv.
Idiotismo, *idiotismus, i*, m.
Idolatra, *idolorum cultor, ōris*, m.
Idolatrare, *idōla colĕre, o, is, ui, cultum*, A.
Idolatria, *idolorum cultus*.
Idolatro. V. Idolatra.
Idolo, *idōlum*, vel *idōlon, i*, n.
Idoneamente, attamente, *idonĕe*, avv.
Idoneità, *peritia, æ*, f.
Idoneo, *idonĕus, a, um*, add.
Idra, serpente, *hydra, æ*, f.
Idropico, *hydropicus, a, um*, add.
Idropisia, *hydropisis, is*, f. vel *hydrops, ŏpis*.
Iemale, d'inverno, ***hiemālis*, m. e f. *e*, n.** add.
Ignaro. V. Ignorante.
Ignavia, dappocaggine, *ignavia, æ*, f.
Ignavo, *ignāvus, a, um*, add.
Igneo, di fuoco, *ignĕus, a, um*, add.
Ignobile, *ignobilis*, m. e f. *e*, n. add.
Ignobilità, *ignobilitas, ātis*, f.
Ignominia, *dedĕcus, ŏris*, n. *ignominia, æ*, f.
Ignominiosamente, *probrose*, avv.
Ignominioso, *ignominiosus, a, um*, add.
Ignorante, *ignōrans, antis*, o. *ignarus*, **a,** *um*: per Villano, *stolĭdus*.
Ignorantemente, *inscienter*: *indocte*, avv.
Ignorantone, *indoctissimus, a, um*, add. sup.
Ignoranza, ignorantaggine, *ignorantia, æ*, f.
Ignorare, *ignōro, as*, etc. A.
Ignotamente, *clam*, avv.
Ignoto, *ignōtus, a, um*, add.
Ignudo, *nudus, a, um*, add.
Ilare, allegro, *hilăris*, m. e f. *e*, n. add.
Ilarità, *hilarĭtas, ātis*.
Illanguidire, *languesco, is, cĕre*, N.
Illanguidito, *languĭdus, a, um*, add.
Illazione, conseguenza, deduzione, *illatio, onis*: *conclūsio, ōnis*, f.
Illecitamente, *illicite*, avv.
Illecito, *illicitus, a, um*, add.
Illegale, *præter legem*.
Illegittimo, *non legitimus, a, um*, add.
Illeso, *illæsus, a, um*, add.
Illetterato, *illiteratus, a, um*, add.
Illibato, immacolato, *illibatus, a, um*, add.
Illiberale, *illiberalis*, m. e f. *e*, n. add.
Illimitato, *interminatus, a, um*, add.
Illiquidire, *liquĕfio, is, ĕre*, N.
Illudere. V. Deludere.
Illuminare, *illumino, as*, etc. A.
Illuminato, *illuminatus, a, um*, add.
Illuminatore, *illuminātor, ōris*, m.
Illuminazione, illuminamento, *illuminatio, onis*, f.
Illusione, *illusio, ōnis*, f.
Illuso, *illūsus, a, um*, add.
Illusore, *illūsor, oris*, m.
Illusoriamente, *fallaciter*, avv.
Illusorio, *fallax, ācis*, add.
Illustrare, *illustro, as*, etc. A.
Illustrazione, illustramento, ***illustratio**, onis*, f.
Illustre, *illustris*, m. e f. *e*, n. add.
Illustremente, *splendide*, avv.
Illuvione, inondazione, *inundatio, ōnis*, f.
Imbacuccare, *caput obvolvĕre*, A.
Imbacuccato, *capite obvolūtus*.
Imbaldanzire, *superbio, is*, **ivi, itum,** *ire*, N.
Imballare, *consarcino, as*, etc. A.
Imbalordito, *stupĭdus, a, um*, add.
Imbalsamare, *balsămo illinĕre*.
Imbandigione, imbandimento, *ferculum, i*, n.
Imbandire, *appăro, as*, etc. A.
Imbandito, *paratus, a, um*, add.
Imbarazzare, *implico, as*, ui, vel **avi**, *itum*, vel *atum, are*, A.
Imbarazzato, *implicĭtus*, **o,** ***implicatus*, a,** *um*, add.
Imbarazzo, *impedimentum, i*, n.
Imbarcare, *in navim imponĕre*, **A.** Imbarcarsi, *navim conscendĕre*, A.
Imbarco, *in navim conscensio, onis*, f.
Imbardare, guarnire il cavallo, *equum sternĕre*.
Imbarrare. V. Barrare.
Imbasciata. V. Ambasciata.
Imbastardire, *degenĕro, as*, etc. N.
Imbastardito, *degĕner, ĕris*, o. add.
Imbastire, *assŭo, is, i, ūtum, ĕre*, **A.**
Imbastitura, *sutūra, æ*, f.
Imbattersi in alcuno *incidĕre in aliquem*.
Imbavare, *spuma inquinare*, A.
Imbaulare, *in arcam ponĕre*.
Imbeccare, *in rostrum cibum indĕre*.
Imbecille, *imbecillis*, m. e f. *e*, n. add.
Imbecillità, *imbecillitas, ātis*, f.
Imbelle, *imbellis*. m. e f. *e*, n. add.
Imbellettare, *fuco, as*, etc. A.
Imbellire, *orno, as*, etc. A.
Imbendare, *vittis circumligāre*, A.
Imberbe, senza barba, *imberbis*, **m. e f. *e*,** n. add.
Imberrettato, *pileātus, a, um*, add.
Imbestialirsi, *efferor, āris, ātus, ari*, D. *ferocire*, N.
Imbestialito, *efferatus, a, um*, add.
Imbeverare, *liquorem infundĕre*.
Imbevere, *imbibo, bis, bi, bitum, bĕre*, A.
Imbevuto, *imbūtus, a, um*, add.
Imbiaccamento, *cerussa circumlitio, onis*, f.
Imbiaccare, *cerussa circumlinĕre*.
Imbiancamento, *albarium opus, ĕris*, n.
Imbiancare, imbianchire, *dealbo, as*, etc. A.
Imbiancatore, *dealbātor, ōris*, m.
Imbiondire, *flavesco, is, ĕre*, N.
Imbiondito, *flavus, a, um*, add.
Imbizzarrire, *vehementer irasci*, D.
Imboccare, *in os cibum inserĕre*, A.
Imboccatura, *ostium, ii*, n.
Imbolsimento, *dyspnœa, æ*, f.

Imbolsire, *spirandi difficultate laborare.*
Imbolsito, *dyspnoicus, a, um,* add.
Imbociarsi, *superbio, is, ire,* N.
Imborsare, *in loculum conjicĕre.*
Imboscamento. V. Imboscata.
Imboscarsi, *se in insidiis abdĕre.*
Imboscata, *insidiæ, ārum,* f. pl.
Imboscato, *in insidiis latens, entis,* c.
Imboschire, *silvesco, is, ĕre,* N.
Imbottare, metter in botte, *vinum in doliis condĕre.*
Imbottire, *farcio, cis, si, ctum, cīre,* A.
Imbottito, *infertus, a, um,* add.
Imbracciare, *brachio inserĕre,* A.
Imbracciato, *brachio insertus, a, um,* add.
Imbrandire, *arripio, ipis, ipui, ĕptum, ipĕre,* A.
Imbrattamento, *inquinātio, ōnis,* f.
Imbrattare, *inquino, as,* etc. A.
Imbriacare, *inebrio, as,* etc. A. imbriacarsi, *inebriari; vino obrui.*
Imbriacatura, imbriacamento, ec. *ebriĕtas, ātis,* f.
Imbriaco, *ebrius, a, um,* add.
Imbriacone, *ebriōsus, a, um,* add.
Imbrigliare, *frenos injicĕre.*
Imbrigliato, *frenatus, a, um,* add.
Imbrigliatura, *freni immissio, onis,* f.
Imbroccare, dar nel bersaglio, *collīneo, as,* etc. A.
Imbrogliare, *implĭco, as,* etc. A.
Imbrogliato, *implicatus, a, um,* add.
Imbroglio, *tricæ, arum,* f. pl. uscir d'imbroglio, *tricis se expedīre.*
Imbroglione, imbrogliatore, *turbātor, ōris,* m.
Imbrunare, imbrunire, *nigrēsco, is, ĕre,* N.
Imbrunito, *nigrēscens, ēntis,* c.
Imbucare, *in forāmen immittĕre.*
Imbuto, *infundibulum, i,* n.
Imitabile, *imitabĭlis,* m. e f. *e,* n. add.
Imitare, *imitor, āris, atus, ari,* D.
Imitato, *expressus, a, um,* add.
Imitatore, *imitātor, ōris,* m.
Imitatrice, *imitātrix, īcis,* f.
Imitazione, *imitatio, ōnis,* f.
Immacolato, *immaculatus, a, um,* add.
Immaginabile, *cogitabĭlis,* m. e f. *e,* n. add.
Immaginare, immaginarsi, *opīnor, āris, atus, ari,* D.
Immaginariamente, *imaginarie,* avv.
Immaginario, *imaginarius, a, um,* add.
Immaginativa, *phantasia, æ,* f.
Immaginato, *excogitatus, a, um,* add.
Immaginatore, immaginatrice, *excogitans, āntis,* c. add.
Immaginazione, *imaginatio, ōnis,* f.
Immagine, imagine, *imāgo, ĭnis,* f.
Immaginetta, *imaguncula, æ,* f.
Immaginevole. V. Immaginabile.
Immagrire, *macresco, is, ĕre,* N.
Immane, inumano, crudele, *immānis,* m. e f. *e,* n. add.
Immanità, crudeltà, *immanitas, ātis,* f.
Immansueto, *immansuētus, a, um,* add.
Immantinente, subito, *statim,* avv.

Immarcescibile, che non marcisce, *incorruptus, a, um,* add.
Immarcire, *immarcesco, is, ĕre,* N.
Immascherarsi, *personam induĕre,* A.
Immascherato, *personatus, a, um,* add.
Immaturamente, *intempestive,* avv.
Immaturità, *immaturitas, ātis,* f.
Immaturo, *immatūrus, a, um,* add.
Immediatamente, *immediāte,* avv. (riferito a tempo), *statim;* (riferito a luogo), *proxime,* avv.
Immediato, *proximus, a, um,* add.
Immedicabile, *immedicabĭlis,* m. e f. *e,* n. add.
Immemorabile, *immemorabĭlis,* m. e f. *e,* n.
Immemore, *immĕmor, ŏris,* c. add.
Immensamente, *præter modum,* avv.
Immensità, *immensitas, ātis,* f.
Immenso, *immensus, a, um,* add.
Immensurabile. V. Immenso.
Immergere, *immergo, gis, si, sum, gĕre,* A.
Immergibile, *immergibĭlis,* m. e f. *e,* n. add.
Immeritamente, *immerĭto,* avv.
Immeritevole, immerito, *immĕrens, ĕntis,* c.
Immersione, immergimento, *immersio, ōnis,* f.
Immerso, *immersus, a, um,* add.
Imminente, *immĭnens, ĕntis,* c.
Imminenza, *imminentia, æ,* f.
Immobile, *immobĭlis,* m. e f. *e,* n. add.
Immobilità, *firmitas, ātis,* f.
Immobilmente, *constanter; firmĭter,* avv.
Immoderatamente, *immoderāte,* avv.
Immoderato, *immoderatus, a, um,* add.
Immodestamente, *immodeste,* avv.
Immodestia, *immodestia, æ,* f.
Immodesto, *immodestus, a, um,* add.
Immolare, sacrificare, *immŏlo, as,* etc. A.
Immolatore, *immolātor, ōris,* m.
Immolazione, *immolatio, ōnis,* f.
Immollamento ec. V. Immersione ec.
Immondezza, immondizia, *sordes, is,* f.
Immondo, *immundus, a, um,* add.
Immortalare, *immortalitati commendare,* A.
Immortalarsi, *æternam sibi gloriam comparare.*
Immortalato, *immortalitatem consecūtus.*
Immortale, *immortālis,* m. e f. *e,* n. add.
Immortalità, *immortalitas, ātis,* f.
Immortalmente, *immortalĭter,* avv.
Immoto, *immōtus, a, um,* add.
Immune, esente, *immūnis,* m. e f. *e,* n. add.
Immunità, *immunitas, ātis,* f.
Immutabile, *immutabĭlis,* m. e f. *e,* n. add.
Immutabilità, *immutabilitas, ātis,* f.
Immutabilmente, *immutabilĭter,* avv.
Immutare, lo stesso che mutare, *immūto, as,* etc. A.
Immutazione, *immutatio, onis,* f.
Imo, basso, *imus, a, um,* add.
Impacciare, *impedio, dis, edivi, editum, edīre,* A. per dar noia, *molestiam afferre*

re: impacciarsi, alienis se negotiis immiscēre.
Impaccio, molestia, æ, f.
Impadronirsi, potior, īris, ītus, īri, D.
Impadronito, potītus, a, um, add.
Impagliato, paleatus, a, um, add.
Impalare, stipite infixo necare.
Impalatura, impalazione, stipitis immissio, ōnis, f.
Impallidire, expallesco, escis, lui, escĕre, N.
Impallidito, pallidus, a, um, add.
Impaniare, visco oblinĕre, A.
Impaniato, visco oblĭtus, a, um, add.
Impannata, vēlum carbaseum, vel papyraceum, i.
Impantanarsi, limo hærēre, N.
Impantanato, limo infixus, a, um, add.
Imparadisare, beatum reddĕre.
Imparare, disco, scis, dĭdici, scĕre, A. — a mente, memoriæ mandare: — a spese proprie, o altrui, suis periculis, vel alieno periculo discĕre.
Imparato, perceptus, a, um, add.
Impareggiabile, incomparabilis, m. e f. e, n.
Imparentarsi, affinitate conjungi.
Impari, impar, ăris, c. add.
Impassibile, che non soffre passione, nulli obnoxius curæ: impatibĭlis, m. e f. e, n. add.
Impassibilità, malorum immunĭtas, ātis, f.
Impastare, depso, sis, psui, pstum, psĕre, A. per Incollare, V. Conglutinare.
Impaurire, deterreo, es, ui, ĭtum, ēre, A. impaurirsi, metuo, uis, ui, uĕre, A.
Impaurito, territus, a, um, add.
Impavidamente, impavide, avv.
Impavido, impavĭdus, a, um, add.
Impazientarsi, ægre, moleste ferre.
Impaziente, impatiens, ĕntis, c. add.
Impazientemente, impatienter, avv.
Impazienza, impatientia, æ, f.
Impazzare, impazzire, insanio, nis, nīvi, ītum, nīre, N.
Impazzato, impazzito, insanus, a, um, add. all' impazzata, inconsiderate, avv.
Impeccabile, expers culpæ.
Impeciare, impegolare, pico, as, etc. A.
Impeciatura, picis inductio.
Impedimento, impedimentum, i, n.
Impedire, impedio, dīs, dīvi, dītum, dīre, A.
Impedito, impedītus, a, um, add.
Impegnare, oppignĕro, as, etc. A. — la parola, fidem suam obligare: impegnarsi, in se recipĕre.
Impegno, risoluzione, consilium, ii, n. per Obbligo, V. per Fede data, fides, ei, f.
Impegolare. V. Impeciare.
Impellicciarsi, pelliceam vestem induĕre.
Impellicciato, pellicea veste indūtus, a, um, add.
Impenetrabile, impenetrabĭlis, m. e f. e, n.
Impenetrabilità, impenetrabilĭtas, ātis, f.
Impenitente, pervicax, ācis, c. add.
Impenitenza, pervicacia, æ, f.
Impennacchiare, cristis ornare, o, as. A.
Impennacchiato, cristatus, a, um, add.
Impennare, pennas addĕre.
Impensatamente, inopinate, avv.
Impensato, inopinatus, a, um, add.
Impensierito, meditabundus, a, um, add.
Imperadore, imperatore, imperātor, ōris, m.
Imperativo, modo dei verbi, imperativus, i, m. per Che comanda, imperiosus, a, um, add.
Imperatrice, imperātrix, īcis, f.
Impercettibile, che non si può comprendere, incomprehensibĭlis, m. e f. e, n. add.
Impercioechè, nam: etĕnim, cong.
Imperfettamente, impolite, avv.
Imperfetto, imperfectus, a, um, add.
Imperfezione, defectus, us, m.
Imperiale, imperatorius, a, um, add.
Impero, imperio, imperium, ii, n.
Imperiosamente, imperiose, avv.
Imperiosità, fastus, us, m.
Imperioso, imperiosus, a, um, add.
Imperitamente, imperite, avv.
Imperito, non pratico, imperītus, a, um, add.
Imperizia, imperitia, æ, f.
Imperocchè. V. Imperciocchè.
Imperscrutabile, incomprehensibĭlis, m. e f. e, n. add.
Impersonale, impersonalis, m. e f. e, n. add.
Impertinente, procax, ācis, c. cosa impertinente, res absona.
Impertinentemente, procaciter, avv.
Impertinenza, procacitas, ātis, f.
Imperturbabile, imperturbatus, a, um, add.
Imperturbabilità, constantia animi, f.
Imperversamento, furor, ōris, m.
Imperversare, infuriare, furo, is, ĕre, N.
Imperversato, furens, entis: furiosus, a, um, add.
Impervertire, render perverso, depravor, aris, atus, ari, D.
Impestare. V. Appestare.
Impeto, impĕtus, us, m. entrar, uscir con impeto, irruĕre: erumpĕre, A.
Impetrare, impĕtro, as, etc. A.
Impetrato, impetrātus, a, um, add.
Impetratore, deprecātor, ōris, m.
Impetrazione, impetratio, onis, f.
Impettito, erectus, a, um, add.
Impetuosamente, violenter: vehementer, avv.
Impetuoso, vehĕmens, ĕntis, c. add.
Impeverato, pipĕre conditus, a, um, add.
Impiacevolire, mitem reddĕre, o, is, īdi, A.
Impiagare, vulnĕro, as, etc. A.
Impiastrare, impiastricciare, illĭno, lĭnis, lēvi, lĭtum, linĕre, A.
Impiastro, emplastrum, i, n.
Impiccare, suspendo, dis, di, sum, dĕre, A. impiccarsi, laqueo sibi vitam eripĕre.
Impiccato, suspensus, a, um, add.
Impicciare, impicciarsi, impiccio. V. Impacciare ec.

Impiccolire, *decresco, is, ĕre*, N. per Render piccolo, *attenuo, as*, etc. A.
Impidocchito, *pediculis obsitus, a, um*, add.
Impiegare, occupare, *occŭpo, as*, etc. *adhibeo, bes, bui, bĭtum, bēre*, A. Impiegarsi in una cosa, *alicui rei operam impertire*, A.
Impiego, *munus, ĕris*, n. *officium, ii*, n. essere in un impiego, *munĕre fungi*, D.
Impietosire, *miserationem alicui commovēre, eo, es, ovi, otum*, A.
Impietrire, *lapidesco, scis, ĕre*, N.
Impietrito, *in lapidem versus*.
Impigrire, *pigresco, is, ĕre*, N.
Impigrito, *pigrescens, entis*: *piger, ra, um*, add.
Impillaccherare, *luto aspergĕre*: impillaccherarsi, *luto aspergi*.
Impinguare, *sagīno, as*, etc. A. *pinguem facĕre*; impinguarsi, *pinguem fieri*, N.
Impiombare, *plumbo, as*, etc. A.
Implacabile, *implacabĭlis*, m. e f. *e*, n. add.
Implacabilmente, *implacabiliter*, avv.
Implicitamente, *implicite*, avv.
Implicito, non espresso, ma necessariamente compreso, *implicĭtus, a, um*, add.
Implorare, *implōro, as*, etc. A.
Impoltronire. V. Impigrire.
Impolverare, *pulvĕre adspergĕre*, A.
Impolverato, *pulverulentus, a, um*, add.
Impomiciare, *pumice expolire*, A.
Imporporare, *purpūra, as*, etc. A.
Imporre, *impōno, is, sui, sĭtum, nĕre*, A. per Comandare, *jubēre*.
Importante, *gravis*, m. e f. *e*, n. add.
Importanza, *gravitas, ātis*, f. *momentum, i*, n.
Importare, *refert, ferebat, tulit, fĕrre*, imp. per Portar dentro, *importare*: per Valere, *valēre*.
Importunamente, *importūne*, avv.
Importunare, *precibus fatigare*, A. per Annoiare, V.
Importunità, *molestia, æ*, f.
Importuno, *importūnus, a, um*, add.
Imposizione, *impositio, ōnis*, f. per Dazio, *vectigal, is*, n.
Impossessarsi. V. Impadronirsi.
Impossibile, *impossibĭlis*, m. e f. *e*, n. add.
Impossibilità, *impossibilitas, ātis*, f.
Impossibilitare, *impossibilĕ reddĕre*, A.
Imposta, per Dazio. V. Imposizione; pel Legname che chiude l'uscio o finestra, *postis, is*, m.
Imposto, *impositus, a, um*, add.
Impostore, *deceptor, ōris*, m.
Impostura, *calumnia, æ*, f.
Imposturare. V. Calunniare.
Impotente, *impŏtens, entis*, c. add.
Impotenza, *impotentia, æ*, f.
Impoverire, *paupĕro, as*, etc. A. per Divenir povero, *in egestatem incidĕre*.
Impoverito, *ad inopiam redactus, a, um*, add.
Impraticabile, *difficĭlis*, m. e f. *e*, n. strade impraticabili, *itinĕra interrupta et impervia*.

Impraticato, non usato, *non adhibĭtus, a, um*, add.
Impratichito, *peritus, a, um*, add.
Imprecare, *imprĕcor, aris, atus, ari*, D.
Imprecativo, *execrans, antis*, c. add.
Imprecazione, *imprecatio, ōnis*, f.
Impregnare. V. Ingravidare.
Imprendere, *suscipio, ĭpis, ēpi, eptum, ipĕre*, A.
Imprendimento, *susceptio, ōnis*, f.
Impresa, *res, rei*, f. *opus, opĕris*, n. *facĭnus, ŏris*, n.
Impressionare, indurre nell'animo altrui un'opinione, *opinione animum alicuius imbuĕre, o, is, ui, utum*, A. *persuadēre*.
Impressionato, *affectus*, o *imbutus, a, um*, add.
Impressione, *impressio, onis*, f. *opinio, onis*, f. — di sigillo, *consignatio, ōnis*, f. V. Stampa.
Impresso, *impressus, a, um*: per Stampato, V.
Imprestanza, *mutuatio, ōnis*, f.
Imprestare, *mutuum dare*; *commŏdo, as, avi, atum, are*, A.
Imprestato, *mutuo datus*: *commodatus, a, um*, add.
Imprigionare, *in carcerem detrudĕre*, A.
Imprigionato, *in carcerem conjectus, a, um*, add.
Imprimo, *primum*, vel *primo*, avv.
Imprimere, *imprĭmo, ĭmis, essi, essum, imĕre*, A. — nella memoria, *memoriæ mandare*: — nell'animo, *animo insculpĕre*. V. Stampare.
Improbabile, *improbabĭlis*, m. e f. *e*, n. add.
Improbabilità, *nulla probabilitas, ātis*, f.
Improbità, *improbitas, ātis*, f.
Improbo, *imprŏbus, a, um*, add.
Impronta, impronto, *imāgo, ĭnis*, f. *typus, i*, m.
Improntare. V. Imprimere.
Improperio, ingiuria, *convicium, ii*, n.
Impropriamente, *improprie*, avv.
Improprietà, *improprietas, ātis*, f.
Improprio, *improprius, a, um*, add.
Improvvisamente, *repente*, avv.
Improvvisare, *ex tempore carmina fundĕre*.
Improvvisatore, *poeta extemporalis*, m.
Improvviso, *improvisus, a, um*, add. all'improvviso, *improviso*, avv.
Imprudente, *imprūdens, entis*, c. add.
Imprudentemente, *imprudenter*, avv.
Imprunare, *dumis obstruĕre*.
Imprudenza, *imprudentia, æ*, f.
Impube, senza barba, *impubis*, m. e f. *e*, n. add.
Impudente, *impŭdens, entis*, c. add.
Impudentemente, *impudenter*, avv.
Impudenza, *impudentia, æ*, f.
Impudicamente, *impure*, avv.
Impudicizia, *impudicitia, æ*, f.
Impudico, *impudicus, a, um*, add.
Impugnare, *impugno, as*, etc. — la spada, l'asta, *gladium, hastam stringĕre*.

Impugnatore, *oppugnātor*, *ōris*, m.
Impugnatura, della spada, *capŭlus*, *i*, m.
Impugnazione, *oppugnātio*, *ōnis*, f.
Impulso, *impulsus*, *us*, m.
Impunemente, impunitamente, *impūne*, avv.
Impunità, *impunĭtas*, *ātis*, f.
Impunito, *impunĭtus* : *inultus*, *a*, *um*, add.
Impuntire, cucir con punti, *assuĕre*.
Impuramente, *fœde*, avv.
Impurità, *impurĭtas*, *ātis*, f.
Impuro, *impūrus*, *a*, *um*, add.
Imputabile, *quod imputari potest*.
Imputare, *impŭto*, *as*, etc. A. per Attribuire, V.
Imputatore, *imputātor*, *ōris*, m.
Imputazione, imputamento, *accusatio*, *onis*, f.
Imputridire, *putresco*, *is*, *ĕre*, N.
Imputridito, *putris*, *tre*, vel *puter*, *ris*, *re*.
In, *in*, prep. coll' acc. ed abl.
Inabile, *inhabĭlis*, m. e f. *e*, n. add.
Inabilità, *nulla habilĭtas*, *ātis*, f.
Inabilitare, *inhabĭlem facĕre*, A.
Inabissare, *in profundum dejicĕre*.
Inabissato, *profundus*, *a*, *um*, add.
Inabitabile, *inhabitabĭlis*, m. e f. *e*, n. add.
Inabitato, *incultus*, *a*, *um*, add.
Inaccessibile, *inaccessus*, *a*, *um*, add.
Inacerbire, inacerbare, *exaspĕro*, *as*, etc. A.
Inacetire, *acesco*, *escis*, *escĕre*, N.
Inacetito, *acidus*, *a*, *um*, add.
Inacquare. V. Adacquare.
Inalberare, *attollo*, *is*, *sustŭli*, *sublātum*, *ĕre*, A. Inalberarsi, V. Adirarsi.
Inalterabile, *immutabĭlis*, m. e f. *e*, n. add.
Inalterabilità, *immutabilĭtas*, *ātis*, f.
Inalterabilmente, *immutabilĭter*, avv.
Inalterato, *immutātus*, *a*, *um*, add.
Inamabile, *inamabĭlis*, m. e f. *e*, n. add.
Inameno, *inamœnus*, *a*, *um*, add.
Inammendabile, *inemendabĭlis*, m. e f. *e*, n.
Inanellare la chioma. V. Arricciare.
Inanimare, inanimire ec. V. Animare ec.
Inanimato, senz' anima, *inanĭmus*, *a*, *um*, add.
Inappellabile, *a quo appellari non potest*.
Inappellabilmente, *sine appellatione*, avv.
Inappetente, *fastidiens*, *entis*, c. add.
Inappetenza, *cibi fastidium*, *ii*, n.
Inarcare, *incurvo*, *as*, etc. A. — le ciglia, *miror*, *aris*, *atus*, *ari*, D.
Inargentare, *argento obducĕre*, *exornare*, A.
Inargentato, *argento obductus*, *a*, *um*, add.
Inaridire, *aresco*, *escis*, *escĕre*, N. *arefacere*, A.
Inarrivabile, *inaccessus*, *a*, *um* : *incomparabĭlis*, m. e f. *e*, n. add.
Inaspettatamente, *inopinato*, avv.
Inaspettato, *inexspectātus*, *a*, *um*, add.
Inasprire, *aspĕro*, *as*, etc. A. Inasprirsi, *recrudesco*, *escis*. *escĕre*, N.
Inaudito, *inaudītus*, *a*, *um*, add.
Inavvedutamente, *incaute*, avv.
Inavveduto, inavvertito, *inconsideratus*, *a*, *um*, add.
Inavvertentemente, inavvertitamente, *inconsiderate*, avv.
Inavvertenza, *imprudentia*, *æ*, f.
Incadaverire, *tabesco*, *escis*, *escĕre*, N.
Incadaverito, *putrĭdus*, *a*, *um*, add.
Incagliare, arrestarsi per impedimento, *hæreo*, *res*, *si*, *sum*, *rēre*, N.
Incagliato, *hærens*, *entis*, c. add.
Incalcinare, *calce illinĕre*, A.
Incallimento, *callus*, *i*, m. *callum*, *i*, n.
Incallire, *occallesco*, *escis*, *escĕre*, N.
Incallito, *in callum obdurātus*, *a*, *um*, add.
Incalvire, divenir calvo, *calvesco*, *is*, *ĕre*, N.
Incalzare, *urgeo*, *ges*, *si*, *gēre*, A. *fugo*, *as*, etc. A.
Incalzato, *fugatus*, *a*, *um*, add.
In cambio, *pro*, prep. coll' abl.
Incamminamento, *via*, *æ*, f. *gradus*, *us*, m. *profectio*, *onis*, f.
Incamminare, *viam monstrare*, *o*, *as*, etc. A. incamminarsi, *viam inire*, N.
Incancherire, *putrescĕre* : *in ulcus serpĕre*.
Incancherito, *putrefactus*, *a*, *um*, add.
Incanito, per Stizzoso, V.
Incannare, *filum obvolvere*, A. per Trangugiare, *devorare*, A.
Incantamento. V. Incantesimo.
Incantare, *incanto* : *excanto*, *as*, etc. A.
Incantato, *excantātus*, *a*, *um*, add.
Incantatore, *venefĭcus*, *i*, m.
Incantatrice, *saga*, *æ*, f.
Incantesimo, *incantamentum*, *i*, n.
Incanto, vendita pubblica, *auctio*, *onis*, f. mettere all' incanto, *bona hastæ subjicere*, offerire all'incanto, *licĕor*, *ēris*, *itus*, *ēri*, D. per Incantesimo, V.
Incanutimento, *canities*, *ēi*, f.
Incanutire, *canesco*, *is*, *ēscere*, N.
Incanutito, *canus* : *incanus*, *a*, *um*, add.
Incapace, *ineptus*, *a*, *um*, add.
Incapacità, *imperitia*, *æ*, f.
Incaparbire, divenir caparbio, **obfirmari animo**, P.
Incaparbito, *obstinatus*, *a*, **um. pervicax**, *acis*, add.
Incaparrare, *arrhabōnem dare*.
Incappare, imbattersi, inciampare, *incidĕre in*, etc. n.
Incappucciare, *caput obvolvĕre*, A.
Incappucciato, *capite obvolūtus*, *a*, *um*, add.
Incapricciarsi, incapriccirsi, *adamare*, A.
Incarcerare ec. V. Carcerare ec.
Incarcerazione. V. Prigionia.
Incaricare. V. Caricare. — di un affare, *mando*, *as*, etc. A. per Incolpare, V.
Incarico, *onus* : *munus*, *ĕris*, n.
Incarnarsi, *carnem sumĕre*, A.
Incarnatino, V. Incarnato.
Incarnato, *carnĕus*, *a*, *um* : per Colore incarnatino, *color carneus*, m.
Incarnazione, *carnis assumptio*, *ōnis*, f.
Incarognare, *putresco*, *escis*, *escĕre*, N.
Incarognito, *putrefactus*, *a*, *um*, add.
Incartare, *charta obvolvĕre*, A.

Incartocciare, *obvolvo, vis, vi, ūtum, vĕre*, A.
Incassare, *condo, is, ĭdi, ĭtum, ĕre*, A.
Incastrare, *insĕro, is, ui, tum, ĕre*, A.
Incastrato, *insertus, a, um*, add.
Incastratura, Incastro, *commissūra, æ*, f.
Incatarrare, incatarrire, *rheumatismo laborare*, N.
Incatenare, *catenas injicĕre, o, is, eci*, A.
Incatenato, *catenis obstrictus; catenatus, a, um*, add.
Incatenatura, *catenatio: junctio, onis*, f.
Incautamente, *incaute*, avv.
Incauto, *incautus, a, um*, add.
Incavalcare, *superpōno, nis, sui, sĭtum, nĕre*, A.
Incavare, *cavo, as*, etc.
Incavato, *excavātus, a, um*, add.
Incavatura, *excavatio, onis*, f.
Incavernato, *cavus, a, um*, add.
Incavo (sost.), *cavum, i, n.* vel *cavus, i*, m.
Incendere, incendiare, *incendo, dis, di, sum, dĕre*, A.
Incendiario, *incendiarius, a, um*, add.
Incendiato, *igne haustus, a, um*, add.
Incendibile. V. Combustibile.
Incendio, incendimento, *incendium, ii*, n.
Incenerire, *in cinĕrem redigĕre, o, is*, A.
Incensamento, *turis incensio, onis*, f.
Incensare, *tura dare*.
Incensiere, *turibŭlum, i*, n.
Incenso, *thus, ris*, n. d' incenso, *tureus, a, um*, add.
Incentivo, *stimŭlus, i*, m.
Incerare, *incēro, as*, etc. A.
Incerato (sost.), *cerāta tela, æ*, f. come add. *cerātus, a, um*.
Incertamente, *incerto*, avv.
Incertezza, *dubium, ii*, n.
Incerto, *incertus, a, um*, add.
Incespare, incisempare, *offendo, dis, di, sum, dĕre*, A. per Coprir di cespi, *cespitibus obtegĕre*.
Incessabile, incessante, *assiduus, perpetuus, a, um*, add.
Incessabilmente, incessantemente, *perpetuo*, avv.
Incestare, mettere in cesto, *in cistam conjicĕre*.
Inchiavare, serrar con chiave, *clave*, vel *clavi obserare*, A.
Inchiesta, *inquisitio, onis*, f.
Inchinamento. V. Chinamento.
Inchinare, *deprĭmo, mis, ssi, ssum, mĕre*, A. — uno, *aliquem salutare*: inchinarsi, *se deprimĕre*.
Inchinevole, *propensus, a, um*, add.
Inchino (sost.), *salutatio, onis*, f. Inchinato, *demissus, a, um*, add.
Inchiodare, *clavis configĕre*, A.
Inchiodato, *clavis fixus, a, um*, add.
Inchiodatura, *clavorum trajectio, onis*, f.
Inchiostro, *atramentum, i*, n.
Inchiudere, includere, *includo, dis, si, sum, dĕre*, A.
Inchiuso, incluso, *inclusus, a, um*, add.
Incisempare, *offendo, dis, di, sum, dĕre*, A.

Incisampo, *offendiculum, i*, n.
Incidente (sost.), incidenza, *eventus, us*, m. per Digressione, V. come add. *incidens, entis*.
Incidentemente, *obiter*, avv.
Incidere, tagliare, *incīdo, dis, di, sum, dĕre*, A.
Incinta, *prægnans, antis*, f.
Incipiente, *incipiens, entis*, c. add.
Incirconciso, *non circumcisus, a, um*, add.
Incisione, *incisio, onis*, f.
Inciso, *incisus; cælātus, a, um*, add.
Incitamento, *incitamentum, i*, n.
Incitare, *incito: excito, as*, etc. A. m' inciti a sdegno, *mihi stomachum moves*.
Incitativo, *incitans, antis*, c. add.
Incitatore, *impulsor, ōris*, m.
Incitatrice, *instigatrix, icis*, f.
Incitazione. V. Incitamento.
Incivile, *inurbanus, a, um*, add.
Incivilire, *urbanis moribus imbuĕre*, A. incivilirsi, *urbanos mores induĕre*.
Incivilito, *cultus, a, um*, add.
Inciviltà, *rusticitas, ātis*, f.
Inclemente, *asper, a, um*, add.
Inclemenza, *inclementia, æ*, f.
Inclinamento, *depressio, onis*, f. per Propensione, V.
Inclinare, *inclīno, as*, etc. A.
Inclinato, *pronus, a, um*, add.
Inclinazione, *inclinatio, onis*, f. *proclivitas, ātis*, f. con inclinazione, *propenso animo*: contro l' inclinazione, *repugnante natura*, avv.
Inclito, *inclytus, a, um*, add.
Includere ec. V. Inchiudere ec.
Incoccare, *sagittam arcui imponĕre*.
Incocciarsi. V. Ostinarsi.
Incognitamente, *occulte*, avv.
Incognito, *incognitus, a, um*, add.
Incollare, *conglutino, as*, etc. A.
Incollerirsi, *irascor, ĕris, tus, sci*, D.
Incolorare, *colōro, as*, etc. A. incolorarsi, *colōror, aris, atus, ari*, P.
Incolpabile, che non può incolparsi, *inculpatus, a, um*, add.
Incolpare, dar colpa, *incūso, as*, etc. A.
Incolpato, *accusatus, a, um*, add.
Incolpatore, *accusator, ōris*, m.
Incolpevole. V. Incolpabile.
Incoltamente, *inculte*, avv.
Incolto, *incultus, a, um*, add.
Incombenza. V. Incumbenza.
Incominciamento, *initium, ii*, n.
Incominciare ec. V. Cominciare.
Incominciatore, *inceptor, ōris*, m.
Incommensurabile, che non si può misurare, *immensus, a, um*, add.
Incommutabile, *immutabilis*, m. e f. *e*, n.
Incommutabilità, *immutabilitas, ātis*, f.
Incomodamente, *incommode*, avv.
Incomodare, *incommodo, as*, etc. A. incomodarsi, *incommoda adire*.
Incomodo, incomodità, *incommŏdum, i*, n. *incommodus, a, um*, add.
Incomparabile, *incomparabilis*, m. e f. *e*, n.

Incomparabilmente, *præstanter : sine comparatione*, avv.

Incompatibile, *contrarius : alienus*, a, um, add.

Incompatibilità, *oppositio*, ōnis, f.

Incompetente, *ineptus*, a, um, add.

Incompetenza, *jurisdictionis defectus*, us, m.

Incomportabile, *intolerabĭlis*, m. e f. e, n. add.

Incomportabilmente, *intolerabĭliter*, avv.

Incomposto, *incompositus*, a, um, add.

Incomprensibile, *incomprehensibĭlis*, m. e f. e, n. add.

Incomprensibilmente, *ut percipi non possit*.

Incomunicabile, *quod communicari non potest*.

Inconcusso, *inconcussus*, a, um, add.

In confuso. V. Confusamente.

Incongruente, non conveniente, *incongruens*, *entis*, c.

Incongruenza, *indecentia*, æ, f.

Incongruo, *incongrŭus*, a, um, add.

Inconquassabile, *inconcussus*, a, um, add.

Inconsiderabile, *incomprehensibĭlis*, m. e f. e, n. add.

Inconsideratamente, *inconsiderate*, avv.

Inconsiderato, *inconsideratus*, a, um, add.

Inconsiderazione, *inconsiderantia*, æ, f.

Inconsistente, *labans ; nutans*, *antis*, c.

Inconsolabile, *inconsolabĭlis*, m. e f. e, n.

Inconsolabilmente, *inconsolabĭliter : insolabĭliter*, avv.

Inconsutile, senza cucitura, *non consūtus*, a, um ; *non sutĭlis*, m. e f. e, n. add.

Incontaminato, *intemerātus*, a, um, add.

Incontanente, *statim*, avv.

Incontenibile, *incontinibĭlis*, m. e f. e, n.

Incontinente, *incontinens*, *entis*, c. add.

Incontinenza, *incontinentia*, æ, f.

Incontra, *contra ; adversum*, prep. coll' accusativo.

Incontramento, *occursus*, us, m.

Incontrare, incontrarsi, *occurro*, *ris*, *ri*, *sum*, *rĕre*, N. per Urtare, *offendĕre in aliquid*.

Incontrastabile, certo, *certus : indubius*, a, um, add.

Incontro (sost.), *occursus*, us, m. V. Incontra, contra, *obviam*, avv. andare incontro, *obviam ire alicui* ; cui viene incontro, *obvius*, a, um, add.

Inconveniente (sost.), *incommodum*, i, n.

Inconveniente, *inconveniens*, *entis*, c. add.

Inconvenientemente, *indecenter*, avv.

Inconvenienza, *indecentia*, æ, f.

Incoraggiare, *animum addĕre*, A. Incoraggiarsi, *animum sumĕre*.

Incoraggiato, *animatus*, a, um, add.

Incordare, *instrumenti fides tendĕre*.

Incordato, *tensus*, a, um, add. intirizzito, *nervis obrigescens*, *entis*, c.

Incordatura (malattia), *nervorum distensio*, *contractio*, *onis*, f. — di strumenti, *fidium distensio*.

Incoronare, *corona donare aliquem*, A.

Incoronato, *coronatus* : o, *corona*, vel *sertis redimitus*, a, um, add.

Incoronazione, *coronæ impositio*, ōnis, f.

Incorporamento, *mixtio*, *onis*, f.

Incorporare, *copŭlo*, *as*, etc. A. *commiscĕo*, *xces*, *xcŭi*, *xtum*, *scēre* : *concorporare*, A.

Incorporazione. V. Incorporamento.

Incorporeo, *corpŏris expers*, *ertis*, c. add.

Incorrere, *incurro*, *ris*, *ri*, *sum*, *ĕre*, N. — l'odio, ec. *odium subīre*, N.

Incorrigibile, *inemendabĭlis*, m. e f. e, n.

Incorrigibilità, *inemendabiles mores*, um, m. pl.

Incorrotto, incorruttibile, *incorrŭptus*, a, um, add. uomo incorrotto, *integer vitæ*. Incorruttibilità di costumi, *morum integrĭtas*.

Incorruzione, *integrĭtas*, ātis, f.

Incostante, *inconstans*, *antis*, c. *levis*, m. e f. e, n. add.

Incostanza, *inconstantia*, æ, f.

Incradded, *alternus*, a, um, add.

Incredibile, *incredibĭlis*, m. e f. e, n. add.

Incredibilmente, *incredibĭliter*, avv.

Incredulità, *incredulĭtas*, ātis, f.

Incredulo, *incredŭlus*, a, um, add.

Incremento, accrescimento, *incrementum*, i, n.

Increscere, increscimento, V. Rincrescere ec.

Increspamento. V. Increspatura.

Increspare, *crispo*, as, etc. A. — la fronte, *frontem contrahĕre*, A.

Incresparsi, *rugo*, as, etc. N.

Increspato, *rugosus*, a, um, add.

Increspatura, *plicatūra*, æ, f.

Incrocicchiare, incrociare, *decusso*, *as*, etc. A.

Incrostare, *incrusto*, *as*, etc. A.

Incrostatura, *tectorium*, ii, n.

Incrudelire, *efféro*, as, etc. A. per Imbestialirsi, *sævio*, is, ii, vel ii, itum, ire, N.

Incrudelito, *efferatus*, a, um, add.

Incrudire, *exasperare*, as, etc. A.

Incruento, non sanguinoso, *incruentus*, a, um, add.

Incudine, *incus*, ūdis, f.

Inculcare, *inculco*, as, etc. A.

Inculto. V. Incolto.

Incumbenza, *munus*, ĕris, n.

Incurabile, *insanabĭlis*, m. e f. e, n. add.

Incursione, *incursio*, ōnis, f.

Incurvare, *flecto*, *etis*, *xi*, *xum*, *ctĕre*, A.

Incurvazione, *incurvatio*, ōnis, f.

Incurvo. V. Curvo.

Incustodito, *incustodītus*, a, um, add.

Indaco, sorta di tinta, *indicum*, i, n.

Indagare, *perquiro*, *is*, *sivi*, *situm*, *rĕre* : *indago*, as, etc. A.

Indagatore, *indagātor*, ōris, m.

Indagatrice, *indagātrix*, īcis, f.

Indagine, indagazione, *indagatio*, ōnis, f.

Indarno, *frustra*, avv.

Indebitamente, *immerito*, avv.

Indebitarsi, *ære alieno se obstringĕre*, A.

Indebitato, *ære alieno gravatus*, a, um, add.

Indebito, *indebĭtus*, a, um, add.

Indebolire, *debilito, as*, etc. A.
Indebolito, *fractus, a, um*, add.
Indecente, *indĕcens, ĕntis*, c. add.
Indecenza, *indecentia, æ*, f.
Indeciso, *dubius, a, um*, add.
Indeclinabile, *indeclinabĭlis*, m. e f. *e*, n.
Indefessamente, *indesinenter*, avv.
Indefesso, *indefessus, a, um*, add.
Indeficiente, che non manca, *perennis*, m. e f. *e*, n. add.
Indefinito, *indefinītus, a, um*, add.
Indegnamente, *indigne*, avv.
Indegnarsi. V. Sdegnare.
Indegnazione, *indignātio, onis*, f.
Indegnità, *indignĭtas, ātis*, f.
Indegno, *indignus, a, um*, add.
Indelebile, non cancellabile, *indelebĭlis*, m. e f. *e*, n. add.
Indelebilmente, *indelebĭli modo*, avv.
Indemoniato, *lymphatus: cerritus, a, um*, add.
Indennità, *indemnĭtas, ātis*, f.
Indentro, *intus*, avv.
Indeterminatamente, *indefinite*, avv.
Indeterminato, *indefinītus, a, um*, add.
Indi, *inde*, avv. per Di poi, *deinde*: da indi, *exinde*; da indi innanzi, *in posterum*: da indi in qua, *posthāc*: indi a poco, *paulo post*.
Indiavolato, *furiis actus, a, um*, add.
Indicare, *indico, as*, etc. A.
Indicativo (modo nei verbi), *indicatīvus*, i, m. *indicatīvus, a, um*, add.
Indicazione, *indicatio, onis*, f.
Indice, *index, ĭcis*, m.
Indicibile, *ineffabĭlis, inexplicabĭlis*, m. e f. *e*, n. add.
Indicibilmente, *supra quam dici potest*.
Indietro, *retro*, avv. tornare indietro, *retrocedĕre*: chiamar indietro, *revocare*, A. lasciare indietro, *aliquid omittĕre*.
Indifferente, *indiffĕrens, ĕntis*, c. add.
Indifferentemente, *indifferenter*, avv.
Indifferenza, *indifferentia, æ*, f.
Indigenza, *indigentia*; *inopia, æ*, f.
Indigestibile, indigesto, *crudus, a, um*, add.
Indigestione, *cruditas, ātis*, f.
Indignazione. V. Indegnazione.
Indipendente, *liber, era, um*, add.
Indipendentemente, *ad arbitrium suum*.
Indipendenza, *arbitrium, ii*, n.: *libertas, ātis*, f.
Indirettamente, *oblique*, avv.
Indiretto, *obliquus, a, um*, add. per Indirettamente, *oblique*, avv.
Indirizzamento. V. Indirizzo.
Indirizzare, *dirigo, ĭgis, ēxi, ectum, igĕre*, A.
Indirizzato, *directus, a, um*, add.
Indirizzatore. V. Direttore.
Indirizzo, *directio, ōnis*, f. per Ammaestramento, *disciplina, æ*, f. *institutio, ōnis*, f.
Indisciplinabile, *pervicax, ācis*, c. add.
Indisciplinato, *rudis*, m. e f. *e*, n. add.
Indiscretamente, *immoderāte*, avv.
Indiscreto, *iniquus, a, um*, add.
Indiscrezione, *immoderātio, ōnis*, f.
Indispensabile, *necessarius, a, um*, add.
Indispensabilmente, *necessario*, avv.
Indisposizione, *adversa valetudo, ĭnis*, f.
Indisposto, *indispositus, a, um*, add. essere indisposto *infirma valetudine affici*. P.
Indissolubile, *indissolubĭlis*, m. e f. *e*, n.
Indissolubilmente, *indissolubĭli modo*, avv.
Indistintamente, *confūse*, avv.
Indistinto, *indistinctus, a, um*, add.
Indivia, *intybus, i*, m. *intubum, i*, n.
Individuale, individuato, *singularis*, m. e f. *e*, n.
Individualmente, *peculiarĭter*, avv.
Individuazione, *individŭa, orum*, n. pl.
Individuo, *individŭus, a, um*, add.
Indivisibile, *inseparabĭlis*, m. e f. *e*, n. add.
Indivisibilità, *inseparabilis conjunctio*.
Indivisibilmente, *indistincte*, avv.
Indiviso, *indivisus, a, um*, add.
Indizio, *indicium, ii*, n.
Indocile, *indocĭlis*, m. e f. *e*, n. add.
Indolcire, *dulco, as*, etc. A. indolcirsi, *dulcesco, is, ĕre*, N.
Indole, *indŏles, is*, f.
Indolente, pigro, *socors, ŏrdis*, c. per Che non fa dolore, *minime dolens, entis*, c.
Indolenzire, indolenzire, *rigĕo, es, ui, ēre*, N.
Indolenzito, indolenzito, *rigens, ĕntis*, c.
Indolenza, privazione di dolore, *indolentia*: per Pigrizia, *socordia, æ*, f.
Indomabile, *indomabĭlis*, m. e f. *e*, n. add.
Indomito, *indomĭtus, a, um*, add.
Indoramento, indoratura, V. Doratura.
Indorare. V. Dorare.
Indormentato, *soporātus, a, um*, add.
Indosso. V. Addosso.
Indotato, senza dote, *indotatus, a, um*, add.
Indotto, non dotto, *indoctus, a, um*, add. (da indurre), *inductus, a, um*, add.
Indovinamento, indovinazione, *divinatio, ōnis*, f.
Indovinare, *divīno, as*, etc. A.
Indovina, indovinatrice, *divīna, æ*, f.
Indovinello, *ænigma, ătis*, n.
Indovino, indovinatore, *vates, is*: *divīnus, i*, m.
Indubitabile, *indubitabĭlis*, m. e f. *e*, n. add.
Indubitabilmente, indubitatamente, *certe*, avv.
Indubitato, *certus, a, um*, add.
Indugiare, *retardo, as*, etc. A. per Intertenersi, *moror, aris, atus, ari*, D.
Indugiatore, *cunctātor, ōris*, m.
Indugio, *mora, æ*, f. senza indugio, *statim*, avv.
Indulgente, *indulgens, ĕntis*, c. add.
Indulgentemente, *indulgenter*, avv.
Indulgenza, *indulgentia, æ*, f. *peccatorum venia*.
Indulto, *venia, æ*, f.
Induramento, *durities, æ*, f.

Indurare, *induro*, *as*, etc. A. divenir duro, *induresco*, *rescis*, *ui*, *escere*, N.
Indurre, *induco*, *cis*, *xi*, *ctum*, *cere*, A.
Industre, industrioso, *industrius*, *a*, *um*: *solers*, *ertis*, c.
Industria, *industria*, *æ*, f.
Industriarsi, *studeo*, *es*, *ui*, *ere*, N.
Industriosamente, *industrie*, avv.
Induttore, induttrice, *auctor*, *oris*, m. e f.
Induzione, *inductio*, *onis*, f.
Inebriare, inebbriare, *inebrio*, *as*, etc. A.
Inebriato. V. Ebro.
Inedia, *inedia*, *æ*, f.
Ineffabile, indicibile, *ineffabilis*, m. e f. *e*, n. add.
Ineffabilità, *res ineffabilis*, *ei*, f.
Ineffabilmente, *inexplicabiliter*, avv.
Inefficace, *inefficax*, *acis*, c. add.
Inefficacia, *nulla vis*, *is*, f.
Ineguaglianza, ineguaglità, *inæqualitas*, *atis*, f.
Ineguale, *inæqualis*, m. e f. *e*, n. add.
Inegualmente, *inæqualiter*, avv.
Inemendabile, *inemendabilis*, m. e f. *e*, n.
Inenarrabile, che non si può raccontare, *infandus*, *a*, *um*, add.
Inerente, *inhærens*, *entis*, c. add.
Inerenza, *adhæsio*, *onis*, f.
Inerme, senz' arme, *inermis*, m. e f. *e*, n. add.
Inerpicare, innerpicare, salire, aggrappandosi colle mani, *sursum repere*: *repo*, *is*, *psi*, *ptum*, N.
Inerte, *iners*, *ertis*, c. add.
Inerzia, *inertia*, *æ*, f.
Inesausto, *inexhaustus*, *a*, *um*, add.
Inescare, allettare coll' esca, *inesco*, *as*, etc. A.
Inescusabile, *inexcusabilis*, m. e f. *e*, n. add.
Inescusabilmente, *nulla excusatione*, avv.
Inesorabile, implacabile, *inexorabilis*, m. e f. *e*, n. add.
Inesperienza, *inscitia*, *æ*, f.
Inesperto, *inexpertus*, *a*, *um*, add.
Inesplicabile, *inexplicabilis*, m. e f. *e*, n.
Inesplicabilmente, *præter modum*, avv.
Inespugnabile, *inexpugnabilis*, m. e f. *e*, n.
Inestimabile, *inæstimabilis*, m. e f. *e*, n. add.
Inestimabilmente, *præter omnem æstimationem*, avv.
Inestinguibile, *inextinguibilis*, m. e f. *e*, n. add.
Inestrigabile, *inextricabilis*, m. e f. *e*, n. add.
Inettamente, *inepte*, avv.
Inettitudine, *inhabile ingenium*, *ii*, n.
Inetto, *ineptus*, *a*, *um*, add.
Inevitabile, *inevitabilis*, m. e f. *e*, n. add.
Inevitabilmente, *certo*, avv.
Inezie, *ineptiæ*, *arum*, f. pl.
Infallantemente, infallibilmente, *certo*, avv.
Infallibile, *certus*, *a*, *um*, add.
Infallibilità, *ab errore immunitas*, *atis*, f.
Infamare, *infamo*, *as*, etc. A.
Infamato, *infamia notatus*, *a*, *um*.

Infamatore, *obtrectator*, *oris*, m.
Infamatorio, *probrosus*, *a*, *um*, add.
Infamazione. V. Infamia.
Infame, *infamis*, m. e f. *e*, n. add.
Infamia, infamità, *infamia*, *æ*, f.
Infangare, *luto perfundere*: Infangarsi, *cæno se volutare*, A.
Infante, *infans*, *antis*, c.
Infanteria, *pedites*, *itum*, m. pl.
Infantile, *infantilis*, m. e f. *e*, n.
Infanzia, *infantia*, *æ*, f.
Infarinare, *farina involvere*, *o*, *is*, etc. A.
Infarinato, *farina perfusus*: per Mediocremente dotto, *litteris mediocriter imbutus*, *a*, *um*; *tinctus*, *a*, *um*.
Infastidire, *molestia aliquem afficere*: Infastidirsi, *fastidio*, *is*, *ivi*, *itum*, *ire*, A.
Infastidito, *molestia affectus*, *a*, *um*.
Infaticabile, *infatigabilis*, m. e f. *e*, n. add.
Infaticabilmente, *indefesse*, avv.
Infatti, infatto, *revera*, avv.
Infatuare, *infatuo*, *as*, etc. A.
Infausto, *infaustus*, *a*, *um*, add.
Infecondità, *infecunditas*, *atis*, f.
Infecondo, *sterilis*, m. e f. *e*, n. add.
Infedele, *infidus*, *a*, *um*: gl' infedeli, *ethnici homines*, *um*, m. pl.
Infedelmente, *infideliter*, avv.
Infedeltà, *infidelitas*, *atis*, f.
Infelice, *infelix*, *icis*, c. add.
Infelicemente, *infeliciter*, avv.
Infelicità, *infelicitas*, *atis*, f.
Infellonire, incrudelire, *sævio*, *is*, *ii*, *itum*, *ire*, N.
Inferiore, *inferior*, m. e f. *inferius*, *oris*, n. add.
Inferire, *infero*, *fers*, *tuli*, *illatum*, *ferre*, A. per Arrecare, V.
Infermare, *infirmo*, *as*, etc. A. Infermarsi, *ægroto*, *as*, etc. N.
Infermato, *ægrotus*, *a*, *um*, add.
Infermeria, *valetudinarium*, *ii*, n.
Infermiccio, *valetudinarius*, *a*, *um*, add.
Infermiere, *ægrorum curator*, *oris*: *valetudinarius*, *i*, m.
Infermità, *morbus*, *i*, m. *ægrotatio*, *onis*, f. Averla, *adversa valetudine affici*, P. Riavversi dall' infermità, *ex morbo convalescere*, N.
Infermo, *infirmus*, *a*, *um*: *æger*, *ra*, *rum*, add.
Infernale, *infernus*, *a*, *um*, add.
Inferno, *inferi*, *orum*, m. pl.
Inferocire, *sævio*, *is*, *ii*, *itum*, *ire*, N.
Inferocito, *efferatus*, *a*, *um*, add.
Inferriata, *clathri ferrei*, *orum*, m. pl.
Infervorare, *inflammo*: *excito*, *as*, etc. A.
Infestare, *infesto*, *as*, etc. A.
Infestatore, *vexator*, *oris*, m.
Infestazione, infestamento, *vexatio*, *onis*, f.
Infesto, nemico, importuno, *infestus*, *a*, *um*, add.
Infettare, *inficio*, *icis*, *eci*, *ectum*, *icere*, A.
Infettato, infetto, *infectus*, *a*, *um*, add.
Infettatore, *corruptor*, *oris*, m.
Infezione, *corruptio*, *onis*, f.

Infiacchire, *frango, angis, egi, actum, angĕre*, A. Infiacchirsi, *languesco, cis, cĕre*, N.
Infiammare, *inflammo, as*, etc. A. Infiammarsi, *ardeo, des, si, sum, dēre*, N.
Infiammativo, *inflammans, antis*, c. add.
Infiammato, *inflammatus, a, um*, add.
Infiammazione, infiammamento, *ardor, ōris*, m.
Infiascare, *œnophŏro condere, o, is*, etc. A.
Infiascato, *œnophŏro conditus, a, um*.
Infido, *infidus, a, um*, add.
Infierire. V. Inferocire.
Infievolire. V. Indebolire.
Infiggere, *infigo, gis, xi, ctum, gĕre*, A.
Infilare, *filo trajicere*: — l'ago, *filum acûi inserĕre*, A.
Infilzare, *trajicio, icis, ēci, ectum, icĕre*, A.
Infilzatura, *trajectio, onis*, f.
Infimo, *infimus, a, um*, add.
Infinattantochè, infinchè, *quoad*: *donec*, cong.
Infine, *tandem*; *denique*, avv. o cong.
Infingardaggine, *desidia, æ*, f.
Infingardamente, *desidiōse*, avv.
Infingardo, *desidiōsus, a, um*, add.
Infingere, *simŭlo, as*, etc. A.
Infingimento, *simulatio, onis*, f.
Infingitore, *simulātor, ōris*, m.
Infinità, *infinitas, ātis*, f.
Infinitamente, *maxime*: *infinite*, avv.
Infinito, *infinitus, a, um*, add. per Sommo, per Innumerabile, V. per modo infinito nei verbi, *infinitivus modus*: in infinito, *infinite*, avv.
Infino, *usque*: infino a quando? *quousque tandem?* infino ad oggi, *ad hunc diem*: fino ad ora, *hactĕnus*: fin allora, *jam tunc*: infin da ora, *jam nunc*: infino alla bocca, *ore tĕnus*.
Infinocchiare, per Ingannare, *verba dare*.
Infinto, *fictus, a, um*, add.
Infiorare, *floribus aspergĕre*, A. Infiorarsi, *floresco, is, ĕre*, N.
Infistolito, *fistulōsus, a, um*, add.
Inflessibile, *inflexibĭlis*, m e f. *e*, n. add. — alle preghiere, *inexorabĭlis*.
Inflessibilmente, *obstinate*, avv.
Inflessione, piegamento, *inflexio, ōnis*, f.
Inflettere. V. Piegare.
Influente, *influens, entis*, c. add.
Influenza, influsso, *influxus, us*, m. *vis e sideribus influens*, f.
Influire, *influo, is, xi, xum, ĕre*, N.
Infocamento, infocazione, *inflammatio, onis*, f.
Infocare, *inflammo, as*, etc. A. Infocarsi, *ignesco, is, ĕre*, N.
Infocato, *igneus, a, um*, add.
Infondere, *infundo, undis, ūdi, usum, undĕre*, A.
Inforcare, *furca arripĕre*: per Appiccare, V.
Informare, *infōrmo, as*, etc. A. Informarsi, *quæro, ris, sivi, situm, rĕre*, A.
Informato, *consćius, a, um*, add. per Abbozzato, V.
Informatore, *delĭneator, ōris*, m.
Informazione, *notitia, æ*, f.
Informe, *informis*, m. e f. *e*, n. add.
Infornare, *in fornum condĕre, o, is*, etc. A.
Infortire, render forte, *robur augēre*: per Inacetire, *acesco, is, ĕre*, N.
Infortunatamente V. Infelicemente.
Infortunato. V. Infelice.
Infortunio, *infortunium, ii*, n.
Infoscato, *infuscatus, a, um*, add.
Infra, *intra*; *inter*, prep. coll' acc.
Infracidamento, *corruptio, ōnis*, f.
Infracidare, infradiciare, *putrĕsco, scis, cui, scĕre*, N.
Infracidato, infradiciato, *corruptus, a, um*, add.
Infralire, divenir fiacco, *debilitor, aris*, P.
Inframmettere, *interpono, nis, sui, situm, nĕre*, A.
Infrangere, **frango, angis, egi, actum, angĕre**, A.
Infranto, *fractus, a, um*, add.
Infrascare, *ramis obtegĕre, o, is, xi, ctum*.
Infrascritto, *subscriptus, a, um*, add.
Infrazione, *transgressio, onis*, f.
Infreddare, *epiphŏra laboro, as*, etc. N.
Infreddato, *epiphŏra laborans, antis*, c.
Infreddatura, infreddamento, *epiphŏra æ*, f.
Infrequenza, *infrequentia, æ*, f.
Infrigidire, *frigesco, is, ĕre*, N.
Infruttifero, infruttuoso, *infructuōsus, a, um*, add.
Infruttuosamente, *frustra*, avv.
Infuriare, infuriarsi, *furo, is, ĕre*, N.
Infuriato, *furibundus, a, um*, add.
Infusione, *infusio, onis*, f.
Infuso, *infusus, a, um*, add.
Ingabbiare, *cavĕa includĕre, o, is, si, sum*, A.
Ingagliardire, divenir gagliardo, *invalesco, escis, lui, escĕre*, N. per Render gagliardo, *confirmo, as*, etc. A.
Ingalluzzarsi, *superbio, is, ivi, itum, ire*, N.
Ingannare, *fallo, lis, fefelli, sum, llĕre*, A. *decipio, ipis, ēpi, eptum, ipĕre*, A. Ingannarsi, *fallor, lĕris, sus, sum*, P.
Ingannato, *deceptus, a, um*, add.
Ingannatore, *decĕptor, ōris*, m.
Ingannatrice, *fallax mulier, ĕris*, f.
Ingannevole, *fallax, ācis*, c. add.
Ingannevolmente, *dolose*, avv.
Inganno, *dolus, i*, m. *fraus, fraudis*, f.
Ingarbugliare, *perturbo, as*, etc. A. per Ingannare, V.
Ingegnarsi, *studeo, des, dui, dēre*, N. *conor, aris, atus, ari*, D.
Ingegnere, ingegnero, *architectus, i*, m.
Ingegno, *ingenium, ii*, n. — ottuso, *hebes, ĕtis*: — svegliato, *acre*.
Ingegnosamente, *ingeniōse*, avv.
Ingegnoso, *ingeniōsus, a, um*, add.
Ingelosire, *zelotypia laboro, as*, etc. N.
Ingelosito. V. Geloso.
Ingemmare, *gemmis orno, as*, etc. A.
Ingemmato, *gemmis ornatus, a, um*, add.
Ingenito, naturale, *ingenitus, a, um*, add.

Ingentilire, render nobile, *nobilito, as*, etc. A.
Ingenuamente, *ingenue*, avv.
Ingenuità, *ingenuitas, ātis*, f.
Ingenuo, sincero, *ingenuus, a, um*, add.
Ingerire, *indo, dis, didi, ditum, dĕre*, A. Ingerirsi. V. Impacciarsi.
Ingessare, *gypso illinĕre, o, is*, etc. A.
Ingessato, *gypsātus, a, um*, add.
Inghiottimento, *voratio, ōnis*, f.
Inghiottire, *glutio, is, īvi, ītum, īre*, A.
Inghiottito, *haustus, a, um*, add.
Inghirlandare. V. Incoronare.
Ingiallire, *flavesco, is, ĕre*, N.
Inginocchiarsi *genua flectĕre, o, is, xi, xum*, A.
Inginocchiato, *in genua provolūtus, a, um*, add.
Inginocchiatolo, *scabellum*, vel *scabillum, i*, n.
Inginocchione, *genĭbus flexus, a, um*, add.
Ingiocondo, *injucundus, a, um*, add.
Ingiovanire, *juvenesco, is, ĕre*, N.
Ingiovenito, *juvĕnis factus, a, um*, add.
Ingiungere, ingiugnere, comandare, *mando, as*, etc. A.
Ingiunto, *injunctus, a, um*, add.
Ingiuria, *injuria, æ*, f. — di parole, *contumelia, æ*, f. *convicium, ii*, n.
Ingiuriare, *injuria aliquem afficĕre, o, is, ēci, ectum*, A. con parole, *conviciis aliquem consectari*, D. ingiuriarsi, *conviciis se invicem incessĕre*, A.
Ingiuriatore, *conviciātor, ōris*, m.
Ingiuriosamente, *injuriose*, avv.
Ingiurioso, *injuriosus, a, um*, add.
Ingiustamente, *injuste*, avv.
Ingiustizia, *injustitia, æ*, f.
Ingiusto, *injustus, a, um*, add.
Ingoiare ec. V. Inghiottire ec.
Ingolfarsi nel fare, *mari se committo, is, si, ssum, ĕre*, A. — nei negozi, nello studio, *se totum negotiis, littĕris dare*.
Ingolfato. V. Applicato.
Ingombramento, *impeditio, ōnis*, f.
Ingombrare, *impedio, īdis, edīvi, ītum, edīre*, *occupo, as*, etc. A.
Ingombrato, ingombro, *occupatus*: *impedītus, a, um*, add.
Ingombro (sost.), *impedimentum, i*, n.
Ingommare, *gummi illinere*.
Ingordamente, *avĭde*, avv.
Ingordigia, *aviditas, ātis*, f.
Ingordo, *cupĭdus, a, um*, add. per Goloso, V.
Ingorgamento, *gurges, ĭtis*, m.
Ingorgare, *in gurgĭtem coire*, A.
Ingrandimento, *augmentum*: *incrementum, i*, n.
Ingrandire, render grande, *augeo, ges, xi, ctum, gēre*, A. per Divenir grande, *cresco, scis, evi, tum, scĕre*, N.
Ingrandito, *auctus, a, um*, add.
Ingrassamento, *saginatio, ōnis*, f.
Ingrassare, *sagino, as*, etc. A. — i campi, *agros stercorare*: per Divenir grasso, *pinguesco, is, ĕre*, N.

Ingrassato, *saginatus, a, um*, add.
Ingratamente, *ingrate*, avv.
Ingratitudine, *ingrati animi vitium, ii*, n.
Ingrato, *ingratus, a, um*, add.
Ingravidamento, *graviditas, ātis*, f.
Ingravidare, *gravĭdo, as*, etc. A. per Divenir gravida, *gravĭdam fieri*, N.
Ingrediente, ciò che entra nella composizione di qualche cosa, *pars, partis*, f.
Ingresso, *ingressus, us*, m.
Ingrossamento, *crassitudo, ĭnis*, f.
Ingrossare, *augeo, ges, xi, ctum, gēre*, A. Ingrossarsi, *augesco, is, ĕre*, N.
Ingrossato, *auctus, a, um*, add.
Inguantato, *manicis indūtus, a, um*, add.
Inguine, inguinaglia, *inguen, ĭnis*, n.
Ingurgitamento, *ingurgitatio, ōnis*, f.
Inibire, inibizione. V. Proibire, proibizione.
Inimicare, render nemico, *inimicare*, Inimicarsi uno, *inimicitias subire alicŭius*.
Inimicato, *inimicus, a, um*, add.
Inimichevolmente, *inimice*, avv.
Inimicizia, *inimicitia, æ*, f.
Inimico, inimichevole, *adversus, a, um*, add.
Inimico (sost.), *hostis, is*, m. — privato, *inimicus, a, um*: — capitale, *hostis infensissimus*.
Inimitabile, *inimitabĭlis*, m. e f. *e*, n. add.
Inimmaginabile, *quod excogitari non potest*.
Inintelligibile, *quod percipi non potest*.
Iniquamente, *inique*, avv.
Iniquità, *iniquitas, ātis*, f.
Iniquo, iniquitoso, *iniquus, a, um*, add.
Iniziale, *initialis*, m. e f. *e*, n. add.
Iniziare, *initio, as*, etc. A.
Inlanguidire. V. Illanguidire.
Inmalinconire ec. V. Attristare ec.
Innabissare, *demergo, gis, si, sum, gĕre*, A.
Innacquamento, innaffiamento, *irrigatio, ōnis*, f.
Innacquare, *irrigo, as*, etc. A. — il vino, *vinum aqua diluĕre*.
Innaffiare, *irrigo, as*, etc. A. — l'orto, *aquam in hortum derivare*.
Innaffiatoio, arnese per annaffiare, *nassiterna, æ*, f.
Innalzamento, *elatio, ōnis*, f.
Innalzare, *extollo, is, extŭli, elātum, extollĕre*, A. innalzarsi, *se attollĕre*, *se efferre*.
Innamoramento, *amatio, ōnis*, f.
Innamorare, *amore incendĕre, o, is*, etc. A. Innamorarsi, *adamare*.
Innamoratamente, *amanter*, avv.
Innamorato, *amore captus, a, um*, add.
Innanellare, *intorqueo, es, orsi, ortum, quēre*, A. — la chioma, *comam crispare*: per Dar l'anello, *conjŭgem ducĕre*: vel *anulo in matrimonium jungi*, P.
Innanellato, *crispus, a, um*, add.
Innanimare, innanimire. V. Animare.
Innanzi, *ante*, prep. coll'acc. Innanzi ad alcuno, *coram aliquo*: per A preferenza

præ, prep. coll'abl. antea, avv. Innanzi che, prius quam: cong. per Piuttosto, potius, avv.
Innasparc, filum involvĕre, o, is, etc. A.
Innasprire. V. Inacerbire.
Innato, innatus, a, um, add.
Innaturale, non naturalis, m. e f. e, n. add.
Innavigabile, innabilis, m. e f. e, n. add.
Innestamento, innestatura, insitio, ōnis, f.
Innestare, insĕro, is, ui, tum, ĕre, A.
Innestatore, insitor, ōris, m.
Innesto, insitivus surculus, i, m.
Inno, hymnus, i, m.
Innocente, innŏcens, entis, add.
Innocentemente, innocenter, avv.
Innocenza, innocentia, æ, f.
Innoltrarsi, inoltrarsi, progredior, edĕris, essus, edi, D.
Innovare, innŏvo, as, etc. A.
Innovatore, novātor, ōris, m.
Innovazione, renovatio, onis, f.
Innumerabile, innumerevole, innumerabilis, m. e f. e, n. add.
Innumerabilmente, innumerabiliter, avv.
Inobbediente, inobĕdiens, entis, add.
Inobbedientemente, decretato imperio, avv.
Inobbedienza, imperii detrectatio, ōnis, f.
Inoliare, oleo inungo, gis, xi, ctum, gĕre, A.
Inoltre, prœterea, avv.
Inombrare, inumbro, as, āvi, atum, āre, A.
Inondamento, inondazione, inundatio, ōnis, f.
Inondare, inundo, as, etc. A.
Inonesto. V. Disonesto.
Inopia, scarsezza, inopia, æ, f.
Inopinatamente, inopinato, avv.
Inopinato, inopinatus, a, um, add.
Inopportunamente, intempestive, avv.
Inopportuno, inopportunus, a, um, add.
Inordinatamente, inordinate, avv.
Inordinatezza, confusio, ōnis, f.
Inordinato, inordinatus, a, um, add.
Inornato, inornatus, a, um, add.
Inorpellamento, fuci inductio, ōnis, f.
Inorpellare, ornare con orpello, fuco, as, etc. A.
Inorridire, horresco, scis, ui, scĕre, N.
Inorridito, horrescens, entis, add.
Inospitale, inhospitalis, m. e f. e, n. add.
Inospitalità, inhospitalitas, ātis, f.
Inosservanza, inobservantia, æ, f.
Inosservato, inobservatus, a, um, add.
Inquietamente, perturbate, avv.
Inquietare, inquieto, as, etc. A.
Inquietezza, inquietatio, ōnis, f.
Inquieto, inquiētus, a, um, add.
Inquietudine, inquietudo, inis, f. essere in grande inquietudine, maxima sollicitudine angi, P.
Inquisire, inquiro, ris, sivi, situm, rĕre, A.
Inquisitore, inquisitor, ōris, m.
Inquisizione, inquisitio, ōnis, f.
Insaccare, in saccum condĕre, o, is, A.
Insalare, asperger di sale, salio, is, ivi, itum, ire, A.
Insalata, acetaria, orum, n. pl.
Insalvatichire, silvesco, is, ĕre, N.
Insalvatichito, silvaticus, a, um, add.
Insalubre, insalubris, m. e f. e, n. add.
Insanabile, insanabilis, m. e f. e, n. add.
Insanguinare, cruento, as, etc. A.
Insania, insania, æ, f.
Insanire, insanio, anis, anivi, anitum, anire, N.
Insano, insanus, a, um, add.
Insaponare, sapone oblino, is, ēvi, itum, A.
Insaziabile, insatiabilis, m. e f. e, n. add.
Insaziabilmente, insatiabiliter, avv.
Inscritto, inscriptus, a, um, add.
Inscrivere, inscribo, bis, psi, ptum, bĕre, A.
Inscrizione, inscriptio, ōnis, f.
Insegna, insigne, is, n. per Bandiera, signum, i, n.
Insegnamento, documentum, i, n.
Insegnare, doceo, es, ui, tum, ēre, A.
Inseguire, insector, āris, atus, ari, D.
Inselvarsi, entrar dentro la selva, in silvam se abdĕre, A.
Insensatamente, stolide, avv.
Insensatezza, stoliditas, ātis, f.
Insensato, stolidus, a, um, add.
Insensibile, insensibilis, m. e f. e, n. add.
Insensibilità, stupiditas, ātis, f.
Insensibilmente, sensim, avv.
Inseparabile, inseparabilis, m. e f. e, n. add.
Inseparabilmente, non separatim, avv.
Insepolto, insepultus, a, um, add.
Insetto, insecta, ōrum, n. pl.
Insidie, insidiæ, arum, f. pl.
Insidiare, insidior, āris, ātus, āri, D.
Insidiato, insidiis petitus, a, um, add.
Insidiatore, insidiātor, ōris, m.
Insidiosamente, insidiose, avv.
Insidioso, insidiosus, a, um, add.
Insieme, insiememente, simul, avv.
Insigne, insignis, m. e f. e, n. add.
Insignire, decorare, insignio, is, ivi, itum, ire, A.
Insignito, decorato, insignitus, a, um, add.
Insignorire, far signore, dominum facere, A. insignorirsi, potior, iris, itus, D.
Insino. V. Fino.
Insinuare, insinuo, as, etc. A.
Insinuazione, insinuatio, ōnis, f.
Insipidamente, insipienter, avv.
Insipidezza, insipientia, æ, f.
Insipido, insipiens, entis, add.
Insistenza, obstinatio, ōnis, f.
Insistere, insisto, stis, stiti, stitum, sistĕre, N.
Insito, innato, insitus, a, um, add.
Insoave, insuavis, m. e f. e, n. add.
Insoffribile, intolerabilis, m. e f. e, n. add.
Insolente, insolens, entis, add.
Insolentemente, insolenter, avv.
Insolentire, insolesco, is, ĕre, N.
Insolenza, insolentia, æ, f.
Insolitamente, insolenter, avv.
Insolito, insolitus, a, um, add.
Insolubile, insolubilis, m. e f. e, n. add.
Insolubilmente, insolubiliter, avv.
Insopportabile. V. Insoffribile.

Insorgere, *insurgo, gis, rexi, rectum, gĕre*, N.
Insorto, *exortus, a, um*. add.
Insospettire, mettere in sospetto, *in suspicionem adducĕre, o, is*, etc. A. per Prender sospetto, *in suspicionem venire*, N.
Insospettito, *in suspicionem adductus*, add.
Insperatamente, *insperato*, avv.
Insperato, *insperatus, a, um*, add.
Ispettore, visitatore, *inspector, ōris*, m.
Inspezione, *inspectio, ōnis*, f.
Inspirare, *inspiro, as*, etc. A Inspirato da Dio, *divino spiritu afflatus, a, um*, add.
Inspiratore, *inspirātor, ōris*, m.
Inspirazione, *afflatus, us*, m.
Instabile, *instabĭlis*, m. e f. *e*, n. add.
Instabilità, *instabilĭtas, ātis*, f.
Instabilmente, *inconstanter*, avv.
Instante, che insta, *instans, antis*, add. per Momento, *momentum, i*, n.
Instantemente, *instanter*, avv. pregare instantemente, *flagito, as, avi, atum, are*, A.
Instanza, *flagitatio, onis*, f. ad instanza mia, *me flagitante*.
Instare, *insto, as*, etc. A.
Instigare, stimolare, *instīgo, as*, etc. *incito, as*, etc. A.
Instigatore, *stimulātor, ōris*, m.
Instigatrice, *instigātrix, īcis*, f.
Instigazione, Instigamento, *instigatio, ōnis*, f.
Instillare, *instillo, as*, etc. A.
Instillazione, *instillatio, ōnis*, f.
Instinto, certo movimento naturale, che regola gli animali, *instinctus, us*, m.
Instituire, fondare, dar principio, *instituo, uis, ui, ūtum, uĕre*, A.
Instituto, *institutum, i*, n.
Institutore, *auctor, ōris*, m.
Instituzione, *institutio, ōnis*, f.
Instruire, *instruo, uis, uxi, uctum, uĕre*, A.
Instrumento, *instrumentum, i*, n.
Instruttivo, *instruens, entis*, add.
Instrutto, *instructus, a, um: edoctus, a, um*, add.
Instruttore, *instructor, ōris*, m.
Instruzione. Instituzione.
Instupidire, *obstupesco, escis, ui, escĕre*, N.
Instupidito, *obstupescens, entis*, add.
Insudiciare, *sordĭdum facĕre: inquinare, o, as*, etc. A.
Insufficiente, *non sufficiens, entis*, add.
Insufficientemente, *non sufficienter*, avv.
Insufficienza, *imperitia, æ*, f.
Insulsamente, *insulse*, avv.
Insulso, *insulsus, a, um*, add.
Insultare, *insulto, as*, etc. A.
Insultatore, insultatrice, *insultans, antis*, add.
Insulto, *insultatio, onis*, f.
Insuperabile, *insuperabĭlis*, m. e f. *e*, n. add.
Insuperbire, *superbio, is, ivi, itum, ire*, N.
Insuperbito, *superbus, a, um*, add.
Insussistente, *labans, antis*, add.

Intaccare, *incidĕre: offendere, lædo, dis, si, sum, dĕre*, A.
Intagliamento, intagliatura, intaglio, V. Incisione.
Intagliare. V. Incidere.
Intagliatore, *cælātor, ōris*, m.
Intanarsi, entrare in tana, *in specum ingrĕdi, or, ĕris, essus*, D.
Intanato, nascosto, *abdĭtus, a, um*, add
Intanto, in questo mentre, *interim*, avv. Intantochè, *dum*, cong.
Intarsiare, *vermiculato opere ornare*, A.
Intarsiatura, *tessellatum opus, ĕris*, n.
Intasare, *obturo, as*, etc. A.
Intasatura, *obstructio, ōnis*, f.
Intascare, *in peram injicĕre, o, is*, etc. A.
Intatto, *intactus, a, um*, add.
Intavolare, un affare, *propōno, nis, sui, situm, nĕre*, A.
Intavolatura, d'un affare, *propositio, ōnis*, f.
Integerrimo, *integerrĭmus, a, um*, add.
Integrità, *integrĭtas, ātis*, f.
Integro, *intĕger, gra, grum*, add.
Intellettivo, *intellectu præditus, a, um*, add.
Intelletto, *intellectus, us*, m.
Intellettuale, *ad intellectum pertĭnens, entis*, add.
Intellettualmente, Intellettivamente, *intellectu*, avv.
Intelligente, *intellĭgens, entis*, add.
Intelligenza, *intelligentia, æ*, f.
Intelligibile, *intelligibĭlis*, m. e f. *e*, n. add.
Intelligibilmente, *intelligenter*, avv.
Intemerato, *intemeratus, a, um*, add.
Intemperante, *intempĕrans, antis*, add.
Intemperantemente, *intemperanter*, avv.
Intemperanza, *intemperantia, æ*, f.
Intemperato, *intemperatus, a, um*, add.
Intemperie, *intemperies, ei*, f.
Intempestivamente, *intempestive*, avv.
Intempestivo, *intempestivus, a, um*, add.
Intendere, *intellĭgo, igis, exi, ectum, igĕre*, A. Intender bene qualche cosa, *animo comprehensum aliquid tenēre*: l'intendo così, *ita sentio*: farsi intendere, *mentem suam aperire*: intendere, per Udire, *audio, is, ivi, itum, ire*, A. per Aver cognizione, come intendersi bene di una qualche cosa, *aliquam rem pulchre callēre*, A.
Intendimento. V. Intelligenza.
Intenditore. V. Intelligente.
Intenerire, *mollio, is, ivi, itum, ire*, A. intenerirsi, *commovĕor, vēris, tus, vēri*, P.
Intensamente, intensivamente, *vehementer*, avv.
Intenso, *vehĕmens, entis*, add.
Intentamente, *intente*, avv.
Intentare, *intento, as*, etc.
Intento, *desiderium, ii*, n. avere il suo intento, *propositum assĕqui: intentus, a, um*, add.
Intenzionato. V. Disposto.
Intenzione, *intentio, ōnis*, f. *consilium, ii*, n.
Interamente, *intĕgre*, avv.
Intercalare, *intercalaris*, m. e f. *e*, n. add.

Intercedere, *deprecor, aris, atus, ari*, D. per Interporsi, *intercedo, dis, ssi, ssum, dere*, N.
Interceditrice, *deprecatrix, icis*, f.
Intercessione, *deprecatio, onis*, f.
Intercessore, Interceditore, *deprecator, oris*, m.
Intercettare, *intercipio, ipis, epi, eptum, ipere*, A.
Intercetto, *interceptus, a, um*, add.
Intercezione, *interceptio, onis*, f.
Intercutaneo, che è tra la carne e la pelle, *intercus, utis*, c. add.
Interdetto, divieto, *interdictum, i*, n. *interdictus, a, um*, add.
Interdire, *interdico, cis, xi, ctum, cere*, A.
Interessare, far partecipe, *participem aliquem facio, is, eci, actum, ere*, A. interessarsi per alcuno, *alicujus commodis servire*, N.
Interessato, *suis rebus intentus, a, um*, add.
Interesse, utile del denaro, *fœnus, oris*, n. prender denari ad interesse, *fœnori pecuniam accipere*: darli, *fœnori pecuniam dare*: pagare interessi, *usuras pendere*: per Utile, *commodum, i*, n. accomodare i suoi interessi *suis rationibus consulere*: per Interesse, *utilitatis gratia*: in questa cosa ci va il mio interesse, *hic res mea agitur*.
Interiezione, *interjectio, onis*, f.
Interiora, interiori, *exta, orum*, n. pl.
Interiore, *interior*, m. e f. *us*, n. *oris*, add.
Interiormente, *interius*: *intime*, avv.
Interlineare, scrivere tra verso e verso, *interscribere*, A. *interscriptus, a, um*, add.
Intermedio, intermezzo, *embolium, ii*, n.
Intermedio, *intermedius, a, um*, add.
Intermesso, *intermissus, a, um*, add.
Intermettere, *intermitto, ttis, isi, ssum, ttere*, A.
Interminato, *interminatus, a, um*, add.
Intermissione, intermittenza, *intermissio, onis*, f. senza intermissione, *continenter*, avv.
Intermisto, *intermixtus, a, um*, add.
Intermittente, *intermittens, entis*, c, add.
Internamente. V. Interiormente.
Internarsi, *penetro, as*, etc. A.
Interno, *interior pars, tis*, f. *internus, a, um*, add.
Internunzio, chi supplice il Nunzio, *internuntius, ii*, o *legati vicem gerens*, m.
Intero, *integer, ra, um*, add. giorno intero, *solidus dies, ei*, m.
Interpolare, inserire nelle opere altrui frasi e concetti, *interpolo, as*, etc. A. per Interrompere, *interrumpere*, A.
Interpolatamente, *interrupte*, avv.
Interporre, *interpono, nis, sui, situm, nere*, A.
Interposizione, Interponimento, interposto, *interpositio, onis*, f.
Interposto, *interpositus, a, um*, add.
Interpetrare, *interpretor, aris, atus, ari*, D.
Interpretazione, interpretamento, *interpretatio, onis*, f.
Interprete, Interpretatore, *interpres, etis*, m e f.
Interpunzione, *interpunctio, onis*, f.
Interregno, tempo nel quale vaca il regno, *interregnum, i*, n.
Interrogare, *interrogo, as*, etc. A.
Interrogativo, *interrogans, antis*, add.
Interrogazione, interrogatorio, *interrogatio, onis*, f.
Interrompere, *interrumpo, mpis, upi, ptum, mpere*, A.
Interrompimento, Interruzione, *interruptio, onis*: — di lavoro, *operis intermissio, onis*, f.
Interrottamente, *interrupte*, avv.
Interrotto, *interruptus, a, um*, add.
Intersecare, *interseco, as*, etc. A.
Interstizio, spazio di mezzo, *interstitium, ii*, n.
Intertenere, *detineo, ines, inui, entum, inere*, A.
Intertenimento, *otium, ii*, n. *ludus, i*, m.
Intervallo, *intervallum, i*, n.
Intervenimento. V. Avvenimento.
Intervenire, *intervenio, enis, eni, entum, enire*, N. per Essere presente, *intersum, es, fui, esse*, N.
Intervento, *interventus, us*, m.
Intesa, intendimento, *intelligentia, æ*: *intentio, onis*, f. star sull'intesa, *animum intendere*: *advertere*.
Inteso. V. Intento, add.
Intessere, *intexo, is, ui, xtum, ere*, A.
Intestabile, che non può far testimonianza, *intestabilis*, m. e f. *e*, n. add.
Intestarsi, ostinarsi, *animum obfirmare*, A.
Intestato, ostinato, *obstinatus, a, um*, add. per Senza testamento, *intestatus, a, um*, add.
Intestino, *intestinum, i*, n. *intestinus, a, um*. add.
Intiepidire, *tepefacio, acis, eci, actum, acere*, A. per Divenir tiepido, *tepesco, is, ere*, N.
Intieramente. V. Interamente.
Intiero. V. Intero.
Intignere, *intingo, gis, xi, ctum, gere*, A.
Intimamente, *intime*, avv.
Intimare. V. Dinunziare.
Intimazione. V. Dinunzia.
Intimidire, *timidum fio, is, actus, eri*, N.
Intimo, *intimus, a, um*, add. per Familiare, *familiaris*, m. e f. *e*, n. add. egli è mio intimo amico, *ille ex meis familiarissimus est*.
Intimorire. V. Atterrire.
Intingere. V. Intignere.
Intingolo, *jusculum, i*, n. *embamma, atis*, n.
Intinto, *intinctus, a, um*, add.
Intirizzimento, *rigor, oris*, m.
Intirizzire, *rigeo, es, ui, ere*, N.
Intirizzito, *rigescens, entis*: *rigidus, a, um*, add.
Intisicare, Intisichire *tabefacio, acis, eci*,

actum, acĕre, A. per Divenir tisico, *tabesco, escis, ĕi, escĕre*, N.
Intisichito, intisichito, *tabidus*, a, um, add.
Intitolare. V. Inscrivere.
Intitolazione. V. Inscrizione.
Intollerabile, *intolerabilis*, m. e f. e, n. add.
Intollerabilmente, *intolerabiliter*, avv.
Intollerando, che non si può sopportare, *intolerandus*, a, um, add.
Intollerante, *intolerans*, *antis*, add.
Intolleranza, *intolerantia*, æ, f.
Intonacare, *tectorium induco*, is, xi, *ctum*, A.
Intonacato, *crustatus*, a, um, add.
Intonaco, *tectorium*, ii, n.
Intonare, *praecino*, inis, inui, entum, inĕre, A.
Intonatore, intonatrice, *praecinens*, entis, c. add.
Intonazione, *praecentio*, ōnis, f.
Intoppamento, intoppo, *offendiculum*, i, n.
Intoppare. V. Inciampare.
Intorbidamento, *turbatio*, ōnis, f.
Intorbidare, *turbo*, as, etc. A.
Intorbidire, *turbor*, āris, atus, āri, D.
Intorbidito, *turbidus*, a, um, add.
Intormentito, *torpescens*, entis, c. add.
Intorniare. V. Circondare.
Intorno. V. D'intorno.
Intorpidire, *torpeo*, es, ēre, N.
Intorpidito, *torpidus*, a, um, add.
Intralasciare, *intermitto*, tis, si, ssum, ttĕre, A.
Intralciamento, *implicatio*, ōnis, f.
Intralciare, *implico*, as, etc. A.
Intramettere, *interpono*, is, sui, situm, A.
Intramezzare. V. Interporre.
Intramischiato, *intermixtus*, a, um, add.
Intraprendere, *suscipio*, ipis, ēpi, eptum, ipĕre, A.
Intraprendimento, *susceptio*, ōnis, f.
Intraprenditore, *susceptor*, ōris, m.
Intrapreso, *susceptus*, a, um, add.
Intrata. V. Entrata.
Intrattabile, *intractabilis*, m. e f. e, n. add.
Intrattenere. V. Intertenere.
Intraversare. V. Attraversare: per Impedire, V.
Intrecciare, *intexo*, is, ui, tum, ĕre, A.
Intreccio, intrecciamento, intrecciatura, *intextus*, us: *nexus*, us, m.
Intrepidamente, *intrepide*, avv.
Intrepidezza, *confidentia*, æ, f.
Intrepido, *intrepidus*, a, um, add.
Intridere, *macĕro*, as, etc. A. per Imbrattare, V.
Intrigare. V. Intralciare.
Intrigatamente, *implicite*, avv.
Intrigo. V. Intralciamento.
Intrinsicamente, intrinsecamente, *intrinsecus*, avv.
Intrinsicare, intrinsecare e intrinsecarsi prender dimestichezza, *necessitudinem cum aliquo conjungo*, is, xi, ctum, A.
Intrinsicato, *necessitudine conjunctus*.
Intrinsichezza, *necessitudo*, ĭnis, f.
Intrinsico. intrinseco, *intimus*, a, um, add.
Intriso, *maceratus*, a, um, add.
Introdotto, *introductus*, a, um, add.
Introdurre, *introduco*, cis, xi, ctum, cĕre, A.
Introduttore, *introducens*, entis, m.
Introduzione, introducimento, *introductio*, ōnis, f.
Introito, *introitus*, us, m.
Intromesso, *intromissus*, a, um, add.
Intromettere, *intromitto*, tis, si, ssum ttĕre, A.
Intronare, stordir col romore, *aures obtundĕre*, o, is, tudi, tusum, ĕre, A.
Intronato, *obtusus*, a, um, add.
Intronamento, intronatura, *sonitus*, us, m.
Intronizzare, mettere sul trono, *in solio collŏco*, as, etc. A.
Intronizzato, *ad solium erectus*, a, um.
Intrudere, *intrudo*, dis, si, sum, dĕre, A. Intrudersi, *se immiscere*.
Intrusione, *immissio*, ōnis, f.
Intruso, *intrusus*, a, um, add.
Intuitivo, *intuens*, entis, c. add.
Inubbidienza. V. Disubbidienza.
Inudito, inaudito, *inauditus*, a, um, add.
Inumanità, *inhumanitas*, ātis, f.
Inumanamente, *inhumaniter*, avv.
Inumano, *inhumanus*, a, um, add.
Inumidire, *humecto*, as, etc. A.
Inumidito, *humidus*, a, um, add.
Inurbanamente, *inurbane*, avv.
Inurbanità, *rusticitas*, ātis, f.
Inurbano, *inurbanus*, a, um, add.
Inusitatamente, *insolite*, avv.
Inusitato, *inusitatus*, a, um, add.
Inutile, *inutilis*, m. e f. e, n. add.
Inutilità, *inutilitas*, ātis, f.
Inutilmente, *inutiliter*, avv.
Invaghimento, *amatio*, ōnis, f.
Invaghire, *desiderio inflammare*, A. Invaghirsi, *desiderio accendi*, P. *adamare*, A.
Invalidamente, *invalide*, avv.
Invalidare, render di non valore, *infirmo*, as, etc. A.
Invalidità, *invalentia*, æ, f.
Invalido, *invalidus*: *infirmus*, a, um, add.
Invalorire. V. Avvalorare.
Invanire. V. Insuperbire.
Invano, *frustra*, avv.
Invariabile, *immutabilis*, m. e f. e, n. add.
Invasare, per Assalire, V. per Invasellare, *in vas infundo*, is, di, sum, ĕre.
Invasato, *lymphatus*: *furiosus*, a, um, add.
Invasazione, *lymphatio*, ōnis, f.
Invasione, *incursus*, us, m. *aggressio*, ōnis, f.
Invecchiare, *senesco*, cis, cĕre, N.
Invecchiato, *senio confectus*, a, um.
Inveire, *invehor*, hĕris, ctus, hi, D.
Invelenire, *saevio*, is, ii, itum, īre, N.
Invelenito, irritato, *exasperatus*: *indignatus*, a, um, add.
Invendicato, *inultus*, a, um, add.
Inventare, *adinvenio*, ēnis, ēni, entum, entre, A. — scuse, *excusationes fingĕre*: — frodi, *fraudes componĕre*: — bugie, *mendacia comminisci*.

Inventario, *repertorium, ii*, n. *index, icis*, m.
Inventato, *adinventus, a, um*, add.
Inventore, inventatore, *inventor, oris*, m.
Inventrice, inventatrice, *inventrix, icis*, f.
Invenzione, *inventio, onis*, f. *inventum, i*, n.
Inverdire, *viresco, is, ere*, N.
Inverecondia, *impudentia, æ*, f.
Inverecondo, *inverecundus, a, um*, add.
Inverisimile, *improbabilis*, m. e f. *e*, n. add.
Inverisimilitudine, inverisimiglianza, *improbabilis res, ei*, f.
Inverisimilmente, *sine verisimilitudine*.
Inverminamento, *verminatio, onis*, f.
Invermire, inverminare, *vermino, as*, etc. N.
Inverminito, *verminosus, a, um*, add.
Invernata. V. Inverno.
Invernicare, inverniciare, *gummi illinere*.
Inverno, *hiems, hiemis*, f. d' inverno, *hiemalis*, m. e f. *e*, n. add. nel cuor dell' inverno, *summa hieme*.
Invero, *vere*, avv.
Inverso, *versus; erga*, prep. coll' acc. come participio, da invertere, *inversus, a, um*.
Invescare, coprire col vischio, *visco oblinere*, A.
Investigabile, che non si può investigare, *quod investigari non potest*.
Investigare, cercare, *investigo, as*, etc. A.
Investigatore, *investigator, oris*, m.
Investigatrice, *investigatrix, icis*, f.
Investigazione, *investigatio, onis*, f.
Investire, dare il dominio, *dominium trado, is, didi, ditum, ere*, A. per Assalire, V.
Investito, *in possessionem missus, a, um*, per Assalito, V.
Investitura, investimento, *dominium, ii*, n.
Inveterato, *inveteratus, a, um*, add.
Invetriata, *vitrea fenestra, æ*, f.
Invettiva, discorso in biasimo di alcuno, *invectio; objurgatio, onis*, f.
Inviamento, *directio, onis*, f. dare inviamento. V. Dirigere.
Inviare, *mitto, itis, si, ssum, ittere*, A. inviarsi, *in viam se dare*.
Inviato, *legatus, i*, m. *missus, a, um*, add.
Invidia, *invidia, æ*, f.
Invidiabile, *invidendus, a, um*, add.
Invidiare, *invideo, ides, idi, isum, idere*, N. farsi invidiare, *invidiam in se concitare*.
Invidiato, *invisus, a, um*, add. essere invidiato, *aliorum invidiam subire*, N.
Invidiosamente, *invidiose*, avv.
Invidioso, invido, invidiatore, *invidiosus, a, um*, add.
Invigilare, *invigilo, as*, etc. N.
Invigorire, *confirmo, as*, etc. per Acquistar vigore, *vires acquirere*.
Invigorito, *confirmatus; validus, a, um*, ad.
Invilire. V. Avvilire.
Inviluppare, *involvo, vis, vi, utum, vere*, A. invilupparsi, *se aliqua re impedire*.
Inviluppo, *involucrum, i*, n.
Invincibile, *invictus, a, um*, add.
Inviolabile, *inviolabilis*, m. e f. *e*, n.
Inviolabilmente, inviolatamente, *inviolate*, avv.
Inviolato, *inviolatus, a, um*, add.
Inviperire. V. Invelenire.
Inviscerarsi, *in viscera penetro, as*, etc. A.
Inviscerato, *visceribus hærens, entis*, c. add.
Invischiare, V. Invescare. — gli uccelli, *aves visco implicare*.
Invisibile, *invisibilis*, m. e f. *e*, n. add.
Invisibilmente, *invisibiliter*, avv.
Invitare, *invito, as*, etc. A. — a cena, *ad cœnam vocare*.
Invitatore, *invitator, oris*, m.
Invito, invitamento, *invitatus, us*, m. *invitatio, onis*, f.
Invitto. V. Invincibile.
Invocare, *invoco, as*, etc. A.
Invocatore, invocatrice, *invocans, antis*, c.
Invocazione, *invocatio, onis*, f.
Invogliare, *cupiditatem injicere, o, is, jeci, jectum*, A. invogliarsi, *cupio, is, ivi, itum, ere*, A.
Invogliato, *cupidus, a, um*, add.
Involare, *involo, as*, etc. A. involarsi, *se subtrahere*.
Involatore, involatrice, *fur, furis*, m.
Involgere, involvere, *involvo, vis, vi, utum, vere*, A.
Involgimento, *involutio, onis*, f.
Involontariamente, *invite*, avv.
Involontario, *involuntarius, a, um*, add.
Involture. V. Involgere.
Involtino, *parvum involucrum, i*, n.
Involto (sost.), *involucrum, i*, n. per Involtato, *involutus, a, um*, add.
Invulnerabile, *invulnerabilis*, m. e f. *e*, n.
Inzaccherato, *luto illitus, a, um*, add.
Inzavardare, imbrodolare, *fœdo, as*, A.
Inzeppamento, *concervatio, onis*, f.
Inzeppare, *concervo, as*, etc. A.
Inzotichire, divenir rozzo, *rusticum fieri*, N.
Inzuccherare, *saccharo condire, io, is*, A.
Inzuccherato, *sacchаro conditus, a, um*, add.
Inzuppamento, *immersio, onis*, f.
Inzuppare, *immergo, is, ersi, ersum*, A. inzupparsi, *madescere: madefacio, facis, feci, factum, facere*, A.
Inzuppato, *immersus, a, um*, add.
Io, *ego, mei*, c. io per me, *equidem: ego vero*: io stesso, *egomet*.
Iperbola, iperbole, figura rettorica esagerativa, *hyperbole, es*, f.
Iperbolicamente, *ultra fidem*, avv.
Iperbolico, *quod fidem excedit*.
Iperboreo, *hyperboreus, a, um*, add.
Iperdulia, culto della SS. Vergine, *hyperdulia, æ*, f.
Ipocondria, *tristitia, æ*, f.
Ipocondrico, ipocondriaco, *atrabile percitus; melancholicus, a, um*.
Ipocrisia, *virtutis simulatio, onis*, f.
Ipocrita, ipocrito, *probitatis simulator, oris*, m. per Finto, V.
Ipoteca, *hypotheca, æ*, f.
Ipotecare, *hypothecæ trado, is, didi, ditum, ere*, A.

Ipotesi, *hypothĕsis, is*, f.
Ipotetico, *hypothetĭcus, a, um*, add.
Ippopotamo, sorta di pesce, *hippopotămus, i*, m.
Ira, iracondia, *ira, æ*, f.
Iracondamente, *iracunde*, avv.
Iracondo, *iracundus, a, um*, add.
Irascibile, irascibilità. V. Iracondo, Ira, Iracondia.
Irato, *iratus, a, um*, add.
Irco, becco, *hircus, i*, m.
Ire. V. Andare.
Iride, *iris, irĭdis*, f.
Irondine. V. Rondine.
Ironia, *ironia, æ*, f.
Ironicamente, *ironĭce*, avv.
Ironico, *cum ironia loquens, entis*, c.
Irraggiamento, irradiazione, *radiatio, onis*, f.
Irraggiare, irradiare, *irradĭo, as*, etc. A.
Irragionevole, *irrationabĭlis*, m. e f. *e*, n.
Irragionevolezza, *irrationabilĭtas, ātis*: *amentĭa, æ*, f.
Irrazionale, irrazionabilità, V. Irragionevole, ec.
Irreconciliabile, *implacabĭlis*, m. e f. *e*, n.
Irrecuperabile, *quod amissum recipi non potest*.
Irrefragabile, che non si può confutare, *certissĭmus, a, um*, add. sup.
Irrefragabilmente. V. Indubitatamente.
Irrefrenabile, *effrēnis*, m. e f. *e*, n. add.
Irrefrenabilmente, *effrenate*, avv.
Irregolare, *exlex, ēgis*, c. *abnormis*, m. e f. *e*, n.
Irregolarità, *deformĭtas, ātis*, f.
Irregolarmente, *sine lege*, avv.
Irreligione, *impietas, atis*: *irreligio, ōnis*, f.
Irreligiosamente, *irreligiose*, avv.
Irreligiosità, *impiĕtas, ātis*, f.
Irreligioso, *irreligiosus, a, um*, add.
Irremeabile, che non si può ripassare, *irremeabĭlis*, m. e f. *e*, n. add.
Irremediabile, *irremediabĭlis*, m. e f. *e*, n.
Irremissibile, *inexpiabĭlis*, m. e f. *e*, n. add.
Irremissibilmente, *sine spe veniæ*, avv.
Irreparabile, *irreparabĭlis*, m. e f. *e*, n. add.
Irreparabilmente, *sine ullo remedio*, avv.
Irreprensibile, *irreprehensus, a, um*, add.
Irrepugnabile, *evĭdens, ēntis*, c. add.
Irrequieto, *irrequietus, a, um*, add.
Irresoluto, irrisoluto. V. Dubbioso.
Irresoluzione, *cunctatio, ōnis*, f.
Irretrattabile, *irrevocabĭlis*, m. e f. *e*, n.
Irreverente, e inreverente, *irrevĕrens, ēntis*, c. add.
Irreverentemente, *irreverenter*, avv.
Irreverenza, *irreverentia, æ*, f.
Irrevocabile, *irrevocabĭlis*, m. e f. *e*, n. add.
Irrevocabilmente, *irrevocabiliter*, avv.
Irridere. V. Burlare.
Irriflessibile, *inconsideratus, a, um*, add.
Irrigare, *irrĭgo, as*, etc. A.
Irrigazione, *irrigātio, ōnis*, f.
Irrigidire, inrigidire, *obrigēsco, gescis, gŭi, gescĕre*, N.
Irrigidito, *rigĭdus, a, um*, add.

Irriguo, che si annaffia, *irrigŭus, a, um*, add.
Irrimediabile. V. Irremediabile.
Irrisione. V. Derisione.
Irrisore, *irrīsor, ōris*, m.
Irritamento. V. Irritazione.
Irritare, *irrīto, as*, etc. A.
Irritativo, *irrĭtans, āntis*, c. add.
Irritatore, *irritātor, ōris*, m.
Irritazione, *irritatio, ōnis*, f.
Irrito, vano, nullo, *irrĭtus, a, um*, add.
Irriverente, irriverentemente, ec. V. Irreverente ec.
Irrorare, sparger di rugiada, *irrōro, as*, etc. A.
Irrugginire, *rubiginem contraho, is*, etc. A.
Irrugginito, *rubiginosus, a, um*, add.
Irruzione, *irruptio, ōnis*, f.
Irsuto, orrido, ruvido, *hirsūtus, a, um*, add.
Irto, che rizza le punte, *hirtus, a, um*, add.
Ischio, albero da ghianda, *æscŭlus, i*, m.
Isola, *insŭla, æ*, f.
Isolano, *insulæ incŏla, æ*, c.
Isolato, *separatus, a, um*, add.
Isoletta, *parva insŭla, æ*, f.
Isopo, erba, *hyssopus, i*, f. *hyssopum, i*, n.
Ispido, *hispĭdus, a, um*, add.
Ispirazione. V. Inspirazione.
Istantaneamente, *momento tempŏris*, avv.
Istante, istanza. V. Instante, ec.
Istigatore, *impulsor, ōris*, m.
Istinto. V. Instinto.
Istoria ec. V. Storia ec.
Istrice, *hystrix, ĭcis*, f.
Istrione, commediante, *histrio, ōnis*, m.
Istruire. V. Instruire.
Istrumento. V. Instrumento.
Istupidire. V. Instupidire.
Iterare, ripetere, *itĕro, as*, etc. A.
Iteratamente, *iterato*, avv.
Iterato, *iteratus, a, um*, add.
Iterazione, *iteratio, ōnis*, f.
Itinerario, descrizione d'un viaggio, *itinĕris descriptio, onis*, f.
Itterico, malato d'itterizia, *icterĭcus, a, um*, add.
Itterizia, *morbus regius, ii*, m. *fellis suffusio, onis*, f.
Ivi (per stato in luogo), *ibi*: (per moto a luogo), *illuc*: ivi entro, *ibi intus*, avv.

J

Jaculatoria (preghiera), *vehĕmens precandi formŭla, æ*, f.
Jambico e giambico, *iambĭcus, a, um*, add.
Jambo, giambo, sorta di verso, *iambus, i*, m.
Jattanza, *jactantia, æ*, f.
Jattura, danno, *jactura, æ*, f.
Jena, animale, *hyæna, æ*, f.
Jeri, *heri*: jer l'altro, avanti jeri, *nudius tertius*: jer mattina, *heri mane*: jeri sera, *heri vesperi*: jeri notte, *hesterna nocte*, avv. di jeri, *hesternus, a, um*, add.

Jota, nona lettera dell'alfabeto greco, *jota*, n. indecl.
Jugero, certa misura di terreno, *jugĕrum*, i, n.
Juniore, *junior*, ōris, c.

L

Là, *ibi*, *illic*: avv. di stato: *illuc*, *eo*, avv. di moto: di là, *illinc*: in là: per là, *illac*: qua e là, *huc et illuc*.
Labarda, *hasta*, æ, f.
Labbia, al sing. sta per faccia, *facies*, *ei*, f. per Labbra pl. V. Labbro.
Labbro, labio, *labrum*, i, n. *labium*, ii, n.
Labbrone, *labiosus*, a, um, add.
Labbruccio, labbruccinolo, *labellum*, i, n.
Laberinto, *labyrinthus*, i, m.
Labile, *labilis*, m. e f. e, n. add.
Laboriosamente, *laboriose*, avv.
Laborioso, *laboriosus*, a, um, add.
Lacca, colore, *purpurissum*, i, n. per Ripa, *ripa*, æ, f. V. anche Coscia.
Lacchè, *cursor*, oris, m.
Lacchetta, mestola a rete pel giuoco della palla, *reticulum*, i, n.
Laccio, *laqueus*, i, m. dar nei lacci, *laqueis irretiri*: — degli uccelli, *pedica*, æ, f.
Laceramento, lacerazione, *laceratio*, onis, f.
Lacerare, *lacĕro*, as, etc. A.
Lacero, *lacer*, a, um, add.
Laconicamente, concisamente, *breviter*, avv.
Laconico, *laconĭcus*, a, um, add.
Lacrima ec. V. Lagrima ec.
Lacuna, fosso d'acqua stagnante, *lacūna*, æ, f. *palus*, *palūdis*, f. per certo spazio lasciato vuoto nella scrittura, *spatium vacuum*: o, *intervallum*, i, n.
Laddove, là dove, *ubi*, avv.
Ladramente, *furacissime*, avv.
Ladro, ladra, *fur*, *furis*, c. *latro*, ōnis, m. — di mare, *pirāta*, æ, m. — del bestiame, *abactor*: — del tesoro pubblico, *peculator*, ōris, m.
Ladroncello, *latruncŭlus*, i, m.
Ladrone, *latro*, ōnis, m.
Ladroneccio, ladroneggio, *latrocinium*, ii, n.
Ladronesco, *furtīvus*, a, um, add.
Laggiù, *illic*, avv. di stato, *illuc*, avv. di moto.
Laghetto, *lacuscŭlus*, i, m.
Lagnarsi, *queror*, *rĕris*, *stus*, *ri*, D.
Lago, *lacus*, us, m.
Lagrima, *lacryma*, æ, f.
Lagrimabile. V. Lagrimevole.
Lagrimare, *lacrymo*, as, etc. N. *fleo*, es, *evi*, *tum*, *ēre*, A.
Lagrimato, *deflētus*, a, um, add.
Lagrimazione, *lacrymatio*, ōnis, f.
Lagrimetta, lagrimuzza, *lacrymŭla*, æ, f.
Lagrimevole, *lacrymabilis*, m. e f. e, n.
Lagrimosamente, *lacrymose*, avv.
Lagrimoso, *lacrymosus*, a, um, add.
Laguna. V. Lacuna.

Laico, *laicus*, i, m.
Laidamente, *fœde*: *turpiter*, avv.
Laidezza, *turpitūdo*, *inis*, f.
Laido, *fœdus*, a, um, add.
L'altr'ieri, *nudius tertius*, avv.
Lama, lungo piano, *planities*, ēi, f. per Piastra, *lamina*, æ, f.
Lambente, *lambens*, ēntis, c. add.
Lambiccamento, *stillicidium*, ii, n.
Lambiccare, *stillo*, as, etc. A. lambiccarsi il cervello, *ingenium torquēre*.
Lambiccato (sost.), quintessenza, *vis cibāno expressa*; come add. *distillatus*, a, um.
Lambicco, *cibānus*, i, m. *fornacula*, æ, f.
Lambire, *lambo*, is, *bi*, *ĕre*, A.
Lambrusca, vite salvatica, *labrusca*, æ, f.
Lamentabile, *lamentabilis*, m. e f. e, n. add.
Lamentabilmente, lamentevolmente, *flebiliter*, avv.
Lamentanza, lamentazione, *lamentatio*, ōnis, f.
Lamentarsi, *queror*, *erĕris*, *estus*, *eri*, D.
Lamentevole, *querŭlus*, a, um, add.
Lamento, *lamentum*, i, n.
Lametta, laminetta, *lamella*, æ, f.
Lampa, *lux*, *cis*, f.
Lampada, lampana, *lampăda*, æ, f. *lampas*, ădis, f.
Lampante, *splendidus*, a, um, add.
Lampeggiare, *fulgeo*, *ges*, *si*, *gēre*, N. *fulgurat*, ābat, imp.
Lampeggio, lampeggiamento, *coruscatio*, ōnis, f.
Lampo, *fulgur*, *gŭris*, n.
Lampreda, sorta di pesce, *muræna*, æ, f.
Lana, *lana*, æ, f. di lana, *laneus*, a, um, add. filatore di lana, *lanificus*, i: filar la lana, *lanam ducĕre*, o, is, *xi*, *ctum*, A.
Lanaiuolo, *lanārius*, ii, m.
Lance, bacino, *lanx*, *lancis*, f.
Lancetta, da cerusico, *scalprum chirurgicum*: — dell'oriuolo, *gnomon*, ŏnis, m.
Lancia, *lancĕa*, æ, f. per Soldato armato di lancia, *hastatus*, i, m. lancia spezzata, *stipator*, ōris, m. *satelles*, *itis*, m.
Lanciabile, *jaculabilis*, m. e f. e, n. add.
Lanciamento, *jaculatio*, ōnis, f.
Lanciare, *jacŭlor*, āris, *atus*, *ari*, D. *jacio*, *jacis*, *jeci*, *jactum*, *jacĕre*, A.
Lanciata, *hastæ ictus*, us, m.
Lanciato, *conjectus*, a, um, add.
Lanciatore, *jaculator*, ōris, m.
Lanciatrice, *jaculātrix*, īcis, f.
Lancio, *saltus*, us, m. di primo lancio, di lancio, *statim*, avv.
Languente, *languens*, ēntis, c.
Languidamente, *languide*, avv.
Languidetto, *languidŭlus*, a, um, add.
Languidezza, *languor*, ōris, m.
Languido, *languĭdus*, a, um, add.
Languire, *langueo*, *ues*, *ui*, *ēre*, N.
Languore, *languor*, ōris, m.
Lanigero, *laniger*, ĕra, ĕrum, add.
Lanificio, lanifizio, *lanificium*, ii, n.
Lanterna, *laterna*, æ, f.

Lanternetta, lanternino, *parva lanterna*, f.
Lanternone, *ingens laterna*, æ, f.
Lanugine, *lanūgo*, *inis*, f.
Lanuginoso, *lanuginosus*, a, um, add.
Lanuto, lanoso, *lanatus*, a, um, add.
Laonde, *quare* : *quamobrem*, cong.
Lapide, e lapide di sepoltura, *lapis*, *idis*, m. *sepulcrale saxum*, i, n.
Lapidare, *lapido*, *as*, etc. A.
Lapidato, *lapidibus obrutus*, a, um, add.
Lapidatore, *lapidātor*, *ōris*, m.
Lapidazione, *lapidatio*, *onis*, f.
Lapideo, *lapideus*, a, um, add.
Lapidoso, *lapidosus*, a, um, add.
Lapillo, *lapillus*, i, m.
Lapislazzaro, lapislazzoli, *sapphīrus*, i, f.
Lappola (erba), *lappa*, æ, f.
Laqueato, soffittato, *laqueatus*, a, um, add.
Lardare, *lardo condire*, A.
Lardo, *laridum* : *lardum*, i, n.
Largamente, *late*, avv. per Copiosamente, V.
Largheggiare, *large agĕre*, A.
Largheggiatore, *largitor*, *ōris*, m.
Larghetto, *latior*, m. e f. *us*, n. *ōris*, add.
Larghezza, *latitūdo*, *inis*, f. per Liberalità, *liberalitas*, *ātis*, f.
Largizione, *largitio*, *onis*, f.
Largo, *latitudo*, *inis*, f. sost.
Largo, *latus*, a, um, add. per Liberale, V. farsi largo, *viam sibi aperīre* : per Farsi stimare, *existimationem sibi conciliare* : far largo, *turbam submovēre*.
Largura. V. Largo, sost.
Lari, Dei familiari dei Gentili, *lares*, *ium*, m. plur.
Larice, sorta d'albero, *larix*, *icis*, f.
Larva, *larva*, æ, f.
Lasagna, *laganum*, i, n.
Lasciare, *relinquo*, *linquis*, *liqui*, *ictum*, *inquĕre* : *desĕro*, *is*, *ui*, *tum*, *ĕre*, A. — per Testamento, *lego*, *as*, etc. A. per Permettere, V. per Omettere, V.
Lascio, lascito, *legatum*, i, n.
Lascivamente, *lascive*, avv.
Lascivia, *lascivia*, æ, f.
Lascivo, *lascivus*, a, um, add.
Lassare. V. Stancare.
Lassezza, *lassitudo*, *inis*, f.
Lasso, *lassus*, a, um, add. lasso me! *me miserum!*
Lassù, *illic*, avv. di stato : *illuc*, avv. di moto.
Lastra, *lamina lapidĕa*, f.
Lastraiuolo, *laminarum lapidearum faber*, m.
Lastricare, *lapidibus sternĕre*.
Lastricato, lastrico (sost.), *pavimentum*, *lapidibus stratum*.
Lastricato (add.), *lapidibus stratus*, a, um.
Lastrone, *ingens lamina lapidea*.
Latente, che sta nascosto, *latens*, *entis*, e. add.
Laterale, *lateralis*, m. e f. e, n. add.
Lateralmente, *a latĕre*, avv.
Latinamente, *latine*, avv.

Latinità, *latinitas*, *ātis*, f.
Latinizzare, *reddere latine*.
Latino (sost.), *latinus sermo* : come add. *latinus*, a, um
Latitudine, *latitudo*, *inis*, f.
Lato, *latus*, *ĕris*, n. da lato, *a latĕre* : da ogni lato, *undique* : a lato, *juxta*, avv. per Spazioso, V.
Latore, portatore, *lator*, *ōris*, m.
Latrabile, *latrabilis*, m. e f. e, n. add.
Latramento, latrato, *latratus*, us, m.
Latrare, *latro*, *as*, etc. N.
Latratore, *latrātor*, *ōris*, m.
Latria, culto dovuto a Dio, *latria*, æ, f.
Latrina, *latrīna*, æ, f.
Latrocinio, *latrocinium*, ii, n.
Latta, *lamina e stanno*, *ferroque attenuata*.
Lattaio, *lactarius*, ii, m.
Lattare, *lacto*, *as*, etc. A.
Lattata, *lactĕa potio*.
Latte, *lac*, *lactis*, n.
Latteo, *lactĕus*, a, um, add.
Latticini, *cibi e lacte confecti*.
Lattuga, *lactūca*, æ, f.
Laudare, laude ec. V. Lodare lode ec.
Laurea, *laurĕa*, æ, f. dar la laurea, *laurĕa donare*.
Laureato, *laurĕa donatus* : *laureatus*, a, um, add.
Laureazione, *laurĕæ impositio*, f.
Laureo, *laurĕus*, a, um, add.
Laureola, *laureŏla*, æ, f.
Lauricomo, cinto la chioma di lauro, *lauricomus*, a, um, add.
Lauro, *laurus*, i, f.
Lautamente, *laute*, avv.
Lautezza, *lautitia*, æ, f.
Lauto, *lautus*, a, um, add.
Lavamento, *lavātio*, *onis*, f.
Lavanda, *lavatio*, æ.
Lavandaia, *purgātrix*, *icis*, f.
Lavandaio, *fullo*, *onis*, m.
Lavare, *lavo*, *as*, *vi*, *lotum*, vel *lautum*, vel *lavatum*, *āre*, A. dar da lavare, *aquam manibus dare*.
Lavatoio, lavacro, *lavācrum*, i, n.
Lavatura. V. Lavamento.
Laveggio, *cacăbus*, i, m. *lebes*, *ētis*, m.
Lavorante, *operarius*, ii, m.
Lavorare, *operor*, *aris*, *atus*, *ari*, D. — un campo, *agrum colĕre*.
Lavorativo, *cultui idoneus*, a, um, add.
Lavorato, *cultus* : *elaboratus*, a, um, add.
Lavoratore. V. Lavorante.
Lavoratrice, *operaria*, æ, f.
Lavoratura, *opificium*, ii, n.
Lavoretto, *opuscŭlum*, i, n.
Lavoro, lavorio, *opus*, *ĕris*, n.
Leale, *fidus*, a, um, add.
Lealmente, *fideliter*, avv.
Lealtà, *fides*, *ei*, f.
Leardo, color di cavallo misto, *scutulatus*, a, um, add.
Lebbra, *lepræ*, *arum*, f. pl.
Lebbroso, *leprosus*, a, um, add.
Lebete, caldaia, *lebes*, *ētis*, m.

Leccardo, goloso, *gulosus, a, um,* add.
Leccare, *lingo, gis, xi, ctum, gĕre,* A.
Leccato. V. Elegante.
Leccatura, leccamento, leccata, *linctus, us,* m.
Leccio, sorta d'albero, *ilex, ilicis,* f. di leccio, *iliceus, a, um,* add.
Leccone. V. Leccardo.
Lecitamente, *licite,* avv.
Lecito, *licitus, a, um,* add. è lecito, *licet,* Imp. sia lecito o no, *per fas et nefas.*
Lega, *fœdus, ĕris,* n. per Numero di miglia, *leuca, æ,* f. per Qualità di metallo della moneta, *nota, æ,* f.
Legaccio, legacciolo, *vinculum, i,* n.
Legale. V. Giurisperito: come add. *legālis,* m. e f. *e,* n.
Legalità, *legum norma, æ,* f.
Legalizzare, *ratum facio, is, feci, actum,* A.
Legalizzazione. V. Autenticazione.
Legalmente, *ad legis normam: jure,* avv.
Legame, legamento, *ligāmen, ĭnis,* n.
Legare, *ligo, as,* etc. A.
Legatario, chi riceve il legato, o lascito, *legatarius, a, um,* add.
Legato, *legatus, i,* m. per Lascito, *legatum, i,* n.
Legatore, *vinciens, entis,* c. add.
Legatura. V. Legame.
Legazione. V. Ambasceria.
Legge, *lex, legis,* f. per Ragione civile, *jus, juris,* n.
Leggenda, *narratiuncula, æ,* f.
Leggendaio, *narratiuncularum venditor, oris,* m.
Leggendario, *narratiuncularum volumen, ĭnis,* n.
Leggere, *lego, gis, gi, ctum, gĕre,* A. — spesso *lectito, as,* etc. A. — ad alta voce, *recito, as,* etc. A. — piano, *submisse legĕre:* — da capo a piedi, *perlegĕre:* — di soppiatto, *sublegĕre.*
Leggerezza, *levitas, ātis,* f.
Leggermente, *leviter,* avv.
Leggiadramente, *venuste,* avv.
Leggiadretto, *venustulus, a, um,* add.
Leggiadria, *elegantia, æ,* f.
Leggiadro, *elegans, antis,* c.
Leggibile, *legibilis,* m. e f. *e,* n. add.
Leggieramento. V. Leggermente.
Leggiere, leggiero, *levis,* m. e f. *e,* n. add.
Leggierezza. V. Leggerezza.
Leggieri. V. Leggiero: di leggieri, *facile.*
Leggitore, *lector, ōris,* m.
Leguminario, *leguminarius, a, um,* add.
Legione, *legio, ōnis,* f.
Legislativo, *leges ferens, entis,* c.
Legislatore, *legislator, ōris,* m.
Legislazione, *legum codex, icis,* m.
Legista, *jurisconsultus, i,* m.
Legittima, *pars legitima, æ,* f.
Legittimamente, *legitime,* avv.
Legittimare, *natalibus restituĕre,* A.
Legittimazione, *natalium restitutio, onis,* f.
Legittimo, *legitimus, a, um,* add.
Legna, *ligna, orum,* n. pl. far legna, *lignor, aris, atus, ari,* D. chi le fa, *lignator, ōris,* m.
Legnaggio, lignaggio, *genus, ĕris,* n.
Legnaia, luogo dove sta la legna, *lignaria cella, æ,* f.
Legnaiuolo, *faber lignarius, i,* m.
Legname, *ligna, orum,* n. pl.
Legnata, *baculi ictus, us,* m.
Legnerello, legnetto, *exiguum lignum, i,* n.
Legno, *lignum, i,* n. per Naviglio, *navis, is,* f.
Legnoso, *lignosus, a, um,* add.
Legume, *legūmen, ĭnis,* n.
Lembo, *limbus, i,* m. *ora, æ,* f.
Lemma, termine di geometria, *lemma, ătis,* n.
Lena, *robur, ŏris,* n. *vis, vis,* f.
Lene, piacevole, *lenis,* m. e f. *e,* n. add.
Lenimento, *lenimentum, i,* n.
Lenitivo, *leniens, entis,* c.
Lenocinio, allettamento, *lenocinium, ii,* n.
Lentamente, *lente,* avv.
Lente, lenticchia, *lens, lentis,* c.
Lentezza, lentore, *lentitudo, ĭnis,* f.
Lento, *lentus, a, um: piger, ra, um,* add.
Lenzuolo, *linteum, i,* n.
Leone, *leo, leōnis,* m.
Leonessa, *leæna, æ,* f.
Leonino, leonesco, *leoninus, a, um,* add.
Leopardo, *leopardus, i,* m.
Lepidamente, *lepide,* avv.
Lepidezza. V. Facezia.
Lepido, *lepidus, a, um,* add.
Lepore, *lepor, ōris,* m.
Lepratto, lepricciuola, *lepusculus, i,* m.
Lepre, *lepus, ŏris,* m.
Leprino, di lepre, *leporinus, a, um,* add.
Lesina, *subula, æ,* f.
Lesione, *læsio, ōnis,* f.
Leso, *læsus, a, um,* add.
Lessare, *elixo, as,* etc. A.
Lessato, *elixus, a, um,* add.
Lessico. V. Dizionario.
Lesso, *elixa caro, nis,* f. *elixus, a, um,* add.
Lestamente, *celeriter,* avv.
Lesto, presto, *expeditus: promptus, a, um.* per Accorto, destro, *callidus, a, um,* add.
Letale, mortale, *lethalis,* m. e f. *e,* n. add.
Letamaio, *sterquilinium, ii,* vel *sterculinium, ii,* n.
Letamare, *stercoro, as, avi, atum, are,* A.
Letame, *letamen, ĭnis,* n. *fimus, i,* m. vel *fimum, i,* n.
Letanie, litanie, *supplicationes, um,* f. pl.
Letargico, *lethargicus, a, um,* add.
Letargo, *lethargus, i,* m. chi ha il letargo, *veternosus, a, um,* add.
Letificante, *lætificans, antis,* c. add.
Letificare, *lætifico, as,* etc. A.
Letizia, *lætitia, æ,* f.
Lettera, *littera, æ,* f. per Epistola, *epistola, æ,* — di raccomandazione, *commendatitia, æ,* f. lettere, per scienze, *litteræ, arum,* f. pl. le belle lettere, *humaniores litteræ, arum,* f. pl.
Letterale, *litteralis,* m. e f. *e,* n. add.

Letteralmente, *ad litteram*, avv.
Letterario, *litterarius, a, um*, add.
Letterato, *eruditus, a, um*, add.
Letteratura, *litteratura, æ*, f.
Letterina, letteruccia, *litterula, æ*, f.
Letticello, letticciuolo, *lectulus, i*, m.
Lettiera, il legname del letto, *fulcrum lecti, i*, n.
Lettiga, *lectica, æ*, f.
Lettighetta, *lecticula, æ*, f.
Lettighiere, *lecticarius, ii*, m.
Letto, *lectus : torus, i*, m. *cubile, is*, n. — del fiume, *alveus, i*, m.
Letto, *lectus, a, um*, add.
Lettorato, uno degli ordini sacri, *lectoratus, us*, m.
Lettore, *lector, ōris*, m. — delle scienze, *professor, ōris*, m.
Letticcio, *lectulus, i*, m.
Lettura, *lectio, ōnis*, f.
Leuto. V. Liuto.
Leva, *vectis, is*, m. dar la leva, *evellĕre* : per iscrizione di soldati, *militum delectus, us*, m.
Levante, *oriens, ĕntis* : *ortus, us*, m. per Vento di levante, *eurus, i*, m. per Nascente, *oriens, ĕntis*, c. add.
Levare, alzare, *tollo, is, sustŭli, sublatum, ĕre*, A. per Togliere, V. per Rinunziare, V. — soldati, *militum delectum habēre* : le tende, *movēre castra* : — di mano, *extorquēre*, A. levarsi, *surgĕre*, N. per Uscir del letto, *de lecto surgĕre*.
Levata, *ortus, us*, m.
Levatoio (ponte), *pons versatilis, ontis*, m.
Levatrice, *obstĕtrix, īcis*, f.
Levigare, *levīgo, as*, etc. A.
Levigazione, *levīgatio, ōnis*, f.
Levriera, *leporina canis, is*, f.
Levriere, *leporinus canis, is*, m.
Lezione. V. Lettera : per insegnamento, *lectio, ōnis*, f.
Lezzo, *fœtor, ōris*, m.
Lezzoso, *graveolens, ĕntis*, c. add.
Lì, *ibi, illic*, avv. di stato : *illuc*, avv. di moto.
Libare, gustar leggermente, *libo, as*, A.
Libazione, *libatio, ōnis*, f.
Libbra, *libra, æ*, f. mezza libbra, *selibra, æ* : di libbra, *libralis*, m. e f. *e*, n. di due, tre, quattro ec. libbre, *bilibris, trilibris, quadrilibris*, etc. per Bilancia, V.
Libeccio, vento d'Affrica, *africus, i* : *notus, i*, m.
Libello, *libellus, i*, m.
Liberale, *liberalis*, m. e f. *e*, n. add. *munifĭcus, a, um*, add.
Liberalità, *liberalĭtas, ātis*, f.
Liberalmente, *liberalĭter*, avv.
Liberamente, *libĕre*, avv.
Liberare, *libĕro, as*, etc. A.
Liberatore, *liberātor, ōris*, m.
Liberatrice, *servātrix, īcis*, f.
Liberazione, *liberātio, ōnis*, f.

Libercolo. V. Libello.
Libero, liberato, *liber, ĕra, um* : *solutus, a, um*, add.
Libertà, *libertas, ātis*, f.
Libertinaggio, *licentia, æ*, f.
Libertino, figlio d'un servo affrancato, *libertīnus, i*, m. per Dissoluto, *dissolutus* : *perditus, a, um*, add.
Liberto, servo affrancato, *libertus, i*, m.
Libidine, appetito disordinato, *libīdo, ĭnis*, f.
Libidinosamente, *libidinose*, avv.
Libidinoso, *libidinosus, a, um*, add.
Libra, segno celeste, *libra, æ*, f. V. Libbra.
Libraccio, *malus liber, ri*, m.
Libraio, *bibliopōla, æ*, m. *librarius, ii*, m.
Libramento. V. Librazione.
Librare, pesare, *libro* : *pondĕro, as*, etc. A
Librazione, *libramentum, i*, n.
Libreria, *bibliotheca, æ*, f.
Libretto, libriccino ec. V. Libello.
Libro, *liber, ri*, m. — di memoria, *commentaria, orum*, n. pl. — dell'entrate, o uscite dei conti, *accepti et expensi tabulæ*, f. pl. legarli, *libros compingĕre*.
Licenza, *venia, æ*, f. *facultas, ātis*, f. per Licenza di costumi, *licentia, æ*, f.
Licenziamento, *dimissio, ōnis*, f.
Licenziare, *dimitto, ttis, si, ssum, ttĕre*, A. per Dar permissione, *veniam dare* : licenziarsi, *vale dicĕre*.
Licenziosamente, *licenter*, avv.
Licenzioso, *licentiosus, a, um*. add.
Liceo, *lycēum, i*, n. *gymnasium, ii*, n.
Lido, *litus, ŏris*, n.
Lietamente, *læte*, avv.
Lieto, *hilaris*, m. e f. *e*, n.
Lieva. V. Leva.
Lieve, *levis*, m. e f. *e*, n. add.
Lievemente, *levĭter*, avv.
Lievità. V. Leggerezza.
Lievitare, *fermento, as*, etc. N. *fermentor, āris*, etc. D.
Lievito, *fermentum, i*, n.
Lignaggio, *genus, ĕris*, n.
Ligneo, *ligneus, a, um*, add.
Ligustro, *ligustrum, i*, n.
Lima, *lima, æ*, f.
Limaccio, *lutum, i*, n.
Limaccioso, *limosus, a, um*, add.
Limare, *limo, as*, etc. A. — una composizione, *lucubrationem perpolīre*.
Limato, *limatus* : *perpolītus, a, um*, add.
Limatura, *scobis, is*, f.
Limbo, *limbus, i*, m.
Limitare (sost.), *limen, ĭnis*, n.
Limitare (verbo), *limito, as*, etc. A. *circumscribĕre*.
Limitatamente, *circumscripte*, avv.
Limitato, *circumscriptus, a, um*, add.
Limitazione, *limitatio, ōnis*, f.
Limite, *limes, ĭtis* : *finis, is*, m.
Limo, fango, *limus, i*, m.
Limoncello, limoncino, *exiguum malum medicum*, i, n.

Limone (albero), *malus medica*, *i*, *æ*, f. (frutto) *malum medicum*, *i*, n.
Limonèa, *potio citrea*, *onis*, *æ*, f.
Limosina ec. V. Elemosina ec.
Limosinare, *mendico*, *as*, etc. A. *mendicor*, *āris*, *ātus*, *āri*, D. per Dare, fare limosina, *stipem erogare*.
Limosinaio, *mendicatus*, *a*, *um*, add.
Limoso, fangoso, *limosus*, *a*, *um*, add.
Limpidezza, limpidità, *perspicuitas*, *ātis*, f. *limpitudo*, *inis*, f.
Limpido, *limpidus*, *a*, *um*, add.
Linaiuolo, *linarius*, *ii*, m.
Lince, lupo cerviero, *lynx*, *cis*, c.
Linceo, *lynceus*, *a*, *um*, add.
Lindamente, *eleganter*, avv.
Lindo, *elegans*, *āntis*, add.
Lindura, lindezza, *elegantia*, *æ*, f.
Linea, *linea*, *æ*, f. per Lignaggio, V.
Lineamento, disposizione di linee, *lineamentum*, *i*, n. lineamenti, per Fattezze, V.
Lineare (verbo), *lineo*, *as*, etc. A. come add. *linearis*, m. e f. *e*, n.
Lineato, *lineatus*, *a*, *um*, add.
Linetta, *lineŭla*, *æ*, f.
Linfa, acqua, *lympha*, *æ*, f.
Linfatico, *lymphaticus*, *a*, *um*, add.
Lingua, *lingua*, *æ*, f. di due lingue, *bilinguis*: — della bilancia, *examen*, *inis*, n.
Linguaccia, *mala lingua*, *æ*, f.
Linguacciuto, *linguax*, *ācis*, c.
Linguaggio, *lingua*, *æ*, f. — natio, *sermo vernaculus*: — forestiero, *peregrinus*, m.
Linguetta, *lingula*, vel *ligula*, *æ*, f.
Linguettare, *balbutio*, *īs*, *ivi*, *itum*, *ire*, N.
Lino, *linum*, *i*, n. di lino, *lineus*, *a*, *um*, add.
Liocorno, sorta di animale, *monocĕros*, *ōtis*, m.
Lionato, *rufus*, *a*, *um*, add.
Lione ec. V. Leone ec.
Liofante. V. Elefante.
Liopardo. V. Leopardo.
Lippo, cisposo, *lippus*, *i*, m.: esser lippo, *lippio*, *is*, *ivi*, *itum*, *ire*, N.
Liquefare, *liquefacio*, *acis*, *ēci*, *actum*, *acĕre*, A. liquefarsi, *liquesco*, *is*, *ĕre*, N.
Liquefazione, *liquatio*, *ōnis*, f.
Liquidamente, *liquide*, avv.
Liquidare, far divenir liquido, *liquare*, A. per Far chiaro, *purgare*: *manifestum facĕre*.
Liquido, *liquidus*, *a*, *um*, add.
Liquirizia, *glycyrrhiza*, *æ*, f.
Liquore, *liquor*, *ōris*, m.
Lira, *lyra*, *æ*, f. sonator di lira, *fidicen*, *inis*, m. (moneta), *libra*, *æ*, f.
Lirico, *lyricus*, *a*, *um*, add.
Lisca, del lino, *festuca*, *æ*: — del pesce, *spina*, *æ*, f.
Lisciamento, *expolitio*: *lævigatio*, *ōnis*, f.
Lisciare, *lævigo*, vel *levigo*, *as*, etc. A. per Mettere il liscio, *fuco*, *as*, etc. A. per Adulare, V.

Lisciatura. V. Lisciamento.
Liscio, belletto, *fucus*, *i*, m.
Liscio (sost.), *lævor*, vel *levor*, *ōris*, m. come add. *levigatus*, *a*, *um*.
Lisciva, *lixivium*, *ii*, n.
Lista, striscia, *vitta*: *tænia*, *æ*, f. per Catalogo, V. per Fila, *series*, *ēi*, f. — della veste, *limbus*, *i*, m.
Litanie. V. Letanie.
Lite, *lis*, *litis*, f.
Litigare, *litigo*, *as*, etc. A. *disceptio*, *as*, N.
Litigato, *disceptatus*, *a*, *um*, add.
Litigatore, *litigator*, *ōris*, m.
Litigio, *litigium*, *ii*, n. *altercatio*, *onis*, f.
Litigioso, *litigiosus*, *a*, *um*, add.
Lito. V. Lido.
Littorale, litorale, *litoralis*, m. e f. *e*, n. *litoreus*, *a*, *um*, add.
Littore, *lictor*, *ōris*, m.
Litura, scancellatura, *litura*, *æ*, f.
Liturgia, *supplicatio*, *ōnis*, f.
Liuto, *testudo*, *inis*, per Barca, *cymba*, *æ*, f.
Livella. V. Archipenzolo.
Livellare, *ad libellam exigĕre*, A.
Livello, *pensio*, *ōnis*, f. per Piano, *planum*, *i*, n.
Livido (sost.), lividore, lividezza, *livor*, *ōris*, m.
Livido, *lividus*, *a*, *um*, add.
Livore, *livor*, *ōris*, m. *invidia*, *æ*, f.
Livrea, *vestis familiaris*, *is*, f.
Lizza, riparo, *septum*, *i*, n.
Lobo, particella del fegato o del polmone, *lobus*, *i*, m.
Locale, di luogo, *localis*, m. e f. *e*, n. add.
Localmente, *localiter*, avv.
Locanda, *diversorium*, *ii*, n.
Locandiere, *caupo*, *ōnis*, m.
Loco, *locus*, *i*, m.
Locazione, *locatio*, *ōnis*, f.
Locusta, *locusta*, *æ*, f.
Locuzione, *locutio*, *ōnis*, f.
Loda. V. Lode.
Lodare, *laudo*, *as*, etc. A. lodarsi, *glorior*, *āris*, *ātus*, *āri*, D.
Lodatore, *laudātor*, *ōris*, m.
Lodatrice, *laudātrix*, *īcis*, f.
Lode, *laus*, *laudis*: *laudātio*, *ōnis*, f.
Lodevole, *laudabilis*, m. e f. *e*, n. add.
Lodevolmente, *laudabiliter*, avv.
Lodola, *alauda*, *æ*, f.
Lodoletta, *parva alauda*, *æ*, f.
Loggetta, *porticula*, *æ*, f.
Loggia, *pergula*, *æ*, f. *porticus*, *us*, m. — al sole, *solarium*, *ii*, n. — scoperta, *deambulatio subdialis*: — da passeggiare, *ambulacrum*, *i*, n.
Logica, *logica*, *æ*, f.
Logicale, *dialecticus*, *a*, *um*, add.
Loglio, *lolium*, *ii*, n.
Loglioso, *lolio mixtus*, *a*, *um*, add.
Logorare, *tero*: *contĕro*, *ĕris*, *trivi*, *tritum*, *erĕre*, A.
Logorato, logoro, *tritus*, *a*, *um*, add.
Logoratore, *tritor*, *ōris*, m.
Lombo, *lumbus*, *i*, m.

Lombrico, *lombricus*, i, m.
Longanimità, sofferenza, *patientia*, æ, f.
Longanimo, *patiens*, ĕntis, add.
Longitudine, *longitūdo*, ĭnis, f.
Lontananza, *longinquitas*, ātis, f.
Lontano, *longinquus*, a, um: *absens*, ĕntis, c. *remotus*, a, um: esser lontano, *disto*, as, etc. N. per Alieno, *alienus*, a, um: lontano, di lontano, da lontano, *procul*: *longe*: *eminus*, avv.
Loquace, *loquax*, ācis, c.
Loquacemente, *loquacĭter*, avv.
Loquacità, *loquacĭtas*, ātis, f.
Loquela, *loquēla*, æ, f.
Lordamente, *fœde*, avv.
Lordare, *inquĭno*: *fœdo*, as, etc. A.
Lordo, *turbĭdus*, a, um, add.
Lordura, lordezza, *sordes*, is, f.
Lorica, corazza, *lorīca*, æ, f.
Loricato, *loricatus*, a, um, add.
Losco, privo d'un occhio, *luscus*, a, um: per Chi ha vista corta, *luscĭŏsus*, a, um, add.
Loto, fango, *lutum*, i, n. di loto, *lutulentus*, a, um, add.
Lotoso, *lutosus*, a, um, add.
Lotta, *luctātio*, ōnis, f.
Lottare, *luctor*, āris, ātus, āri, D.
Lottatore, *luctātor*, ōris, m.
Lotto, *alea*, æ: *sortitio*, ōnis, f.
Lubricità, lubrichezza, *fluens et liquida alvus*, i, f.
Lubrico, *lubrĭcus*, a, um, add.
Lucchetto, specie di serrame, *pensĭlis sera*, æ, f.
Lucciare, *venĭlĭco*, as, āre, N.
Luccio, *lucius*, ii, m.
Lucciola, *cicindēla*, æ, f.
Luce, *lux*, *lucis*, f. — degli occhi, *pupilla*, æ, f. dare alla luce, *in lucem edĕre*: venire alla luce, *in lucem prodire*.
Lucere, lucente. V. Risplendere ec.
Lucerna, *lucerna*, æ, f.
Lucerniere, *lychnūchus*, i, m.
Lucerta, lucertola, *lacertus*, i, m. *lacerta*, æ, f.
Lucherino (uccello), *acanthis*, ĭdis, f.
Lucidamente, *lucĭde*, avv.
Lucidare, *illustro*, as, etc. A.
Lucidazione, *illustratio*, ōnis, f.
Lucidezza, *splendor*, ōris, m.
Lucido, *lucĭdus*, a, um, add.
Lucifero, stella, *lucĭfer*, ĕri, m.
Lucignolo, *ellychnĭum*, ii, n.
Lucrare, lucrato. V. Guadagnare ec.
Lucrosamente, *cum lucro*, avv.
Lucroso, *lucrosus*, a, um, add.
Lucubrato, fatto a lume di lucerna, elaborato, *lucubratus*, a, um, add.
Ludibrio, *ludibrĭum*, ii, n.
Lue, peste, *lues*, is, f.
Luglio, *julius*, ii, m.
Lugubre, *lugŭbris*, m. e f. e, n. add.
Luì (uccelletto). V. Forasiepe.
Lumaca, *limax*, ācis, m. e f. *cochlĕa*, æ, f. fatto a lumaca, *in morem cochleæ retortus*, a, um, add.

Lume, *lumen*, ĭnis, n. per Occhio. V.
Lumeggiare (termine di pittura), *illumināre*. A.
Lumicino, *ignicŭlus*, i, m.
Lumiera, *fax*, *facis*, f.
Luminare, *lumen*, ĭnis, n.
Luminoso, *luminosus*, a, um, add.
Luna, *luna*, æ, f. — crescente, calante, *luna crescens*, *decrescens*: — nuova, *nova luna*: — piena, *plenilunium*, ii, n. primo, secondo, terzo, ultimo quarto, *luna curvata in cornua*: *facie dimidia*: *sinuata in orbem*: *unuissima*.
Lunare, *lunaris*, m. e f. e, n. add.
Lunario, *lunaris liber*, m. *ephemĕris*, ĭdis, f.
Lunarista, *ephemerĭdum auctor*, oris, m.
Lunatico, *lunatĭcus*, a, um, add.
Lunato, di forma curva, *lunatus*, a, um, add.
Lunedì, *dies lunæ*.
Lunetta, *lunŭla*, æ, f.
Lungamente, *diu multumque*: *prolixe*, avv.
Lunge, lungi. V. Lontano, avv.
Lunghesso, *secundum*: *juxta*: *secus*, prep. coll'accus.
Lunghetto, *longŭlus*, a, um, add.
Lunghezza, *longitudo*, ĭnis, f. — di tempo, *diuturnĭtas*, ātis, f.
Lungi, da lungi. V. Lontano, avv.
Lungo, *longus*, a, um, add. al più lungo, *ad summum*: di gran lunga, *longe*, avv.
Lughicciuolo, luoghetto, *locŭlus*, i, m.
Luogo, *locus*, i, m. *loci et loca*, *locorum*, pl. — frequentato, *locus frequens*: in qualsiasi luogo, *ubicumque*: (col moto), *quocumque*: nell'uno, e nell'altro luogo, *utrobique*: (col moto), *utroque*: nè nell'uno, nè nell'altro luogo, *neutrubi*: (col moto), *neutro*: da qual luogo mai? *unde*? dal medesimo luogo, *indidem*: da quel luogo, *illinc*: in qualche luogo (stato), *alicubi*: a qualche luogo (moto), *aliquo*: *quopiam*: Da qualche luogo, *alicunde*: da altro luogo, *aliunde*: in nessun luogo, *nusquam*: in ogni luogo, *ubique*: (di moto), *quocumque*: a qual luogo? (stato), *ubinam*? avverbi: far luogo, *viam facĕre*: mettere in luogo di uno, *aliquem alteri suffĭcĕre*: in luogo tuo, *pro te*: in luogo di padre, di madre, *loco patris*, *matris*.
Luogotenente, *vicem gerens*, ĕntis, c.
Luogotenenza, *vicaria potestas*, ātis, f.
Lupa, *lupa*, æ, f.
Lupanare, bordello, *lupānar*, āris, n.
Lupino, specie di biada, *lupīnus*, i, m. *lupinum*, i, n.
Lupo, *lupus*, i, m. di lupo, *lupīnus*, a, um, add.
Lurcone, goloso, *lurco*, ōnis, m.
Lurido, *squalĭdus*, a, um, add.
Lusinga, *blanditiæ*, ārum, f. pl.
Lusingare, *blandior*, īris, ītus, īri, D.
Lusingato, *illectus*, a, um, add.
Lusingatore, *assentātor*, ōris, m.
Lusingatrice, *assentatrix*, īcis, f.

Lusinghevole, *blandus, a, um*, add.
Lusinghevolmente, *blande*, avv.
Lusinghiere. V. Lusingatore.
Lusso, *luxus, us*, m.
Lussureggiare, lussuriare, *luxurior, āris, ātus, āri*, D. *luxurio, as*, etc. N.
Lussuria, *luxuria, æ*, f.
Lussuriosamente, *luxuriose*, avv.
Lussurioso, *luxuriosus, a, um*, add.
Lustrale, *lustralis*, m. e f. *e*, n. add.
Lustrare. V. Illustrare: per Pulire, *polio, is, īvi, ītum, īre*, A.
Lustratore, *polliens, ēntis*, c.
Lustrazione, *lustrātio, ōnis*, f.
Lustro, splendore, *nitor, ōris: splendor, ōris*, m. per Lo spazio di cinque anni, *lustrum, i*, n.
Lustro (add.), *nitens, ēntis*, c.
Lutto, *luctus, us*, m. veste da lutto, *vestis lugūbris, is*, f.
Luttuosamente, *luctuose*, avv.
Luttoso, *luctuosus, a, um*, add.
Lutulento, fangoso, *lutulentus, a, um*, add.

M

Ma, *sed, verum, ast, at*: cong. ma se, *sin autem*: ma se non, *sin minus*: ma che? *sed quid*? ma non, *non item*.
Macca. V. Abbondanza.
Maccheroni, *pastillus, i*, m.
Macchia, *macŭla, æ*, f. per Infamia, V. per Bosco folto, *dumētum, i*, n.
Macchiare, *macŭlo, as*, etc. *inquinare*, A.
Macchietta, *labecŭla, æ*. f.
Macchina, *machĭna, æ*, f. per Mole, *moles, is*, f. — da guerra, *tormentum bellicum, i*, n.
Macchinale, *machinalis*, m. e f. *e*, n. add.
Macchinamento. V. Macchinazione.
Macchinare, *machĭnor, āris, ātus, āri*: *molior, īris, ītus, īri*, D.
Macchinatore, *machinātor, ōris*, m.
Macchinatrice, *machinātrix, īcis*, f.
Macchinazione, *machinātio, ōnis*, f.
Macchinista, *machinārum artifex, ĭcis*, m.
Macellaio, *lanius, ii*, m.
Macellamento, *laniātio, ōnis*, f.
Macello, *macellum, i*, n. per Uccisione, *laniēna, æ*, f.
Macerare, *macĕro, as*, etc. A. — il corpo con digiuno, *corpus inedia conficĕre*, A.
Macerato, *subactus, a, um*, add.
Macerazione, *macerātio, ōnis*, f.
Maceria, ammasso di rottami, *maceria, æ*, f.
Macero. V. Macerato.
Macigno, *scopŭlus, i*, m. *cautes, is*, f.
Macilento, macilento, *macilentus, a, um*, add.
Macilenza, *macies, ēi*, f.
Macina, macina, *mola, æ*, f. — a mano, *mola trusatĭlis*: — a vento, *versatĭlis*.
Macinare, *molo, is, ui, ĭtum, ĕre*, A.
Macinatore, *molĭtor, ōris*, m.
Macinatura, macinamento, macinazione, *molitūra, æ*, f. *tritus, us*, m.

Macinello, *parva mola, æ*, f.
Macula, maculare. V. Macchia, macchiare.
Maculato, *maculosus, a, um*, add.
Madonna, *domĭna, æ*, f. per La SS. Vergine, *Deipăra, æ*: *Dei mater, ris*, f.
Madre, *mater, tris*: *genitrix, īcis*, f.
Madreperla, *concha, æ*, f.
Madreselva (sorta di pianta), *periclymĕnos, i*, f.
Madrigale, sorta di poesia pastorale, *epigrămma, ătis*, n.
Madrigaletto, *epigrammation, ii*, n.
Maestà, *majestas, ātis*, f.
Maestosamente, *cum majestate*, avv.
Maestoso, maestevole, *gravis*, m. e f. *e*, n. *majestate praeditus, a, um*, add.
Maestra, *magistra, æ*, f.
Maestrale (vento tra occidente e settentrione), *caurus, corus, i*, m.
Maestranza, *artificium, ii*, n. *manus, us*, f.
Maestrevole, *artificiosus, a, um*, add.
Maestrevolmente, *artificiose, affabre*, avv.
Maestria, *artificium, ii*, n.
Maestro (sost.), *magister, ri*: *præcĕptor, ōris*, m. — di scuola, *ludi magister*: — di camera, *præfectus cubicŭli*: — di campo, *tribunus militum*: — di rettorica, *rhetor, ŏris*, m. per Vento maestro, V. Maestrale.
Maestro (add.), *peritus, a, um*. strada maestra, *via regia, æ*, f. penne maestre, *majores pennæ*, f. pl.
Maga, *saga, æ*, f.
Magagna, *vitium, ii*, n.
Magagnare, *vitio, as*, etc. A.
Magazzino, *cella promptuaria, æ*, f. — di biade, *horrĕum, i*, n.
Maggese, maggiatica, campo lasciato sodo per seminarvi l'anno dopo, *novalis*, m. e f. *e*, n.
Maggio, *majus, i*, m.
Maggioranza, *primatus, us*, m.
Maggiordomo, *domus præfectus, i*, m.
Maggiore, *major*, m. e f. *majus*, n. *ōris*: fratel maggiore, *frater natu major*.
Maggiormente, *multo magis*, avv.
Magia, *ars magĭca, artis, æ*, f.
Magicamente, *magicis artĭbus*, avv.
Magico, magicale, *magĭcus, a, um*, add.
Magione, *domicilium, ii*, n.
Magistero, *magisterium, ii*, n.
Magistrale, *magistralis*, m. e f. *e*, n. add.
Magistralmente, *sapienter*, avv.
Magistrato, *magistratus, us*, m. essere in magistrato, *magistratum gerĕre*: entrare in magistrato, *magistratum inire*.
Magistratura. V. Magistrato.
Maglia, di rete, *macula, æ*, f. — di giaco, *hamus, i*, m. fatto a maglie, *hamis consertus, a, um*, add.
Maglio, specie di martello, *mallĕus, i*, m. per Strumento da giocare, *clava lusoria, æ*, f.
Magliuolo, *mallĕŏlus, i*, m.
Magnanimamente, *excelso animo*, avv.
Magnanimità, *magnanimitas, ātis*, f.

Magnanimo, *magnanĭmus*, *a*, *um*, add.
Magneto. V. Calamita.
Magnificamente, *magnifĭce*, avv.
Magnificare, *magnifĭco*, *as*, etc. A.
Magnificato, *elatus*, *a*, *um*, add.
Magnificenza, *magnificentia*, *æ*, f.
Magnifico, magnificente, *magnifĭcus*, *a*, *um*, add.
Magniloquenza, *magniloquentia*, *æ*, f.
Magno, *magnus*, *a*, *um*, add.
Mago, *magus*, *i*, m.
Magramente, *jejūne*: *exilĭter*, avv.
Magretto, *macellus*, *a*, *um*, add.
Magrezza, *macies*, *ēi*, f.
Magro, *macer*, *cra*, *crum*: divenir magro, *macrescĕre*, N.
Mai, alcuna volta, *unquam*: non mai, *nunquam*: mai sempre, *semper*: mai no, *minime gentium*, avv.
Maiale, porco giovane castrato, *majālis*, *is*, m.
Maiolica, *argilla*, *æ*, f.
Maiorana (erba), *amarăcus*, *i*, m.
Maiorasco, *hæreditas quæ ad majorem natu pertinet*, *ātis*, f.
Maiuscolo, *majuscŭlus*, *a*, *um*, add.
Malacconcio. V. Disacconcio.
Malaccorto, *incautus*, *a*, *um*, add.
Malacreanza, *rusticĭtas*, *ātis*, f.
Malagevole, *diffĭcĭlis*, m. e f. *e*, n. add.
Malagevolezza, *difficultas*, *ātis*, f.
Malagevolmente, *difficile*, avv.
Malagiato, *inops*, *inŏpis*, c. add.
Malaugurato, *infaustus*, *a*, *um*: per Scellerato, *scelestus*: *improbus*, *a*, *um*, add.
Malaugurio, *malum omen*, *ĭnis*, n.
Malamente, *male*, avv.
Malandare, *in summum discrimen adduci*, P.
Malandato, *perdĭtus*, *a*, *um*, add.
Malandrino, *latro*, *ōnis*, m.
Malanno, *malum*, *i*, n. *infortunium*, *ii*, n.
Malarrivato, *miser*, *a*, *um*, add.
Malaticcio, *infirmus*: *valetudinarius*, *a*, *um*, add.
Malattia, *morbus*, *i*, m.
Malaventura, *infortunium*, *ii*, n.
Malavventurato, *infēlix*, *īcis*, c.
Malavventurosamente, *infelicĭter*, avv.
Malconcio, *male mulctatus*, *a*, *um*, add.
Malconsigliato, *incautus*, *a*, *um*, add.
Malcontento, *tristis*, m. e f. *e*, n. add.
Malcostumato, *male moratus*, *a*, *um*, add.
Malcreato, *inurbanus*, *a*, *um*, add.
Maldicente, *maledĭcus*, *a*, *um*, add.
Maldicenza, *obtrectatio*, *ōnis*, f.
Maldisposto, *male affectus*, *a*, *um*, add.
Male, malattia, *morbus*, *i*, m. *malum*, *i*, n. farsi male, *lædor*, *ĕris*, *sus*, *di*, P. per Calamita, V. per Scelleraggine, V.
Male, *male*: *perpĕram*, avv.
Maledetto, *execratus*: *execrandus*, *a*, *um*, add.
Maledico, *maledĭcus*, *a*, *um*, add.
Maledire, *execror*, *āris*, *ātus*, *āri*, D.
Maledizione, *maledictio*, *ōnis*, f. *diræ*, *ārum*, f. pl.

Maleficiato, *veneficiis affectus*, *a*, *um*, add.
Maleficio, malefizio, *maleficium*, *ii*, n.
Malefico, *malefĭcus*, *a*, *um*, add.
Malestante, *adversa fortuna utens*, *entis*.
Malevolenza, *malevolentia*, *æ*, f.
Malevolo, *malevŏlus*, *a*, *um*, add.
Malfare, *malefacio*, *acis*, *ēci*, *actum*, *acĕre*, A.
Malfatto, *deformis*, m. e f. *e*, n. add.
Malfattore, *scelestus*, *i*, m.
Malfattrice, *scelesta*, *æ*, f.
Malfondato, *labans*, *āntis*, c. add.
Malgrado, *invite*, avv. tuo malgrado, *te invito*.
Malgrazioso. V. Sgarbato.
Malia. V. Maleficio.
Maliardo, *venefĭcus*, *i*, m.
Malignamente, *maligne*, avv.
Malignità, *malignĭtas*, *ātis*, f.
Maligno, *malignus*, *a*, *um*, add.
Malinconia, *melancholĭa*, *æ*, f. *tristitia*, *æ*, f.
Malinconico, *melancholĭcus*, *a*, *um*, add. essere malinconico, *in mœrore esse*: alquanto malinconico, *subtristis*, *is*.
Malizia, *malitia*, *æ*, f. per Astuzia, V.
Maliziosamente, *malitiose*, avv. per Astutamente, V.
Maliziosetto, *improbŭlus*, *a*, *um*, add.
Malizioso, *malitiosus*, *a*, *um*, add.
Mallevadore, *præs*, *prædis*: *sponsor*, *ōris*, *fidejussor*, *ōris*, m. essere mallevadore, *spondĕo*, *ndes*, *pondi*, *nsum*, *ndĕre*, A.
Malmenare, *vexo*, *as*, etc. A.
Malnato, *ignobĭlis*, m. e f. *e*, n. add. per Malvagio, V.
Malore. V. Malattia.
Malsano, *valetudinarius*, *a*, *um*, add.
Maltrattamento, *vexatio*, *ōnis*, f.
Maltrattare, *vexo*, *as*, etc. *male aliquem habēre*, A.
Maltrattatore, *male habens*, *entis*, c. add.
Malva, *malva*, *æ*, f.
Malvagia, sorta di vino, *vinum creticum*.
Malvagiamente, *nequĭter*, avv.
Malvagio, *malus*: *flagitiosus*, *a*, *um*, add.
Malvagità, *nequitia*, *æ*, f.
Malveduto. V. Malvoluto.
Malvestito, *inornatus*, *a*, *um*, add.
Malvivente, *imprŏbus*, *a*, *um*, add.
Malvolentieri, *ægre*: *invite*, avv.
Malvoluto, *invisus*, *a*, *um*, add.
Mammella, *mamilla*, *æ*, f.
Manata, *pugnus*, *i*, m.
Mancamento, *inopia*, *æ*, f. per Delitto, vizio, V.
Mancante, *deficiens*, *ĕntis*, c. add.
Mancanza. V. Difetto.
Mancare, *desum*, *dees*, *defui*, *deesse*, N. *deficio*, *icis*, *ēci*, *ectum*, *icĕre*, N. — di fede, *fidem fallĕre*: — di animo, *deficĕre animo*: — di speranza, di denari, *spe*, *nummis destitui*: per Esser privo, *careo*, *es*, *ui*, *ĭtum*, *ēre*, N. per Fallare, *delinquo*, *inquis*, *iqui*, *ictum*, *inquĕre*, A. per Venir meno, *deficĕre*; poco mancò che ec. *parum abfuit quin*, etc.

Mancatore, *fallax*, *ācis*, m. — di fede, *fidĕi violātor*, *ōris*. m.
Manchevole. V. Mancante.
Manchevolmente, *imperfecte*, avv.
Mancia, *strena*, *æ*, f.
Mancino, *sinister*, *ra*, *um*: *lævus*, *a*, *um*, add.
Manco. V. Mancante, *minus*, avv. venir manco, *deficĕre*, N.
Mandamento, *mandatum*, *i*, n.
Mandare, *mitto*, *ttis*, *si*, *ssum*, *ttĕre*: mandare ad effetto, *aliquid exequi*: — a male, *perdĕre*: — in lungo, *rem protrahĕre*: — via, *aliquem dimittĕre*: — fuori, *expellĕre*: *edĕre*: — giù, V. Ingoiare: — in bando, *in exilium pellĕre*.
Mandatario, sgherro, *sicarius*, *ii*, m.
Mandato (sost.), *mandatum*, *i*, n. come particip. *missus*, *a*, *um*.
Mandòla, strumento musicale, *cithăra*, *æ*, f.
Mandolino, *parva cithăra*, *æ*, f.
Màndorla, *amygdălum*, *i*, n.
Mandorlato, composto di mandorle, *amygdalinus*, *a*, *um*, add.
Mandorlo (albero), *amygdalus*, *i*, f.
Mandra, *armentum*, *i*, n. *mandra*, *æ*, f. di mandra, *gregarius*, *a*, *um*, add.
Mandragola (erba), *mandragŏra*, *æ*, f.
Mandriano, *pastor*, *ōris*, m.
Mane, mattina, *mane*, avv.
Maneggevole, maneggiabile, *tractabĭlis*, m. e f. *e*, n. add.
Maneggiamento, *tractatio*, *ōnis*, f.
Maneggiare, *tracto*, *as*, etc. A. per Amministrare, V.
Maneggiatore, *tractor*, *ōris*, m.
Maneggiatrice, *tractans*, *antis*, c. add.
Maneggio, *negotium*, *ii*, n. per Governo, amministrazione, V. Caval di maneggio, *equus honorarius*, *i*, m.
Manesco, pronto a menar le mani, *manu promptus*, *a*, *um*.
Manette, *manicæ*, *ārum*, f. pl. *vincŭla*, *orum*, n. pl.
Manganare, *torquendo polio*, *is*, etc. A.
Mangano, ordigno per dare il lustro alle tele, *tortŭlar*, *āris*: *prælum*, *i*, n.
Mangereccio, atto a mangiarsi, *edūlis*, m. e f. *e*, n. add.
Mangeria, *turpe lucrum*, *i*, n.
Mangiucchiare, *difficulter mandĕre*.
Mangiare, *edo*, *edis*, vel *es*, *edit*, vel *est*, *edi*, *esum*, vel *estum*, *edĕre*, vel *esse*: *mandūco*, *as*, etc. A. buono a mangiare, *ad vescendum aptus*, *a*, *um*, come sost. *esus*, *us*: *cibus*, *i*, m.
Mangiata, *comestura*, *æ*, per Corpacciata, V.
Mangiativo, *esculentus*, *a*, *um*, add.
Mangiato, *comēsus*, *a*, *um*, add.
Mangiatoia, *præsēpe*, *is*, n.
Mangiatore, *edo*, *ōnis*, m.
Mangiatrice, *comĕdens*, *ĕntis*, c. add.
Mangione, mangione, V. Mangiatore, mangiatrice.
Mania, maniaco, V. Furore, furioso.
Manica, *manĭca*, *æ*, f.
Manicaretto, vivanda, *minūtal*, *ālis*, n.
Manichetto. *parvum manubrium*, *ii*, n.
Manico, *manubrium*, *ii*. n. — della spada, *capŭlus*, *i*, m. — dell'aratro, *bura*, *æ*: *buris*, *is*, f. — del vaso, *ansa*, *æ*, f.
Manicone, manicone, *ingens manĭca*, *æ*, f.
Manicotto, *villosa manĭca*, *æ*, f.
Maniera, *modus*, *i*, m. in maniera che, di maniera che, *ita ut*, cong.
Manieroso, *urbanus*, *a*, *um*: *comis*, m. e f. *e*, n. add.
Manifattore, *opĭfex*. *ĭcis*, m.
Manifattura, *opus*, *ĕris*, n. per Prezzo del lavoro, *manupretium*, *ii*, n.
Manifestamente, *manifeste*, avv.
Manifestare, *manifesto*, *as*, etc. A. *prodo*, *is*, *ĭdi*, *itum*, *ĕre*, A.
Manifestato, *prodĭtus*, *a*, *um*, add.
Manifestazione, *declaratio*, *ōnis*, f.
Manifesto, V. Manifestazione, *manifestus*, *a*, *um*, add. è manifesto, *constat*: *patet*: *liquet*, imper.
Maniglia, maniglio, *armilla*, *æ*, f.
Manigoldo, *carnĭfex*, *ĭcis*, m. per Carnefice, V.
Manina, *manicŭla*, *æ*, f.
Manipolare, *manu conficio*, *is*, *ēci*, *ectum*, A.
Manipolatore, manipolatrice, *manu conficiens*, *ĕntis*, c.
Manipolazione, *confectio*, *ōnis*, f.
Manipolo, *manipŭlus*, *i*, m.
Maniscalco, *veterinarius*, *ii*, m.
Manna, *manna*. n. indecl.
Mannaia, *secūris*: *bipennis*, *is*, f.
Mano, *manus*, *us*, f. concavo della mano, *vola*: *palma*, *æ*: ceder la mano, *potiorem locum alicui deferre*: dar di mano ad alcuna cosa, *aliquid arripĕre*: dare in mano, *tradĕre*: avere alle mani, *in promptu habēre*: tener di mano a un delitto, *sceleri consentīre*, o *auxilium præstare*: metter mano alla spada, *gladium distringĕre*: dare, cader nelle mani, *in manus incidĕre*: a mano destra, sinistra, *dextrorsum*, *sinistrorsum*: far man bassa, *ad internecionem delēre*: uscir di mano, *elābor*, *abĕris*, *apsus*, *ābi*, D. mano aperta, *manus explicata*: — chiusa, *contracta*: mani giunte, *manus in supplicis morem compositæ*: — alle cintola, *manus remissæ*: far toccar con mano, *clare demonstrare*: venire alle mani, *manus conserĕre*: di mano in mano, *deinceps*; *subinde*: a man salva, *impūne*, avv. uomo alla mano, *homo facĭlis*: luogo fuor di mano, *locus devius*, *a*, *um*, add. per Carattere di scrittura, *character*, *ĕris*, di mia mano, *manu mea*: aver buona mano, *scite literas exarare*.
Manomesso, *manumissus*, *a*, *um*, add.
Manomettere, guastare, *dissĭpo*, *as*, etc. A. per Render libero, *manumitto*, *ttis*, *si*, *ssum*, *ttĕre*, A.
Manoscritto (sost.) *codex manuscriptus*, *ĭcis*, *i*, m. *calămo exaratus*, *a*, *um*, add.
Manovale, *materiarius*, *ii*, m.
Mansionario, cappellano, *mansionarius*, *ii*, m

Mansuefare, *mansuefacio, ăcis, ēci, actum, acĕre*, A.
Mansuefatto, *mansuefactus, a, um*, add.
Mansuetamente, *mansuete*, avv.
Mansueto, *mansuetus, a, um*, add.
Mansuetudine, *mansuetūdo, ĭnis*, f.
Manteca, unguento, *unguentum, i*, n.
Mantelletto, mantellino, *palliŏlum, i*, n.
Mantello, *pallium, ii*, n. per Pretesto V.
Mantenere, *servo, as*, etc. A. — la promessa, *stare promissis*.
Mantenimento, *conservatio, ōnis*, f.
Mantenitore, *servātor, ōris*, f.
Mantenitrice, *servātrix, īcis*, f.
Mantenuto, *conservatus, a, um*, add.
Mantice, *follis, is*, m.
Mantile, tovaglia grossa, *mappa, æ*, f.
Manto, *pallium, ii*, n. — reale, *paludamentum*, i.
Manuale, *manu confectus, a, um*, per Di mano, *manualis, is*, c.
Manualmente, *manibus*, avv.
Manubrio, manico, *manubrium, ii*, n.
Manuscritto. V. Manoscritto.
Manutenzione. conservazione, *conservatio, onis*, f. per Pegno, *pignus, oris*, n.
Manzo, *bos, vis*, c. *juvencus, i*, m.
Mappamondo, *totius mundi geographica tabula, æ*, f.
Marangone (uccello), *mergus, i*, m. per Garzone dei legnaiuoli, *lignariorum fabrorum famŭlus, i*, m.
Marasca, sorta di ciliegia, *cerăsum laurĕum, i*, n.
Maraviglia, *admiratio, ōnis*, f. *miracŭlum, i*, n. far le maraviglie, *mirari*, D. a maraviglia, *mirum in modum*, avv. pieno di maraviglia, *mirabundus, a, um*, add.
Maravigliarsi, *miror: admiror: demiror, āris, ātus, āri*, D.
Maravigliabile V. Ammirabile.
Maravigliosamente, *mire: mirabilĭter*, avv.
Maraviglioso, *mirus, a, um: mirabilis*, m. o f. *e*, n. add.
Marca, marco, *nota, æ*, f. per Paese, regione, *regio, ōnis*, f.
Marcare, *noto, as*, etc. A.
Marcescibile. V. Corruttibile.
Marchesa, *marchionissa, æ*, f.
Marchesato, *marchionatus, us*, m.
Marchese, *marchio, ōnis*, m.
Marchio, *nota, æ*, f.
Marcia, *tabes, is*, f. far marcia, *suppūro, as*, etc. N.
Marciare, *procēdo: incēdo, ēdis, essi, essum, edĕre*, N.
Marciata, *profectio, ōnis*, f.
Marcio, *lalĭdus: marcĭdus, a, um*, add.
Marcioso, *purulentus, a, um*, add.
Marcire, *putresco, is, ĕre*, N.
Marcito, *tabefactus, a, um*, add.
Marciume, *tabum, i*, n. *pus, ris*, n.
Mare, *mare, is*, n. *pelagus, i*, n. *æquor, ŏris*, n.
Marea, *maris fluxus, us*, m.
Mareggiare, *fluctŭo, as*, etc. N.
Maremma, *regio maritima, onis, æ*, f.
Marescialło, *imperātor, ōris*, m.
Maretta, *levis tempestas, ātis*, f.
Margherita. margarita (perla), *unio, ōnis*, m.
Margheritina (fiore di prato), *bellis, idis*, f.
Margine, *ora, æ*, f. *margo, ĭnis*, m. — della ferita, *cicātrix, īcis*, f.
Marina, *mare, is*, n. *ora maritima, æ*, f.
Marinaio, marinaro, *nauta: navita, æ*, m.
Marinaresca, *nautica turma, æ*, f.
Marinarescamente, *nautarum more*, avv.
Marinaresco, *nauticus, a, um*, add.
Marinaro. V. Marinaio.
Marinato, *acēto condītus, a, um*, add.
Marineria, *ars nautica, rtis, æ*, f.
Marino, *marinus, a, um*: vento marino, *favonius, ii*, m.
Maritaggio, *matrimonium, ii*, n.
Maritale, *maritalis*, m. e f. *e*, n. add.
Maritare, *in matrimonium dare*, A. maritarsi, *nubo, bis, psi, ptum, bĕre*, N.
Maritata, *nupta, æ*, f. non maritata, *innupta*.
Maritato, *matrimonio junctus, a, um*, add.
Marito, *maritus, i*, m.
Marittimo, *maritimus, a, um*, add.
Mariuolo, *dolosus; fraudulentus, a, um*, add.
Marmaglia, *popellus, i*, m.
Marmo, *marmor, ŏris*, n.
Marmoreo, *marmorĕus, a, um*, add.
Marmotta, specie di topo che dorme l'inverno, *mus alpinus, uris, i*, m. per Uomo stupido, *stolidus, i: hebes, ĕtis*, m.
Maroso, flotto di mare, *fluctus, us*, m.
Marra, *marra, æ*, f.
Marrobbio (erba), *marrubium, ii*, n.
Marrocchino, *corium, ii*, n.
Marrone, *ligo, ōnis*, m. per Sorta di castagna, *castanea major, æ, ōris*, f.
Martedì, *dies martis, ei*, m. o f. al sing.
Martellare, *mallĕo percutio, ŭtis*, etc. A.
Martellata, *mallĕi ictus, us*, m.
Martelletto, martellino, *malleŏlus, i*, m.
Martello, *mallĕus, i*, m.
Martire, *martyr, yris*, c.
Martirio, *martyrium, ii*, n. per Affanno, V.
Martirizzare, *crucio, as*, etc. A.
Martirizzato, *supplicio affectus, a, um*, add.
Martora (animale), *martes, is*, f.
Martoriare, *crucio, as*, etc. A.
Martorio, martoro, *cruciatus, us*, m.
Marzapane, *pastillus amygdalīnus, i*, m.
Marziale, *bellicus, a, um*, add.
Marzo, *martius, ii*, m.
Mascalzone, *latro, ōnis*, m.
Mascella, *maxilla, æ*, f.
Mascellare, *maxillaris*, m. e f. *e*, n. add. denti mascellari, V. Dente.
Maschera, *larva: persona, æ*, f. di maschera, *larvalis*, m. e f. *e*, n. per Finzione, V. levar la maschera a qualcuno, *spoliare aliquem simulationis suæ integumentis*.
Mascherare, *personam imponĕre*, A. mascherarsi, *personam induĕre*, A.
Mascherata, *personarum turba, æ*, f.

Mascherato, *personatus, a, um*, add.
Mascherone, *persona, æ*, f.
Maschilmente, *viriliter*, avv.
Maschio (sost.), *masculus, i*, m. maschile, mascolino, *virilis*, m. e f. *e*, n. add.
Masnada, compagnia di gente armata, *militum manus, us*, f.
Masnadiere. V. Assassino. Soldato di masnada, *miles, ĭtis*, m.
Massa, *massa, æ*, f.
Massaro, *suppellectilis custos, ōdis*, m.
Masserizia, *suppellex, ectilis*, f.
Massiccio, *solidus, a, um*, add.
Massima, detto universalmente approvato, *effatum, i*, n.
Massimamente, *maxime*, avv.
Massimo, *maximus, a, um*, add.
Masso, *ingens saxum, i*, n.
Mastello, specie di vaso, *cadus, i*, m.
Masticamento, cibi in ore confectio, *ōnis*, f.
Masticare, *mando, dis, di, sum, dĕre*, A.
Mastino, *molossus, i*, m.
Mastro. V. Maestro. V. Principale.
Matassa, *mataxa*, vel *metaxa, æ*, f.
Matematica, *mathematica, æ*, f.
Matematico, *mathematicus, a, um*, add.
Materasso, *culcitra, æ*, f.
Materia, materiale, *materia, æ*, f.
Materiale, *materialis*, m. e f. *e*, n. per Rozzo, V.
Materialmente, rozzamente, *ineleganter, materialiter*, avv.
Maternamente, *more materno*, avv.
Maternità, *matris dignitas, ātis*, f.
Materno, *maternus, a, um*, add.
Matrice, *matrix, īcis*, f.
Matricida, *matricida, æ*, m.
Matricidio, *matricidium, ii*, n.
Matricola, *matricula, æ*, f.
Matricolare, *in album refero, fers, tuli*, A.
Matrigna, *noverca, æ*, f. di matrigna, *novercalis*, m. e f. *e*, n. add.
Matrimoniale, *conjugalis*, m. e f. *e*, n. add.
Matrimonio, *matrimonium, ii*, n.
Matrona, *matrona, æ*, f.
Matronale, *matronalis*, m. e f. *e*, n. add.
Mattaccino, giocolatore, *ludio, ōnis*, m.
Mattamente, *stulte*, avv.
Matteggiare, *deliro, as*, etc. N.
Matteria, mattezza, *insania, æ*, f.
Mattina, mattino, *mane*: la mattina a buon'ora, *diluculo*, avv. ogni mattina, *quotidie mane*; di mattina, *matutinus, a, um*, add. di mattina, *mane*, avv. di buon mattino, *bene mane*.
Mattinata, *totum mane*.
Matto, *stultus, a, um*; *demens, entis*, c. divenir matto, matteggiare. V. Far divenir matto, *ad insaniam adigĕre*.
Mattonare, *lateribus sternĕre*, A.
Mattone, *later, ĕris*, m. di mattoni, *latericius, a, um*, add. chi li fa, *laterarius, ii*, m.
Mattutino, *matutinum tempus, ŏris*, n. per Ore del Breviario, *horæ matutinæ*, f. pl. *matutinus, a, um*, add.

Maturamente, *mature*, avv.
Maturamento. V. Maturazione.
Maturare, *maturo, as*, etc. A. per Divenir maturo, *maturesco, is, ĕre*, N. per Dar compimento, *opus perficĕre*.
Maturato, *maturatus, a, um*, add.
Maturazione, *maturatio, ōnis*, f.
Maturità, *maturitas, ātis*, f. per Saviezza, V.
Maturo, *maturus, a, um*, add. frutta mature, *mitia poma, ōrum*, n. pl.
Mausoleo, *mausolēum, i*, n.
Mazza, mazzuola, *baculus, i*, m. per Clava, V.
Mazzata, *clavæ ictus, us*, m.
Mazzo, mazzetto, *fasciculus, i*, m.
Mazzuolo, *malleolus, i*, m.
Meandro, giro tortuoso, *meander, ri*, m.
Meato, via, canale, *meatus, us*, m.
Meccanicamente, con arte meccanica, *arte machinali*, artificiosamente, *artificiose*, avv.
Meccanico, *mechanicus, i*, m. per Basso, vile, *illiberalis*, m. e f. *e*, n. add.
Meco, con me, *mecum*.
Medaglia, *numisma, ătis*, n.
Medaglietta, *exiguum numisma*.
Medaglione, *magnum numisma*.
Medaglista, *antiquarius, ii*, m.
Medesimamente, *pariter*, avv.
Medesimo, *idem, eădem, idem*, pron.
Mediante, *per*; *ob*, prep. coll'acc.
Mediatamente, per mezzo d'altri, *per*; *propter*, prep. coll'acc.
Mediato, *interjectus, a, um*, add. per Acconcio, *idoneus, a, um*, add.
Mediatore, mediatrice. V. Conciliatore, ec.
Mediazione, *intercessio*; *deprecatio, ōnis*, f.
Medicabile, *medicabilis*, m. e f. *e*, n. add.
Medicamento, *medicamentum, i*, n. *medicina, æ*, f.
Medicare, *medico, as*, etc. A. *medicor, āris, ātus, āri*, D. il medicare, *medicatio, ōnis*, f.
Medicato, *medicatus, a, um*, add.
Medicatura, *medicatio, ōnis*, f.
Medicina, *ars medica*, f. esercitarla, *medicinam facĕre*; per Medicamento, V.
Medicinale, *medicinalis*, m. e f. *e*, n. add. (sost.), per Medicamento, V.
Medico (sost.), *medicus, i*, m. *medicus, a, um*, add.
Medio, *medius, a, um*, add.
Mediocre, *mediocris*, m. e f. *e*, n. add.
Mediocremente, *mediocriter*, avv.
Mediocrità, *mediocritas, ātis*, f.
Meditare, *meditor, āris, ātus, āri*, D.
Meditatamente, *meditate*, avv.
Meditato, *meditatus, a, um*, add.
Meditazione, *meditatio, ōnis*, f.
Mediterraneo, mare fra terra, *mediterraneum mare*: *mediterraneus, a, um*, add.
Meglio, *melior*, m. e f. *us*, n. *ōris*, add. *melius*, avv. è meglio, *præstat*; *satius est*:

un poco meglio, *meliuscŭle*: di bene in meglio, *in melius*, avv.
Megliore ec. V. Migliore ec.
Mela, *malum*: *pomum*, *i*, n.
Mela cotogna, *malum cydonium*, *i*, n.
Melagrana, *malum punicum*.
Melagrano (albero), *malus punica*, *i*, *æ*, f.
Melanconia ec. V. Malinconia ec.
Melangolo, melangola (sorta di agrumo), *malum assyrium*, *ii*, n.
Melarancia (frutto), *malum aurĕum*, n. melarancio (albero), *malus aurĕa*, f.
Melato, *mellitus*, *a*, *um*, add.
Mele (colla prima e larga), *mel*, *llis*, n. fare il mele, *mellifico*, *as*, etc. N. lavoro di mele, *mellificium*, *ii*, n.
Melensaggine, *torpor*, *ōris*, m.
Melenso, *segnis*, m. e f. *e*, n. add.
Melissa (erba), *melissophyllum*, *i*, n.
Mellifluo, *mellifluus*, *a*, *um*, add.
Mellonaggine, *insipientia*, *æ*, f.
Mellone, melone, *pepo*, *ōnis*, f.
Melma, fango, pantano, *cœnum*, *i*, n.
Melo (albero), *malus*, *i*, f.
Melocotogno, *cotonea malus*, f.
Melodia, concerto, *melos*, n. ind.
Melodioso, melodico, *melōdus*, *a*, *um*, add.
Melogranato. V. Melagrano.
Membrana, *membrana*, *æ*, f.
Membretto, *membrum exiguum*, *i*, n.
Membro, *membrum*, *i*, n. *artus*, *us*, m. a membro a membro, *membratim*, avv.
Membruto, *membrosus*, *a*, *um*, add.
Memorabile, memorando, *memorabilis*, m. e f. *e*, n. add.
Memorabilmente, *memorandum in modum*, avv.
Memorare, *memŏro*, *as*, etc. A.
Memore, *memor*, *oris*, c. add.
Memoria, *memoria*, *æ*, f. imparare a memoria, *memoriæ mandare*: sapere a memoria, *memoria tenēre*: a memoria di uomini, *post hominum memoriam*: per Ricordo, V. memorie in iscritto, *commentaria*, *orum*, n. pl.
Memoriale, *supplex libellus*, *i*, m. per Contrassegno a ricordarsi, *mnemosynon*, *i*, n.
Menare. V. Condurre.
Menda, difetto, *mendum*, *i*, n. *vitium*, *ii*, n.
Mendace, *mendax*, *ācis*, c. add.
Mendacemente, *fallaciter*, avv.
Mendicante. V. Mendico.
Mendicare, *mendico*, *as*, etc. A.
Mendicato, *emendicatus*, *a*, *um*, add.
Mendicità, *mendicitas*, *ātis*, f.
Mendico, *mendicus*, *i*, m.
Meno, di meno, *minus*, avv. venir meno, *deficio*, *cis*, *ēci*, *ectum*, *icĕre*, N. per lo meno, *saltem*, avv.
Meno, comparativo, *minor*, m. e f. *minus*, n. *minōris*, molti meno, *pauciores*.
Menomare, *imminŭo*, *uis*, *ui*, *ūtum*, *uĕre*, A.
Menomo, *minimus*, *a*, *um*, add.
Mensa, *mensa*, *æ*, f.
Mensola, *mutulus*, *i*, m.
Mensuale, *menstrŭus*, *a*, *um*, add.
Menta, *menta*, *æ*, f.
Mentale, *ad mentem pertinens*, *entis*, c.
Mentalmente, *mente*: *quoad mentem*, avv.
Mente, *mens*, *tis*, f. dire a mente, *memoriter exponĕre*: por mente, V. Attendere: per Animo, V.
Mentecattaggine, *amentia*, *æ*, f.
Mentecatto, *amens*, *entis*: *stultus*, *a*, *um*, add.
Mentire, *mentior*, *īris*, *ītus*, *īri*, D.
Mentita, *mendacii objectio*, *ōnis*, f.
Mentito, *ementitus*, *a*, *um*, add.
Mentitore, mentitrice, *mendax*, *ācis*, c.
Mento, *mentum*, *i*, n.
Mentovare, ricordare, *commemŏro*, *as*, A.
Mentovato, *memoratus*, *a*, *um*, add.
Mentre, mentrechè, *dum*, cong. in questo mentre, *interĕa*, avv.
Menzionare. V. Mentovare.
Menzione, *mentio*, *ōnis*, f. far menzione, V. Mentovare.
Menzogna, *mendacium*, *ii*, n.
Menzognere, *mendax*, *ācis*, c.
Meramente, semplicemente, *mere*: *tantum*, avv.
Meraviglia ec. V. Maraviglia ec.
Mercantare, mercanteggiare, mercare, *mercaturam facio*, *is*, *ēci*, *actum*, *ĕre*, A.
Mercante, mercatante, *mercātor*, *ōris*, m.
Mercantessa, *quæ negotiatur*.
Mercantile, mercantesco, *mercatorius*, *a*, *um*, add.
Mercantilmente, *mercatorum more*, avv.
Mercanzia, *merx*, *cis*, f. *mercatura*, *æ*, f.
Mercatantare ec. V. Mercantare.
Mercato, *forum rerum venalium*: *nundĭnæ*, *arum*, f. pl. per Prezzo, *pretium*, *ii*, n. a buon mercato, *parvo pretio*: buono o cattivo mercato, *vilitas et caritas mercium*: far mercato, *quæstum facĕre*: mercato dei pesci, *forum piscarium*: — dei buoi, *boarium*: — dei porci, *suarium*: — delle erbe, *olitorium*: giorno di mercato, *dies nundinarius*.
Mercatura, *mercatura*, *æ*, f.
Merce. V. Mercanzia.
Mercè, mercede, *merces*, *cēdis*, f. la Dio mercè, *Divina ope*: senza mercede, *gratis*: chiedere mercè, *opem implorare*: per Misericordia, V.
Mercecchè. V. Imperciocchè.
Mercenario, *mercenarius*, *a*, *um*, add.
Merciaio, merciaiuolo, *mercium venditor*, *ōris*, m.
Mercoldì, *mercurii dies*, *ei*, m. e f. al sing. m. al pl.
Mercurio, argento vivo, *vivum argentum*, *i*, n.
Merenda, *merenda*, *æ*, f.
Merendare, *merendam sumere*, A.
Meretrice, *meretrix*, *īcis*, f.
Meretricio, *meretricius*, *a*, *um*, add.
Mergere, *mergo*, *gis*, *si*, *sum*, *gĕre*, A.
Mergo, sorta d'uccello, *mergus*, *i*, m.

Meridiano (sost.), *circulus meridianus*, m., meridionale, *meridianus, a, um*, add.

Meriggio, *meridies, ēi*, f. nel meriggio, *meridie*, avv.

Meritamente, meritevolmente, *merito*, avv.

Meritare, *mereor, ēris, itus, ēri*, D. *merēo, es, ui, itum, ēre*, A.

Meritevole, *dignus, a, um*, add.

Meritevolmente. V. Meritamente.

Merito, *meritum, i*: *promeritum, i*, n.

Meritoriamente, *cum merito*, avv.

Meritorio, che merita, *præmio dignus, a, um*, add.

Merla, merlo, *merula, æ*, f.

Merlato, *pinnis munitus, a, um*, add.

Merlatura, *pinnarum ornatus, us*, m.

Merletto, *pinnatum textile, is*, n.

Merlo delle mura, *pinna, æ*, f. *minæ, arum*, f. pl.

Merluzzo (pesce), *asellus marinus, i*, m.

Mero, puro, *merus, a, um*, add.

Mesata, mese intero, *mensis solidus*; per Mercede di un mese, *merces, ēdis*, f.

Mescere, *misceo, es*, etc. A. per Versare in bicchieri, *fundo, is, udi, usum, fundere*, A.

Meschiamento, *mixtio, ōnis*, f.

Meschinamente, *infeliciter*, avv.

Meschinello, meschinetto, *misellus, a, um*, add.

Meschinità, *miseria, æ*, f.

Meschino, *miser, ĕra, ĕrum*, add.

Mescolamento, mescolanza, *mixtio, ōnis*: *mixtūra, æ*, f.

Mescolare, *misceo, sces, scui, xtum, scēre*, A.

Mescuglio, *congeries, ēi*, f.

Mese, *mensis, is*, m. di ogni mese, *menstruus*: di due mesi, *bimestris*: di tre mesi, *trimestris*: un mese e mezzo, *sesquimensis*, m.

Messa, *sacrum, i*, n. dirla, *rem divinam facere*: udirla, *sacris adesse*.

Messaggeria. V. Ambasceria.

Messaggio, messaggero, *nuncius, ii*, m.

Messale, *sacrorum peragendorum canon*.

Messe, *messis, is*, f.

Messo, *nuntius, ii*, m. particip. da Mettere, *positus, a, um*, add.

Mestiere, *ars, artis*, f. esser di mestiere, *opus esse*; *necesse esse*.

Mestizia, *mæstitia, æ*, f.

Mesto, *mæstus, a, um*, add.

Mestola, *rudicula, æ*, f.

Mestruo, mestruale, di mese, *menstruus, a, um*, add.

Mestura, *mixtura, æ*, f.

Meta (coll' *e* larga), termine, *meta, æ*, f.

Metà, *dimidium, ii*, n. la metà meno, *dimidio minus*: più della metà, *dimidio plus*.

Metafisica, *metaphysica, æ*, f.

Metafisicamente, *metaphysice*, avv.

Metafisico, *metaphysicus, a, um*, add.

Metafora, traslazione, *metaphŏra, æ*, f.

Metaforicamente, *figurate*, avv.

Metaforico, *translatus, a, um*, add.

Metallico, *metallicus, a, um*, add.

Metallo, *metallum, i*, n. fonderlo, *metallum conflare*.

Metamorfosi, trasformazione, *metamorphōsis, eos*, f.

Meteora, apparizione di alcuna insolita cosa nell' aria, *meteōra, æ*, f.

Metodicamente, *via et ratione*, avv.

Metodico, *methodicus, a, um*, add.

Metodo, *methŏdus, i*, f.

Metrico, *metricus, a, um*, add.

Metro, misura, *metrum, i*, n.

Metropoli, città, madre, o chiesa principale della provincia, *metropŏlis, is*, f.

Metropolitano, *metropolita, æ*, m.

Mettere *pono, nis, sui, situm, nĕre*, A. — fuori, *edĕre*: — in mezzo, *interponĕre*: — dopo, *postponĕre*: — sotto, *supponĕre*; mettersi a far qualche cosa, *aggredior, edĕris, essus, ĕdi*, D.

Mezzanamente, *mediocriter*, avv.

Mezzano (sost.), *conciliator, ōris*, m. *medius, a, um*, add.

Mezzina, *hydria, æ*, f.

Mezzo (sost.), *medium, ii*, n. per Aiuto, *auxilium, ii*, n. per Maniera, *modus, i*, m. *via, æ*: *ratio, ōnis*, f. per Metà, V. di mezzo, *medius, a, um*, add. in questo mezzo, *interea*, avv.

Mezzo (coll' *e* stretto), molle, *vietus, a, um*, add.

Mezzodì, mezzogiorno, *meridies, ēi*, f. di mezzodì, *meridie*, avv.

Miagolare, il gridar del gatto, *ejŭlo, as*, etc. N.

Mica, miga, punto, affatto, *non sane*, avv.

Miccia, *funis incendiarius, is, ii*, m.

Miccino (a), *parce, paullulum*, avv.

Micidiale, *homicida, æ*, m.

Microscopio, *microscopium, ii*, n.

Midolla, midollo, *medulla, æ*, f. nelle midolla, *medullitus*, avv.

Miele. V. Mele.

Mietere, *meto, tis, ssui, ssum, tĕre*, A.

Mietitore, *messor, ōris*, m.

Mietitura, *messis, is*, f.

Mietuto, *messus, a, um*, add.

Migliaio, *mille*: a migliaia, *multa millibus*.

Miglio (misura di strada), *milliarium, ii*, n. (biada), *milium, ii*, n.

Miglioramento, di malattia, *melior valetudo*: — di costumi, *correctio morum*.

Migliorare, *melioro, as*, A. — di sanità, *convalescĕre*: — di costumi, *mores in melius mutare*: per Diventar migliore, *meliorem fieri*.

Migliore, *melior*, m. e f. *us*, n. *ōris*, add.

Mignatta, *hirūdo, ĭnis*, f.

Milione, *decies centena millia*: Due milioni, *vicies centena millia*, etc.

Militare, *militaris, is*, m.

Militare (verbo), *milito, as*, etc. N. *stipendia facĕre*, vel *merēri*.

Militarmente, *militariter*, avv.

Milizia, *militia, æ*, f.

Millantare, vantare, *jacto, as*, etc. A.

Millantatore, *thraso, ōnis*, m. *ostentātor, ōris*, m.
Millanteria, *ostentatio, ōnis*, f.
Mille, *mille*, sost. e agg. : mille volte, *millies*, avv. : a mille a mille, *millēni*, *æ*, *a*.
Millenario, millesimo, *millesimus*, *a*, *um*, add.
Milza, *splen*, *splenis*, m. *lien*, *liēnis*, m. chi soffre mal di milza, *lienosus* : *splenēticus*, *a*, *um*, add. mal di milza, *morbus splenēticus*.
Mimico, comico, *mimĭcus*, *a*, *um*, add.
Mimo, *mimus*, *i*, m.
Mina, strada sotterranea, *cunicŭlus*, *i*, m. contrammina, *contrarius cunicŭlus* : chi la fa, *cunicularius*, *ii*, m. per Misura, *hemina*, *æ*, f. per Miniera, *fodina*, *æ*, f.
Minaccevole, *minax*, *ācis*, c.
Minaccevolmente, *minaciter*, avv.
Minaccia, *minæ*, *ārum*, f. pl.
Minacciare, *minor*, *āris*, *ātus*, *āri*, D.
Minacciosamente, *minaciter*, avv.
Minaccioso, *minitabundus*, *a*, *um*, add.
Minare, *cunicŭlos fodĕre*, *io*, *is*, *ōdi*, *ossum*.
Minato, *cunicŭlis subrŭtus*, *a*, *um*, add.
Minerale, *metallum*, *i*, n.
Minestra, *juscŭlum*, *i*, n.
Miniare, *pingere minio*.
Miniatore, *qui minio pingit*.
Miniatura, *res minio picta*.
Miniera, *fodina*, *æ*, f. — di ferro, d'oro, *ferrifodina* : *aurifodina*, *æ*, f.
Minimo, *minimus*, *a*, *um*, add.
Minio, *minium*, *ii*, n.
Ministero, ministerio, *ministerium*, *ii*, n.
Ministra, *ministra*, *æ*, f.
Ministro, ministratore, *minister*, *tri*, m.
Minoranza, *imminutio*, *ōnis*, f.
Minorare. V. Diminuire.
Minore, *minor*, m. e f. *us*, n. *ōris*, add.
Minuire, *minuo*, *is*, *ui*, *ūtum*, *uĕre*, A.
Minuscolo, *minuscŭlus*, *a*, *um*, add.
Minuta, bozza di scrittura, *informatio*, *ōnis*, f.
Minutaglia, quantità di cose minute, *scruta*, *orum*, n. plur. per Popolo minuto, *popellus*, *i*, m.
Minutamente, *minute*, avv.
Minutezza, minuzia, *minutia*, *æ*, f. per Cosa di poca importanza, *nugæ*, *ārum*, f. pl.
Minuto, d'ora, *horæ momentum*, *i*, n. *minutus*, *a*, *um*, add.
Minuzzare, *minutim cædĕre*, *o*, *is*, *cecīdi*, A.
Minuzzolo, *frustŭlum*, *i*, n.
Mio, *meus*, *a*, *um*, pron. poss.
Mira, *oculi directio*, *ōnis*, f. prender di mira alcuno, *ad aliquem animum convertĕre*.
Mirabile, *mirabĭlis*, m. e f. *e*, n. add.
Mirabilmente, *mirabilĭter*, avv.
Miracolo, *miracŭlum*, *i*, n.
Miracolosamente, *mirifĭce*, avv.
Miracoloso, *mirifĭcus*, *a*, *um*, add.
Mirare, *intueor*, *ēris*, *itus*, *ēri*, D. per Prender la mira, *collineare*, N. per Avere intenzione, *animum intendĕre* : mirarsi allo specchio, *vidēre se in specŭlo*.
Mirato, *inspectus*, *a*, *um*, add.
Mirra, gomma odorosa, *myrrha* : *murrha*, *æ*, f.
Mirteto, *myrtētum*, *i*, n.
Mirto, *myrtus*, *i*, f. di mirto, *myrtĕus*, *a*, *um*, add.
Miscellanea, libro contenente cose diverse, *miscellanĕa*, *ōrum*, n. pl.
Mischia, contesa, *rixa*, *æ*, f.
Mischiamento, mischianza, *permixtio*, *ōnis*, f.
Mischiare, *miscĕo*, *ces*, *scŭi*, *xtum*, *scēre*, A.
Mischiato, *mixtus*, *a*, *um*, add.
Mischio, di diversi colori, *discŏlor*, *ōris*, c. add.
Miscredente, che non crede, *incredŭlus*, *a*, *um*, add.
Miscredenza, *incredulĭtas*, *ātis*, f.
Miscuglio. V. Mischiamento.
Miserabile, misero, *miserabĭlis*, m. e f. *e*, n. *miser*, *a*, *um*, add.
Miserabilmente, miseramente, *miserabilĭter*, *misĕre*, avv.
Miserando, *miserandus*, *a*, *um*, add.
Miserello. V. Meschinello.
Miseria, *miseria*, *æ*, f. pieno di miserie, *ærumnosus*, *a*, *um*, add.
Misericordia, *misericordia*, *æ*, f. degno di misericordia, *miserandus*, *a*, *um*, add.
Misericordiosamente, *misericordĭter*, avv.
Misericordioso, *misericors*, *ordis*, c. add.
Misero, *miser*, *ĕra*, *ĕrum*, add.
Misfatto, *scelus*, *ĕris*, n.
Missionario, *evangelii præco*, *ōnis*, m.
Missione, *missio*, *ōnis*, f.
Misterio. V. Mistero.
Misteriosamente, *arcano*, avv.
Misterioso, *arcanus*, *a*, *um*, add.
Mistero, *mysterium*, *ii*, n.
Misticamente, *mystice*, avv.
Mistico, *mysticus*, *a*, *um*, add.
Mistione, *mixtio*, *ōnis*, f.
Misto, *mixtus*, *a*, *um*, add.
Mistura, *mixtūra*, *æ*, f.
Misura, *mensūra*, *æ*, f. per Modo, *modus*, *i*, m. senza misura, *præter modum* : *sine modo* : con misura, *moderate*, avv. fuor di misura, *immanis*, m. e f. *e*, n. add.
Misurabile, *mensurabĭlis*, m. e f. *e*, n. add.
Misurare, *metior*, *īris*, *mensus*, *īri*, D.
Misuratamente, *moderate*, avv.
Misuratezza, *moderatio*, *ōnis*, f.
Misuratore, *mensor*, *ōris*, m.
Mite, *mitis*, m. e f. *e*, n. add.
Mitemente, *leniter*, avv. più mitemente, *mitius*, avv. comp. mitissimamente, *mitissime*, avv. sup.
Mitigare, *mitigo*, *as*, etc. A.
Mitigativo, *mitigatorius*, *a*, *um*, add.
Mitigazione, *mitigatio*, *ōnis*, f.
Mitra, mitria, *mitra*, *æ* : *infŭla*, *æ*, f.
Mitriare, mitrare, *capiti infŭlam imponĕre*.
Mitriato, mitrato, *mitratus*, *a*, *um*, add.

Mobile, *mobilis*, m. e f. *e*, n. add. (sost.), per Supellettile, *supellex*, *ctilis*, f.
Mobiliare, *domum instruĕre*, A.
Mobiliato, *instructus*, *a*, *um*, add.
Mobilità, *mobilĭtas*, *ātis*, f.
Moccolo, avanzo della candela, *candelæ frustŭlum*, *i*, n.
Mode, *mos*, *moris*, m. per Costume, V.
Modellare, *efformare*: *fingere*.
Modello, *archetypum*, *i*, n. per Esemplare, *exemplar*, *aris*, n.
Moderare, *modĕror*, *āris*, *ātus*, *āri*, D.
Moderatamente, *moderate*, avv.
Moderato, *moderatus*, *a*, *um*, add.
Moderatore, *moderator*, *ōris*, m.
Moderatrice, *moderatrix*, *icis*, f.
Moderazione, *moderātio*, *ōnis*, f.
Modernamente, *novo more*: *recens*, avv. per Frescamente, *nuper*: *nuper*: più modernamente, *recentius*, avv. comp.
Moderno, *novus*: *novĭtius*, *a*, *um*, add. i moderni, *recentiores*: alla moderna, V. Modernamente.
Modestamente, *modeste*, avv.
Modestia, *modestia*, *æ*, f.
Modesto, *modestus*, *a*, *um*, add.
Modico, poco, moderato, *modĭcus*, *a*, *um*, add.
Modificare, *temperare*; *moderare*, A.
Modificazione, *moderatio*, *onis*, f.
Modo, *modus*, *i*, m. *ratio*, *onis*, f. di modo che, per modo che, ec. *ita ut*, cong. In ogni modo, *omnino*, avv. in che modo? *quo pacto? quomŏdo?* in due, in tre modi, *bifariam*, *trifariam*: in molti modi, *multifariam*: a niun modo, *nequaquam*: in questo modo, *ita*: *hoc pacto*: fuor di modo, *præter modum*: per Volontà, *arbitrium*, *ii*, n.
Modulare, *modŭlor*, *āris*, *ātus*, *āri*, D.
Modulazione, *modulātio*, *ōnis*, f.
Moggio, sorte di misura, *modius*, *ii*, m. mezzo moggio, *semodius*, *ii*, m.
Moglie, *uxor*, *ōris*, f.
Mola, macina, *mola*, *æ*, f.
Mole, *moles*, *is*, f.
Molestamente, *moleste*, avv.
Molestare, *divexo*, *as*, etc. A. *molestia afficĕre*.
Molestatore, *vexātor*, *ōris*, m.
Molestia, *molestia*, *æ*, f.
Molesto, *molestus*, *a*, *um*, add.
Molinello, *pistrilla*, *æ*, f.
Molino, *pistrinum*, *i*, n.
Molla, *elaterium*, *ii*, n.
Mollare. V. Allentare.
Molle, *mollis*, m. e f. *e*, n. add. per Bagnato, *madĭdus*, *a*, *um*, add. (sost.), *forceps*, *ĭpis*, f. *forcĭpes*, *pum*, m. e f. pl.
Mollemente, *mollĭter*, avv.
Molletta, *volsella*, vel *vulsella*, *æ*, f.
Mollezza, *mollĭties*, *ēi*, f.
Mollificamento, mollificazione, *mollimentum*, *i*, n.
Mollificare, mollire, *emollio*, *is*, *ivi*, *itum*, *ire*, A.
Mollificativo, mollitivo, *emolliens*, *entis*, o.
Molo, riparo di muri contro il mare, *pila*, *æ*, f. *saxea moles*, *is*, f.
Moltiplicabile, *multiplicabilis*, m. e f. *e*, n.
Moltiplicare, *multiplico*, *as*, etc. A.
Moltiplicatamente, *multiplicĭter*, avv.
Moltiplicatore, *augens*, *entis*, o. add.
Moltiplicazione, *multiplicatio*, *ōnis*, f.
Moltiplice, *multiplex*, *ĭcis*, o. add.
Moltiplicità, *varietas*, *ātis*, add.
Moltitudine, *multitudo*, *ĭnis*, f.
Molto, *multus*, *a*, *um*, add. *multum*, avv. molto più, *eo magis*: di qui a non molto, *citius*: *mox*, avv.
Momentaneamente, *momento tempŏris*, avv.
Momentaneo, *brevis*, m. e f. *e*, n. add.
Momento, *momentum*, *i*, n. in un momento, *momento temporis*: cosa di gran momento, *res magna*: — di poco momento, *res levis*.
Monaca, *monialis*, *is*, f.
Monacale, *monachĭcus*, *a*, *um*, add.
Monacare, *Deo virginem sacrare*, A.
Monacato (sost.), monachismo, *monachĭcus status*, m.
Monaco, *monachus*, *i*, m.
Monarca, *rex*, *regis*, m.
Monarchia, *imperium*, *ii*, n.
Monasterio, monastero, *cœnobium*: *ascetērium*, *ii*, n.
Monastico, *monastĭcus*, *a*, *um*, add.
Monco, *mancus*, *a*, *um*, add.
Mondamente, *munde*, avv.
Mondano, mondiale, *mundanus*, *a*, *um*: per Profano, *profanus*, *a*, *um*, add.
Mondare, *mundo*; *purgo*, *as*, etc. A.
Mondazione, *purgatio*, *ōnis*, f.
Mondezza, mondizia, *munditia*, *æ*: *mundities*, *ēi*, f.
Mondo (sost.), *mundus*, *i*, m. alla vista di tutto il mondo, *in omnium ocŭlis*: per Netto, *mundus*, *a*, *um*, add.
Moneta, *monēta*, *æ*, f. *nummus*, vel *numus*, *i*, m. battere, *nummos cudĕre*.
Mongana, vitella di latte, *lactens vitŭla*, f.
Monile, collana, *monile*, *is*, n.
Monitore, *monĭtor*, *ōris*, m.
Monitorio, *præceptum*, *i*, n.
Monizione, *monitio*, *ōnis*, f. *monĭtum*, *i*, n.
Monopolio, la compra di tutta una merce per esser solo a venderla, *monopolium*, *ii*, n.
Monosillabo, *monosyllăbus*, *a*, *um*, add.
Montagna, *mons*, *montis*, m.
Montagnetta, *collis*, *is*, m.
Montanaro, *monticŏla*, *æ*, m. e f. montano, *montanus*, *a*, *um*, add.
Montare, *ascendo*, *dis*, *di*, *sum*, *dĕre*, A. — in collera, *ira corripi*: per Importare, *refert*, *ferēbat*, *tŭlit*, *ferre*, impers.
Montata, *ascensus*, *us*, m.
Montato, *ascensus*, *a*, *um*, add.
Monte, *mons*, *tis*, m. gola di monte, *montis fauces*, f. pl. scesa, *declivitas*, *ātis*: erta, *clivus*, *i*, m.
Monticello, *collicŭlus*, *i*, m.

Montone. aries, ĕtis, m.
Montuosità, clivus, i, m.
Montuoso, montuōsus, a, um, add.
Monumento, monumentum, i, n.
Mora (frutto), morum, i, n. (giuoco), giuocare alla mora, micāre digitis.
Morale. V. Costume, moralità: moralis, m. e f. e, n. add.
Moralista, moralis disciplinæ professor, m.
Moralità, morale documentum, i, n.
Moralizzare, ad mores traducĕre, A.
Moralmente, moralĭter, avv.
Morato, nero, niger, gra, grum, add.
Morbidamente, mollĭter, avv.
Morbidetto, mollicŭlus, a, um, add.
Morbidezza, mollities, iēi, f. per Delizia, V.
Morbido, morbĭdus, a, um, add.
Morbo, morbus, i, m.
Morboso, morbosus, a, um, add.
Morchia, dell'olio, amurca, æ, f.
Mordace, mordax, ācis, c. add.
Mordacemente, mordacĭter, avv.
Mordacità, mordacĭtas, ātis, f.
Mordere, mordeo, rdes, momordi, rsum, rdēre, A.
Morello, niger, gra, grum, add.
Moria, V. Mortalità.
Moribondo, moribundus, a, um, add.
Morire, morior, rĕris, rtuus, ri, D. — di fame, fame interire: — di voglia, desiderio contabescĕre.
Mormorare, murmŭro, as, etc. N. per Bisbigliare, susurrare: per Biasimare, V.
Mormoratore, obtrectator, ōris, m.
Mormorazione, obtrectatio, ōnis, f.
Mormorio, murmur, ŭris, n.
Moro (albero), morus, i, f. per Uomo nero d'Etiopia, æthiops, æthiopis, m. V. Morello.
Moroide, hæmorrhŏis, ĭdis, f.
Morsa, addentellato, mutŭlus, i, m. stromento de fabbri, forceps, ĭpis, m. e f.
Morsicare. V. Mordere.
Morsicato, morsus, a, um, add.
Morsicatura, morsus, us, m.
Morso (sost.), morsus, us, m. come part. morsu discissus: pel Freno dei cavalli, lupătum, n. vel lupătus, i, m.
Mortadella, tuccĕtum, i, n. tomacŭlum, vel tomacĭnum, i, n.
Mortaio, mortarium, ii, n.
Mortale (sost.), mortalis, is, m. mortalis, m. e f. e, n. add. piaga, nemico mortale, vulnus letale: hostis capitalis.
Mortalità, mortalĭtas, ātis, f.
Mortalmente, mortifĕre, avv.
Morte, mors, mortis, f. — immatura, mors immatura: in punto di morte, in vitæ exitu: chi sta in punto di morte, in mortis articulo constitutus: darsi la morte, mortem sibi consciscĕre: ferire a morte, letalĭter vulnerare: far morte santa, sancte obire.
Mortella, myrtus, i, vel myrtus, us, f.
Mortifero, letālis, m. e f. e, n. add.
Mortificare, reprimo, is, pressi, essum: humiliare, A. — le passioni, animi cupiditates frangĕre: per Reprimere, cohibēre.
Mortificato, afflictus, a, um, add.
Mortificazione, continentia, æ, f.
Morto (sost.), cadāver, ĕris, m. portare un morto alla sepoltura, cadāver efferre: accompagnarcelo, funus prosĕqui, D. mortuus, extinctus, a, um, add. mezzo morto, semimortuus: di morto, mortualis, m. e f. e, n.
Mortorio, funus, ĕris, n. exsequiæ, ārum, f. pl.
Mosca, musca, æ, f. — cavallina, œstrus, i, m.
Moscadella (uva), uva apiana, f.
Moscadello, moscado (vino), vinum ex apianis uvis.
Moschea, Turcarum templum, i, n.
Moscherino, parva musca, æ, f.
Moschettare, moschettata. V. Fucilare.
Moschetto, ballista ignĕa.
Moscone, musca grandior, f.
Mossa, motus, us, m. motio, ōnis, f.
Mosse, carcer, ĕris, m. dar le mosse, e carcerĭbus equos emittĕre.
Mosso, motus, a, um, add.
Mostacciato, guanciata, colăphus, i, m.
Mostaccio, os, oris, n.
Mostacciuolo, sorta di chicca, mustaceum, i, n.
Mostarda, embamma, ătis: mustum, i, n.
Mosto, mustum, i, n.
Mostoso, mustĕus, a, um, add.
Mostra, species, ēi, f. per Saggio, specimen, ĭnis, n. per Finta, ostentatio, ōnis, f. — di orologi, horarum index, m.
Mostrare, ostendo, dis, di, sum, dĕre: monstro: demonstro; A. — a dito, digito monstrare: — ad alcuno il viso, alicui audacter se opponĕre.
Mostro, monstrum: portentum, i, n.
Mostruosamente, monstruose, avv.
Mostruosità, monstrum, i, n.
Mostruoso, monstruosus, a, um, add.
Motivare, menzionare, commemŏro, as, etc. A.
Motivo, ratio, ōnis: causa, æ, f.
Moto, motus, us, m. di proprio moto, sua sponte, avv.
Motore, motor, ōris, m.
Motrice, quæ movet.
Motta, terreno scosceso, prærruptus locus, i, m. prærupta loca, ōrum, n. pl.
Motteggevole, dicax, ācis: facetus, a, um, add.
Motteggiare, ec. V. Burlare, ec.
Motteggiatore, irrisor, ōris, m.
Motteggiatrice, irridens, ĕntis, c.
Motteggio, jocus, i, m. dicterium, ii, n.
Mottetto, facetia, æ, f. per Composizione musicale, cantiuncŭla, æ, f.
Motto, dictum, i, n.
Movere. V. Muovere.
Movibile, mobĭlis, m. e f. e, n. add.
Movimento, motus, us, m.
Mozzamento, obtruncatio, ōnis,
Mozzare, obtrunco: amputo, as, etc. A.

Mozzetta, sorta di veste, *palliolum*, *i*, n.
Mozzo, servo vile, *mediastinus*, *i*, m. per Mozzato, *truncus*: *mutilus*, *a*, *um*, add.
Mucchio, *cumulus*: *acervus*, *i*, m.
Mucosità, muco, *mucus*, *i*, m.
Mucoso, *mucosus*, *a*, *um*, add.
Muffa, *mucor*, *ōris*, m.
Muffare, *mucesco*, *is*, *ĕre*, N.
Muffato, muffito, muffo, *mucidus*, *a*, *um*, add.
Mugghiare, muggire, **mugio, gis, givi, gitum, gire**, N.
Muggito, mugghio, *mugitus*, *us*, m.
Mugnaio, *molitor*, *ōris*, m.
Mugnere, *mulgeo*, *ges*, *si*, *sum*, *gēre*, A.
Mugolare, *ejulo*, *as*, etc. N.
Mugolio, *ejulatus*, *us*, m.
Mula, *mula*, *æ*, f.
Mulattiere, *mulio*: *agaso*, *ōnis*, m.
Muliebre, *muliebris*, m. e f. *e*, n. add.
Mulinello, *pistrilla*, *æ*, f. per Quel giro che fanno i venti e l'acqua, *vortex*, *icis*: *turbo*, *inis*, m.
Mulino (sost.) *pistrinum*, *i*, n. spettante a mulino, *molinus*, *a*, *um*, add.
Mulo, *mulus*, *i*, m.
Multa, *multa*, *æ*, f.
Multare, *multo*, *as*, etc. A.
Multiforme, *multiformis*, m. e f. *e*, n. add.
Multiplicare, *augeo*, *ges*, *xi*, *ctum*, *gēre*, A. *multiplico*, *as*, etc. A.
Multiplicatamente, *multipliciter*, avv.
Multiplicatore, V. Moltiplicatore.
Multiplicazione, *multiplicatio*, *ōnis*, f.
Multiplice, di varie maniere, *multiplex*, *icis*, f.
Multiplicità, *varietas*, *ātis*, f.
Multitudine, V. Moltitudine.
Mummia, *aromatum conditum cadaver*, *ĕris*, n.
Mungere. V. Mugnere.
Municipale, *municipalis*, m. e f. *e*, n. add.
Municipio, quelle città che si governavano colle proprie leggi e godevano i diritti della cittadinanza romana, *municipium*, *ii*, n.
Munificento. V. Munifico.
Munificenza, liberalità, *munificentia*, *æ*, f.
Munifico, *munificus*, *a*, *um*, add.
Munire, fortificare, *munio*, *is*, *ivi*, *itum*, *ire*, A.
Munizione, *munimentum*, *i*, n. *munitio*, *ōnis*, f. per Provvisione da bocca e da guerra, *commeatus*, *us*, m.
Munto, *emunctus*, *a*, *um*, add.
Muovere, *moveo*, *ves*, *vi*, *tum*, *vēre*, A. — un dubbio, *quæstionem proponĕre*: — discorso, *exordiri*; per Indurre, *impellĕre*: *persuadēre*: muoversi da sè, *sponte sua movēri*, P.
Muraglia. V. Muro.
Murale, *muralis*, m. e f. *e*, n. add.
Murare, *ædifico*, *as*, etc. *struo*, *xis*, *xi*, *ctum*, *ĕre*, A.
Muratore, *structor*, *ōris*, m. *cæmentarius*, *ii*, m.
Murena, sorta di pesce, *muræna*, *æ*, f.

Muro, muraglia, *murus*, *i*, m. — della città, *mœnia*, *um*, n. pl. — di casa, *paries*, *ĕtis*, m.
Musa, *musa*, *æ*, f. per Stromento, *tibia*, *æ*, f.
Musaico, *musivum*, *i*, n. *vermiculatum emblema*, *ătis*, n.
Muschio e musco, *muscus*, *i*, m.
Muscolo, *musculus*, *i*, m.
Muscoloso, *musculosus*, *a*, *um*, add.
Muscoso, *muscosus*, *a*, *um*, add.
Museo, raccolta di cose preziose, *museum*, *i*, n.
Museruola, *frenum*, *i*, n.
Musica, *musica*, *æ*, f. cantare in musica, *modulari*, D. mettere in musica, *musicis modis describĕre*: note di musica, *notæ musicæ*.
Musicale, *musicus*, *a*, *um*, add.
Musico, *musicus*, *i*, m.
Muso, *os*, *ris*, n. *rictus*, *us*, m.
Mussoliera, *orca*, *æ*, f.
Muta, scambio, *mutatio*, *ōnis*, f. far la muta, *vices obīre*. — di cavalli, *par equorum*.
Mutabile, *mutabilis*, m. e f. *e*, n. add.
Mutabilità, *mutabilitas*, *ātis*, f.
Mutabilmente, *mutabiliter*, avv.
Mutamento, *mutatio*, *ōnis*, f.
Mutande, *subligaculum*, *i*, n.
Mutare, *muto*, *as*, etc. A. mutarsi per Cambiarsi i panni, *novas vestes induĕre*.
Mutazione, *mutatio*, *ōnis*, f.
Mutilare, *mutilo*, *as*, etc. A.
Mutilazione, mutilamento, *amputatio*, *ōnis*, f.
Muto, mutolo, *mutus*, *a*, *um*, add. divenir muto, *obmutescĕre*, N.
Mutolezza, mutezza, impotenza a parlare, *silentium*, *ii*, n.
Mutuamente, scambievolmente, *mutuo*, avv.
Mutuo, *mutuus*, *a*, *um*, add.

N

Nacchera, *crotalum*, *i*, n.
Nanfa, acqua odorifera, *aqua benolens*.
Nano, *nanus*, *i*, m.
Nappa, *lemniscus*, *i*, m.
Nappo (vaso), *poculum*, *i*, n.
Narciso, *narcissus*, *i*, m.
Nardo, pianta odorifera, *nardus*, *i*, f.
Narice, narici, *nares*, *ium*, f. pl.
Narrare, *narro*, *as*, etc. A.
Narrativo, narratorio, *narrans*, *antis*, c.
Narratore, *narrator*, *ōris*, m.
Narrazioncella, *narratiuncula*, *æ*, f.
Narrazione, *narratio*, *ōnis*, f.
Nasuccio, *nasus deformis*.
Nascenza, *ortus*, *us*, m. per Gonfiezza, *tuber*, *ĕris*, n.
Nascere, *nascor*, *scĕris*, *tus*, *sci*; *orior*, D.
Nascimento, nascita, *ortus*: *exortus*, *us*, m. giorno della nascita, *dies natalis*: nobile, o bassa nascita, *nobile aut humile genus*, n.

Nascondere, *celo*: *occulto*, *as*, etc. A. per Abbelare una cosa, *rem occultare*: nascondersi, *abdĕre se*.

Nascondiglio, *latĕbra*, *æ*, f.

Nascosamente, nascostamente, *clam*: *clanculum*, avv.

Nascoso, nascosto, *abditus*: *occultus*, *a*, *um*: di nascosto, *clam*, prep.: di nascosto al padre, *clam patre*, o *patrem*.

Naso, *nasus*, *i*, m. — aquilino, *nasus aduncus*: — schiacciato, *nasus collisus*: — torto, *nasus pravus*: — rugoso, *nasus crispans*: — rincagnato, *nasus simus*: — largo, *nasus patulus*: buchi del naso, *nares*: peli del naso, *vibrissæ*, *ārum*, f. pl.

Nasone, *immānis nasus*, *i*, m.

Nastro, *tænia*, *æ*, f.

Nasturcio (erba), *nasturtium*, *ii*, n.

Nasuto, *nasutus*, *a*, *um*, add.

Natale, natività *natalis dies*, *ēi*, m. natività di N. S. G. C. *dies Christi natalis*: natalizio, *natalis*, m. e f. *e*, n. add.

Nativo, natio, *natalis*, m. e f. *e*, n. add. aria nativa, *solum natale*: nativo di Roma, *Romæ natus*.

Nato, *natus*, *a*, *um*, add. — nobilmente, *summo loco natus*: — bassamente, *infimo gĕnere natus*: — per le armi, scienze ec., *ad arma*, *ad bonas artes* etc. *natus*: — di sangue reale, *regia stirpe editus*.

Natta, *tuber*, *ĕris*, n. *tuberculum*, *i*, n.

Natura, *natura*, *æ*, f. di sua natura, *suapte natura*, avv.

Naturale (sost.), *ingenium*, *ii*, n. di buon naturale, *egregiæ indŏlis*: di cattivo naturale, *ingenio malo*, come agg. *naturalis*, m. e f. *e*, n. dipingere, ritrarre al naturale, *ad vivum exprimĕre*.

Naturalezza, *natura*, *æ*, f.

Naturalista, *historiæ naturalis professor*.

Naturalmente, *naturalĭter*, avv.

Naufragare, *naufragium pati*, D.

Naufragio, *naufragium*, *ii*, n.

Nausea, fastidio del cibo, *nausĕa*, *æ*, f. *cibi fastidium*, *ii*, n. far nausea, *stomachum movēre*.

Nauseare, *fastidio*, *is*, *ivi*, *itum*, *ire*, A.

Nauseoso, *nauseosus*, *a*, *um*, add.

Nautica, scienza del navigare, *nautica ars*, *tis*, f.

Nautico, *nautĭcus*, *a*, *um*, add.

Navale, *navalis*, m. e f. *e*, n. esercito navale, *classis*, *is*, f.

Nave, *navis*: *ratis*, *is*, f. — da guerra, *bellica navis*: — da pesca, *piscatoria*: da carico, *oneraria*: — da trasporto, *vectoria*, f. — capitana, *prætoria*: capitano di nave, *navarchus*, *chi*, m.

Navicella, *navicŭla*, *æ*, f.

Navigabile, *navigabilis*, m. e f. *e*, n. add.

Navigare, *navigo*, *as*, etc. N. — col vento in poppa, o contrario, *secundo*, vel *adverso vento*: — contro acqua, *adverso flumine*.

Navigato, *navigatus*, *a*, *um*, add. *nave trajectus*.

Navigazione, *navigatio*, *ōnis*, f.

Naviglio, flotta di navi, *classis*, *is*, f. per Navigio, *navigium*, *ii*, n.

Nazionale, *ejusdem nationis*.

Nazione, *natio*, *ōnis*, f.

Nè, *nec*: *neque*: nè anche, *ne quidem*.

Nebbia, *nebŭla*, *æ*, f.

Nebbioso, *nebulosus*, *a*, *um*, add.

Necessariamente, *necessario*, avv.

Necessario, *necessarius*, *a*, *um*, add.

Necessità, *necessitas*, *ātis*, f.

Necessitare, *cogo*, *gis*, *ēgi*, *actum*, *gĕre*, A.

Necessitoso, *egēnus*, *a*, *um*, add.

Nefandezza, nefandità, *flagitium*, *ii*, n.

Nefando, *nefandus*, *a*, *um*, add.

Nefariamente, *nefarie*, avv.

Nefario, *nefarius*, *a*, *um*, add.

Negabile *quod negari potest*.

Negare, *nego*, *as*, etc. A.

Negativa, negazione, *negatio*, *ōnis*, f.

Negativo, *negans*, *āntis*, c. add.

Neghittosamente, *negligenter*, avv.

Neghittoso, pigro, *piger*, *ra*, *rum*, add.

Negletto, *neglectus*, *a*, *um*, add.

Negligentare, trascurare, *negligo*, *igis*, *exi*, *ectum*, *igĕre*, A.

Negligentemente, neglettamente, *negligenter*, avv.

Negligente, *negligens*, *ēntis*, c. add.

Negligenza, *negligentia*, *æ*, f.

Negoziante, negoziatore, *negotiator*, *oris*, m.

Negoziare, *negotior*, *āris*, *ātus*, *āri*, D.

Negoziello, *negotiolum*, *i*, n.

Negozio, *negotium*, *ii*, n.

Negozioso, *negotiosus*, *a*, *um*, add.

Negoziuccio. V. Negoziello.

Negretto, *subniger*, *ra*, *rum*, add.

Negrezza, *nigror*, *ōris*, m.

Negro, *niger*, *ra*, *rum*: divenir negro, *nigrescĕre*, N.

Negromante, colui che pretende indovinare il futuro per mezzo dei morti, *magus*, *i*, m.

Negromanzia, *necromantia*, *æ*, f.

Nembo, *nimbus*, *i*, m.

Nemboso, *nimbosus*, *a*, *um*, add.

Nemichevolmente, *inimice*, avv.

Nemico (sost.), *hostis*, *is*, m. — privato, *inimicus*, *i*, m. nemichevole, *inimicus*, *a*, *um*, add. da nemico, *hostiliter*: *infenso animo*, avv.

Nemistà, o nimistà, inimicizia, *inimicitia*, *æ*, f.

Neo, *nævus*, *i*, m.

Neofito, venuto di poco alla fede, *neophytus*, *i*, m.

Nepitella, erba, *calaminsha*, *æ*, f.

Nepote, rispetto al nonno, o nonna, *nepos*, *ōtis*, m. per Figliuolo di fratello, o di sorella, *fratris filius*: *sororis filius*, *ii*, m. la nipote, *neptis*, *is*, f.

Neppure, *ne quidem*, cong.

Nequizia, malvagità, *nequitia*, *æ*, f.

Nerbo, *nervus*, *i*, m.

Nerboruto, nervosus, a, um, add.
Nerezza, nigror, ōris, m.
Nero, niger, ra, rum, add. divenir nero, nigrescĕre, N. vestito di nero, atratus, a, um, add.
Nervetto, nervulus, i, m.
Nervo, nervus, i. m. senza nervi, enĕrvis, m. e f. e, n. add.
Nervosamente, nervose, avv.
Nervoso, nervosus, a, um, add.
Nespola, mespilum, i, n.
Nespolo, mespilus, i, f.
Nesso, collegamento, nexus, us, m.
Nessuno (detto di persone), nemo, ĭnis, m. (detto di cose, o persone), nullus, a, um, add. nessuno affatto, nemo unus.
Nettamente, nitide: munde, avv.
Nèttare (sost.), nectar, ăris, n. di nèttare, nectarĕus, a, um, add.
Nettare, (verbo), purgo, as, etc. A.
Nettatura, purgatio, ōnis, f.
Nettezza, munditia, æ, f.
Netto, mundus, a, um, add.
Neutrale, neutrius partis studiosus, add.
Neutralità, neutrius partis studium, n.
Neutro, neuter, ra, rum, add.
Neve, nix, nivis, f. di neve, bianco come neve, nivĕus, a, um, add.
Nevicare, ningit, gebat, xit, gĕre, imp.
Nevischio, levis ningor, ōris, m.
Nevoso, nivosus, a, um: nivalis, m. e f. e, n.
Nibbio, milvus, i, m. milvulus, li, m.
Nicchia, incavatura nel muro, loculamentum, i, n.
Nicchio, conchiglia, concha, æ, f.
Nidata, nidiata, pullatio, ōnis, f.
Nido, nidus, i, m.
Niente, nihil, n. ind. nihilum, i, n. nientedimeno, nihilominus, cong.
Nimicare, odium in aliquem concitare, A.
Nimico ec. V. Nemico ec.
Ninfa, nimpha, æ, f.
Ninnare, cullare, cunas agitare, A.
Nipote. V. Nepote.
Nipotino, nepotulus, i, m.
Nissuno. V. Nessuno.
Nitidezza, nitor, ōris, m.
Nitido, nitidus, a, um, add.
Nitore. V. Nitidezza.
Nitrire. V. Annitrire.
Nitrito. V. Annitrito.
Nitro, nitrum, i, n.
Nitroso, nitrosus, a, um, add.
Niuno. V. Nessuno.
No, non: minime, avv. dir di no, negare, A. il si e il no, affirmatio, vel negatio, ōnis, f.
Nobile, nobilis, m. e f. e, n. add. — di nascita, nobilis, un nobile, nobilis vir.
Nobilitare, nobilito, as, etc. A.
Nobilmente, nobiliter, avv.
Nobiltà, nobilitas, ātis, f. la nobiltà, urbis proceres, um, m. pl.
Nocchiere, nauta: navita, æ, m.
Nocciolo, nuclĕus, i, m.

Nocciuòla, avellana, æ, f.
Nocciuolo, albero, corylus, i, f.
Noce, nux, nucis, f. di noce, nucĕus, a, um, add. — moscada, nux aromatica; — del piede, talus, i, m.
Nocevole, nocens, ĕntis, e nocivus, a, um, add.
Nocevolmente, e nocivamente, nocenter, avv.
Nocumento, detrimentum, i, n.
Nodo, nodus, i, m. senza nodi, enōdis, m. e f. e, n. add.
Nodoso, nodernso, nodosus, a, um, add.
Nodrire. V. Nutrire.
Noi, nos, nostrum, nobis, pron. pl.
Noia, molestia, æ, f. fastidium, ii, n.
Noiare, tedium afferre. A.
Noiato, tædio affectus, a, um, add.
Noiosamente, moleste, avv.
Noioso, noievole, gravis, m. e f. e, n. add.
Noleggiare, conduco, ucis, uxi, uctum, ucĕre, A.
Nolo, naulum, i: portorium, ii, n.
Nomare. V. Nominare.
Nome, nomen, ĭnis, n. per Fama, fama, æ, f. a mio nome, meis verbis: chiamar per nome, nomine nuncupare, A.
Nomina, designatio: nominatio, ōnis, f. nomen, ĭnis, n.
Nominanza, fama, æ: existimatio, ōnis, f. nomen, ĭnis, n.
Nominare, nomino, as, etc. A.
Nominatamente, nominatim, avv.
Nominativo, il primo caso del nome, nominandi casus: nominativus, a, um, add.
Nominato, nuncupatus, a, um, add.
Nominazione, nominatio, ōnis, f.
Non, non: minime: non ancora, nondum: non che, nedum: non pertanto, tamen.
Noncurante, negligens, ĕntis, c.
Noncuranza, negligentia, æ, f.
Nondimeno, nondimanco, tamen, cong.
None, certo giorno del mese presso i Romani, nonæ, arum, f. pl.
Nonna, avia, æ, f.
Nonno, avus, i, m.
Nono, nonus, a, um, add.
Norma, norma: regula, æ, f.
Nostrale, nostras, ātis, c. add. poss.
Nostro, noster, ra, rum, add. poss.
Nota, ricordo, commentarius, ii, m. per Annotazione, V. per Macchia, labes, is, f. — di musica, notæ musicæ, f. pl. a chiare note, dilucide, avv.
Notabile, notabilis, m. e f. e, n. add.
Notabilmente, notabiliter, avv.
Notaio, notaro, notarius, ii, m. scriba, æ, m.
Notare, contrassegnare, noto, as, etc. A. per Andare a nuoto, nato, as, etc. N.
Notatore, natator, ōris, m.
Notificare, significo, as, etc. A.
Notificazione, significatio, ōnis, f.
Notizia, cognitio: notio, ōnis, f. aver notizia, cognitionem alicuius rei habēre: prender notizia, de aliqua re cognoscĕre: senza mia notizia, me inscio.
Noto (vento), notus, i, m.

Noto, *notus: cognĭtus, a, um*, add.
Notomia ec. V. Anatomia ec.
Notoriamente, palesemente, *palam*, avv.
Notorio, *manifestus, a, um*, add.
Notte, *nox, noctis*, f. di notte, di notte tempo, *noctu*, vel *nocte*: sul far della notte, *sub noctem*, avv. a mezza notte, *noctis concubio*: giorno e notte, *noctu diuque*: si fa notte, *noctescit*, imper. a notte avanzata, *multa nocte*.
Nottetempo, *noctu*, avv.
Nottivago, che gira di notte, *noctivăgus, a, um*, add.
Nottola, nottolo, animale, *vespertilio, ōnis*, m. *noctŭa, æ*, f.
Notturno, *nocturnus, a, um*, add.
Novanta, *nonaginta*, agg. num.: novanta volte, *nonagies*, avv.
Novantesimo, *nonagesĭmus, a, um*, add.
Novatore, *novator, ōris*, m.
Nove, *novem*: nove volte, *novies*, avv. a nove a nove, *novēni, æ, a*, add.
Novecento, *nongenti, æ, a*, add. — volte, *nongenties*, avv.
Novella, avviso, *nuntium, ii*, n. per Favola, *fabŭla, æ*, f.
Novellamente, *recens: nuper*, avv.
Novelletta, novelluccia, *fabella, æ*, f.
Novelliere, novellista, *fabulātor, ōris*, m.
Novello, *novus, a, um*, add.
Novembre, *november, ris*, m.
Noverare ec. V. Numerare ec.
Novilunio, *nova luna, æ*, f.
Novità, *novĭtas, ātis*, f.
Noviziato, *tirocinium, ii*, n.
Novizio, *tiro, ōnis*, m.
Novo. V. Nuovo.
Nozione, *notio, ōnis*, f.
Nozze, *nuptiæ, ārum*, f. pl. di nozze, *nuptialis*, m. e f. *e*, n. farle, *nuptias celebrare*.
Nube, *nubes, is*, f.
Nubile, da marito, *nubĭlis*, m. e f. *e*, n. add.
Nuca, parte posteriore del collo, *occipĭtium, ii*, n. *occiput, ĭtis*, n.
Nudamente, *nude*, avv.
Nudare, *nudo, as*, etc. A.
Nudità, *nudĭtas, ātis*, f.
Nudo, *nudus, a, um*, add. mezzo nudo, *seminudus*.
Nudrire ec. V. Nutrire ec.
Nulla, *nihil: nil*, ind.: *nihĭlum, i*, n.
Nulladimeno, *tamen*, cong.
Nullità, *nihil*, ind.
Nume, *numen, ĭnis*, n.
Numerabile, *numerabĭlis*, m. e f. *e*, n. add.
Numerale, numerico, *numeralis*, m. e f. *e*, n. add.
Numerare, *numĕro, as*, etc. A.
Numeratore, *numerātor, ōris*, m.
Numerazione, *numeratio, ōnis*, f.
Numero, *numĕrus, i*, m.
Numerosamente, *numerose*, avv.
Numeroso, *numerosus, a, um*, add.
Nunziare, *nuntio, as*, etc. A.
Nunziatore, *nuntiator, ōris*, m.
Nunziatrice, *nuntia, æ*, f.
Nunziatura, *nuntiatio: legatio, ōnis*, f.
Nunzio, nuncio, *nuntius, ii*, m.
Nuocere, *noceo, es, ŭi, ĭtum, ēre*, N.
Nuora, *nurus, us*, f.
Nuotare, *nato, as*, etc. N. — nei piaceri, *deliciis affluĕre*.
Nuotatore, *natātor, ōris*, m.
Nuoto, *natatio, ōnis*, f. passare a nuoto un fiume, *flumen tranare*.
Nuova, *nuntium, ii*, n.
Nuovamente, *itĕrum*, avv.
Nuovo, *novus, a, um*, add.
Nutrice, *nutrix, īcis*, f.
Nutrimento, *nutrimentum, i*, n. prender nutrimento, *cibum sumĕre*.
Nutrire, nutricare, *nutrio, is, īvi, ītum, īre*, A.
Nutritivo, *nutriens, entis*, c. add.
Nutritore, *nutrītor, ōris*, m.
Nutrizione, *nutricatio, ōnis*, f.
Nuvola, *nubes, is*, f.
Nuvoletta, *nubecŭla, æ*, f.
Nuvolo, *nubĭlum, i*, n.
Nuvoloso, *nubĭlus, a, um*, add.
Nuziale, di nozze, *nuptialis*, m. e f. *e*, n. add.

O

O, *aut: sive: vel*, cong. per l'interrogazione, *an?* cong.
O, *oh! heus!* interj.
Obbediente, *obediens, entis*, c. add.
Obbedientemente, *obedienter*, avv.
Obbedienza, *obedientia, æ*, f. esser sotto la obbedienza, *sub imperio alicujus esse*.
Obbedire, *obedio, is, īvi, ītum, īre: pareo, es, ŭi, ĭtum, ēre*, N. farsi obbedire, *ad obsequium cogĕre*.
Obbiettare, *objicio, icis, ēci, ectum, cĕre*, A.
Obbietto, e oggetto, *scopus, i*, m. *finis, is*, m.
Obbiezione, *objectio, ōnis*, f.
Obblazione, offerta, *oblatio, ōnis*, f.
Obbliare. V. Dimenticarsi.
Obbligante, *officiosus, a, um*, add. con maniere obbliganti, *officiōse*, avv.
Obbligare, *obligo, as*, etc. A. Obbligarsi, *pollicĕor, ēris, ĭtus, ēri*, D. Obbligarsi alcuno, *ab aliquo gratiam inire*.
Obbligato, *obligatus, a, um*, add. essere obbligato, *debēre aliquid alicui: habēre gratiam alicui*.
Obbligazione, obbligo, *obligatio, ōnis*, f. per debito di gratitudine, *officium, ii*, n.
Obblio. V. Dimenticanza.
Obbliquamente, *oblique*, avv.
Obbliquo, obliquo, torto, *obliquus, a, um*, add.
Obblivione. V. Dimenticanza.
Obbrobrio, *opprobrium, ii*, n.
Obbrobriosamente, *probrose*, avv.
Obbrobrioso, *probrosus, a, um*, add.
Obelisco, guglia, *obeliscus, i*, m.
Obeso, troppo grasso, *obēsus, a, um*, add.

Oblato, frate converso, *conversus*, *i*, m.
Oca, *anser*, *is*, m. di oca, *anserinus*, *a*, *um*, add.
Occasione, *occasio*, *ōnis*, f. **opportunitas**, *ātis*, f.
Occaso, occidente, *occasus*, *us*, m.
Occhialajo, *conspicillorum opifex*, *icis*, m.
Occhiale, *conspicillum*, *i*, n. *ocularium vitrum*, *i*, n.
Occhiata, *obtutus*, *us*, m. *intuitus*, *us*, m. dare un' occhiata, *intuēri*, D.
Occhietto, *ocellus*, *i*, m.
Occhio, *oculus*, *i*, m. — incavati, *recedentes*: — bassi, *demissi*: — vivi, *ardentes oculi*: patir mal d' occhi, *oculis laborare*: — della vite, o alberi, *gemma*, *æ*, f.
Occhiuto, *oculatus*, *a*, *um*, add.
Occidentale, *occidentalis*, m. e f. *e*, n. *occiduus*, *a*, *um*, add.
Occidente, *occidens*, *entis*, c.
Occorrenza, affare, *negotium*, *ii*, n. per Ciò che occorre, *casus*, *us*, m.
Occorrere, *accidit*, *idēbat*, *ĭdit*, *ĕre*: *contingit*, *ngēbat*, *git*, *ĕre*, Imp. per farsi incontro, *occurro*, *ris*, *ri*, *sum*, *rĕre*, N. per esser di bisogno, *opus esse*.
Occorso, *occursus*, *us*, m. per Ciò che è accaduto, *quod contigit*.
Occultamente, *clam*: *clanculum*, avv.
Occultamento, *occultatio*, *ōnis*, f.
Occultare, *occulto*, *as*, etc. A.
Occultatore, *occultātor*, *ōris*, m.
Occultazione, *occultatio*, *ōnis*, f.
Occulto, *occultus*, *a*, *um*, add.
Occupare, *occŭpo*, *as*, etc. A. occuparsi di una cosa, *operam navare alicui rei*.
Occupato, *occupatus*, *a*, *um*, add.
Occupatore, *occŭpans*, *antis*, c.
Occupazione, *occupatio*: *intentio*, *ōnis*, f. aver qualche occupazione, *aliqua occupatione distinēri*, P.
Oceano, *oceănus*, *i*, m.
Ocularmente, *oculariter*, avv.
Oculato, cauto, *oculatus*, *a*, *um*, add.
Od, *aut*: *vel*, cong.
Ode, ode, *ode*, *es*, f.
Odiabile, *detestandus*, *a*, *um*, add.
Odiare, *odi*, *disti*, *osus sum*, *ire*, A. **odiarsi** l' un l' altro, *odio mutuo flagrare*.
Odiato, *invisus*, *a*, *um*, add.
Odiernamente, *hodie*, avv.
Odierno, *hodiernus*, *a*, *um*, add.
Odio, *odium*, *ii*, n.
Odiosamente, *odiose*, avv.
Odioso, *odiosus*, *a*, *um*, add.
Odorare, *odōror*, *āris*, *ātus*, *āri*, D. *olfacere*, A. per Mandar odore, *oleo*, *es*, *ui*, *itum*, *ēre*, N.
Odorato (sost.), *odoratus*, *us*, **m. odoratus**, vel *odorus*, *a*, *um*, add.
Odore, *odor*, *ōris*, m. avere o rendere buon odore, *bene olēre*.
Odorifero, *odorĭfer*, *a*, *um*, add.
Odoroso, *odōrus*, *a*, *um*, add.
Offa, schiacciata, *offa*, *æ*, f.
Offella, *ofella*, *æ*, f.
Offendere, *offendo*, *dis*, *di*, *sum*, *dĕre*: *lædo*, *dis*, *si*, *sum*, *dĕre*, A. offendere Dio, *in Deum peccare*.
Offensione, *offensio*, *ōnis*, f.
Offensivamente. V. Ingiuriosamente.
Offensivo, *noxius*, *a*, *um*, add. lega offensiva e difensiva, *armorum societas*.
Offensore, offenditore, *offensor*, *ōris*, m.
Offerente, *offĕrens*, *entis*, c. add.
Offerire, *offĕro*, *offers*, *obtuli*, *oblātum*, *offĕrre*, A.
Offerta. V. Oblazione: per Cosa offerta, *res oblata*; per Promessa, V. Offerta all' incanto, *licitatio*, *ōnis*, f.
Offerto, *oblātus*, *a*, *um*, add.
Offesa, *offensio*, *ōnis*, f. *injuria*, *æ*, f.
Offeso, *læsus*: *offensus*, *a*, *um*, add.
Officiale. V. Ministro, *officialis*, m. e f. *e*, n. add.
Officiare, offiziare, celebrare i divini uffizi, *sacra facĕre*.
Officiatura, *precatio*, *ōnis*, f.
Officina, *officina*, *æ*, f.
Officio, offizio, *officium*, *ii*, n. **munus**, *ĕris*, n.
Officiosamente, **cortesemente**, *officiose*, avv.
Officioso, *officiosus*, *a*, *um*, add.
Offuscamento, *obscuratio*, *ōnis*, f.
Offuscare, *obscūro*, *as*, etc. A.
Offuscato, *caligine offūsus*, *a*, *um*, add.
Oggetto. V. Obbietto.
Oggi, oggidì, *hodie*, avv.: il giorno d' oggi, *hodiernus dies*: in oggi, oggi giorno, *nostra ætate*: oggimai, *jam*, avv.
Ogni, *omnis*, m. e f. *e*, n. add. ogni anno, *singulis annis*: ogni tre anni, *tertio quoque anno*: — dì, *singulis diebus*: — dì più, *in dies magis*.
Ogni volta che, *quotiescumque*, avv.
Ognora, *semper*, avv.
Ognuno, *unusquisque*, *unaquæque*, *unumquodque*, *uniuscujusque*, etc. pron.
Oh, *oh!* interj.
Oibò, *vah!* interj.
Oimè, *hei mihi!* interj.
Olà, *heus!* interj.
Oleoso. V. Olioso.
Oliandolo, venditor d' olio, *olearius*, *ii*, m.
Oliato, *oleo perfusus*, *a*, *um*, add.
Olio, *olĕum*, *i*, n. da olio, *olearius*: **olea-ceus**, *a*, *um*, add.
Olioso, *oleosus*, *a*, *um*, **add.**
Oliva, *oliva*, *æ*, f. di **oliva, oleaginus**, *a*, *um*, add.
Olivastro, *fuscus*, *a*, *um*, **add.**
Oliveto, *olivetum*, *i*, n.
Olivo (albero), *olea*: *oliva*, *æ*, f.
Olmo, *ulmus*, *i*, f. di olmo, *ulmeus*, *a*, *um*, add.
Olocausto, sacrifizio a **Dio**, ***holocaustum***, *i*, n.
Oltra. V. Oltre.
Oltraggiare, *contumeliam facĕre*, A.
Oltraggiatore, *convicĭātor*, *ōris*, m.

Oltraggio, *contumelia, æ*, f.
Oltraggiosamente, *contumeliose*, avv.
Oltraggioso, *contumeliosus, a, um*, add.
Oltramarino, *transmarinus, a, um*, add.
Oltramontano, *transalpinus, a, um*, add.
Oltrepassare, *prætergredior, ederis, essus, edi*, D.
Oltre, *ultra: longe*, avv. più oltre, *ulterius*, avv. comp. *præter*, prep. coll' acc. oltre ciò, *præter hoc.*
Oltrechè, oltracchè, *præterquam quod.*
Oltremodo, oltremisura, *præter modum; maxime*, avv.
Omaccione, *procērus homo.*
Omaggio, *tribūtum, i*, n. render omaggio, *tribūtum solvĕre.*
Omai, *jam, jamnunc*, avv.
Ombellico, *umbilicus, i*, m.
Ombra, *umbra, æ*, f. stare all' ombra, *umbram captare*: dare ombra, o sospetto, *suspicionem injicĕre*: pigliar ombra, V. Sospettare.
Ombrare e sombrare, prender ombra, *exterreri*, P.
Ombre dei morti, *manes, ium*, m. pl.
Ombreggiamento, *obumbratio, ōnis*, f.
Ombreggiare, *obumbro, as*, etc. A.
Ombrellaio, *umbellarum opifex*, m.
Ombrello, ombrella, *umbella, æ*, f.
Ombrifero, *umbrĭfer, a, um*, add.
Ombroso, *umbrosus, a, um*: per Sospettoso, V.
Omelia, ragionamento sacro, *sacra oratio, ōnis*, f.
Omero, spalla, *humĕrus, i*, m.
Omettere, tralasciare, *omitto, ttis, si, ssum, ttĕre*, A.
Ometto, omicciuolo, ec. *homuncio, ōnis*, m.
Omicida, *homicida, æ*, m.
Omicidio, *homicidium, ii*, n.
Omissione, *prætermissio, ōnis*, f.
Omogeneo, della stessa natura, *ejusdem naturæ.*
Oncia, *uncia, æ*, f. di un' oncia, *uncialis*, m. e f. *e*, n. add. mezz' oncia, *semuncia, æ*, f. ad oncia ad oncia, *unciatim*, avv.
Oncietta, *unciŏla, æ*, f.
Oncino, *uncinus, i*, m.
Onda, *unda, æ*, f. *fluctus, us*, m.
Ondata, *undæ impĕtus, us*, m.
Onde, d' onde, *unde*, avv. per La qual cosa, *quare*, cong.
Ondeggiamento, *fluctuatio, ōnis*, f.
Ondeggiare, *fluctŭo, as*, etc. N.
Ondoso, *undosus, a, um*, add.
Onerario, voce latina, da carico, *onerarius, a, um*, add.
Oneroso, pesante, *onerosus, a, um*, add.
Onestà, *honestas, ātis*, f. *pudor, ōris*, m.
Onestamente, *honeste*, avv.
Onestare, *honesto, as*, etc. A.
Onesto, *honestus a, um*, add. ciò è onesto, *id decet*: non è onesto, *dedĕcet.*
Onninamente, del tutto, *omnino: prorsus*, avv.
Onnipossente, onnipotente, *omnipŏtens, entis*, c.
Onnipotenza, *omnipotentia, æ*, f.
Onorabile, onorando, *honorandus, a, um*, add.
Onorare, *honōro, as*, etc. A.
Onorario (sost.), *remunerātio, ōnis*, f.
Onoratamente, *honorate*, avv.
Onoratezza. V. Onestà.
Onore, *honor, ōris*, m. *reverentia: observantia, æ*, f. per Dignità, V. per Stima, Reputazione, V. Trattar con onore, *honorifice accipĕre*: farsi onore, *præclare se gerĕre*, A.
Onorevole, onorifico, *honorificus, a, um*, add.
Onorevolezza, onorificenza, *honor, ōris*, m.
Onorevolmente, *honorifice*, avv.
Onta, dispetto, *contumelia: injuria, æ*, f.
Ontosamente, *injuriose*, avv.
Onusto, carico, *onustus, a, um*, add.
Opacità, oscurità, *opacitas, ātis*, f.
Opaco, *opacus, a, um*, add.
Opera, *opus, ĕris*, n. *opĕra, æ*, f. V. Lavoro.
Operaio. V. Lavorante.
Operare. V. Lavorare.
Operativo, *efficax, ācis*, c. add.
Operatore, *opifex, ĭcis*, m. *effector, ōris*, m.
Operatrice, *effectrix, īcis*, f.
Operazione, *operatio, ōnis*, f.
Operetta, opericcinola, *opella, æ*, f. *opusculum, i*, n.
Operoso, *operosus, a, um*, add.
Opinare, *opinor, āris, ātus, āri*, D.
Opinione, *opinio, ōnis: sententia, æ*, f. seguir l' opinione di alcuno, *in sententiam alicūjus descendĕre.*
Oppilare, riserrare, *oppilo, as*, etc. A. *obstruo, uis, uxi, uctum, uĕre*, A.
Oppilazione, *oppilatio, ōnis*, f.
Oppio (albero), *populus, i*, f. per Sonnifero, *opium, ii*, n.
Opporre, *oppōno, nis, sui, situm, nĕre*, A. opporsi, *obsisto, obsistĕre*, N.
Opportunamente, *opportune*, avv.
Opportunità, *opportunitas, ātis*, f.
Opportuno, *opportunus, a, um*, add.
Opposito. V. Opposto.
Oppositore, *adversarius, ii*, m.
Opposizione, *oppositio, ōnis*, f.
Opposto, *oppositus, a, um*, add. all' opposto, *contra*, avv. nella, o dalla parte opposta, *e regione.*
Oppressione, *oppressio, ōnis*, f.
Oppresso, *oppressus, a, um*, add. — dai travagli, dal male, *curis, morbo confectus, a, um*: — dai debiti, *ære alieno demersus, a, um*, add.
Oppressore, *oppressor, ōris*, m.
Opprimere, *opprimo, ĭmis, essi, essum, imĕre*, A.
Oppugnare, *oppugno, as*, etc. A.
Oppugnazione, oppugnamento, *oppugnatio, ōnis*, f.
Opulento, opulente, ricco, *opulentus, a, um*, add.

Opulenza, *opulentia*, *æ*, f.
Opuscolo, *opuscŭlum*, *i*, n.
Ora (sost.), *hora*, *æ*, f. mezz'ora, *semihora*; *hora et dimidia*: che ora è? *quota hora est?* a buon'ora, *mature*, avv. sino a quest'ora, *adhuc*: ad ogni ora, *omni tempŏre*: d'ora in ora, *subinde*, avv. fuor d'ora, *importune*, avv. alla buon'ora, *feliciter*.
Ora, adesso, *nunc*: *modo*, avv. da ora innanzi, *deinceps*: or ora, *quam primum*: or via, *agĕdum*: ora mai, V. Oramai. Ora più che mai, *nunc maxĭme*.
Oracolo, *oracŭlum*, *i*, n.
Orafo. V. Orefice.
Oramai, *nunc jam*, avv.
Orare, pregare, *oro*, *as*, etc. A.
Orata (pesce), *aurata*, *æ*, f.
Oratore, *orātor*, *ōris*, m.
Oratoriamente, *oratorie*, avv.
Oratorio (sost.), *sacrarium*, *ii*, n. *sacellum*, *i*, n. *oratorius*, *a*, *um*, add.
Oratrice, *oratrix*, *īcis*, f.
Orazioncella, *oratiuncŭla*, *æ*, f.
Orazione, *oratio*, *ōnis*: per Preghiera, *preces*, *um*, f. pl.
Orbare, privare, *privare*: *orbare*, A.
Orbe, cerchio, *orbis*, *is*, m.
Orbita, giro descritto dalla rota, *orbĭta*, *æ*, f.
Orbo, cieco, *cæcus*, *a*, *um*, add.
Orciuolo, *urceolus*, *i*, m.
Orco, *chimæra*, *æ*, f.
Ordigno, *machĭna*, *æ*, f.
Ordinanza, *ordo*, *ĭnis*, m. per Schiera di soldati, *agmen*, *ĭnis*, n. *acies*, *ei*, f.
Ordinare, *ordĭno*, *as*, etc. A. per Comandare, *jubēre*: *imperare*; per Dare gli ordini sacri, *sacris initiare*, A.
Ordinariamente, *plerumque*, avv.
Ordinario, per Corriere, *tabellarius*, *ii*, m. per Chi ha potestà ordinaria nelle cose ecclesiastiche, *præsul*, *ŭlis*, m. per Comune, consueto, *solĭtus*: *ordinarius*, *a*, *um*, add.
Ordinatamente, *ordinatim*, avv.
Ordinatore, *ordinātor*, *ōris*, m.
Ordinazione, *ordinatio*, *ōnis*, f. per Ordine, V.
Ordine, *ordo*, *ĭnis*, m. per Commissione, V. senza ordine, *inordinate*, avv. ordini sacri, *sacri ordines*: darli, *sacris initiare*: ordini religiosi, *religiosæ familiæ*.
Ordire, *ordior*, *dīris*, *sus*, *dīri*, D. *texo*, *is*, *ui*, *xtum*, *ĕre*, A.
Ordito, orditura, ec. *textūra*, *æ*, f. *textus*, *a*, *um*, add.
Orecchietta, *auricŭla*, *æ*, f.
Orecchino, *inauris*, *is*, f.
Orecchio, orecchia, *auris*, *is*, f. porgere orecchio, *aures præbēre*: tirarle, *vellĕre*: romperle, *obtundĕre*.
Orecchiuto, *auritus*, *a*, *um*, add.
Orefice, *aurĭfex*, *ĭcis*, m.
Orfano, orfanello, privo di padre e di madre, *orphănus*, *a*, *um*, add.

Organico, *organĭcus*, *a*, *um*, add.
Organista, *qui orgăna tractat*, vel *modulatur*.
Organizzare, formar gli organi del corpo animale, *organis instruĕre*: *formo*, *as*, etc. A.
Organo, istrumento per cui l'animale fa certe sue operazioni, *orgănum*, *i*, n. per Istromento musicale, *orgănum pneumaticum*.
Orgoglio, *superbia*, *æ*, f.
Orgogliosamente, *superbe*, avv.
Orgoglioso, *superbia elātus*, *a*, *um*, add.
Oricalco, metallo composto, forse ottone, *aurichalcum*, *i*, n.
Orientale, *orientālis*, m. e f. *e*, n. add. *eōus*, *a*, *um*, add.
Oriente, *ortus*, *us*, m. *oriens*, *ĕntis*, c.
Orificio, apertura, *os*, *oris*, n.
Originale (sost.), *exemplar*, *āris*: *archetypum*, *i*, n.
Originale, originario, *originarius*, *a*, *um*, add.
Originariamente, originalmente, *ab origine*, avv.
Origine, *origo*, *ĭnis*, f.
Origliere, V. Guanciale.
Orina, *urīna*, *æ*, f.
Orinare, *mingo*, *gis*, *xi*, *ctum*, *gĕre*, N.
Orinale, *matŭla*, *æ*, f.
Oriolaio, oriuolaio, *horologiorum artĭfex*, *ĭcis*, m.
Oriolo, oriuolo, *horologium*, *ii*, n. — a sole, *horologium sciotericum*: — ad acqua, *clepsydra*, *æ*, f. mostra dell'orologio, *horarum index*, *ĭcis*, m.
Oriundo, *oriundus*, *a*, *um*, add.
Orizzontale, *horizonti par*, *ris*, c.
Orizzontalmente, *ad horizontem*, avv.
Orizzonte, *horizon*, *tis*, m.
Orlare, *oram assuĕre*, A.
Orlatura, *oræ textūra*, f.
Orlo, *ora*, *æ*, f.
Orma, *vestigium*, *ii*, n. seguir l'orme di alcuno, *vestigiis alicūius ingrĕdi*.
Ormai. V. Oramai.
Ornamento, *ornamentum*, *i*, n. *ornatus*, *us*, m. senza ornamento, *inornate*, avv.
Ornare, *orno*: *exōrno*, *as*, etc. A.
Ornatamente, *ornāte*: *eleganter*, avv.
Ornato, *ornatus*, *a*, *um*, add.
Orno (albero), *ornus*, *i*, f.
Oro, *aurum*, *i*, n. — lavorato, *aurum cælātum*: — coniato, *signatum*.
Orologio. V. Oriolo.
Oroscopo, osservazione dello stato del cielo alla nascita d'alcuno, per trarne augurio, *horoscŏpus*, *i*, m.
Orpellare, coprire di orpello, *bracteam superinducĕre*, *obtegĕre*, A.
Orpello, *bractea*, *æ*, f.
Orrendamente, orribilmente, *horrendum*, avv.
Orrendo, orribile, orrido, *horrendus*, *a*, *um*, add.
Orrisonante, *horrisŏnans*, *āntis*, add.
Orrore, *horror*, *ōris*, m.

...a, *æ*, f. — maggiore, *helice*, *es*,
...iore, *cynosūra*, *æ*, f.
...orso, *ursīnus*, *a*, *um*, add.
...*s*, *i*, m.
...*agesis*: *oge*, interj.
...*olĕra*, *um*, n. pl.
...l orto, *hortensis*, m. e f. *e*, n. ad.
...*ria*, *æ*, f.
...*hortŭlus*, *i*, m.
..., retta scrittura, *orthographīa*,
...
... cultore dell' orto, *olĭtor*, *ōris*:
...], *miliaria*, *æ*, f.
...la a sinistra dell' antenna, *pes*
antennæ: andare a orza, *obli-*
...*vo pede carbăsa*: *ad sinistram*
...
... bollicina sulle palpebre, *hor-*
..., m.
...*ssina*, *æ*, f.
...*ĕum*, *i*, n. di orzo, *hordeacĕus*, *a*,
...
...*leo*, *des*, *sus*, *dēre*, N. e A.
...nte, *obscœne*, avv.
...*obscœnĭtas*, *ātis*, f.
...*ernus*. *a*, *um*, add.
...nte, *obscure*, avv.
...nto, oscurazione, *obscuratio*,
...
...*obscūro*, *as*, etc. A.
...*subobscūrus*, *a*, *um*, add.
...scurezza, *obscurĭtas*, *ātis*, f.
...*scūrus*, *a*, *um*. add.
...*nosocomīum*, *ii*, n.
...*ospitabilis*, m. e f. *e*, n. add.
...*hospitalĭtas*, *ātis*, f.
...nte, *hospitalĭter*, avv.
...*pes*, *ĭtis*, c. da ospite, *hospitalis*,
... n. add.
...*spitium*, *ii*, n.
...*sium acervus*, *i*, m.
...*ssium compāges*, *is*, f.
...*us*, *a*. *um*, add.
..., *colo*, *is*, *ui*, *cultum*, *ĕre*, A.
...*obsequium*, *ii*, n.
..., *obsequiosus*, *a*, *um*, add.
...*ossicŭlum*, *i*, n.
...e, *observabĭlis*, m. e f. *e*, n. add.
...nto. V. Osservazione.
...e, *observans*, *antis*, c. add.
...a, per Ossequio V. — di leggi,
...*stodia*, *æ*, f.
... per Mantenere, *servo*, *as*, etc.
...onsiderare diligentemente, *ob-*
..., etc. A.
...e, *observātor*, *ōris*, m.
...ce, *observātrix*, *icis*, f.
...ne, *observatio*, *ōnis*, f.
.... Indemoniato.
...alcino, ossicello, *ossicŭlum*, *i*, n.
...*ssis*, n. — della schiena, *vertĕ-*
.... — della gamba, *tibia*, *æ*, f. —
...gno, *talus*, *i*, m.
...*obstacŭlum*. *i*, n.
...*hses*, *ĭdis*, c.
...*stans*, *antis*, c. non ostante che,
licet: *etiamsi*, cong. ciò non ostante, *nihilomĭnus*, cong.
Ostare, *obsto*, *as*, *ĭti*, *ĭtum*, vel *ātum*, *are*, N.
Oste, albergatore, *caupo*, *ōnis*, m. per Esercito, V.
Ostello, albergo, *diversorium*, *ii*, n. *cau-pōna*, *æ*, f.
Ostentare, *jacto*: *ostento*, *as*, etc. A.
Ostentatore, *ostentator*, *ōris*, m.
Ostentazione, *ostentatio*, *ōnis*, f.
Osteria, *caupōna*, *æ*: *popīna*, *æ*, f.
Ostessa, *copa*, *æ*, f.
Ostia, offerta a Dio in sacrifizio, *hostia*, *æ*, f.
Ostiariato, uno degli ordini minori della Chiesa, *ostiariatus*, *us*, m.
Ostiario, portinaio, *ostiarius*, *ii*, m. chi ha il primo degli ordini minori, *ostiarius*.
Ostile, nemico, *hostīlis*, m. e f. *e*, n. add.
Ostilità, *hostilĭtas*, *ātis*, f.
Ostilmente, *hostilĭter*, avv.
Ostinarsi, *animum obfirmare*, A.
Ostinatamente, *obstinate*, avv.
Ostinatello, *obstinatior*, *ōris*, m.
Ostinato, *pervicax*, *acis*, c. *obstinatus*, *a*, *um*, add. — Nel suo parere, *judicii sui tenax*, *ācis*, c.
Ostinazione, *obstinatio*, *ōnis*, f.
Ostrica, *ostrĕa*, *æ*, f. *ostrĕum*, *i*, n.
Ostro (vento di mezzodì), *auster*, *ri*, m. per Porpora, V.
Ostruzione, serramento, *obstructio*, *ōnis*, f.
Otre, *uter*, *utris*, m.
Ottangolare, *octogōnos*, *i*, m. *octangŭlus*, *a*, *um*, add.
Ottanta, *octoginta*: ottanta volte, *octogies*, avv.
Ottantesimo, *octogesĭmus*, *a*, *um*. add.
Ottativo (modo del verbo), *optativus*, *a*, *um*, add.
Ottava, *dies octavus*.
Ottavo, *octavus*, *a*, *um*, add. (sost.) la parte ottava, *octans*, *antis*, m.
Ottenebrare, *obtenĕbro*, *as*, etc. A.
Ottenebrazione, ottenebramento. V. Oscuramento.
Ottenere, *obtinĕo*, *ines*, *inui*, *entum*, *inēre*, A. *consĕquor*, *equĕris*, *ecūtus*, *ĕqui*, D.
Ottenuto, *obtentus*, *a*, *um*, add.
Ottica, la scienza che riguarda la vista, *optice*, *es*, f. alla gr.
Ottimamente, *optĭme*, avv.
Ottimati, i grandi, *procĕres*, *um*, m. pl.
Ottimo, *optĭmus*, *a*, *um*, add.
Otto, *octo*: otto volte, *octies*, avv. a otto a otto, *octōni*, *æ*, *a*, add.
Ottobre, *octōber*, *ris*, m.
Ottocentesimo, *octingentesĭmus*, *a*, *um*, ad
Ottocento, *octingenti*, *æ*, *a*, add. ottocento volte, *octingenties*, avv.
Ottogenario, ottuagenario, *octogenarius*, *a*, *um*, add.
Ottone, *aurichalcum*, *i*, n.
Otturare, chiudere, *obtūro*, *as*, etc. A.
Ottusamente, *obtūse*, avv.

Ottusione, *hebetatio, ōnis*, f.
Ottusità, *hebetūdo, ĭnis*, f.
Ottuso, *hebes, ĕtis*, c. *obtusus, a, um*, add.
Ovato, ovale, *ovatus, a, um*, add.
Ovazione, specie di trionfo, *ovatio, ōnis*, f.
Ove, *ubi*, avv. di stato: *quo*, avv. di moto: per Purchè, *dummŏdo*: per Quando, *ubi, quando*: ovechè, ove che sia (stato), *ubicumque*: (moto), *quocumque*.
Ovile, stalla delle pecore, *ovile, is*, n.
Ovunque, *ubicumque*, avv.
Ovvero, *sive*: *aut*: *vel*, cong.
Ovviare, *alicui obsistĕre*, N. *Adversari*, D.
Ozio, oziosità, *otium, ii*, n. stare in ozio, *otior, āris, ātus, ari*, D.
Oziosamente, *otiose*, avv.
Ozioso, *otiosus*: *desidiosus, a, um*, add.

P

Pacatamente, *quiete*, avv.
Pacato, *pacātus, a, um*, add.
Pace, *pax, pacis*, f. far pace, *bellum componĕre*: darsi pace, *quiescĕre*: esser pace, vale Avere al giuoco un punto pari, *pares esse*.
Pacchetto, *fascicŭlus, i*, m.
Paciere, chi fa far la pace, *pacificator, ōris*, m.
Pacificamente, *quiete*, avv.
Pacificare, *sedo*: *placo, as*, etc. A. pacificarsi con alcuno, *cum aliquo in gratiam redire*, N.
Pacificatore. V. Paciere.
Pacificazione, *pacificatio, ōnis*, f.
Pacifico, *pacifĭcus, a, um*, add.
Padella, *sartāgo, ĭnis*, f. *patella, æ*, f.
Padiglione, *tentorium, ii*, n. — da letto, *conopeum*, i, n.
Padre, *pater, tris*, m. *genitor, ōris*, m. — di famiglia, *pater familias*: i nostri padri, *majores, um*, m. pl. tener per padre, *patris loco habēre*.
Padrona, *domina*: *hera, æ*, f.
Padronanza, *dominatus, us*, m.
Padrone, *dominus*: *herus, i*, m. di padrone, *herilis*, m. e f. *e*, n. add. — della nave, *navarchus, i*, m. farsi padrone, V. Impadronirsi.
Padroneggiare, *dominari*, D.
Paesano, *indigĕna, æ*, c.
Paese, *regio, ōnis*, f. di paese in paese, *regionatim*, avv.
Paesello, *parva regio*, f.
Paga, *stipendium, ii*, n.
Pagamento, *solutio, ōnis*, f. *merces, ēdis*, f.
Paganesimo, *ethnica religio*, f.
Pagano, *ethnicus, a, um*, add.
Pagare, *solvo, vis, vi, ūtum, vĕre*, A. — la pena, *pœnas luĕre*.
Pagatore, *solūtor, ōris*, m.
Paggetto, *puellus, i*, m.
Paggio, *puer, i*: *assĕcla, æ*, m.
Pagina, *pagina, æ*, f.
Paglia, *palĕa, æ*, f. di paglia, *stramineus, a, um*, add.
Pagliaccio, paglia trita, *palea trita*.
Pagliaio, *palearium, ii*, n.
Pagliariccio, paglioriccio, *culcitra straminĕa*: *palea trita*.
Pagliuzza, *paleæ festūca, æ*, f.
Pagnotta, *panis, is*, m. mezza pagnotta, *dimidiatus panis*, m.
Pago. V. Soddisfatto.
Paio, *par, paris*, n.
Paiuolo, *cacăbus, i*, m.
Pala, *pala, æ*, f. — da ventilar grano, *ventilābrum, i*, n. — da forno, *infurnibŭlum, i*, n.
Paladino, *heros, ōis*, m.
Palafitta, *palatio, onis*, f.
Palafreniere, *servus a pedibus*.
Palafreno, *asturco, ōnis*, m.
Palagio, *ædes, ium*, f. pl. *ædes regia*, f.
Palandrano, gabbano, *lacerna, æ*, f. *endrŏmis, ĭdis*, f.
Palato, *palātum, i*, n.
Palazzo, *palatium, ii*, n.
Palco, palchetto, *tabulatum, i*, n. — da teatro, *spectacŭlum, i*, n. *fori, orum*, m. plur.
Palesamento, *declaratio*: *detectio, ōnis*, f.
Palesare, *manifesto, as*, etc. A.
Palesatore, *patefaciens, ĕntis*, c. add.
Palese, *manifestus, a, um*, add. in palese, *palam*, avv.
Palesemente, *palam*, avv.
Palestra, *palestra, æ*, f.
Paletta, *batillum, i*, n.
Paletto, piccolo palo, *paxillus, i*, m.
Palificare, *palo, as*, etc. A.
Palificato, *palis munītus, a, um*, add.
Palio, *bravium, ii*, n. vincerlo, *palmam ferre*, per Pallio, *pallium, ii*, n.
Paliotto, *pallidium, i*, n. per quella tela che copre la fronte dell'altare, *aræ amiculum, i*, n.
Paliscalmo, palischermo, barchetta, *scapha, æ*, f. *linter, ris*, f.
Palizzata, *palatio, ōnis*, f.
Palla, *globus, i*, m. — da giuocare, *pila, æ*, f. — d'archibuso, *glans plumbĕa*.
Palletta, pallottola, *pilŭla, æ*, f.
Palliamento, ingegnosa finzione, *dissimulatio, ōnis*, f.
Palliare, coprire ingegnosamente, *tego, gis, xi, ctum, gĕre*, A.
Pallidetto, palliduccio, *pallidŭlus, i*, m.
Pallidezza, pallidume, *pallor, ōris*, m.
Pallido, *pallĭdus, a, um*, add. divenir pallido, *pallesco, escis, escĕre*, N.
Pallina, pallottolina, *globŭlus, i*, m.
Pallio, *pallium, ii*, n.
Pallone, *follis, is*, m.
Pallore, *pallor, ōris*, m.
Palma, *palma, æ*, f.
Palmo, *palmus, i*, m.
Palo, *palus, i*, m.
Palomba, colombo selvatico, *palumbes, is*, c.
Palpebile, *tactilis*, m. e f. *e*, n. add.
Palpare, toccare, trattare, *palpo, as*, etc. A. per Adulare, V.

a, æ, f.
as, etc. N.
lpitamento, *palpitatio*,

ne, accattone, *mendicus*,
lto, *perditus*, a, um, add.
te militare dei Romani,
, n.
s, f.
us, a, um, add.
r, m. e f. e, n. add.
o, *pampinus*, i, m.
tus, a, um, add.
inosus, a, um, add.
si mette il pane, *pana-*

öris, m.
ii, n.
, m. far pancia, *in ven-*

us, a, um, add.
. — di fior di farina, *si-*

yrica oratio, *önis*, f. *pa-*
, add.
tor, *öris*, m.
che viene alle unghie,
m, n. pl.
cus, i, m.
l, n.
qualus, i, m.
s, i, m.
lius, i, m.
m. panni lini, *lintea ve-*

i, n.
rus, a, um, add.
, æ, f.
, m.
s, a, um, add.
ximus.
, a, um: *pontificalis*, m.

s, us, m.
r, *ĕris*, m. e n. di papa-
s, a, um, add.
o, *anserinus*, a, um, add.
nina, *anser*, *ĕris*, m. di
s, a, um, add.
del papa, *pontificius*, a,
autor, *öris*, m.
ii, n.
di cappuccio, *cucullus*,

us, i, m.
line, *parabola*, æ, f.
ne, *garrulus*, i, m.
s, i, m. — terrestre, *pa-*
ditu amœnissimus.
ori della comune opi-
m, i, n.
explicare.
terpretazione di un su-
s, is, f.
parabilis, m. e f. e, n.

Paragonare, *compăro*, as, etc. A.
Paragone, *comparatio*, *önis*, f. (pietra), *La-pis lydius*, m.
Paragrafo, *paragrăphus*, i, m.
Parallello, parallelo, *parallēlus*, a, um, add.
Paralisia, *paralysis*, is, f.
Paralitico, *paralyticus*, a, um, add.
Paralogismo, raziocinio falso, *fallax argumentum*.
Paramento, *vestes*, *ium*, f. pl. paramenti sacri, *vestes sacræ*.
Parapetto, *crepīdo*, *ĭnis*, f.
Parare, *exorno*, as, etc. A. pararsi innanzi, *occurrĕre*, N. — un colpo, *ictum avertĕre*.
Parasole, *umbella*, æ, f.
Parassito, *parasitus*, i, m.
Parato, *paratus*: *ornatus*, a, um, add.
Paravento, *diathyrum*, i, n.
Parcamente, *parce*, avv.
Parco, luogo dove si racchiudono le fiere (sost.), *vivarium*, ii, n. *parcus*, a, um, add.
Pardo, animale feroce, *pardus*, i, m.
Parecchi, *plures*, ium, m. pl.
Pareggiamento. V. Equazione.
Pareggiare, *æquo*: *æquipăro*, as, etc. A.
Parentado, *propinquitas*, *ätis*, f. — da parte del padre, *agnatio*, *önis*, f. — della madre, *cognatio*, *önis*: per Lignaggio. V.
Parente, *propinquus*, a, um, add. — da parte di padre, *agnātus*: — da parte di madre, *cognātus*: per Progenitore, *parens*, *ĕntis*, c.
Parentela, *affinitas*, *ätis*, f.
Parentesi, *parenthĕsis*, is, f. far parentesi, *sermonem abrumpĕre*.
Parere (verbo), *videor*, *ĕris*, *sus*, *ēri*, D. per Apparire, *constat*, *ābat*, *itit*, imp.
Parere (nome), *opinio*, *önis*, f. a mio parere, *ut mea fert sententia*: sono di parere, *sentio*, *tis*, *si*, *sum*, *īre*, N. mutar parere, *a sententia discedĕre*.
Parete, *paries*, *ĕtis*, m.
Pargoleggiare, *puerasco*, is, *ĕre*, N.
Pargoletta, *puellula*, æ, f.
Pargoletto, pargolo, *puerŭlus*, i, m. *parvulus*, a, um, add.
Pari, *par*, *paris*, n. add. del pari, *ex æquo*.
Pariglia. V. Paio; per Contraccambio, V. Render la pariglia, *par pari referre*.
Parimente, *pariter*, avv.
Parità, *æqualitas*, *ätis*, f.
Parlamentare, *sermonem conferre*: *colloquor*, *quĕris*, *cutus*, *qui*, D.
Parlamento, *concilium*, ii, n. *concio*, *önis*, f.
Parlante, *loquens*, *ĕntis*, c. add.
Parlare (verbo), *loquor*, *quĕris*, *cutus*, *qui*, D. — tra i denti, *mussito*, as, etc. N. — pro e contro, *in contrarias partes disserĕre* (sost.), *sermo*, *önis*, m.
Parlatore, *locutor*, *öris*, m.
Parlatorio, luogo ove si parla colle monache, *cancelli*, *orum*, m. pl.
Parlatrice, *garrula*, æ, f.
Paro. V. Paio.

Paroco, Parroco, *parŏchus*, *i*, *curio*, *ōnis*, m.

Parola, *verbum*, *i*, n. In poche parole, *paucis*: — per parola, *ad verbum*: per Promessa, *fides*, *ei*, f. mantenerla, *fidem præstare*: mancarvi, *fidem fallĕre*.

Parolaio. V. Ciarlatore.

Paroletta, parolina, *vocŭla*, *æ*, f.

Parricida, *parricida*, *æ*, m.

Parricidio, *parricidĭum*, *ii*, n.

Parrocchia, *parochia*, *æ*, f.

Parrocchiale, *parochialis*, m. e f. *e*, n. add.

Parrocchiano. V. Parroco. I parrocchiani, *fideles*, *ium*, m. pl.

Parroco, *parŏchus*, *i*, m.

Parrucca, *galericulum*, *i*, n. *coma adscititia*.

Parsimonia, *parsimonia*, *æ*, f.

Parte, *pars*, *partis*, f. In gran parte, *magna ex parte*: por da parte, *segregāre*: tirar a parte, *seducĕre*: prendere in buona parte, *æqui bonique facĕre*: — in cattiva, *ægre ferre*: la maggior parte, *plerique*: far le parti, V. Dividere: da una parte e dall'altra, *utrinque*: da ogni parte, *undĭque*, avv.: passare uno da parte a parte, *aliquem transfodĕre*.

Partecipare, aver parte, *particĭpo*, *as*, etc. per Far partecipe, *communicare*: *conferre*, A.

Partecipazione, *communicatio*, *ōnis*, f.

Partecipe, partecipatore, *particeps*, *ĭpis*, add. far partecipe, *in partem vocare*: *conferre*, A.

Partenza, *discessus*, *us*, m.

Particella, *particŭla*, *æ*, f.

Participare, participazione. V. Partecipare ec.

Participio, una delle parti del discorso, *participium*, *ii*, n.

Particola. V. Particella.

Particolare, *peculiaris*, m. e f. *e*, n. add. In particolare, *singillatim*, avv.

Particolarità, *singularĭtas*, *ātis*, f.

Particolarizzare, *singula prosĕqui*, D.

Particolarmente, *præcipue*, *particulatim*, avv.

Partigiano, *fautor*, *ōris*, m.

Partimento, *partitio*, *ōnis*, f.

Partire, far parti, *partior*, *īris*, *ītus*, *īri*, D. partirsi per Andar via, V. Andare.

Partita. V. Partenza.

Partita, nota di credito o debito, *nomen*, *ĭnis*, n.

Partitamente, *singillatim*, avv.

Partito (sost.), *ratio*, *ōnis*, f. per Risoluzione, consiglio, V. per Impegno, *pars*, *partis*, f. ridursi a mal partito, *in discrimen adduci*: ingannarsi a partito, *toto cœlo errare*: per Andato via, *digressus*, *a*, *um*, add. per Diviso, *divisus*, *a*, *um*, add.

Partizione, *partitio*, *ōnis*, f.

Parto, *partus*, *us*, m.

Partoriente, *pariens*, *ĕntis*, f.

Partorire, *parturio*, *īris*, *urivi*, *uritum*, *urire*, A.

Parvità, pochezza, *parvĭtas*, *ātis*, f.

Parvolo. V. Pargoletto.

Paruto, *visus*, *a*, *um*, add.

Parziale, *fautor*, *ōris*: *studiosus*, *a*, *um*, add.

Parzialità, *partium studium*, *ii*, n.

Parzialmente, *nimio partium studio*, avv.

Pascere, *pasco*, *scis*, *vi*, *stum*, *scĕre*, A. pascersi, *vescor*, *ĕris*, *i*, D.

Pasciuto, *pastus*, *a*, *um*, add.

Pascolare. V. Pascere, — la greggia, *in pastum pecus propellĕre*.

Pascolo, *pascŭum*, *i*, n. chi mena al pascolo, *pabulātor*, *ōris*, m.

Pasqua, *pascha*, *æ*, f. *pascha*, *ătis*, n.

Pasquale, *paschalis*, m. e f. *e*, n. add.

Passaggio, *transĭtus*, *us*, m. darlo, *iter dare*, impedirlo, *itinĕre prohibēre*: toccar di passaggio, *cursim attingĕre*.

Passaporto, *syngrăphus*, *i*, m. *commeatus*, *us*, m.

Passare, *transeo*, *is*, *īvi*, vel *ii*, *ĭtum*, *īre*, N. — il tempo, *tempus terĕre*: per Traforare, *transfodĕre*.

Passata, *transĭtus*, *us*, m. *transitio*, *ōnis*, f.

Passatempo, *solatium ii*, n.

Passato, *prætĕrĭtus*, *a*, *um*, add. nel passato, *antehac*: *olim*, avv.

Passatoio, specie di ponte per passar fossi, *ponticulus*, *i*, m.

Passeggiare, *deambŭlo*, *as*, etc. N.

Passeggiere, passeggiero, *viātor*, *ōris*, m. per Transitorio, *cadūcus*, *a*, *um*, add.

Passeggio, passeggiata, *deambulatio*, *ōnis*, f.

Passero, passera, *passer*, *ĕris*, m.

Passerotto, passerino, *passercŭlus*, *i*, m.

Passibile, atto a patire, *passibĭlis*, m. e f. *e*, n. add.

Passibilità, *passibilĭtas*, *ātis*, f.

Passione, patimento, *passio*, *ōnis*, f. — di animo, *animi motus*, *affectio*.

Passivamente, *passive*, avv.

Passivo, *passivus*, *a*, *um*, add.

Passo, *passus*: *gradus*, *us*, m. tirarsi un passo indietro, *gradum revocare*: andar di passo, *lente incedĕre*: passo passo, *pedetentim*, avv. V. Passeggio.

Passo, che non è più fresco, *passus*, *a*, *um*, add.

Pasta, *massa*, *æ*, f. paste dolci, *bellaria*, *ōrum*, n. pl.

Pasteggiare, *epŭlor*, *āris*, *ātus*, *āri*: *convivari*, D.

Pasticciere, *dulciarĭus pistor*, m.

Pasticcio, *artocrĕas*, *ătis*, n.

Pastiglia, *pastillus*, *i*, m.

Pasto, *pastus*, *us*, m. per Convito, *epulum*, *i*, n. far pasto, *convivium apparare*, A.

Pastocchia, finzione, *commentum*, *i*, n.

Pastorale (sost.), bastone dei pastori ricurvo in cima, *pedum*, *i*, n. *lituus*, *i*, m. pastoreccio, *pastoralis*, m. e f. *e*, n. add.

Pastoralmente, *pastorum more*, avv.

Pastore, *pastor*, *ōris*, m.

...foritius, a, um, add.
...astore.
...m. e f. e, n. add.
...m, i, n.
...urre alla pastura, pasco,
...ĕre, A.
...lla.
... sacro che copre il calice,

...diploma, ătis, n. per Mani-
...fălis, c. add.
...aliter, avv.
...aĕra, æ, f.
...n morem patris, avv.
...nitas, ătis, f.
...ale, paternus, a, um, add.
...tio dominica, f.
...icus, a, um, add.
...lum, i, n.
...tudo, ĭnis, f.
...ĕris, sus, ti, D. — fame,
...frigore laborare: per Rice-
...mum capĕre.
...r, f.
...rcha, æ, m.
...riarchicus, a, um, add.
...riarchātus, us, m.
...us, i, m.
...atrimonialis, m. e f. e, n.
...rimonium, ii, n.
...a, um, add.
...us, a, um, add.
...igliare il padre, patrisso,

...trocinor, āris, ātus, āri, D.
...atrōnus, i, m.
...ocinium, ii, n. tutēla, æ, f.
...erivante dal nome del pa-
...icus, a, um, add.
...attuire, paciscor, iscĕris,
...onvenio, ĕnis, ēni, ĕntum,

...i, n. secondo i patti, ex

...um cohors, ortis, f.
...illeggiare.
..., a, um, add.
...ōris, m. metter paura, ti-
...e: senza paura, impavidus,

...pavide, avv.
...is, a, um, add.
...r, f.
...usa, pauso, as, etc. N.
...ro, ves, vi, vēre, N.
...s, a, um, add.
...imentum, i, n.
...acĭas, a, um, add.
...ĭnis, m.
...se se efferre: gloriari, D.
...ns, ĕntis, c. add.
... patienter, avv.
...ntia, æ, f. aver pazienza,
...perderla, patientiam rum-

...ulte, avv.

Pazzerello, stultŭlus, a, um, add.
Pazzia, dementia, æ, f.
Pazzo, stultus, a, um: demens, ĕntis, c. ad.
Pecca, vitium, ii, n.
Peccabile, peccato obnoxius, a, um, add.
Peccaminoso, vitiosus, a, um, add.
Peccare, pecco, as, etc. N.
Peccato, peccatum, i, n. crimen, ĭnis, n. — mortale, peccatum letale: — veniale, venialis noxa, f.
Peccatore, peccator, ōris, m.
Peccatrice, peccatrix, īcis, f.
Pecchia, pecchione, fucus, i, m.
Pece, pix, cis, f. di pece, piceus, a, um, add.
Pecora, ovis, is, f.
Pecoraio, opilio, ōnis: pecuarius, ii, m.
Pecorino. V. Agnellino: di pecora, pecorinus, a, um, add.
Peculiare, peculiaris, m. e f. e, n. add.
Peculio, ciò che il figlio o il servo tiene in proprio, peculium, ii, n.
Pecunia, pecunia, æ, f.
Pecuniale, pecuniario, pecuniarius, a, um, add.
Pecunioso, che ha danaro, pecuniosus, a, um, add.
Pedagogo, educator di fanciulli, pædagŏgus, i, m.
Pedale, truncus, i, m.
Pedanteria, pædagŏgi ineptiæ, ārum, f. pl.
Pedantescamente, pædagŏgi more, avv.
Pedantesco, pædagŏgo conveniens, ĕntis, c. add.
Pedata, orma del piede, vestigium, ii, n. per Colpo col piede, pedis ictus, m. seguir le pedate di alcuno, alicūjus vestigiis ingrĕdi.
Pedestre, pedester, tris, tre, add.
Pedina, calcŭlus lusorius: latruncŭlus, i, m.
Pedone, pedes, ĭtis, m.
Peggio, pejus, avv. fare alla peggio, quam iniquissime agĕre.
Peggiorare, in pejus ruĕre, N.
Peggioramento, in pejus mutatio, ōnis, f.
Peggiorato, deterior factus.
Peggiore, deterior, m. e f. us, n. ōris, add.
Pegno, pignus, ŏris, n. dare in pegno, oppignŏro, as, etc. A.
Pelago, mare, is, n. pelăgus, i, m.
Pelame, pilorum qualitas et color.
Pelare, pilos evellĕre, A. pilo, as, etc. A.
Pelato, depilatus, a, um, add.
Pelle, pellis: cutis, is, f. pelle pelle, V. Superficialmente: salvar la pelle, periculo se eripĕre.
Pellegrina, peregrina, æ, f.
Pellegrinaggio, pellegrinazione, peregrinatio, ōnis, f.
Pellegrinare, peregrinor, āris, ātus, āri, D.
Pellegrino, peregrinus, i, m. peregrinus, a, um, add.
Pellicano, sorta d'uccello, pelecānus, vel pelicanus, i, m.
Pelliccia, mastrūca, æ, f.

Pellicciaio, pellicciaro, *pellio*, *ōnis*, m.
Pelliccione, *endrŏmis*, *ĭdis*, f.
Pellicella, pellicina, *pellicŭla*, *æ*, f.
Pelliccio, *pellicĕus*, *a*, *um*, add.
Pelo, *pilus*, *i*, m. giovane di primo **pelo**, *barbatŭlus juvenis*, m.
Peloso, *pilosus*, *a*, *um*, add.
Peltro, stagno raffinato, *stannum*, *i*, n.
Pena, *pœna*, *æ*, f. *supplicium*, *ii*, n. pagarla, incorrerla, portarla, *pœnam dare*, *subire*: sotto pena della vita, *proposita capitis pœna*: a pena, a gran pena, *vix*: *ægre*, avv.
Penale, *pœnalis*, m. e f. *e*, n. add.
Penare, *labōro*, *as*, etc. N. per Tardare, V.
Pendente (*sost.*), *monile*, *is*, n. *pendŭlus*, *a*, *um*, add.
Pendenza, *declinatio*, *ōnis*, f. per Inclinazione, V.
Pendere, *pendeo*, *ndes*, *pepĕndi*, *nsum*, *ndēre*: per Inclinare, V.
Pendice, *rupes*, *is*, f.
Pendio, *declivitas*, *ātis*, f.
Pendolo (*sost.*), *perpendicŭlum*, *i*, n. *pendŭlus*, *a*, *um*, add.
Penetrabile, *penetrabilis*, m. e f. *e*, n. add.
Penetrabilità, *penetrandi virtus*, *ūtis*, f.
Penetrale, *penetrale*, *is*, n.
Penetramento. V. Penetrazione.
Penetrante, *permeans*, *āntis*, c. add.
Penetrare, *penĕtro*, *as*, etc. A.
Penetrativo. V. Penetrabile.
Penetrazione, *penetratio*, *ōnis*, f. — d'ingegno, *ingenii vis*, *is*, f.
Penisola, *peninsŭla*, *æ*, f.
Penitente, *pœnitens*, *ēntis*, c. add.
Penitenza, sacramento, *pœnitentiæ sacramentum*, *i*, n. per Soddisfacimento di falli commessi, *satisfactio*, *ōnis*, f. per Virtù, *contritio*, *ōnis*: per Gastigo, *pœna*, *æ*, f.
Penitenziale, *pœnitentialis*, m. e f. *e*, n. ad.
Penitenziare, impor penitenza, *pœnam irrogare*, A.
Penitenziere, *pœnitentiarius*, *ii*, m.
Penitenzieria, *pœnitentiariorum munus*, n.
Penna, *penna*, *æ*, f. di penna, *plumĕus*, *a*, *um*, add. — da scrivere, *calămus*, *i*, m.
Pennacchio, *crista*, *æ*, f.
Pennacchiuolo, *cristŭla*, *æ*, f.
Pennaiuolo, arnese da riporre le penne da scrivere, *graphiarium*, *ii*, n.
Pennato, pennuto, *pennatus*, *a*, *um*, add.
Pennellata, *penicilli ductus*, *us*, m.
Pennello, *penicillus*, *i*, m. a pennello, *affabre*, avv.
Pennetta, *pinnŭla*, *æ*, f.
Pennuto. V. Pennato.
Penosamente, *ægre*, avv.
Penoso, *gravis*, m. e f. *e*, n. *molestus*, *a*, *um*, add.
Pensamento. V. Pensiere.
Pensare, *cogĭto*, *as*, etc. A. per Prendersi cura di una cosa, *alicui rei animum adducĕre*: senza pensarvi, *inopinanter*, avv.
Pensatamente, *consulto*, avv.

Pensato, *cogitatus*, *a*, *um*, add.
Pensatore, pensatrice, *cogitans*, *āntis*, c.
Pensiere, pensiero, *cogitatio*, *ōnis*, f.
Pensieroso, *cogitabundus*, *a*, *um*, add.
Pensile, che sta sospeso, *pensilis*, m. e f. *e*, n. add.
Pensionario, che **paga pensione**, *qui vectigal pensitat*.
Pensioncella, *pensiuncŭla*, *æ*, f.
Pensione, *pensio*, *ōnis*, f.
Pensoso. V. Pensieroso.
Pentametro, specie di verso latino, *pentamĕter*, *ri*, m.
Pentecoste, *pentecostes*, *es*, f.
Pentimento, *pœnitentia*, *æ*, f.
Pentirsi, *pœnitet*, *ēbat*, *ūit*, *ēre*, imp.
Pentito, *pœnitens*, *ēntis*, c. add.
Pentola, *olla*, *æ*, f.
Pentolaio, *figŭlus*, *i*, m.
Pentoletta, pentolino, *auxilla*, *æ*: *ollula*, *æ*, f.
Penultimamente, *penultimo loco*, avv.
Penultimo, *penultimus*, *a*, *um*, add.
Penuria, scarsità, *penuria*, *æ*, f.
Penuriare, *penuria laborare*.
Penzolare, ec. V. Pendere, ec.
Penzolone, penzoloni, *in modum pendentis*.
Pepe, *piper*, *pĕris*, n.
Peplo, velo, *peplum*, *i*, n.
Per, *per*, prep. coll'acc. per In cambio, In favore, *pro*: per allegrezza, per timore, *pro lætitia*, *pro timore*: per te, per me, *tua*, *mea causa*: *quod ad me*, vel *ad te attinet*.
Pera, *pirum*, *i*, n.
Per altro, *ceterum*, cong.
Percettibile, *intelligibilis*, m. e f. *e*, n. ad.
Percezione, apprendimento, *perceptio*, *ōnis*, f.
Perchè (interrogativo), *cur? quare?* avv. (fuori d'interrogazione), *quia*, cong. per Acciocchè, *ut*, cong.
Perciò, *ideo*, cong.
Perciocchè, *nam*: *etenim*, cong.
Percorrere, *percurro*, *ris*, *ri*, *rsum*, *rĕre*, N.
Percossa, percotimento, percussione, *percussio*, *ōnis*, f.
Percosso, *ictus*: *percussus*, *a*, *um*, add.
Percuotere, *percutio*, *tis*, *ssi*, *ssum*, *tĕre*, A.
Percussore, percotitore, *percussor*, *ōris*, m.
Perdere, *perdo*, *dis*, *didi*, *dĭtum*, *dĕre*: *amitto*, *tis*, *si*, *ssum*, *tĕre*, A. — il cervello, *mente labi*: perdersi d'animo, *animo cadĕre*.
Perdita, perdimento, *damnum*, *i*, n. *jactura*, *æ*: *amissio*, *ōnis*, f.
Perditore, *perditor*, *ōris*, m.
Perdizione, *ruina*, *æ*, f. *exitium*, *ii*, n.
Perdonabile, *ignoscibilis*, m. e f. *e*, n. *venia dignus*, *a*, *um*, add.
Perdonanza, *venia*, *æ*, f.
Perdonare, *parco*, *cis*, *peperci*, *citum*, vel *parsi*, *parsum*, *parcĕre*, A. e N. — le ingiurie, *injurias condonare*, A.

Perdonato, *condonatus, a, um*, add.
Perdono, *venia, æ*, f.
Perdurabile. V. Durabile.
Perdurare, *perdūro, as*, etc. A.
Perdurre, *perdūco, ūcis, ūxi, uctum, ucĕre*, A.
Perdutamente, *perdĭte*, avv.
Perduto, *perdĭtus: amissus, a, um*, add.
Peregrino, ec. V. Pellegrino, ec.
Perenne, continuo, *perennis*, m. e f. *e*, n. add.
Perennemente, *perennĭter*, avv.
Perentorio, terminativo, *peremptorius, a, um*, add.
Perèto (luogo dove siano piantati assai peri), *locus piris consĭtus*.
Perfettamente, *perfecte*, avv.
Perfetto, *perfectus, a, um*, add.
Perfezionare, *perficio, ĭcis, ĕci, ectum, icĕre*, A.
Perfezionatore, *perfector, ōris*, m.
Perfezionatrice, *perfectrix, īcis*, f.
Perfezione, perfezionamento, *perfectio, ōnis*, f. per Eminente virtù, *summa virtus*, f.
Perfidamente, *perfĭde*, avv.
Perfidia, slealtà, *perfidia, æ*, f.
Perfidiare, ostinarsi, *obstinato animo esse*.
Perfidiosamente, *perfidiose*, avv.
Perfidioso, *perfidiosus, a, um*, add.
Perfido, *perfidus, a, um*, add.
Perforamento, *terebratio, ōnis*, f.
Perforare, forare, *perfŏro, as*, etc. A.
Pergamena, cartapecora, *charta pergamēna*, f.
Pergamo, pulpito, *suggestum, i*, n.
Pergola, pergolato, *pergŭla, æ*, f.
Pericolare, *periclitor, āris, ātus, āri*, D.
Pericolo, *periculum, i*, n.
Pericolosamente, *periculose*, avv.
Pericoloso, *periculosus, a, um*, add.
Perifrasare, usar perifrasi, *circumlŏquor, quĕris, cūtus, qui*, D.
Perifrasi, circonlocuzione, *periphrăsis, is*, f.
Periglio, ec. V. Pericolo, ec.
Perilchè, e Per il che, *quare*, cong.
Periodare, far periodi, *periŏdis uti*.
Periodicamente, *verborum ambitu*, avv.
Periodico, *periodĭcus, a, um*, add.
Periodo, *periŏdus, i*, f.
Perire, *perĕo, is, ii*, vel ivi, *ĭtum, īre*, N.
Peritamente, *perīte*, avv.
Perito, esperto, *perītus, a, um*, add. morto, mancato, *perdĭtus, a, um*, add.
Perizia, pratica, *perītia, æ*, f.
Perla, *unio, ōnis*, f. *margarita, æ*, f.
Per l' addietro, *antĕhac: antĕa*, avv.
Per l' appunto, *nimirum: scilĭcet*, avv.
Per la qual cosa, *quare*, cong.
Permaloso, *morosus, a, um*, add.
Permanente, *constans, antis*, c.
Permanenza, *firmĭtas, ātis*, f.
Permanere, rimanere, *permaneo, ānes, ansi, ansum, anēre*, N.
Permeabile, che si può passare, *permeabilis*, m. e f. *e*, n. add.

Permeare, trapelare, *permĕo, as*, etc. A
Permesso, *permissus, a, um*, add. V. Permissione.
Permettere, *permitto, ittis, isi, issum, ittĕre*, A.
Permischiare, ec. V. Mischiare, ec.
Permissione, *facultas, ātis: permissio, ōnis*, f.
Permissivamente, *bona cum venia*, avv.
Permuta, permutazione, *permutatio, ōnis*, f.
Permutare, *permūto, as*, etc. A.
Pernice, *perdix, īcis*, f.
Pernicioso, *noxius, a, um*, add.
Pernizie, danno, *pernicies, iei*, f.
Perno, *axicŭlus, i*, m.
Pernottare, *pernocto, as*, etc. N.
Pero, *pirus, i*, f.
Però, *ideo*: per Nondimeno, *tamen*, cong. perocchè, *nam*, cong.
Perorare, *perŏro, as*, etc. A.
Perorazione, *peroratio, ōnis*, f.
Perpendicolare, *ad perpendicŭlum exactus, a, um*, add.
Perpendicolarmente, *ad perpendicŭlum*, avv.
Perpendicolo, *perpendicŭlum, i*, n.
Perpetuamente, *perpetuo*, avv.
Perpetuare, *perpetuo, as*, etc. A.
Perpetuità, *perpetuĭtas, ātis*, f.
Perpetuo, *perpetŭus, a, um*, add.
Perplessità, *animi fluctuatio, ōnis*, f.
Perplesso, *dubius: perplexus, a, um*, add.
Perrucca. V. Parrucca.
Persa, maiorana (erba), *amarăcus, i*, m.
Persecutore, *insectātor, ōris*, m.
Persecuzione, *insectatio, ōnis*, f.
Perseguitare, perseguire, *persĕquor, quĕris, quūtus, qui: insector, āris, ātus, āri*, D.
Perseguitato, *insectatus, a, um*, add.
Perseverantemente, *perseveranter*, avv.
Perseveranza, *perseverantia, æ*, f.
Perseverare, *persevĕro, as*, etc. N.
Persiana, gelosia, *transenna, æ*, f.
Persica (frutto), *malum persicum*, n.
Persico (albero), *malus persica*, f.
Persistere, *persto, as, ĭti, atum, āre*, N.
Perso. V. Perduto, (sost.): sorta di colore tra il purpureo e il nero, *phœnicĕus color*, m.
Persona, *persona, æ*, f. *homo, ĭnis*, m. e f.
Personaggio, *vir, i*, m.
Personale, *personalis*, m. e f. *e*, n. add.
Personalità, *personalĭtas, ātis*, f.
Personalmente, *personalĭter: per se*, avv.
Perspicace, *perspicax, ācis*, o. add.
Perspicacemente, *perspicacĭter*, avv.
Perspicacia, perspicacità, *perspicacĭtas, ātis*, f.
Persuadere, *suadeo, des, si, sum, dēre*, N. e A. persuadersi, *persuasionem sibi inducĕre*.
Persuadevole. V. Persuasivo.
Persuasione, *persuāsio, ōnis*, f.
Persuasiva, *persuadendi facultas, ātis*, f.
Persuasivo, *suasorius, a, um*, add.

Persuaso, *persuasus, a, um*, add.
Persuasore, *suasor, ōris*, m.
Pertanto, *quocirca*, cong. non **pertanto**, *nihilominus*, cong.
Pertica, *pertica, æ*, f.
Perticare, percuoter colla pertica, *pertica obtundĕre*.
Pertinace, *pertinax, ācis*, c. add.
Pertinacemente, *obstinate*, avv.
Pertinacia, ostinazione, *pertinacia, æ*, f.
Pertinente, *pertinens, ĕntis*, c. add.
Pertinenza, *quod pertinet*.
Pertugiare, traforare, *perfŏro, as*, etc. A.
Pertugiato, *perforatus, a, um*, add.
Pertugio, *forāmen, ĭnis*, n.
Perturbamento, perturbazione, *perturbātio, ōnis*, f.
Perturbare, *perturbo, as*, etc. A.
Perturbatore, *turbātor, ōris*, m.
Pervenire. V. Giungere.
Perversamente, *perverse*, avv.
Perversità, *perversitas, ātis*, f.
Perverso, *perversus, a, um*, add.
Pervertire, *deprāvo, as*, etc. A.
Pervicace, ostinato, *pervicax*, **ācis**, c. add.
Pervicacia, *pervicacia, æ*, f.
Pesamondi, saccentone, *sciŏlus, i*, m.
Pesante, *gravis*, m. e f. *e*, n. add.
Pesare, *ponderare: penso, as*, etc. A. per Esser di un certo peso, *gravem esse*, N.
Pesantemente, *graviter*, avv.
Pesatamente, *prudenter*, avv.
Pesato, *ponderatus, a, um*, add. per Cauto, V.
Pesca. V. Persica.
Pèsca (coll'*e* stretto), pescagione, *piscatio, ōnis*, f.
Pescare, *piscor, āris, ātus, āri*, D.
Pescareccio, *piscatorius, a, um*, add.
Pescatore, *piscator, ōris*, m.
Pescatrice, *piscatrix, īcis*, f.
Pesce, *piscis, is*, m. — di mare, *piscis marinus*; — di acqua dolce, *piscis fluviatilis*.
Pescetto, pesciolino, *pisciculus, i*, m.
Pescheria, *piscarium forum*.
Peschiera, *piscina, æ*, f.
Pescivendolo, *piscarius, ii*, m.
Pesco. V. Persico.
Pescoso, *piscosus, a, um*, add.
Peso, *pondus; onus, ĕris*, n.
Pessimamente, *pessime*, avv.
Pessimo, *pessimus, a, um*, add.
Pesta (coll'*e* stretta), orma, *vestigium, ii*, n.
Pestamento, *contusio, ōnis*, f.
Pestare, *tundo, is, tutŭdi, tusum*, vel *tunsum, tundĕre*, A.
Pestato, *contusus, a, um*, add.
Peste, *pestis, is*, f. averla, *pestilentia laborare*: attaccarla, *peste afficĕre*: ti venga la peste, *male tibi sit*.
Pestello, *pistillum, i*, n.
Pestifero, pestilente, ec. *pestilens, ĕntis*, c. add.
Pestilenzia, *pestilentia, æ*, f.
Pesto. V. Pestato.
Petecchie, macchiette rosse del mal maligno, *pustŭlæ, ārum*, f. pl.
Petizione, *petitio, ōnis*, f.
Petrificare, *in lapidem convertĕre*, A.
Petrificazione, *in lapidem conversio, onis*, f.
Petrigno. V. Lapideo.
Petrina, petricciuolo, *lapillus, i*, m.
Petrosello, petrosellino, prezzemolo, *petroselinum, i*, n.
Petroso, *petrosus, a, um*, add.
Pettegola, *garrula femella, æ*, f.
Pettinare, *pecto, ĭs, xui*, vel *xi, xum*, vel *xitum, ctĕre*, A.
Pettinato, *pexus, a, um*, add. **non pettinato**, *impexus*.
Pettine, *pecten, ĭnis*, n.
Pettinella, *fuscina, æ*, f.
Pettiniera, *pectinum theca, æ*, f.
Pettirosso (uccello), *erythăcus, i*, m. *rubecula, æ*, f.
Petto, *pectus, ŏris*, n. uomo di petto, *magnanimus, a, um*, add. di poco petto, *timidus, a, um*, add.
Pettorale, del cavallo, *lorum cingens equi pectus: pectoralis*, m. e f. *e*, n. add.
Pettoruto, *pectorosus, a, um*: per Gonfio, *elatus*, ec. add.
Petulante, *petulans, āntis*, c. add.
Petulanza, *petulantia, æ*, f.
Pezza, *frustum, i*, n. per Un poco di pannicello, *fasciŏla, æ*, f. buona, gran pezza di tempo, *diu multumque*, V. Pezzo.
Pezzato, *versicŏlor, ōris*, c.
Pezzente, *mendicus, a, um*, add.
Pezzetto, *frustŭlum, i*, n. per Un pezzetto, *aliquantŭlum*, avv.
Pezzo, *frustum, i: fragmentum, i*, n. — di terra, *gleba, æ*, f. — di terreno, *jugerum, i*, n. — di artiglieria, *tormentum bellicum*: — andare in pezzi, *in partes dissilire*, N. fare in pezzi, *in frusta concidĕre*, A. a pezzi, *frustatim: minutim*, avv. per Spazio di tempo, *spatium tempŏris*: per Un gran pezzo, *diu multumque*: un pezzo fa, *jampridem*, avv.
Pezzuola, *sudarium, ii*, n.
Pezzuolina, *sudariŏlum, i*, n.
Pezzuolino, *frustŭlum, i*, n.
Piacere, *voluptas, ātis*, f. *delectatio, ōnis*, f. far piacere, *gratificor, āris, ātus, āri*, D. darsi ai piaceri, *voluptatibus diffluĕre*, N. dar piacere, *delecto, as*, etc. A. per Servigio, favore, *officium: beneficium, ii*, n. per Far piacere, *ad captandam gratiam*: a suo piacere, *suo arbitratu*: contro il tuo piacere, *te invito*.
Piacere (verbo), *placeo, es, ui, ĭtum, ēre*, N. piacesse a Dio, *utinam*, avv.
Piacevole, *comis; affabilis*, m. e f. *e*, n. ad.
Piacevolezza, *comitas, ātis*, f.
Piacevolmente, *comiter*, avv.
Piacimento (sost.), V. Piacere: **per Volontà**, *voluntas, ātis*, f.
Piaciuto, *placitus, a, um*, add.

Piaga, *plaga, æ*, f. *vulnus, ĕris*, n. fasciarla, *vulnus obligare*: far piaga sopra piaga, *vulnera ingerĕre*.

Piagare, *vulnĕro*: *ulcĕro, as*, etc. A.

Piagato, *vulneratus, a, um*, add.

Piaggia, salita, *clivus, i*, m. per Lido, V. andar piaggia piaggia, *litus legĕre*.

Piaghetta, *ulcusculum, i*, n.

Piagnere, ec. V. Piangere, ec.

Piagnisteo, *ploratus, us*, m.

Pialla, *runcina, æ*: *dolabra, æ*, f.

Piallare, *runcĭno, as*, etc. *dolare*, A.

Piallata, *levigatio, ōnis*, f.

Piamente, *pie*: *sancte*, avv.

Pianamente, *leniter*: *plane*, avv.

Pianare, *complāno, as*, etc. A.

Pianella, *crepida, æ*, f. chi le porta, *crepidātus, a, um*, add.

Pianellaio, *crepidarius sutor*.

Pianeta, astro errante, *planeta, æ*, m. per Veste sacerdotale, *palla sacerdotalis*, f.

Piangere, *fleo*: *deflĕo, es, ēvi, ētum, ēre*, A. *lacrymor, āris, ātus, āri*, D. — dirottamente, *ubertim flere*: *in lacrymas effundi*, P.

Piangitore, *plorator, ōris*, m.

Piano, *planities, ēi*, f. — della casa, *tabulatum, i*, n. *planus, a, um*, add. per Chiaro, V. — Piano *sensim*, avv. per Sottovoce, *demissa voce loqui*: pian piano, adagio, *pedetentim*, avv. entrar pian piano, *suspenso gradu obrepĕre*.

Pianta, *planta, æ*, f. — di piede, *vestigium, ii*, m. — della fabbrica, *area, æ*, f. far di pianta una cosa, *a fundamentis aliquid extruere*.

Piantagione, piantamento, *plantatio, ōnis*, f.

Piantare, *planto, as*, etc. A. per Porre, V. — il campo di battaglia, *castra ponĕre*.

Piantata di alberi, *arbŏrum series, ēi*, f.

Piantatore, *sator, ōris*, m.

Pianterella, pianticella, *parvula planta*, f.

Pianto, *fletus*: *luctus, us*, m. *lacrymæ, arum*, f. pl.

Piantone, pollone, *talĕa, æ*, f.

Pianura, *planities, ēi*, f.

Piastra, *lamina, æ*, f.

Piastrella, piastretta, *lamella, æ*, f.

Piatire, litigare, *judicio contendĕre*, A.

Piattellino, *patella, æ*, f.

Piatto (sost.), *lanx, lancis*, *patĭna, æ*, f. di forma piatta, *planus, a, um*, add. per Nascoso, V.

Piattonare, *lato gladio percutĕre*, A.

Piattonata, *lati gladii ictus, us*, m.

Piazza, *forum, i*, n. *platĕa, æ*, f. per Città fortificata, *oppidum, i*, n.

Piazzetta, piazzuola, *parva platĕa*, f.

Pica (uccello), *pica, æ*, f.

Picca, sorta d'arme, *prælonga hasta, æ*, f. *sarissa, æ*, f.

Piccante, *acer, cris, cre*: *mordax, ācis*, c.

Piccare, per Forare, V. — con parole, *aspĕris verbis perstringĕre*: per Offendere, *mordēre*: piccarsi di alcuna cosa, *sibi aliquid assumĕre*.

Picchiamento, picchiata, *pulsatio, ōnis*, f.

Picchiare, *pulso, as*, etc. A.

Picchio (uccello), *picus, i*, m. per **Colpo**, V.

Picciolo, ec. V. Piccolo, ec.

Piccione, *pipio, ōnis*, m.

Picciuolo, gambo, *pediculus, i*, m.

Piccoletto, piccolino, *parvulus, a, um*, add.

Piccolezza, *exiguitas, ātis*, f.

Piccolo, *parvus*: *exiguus, a, um*, add. da piccolo, *a puĕro*.

Piccone, picca grande, *magna sarissa*, f. stromento da romper sassi, ec. *upupa, æ*, f.

Pidocchieria, **avarizia sordida**, *sordes, is*, f.

Pidocchio, *pediculus, i*, m. di pidocchio, *pedicularis*, m. e f. *e*, n. add.

Pidocchioso, *pediculosus, a, um*, add.

Piede piè, *pes, pedis*, m. di un piede, *pedālis*, add. alto mezzo piede, *semipedālis*; di due o tre piedi, *bipes, tripes, ĕdis*: in punta di piedi, *suspenso gradu*; punta del piede, *pedis extremitas, ātis*, f. a piedi, *pedibus*, avv. a piedi scalzi, *nudatis pedibus*: levarsi, sorgere in piedi, *assurgĕre*: metter piede, *ingredior*: reggersi in piedi, *se sustinere*: non mi reggo in piedi, *me sustinere vix possum*: — d'avanti, *pedes primi*: di dietro, *posteriores*: storpio di un piede, *altĕro pede captus*: mantenere in piedi, *servare*: metter sotto i piedi, V. Calpestare: per Dispregiare, V. Dar dei piedi, *calce ferire*: su due piedi, per All'improvviso, *improviso*: Gente a piedi, *pedites, um*, m. pl. — dell'albero, *truncus, i*, m. — del tetto, *fulcrum, i*, n. ai piedi di un monte, *ad montis radices*.

Piedistallo, piedistallo, *stylobătes, æ*, f. *stylobătes, æ*, vel *is*, m.

Piega, piegatura, *plicatura, æ*, f. — delle vesti, *vestium sinus, us*: pigliar cattiva piega, *in vitium flecti*.

Piegare, *flecto, cis, xi, xum, ctĕre*: *plico, as*, etc. A. — le mani, le vele, *manum, vela contrahĕre*: — le lettere, *literas complicare*: piegarsi, *flector, ctĕris, xus, cti*, D. — alle preghiere, *precibus flecti*.

Pieghetta, *tenuis plicatura*, f.

Pieghevole, *flexilis*, m. e f. *e*, n. add. uomo pieghevole, *facilis*, m. e f. *e*, n. add.

Pieghevolmente, *facile*, avv.

Piego, di lettere, *fasciculus literarum*, m.

Piena, d'acqua, *eluvio, ōnis*, f. — di popolo, *turba, æ*, f.

Pienamente, *omnino*: *cumulate*: avv.

Pienezza, *plenitudo, ĭnis*, f. — di cibo, *satietas, ātis*, f.

Pieno, *plenus, a, um*, add.

Pietà, *pietas, ātis*, f. per Compassione, V. Avere pietà di alcuno, *alicujus misereri*, D. muovere a pietà, *misericordiam conciliare*: mosso a pietà, *commiseratione ductus, a, um*, add.

Pietanza, *ferculum, i*, n.

Pietosamente, *pie: miseranter*, avv.
Pietoso, *misericors*, *ordis*, c. per Pio, V.
Pietra, *lapis*, *idis*, m. *petra*, *æ*, f. — da arruotare, *cos*, *cotis*, f. — focaia, *silex*, *icis*, m. e f. mal di pietra, *calculorum morbus*, *i*, m. di pietra, *saxeus*: *lapideus*, *a*, *um*, add.
Pietrificare, *in lapidem convertĕre*.
Pietroso, *lapidosus*, *a*, *um*, add.
Pietruzza, *lapillus*, *i*, m.
Pieve, *parœcia*, *æ*, m.
Piffero, *tibia*, *æ*, f. suonarlo, *tibiam inflare*: suonator di piffero, *aulœdus*, *i*, m.
Pigionale, pigionante, *inquilinus*, *i*, m.
Pigione, *pensio*, *onis*, f. tor casa a pigione, *domum conducĕre*: casa a pigione, *ædes conductitiæ*, f. pl. star a pigione, *in conductitiis ædibus habitare*.
Pigliare, *accipio*, *ipis*, *epi*, *eptum*, *ipĕre*, A. *capio*, *apis*, *epi*, *aptum*, *apĕre*: — in bene, *in bonam partem accipĕre*: — di nascosto, *subripĕre*: — in fretta, *corripĕre*, A. per Arrestare, V. pigliar aria, *cœlo liberiore frui*.
Piglio, *captura*, *æ*, f. dar di piglio, *arripĕre*: per Aspetto, *vultus*, *us*, m.
Pigmeo, nano, *pumilio*, *onis*, m.
Pignatta, *olla*, *æ*, f. *caccabus*, *i*, m.
Pignattello, pignattino, *ollula*, *æ*, f.
Pignere. V. Spingere.
Pignorare, impegnare, *pignĕro*, *as*, etc. A. per Prender in pegno, *pignĕror*, *aris*, *atus*, *ari*, D.
Pigolare, *pipilo*, *as*, etc. N.
Pigramente, *pigre*, avv.
Pigrizia, pigrezza, *pigritia*: *inertia*, *æ*, f.
Pigro, *piger*, *gra*, *grum*, add.
Pila, V. Pilastro: per Vaso di pietra, *pila*, *æ*, f.
Pilastro, piliere, *pila*, *æ*, f.
Pillola, *pilula*, *æ*, f.
Pillolina, *parva pilula*, f.
Pillotta, palloncino da giuocare, *pila*, *æ*, f.
Pilorcio, V. Spilorcio.
Piloto, *gubernator*, *oris*: *navarchus*, *i*, m.
Pimaccio. V. Piumaccio.
Pina, *nux pinĕa*, f.
Pineta, pineto, selva di pini, *pinētum*, *i*, n.
Pingere. V. Dipingere; per Spingere, V.
Pingue, *pinguis*, m. e f. *e*, n. add.
Pinguedine, *pinguēdo*, *inis*, f.
Pinnacolo, sommità, *fastigium*, *ii*: *culmen*, *inis*, n.
Pino, *pinus*, *i*, f. di pino, *pinĕus*, *a*, *um*, add.
Pinocchiato, *saligāma*, *orum*, n. pl.
Pinocchio, *strobilus*, *i*: *pineus nucleus*, m.
Pinto, dipinto, *pictus*, *a*, *um*, add.
Pinzochera, donna secolare che porta abito di religione, *simpulatrix*, *icis*, f.
Pio, *pius*: *religiosus*, *a*, *um*, add.
Pioggetta, *tenuis pluvia*.
Pioggia, *pluvia*, *æ*, f. di pioggia, *pluvius*, *a*, *um*, add. gran pioggia, *effusus imber*.
Piombare, cader da alto, *ruo*, *is*, *i*, *tum*, *ĕre*, N. essere a perpendicolo, *perpendiculo respondēre*.
Piombato, *plumbatus*, *a*, *um*, add.
Piombino. V. Piombo.
Piombo (metallo), *plumbum*, *i*, n. di piombo, *plumbĕus*, *a*, *um*: per Piombino, *perpendicŭlum*, *i*, n. a piombo, *ad perpendiculum*.
Pioppo, *populus*, *i*, f. di pioppo, *populĕus*, *a*, *um*, add.
Piovano (sost.), *parŏchus*, *i*, m. acqua piovana, *aqua pluvia*, add.
Piovere, *pluit*, *ebat*, *it*, *ĕre*, imp. per Venire abbondantemente, *confluĕre*, N.
Piovigginare, *leniter pluĕre*.
Piovoso, *pluviosus*, *a*, *um*, add.
Piovuto, *delapsus*, *a*, *um*, add.
Pipa, *fistula*, *æ*, f.
Pipistrello, *vespertilio*, *onis*, m.
Pipita, *pituita*, *æ*, f.
Pira, catasta di legna per abbruciare i cadaveri, *pyra*, *æ*, f. *rogus*, *i*, m.
Piramidale, *pyramidatus*, *a*, *um*, add.
Piramide, *pyrămis*, *idis*, f.
Piropo, gemma, *pyrōpus*, *i*, m.
Piscina, *balnĕum*, *i*, n. *piscina*, *æ*, f.
Pisello, *pisum*, *i*, n.
Pisside, *pyxis*, *idis*, f.
Pistacchio, *pistacium*, *ii*, n.
Pistola. V. Epistola.
Pistola, *minimum tormentum bellicum*, n.
Pistore, pestatore, fornaio, *pistor*, *oris*, m.
Pitoccare ec. V. Mendicare ec.
Pittore, *pictor*, *oris*, m.
Pittorescamente, *ad picturæ similitudinem*, avv.
Pittoresco, *pictorius*, *a*, *um*, add.
Pittura, arte, opera del pittore, *pictura*, *æ*, f.
Pituita, flemma, *pituita*, *æ*, f.
Pituitoso, *pituitosus*, *a*, *um*, add.
Più, *plus*: *magis*, avv. un poco più, *plusculum*: il più degli uomini, *plerique hominum*: il più del tempo, *tempŏris maxima pars*: più o meno, *plus*, *minusve*: tanto più, *eo magis*: quanto più, *quo magis*: di più, *insuper*: sempre più, *magis magisque*: al più, *ad summum*: per lo più, *plerumque*: che più? *quid plura?* più che mai, *ut quam maxime*: più volte, *sæpe*, avv.
Piuma, *pluma*, *æ*, f. di piuma, *plumĕus*, *a*, *um*, add.
Piumaccio, piumaccetto, *pulvinar*, *aris*, n.
Piumato, *plumatus*, *a*, *um*, add.
Piuolo, legno aguzzo a guisa di chiodo, *cunĕus*, *i*, m.
Piuttosto, *potius*, avv.
Piva, *tibia*, *æ*, f.
Piviale, *impluvium*, *æ*, f.
Pizzicagnolo, *salsamentarius*, *ii*, m.
Pizzicare, *vellico*, *as*, etc. A. per Aver pizzicore, *prurio*, *is*, *ivi*, *itum*, *ire*, N. per Avere sentore, *sapĕre*, *redolēre*, A.
Pizzicata, *vellicatio*, *onis*, f.
Pizzico, quella quantità di roba che si prende colle punte delle dita, *pugillus*, *i*, m.

Pizzicore, *pruritus*, us, m.
Pizzicotto. V. Pizzicata.
Placabile, *placabilis*, m. e f. *e*, n. add.
Placabilmente, *placate*, avv.
Placamento, placazione, *placatio*, ōnis, f.
Placare, *placo*, as, etc. A.
Placato, *placatus*: *tranquillus*, a, um, add.
Placidamente, *placĭde*, avv.
Placidezza, placidità, *lenĭtas*, ātis, f.
Placido, *placidus*, a, um, add.
Placito, sentenza, *placĭtum*, i, n.
Platano, *platănus*, i, f.
Platea, *arĕa*, æ, f.
Plausibile, *plausibĭlis*, m. e f. *e*, n. add.
Plauso, *plausus*, us, m.
Plebaglia, *popellus*, i, m. *plebecula*, æ, f.
Plebe, *plebs*, *plebis*, f.
Plebeo, *plebeius*, a, um, add.
Plenilunio, *plenilunĭum*, ii, n.
Plenipotenza, *summa potestas*, f.
Plenipotenziario, *arbĭter*, ri, m.
Plettro, arco da suonare, *plectrum*, i, n.
Pleuritide, malattia di petto, *pleurītis*, ĭdis, f.
Plico, *fasciculus litterarum*.
Plumbeo, *plumbeus*, a, um, add.
Plurale, *pluralis*, m. e f. *e*, n.
Pluralità, *pluralĭtas*, ātis, f.
Pluralmente, *pluralĭter*, avv.
Pochettino, pochetto, *pauxillŭlum*, avv.
Pochetto, pochino, *paulum*, avv. per Un pochetto, *aliquantŭlum*, avv.
Pochezza, *paucĭtas*, ātis, f.
Pochino. V. Pochetto.
Poco, *paucus*, a, um, add. molto pochi, *perpauci*, æ, a: pochissimi, *perpauculi*, æ, a, add.
Poco, *parum*, avv. a poco a poco, *paulatim*, avv. poco fa, *nuper*: per poco tempo, *parumper*: *non satis diu*: poco meno, *prope*: poco più, poco meno, *circĭter*, avv. poco stante, *mox*, *paulo post*, avv.
Podagra, gotta ai piedi, *podăgra*, æ, f.
Podagroso, *podagrosus*, a, um, add.
Podere, *prædium*, ii, n. V. Potere (sost.).
Poderino, poderetto, *prædiŏlum*, i, n.
Poderosamente, *valĭde*, avv.
Poderoso, *validus*, a, um, add.
Podestà, autorità, *potestas*, ātis, f. *prætor*, ōris, m.
Podesteria, *prætura*, æ, f.
Poema, *poēma*, ătis, n.
Poemetto, *poematium*, ii, n.
Poesia, *poesis*, is, f. per Carme, V.
Poeta, *poeta*, æ: *vates*, is, m.
Poetaccio, poetuzzo, ec. *malus poeta*.
Poetare, poetizzare, *carmĭna facĕre*.
Poetessa, *poetria*, æ, f.
Poetica, *poetica*, æ, f.
Poeticamente, *poetĭce*, avv.
Poetico, poetesco, *poeticus*, a, um, add.
Poggetto, *clivŭlus*, i, m.
Poggia, corda legata al destro capo dell'antenna, *dexter pes*, m.
Poggiare. V. Appoggiare: per Salire, V.
Poggio, *clivus*, i, m.
Poggiuolo, *clivŭlus*, i, m.
Poi, *autem*, partic. congiunt. *postĕa*, avv. *post*, prep. alquanto poi, *aliquanto post*.
Poichè, *quoniam*: per Da poichè, *ex quo*: *postquam*.
Polare, del polo, *ad polos pertĭnens*, add.
Poledro, polledro, *equi pullus*, i, m.
Polenta, *polenta*, æ, f.
Polipo, male che viene al naso, *polypus*, i, m. V. Polpo.
Polire ec. V. Pulire ec.
Politica, *polĭtice*, es, f.
Politicamente, *prudenter*, avv.
Politico, *politicus*, a, um, add.
Politura, *perpolitio*, ōnis, f.
Polizia, vigilanza sui cittadini, *polĭtia*, æ, f.
Polizza, *scheda*, æ, f. — di cambio, *syngrăpha*, æ, f.
Polizzetta, polizzino, *schedŭla*, æ, f.
Pollaio, *gallinarium*, ii, n. *chors*, *chortis*, f.
Pollaiolo, pollaiuolo, *gallinarius*, ii, m.
Pollame, *altilia*, um, n. pl.
Pollanca, *gallina indĭca*, f.
Pollastra, *pullastra*, æ, f.
Pollastro, *gallinaceus pullus*, m.
Polleria, luogo da polli, *aviarium*, ii, n.
Pollice, *pollex*, ĭcis, m. d'un pollice, *pollicāris*, m. e f. *e*, n.
Pollo, *pullus*, i, m.
Polmonare, *pulmonĕus*, a, um, add.
Polmone, *pulmo*, ōnis, m.
Polo, *polus*, i, m.
Polpa, *pulpa*, æ, f. — delle gambe, *sura*, æ, f.
Polpetta, *isicia*, æ, f. *isicium*, ii, n.
Polpo (mollusco), *polypus*, i, m.
Polposo, polputo, *carnosus*, a, um, add.
Polso, *pulsus*, us, m. toccarlo, *venarum pulsum explorare*: per Forza, Vigore, V.
Poltronaccio, *ignavissimus*, a, um, add. sup.
Poltrone, *piger*: *socors*, ordis, m.
Poltroneria, *ignavia*, æ, f.
Polvere, polve, *pulvis*, ĕris, m. di polvere, *pulverĕus*, a, um, add. polvere minutissima, *pulviscŭlus*, m. — dell'armi da fuoco, *nitratus*, vel *nitrata pulvis*: pieno di polvere, *pulverulentus*, a, um, add.
Polverino, *arenarium vas*, vasis, n.
Polverio, *pulverĕus turbo*, ĭnis, m.
Polverizzare, *in pulvĕrem redigĕre*.
Polveroso, *pulverulentus*, a, um, add.
Pomario, pomiere, *pomarĭum*, ii, n.
Pomello, piccolo pomo, *exiguum pomum*.
Pomice, *pumex*, ĭcis, m. di pomice, *pumicĕus*, a, um, add.
Pomifero, pomoso, *pomĭfer*, a, um, add.
Pomo, *pomum*, i, n. — della spada, *capŭlus*, i, m.
Pompa, *pompa*, æ, f. far pompa, *ostentare*, A. per Pompa, *ad ostentationem*, avv.
Pomposamente, *magnifĭce*, avv.
Pomposità, *pompa*, æ, f.

Pomposo, *splendidus, a, um*, add.
Ponderare, *pondĕro, as*, etc. *expendo, dis, di, sum, dĕre*, A.
Ponderazione, *ponderatio, ōnis*, f.
Ponderoso, pesante, *ponderosus, a, um*, add.
Pondo. V. Peso.
Ponente, *occasus, us*, m. (vento), *favonius, ii*, m.
Ponte, *pons, pontis*, m. — di pietra, di ferro, *pons lapidĕus, pons ferrĕus*: — con archi, *fornicatus pons*: — di barche, *navalis pons*.
Pontefice, *pontĭfex, ĭcis*, m.
Ponticello, *ponticŭlus, i*, m.
Pontificale, *pontificius, a, um*, add.
Pontificalmente, *pontificio more*, avv.
Pontificato, *pontificatus, us*, m.
Popolaccio, *popellus, i*, m.
Popolare, popolaresco, *popularis*, m. e f. *e*, n. add.
Popolare (verbo), metter popolo in un luogo: *locum, vel urbem civĭbus frequentare*.
Popolarità, favore popolare, *popularĭtas, ātis*, f.
Popolarmente, popolarescamente, *populariter*, avv.
Popolato, popoloso, *frequens, ĕntis*, c. add.
Popolazione, *frequentia, æ*, f.
Popolo, *popŭlus, i*, m.
Popone, *melo, ōnis*, m.
Poppa. V. Mammella: parte posteriore della nave, *puppis, is*, f.
Poppare, *lac sugĕre, o, is, xi, ctum*, A.
Porca, *porca, æ*, f.
Porcaio, custode dei porci, *subŭlcus, i*, m.
Porcastro, porcello, *porcellus, i*, m.
Porcella, porcelletta, *succŭla, æ*, f.
Porcellana, terra fine da stoviglie, *murrha, æ*, f. vasi di porcellana, *murrhĭna vasa*: per Sorta d'erba, *porculata, æ*, f.
Porcheria, *sordes, is*, f.
Porcile, *suile, is*, n.
Porcino, *porcinus, a, um*, add. per Sorta di fungo, *fungus suillus*, m.
Porco, *sus, suis*, m. *porcus, i*, m. — spino, V. Istrice.
Porfido, *porphyrītes, æ*, m. di porfido, *porphyreticus, a, um*, add.
Porgere, *porrĭgo, ĭgis, exi, ectum, igĕre*: *trado, dis, dĭdi, dĭtum, dĕre*, A.
Poro, *porus, i*: *meatus, us*, m.
Poroso, *poris abundans, antis*, c. add.
Porpora, *purpŭra, æ*, f.
Porporato, *purpuratus, a, um*, add.
Porporeggiare, tirare al color della porpora, *purpurasco, is, ĕre*, etc. N.
Porporino, *purpurĕus, a, um*, add.
Porre, *pono, nis, sŭi, sĭtum, nĕre*, A. porsi a fare qualche cosa, *dare operam alicŭi rei*.
Porro, *porrum, i*, n. per Escrescenza carnosa, *verrūca, æ*, f. chi l'ha, *verrucosus, a, um*, add.

Porta, *porta*: *janŭa, æ*, f. *fores, ium*, f. *ostium, ii*, n. — di dietro, *postĭcum, i*, n. — che si apre in due parti, *valvæ, ārum*, f. pl. picchiare alla porta, *fores pulsare*, A. di porta in porta, *ostiatim*, avv.
Portabile, *ferendus, a, um*, add.
Portamento, di persona, *incessus, us*, m. per Modo di procedere, *mos, moris*, m. *mores, um*, m. pl.
Portante, *ferens, ĕntis*, c. cavallo che va di portante, *tolutarius equus*.
Portare, *porto, as*, etc. *fero, fers, tuli, latum, ferre*: *gero, ris, ssi, stum, rĕre*, A. — via, *auferre*: — da un luogo ad un altro, *transferre*: — dentro, *inferre*: — fuori, *efferre*: — di luogo in luogo, *circumferre*: portarsi bene, *præclare se gerĕre*: — bene, o male con uno, *bene, vel male de aliquo merēri*, D.
Portata, nota del raccolto che si dà al magistrato, *census, us*, m.
Portatile, *mobilis*, m. e f. *e*, n. add. *gestatorius, a, um*, add.
Portato (sost.), parto, *fœtus, us*, m. come partic. *latus*: *gestatus, a, um*, add.
Portatore, *lator, ōris*, m.
Portatura, *portatus, us*, m. *portatio, ōnis*, f. — del corpo, *corpŏris habitus, us*, m.
Portella, portello, *ostiŏlum, i*, n.
Portento, *portentum, i*, n.
Portentoso, *prodigiosus, a, um*, add.
Porticella, porticciuola, *ostiŏlum, i*, n.
Portico, *portĭcus, us*, m.
Portiera, *ostii velum, i*, n.
Portiere, *cubicularius, ii*, m.
Portinaia, *janitrix, īcis*, f.
Portinaio, *janitor, ōris*, m.
Porto, *portus, us*, m. pigliar porto, *in portum invĕhi*: essere, condurre a buon porto, *rem bene gerĕre*: far naufragio in porto, *in portu impingĕre*: per Portatura, *vectatio*: da porgere, *porrectus*: *traditus a, um*, add.
Portone, *magna porta*, f.
Porzioncella, *portiuncŭla, æ*, f.
Porzione, *portio, ōnis*, f.
Posa, *quies, ētis*, f. *pausa, æ*, f.
Posare, *pono*: *depōno, nis, sŭi, sĭtum, nĕre*, A. per Riposare, *quiescĕre*: per Fermarsi, *sistĕre*: per Essere appoggiato, *innitior, itĕris, ixus, iti*, D.
Posata, *quies, ētis*, f. *cessatio, ōnis*, f. per Utensile da tavola, *mensæ armamenta, ōrum*, n. pl.
Posatamente, *quiete*: *matūre*, avv.
Posatezza, *tranquillĭtas, ātis*, f.
Posato, *depositus*: per Quieto, *quietus, a, um*, add.
Posatura, fondata, *subsidentia, æ*, f. *sedimen, ĭnis*, n.
Poscia, *postea*: *deinde*, avv.
Posciachè, *postquam*, cong.
Poscritta, *additamentum, i*, n.
Posdomane, posdomani, *perendie*, avv.
Positivamente, *præcise*: *moderāte*, avv.

Positivo, *positivus, a, um*, add. *moderatus: modestus.*
Positura, *situs, us*, m.
Posizione, *positio, ōnis*, f.
Posporre, *postpōno, nis*, **sŭi, sĭtum, nĕre**, A.
Possa, possanza, *potentia, æ*, f. *vis, vis*, f.
Possedere, *possidĕo, ĭdes, ēdi, ĕssum, idĕre*. A.
Possedimento, *possessio, ōnis*, f.
Possente, *potens, ĕntis*, c. vino **possente**, *vinum optimum, generosum*, n.
Possentemente, *potenter*, avv.
Possessione, possesso. V. Possedimento: per Podere, *prædium, ĭi*, n.
Possessore, possedilore, *possessor, ōris*, m.
Possibile, *possibilis*, m. e f. *e*, n. add.
Possibilità, *facultas, ātis*, f. secondo **la** possibilità, *pro viribus*, avv.
Posta, luogo da fermarsi, *statio, ōnis*, f. darsi la posta, *locum constituĕre*: a posta, a bella posta, *consulto: dedita opera*, avv. a tua posta, *arbitratu tuo*: fatto a posta, *aptus, a, um*, add. andar per la poste, *cursoribus equis iter facĕre*: per Corriere, *tabellarius*: per Luogo dove si cambiano i cavalli, *equorum ad cursorum diversorium*: prender la posta, *verēdos conscendĕre*: per Quel luogo dove si distribuiscono le lettere, *litterarum diribitorium*: far la posta ad alcuno, *aliquem observare.*
Postema, enfiatura putrefatta, ***apostēma***, *ătis*, n. averla, *vomica laborare.*
Postergare, metter dietro le spalle, *posthabĕo, es, ŭi, ĭtum, ēre*, A.
Posteri, *posteri, ōrum*, m. pl.
Posteriore, *posterior*, m. e f. *us*, n. **ōris**, add.
Posteriormente, *posterius*, **avv.**
Posterità, *posteritas, ātis*, f.
Posticcio (sost.), terra divelta, dove sono molte piante, *pastinum, i*, n. come agg. *adscititius, a, um.*
Posticipare. V. Differire.
Posticipazione. V. Dilazione.
Postiere, *veredorum magister, tri*, m.
Postiglione, *veredarius, ii*, m.
Postilla, *adnotatio, ōnis*, f.
Postillare, *adnŏto, as*, etc. A.
Posto. V. Luogo: avere il primo posto, *principem locum tenēre*: levar di posto, *de gradu dejicĕre*, come agg. *positus: collocatus, a, um.*
Posto che, *cum*, cong. posto ciò, *quæ cum ita sint.*
Postremo, ultimo, *postremus, a, um*, add.
Postribolo, *lupānar, āris*, n.
Postulante, che domanda, *postulans, antis*, c.
Postulato, *postulatum, i*, n.
Postulazione, *postulatio, ōnis*, f.
Postumo, nato dopo la morte del padre, *postŭmus, a, um*, add.
Potabile, bevibile, *potabilis*, m. e f. *e*, *n.* add.

Potare, tagliare i **rami superflui**, *puto, as*, etc. A.
Potatore, *putator, ōris*, m.
Potatura, potamento, *putatio, ōnis*, f.
Potentato, *princeps, ĭpis*, m.
Potente, *potens, ĕntis*, c.
Potentemente, *potenter*, avv.
Potenza, *potentia, æ*, f. *virtus, ūtis*, f. — dell'animo, *animi facultas*, f.
Potere (verbo), *possum, tes, tŭi, sse*, N.
Potere (sost.), *potestas: facultas, ātis*, f. con tutto il potere, *totis viribus*: secondo il potere, *pro viribus*: ridurre in suo potere, *in suam potestatem redigĕre*; avere in potere, *in potestatem habēre*: non poterla con alcuno, *alicui imparem esse.*
Potestà, *potestas, ātis*, f.
Potissimamente, principalmente, *potissimum*, avv.
Potissimo, *præcipuus*; ***potissimus, a, um***, add.
Poveraccio, *miser, a*, um, add.
Poveramente, *misĕre*, avv.
Poverello, poveretto, *pauperculus, i*, m.
Povero, *pauper, is*, m. *inops, inŏpis*, c. *egēnus, a, um: miser, a, um*, add.
Povertà, *paupertas, ātis*, f. essere, trovarsi in povertà, *inopia premi*, P.
Pozione, bevanda, *potio, ōnis*, f.
Pozzanghera, pozza, *lacūna, æ*, f. *cœnum, i*, n.
Pozzo, *putĕus, i*, m. di pozzo, *putealis*, m. e f. *e*, n. add.
Prammatica, riforma delle pompe, *lex sumptuaria*: come agg. *pragmaticus, a, um.*
Pranzare. V. Desinare.
Pranzo. V. Desinare: dopo pranzo, *a prandio*, avv.
Pratello, praticello, *pratulum, i*, n.
Pratense, *pratensis*, m. e f. *e*, n. add.
Prateria, *prata, ōrum*, n. pl.
Pratica, *usus, us*, m. *experientia, æ*, f. metter in pratica, *exĕqui*, D.
Praticabile, *facilis*, m. e f. *e*, n. strada praticabile, *iter pervium*: non praticabile, *impervium.*
Praticamente, *usu: actu*, avv.
Praticare, *tracto, as*, etc. A. per Conversare, *consuetudĭnem habēre*: praticar alcun luogo, *in aliquo loco versari*, D.
Praticato, *adhibĭtus, a, um*, add.
Praticello. V. Pratello.
Pratico, *versatus: peritus, a, um*, add. non pratico, *imperitus.*
Prato, *pratum, i*, n dol prato, V. Pratense.
Pravamente, *prave*, avv.
Pravo, malvagio, *pravus, a, um*, add.
Preambolo, *procemium, ii*, n.
Prebenda, rendita certa di cappella, o canonicato, *reditus, us*, m.
Precario, ottenuto per preghiera ed esposto a perdersi, *precarius, a, um*, add.
Precauzione, *cautio, ōnis*, f.
Prece. V. Preghiera.
Precedente, *superior*, m. e f. *us*, n. *ōris*, add.

Precedenza, *princeps locus:* darla, *alicui primas deferre.*
Precedere, *præcēdo, ēdis, essi, essum, edĕre*, A.
Preceduto, *præcēdens, entis*, c. add.
Precettare, *præcipio, ĭpis, ēpi, ēptum, ipĕre*, A.
Precettivo, *præceptivus, a, um*, add.
Precetto, *præceptum, i*, n.
Precettore, *præceptor, ōris*, m.
Precipitare, *præcipito, as*, etc. A. precipitarsi, *in præceps ruĕre*, N.
Precipitatamente, precipitosamente, *præcipitanter*, avv.
Precipitato, *in præceps actus*, add.
Precipitazione, precipitamento, *præcipitantia, æ*, f.
Precipitoso, *præceps, ipĭtis*, c.
Precipizio, *locus præceps: præcipitium, ii*, n. mandare in precipizio, *aliquem perdĕre:* andarvi, *in præceps ferri*, P.
Precisamente, *præcise*, avv.
Precisione, *distinctio, præcisio, onis*, f.
Preciso, *præcisus, a, um*, add. *brevis*, m. e f. *e*, n.
Preclaro, *præclarus, a, um*, add.
Precoce, primaticcio, *præcox, ōcis*, add.
Preconizzare, *celĕbro, as*, etc. A.
Precorrere, *præcurro, rris, rri*, vel *cucurri, rsum, rrĕre*, A. per Prevenire, V.
Precursore, *præcursor, ōris*, m.
Preda, *præda, æ*, f. far preda, V. Predare: il predare, *prædatio, ōnis*, f.
Predare, *prædor, āris, ātus, āri*, D.
Predato, *raptus: direptus, a, um*, add.
Predatore, *prædo, ōnis*, m.
Predatrice, *prædatrix, īcis*, f.
Predecessore, *decessor, ōris*, m. i nostri predecessori, *majores nostri*, m. pl.
Predella, *scabellum, i*, n.
Predestinare, *prædestino, as*, etc. A.
Predestinazione, *prædestinātio, ōnis*, f.
Predetto, *prædictus, a, um*, add.
Predica, *concio: oratio, onis*, f. farla, *concionem habēre.*
Predicabile, *prædicabĭlis*, m. e f. *e*, n. add.
Predicare, *celĕbro: prædīco, as*, etc. A.
Predicatore, *orator: concionator, ōris*, m.
Predicazione, *oratio, ōnis*, f. per Lode, V.
Prediletto, *plurimum dilectus, a, um*, add.
Predilezione, *summus amor*, m.
Predire, *prædīco, cis, xi, ctum, cĕre*, A.
Predizione, *vaticinātio: prædictio, onis*, f.
Predominare, *domĭnor, āris, ātus, āri*, D. *prævaleo, es, ui, ēre*, N.
Predominato, *subjectus, a, um*, add. — dalla collera, *iræ obnoxius*, add.
Predominio, *dominĭum, ii*, n.
Predone, rubatore, *prædo, ōnis*, m.
Preeleggere. V. Preferire.
Prefato. V. Predetto.
Prefazione, *præfatio, ōnis*, f.
Preferenza, preferimento, *prælatio, ōnis*, f.
Preferire, *præfĕro, fers, tŭli, lātum, ferre*, A.
Prefetto, *præfectus, i*, m.
Prefettura, *præfectura, æ*, f.
Prefiggere, *statŭo, ŭis, ŭi, ūtum, uĕre*, A.
Prefisso, *statūtus: constitutus, a, um*, add.
Pregare, *precor, āris, ātus, āri*, D. *oro, as*, etc. A. — istantemente, *flagĭto, as*, etc. A.
Pregatore, *rogātor, ōris*, m.
Pregevole, *æstimandus, a, um*, add.
Preghevole, *supplex, ĭcis*, c. add.
Preghiera, *preces, um*, f. pl. *deprecatio, ōnis*, f. farle, porgerle, *preces fundĕre:* rendersi alle preghiere, esaudirle, *precibus annuĕre:* a tua preghiera, *tuo rogatu*, avv.
Pregiabile. V. Pregevole.
Pregiare, *æstĭmo, as*, etc. A.
Pregiatore, *æstimator, ōris*, m.
Pregio, *pretium, ii*, n. *æstimatio, ōnis*, f.
Pregiudicare, *damnum afferre*, A.
Pregiudiciale, pregiudiziale, *nocens, entis*, c. *damnosus, a, um*, add.
Pregiudizio, *damnum, i*, n. esser di pregiudizio ad alcuno, *damno alicŭi esse.*
Pregno, pregnante, *gravidus: plenus, a, um*, add.
Prego, priego. V. Preghiera.
Prelato, *antistes, ĭtis: præsul, ŭlis*, m.
Prelatura, *præsulis dignitas, ātis*, f.
Prelazione, l'esser preferito, *prælatio, ōnis*, f.
Prelibare, assaggiare, *prælĭbo, as*, etc. A.
Prelibato, *delibatus:* per isquisito, *exquisitus, a, um*, add.
Preludio, *prælūdium, ii*, n.
Premeditare, *præmeditor, āris, ātus, āri*, D.
Premere, *premo, mis, ssi, ssum, mĕre*, A. per Importare, V.
Premessa, *propositio, ōnis*, f.
Premesso, *præmissus, a, um*, add.
Premettere, *præmitto, ttis, si, ssum, ttĕre*, A.
Premiare, *remunerari*, D. *præmio, donare*, A.
Premiato, *præmio donatus.*
Premiatore, *remunerator, ōris*, m.
Preminente, che precede in onore e dignità agli altri, *præstans, antis*, c. add.
Preminenza, *præstantia, æ*, f.
Premio, premiazione, *præmium* [illegible] m.
Premonizione, *præmonitus, us*, m.
Premunire, *præmunio, īnis, nivi, nitum, nire*, A.
Premura, *cura, æ: sollicitudo, ĭnis*, f.
Premurosamente, *sollicite*, avv.
Premuroso, *sollicitus, a, um*, add. [illegible] premuroso, *res magni momenti.*
Premuto, *pressus, a, um*, add.
Prence, *princeps, ĭpis*, c.
Prendere, *prehendo, dis, di, sum, dĕre: rapio, capis, cepi, captum, capĕre*, A.
Prenominato. V. Predetto.
Preoccupare, *præoccūpo, as*, etc. A.
Preoccupazione, *præoccupatio, ōnis*, f.
Preparamento. V. Preparazione.
Preparare, *paro: præpăro, as*, etc. A.

Preparatorio, *præparatorius, a, um*: *præparans, antis*, c. add.
Preparazione, *præparatio, ōnis*, f.
Preponderare, superare di peso, *præponděro, as*, etc. N.
Preporre, *præpōno, nis, sui, sītum, něre*, A.
Prepositura, *præpositūra, æ*, f.
Preposizione, *præpositio, ōnis*, f.
Prepostero, inverso nell' ordine, *præpostěrus, a, um*. add.
Preposto (sost.), *præpositus, i*, m.
Preposto, *præpositus, a, um*. add.
Prepotente, *præpŏlens*: *impŏtens, ĕntis*, c.
Prepotenza. V. Impotenza.
Prerogativa, privilegio, *prærogativa, æ*, f. *privilegium, ii*, n. per Dote, pregio, *dos, dotis*, f.
Presa, presura, *prehensio, ōnis*, f. — di una città, *urbis expugnatio*: per Acchiappagione, pesca, ec. *avium, piscium captura*: venire alle prese, *manus conserĕre*: *ad manus, atque ad pugnas venire*.
Presagio, *præsagium, ii*, n.
Presagire, *præsagio, is, ivi, ītum, ire*, A. *augūror, aris, ātus, āri*, D.
Presago, indovino, *præsagus, a, um*, add.
Presbiterato, *sacerdotium, ii*, n. *presbiteratus, us*, m.
Presbiterio, luogo nella chiesa destinato ai preti, *presbiterium, ii*, n.
Prescienza, notizia del futuro, *præscientia, æ*, f.
Prescindere, *prætermitto, ttis, si, ssum, ttĕre*, A.
Presciutto. V. Prosciutto.
Prescritto (sost.), *præscriptio, ōnis*: come add. *præscriptus, a, um*, add.
Prescrivere, *præscrībo, bis, psi, ptum, bĕre*, A. *constitŭo, uis, ui, ūtum, uĕre*, A.
Prescrizione, *præscriptio, onis*, f. acquistare per prescrizione, *usucapĕre*, A.
Presedere, *præsum, es, fui, esse*, N.
Presentaneo, che opera di presente, *præsentaneus, a, um*, add.
Presentare, *præsento, as, āvi, ātum, āre*, A. per Far donativo, *dono, as*, etc. *do, das, dedi, datum, dare*: per Porgere, *porrigo, igis, exi, ectum, igĕre*: presentarsi, *se sistere*, [illegible]
Presentazione, *traditio, ōnis*, f.
Presente. V. Donativo.
Presente, *præsens, entis*, c. add. essere, trovarsi presente, *adsum, ades, adfui*, [illegible] al presente, di presente, *nunc*,
Presentemente, *in præsens*, avv.
Presentimento, *præsensio, ōnis*, f.
Presentire, *præsentio, tis, si, sum, tire*, A.
[illegible], *præsentia, æ*, f. *conspectus, us*, [illegible] presenza, *coram*, prep. col- [illegible] di bella presenza, *eleganti corporis specie*.
[illegible] mente, *coram*, prep.
[illegible], presepio, *præsepe*, *is*, n.
Preservamento, preservazione, *defensio, ōnis*, f.
Preservare, *servo, as*, etc. A. *tuĕor, ēris, itus, ēri*, D. — dalla morte, *morti eripĕre*.
Preservativo, *præventivum remedium, ii*, n.
Preservatore. V. Difensore.
Presidente, preside, *præses, ĭdis*, c.
Presidenza, *præfectura, æ*, f.
Presidio, *præsidium, ii*, n. mettere ad una città, *præsidio urbem munire*.
Presiedere, *præsideo, ides, ēdi, idēre*, N.
Preso, *captus*: *arreptus, a, um*, add.
Presontuosamente, presuntuosamente, *arroganter*, avv.
Presontuoso, presuntuoso, *arrŏgans, antis*, c. add.
Pressare, *urgĕo, ges, si, gēre*, A.
Pressione, pressura, *pressura, æ*: *pressio, ōnis*, f.
Presso, *apud*: *prope*, prep. coll' acc. andar presso alcuno, *alicūjus vestigia sequi*, D. già è presso il giorno, *dies instat*: a un dipresso, *circiter*, avv. per la comparazione, *præ*, prep. presso che, *propemŏdo*, avv.
Prestabilito, *præstitutus, a, um*, add.
Prestamente, *celeriter*, avv.
Prestante, eccellente, *præstans, antis*, c. add.
Prestanza, *commodatio*: *mutuatio, ōnis*, f. dare in prestanza, V. Prestare.
Prestare, *dare mutuum*: *commodare*, A.
Prestato, *commodatus, a, um*: *mutuo datus, a, um*, add.
Prestezza, *celeritas, ātis*, *festinatio, ōnis*, f.
Prestigiatore, che illude con falso apparenze, *præstigiātor, ōris*, m.
Prestigiatrice, *præstigiatrix, icis*, f.
Prestigio, *præstigiæ, ārum*, f. pl.
Prestito, *mutuatio, ōnis*, f. dare in prestito, V. Prestare. Domandare in prestito, *mutuum rogare*: pigliare in prestito, *mutuor, āris, ātus, āri*, D.
Presto, *cito*: *celeriter*, avv. più presto, *citius*: per Piuttosto, *potius*: al più presto, *primo quoque tempŏre*: per Pronto, *promptus, a, um*, add. per Repentino, *subitus, a, um*, add.
Presumere, *sibi tribuĕre, arrogare*: per Presupporre, V.
Presuntuosamente, ec. V. Presontuosamente.
Presunzione, *arrogantia, æ*, f.
Presupporre, *præsumo, is, psi, ptum, ĕre*, A.
Presupposizione, presupposto, *præsumptio, ōnis*, f.
Presura. V. Presa.
Prete, *presbyter, ĕri*, m. *sacerdos, ōtis*, m.
Pretendente, *postulator, ōris*, m.
Pretendere, *postŭlo, as*, etc. A. *sibi sumĕre*: — il suo, *persequi rem suam*.
Pretensione, *postulatio, ōnis*, f.
Preterire, *prætereo, ĕris*, *erivi*, vel *erii*, *eritum, erire*, N.

Preterito (sost.), *præteritum tempus*, oris, n. come agg. *præteritus*, a, um.
Preteso, *quæsitus*, a, um, add. per Supposto, V.
Pretesta, veste dei giovani nobili romani fino ai 17 anni, *prætexta*, æ, f. vestito di pretesta, *prætextatus*, a, um, add.
Pretesto, *prætextus*, us, m. *obtentus*, us, m. sotto pretesto, *per speciem*, avv. col bel pretesto, *honesto nomine*, avv.
Pretore, *prætor*, ōris, m.
Pretoriano, *prætorianus*, a, um, add.
Pretorio, residenza del pretore, *prætorium*, ii, n.
Pretto, per Puro, schietto, V.
Pretura, pretoria, *prætura*, æ, f.
Prevalere, *prævalĕo*, ĕes, ălŭi, ălĭtum, ălēre, N. prevalersi d'alcuna cosa, *ex aliqua re utilitatem percipĕre*, A.
Prevaricare, uscir dell'ordine, *prævarĭcor*, āris, ātus, āri, D.
Prevaricatore, *prævaricator*, ōris, m.
Prevaricazione, prevaricamento, *prævaricatio*, ōnis, f.
Prevedere, *prævĭdĕo*, ĭdes, ĭdi, ĭsum, ĭdēre, A. — il futuro, *in posterum prospicĕre*.
Preveduto, *prævisus*, a, um, add.
Prevenire, *prævenio*: *antevenio*, ēnis, ēni, ēnium, enīre, A. *præoccŭpo*, as, etc. A.
Preventivamente, *antĕa*, avv.
Prevenuto, *præventus*, a, um, add. — in favore di alcuno, *in aliquem propensus*.
Prevenzione, *occupatio*, ōnis, f.
Prevertire. V. Disordinare.
Previdenza, *providentia*, æ, f.
Previo, antecedente, *prævius*, a, um, add.
Previsione, *prævisio*, ōnis, f.
Previsto. V. Prevenuto.
Prevosto. V. Proposto (sost.).
Preziosamente, *pretiose*, avv.
Preziosità, *pretium*, ii, n.
Prezioso, *pretiosus*, a, um, add.
Prezzare, *æstimo*, as, etc. A.
Prezzatore, *æstimator*, ōris, m.
Prezzemolo, *petroselīnum*, i, n.
Prezzo, *pretium*, ii, n.
Prezzolare, *mercede conducĕre*.
Pria. V. Prima.
Priego. V. Preghiera.
Prigionare. V. Imprigionare.
Prigione, *carcer*, ĕris, m.
Prigionia, *captivĭtas*, ātis, f.
Prigioniere, o prigioniero, *captīvus*, a, um, add.
Prima, *prius*, avv. prima che, *priusquam*, per Avanti, V. in prima, *primum*: *antea*, avv.
Primamente, primieramente, *primo*, avv.
Primariamente, *præcipŭe*: *potissimum*, avv.
Primario, *primarius*, *præcipŭus*, a, um, add.
Primate, che soprasta agli altri, *princeps*, ĭpis, c.
Primaticcio, *præcox*, ŏcis, o. add.

Primato, primazia, *primatus*, us, m.
Primavera, *ver*, *veris*, n. di primavera, *vernus*, a, um, add. nel principio della primavera, *ineunte vere*: alla fine della primavera, *exeunte vere*.
Primeggiare, *primum locum tenēre*, A.
Primicerio, dignità ecclesiastica, *primicerius*, ii, m.
Primieramente. V. Primamente.
Primiero, *primus*, a, um, add.
Primigenio, primitivo, *primigenius*, a, um, add.
Primpilo, capo di prima schiera, *primipilus*, i, m.
Primitivo, *primitīvus*, a, um, add.
Primizia, *primitiæ*, ārum, f. pl.
Primo, *primus*, a, um, add.
Primogenito, *primogenĭtus*, a, um, add.
Primogenitura, *jus natu majoris*.
Principale, *præcipŭus*, a, um, add.
Principalmente, *præcipŭe*, avv.
Principato, *principatus*, us, m.
Principe, *princeps*, ĭpis, m.
Principesco, *regius*, a, um, add.
Principessa, *princeps fœmina*, f.
Principiante, *tiro*, ōnis, m.
Principiare, *incĭpĭo*, as, etc. A.
Principino, *junior princeps*, m.
Principio, *initium*: *principium*: *exordium*, ii, n. da principio, *ab initio*: dal principio al fine, *a capite ad calcem*: dar principio, V. Principiare: principii delle arti, *artium elementa*, n. pl.
Priorato *præfectura*, æ, f.
Priore, *præses*, ĭdis, m.
Priscamente. V. Anticamente.
Prisco, antico, *priscus*, a, um, add.
Pristino, primo, *pristīnus*, a, um, add.
Privare, *privo*, as, etc.: *spolio*, as, etc. A.
Privarsi di una cosa, *aliqua re abstinēre*, N.
Privatamente, *privatim*, avv.
Privativo, *privativus*, a, um, add.
Privato, *privatus*, a, um, add. in privato, *familiarĭter*: *privatim*, avv.
Privatore, *spoliator*, ōris, m.
Privatrice, *spoliātrix*, īcis, f.
Privazione, *privatio*, ōnis, f.
Privilegiare, *immunem aliquem reddĕre*: *immunitate aliquem donare*.
Privilegiato, *privilegiarius*, ii, m. *privilegio donatus*, add.
Privilegio, *privilegĭum*, ii, n.
Privo, *destitutus*, a, um, add.
Pro (sost.); giovamento, *commodum*, i, n. dare il buon pro, *fausta precari*: in pro e in contra, *pro et contra*.
Proava, bisavola, *proavia*, æ, f.
Proavo, *proavus*, i, m.
Probabile, *probabĭlis*, m. e. f. e, n. add.
Probabilità, *probabilĭtas*, ātis, f.
Probabilmente, *probabilĭter*, avv.
Probità, *probĭtas*, ātis, f.
Problema, questione da risolversi, *problēma*, ătis, n.
Probo, *probus*, a, um, add.

boscide, naso dell'elefante, *proboscis, cis*, f.
caccialmento, *comparatio, ōnis*, f.
cacciare, *compăro, as*, etc. A.
caccio, provvisione, *comparatio, ōnis*, . per Chi porta lettere, *tabellarius*, i, m.
cace, petulante, *procax, ācis*, c. add.
ocedere, *procēdo, dis, ssi, ssum, dĕre*, N. per Derivare, V. — bene, *bene agĕre*: modo di procedere, *agendi ratio*: d'onde procede, *quo fit*.
ocedimento, *progressus, us*, m.
ocella, *procella, æ*, f.
ocelloso, *procellosus, a, um*, add.
ocessare, in *aliquem inquirĕre*, A.
ocessato, *inquisitus, a, um*, add.
ocessionalmente, *supplicantium more*.
ocessione, *supplicatio, ōnis, pompa, æ*, f. farla, *supplicationem habēre*.
ocesso, *processus, us*, m. *causæ cognitio*: farlo contro alcuno, *judicio aliquem persĕqui*: senza processo, *indicta causa*.
ocessura, o procedura, *actus, us*: *processus, us*, m.
ocinto, *procinctus, us*, m. essere in procinto, *in promptu esse*, N.
oconsolare, *proconsularis*, m. e f. *e*, n. add.
oconsolato, *proconsulatus, us*, m.
oconsole, proconsolo, *proconsul, ŭlis*, m.
ocrastinare, differire, *procrastĭno, as*, etc. A.
ocrastinazione, *procrastinatio, ōnis*, f.
ocreare, *procrĕo, as*, etc. A.
ocreatore, *procreātor, ōris*, m.
ocreatrice, *procreātrix, īcis*, f.
ocreazione, *procreatio, ōnis*, f.
rocura, *mandatum, i*, n.
rocurare, *procūro, as*, etc. *curo, as*, etc. A.
rocurato, *quæsitus, a, um*, add.
rocuratore, *procurātor, ōris*, m.
rocuratrice, *procurātrix, īcis*, f.
rocurazione, *procuratio, ōnis*, f.
roda, ripa, *ripa, æ*: *sponda, æ*: *ora, æ*, f.
rode, *strenŭus, a, um*, add.
rodemente, *strenue*, avv.
rodezza, *strenuitas, ātis*, f.
rodigalità, *prodigentia, æ*, f.
rodigalizzare, *prodĭgo, ĭgis, ēgi, actum, igĕre*, A.
Prodigamente, *prodige*, avv.
Prodigio, *prodigium, ii*, n.
Prodigiosamente, *prodigiose*, avv.
Prodigioso, *prodigiosus, a, um*, add.
Prodigo, *prodĭgus, a, um*, add.
Prodotto, *fructus, us*, m.
Prodotto, *productus, a, um*, add.
Producibile, *generabĭlis*, m. e f. *e*, n. add.
Producimento, *procreatio, ōnis*, f.
Produrre, *prodūco, cis, xi, ctum, cĕre*, A. per Porre avanti, *proferre*.
Produttore, producitore, *procreātor, ōris*, m.
Produttrice, producitrice, *procreātrix, īcis*, f.

Produzione, *generatio, ōnis*, f.
Proemiale, *ad proœmium spectans, antis*, a.
Proemio, *proœmium, ii*, n.
Profanamento. V. Profanazione.
Profanare, *violo, as*, etc. A.
Profanatore, *violator, ōris*, m.
Profanazione, *profanatio, ōnis*, f.
Profanità, *profanitas, ātis*, f.
Profano, *profanus, a, um*, add.
Professare, *profitĕor, itēris, essus, itēri*, D.
Professione, *institutum, i*, n. *professio, ōnis*, f. per Mestiere, V. — religiosa, *solemnis religiosorum votorum nuncupatio, onis*, f.
Professo, *professus, a, um*, add.
Professore, *professor, ōris*, m.
Professoriale, *professorius, a, um*, add.
Profeta, *propheta, æ*, m.
Profetare, *vaticinor, āris, ātus, āri*, D.
Profetessa, *vates, is*: *mulier fatidĭca*, f.
Profeticamente, *prophetice*, avv.
Profetico, *fatidĭcus, a, um*, add.
Profezia, *vaticinatio, ōnis*, f.
Profferimento, *pronunciatio, ōnis*, f.
Profferire, pronunciare, *profĕro, fers, tŭli, latum, ferre*: per Offerire, V.
Profferta, *oblatio, ōnis*, f.
Profferto, profferito. V. Offerto.
Profilare, profilare, ornar la parte estrema di qualche cosa, *oram alicuius rei exornare*, A. per Ritrarre in profilo, *vultus unam partem exprimĕre*, A.
Profilo, profilo, *latus, ĕris*, m.
Proficiente, *proficiens, entis*, c.
Proficuo, profittevole, *utĭlis*, m. e f. *e*, n.
Profittare, *proficio, icis, ēci, ectum, icĕre*, N.
Profittevolmente, *utilĭter*, avv.
Profitto, *profectus, us*, m. *emolumentum, i*, n. riportarlo, *commodum percipĕre*, A.
Profluvio, *profluvium, ii*, n. per Abbondanza, V.
Profondamente, *alte*: *profunde*, avv.
Profondare, *submergo, gis, si, sum, gĕre*. A. *in imum dejicĕre*: per Cadere al fondo, *corrŭo, is, ui, uĕre*, N. profondarsi in una cosa, *rem alte penetrare*.
Profondere, *profundo, undis, ūdi, usum, undĕre*, A.
Profondità, *profundum, i*, n.
Profondo, *profundus, a, um*, add. per sost. V. Profondità.
Profugo, *profŭgus, a, um*, add.
Profumare, *fumĭgo, as*, etc. A.
Profumiera, vaso, *thuribŭlum, i*, n.
Profumiere, *myropōla, æ*: *unguentarius, ii*, m.
Profumo, *suffitus, us*, m.
Profusamente, *profuse*, avv.
Profusione, *profusio, ōnis*, f.
Profuso, *profusus, a, um*, add.
Progenie, *progenies, iēi*, f.
Progenitore, *progenĭtor, ōris*, m.
Progettare, far progetti, *propōno, nis, sui, situm, nĕre*, A.
Progetto, *propositio, ōnis*, f.

Progredire, *progredior*, *edĕris*, *essus*, *ĕdi*, D.

Progressione, *progressio*, *ōnis*, f.

Progressivo, *progrediens*, *entis*, c.

Progresso, *progressus*, *us*, m.

Proibire, *prohibeo*, *bes*, *ibui*, *ibitum*, *ibēre*, A.

Proibitivo, *prohibitorius*, *a*, *um*, add.

Proibizione, *interdictum*, *i*, n.

Prole, *proles*, *is*, f.

Prolissamente, *prolixe*, avv.

Prolissità, soverchia lunghezza, *prolixitas*, *ātis*, f.

Prolisso, *prolixus*, *a*, *um*, add.

Prologo, *prologus*, *i*, m.

Prolungamento, prolungazione, *prorogatio*, *ōnis*, f.

Prolungare, *protraho*, *ahis*, *axi*, *actum*, *ahĕre*: *differo*, *ers*, etc. A. — il tempo, *producĕre diem*; — la vita, *producĕre vitam*.

Promessa, *promissio*, *ōnis*, f. mantenerla, *promissis stare*: non mantenerla, *fidem fallĕre*.

Promesso, *promissus*, *a*, *um*, add.

Promettere, *promitto*, *ittis*, *isi*, *issum*, *ittĕre*, A. *polliceor*, *ēris*, *itus*, *ēri*, D.

Prominente, *eminens*, *eminentis*, c.

Prominenza, elevazione sopra la superficie, *prominentia*, *æ*, f.

Promontorio, *promontorium*, *ii*, n.

Promotore, promovitore, promovitrice, *promovens*, *entis*, c.

Promovere, *promoveo*, *oves*, *ovi*, *otum*, *ovēre*, A.

Promozione, promovimento, *promotio*, *ōnis*, f.

Promulgare, pubblicare, *promulgo*, *as*, etc. A.

Promulgazione, *promulgatio*, *ōnis*, f.

Promuovere. V. Promovere.

Pronipote, *pronepos*, *ōtis*, m. *proneptis*, *is*, f.

Pronome, *pronomen*, *inis*, n.

Pronosticare, *vaticinor*, *āris*, *atus*, *āri*, D.

Pronostico, *præsagium*, *ii*, n.

Prontamente, *prompte*: *celeriter*, avv.

Prontezza, *celeritas*, *ātis*, f. — di animo, *animi alacritas*, f.

Pronto, *paratus*: *promptus*, *a*, *um*, add.

Pronunzia, pronunziazione, *pronuntiatio*, *ōnis*, f.

Pronunziare, *pronuntio*, *as*, etc. A. — la sentenza, *sententiam ferre*, A.

Pronunziatore, *pronuntiator*, *ōris*, m.

Propagare, *propago*, *as*, etc. A. propagarsi, V. Crescere.

Propagatore, *propagator*, *ōris*, m.

Propagazione, *propagatio*, *ōnis*, f.

Propagginamento, *propagatio*, *ōnis*, f.

Propagginare, sotterrare rami perchè germoglino, *propago*, *as*, etc. A.

Propaggine, *propago*, *inis*, f.

Propalare. V. Divulgare.

Propendere, inclinare, *propendeo*, *des*, *di*, *sum*, *dēre*, N.

Propensione, *propensio*, *ōnis*, f.

Propiamente, propietà, ec. V. Propriamente, ec.

Propine, quella paga che si dà nel dottorati, *propinatio*, *ōnis*, f.

Propinquo, vicino, *propinquus*, *a*, *um*, add.

Propiziazione, *propitiatio*, *ōnis*, f.

Propizio, *propitius*, *a*, *um*, add.

Proponimento, *propositum*, *i*, n.

Proporre, *propono*, *nis*, *sui*, *situm*, *nĕre*, A. per Deliberare, V.

Proporzionalmente, *proportione servata*.

Proporzionare, *comparo*, *as*, etc. *æquare conferre*, A.

Proporzionato, proporzionale, *aptus*: *accommodatus*, *a*, *um*, add.

Proporzione, *proportio*, *ōnis*, f. a proporzione, *servata proportione*.

Proposito, *propositum*, *i*, n. mutarlo, *susceptum consilium deponĕre*: a proposito, *ad rem*: fuor di proposito, *abs re*: a che proposito? *quorsum?* di proposito, *serio*, avv. uscir fuori di proposito, *a proposito aberrare*.

Prepositura, *præpositura*, *æ*, f.

Proposizione, *propositio*, *ōnis*, f. *argumentum*, *i*, n.

Proposto (sost. col secondo o largo), *præpositus*, *i*, m. come agg. (col secondo o stretto) *propositus*, *a*, *um*, add.

Propriamente, *proprie*, avv.

Proprietà, *proprietas*, *ātis*, f. per Dominio, *dominium*, *ii*, n.

Proprio, *proprius*, *a*, *um*, add.

Prora, *prora*, *æ*, f.

Proroga, prorogazione, *prorogatio*, *ōnis*, f.

Prorogare. V. Prolungare.

Prorompere, *prorumpo*: *erumpo*, *umpis*, *upi*, *uptum*, *umpĕre*, A. e N.

Prosa, *soluta oratio*, f.

Prosaico, *prosaicus*, *a*, *um*, add.

Prosapia, *genus*, *ĕris*, n. *progenies*, *iēi*, f.

Prosare, scrivere in prosa, *soluta oratione uti*, *or*, *ĕris*, *usus*, *sum*, D.

Prosatore, *soluta oratione utens*, *entis*, c.

Proscenio, luogo sulla scena destinato agli attori, *proscenium*, *ii*, n.

Prosciogliere, prosciorre, *absolvo*, *vis*, *vi*, *utum*, *vĕre*, A.

Proscioglimento, *solutio*; *liberatio*, *ōnis*, f.

Prosciolto, *solutus*, *a*, *um*, add.

Prosciugare, *exsiccare*, A.

Prosciutto, *perna*, *æ*, f. *petaso*, *ōnis*, m.

Proscritto, esiliato, *proscriptus*, *a*, *um*, add.

Proscrittore, *proscriptor*, *ōris*, m.

Proscrivere, *proscribo*, *bis*, *psi*, *ptum*, *bĕre*, A.

Proscrizione, *proscriptio*, *ōnis*, f.

Proseguimento, *processus*, *us*, m.

Proseguire, *prosĕquor*, *equĕris*, *ecutus*, *equi*, D. *pergĕre*.

Proselito, seguace, *proselytus*, *i*, m.

Prosodia, *prosodia*, *æ*, f.

Prosopopeia, figura rett., *prosopopœia*, *æ*, f. per Arroganza, V.

Prosperamente, *prospĕre*, avv.

Prosperare, prospĕro, as, etc. A.
Prosperazione, prosperità, prosperitas, ātis, f.
Prospero, prosper, era, um, add.
Prosperoso, validus, a, um, add.
Prospettiva, perspectiva, æ, f.
Prospetto, veduta, prospectus, us, m.
Prossimamente, proxime, avv.
Prossimare. V. Appressimare.
Prossimità, proximitas, ātis, f.
Prossimo, proximus, i, m. per Vicino, V.
Prostendersi, prostrarsi, se abjicĕre, N.
Prosternere. V. Abbattere.
Prosteso, prostratus, a, um, add.
Prostituire, prostitŭo, ŭis, ŭi, ūtum, uĕre, A.
Prostrare, prosterno, sternis, stravi, stratum, sternĕre, A. prostrarsi, se abjicĕre.
Prostrazione, virium defectio, ōnis, f. per Inchino, V.
Proteggere, protĕgo, ĕgis, exi, ēctum, egĕre, A. patrocinor, āris, ātus, ari, D.
Protendere, distendere, protendo, dis, di, sum, dĕre, A.
Protervamente, proterve, avv.
Protervia, impudenza, protervĭtas, æ, f.
Protervo, protervus, a, um, add.
Protesta, protestazione, testificatio, ōnis, f.
Protestare, protestor, āris, ātus, ari, D.
Protettorato, patrocinium, ii, n.
Protettore, proteggitore, patrōnus, i, m.
Protettrice, patrona, æ, f.
Protezione, patrocinium, ii, n.
Protocollo, codex, icis, m. formularum liber, ri, m.
Protomartire, primo dei martiri, protomartyr, is, c.
Protomedico, protomedĭcus, i, m.
Protonotario, protonotarius, ii, m.
Protrarre, protrăho, ăhis, āxi, actum, ahĕre, A.
Protratto, protractus, a, um, add.
Prova, esperimento, periculum, i, experimentum, i, n. per Provazione, argumentum, i, n. ratio, onis, f.
Provare, expĕrior, erīris, ērtus, erīri, D. per Confermare, probo, as, etc. A.
Provato, probatus, a, um, add.
Provazione, probatio, ōnis, f.
Provedere. V. Provvedere.
Proveniente, proveniens, ēntis, c. add.
Provenimento, avvenimento, successus, us, m.
Provenire, provenio, īnis, ēni, ēntum, enīre, N.
Provento, proventus: reditus, us, m.
Provenuto, ortus: natus, a, um, add.
Proverbiare. sgridare, objurgo, as, etc. A.
Proverbio, proverbium, ii, n. come dice il proverbio, ut in proverbio est.
Provetto, ætate provectus, a, um, add.
Providenza, providentia, æ, f.
Provido, providus, a, um, add.
Provincia, provincia, æ, f.
Provinciale, provincialis, m. e f, e, n. add. (sost.), provinciæ præpositus, m.

Provocare, provŏco, as, etc. A. lacesso, essis, essivi, essitum, essĕre, A.
Provocazione, provoca, provocatio, ōnis, f.
Provvedere, compăro: curo: prospĭcio, as, etc. A. — ai suoi interessi, suis rebus prospicĕre: provvedersi del necessario, vitæ necessaria sibi comparare.
Provvedimento, providentia, æ, f. per Provvisione, comparatio, ōnis, f.
Provveditore, curator, ōris, m.
Provvedutamente, caute: prudenter, avv.
Provveduto, instructus, a, um, add.
Provvidamente, provide, avv.
Provvidenza, providentia, æ, f.
Provvido, providus, a, um, add.
Provvigionato. V. Provvisionato.
Provvigione. V. Provvisione.
Provvisionare, stipendium solvĕre: cibaria instruĕre, A.
Provvisionato, stipendiarius, a, um, add.
Provvisione, per Provvedimento, V. Per Stipendio, stipendium, ii, n.
Provvista. V. Provvedimento.
Provvisto, preparato, parātus, a, um, add.
Prua. V. Prora.
Prudente, prudens, ēntis, c. add.
Prudentemente, prudenzialmente, prudenter, avv.
Prudenza, prudentia, æ, f.
Prudenziale, ad prudentiam pertinens, c.
Prugna, susina, prunum, i, n.
Prugno, susino, prunus, i, f.
Pruina, brina, pruina, æ, f.
Pruinoso, pruinosus, a, um, add.
Pruneto, prunaio, senticetum, i: vepretum, i, n.
Pruno, sentis, is, dumus, i, m.
Pruova. V. Prova.
Prurigine, prurito, prurigo, ĭnis, f.
Pubblicamente, publice, avv.
Pubblicano, gabelliere, publicanus, i, m.
Pubblicare, publĭco, as, etc. A.
Pubblicatore, vulgātor, ōris, m.
Pubblicazione, publicatio, ōnis, f.
Pubblico (sost.), comunità, commune, is, n. civitas, atis, f. publicus, a, um, add.
Pubertà, pubĕrtas, ātis, f.
Pubescente, pubescens, ēntis, c. add.
Pudicamente, pudice, avv.
Pudicizia, pudicitia, æ, f.
Pudico, pudicus: castus, a, um, add.
Pudore, pudor, ōris, m.
Puerile, puerilis, m. e f. e, n. add.
Puerilità, puerilitas, ātis, f.
Puerilmente, pueriliter, avv.
Puerizia, pueritia, æ, f.
Pugna, pugna, æ, f.
Pugnace, pugnax, ācis, c. add.
Pugnacemente, pugnaciter, avv.
Pugnalata, pugionis ictus, us, m.
Pugnale, pugio, ōnis, m.
Pugnaletto, pugiunculus, i, m.
Pugnare, ec. V. Combattere, ec.
Pugnere. V. Pungere.
Pugnetto, piccol pugno, pugillus, i, m.
Pugno, pugnus, i, m. di mio pugno, meo

manu: ho in pugno, *præ manibus habeo*: chi giuoca coi pugni, *pugil*, *ĭlis*, m.
Pula, guscio delle biade, *acus*, *acĕris*, n. *apluda*, *æ*, f.
Pulce, *pulex*, *ĭcis*, m.
Pulcella, *virguncŭla*, *æ*, f.
Pulcino, *pullus*, *i*, m.
Puledro, *pullus equi*, o *asini*, m.
Pulire, *expolio*, *īis*, *olivi*, *olitum*, *olīre*, A.
Pulitamente, *polite*, avv.
Pulitezza, pulizia, *nitor*, *ōris*, m. per Civiltà, V.
Pulito, *expolitus*, *a*, *um*, add.
Pulitura, *politio*, *ōnis*, f.
Pullulare, *pullŭlo*; *germĭno*, *as*, etc. N. — dell' acqua, *erumpo*, *mpis*, *pi*, *ptum*, *mpĕre*; *scaturio*, *īris*, *urīvi*, *urītum*, *urīre*, N.
Pullulazione, pullulamento, *germinatio*, *ōnis*, f.
Pulpito, pergamo, *pulpĭtum*, *i*, n.
Pulsazione, *pulsatio*, *ōnis*, f.
Pungente, *pungens*, *ĕntis*, c. parole pungenti, *verba contumeliosa*, n. pl.
Pungentemente, *acriter*, avv.
Pungere, *pungo*, *ngis*, *pupugi*, *nctum*, *ngĕre*, A. per Morsicare, V. Per Offendere, V. — con parole al vivo, *asperioribus verbis perstringĕre*.
Pungimento, *punctio*, *ōnis*, f.
Pungitore, *pungens*, *ĕntis*, c. add.
Pungolo, pungiglione, *stimŭlus*, *i*, m. quello delle pecchie, o vespe, *acus*, *us*, *ācŭleus*, *ōnis*, m.
Punire, *punio*, *is*, *ivi*, *itum*, *īre*, A.
Punitivo, *puniens*, *ĕntis*, c. add.
Punitore, *ultor*: *punitor*, *ōris*, m.
Punitrice, *ultrix*, *īcis*, f.
Punizione, punimento, *punitio*, *ōnis*, f.
Punta *acies*, *aciēi*: *cuspis*, *ĭdis*, f. di punta e di taglio, *punctim ac cæsim*, avv. far la punta, appuntare, *acuo*, *uis*, *ui*, *utum*, *uĕre*, A.
Puntale, *cuspis*, *ĭdis*, f.
Puntare, *puncta appingĕre*, A.
Puntata, *punctim inflictus*, *ictus*, *us*.
Puntato, *punctis notatus*, *a*, *um*, add.
Punteggiamento, punteggiatura, *nota*, *æ*, f.
Punteggiare, *punctis distinguĕre*, *notare*, A.
Puntellare, *fulcio*, *cis*, *lsi*, *ltum*, *cīre*, A.
Puntello, *fulcimen*, *ĭnis*, n. *fultura*, *æ*, f.
Punteruolo, *stilus cuspidatus*, m.
Puntiglio, *cavillus*, *i*, m. per Pretensione d' esser preferito, *arrogantia*, *æ*, f.
Puntiglioso, *contentiosus*, *a*, *um*, add.
Puntina, *exigua acies*, *ēi*, f.
Puntino, *punctŭlum*, *i*, n.
Punto (sost.), *punctum*, *i*, n. per Momento, *punctum tempŏris*: per Proposizione o articolo d' un discorso, *caput*, *ĭtis*, n. *pars*, *partis*, f. in buon punto, *opportune*, avv. nel senso di Niente, *nihil*, particip. da Pungere, *punctus*, *a*, *um*, add.
Puntone. V. Puntello: per Sorta di fortificazione, *agger*, *ĕris*, m.
Puntuale, *diligens*, *ĕntis*, c. add.
Puntualità, *summa diligentia*, *æ*, f.
Puntualmente, *diligenter*, avv.
Puntura. V. Pungimento.
Punturetta, *punctiuncŭla*, *æ*, f.
Punzecchiare, *fodico*, *as*, etc. A.
Pupilla, *pupilla*, *æ*, f.
Pupillare, di pupillo, *pupillaris*, m. e f. *e*, n. add.
Pupilletta, *pupŭla*, *æ*, f.
Pupillo, *pupillus*, *i*, m.
Puramente, *pure*, avv. per Solamente, *solummŏdo*, avv.
Purchè, *modo*: *dummŏdo*, cong.
Pure, *quidem*, avv. per Nondimeno, *tamen*, cong.
Purezza. V. Purità.
Purga, purgazione, *purgatio*: *curatio*, *ōnis*, f.
Purgare, *purgo*: *emundo*, *as*, etc. A.
Purgativo, *purgans*, *antis*, c. *catharticus*, *a*, *um*, add.
Purgatorio, *purgatorium*, *ii*, n. *ignis piacularis*, m.
Purificare, *purifico*, *as*, etc. A.
Purificatoio, quel pannicello di lino con che il sacerdote asterge il calice, *linteŏlum*, *i*, n.
Purificazione, *purificatio*, *ōnis*, f.
Purità, *mundities*, *ēi*: *munditia*, *æ*, f. — di costumi, *morum integritas*, f.
Puro, *purus*: *mundus*, *a*, *um*, add.
Purpureo, *purpureus*, *a*, *um*, add.
Pusillanimità, *pusillanimitas*, *atis*, f. *animi abjectio*, *ōnis*, f.
Pusillanimo, pusillanime, *pusillanimis*, *is*, *e*, *timidus*, *a*, *um*, add.
Pusillo, piccolo, *pusillus*, *a*, *um*, add.
Pustola, pustula, *pustŭla*, *æ*, f.
Putativo, creduto, reputato per tale, *putativus*, *a*, *um*, add.
Putire, puzzare, *putĕo*, *es*, *ui*, *ēre*, N.
Putre. V. Putrido.
Putredine, *putrēdo*, *ĭnis*, f.
Putrefare, *putrefacio*, *ăcis*, *ēci*, *actum*, *acĕre*, A. putrefarsi, *putrēsco*, *ēscis*, *ui*, *escĕre*, N.
Putrefattibile, *corruptioni obnoxius*, *a*, *um*, add.
Putrefatto, *putrefactus*: *corruptus*, *a*, *um*, add.
Putrefazione, *corruptio*, *ōnis*, f.
Putridirsi. V. Putrefare.
Putrido, *putris*, m. e f. *e*, n. add. *putridus*, *a*, *um*, add.
Putridume. V. Putredine.
Putto, puttino, *puerŭlus*, *i*, m.
Puzzare, putire, *putĕo*, *es*, *ui*, *ēre*, N.
Puzzo, puzza, *fœtor*, *ōris*, m. — di fiato, *animæ gravitas*, *ātis*, f. — della bocca, *oris graveolentia*, *æ*, f.
Puzzolente, *graveolens*, *ĕntis*, c. add.

Q

o), *hic*: (di moto), *huc*:
hinc, *illinc*: vengono di
ultro citròque veniunt: di
, *citra montem*: d'allora
avv.
dus codex, m.
licis, m. — di carta, *sca-*
m.
le, *quadrans*, *antis*, m.
, cioè la burla, *irrisi-*

i quarant'anni, *quadra-*
, add.
aresima, *quadragesima*,

quadragesimalis, m. e f.

uadragesimus, *a*, *um*, add.
a degli orologi a ruote:
onomico, *quadrans*, *an-*

o in forma quadra, *qua-*
per Piacere, *probari*: P.

tus, *a*, *um*, add.
ratio, *ōnis*, f.
picta.
driennium, *ii*, n.
di quattro strade, *qua-*

quadrum, *i*, n. per Pittu-
, *æ*, f. *quadratus*, *a*, *um*,

tabula picta, f.
drŭpes, *ĕdis*, c.
uadruplico, *as*, etc. A.
. Quadruplice.
, *quadruplicatio*, *ōnis*, f.
drŭplex, *licis*, c. add.
rŭplus, *a*, *um*, add.
i moto), *huc*, avv.
, *leis*, f.
ppigliamento, *coagulatio*,

, *as*, etc. A. quagliarsi,
coagulari: *cogor*, *gĕris*,

, *aliqua*, *aliquod*: qual-
id: per Qualunque, V.
interdum, *aliquando*, avv.
cheduno, *aliquis*, *qua*,
, *si quis*, pron.
. e f. *e*, n. il quale e la
æ, *quod*: quale? *quis*?
el *quid*? qual mai? *quis-*
? *quodnam*? a qual fine?
l di due? *uter*, *ra*, *rum*,
elle due parti? *utro*, avv.
luoghi? *utrobi*?
ibuire titolo o qualità,
re, A.
dus, *a*, *um*, add.
rtutem tribuens, *entis*, c.

Qualità, *qualitas*, *ātis*, f. per Condizione, V. per Dote, V. — del corpo, *corpŏris habitūdo*.

Qualmente, come, *ut*: *quemadmŏdum*, avv.

Qualora, *quoties*: *quotiescumque*, avv.

Qualsiasi, qualsivoglia, *quilibet*, *quælibet*, *quodlibet*, add.

Qualunque, *quicumque*, *quæcumque*, *quodcumque*, add. di qualunque sorta, *qualiscumque*: qualunque di due, *utrumcumque*.

Quando, *quando*: *cum*: *ubi*: quando questo, quando quello, *modo hoc*, *modo illud*: di quando in quando, *interdum*, avv.

Quandochè, *cum*, cong. per Ogni volta che, *quotiescumque*, avv.

Quantità, *quantĭtas*, *ātis*, f. per Abbondanza, V.

Quanto (sost.), *quantum*, *i*, n. *quantus*, *a*, *um*, add. (pl. indecl.) *quot*: tutti quanti, *omnes*, *ium*, add. pl. tutto quanto, *quidquid*: *quantum*, avv. (di tempo), *quamdiu*: quanto a me, *quoad me*: per quanto mi spetta, *quod ad me attinet*: quanto prima, *quamprimum*: quanto grandemente, *quantopĕre*: quanto grande si voglia, *quantuscumque*: per quanto piccolo sia, *quantuluscumque sit*: quanto tempo, *quamdiu*: quanto al resto, *quod reliquum est*: quanto si voglia, quanto siasi, *quantumlĭbet*.

Quantunque, *quamvis*, cong.

Quaranta, *quadraginta*: quaranta volte, *quadragies*, avv.

Quarantena, quarantina, *quadraginta dierum*, f. pl.

Quarantesimo, *quadragesimus*, *a*, *um*, add.

Quaresima, *quadragesima*, *æ*, f.

Quaresimale, *quadragesimalis*, m. e f. *e*, n. add. (sost.): libro di prediche per la quaresima, *concionum volumen*: *sacræ conciones*, f. pl.

Quarta. V. Quadrato.

Quartana, *quartana febris*, *is*, f.

Quartiere, la quarta parte, *quadrans*, *antis*: — dei soldati, *statio*, *ōnis*, f. mandare le truppe ai quartieri, *in hiberna copias dimittĕre*: starvi, *hiberno*, *as*, etc. N. — della città, *regio*, *ōnis*, f. — della casa, *pars domus*.

Quarto (sost.), *quadrans*, *antis*: *quartus*, *a*, *um*, add. la quarta volta, *quartum*: avv. in quarto luogo, *quarto*.

Quasi, quasi se, quasi che, *quasi*, *velut*: per Poco meno che, *ferme*: *pene*, avv.

Quassù, *hic*: (di moto), *huc*, avv.

Quatriduano, di quattro dì, *quatriduanus*, *a*, *um*, add.

Quatto, quattone: per Occulto, V. quatto quatto, *clancŭlum*, avv.

Quattordicesimo, *quartus decimus*, add. num.

Quattordici, *quatuordĕcim*, add. ind.

Quattrinello, moneta, *obŏlus*, *i*, m.

Quattrino, moneta, *teruncius*, *ii*, *quadrans*,

ãntis, m. sino ad un quattrino, *ad nummum*.
Quattro, *quatuor*, nome numerale ind.: quattro volte, *quater*, avv.
Quattrocento, *quadringenti*, *æ*, *a*, add.
Quegli, quello (sing.), *ille*, *a*, *ud*: *is*, *ea*, *id*: Quelli, quei, que', (plur.), *illi*, *æ*, *a*, *ii*, *eæ*, *ea*. pron.
Quelchesiasi, *quilibet*, *quælibet*, *quodlibet*.
Quercia, *quercus*, *us*, f. di quercia, V. Quercino.
Quercino, *quernus*, *a*, *um*, add.
Querela, *querēla*, *æ*, f. *questus*, *us*, m. darla, *apud judicem accusare*: querelarsi, *queror*, *rĕris*, *stus*, *ri*, D.
Querimonia, *querimonia*, *æ*, f.
Querulo, queruloso, *querŭlus*, *a*, *um*, add.
Quesito, *quæsitum*, *i*, n.
Questi, questo, *hic*, *hæc*, *hoc*, pron. dimost. per questo, *ideo*: *idcirco*, avv.
Questionare. V. Litigare.
Questionato, *disputatus*, *a*, *um*, add.
Questioncella, *quæstiuncŭla*, *æ*, f.
Questione, *quæstio*, *ōnis*: *controversia*, *æ*, f. per Rissa, V.
Questo. V. Questi.
Questore, *quæstor*, *ōris*, m.
Questua, *mendicatio*, *ōnis*, m.
Questuare ec. V. Mendicare ec.
Questura, *quæstūra*, *æ*, f.
Quetare ec. V. Quietare ec.
Qui, *hic*, avv. di stato: *huc*, di moto: per intorno a ciò, *hac de re*: di qui, *hinc*: di qui a due giorni, *intra duos dies*: da qui innanzi, *posthac*, avv.
Quietamente, *quiete*, avv.
Quietanza, e quitanza, *apŏcha*, *æ*: *acceptilatio*, *ōnis*, f. far quietanza ad alcuno, *alicui scribere apŏcham*.
Quietare, *sedo*: *placo*, *as*, etc. A. quietarsi, *quiescĕre*, N.
Quiete, *quies*, *tis*, f.
Quieto, *quietus*, *a*, *um*, add.
Quinario, verso di cinque sillabe, *quinarius*, *a*, *um*, add.
Quinci, di quinci, *hinc*, avv. moto, da luogo: (moto per luogo), *hac*: per Laonde, *idcirco*, cong.
Quindi, di quel luogo, *illinc*, avv. per quel luogo, *illac*: per Dipoi, *deinde*.
Quindicesimo, quindecimo, *decimus quintus*, add. num.
Quindici, *quindĕcim*, add. indeclin.
Quingentesimo, cinquecentesimo, *quingentesimus*, *a*, *um*, add.
Quinquagesimo, cinquantesimo, *quinquagesimus*, *a*, *um*, add.
Quinquennio, spazio di cinque anni, *quinquennium*, *ii*, n.
Quinternetto, *exigŭus codex*, m.
Quinterno, *scopus*, *i*, m.
Quintessenza, *succus subtilissimus*, *i*, m. (metaforicamente), *vis*, *vis*, f.
Quinto (sost.), *quinta pars*, *partis*, f. *quintus*, *a*, *um*, add. la quinta volta, *quintum*, avv.
Quintodecimo. V. Quindicesimo.
Quistione ec. V. Questione ec.
Quivi, *illic*, avv. di stato: *ibi*, (di moto), *illuc*: di quivi *illinc*: quivi medesimo, *ibidem*.
Quota, *portio*, *ōnis*, f.
Quotidianamente, *quotidie*, avv.
Quotidiano, *quotidianus*, *a*, *um*, add.
Quoziente, *quotiens*, *ĕntis*, m.

R

Rabarbaro, *rhabarbărum*, *i*, n.
Rabbellire, *orno*, *as*, etc. A.
Rabbia, *rabies*, *ēi*, f. crepar di rabbia, *ira disrumpi*, P.
Rabbino, *rabbīnus*, *i*, m.
Rabbiosamente, *rabide*: *rabiose*, avv.
Rabbiosetto, *rabiosŭlus*, *a*, *um*, add.
Rabbioso, *rabĭdus*, *a*, *um*, add.
Rabbonacciare. V. Calmare.
Rabbuffamento, *turbatio*, *ōnis*, f.
Rabbuffare, scompigliare, *turbo*, *as*, etc. A. rabbuffarsi, *turbor*, *āris*, *ātus*, *āri*, P.
Rabbuffato, *turbatus*: *incomptus*, *a*, *um*, add.
Rabbuffo, sgridata, *objurgatio*, *ōnis*, f.
Rabescare, ornar con rabeschi, *opere arabico exornare*, A.
Rabesco, *opus arabĭcum*.
Raccapezzare. V. Trovare.
Raccapitolare, e recapitolare, *summatim dicĕre*, o *repetĕre*.
Raccapricciare, *horrorem incutĕre*, A. raccapricciarsi, *inhorresco*, *escis*, *ui*, *escĕre*, N.
Raccapriccio, raccapricciamento, *horror*, *ōris*, m.
Raccartocciare. V. Ravvolgere.
Raccattare, ricuperare, *repăro*, *as*, etc. *recuperare*, A.
Raccendere, *itĕrum accendĕre*, A.
Raccendimento, *incensio*, *ōnis*, f.
Raccertare, *magis magisque confirmare*, A.
Raccertato, *certior factus*, add.
Racchetta, lacchetta, *reticŭlum*, *i*, n.
Racchiudere, *claudo*, *dis*, *si*, *sum*, *dĕre*. *concludĕre*, A.
Raccogliere, *collĭgo*, *ĭgis*, *ēgi*, *ēctum*, *igĕre*: — le vele, *vela contrahĕre*: per Levar da terra, *erigĕre*, A. per Accogliere, *excipĕre*: — il frutto, *fructum percipĕre*: raccogliersi, *se colligĕre*: *ad se redire*.
Raccoglimento, *collectio*, *ōnis*, f.
Raccoglitore, *collector*, *ōris*, m.
Raccoglitrice. V. Levatrice.
Raccolta, *messis*, *is*, f.
Raccolto, *collectus*, *a*, *um*, add.
Raccomandare, *commendo*, *as*, etc. A. raccomandarsi ad alcuno, *alicujus fidĕi se committĕre*: raccomandar l'anima, *morientis animam Deo commendare*.
Raccomandatore, *commendātor*, *ōris*, m.
Raccomandatorio, *commendatitius*, *a*, *um* add.
Raccomandazione, *commendatio*, *ōnis*, f.

Raccomodamento, *refectio: interpolatio*, *ōnis*, f.
Raccomodare, *interpolare: reconcinnare: restaurare: reficĕre*, A.
Racconciamento, *refectio: interpolatio*, *ōnis*, f.
Racconciare, *interpōlo*, *as*, etc. A. *reficio*, *feis*, *fēci*, *fectum*, *ficĕre*, A. per Rappecillcare, V.
Racconciato, *interpolatus*, *a*, *um*, add.
Racconciatore, *refector*, *ōris*, m.
Racconsolare, *consolor*, *āris*, *ātus*, *āri*, D. racconsolarsi, *recreari*, P.
Raccontabile, *enarrabilis*, m. e f. *e*, n. add.
Raccontare, *narro*, *as*, etc. A.
Raccontato, *narratus*, *a*, *um*, add.
Raccontatore, *narrātor*, *ōris*, m.
Racconto, *narratio*, *ōnis*, f.
Raccorciamento. V. Abbreviamento.
Raccorciare, *contrăho*, *his*, *xi*, *actum*, *ahĕre*, A.
Raccorre. V. Raccogliere.
Raccozzamento, *conjunctio*, *ōnis*, f.
Raccozzare, *conjungo*, *gis*, *xi*, *ctum*, *gĕre*: *congerĕre*, A.
Racquetare, racquietare, *sedo*, *as*, etc. A.
Racquistare, *recupĕro*, *as*, etc. A.
Racquisto, *recuperatio*, *ōnis*, f.
Raddirizzare, raddrizzare. V. Dirigere.
Raddolcimento, *mitigatio*, *ōnis*, f.
Raddolcire, *mitigo*, *as*, etc. A.
Raddoppiamento, *conduplicatio*, *ōnis*, f.
Raddoppiare. V. Duplicare.
Raddoppiatamente, *duplicĭter*, avv.
Raddormentarsi, *redormio*, *is*, *ivi*, *itum*, *ire*, N.
Radere, *rado*, *dis*, *si*, *sum*, *dĕre*, A. tondere, *tondeo*, *totondi*, *sum*, *ndēre*, A.
Radezza, *raritas*, *ātis*, f.
Radica. V. Radice.
Radicale, che deriva dalla radica, *quod a radice ortum*.
Radicalmente, *radicĭtus*, avv.
Radicare, *radicor*, *āris*, *ātus*, *āri*, D. radicarsi, *radices agĕre*.
Radicato, *radicatus*, *a*, *um*, add.
Radicchio. V. Cicoria.
Radice, *radix*, *īcis*, f. dalla radici, *radicitus*: fare, mettere radici, *radices agĕre*.
Rado, *rarus*, *a*, *um*, add. di rado, *raro*, avv.
Radunanza, radunamento d'uomini, *conventus*, *us*, m. — di cose, *cumŭlus*, *i*, m.
Radunare. V. Raccogliere: — ricchezze, *opes congerĕre*: — la gente, *popŭlum cogĕre*: radunarsi, *convenio*, *nis*, *ni*, *ntum*, *nire*, N.
Rafano, radice, *raphănus*, *i*, m.
Raffacciare, *exprobrare*; *objicĕre*.
Raffazzonare, *exorno*, *as*, etc. *expolire*, A.
Rafferma, *confirmatio*, *ōnis*, f.
Raffermare, *confirmo*, *as*, etc. A.
Raffiguramento, *agnitio*, *ōnis*, f.
Raffigurare, *dignosco*: *agnosco*, *oscis*, *ōvi*, *itum*, *oscĕre*, A. per Rassomigliare, V.
Raffilare, *extrema resecare*, A. Affilare, V.
Raffilatura, *resegmen*, *ĭnis*, n.
Raffinamento, *perfectio*, *ōnis*, f.
Raffinare, *perficio*, *feis*, *fēci*, *fectum*, *ficĕre*, A.
Raffio. V. Uncino.
Raffortare, *vires addĕre*.
Rafforzato, *viribus auctus*, add.
Raffreddamento, *refrigeratio*, *ōnis*, f.
Raffreddare, *refrigĕro*, *as*, etc. A. raffreddarsi, *algĕo*, *ges*, *si*, *gēre*, N. per Accatarrare, V.
Raffreddato, *refrigeratus*, *a*, *um*, add. per Accatarrato, V.
Raffrenamento, *refrenatio*, *ōnis*, f.
Raffrenare, *refrēno*, *as*, etc. *coercĕo*, *es*, *ui*, *itum*, *ēre*, A.
Ragazza, *puella*, *æ*, f.
Ragazzaglia, *puerorum turma*, *æ*, f.
Ragazzata, *ineptiæ*, *arum*, f. pl.
Ragazzello, ragazzino, *puerŭlus*, *i*, m.
Ragazzo, *puer*, *ĕri*, m.
Ragghiare, *rudo*, *dis*, *di*, *dĕre*, N.
Ragghio, *rudĭtus*, *us*, m.
Raggiare, radiare, V. Irraggiare.
Raggio, *radius*, *ii*, m.
Raggiramento, *circumductio*, *ōnis*, f.
Raggirare, *circumdūco*, *cis*, *xi*, *ctum*, *cĕre*: *circumvolvo*, *vis*, *vi*, *ūtum*, *vĕre*, A.
Raggiro. V. Rigiro.
Raggiungere, arrivare uno, *assĕquor*, *assequĕris*, etc. D. per Congiungere, *conjungĕre*.
Raggomitolare, *iĕrum glomerare*, A.
Raggrinzamento, *contractio*, *ōnis*, f.
Raggrinzare, *crispo*, *as*, *āvi*, *ātum*, *āre*, A.
Raggruppare, *implĭco*, *as*, etc. *necto*, *ctis*, *xui*, *xum*, *ctĕre*, A.
Raggruppo, *nexus*, *us*, m.
Ragguagliamento, *exæquatio*, *ōnis*, f.
Ragguagliare, *exæquo*, *as*, etc. A.
Ragguagliatamente, *proportione servata*.
Ragguaglio, per Notizia, V. *nuncium*, *ii*, n. per Proporzione, *proportio*, *ōnis*, f. per Agguaglianza, *exæquatio*, *ōnis*, f.
Ragguardevole, *spectabilis*, m. e f. *e*, n. add.
Ragia, *resina*, *æ*, f. per Frode, V.
Ragionamento, *oratio*: *ratiocinatio*, *ōnis*, f.
Ragionare, per Parlare, V. per Far conti, *ratiocinor*, *āris*, *ātus*, *āri*, D.
Ragionatamente, *rationabilĭter*, avv.
Ragionatore, *orator*, *ōris*, m.
Ragioncella, *ratiuncŭla*, *æ*, f.
Ragione, senno, *ratio*, *ōnis*, f. averne l'uso, *ratione uti*, D. operar senza ragione, *nullo consilio agĕre*: privo di ragione, *irrationabilis*, m. e f. *e*, n. per Cagione, *causa*, *æ*, f. con ragione, *merito*: *jure*, avv. senza ragione, *temĕre*: per qual ragione? *qua de causa? cur?* per questa ragione, *hac de causa*: per Diritto, *jus*, *juris*, n. contro ogni ragione, *per summam injuriam*: dir la sua ragione, *jus suum persĕqui*: render ragione, *jus dicĕre*.
Ragionevole, che ha in sè di ragione, *rationabilis*, m. e f. *e*, n. per Fornito di ra-

gione, *ratione præditus, a, um*, add. per Convenevole, V.
Ragionevolmente, *jure: recte*, avv.
Ragioniere, *ratiocinator, oris*, m.
Ragna, tela di ragno, *araneum, i*, n. per sorta di rete da uccelli, *cassis, is*, m. per Inganno, V.
Ragnaia, luogo da uccellar con la ragna, *locus in quo retia tenduntur*, m.
Ragnatello, piccol ragno, *araneola, æ*, f.
Ragno, *araneus, i*, m.
Ragunare, ec. V. Radunare, ec.
Rallegramento, *lætitia, æ*, f. *gaudium, ii*, n.
Rallegrare, *recreo: exhilaro, as*, etc. A. rallegrarsi, *gaudeo, ades, visus, adere*, N.
Rallentamento, *remissio, onis*, f.
Rallentare, *laxo: relaxo, as*, etc. A.
Ramaiuolo, e ramajolo, *cochlear, aris*, n. *rudicula, æ*, f.
Ramarro, *lacertus, i*, m. *lacerta, æ*, f.
Ramata, pala di vimini per uso di caccia, *palæ viminariæ*, f. pl.
Rame, metallo, *cuprum, i*, n.
Ramerino, *rosmarinus, rorismarini*, m.
Rametto, ramicello, *ramulus, i*, m.
Ramingare, *erro, as*, etc. A.
Ramingo, *vagus: profugus, a, um*, add.
Rammanzina, e romanzina, sgridata, *objurgatio, onis*, f.
Rammaricarsi, *doleo*, **es**, *ui, itum, ere*, N. *conqueri*, D.
Rammarichevole, per Lamentevole. V.
Rammarico, *dolor: mæror, oris*, m.
Rammassare. V. Radunare.
Rammembranza, *recordatio, onis*, f.
Rammembrare. V. Rammemorare.
Rammemorare, *recordor, aris, atus, ari*, D.
Rammentatore, *memorator, oris*, m.
Rammentatrice, *memoratrix, icis*, f.
Rammollire, rammorbidire, *mollio, is, ivi, itum, ire*, A.
Rammucchiare, *cumulo, as*, etc. A.
Rammucchiato, *congestus, a, um*, add.
Ramo, rama, *ramus, i*, m.
Ramolaccio. V. Rafano.
Ramoscello, ramicello, *ramusculus, i*, m.
Ramoso, *ramosus, a, um*, add.
Rampa. V. Branca.
Rampare, ferir colla rampa, ***ungue arripere***.
Rampicare, rampicarsi, *repo, pis, psi, ptum, ere*, N.
Rampino, *harpago, onis*, m.
Rampogna. V. Riprensione.
Rampognare. V. Riprendere.
Rampollare, *scaturio, iris, urivi, urire*, N.
Rampollo, d'albero, *surculus, i*, m. — di famiglia, *soboles, is*, f. — di acqua, *scaturigo, ginis*, f.
Rampone, *harpago, onis*, m.
Rana, *rana, æ*, f.
Rancido, rancio, *rancidus, a, um*, add.
Rancidume, *rancor, oris*, m.
Rancio, colore, *croceus, a, um*, add.

Rancore, *indignatio, onis*, f.
Randellata, *baculi ictus, us*, m.
Randello, bastone, *bacillus*, **i, m. baculum, i, n.**
Rannicchiare, *contraho*, ***ahis, axi, actum, ahere***, A.
Ranno, *lixivia, æ*, f.
Rannodamento. V. Nodo.
Rannodare, *nexum duplicare*, A.
Rannuvolarsi, *nubibus obduci*, P.
Rannuvolato, *nubibus obductus, a, um*, add.
Ranocchia, ranocchio, *rana, æ*, f.
Ranoncolo, ranuncolo, *ranunculus*, **i, m.**
Rantolo, ranto, *ravis, is*, f.
Rapa, *rapum, i*, n.
Rapace, *rapax, acis*, o. add.
Rapacemente, *raptim*, avv.
Rapacità, *rapacitas, atis*, f.
Raperonzolo, *rapulum, i*, n.
Rapidamente, *rapide*, avv.
Rapidità, *rapiditas, atis*, f.
Rapido, *rapidus, a, um*, add.
Rapimento, *raptus, us*, m.
Rapina, *rapina, æ*, f. vivere di rapina, *vivere ex rapto*: uccello di rapina, *avis rapax*.
Rapire, *rapio, pis, pui, ptum, pere*: A. esser rapito in Dio, *a sensibus abduci*, P.
Rapito, *raptus, a, um*, add. — in estasi, *a corpore animus abstractus*.
Rapitore, *raptor, oris*, m.
Rappacificare, *reconcilio, as*, etc. A. rappacificarsi con alcuno, *in gratiam redire cum aliquo*.
Rappattumare, **rappallare, ec. V. Rappacificare**, ec.
Rappellare, *revoco, as*, etc. A.
Rappezzamento. V. Racconciamento.
Rappezzare, *resarcino, as*, etc. A.
Rappezzatore, *sarcinator, oris*, m.
Rappianare, *complano, as*, etc. A.
Rappiccare, *rursus suspendere*: **per Congiungere**, *iterum conjungere*.
Rappigliare, *coagulo, as*, etc. A.
Rapportare, per Riferire, V
Rapportatore, *nuntius, ii*, m.
Rapporto, *narratio, onis*, f.
Rapprendere, per Ripigliare, **V. per Rappigliare**, V.
Rappresentare, *repræsento, as*, etc. A. per Esparre, *significo, as*, etc. A. — una commedia, *agere fabulam*: rappresentarsi alcuna cosa, *sibi aliquid proponere*: per Condurre alla presenza, *sistere*.
Rappresentatore, *repræsentans, antis*, c.
Rappresentazione, *repræsentatio, onis*, f. — di commedia, *fabulæ actio*, f.
Rappreso, *coagulatus, a, um*, add.
Raramente, *raro*, avv.
Rarefare, *rarefacio, acis, eci, actum*, ***acere***, A. rarefarsi, *raresco, is, ere*, N.
Rarefatto, *rarefactus, a, um*, add.
Rarefazione, *raritudo, inis*, f.
Rarità, *raritas, atis*, f.
Raro, *rarus, a, um*, add. **per Eccellente**, V. di rado, *raro*, avv.

Raschiare, *rado, dis, si, sum, dĕre*, A.
Raschiatura, *ramentum, i*, n.
Rasciugare, *exsicco, as*, etc. A.
Rasciutto, *exsiccatus, a, um*, add.
Rasente, *proxime*, avv. *prope*, prep.
Raso (sost.), *sericum rasile* : *rasus, a, um*, add. per Spianato, *æquatus, a, um*, add. campagna rasa, *patens campus*, m.
Rasoio, *novacŭla, æ*, f.
Raspa, *scobina, æ*, f.
Raspare, *scalpo, is, si, tum, ĕre*, A. per Rubare, V.
Raspo, *racēmus, i*, m.
Rassegna, *recensio, ōnis*, f. far la rassegna dell'esercito, *exercitum lustrare*.
Rassegnare, per Restituire, V. per Far la rassegna, *recensēre* : rassegnarsi ad alcuno, *alicujus voluntati se penitus committĕre* : per Comparire, *sistĕre se alicui*.
Rassegnazione, *voluntatis conformatio, ōnis*, f.
Rassembranza, *repræsentatio, ōnis*, f.
Rassembrare, per Rassomigliare, V.
Rasserenare, *sereno, as*, etc. A.
Rassettamento, *concinnatio* : *instauratio, ōnis*, f.
Rassettare, *restauro, as*, etc. A. rassettarsi, *se exornare*, A.
Rassettato, *reparatus, a, um*, add.
Rassettatura, *refectio, ōnis*, f.
Rassicurare, *confirmo, as*, etc. A. per Tranquillare, *animum alicujus firmare* : *tranquillare*.
Rassicurato, *confirmatus, a, um*, add.
Rassodamento, *solidamentum, i*, n.
Rassodare, *solido, as*, etc. A.
Rassomigliante, *similis*, m. e f. *e*, n. add.
Rassomiglianza, *similitudo, ĭnis*, f.
Rassomigliare, *similem esse*. N.
Rassottigliare. V. Assottigliare.
Rastello, *vallum, i*, n.
Rastrelliera, *crates, is*, f.
Rastrello, rastro, *rastrum, i*, n. Chiusura di stecconi alle porte, *cataracta, æ*, f.
Rata, porzione convenevole, *rata portio, ōnis*, f. per rata, *pro rata portione*.
Ratificare, confermare le promesse, *comprŏbo, as*, etc. A.
Ratificato, *comprobatus, a, um*, add.
Ratificazione, ratificamento, *comprobatio* : *ratihabitio, ōnis*, f.
Rattaccare, *adnecto, nectis, nexui, nexum, nectĕre*, A. — il discorso, *sermonem rursus aggrĕdi*, D.
Rattaccamento, *instauratio, ōnis*, f.
Rattacconare. V. Risarcire.
Rattacconato, *sartus, a, um*, add.
Rattemperare, *modĕror, āris, ātus, āri*, D.
Rattenere. V. Ritenere.
Rattenimento, *retentio, ōnis*, f.
Rattenuto, *cohibitus* : *detentus, a, um*, add. per Cauto, V.
Rattiepidire. V. Intiepidire.
Rattizzare, riordinare i tizzi sul fuoco, *focum componĕre* : per Irritare, V.
Ratto (sost.), *raptum, i*, n. per Rapito, *raptus, a, um* : per Veloce, *velox, ōcis* : per Subito, tosto, *cito* : *statim*, avv.
Rattoppare, ec. V. Rappezzare, ec.
Ratto ratto, *celerrime, ocius*, avv.
Rattorcere, *retorquĕo, ques, si, tum, quēre*, A.
Rattore. V. Rapitore.
Rattorto, *retortus, a, um*, add.
Rattrapparsi, rattrarsi, *membris corripi*.
Rattratto, *membris captus, a, um*, add.
Rattristare, *tristitia afficĕre*, A. rattristarsi, *tristitia affici*, P.
Raucedine, *raucis, is*, f.
Rauco, *raucus, a, um*, add.
Raunare, ec. V. Radunare, ec.
Ravanello. V. Rafano.
Ravvalorare, *animum addĕre*, A.
Ravvalorato, *roboratus, a, um*, add.
Ravvedersi, *resipisco, scis, ui, iscĕre*, N.
Ravvedimento, *morum emendatio, ōnis*, f.
Ravveduto, *resipiscens, entis*, c. add.
Ravviamento, *in viam revocatio, ōnis*, f. per Ravvedimento, V.
Ravviare, *in viam revocare*, A.
Ravvicinare, *itĕrum admovēre*, A. ravvicinarsi, *rursus accedĕre*, N.
Ravviluppare. V. Ravvolgere.
Ravvisare, riconoscere, *agnosco, oscis, ovi, itum, oscĕre*, A. per Accorgersi, V.
Ravvivamento, *ad vitam revocatio, ōnis*, f.
Ravvivare, *ad vitam revocare*, A.
Ravvolgere, ravvoltare, *involvo, vis, vi, utum, vĕre*, A.
Ravvolgimento, *involutio, ōnis*, f.
Ravvolto, *involutus, a, um*, add.
Raziocinare, *ratiocinor, āris, ātus, āri*, D.
Raziocinio, *ratiocinatio, ōnis*, f.
Razionalità, *ratio, ōnis*, f.
Razza (colle z aspre), *genus, ĕris*, n.
Razza (colle z dolci), sorta di pesce, *raja, æ*, f.
Razzente, piccante, *vellicans, antis*, c. add.
Razzo, raggio, *radius, ii*, m.
Razzolare, *scalpurīre*, A.
Re, *rex, regis*, m.
Reale, *regalis*, m. e f. *e*, n. add. per Vero schietto, V.
Realmente, *revēra*, avv. per Schiettamente, V. Realissimamente, *verissime*, avv.
Realtà, *veritas, ātis*, f. per Schiettezza, V. In realtà, V. Realmente.
Reame, *regnum, i*, n.
Reamente, *inique*, avv.
Reassumere. V. Ripigliare.
Reato, *culpa, æ*, f.
Recapitare, *aliquid alicui perferendum curare*.
Recapito d'una lettera, *inscriptio, ōnis*, f.
Recapitolare. V. Raccapitolare.
Recapitolazione. V. Compendio.
Recare, *affĕro, fers, tuli, latum, ferre*, A.
Recatore, recatrice, *afferens, entis*, c. add.
Recedere, ritirarsi, *recēdo, dis, ssi, ssum, dĕre*, N.
Recedimento, *recessus, us*, m.

Recente, di fresco, *recens, entis*, c. add.
Recentemente, *nuper*, avv.
Recidere, *recido, dis, di, sum, dĕre*, A.
Recidiva, ricaduta in malattia, *morbus recidivus*.
Recidivo, *recidivus, a, um*, add.
Recinto, *septum, i*, n.
Recipiente, *excipulum, i*, n.
Reciprocamente, *mutuo*: *vicissim*, avv.
Reciprocare, alternare, avvicendare, *reciprocare*. A.
Reciprocazione, *vicissitudo, inis*, f.
Reciproco, *mutuus, a, um*, add.
Reciso, *recisus, a, um*, add.
Recita, recitamento, *recitatio, onis*, f.
Recitante, recitatore, *recitator, actor, oris*, m.
Recitare, *recito, as*, etc. A. — un discorso, *orationem habēre*: — in commedia, *fabulam agĕre*.
Reclamare, *reclāmo, as*, etc. A.
Recluta, *militum supplementum, i*, n. *milites adscriptitii*, m. pl.
Reclutare, *exercitum supplēre*, A.
Reconciliare, ec. V. Riconciliare, ec.
Recondito, *reconditus, a, um*, add.
Redarguire, argomentar contro, riprovare, *redarguo, uis, ui, utum, uĕre*, A.
Redento, *redemptus, a, um*, add.
Redentore, *redemptor, oris*, m.
Redentrice, *redemptrix, icis*, f.
Redenzione, *redemptio, onis*, f.
Redimere, *redimo, imis, ēmi, emptum, imĕre*, A.
Redimito, coronato, *redimitus, a, um*, add.
Redine, redina, *habēnæ, arum*, f. pl.
Redintegrare, ec. V. Reintegrare, ec.
Redilaggio. V. Eredità.
Redivivo, che torna a vivere, *redivivus, a, um*, add.
Reduplicare, ec. V. Duplicare, ec.
Reduzione. V. Riduzione.
Refe, *filum, i*, n.
Referendario, per Delatore, V.
Refettorio, *triclinium, ii*, n.
Refezione, *refectio, onis*, f.
Reficiare, rifezionare, *reficio, icis, ēci, ectum, icĕre*, A.
Refocillare, ristorare, *refocillo, as*, etc. A.
Refrangersi, *refringor, ingĕris, actus, ingi*, P.
Refrattario, resistente, *refractarius, a, um*, add.
Refrazione, *refractio, onis*, f.
Refrigerante, refrigerativo, *refrigeratorius, a, um*, add.
Refrigerare, rinfrescare, *refrigĕro, as*, A.
Refrigerio, refrigerazione, *refrigeratio, onis*, f. per Conforto, V.
Refugio, rifugio, *refugium, ii*, n.
Refutare, rigettare, *refuto, as*, etc. A.
Regalare, *dono, as*, etc. A.
Regalato, *donatus, a, um*, add.
Regale. V. Reale.
Regalmente, *regaliter*, avv.
Regalo, *munus, eris*, n.
Regaluccio, *munusculum, i*, n.
Regenerare, ec. V. Rigenerare, ec.
Reggente, *regens, entis*, c. add.
Reggenza, reggimento, *regimen, inis*, n.
Reggere, *rego, gis, xi, ctum, gĕre*; *administro, as*, etc. A. per Sostenere, *sustineo, ines, inui, entum, inēre*, A.
Reggia, *regia, æ*; *aula, æ*, f.
Reggimento, per Governo, V. — di soldati, *legio, onis*, f.
Reggitore, *rector, oris*, m.
Reggitrice, *rectrix, icis*, f.
Regiamente, *regie*, avv.
Regina, *regina, æ*, f.
Regio, *regius, a, um*, add.
Regione, paese, *regio, onis*, f.
Registrare, *in acta referre*, A.
Registrato, *descriptus, a, um*, add.
Registro, *acta, ōrum*, n. pl.
Regnante, regnatore, *regnator, oris*, m.
Regnare, *regno, as*, etc. N.
Regnatrice, *regnatrix, icis*, f.
Regno, *regnum, i*, n. *imperium, ii*, n.
Regola, *regula, æ*, f. senza regola, *abnormis*, m. e f. *e*, n. add.
Regolamento, *ordinatio, onis*, f.
Regolare, *regularis*, m. e f. *e*, n. add.
Regolare, *modĕror, aris, atus, ari*, D. V. Dirigere.
Regolarità, *regula, æ*, f.
Regolarmente, *regulariter*: *ex artis, vel legis præceptis*: per Ordinariamente, *plerumque*, avv.
Regolatamente, *moderate*, avv.
Regolato, *ad normam exactus*: — nei costumi, *moderatus, a, um*, add. — nel mangiare, *frugi*, n. indecl. *temperans, antis*, c. add.
Regolatore, *moderator, oris*, m.
Regolatrice, *moderatrix, icis*, f.
Regolizia, *glycyrrhyza, æ*, f.
Regolo, *regulus, i*, m. per Stromento da tirar linee, *regula, æ*, f.
Reina. V. Regina.
Reintegrare, *in antiquum statum restituĕre*.
Reintegrazione, *restitutio, onis*, f.
Reità, *crimen, inis*, n.
Reiterare, *itĕro, as*, etc. A.
Reiteratamente, *iterum atque iterum*, avv.
Reiterazione, *iteratio, onis*, f.
Relativamente, *ratione habita*.
Relativo, *relativus, a, um*, add.
Relatore, *relator, oris*, m.
Relazione, *relatio*: *narratio, onis*, f.
Relegare, esiliare, *relēgo, as*, etc. A.
Relegatore, *relegans, antis*, c.
Relegazione, *relegatio, onis*, f.
Religione, *religio, onis*, f. per Ordine di religiosi, *ordo, inis*, m. *familia, æ*, f.
Religiosamente, *religiose*, avv.
Religiosità, *pietas*: *sanctitas, atis*, f.
Religioso, *pius*: *religiosus, a, um*, add.
Reliquia, *reliquiæ, arum*, f. pl.
Reliquiario, *lipsanothēca, æ*, f.
Remare, remigare, *remigo, as*, etc. N.
Rematore, remigante, *remex, igis*, m.

Remeggio, *remigium*, *ii*, n.
Reminiscenza, *recordatio*, *ōnis*, f.
Remissibile, perdonabile, *venia dignus*, *a*, *um*, add.
Remissione, *venia*, *æ*, f.
Remo, *remus*, *i*, m. il batter dei remi, *remōrum pulsus*, m.
Remora (pesce), *remŏra*, *æ*, f. per Ritardo, *mora*, *æ*, f.
Remoto, *remotus*, *a*, *um*, add.
Remozione, allontanamento, *amotio*, *ōnis*, f.
Remunerare. V. Rimunerare.
Rena, *arena*, *æ*, f.
Rendere, *reddo*, *is*, *ddi*, *ditum*, *ĕre*, A. rendersi, *se dedĕre*, A.
Rendevole, *flexĭlis*, m. e f. *e*, n. add.
Rendimento, *restitutio*, *ōnis*, f. — di grazie, *gratiarum actio*, f.
Rendita, *proventus*: *reditus*, *us*, m.
Renditore, *restitutor*, *ōris*, m.
Renduto, *redditus*, *a*, *um*, add.
Renella, *arenŭla*, *æ*, f. calcoli dei reni, *calcŭlus*, *i*, m.
Reni, *renes*, *um*, m. pl. aver male alle reni, *renĭbus laborare*, N.
Renitente, repugnante, *contŭmax*, *ăcis*, c.
Renitenza, ritrosia, *repugnantia*, *æ*, f.
Renoso, *arenosus*, *a*, *um*, add.
Renso, renso (tela), *byssus*, *i*, m.
Reo (sost.), *reus*, *i*, m. per Malvagio, V.
Reo, *reus*, *a*, *um*, add.
Reparare, ec. V. Riparare, ec.
Repentaglio, rischio, *discrĭmen*, *ĭnis*, n.
Repente, di repente, repentinamente, *repente*, avv. per Repentino, *repentĭnus*: *subĭtus*, *a*, *um*, add.
Repertorio. V. Indice.
Replica, *iteratio*, *ōnis*, f. per Risposta, V.
Replicare, *itĕro*, *as*, etc. *repĕto*, *is*, *ivi*, *itum*, *ĕre*, A. per Rispondere, V.
Replicatamente, *sæpius*; *iterum atque iterum*, avv.
Represso, *repressus*: *coercĭtus*, *a*, *um*, add.
Reprimere, *reprĭmo*, *ĭmis*, *essi*, *essum*, *ĭmĕre*, A.
Reprobo, malvagio, *scelestus*, *a*, *um*, add.
Repubblica, *respublica*, *reipublicæ*, f.
Repubblicano, *ad rempublicam pertinens*, *ĕntis*, c. add.
Repudiare ec. V. Ripudiare ec.
Repugnare ec. V. Ripugnare ec.
Repulsa ec. V. Ripulsa ec.
Reputare ec. V. Riputare ec.
Requie, *requies*, *ēi*, f. per Riposo, *cessatio*, *ōnis*, f.
Requisito (sost.), *conditio*, *ōnis*, f. per Richiesto, *requisĭtus*, *a*, *um*, add.
Requisizione, *petitio*, *ōnis*, f. a mia requisizione, *meo rogatu*.
Resa, *deditio*, *ōnis*, f.
Rescindere, tagliare, *rescindo*, *ndis*, *di*, *ssum*, *ndĕre*, A.
Rescritto (sost.), *rescriptum*, *i*, n. *rescriptus*, *a*, *um*, add.
Rescrivere, *rescrībo*, *bis*, *psi*, *ptum*, *bĕre*, A.
Resecare, *resĕco*, *as*, *ui*, *sectum*, *āre*, A.
Residente, *residens*, *ĕntis*, c. per Ambasciatore, V.
Residenza, *sedes*, *is*, f. per Soglio, V.
Residuale, *residŭus*, *a*, *um*, add.
Residuo, *residŭum*, *i*, n.
Resina, ragia, *resina*, *æ*, f.
Resinoso, *resinosus*, *a*, *um*, add.
Resistenza, *impedimentum*, *i*, n. senza alcuna resistenza, *nullo obsistente*.
Resistere, *obsto*, *as*, *iti*, *itum*, *āre*, D. per Reggere, *sustinēre*.
Reso. V. Renduto.
Respettivamente, *convenienter*: *ratione habita*, avv.
Respignere, *repello*, *ellis*, *ŭli*, *ulsum*, *ellĕre*, A.
Respinto, *repulsus*, *a*, *um*, add.
Respirare, *respīro*, *as*, etc. N. per Ricrearsi, V.
Respirazione, *respiratio*, *ōnis*, f.
Respiro, *respirāmen*, *ĭnis*, n. *anhelitus*, *us*, m. difficoltà di respiro, *animæ interclusio*, *ōnis*, f. chi ne patisce, *anhēlus*, *a*, *um*, add.
Resta, del grano, *arista*, *æ*, f. — di cipolle, d'agli, *restis*, *is*, f.
Restante, *relĭquus*, *a*, *um*, add. del restante, *celerum*, avv.
Restare, avanzare, *supersum*, *es*, *fui*, *esse*, N. resta che, ec. *relĭquum est ut*: da me non resta che, *per me non obstat quin*: per Fermarsi, V. Per Cessare, V. Restar d'accordo, *convenio*, *enis*, *eni*, *entum*, *enīre*, N.
Restaurare, *instaūro*: *repăro*, *as*, etc. A.
Restio, ostinato, *refractarius*, *a*, *um*, add. *contŭmax*, *ăcis*, add.
Restituire, *restitŭo*, *uis*, *ui*, *ūtum*, *uĕre*, A.
Restitutore, *restitūtor*, *ōris*, m.
Restituzione, restituimento, *restitutio*, *ōnis*, f.
Resto, *relĭquum*, *i*, n. del resto, *celĕrum*, avv.
Restriziona, *contractio*, *ōnis*, f.
Resurrezione, resuscitare. V. Resurrezione, ec.
Retaggio, *hæredĭtas*, *ātis*, f.
Rete, *rete*, *is*, n. vel *retis*, *is*, m. e f. *pedĭca*, *æ*, f. *cassis*, *is*, m. *plagæ*, *ārum*, f. pl. — del capo, *reticŭlum*, *i*, n. fatto a rete, *reticulatus*, *a*, *um*, add. dar nelle reti, *in insidias incidĕre*: pigliar colle reti, *irretio*, *ītis*, *ītivi*, *ītum*, *īre*, A.
Retenzione. V. Ritenzione.
Reticella, reticino, *reticulum*, *i*, n.
Retina, *retĭna*, *æ*, f.
Retore, maestro di rettorica, *rhetor*, *ŏris*, m.
Retribuire, *retribŭo*, *uis*, *ui*, *ūtum*, *uĕre*, A.
Retributore, *retribŭens*, *ĕntis*, c. add.
Retribuzione, *remuneratio*, *ōnis*, f.
Retroattivo, *retro agens*, *ĕntis*, c. add.
Retrocedere, tornare indietro, *retrocēdo*, *dis*, *ssi*, *ssum*, *dĕre*, N.
Retrocedimento, *regressus*, *us*, m.

Retrocessione. V. Retrocedimento.
Retrogrado, retrogradus, a, um, add.
Retroguardia, extrēmum agmen, inis, n.
Rettamente, recte, avv.
Rettile, reptilis, m. e f. e, n. repens, entis, c. add.
Rettitudine, rectum, i, n. æquitas, ātis, f.
Retto, rectus, a, um, add.
Rettore, rector: moderator, ōris, m.
Rettoria. V. Reggenza.
Rettorica, rhetorica, æ, f.
Rettoricamente, rhetorĭce, avv.
Rettorico, rhetorĭcus, a, um, add. (sost.), rhetor, ŏris, m.
Rettrice, moderatrix, īcis, f.
Reuma. V. Catarro.
Reumatico, rheumatĭcus, a, um, add.
Reumatismo, rheumatismus, i, m.
Reverendo, reverendus, a, um, add.
Reverente, revĕrens, entis, c. add.
Reverentemente, reverenter, avv.
Reverenza. V. Riverenza.
Revisione, revisio, ōnis, f.
Revisore, revisens, entis, c. add.
Revocabile, revocabĭlis, m. e f. e, n. add.
Revocare, revŏco, as, etc. A.
Revocazione, revocatio, ōnis, f.
Rezzo, ombra, umbra, æ, f.
Riabbassare, iterum deprimĕre.
Riabbellire. V. Rabbellire.
Riabitare, rursum incolĕre, N.
Riaccendere. V. Raccendere.
Riaccendimento, nova accensio, ōnis, f.
Riaccettare, iterum admittĕre.
Rialto, eminentia, æ, f.
Rialzamento, elatio, ōnis, f.
Rialzare, effĕro, fers, extŭli, ēlātum, ffĕrre, A.
Riamare, redămo, as, etc. A.
Riammonire, iterum admonēre, A.
Riandare, per Ritornare, V. per Esaminare di nuovo, recognoscĕre, A.
Riapparire, itĕrum apparēre, N.
Riaprire, itĕrum aperire, A.
Riarmare, itĕrum armare, A.
Riardere, itĕrum ardēre, A.
Riarso, retorridus, a, um, add.
Riassettare. V. Rassettare.
Riassorbire, resorbeo, bes, bui, ptum, bēre, A.
Riassumere, resūmo, ūmis, umpsi, umptum, umĕre, A.
Riassunto, resumptus, a, um, add.
Riattaccare, itĕrum adnectĕre, A.
Riattamento, refectio, ōnis, f.
Riattare, ristaurare, reficio, icis, ēci, ectum, icĕre, A.
Riavere, recipio, ipis, ēpi, eptum, ipĕre, A.
Riavuto, receptus, a, um, add.
Ribaciare, itĕrum deosculari, D.
Ribadire, retorquēre, [illegible], per Confermare, [illegible], A.
Ribaldaccio, perditissimus, a, um, add.
Ribaldaggine, scelus, ĕris, n. improbitas, ātis, f.
Ribaldaglia, moltitudine di ribaldi, improborum manus, us, f.
Ribalderia, flagitium, ii, n.
Ribaldo, imprŏbus, a, um, add.
Ribaltare, subverto, tis, ti, sum, tĕre, A. In senso neutro, subvertor, ĕris, ersus, subverti, Pas.
Ribalzare, resilio, ilis, ilui, vel ilii, ultum, ilīre, N.
Ribalzo, saltus, us, m.
Ribandire, rivocar del bando, ab exilio revocare, A.
Ribattere, repercutio, utis, ussi, ussum, utĕre, A. — gli argomenti, argumenta refutare; — la palla, retorquēre pilam.
Ribattezzamento, iterātum baptisma, n.
Ribattezzare, itĕrum abluĕre, baptizare, A.
Ribattimento, ribattitura, repercussio, ōnis, f.
Ribellare, ad rebellionem incitāre, A. ribellarsi, deficĕre, N.
Ribelle, ribello, ribellis: perduellis, is, m.
Ribellione, ribellamento, rebellio, ōnis, f.
Ribenedire, assolvere dalla maledizione, absolvo, vis, vi, utum, vĕre, A.
Ribenedizione, absolutio, ōnis, f.
Ribere, itĕrum bibĕre, A.
Riboccare, exundo, as, etc. N.
Ribocco, exundatio, ōnis, f.
Ribollimento, æstus, us, m.
Ribollire, exæstuo, as, etc. N. per Corrompersi, corrumpi, P.
Ribrezzo, horror, ōris, m.
Ributtamento, rejectio, ōnis, f.
Ributtare, rejicio, icis, ēci, ectum, icĕre, A. V. Ricacciare.
Ricacciare, repello, ellis, ŭli, ulsum, ellĕre: removĕo, ēves, ōvi, ōtum, ovēre, A. per Rificcare, refigĕre, A.
Ricadere, recido, idis, idi, asum, idĕre, N. relabor, abĕris, apsus, abi, D.
Ricadimento, ricaduta, itĕrum casus, lapsus, us, m.
Ricaduto. V. Recidivo.
Ricalcare, recalco, as, etc. A.
Ricalcato, protritus, a, um, add.
Ricalcitramento, calcitratus, us, m.
Ricalcitrare, recalcitro, as, etc. N. per Opporsi. V.
Ricalzarsi, iterum se calceāre, A.
Ricamare, acu pingĕre, A. — in oro ec. auro, etc. pingĕre.
Ricamato, acu pictus, add.
Ricamatore, phrygio, ōnis, m.
Ricamatrice, acu pingens, entis, c. add.
Ricamo, ricamatura, phrygium opus, n.
Ricambiare, remunĕror, āris, atus, āri, D.
Ricambiato, compensatus, a, um, add.
Ricambio, remuneratio, ōnis, f.
Ricantare, recino, inis, inui, inĕre, A. recanto, as, etc. A.
Ricapitar lettere, litteras alicui reddĕre, A.
Ricapito. V. Recapito.
Ricapitolare, summatim colligĕre, A.
Ricapitolazione, epilŏgus, i, m.
Ricaricare, itĕrum onerare, A.
Ricascare, ec. V. Ricadere, ec.
Ricattare, redĭmo, imis, ēmi, emptum, imĕ-

re, A. ricattarsi, *ulciscor*, *ciscĕris*, *tus*, *dici*, D. *par pari referre*.
Ricatto, riscatto, *redemptio*, *ōnis*, f. per Vendetta, *ultio*, *ōnis*, f.
Ricavare, *haurio*, *ris*, *si*, *stum*, *rīre*, A. — vantaggio, *commodum percipĕre*, A. per Ricopiare, disegnando, *referre*, A.
Riccamente, *opulenter*, avv.
Ricchezza, *divitiæ*, *ārum*: *opes*, *um*, f. pl. per Abbondanza, V.
Riccio (sost.), animale, e scorza della castagna, *echinus*, *i*, m. — di capello, *cincinnus*, *i*, m. ricciuto, *crispus*: *cincinnatus*, *a*, *um*, add.
Ricco, *dives*, *ĭtis*: *locuples*, *ētis*, c. far ricco, *locupleto*, *as*, etc. A. farsi ricco, *ditesco*, *is*, *ĕre*, N. esser ricco, *opibus valēre*, N.
Riccone, *prædives*, *ĭtis*, c.
Ricerca, ricercamento, *inquisitio*: *postulatio*: *disquisitio*, *ōnis*, f.
Ricercare, *perquiro*: *requiro*, *ris*, *sivi*, *situm*, *rĕre*, A. per Chiedere, *petĕre*: *postulare*: per Rivedere, visitare, *reviso*, *is*, etc. A.
Ricercatore, *inquisitor*, *ōris*, m.
Ricetta, *ratio medicinæ faciendæ*, f.
Ricettare, *recipio*: *excipio*, *ĭpis*, *ēpi*, *ĕptum*, *ipĕre*, A.
Ricettatore, che dà ricetto, *receptor*, *ōris*, m.
Ricettatrice, *receptrix*, *īcis*, f.
Ricetto, ricettacolo, *receptaculum*, *i*, n.
Ricevere, *recipio*, *ĭpis*, *ēpi*, *ĕptum*, *ipĕre*, A.
Ricevimento, *receptio*: *acceptatio*, *ōnis*, f.
Ricevitore, ec. *acceptor*, *ōris*, m.
Ricevuta, *apŏcha*, *æ*, f. libro di ricevuto, *accepti tabulæ*, *ārum*, f. pl.
Ricevuto, *acceptus*, *a*, *um*, add.
Richiamare, *revŏco*, *as*, etc. A. richiamarsi per Lamentarsi, V.
Richiamata, *revocatio*, *ōnis*, f.
Richiamatore, *revocator*, *ōris*, m.
Richiamo, *querēla*, *æ*, f. per Richiamata, V.
Richiedere, *reposco*, *scis*, *pŏsci*, *scĭtum*, *scĕre*, A. per Dimandare, V.
Richieditore, *petitor*: *postulātor*, *ōris*, m.
Richiesta, *postulatio*, *ōnis*, f.
Richiesto, *petitus*, *a*, *um*, add.
Richiudere, *reclūdo*, *dis*, *si*, *sum*, *dĕre*, A.
Richiuso, *reclusus*, *a*, *um*, add.
Ricidere, ec. V. Recidere.
Ricimentare, *periculo iterum exponĕre*, A.
Ricinto. V. Recinto.
Ricogliere. V. Raccogliere.
Ricognizione, *agnitio*, *ōnis*, f. per Ricompensa, V.
Ricolmo, *cumulatus*, *a*, *um*, add.
Ricolorire, *colorem iterum inducĕre*, A.
Ricolta, ricolto, *messis*, *is*, f. per Ritirata, *receptus*, *us*, m.
Ricominciamento, *renovatio*, *ōnis*, f.
Ricominciare, *iterum inchoare*: *repetĕre*.
Ricompensa, ricompensazione, *remuneratio*, *ōnis*, f.
Ricompensare, *rependo*, *dis*, *di*, *sum*, *dĕre*, A. *remunĕror*, *āris*, *ātus*, *āri*, D.
Ricomporre, *iterum componĕre*, A. per Accordare le parti, V. Comporre.
Ricomposto, *iterum compositus*, *a*, *um*, add.
Ricompra, *redemptio*, *ōnis*, f.
Ricomprare, *redĭmo*, *ĭmis*, *ēmi*, *emptum*, *imĕre*, A.
Ricompratore, *redemptor*, *ōris*, m.
Ricomunicare, assolvere dalla scomunica, *reconcilio*, *as*, etc. A.
Riconcentrare, *in centrum redigĕre*: riconcentrarsi, *in se redire*, N. *se colligĕre*, A.
Riconciare. V. Racconciare.
Riconciliare, *reconcilio*, *as*, etc. A. *in gratiam restituĕre*, A. riconciliarsi, *in gratiam redire cum aliquo*, N.
Riconciliato, *in gratiam restitutus*, add.
Riconciliatore, *conciliator*, *ōris*, m.
Riconciliatrice, *conciliātrix*, *īcis*, f.
Riconciliazione, *reconciliatio*, *ōnis*, f.
Ricondotta, *reductio*, *ōnis*, f.
Ricondurre, *redūco*, *cis*, *xi*, *ctum*, *cĕre*, A.
Riconferma, *confirmatio*, *ōnis*, f.
Riconformare, *iterum confirmare*, A.
Riconfessare, *iterum confitēri*, D.
Riconfortare, *recreo*, *as*, etc. A.
Ricongiugnere, *iterum conjungĕre*, A.
Ricongiugnimento, ricongiunzione, *nova conjunctio*, *ōnis*, f.
Riconiare, *recūdo*, *dis*, *di*, *sum*, *dĕre*, A.
Riconoscente, *beneficii memor*, *ŏris*, add.
Riconoscenza, *agnitio*, *ōnis*, f. per Gratitudine, V.
Riconoscere, *recognōsco*, *scis*, *ōvi*, *ĭtum*, *scĕre*, A.
Riconoscitore, *recognoscens*, *ĕntis*, c. add.
Riconosciuto, *recognitus*, *a*, *um*, add.
Riconquista, *recuperatio*, *ōnis*, f.
Riconquistare, *recupĕro*, *as*, etc. A.
Riconsegnare, *rursus tradĕre*, A.
Riconsiderare, *mature perpendĕre*.
Riconsigliare, *rursus consilium dare*, A.
Riconsolamento, *nova consolatio*, f.
Riconsolare, *denuo solāri*, D.
Ricontare, *iterum numerare*, A.
Riconvenire, chiamare in giudizio, *convenio*, *ĕnis*, *ēni*, *entum*, *enīre*, A.
Ricoperta, ricoprimento, *operimentum*, *i*, n.
Ricopiare, *exscrībo*, *bis*, *psi*, *ptum*, *bĕre*, A.
Ricoprire, *contĕgo*, *ĕgis*, *ēxi*, *ectum*, *egĕre*, A.
Ricordanza, *recordatio*, *ōnis*, f.
Ricordare, per Commemorare, V. ricordarsi, *recordor*, *āris*, *ātus*, *āri*, D.
Ricordato, *commemoratus*, *a*, *um*, add.
Ricordatore, *memorator*, *ōris*, m.
Ricordevole, *memorabilis*, m. e f. *e*, n. *memor*, *oris*, c.
Ricordo, *recordatio*, *ōnis*, f. per Avviso, V. per Cosa che si lascia in ricordo, *monumentum*, *i*, n.

Ricoricare, *iterum sternere*, A. ricoricarsi, *rursus decumbere*, N.
Ricorre. V. Raccogliere.
Ricorreggere, *iterum corrigere*, A.
Ricorrere, *recurro*, *urris*, *urri*, vel *ucurri*, *ursum*, *urrere*, N. — ad alcuno, *ad aliquem confugere*, N.
Ricorso, *refugium*, *ii*, n.
Ricosteggiare, rinavigare lungo il lido, *oras relegere*, A.
Ricotta, *lac concretum* n. *lactis flos*, *oris*, m.
Ricotto, *recoctus*, *a*, *um*, add.
Ricoverare, *recupero*, *as*, etc. *recipere*, A. ricoverarsi, *confugio*, *ugis*, *ugi*, *ugere*, N.
Ricovero, *refugium*, *ii*, n.
Ricreare, *recreo*, *as*, etc. A ricrearsi, *animum relaxare*.
Ricreazione, *recreatio*, *onis*, f. per ricreazione, *animi relaxandi causa*.
Ricredere, ricredersi, *a sententia recedere*.
Ricrescere, *amplius crescere*, N.
Ricrescimento, *augmentum*, *i*, n.
Ricucire, *iterum suere*, *consuere*, A.
Ricucitura, *nova sutura*, *ae*, f.
Ricuocere, *recoquo*, *oquis*, *oxi*, *octum*, *oquere*, A.
Ricuperare, *recupero*, *as*, etc. A.
Ricuperatore, *recuperator*, *oris*, m.
Ricuperazione, ricuperamento, *recuperatio*, *onis*, f.
Ricurvo, *recurvus*, *a*, *um*, add.
Ricusa, *recusatio*, *onis*, f.
Ricusare, *recuso*, *as*, etc. A.
Ridare, *reddo*, *dis*, *didi*, *ditum*, *dere*, A.
Ridente, *ridens*, *entis*, o. *hilaris*, m. e f. e, n. add.
Ridere, *rideo*, *des*, *si*, *sum*, *dere*, N. ridersi, *irridere*: *ludificari aliquem*, A.
Ridestare, *iterum expergefacere*.
Ridetto, *repetitus*, *a*, *um*, add.
Ridicolo, ridicoloso, *ridiculus*, *a*, *um*, add.
Ridicolosamente, *ridicule*, avv.
Ridire, *itero*, *as*, etc. *repeto*, *is*, *ivi*, *itum*, *ere*, A. per Raccontare, V. ridirsi per Disdirsi, V.
Ridomandare. V. Richiedere.
Ridonare, *redono*, *as*, etc. A.
Ridondante, *redundans*, *antis*: *refusus*, *a*, *um*, add.
Ridondanza, *redundantia*, *ae*, f.
Ridondare, *redundo*, *as*, etc. A. — in biasimo, in lode, in vantaggio, *dedecori*, *laudi*, *utilitati esse*.
Ridotto (sost.), *conventus*, *us*, m.
Ridotto, *reductus*, *a*, *um*, add.
Ridurre, *redigo*, *igis*, *egi*, *actum*, *igere*, A. — al dovere, *ad officium revocare*: ridursi, per Radunarsi, *convenire*, N.
Riduttore, *reductor*, *oris*, m.
Riduzione, riducimento, *reductio*, *onis*, f.
Riedere. V. Ritornare.
Riedificare, *reparo*, *as*, etc. A.
Riempimento, riempitura, *expletio*, *onis*, f. *complementum*, *i*, n.
Riempire, riempiere, *repleo*, *es*, *evi*, *etum*, *ere*, A.

Rientrare, *rursus ingredi*, D. — in sè, *animum colligere*.
Rientrato, *adductus*: *contractus*, *a*, *um*, add.
Riepilogare, *summatim repetere*, A.
Rifacimento, *reparatio*, *onis*, f.
Rifare, *reficio*, *icis*, *eci*, *ectum*, *icere*: *reparo*, *as*, etc. A. — i danni, *damna reparare*: rifarsi, ripigliar forze, *vires confirmare*, A.
Rifatto, *refectus*, *a*, *um*. add.
Riferire, *refero*, *fers*, *tuli*, *latum*, *ferre*, A. per Attribuire, V.
Riferito, *delatus*, *a*, *um*, add.
Riferma. V. Conferma.
Rifermare, *confirmo*, *as*, etc. A.
Rifiatamento, per Respiro, V.
Rifiatare. V. Respirare.
Rificcare, *refigo*, *gis*, *xi*, *ctum*, *gere*, A.
Rifinare, cessare, *desinere*: *desino*, *is*, *ivi*, *ii*, *itum*. N.
Rifinito, *viribus destitutus*, *a*, *um*, add.
Rifiorimento, *instauratio*, *onis*, f.
Rifiorire, *refloresco*, *floresco*, *florui*, *florescere*, N.
Rifiorito, *reflorescens*, *entis*, c. add.
Rifiutare, *repudio*, *as*, etc. A.
Rifiutato, *repudiatus*, *a*, *um*, add.
Rifiuto, *recusatio*, *onis*, f.
Riflessione, *consideratio*, *onis*, f. con riflessione, *considerate*, avv. senza, *imprudenter*, avv. per Ripercotimento, *reflexio*: *repercussio*, *onis*, f.
Riflesso (sost.), *repercussio*, *onis*, f. per Ripercosso, *repercussus*, *a*, *um*, add.
Riflettere, *reflecto*, *ctis*, *xi*, *xum*, *ctere*, A. per Considerare, V.
Riflusso, *recessus*, *us*, m.
Rifocillamento, *recreatio*, *onis*, f.
Rifocillare, ristorare, *refocillare*: *recreare*, A.
Rifondere, *refundo*, *ndis*, *di*, *sum*, *ndere*, A.
Riforma, riformazione, *instauratio*, *onis*, f. — dei costumi, *morum correctio*, *onis*, f.
Riformare, *reformo*, *as*, etc. A.
Riformatore, *reformator*, *oris*, m.
Riformatrice, *emendatrix*, *icis*, f.
Riformazione. V. Riforma.
Rifrangere, *reflecto*, *ctis*, *xi*, *xum*, *ctere*, A.
Rifrazione, *repercussus*, *us*, m.
Rifreddare. V. Raffreddare.
Rifriggere, *iterum frigere*, A.
Rifrustare, ricercare, *scrutor*, *aris*, *atus*, *ari*, D.
Rifuggire, *refugio*: *confugio*, *ugis*, *ugi*, *ugere*, N.
Rifuggito, *transfuga*, *ae*, m.
Rifugio, *refugium*, *i*, n.
Rifulgere. V. Risplendere.
Riga, *versus*, *us*, m. *linea*, *ae*, f. per Norma, V.
Rigagnolo, *rivulus*, *i*, m.
Rigare, per Irrigare, V. per Lineare, *lineas ducere*, A.
Rigato, *lineis distinctus*, add.

Rigattiere, *propōla*, *æ*, m.
Rigenerare, *regenĕro*, *as*, etc. A.
Rigermogliare, *repullŭlo*, *as*, etc. N.
Rigettamento, *rejectio*, *ōnis*, f.
Rigettare, *rejicio*, *icis*, *ēci*, *ĕctum*, *icĕre*, A. per Vomitare, V.
Rigidamente, *durius*, avv.
Rigidezza, rigidità, *rigor*, *ōris*, m. *severĭtas*, *ātis*, f.
Rigido, *rigĭdus*, *a*, *um*, add.
Rigirare, *circuire*: per Ingannare, V. per Maneggiare, *administrare*, A.
Rigiro, *circuitus*, *us*, m. per Inganno, V.
Rigiugnere, *assĕquor*, *quĕris*, *cūtus*, *qui*, D.
Rigo, riga, *regŭla*, *æ*, f.
Rigoglio, per Orgoglio, V. Vigore delle piante, *luxuries*, *ĕi*, f.
Rigogliosamente, *arroganter*, avv.
Rigoglioso, *superbus*: *elatus*, *a*, *um*, add.
Rigonfiamento, *inflatio*, *ōnis*, f. *tumor*, *ōris*, m.
Rigonfiare, *tumĕsco*, *ĕcis*, *ŭi*, *escĕre*, N.
Rigonfio, *inflatus*, *a*, *um*, add.
Rigore. V. Rigidezza: nel rigor dell'inverno, *summa hieme*, avv.
Rigorosamente, *austĕre*: *sevĕre*, avv.
Rigoroso, *rigidus*, *a*, *um*, add.
Rigovernare, nettar le stoviglie, *vasa purgare*, A.
Rigovernatura, *lotio*, *ōnis*, f.
Riguardamento, *inspectio*, *ōnis*, f.
Riguardante, *spectātor*, *ōris*, m.
Riguardare, *perspicio*, *icis*, *exi*, *ectum*, *icĕre*, A. per Aver riguardo, *rationem habēre alicujus rei*, A.
Riguardato, *spectatus*, *a*, *um*: *perspectus*, *a*, *um*, add.
Riguardatrice, *spectatrix*, *īcis*, f.
Riguardevole, *spectandus*, *a*, *um*, add.
Riguardo, *prospectus*, *us*, m. per Rispetto, V. a tuo riguardo, *tua causa*: per molti riguardi, *multis de causis*.
Riguardoso, *cautus*: *prudens*, add.
Rigurgitare, *exundo*, *as*, etc. N.
Rigustare, *regusto*, *as*, etc. A.
Rilasciare, *dimitto*, *ittis*, *isi*, *ssum*, *ittĕre*, A.
Rilascio, *dimissio*, *ōnis*, f.
Rilassamento, *animi relaxatio*, *remissio*, f.
Rilassare, *relaxo*, *as*, etc. A.
Rilassatezza, *disciplinæ remissio*, *ōnis*, f.
Rilassato, *segnis*, m. e f. *e*, n. *iners*, *ertis*, c. add.
Rilavare, *relavo*, *as*, etc. A.
Rilegamento, *religatio*, *ōnis*, f.
Rilegare, *religo*, *as*, etc. A. per Esiliare, *relēgo*, *as*, etc. A.
Rilegato, *religatus*: *vinctus*, *a*, *um*, add.
Rileggere, *relĕgo*, *ĕgis*, *ēgi*, *ectum*, *egĕre*, A.
Riletto, *relectus*, *a*, *um*, add.
Rilevamento, *erectio*, *ōnis*, f.
Rilevante, importante, *magni momenti*: per Ciò che si alza al disopra, *prominens*, *entis*, c.
Rilevare, *erĭgo*, *igis*, *exi*, *ectum*, *igĕre*, A. per Importare, *interesse*, N. per Riportare, *accipĕre*, A.

Rilevatamente, *prominenter*, avv.
Rilevato, *prominens*, *entis*, c. add.
Rilievo, di scultura, *opus anaglyphicum*, n. per Importanza, *momentum*, *i*, n.
Rilucente, *renitens*, *entis*, c. add.
Rilucere, *relucĕo*, *ces*, *xi*, *cēre*, N.
Rima, *similiter desinens*, c. add. per Poesia, *carmen*, *inis*, n.
Rimandare, *remitto*, *ittis*, *isi*, *issum*, *ittĕre*, A.
Rimaneggiare, *retracto*, *as*, etc. A.
Rimanente, *reliquum*, *i*, n. del rimanente, *cæterum*, avv.
Rimanere, *permanĕo*, *ānes*, *ānsi*, *ansum*, *anēre*, N. rimanersi, cessare, *desisto*, *istis*, *ĭti*, *itum*, *istĕre*, N.
Rimarchevole, *nota dignus*, *a*, *um*: *notabilis*, *is*, *e*.
Rimare, *versifico*, *as*, etc. A.
Rimarginare, *obdūco*, *cis*, *xi*, *ctum*, *cĕre*, A.
Rimario, *verborum similiter desinentium lexicon*, *i*, n.
Rimaritare, *iterum nuptui tradĕre*, A. rimaritarsi, *ad secundas nuptias transire*, N.
Rimaritata, *iterum nupta*, *æ*, add.
Rimasticare, *remando*, *is*, *andi*, *dĕre*, A.
Rimasto, rimaso, *relictus*, *a*, *um*, add.
Rimasuglio, *reliquiæ*, *arum*, f. pl.
Rimato, *similiter desinens*, c. add.
Rimatore, *versificator*, *ōris*, m.
Rimbaldanzire, *animos resumĕre*, A.
Rimbalzo, *saltus*, *us*, m. di rimbalzo, *per saltum*, avv.
Rimbambire, *repuerasco*, *is*, *ĕre*, N.
Rimbambito, *repuerascens*, *entis*, c.
Rimbeccare, *inverto*, *tis*, *ti*, *rsum*, *tĕre*, A.
Rimboccatura, *inversio*, *ōnis*, f.
Rimbombare, *resono*, *as*, etc. *reboo*, *as*, etc. N.
Rimbombo, *bombus*, *i*, m.
Rimborsare, *pecuniam rependĕre*: per Restituire il denaro, *pecuniam reddĕre*, A.
Rimborsazione, *pecuniæ redditio*, *ōnis*, f.
Rimboscare, *occulĕre*, A.
Rimbrottare, rimproverare, *exprŏbro*, *as*, etc. A.
Rimbrotto, *exprobratio*, *ōnis*, f.
Rimbucarsi, per Nascondersi, *se abdĕre*, N.
Rimburchiare, rimorchiare, tirare una nave con un'altra a forza di remi, *remulco*, *as*, etc. A.
Rimediabile, *sanabilis*, m. e f. *e*, n. add.
Rimediare, *medĕor*, *ēris*, *ēri*, D. — a' danni, *damna reparare*: — ai pericoli, *pericula propulsare*, A.
Rimedio, *remedium*, *ii*, n. *medicina*, *æ*, f. — contro il veleno, *antidŏtum*, *i*, n. Non c'è rimedio, *conclamatum est*.
Rimeggiare, *versificare*, A.
Rimembranza, *memoria*, *æ*, f.
Rimembrare, *memŏro*, *as*, etc. A. rimembrarsi, *reminiscor*, *ēris*, *i*, D.
Rimenare, per Ricondurre, V. per Maneggiare, *tracto*, *as*, etc. A.
Rimeritare, *remunĕror*, *āris*, *ātus*, *āri*, D.
Rimeritato, *præmio affectus*, add.

Rimescolamento, *perturbatio*, *ōnis*, f.
Rimescolare, *itĕrum miscēre*, A.
Rimessa, *remissio*, *ōnis*, f. — di denari, *pecuniæ permutatio*, *ōnis*, f. per Quella stanza dove si ripone il cocchio, *rhedarum receptaculum*, n.
Rimessamente, *remisse*, avv.
Rimessibile. V. Remissibile.
Rimesso, *remissus*: *languidus*, *a*, *um*, add.
Rimettere, *repōno*, *nis*, *sŭi*, *sĭtum*, *nĕre*, *restituo*, *ŭis*, *ŭi*, *ūtum*, *uĕre*, A. per Ripullulare, V. per Perdonare, V. — la pena, *pœnam condonare*, A. rimettersi dalla malattia, *ex morbo convalescĕre*, N. — in forze, *vires reparare*, A.
Rimirare, *inspicio*, *ĭcis*, *ēxi*, *ectum*, *icĕre*, A.
Rimisurare, *remetior*, *īris*, *ensus*, *remetīri*, D.
Rimodernare, *ad novam formam redigĕre*, A.
Rimondare, per Nettare, V.
Rimontare, *itĕrum adscendĕre*, N.
Rimorchiare. V. Rimburchiare, per Trafiggere con parole, *dictis mordēre*, A.
Rimorchio, fune da rimburchiare, *remulcus*, *i*, m. *remulcum*, *i*, n.
Rimordere, *remordĕo*, *des*, *di*, *sum*, *dēre*, A.
Rimorso, rimordimento, *conscientiæ stimulus*, *i*, m.
Rimosso, *amōtus*, *a*, *um*, add.
Rimostranza, *ostensio*, *ōnis*, f.
Rimostrare, *significo*: *demonstro*, *as*, etc. A.
Rimotamente, *remote*, avv.
Rimoto, *remotus*, *a*, *um*, add.
Rimovere, *removĕo*, *ŏves*, *ōvi*, *ōtum*, *ovēre*, A.
Rimozione, *remotio*, *ōnis*, f.
Rimpalmare, ugner le navi di sevo, *illĭno*, *ĭnis*, *ēvi*, *ĭtum*, *inĕre*, A.
Rimpatriarsi, *in patriam redire*, N.
Rimpennare, *plumas renovare*, A.
Rimpetto, *contra*: *ex adverso*, prep.
Rimpiattare. V. Nascondere.
Rimpiazzare, *subrŏgo*, *as*, etc. A.
Rimpiccolire, *minuor*, *uĕris*, *ūtus*, *ŭi*, D.
Rimpolpare, *carnosum facĕre*, A.
Rimprocciare, rimproccio. V. Rimproverare, ec.
Rimproverabile, *exprobratione dignus*, add.
Rimproverare, *exprobro*, *as*, etc. A.
Rimproveratore, *exprobrator*, *ōris*, m.
Rimprovero, *exprobratio*, *ōnis*, f.
Rimunerare, *remunĕror*, *āris*, *ātus*, *ari*, D.
Rimunerato, *præmio donatus*, add.
Rimuneratore, rimuneratrice, *remunĕrans*, *antis*, c.
Rimunerazione, *remuneratio*, *ōnis*, f.
Rimuovere, rimuovimento. V. Rimovere, rimozione.
Rimutare, *immūto*, *as*, etc. A.
Rimutazione, *immutatio*, *ōnis*, f.
Rinascere, *renascor*, *scĕris*, *tus*, *sci*, D.
Rinato, *itĕrum natus*, *a*, *um*, add.
Rincalcinare, *denŭo calcem inducĕre*, A.

Rincalzare, fortificare, *adaggĕro*, *as*, etc. A. per Stringere, *urgēre*, *premĕre*, A.
Rincalzo, rincalzamento, *fulcimentum*, *i*, n.
Rincappare, urtar di nuovo, *rursus offendĕre*, A.
Rincappellare, aggiungere cosa sopra cosa, *cumŭlo*, *as*, etc. A.
Rincarare, *carius fieri*, P.
Rincarnare. V. Rimpolpare.
Rincartare, *chartis involvĕre*, A.
Rinchiudere, *conclūdo*, *dis*, *si*, *sum*, *dĕre*, A.
Rinchiudimento, *inclusio*, *ōnis*, f.
Rinchiuso (sost.), *septum*, *i*, n.
Rincominciare. V. Ricominciare.
Rincontrare, *occurro*, *is*, etc. N.
Rincontro (sost.). V. Incontro: di rincontro, *e regione*, avv.
Rincoramento, *incitamentum*, *i*, n.
Rincorare, *recrĕo*, *as*, etc. A.
Rincordare, rimetter le corde, *nervos*, vel *fides instaurare*, A.
Rincorporare, *rursus copulare*, A.
Rincrescere, *tædet*, *dēbat*, *ensum*, *dēre*: *piget*, *ebat*, *uit*, *ēre*, imp.
Rincrescevole, *molestus*, *a*, *um*, add.
Rincrescevolmente, *moleste*, avv.
Rincrescimento, *fastidium*, *ii*, n. *molestia*, *æ*, f.
Rincrudire, *crudesco*, *is*, *ēre*, N.
Rinettare. V. Pulire.
Rinfacciamento, *exprobratio*, *ōnis*, f.
Rinfacciare, *exprŏbro*, *as*, etc. A.
Rinferraiolare, *penula contegĕre*, o, *involvĕre*.
Rinfervorare, *itĕrum inflammare*, A.
Rinfiancare, *latĕra fulcire*, A.
Rinfiancato, *munitus*, *a*, *um*, add.
Rinfilare, *itĕrum filo trajicĕre*, A.
Rinfocare, *denŭo inflammare*, A.
Rinfondere, *rursus infundĕre*, A.
Rinfondimento, *infusio*, *ōnis*, f.
Rinforzare, *augeo*, *ges*, *xi*, *ctum*, *gēre*, A. per Corroborare, V. Rinforzarsi, *convalesco*, *scis*, *ui*, *scĕre*, N.
Rinforzo, *subsidium*, *ii*: *auxilium*, *ii*, n. *confirmatio*, *ōnis*, f.
Rinfrancare, *vires addĕre*, A.
Rinfrescare, rinfrescarsi, *refrigĕro*, *as*, etc. A. — la memoria, *memoriam refricare*, A.
Rinfrescativo, *refrigeratorius*, *a*, *um*, add.
Rinfresco, rinfrescamento, *refrigeratio*, *ōnis*, f. per Colezione, V.
Rinfuso, *refertus*, *a*, *um*, add. alla rinfusa, *indiscriminatim*, *acervatim*, *perturbate*, avv.
Ringagliardire, acquistar forza, *vires sumĕre*, N. far divenir gagliardo, *corrobŏro*, *as*, etc. A.
Ringalluzzarsi, *gestio*, *is*, *īvi*, *ītum*, *īre*, N.
Ringentilire, *nobilito*, *as*, etc. A.
Ringhiare, *ringor*, *gĕris*, *gi*, D.
Ringhiera, *rostrum*, *i*, *suggestum*, *i*, n.
Ringiovanire, *repubesco*, *scis*, *scĕre*, N. far ringiovanire, *juventuti restituĕre*, A.

Ringiovanito, *juventuti restitutus, a, um,* add.
Ringorgare, *intumesco, scis, ui, escĕre,* N.
Ringorgo, *redundantia, æ,* f.
Ringrandire. V. Ingrandire.
Ringrassare, *itĕrum pinguescĕre,* N.
Ringraziamento, *gratiarum actio, ōnis,* f.
Ringraziare, *gratias agĕre,* A.
Ringrossare, *augĕo, ges, xi, ctum, gēre,* A.
Ringurgitare. V. Ridondare.
Rinnalzare, *rursum extollĕre,* A.
Rinnamorarsi, *itĕrum amore correpi,* P.
Rinnegamento, *defectio, ōnis,* f.
Rinnegare, ribellarsi da religione o setta, *desciseo, scis, vi, tum, scere,* N.
Rinnegato, *rebellis, is,* m.
Rinnestare. V. Innestare.
Rinnovare, rinnovellare, *renŏvo: instaŭro, as,* etc. A.
Rinnovatore, rinnovellatore, *instaurator, ōris,* m.
Rinnovazione, rinnovellazione, *renovatio, ōnis,* f.
Rinoceronte, *rhinocĕros, ōtis,* m.
Rinomanza, *fama, æ,* f. *nomen, ĭnis,* n.
Rinomare, *celĕbro, as,* etc. A.
Rinomato, *clarus: celebratus, a, um,* add.
Rinsanguinare, *rursus cruentare,* A.
Rinselvarsi, divenir nuovamente selva, *itĕrum silvescĕre,* N. per Rientrar nella selva, *se itĕrum in silvam abdĕre,* A.
Rintanarsi, *in specum se recipĕre; sese abdĕre,* A.
Rintasare, riturare con stoppa, *stuppa obstruĕre,* A.
Rintegrare, *redintĕgro, as,* etc. A.
Rintegrazione, *redintegratio, ōnis,* f.
Rinteneriré, *rursus emollire,* A.
Rintepidire, *rursus tepefăcio, ăcis, ēci, actum, acĕre,* A.
Rintonacare, *tectorium denuo inducĕre,* A.
Rintoppo, impedimento, *offendiculum, i,* n.
Rintracciamento, *investigatio, ōnis,* f.
Rintracciare, *investīgo, as,* etc. A.
Rintronare. V. Rimbombare.
Rintuzzamento, *coercitio, ōnis,* f.
Rintuzzare, *retundo, ndis, di, sum, ndĕre,* A.
Rinvenire, *spiritum recipĕre:* per Ritrovare, V.
Rinvenuto, *restitutus: inventus, a, um,* add.
Rinverdire, *revirĕsco, is, ĕre,* N.
Rinvergare, ritrovare, *invenio, is, eni, entum, ire,* A.
Rinversare, *inverto, tis, ti, sum, tĕre,* A.
Rinvestire, per Investire, V. — il denaro, *pecuniam mutuam dare,* A.
Rinviare. V. Rimandare.
Rinvigorimento, *confirmatio, ōnis,* f.
Rinvigorire, per Corroborare, V. Prender vigore, *vires resumĕre:* rinvigorirsi, *vires reparare,* A.
Rinvigorito, *confirmatus, a, um,* add.
Rinviluppare. V. Avviluppare.
Rinvitare, *itĕrum invitare,* A.
Rinunzia, *abdicatio, ōnis,* f.
Rinunziare, *renuntio, as,* etc. A. — la carica *magistratu abire,* N. — le armi, *arma deponĕre:* — il suo diritto, *jus suum desĕrĕre,* A.
Rinvogliare, *cupiditatem rursum injicĕre,* A.
Rinvolgere, *involvo, vis, vi, ūtum, vĕre,* A.
Rinvolto (sost.), *involucrum, i,* n. *involūtus, a, um,* add.
Rio (sost.), *rivus, i,* m. per Cattivo, Malvagio, V.
Rione, *regio, ōnis,* f.
Riordinare, *in ordinem redigĕre,* A.
Ripa, *ripa: ora, æ,* f.
Riparabile, *reparabilis,* m. e f. *e,* n. add.
Riparare, *repăro, as,* etc. A. — i colpi, *ictus repellĕre,* A. ripararsi, *se tuēri,* D.
Riparatore, *reparātor, ōris,* m.
Riparazione, *reparatio, ōnis,* f.
Riparo, *remedium, ii,* n. per Difesa, *propugnaculum, i,* n. — dei fiumi, *agger, ĕris,* m.
Ripartimento, *distributio: divisio, ōnis,* f.
Ripartire, per Partire, V. per Dividere, V.
Ripassare, *denuo transire,* N.
Ripassata, *iteratus transitus, us,* m. per Rabbuffo, V.
Ripatriare, *in patriam redire,* N.
Ripensamento, *reputatio, ōnis,* f.
Ripensare, *recogito, as,* etc. *recolo, ōlis, olui, ultum, olĕre,* A.
Ripentaglio, *periculum, i,* n.
Ripentimento, *nova pœnitentia, æ,* f.
Ripentirsi, *itĕrum pœnitēre,* imp.
Ripentito, *rursus pœnitentia ductus,* add.
Ripercosso, *repercussus, a, um,* add.
Ripercotimento. V. Ripercussione.
Ripercuotere, *repercutio, ŭtis, ussi, ussum, utĕre,* A.
Ripercussione, *repercussio, ōnis,* f.
Ripescamento, *expiscatio, ōnis,* f.
Ripescare, *itĕrum piscari,* D. per Indagare, V.
Ripetere, *repĕto, is, ivi,* vel *ii, itum, ĕre,* A.
Ripetitore, *repetitor, ōris,* m.
Ripetizione, ripetitura, *repetitio, ōnis,* f.
Ripezzare. V. Rappezzare.
Ripiagnere, *fletum iterāre,* A. *conquĕri,* D.
Ripiantare, *transfĕro, fers, tŭli, lātum, ferre,* A.
Ripidezza, *acclivitas, ātis,* f.
Ripido, *acclivis,* m. e f. *e,* n. add.
Ripiegare, *complĭco, as,* etc. A. per Piegare, V.
Ripiego, *consilium, ii,* n.
Ripienezza, *expletio, ōnis,* f.
Ripieno, *plenus, expletus, a, um,* add.
Ripigliamento, *receptio: instauratio, ōnis,* f.
Ripigliare, *recipio, ĭpis, cēpi, ceptum, ipĕre,* A. — l'amministrazione, *ad munus redire,* N. — gli studi, *studia repetĕre,* A. — le proprie occupazioni, *muneribus præstare vicem:* — lena, *colligĕre spiritum:* — il cammino, *iter instaurare,* A.
Ripiovere, *recĭdo, is, ĕre,* N.

Ripopolare, rursus incolas collocare, A.
Riporre, repono, nis, sui, situm, nĕre: per Seppellire, V. per Occultare, V.
Riportare, refĕro, fers, tuli, lātum, ferre: reporto, as, etc. A.
Riportatore, relātor, ōris, m.
Riporto, riportamento, relatio, ōnis, f. per Ricamo, V.
Riposare, quiesco, scis, evi, ētum, escĕre, N. per Dormire, V. per Cessare, fermarsi, V.
Riposatamente, quiēte, avv.
Riposato, quietus, a, um, add.
Riposo, quies, ētis, f.
Ripostiglio, repositorium: conditorium, ii, n.
Ripregare, itĕrum precari, D.
Riprendere, per Ripigliare, V. per Ammonire, V.
Riprensibile, reprehensione dignus, add.
Riprensione, riprendimento, castigatio: objurgatio, ōnis, f.
Riprensore, reprehensor, ōris, m.
Ripresa, iteratio, ōnis, f. per Guadagno, V. per Ammonizione, V. in diverse riprese, per plures vices: saepius, avv.
Ripreso, reprehensus, a, um, add.
Riprodurre, itĕrum produ‑cĕre, A.
Ripromesso, itĕrum promissus, add.
Ripromettere, itĕrum spondēre, A.
Ripromissione, repromissio, ōnis, f.
Riprova, demonstratio, ōnis, f.
Riprovare, itĕrum experīri, D, per Disapprovare, V.
Riprovato, rejectus, a, um, add.
Riprovazione, improbatio, ōnis, f.
Ripudiare, repudio, as, etc. A.
Ripudio, repudium, ii, n.
Ripugnanza, per Contrarietà, V.
Ripugnare, repugno, as, etc. N.
Ripulimento, ripulitura, perpolitio, ōnis, f. cultus, us, m.
Ripulire, perpolio, īis, ivi, itum, īre, A.
Ripullulare, rigermogliare, repullulo, as, etc. N.
Ripulsa, repulsa, æ, f.
Ripurgare, repurgo, as, etc. A.
Riputare, existimo, as, etc. A.
Riputato, magni habĭtus, a, um, add.
Riputazione, existimatio, ōnis: fama, æ, f.
Riquadrare, quadro, as, etc. A.
Riquadrato, in quadrum redactus, a, um.
Riquadratura, quadratio, ōnis, f.
Risaldamento, solidatio, ōnis, f.
Risaldare, solido, as, etc. A.
Risalire, itĕrum ascendĕre, N.
Risaltare, resilio, lis, ilui, vel ilii, vel ilui, ultum, ilīre, N. per Sporgere in fuori, emineo, ines, inui, inēre, N.
Risalto, rialto, eminentia, æ, f.
Risalutare, resaluto, as, etc. A.
Risanabile, sanabilis, m. e f. e, n. add.
Risanamento, sanatio, ōnis, f.
Risanare, sano, as, etc. A. per Ricuperare la sanità, convalesco, escis, ui, escĕre, N.
Risanato, a morbo recreatus, a, um, add.
Risapere, rescio: rescisco, scis, īvi, vel ii, itum, scĕre, N.
Risarcimento, restitutio, ōnis, f.
Risarcire, resarcio, is, īvi, itum, īre, A. — danni, damna reparare, A.
Risata, irrisio, ōnis, f.
Riscaldamento, æstus, us, m. calefactio, ōnis, f.
Riscaldare, calefacio, ăcis, ēci, actum, acĕre, A. Riscaldarsi, incalesco: excandesco, escis, ui, escĕre, N.
Riscattore, riscatto, V. Redimere, ec.
Rischiaramento, rischiarimento, illustratio, ōnis, f.
Rischiarare, illustro, as, etc. A. Rischiararsi, per Divenir chiaro, clarĕsco, escis, ui, escĕre, N.
Rischio, pericŭlum, i, n. mettere a rischio la vita, periculis vitam objicĕre, A.
Rischioso, periculosus, a, um, add.
Risciacquare, eluo, as, etc. A.
Riscontrabile, V. Paragonabile.
Riscontrare, incontrare, occurro, curris, curri, vel cucurri, cursum, currĕre, N. per Confrontare, V.
Riscontrato, collatus, a, um, add.
Riscontro, per Incontro, occursus, us, m. per Confronto, collatio, ōnis, f. per Notizia, notitia, æ, f. indicium, ii, n.
Riscossione, riscossa, riscotimento, exactio, ōnis, f.
Riscotitore, riscuotitore, V. Esattore.
Riscritto, rescriptio, ōnis, f. rescriptum, i, n.: rescriptus, a, um, add.
Riscrivere, rescribo, bis, psi, ptum, bĕre, A.
Riscuotere, exigo, igis, ēgi, actum, igĕre, A.
Riscuotitore ec. V. Esattore
Riseccare, reseco, ĕcas, ecui, ectum, ecāre, A.
Riseccare, arefacio, ăcis, ēci, actum, acĕre, A. riseccarsi, aresco, escis, ui, escĕre, N.
Risedere, risiedere, resideo, ides, ēdi, essum, idēre, N.
Risegna, cessio, ōnis, f.
Risegnare, renuncio: abdico, as, etc. A.
Risembrare V. Rassembrare.
Riseminare, itĕrum serĕre, A.
Risentimento, querēla, æ, f.
Risentirsi, svegliarsi, expergiscor, sceris, rectus, sci, D. per Ravvedersi, resipiscĕre, N. per Far risentimento, dolersi, conquĕri: irasci, D.
Risentitamente, graviter, avv.
Risentito, piccante, austērus, a, um, add. parole risentite, verba aspĕra, persona risentita, homo acer; iracundus.
Riserbare, riservare, servo, as, etc. A.
Riserbato, riservato, servatus, conditus, a, um, add. per Canto, cautus: prudens.
Riserrare, V. Serrare.
Riserva, riservatezza, consideratio, ōnis, f. circumspectio, ōnis, f. con riserva, caute, avv. a riserva di te, te excepto.
Risguardare, respicio, icis, exi, ectum, icĕre, A. per Appartenere, V.
Risguardo, V. Riguardo.

Risibile, degno di riso, *ridendus, a, um,* add.

Risicare. V. Arrischiare.

Risico ec. V. Rischio, ec.

Risipola, *erysipĕlas, ătis,* n.

Risma, *scaporum fasciculus, i.* m.

Riso, *risus, us,* m. per Sorta di biada, *oryza, æ,* f.

Risolare, *novas soleas suppingĕre,* A.

Risolvere, disfare, *dissolvo, vis, vi, ūtum, vĕre,* A. per Determinare, *statuĕre:* risolversi, *consilium capĕre,* A.

Risolutamente, *prompte,* avv.

Risolutezza. V. Deliberazione.

Risoluto, *decretus: resolutus, a, um,* add. per Pronto, *promptus: alacer;* per Ardito, *audax;* sono risoluto, *certum mihi est.*

Risoluzione, risolvimento, *resolutio, ōnis,* f. *consilium, ii,* n. per Scioglimento di difficoltà, *explanatio, ōnis,* f. per Determinazione, *propositum, i,* n.

Risomigliare. V. Rassomigliare.

Risonanza, *sonitus, us,* m.

Risonare, *resŏno, as, ui, ĭtum, āre,* N.

Risorgere, *resurgo, gis, rēxi, rēctum, gĕre,* N.

Risorgimento, *resurrectio: renovatio, ōnis,* f.

Risorto, *ab inferis excitatus,* add.

Risospingere, ec. V. Respingere, ec.

Risotterrare, *itĕrum humāre,* A.

Risottomettere, *itĕrum submittĕre,* A.

Risovvenire. V. Ricordare.

Risparmiare, *parco, parcis, peperci, parsum vel parsi, parcitum: parcĕre,* N.

Risparmio, *parsimonia, vel parcimonia, æ,* f. con risparmio, *parce,* avv.

Rispegnere, *restinguo, guis, xi, ctum, guĕre,* A.

Rispento, *restinctus, a, um,* add.

Rispettare, *colo, is, ui, cultum, ĕre,* A. *vereor, ēris, ĭtus, ēri,* D.

Rispettivamente, *ratione habita,* avv.

Rispetto, *observantia, æ,* f. per Riguardo, *respectus, us,* m.

Rispettosamente, *reverenter,* avv.

Rispettoso, *reverendus: verecundus, a, um,* add.

Rispianare, *rursus æquare,* A. per Interpetrare, *exponĕre,* A.

Rispingere. V. Respingere.

Risplendente, *splendens, ēntis,* c.

Risplendere, *splendĕre: niteo, es, ui, ēre,* N.

Rispondere, *respondeo, des, di, sum, dēre,* N. e A.

Rispondltore, *responsor, ōris,* m.

Risposta, *responsum, i,* n. *responsio, ōnis,* f.

Rissa, *rixa, æ,* f. *jurgium, ii,* n.

Rissare, *rixor, āris, ātus, āri,* D.

Rissoso, *rixator, ōris,* m. *rixosus, a, um,* add.

Ristabilimento, *restitutio, ōnis,* f. — di salute, *salutis confirmatio, ōnis,* f.

Ristabilire, *repăro, as,* etc. *denuo statuĕre,* A.

Ristagnare, cessar di scorrere, *stagno, as,* etc. N. — il sangue, *sanguinem sistĕre,* A. per Saldare con istagno, *stanno ferruminare,* A.

Ristampare, *rursus typis excudĕre,* A.

Ristare, fermarsi, *moror, āris, ātus, āri,* D per Cessare, V.

Ristecchito, *aridus, a, um,* add.

Ristoppare, *oblĭno,* as, etc. A.

Ristoramento, ristorazione, *instauratio, ōnis,* f. per Contraccambio, *remuneratio, onis,* f.

Ristorare, *instauro, as,* etc. A. per Ricompensare, V. ristorarsi, *se reficĕre,* A.

Ristorato, *instauratus, a, um,* add.

Ristoratore, *instaurator, ōris,* m.

Ristorazione. V. Ristoramento.

Ristoro, *solatium, ii,* n.

Ristrettamente, in poche parole, *paucis,* avv.

Ristretto (sost.), *summa, æ,* f. *arctatus, a, um,* add.

Ristringere, *cohibeo, ēes, ui, ĭtum, ēre: coarcto, as,* etc. A.

Ristringimento, ristrignimento, ristrinzione, *coarctatio, ōnis,* f.

Ristuccare, *marmoreo crusta oblinĕre,* A.

Risultamento, *derivatio, ōnis,* f.

Risultare, *orior, ĕris, tus, īri,* D.

Risurrezione, *resurrectio, ōnis,* f.

Risuscitare, *resuscito, as,* etc. A. per Risorgere, *resurgo, gis, rēxi, rectum, gĕre,* N.

Risuscitato, *ad vitam revocatus, a, um,* add.

Risuscitatore, *vitæ restitutor, ōris,* m.

Risvegliamento, *excitatio, ōnis,* f.

Risvegliare, ec. V. Destare, ec.

Risvegliatore, *expergefaciens, ēntis,* c. add.

Ritaglio, *resegmen, ĭnis,* n.

Ritardamento, *mora, æ: retardatio, ōnis,* f.

Ritardare, *retardo, as,* etc. A.

Ritardato, *retardatus, a, um,* add.

Ritardatore, *cunctator, ōris,* m.

Ritardo. V. Ritardamento.

Ritegno, *retinaculum, i,* n. per Difesa, riparo, V. senza ritegno, *effrenate: incontinenter,* avv.

Ritenere, *retineo, nes, nui, tentum, nēre,* A. — a mente, *memoria tenēre:* — le usanze, *mores servare:* — le lagrime, *lacrymas comprimĕre:* — l'ira, *iracundiam reprimĕre:* ritenersi, *continēre se,* A.

Ritenitiva, facoltà di ritenere a memoria, *memoriæ firmitas, atis,* f.

Ritentare, *retento, as,* etc. A.

Ritenutamente, *caute,* avv.

Ritenutezza, *cautio, ōnis,* f.

Ritenuto, *retentus, a, um,* add. per Cauto. V.

Ritenzione, ritenimento, *retentio, ōnis,* f.

Ritessere *retexo, is, ui, tum, ĕre:* per Ripetere, *iterāre: repetĕre,* A.

Ritingere, ritignere, *itĕrum tingĕre,* A.

Ritiramento, *recessio, ōnis,* f.

Ritirare, *retraho, ahis, axi, actum, ahĕre:* — dal male, *a nequitia avocare,* A. ritirarsi, *recēdo, dis, ssi, ssum, dĕre,* N. —

dall'impresa, *ab incepto desistĕre*, N. in case, *domum se recipĕre*, N.
Ritirata, *receptus*, *us*, m. suonarla, *receptui canĕre*, A.
Ritiratamente, *seorsum*, avv.
Ritiratezza, *solitudo*, *ĭnis*, f. vivere con ritiratezza, *solitariam vitam agĕre*, A.
Ritirato, *abductus: retractus*, *a*, *um*, add.
Ritiro, *recessus*, *us*, m.
Rito, *ritus*, *us*: *mos*, *moris*, m.
Ritoccare, *retracto*, *as*, etc. A. — il lavoro, *opus expolīre*, A.
Ritogliere, *denuo auferre*, A.
Ritolto, *itĕrum ablatus*, add.
Ritondare, *rotundo*, *as*, etc. A.
Ritondezza, ritondità ec. V. Rotondità ec.
Ritorcere, *retorquĕo*, *ques*, *si*, *tum*, *quēre*, A.
Ritorcimento, *contorsio*, *ōnis*, f.
Ritornare, *redĕo*, *is*, *ĭvi*, vel *ii*, *ĭtum*, *īre*, N. *revertor*, *erĕris*, *ersus*, *verti*, D. per Restituire, V.
Ritornato, *regressus: reversus*, *a*, *um*, add.
Ritorno, *redĭtus*, *us*, m. *reversio*, *ōnis*, f.
Ritorta, *vincŭlum*, *i*, n.
Ritorto, *retortus*, *a*, *um*, add.
Ritrarre, per Ritirare, V. per Effigiare, V.
Ritrattare, *retracto*, *as*, etc. A. per Disdirsi, *dicta revocare*.
Ritrattazione, *retractatio*, *ōnis*, f.
Ritratto (sost.), *effigies*, *ēi*; *imago*, *ĭnis*, f. per Frutto, emolumento, *redĭtus*, *us*, m. *retractus*, *a*, *um*, add. per Raccolto, *perceptus*, *a*, *um*, add.
Ritrosamente, *morose*, avv.
Ritrosia, *morosĭtas*, *ātis*, f.
Ritroso, *morosus*, *a*, *um*, add. a ritroso, *inverso ordine*, avv.
Ritrovamento, *inventum*, *i*, n.
Ritrovare, *invenio*, *ēnis*, *ēni*, *entum*, *enīre*, A. ritrovarsi, *adsum*, *es*, *fui*, *esse*, N.
Ritrovatore, *inventor*, *ōris*, m.
Ritrovatrice, *inventrix*, *īcis*, f.
Ritrovo, conversazione, *conventus*, *us*, m.
Rittamente. V. Dirittamente.
Ritto, *rectus: directus*, *a*, *um*, add. star ritto, *sto*, *stas*, *steti*, *statum*, *stare*, N.
Rituffare, *iterum immergĕre*, A.
Riturare, *rursus obturare*, A.
Riunione, riunimento, *conjunctio*, *ōnis*, f.
Riunire, *coadunare: rursus conjungĕre*, A.
Riurtare. V. Ripercuotere.
Riuscibile, *facilis*, m. e f. *e*, n. add.
Riuscimento, *successus*, *us*, m.
Riuscire, aver effetto, *evenio*, *ēnis*, *ēni*, *entum*, *enīre*: *succēdo*, *dis*, *ssi*, *ssum*, *edĕre*, N.
Riuscita, *successus*, *us*, m.
Riva, *ripa: ora*, *æ*, f.
Rivale (sost.), *rivālis*, *is*; *æmŭlus*, *i*, m. di rivo, *rivālis*, m. e f. *e*, n. add.
Rivalicare, passar di nuovo, *itĕrum trajicĕre*, A.
Rivalità, *rivalĭtas*, *ātis*, f.
Rivangare, *itĕrum investigare*, A.
Rivedere, *reviso*, *sis*, *si*, *sum*, *sĕre*, A. — i conti, *rationes cognoscĕre*, A.
Rivedimento. V. Revisione.
Riveditore, *censor*, *ōris*, m.
Rivelare, *revelo: manifesto*, *as*, etc. A.
Rivelazione rivelamento, *revelatio: patefactio*, *onis*, f.
Rivendere, *itĕrum vendĕre*, A.
Rivenditore, rivendugliolo, *propōla*, *æ*, f.
Rivenire, per Ritornare, V. Per Ricuperare i sensi, *reviviscĕre*, N.
Rivenuto, *reversus*, *a*, *um*, add.
Riverberare, *reverbĕro*, *as*, etc. *reflecto*, *ctis*, *exi*, *exum*, *ctĕre*, A.
Riverberato, *repercussus*, *a*, *um*, add.
Reverbero, *repercussio*, *ōnis*, f.
Riverente, *observans*, *antis*, c. add.
Reverentemente, *reverenter*, avv.
Reverenza, *reverentĭa*, *æ*, f.
Riverenziale. V. Riverente.
Riverire, *reverĕor*, *ēris*, *ĭtus*, *ēri*, D.
Riverito, *reverentia dignus*, add.
Riversare, *inverto*, *tis*, *ti*, *sum*, *tĕre*, A.
Rivestire, *itĕrum vestire*, *induĕre*, ornare, A.
Riviera, *ripa*, *æ*, f.: per Fiume, V.
Rivisitare, *reviso*, *sis*, *si*, *sum*, *sĕre*, A.
Rivista, *recognitio*, *ōnis*, f.
Rivivere, *reviviscо*, *iscis*, *revixi*, *iscĕre*, N.
Rivo, *rivus*, *i*, m.
Rivocare, *revŏco*, *as*, etc. A.
Rivocazione, *revocatio*, *ōnis*, f.
Rivolgere, rivoltare, *revolvo*, *vis*, *vi*, *ūtum*, *vĕre*, A. — il pensiero, *animum convertĕre*, A.
Rivolgimento, rivolta, *revolutio: inversio*, *ōnis*, f.
Rivoltare. V. Rivolgere.
Rivoltato, *inversus: mutatus*, *a*, *um*, add.
Rivoltolamento, *circumactio*, *ōnis*, f.
Rivoltolare, *circumăgo*, *ăgis*, *ēgi*, *actum*, *agĕre*, A.
Rivoltuoso, e rivoltoso, ribelle, *seditiosus*, *a*, *um*, add.
Rivoluzione, per Circuito, *circulatio*, *ōnis*, f. per Tumulto, sedizione, *seditio*, *ōnis*, f.
Rivoltura. V. Rivolgimento.
Rivomitare, *evŏmo: revŏmo*, *is*, *ui*, *ĭtum*, *ĕre*, A.
Rizzamento, *erectio*, *ōnis*, f.
Rizzare, *erigo*, *igis*, *exi*, *ectum*, *igĕre*, A. rizzarsi, *assurgo*, *gis*, *rexi*, *rectum*, *gĕre*, N.
Roba, *res*, *rei*, f. per Veste, *vestis*, *is*, f.
Robicciuola, *recŭla*, *æ*, f.
Robone, o robbone, *toga*, *æ*, f.
Robustamente, *valide*, avv.
Robustezza, *robur*, *ŏris*, n.
Robusto, *robustus*, *a*, *um*, add.
Rocca (coll' o largo), *arx*, *arcis*, f. (coll' o stretto), *colus*, *i*, f.
Rocchetto, arnese chericale di tela bianca, *lintĕa tunica*, f. stromento da incannare, *panuvellium*, *ii*, n.
Rocchio, pezzo di legno o altro, *frustŭlum*, *i*, n.

Roccia. V. Balza.
Rocco, pastorale, *pedum*, *i*, n.
Roco, *raucus*, *a*, *um*, add.
Rodere, *rodo*, *dis*, *si*, *sum*, *dĕre*, A.
Rodimento, *rosio*, *ōnis*, f.
Rogare, distendere e firmare contratti come fanno i notai, *astipulor*, *āris*, *ātus*, *āri*, D.
Rogatore, *astipulātor*, *ōris*, m.
Rogazioni, *supplicationes*, *um*, f. pl. *ambarvalia*, *um*, n. pl.
Rogito, atto e solennità del rogare, *astipulatio*, *ōnis*, f.
Rogna, *scabies*, *ēi*, f.
Rognoso, *scabiosus*, *a*, *um*, add.
Rogo, *rogus*, *i*, m. *pyra*, *æ*, f.
Romanziere, scrittor di romanzi, *fabulator*, *ōris*, m.
Romanzo, *commentum*, *i*, n. *fabulosa narratio*, f.
Rombo, mormorio delle api ec. *bombus*, *i*, m. (pesce), *rhombus*, *i*, m. per Figura matematica, *rhombus*, *i*, m.
Romitaggio, romitorio, *solitudo*, *ĭnis*, f.
Romito (sost.), *eremita*, *æ*, m. per Solitario, *solitarius*, *a*, *um*, add.
Romore, *strepitus*, *us*, m. *murmur*, *ŭris*, n. fario, *perstrĕpo*, *ĕpis*, *epui*, *epitum*, *epere*, N.
Romoreggiare, *strepo*, *pis*, *pui*, *itum*, *pĕre*, N.
Rompere, *rumpo*, *mpis*, *pi*, *ptum*, *mpĕre*, A. — il discorso, *loquentem interpellare*: — i disegni, *consilia disturbare*: — l'esercito, *exercitum fugare*, A.
Rompicapo, *molestia*, *æ*, f. detto di persona, *molestus homo*.
Rompicollo, cosa pericolosa, *periculum*, *i*, n. a rompicollo, *præcipitanter*, avv.
Rompimento, *ruptio*, *ōnis*, f. — di fede, *fidei violatio*, *ōnis*, f.
Rompitore, *ruptor*, *ōris*, m.
Ronca, strumento da taglio, *runca*, *æ*, f.
Roncare, tagliar colla ronca, *runco*, *as*, etc. A.
Roncigliare, prender col ronciglio, *unco arripĕre*, A.
Ronciglio, graffio, *uncus*, *i*, m.
Roncone, *vinitoria falx*, *falcis*, f.
Ronda, *vigiliarum lustratio*, *ōnis*, f. farla, *vigilias obire*, N.
Rondine, *hirundo*, *ĭnis*, f.
Rondinella, *hirundo*, f.
Ronzare, *obstrĕpo*, *ĕpis*, *epui*, *epitum*, *epĕre*, N.
Ronzino, cavallo piccolo, *mannus*, *i*, m.
Ronzio, *bombus*, *i*, m.
Rosa, *rosa*, *æ*, f.
Rosaceo, rosato, *rosaceus*, *a*, *um*, add.
Rosaio, *rosarium*; *rosetum*, *i*, n.
Roseo, *roseus*, *a*, *um*, add.
Rosicchiare, rosicare, *rodo*, *dis*, *si*, *sum*, *dĕre*, A.
Rosignuolo, *luscinia*: *philomēla*, *æ*, f.
Rosmarino, *rosmarinus*, m. vel *rosmarinum*, *rorismarini*, n.
Roso, *rosus*, *a*, *um*, add.
Rosolaccio, *erraticum papaver*, *ĕris*, n.
Rosolare, *amburo*, *ris*, *ssi*, *stum*, *rĕre*, A.
Rosolia, in summa cute *pustulæ rubicundæ*, *arum*, f. pl.
Rospo, *bufo*, *ōnis*, m. *rubēta*, *æ*, f.
Rosseggiante, *rubicundus*, *a*, *um*, add.
Rosseggiare, *rubĕo*, *es*, *ui*, *ēre*, N.
Rossetto, rossiccio, *subruber*, *ra*, *rum*, add.
Rossezza, *rubor*, *ōris*, m.
Rosso, *ruber*, *ra*, *rum*, add. farsi, divenir rosso, *erubēsco*, *scis*, *ui*, *scĕre*, N.
Rossore, *rubor*, *ōris*, m. per Vergogna, *pudor*, *ōris*, m. aver rossore, per Vergognarsi, V.
Rosta, ventaglio, *flabellum*, *i*, n.
Rostrato, *rostratus*, *a*, *um*, add.
Rostro, becco degli uccelli, *rostrum*, *i*, n.
Rosura, rosione, *rosio*, *ōnis*, f.
Rota. V. Ruota.
Rotamento, *rotatio*, *ōnis*, f.
Rotare. V. Girare.
Rotatore, *rotātor*, *ōris*, m.
Rotella, rotellina, *rotula*, *æ*, f.
Rotolare, *roto*, *as*, etc. N.
Rotolo, *volūmen*, *ĭnis*, n.
Rotondare, *rotundo*, *as*, etc. A.
Rotondità, *rotundĭtas*, *ātis*, f.
Rotondo, *rotundus*, *a*, *um*, add.
Rotta, sconfitta, *clades*, *is*, f. mettere in rotta, *cladem inferre*: *profligare*, *fundĕre*, A.
Rottame, *fragmentum*, *i*, n.
Rotto, *ruptus*, *a*, *um*, add.
Rottura, *fractūra*, *æ*, f.
Rovaio, vento di tramontana, **aquilo**, *ōnis*, m.
Roventare, *candefacio*, *facis*, *feci*, *factum*, *facĕre*, A.
Rovente, *ignitus*, *a*, *um*, add.
Rovere (albero), *robur*, *ŏris*, n. di rovere, *roboreus*, *a*, *um*, add.
Rovesciare, *inverto*, *tis*, *ti*, *sum*, *tĕre*, A. per Versare, V.
Rovescio, *pars aversa*: — di acqua, *effusus imber*: fatto a rovescio, *præposterus*, *a*, *um*, add. per Supino, *supino corpore*, avv.
Rovescione, manrovescio, **colaphus**, *i*, m. *resupinus*, *a*, *um*, add.
Roveto, luogo pieno di rovi, *rubētum*, *i*, n.
Rovigliare, *turbo*, *as*, etc. A.
Rovina, rovinamento, *ruina*, *æ*, f. andare in rovina, *corruo*, *uis*, *ui*, *utum*, *uĕre*, N.
Rovinare, *ruo*, *is*, *i*, *tum*, *ĕre*. N. — una casa, *domum sternĕre*, A.
Rovinaticcio, *semirŭtus*, *a*, *um*, add.
Rovinato, *dirutus*, *a*, *um*, add.
Rovinatore, *eversor*, *ōris*, m.
Rovinosamente, per Precipitosamente, V. Per Perdutamente, V.
Rovinoso, *præceps*, *ipĭtis*, c. add.
Rovo, *rubus*, *i*, m.
Rozza, cavallaccio, *caballus*, *i*, m.
Rozzamente, *crasse*: *ineleganter*, avv.

Rozzezza, *ruditas*, *ātis*, f. per Ignoranza, V.
Rozzo, *rudis*, m. e f. *e*, n. add. per Ignorante, V.
Ruba, rubamento, *furtum*, *i*, n.
Rubacchiare, *suffūror*, *āris*, *ātus*, *āri*, D.
Rubare, *furor*, *āris*, *ātus*, *āri*, D.
Rubato, *furtim ablatus*, *a*, *um*, add.
Rubatore, rubatrice, *fur*, *furis*; *latro*, *ōnis*, m.
Ruberia, *furtum*, *i*, n.
Rubello. V. Ribelle.
Rubicondo, *rubicundus*, *a*, *um*, add.
Rubino, *carbuncŭlus*: *pyrōpus*, *i*, m.
Rubrica, sinopia (sorta d'argilla rossa), *rubrica*, *æ*, f. argomento di un libro, *rubrica*, *æ*, f.
Ruca, sorta d'erba, *eruca*, *æ*, f.
Rudimento, *rudimentum*, *i*, n.
Ruga, grinza, *ruga*, *æ*, f.
Ruggine, *rubīgo*, *ĭnis*, f.
Rugginoso, *rubiginosus*, *a*, *um*, add.
Ruggire, rugghiare, *rugio*, *is*, *īvi*, *ītum*, *īre*, N.
Ruggito, rugghio, *rugītus*, *us*, m.
Rugiada, *ros*, *roris*, m.
Rugiadoso, *roscĭdus*, *a*, *um*, add.
Rugoso, *rugosus*, *a*, *um*, add.
Ruina, ec. V. Rovina, ec.
Ruminare, rugumare, *rumĭno*, *as*, etc. A. *ruminor*, *āris*, *ātus*, *āri*, D. per Ghiribizzar colla mente, *mente revolvĕre*, A.
Ruolo, *album*, *i*, n. *index*, *ĭcis*, m.
Ruota, *rota*, *æ*, f.
Rupe, *rupes*, *is*, f.
Rurale, *rurālis*, m. e f. *e*, n. add.
Ruscelletto, *rivŭlus*, *i*, m.
Ruscello, *rivus*, *i*, m.
Rusignuolo. V. Rosignolo.
Ruspo, fatto di poco e aspro, detto delle monete, *asper*, *ĕra*, *rum*, add.
Russare, *sterto*, *tis*, *tui*, *tĕre*, N.
Russo, il russare, *rhonchus*, *i*, m.
Rusticale, *rusticanus*, *a*, *um*, add.
Rusticalmente, rusticamente, *rustĭce*, avv.
Rusticano. V. Rusticale.
Rustichetto, *subrustĭcus*, *a*, *um*, add.
Rustichezza, rusticità, *rusticĭtas*, *ātis*, f.
Rustico, *rustĭcus*, *a*, *um*, add.
Ruta, sorta d'erba, *ruta*, *æ*, f.
Ruttare, per Mandar fuori, *eructo*, *as*, etc. A. *ructor*, *āris*, *ātus*, *āri*, D.
Rutto, *ructus*, *us*, m.
Ruvidamente, *aspĕre*, avv.
Ruvidezza, *asperĭtas*, *ātis*, f.
Ruvido, *asper*, *ĕra*, *rum*, add.
Ruzzare, scherzare, *ludo*, *is*, etc. N.
Ruzzola, *trochus*, *i*, m. *rotula*, *æ*, f.
Ruzzolare, far girar la ruzzola, *trochum circumagĕre*, A.

S

Sabato, sabbato, *sabbătum*, *i*, n.
Sabbia, sabbione, *sabŭlum*, *i*, n.
Sabbioso, *sabulosus*, *a*, *um*, add.
Sabina, *sabina*, *æ*, f.

Sacca, *pera*, *æ*, f.
Saccente, per Dotto, V. per Astuto, V. per Pretendente di sapere, *sciŏlus*, *i*, m.
Saccentemente, *sapienter*: *petulanter*, avv.
Saccenteria, presunzione di sapere, *doctrinæ affectatio*, *onis*, f.
Saccheggiamento, *depopulatio*, *ōnis*, f.
Saccheggiare, *depopŭlor*, *āris*, *ātus*, *āri*, C.
Saccheggiato, *depopulatus*, *a*, *um*, add.
Saccheggiatore, *depopulātor*, *ōris*, m.
Sacchetto, sacchetto, *saccŭlus*, *i*, m.
Sacco, *saccus*, *i*, m. dare il sacco, mettere, ec. per Saccheggiare, V.
Saccoccia, *pera*, *æ*, f.
Saccone, *culcĭtra stramĭnea*, *æ*, f.
Sacerdotale, *sacerdotalis*, m. e f. *e*, n. add.
Sacerdotalmente, *more sacerdotum*, avv.
Sacerdote, sacerdotessa, *sacerdos*, *ōtis*, c.
Sacerdozio, *sacerdotium*, *ii*, n.
Sacramentale, *ad sacramentum pertĭnens*, c.
Sacramentalmente, *sacramentalĭter*: *per sacramentum*, avv.
Sacramentare, *sacramenta ministrare*, A. sacramentarsi, *sacramenta accipĕre*, A.
Sacramentato, *sacramentis munitus*, add.
Sacramento, *sacramentum*, *i*, n.
Sacrare, *sacro*, *as*, etc. A.
Sacrario. V. Sagrestia.
Sacrato, *sacer*, *ra*, *rum*, add. (sost.), *sacer locus*, m. *sacra loca*, *ōrum*, n. pl.
Sacrificare, *sacrifĭco*: *immŏlo*, *as*, etc. A.
Sacrificatore, *sacrificator*, *ōris*, m.
Sacrificio, sacrifizio, *sacrificium*, *ii*, n.
Sacrilegamente, *sacrilĕge*, avv.
Sacrilegio, *sacrilegium*, *ii*, n.
Sacrilego, *sacrilĕgus*, *a*, *um*, add.
Sacro, *sacer*, *ra*, *rum*, add.
Sacrosanto, *sacrosanctus*, *a*, *um*, add.
Saetta, *sagitta*, *æ*, f. per Fulmine, V.
Saettare, *jacŭlor*, *āris*, *ātus*, *āri*, D.
Saettata, *sagittæ ictus*, m. per lo Spazio che percorre la saetta, *sagittæ jactus*, m.
Saettato, *sagittis confixus*, add.
Saettatore, *jaculātor*, *ōris*, m.
Saettatrice, *jaculātrix*, *īcis*, f.
Sagace, *sagax*, *ācis*, c. add.
Sagacemente, *sagacĭter*, avv.
Sagacità, *sagacĭtas*, *ātis*, f.
Saggiamente, *sapienter*, avv.
Saggiare, per Assaggiare, V.
Saggino, *milium indicum*, *ii*, n.
Saggio (sost.), *specĭmen*, *ĭnis*, n. far saggio, *specimen dare*, A. per Assaggio, V. per Savio, *sapiens*, *entis*, c. add.
Sagittario, *sagittarius*, *ii*, m.
Sagra, e sacra, consacrazione di una chiesa, *dedicatio*, *ōnis*, f.
Sagrestano, *ædituus*, *i*, m.
Sagrestia, *sacrarium*, *ii*, n.
Saia, panno lano sottile, *pannus laneus levior*, m.
Saio, *sagum*, *i*, m. *sagum*, *i*, n.
Saietto, *sagŭlum*, *i*, n.
Sala, *aula*, *æ*, f.

Salamandra, *salamandra*, æ, f.
Salame, *salsamentum*, i, n.
Salamoia, *muria*, æ, f.
Salamone, sermone, sorta di pesce, *salmo*, ŏnis, m.
Salare, *sallo*, is, lri, vel li, lium, lre, A.
Salariare, *stipendium dare*, A.
Salariato, *mercede conductus*, a, um, add.
Salario, *salarium*: *stipendium*, ii, n.
Salasso, *sanguinis missio*, ŏnis, f.
Salato, *sallitus*: *salsus*, a, um, add.
Salce, salcio, *salix*, icis, f. di salcio, *saligneus*, a, um, add.
Salceto, *salicetum*, i, n.
Saldamente, *firme*: *firmĭter*, avv.
Saldare, *ferrumino*, as, etc. A. — i conti, *rationes conficĕre*, A. — le ferite, *perducĕre vulnera ad cicatricem*, A. saldarsi, *coalesco*, escis, ui, itum, escĕre, N.
Saldatura, *ferruminatio*, ŏnis, f. per Cicatrice, V.
Saldezza, *firmĭtas*, ātis, f.
Saldo, *firmus*: *solĭdus*, a, um, add. — dei conti (sost.), *rationum exæquatio*, ŏnis, f. per Saldamente, V.
Sale, *sal*, *salis*, m. e n. senza sale, *insulsus*, a, um, add.
Salotta, *atriŏlum*, i, n.
Salice. V. Salce.
Saliera, *salinum*, i, n.
Saline, fabbrica del sale, *salinæ*, ārum, f. pl.
Salire, *adscendo*, dis, di, sum, dĕre, N.
Saliscendo, *pessŭlus*, i, m.
Salita, *adscensus*, us, m.
Saliva, *saliva*, æ, f.
Salmastro, che tien del sale, *salsus*, a, um, add.
Salmeggiamento, *psalmodia*, æ, f.
Salmeggiare, *psallo*, is, alli, ĕre, N.
Salmeggiatore, *psaltes*, æ, m.
Salmeggiatrice, *psaltria*, æ, f.
Salmeria, carriaggio, *sarcĭna*, æ, f.
Salmista, *psalmorum scriptor*, ōris, m.
Salmo, *psalmus*, i, m.
Salmodia, *psalmodia*, æ, f.
Salnitro, *nitrum*, i, n.
Salotto, *atriŏlum*, i, n.
Salpare, levar l'ancore, *anchŏras solvĕre*, A.
Salsa, *intinctus*, us, m. *embamma*, ătis, n.
Salsedine, *salsitudo*, ĭnis, f.
Salsiccia, *farcimen*, ĭnis, n. *lucanĭca*, æ, f.
Salso, *salsus*, a, um, add.
Salsuggine, salsezza, *salsūgo*, ĭnis, f.
Saltare, *salto*, as, etc. N. — fuori, *exsilio*, lis, lui, vel lii, ultum, ilīre, N. — dentro, *insilīre*: — addosso, *assilīre*: — indietro, *resilīre*: — da alto, *desilīre*, N. — a cavallo, *equum adscendĕre*.
Saltatore, *saltātor*, ōris, m.
Saltatrice, *saltatrix*, īcis, f.
Saltellare, *saltĭto*, as, etc. N.
Saltellone, saltelloni, *subsultim*, avv.
Salterellare, V. Saltellare.
Salterio, *psaltērium*, ii, n.

Salto, *saltus*, us, m. a salti, *saltuatim*, avv.
Salvadenaio, *loculus*, i, m.
Salvadore V. Salvatore.
Salvaggina, *ferīna caro*, nis, f.
Salvaguardia, *custos*, ōdis, m. *custodia*, æ, f.
Salvamento, *salus*, ūtis, f. *incolumĭtas*, ātis, f. a salvamento *incolumis*, m. e f. e, n. giunsi a salvamento, *incŏlŭmis perveni*.
Salvare, *servo*, as, etc. A. — l'onore, *famam consulĕre*, A. — l'anima, *æternam salutem consĕqui*, D. salvarsi, *periculum effugĕre*, A.
Salvaticamente, *inurbane*, avv.
Salvatichetto, *subrustĭcus*, a, um, add.
Salvatichezza, *rusticĭtas*, ătis, f.
Salvatico, *silvester*, vel *silvestris*: *agrestis*, m. e f. e, n. add.
Salvatore, *servātor*, ōris, m.
Salvatrice, *servatrix*, īcis, f.
Salvazione, *incolumĭtas*, ātis, f.
Salubre, *salūber*, ris, re, vel *salūbris*, m. e f. e, n. add.
Salubremente, *salubrĭter*, avv.
Salubrità, *salubrĭtas*, ātis, f.
Salvezza, *salus*, ūtis, f.
Salvia (erba), *salvia*, æ, f.
Salvietta, *mappa*, æ, f.
Salume (pesce salato), *salsamentum*, i, n.
Salvo, *salvus*, a, um: *incolumis*, m. e f. e, n. add. metter in salvo, *in tuto collocare*. A. salvo, eccettuato, *præter*. prep. salvo che, salvo se, *nisi*: *dummŏdo non*, avv.
Salvocondotto, *publica fides*, ĕi, f.
Salutare, *saluto*, as, etc. A.
Salutare, per Salutevole, V.
Salute, *salus*, ūtis, f. averla buona, *bene valēre*, N. cattiva, *adversa valetudine uti*, D.
Salutevole, salutifero, *salūber*, ris, re: *salutĭfer*, a, um, add.
Salutevolmente, *salubrĭter*, avv.
Saluto, salutazione, *salutatio*, ŏnis, f.
Sambuco, *sambūcus*, vel *sabūcus*, i, f.
Sampogna, *fistula*, æ, f.
Sanabile, *sanabĭlis*, m. e f. e, n. add.
Sanamente, *salubriter*, avv. per Giudiziosamente, V.
Sanare, *sano*, as, etc. A.
Sandalo, *sandălium*, i, n. per Sorta di calzare, *sandalium*, ii, n.
Sangue, *sanguis*, ĭnis: *cruor*, ōris, m. cavarlo, *sanguinem emittĕre*, A. stagnarlo, *sanguinem sistĕre*, A.
Sanguigno, *sanguinĕus*, a, um, add.
Sanguinaccio, vivanda fatta di sangue, *sanguicŭlus*, i, m.
Sanguinare, versar sangue, *sanguino*, as, etc. N.
Sanguinario, *sanguinarius*, a, um, add.
Sanguinolento, *sanguinolentus*, a, um, add.
Sanguinoso, *cruentus*, a, um, add.
Sanguisuga, *hirūdo*, ĭnis, f.
Sanità, *sanĭtas*, ātis, f.

Sanie, marcia, *saniēs, ēi*, f.
Sanna. V. Zanna.
Sano, *sanus, a, um*, add. per Intiero, *intĕger, gra, grum*, add. per Salutevole, *salūber, bris, bre*: sano e salvo, *salvus et incolŭmis*: sta, state sano, *vale, valete*.
Sanamente, *sancte*, avv.
Santificare, V. Canonizzare: — le feste, *festos dies colĕre*, A.
Santificatore, *sanctificator, ōris*, m.
Santificazione. V. Canonizzazione.
Santità, *sanctĭtas, ātis*, f.
Santo, *sanctus, a, um*, add. — del paradiso, *cœlites*, um, m. pl.
Santocchieria, *sanctitatis simulatĭo, ōnis*, f.
Santoccio, balordo, *bardus, a, um*, add.
Santuario, *sanctuarium, ii*, n.
Sapere. *scio, scis, scivi, scitum, scīre*, A. — a memoria, *memoria tenēre*, A. per Aver sapore, *sapĭo, is, īvi*, vel *ĭi*, vel *ŭi, ĕre*, N. (sost.), *scientia, æ, cognitĭo, ōnis*, f.
Sapiente, *sapĭens, ēntis*, c. add.
Sapientemente, *sapienter*, avv.
Sapienza, *sapientia, æ*, f.
Saponata, *saponatura, æ*, f.
Sapone, *sapo, ōnis*, m.
Saporare, *degusto, as*, etc. A.
Sapore. *sapor, ōris*, m.
Saporetto, *intinctus, us*, m. per Sapor dolce, *gratus sapor*, m.
Saporitamente, saporosamente, *sapĭde*, avv.
Saporito, saporoso, *sapĭdus, a, um*, add.
Saputa, *cognitio, ōnis, notitia, æ*, f. senza mia saputa, *me inscĭo*, avv.
Saputamente, *scienter*, avv.
Saputo, *cognĭtus, a, um*, add.
Sarchiare, tagliar col sarchio, *sarcŭlo, as*, etc. A.
Sarchiatore, *sarrītor, ōris*, m.
Sarchiatura, *sarculatio, ōnis*, f.
Sarchio, sarchiello, *sarcŭlus, i*, m.
Sardella, *sardina, æ*, f.
Sardonico, *sardonyx, ycis*, c. per Beffardo, V.
Sarmento, ramo secco delle vite, *sarmentum, i*, n.
Sarnacchio, sputo catarroso, *sputum, i*, n.
Sarnacchioso. *pituitosus, a, um*, add.
Sarpare. V. Salpare.
Sarrocchino, veste di cuoio dei pellegrini, *pallĭŏlum, i*, n.
Sarte, sartiame, corde delle vele, *rudens, ēntis*, c.
Sartore, sarto, *sartor, ōris*, m.
Sassata, *lapidis ictus, us*, m.
Sassolino, sassetto, *lapillus, i*, m.
Sassoso, *saxosus, a, um*, add.
Satanasso, *satanas, æ*, m.
Satellite, *satelles, ĭtis*, c.
Satira, *satyra, æ*, f.
Satireggiare, *satyras scribĕre*, A.
Satiricamente, *mordacĭter*, avv.
Satirico, *satyricus, a, um*: *mordax, ācis*, add.
Satiro, *satyrus, i*, m.
Satollamento. *satiĕtas, ātis*, f.
Satollare, *satŭro*: *satio, as*, etc. A.
Satollo, *satur, a, um*, add.
Satrapo, governatore di provincia presso i Persiani, *satrăpes, æ*, m.
Saturare, saziare, *saturo, as*, etc. A.
Saturno, *saturnus, i*, m.
Saviamente, *sapienter*, avv.
Saviezza, *sapientia, æ*, f.
Savio, *sapiens, ēntis*, c.
Savore. V. Sapore.
Saziare, *satĭo, as*, etc. A.
Sazietà, *satiĕtas, ātis*, f.
Sazievole, *gravis*, m. e f. *e*, n. add.
Sazio. V. Satollo.
Sbadigliare. *oscĭto, as*, etc. N. *oscĭtor, āris, ātus, āri*, D.
Sbadiglio, sbadigliamento, *oscitatĭo, ōnis*, f.
Sbagliare, *erro, as*, etc. N.
Sbaglio, *error, ōris*, m.
Sbalestramento, *a scopo aberratio, ōnis*, f.
Sbalestrare, *a scopo aberrare*. N.
Sballare, aprir le balle, *sarcinas explicare*, A.
Sbalordimento, *stupidĭtas, ātis*, f.
Sbalordire, *obstupesco, ĕscis, ŭi, escĕre*, N. *consternari*, D.
Sbalordito. *stupore correptus, a, um*, add.
Sbalzare. V. Balzare.
Sbalzo. V. Balzo.
Sbandare, *dissipare, disjicere*, A. sbandarsi, *dilabor, ĕris, lapsus, labi*, D. *discedo, dis, ssi, ssum, dĕre*, N.
Sbandato, *palans, āntis*, c. *vagus, a, um*, add.
Sbandeggiare, esiliare, *in exilium pellĕre*, A.
Sbandimento, *exilĭum, ii*, n.
Sbandire. V. Sbandeggiare.
Sbaragliare, *fugo, as*, etc. *fundo, ndis, di, sum, ndĕre*, A. sbaragliarsi, *disperdi*, P.
Sbaraglio, *fuga, æ*, f.
Sbarazzare, *expedĭo, ĭdis, edīvi*, vel *edĭi, edītum, edīre*. A.
Sbarbare. V. Sradicare.
Sbarbato, *evulsus, a, um*, add. per Senza barba, *imberbis*, m. e f. *e*, n. add.
Sbarbazzare, dare una strappata di briglia, *habenas adducĕre*, A.
Sbarbazzata, *freni adductio, ōnis*, f. per Gridata, V.
Sbarcare, uscir di barca, *exscendo, dis, di, sum, dĕre*, N. sbarcar le merci, *merces navi educĕre*, A.
Sbarco, *excensio, ōnis*, f.
Sbarra, *diathyrum, repagulum, i*, n.
Sbarrare, *sepio, is, psi, tum, īre*, A. per Spalancare, *patefacĕre*, A.
Sbassare. V. Abbassare.
Sbatacchiare, *allĭdo, dis, si, sum, dĕre*, A.
Sbattere, *agĭto*: *jacto, as*, etc. A. — i denti, *dentibus frendĕre*, N.
Sbattimento, *concussio, ōnis*, f. — di mani, *plausus, us*, m. — dei denti, *dentium crepĭtus*.

Sbattuto, *agitatus, a, um*, add.
Sbavatura, *spuma, æ*, f.
Sbeffare. V. Beffare.
Sbendare, *vittam detrahĕre*, A.
Sberrettare, sberrettarsi, salutare cavandosi la berretta, *saluto, as*, etc. A. *caput detegĕre*, A.
Sberrettata, *salutatio, ōnis*, f.
Sbevazzamento, *potatio, ōnis*, f.
Sbevazzare, *potito, as*, etc. A.
Sbiancare, divenir quasi bianco, *albesco, is, escĕre*, N.
Sbiancato, *albĭdus, a, um*, add.
Sbieco, *obliquus, a, um*, add.
Sbigottimento, *pavor, ōris*, m. *trepidatio, ōnis*, f.
Sbigottire, *perterrefacio, ācis, ēci, actum, acĕre*, A. sbigottirsi, *exanimari*, P. *cadere animis*, N.
Sbigottitamente, *trepĭde*, avv.
Sbigottito, *exterrĭtus, a, um*, add.
Sbilanciamento, *æquilibrii defectio, ōnis*, f.
Sbilanciare, *æquilibrium tollĕre*, A.
Sbilancio, *æquilibrii sublatio, ōnis*, f.
Sbirraglia, sbirreria, *lictores, um*, m. pl.
Sbirro, birro, *satelles, ĭtis*, m.
Sboccare, *erumpo, mpis, pi, ptum, mpĕre*, N. — in mare, *in mare influĕre*, N.
Sboccatamente, *licenter*, avv.
Sboccato, *eruptus, a, um*, add. per Osceno, V.
Sbocciare, *egredior, edĕris, essus, ĕdi*, D.
Sbocco, sboccatura, *eruptio, ōnis*, f. *effluvium, ii*, n.
Sbocconcellare, *arrōdo, dis, si, sum, dĕre*, A.
Sborrare, cavar la borra, *tomentum demĕre*, A.
Sborsare, *pecuniam numerare*, A.
Sborsato, *solutus: numeratus, a, um*, add.
Sborso, *solutio, ōnis*, f.
Sbottonare, *diffibŭlo, as*, etc. A. *discingo, gis, xi, ctum, gĕre*. A.
Sbracciarsi, sforzarsi, *annitor, nitĕris, nixus, nisi*, D.
Sbracato, non *braccatus*, add.
Sbracciarsi, *brachia nudare*, A.
Sbracciato, *nudatis brachiis*, add.
Sbramare. V. Saziare.
Sbranare, *lacĕro: dilanio, as*, etc. A.
Sbrano, *laceratio, ōnis*, f.
Sbrattare, *purgo, as*, etc. A.
Sbriciolare, *contĕro, ĕris, trivi, trĭtum, erĕre*, A.
Sbrigamento, *celerĭtas, ātis*, f. *expeditio, ōnis*, f.
Sbrigare, *expedio, ēdis, edivi, edĭtum, edīre*: sbrigarsi, *se expedīre*, A.
Sbrigatamente, *cito: celerĭter*, avv.
Sbrigativo, sbrigato, *expeditus, a, um*, add.
Sbrigliare, *frenum solvĕre, tollĕre*, A.
Sbrigliato, *effrēnus, a, um: o, effrenis, e*, add.
Sbrogliare, *expedio, is, ivi, itum, ire*, A.
Sbruffare, *aspergo, gis, si, sum, gĕre*, A.
Sbucare, cavar dalla buca, *extrăho, ăhis, axi, actum, ahĕre*, A. per Uscire, *ad auras evadĕre*, N.
Sbucciare, *decortĭco, as*, etc. A.
Sbudellare, *eviscĕro, as*, etc. *exenterare*, A.
Sbuffare, *anhēlo, as*, etc. *fremĕre*, N.
Sbugiardare, *mendacii coarguĕre*, A.
Scabbia, rogna, *scabies, ēi*, f.
Scabbioso, *scabiosus, a, um*, add.
Scabrosità, *scabrities, ēi: scabritia, æ*, f.
Scabroso, scabro, *scaber, ra, rum*, add. per Difficile, V.
Scaccato, a scacchi, *tessellātus, a, um*, add.
Scacchiere, *alveŏlus aleatorius: abăcus, i*, m.
Scacciamento, *expulsio, ōnis*, f.
Scacciare, *expello, ellis, uli, ulsum, ellĕre*, A.
Scacciatore, *expŭlsor, ōris*, m.
Scacco, *tessera, æ*, f. dar lo scacco matto, *ad angustias redigĕre*, A.
Scadere, venire in peggiore stato, *declinare de suo statu*, N. — il tempo, *exire tempus*.
Scadimento, *imminutio: defectio, ōnis*, f.
Scaduto, *depressus, a, um*, add.
Scaffale, *pluteus, i*, m.
Scagionare, scolpare, *excusare*, A.
Scaglia, *squama, æ*: per Scheggia, V.
Scagliabile, *jaculabĭlis*, m. e f. *e*, n. add.
Scagliamento, *jactus, us*, m.
Scagliare, levar le squame, *desquāmo, as*, etc. A. per Lanciare, *mittĕre*, A. scagliarsi, *irrŭo, ĭs, ŭi, ŭtum, uĕre*, N.
Scagliatore. V. Lanciatore.
Scaglietta, *squamŭla, æ*, f.
Scaglione, *gradus, us*, m.
Scaglioso, *squamosus, a, um*, add.
Scala, *scala, æ*, f. *scalæ, ārum*, f. pl. — a mano, *scalæ breviores et leviores*: a scale, *gradatim*, avv.
Scalare, *scalis admotis adscendĕre*, N.
Scalata, *scalarum admotio, ōnis*, f. dare una scalata, *scalis aggrĕdi*.
Scalcagnare, premere col piede l'altrui calcagno, *calcem calce alicui premĕre*, o *ferĕre*, A.
Scalcinare, *tectorium abradĕre*, A.
Scalco, quel che ordina il convito, e taglia le vivande, *structor, ōris*, m. *ferculorum compositor, ōris*, m.
Scaldaletto, *thermoclinium, ii*, n. *ignifĕrum vas*, n.
Scaldamento, *calefactio, ōnis*, f.
Scaldare, *calefacio, ācis, ēci, actum, acĕre*, A.
Scaletta, *scalæ breviores*, f. pl.
Scalfire, levare un poco di pelle, *scarificare*, A.
Scalfittura, *scarificatio, ōnis*, f.
Scalino, *gradus, us*, m.
Scaltramente, *callĭde*, avv.
Scaltrezza, scaltrimento, *calliditas, ātis*, f.
Scaltrire, *callidum reddĕre*, A.
Scaltritamente, *callĭde*, avv.
Scaltrito, scaltro, *callĭdus, a, um*, add.

Scalzare, *discalcĕo*, *as*, etc. A. scalzarsi, *calceos exuĕre*, A.

Scalzo, scalzato, *discalceatus*, *a*, *um*, add. andare scalzo, *nudis pedibus incedĕre*, A.

Scambiare, *immuto*, *as*, etc. A.

Scambievole, *mutuus*, *a*, *um*, add.

Scambievolezza, *vicissitudo*, *inis*, f.

Scambievolmente, *vicissim*, avv.

Scambio, scambiamento, *mutatio*, *onis*, f. in scambio, *pro*, avv.

Scamiciato, *absque subucula*, f. *indusio exutus*, *a*, *um*, add.

Scampanare, *tintinnabula pulsare*, A.

Scampanata, *tintinnabulorum pulsatio*, f.

Scampare, *evādo*, *dis*, *si*, *sum*, *dĕre*, N. *effugio*, *gis*, *gi*, *gĕre*, A. per Liberare, difendere, *libero*, *as*, etc. A.

Scampo, *effugium*, *ii*, n.

Scampolo, *panni reliquiæ*, *ārum*, f. pl.

Scanalare, *strio*, *as*, etc. A.

Scanalato, *striatus*, *a*, *um*, add.

Scanalatura, *stria*, *æ*, f.

Scancellamento, ec. V. Cancellazione.

Scandagliare, *examĭno*: *explōro*, *as*, etc. A.

Scandaglio, *catapirates*, *æ*, m. per Esame, *examen*, *inis*, n.

Scandalezzare, scandalizzare, *exemplo offendĕre*, A.

Scandalizzato, *offensus exemplo*.

Scandalo, *scandalum*, *i*: *offendiculum*, *i*, n.

Scandalosamente, *malo exemplo*, avv.

Scandaloso, *mali exempli*.

Scannare, *jugŭlo*, *as*, etc. A.

Scannellare, *filum evolvĕre*, A. per Scanalare, V.

Scanno, sgabello, *scamnum*, *i*, n.

Scansare, *evito*, *as*, etc. A. per Scostare. V.

Scansia. V. Scaffale.

Scapecchiare, nettare il lino dal capecchio, *linum purgare*, A.

Scapestratamente, *effrenāte*, avv.

Scapestrarsi, *licenter vivĕre*, N.

Scapestrato, *effrenātus*, *a*, *um*, add.

Scapezzare, mozzar gli alberi, *amputo*, *as*, etc. A.

Scapezzone, colpo sul capo a mano aperta, *colaphus*, *i*, m.

Scapigliare, *comam turbare*, A.

Scapigliato, *incomptus*, *a*, *um*, add.

Scapitare, *jacturam facĕre*, A.

Scapito, *jactura*, *æ*, f.

Scapolare (sost.), cappuccio dei frati, *cucullio*, *onis*, m. per Fuggire, campare, V.

Scapolato. V. Scappolo.

Scapolo, *solutus*, *a*, *um*, add. per Celibe, V.

Scappare. V. Scampare, fuggire.

Scappata, *fuga*, *æ*, f. per Errore, V.

Scappatella, scappatina, *brevis fuga*, f.

Scappato, *elapsus*, *a*, *um*, add.

Scappellare, *pileum detrahĕre*, A.

Scappellotto. V. Scapezzone.

Scappucciare, per Inciampare, V. Scappucciarsi, cavarsi il capuccio, *capite cucullum detrahĕre*, A.

Scappuccio, errore, *erratum*, *i*, n.

Scapricciare, *pertinaciam vincĕre*, A. scapricciarsi, *genio indulgĕre*, N.

Scarabocchiare, *conscribillo*, *as*, etc. A.

Scarabocchio, *litūra*, *æ*, f.

Scarafaggio, *scarabæus*, *i*, m.

Scaramuccia, zuffa di parte dell'esercito fuor d'ordinanza, *velitatio*, *onis*, f.

Scaramucciare, *velitor*, *āris*, *atus*, *ari*, D.

Scarcerare, *carcĕre liberare*, A.

Scarcerato, *custodia deductus*, add.

Scardassare, *carmino*, *as*, etc. A.

Scardasso, *carmen*, *inis*, n.

Scaricare, *exonĕro*, *as*, etc. A. — la soma, *onus deponĕre*, A.

Scarico (sost.), *exoneratio*, *onis*, f. *exoneratus*: *solutus*, *a*, *um*, add.

Scarlatto, panno di color rosso, *coccineus pannus*, *i*, m.

Scarmigliare, *crines turbare*, A.

Scarmigliato, *incomptus*, *a*, *um*, add.

Scarnamento, *scarificatio*, *onis*, f.

Scarnare, scarnificare, *scarifico*, *as*, etc. A.

Scarnato, scarnito, *scarificatus*, *a*, *um*, add.

Scarno, *macer*, *ra*, *rum*, add.

Scarpa, *calcĕus*, *i*, m. *calceamentum*, *i*, n.

Scarpellare, *cælo*, *as*, etc. A.

Scarpellata, *scalpri ictus*, *us*, m.

Scarpelletto, *scalpellum*, *i*, n.

Scarpellino, *lapicida*, *æ*, m.

Scarpello, *scalprum*: *cælum*, *i*, n.

Scarpetta, *calceŏlus*, *i*, m.

Scarrucolare, *decurro*, *ris*, *ri*, *sum*, *rĕre*, N.

Scarsamente, *parce*, avv.

Scarseggiare, spendere scarsamente, *parce erogare*: per Avere scarsezza, *inopia laborare*, N.

Scarsella, *pera*, *æ*, f.

Scarsezza, scarsità, *paucitas*: *parcitas*, *atis*, f.

Scarso, *inops*, *ŏpis*, c.

Scartabellare, *iterito*, *as*, etc. A.

Scartafaccio, *libellus*, *i*, m.

Scartare, *rejicio*, *icis*, *ēci*, *ectum*, *icĕre*, A.

Scartata, scarto, *rejectio*, *onis*, f.

Scassare, trar dalla cassa, *ex arca depromĕre*, per Conquassare, romper serrami, *effringĕre*, A.

Scasso, divelto, *pastinum*, *i*, n. *pastinatio*, *onis*, f.

Scatenare, *vinculis solvĕre*, A.

Scatola, *capsula*, *æ*: *pyxis*, *idis*, f.

Scatolino, *pyxidicula*, *æ*, f.

Scaturigine, *scaturīgo*, *inis*, f.

Scaturire, *scaturio*, *is*, etc. *emano*, *as*, etc. N.

Scavalcare, *ex equo descendĕre*, N. per Fare scendere alcuno da cavallo, *equo dejicĕre*, A.

Scavamento, *fossio*, *onis*, f.

Scavare, *effodio*, *ŏdis*, *ōdi*, *ossum*, *odĕre*, A.

Scavatore, *fossor*, *oris*, m.

Scavezzacollo, caduta a rompicollo, *præceps casus*, *us*, m.

Scavezzare, *discindo, ndis, di, ssum, ndĕre*, A.
Scavezzato, scavezzo, *discissus, a, um*, add.
Scavo, *cavum, i*, n.
Scegliere, *seligo, ĭgis, ēgi, ectum, igĕre*, A.
Scelleraggine, scelleratezza, *scelus, ĕris: facinus, ŏris*, n.
Scelleratamente, *scelerate*, avv.
Scellerato, *scelestus: sceleratus, a, um*, add.
Scelta, *delectus, us*, m. a scelta, *ad arbitrium*, avv.
Scelto, *electus, a, um*, add.
Scemamento, *imminutio, ōnis*, f.
Scemare, *minuo, uis, ui, ūtum, uĕre*, A.
Scemato, *imminutus, a, um*, add.
Scemo, per Scemato, V. per Stolto, *fatuus, a, um*, add.
Scempiaggine, scempiatezza, *fatuitas, ātis*, f.
Scempio (sost.), *cruciatus, us*, m. per Scempiato, V.
Scempiato, scempio, *fatuus, a, um*, add.
Scena, *scena, æ*, f.
Scendere. V. Discendere.
Sceneggiamento, *scenica actio, ōnis*, f.
Sceneggiare, *in scenis agĕre*, A.
Scenicamente, *scenice*, avv.
Scenico, *scenicus, a, um*, add.
Scernere. V. Discernere, per Scegliere, V.
Scernimento, *discretio, ōnis*, f.
Scerre. V. Scegliere.
Scervellato, *mente captus*, add.
Scesa, *descensus, us*, m. *declivitas, ātis*, f.
Sceso. V. Disceso.
Scettro, *sceptrum, i*, n.
Scevro, separato, *separatus, a, um*, add.
Scheggia, *assula, æ*, f.
Scheggiare, *diffindo, indis, idi, issum, indĕre*, A. *in assulas scindĕre*, A.
Scherma, *gladiatura, æ*, f. maestro di scherma, *lanista, æ*, m. tirar di scherma, *retusis ensibus digladiari*, D.
Schermire, *ictus declinare*, A. per Tirar di scherma, *digladior, āris, ātus, āri*, D.
Schermo, riparo, *defensio, ōnis*, f.
Schernevole, *contumeliosus, a, um*, add.
Schernire, *irrideo, ides, isi, isum, idēre*, A.
Schernito, *ludibrio habitus, a, um*, add.
Schernitore, *irrisor, ōris*, m.
Schernitrice, *contemptrix, īcis*, f.
Scherno, *irrisio, ōnis*, f. *contumelia, æ*, f. a scherno, *contumeliose*, avv.
Scherzare, *jocor, aris, ātus, āri*, D.
Scherzevole, *lepidus: jocosus, a, um*, add.
Scherzevolmente, *facete*, avv.
Scherzo, *lusus, us*, m. *jocus, i*, m. da scherzo, *per jocum*, avv.
Schiacciamento, *contusio, ōnis*, f. *collisio, ōnis*, f.
Schiacciare, *elido, dis, si, sum, dĕre*, A.
Schiacciatura, *contusio, ōnis*, f.
Schiaffeggiare, *alapis cædĕre*, A.
Schiaffo, *alăpa, æ*, f. *colaphus, i*, m.

Schiamazzare, *exclāmo, as*, etc. A, ma si usa più comunemente come N.
Schiamazzo, *clamor, ōris*, m.
Schiantare, *discindo, ndis, di, ssum, ĕre*, A.
Schiarimento, *limpitudo, ĭnis*, f. *explicatio, ōnis*, f.
Schiarire, schiarirsi, *illucesco, is, ĕre*, N. per Diradare, *rarefacĕre*, A.
Schiarito, *illustratus, a, um*, add.
Schiatta, *stirps, stirpis*, f. *genus, ĕris*, n.
Schiava, *serva, æ*, f.
Schiavetta, *servŭla, æ*, f.
Schiavetto, *servŭlus, i*, m.
Schiavina, sorta di veste, *cento, ōnis*, m.
Schiavitù, *servitus, ūtis*, f. *captivitas, ātis*, f.
Schiavo, *servus, i*, m. *mancipium, ii*, n. — fatto in guerra, *captivus*: — nato in casa, *verna, æ*, c.
Schiccherare, andare scrivendo, *conscribillo, as*, etc. A.
Schidione, spiedo, *veru*, n. ind.
Schiena, schienale, *dorsum, i*, n.
Schiera, *acies, ēi: turma, æ*, f. a schiera *turmatim*, avv.
Schierare, *aciem instruĕre*, A. schierarsi, *in aciem se componĕre*, A.
Schierato, *in aciem positus*, add.
Schiettamente, *sincere*, avv.
Schiettezza, *sinceritas, ātis*, f.
Schietto, *purus: ingenuus, a, um*, add.
Schifamente, *sordide*, avv.
Schifare, *fastidio, īdis, idīvi, idītum, idīre*, per Schivare, *evitare*, A.
Schifezza, *sordes, is*, f.
Schifo, barchetta, *scapha, æ*, f. per Sordido, *sordidus, a, um*, add. avere a schifo, *fastidire*, A. venire a schifo, *fastidio esse*, N.
Schifosamente, *sordide*, avv.
Schifoso, *sordidus, a, um*, add.
Schiodare, *refigo, igis, ixi, ixum, igĕre*, A.
Schioppo. V. Archibugio.
Schiribizzo, *commentum, i*, n.
Schiudere, *recludo, dis, si, sum, dĕre*, A.
Schiuma, *spuma, æ*, f.
Schiumare, fare schiuma, *spumo, as*, etc. N. torla via, *spumam adimĕre*, A.
Schiumoso, *spumosus, a, um*, add.
Schiuso, *reclusus, a, um*, add.
Schivare, *vito: evito, as*, etc. A.
Schivo, ritroso, *molestus, a, um*, add.
Schizzare, *exilio, is, ivi*, vel *ii, īre: emico, as*, etc. N. per Disegnare alla grossa, *efformo, as*, etc. A.
Schizzettare, *injicio, icis, ēci, ectum, icĕre*, A.
Schizzetto, *parvus clyster, ēris*, m.
Schizzinosamente, *fastidiose*, avv.
Schizzinoso, *fastidiosus, a, um*, add.
Schizzo, di fango, *nota luti*, f. per Disegno, V. fare uno schizzo, *opus adumbrare*, A.
Sciabla, sciabola, *falcatus ensis, is*, m.
Sciacquare, *eluo: abluo, uis, ui, ūtum, uĕre*, A.

Sciagura, *infortunium*, ii, n.
Sciaguraggine, *improbitas*, ātis, f.
Sciaguratamente, *flagitiose*; *infeliciter*, avv.
Sciaguratello. V. Cattivello.
Sciaguratezza, *ignavia*, æ, f. *flagitium*, ii, n. *improbitas*, atis, f.
Sciagurato, *miser*, ĕra, um: per **Scellerato**, *imprŏbus*, a, um, add.
Scialacquamento, *prodigentia*, æ, f.
Scialacquare, *prodigĕre facultates*, A.
Scialacquatamente, *profūse*, avv.
Scialacquatora, scialacquatrice, *prodiga*, æ, f.
Scialacquatore, *prodigus*, i, m.
Scialacquo. V. Scialacquamento.
Sciame, d'api, *exāmen*, ĭnis, n.
Sciatica, *ischias*, ădis, f.
Sciaurato, ec. V. Sciagurato, ec.
Scibile, che si può sapere, *scibĭlis*, m. e f. e. n. add.
Scientemente, *consulto*, avv.
Scientificamente, *scienter*, avv.
Scientifico, *doctus*; a, um, add.
Scienza, *scientia*, æ, f.
Scilinguatello, *blæsus*, a, um, add.
Scilinguato, *balbus*, a, um, add.
Sciliva, *saliva*, æ, f.
Scilocco, vento tra levante e mezzodì, *euronŏtus*, i, m.
Scimia, scimmia, *simia*, æ. f. *simius*, ii, m.
Scimiotto, *simiæ catulus*: *simiŏlus*, i, m.
Scimitarra, *acinaces*, is, m.
Scimunitaggine, *fatuĭtas*, ātis, f.
Scimunito, *fatŭus*, a, um, add.
Scintilla, *scintilla*, æ, f.
Scintillamento, scintillazione, *scintillatio*, ōnis, f.
Scintillare, *scintillo*, as, etc. N.
Scintilletta, *scintillŭla*, æ, f.
Scinto, senza cintura, *discinctus*, a, um, add.
Scioccamente, *stulte*, avv.
Sciocheria, sciocchezza, *dementia*, æ, f. Irrus, *desipio*, ĭpis, ipui, ĭpĕre, N.
Sciocco, *insipiens*, ĕntis, c. *fatŭus*, a, um, add.
Sciogliere, *solvo*, vis, vi, ūtum, vĕre, A. — dubbi, *quæstiones explicare*: — un nodo, *nodum relaxare*: — la lingua, il voto, *linguam*, *votum solvĕre*, A.
Scioglimento, *dissolutio*, ōnis, f.
Scioglitore, *dissolūtor*, ōris, m.
Scioglitrice, *dissolūtrix*, īcis, f.
Sciottamente, *expedite*, avv. per Destramente, V.
Sciottezza, ***agilitas*, atis**, f. per Destrezza, V.
Sciolto, *solutus*: *expedītus*, a, um, add.
Scioperatezza, *desidia*, æ; *incuria*, æ, f.
Scioperatamente, *otiose*, avv.
Scioperato, *otiosus*, a, um, add.
Scipitezza, *insulsĭtas*, ātis, f.
Scipito, scipido, *insipĭdus*, a, um, add.
Sciringa, *fistŭla*, æ, f.
Sciringare, *fistŭlam injicĕre*, A.
Scirocco. V. Scilocco.

Sciroppo, *herbarum succus*, i, m.
Scirro, tumore duro, *sciroma*, o *scirrhōma*, ătis, n.
Scisma, separamento dalla Chiesa, *schisma*, ătis, n.
Scismatico, *schismaticus*, a, um, add.
Scissura, fenditura, *scissūra*, æ, f.
Sciugare ec. V. Asciugare ec.
Scoccare, *vibro*, as, etc. A.
Scocco, *jactus*, us, m. *vibratio*, ōnis, f
Scodato, *caudā mutilatus*, a, um, add.
Scodella, *scutella*, æ, f.
Scodellare, *in scutellas diffundĕre*, A.
Scoglio, *rupes*, is, f. *scopulus*, i, m.
Scoglioso, *scopulosus*, a, um, add.
Scoiattolo, *sciūrus*, i, m.
Scolare, scolaro (sost.), *discipŭlus*, i, m.
Scolare (verbo), *guttatim effluĕre*, N. *percolo*, as, etc. N.
Scolaretto, *tiro*, ōnis, m.
Scolasticamente, *scholastico more*, avv.
Scolastico, *scholasticus*, a, um, add.
Scolatoio, *colum*, i, n.
Scolatura, *colatura*, æ, f.
Scollacciato, *nudo collo*, avv.
Scollare, *deglutinare*: *dissolvo*, vis, vi, ūtum, vĕre, A.
Scollato, staccato dalla colla, *disjunctus*, a, um, add. per Scollacciato, V.
Scolo, *percolatio*, ōnis, f.
Scolorare, scolorire, *decolōro*, as, etc. A. per Perdere il colore, *decolorari*, D.
Scolorimento, *decoloratio*, ōnis, f.
Scolorito, *decoloratus*, a, um, add.
Scolpare, *culpa liberare*, A. scolparsi, *purgare se alicui*, A.
Scolpato, *culpa exemptus*, a, um, add.
Scolpire, *sculpo*, pis, psi, ptum, pĕre: *cælo*, as, etc. A.
Scolpitamente, *distincte*, avv.
Scolpito, *sculptus*, a, um, add.
Scoltura, *sculptūra*, æ, f.
Scommessa, *sponsio*, ōnis, f. *pignus*, ŏris, n. guadagnar la scommessa, *vincere sponsiōnem*, A.
Scommesso, sconnesso, *fatiscens*, **entis**: *disjectus*, a, um, add.
Scommettere, fare scommessa, *sponsionem facĕre*, A. per Disfare, *dissolvĕre*, A.
Scommuovere, scommovere, *commovĕo*, ŏves, ōvi, ōtum, ovēre, A.
Scomodare, *incommodo*, as, etc. A. scomodarsi, *incommodum subire*, A.
Scomodo (sost.), *incommodum*, i, n.
Scomodo, *incommodus*, a, um, add.
Scompaginare, *ordinem perturbare*, A.
Scompagnamento, *dissociatio*, ōnis, f.
Scompagnare, *dissocio*: *sepăro*, as, etc. A.
Scomparire, perdere di pregio, *vilescĕre*, N. per Disparire, *evanescĕre*, N.
Scompartimento, *partitio*, ōnis, f.
Scompartire, *distribŭo*, is, ui, ūtum, uĕre, A.
Scompigliare, *perturbo*, as, etc. A.
Scompigliatamente, *perturbate*, avv.
Scompigliato, *confusus*, a, um, add

Scompiglio, *perturbatio*, ōnis, f. tumultus, us, m.
Scomporre, *corrumpo: dissolvo, is, vi, ūtum, vĕre*, A.
Scomposizione, *inordinatio*, ōnis, f.
Scompostamente, *incomposite*, avv.
Scompostezza, per Immodestia, V.
Scomposto, *inordinatus*, a, um, add.
Scomunica, *excommunicatio*, ōnis, f.
Scomunicare, *a communione separare: anathematizo*, as, etc. A.
Sconcertare, *perturbo*, as, etc. A.
Sconcerto, *perturbatio*, ōnis, f.
Sconcezza, *inconcinnitas*, ātis, f.
Sconciamente, *inconcinnitèr*, avv.
Sconciare, per Guastare, V. per Slogare, V.
Sconciatura, aborto, *abortus*, us, m.
Sconcio, *inconcinnus: incommodus*, a, um, add. parole sconce, *verba indecōra*: (sost.), *incommodum*, i, n.
Sconcordanza, *mala sermonis constructio: solœcismus*, i, m.
Sconficcare, per Schiodare, *refigo*, is, ixi, ixum, igĕre, A.
Sconfiggere, *profligo*, gas, etc. *fundo*, ndis, di, sum, ndĕre, A.
Sconfitta, *clades*, is, f. darla, *cladem afficĕre*.
Sconfitto, *profligātus*, a, um, add.
Sconfortare, *dehortor*, āris, ātus, āri, D.
Sconfortarsi, *despondĕre animum*. N.
Sconfortato, *mœrens*, entis: *afflictus*, a, um, add.
Sconforto, *mœror*, ōris, m.
Scongiungimento, scongiuntura, *disjunctio*, ōnis, f.
Scongiurare, *obtestor*, āris, ātus, āri, D. per Costringere i demoni, *exorcizo*, as, etc. A.
Scongiurato, *adjuratus*, a, um, add.
Scongiuratore, *exorcista*, æ, m.
Scongiurazione, *execratio*, ōnis, f.
Scongiuro, *exorcismus*, i, m.
Sconnessione, *dissolutio*, ōnis, f.
Sconnesso, *disjunctus*, a, um, add.
Sconnettere, *dissolvo*, vis, vi, ūtum, vĕre, A.
Sconocchiare, consumar filando il pennecchio, *pensum conficĕre*, A.
Sconoscente, *ingratus*, a, um, add.
Sconoscenza, *ingratus animus*, i, m.
Sconosciutamente, *clam*, avv.
Sconosciuto, *incognitus*, a, um, add.
Sconquassare, V. Conquassare.
Sconquasso, *concussio*, ōnis, f.
Sconsideratamente, *temĕre*, avv.
Sconsideratezza, sconsiderazione, *inconsiderantia*, æ, *imprudentia*, æ, f.
Sconsiderato, *imprudens*, entis: *inconsultus*, a, um, add.
Sconsigliare, *dehortor*, āris, atus, āri, D.
Sconsigliatamente, *inconsulte*, avv.
Sconsigliato, *inconsultus*, a, um, add.
Sconsolare, *molestiam afferre*, A.
Sconsolatamente, *inconsolabiliter*, avv.
Sconsolato, *afflictus*, a, um, add.
Sconsolazione, *afflictio*, ōnis, f.

Scontare, *alienum æs dissolvĕre*, A.
Scontentare, *tristitia afficĕre*, A.
Scontento, scontentezza, *mœstitia*, æ, f. per Afflitto, V.
Sconto, lo scontare, *alieni æris dissolutio*, ōnis, f.
Scontorcere, *contorquĕo*, ques, si, tum, quēre, A.
Scontorcimento, *contorsio*, ōnis, f.
Scontorto, *distortus*, a, um, add.
Scontraffatto, *deformis*, m. e f. e, n. add.
Scontrare, scontro. V. Incontrare, incontro.
Sconturbare, *conturbo*, as, etc. A.
Sconturbato, *commōtus*, a, um, add.
Sconvenevole, *indĕcens*, entis: *indecōrus*, a, um, add.
Sconvenevolezza, *indecentia*, æ, f.
Sconvenevolmente, *indecōre*, avv.
Sconvenienza ec. V. Sconvenevolezza ec.
Sconvenire, *dedĕcet*, ebat, cuit, ere, imp.
Sconvolgere, *turbo*, as, etc. *inverto*, tis, ti, sum, tĕre, A.
Sconvolgimento, *perturbatio*, ōnis, f.
Scopa, *scopæ*, arum, f. pl.
Scopare, *verro*, is, ĕre, A.
Scopatore, *scoparius*, ii, m.
Scoperchiare, *detĕgo*, gis, xi, ctum, gĕre, A.
Scoperchiato, *detectus*, a, um, add.
Scoperta, *detectio*, ōnis, f.
Scopertamente. V. Palesemente.
Scoperto, *detĕctus*, a, um, add. allo scoperto, *sub dio*, avv. alla scoperta, *palam*, avv.
Scopetta, *penicillus*, i, m.
Scopo, *scopus*, i, m.
Scoppiare, *crepo*, as, ui, itum, are, N. — dalle risa, *risu disrumpi*, P. — il cuore, *mœrore tabescĕre*.
Scoppiato, *ruptus*, a, um, add. contrario di accoppiato, *sejunctus*, a, um, add.
Scoppiettare, *crepito*, as, etc. N.
Scoppio, scoppiamento, *crepitus*, us, m.
Scoprimento. V. Scoperta.
Scoprire, *detĕgo*, gis, exi, ectum, egĕre, A. — i segreti, *arcana aperire*; — una bugia, *deprehendĕre mendacium*.
Scoprirsi, *se prodĕre*, A.
Scopritore, scopritrice, *detĕgens*, entis, o. add.
Scoraggiare, scoraggire, *exanimo*, as, etc. A. scoraggirsi, *animo cadĕre*.
Scoraggiato, *animo fractus*, add.
Scorare, scorato. V. Scoraggiare, ec.
Scorciamento, *diminutio*, ōnis, f.
Scorciare, *minuo*, uis, ui, ūtum, uĕre, A.
Scorciato, *diminūtus*, a, um, add.
Scorciatoia, via più corta, *via compendiaria*: per le scorciatoie, *per compendia viarum*.
Scordamento, *oblivio*, ōnis, f.
Scordante, *discrepans*, antis, o. add.
Scordanza, *discrepantia*, æ, f. per Discordanza, V.
Scordare, *dissono*, as, etc. N. per Tor la

consonanza, *dissŏnum reddĕre*, A. scordarsi, V. Dimenticare.
Scordato, per Dimenticato, V. per Discordato, V.
Scorgere, *discerno, ernis, crevi, cretum, ernĕre*, A. per Guidare, scortare, V.
Scorgitore, *speculator, ōris*, m. per Guida, V.
Scoria, feccia de' metalli, *scoria, æ*, f.
Scornare, rompere le corna, *cornu frangĕre*, A. per Svergognare, V.
Scornato, mozzo delle corna, *cornĭbus mutĭlus, a, um*: per Beffato, *irrisus, a, um*, add.
Scornegglare, *cornu petĕre*, A.
Scornicciare, *cornua struĕre*.
Scorno, *ignominia, æ*, f. *ludibrĭum, ii*, n.
Scorpacciata, *ventris expletio, ōnis*, f.
Scorpione, *scorpio, ōnis*: *scorpius, ii*, m. di scorpione, *scorpionus, a, um*, add.
Scorporare, *detrăho, ahis, axi, actum, ahĕre*, A.
Scorporazione, *sortis imminutĭo, ōnis*, f.
Scorrere, *discurro*: *excurro, ris, ri, sum, ĕre*: *prœterflŭĕre*, N.
Scorreria, *excursio, ōnis*, f.
Scorrettamente, *mendōse*: *corrupte*, avv.
Scorretto, *pravus*: *depravātus, a, um*, add.
Scorrevole, *labilis, e*: *fluxus, a, um*, add.
Scorrezione, *erratum, i*, n.
Scorrimento, *fluxus, us*, m.
Scorsa, *excursus, us*, m.
Scorso (sost.), *lapsus, us*, m. *elapsus, a, um*, add.
Scorta, *dux, cis*, c. per Accompagnamento, *prœsidium, ii*, n. per Munizione di viveri, *commeatus, us*, m.
Scortare (coll' o stretto), accorciare, *brevio*: *decurto, as*, etc. A. (coll' o largo), per Far la scorta, *duco, is, xi, ctum, ĕre*, A.
Scortato, V. Abbreviato: per Chi ha la scorta, *ductus, a, um*, add.
Scortecciare, *decortĭco, as*, etc. A.
Scortese, *inurbānus, a, um*, add.
Scortesemente, *inurbāne*: *inhumanĭter*, avv.
Scortesia, *inhumanĭtas, ātis*, f.
Scorticamento, *decorticatio, ōnis*, f.
Scorticare, *deglūbo, bis, psi, ptum, ĕre*, A.
Scorticato, *pelle exutus, a, um*, add.
Scorticatura, *exulceratĭo, ōnis*, f.
Scorticazione. V. Scorticamento
Scorza, *cortex, ĭcis*, c.
Scorzare. V. Scortecciare.
Scoscendere, *scindo, is, idi, issum, indĕre*, A.
Scosceso, *prœruptus, a, um*, add.
Scosciare, slogare le coscie, *coxas luxare*, A.
Scossa, *concussio, ōnis*, f. per Pioggia di poca durata, *repentinus imber*, m.
Scosso, *concussus, a, um*, add.
Scostamento. V. Allontanamento.
Scostare, *removĕo, ēres, ovi, ōtum, ovēre*, A. scostarsi, *recēdo, dis, ssi, ssum, dĕre*, A.
Scostumatamente, *licenter*, avv.
Scostumatezza, *morum licentia, æ*, f. *corrupti mores*, m. pl.
Scostumato, *male moratus, a, um*, add.
Scotimento. V. Scossa.
Scotitore, scotitrice, *percutiens, ĕntis*, c.
Scotola, strumento per scuotere le lische del lino, *spathŭla, æ*, f.
Scotolare, battere colla scotola il lino, *spathŭla excutĕre*, A.
Scottare, uro: *adūro, ris, ssi, stum, rĕre*, A.
Scottato, *adustus, a, um*, add.
Scottatura, scottamento, *adustio, ōnis*, f.
Scovare, cavar dal covo, *e lustris excitare*, A.
Scoverto ec. V. Scoperto ec.
Scozzonare, per Domare, dirozzare, V.
Scranna, *scamnum, i*, n.
Screditare ec. V. Infamare ec.
Scredito, *malum nomen, ĭnis*, n.
Scrigno, *scrinium, ii*, n.
Scritto, scrittura (sost.), *scriptum, i*, n. per Obbligo in iscritto, *syngrăpha, æ*, f. *scriptus, a, um*, add.
Scrittoio *scriptoria cathĕdula, æ*. f.
Scrittore, *scriptor, ōris*, m. per Copista, V.
Scrittura. V. Scritto: — pubblica, *tabulæ, ārum*, f. pl. — di propria mano, *autogrăphum, i*, n. — sacra, *Sacræ Paginæ*, f. pl.
Scritturale (sost.), copista, *librarius, ii*, m. *scriptorius, a, um*, add.
Scrivano, *amanuensis, is*, m.
Scrivere, *scribo, bis, psi, ptum, bĕre*, A. — lettere, *literas dare, mittĕre*, A.
Scroccare, *alieno sumptu vivĕre*, N. *parasitāri*, D.
Scrocco, *parasitatĭo, ōnis*, f.
Scroccone, *parasitus*, m.
Scrofa, la femmina del maiale, *sus, suis*, f.
Scrofola, tumor delle glandule, *struma, æ*, f.
Scrofoloso, *strumosus, a, um*, add.
Scrollamento, scrollo, *concussio*: *quassatĭo, ōnis*, f.
Scrollare, *quasso, as*, etc. A.
Scrosciare, *crepĭto, as*, etc. N.
Scrosciata, scroscio, *crepĭtus, us*, m. scroscio di risa, *cachinnus, i*, m.
Scrostare, *crustam demĕre*, A.
Scrunare, *acus foramen rumpĕre*, A.
Scrunato, *sine foramine*.
Scrupolo, *scrupŭlus, i*, m. *religio, ōnis*, f. farsi scrupolo, *religioni habēre*: levarlo, *scrupŭlum eximĕre*, A.
Scrupolosamente, *scrupulōse*, avv.
Scrupoloso, *religiosus*: *anxius*: *scrupulosus, a, um*, add.
Scrutabile, *investigabilis*, m. e f. *e*, n. add.
Scrutinare, esaminare, *scrutor, āris, ātus, āri*, D.
Scrutinato, *investigatus, a, um*, add.
Scrutinatore, scrutatore, *investigator*: *scrutator, oris*, m.
Scrutinio, *examen, ĭnis*, n. per Squittinio, V.

Scucire, *dissuo*, *is*, *ui*, *utum*, *uĕre*, A.
Scudella, scodella, *scutella*, *æ*, f.
Scudiero, *armiger*, *ĕri*, m.
Scudiscio, bacchetta sottile, *virga*, *æ*, f.
Scudo, *scutum*, *i*, n. *clypeus*, *i*, m. (moneta), *scutatus nummus*, m.
Scuffia, o cuffia, *calantica*, *æ*, f.
Scultore, *sculptor*, *ōris*, m.
Scultura, *sculptūra*: *cælatura*, *æ*, f.
Scuola, *schola*, *æ*, f. *ludus litterarius*, m. far la, *literas docēre*, A.
Scuotere, *concutio*, *tis*, *ssi*, *ssum*, *tĕre*, A.
Scure, *secūris*, *is*, f.
Scuretto, scuro ec. V. Oscuretto ec.
Scurrile, scurrilità. V. Buffonesco ec.
Scusa, *excusatio*, *ōnis*, f. addurre per iscusa, *causor*, *āris*, *ātus*, *āri*, D.
Scusabile, *excusabilis*, m. e f. *e*, n. add.
Scusare, *excūso*, *as*, etc. A. scusarsi, *culpam a se amovēre*, A.
Sdebitarsi, *ære alienum dissolvĕre*: *officium implēre*, A.
Sdegnare, *dedignor*, *āris*, *ātus*, *āri*, D. sdegnarsi, *irascor*, *scĕris*, *tus*, *sci*, D.
Sdegnato, *irātus*, *a*, *um*, add.
Sdegno, *ira*, *æ*, f.
Sdegnosamente, *iracūnde*, avv.
Sdegnosetto, *subirātus*, *a*, *um*, add.
Sdegnosità. V. Ira.
Sdegnoso, *iracundus*, *a*, *um*, add.
Sdentato, *edentŭlus*, *a*, *um*, add.
Sdicevole. V. Disdicevole.
Sdolcinato, *dulcicŭlus*, *a*, *um*, add.
Sdoppiare, *resolvo*, *vis*, *vi*, *ūtum*, *vĕre*, A.
Sdossare, levar di dosso, *levo*, *as*, etc. A.
Sdottorare, *doctoris munĕre privare*, A.
Sdottorato, *ex doctorum albo expunctus*, *a*, *um*, add.
Sdraiarsi, *sternĕre se*, A.
Sdraiato, *stratus*, *a*, *um*, add.
Sdrucciolamento, *lapsus*, *us*, m.
Sdrucciolare, *labor*, *bĕris*, *psus*, *bi*, D.
Sdrucciolo, sdrucciolevole, *lubricus*, *a*, *um*, add.
Sdrucire, *dissuo*, *is*, *ui*, *utum*, *ĕre*, A. *fatisco*, *is*, *ĕre*, N.
Sdrucito, *fatiscens*, *ĕntis*, c. nave sdrucita, *navis fatiscens*, f.
Sè, *se*, *sui*, *sibi*, pron. da sè stesso, *sponte sua*.
Se, *si*, cong. se non, *nisi*: in senso dubitativo, *an*, *num*, *utrum*: se alcuno, *siquis*, *siqua*, *siquod*: se alcuna cosa, *siquid*: se qualche volta, *si quando*: se in alcun luogo, *sicubi*.
Sebbene, *quamvis*: *licet*: *etsi*, cong.
Secca, luogo basso nel mare, *brevia*, *um*, n. pl. *syrtes*, *syrtium*, f. pl.
Seccabile, *siccabilis*, m. e f. *e*, n. add.
Seccaggine, siccità, *siccitas*, *ātis*, f. per Molestia, *molestia*, *æ*, f. *fastidium*, *ii*, n.
Seccamente, *sicce*, avv.
Seccamento. V. Seccaggine.
Seccare, *sicco*, *as*, etc. A. per Importunare, V. Seccarsi, *aresco*, *ĕscis*, *ui*, *escĕre*, N. per Aver noia, *tædio affici*, P.
Secchezza. V. Seccaggine.
Secchia, secchio, *situla*: *sitella*, *æ*, f.
Secchiello, *urnula*, *æ*, f.
Secco, seccato, *siccus*: *aridus*, *a*, *um*, add. a secco, *sine aqua*.
Secesso, *secessus*, *us*, m.
Seco, *secum*: seco medesimo, *secum ipse*, pron.
Secolare, secolaresco, per Profano, V. di secolo, *secularis*, m. e f. *e*, n. add.
Secolarescamente, *profane*, avv.
Secolo, *sæculum*, *i*, n.
Seconda, a seconda del vento, del fiume *secundo vento*, *secundo flumine*: le cose vanno a seconda, *res prospere procĕdunt*.
Secondamente, secondariamente, *secundo*, avv.
Secondare. V. Assecondare.
Secondario, *secundarius*, *a*, *um*, add.
Secondo (sost.), minuto secondo, *secundum minutum*, *i*, n. *secundus*, *a*, *um*, add. per Conforme, prep. *secundum*: *deinde*: secondochè, *prout*, avv.
Secondogenito, *secundo loco genĭtus*, m.
Sedare, *sedo*, *as*, etc. A.
Sedatamente, *sedate*, avv.
Sedentario, *sedentarius*, *a*, *um*, add.
Sedere, *sedeo*: *assideo*, *ides*, *ēdi*, *ssum*, *idēre*, — a tavola, *discumbo*, *mbis*, *ubui*, *bitum*, *mbĕre*, porsi a sedere, *quiescĕre*: — spesso, *sessitare*: — in tribunale, *sedēre pro tribunāli*, N.
Sedia, *sedes*, *is*, f. *sedicula*, *æ*, f.
Sedicesimo, *sextus decimus*, add. num.
Sedici, *sexdĕcim*: sedici volte, *sexdecies*.
Sedile, *sedile*, *is*, n.
Sedimento, posatura, *subsidentia*, *æ*, f.
Seditore, *sessor*, *ōris*, m.
Sedizione, *seditio*, *ōnis*, f.
Sediziosamente, *seditiose*, avv.
Sedizioso, *seditiosus*, *a*, *um*, add.
Sedotto, *fraude compulsus*, *a*, *um*, add.
Seducimento. V. Seduzione.
Sedulità, *sedulitas*, *ātis*, f.
Sedurre, *suborno*: *sedūco*, *is*, etc. A.
Seduttore, *corruptor*, *ōris*, m.
Seduttrice, *corruptrix*, *icis*, f.
Seduzione, *deceptio*, *ōnis*: *corruptēla*, *æ*, f.
Sega, *serra*, *æ*, f.
Segala, *siligo*, *inis*, f. *secāle*, *is*, n.
Segare, *seco*, *as*, *ui*, *tum*, *āre*, A.
Segato, segaticcio, *sectilis*, m. e f. *e*, n.
Segatura, *scobs*, *is*, f. per Mietitura, V.
Seggetta, *gestatoria sella*, *æ*, f.
Seggio, seggia, *sedes*, *is*, f.
Seggiola, *sellula*, *æ*, f.
Seghetta, *serrŭla*, *æ*, f.
Segnacolo, segnale, *signum*, *i*, n. *nota*, *æ*, f.
Segnalare, *illustro*, *as*, etc. A. segnalarsi *gloriam adipisci*, D.
Segnalatamente, *potissimum*, avv.
Segnalato, *eximius*, *a*, *um*, add.
Segnare, *signo*, *as*, etc. A. per Assegnare V. segnarsi, farsi il segno della croce, *signo crucis se munīre*, A.

Segnatamente, *expresse*, avv.
Segno, *signum*, i, n. per Cenno, *nutus*, us, m, per Contrassegno, *nota*, æ, f. per Bersaglio, *scopus*, i, m tenere a segno, *in officio continere aliquem*: stare a segno, *modum non excedere*, A.
Sego. V. Sevo.
Segregare, separare, *separo*, as, etc. A.
Segreta, luogo segreto, *secreta*, orum, n. pl.
Segretamente, *clam*: *occulte*, avv.
Segretariato, *scribæ munus*, eris, n.
Segretario, *epistolarum magister*, ri, m. *a secretis*.
Segretoria, *secretum*, i, n.
Segretezza, *fidelitas*, atis, f. *fides*. ei, f.
Segreto (sost.), *arcanum*, i, n. in segreto, *clam*, avv. *abditus*, a, um, add. luogo segreto, *recessus*, us, m.
Seguace, *sectator*, oris, m.
Seguente, *proximus*, a, um, add. il giorno seguente, *postridie*, avv.
Seguentemente, di poi, *postea*, avv.
Seguenza. V. Serie.
Seguire, *sequor*, *queris*, *cutus*, *qui*, D. per Accadere, V.
Seguitabile, *imitandus*, a, um, add.
Seguitamente, *indesinenter*, avv.
Seguitamento, *sequela*, æ, f.
Seguito (sost.), *comitatus*, us, m.
Sei, *sex*, nome num. sei volte, *sexies*: a sei a sei, *seni*, æ, a. add.
Seicento, *sexcenti*, æ, a, add. seicento volte, *sexcenties*, avv.
Selce, *silex*, icis, m. e f.
Selciare, *lapidibus sternere*, A.
Selciato (sost.), *lapidibus stratum opus*, eris, n.
Sella, sedia, *sella*, æ, f. — da cavallo, *ephippium*, ii, n.
Sellaio, *ephippiorum opifex*, icis, m.
Sellare, *equum ephippio insternare*, A.
Selva, *silva*, æ. f. *nemus*, oris, n.
Selvaggina, selvaggiume, *ferina caro*, f.
Selvaggio, selvatico, *agrestis*, m. e f. e, n. *silvester*, *tris*, *tre*, add.
Selvatichezza, *rusticitas*, atis, f.
Selvetta, *silvula*, æ, f.
Selvoso, *silvosus*, a. um, add.
Sembiante, sembianza, *aspectus*, us, m. *forma*, æ, f. farlo, buono, cattivo, *hilari vultu*, vel *torvis oculis adspicere*, A. far sembiante, *simulo*, as, etc. N.
Sembrare, *videor*, *eris*, *sus*, *eri*, D.
Seme, semente, semenza, *semen*, inis, n. per Cagione, V.
Semenzaio, *seminarium*, ii, n.
Semicircolare, *semicircularis*, m. e f. e, n. add.
Semicircolo, semicerchio, *semicirculus*, i, m.
Semideo, *semideus*, i, m.
Semidiametro, *diametri dimidium*, ii, n.
Semidotto, *semidoctus*, a, um, add.
Seminale, *seminalis*, m. e f. e, n. add.
Seminare, *sero*, *ris*, *sevi*, *satum*, *serere*, A.
Seminario, *seminarium*, ii, n
Seminarista, *seminarii alumnus*, i, m.
Seminato, *satus*, a, um, add. il seminato, *satum*, i, n.
Seminatore, *sator*, *seminator*, oris, m.
Seminatura, *satio*, onis, f.
Semivivo, *semivivus*, a, um, add.
Semola. V. Crusca.
Sempiternalmente, sempiternamente, *perpetuo*: *sempiternum*, avv.
Sempiterno, *sempiternus*, a, um, add.
Semplice, *simplex*, icis, add. per Inesperto, V. per Sincero, V.
Semplicemente, *simpliciter*: *ingenue*, avv.
Sempliciotto, *simplex*, icis, c.
Semplicista, conoscitore e raccoglitore d erbe, *herbarius*, ii, m.
Semplicità, *simplicitas*, atis f. *candor*, oris, m.
Sempre, *semper*, avv. per sempre, *perpetuo*: sempre che, *quoties*: per Finchè, *donec*: sempre più, *magis magisque*, avv.
Semprechè. V. Sempre.
Senapa, senape, *sinapi*, n. indecl.: vel *sinapis*, is, f.
Senapismo, *sinapismus*, i, m. *emplastrum sinapi conditum*, n.
Senario, di sei, *senarius*, a, um, add.
Senato, *senatus*, us, m. decreto del senato, *senatus consultum*, i, n.
Senatore, *senator*, oris, m.
Senatorio, *senatorius*, a, um, add.
Senile, di vecchia età, *senilis*, m. e f. e, n. add.
Senno, *mens*, *mentis*, f. *prudentia*, æ, f.
Seno, *sinus*, us. m *gremium*, ii, n.
Se non, *nisi*, se non che, *nisi quod*: se non se, cong. se non se, *præter*, prep.
Sensale, *proxeneta*, æ, m.
Sensatamente, *per sensus*: con serietà, *serio*, avv.
Sensatezza, *prudentia*, æ, f.
Sensato, *prudens*, entis, c. *consideratus*, a, um, add.
Sensazione, *sensus*, us, m.
Senseria, *proxenetica merces*, edis, f.
Sensibile, *sensibilis*, m. e f. e, n. add.
Sensibilità, *sensus*, us, m. *sensibilitas*, atis, f.
Sensibilmente, *sensibiliter*, avv.
Sensitiva, *sentiendi vis*, is, f.
Sensitivo, *sentiens*, entis, c. per Delicato, V. per Iracondo, V.
Senso, *sensus*, us, m. per Significato, *sententia*, æ, f. per Appetito, *concupiscentia*, æ, f.
Sensorio, *sensus*, us, m.
Sensuale, *lascivus*, a, um, add.
Sensualità, *concupiscentia*, æ, f.
Sensualmente. V. Lascivamente.
Sentenza, *sententia*, æ, f. — definitiva, *judicium decretorium*: — darla, *judicium ferre*.
Sentenziare, *judico*, as, etc. A. — a morte, *capitis damnare*, A.
Sentenziosamente, *argute*, avv.

Sentenzioso, *gravis*, m. e f. *e*, n. *sententiis abundans*, add.
Sentiero, sentiero, *semita*, *æ*. f.
Sentimento, *sensus*, *us*, m. per Concetto, *sententia*, *æ*, f.
Sentina, fondo della nave, *sentina*, *æ*, f. per Cloaca, V.
Sentinella, guardia, *vigil*, *lis*: *custos*, *odis*, m.
Sentire, *sentio*, *tis*, *si*, *sum*, *tire*, A. per Udire, ascoltare, V.
Sentore, per Odore, V. per Indizio, V.
Senza, *sine*; *absque*, prep. coll abl. senza che, *præter quamquod*, cong.
Separabile, *separabilis*, m. e f. *e*, n. add.
Separare, *sepăro*, *as*, etc. A. separarsi, *se abstrahĕre*, A.
Separatamente, *seorsum*, avv.
Separazione, separamento, *separatio*, *ōnis*, f.
Sepolcrale, *sepulcralis*, m. e f. *e*, n. add.
Sepolcreto, *sepulcretum*, *i*, n.
Sepolcro, *sepulcrum*, *i*. n.
Sepolto, *sepultus*, *a*, *um*, add.
Sepoltura, *sepultūra*, *æ*, f.
Seppellire, *sepelio*, *lis*, *elivi*, *ultum*, *elire*, A.
Seppia, pesce marino, *sepia*, *æ*, f.
Sequela, *sequēla*, *æ*, f.
Sequestramento, sequestrazione, *sequestratio*, *ōnis*, f.
Sequestrare, *sejungo*, *gis*, *xi*, *ctum*, *gĕre*: per Ritenere in pegno, *pignus capĕre*: *sequestrare*, A.
Sequestrato, *apud sequestrum depositus*.
Sera, *vesper*, *ĕris*, m. *vespĕra*, *æ*, f. sul far della sera, *sub vespĕrum*: domani a sera, *cras vespĕre*: di sera *vespertinus*, *a*, *um*. add. si fa sera, *advesperascit*, imp. l'altra sera, *nudius tertius vespĕri*: la sera seguente, *postridie vespĕri*, avv.
Serafico, di serafino *fervens*, *ĕntis*, c. *seraphicus*, *a*, *um*, add.
Serafino, spirito celeste, *serăphim*, n. pl. ind.
Serbare, *servo*, *as*, etc. A.
Serbatoio, *cella*, *æ*, f.
Serbo, *custodia*, *æ*, f.
Serenare, *sereno*, *as*, etc. A.
Serenata, sereno, *sudum*, *i*, n. *concentus nocturnus sub dio*.
Serenità, *serenus aer*, *ĕris*, m. al sereno, *sub dio*, avv.
Sereno. V. Serenità. *serēnus*, *a*, *um*, add.
Sergente, *accensus*, vel *adcensus*, *i*, m.
Seriamente, *serio*, avv.
Serietà, *gravitas*, *ātis*, f.
Serio, *serius*, *a*, *um*. add.
Sermento, sarmento, *sarmentum*, *i*, n.
Sermentoso, *sarmentosus*, *a*, *um*, add.
Sermollino, sorta d'erba odorifera, *serpillum*, vel *serpyllum*, *i*, n.
Sermone (ragionamento), *sermo*, *ōnis*, m. (pesce), *salmo*, *ōnis*. m.
Sermoneggiare, *concionem habēre*, A.
Serotino, add. di frutto che vien tardi, *serotĭnus*, *a*, *um*, add.

Serpe, serpente, *serpens*, *ĕntis*: *anguis*, *is*, c. di serpente, *serpentinus*, *a*, *um*, add.
Serpeggiamento, *flexus*, *us*, m.
Serpeggiante, *flexuosus*, *a*, *um*, add.
Serpeggiare, *serpo*, *is*, *si*, *ĕre*, N.
Serpentello, *anguicŭlus*, *i*, m.
Serpentifero, *anguifer*, *a*, *um*, add.
Serpentino (sost.), specie di marmo nero e verde, *ophites*, *æ*, m.
Serpillo, *serpillum*, *i*, n.
Serraglio, *septum*, *i*, n.
Serrare, *claudo*, *dis*, *si*, *sum*, *dĕre*, A. — dentro, *includĕre*: — avanti, *præcludĕre*: — intorno, *circumcludĕre*: — a parte, *secludĕre*: — i passi, *iter intercludĕre*, A.
Serratamente, *arcte*, avv.
Serrato, *clausus*, *a*, *um*, add. per Fitto, V.
Serratura, *sera*, *æ*, f.
Serto, ghirlanda, *sertum*, *i*, n.
Serva, *serva*, *æ*: *famŭla*, *æ*, f.
Servare, *servo*, *as*, etc. A.
Servente, *serviens*, *ĕntis*, c. V. Servitore.
Servetta, servicciuola, *servŭla*, *æ*, f.
Servidore. V. Servitore.
Servigio. V. Servizio: — divino, *divinus cultus*, *us*, m.
Servile, *servilis*, m. e f. *e*, n. add
Servilmente, *serviliter*, avv.
Servire, *servio*, *vis*, *vivi*, *vitum*, *vire*, N. *famŭlor*, *āris*, *ātus*, *āri*, D. servirsi, *utor*, *ĕris*, *usus*, *uti*, D. per Esser sufficiente, o utile, *satis esse*, o, *prodesse*: *conducĕre*.
Servito (sost.), muta di vivande, portata, *missus*, *us*, m.
Servitore, *servus*: *famŭlus*, *i*, m.
Servizio, *famulatus*, *us*, m. *servitium*, *tiis*, f.
Servo. V. Servitore.
Sessagenario, *sexagenarius*, *a*, *um*. add.
Sessanta, *sexaginta*, add. num. indec.
Sessantesimo, *sexagesĭmus*, *a*, *um*, add.
Sessione, *conventus*, *us*, m.
Sesso, *sexus*, *us*, m.
Sesterzio, sorta di moneta antica, *sestertius*, *ii*, m.
Sestile, così chiamato anticamente il mese d'agosto, *sextilis*, *is*, m.
Sesto, *sextus*, *a*, *um*, add. sesto decimo, *sextus decimus*.
Seta, *sericum*, *i*, n.
Setaiuolo, *pannorum sericorum institor*, *ōris*, m.
Sete, *sitis*, *is*, m. aver sete, *sitio*, *is*, *ivi*, *itum*, *ire*, N. morir di sete, *siti emŏri*, D. morto di sete, *siti ardens*.
Seteria, *serica*, *ōrum*, n. pl.
Setola, *seta*, *æ*, f.
Setolino, *penicŭlus*, *i*, m.
Setoloso, setoso, *setōsus*, *a*, *um*, add.
Setta, *secta*, *æ*, f.
Settanta, *septuaginta*, add. indecl. settanta volte, *septuagies*, avv. a settanta a settanta, *septuagēni*, *æ*, *a*, add.
Settantesimo, *septuagesĭmus*, *a*, *um*, add.
Settario, *sectæ addictus*, *a*, *um*, add.

Sette, septem; a sette a sette, septeni, æ, a, add.
Settecento, septingenti, æ, a, add.
Settecentesimo, septingentesimus, a, um, add.
Settembre, september, ris, m.
Settenario, septenarius, a, um, add.
Settentrionale, septentrionalis, m. e f. e, n. add.
Settentrione, septentrio, ōnis, m.
Settimana, hebdomăda, æ, f.
Settimo, septimus, a, um, add.
Settuagenario, di settant' anni, septuagenarius, a, um, add.
Settuagesima, septuagesima, æ, f.
Settuagesimo, septuagesimus, a, um, add.
Severamente, sevēre, avv.
Severità, severĭtas, ātis, f.
Severo, sevērus, a, um, add.
Sevo, sevum: sebum, i, n. di sevo, sebacĕus, a, um, add.
Sezione, sectio, ōnis, f.
Sfaccendato, otiosus, a, um, add.
Sfacciataggine, sfacciatezza, impudentia: petulantia, æ, f.
Sfacciatamente, impudenter: procaciter, avv.
Sfacciatello, subimpŭdens, ĕntis, c. add.
Sfacciato, impŭdens, ĕntis, c. add.
Sfamare, saturo: satio, as, etc. A.
Sfamato, satur, ra, rum, add.
Sfangare, e cœno emergĕre, o, exilire, N.
Sfangato, e cœno emersus, a, um, add.
Sfare. V. Disfare.
Sfarinare, frio, as, etc. A.
Sfarzo, pompa, æ, f.
Sfarzoso, splendĭdus, a, um, add.
Sfasciare, fascias exuĕre, A.
Sfasciume, fragmĭna, um, n. pl.
Sfatto. V. Disfatto.
Sfavillamento, scintillatio, ōnis, f.
Sfavillare, scintillo, as, etc. N.
Sfera, sphæra, æ, f.
Sfericamente, rotunde, avv.
Sferico, globosus, a, um, add.
Sferrare, soleas equo detrahĕre, A.
Sferrato, ferreis soleis carens, entis, add.
Sferza, ferŭla, æ, f.
Sferzare, verbĕro, as, etc. ferula cædo, dis, cecīdi, sum, dĕre, A.
Sferzata, verberatio, ōnis, f.
Sferzato, verberātus, a, um, add.
Sfiancare, latĕribus infringĕre; delumbare, A. per Sfiancarsi, dirumpi, P.
Sfiancata, lateris ictus, us, m.
Sfiatamento, exhalatio, ōnis, f.
Sfiatare, exhālo, as, etc. A. sfiatarsi, delassor, āris, ātus, āri, P.
Sfibbiare, diffĭbulo, as, etc. A.
Sfibrare, enervo, as, etc. A.
Sfidamento, provocatio, ōnis, f.
Sfidare, provŏco, as, etc. A.
Sfidato, provocatus, a, um, add.
Sfidatore, provocātor, ōris, m.
Sfigurare, deformo, as, etc. A.
Sfigurato, deformis, m. e f. e, n. add.

Sfilacciare, fila ducĕre, A.
Sfilacciato, dissolūtus, a, um, add.
Sfilare, la tela, telam dissolvĕre, A. per Uscire di fila, ordĭnes deserĕre, A.
Sfilato, uscito di fila, palans, āntis, c. per Sfilacciato, V.
Sfinge, sphinx, gis, f.
Sfinimento, deliquium, ii, n.
Sfiorare, deflōro, as, etc. A.
Sfiorire, deflorescο, escis, ŭi, escĕre, N.
Sfiorito, deflorescens, ĕntis, c. add.
Sfoderare, e vagina educĕre: la spada, ensem, vel gladium distringo, ngis, nxi, ctum, ngĕre, A.
Sfoderato, e vagina eductus: districtus, a, um, add.
Sfogare, sfogarsi, exhālo, as, etc. A. effundo, is, di, sum, ĕre, N. — la collera, iram effundĕre: — il dolore, dolorem levare, A.
Sfoggiare, lautitiæ studēre, N. per Eccedere, modum excedĕre, A.
Sfoggiatamente, mirum in modum, avv.
Sfoggio, luxus, us, m.
Sfoglia, lamina: bractea, æ, f.
Sfogliare, folia decerpĕre, A.
Sfogliata, pastillus foliaceus, m.
Sfogliato, foliis carens, ĕntis, o, exutus, a, um, add.
Sfogo, sfogamento, exhalatio, ōnis, f. per Alleggerimento, levāmen, ĭnis: solatium, ii. n.
Sfolgoramento, fulguratio, ōnis, f.
Sfolgorare, sfolgoreggiare, corusco, as, etc. N.
Sfolgorio, fulgor, ōris, m.
Sfondare, fundum adimĕre: perfringo, ingis, ēgi, actum, ingĕre, A.
Sfondato, senza fondo, cui fundus ademptus est.
Sformare, ec. V. Deformare, ec.
Sfornare, e furno edūcĕre, A.
Sfornire, spolio, as, etc. A.
Sfornito, spoliatus, a, um, add.
Sfortunato, infelix, īcis, c. add.
Sforzare, cogo, gis, egi, actum, gĕre, A. sforzarsi, conor, āris, ātus, āri, D.
Sforzatamente, vi; per vim, avv.
Sforzo, conatus: nisus, us, m. — di voce, d'animo, vocis, animi contentio: con ogni sforzo, enixe, avv.
Sfossare, cavar dalla fossa, erŭo, ŭis, ŭi, ŭtum, uĕre, A.
Sfracassare, sfracellare, commĭnuo, is, ŭi, ūtum, ĕre: diffringo, ingis, ēgi, actum, ingĕre, A.
Sfratare, ex ordine monachorum expellĕre, A.
Sfrattare, aufugĕre: dar lo sfratto, ejicĕre, A.
Sfratto, ejectio, ōnis: fuga, æ, f.
Sfregamento, frictus, us, m.
Sfregare, ec. V. Fregare, ec.
Sfregiare, honore spoliare, A. vulnus ori infligĕre, A.
Sfregio, taglio sul viso, vulnus ori inflictum, n. pel Segno della ferita, cicatrix, īcis, f. per Disonore, dedĕcus, ŏris, n.

Sfrenare, *frenum detrahĕre*, A.
Sfrenatamente, *effrenate*, avv.
Sfrenatezza, *licentia*, æ, f. *libīdo*, *ĭnis*, f.
Sfrenato, *effrenatus*, *a*, um, add.
Sfrondare, *folia decerpĕre*, A.
Sfrondato, *foliis carĕns*, *a*, um, add.
Sfrondatore, *frondator*, *ōris*, m.
Sfrontatamente, *impudenter*, avv.
Sfrontato. V. Sfacciato.
Sfruttare, *effētum reddĕre*, A.
Sfruttato, *effētus*, *a*, um, add.
Sfuggiasco, *profŭgus*, *a*, um, add.
Sfuggire, *effugio*, *ŭgis*, *ūgi*, *ugĕre*, A.
Sfuggito, *elapsus*, *a*, um, add. alla sfuggito, *furtim*, avv.
Sfumare, *evapōro*, *as*, etc. N. per Seccare al fumo, *fumo siccare*, A.
Sgabbiare, *cavĕa emittĕre*, A.
Sgabellare, *mercem soluto vectigāli liberare*, A. per Liberarsi, *sese expedīre*, N.
Sgabelletto, sgabellino, *scabellum*, *i*, n.
Sgabello, *scamnum*, *i*, n.
Sgambato, *crurĭbus mancus*, *a*, um, add.
Sgambettare, *crura agitāre*, A.
Sganasciamento, riso smoderato, *cachinnatio*, *ōnis*, f.
Sganasciare, *maxillas agitare*, A. per Ridere soverchiamente, *cachinnor*, *āris*, *ātus*, *āri*, D.
Sgangherare, *cardinĭbus emovēre*, A.
Sgangheratamente, *incondĭte*, avv.
Sgangherato, *cardine emōtus*: per Disadatto, *incompositus*, *a*, um, add.
Sgannare, *errorem depellĕre*, A.
Sgarbatamente, *ineleganter*, avv.
Sgarbatezza, *inconcinnĭtas*, *ātis*, f.
Sgarbato, *inconcinnus*, *a*, um, add.
Sgargarizzare. V. Gargarizzare.
Sgherro, *satelles*, *ĭtis*, m.
Sghignare. V. Burlare.
Sghignazzare, rider con strepito, *cachinnor*, *āris*, *ātus*, *āri*, D.
Sghignazzata, *cachinnatio*, *ōnis*, f.
Sgocciolare, *ad extrēmam guttulam exhaurire*, A.
Sgocciolatura, *stillicidium*, *ii*, n.
Sgombramento, *exportatio*, *ōnis*, f.
Sgombrare, *exporto*, *as*, etc. A. per Andare via, V. Andare.
Sgomberato, sgombro, *liber*, *a*, *um*: *vacuus*, *a*, um, add.
Sgomentare, *consterno*, *as*, etc. A. sgomentarsi, *animo cadĕre*, N.
Sgomento, *consternatio*, *ōnis*, f.
Sgominare, *perturbo*, *as*, etc. A.
Sgomitolare, *glomum*, vel *glomĕrem dissolvĕre*, A.
Sgonfiare, *tumōrem demĕre*, A. sgonfiarsi, *detumesco*, *ĕscis*, *ŭi*, *scĕre*, N.
Sgonfiato, sgonfio, *flaccidus*, *a*, um, add.
Sgorbio, *litūra*, *æ*, f.
Sgorgamento, sgorgo, *effluvium*, *ii*, n. a sgorgo, *affluenter*, *copiose*, avv.
Sgorgare, *exundo*, *as*, etc. N.
Sgozzare, *jugŭlo*, *as*, etc. A.
Sgradire, *displiceo*, *es*, *ui*, *ĭtum*, *ēre*, N.
Sgraffiare, *ungulĭbus lacerare*, A.
Sgraffio, *laceratio*, *ōnis*, f.
Sgranare, *e siliquis grana educĕre*, vel *excutĕre*, A.
Sgranato, *excussus*, *a*, um, add.
Sgranchiare, *membra explicare*, A.
Sgranellare, *uvarum acinos legĕre*, A.
Sgravamento, *levāmen*, *ĭnis*, n.
Sgravare, *levo*, *as*, etc. A.
Sgravio, *levamentum*, *i*, n.
Sgraziataggine, *infacetiæ*, *ārum*, f. pl.
Sgraziatamente, *invenuste*: avv. per Infelicemente, V.
Sgraziato, *inficētus*, *a*, um, add. per Infelice, V.
Sgridare, *objurgo*, *as*, etc. A.
Sgridatore, *objurgator*, *ōris*, m.
Sgrido, *objurgatio*, *ōnis*, f.
Sgroppare. V. Snodare.
Sgrossamento, *informatio*, *ōnis*, f.
Sgrossare, *informo*, *as*, etc. A.
Sgrugno, sgrugnone, sgrugnato, *in os inflictus pugnus*, m.
Sgruppare. V. Snodare.
Sguagliare, contrario di uguagliare, *inæquale aliquid reddĕre*, A.
Sguagliato, *inæqualis*, m. e f. *e*, n. add.
Sguainare, *e vagina educĕre*, A.
Sguardamento. V. Sguardo.
Sguardo, *aspectus*: *obtūtus*, *us*, m.
Sguazzare. V. Guazzare: per Darsi piacere, *genio indulgēre*, N.
Sguernire, *ornamentis spoliare*, A.
Sguernito, *ornamentis spoliatus*, *a*, um, add.
Sguizzare, *elabor*, *bĕris*, *psus*, *bi*, D.
Sgusciare, *e putamine educĕre*, A.
Sì, *utique*: *sane*, avv. sì bene, per Ben sì, *quidem*: dir di sì, *affirmo*, *as*, etc. A.
Sì, per Così, V.
Sibilare, *sibilo*, *as*, etc. N.
Sibilatore, *exsibilans*, *antis*, c.
Sibilo, quel suono che esce di bocca al serpente, *sibilus*, *i*, m. *sibilum*, *i*, n.
Sibiloso, *sibilans*, *antis*, c. add.
Sicario, *sicarius*, *ii*, m.
Sicchè, *quamobrem*, cong. per Cosicchè, *adeo ut*.
Siccità, *siccitas*, *ātis*, f.
Siccome, *ut*: *sicut*: *quemadmŏdum*, cong.
Sicuramente, *tuto*, avv. per Certamente, V.
Sicuranza. V. Sicurezza.
Sicurare. V. Assicurare.
Sicurezza, *securĭtas*, *ātis*, f.
Sicuro, *secūrus*: *tutus*, *a*, um, add. per Certo, V.
Sicurtà. V. Sicurezza: per Cauzione, V per Fidanza, V.
Siepare, *sepio*, *is*, *psi*, *ptum*, *īre*, A.
Siepe, *sepes*, *is*, f.
Siero, *serum*, *i*, n.
Sieroso, *sero abundans*, *antis*, c. add.
Sifone, cannello vòto, *tubus*, *i*, m.
Sigillare, *signo*: *obsigno*, *as*, etc. A.
Sigillato, *obsignātus*, *a*, um, add.

Sigillo, *sigillum : signum*, i, n.
Significare, *significo*, as. etc. A. per Far consapevole, *certiorem facĕre*, A. che significa ciò? *quid sibi vult hæc?*
Significativo, *significandi vim habens*, c.
Significato, significazione, *significatio*, ōnis, f.
Signore, *domĭnus*, i, m. *herus*, i, m.
Signoreggiare, *dominor*, āris, ātus, āri, D.
Signoreggiatore. V. Dominatore.
Signoria, *dominatio*, ōnis, f. *dominatus*, us, m. *imperĭum*, ii, n.
Signorile, *splendĭdus*, a, um, add.
Signorilmente, *splendide*, avv.
Silenzio, *silentium*, ii, n. far silenzio, *silĕo*, es, ŭi, ēre, N. passar sotto silenzio, *prætermittĕre*, A.
Silenzioso, *taciturnus*, a, um, add.
Sillaba, *syllaba*, æ, f.
Sillabico, *ad syllabam pertĭnens*, ĕntis, c.
Sillogismo, *syllogismus*, i, m.
Silvestre, *silvester*, vel *silvestris*, m. e f. e, n. add.
Simboleggiare, *per symbola exprimĕre*, A.
Simbolo, segno, *symbolum*, i, n.
Simiglianza, *similitudo*, ĭnis, f. a simiglianza, *ad* vel *in similitudinem : sicut*, avv.
Simigliare, *similem esse*, N. simigliarsi, *se similem reddĕre*, A.
Simile, simigliante, *similis*, m. e f. e, n. add.
Similissimo, *simillĭmus*, a, um, add.
Similitudine, *similitūdo*, ĭnis, f.
Similmente, *simĭlĭter*, avv.
Simmetria, *symmetrĭa*, æ, f.
Simonia, *rerum sacrarum emptio*, vel *venditio*, ōnis, f.
Simoniaco, *rerum sacrarum institor*, ōris, m.
Simpatia, *sympathīa*, æ, f.
Simulacro, *simulacrum*, i, n.
Simulare, *simulo*, as, etc. A.
Simulatamente, *simulate*, avv.
Simulatore, *simulātor*, ōris, m.
Simulazione, *simulatĭo*, ōnis, f.
Sinagoga, *synagoga*, æ, f.
Sinceramente, *sincere*, avv.
Sincerità, *sincerĭtas*, ātis, f.
Sincero, *sincērus : candĭdus*, a, um, add.
Sinchè, *donec : quoad*, cong.
Sincopato, *per syncopem abiĭctus*, a, um, add.
Sincope, sincopa, smarrimento di spiriti, *animi defectĭo*, ōnis, f. per Figura grammaticale, *syncŏpe*, es : *syncŏpa*, æ, f.
Sindacare, esaminare sottilmente, *rationes accurate conferre*, A. per Censurare, V.
Sindacato, *rationum redditĭo*, ōnis, f.
Sindaco, *rationum exactor : syndĭcus*, i, m.
Sinderesi, coscienza, *conscientia*, æ, f.
Sinfonia, *concentus*, us, m. *symphonĭa*, æ, f.
Singhiozzare, *singulto*, as, etc. N.
Singhiozzo, *singultus*, us, m.
Singhiozzoso, *singultĭbus immixtus*, add.
Singolare, *singularis*, m. e f. e, n. add. per Eccellente, V.
Singolarità, *proprĭĕtas*, ātis, f. per Eccellenza, *præstantĭa*, æ, f.
Singolarizzare, *ab aliis distinguĕre*, A. singolarizzarsi, *præsto*, stas, stiti, stitum, stare, N.
Singolarmente, *præcipŭe : singularĭter*, avv.
Singulto. V. Singhiozzo.
Siniscalco, chi ha cura della mensa, *mensæ structor*, ōris, m.
Sinistra, *sinistra*, æ, f. a sinistra, *sinistrorsum*, avv.
Sinistramente, *male : sinistre*, avv.
Sinistro (sost.), *damnum*, i, n. *sinister*, ra, rum, add. per Infausto, V.
Sino, *usque*, prep. coll' acc. sin qui, *hactĕnus*, avv. sino a che, *donec : quoad*, cong. V. Fino.
Sinodale, di sinodo, *synodālis*, m. e f. e, n. add.
Sinodico, *synodĭcus*, a, um, add.
Sinodo, congregazione di ecclesiastici *synŏdus*, i, f.
Sinonimo, della medesima significazione *synonymus*, a, um, add.
Sintassi, coordinazione delle parole, *syntaxis*, is, f.
Sintomo, *indicĭum*, ii, n.
Sire, signore, *rex, regis : herus*, i, m.
Sirena, *siren*, ēnis, f.
Sirocchia. V. Sorella.
Sirte, luogo arenoso nel mare, *syrtis*, is, f.
Sistema, *modus*, *modi*, m. *ratio*, ōnis, f.
Sitibondo, *sitiens*, ēntis, c add.
Sito, luogo, *locus*, i, m. *positio*, ōnis, f. per Odore cattivo, *gravis odor*, m.
Situare, *collŏco*, as, avi, atum, āre, A.
Sbacciare. V. Discioaliere.
Slanciare. V. Lanciare.
Slargare, *dilato : laxo*, as, etc. A.
Slattare, *a lacte depellĕre*, A.
Sleale, infedele, *infidus*, a, um, add.
Slealtà, *perfidia*, æ, f.
Slegamento, *solutio*, ōnis, f.
Slegare, *solvo*, vis, vi, ūtum, vĕre, A.
Slogamento, *luxatūra*, æ, f.
Slogare, *luxo*, as, etc. A.
Sloggiare. V. Diloggiare.
Slombare. V. Dilombare.
Slontanare. V. Allontanare.
Slungare. V. Allungare.
Smaccare. V. Svergognare.
Smaccato, per Vizzo, *viĕtus*, a, um, add.
Smacco, ingiuria, *contumelĭa*, æ, f.
Smagliare, rumper maglie, *annulos dissolvĕre : perrumpĕre*, A. vino che smaglia, *vinum scintillans*.
Smagliato, *dissolūtus*, a, um, add.
Smagrare, smagrire, smagrirsi, *macresco*, is, ĕre, N.
Smagrimento, *macies*, ēi, f.
Smagrito, *macilentus*, a, um, add.
Smaltare, coprir di smalto, *maltho*, as, A.
Smaltato, *malthā obdūctus*, a, um, add.
Smaltatura, *tectorium*, ii, n. *encaustum*, i, n.

Smaltimento. V. Digestione.
Smaltire. V. Digerire: per Spacciare, esitare le mercanzie, *distrăho, ăhis, axi, actum, ahĕre*, A.
Smalto, *maltha, æ*, f. di smalto, *encausticus, a, um*, add.
Smania, *insania, æ*, f. *furor, ōris*, m. dar nelle smanie, *furo, is, ĕre*, N.
Smaniare. V. Insanire.
Smaniglia, *armilla, æ*, f.
Smanioso. V. Furioso.
Smantellare, *demolior, īris, ītus, īri*, D.
Smarrimento, *amissio, ōnis*, f. per Sbigottimento, V.
Smarrire, *amitto, ittis, isi, issum, ittĕre*, A. smarrirsi, *a via aberrare*: — d'animo, *animo cadĕre*, N.
Smarrito, *amissus, a, um*, add. — di animo, *consternatus*: — dalla retta via, *devius, a, um*, add.
Smascellare, *maxillas dirumpĕre*, A. Smascellarsi dalle risa, *cachinnos tollĕre*, A.
Smascherare, *larvam alicui auferre*, A.
Smattonare, *lateres eruĕre*, A.
Smembrare, *obtrunco, as*, etc. A. per Dividere, V.
Smembrato, *dissectus, a, um*, add.
Smemorataggine, *oblivio, ōnis*, f.
Smemorato, *obliviosus, a, um*, add.
Smentire, *mendacii aliquem redarguĕre*, A.
Smeraldo, *smaragdus, i*, m.
Smezzare, *divido, ĭdis, īsi, īsum, idĕre*, A.
Smidollare, *emedullo, as*, etc. A. per Dichiarare, V.
Smilzo, *gracilis*, m. e f. *e*, n. add.
Sminuimento, *imminutio, ōnis*, f.
Sminuire, *imminuo, uis, ui, ūtum, uĕre*, A.
Sminuzzamento, *concisio, ōnis*, f.
Sminuzzare, *concīdo, dis, di, sum, dĕre*: *comminuĕre*, A.
Smisuratamente, *immodice*: *præter modum*, avv.
Smisuratezza, *immensitas, ātis*, f.
Smisurato, *immanis*, m. e f. *e*, n. add.
Smoccolare, *fungum purgare*, A.
Smoccolatoio, *forceps, forcĭpis*, f.
Smoccolatura, *fungus, i*, m.
Smoderatamente, smodatamente, *immoderate*, avv.
Smoderatezza, *immoderatio, ōnis*, f.
Smoderato, smodato, *immoderatus, a, um*, add.
Smontare, *descendo, dis, di, sum, dĕre*, N.
Smorbare, *morbum depellĕre*, A.
Smorfie, *illecebræ, arum*, f. pl.
Smorto, *pallidus, a, um*, add.
Smorzare. V. Estinguere.
Smossa, *commotio, ōnis*, f. — di corpo, *alvi solutio*, f.
Smosso, *commōtus, a, um*, add.
Smozzicare, *mutilo, as*, etc. A.
Smugnere, *emungo, gis, xi, ctum, gĕre*, A.
Smunto, *macer, a, um*: *emunctus, a, um*, add.
Smuovere, *dimoveo, ōves, ovi, ōtum, ovēre*, A.
Smurare, *diruo, uis, ui, ŭtum, uĕre*, A.
Snello, snellezza, ec. V. Agile, ec.
Snervamento, *debilitatio, ōnis*, f.
Snervare, *debilito, as*, etc. A.
Snervato, *enervis*, m. e f. *e*, n. add.
Snidare, snidiare, *e nido extrahĕre*: vel *expellĕre*, A.
Snocciolare, *enucleo, as*, etc. A. per Dichiarare, V.
Snodamento, *enodatio, ōnis*, f.
Snodare, *enōdo, as*, etc. A.
Snodatura, giuntura, *suffrāgo, ĭnis*, f.
Soave, *suavis*, m. e f. *e*, n. add.
Soavemente, *suaviter*, avv.
Soavità, *suavitas, ātis*, f.
Sobbissare, *everto, tis, ti, sum, tĕre*, A.
Sobborgo, *suburbium, ii*, n.
Sobole, stirpe, *soboles, is*, f.
Sobriamente, *sobrie*: *parce*, avv.
Sobrietà, *temperantia, æ*: *sobrietas, ātis*, f.
Sobrio, *sobrius*: *moderatus, a, um*, add.
Socchiudere, *pene claudĕre*, A.
Socchiuso, *fere clausus, a, um*, add.
Socco, specie di calzare degli antichi comici, *soccus, i*, m.
Soccorrere, *succurro, ris, ri, sum, ĕre alicui*, N. *opitulor, aris, atus, ari*, D.
Soccorso (sost.), *auxilium*: *subsidium, ii*, n. *adjutus, a, um*, add.
Sociabile, *sociabilis*, m. e f. *e*, n. add.
Società, *societas, ātis*, f.
Socio, *socius, ii*, m.
Sodamente, *solide*, avv.
Sodare. V. Assodare.
Soddisfacente, *satisfaciens, ĕntis*, c. add.
Soddisfare, *satisfacio, cis, feci, factum, facĕre*, N. — al debito, *nomina persolvĕre*: — alle passioni, *cupiditates explēre*, A. soddisfarsi, *animo obsequi*, D.
Soddisfatto, *contentus, a, um*, add.
Soddisfazione, soddisfacimento, *satisfactio, ōnis*, f. darla, *pœnam luĕre*, A.
Sodezza, *soliditas, ātis*, f.
Sodo, *solidus*: *firmus, a, um*, add. per Sodamente, V. Dir sul sodo, *serio agĕre*, A. (sost.), *fundamentum, i*, n.
Sofferente, *patiens, ĕntis*, add.
Sofferenza, *patientia, æ*, f.
Sofferevole, *tolerabilis*, m. e f. *e*, n. add.
Sofferire. V. Soffrire.
Sofferto, *toleratus, a, um*, add.
Soffiare, *flo, flas, flavi, flatum, flare*, N.
Soffice, morbido, *mollis*, m. e f. *e*, n. add.
Sofficiente, *sufficiens, ĕntis*, c. add.
Sofficientemente, *satis*, *superque*, avv.
Sofficienza, *habilitas, ātis*, f. a sofficienza, *satis*, avv.
Soffietto, *follis, is*, m.
Soffio, *flatus*: *spiritus, us*, m.
Soffitta, *tabulatum, i*, n. *lacunar, āris*, n.
Soffocazione, soffogazione, *suffocatio, ōnis*, f.
Soffocare, soffogare, *suffōco, as*, etc. A.
Soffregare, *leviter fricare*, A.

Soffribile, tolerabilis, m. e f. e, n. add.
Soffriggere, leviter frigĕre, A.
Soffrire, tolĕro, as, etc. perfĕro, fers, tŭli, latum, ferre, A. patior, tĕris, passus, ti, D.
Sofisma, falso argomento, sophisma, ătis, n.
Sofista, sophistes, æ, m.
Sofisticamente, sophistice, avv.
Sofisticare, per Cavillare, V.
Sofistico, sophisticus, a, um, add.
Soggettare, subjicio, icis, ĕci, ĕctum, icĕre, A.
Soggettato, soggetto, subdĭtus, a, um, add.
Soggetto (sost.), argumentum, i, n. per Persona, vir, viri, m.
Soggezione, servitus, ūtis: subjectio, ōnis, f.
Sogghignare, subrideo, ides, isi, isum, idēre, N.
Sogghigno, levis risus, us, m.
Soggiacere, subjaceo, ĕces, acui, acēre, N.
Soggiogare, debello, as, etc. : subigo, igis, ēgi, actum, igĕre, A.
Soggiogato, debellātus, a, um, add.
Soggiogatore, debellātor, ōris, m.
Soggiogatrice, debellātrix, icis, f.
Soggiogazione, soggiogamento, debellatio, ōnis, f.
Soggiornare, commŏror, āris, ātus, āri, D. dego, gis, gi, gĕre, N.
Soggiornato, commoratus, a, um, add.
Soggiorno, mora, æ, f. per Abitazione, domicilium, ii, n. mansio, onis, f.
Soggiungere, soggiugnere, subjicio, icis, ĕci, ĕctum, icĕre, A.
Soggiungimento, additio, ōnis, f.
Soggiuntivo, subjunctivus, a, um, add.
Soggiunto, addĭtus, a, um, add.
Soglia, limen, inis, n.
Soglio, solium, ii, n.
Sogliola (pesce), solea, eæ, f.
Sognare, somnio, as, etc. A. e N.
Sognato, somniātus, a, um, add.
Sognatore, somniātor, ōris, m.
Sogno, somnium, ii, n. in sogno, per somnium, avv.
Solaio, tabulātum, i, n. contignatio, ōnis, f.
Solamente, solum, avv. dumtaxat, avv. — che, dummŏdo, cong.
Solare, solāris, m. e f. e, n. add.
Solatio, luogo a mezzogiorno, locus apricus: a solatio, ad meridiem.
Solcare, sulco, as, etc. A.
Solco, sulcus, i, m. a solchi, sulcātim, avv.
Soldano, sultano, turcarum imperator, oris, m.
Soldare. V. Assoldare.
Soldatello, miles gregarius, m.
Soldatesca, copiæ, ārum, f. pl.
Soldatesco, militaris, m. e f. e, n. add.
Soldato, miles, ĭtis, m. far leva di soldati, milites legĕre: — a piedi, pedes, ĭtis, m. — a cavallo, eques, ĭtis, m. — nuovo, tiro, ōnis, m. — vecchio, veteranus, a, um, add. — ordinario, gregarius: di soldato, militaris, add. da soldato, militariter, avv.
Soldo (moneta), as solidum: per Salario, V.
Sole, sol, solis, m. il nascere e tramontar del sole, solis ortus et occasus: luogo esposto al sole, locus apricus: stare al sole, apricor, āris, ātus, āri, D.
Solecismo, errore di grammatica, solœcismus, i, m.
Soleggiare, insŏlo, as, etc. A.
Solenne, solemnis, m. e f. e, n. add.
Solenneggiare, solennizzare, per Celebrare, solemniter celebrare.
Solennemente, solemniter, avv.
Solennità, dies festus, m. celebritas, ātis, f. con gran solennità, magnifico apparatu, avv.
Solere, esser solito, soleo, es, ĭtus, ēre, N.
Soletta, solĕa, æ, f. pedulis, is, m.
Soletto, solus, a, um, add.
Solfa, le note musicali, musicæ notæ, ārum, f. pl.
Solfanello, sulphurātum, i, n.
Solfeggiare, ad numeros canĕre, N.
Solfo, sulphur, vel sulfur, ŭris, n. cava di solfo, sulphuraria, æ, f. sulphŭris fodina, f.
Solforato, sulphuratus, a, um, add.
Solidamente, solide, avv.
Solidare, V. Assodare.
Solidità, soliditas: firmitas, ātis, f.
Solido, solĭdus, a, um, add.
Solingo, V. Solitario.
Solitariamente, remotis arbitris, avv.
Solitario, solitarius, a, um, add.
Solito, solĭtus: consuetus, a, um, add.
Solitudine, solitūdo, ĭnis, f. vivervi, solitariam vitam agĕre, A.
Sollazzare, dar piacere, oblecto: recrĕo, as, etc. A. sollazzarsi, genio indulgĕre, N.
Sollazzevole, jucundus, a, um, add.
Sollazzevolmente, jucunde, avv.
Sollazzo, solatium, ii, n.
Sollecitamente, sollicite, avv.
Sollecitare, incito: sollicito, as, etc. A. per Affrettare, ec. V.
Sollecitato, impulsus, a, um, add.
Sollecitatore, impulsor, ōris, m.
Sollecitatrice, instigātrix, icis, f.
Sollecitazione, incitatio: sollicitatio, ōnis, f.
Sollecito, promptus: sedŭlus, a, um, add.
Sollecitudine, assiduitas, ātis, f. sollicitūdo, inis, f. per Diligenza, V.
Solleticare, titillo, as, etc. A.
Solletico, titillatio, ōnis, f.
Sollevamento, seditio, ōnis, f. per Sollievo, V.
Sollevare, per Innalzare, V. per Alleggerire, V. per Cagionar tumulto, seditionem facĕre: — i poveri, inopiam sustentare, A. sollevarsi, per Ribellarsi, V. per Ricrearsi, V.
Sollevato, sublātus, a, um, add. per Alleggerito, V. per Commosso, V.

Sollevazione, *seditio, ōnis*, f. per Sollievo, V.

Sollievo, *levāmen, ĭnis*: *solatium, ii*, n.

Solo, *solus, a, um*, add. da sè solo, *per se*: a solo a solo, *remotis arbitris*: per Soltanto, solamente, *solum*: *tantum*, avv. non solo, *non modo*: sol che, purchè, *dummŏdo*, avv.

Solstiziale, *solstitiālis*, m. e f. *e*, n. add.

Solstizio, *solstitium, ii*, n.

Solubile, atto a sciogliersi, *solubĭlis*, m. e f. *e*, n. add.

Solutivo, *alvum solvens, entis*, c.

Soluzione, *solutio, ōnis*, f.

Soma, *onus, ĕris*, n. metter la soma, *sarcĭnam imponĕre*, A. chi la porta, *sarcinarius, a, um*, add.

Somaro, somiero, *asĭnus clitellarius*, m.

Somigliante, *simĭlis*, m. e f. *e*, n. add.

Somigliantemente, *simĭlĭter*, avv.

Somiglianza, *similitūdo, ĭnis*, f.

Somigliare, *simĭlem esse*, N.

Somma, *summa*: *copia, æ*, f. in somma, *denique*, avv.

Sommamente, *magnopĕre*: *maxĭme*, avv.

Sommare, *summam colligĕre*, A.

Sommariamente, *summātim*, avv.

Sommario, compendio, *summarium, ii*, n.

Sommergere, *mergo, gis, si, sum, gĕre*: *merso, as*, etc. A. sommergersi, *submergor*: *mergor, gĕris, sus, gi*, P.

Sommersione, sommergimento, *submersio, ōnis*, f.

Sommerso, *mersus, a, um*, add.

Sommessamente, *submisse*, avv.

Sommessione, sommissione, *submissio, ōnis*, f.

Sommesso, *submissus, a, um*, add.

Sommettere, *submitto, ittis, isi, issum, ittĕre*, A.

Somministrare, *suppedĭto, as*, etc. *subministro, as*, etc. A.

Somministratore, *subministrātor, ōris*, m.

Somministrazione, *suppeditatio, ōnis*, f.

Sommissione. V. Sommessione.

Sommità, *summum*: *fastigium, ii*, n. *vertex, ĭcis*, m.

Sommo, *summus*: *maximus, a, um*, add.

Sommossa, *commotio*: *instigatio, ōnis*, f. per Sedizione, *seditio, onis*, f.

Sommosso, *commōtus, a, um*, add.

Sommovimento, *commotio, ōnis*, f.

Sommovitore, *concitātor, ōris*, m.

Sommovere, *submoveo, ōves, ōvi, ōtum, ovēre*, A.

Sommovimento, *commotio, ōnis*, f.

Sonagliera, *crepitacŭla, orum*, n. pl.

Sonaglio, *tintinnabŭlum, i*, n.

Sonare, *sono, as, ui, itum, āre*, N. e A. — la tromba, *buccĭnam inflare*, A. — la cetra, il flauto, *fides pulsare, tibiam inflare*, — il tamburo, *tympănum pulsare*, A. — a battaglia, *classica inflare*, A.

Sonata, *sonĭtus, us*, m.

Sonatore, di flauto, *tibīcen, ĭnis*, m. — di lira, *fidĭcen, ĭnis*, m. — di tromba, *tubĭcen, ĭnis*, m. — di tamburo, *tympanista, æ*, m. — di cornetta, *cornĭcen, ĭnis*, m.

Sonetto, *italicum epigramma, ătis*, n.

Sonnacchioso, *somniculōsus, a, um*, add.

Sonnifero, *soporĭfer, a, um*, add. (sost.), *somnifĕrum medicamentum, i*, n.

Sonno, *somnus, i*, m. fare un sonno, *edormio, is, ivi, itum, ire*, N. far venir sonno, *somnum conciliare*, A. morire di sonno, *dormiendi cupiditate flagrare*, N. senza sonno, *insomnis, insomnus*, add. — profondo, *altus sopor, ōris*, m. mi vien sonno, *urget me somnus*.

Sonnolento. V. Sonnacchioso.

Sonnolenza, *veternus, i*, m.

Sonoramente, *sonōre*, avv.

Sonoro, *sonōrus, a, um*, add.

Sontuosamente, *sumptuōse*, avv.

Sontuosità, *magnificentia, æ*, f.

Sontuoso, *sumptuōsus, a, um*, add.

Soperchiamente, *immodĭce*, avv.

Soperchiante, *contumeliosus, a, um*, add.

Soperchiare, *redundo, as*, etc. N. per Opprimere, V.

Soperchiatore, *oppressor, ōris*, m.

Soperchieria, *oppressio, ōnis*, f.

Soperchio, soperchiamento, *redundantia, æ*, f. *excessus, us*, m. di soperchio, *immodĭce*, avv. *nimius, a, um*: *supervacānĕus, a, um*, add.

Sopire, *sopio, is, ivi, itum, ire*, A.

Sopore, *sopor, ōris*, m.

Soppannare, *subsuo, uis, ui, ūtum, uĕre*, A.

Soppanno, *pannus subsūtus*, m.

Soppiantare, *supplanto, as*, etc. A.

Soppiattare, *occulo, is, ui, tum, ĕre*, A.

Soppiatto, di soppiatto, *clam*: *furtim*, avv.

Sopportabile, *tolerabĭlis*, m. e f. *e*, n. add.

Sopportamento, *tolerantia, æ*, f.

Sopportare, *tolĕro, as*, etc. A. *fero, fers, tuli, latum, ferre*, A.

Sopportazione, *tolerantia, æ*, f.

Soppressa, *pressorium, ii*, *prelum, i*, n.

Soppressare, *prelo subjicĕre*, A.

Soppressione, *suppressio, ōnis*, f.

Soppresso, *suppressus, a, um*, add.

Sopprimere, *supprĭmo, ĭmis, essi, essum, imĕre*, A.

Sopra, *super*: *supra*, prep. coll' acc. il di sopra, *pars superior*, f. sopra ciò, *de hac re*.

Soprabbondante, *affluens, excēdens, entis*, c.

Soprabbondantemente, *ubĕrtim*: *affluenter*, avv.

Soprabbondanza, *redundantia, æ*, f. a soprabbondanza, *copiose*, avv.

Soprabbondare, *redundo, as*, etc. N.

Sopraccapo, soprantendente, *rector, ōris*: *præfectus, i*, m.

Sopraccarico, *onus solĭto majus*, n.

Sopraccarta, *literarum involūcrum, i*, n.

Sopraccennato, *prædictus, a, um*, add.

Sopraccelestè, *divīnus, a, um*, add.

Sopraccielo, la parte superiore del cortinaggio del letto, *conopæum superius*, n.

Sopracciglio, supercilium, ii, n.
Sopraccitato, prædictus, a, um, add.
Sopraccoperta, stragulum, i, n. — delle lettere, inscriptio, ōnis, f.
Sopraddente, dens exsertus, m.
Sopraddotare, aliquid doti addĕre, A.
Sopraddote, præter dotem bona, ōrum, n. pl.
Sopraffare, opprĭmo, ĭmis, essi, essum, imĕre, A.
Sopraffatto, oppressus, a, um, add.
Sopraffino, tenuissimus; exquisitus, a, um, add.
Sopraggiungere, intervenio, ēnis, ēntum, enīre, N. per Aggiungere di più, superaddo, is, ĭdi, ĭtum, ĕre, A.
Sopraggiunto, superveniens, ēntis, c. superadditus, a, um, add.
Sopraggrande, prægrandis, m. e f. e, n. add.
Sopraintendente. V. Preside.
Sopraintendenza, cura, æ, f. regimen, ĭnis, n.
Sopraintendere, præsum, es, fŭi, esse, N.
Soprammano, manu sublata, avv.
Soprammentovato, supra memoratus, add.
Soprammodo, soprammisura, præter modum, prep.
Soprannaturale, supra naturam; divīnus, a, um, add.
Soprannome, cognōmen, ĭnis, n.
Soprannominare, cognomino, as, etc. A.
Soprano, melŏdus acutior, m.
Soprantendere, ec. V. Sopraintendere, ec.
Sopraordinario, V. Straordinario.
Soprappeso, superpondium, ii, n.
Soprappiù, pars redundans: di soprappiù, præterea, avv.
Soprapporre, superpōno, nis, sui, situm, nĕre, A.
Soppreso, deprehensus, a, um, add.
Soprascritta, inscriptio, ōnis, f.
Soprascritto, inscriptus, a, um, add.
Soprascrizione, inscriptio, ōnis, f.
Soprascrivere, inscrībo, bis, psi, ptum, bĕre, A.
Soprassedere. V. Differire.
Soprassoma. V. Soprappeso.
Soprastante, imminens, ēntis, c. per Insolente, V. (sost.), per Custode guardiano, V.
Soprastanza, per Sopraintendenza, V.
Soprastare, per Indugiare, moror, āris, atus, āri, D. per Star sopra, immineo, ines, inui, inēre, N. per Presiedere, præsum, es, fui, esse, N.
Soprattenere, diutius remorari, D.
Soprattieni, dilatio, ōnis, f.
Soprattutto, potissimum: præcipue, avv.
Sopravanzamento, excessus, us, m.
Sopravanzare, supĕro, as, etc. A.
Sopravvegliare, invigilo, as, etc. A.
Sopravvenimento, interventus, us, m.
Sopravvenire, supervenio, ēnis, ēni, ēntum, enīre, N.
Sopravvento, vantaggio del vento, secundus ventus, m.
Sopravveste, toga, æ, f.
Sopravvissuto, superstes, ĭtis, m. e f.
Sopravvivere, superstitem esse, N.
Soppresso, tumor ab osso vitiato, m.
Sopraumano, divīnus, a, um, add.
Soqquadro. V. Rovina.
Sorba, sorbum, i, n.
Sorbetto, gelida sorbitio, ōnis, f.
Sorbire, sorbeo, es, ui, ēre, N.
Sorbo (albero), sorbus, i, f.
Sorcio, mus, mūris, m.
Sordaggine, surditas, ātis, f.
Sordamente, surde, avv.
Sordastro, surdaster, ra, rum, add.
Sordidamente, sordide, avv.
Sordidezza, sordizia, sordes, is: fœditas, ātis, f.
Sordido, sordĭdus, a, um, add.
Sordo, surdus, i, m. — da un orecchio, altĕra aure captus: divenir sordo, obsurdesco, is, obsurdui, ĕre, N. fare il sordo, surditatem simulare, A. surdus, a, um, add.
Sorella, soror, ōris, f. — carnale, soror germana: — di latte, collactanea: di sorella, sororius, a, um, add.
Sorgente, fons, fontis, m.
Sorgere, surgo, gis, rexi, rectum, gĕre, N.
Sormontare, sorpassare, supĕro, as, etc. A. per Salire, scando, is, i, ĕre, A.
Sorprendente, mirus, a, um, add.
Sorprendere, deprehendo, dis, di, sum, dĕre, A. invādo, dis, si, dĕre, A.
Sorpresa, deprehensio, ōnis, f. fare una sorpresa, per fraudem capĕre, A.
Sorpreso, deprehensus, a, um, add.
Sorra, salume di tonno, thynnus muriatus, m.
Sorreggere, sustento, as, etc. sustineo, es, ui, entum, ēre, A.
Sorridere, subrideo, ĭdes, isi, ĭsum, dēre, N.
Sorriso, lenis risus, us, m.
Sorsare, bere a sorsi, sorbillo, as, etc. A.
Sorso, haustus, us, m.
Sorta, species, ēi, f. genus, ĕris, n. di ogni sorta, omnigĕnus, a, um, add. di sorta che, ita ut, cong.
Sorte, sors, sortis, f. fortuna, æ, f. casus, us, m. mettere a sorte, sorti committĕre: eleggere a sorte, sorte legĕre: cavare a sorte, sorte ducĕre: per Capitale, summa, æ, f. a sorte, sorte: sortito, avv.
Sortiere, sortilego, che fa l'arte d'indovinare, sortilĕgus, a, um, add.
Sortilegio, sortilegium, ii, n.
Sortire, tirare a sorte, o avere in sorte, sortior, īris, ītus, īri, D.
Sortita, eruptio, ōnis, f. fare, erumpo, mpis, pi, ptum, mpĕre, N.
Sorvolare, supervŏlo, as, etc. N.
Soscrizione, subscriptio, ōnis, f.
Suspendere, suspendo, dis, di, sum, dĕre, A. — dagli ordini sacri, sacris interdicĕre, A. per Prolungare, V.
Suspensione, dilatio, ōnis, f. — di animo, dubitatio, ōnis, f. — di armi, armorum

cessatio, f. — degli ordini sacri, *sacrorum interdictio*, f.
Sospeso, *suspensus*, a, um, add. per Dubbioso, V.
Sospettare, *in suspicionem addūci*, *venire*: *suspicor*, āris, ātus, āri, D.
Sospetto, *suspicio*, ōnis, f. entrare in sospetto, V. Sospettare, *suspectus*, a, um, add.
Sospettosamente, *suspiciose*, avv.
Sospettoso, *suspiciosus*, a, um, add.
Sospignere, sospingere, *impello*, ellis, ūli, ūlsum, *ellĕre*, A.
Sospingimento, *impulsio*, ōnis, f. *impulsus*, us, m.
Sospinto, *impulsus*, a, um, add.
Sospirare, *suspiro*, as, etc. N.
Sospirato, *optatus*, a, um, add.
Sospirevole, *gemebundus*, a, um, add.
Sospiro, *suspirium*, ii, n. fino all ultimo sospiro, *ad extremum halitum*. m.
Sossopra, *sursum deorsum*: metter sossopra, *perturbo*, as, etc. A.
Sostantivo, *substantivus*, a, um, add.
Sostanza *substantia*, æ, f. per Ricchezza, V.
Sostanziale, *substantiālis*, m. e f. e, n. add.
Sostanzialmente, *substantialiter*, avv.
Sostanzioso, *succi plenus*, a, um, add.
Sostegno, *fulcrum*: *fulcimentum*, i, n. per Aiuto, V.
Sostenere, *sustinĕo*, ines, inui, entum, inēre, A. — conclusioni, *theses propugnare*, A. — la causa, *causam tuēri*, D.
Sostenimento, sostentamento, *sustentaculum*, i, n. per Mantenimento, *alimentum*, i, n. per Conforto, V.
Sostentare, *alo*, is, ui, *tum*, vel *itum*, *ĕre*, A. — la vita, *vitam cibis fulcire*, A.
Sostentato, *nutritus*, a, um: per Appoggiato, *nixus*, a, um, add.
Sostentatore, difensore, *fautor*, ōris, m. *patrōnus*, i, m.
Sostenutezza, *gravitas*, ātis, f.
Sostenuto, *elatus*: *suffultus*, a, um, add.
Sostituire, *substitŭo*, ūis, ui, ūtum, *uĕre*: *subrŏgo*, as, etc A.
Sostituito, *substitūtus*, a, um, add.
Sostituzione, *substitutio*, ōnis, f.
Sottana, *tunica*, æ, f.
Sottentramento, *successio*, ōnis, f.
Sottentrare, *succēdo*, dis, ssi, ssum, *dĕre*, N.
Sotterfugio, *effugium*, ii, n.
Sotterra, *sub terra*: di sotterra, *e terra*, avv.
Sotterramento, *humatio*, ōnis, f.
Sotterraneo, *subterranĕus*, a, um, add.
Sotterrare, *sepelio*, ēlis, elivi, ultum, *elīre*, A. *terra obruĕre*, A.
Sottigliare. V. Assottigliare: per Sottilizzare, V.
Sottigliezza, *subtilitas*, ātis, f. — d'ingegno, *ingenii acūmen*, inis, n.
Sottile, *subtilis*: *tenuis*, m. e f. e, n. add. — di ingegno, *perspicax*, ācis, c. mal sottile, V. Tisichezza.
Sottilizzare, per Fantasticare, V.
Sottilmente, *subtiliter*, avv.
Sottintendere, *subaudio*, is, ivi, itum, ire, A. *subintelligo*, igis, exi, ectum, igĕre, A.
Sotto, sub, prep. coll'acc. e abl. *subter*, prep. coll'acc. il di sotto, *inferior pars*, f. star di sotto, *subesse*, *subes*, *subsum*, N. per Abbasso, *deorsum*, avv. sotto pretesto, *specie*, o, *per speciem*.
Sottocoppa, *patina*, æ, f.
Sottocuoco, *coqui servus*, i, m.
Sottomaestro, *hypodidascălus*, i, m.
Sottomano, *clam*: *clanculum*, avv.
Sottomessione, *subjectio*, ōnis, f.
Sottomettere, *submitto*, ttis, si, ssum, *ttĕre*, A.
Sottomettersi, *subdĕre se*: — al potere di alcuno, *se in alicujus potestatem dare*, A.
Sottoporre, *subjicio*, icis, ēci, ectum, *icĕre*, A.
Sottoposto, *suppositus*: *subjectus*, a, um, add.
Sottoscritto, *subscriptus*, a, um, add.
Sottoscrivere, *subscribo*, bis, psi, *ptum*, *bĕre*, A.
Sottoscrizione, sottoscritta, *subscriptio*, ōnis, f.
Sottosopra. V. Sossopra.
Sottovento, vento contrario, *ventus adversus*, m.
Sottovoce, *submissa voce*, avv.
Sottrarre, *subtrăho*, ăhis, āxi, actum, *ahĕre*, A. — al pericolo, *periculo eripĕre*: — una quantità da un'altra, *subdūco*, cis, xi, ctum, *cĕre*, A. sottrarsi, *eripĕre se*: — all'obbedienza, *imperium detrectare*, A.
Sottratto, *ereptus*, a, um, add.
Sottrazione, *subductio*, ōnis, f.
Sovente, soventemente, *sæpe*, avv.
Soverchiamente, *nimis*, avv.
Soverchiare, ec. V. Soperchiare, ec.
Sovero, sughero, *suber*, ĕris, m.
Sovranità, *imperium*, ii, n.
Sovrano, *princeps*, ipis, m.
Sovrastare, ec. V. Soprastare, ec.
Sovrumano, *divinus*, a, um, add.
Sovvenimento, *auxilium*, ii, n.
Sovvenire, *auxilior*, aris, ātus, āri, D. per Ricordarsi, *memini*, inisti, isse, A.
Sovvenitore, *adjutor*: *auxiliātor*, ōris, m.
Sovvenitrice, *adjutrix*, icis, f.
Sovversione, *eversio*, ōnis, f.
Sovvertire, *everto*, tis, ti, sum, *tĕre*, A.
Sozzamente, *fœde*, avv.
Sozzare. V. Imbrattare.
Sozzo, *fœdus*, a, um, add.
Sozzura, *sordes*, is, f.
Spaccamento, *scissio*: *fissio*, ōnis, f.
Spaccare, *scindo*: *findo*, ndis, di, *ssum*, *ndĕre*, A. che si spacca, *fissilis*, m. e f. e n. add.
Spacciare, per Vendere, V. per Spedire, V.
Spacciatamente, *celeriter*, avv.
Spacciato, *expeditus*, a, um, add.

Spaccio, *distractio*, *ōnis*, f.
Spaccone, millantatore, *jactator*, *ōris*, m.
Spada, *gladius*, *ii*: *ensis*, *is*, m. — a due tagli, *gladius anceps*, m. metter a fil di spada, *ad internecionem delēre*, A.
Spadaccino, V. Spadina: per Chi porta spada, *machærophŏrus*, *i*, m.
Spadaio, *gladiorum faber*, *i*, m.
Spadata, *gladii ictus*, *us*, m.
Spadina, spadetta, *gladiŏlus*, *i*, m.
Spadone, *ensis prægrandis*, m.
Spago, spaghetto, *funicŭlus*, *i*, m.
Spalancare, *patefacio*, *ăcis*, *ēci*, *actum*, *ăcĕre*, A.
Spalla, *humĕrus*, *i*, m. metter in spalla, *humĕris imponĕre*; per Voltarle, *terga vertĕre*, A. essere alle spalle, *tergo imminēre*, N.
Spallare, slogare le spalle, *luxo*, *as*, A.
Spallato, *luxatus*, *a*, *um*, add.
Spalleggiare, per Favorire, V.
Spalliera, *fulcrum dorsuāle*, n.
Spalmare, unger con pece le navi, *pice illinĕre*, A.
Spalmata, percossa sulla palma della mano, *verber*, *ĕris*, n. *offerumenta*, *æ*, f.
Spampanare, levare i pampani, *pampino*, *as*, etc. A.
Spampanata, *jactantia*, *æ*, f. chi la fa, *ostentator*, *ōris*, m.
Spampanazione, *pampinatio*, *ōnis*, f.
Spandere, *effundo*, *ūndis*, *ūdi*, *usum*, *ĕre*, A.
Spandimento, *effusio*, *ōnis*, f.
Spaniare, *visco extricāre*, A.
Spanna, palmo, *spithăma*, *æ*, f.
Spanto, sparso, *effusus*, *a*, *um*, add.
Sparagio, *asparăgus*, *i*, m.
Sparagnare, V. Risparmiare.
Sparare le armi da fuoco, *displodĕre*, A. — calci, V. Calcitrare: per Fendere la pancia, *exentĕro*, *as*, etc. A. per Disimparare, V.
Sparata, *verborum jactatio*, *ōnis*, f. per Scarica, V.
Sparecchiare, *mensam aufĕrre*, A.
Spargere, *spargo*, *gis*, *si*, *sum*, *gĕre*, A. per Divulgare, V.
Spargimento, *effusio*, *ōnis*, f.
Sparire, *evanesco*, *scis*, *ui*, *escĕre*, N.
Sparlamento, *obtrectatio*, *ōnis*, f.
Sparlare, *obtrecto*, *as*, etc. A. *obloquor*, *quĕris*, *cutus*, *qui*, D.
Sparlatore, *obtrectator*, *ōris*, m.
Sparo, V. Sparata, e Scarica.
Sparpagliare, *dissipo*, *as*, etc. *dispergo*, *gis*, *si*, *sum*, *gĕre*, A.
Sparsamente, *separatim*, avv.
Sparso, *sparsus*, *a*, *um*, add.
Spartatamente, *separatim*, avv.
Spartimento, *partitio*, *ōnis*, f.
Spartire, *partior*, *īris*, *ītus*, *īri*, D. *divido*, *idis*, *isi*, *isum*, *idĕre*, A. per Separare, V.
Sparviere, *accipĭter*, *ris*, m.
Sparuto, *macilentus*, *a*, *um*, add.
Spasimare, *membrorum convulsione laborāre*, N. per Desiderare uno ardentemente, *aliquem deperire*; — di qualche cosa, *aliquid vehementer cupĕre*, A.
Spasimo, spasima, *nervorum convulsio*, *ōnis*, f.
Spassarsi, *genio indulgēre*, N.
Spasseggiare, *spatior*, *āris*, *ātus*, *āri*, D. *obambŭlo*, *as*, etc. N.
Spassionato, *minime cupidus*: *omni studio*, *vel cupiditate vacuus*, *a*, *um*, add.
Spasso, *solatium*, *ii*, n. prenderselo, *de re aliqua oblectāri*: stare a spasso, *otior*, *āris*, etc. andarsi, *spatiari*, D.
Spauracchio, *terriculamentum*, *i*, n. fare spauracchi, *inanes terrores facĕre*, A.
Spaurire, far paura, *perterrefacio*, *ăcis*, *ēci*, *actum*, *acĕre*, A.
Spaventare, *terrĕo*, *es*, *ui*, *itum*, *ēre*: *territo*, *as*, etc. A.
Spaventarsi, *expavesco*, *scis*, *i*, *escĕre*, N.
Spaventato, *exterritus*, *a*, *um*, add.
Spaventevole, *terrificus*, *a*, *um*, add.
Spaventevolmente, *horrifice*, avv.
Spavento, *terror*, *ōris*, m.
Spaventoso, *horribilis*, m. e f. *e*, n. add.
Spazio, *spatium*, *ii*, n.
Spaziosità, *amplitudo*, *ĭnis*, f.
Spazioso, *amplus*: *spatiosus*, *a*, *um*, add.
Spazzacammino, *caminorum purgator*, *ōris*, m.
Spazzare, *verro*, *is*, *ĕre*, A.
Spazzatura, *sordes*, *is*, f. *purgamentum*.
Spazzola, *peniculus*, *i*, m.
Spazzolare, *penicŭlo mundare*, A.
Specchiarsi, *se in speculo inspicĕre*, A.
Specchio, *specŭlum*, *i*, n.
Specchietto, *parvum specŭlum*, *i*, n.
Speciale, *peculiaris*, m. e f. *e*, n. *præcipuus*, *a*, *um*, add.
Specialmente, *præcipŭe*, avv.
Specie, *species*, *ēi*, f.
Specificare, *specialiter exprimĕre*, A.
Specificatamente, *clare*: *distincte*, avv.
Specificazione, *distinctio*, *ōnis*, f.
Specifico, *specificus*, *a*, *um*, add.
Speciosità, *species*, *ēi*: *forma*, *æ*, f.
Speco, spelonca, *specus*, *us*, m.
Specolare, osservare attentamente, *speculor*, *āris*, *ātus*, *āri*, D.
Specolativa, *contemplandi vis*, *is*, f.
Specolativamente, *commentando*, avv.
Specolativo, *contemplator*, *ōris*, m.
Specolatore, *speculātor*, *ōris*, m. per Esploratore, V.
Specolazione, *contemplatio*: *commentatio*, *ōnis*, f.
Spedale, *nosocomium*, *ii*, n.
Spedaliere, *xenodochii præfectus*, *i*, m.
Spediente, *consilium*, *ii*, n. per Utile, *utilis*, m. e f. *e*, n. add. è espediente, *expĕdit*, imp.
Spedire, *expedio*, *īis*, *ivi*, *itum*, *ire*, A. per Mandare, V.
Speditamente, *expedite*: *celeriter*, avv.
Speditezza, *celeritas*, *ātis*, f.
Spedito, *expeditus*, *a*, *um*, add. malattia

spedita, cioè disperato, *valetudo deplorata*, f. la cosa è spedita, *actum est.*

Spedizione, *celeritas*, *ātis*, f. per Impresa militare, *expeditio*, *ōnis*, f.

Spedizioniere, *procurātor*, *ōris*, m.

Spegnere, *extinguo*, *guis*, *xi*, *ctum*, *guĕre*, A.

Spegnimento, *extinctio*, *ōnis*, f.

Spelare ec. V. Pelare ec.

Spelazzare, *lanam secernĕre*, *purgare*, A.

Spellicciatura, sgridata, *vehemens objurgatio*, *ōnis*, f.

Spelonca, *spelunca*, *æ*, f. *antrum*, *i*, n.

Speme, *spes*, *spei*, f.

Spendere, *impendo*, *dis*, *di*, *sum*, *dĕre*, A. — la vita, *vitam profundĕre* A.

Spenditore, chi fa la spesa, *obsonātor*, *ōris*, m. per Chi spende assai, *profūsus*, *a*, *um*, add.

Spennacchiare, spennare, *pennas evellĕre*.

Spennacchiuto, *deplūmis*, m. e f. *e*, n. add.

Spensieratamente, *inconsulto*: *temĕre*, avv.

Spensierato, *imprūdens*, *ĕntis*, o.

Spento, *extinctus*, *a*, *um*, add.

Spera. V. Sfera.

Sperabile, *sperabilis*, m. e f. *e*, n. add.

Speranza, *spes*, *spei*, f. concepirla, *in spem adduci*, P. perderla, *spem abjicĕre*, A.

Sperare, *spero*, *as*, etc. A.

Sperato, *speratus*, *a*, *um*, add.

Sperdere, *perdo*, *is*, *ĭdi*, *ĭtum*, *ĕre*, A.

Sperduto, aviato, *devius*, *a*, *um*, add.

Spergiurare, *perjūro*, *as*, etc. N.

Spergiuro (sost.), *perjurium*, *ii*, n. *perjūrus*, *a*, *um*, add.

Sperieolato, *timidus*, *a*, *um*, add.

Sperienza ec. V. Esperienza ec.

Sperimentare, *experior*, *erīris*, *ertus*, *erīri*, D.

Sperimentato, *probatus*, *a*, *um*, add. per Esperto, V.

Sperimento, *experimentum*, *i*, n.

Sperone. V. Sprone.

Sperso, *disperatus*, *a*, *um*, add.

Sperticato, *immānis*, m. e f. *e*, n. add.

Sperto, *perītus*, *a*, *um*, add.

Spesa, *impensa*, *æ*, f. *sumptus*, *us*, m. star sulle spese, *impensis suis vivĕre*, N. a spese altrui, *alienis impensis*; per Danno, *pericŭlum*, *i*, n. spese, *alimenta*, *ōrum*, n. pl.

Spesaccia, *magna impensa*, f.

Spesare, *alo*, *is*, *ŭi*, *tum*, vel *ĭtum*, *ĕre*, A. *alimenta sufficĕre*, A.

Spesato, *nutrītus*, *a*, *um*, add.

Speso, *impensus*, *a*, *um*, add.

Spessamente. V. Spesso, avv.

Spessezza, *spissĭtas*, *ātis*, f. per Frequenza, V.

Spesso, denso, *spissus*: *densus*, *a*, *um*, add. per Frequente, V.

Spesso, spesse volte, *sæpe*: *crebro*: *frequenter*, avv. più spesso, *sæpius*: spessissimo, *sæpissime*, avv.

Spettacolo, *spectacŭlum*, *i*, n.

Spettare, *attĭnet*, *ēbat*, *ŭit*, *ĕre*, imp.

Spettatore, *spectator*, *ōris*, m.

Spettatrice, *spectatrix*, *īcis*, f.

Spettorarsi, scuoprirsi il petto, *pectus nudare*, A.

Speziale (sost.), *pharmacopōla*, *æ*, m. per Particolare, *præcipuus*, *a*, *um*, add.

Specialità, *propriĕtas*, *ātis*, f. in spezialità, V. Spezialmente.

Spezialmente, *præsertim*, avv.

Spezie, *species*, *ēi*, f. per Aromato, V.

Spezieria, *medicamentaria officina*, *æ*, f. spezierie, *aromăta*, *um*, n. pl.

Spezzare, *frango*: *confringo*, *ingis*, *ēgi*, *actum*, *ingĕre*, A.

Spezzatura, spezzamento, *fractūra*, *æ*, f.

Spia, spione, *delātor*, *ōris*, m. per Esploratore, V.

Spiacere ec. V. Displacere ec.

Spiacimento, spiacevolezza, *displicentia*, *æ*, f.

Spiaggia, ora, *æ*, f. *litus*, *ŏris*, n.

Spiamento, *exploratio*, *ōnis*, f.

Spianamento, *exæquatio*, *ōnis*, f. per Dichiarazione, V.

Spianare, per Pareggiare, V. — le case, *domos solo æquare*, A. — le difficoltà, *difficultates explanare*: — le montagne, *coæquare montes*, A.

Spianata, *planities*, *ēi*, f.

Spiantare, *deplanto*, *as*, etc. A. *excindo*, *scis*, *di*, *ssum*, *ndĕre*: *evello*, *ellis*, *elli*, vel *ulsi*, *ulsum*, *ellĕre*, A.

Spiantato, *eversus*, *a*, *um*, add. per Rovinato, V. per Impoverito, V.

Spiare ec. V. Esplorare ec.

Spiattellare, parlar senza riguardi, *libĕre loqui*, D.

Spiattellatamente, *aperte*, avv.

Spiccare, per Staccare, V. per Far spicco, *emineo*, *ines*, *inui*, *nere*, N. — salti, *exsulto*, *ilis*, *ilii*, vel *ului*, *ultum*, *ilire*, N. spiccarsi, per Partire, V.

Spiccato, *refixus*: *avulsus*, *a*, *um*, add.

Spicchio, particella d'aglio e simili, *allii cepæ*, etc. *follicŭlus*, *i*, m.

Spicchiuto, che ha spicchi, *follicŭlis constans*, *antis*, o. add.

Spicciolare, staccar dal picciuolo, *e pediculo divellĕre*, *foliis spoliare*, A.

Spicciolatamente, *seorsim*, *separatim*, avv.

Spicciolato, *solus*, *a*, *um*, add.

Spicco, *eminentia*, *æ*, f. fare spicco, *emineo*, *es*, *ui*, *ēre*, *præsto*, *as*, *īti*, *itum*, *āre*, N.

Spidocchiare, *a pedicŭlis expurgare*, A.

Spiedo, *veru*, n. indecl.

Spiegare, *explico*, *as*, etc. A. per Dichiarare, esporre, V. spiegarsi, *sententiam suam aperīre*, A.

Spiegazione, *explicatio*, *ōnis*, f.

Spietatamente, *crudelĭter*: *impie*, avv.

Spietatezza, *crudelĭtas*, *ātis*, f.

Spietato, *inhumanus*, *a*, *um*, add.

Spiga, *spica*, *æ*, f. di spiga, *spicĕus*, *a*, *um*, add. fascio di spighe, *merges*, *ĭtis*, m.

Spigare, *spico*, *as*, etc. A.

Spigionato, *non locatus*, *a*, *um*, add.

Spigo, *nardus*, *i*, m.
Spigolare, *spicas legĕre*, A.
Spigolo, *angŭlus*, *i*, m.
Spillare, trar vino per lo spillo, *vinum terĕbra haurire*, A.
Spilletto, specie d'ago senza cruna, *acicŭla*, *æ*, f.
Spillo, punteruolo da forar le botti, *terĕbra*, *æ*, f. V. Spilletto.
Spilorceria, *avaritia*, *æ*, f.
Spilorcio, *sordĭdus*, *a*, *um*, add.
Spilluzzicare, *carpo*, *is*, *si*, *tum*, *ĕre*: *delibo*, *as*, etc. A.
Spilluzzico, a spilluzzico, *vix*: *ægre*, avv.
Spina, *spina*, *æ*, f. *vepres*, *ium*, m. e f. pl. di spina, *spineus*, *a*, *um*, add.
Spinace, erba, *blitum*, *i*, n. vel *blitus*, *i*, m. *spinaceum olus*, n.
Spinaio, spineto, *dumētum*: *veprētum*, *i*, n.
Spinale, *spinālis*, m. e f. *e*, n. add.
Spingere, *impello*, *ellis*, *uli*, *ulsum*, *ellĕre*: *urgĕo*, *ges*, *si*, *gēre*, A.
Spino, *spinus*, *æ*, f.
Spinosità, *spinarum germinatio*, *ōnis*, f. per Difficoltà, V.
Spinoso, *spinosus*, *a*, *um*, add. per Difficile, V.
Spinta, spingimento, *impulsus*, *us*, m.
Spinto, *impulsus*, *a*, *um*, add.
Spiombare, levare il piombo, *plumbum adimĕre*, A. per Rovinare *diruĕre*: per Pesar molto, *plurimum ponderis habēre*, A.
Spione. V. Spia.
Spiovere, cessar di piovere, *pluvia desinit*, *ebat*, *desiit*, *ĕre*, imp.
Spira, *spira*, *æ*, f.
Spirabile, *spirabĭlis*, m. e f. *e*, n. add.
Spiraglio, *rima*, *æ*, f. *spiracŭlum*, *i*, n.
Spirare, *spiro*, *as*, etc. N. per Morire, V.
Spirazione, *afflātus*, *us*, m.
Spiritale, spirituale, *spiritalis*, m. e f. *e*, n. add. per Divoto, V.
Spiritamento, *furor*, *ōris*, m.
Spiritare, spiritarsi, *lymphor*, *āris*, *ātus*, *ari*, D. per Impaurirsi, V.
Spiritato, *lymphatus*, *a*, *um*, add.
Spirito, *spirĭtus*, *us*, m. per Ingegno, V. lo spirito maligno, *dæmon*, *ŏnis*, m. spiriti, anime dei morti, *manes*, *ium*, m. pl. — Santo, *Spiritus Sanctus*, m.
Spiritoso, *fervĭdus*, *a*, *um*: *acer*, *acris*, *re*.
Spirituale, *incorporĕus*, *a*, *um*, add. V. spiritale.
Spiritualità, *pietas*, *ātis*, f.
Spiritualmente, *spiritualĭter*; *pie*, avv.
Spiumacciare, *culcĭtram agitare*, A.
Spiumare, *plumam detrahĕre*, A.
Splendente, *splendens*, *ĕntis*, o. add.
Splendere. V. Risplendere.
Splendidamente, *splendĭde*, avv.
Splendidezza, *splendor*, *ōris*, m. *magnificentia*, *æ*, f.
Splendido, *splendĭdus*, *a*, *um*, add. per Magnifico, V.
Splendore, *splendor*, *ōris*, m.

Spoglia, per Veste, V. preda, *spolium*, *ii*, n. *exuviæ*, *ārum*, f. pl.
Spogliamento, *spoliatio*, *ōnis*, f.
Spogliare, *spolio*, *as*, etc. A. spogliarsi, *vestem exuĕre*, A.
Spogliatoio, *apodyterium*, *ii*, n.
Spogliatore, *spoliator*, *ōris*, m.
Spogliatura. V. Spogliamento.
Spoglio, *supellex*, *ectilis*, f. per Preda, V.
Spola, *radius*, *ii*, m.
Spolpare, *pulpas detrahĕre*, A.
Spolpato, *depulpatus*, *a*, *um*, add.
Spoltronirsi, *excitor*, *āris*, etc. P. *socordiam excutĕre*, A.
Spolverare, *pulvĕrem abstergēre*, A.
Spolverizzare, *frio*, *as*, etc. A.
Sponda, *ora*, *æ*, f. — di fiume, *ripa*, *æ*, f.
Spondeo, piede metrico di due lunghe nel verso latino, *spondæus*, *i*, m.
Sponitore, *interpres*, *ĕtis*, m.
Sponsali, *sponsalia*, *um*, n. pl. *nuptiæ*, *ārum*, f. pl.
Sponsalizio, *sponsalitius*, *a*, *um*, add. (sost.), V. Sponsali.
Spontaneamente, *sponte*: *ultro*, avv.
Spontaneo, *spontaneus*, *a*, *um*, add.
Spopolare, *depopŭlor*, *āris*, etc. C.
Spoppare, *a lacte depellĕre*, A.
Sporcamente, *spurce*: *sordĭde*, avv.
Sporcare, *fœdo*: *spurco*, *as*, etc. A.
Sporcato, *inquinatus*, *a*, *um*, add.
Sporcizia, sporcheria, *sordes*, *is*, f. *fœdĭtas*, *ātis*, f.
Sporco, *fœdus*: *immundus*, *a*, *um*, add. — nel favellare, *spurcidicus*, *a*, *um*, add.
Sporgere, *porrigo*, *igis*, *exi*, *ectum*, *igĕre*, A. — in fuori, *exto*, *as*, etc. *promineo*, *ines*, *inui*, *inēre*, N.
Sporre. V. Esporre.
Sporta, *sporta*: *cista*, *æ*, f.
Sportellina, *sportŭla*, *æ*, f.
Sportello, piccola porta, *ostiŏlum*, *i*, n.
Sporto, *projectūra*, *æ*, f.
Sposa, *sponsa*, *æ*, f.
Sposalizio, *nuptiæ*, *ārum*, f. pl.
Sposare, *uxorem ducĕre*, A. per Dar moglie, *uxorem dare*, A.
Sposato, *matrimonio junctus*, *a*, *um*, add.
Spositore, ec. V. Espositore, ec.
Sposo, *sponsus*, *i*, m.
Spossare, *debilito*, *as*, etc. A.
Spossatamente, *debilĭter*, avv.
Spossato, *debĭlis*, m. e f. *e*, n. add.
Spranga, *subscus*, *ŭdis*, f.
Sprangare, *subscŭde firmare*, A.
Sprecamento, *prodigentia*, *æ*, f.
Sprecare, *prodigo*, *igis*, *ēgi*, *actum*, *igĕre*, A.
Sprecatore, *prodĭgus*, *a*, *um*, add.
Spregevole, *contemptibĭlis*, m. e f. *e*, n. add.
Spregiare, *contemno*, *mnis*, *psi*, *ptum*, *mnĕre*, A.
Spregiatore, *despiciens*, *ĕntis*, o. add.
Spregiatrice, *contemptrix*, *īcis*, f.
Spregio, *contemptus*, *us*, m.

Spremere, *exprĭmo, ĭmis, essi, essum, imĕre*, A.
Spremuto, *expressus, a, um*, add.
Spressamente, *expresse*, avv.
Spresso, *expressus: manifestus, a, um*, add.
Sprezzare. V. Spregiare.
Sprezzatore, sprezzatrice. V. Spregiatore, ec.
Sprigionare, *e carcĕre abducĕre*, A.
Sprizzare, *stillo, as*, etc. A.
Sprofondamento, *ruina, æ*, f.
Sprofondare, *subsīdo, sīdis, sēdi, sidĕre: subsīdo, sīdes, sēdi, sessum, sidĕre*, N. *in imum delābi*. D.
Sprofondato, *in imum detrusus, a, um*, add.
Sprometter, *promissum revocare*, A.
Spronare, *stimŭlo, as*, etc. A. per Sollecitare, V. spronare il cavallo, *calcaria equo admovĕre*. A.
Spronata, piaga dello sprone, *calcāris ictus, us*, m.
Spronato, *stimulatus, a, um*, add.
Sprone, *calcar, āris*, n. a spron battuto, *quam celerrime*, avv. *citato equo:* punta della prua delle navi, *rostrum, i*, n. *stimŭlus, i*, m.
Spropiare, ec. V. Spropriare, ec.
Sproporzionatamente, *inconcinnĭter*, avv.
Sproporzionato, *dissentaneus, a, um*, add.
Sproporzione, *partium inconcinna dispositio*, f. per Differenza, V.
Spropositare, *inepĭto, is, īre*, N.
Spropositato, *ineptus, a, um*, add.
Sproposito, *error, ōris*, m. *ineptia, æ*, f. a sproposito, *turpĭte*, avv.
Spropriare, *privo, as*, etc. A.
Spropriazione, *abdicatio, ōnis*, f. per Privazione, V.
Sprovvedutamente, *inconsulto: improvĭde*, avv.
Sprovveduto, sprovvisto, *imparatus, a, um*, add.
Spruzzare, *aspergo, gis, si, sum, gĕre*, A.
Spruzzo, *aspersio, ōnis*, f.
Spugna, *spongia, æ*, f.
Spugnoso, *spongiosus, a, um*, add.
Spulciare, *pulices tollĕre*, A.
Spuma, *spuma, æ*, f.
Spumare, *spumo, as*, etc. N. per Tor la spuma, *spumam adimĕre*, A.
Spumoso, *spumosus, a, um*, add.
Spuntare, *hebĕto, as*, etc. *aciem retundĕre*, A. per Uscir fuori, *orior, ĕris, tus, iri*, D. per Ottenere, V.
Spuntato, *retusus, a, um*, add. *hebes, ĕtis*, c.
Spuntatura, *praesegmen, ĭnis*, n.
Spuntellare, *fulcimenta amovĕre*, A.
Spuntonata, *ictus veru inflictus*, m.
Spuntone, arme d'asta, *veru*, n. indecl. nel sing.
Spurgamento, *expurgatio, ōnis*, f.
Spurgare, spurgarsi, *excreo, as*, etc. A.
Spurgo, *excreatio, ōnis*, f.
Spurio, illegittimo, *spurius, a, um*, add.

Sputacchiare, *conspuo, uis, ui, ūtum, uĕre*, N. *consputo, as*, etc. N.
Sputare, *exspuo, uis, ui, ūtum, uĕre*, A. — in faccia, *in os spuĕre*, N.
Sputato, *sputo ejectus, a, um*, add.
Sputo, sputacchio, *sputum, i*, n.
Spuzzare. V. Puzzare.
Squacquerato, per Liquido, sciolto, V.
Squadernare, *libros evolvĕre*, A. per Mostrare apertamente, *patefacĕre*, A.
Squadra, strumento per squadrare, *norma, æ*, f. per Compagnia di soldati, *agmen, ĭnis*, n.
Squadrare, *ad normam exigĕre:* per Minutamente considerare, *lustro, as*, etc. A.
Squadro (pesce), *squatina, æ*, f.
Squadronare, ordinar i soldati, *instruo, uis, uxi, uctum, uĕre*, A.
Squadronato, *instructus, a, um*, add.
Squadrone, *agmen, ĭnis*, n.
Squagliare. V. Liquefare.
Squallido, *squalĭdus, a, um*, add.
Squallore, squallidezza, *squalor, ōris*, m.
Squama, *squama, æ*, f. a squame, *squamatim*, avv.
Squamoso, *squamosus, a, um*, add.
Squarciare, *lacĕro, as*, etc. *discerpo, is, si, tum, ĕre*, A.
Squarcio, squarciatura, *laceratio, ōnis* f.
Squartamento, *laniatio, ōnis*, f.
Squartare, *lanio, as*, etc. A.
Squartato, *dissectus, a, um*, add.
Squasso, *quassatio, ōnis*, f.
Squilla, *tintinnabŭlum, i*, n.
Squillante, *resŏnans, āntis*, c. add.
Squillare, *tinnio, is, ivi, itum, tinnire*, N.
Squillo, *sonitus, tinnitus, us*, m.
Squinternare, *pertŭrbo, as*, etc. A.
Squisitamente, *exquisite*, avv.
Squisitezza, *perfectio, ōnis*, f.
Squisito, *exquisitus, a, um*, add.
Squittinare, mandare a partito per mezzo dei voti, *ferre suffragium*, A.
Squittinio, adunanza di cittadini per squittinare, *comitia, ōrum*, n. pl.
Sradicare, *eradīco, as*, etc. A.
Sregolatamente, *inordinate*, avv.
Sregolatezza, *licentia, æ*, f.
Sregolato, *incomptus, a, um*, add. — nei costumi, *dissolutus, a, um*, add.
Stabbiare. V. Letamare.
Stabbio, *fimus, i*, m.
Stabile, *stabilis*, m. e f. *e*, n. add. beni stabili, *bona immobilia*, n. pl. *res immobĭlis*, f.
Stabilimento, *stabilĭtas, ātis*, f.
Stabilire, *statuo: constituo, uis, ui, ūtum, uĕre*, A. *stabilio, īlis, ivi, ītum, īlire*. A.
Stabilmente, *firmĭter*, avv.
Staccamento, *avulsio, ōnis*, f.
Staccare, *avello: divello, ellis, elli*, vel *ulsi, ulsum, ellĕre*, A.
Stacciare, la farina, *cerno: subcerno, cernis, crevi, cretum, cernĕre*, A.
Stacciatura, *cretūra, æ*, f.
Staccio, *cribrum, i*, n.

Stadera, *statēra: trutīna*, æ, f.
Stadio, *stadium*, ii, n.
Staffa, *stapes*, *ĕdis*, m. *stapĭa*, æ, vel *stapēdia*, æ, f.
Staffetta, *parva stapĭa*, f. per Portalettere, *tabellarĭus*, ii, m.
Staffiere, *a pedĭbus servus*, i, m.
Staffilare, *scutĭca verberare*, A.
Staffilato, *flagris cæsus*, a, um, add.
Staffilatura, *verberatĭo*, ōnis, f.
Staffile, *scutĭca*, æ, f.
Stagionamento, *maturatĭo*, ōnis, f.
Stagionare, *matūro*, as, etc. A.
Stagionato, *maturatus*, a, um, add.
Stagione, *tempestas*, ātis, f. *anni tempus*, ŏris, n.
Stagnamento, d'acqua, *reses aqua*, æ, f. — di sangue, *reses sanguis*, ĭnis, f.
Stagnante, *stagnans*, āntis, c. acqua stagnante, *aqua reses*, f.
Stagnare, non scorrere, *stagno*, as, etc. N. per Coprire di stagno, *stanno obducĕre*, A. per Fermare, arrestare, V.
Stagnato, *stagnans*, āntis, c. per Vasi di metallo stagnati, *incoctilia*, um, n. pl.
Stagno (metallo), *stannum* i, n. di stagno, *stannĕus*, a, um, add. stagno di acqua morta, *stagnum*, i, n.
Staio, *modius*, ii, m.
Stalla, *stabŭlum*, i, n. — di cavalli, *equile*: — di bovi, *bubile*: — di porci, *suile*: — di pecore, *ovile*; *caula*, æ, f. metter il bestiame nella stalla, *pecus stabulare*, A.
Stallaggio, fitto della stalla, *stabŭli merces*, ēdis, f.
Stalletta, *parvum stabŭlum*, i, n.
Stallone, cavallo di razza, *admissarĭus equus*, i, m. per Garzone di stallo, *stabularĭus*, ii, m.
Stallo, *mora*, æ, f. *domicilĭum*, ii, n.
Stamane, stamattina, *hodie mane*, avv.
Stame, *stamen*, ĭnis, n.
Stampa, *typus*, i, m.
Stampare, *excūdo*, ūdis, ūdi, ūsum, ūdĕre, A. *typis committĕre*, A.
Stampato, *editus*: *impressus*, a, um, add.
Stampatore, *typographus*, i, m.
Stamperia, *officina typographĭca*, f.
Stancare, *lasso*: *defatīgo*, as, etc. A.
Stanchezza, *defatigatĭo*, ōnis, f.
Stanco, *lassus*: *defatigātus*, a, um, add.
Stanga, *vectis*, is, m.
Stangare, per Puntellare, V.
Stangata, colpo di stanga, *vectis ictus*, m.
Stanghetta, *parvus vectis*, is, m.
Stanotte, *hac nocte*, avv.
Stante, per Momento, V. che sta, *stans*, *stantis*, c. add.
Stantio, *vietus*, a, um, add.
Stanza, *cubicŭlum*, i, n. *cella*, æ, f.
Stanzetta, stanzino, *parvum cubicŭlum*, n.
Stanziare, ordinare, decretare, *sancio*, *cis*, *xi*, *ctum*, *cire*: *statuo*, is, i, *tum*, *ĕre*, A.
Stare, *maneo*, es, *si*, *sum*, *ēre*, N. per Dimorare, V.

Starna (uccello), *avis externa*, f.
Starnutare, *sternūto*, *ūis*, ūi, *ūĕre*, N.
Starnuto, *sternutamentum*, i, n.
Stasera, *hodie vespĕri*, avv.
State, *æstas*, ātis, f. al principio della state, *ineunte æstate*: nel mezzo, *adulta æstate*: sulla fine, *affecta jam æstate*.
Statico, per Ostaggio, *obses*, ĭdis, m.
Stato (sost.), per Grado, *status*, us, m. *conditĭo*, ōnis, f. per Dominio, *ditĭo*, ōnis, f.
Statua, *statŭa*, æ, f. *simulācrum*, i, n.
Statuaria, arte di far le statue, *statuarĭa*, æ, f.
Statuario, *statuarius*, ii, m.
Statuire, *constitŭo*, ŭis, ŭi, ūtum, ŭĕre, A.
Statura, *statūra*, æ, f.
Statutario, chi fa lo statuto, *legislātor*, ōris, m.
Statuto, legge di luogo particolare, *statūtum*, i, n.
Stazionario, *cunctans*, āntis, c. add.
Stazione, *statĭo*, ōnis, f. presso gli Ecclesiastici, *supplicatĭo*, ōnis, f.
Stecca, *assŭla*, æ, f.
Steccare, fare steccati, *circumvallare*, A.
Steccato, *vallum*, i, n. per Luogo dove si esercitano i combattenti, *arēna*, æ, f.
Stecco, *festūca*, æ, f.
Stella, *stella*, æ, f. *astrum*, i, n.
Stellante, stellato, *sidereus*: *stellatus*, a, um, add.
Stelletta, stelluzza, *parva stella*, æ, f.
Stelo, gambo, *calămus*, i: *caulis*, is, m.
Stemperamento, *dissolutĭo*, ōnis, f. per Scioglimento, V.
Stemperare, stemprare, ec. per Liquefare, ec. V.
Stendardo, *vexillum*: *signum*, i, n.
Stendere. V. Distendere: — la mano, *manum porrigĕre*: — uno in terra, *prosternĕre*, A.
Stendimento, *extensĭo*, ōnis, f.
Stentare, *inopia premi*, P. *labōro*, as, etc. N. — a far qualche cosa, *ægre aliquid facĕre*, A.
Stentatamente, *ægre*, avv.
Stentato, *laboriosus*, a, um, add.
Stento, *labor*, ōris, m. a stento, *ægre*, *vix*, avv.
Stenuare, *extenŭo*, as, etc. A. stenuarsi, *macresco*, is, ĕre, N.
Stenuato, *extenuatus*, a, um, add.
Stenuazione. V. Estenuazione.
Sterco, *stercus*, ŏris, n.
Sterile, *sterilis*, m. e f. e, n. add.
Sterilezza, sterilità, *sterilitas*, ātis, f.
Sterilire, *sterilesco*, is, ĕre, N.
Sterilmente, *steriliter*, avv.
Sterminare, *extermĭno*, as, etc. A.
Sterminatamente, *immodice*, avv.
Sterminato, *immensus*, a, um, add.
Sterminatore, *eversor*, ōris, m.
Sterminio, sterminazione, *excidĭum*, ii, n.
Sternuto. V. Starnuto.
Sterpamento, *extirpatĭo*, ōnis, f.

Sterpare, extirpo, as, etc. A.
Sterpato, radicitus evulsus, a, um, add.
Sterpo, stirps, stirpis, c.
Sterquilinio, letamaio, sterquilinium, ii, n.
Sterramento, terræ excavatio, ōnis, f.
Sterrare, terram effodĕre, A.
Sterrato, effossus, a, um, add.
Stesamente, fuse, avv.
Steso, fusus, a, um, add.
Stessere, retexo, ĕxis, exui, ĕxtum, exĕre, A.
Stesso, idem, eădem, idem, pron.
Stia, gabbia da polli, cavĕa, æ, f.
Stiare, tenere in stia, cavĕa detinēre, A.
Stignere, colorem eluĕre, A.
Stile, stilus, i, m. pugio, ōnis, m. per Costume, mos, moris, m. per Qualità di comporre, stilus, i, m.
Stilettare, pugione ferire, A.
Stilettata, pugionis ictus, us, m.
Stiletto, pugiunculus, i, m. pugio, ōnis, m.
Stilla, stilla, æ, f. a stille, stillatim, avv.
Stillare, stillo, as, etc. A. per Infondere, V.
Stillato (sost.), bevanda da infermi, potio stillatitia, f.
Stillazione, instillatio, ōnis, f.
Stilo, stile, stilus, i, m. per Pugnale, V. Asta della stadera. scapus, i, m.
Stima, æstimatio, ōnis, f. judicium, ii, n. fama, æ, f.
Stimabile, æstimabilis, m. e f. e, n. add.
Stimare, æstimo, as, etc. A. per Pensare, V.
Stimate, cicatrici, stigmata, um, n. pl.
Stimato, æstimatus, a, um, add.
Stimatore, æstimator, ōris, m.
Stimolare, stimulo, as, etc. A.
Stimolatore, stimulator, ōris, m.
Stimolatrice, stimulatrix, icis, f.
Stimolazione, stimulatio, ōnis, f.
Stimolo, stimulus, i, m.
Stincata, tibiæ ictus, us, m.
Stinco, tibia, æ, f. crus, cruris, n.
Stioro, la quarta parte dello staio, misura di terreno, quarta pars jugĕri.
Stipa, sterpi o legna minute da ardere, ramalia, um, n. pl.
Stipare, circondar di stipa, stipo, as, etc. A. per Tagliare la stipa, ramalia cædĕre, A.
Stipendiare, stipendium dare, A.
Stipendiato, stipendiario, stipendio conductus, a, um, add.
Stipendio, stipendium, ii, n.
Stipite, dell' albero, stipes, itis, m.
Stipite, stipite, dell' uscio, postis, is, m.
Stipo, scrinium, ii, n.
Stipulare, stipulor, āris, ātus, āri, D.
Stipulazione, stipulatio, ōnis, f.
Stiracchiamento, stiracchiatura, cavillatio, ōnis, f.
Stiracchiare, cavillor, āris, ātus, āri, D.
Stiracchiatamente, cavillando, avv.
Stiramento, stiratura, distentio, ōnis, f.
Stirare, distendo, dis, di, sum, dĕre, A.
Stirato, distentus, a, um, add.
Stirpare ec. V. Estirpare ec.
Stirpe, stirps, stirpis, f. progenies, ēi, f.
Stiticheria, morositas, ātis, f. per Stitichezza, V.
Stitichezza, alvi duritia, æ, f.
Stitico, stypticus, a, um, add. duro di corpo, cui alvus adstricta, f.
Stiva, il manico dell' aratro, stiva, æ, f.
Stivalato, ocreatus, a, um, add.
Stivale, ocrĕa, æ, f.
Stivaletto, cothurnus, i, m. chi il porta, cothurnatus, a, um, add.
Stivamento, acervus, i, m.
Stivare, constipo, as, etc. A.
Stivato, constipatus, a, um, add.
Stizza, ira, æ: indignatio, ōnis, f.
Stizzarsi, irascor, ĕris, tus, sci, D.
Stizzosamente, iracunde, avv.
Stizzoso, iracundus, a, um, add.
Stoccata, ictus, us, m.
Stocchetto, gladiolus, i, m.
Stocco, gladius, ii, m.
Stogliere, V. Distogliere.
Stola, stola, æ, f.
Stolidamente, stolide, avv.
Stolidità, stolidezza, stoliditas, ātis, f.
Stolido, stolidus, a, um, add.
Stoltamente, stulte, avv.
Stoltezza, stoltizia, stultitia, æ, f.
Stoltiloquio, discorso da stolto, stultiloquium, ii, n.
Stolto, stultus, a, um, add.
Stomacaggine, nausea, æ, f.
Stomacale, stomacho gratus, a, um, add.
Stomacare, nauseam movēre, A. stomacarsi, stomachor, āris, ātus, āri, D.
Stomachevole, che turba lo stomaco, nauseæ plenus, a, um, add. per Rincrescevole, gravis, m. e f. e, n. add.
Stomaco, stomachus, i, m.
Stonante, dissŏnus, a, um, add.
Stonare, dissŏno, as, etc. inconcinne canĕre, N.
Stoppa, stupa, æ, f. di stoppa, stupĕus, a, um, add.
Stoppare, turare con stoppa, stupa obstruĕre, A.
Stoppia, stipŭla, æ, f.
Stoppino. V. Lucignolo.
Stopposo, stupĕus, a, um, add.
Storace, sorta di ragia, styrax, ăcis, m.
Storcere, distorquĕo, ques, si, tum, quēre, A. per Contrario di torcere, retorquēre, A. storcere un piede, pedem sibi luxare, A.
Storcimento, contorsio, ōnis, f.
Stordimento, stupor, ōris, m.
Stordire, stupore percellĕre, A. non mi stordire, ne obtundas mihi aures: per Rimanere stordito, stupĕo, es, ui, ēre, N.
Storditamente, tarde, avv.
Storditezza, stupiditas, ātis, f.
Stordito, stupidus: attonitus, a, um, add.
Storia, historia, æ, f.
Storiato, depictus, a, um, add.

Storicamente, historice, avv.
Storico, historicus, a, um, add.
Storiella, brevis historia, f.
Storiografo (sost.), historiæ scriptor, öris: historiographus, i, m.
Storione (pesce), acipenser, ĕris, m.
Stormire, il romoreggiar delle frondi, perstrepo, is, ui, itum, ĕre, N.
Stormo, turma, æ, f. agmen, ĭnis, n.
Stornare, deterrĕo, es, ui, itum, ēre: retro adigĕre, A.
Stornello, color di cavallo, gilvus, a, um, add. V. Storno.
Storno (uccello), sturnus, i, m.
Storpiamento, storpiatura, mutilatio, ōnis, f.
Storpiare, mutilo, as, etc. A.
Storpiato, storpio, mutilus, a, um, add.
Storre. V. Distogliere.
Storsione, torsio: per Aggravio ingiusto, iniuria, ōnis, f.
Storta, distortio, ōnis, f. per Scimitarra, V.
Stortamente. V. Obliquamente.
Storto, distortus, a, um: per Cattivo, pravus, a, um, add.
Stoviglie, stovigli, fictilia vasa, ōrum, n. pl.
Strabalzamento, jactatio, ōnis, f.
Strabalzare vexo, as, etc. A.
Strabiliare, meravigliarsi estremamente, obstupĕsco, scis, ui, scĕre, N.
Strabiliato, obstupefactus, a, um, add.
Straboccamento, exuberatio, ōnis, f.
Straboccare, exundo: redundo, as, etc. N.
Straboccato, exubĕrans, antis, c. add.
Strabocchevole, immodicus: effusus, a, um, add.
Straccare, defatigo, as, etc. A.
Stracchezza, lassitūdo, ĭnis, f.
Stracciamento, laceratio, ōnis, f.
Stracciare. V. Lacerare.
Stracciato, straccione, pannosus, a, um, add. per Lacero, V.
Straccio, scruta, ōrum, n. pl. vestis attrita, f.
Stracco, lassus, a, um, add.
Straccollare, lasciare andar giù il capo, caput demittĕre, A.
Straccollato, demisso capite collapsus, a, um, add.
Stracotto, nimis coctus, a, um, add.
Strada, via, æ, f. per Viaggio, iter, itinĕris, n. — battuta, via trita: — maestra, lata via: — accorciatoia, via compendiaria: — che ha esito, pervia: — che non l'ha, impervia, f. — in croce, quadrivium, ii, n. sbagliarla, aberro as, etc. N.
Stradone, ampla via, æ, f.
Strafalcione, error, ōris, m.
Strafare, far più del bisogno, plus æquo facĕre, A.
Strafatto, per Guasto, corrotto, V.
Strage, strages, is, f. fare strage, stragem edĕre, A.
Stralciare, tagliare i tralci, puto, as, etc. N. per Dar fine, expedio, īdis, ivi, itum, ire, A.
Strale, telum, i, n.
Stralunare, oculos distorquēre, A.
Stralunato, strabo, ōnis, m.
Stramazzare, prosterno, ernis, rāvi, rātum, ernĕre, A. per Cadere, procumbo, mbis, bui, bitum, mbĕre, N.
Stramazzata, lapsus, us, m.
Stramazzo, materasso, culcitra, æ, f.
Stramazzone. V. Stramazzata.
Strambo, storto, varus, a, um, add.
Strame, stramen, ĭnis, n. di strame, stramineus, a, um, add.
Stramezzamento, interpositio, ōnis, f.
Stramezzare, interpōno, nis, sui, situm, nĕre, A.
Stranamente, duriter, avv. fuor di misura, supra modum, avv.
Stranezza, asperitas, ātis, f. per Novità, V.
Strangolare, strangŭlo: suffoco, as, etc. A.
Strangolatore, strangulātor, ōris, m.
Strangolazione, strangulatio, ōnis, f.
Strangoglione, infermità che viene alla gola, tonsillæ, ārum, f. pl.
Straniero, straniere, externus, a, um, add.
Strano, straniero, externus, a, um: per Nuovo, insolitus, a, um, add. per Alieno, V. per Ruvido, V.
Straordinariamente, præter ordinem, avv.
Straordinario, inusitatus, a, um, add. (sost.), per Corriere fuor d'ordine, tabellarius extra ordinem.
Strapagare, plus æquo solvĕre, A.
Strapazzare, contemno, emnis, empsi, emptum, emnĕre: injuriosius tractare, A.
Strapazzatamente, negligenter, avv.
Strapazzato, spretus: contemptus, a, um, add.
Strapazzo, contumelia, æ, f. a strapazzo, negligenter, avv.
Strapiantare, transfĕro, fers, tuli, lātum, ferre, A.
Straportare, transfĕro, ers, tuli, lātum, ferre, A.
Strappamento, strappata, avulsio, ōnis, f.
Strappare, avello, ellis, elli, ulsum, ellĕre, A.
Strarîpevole, præruptus, a, um, add.
Strascicare. V. Strascinare.
Strascico, tractus, us, m.
Strascinamento, tractus, us, m.
Strascinare, traho, his, xi, ctum, hĕre, A.
Strasecolare, obstupesco, scis, ui, scĕre, N.
Strasecolato, obstupescens, ēntis, c. add.
Stratagemma, stratagēma, ătis, n.
Strato, solaio, pavimentum, i, n. per Letto, stratum, i, n.
Stratagliare, præcīdo, dis, di, sum, dĕre, A.
Stravagante, inusitatus, a, um, add.
Stravagantemente, inusitate, avv.
Stravaganza, novitas, ātis, f.
Stravedere, per Veder molto, perspicio, icis, exi, ectum, icĕre, A. per Abbagliare, hallucinor, āris, ātus, āri, D.
Stravizzo, epulæ, ārum, f. pl. convivium, ii, n.

Stravolgere, inverto, tis, ti, sum, tĕre, A.
Stravolgimento, inversio, ōnis, f.
Stravoltamente, perverse, avv.
Stravoltare, pervertĕre, A.
Stravolto, inversus, a, um, add.
Straziare, per Maltrattare, V. per Mandare a male, dissipare, A.
Strazistamente, aspĕre, avv.
Strazio, cruciatus, us, m. per Mal governo, vexatio, ōnis, f.
Strega, saga, æ, f.
Stregare, per Ammaliare, V.
Stregheria, stregoneria, veneficium, ii, n.
Stregghia, strigilis, is, f.
Stregghiare, strigili defricare, subradĕre, A.
Stregghiatura, fricatio, ōnis, f.
Stregone, veneficus i, m.
Stremo, per Estremo, V. per Miserabile, V.
Strenuamente, valorosamente, strenue, avv.
Strenuo, valoroso, strenuus, a, um, add.
Strepitare, perstrĕpo, is, ui, itum, ĕre, N.
Strepito, strepitus, us, m.
Strepitosamente, magno strepitu, avv.
Strepitoso, strepens, ĕntis, c. add.
Stretta, per Oppressione, V. per Penuria, V.
Strettamente, arcte, avv. per Scarsamente, parce, avv.
Strettezza, angustia, æ, f. inopia, æ, f.
Stretto, angusto, arctus, a, um, add. per Intrinseco, V. per Avaro, V. Stretto di mare, fretum, i, n.
Strettoio, torcular, āris, n.
Strettura, adstrictio, ōnis, f.
Stridere, strideo, es, dui, dēre, vel strido, dis, di, dĕre, N.
Stridore, strido, clamor, ōris, m.
Stridulo, stridevole, stridulus, a, um, add.
Strigare, extrico: explico, as, etc. A.
Striglia, ec. V. Stregghia, ec.
Strillare. V. Stridere.
Strillo, stridor, ōris, m.
Stringa, lorum, i, n.
Stringato, pressus, a, um, add.
Stringere, adstringo, gis, xi, ctum, gĕre, A.
Stringimento, constrictio, ōnis, f.
Strippare, mangiare assai, lurco, as, etc. N. lurcor, āris, ātus, āri, D.
Striscio, fascia, æ, f. per Orma, V.
Strisciare, serpo: repo, is, si, tum, ĕre, N.
Stritolabile, friabilis, m. e f. e, n. add.
Stritolamento, contritio, ōnis, f.
Stritolare, contĕro, ĕris, rivi, ritum, erĕre, A.
Strofa, strophe, es, f.
Strofinaccio, penicillus, i, m.
Strofinamento, frictio, ōnis, f.
Strofinare, frico, as, ui, tum, vel atum, āre, A.
Strologare, divino, as, etc. A. per Star pensando, versare animo, A.
Strologia, ec. V. Astrologia, ec.
Strombettare, tuba canĕre, A.
Strombettata, strombazzata, strombettio, tubæ clangor, ōris, m.
Stromento. V. Strumento.
Stroncare, obtrunco, as, etc. A.
Stroncato, amputatus, a, um, add.
Stropicciamento, frictio, ōnis, f.
Stropicciare, frico, as, etc. A.
Stroppiare, ec. V. Storpiare, ec.
Stroscia, la riga che fa l' acqua in terra correndo, fluxus, us, m.
Strosciare, cader con mormorio, detto dell'acqua, fluo, is, xi, xum, ĕre; murmurare, N.
Stroscio, strepitus, us, m.
Strozza, jugulum, i, n.
Strozzare, jugŭlo, as, etc. A.
Strozzatoio, strangulans, suffocans, āntis, c.
Strozzatura, jugulatio, ōnis, f.
Struggere, liquefacio, facis, feci, factum, facĕre, A. struggersi contabēsco, bescis, ui, escĕre, N.
Struggimento, consumptio, ōnis, f. per Desiderio intenso, cupiditas, ātis, f.
Struggitore, evĕrsor, ōris, m.
Struggitrice, populatrix, icis, f.
Strumentale. V. Organico.
Strumento, instrumentum, i, n. — di notaro, tabulæ, ārum, f. pl. — di cucina, arma coquinaria, n. pl.
Strutto, liquefactus, a, um, add. (sost.) per Lardo, laridum, i, n.
Struttura, structura, æ, f.
Struzzo, struzzolo (uccello), struthiocamelus, i, m.
Stuccare, obturo, as, A. per Annoiare, V.
Stuccatore, plastes, æ, m.
Stucchevole, molestus, a, um, add.
Stucchevolmente, moleste, avv.
Stucco, per Annoiato, V. (sost.), marmoratum, i, n.
Studente, literarum studiosus, add.
Studiare, studeo, es, ui, ĕre, N. — in legge, operam dare juri, A. studiarsi, curo, as, etc. A.
Studiato, elaboratus, a, um, add.
Studio, studium, ii, n. per Scuola, gymnasium, ii, n.
Studiosamente, de industria, avv. per Diligentemente, V.
Studioso, studiosus, a, um, add.
Stufa, hypocaustum, i, n. per Bagno, V.
Stufaiuolo, hypocausti custos, odis, m.
Stufare. V. Infastidire.
Stufato, vivanda, jusculum, i, n.
Stufo, stufato, satur, ra, rum: per Noiato, tædio affectus, add.
Stuoia, storea, æ, vel teges, tegetis, f.
Stuolo, multitudo, inis, f. agmen, inis, n.
Stupefare, stupefacio, facis, feci, factum, facĕre, A. stupefarsi, obstupēsco, escis, ui, escĕre, N.
Stupefatto, stupefactus, a, um, add.
Stupendamente, mirum in modum, avv.
Stupendo, mirificus, a, um, add.
Stupidezza, stupidità, stupiditas, ātis, f.
Stupido, stupidito, stupidus, a, um, add. obstupescens, ĕntis, c. add.

Stupire, *stupĕo, es, ui, ere*, N.
Stupore, *stupor, ōris*, m.
Sturare, *resĕro, as*, etc. A.
Sturbamento, *perturbatio, ōnis*, f.
Sturbare, *pertūrbo, as*, etc. A.
Sturbo. V. Sturbamento.
Stuzzicadenti, *dentiscalpium, ii*, n.
Stuzzicamento. V. Irritamento.
Stuzzicare, per Irritare, *commovēre*: per Frugacchiare, *scalpo, is, psi, ptum, ĕre*: per Toccare, *leviter tangĕre*, A.
Stuzzicato, *exstimulātus, a, um*, add.
Stuzzicatore, *stimulātor, ōris*, m.
Stuzzicorecchi, *auriscalpium, ii*, n.
Su, *super, supra*, prep. in su, su in alto, *sursum*: su via, *eja age*, ed in pl. *eja agite*: andare in su, *sursum ferri*, P.
Suasione. V. Persuasione.
Suasivo. V. Persuasivo.
Suave, ec. V. Soave, ec.
Subalterno, *subjectus, a, um*, add.
Subbia, scalpello, *scalprum, i*, n.
Subbietto. V. Soggetto.
Subbio, quel legno su cui s'avvolge la tela, *jugum, i*, n.
Subbissamento, *excidium, ii*, n.
Subbissare, *everto, tis, ti, sum, tĕre*, A.
Subbisso, subisso. V. Subbissamento.
Subentrare, *succēdo, dis, essi, essum, edĕre*, N.
Subentrato, *succēdens, ēntis*, c. add.
Subire, *subĕo, is, ivi, itum, ire*, A.
Subitamente, *statim*, avv.
Subitanamente, subito, *subito*, avv.
Subitaneo, *subitus*: *subitanĕus, a, um*, add.
Subito, di subito, in un subito, *subito*: *statim*, avv. subitochè, *ut, statim ac*: *subitus, a, um*, add.
Sublimare, *extollo, extollis, extuli, latum, extollĕre*, A. *evĕho, ĕhis, exi, ectum, ehĕre*, A.
Sublimazione, *elatio*: *evectio, ōnis*, f.
Sublime, *sublimis*, m. e f. *e*, n. *excelsus, a, um*, add.
Sublimemente, *sublimiter, alte*, avv.
Sublimità, *altitudo, inis*, f. *sublimitas, ātis*, f.
Subodorare, aver indizio di qualche cosa, *præsentio, tis, si, sum, tīre*, A.
Subordinare, costituire dipendentemente da alcuno, *subjicĕre*, V. Soggettare, ec.
Subordinatamente, *ordinatim*, avv.
Subordinazione. V. Obbedienza.
Subornare, instigare di nascoso, *subŏrno, as*, etc. A.
Subornatore, *subŏrnans, āntis*, c. add.
Subornazione, *sollicitatio, ōnis*, f.
Succedere, *succēdo, dis, ssi, ssum, dĕre*, N. per Ereditare, *in bona alicujus venire*: per Accadere, V.
Successione, *successio, ōnis*, f.
Successivamente, *deinceps*, avv.
Successivo, *subsĕquens, ēntis*, c. add.
Successo, succedimento, *eventus*: *successus, us*, m.
Successo, *successus, a, um*, add.
Successore, *successor, ōris*, m. i successori, *posteri, ōrum*, m. pl.
Succhiellare, trivellare, *terĕbro, as*, etc. A.
Succhio, e succhiello, trapano, *terĕbra, æ*, f.
Succiamento, *suctus, us*, m.
Succiare, succhiare, *sugo, gis, xi, ctum, gĕre*, A.
Succiato, *exsuctus, a, um*, add.
Succintamente, *breviter*, avv.
Succinto, cinto di sotto, *succinctus, a, um*, add. per Breve. V.
Succiola castagna lessa, *castanĕa elixa*.
Succiso, tagliato sotto, *succisus, a, um*, add.
Succo e sugo, *succus, i*, m.
Succoso, *succosus, a, um*, add.
Sucido, sporco, *sucidus*: *sordidus, a, um*, add.
Sucidume, *sordes, is*, f.
Sudacchiare, *exsudo, as*, etc. N.
Sudare, *sudo, as*, etc. N. far sudare, *sudorem elicĕre*, A.
Sudario, *sudarium, ii*, n.
Sudato, *sudatus, a, um*: **sudore madens**, add.
Suddetto, *prædictus, a, um*, add.
Suddiaconato, *subdiaconatus, us*, m.
Suddiacono, *subdiacŏnus, i*, m.
Suddito, *subditus, a, um*, add.
Suddividere, *subdivido, idis, isi, isum, idĕre*, A.
Suddivisione, *altĕra divisio, ōnis*, f.
Suddiviso, *rursus divisus, a, um*, add.
Sudicio. V. Sucido.
Sudiciume. V. Sucidume.
Sudore, *sudor, ōris*, m.
Sufficiente, *sufficiens, ēntis*, c. add.
Sufficientemente, *satis superque*, avv.
Sufficienza, *peritia, æ*: *copia, æ*, f.
Soffocamento. V. Soffocazione.
Suffocare. V. Soffocare.
Suffraganeo, il vescovo sottoposto al metropolitano, *antistes suffraganeus*, m.
Suffragare, giovare, *suffrāgor, aris, atus, ari*, D.
Suffragio, *suffragium, ii*, n. per Aiuto, V.
Suffumicare, *suffumigo, as*, etc. A.
Suffumigio, *suffimen, inis*, n. *suffitus, us*, m.
Sufolamento, fischio, *sibilus, i*, m.
Sufolare, fischiare, *sibilo, as*, etc. N.
Sugante, agg. di carta, *charta bibula*, f.
Sugare, succiare, *exsugo, is, xi, ctum gĕre*, detto della carta che non regge all'inchiostro, *bibo, is, i, itum, ĕre*, A.
Suggellamento, *obsignatio, ōnis*, f.
Suggellare, ec. V. Sigillare, ec.
Suggerimento, *suggestio, ōnis*, f.
Suggerire, *suggĕro, ĕris, essi, estum, erĕre*, A.
Suggerito, *monitus, a, um*, add.
Suggeritore, *monitor, ōris*, m.
Suggestione, *dolus, i*: *impulsus, us*, m.
Suggestivamente, *dolose*, avv.
Suggestivo, *dolosus, a, um*, add.

Suggetto, ec. V. Soggetto, ec.
Suggezione, *servĭtus, ūtis*, f.
Sughero, *suber, ĕris*, n.
Sugna, *axungia, æ*, f.
Sugo, sugosità, *succus, i*, m.
Sugoso, *succōsus, a, um*, add.
Suicida, uccisore di se medesimo, *sui ipsius interfector, ōris*, m.
Suicidio, *sui ipsius occisio, ōnis*, f.
Sulfureo, *sulphurĕus, a, um*, add.
Sullunare, che è sotto la luna, *infra lunam positus, a, um*, add.
Sultano, *turcarum imperator, ōris*, m.
Sunnominato, *supra nominatus, a, um*, add.
Sunto, ristretto, *summa, æ*, f.
Suntuoso, ec. V. Sontuoso, ec.
Suo, *suus, a, um*, add. pron. il suo, *res sua*, f.
Suocero, suocera, *socer, ĕri*, m. *socrus, us*, f.
Suolo, *solum, i*, n.
Suonare. V. Sonare.
Suono, *sonus, i*: *sonĭtus, us*, m.
Suora. V. Sorella.
Superabile, *superabĭlis*, m. e f. *e*, n. add.
Superabbondare. V. Soprabbondare.
Superare, *supĕro, as*, etc. A.
Superato, *victus, a, um*, add.
Superatore, *superātor, ōris*, m.
Superbamente, *superbe*, avv.
Superbia, *superbia, æ*, f. *fastus, us*, m.
Superbo, *superbus*: *elatus, a, um*, add.
Sopercilio, sopracciglio, *supercilium, ii*, n.
Supererogazione, ciò che è oltre il dovere, *quod est ultra debitum*.
Superficiale, superfiziale, *extĭmus, a, um*: *superficialis*, m. e f. *e*, n. add.
Superficialità. V. Apparenza.
Superficialmente, *superficie tenus*, avv.
Superficie, *superficies, ēi*, f.
Superfluamente, *supervacŭe*: *supervacuo*, avv.
Superfluità, *superfluĭtas, ātis*, f.
Superfluo, *superfluus, a, um*, add. il superfluo, *quod superest*.
Superiore (sost.), *moderātor, ōris*, m.
Superiore, che è sopra, *superior*, m. e f. *us*, n. *ōris*, add.
Superiorità, *auctorĭtas, ātis*, f.
Superiormente, *superius*, avv.
Superlativamente, *magnopĕre*, avv.
Superlativo, *superlatīvus, a, um*, add. in grado superlativo, *admŏdum*, avv.
Superno, *supernus, a, um*, add.
Superstite, che sopravvive, *superstes, ĭtis*, c. add.
Superstizione, *superstitio, ōnis*, f.
Superstiziosamente, *superstitiose*, avv.
Superstizioso, *superstitiosus, a, um*, add.
Supervacaneo, inutile, *supervacanĕus, a, um*, add.
Supino, a pancia in su, *supinus, a, um*, add.
Suppa. V. Zuppa.
Suppellettile, *supellex, ectĭlis*, f.
Supplantare, *supplanto, as*, etc. A.
Supplemento, *supplementum, i*, n.
Supplica, *libellus supplex*, m.
Supplicare, *supplĭco, as*, etc. A.
Supplicato, *orātus, a, um*, add.
Supplicazione, *supplicatio, ōnis*, f.
Supplichevole, *supplex, ĭcis*, c. add.
Supplichevolmente, *supplicĭter*, avv.
Supplicio, supplizio, *supplicium, ii*, n.
Supplimento, *supplementum, i*, n.
Supplire, *supplĕo, es, ēvi, ētum, ēre*, A. per Far le veci, *supplēre locum*, A.
Supporre, per Metter sotto, *suppōno, nis, sui, sĭtum, nĕre*, A. per Presupporre, *puto, as*, etc. A.
Supposizione, supposto, **positio, ōnis, f.** *hypothĕsis, is*, f.
Supposto, *suppositus, a, um*, add.
Suppurato, *suppurātus, a, um*, add.
Suppurazione, *suppuratio, ōnis*, f.
Supremo, *suprēmus, a, um*, add.
Surrettizio, scritto falso per difetto d' alcuna circostanza che dovea esprimersi, *subreptitius, a, um*, add.
Surrogare, mettere uno nel luogo di un altro, *surrŏgo, as*, etc. A.
Surrogato, *suffectus, a, um*, add.
Surrogazione, *substitutio, ōnis*, f.
Suscitamento, *excitatio*: *suscitatio, ōnis*, f.
Suscitare, *excĭto*; *suscĭto, as*, etc. A.
Suscitato, *excitātus, a, um*, add.
Suscitatore, *impulsor, ōris*, m.
Susina (frutto), *prunum, i*, n.
Susino (albero), *prunus, i*, f.
Suso, su, *sursum*, avv.
Susseguente, *consĕquens, ĕntis*, c. add.
Susseguentemente, *deinceps*, avv.
Sussidiario, che viene in aiuto, *subsidiarius, a, um*, add.
Sussidio, *subsidium, ii*, n.
Sussiego. V. Gravità.
Sussistente, *firmus, a, um*, add.
Sussistenza, *substantia, æ*, f.
Sussistere, *sum, es, fui, esse*, N.
Sustantivo, *substantīvus, a, um*, add.
Sustanza, ec. V. Sostanza, ec.
Susurrare, *susurro, as*, etc. N.
Susurrazione, *susurratio, ōnis*, f.
Susurro, *susurrus, i*, m.
Susurrone, *susurro, ōnis*, m.
Sutterfugio, *effugium*: *suffugium, ii*, n.
Svagamento, *avocatio*: *evagatio, ōnis*, f.
Svagare, *avŏco, as*, etc. A. svagarsi per Ricrearsi, V.
Svagato, *distractus, a, um*, add.
Svaligiare, *expilo, as*, etc. A. per Levar dalla valigia, *e mantica extrahĕre*, A.
Svaligiato, *expilatus, a, um*, add.
Svampare, uscir fuora, *erumpo, mpis, rupi, ruptum, mpĕre*, N.
Svanimento, *exhalatio, ōnis*, f.
Svanire, *evanĕsco, scis, ui*, [illegible], *scĕre*, N.
Svanito, *evanĭtus, a, um*, add.
Svantaggio, *detrimentum, i*, n.
Svantaggiosamente, *incommŏde*, avv.
Svantaggioso, *incommŏdus, a, um*, add.

Svaporamento, *evaporatio, ōnis*, f.
Svaporare, *exhālo, as*, etc. A.
Svariamento, per Farnetichezza, *phrenĕsis, is*, f. per Diversità, *discrīmen, ĭnis*, n.
Svariare, *discrĕpo, as*, etc. N.
Svariatamente, *varie*, avv.
Svariato, *varius*: *diversus, a, um*, add.
Svario, differenza, *discrīmen, ĭnis*, n.
Svarione, detto spropositato, *absurditas, atis*, f.
Sveglia, eculeo, cavalletto, (strumento da tormentare), *equulĕus, ei*, m.
Svegliare, *excĭto, as*, etc. *expergefacio, ăcis, ēci, actum, acĕre*, A. svegliarsi, *expergiscor, giscĕris, rectus, gisci*, D.
Svegliato, *expergefactus, a, um*, per Vivace, acuto, *perspicax, acis*; *promptus, a, um*, add.
Svelare, *detĕgo, ĕgis, exi, ectum, egĕre*, A.
Svelatamente, *aperte*, avv.
Svellere, *revello, ellis, elsi, elsum, ellĕre*, A.
Svellimento, *evulsio, ōnis*, f.
Sveltezza, *agilitas, ātis*, f.
Svelto, *evulsus, a, um*, add.
Svenare, *venas incidĕre*, A.
Svenevole, sgraziato, *invenustus, a, um*, add. per Affettato, sdolcinato, *artificiosus*: *dulcicŭlus, a, um*, add.
Svenevolezza, *inconcinnitas, ātis*, f.
Svenimento, *deliquium, ii*, n.
Svenire, *animo deficĕre*, N.
Sventare, V. Sventolare, per render vano, *irritum reddĕre*, A.
Sventato, per Dissennato, V. sventolato, *ventilatus, a, um*, add.
Sventolamento, *ventilatio, ōnis*, f.
Sventolare, spandere al vento, *ventilo, as*, etc. A.
Sventrare, *exventĕro, as*, etc. A.
Sventura, *infortunium, ii*, n.
Sventuratamente, *infeliciter*, avv.
Sventurato, *infelix, icis*, c. add.
Svenuto, *viribus desertus, a, um*, add.
Svergognare, *dedecŏro, as*, etc. A.
Svergognatamente, *impudenter*, avv.
Svergognatezza, *impudentia, æ*, f.
Svergognato, *impŭdens, entis*, c. add.
Svernamento, *hiematio, ōnis*, f.
Svernare, *hiĕmo, as*, etc. N.
Svestire, *exuo, uis, ui, ūtum, uĕre*, A.
Svezzare, per Spoppare, V. svezzarsi, *desuesco, scis, evi, tum, scĕre*, N.
Sviare, ec. V. Disviare, ec.
Svillaneggiare, dir altrui villania, *convicior, āris, ātus, āri*, D.
Sviluppamento, sviluppo, *explicatio*: *expeditio, ōnis*, f.
Sviluppare, *extrĭco, as*, etc. *expedio, īdis, īdivi, ītum, īre*, A. svilupparsi, *se expedīre*, A.
Svinare, *e lacu mustum educĕre*, A.
Sviscerare, *eviscĕro, as*, etc. A.
Svisceratamente, *ex animo*, avv.
Svisceratezza, V. Cordialità.
Sviscerato, *eviscerātus*; per **Affezionato**, *amantissimus, a, um*, add.

Svilicchiare, *extrĭco, as*, etc. A.
Sviziare. V. Emendare.
Svogliare, tor la voglia, *satio, as*, etc. A.
Svogliatamente, *fastidiose*. avv.
Svogliatezza, svogliataggine, *fastidium, ii*, n.
Svogliato, *fastidiens, entis*, c. add.
Svolamento, svolazzamento, *volātus, us*, m.
Svolare, *volo, as*, etc. N.
Svolazzare, *volĭto, as*, etc. N.
Svolgere, *evŏlvo, vis, vi, utum, vĕre*: *explĭco, as*, etc. A.
Svoltamento, svoltura, *flexus, us*, m.
Svoltare *flecto, ctis, xi, xum, ctĕre*, A.
Svoltatura. V. Svoltamento.
Svolto, *evolūtus, a, um*, add.

T

Tabaccato, imbrattato di tabacco, *tabăco sordidus*, add.
Tabacchiera, *tabăci capsula*, f.
Tabacco, *tabăcum, i*, n.
Tabarrino, *pallidŭlum, i*, n.
Tabarro, *pallium, ii*, n. *penŭla, æ*, f.
Tabella, *tabella, æ*, f.
Tabellario, *tabellarius, ii*, m.
Tabernacoletto, *ædicŭla, æ*, f.
Tabernacolo, chiesetta, *sacellum, i*, n.
Tabido, corrotto, *tabĭdus, a, um*, add.
Tacca, *incisura, æ*, f. per Magagna, V.
Taccia, *menda, æ*, f.
Tacciare, per Incolpare, V.
Taccone, *calcei resegmen, ĭnis*, n.
Taccuino, *commentariŏlum, i*, n.
Tacere, *taceo, es, ui, itum, ēre*, N.
Tacitamente, *tacite*, avv.
Tacito, *silens, entis*, c. add.
Taciturnità, *taciturnitas, ātis*, f.
Taciturno, *taciturnus, a, um*, add.
Taciuto, *silentio præteritus*, add.
Tafano (insetto), *tabānus*: *asilus, i*, m.
Taffettà, *pannus sericus tenuissimus*, m.
Taglia, per Imposizione, V.
Tagliabile, *sectilis*, m. e f. *e*, n. add.
Tagliaborse, *crumenisĕca, æ*, m.
Tagliamento, *sectio*: *incisio, ōnis*, f.
Taglia pietre, *lapicīda, æ*, m.
Tagliare, *seco, as*, etc. *cædo, dis, cīdi, sum dĕre*, A. — per mezzo, *interscindĕre*, A.
Tagliata, *cædes, is*, f.
Tagliatelli, piccole paste da minestra, *pastilli, ōrum*, m. pl.
Tagliatore, *sector, ōris*, m.
Tagliatura, *sectio, ōnis*, f.
Tagliente, *acutus, a, um*, add.
Tagliere, *quadra, æ*, f.
Taglio, *acies, ēi*, f. ferir di taglio, *occidĕre*, A. di taglio e di punta, *cæsim ac punctim*, avv. per Tagliamento, V.
Taglione, pena equivalente al danno, *talio, ōnis*, m.
Tagliuzzamento, *minuta cæsio, ōnis*, f.
Tagliuzzare, *minutim cædĕre*, A.
Talamo, *thalămus, i*, m.

Talare, aggiunto, di veste che arriva ai talloni, *talāris*, m. e f. *e*, n. add.
Tale, *talis*, m. e f. *e*, n. add. un tale, *quidam*, pron. tal che, *ita ut*, cong.
Talento, voglia, *voluntas*, *ātis*, f. per Ingegno, V. per Moneta antica, *talentum*, *i*, n.
Tallone, *talus*, *i*, m.
Talmente, *adĕo*, avv. talmente che, *ita ut*.
Talora, talvolta, *interdum*, avv.
Talpa, *talpa*, *æ*, m. e f.
Taluno, *quidam*, *quædam*, *quoddam*, pron.
Tamburino, *tympanotrība*, *æ*, m.
Tamburo, *tympanum*, *i*, n.
Tampoco, *etiam*, cong.
Tana, *lustrum*: *spelæum*, *i*, n.
Tanaglia, *forceps*, *ĭpis*, m. e f.
Tanagliella, *forficŭla*, *æ*, f.
Tanè, colore lionato scuro, *color ravus*, m.
Tanfo, fetor di muffa, *mephĭtis*, *is*, f.
Tangente, *contingens*, *ĕntis*, c.
Tanghero, zoticone, *agrestis*: *rudis*, m. e f. *e*, n. add.
Tangibile, che si può toccare, *tactĭlis*, m. e f. *e*, n. add.
Tantino, *tantillus*, *a*, *um*, add. *tantillum*, avv.
Tanto, *tantus*, *a*, *um*, add. tanti, *tot*, ind. quel tanto, *id unum*: tante volte, *toties*, avv. di tanto, *tam*: *tantum*: *adeo*, tanto che, *ita ut*: ogni tanto tempo, *identĭdem*: per tanto tempo, *tamdiu*: tanto più, *eo magis*: tanto meno, *eo minus*.
Tantosto, *statim*, avv.
Tapinare, *vitam miseram agĕre*, A.
Tapino ec. V. Meschino ec.
Tappeto, *tapētum*, *i*, n.
Tappezzare, *aulæis ornare*, A.
Tappezzeria, *peristromăta*, *um*, n. pl.
Tappezziere, *peristromătum textor*, *ōris*, m.
Tara, *decessio*, *ōnis*, f.
Tarantola, *stelĭo*, *ōnis*, f.
Tarare, *taxo*, *as*, etc. A.
Tardamente, *tarde*: *cunctanter*, avv.
Tardanza, tardità, *tardĭtas*, *ātis*, f.
Tardare, *moror*: *cunctor*, *āris*, *ātus*, *āri*, D. *tardo*, *as*, etc. N. per Trattenere, *retardo*, *as*, etc. A.
Tardetto, *tardiuscŭlus*, *a*, *um*, add. *tardiuscule*, avv.
Tardi, *sero*: *tarde*, avv. più tardi, *serius*: fino al tardi, *ad seram usque diem*: si fa tardi, *advesperascit*, imp.
Tardivo, *serus*, *a*, *um*, add.
Tardo, *tardus*, *a*, *um*, add.
Targa, specie di scudo, *parma*, *æ*, f.
Tariffa, *taxatio*, *ōnis*, f.
Tarlato, *cariosus*, *a*, *um*, add.
Tarlo, *terēdo*, *ĭnis*, f.
Taroccare. V. Adirarsi.
Tarpare, spuntar le ali, *alas circumcidĕre*, A.
Tartagliare, *balbutio*, *ītis*, *ivi*, *ītum*, *ire*, N.
Tartaglione, *balbus*, *i*, m.
Tartareo, *tartarĕus*, *a*, *um*, add.
Tartaro, gromma, *tartarus*, *i*, m.
Tartaruga, *testūdo*, *ĭnis*, f.
Tartufo, *tuber*, *ĕris*, m.
Tasca, *pera*, *æ*, f.
Tassa, *tribūtum*, *i*, n. per Tariffa, V.
Tassare, *taxo*, *as*, etc. A. per Ordinare la tassa, *censum æstimare*, A.
Tassato, *taxatus*, *a*, *um*, add.
Tassello, *taxilla*, *æ*, f.
Tasso (albero), *taxus*, *i*, f. (animale), *melis*, *is*, f. tassobarbasso (pianta), *verbascum*, *i*, n. per Ancudine, V.
Tasta, quel gruppetto di fila, per tener aperta la piaga, *turunda*, *æ*, f.
Tastare, *attrecto*: *palpo*, *as*, etc. A.
Tasto, *tactus*, *us*, m. — dell'organo, *regŭla*, *æ*, f.
Tastone, andar tastone, *tentabundus incedo*, *is*, *essi*, *essum*, *ĕdere*, N.
Tatto, *tactus*, *us*, m.
Taverna, *taberna*: *caupōna*, *æ*, f.
Tavernaia, *caupona femina*, *æ*, f.
Tavernaio, *caupo*, *ōnis*, m.
Tavola, *tabula*, *æ*, f. per Indice, V. per Mensa, V. per Asse, V. Mettersi a tavola, *mensæ accumbĕre*, N. Mettere in tavola, *inferre*, A. Apparecchiar la tavola, *mensam instruĕre*, A. sparecchiarla, *mensam removēre*, A.
Tavolata, tutta la gente unita alla stessa tavola, *convivarum corona*, *æ*, f.
Tavolato, *tabulatum*, *i*, n. *tabulatio*, *ōnis*, f. *tabulatus*, *a*, *um*, add.
Tavoletta, tavolina. V. Tabella.
Tavoliere, *alveus lusorius*, m.
Tavolino, *mensŭla*, *æ*, f. *abăcus*, *i*, m.
Tazza, *scyphus*, *i*, m. *pocŭlum*, *i*, n.
Tazzetta, tazzino, *pocillum*, *i*, n.
Te (coll' e chiusa), *tui*, *tibi*, *te*, pron.
Tè (coll' e larga), pianta e bevanda nota, *indica arbor*, *ŏris*, vel *potio*, *ōnis*, f.
Teatrale, *theatrālis*, m. e f. *e*, n. add.
Teatro, *theātrum*, *i*, n.
Teco, *tecum*: teco stesso, *tecum ipso*, pron.
Teda, faccola, *tæda*, *æ*, f.
Tediare. V. Attediare.
Tedio, *tædium*, *ii*, n.
Tedioso, *molestus*, *a*, *um*, add.
Tegame, *testa*, *æ*, f.
Tegghia, *sartāgo*, *ĭnis*, f.
Tegola, *imbrex*, *ĭcis*, m. e f. *tegŭla*, *æ*, f.
Tela, *tela*, *æ*, f. — di canape, *tela cannabina*, f.
Telaio, telaro, *jugum textorium*, n.
Telo (coll' e stretta), *pars telæ*, f.
Telo (coll' e larga), dardo, *telum*, *i*, n.
Tema (coll' e larga), *argumentum*, *i*, n.
Tema (coll' e stretta), *metus*, *us*, m.
Temenza, *metus*, *us*, m.
Temerariamente, *temĕre*, avv.
Temerario, *temerarius*, *a*, *um*, add.
Temere, *timeo*, *es*, *ui*, *ēre*, A. farsi temere *timori esse*, N.
Temerità, *temerĭtas*, *ātis*, f.
Tempera, tempra, *temperatio*, *ōnis*, f. per Qualità, *natura*, *æ*, f.

Temperamento, *temperamentum*, *i*, n. per Maniera, *ratio*, *ōnis*, f. — di corpo, *constitutio*, *ōnis*, f.
Temperante, *continens*, *ĕntis*, c. add.
Temperanza, *temperantia*, *æ*, f.
Temperare, *tempĕro*, *as*, etc. A. — la cetera, la penna, *cithăram*, *calămum aptare*: — il vino, *vinum dilučre*: — lo sdegno, *iram lenire*, A.
Temperatamente, *temperanter*, avv.
Temperato, *moderatus*, *a*, *um*, add.
Temperatura, *temperatura*, *æ*, f.
Temperie, *temperies*, *ēi*, f.
Temperino, *librarium scalpellum*, *i*, n.
Tempesta, *tempestas*, *ātis*, f.
Tempestare, *aerem vexare*, vel *procellis agitari*, vel *turbari*, P. per Stimolare, *urgēre*, A.
Tempestato, *divexatus*, *a*, *um*, add. — di gioie, *gemmis distinctus*, *a*, *um*, add.
Tempestivo, opportuno, a tempo, *tempestivus*, *a*, *um*, add.
Tempestosamente, *procellis furentibus*.
Tempestoso, *procellosus*, *a*, *um*, add.
Tempia, *tempus*, *ŏris*, n.
Tempietto, *sacellum*, *i*, n.
Tempio, *templum*: *delūbrum*, *i*, n.
Tempo, *tempus*, *ŏris*, n. Per tempo, *mature*, avv. innanzi tempo, *immature*, avv. a tempo, *tempestive*, avv. di tempo in tempo, *subinde*, avv. a suo tempo, *opportune*, avv. a certi tempi, *statutis temporibus*.
Temporale, *temporālis*, m. e f. *e*, n. add.
Temporalmente, *ad tempus*, avv.
Temporario, *temporarius*, *a*, *um*, add.
Temporeggiamento, *procrastinatio*, *ōnis*, f.
Temporeggiare, *cunctor*, *āris*, *ātus*, *āri*, D.
Tempra, ec. V. Tempera, ec.
Temuto, *terribilis*, m. e f. *e*, n. add.
Tenace, *tenax*, *ācis*, c. add. per Avaro, V.
Tenacemente, *tenaciter*, avv.
Tenacità, *tenacitas*, *ātis*, f. per Avarizia, V.
Tenda, *velarium*, *ii*, n. — da scena, *siparium*, *ii*, n. — da campo, *tabernacŭlum*, *i*, n.
Tendenza. V. Propensione.
Tendere, *tendo*, *ndis*, *ndi*, vel *tendi*, *nsum*, *ndĕre*, A. — lacci, *insidias struĕre*: — gli alloggiamenti, *castra ponĕre*, A.
Tendine (coll' acc. sulla prima) parte del muscolo che attacca coll' osso, *tendo*, *inis*, m.
Tendone, tenda da scena, *siparium*, *ii*, n.
Tenebra, tenebre, *tenebræ*, *ārum*, f. pl.
Tenebrare. V. Ottenebrare.
Tenebroso, *tenebrosus*, *a*, *um*, add.
Tenenta. V. Luogotenente.
Teneramente, *amanter*: *benevŏle*, avv.
Tenere, *teneo*, *es*, *ui*, *tum*, *ēre*, A. — a mente, *memoria tenēre*: — lontano, *arcēre*, A.
Tenerello, tenerino, *tenellus*, *a*, *um*, add.
Tenerezza, *teneritūdo*, *inis*, f. per Amore, V.
Tenero, *tener*, *a*, *um*, add. per Affettuoso, V.

Tenore, maniera, *ratio*, *ōnis*, f. per Voce di musica, *media vox*, *ocis*, f.
Tensione, *tensio*, *ōnis*, f.
Tentabile, *tentandus*, *a*, *um*, add.
Tentare, *tento*, *as*, etc. A. *experior*, *īris*, *tus*, *iri*, D.
Tentativo, *conatus*, *us*, m.
Tentatore, *tentator*, *ōris*, m.
Tentatrice, *tentatrix*, *icis*, f.
Tentazione, *tentatio*, *ōnis*, f. *impulsus*, *us*, m.
Tentennare, *quasso*, *as*, etc. A. per Dubbiare, *titubare*, N.
Tentone, andare tentoni, *prætentim ire*, N.
Tenue, *tenuis*, m. e f. *e*, n. add.
Tenuemente, *tenuiter*, avv.
Tenuità, *tenuitas*, *ātis*, f.
Tenuta, podere, *fundus*, *i*, m.
Tenuto, *habitus*: *possessus*, *a*, *um*, add.
Tenzonare, contrastare, *certo*, *as*, etc. N.
Tenzone, *certāmen*, *inis*, n.
Teologale, *theologicus*, *a*, *um*, add.
Teologicamente, *theologice*, avv.
Teologico, *theologicus*, *a*, *um*, add.
Teologo, *theolŏgus*, *i*, m.
Teorica, *contemplatio*, *ōnis*, f.
Teorico, *theorĭcus*, *a*, *um*, add.
Tepidamente, *tepide*, avv.
Tepido, *tepĭdus*, *a*, *um*, add.
Tepore, tepidità, *tepor*, *ōris*, m.
Terebinto (albero), *terebinthus*, *i*, f.
Tergere, pulire, *tergo*, *gis*, *si*, *sum*, *gĕre*, A.
Tergiversare, *tergiversor*, *āris*, *ātus*, *āri*, D.
Tergiversazione, *tergiversatio*, *ōnis*, f.
Tergo, *tergum*, *i*, n.
Teriaca e triaca, medicamento, *theriăca*, *æ*, f.
Terme, bagni caldi, *thermæ*, *ārum*, f. pl.
Terminare, *termino*, *as*, etc. A. per Determinare, V. Per Aver fine, *finem habēre*: — una lite, *litem dirimĕre*, A.
Terminatamente, *definite*, avv.
Terminazione, *terminatio*, *ōnis*, f.
Termine, *terminus*, *i*, m. *limes*, *ĭtis*, m. per Parola, V.
Termometro, istrumento per misurare il calore, *thermomĕtrum*, *i*, n.
Ternario, *ternarius*, *a*, *um*, add.
Terno, *ternio*, *ōnis*, m.
Terra, *terra*, *æ*: *tellus*, *ūris*, f. in terra, *humi*, avv. andar terra terra, *litus legĕre*: prender terra, *ad litus appellĕre*: — lavorata, *solum cultum*: — incolta, *incultum*, n. di terra, *terreus*, *a*, *um*, add. per Castello cinto di mura, *oppidum*, *i*, n. pel Globo da noi abitato, *terrarum orbis*, m. — ferma, *continens*, *entis*, f.
Terrapienare, *aggerĕ extruĕre*, A.
Terrapieno, *agger*, *ĕris*, m.
Terrazzano, *oppidanus*, *a*, *um*, add.
Terrazzo, *solarium*, *ii*, n.
Terremoto, *terræmotus*, *us*, m.
Terrenamente, *humano more*, avv.
Terreno (sost.), *solum*, *i*, n. *ager*, *gri*, m.

terreo, *terrĕus, a, um*, add. le cose terrene, *terrena*, n. pl. *res humanæ*, f. pl.
Terrestre, *terrestris*, m. e f. *e*, n. add.
Terribile, *terribĭlis*, m. e f. *e*, n. add.
Terribilmente, *terribĭlem in modum*, avv.
Terriccio, terroso, *terrosus, a, um*, add.
Terricciuola, piccol castello, *oppidŭlum, i*, n.
Terrifico, *terrificus, a, um*, add.
Territorio, *territorium, ii*, n.
Terrore, *terror, ōris*, m.
Tersamente, *nitĭde*, avv.
Terso, *tersus: nitidus, a, um*, add.
Terzana, *tertiana febris, is*, f.
Terzo, *tertius, a, um*, add. il terzo, *tertia pars*, f. la terza volta, *tertio*, avv.
Teschio, *calva, æ: calvaria, æ*, f. per Capo, V.
Teso, *extensus: tensus, a, um*, add.
Tesoreggiare, tesaurizzare, *thesauros congerĕre*, A.
Tesoreria, *ærarium, ii*, n.
Tesoriere, *quæstor, ōris*, m. *ærarii præfectus, i*, m.
Tesoro, *thesaurus, i*, m.
Tessere, *texo, is, ui, tum, ĕre*, A.
Tessitore, *textor, ōris*, m.
Tessitrice, *textrix, icis*, f.
Tessitura, *textūra, æ*, f.
Tessuto, *textus, a, um*, add. (sost.), V. Tessitura.
Testa, *caput, ĭtis*, n. testa dell'esercito, *frons exercitus*: brava testa, *præclarum ingenium*: andar colla testa alta, *elate, vel superbe incedĕre*: un tanto a testa, *in singŭla capita*.
Testamentario, *testamentarius, a, um*, add.
Testamento, *testamentum, i*, n. senza testamento, *ab intestato*, avv.
Testardo, *pervicax, acis*, c.
Testare, *testor, āris, ātus, āri*, D.
Testatore, *testator, ōris*, m.
Teste, *modo: nuper*, avv.
Testificare. V. Testimoniare.
Testificato, provato, *testatus, a, um*, add.
Testificazione, *testificatio, ōnis*, f.
Testimoniale, *testans, antis*, c.
Testimonianza, *testimonium, ii*, n. farla, *testimonium præstare*, A.
Testimoniare, *testificor, āris, ātus, āri*, D.
Testimonio, testimone, *testis, is*, c. — di vista, *oculatus*: — d'udito, *auritus, a, um*, add.
Testo, vaso di terra cotta, *testa, æ*, f. *contextus, us*, m. per Originale, *exemplar, āris*, n.
Testore. V. Tessitore.
Testuggine, testudine, *testūdo, ĭnis*, f. di testuggine, *testudineus, a, um*, add.
Tetro, *teter, ra, um*, add.
Tetto, *tectum, i*, n.
Ti, te, o a te, *te*, vel *tibi*, pron.
Tibia, osso della gamba, *tibia, æ*, f.
Tepidamente, *tepide*, avv.
Tiepidezza, tiepidità, *tepor, ōris*, m.
Tiepido, *tepidus, a, um*, add.

Tiglio (albero), *tilia, æ*, f.
Tigna, *porrigo, ĭnis*, f. *alopecia, æ*, f.
Tignoso, *porriginosus, a, um*, add.
Tignuola, *tinea: blatta, æ*, f.
Tigre, *tigris, is*, f.
Timidamente, *timide*, avv.
Timidetto, *meticulosus, a, um*, add.
Timidezza, timidità, *timor, ōris*, m.
Timido, *timĭdus, a, um*, add.
Timo (erba), *thymum, i*, n.
Timone, del carro, *temo, ōnis*, m. — della nave, *gubernacŭlum, i*, n.
Timorato, *pius, a, um*, add.
Timore, *timor, ōris*, m. *metus, us*, m.
Timorosamente, *pavide*, avv.
Timoroso, *pavidus, a, um*, add.
Timpano, *tympănum, i*, n.
Tina, tinella, *lacus, us*, m.
Tinaia, *calcatorium, ii*, n.
Tinca (pesce), *tinca, æ*, f.
Tingere, *tingo, gis, xi, ctum, gĕre*, A.
Tinozza, *labrum, i*, n.
Tinta, *color, ōris: fucus, i*, m.
Tintinnio, *tinnitus, us*, m.
Tintore, *infector, ōris*, m.
Tintoria, *infectoris officina, æ*, f.
Tintura, *tinctūra, æ*, f. avere una leggiera tintura di lettere, *leviter eruditum esse*.
Tiramento, *ductus, us*, m.
Tiranneggiare, *tyrannĭdem exercēre*, A.
Tiranneggiato, *tyrannĭde vexatus, a, um*, add.
Tirannescamente, tirannicamente, *tyrannice*, avv.
Tirannia, *tyrannis, ĭdis*, f.
Tirannico, tirannesco, *tyrannicus, a, um*. add.
Tiranno, *tyrannus, i*, m.
Tirare, *traho, his, xi, ctum, hĕre*; A. — indietro, *retrahĕre*: — via, *abstrahĕre*, A. per Aver la mira, *tendĕre*, A. per Iscagliare, lanciare, V.
Tirata (sost.), *tractus, us*, m.
Tirato, *extensus, a, um*, add.
Tiratore, *ductor, ōris: jaculātor, ōris*, m.
Tiro, *jactus, us*, m.
Tirocinio, *tirocinium, ii*, n.
Tirone. V. Novizio.
Tisichezza, *phthisis, is*, f.
Tisico, *phthisicus, a, um*, add.
Titillamento, titillazione, solleticamento, *titillatio, ōnis*, f.
Titolare, titolato, *titŭlo insignitus*, add.
Titolo, *titŭlus, i*, m. per Dignità, *honoris gradus*: per Ragione, pretesto, V.
Titubante, *dubius, a, um*, add.
Titubare, essere incerto, *titŭbo, as*, etc. N.
Titubazione, *titubatio, ōnis*, f.
Tizzo, tizzone, *torris, is: titio, ōnis*, m.
Tocca (coll'o largo), drappo di seta e oro, *textile aurum, i*, n.
Toccabile, *tactilis*, m. e f. *e*, n. add.
Toccamento, *tactio, ōnis*, f. *tactus, us*, m.
Toccare, *tango, ngis, tetĭgi, ctum, ngĕre*, A. — di passaggio, *rem cursim attingĕre*: — sul vivo, *graviter pungĕre*, A. per

Appartenere, *pertinēre, spectare*, N. toccare in sorte, *sorte obvenire*, N.
Toccato, tocco, *tactus, a, um*, add.
Tocco (coll' o largo), *frustrum, i*, n. (coll' o stretto), tatto, *tactus, us*, m. per Colpo di campana, V. Tintinnío.
Toga, *toga, æ*, f.
Togato, *togatus, a, um*, add.
Togliere, *adĭmo, ĭmis, ēmi, ēmptum, imĕre*, A. per Prendere, V. Toglier moglie, *uxorem ducĕre*, A.
Toglimento, *ablatio: ereptio, ōnis*, f.
Toglitore, *ereptor, ōris*, m.
Tollerabile, *tolerabĭlis*, m. e f. *e*, n. add.
Tollerabilmente, *toleranter*, avv.
Tolleranza, *tolerāntia, æ*, f.
Tollerare, *tolĕro, as*, etc. A.
Tolleratore, tollerante, *tolĕrans, āntis*, c. add.
Tolto, *ablātus: ērĕptus, a, um*, add.
Tomaio, *obstragŭlum, i*, n.
Tomba, *tumŭlus, i*, m. *sepulcrum, i*, n.
Tombolare, cadere a capo in giù, *in caput ruĕre*, N.
Tombolo, *casus, us*, m.
Tomo, coll' o largo, parte d' un' opera, *tomus, i*, m. *volūmen, ĭnis*, n. coll' o stretto, caduta, *casus, us*, m.
Tonaca, *tunĭca, æ*, f.
Tonare, *tonat, ābat, ŭit, āre*, impers.
Tondare, *rotundo, as*, etc. A.
Tondeggiare, *rotundum esse*, N.
Tondetto, *subrotundus, a, um*, add.
Tondezza. V. Rotondità.
Tondino, piattello, *patella, æ*, f.
Tonditura, *tonsūra, æ*, f.
Tondo, piatto, *lanx, lancis*, f. *patina, æ*, f. per Rotondo, V.
Tonduto, *tonsus, a, um*, add.
Tonica, *tunica, æ*, f. per Toga, V.
Tonicella, tonacella, *tunica, æ: dalmatica, æ*, f.
Tonnina, salume di tonno, *salsamentum ex thynnis*, n.
Tonno, *thynnus: thunnus, i*, m.
Tonsura, *tonsūra, æ*, f.
Topaia, *murium nidus, i*, m.
Topazio, *topazius, ii*, m.
Topo, *mus, muris*, m.
Topolino, topino, *muscŭlus, i*, m.
Toppa, serratura, *sera, æ*, f.
Torbidamente, *turbulente*, avv.
Torbidare, *turbo, as*, etc. A.
Torbidezza, *turbamentum, i*, n.
Torbido, *turbĭdus, a, um*, add.
Torcere, *torquĕo, ques, si, tum, quēre*: torcersi, *se flectĕre*, A.
Torchio, *torcŭlar, āris*, n. mettere sotto il torchio, *prælo subjicĕre*, A.
Torcia, *funale, is*, n. *fax, facis*, f.
Torcimento, *flexus, us*, m. *obliquitas, ātis*, f.
Torcitura, *torsio, ōnis*, f.
Tordo, *turdus, i*, m.
Torello. V. Giovenco.
Torlo, tuorlo, il rosso dell'uovo, *vitellus, i*, m.
Torma, *turma, æ*, f.
Tormentare, *torquĕo, ques, si, tum, quēre*: *discrucio, as*, etc. A.
Tormentatore, *tortor, ōris*, m.
Tormento, *cruciātus, us*, m. *supplicium, ii*, n. — di animo, *afflictio, ōnis*, f.
Tormentoso, *molestus, a, um*, add.
Tornare, ec. V. Ritornare, ec.
Tornasole, fiore, *heliotropium, ii*, n.
Tornata, *reditus, us*, m.
Torneare, *hastis concurrĕre*, N.
Torneo, torneamento, *ludĭcra pugna, æ*, f.
Torniare, tornire, *torno, as*, etc. A.
Tornio, torno, *tornus, i*, m. lavorato al torno, *tornatus, a, um*, add.
Tornitore, *tornator, ōris*, m.
Toro, *taurus, i*, m. di toro, *taurīnus, a, um*, add.
Torpedine, sorta di pesce, *torpēdo, ĭnis*, f.
Torpido, *torpĭdus, a, um*, add.
Torpore, *torpor, ōris*, m.
Torrazzo, torracchione, torre antica e rovinosa, *ingens ac prærupta turris, is*, f.
Torre (sost.), *turris, is*, f. per Togliere, V.
Torreggiare, *prominĕo, ĭnes, ĭnŭi, inēre*, N.
Torrente, *torrens, ĕntis*, m.
Torrella, torricella, *turricŭla, æ*, f.
Torrione, *propugnacŭlum, i*, n.
Torrito, che ha torri, *turrītus, a, um*, add.
Torso, gambo, *caulis, is*, m.
Torta, *placenta, æ*, f.
Tortamente, *torte*, avv.
Tortello, *pulmentum, i*, n.
Torto, *distortus, a, um*, add. (sost.), *injuria, æ*, f. a torto, *immerito*, avv. con ragione, o a torto? *jure an injuria?*
Tortora, tortorella, *turtur, ŭris*, m.
Tortuosamente. V. Obliquamente.
Tortuosità, *obliquitas, ātis*, f.
Tortuoso, *tortuosus, a, um*, add.
Tortura, *tortio, ōnis*, f. per Tormento, V.
Torvo, *torvus, a, um*, add.
Tosare, *tondĕo, ndes, tondi, nsum, ndēre*, A.
Tosatura, *tonsūra, æ*, f.
Toso, tosato, *tonsus, a, um*: non tosato, *intonsus, a, um*, add.
Tosse, *tussis, is*, f.
Tossicare. V. Avvelenare.
Tossico, tosco, veleno, *toxĭcum, i*, n.
Tossire, *tussio, is, ivi, itum, ire*, N.
Tosto, tostamente, *celerĭter: statim*, avv. per Piuttosto, V. tostochè, *simul ac*, avv. per Duro, V. per Presto, *celer, ĕris*, c. add.
Totale, intero, *totus, a, um*, add.
Totalmente, *omnino, prorsus*, avv.
Tovaglia, *mantile, is: mantelium, ii*, n.
Tovagliuolo, *mappa, æ*, f.
Tozzo, tozzetto, *frustum: frustŭlum, i*, n. per Malfatto, grossolano, *rudis*, m. e f. *e*, n. add.
Tra, *inter*, prep. coll' acc.: tra due dì, *intra bidŭum*, vel *biduo*, avv.
Trabacca, *tentorium, ii*, n.
Traballare, *nuto, as*, etc. N.

Traboccamento, *exundatio*, ōnis, f. per Rovina, ec. V.
Traboccante, *exundans*, āntis, c. add.
Traboccantemente, *præcipitanter*, avv.
Traboccare, *exundo*, as, etc. N. per Precipitare, V.
Trabocchello, trabocchetto, *fovĕa*, æ, f. — da pigliar uccelli, *decipŭla*, æ, f.
Trabocchevole, per Smisurato, V. per Precipitoso, V.
Trabocco, *ruina*, æ, f.
Tracannare, *ebĭbo*, is, ĭbi, ĭtum, ĕre, A.
Tracannato, *large epōtus*, a, um, add.
Traccia, *vestigium*, ii, n.
Tracciare, *vestigia sequi*, D. per Macchinare, V.
Trachea, *aspĕra arteria*, æ, f.
Tracolla, *balthĕus*, i, m.
Tracollamento. V. Tracollo.
Tracollare, *caput demittĕre*, A.
Tracollo, *capitis demissio*, ōnis, f. per Caduta, *casus*, us, m. *ruina*, æ, f.
Tracotanza, *arrogantia*, æ, f.
Tradimento, *proditio*, ōnis, f. a tradimento, *per insidias*, avv.
Tradire, *prodo*, dis, didi, dĭtum, dĕre, A.
Traditore, *proditor*, ōris, m.
Tradizione, *traditio*, ōnis, f. *doctrina tradita a majoribus*, f.
Tradotto, *traductus*: *translatus*, a, um, add.
Tradurre, per Trasportare, V. per Volgarizzare, *transfĕro*, *fers*, *tŭli*, *lātum*, *ferre*, A.
Traduttore, *interpres*, ĕtis, m.
Traduzione, *interpretatio*, ōnis, f.
Trafficare, *negotior*, āris, ātus, āri, D.
Traffico, *negotium*, ii, n.
Trafiggere, *transfigo*, gis, xi, xum, gĕre, A.
Trafitto, *transfossus*, a, um, add.
Trafittura, trafitta, *vulnus*, ĕris, n.
Traforare, *perfŏro*, as, etc. A.
Traforato, *perforatus*, a, um, add.
Traforo. V. Forame.
Trafugare, *clam asportare*, A.
Trafugato, *clam asportatus*, a, um, add.
Tragedia, *tragœdia*, æ, f.
Tragettare, traghettare, passar oltro, *trajicio*, ĭcis, ēci, ectum, icĕre, A.
Tragetto, traghetto, *trajectus*, us, m.
Tragicamente, *tragice*, avv.
Tragico, *tragicus*, a, um, add.
Tragittare, tragitto. V. Traghettare, ec.
Tralasciamento, *omissio*, ōnis, f.
Tralasciare, *omitto*, ittis, si, ssum, ttĕre, A.
Tralcio, *palmes*, ĭtis, m.
Tralignante, tralignato, *degĕner*, ĕris, c. add.
Tralignare, *degenĕro*, as, etc. N.
Tralucente, *pellucĭdus*, a, um, add.
Tralucere, *translucĕo*, *interlucĕo*, ces, xi, cēre, N.
Trama, le fila da riempire la tela, *subtegmen*, inis, n. *trama*, æ, f. per Insidia, V.
Tramandare, *transmitto*, ittis, si, ssum, ttĕre, A.

Tramare, per Tessere, V. per Macchinare, V.
Trambasciamento, *animi deliquium*, ii, n.
Trambasciare, venir meno per ambascia, *animo deficĕre*, N.
Trambusto, *tumultus*, us, vel i, m.
Tramenare, *verso*, as, etc. A.
Tramendui, ambedue, *ambo*, *ambæ*, *ambo*.
Tramescolare, tramischiare. V. Frammescolare.
Tramessa, *interpositio*, ōnis, f. per Digressione, V.
Tramettere, tramezzare. V. Frammettere.
Tramezzato, *interjectus*, a, um, add.
Tramezzo, tramezza, *quod est intermedium*.
Tramischiare, *intermisceo*, sces, scui, stum, scēre, A.
Tramontana, *borĕas*, æ, m. *aquilo*, ōnis, m. di tramontana, *borealis*, m. e f. e, n. add.
Tramontare, *occĭdo*, ĭdis, ĭdi, āsum, idĕre, N. il tramontare, *occasus*, us, m.
Tramortimento, *deliquium*, ii, n.
Tramortire, *deficio*, ĭcis, ēci, ectum, icĕre, N.
Tramortito, *viribus defectus*, a, um, add.
Trampoli, *grallæ*, ārum, f. pl.
Tramutare, *transmuto*, as, etc. A.
Tramutazione, *transmutatio*, ōnis, f.
Tranghiottire, ec. V. Inghiottire ec.
Trangugiamento, *devoratio*, ōnis, f.
Trangugiare, *haurio*, ris, si, stum, rire, A.
Trangugiato, *haustus*, a, um, add.
Trangugiatore, *helluo*, ōnis, m.
Tranquillamente, *tranquille*, avv.
Tranquillare, *tranquillo*, as, etc. A.
Tranquillità, *tranquillitas*, ātis, f.
Tranquillo, *tranquillus*, a, um, add.
Transalpino, *transalpinus*, a, um, add.
Transfigurare, *transfigūro*, as, etc. A.
Transfigurazione, transfiguramento, *transfiguratio*, ōnis, f.
Transfondere, *transfundo*, undis, ūdi, ūsum, undĕre, A.
Transitivo, *transitivus*, a, um, add.
Transito, *obitus*, us, m.
Transitoriamente, *obiter*, avv.
Transitorio, *caducus*, a, um, add.
Transizione, *transitio*, ōnis, f.
Translatare, *transfĕro*, *fers*, *tuli*, *lātum*, *ferre*, A.
Trapanare, *terĕbro*, as, etc. A.
Trapano, *terĕbra*, æ, f.
Trapassare, *transeo*, is, ivi, vel ii, itum, ire, N. per Superare, V.
Trapassato, *præteritus*, a, um, add.
Trapasso, *transitus*, us, m. per Digressione, V.
Trapelare, lo scappar dei liquidi dai fori del vaso, *effluo*, uis, uxi, uxum, uĕre, A.
Trapiantare, *transfĕro*, *fers*, *tuli*, *lātum*, *ferre*, A.
Trappola, *muscipula*, æ, f.
Trappolare, ingannare, *decipio*, ĭpis, ēpi, eptum, ipĕre, A.

Trappolatore, *deceptor, ōris*, m.
Trapuntare, *acu pingĕre*, A.
Trapunto, *opus phrygium*, n.
Trarre. V. Tirare.
Trasandamento, *transgressĭo, ōnis*, f.
Trasandare, passar molto avanti, *transgredĭor, edĕris, essus, ĕdi*, D. per Trascurare, V.
Trascegliere, trascerre, *selĭgo, ĭgis, ĕgi, ectum, igĕre*, A.
Trascelta, *selectĭo, ōnis*, f.
Trascelto, *selectus, a, um*, add.
Trascendere, per Eccedere, V.
Trascinare. V. Strascinare.
Trascorrere, *transcurro, rris, rri*, vel *curri, rsum, rrĕre*, N.
Trascorrimento, *transcursus, us*, m.
Trascorso, per Errore, V. per Passato, *prœterĭtus, a, um*, add.
Trascritto, *exscriptus, a, um*, add.
Trascrivere, *exscrībo, bis, psi, ptum, bĕre*, A.
Trascuraggine, trascuranza, *negligentia, æ*, f.
Trascurare, *neglĭgo, ĭgis, ēxi, ectum, igĕre*, A.
Trascuratamente, *negligenter*, avv.
Trascurato, *negligens, ĕntis*, c. add.
Trasecolare, *demiror, āris, ātus, āri*, D. *obstupesco, is, ĕre*, N.
Trasecolato, *obstupefactus, a, um*, add.
Trasferire, *transfĕro, fers, tŭli, lātum, fĕrre*, A.
Trasfigurare, ec. V. Transfigurare, ec.
Trasfondere, *transfundo, fundis, fūdi, fusum, fundĕre*, A.
Trasformare, *transformo, as*, etc. A.
Trasformazione, *transformatĭo, ōnis*, f.
Trasfugare, ec. V. Trafugare, ec.
Trasfusione, *transfusĭo, ōnis*, f.
Trasfuso, *transfūsus, a, um*, add.
Trasgredire, *viŏlo, as*, etc. A.
Trasgressione, trasgredimento, *violatĭo, ōnis*, f.
Trasgressore, *violātor, ōris*, m.
Traslazione, *translatĭo, ōnis*, f. per Traduzione, V.
Trasmarino, *transmarīnus, a, um*, add.
Trasmesso, *transmissus, a, um*, add.
Trasmettere, *transmitto, ttis, si, ssum, ttĕre*, A.
Trasmigrare, mutar paese, *transmīgro, as*, etc. A.
Trasmigrazione, *migratĭo, ōnis*, f.
Trasmutabile, *mutationi obnoxius, a, um*, add.
Trasmutare, *muto, as*, etc. A.
Trasmutazione, *transmutatĭo, ōnis*, f.
Trasognare, *mente vagari*, D.
Trasparente, *pellucĭdus, a, um*, add.
Trasparenza, *pelluciditas, ātis*, f.
Trasparire, *translucĕo: pellucĕo: perlucĕo, ces, xi, cēre*, N.
Trasplantare. V. Traplantare.
Traspirare, *perflŭo, is, xi, xum, ĕre*, N.
Traspirazione, *perspiratĭo, ōnis*, f.
Trasportare, *transfĕro, fers, tŭli, lātum, fĕrre: transporto, as*, etc. A.
Trasportato, *translatus, a, um*, add.
Trasportazione, trasporto, *transportatĭo, ōnis*, f.
Trasposizione, *inversĭo, ōnis*, f.
Trastullare, *oblecto, as*, etc. A. trastullarsi, *oblector, āris, ātus, āri*, D.
Trastullatore, *nugātor, ōris*, m.
Trastullevole, *jucundus, a, um*, add.
Trastullo, *oblectatĭo, ōnis*, f.
Trasudamento, *sudatĭo, ōnis*, f.
Trasudare, *sudore multo diffluĕre*, N.
Trasversale, *transversarĭus, a, um*, add.
Trasversalmente, *oblique*, avv.
Trasverso, *transversus, a, um*, add.
Trasviare, *de via deducĕre*, A.
Trasvolgere, *inverto, tis, ti, sum, tĕre*, A.
Tratta. V. Distanza: per Tiro, V.
Trattabile, *tractabĭlis*, m. e f. *e*, n. add.
Trattabilità, *facilĭtas, ātis*, f.
Trattamento, modo di trattare, *ratĭo, ōnis*, f.
Trattare, *tracto, as*, etc. A. — bene, *comiter excipĕre:* — male, *male habēre*, A.
Trattatello, *opuscŭlum, i*, n.
Trattato, *tractatio: disputatĭo, ōnis*, f. per Trama, V.
Trattatore, *tractator, ōris*, m.
Trattazione, *tractatĭo, ōnis*, f.
Trattenere, *detinĕo, ĭnes, inui, ĕntum, inēre*, A. trattenersi, *moror, āris, ātus, āri*, D.
Trattenimento, *solatĭum, ii*, n.
Trattenuto, *detentus, a, um*, add.
Tratto, tiro, *jactus, us*, m. per Distanza, *tractus, us*, m. *spatium, ii*, n. per Maniera, *modus, i: mos, oris*, m. a un tratto, di subito, *ilĭco*, avv. per insieme, a una volta, *simul:* tratto tratto, *sæpius:* bere tutto a un tratto, *bibĕre uno haustu*.
Traudire, udire una cosa per un'altra, *perpĕram audire*, A.
Travagliare, per affliggere, *vexo, as*, etc. A. per essere in affanno, *labōro, as*, etc. N.
Travagliato, *afflictus, a, um*, add.
Travagliatore, *vexātor, ōris*, m.
Travaglio, *molestia: cura, æ*, f.
Travaglioso, *molestus, a, um*, add.
Travalicamento, *trajectĭo, ōnis*, f.
Travalicare, *trajicĭo, ĭcis, ĕci, ĕctum, icĕre*, A.
Travasamento, *transfusĭo, ōnis*, f.
Travasare, *elutrĭo, as*, etc. A.
Travata, *munīmentum ex trabibus*, n.
Trave, *trabs, trabis*, f.
Travedere, *hallucĭnor, āris, ātus, āri*, D.
Traversa. V. Sbarra.
Traversalmente, *oblique*, avv.
Traversare. V. Attraversare.
Traversia, *procella, æ*, f. per Calamità, V.
Traverso, *transversus, a, um*, add. di traverso, *oblique*, avv. guardare a traverso, *limis oculis intuēri*, D. prendere a traverso, *rem perpĕram interpretari*, A.
Traversone. V. Trasversalmente.

Travertino, *marmor tiburtinum*, n.
Travestire, travestirsi, *vestem mutare*, A.
Traviamento, *aberratio*, ōnis, f.
Traviare, *aberro*, as, etc. N.
Traviato, *devius*, a, um, add.
Travicello, *tigillum*, i, n.
Travisarsi, *personam induĕre*, A.
Travisato, *personatus*, a, um, add.
Travolgere, *inverto*, tis, ti, sum, tĕre, A.
Travolgimento, *inversio*, ōnis, f.
Travolto, *inversus*, a, um, add.
Tre, *tres*, m. e f. *tria*, n. add. a tre a tre *terni*, æ, a, add. tre volte, *ter*: in tre modi, *trifariam*, avv.
Trebbia, *tribŭla*, æ, f.
Trebbiare, *tero*, teris, **trivi, tritum, terĕre**, A.
Trebbiatura, *tritūra*, æ, f.
Treccia, *capillamentum*, i, n.
Trecentesimo, *trecentesimus*, a, um, add.
Trecento, *trecenti*, æ, a, add. — volte, *trecenties*, avv. a trecento a trecento, *treceni*, æ, a, add.
Tredicesimo, *tertius decimus*, a, um, add.
Tredici, *tredĕcim*, vel *tresdĕcim*, add. indecl.
Treggia, sorta di veicolo, ***traha*, æ, f. *trahĕa***, æ, f.
Tregua, sospension d'armi, *induciæ*, ārum, f. pl. farla, *fœdus inīre*, N. romperla, *fœdus violare*, A.
Tremante, *tremens*, ĕntis, c. add.
Tremare, *tremo*, mis, mui, mĕre, N. — da capo a piè, *totis artubus contremiscĕre*, N. — di paura, *timore percelli*, P. far tremore, *metum incutĕre*, A.
Tremendo, *tremendus*, a, um, add.
Trementina, *terebinthina resina*, æ, f.
Tremolante, tremoloso, *tremŭlus*: *tremebundus*, a, um add.
Tremolare. V. Tremare.
Tremore, tremito, *tremor*, ōris, m.
Tremuoto, *terræmotus*, us, m.
Treno, traino, *traha*, æ, f. per Equipaggio, *comitatus*, us, m.
Trenta, *triginta*: trenta volte, *tricies*, avv. a trenta a trenta, *triceni*, æ, a, add.
Trentesimo, *trigesimus*, a, um, add.
Trepidante, trepido, *trepidus*, a, um, add.
Treppiè, *tripus*, ŏdis, m.
Tresca, *saltatio*, ōnis, f. per Compagnia, *cœtus*, us, m.
Trescare, per Ballare, V. per Scherzare, V.
Triaca. V. Teriaca.
Triangolare, *triangularis*, m. e f. e, n. add.
Triangolo, *triangŭlum*, i, n.
Tribolare, *crucio*: *vexo*, as, etc. A.
Tribolato, *afflictus*, a, um, add.
Tribolatore, *vexātor*, ōris, m.
Tribolazione, *cura*, æ, f.
Tribolo (erba), *tribŭlus*, i, m.
Tribù, *tribus*, us, f. chi è di una tribù, *tribulis*, m. e f. e, n. add. di tribù in tribù, *tributim*, avv. di tribù, *tribuarius*, a, um, add.

Tribuna, *absis*, ĭdis, f.
Tribunale, *tribūnal*, ālis, n.
Tribunesco, tribunizio, *tribunitius*, a, um, add.
Tribuno, *tribūnus*, i, m.
Tributare. V. Attribuire.
Tributario, *vectigālis*, m. e f. e, n. add.
Tributo, *tribūtum*, i, n.
Tridente, *tridens*, ĕntis, m.
Trifoglio, *trifolium*, ii, n.
Triforcato, *trifurcus*, a, um, add.
Triforme, *triformis*, m. e f. e, n. add.
Trigesimo, *trigesimus*, a, um, add.
Triglia, *mullus*, i, m.
Trillare, far dei trilli, *vocem crispare*, A.
Trillo, *crispa vox*, ōcis, f.
Trina, *prætextum*, i, n.
Trincare, *perpōto*, as, etc. A.
Trinceo, *vallum*, i, n.
Trinciante (scal.), *structor*, ōris, m. tagliente, *acūtus*, a, um, add.
Trinciare, *concīdo*, dis, di, sum, dĕre, A.
Trinciato, *scissus*, a, um, add.
Trincone, bevitore, *bibax*, ācis, c. add.
Trinità, *trinitas*, ātis, f.
Trino, *trinus*, a, um, add.
Trionfale, *triumphālis*, m. e f. e, n. add.
Trionfalmente, *triumphantium more*, avv.
Trionfare, *triumpho*, as, etc. A.
Trionfatore, *triumphātor*, ōris, m.
Trionfo, *triumphus*, i, m.
Tripartito, *tripartītus*, a, um, add.
Triplicare, *triplĭco*, as, etc. A.
Triplicato, *triplicatus*, a, um, add.
Triplice, *triplex*, ĭcis, c. add.
Triplicemente, *tribus modis*: *triplici ratione*, avv.
Triplo, *triplus*, a, um, add.
Trippa, pancia, *venter*, tris, m. **omasum**, i, n.
Tripudiare, *tripudio*, as, etc. N.
Tripudio, *tripudium*, ii, n.
Triregno, *triregnum*, i, n.
Trireme, *trirēmis*, is, f.
Trisillabo, *trysillabus*, a, um, add.
Tristamente, *anxie*, avv.
Tristarello, tristerello, *miser*, **a, um, add.** per Malizioso, V.
Tristezza, *tristitia*, æ, f.
Tristo, triste, *tristis*, m. e f. e, n. add. per Cattivo, V.
Tritare, *tero*, is, *trivi*, *tritum*, *terĕre*, A.
Tritello, *minūtus furfur*, ŭris, m.
Trito, *tritus*, a, um, add.
Tritura, triturazione, *tritura*, æ, f.
Trivella, trivello, *terĕbra*, æ, f.
Trivellare, *terĕbro*, as, etc. A.
Triviale, *trivialis*, m. e f. e, n. add.
Trivialmente, *vulgariter*, avv.
Trivio, *trivium*, ii, n.
Triumvirale, *triumvirālis*, m. e f. e, n. add.
Triumvirato, *triumviratus*, us, m.
Triumviro, *triumvir*, iri, m.
Trofeo, *trophæum*, i, n.
Troia, *porca*, æ, f.
Tromba, *tuba*: *bucina*, vel ***buccina*, æ, f.**

— da guerra, *classicum*, *i*, n. — da cavar acqua, *antlia*, *æ*, f. — marino, *tuba*, *æ*, f. vendere alla tromba, *sub hasta vendĕre*, A.

Trombare, *tuba canĕre*, A.

Trombetta, *parva buccina*, *æ*, f. V. Trombettiere.

Trombettiere, *tubicen*, *ĭnis*, m.

Trombone, *magna tuba*, *æ*, f.

Troncamento, *amputatio*, *ōnis*, f.

Troncare, *amputo*, *as*, etc. A. — il discorso, *sermonem abrumpĕre*, A.

Troncatamente, *incīsim*, avv.

Troncato, *amputatus*, *a*, *um*, add.

Tronco (sost.), *truncus*, *i*, m. V. Troncato.

Tronfio, gonfio, *inflatus*, *a*, *um*, add.

Trono, *solium*, *ii*, n. *sedes*, *is*, f.

Troppo, *nimis*: *nimium*, avv. *nimius*, *a*, *um*, add.

Troia (pesce), *trutta*, vel *tructa*, *æ*, f.

Trottare, andar di trotto, *succusso*, *as*, etc. A.

Trottatore, *succussator*, *ōris*, m.

Trotto, *succussus*, *us*, m. di trotto *succussando*, avv.

Trottola, paleo, *turbo*, *ĭnis*, m.

Trovamento, *inventum*, *i*, n.

Trovare, *invenio*, *ĭnis*, *ēni*, *ēntum*, *enīre*, A. *reperio*, *ĭris*, *ĕri*, *ertum*, *erīre*, A. per Incontrare, V.

Trovato, per Invenzione, *inventum*, *i*, n. *inventus*, *a*, *um*, add.

Trovatore, *inventor*, *ōris*, m.

Trovatrice, *inventrix*, *īcis*, f.

Truce, fiero, *trux*, *cis*, c. add.

Trucidamento, *trucidatio*, *ōnis*, f.

Trucidare, *trucido*, *as*, etc. A.

Truciolo, *frustŭlum*, *i*, n.

Truffare, ec. V. Ingannare, ec.

Truppa, *agmen*, *ĭnis*, n. in truppa, *turmatim*, avv.

Tu, *tu*, *tui*, *tibi*, *te*, pron.

Tubercolo, *tubercŭlum*, *i*, n.

Tuberoso, *tuberōsus*, *a*, *um*, add.

Tuffare, ec. V. Immergere, ec.

Tufo, specie di terreno arenoso, *tophus*, *i*, m.

Tugurio, *tugurium*, *ii*, n.

Tulipano, sorta di fiore, *tulipa*, *æ*, f. *tulipanus*, *i*, m.

Tumido, *tumĭdus*, *a*, *um*, add.

Tumore, tumidezza, *tumor*, *ōris*, m.

Tumoretto, *parvus tumor*, *ōris*, m.

Tumolo, sepolcro, *tumŭlus*, *i*, m.

Tumulto, *tumultus*, *us*, m.

Tumultuare, *tumultuor*, *āris*, *ātus*, *āri*, D.

Tumultuosamente, tumultuariamente, *tumultuose*, avv.

Tumultuoso, *tumultuosus*, *a*, *um*, add.

Tuo, *tuus*, *a*, *um*, add. pron.

Tuono, *tonitrus*, *us*, m. per Accento, suono di voce, *sonus*, *i*, m. *tenor*, *ōris*, m.

Turaccio, turacciolo, *obturamentum*, *i*, n.

Turare, *obstruo*, *uis*, *uxi*, *uctum*, *uĕre*: *obtūro*, *as*, etc. A.

Turba, *turba*, *æ*, f.

Turbamento, *perturbatio*, *ōnis*, f.

Turbante, berretto fatto di più fasce in uso presso i Turchi, *vittatus galērus*, *i*, m.

Turbare, *turbo*, *as*, etc. A.

Turbato, *turbatus*, *a*, *um*, add.

Turbatore, *turbator*, *ōris*, m.

Turbatrice, *turbatrix*, *īcis*, f.

Turbazione, *perturbatio*, *ōnis*, f.

Turbine, *turbo*, *ĭnis*, m. *procella*, *æ*, f.

Turbinoso. V. Procelloso.

Turbolento, *turbulentus*, *a*, *um*, add.

Turbolenza, *tumultus*, *us*, m.

Turcasso. V. Faretra.

Turchina (gemma), *cyănus*, *i*, m.

Turchino, *cæruleus*, *a*, *um*, add.

Turgido, gonfio, *turgĭdus*, *a*, *um*, add.

Turibile, turibolo, *turibŭlum*, *i*, n.

Turiferario, *turiferarius*, *ii*, m.

Turma, *turma*, *æ*, f.

Turpe, *turpis*, m. e f. *e*, n. add.

Turpemente, *turpiter*, avv.

Turpitudine, *fœditas*, *ātis*, f.

Turrito, che ha torri, *turrītus*, *a*, *um*, add.

Tutela, *tutēla*, *æ*, f.

Tutelare, *tutelaris*, m. e f. *e*, n. add.

Tutelare. V. Difendere.

Tutelato, *a tutore defensus*, *a*, *um*, add.

Tutore, *tutor*, *ōris*, m.

Tutrice, *tutrix*, *īcis*, f.

Tuttafiata, *assidue*, avv.

Tuttavia, tuttavolta, *tamen*, cong.

Tuttavolta che, *quotiescumque*, cong.

Tutto, *totus*, *a*, *um*, add. *omnis*, m. e f. *e*, n. add. tutto, del tutto, *penitus*, avv.

Tutto che, per Quantunque, V.

Tutto dì, *quotīdie*, avv.

Tutt'ora. V. Continuamente.

U

Ubbidire, ec. V. Obbedire, ec.

Ubbriachezza, *ebriĕtas*, *ātis*, f.

Ubbriaco, *ebrius*, *a*, *um*, add.

Ubbriacone, *vinolentus*, *a*, *um*, add.

Ubertà, *ubertas*, *ātis*, f.

Ubertoso, *uber*, *ĕris*, c. add.

Uccellaccio, *mala avis*, *is*, f. per Uomo scempiato, *bardus*, *i*, m.

Uccellagione, *aucupium*, *ii*, n.

Uccellaia, luogo di uccelli, *aviarium*, *ii*, n.

Uccellame, *aves*, *avium*, f. pl.

Uccellare, *aucŭpor*, *āris*, *ātus*, *āri*, D.

Uccellatore, *auceps*, *ŭpis*, m. di uccellatore, *aucupatorius*, *a*, *um*, add.

Uccellatura, *aucupium*, *ii*, n.

Uccelletto, uccellino, *avicŭla*, *æ*, f.

Uccelliera, *aviarium*, *ii*, n.

Uccello, *avis*, *is*: *ales*, *alĭtis*, f.

Uccidere, *occīdo*, *dis*, *si*, *sum*, *dĕre*, A. *interficio*, *icis*, *ēci*, *ectum*, *icĕre*, A.

Ucciditrice, *interfectrix*, *īcis*, f.

Uccisione, *occisio*, *ōnis*, f.

Ucciso, *occīsus*, *a*, *um*, add.

Uccisore, ucciditore, *occīsor*, *ōris*, m.

Udienza, *audientia*, *æ*, f.

Udire, *audio*, *is*, *ivi*, *itum*, *ire*, A.
Udito, *auditus*, *a*, *um*, add. (sost.), *auditus*, *us*, m.
Uditore, *auditor*, *ōris*, m.
Uditorio, *concio*, *ōnis*, f.
Ufficiale, uffiziale, ec. V. Officiale, ec.
Uggia, ombra, *umbra*, *æ*, f.
Ugna, *unguis*, *is*, m.
Ugnere, *ungo*, *gis*, *xi*, *ctum*, *gĕre*, A.
Ugola, *uva*, *æ*, f.
Uguaglianza, *æqualitas*, *ātis*, f.
Uguagliare, *æquo*, *as*, etc. A.
Uguale, *æqualis*, m. e f. *e*, n. add.
Ugualmente, *æque*: *æqualiter*, avv.
Ulcera, ulcere, *ulcus*, *ĕris*, n.
Ulcerare, *ulcĕro*, *as*, etc. A. — l'animo, *animum exasperare*, A.
Ulcerazione, *ulceratio*, *ōnis*, f.
Ulceroso, *ulcerosus*, *a*, *um*, add.
Uliva. V. Oliva.
Ulivo. V. Olivo.
Ulivastro, ulivo salvatico, *oleăster*, *ri*, m. V. Olivastro.
Uliveto. V. Oliveto.
Ulteriore, *ulterior*, m. e f. *us*, n. add.
Ulteriormente, *ultra*, avv.
Ultimamente, *postremo*, avv.
Ultimare, *perficio*, *ficis*, *feci*, *fectum*, *icĕre*: *finem imponĕre*, A.
Ultimato, *finitus*, *a*, *um*, add.
Ultimo, *ultimus*, *a*, *um*, add. da ultimo, *demum*, per l'ultima volta, *ultima vice*, avv.
Ulula (uccello), *ulŭla*, *æ*, f.
Ululare, urlare, *ululo*, *as*, etc. N.
Umanamente, da uomo, *humaniter*, avv. per Cortesemente, V.
Umanarsi, divenir uomo, *hominem fieri*.
Umanato, *homo factus*, add.
Umanista, *humanitatis professor*, *ōris*, m.
Umanità, *humanitas*, *ātis*, f. per Lettere umane, *humaniores litteræ*, f. pl.
Umano, *humanus*, *a*, *um*, add.
Umbilico, *umbilicus*, *i*, m.
Umettare. V. Inumidire.
Umettativo, *humidus*, *a*, *um*, add.
Umidetto, *humidulus*, *a*, *um*, add.
Umidire. V. Inumidire.
Umidità, umidore, *humor*, *ōris*, m.
Umido, *humidus*, *a*, *um*, add.
Umile, per Modesto, V. di bassa condizione, *humilis*, m. e f. *e*, n. add.
Umiliare, *deprimo*, *ĭmis*, *essi*, *essum*, *rimĕre*, A. umiliarsi, *sese deprimĕre*, A. *humiliari*, P.
Umiliazione, *demissio*, *ōnis*, f.
Umiltà, *humilitas*, *ātis*, f.
Umore, *humor*, *ōris*, m. bell'umore, *vir lepidus*, m.
Una, insieme, *una*, avv.
Unanimemente, *unanimiter*, avv.
Unanime, *unanimus*, *a*, *um*, add.
Una volta, *semel*: *aliquando*, avv.
Uncinare, *unco capĕre*, vel *arripĕre*, A.
Uncinato, fatto a uncino, *aduncus*, *a*, *um*: per Afferrato coll'uncino, *unco arreptus*, *a*, *um*, add.

Uncino, *uncus*, *i*, m.
Undecimo, undicesimo, *undecimus*, *a*, *um*, add.
Undici, *undĕcim*, add. ind.
Ungere. V. Ugnere.
Unghia, *unguis*, *is*, m.
Unghiato, *unguibus instructus*, *a*, *um*, add.
Unguentiere, *unguentarius*, *ii*, m.
Unguento, *unguentum*, *i*, n.
Unicamente, *unice*, avv.
Unico, *unicus*, *a*, *um*, add.
Unicornuto, *unicornis*, m. e f. *e*, n. add.
Uniformare. V. Conformare.
Uniformato. V. Conformato.
Uniformemente. V. Similmente.
Uniformità. V. Simiglianza.
Unigenito, *unigenitus*, *i*, m.
Unione, *conjunctio*, *ōnis*, f. — di animi, *animorum consensio*, *ōnis*, f.
Unire, *conjungo*, *gis*, *xi*, *ctum*, *gĕre*, A.
Unità, *unitas*, *ātis*, f.
Unitamente, *simul*, avv.
Unito, *conjunctus*, *a*, *um*, add.
Universale, *universalis*, m. e f. *e*, n. add.
Universalmente, *universe*, avv.
Università, *universitas*, *ātis*, f. per Accademia, V.
Universo (sost.), *rerum universitas*, *ātis*, f. *universus*, *a*, *um*, add.
Uno, *unus*, *a*, *um*, add. *aliquis*, *qua*, *quod*: *quidam*, *quædam*, *quoddam*, pron. a uno a uno, *singuli*, *æ*, *a*, add. *singulatim*, avv. l'uno e l'altro, *uterque*, *utrăque*, *utrumque*, add. nè l'uno nè l'altro, *neuter*, *tra*, *trum*, add. o l'uno o l'altro, *alteruter*, etc. uno di due, *alter*, *a*, *um*, qual de' due, *uter*, *utra*, *utrum*, add.
Unqua. V. Mai.
Untare. V. Ungere.
Un tempo, *olim*: *jam*, avv.
Unto (sost.), untume, *unguen*, *ĭnis*, n. Untuoso, V.
Untuosità. V. Unto.
Untuoso, *pinguis*, m. e f. *e*, n. *oleōsus*, *a*, *um*, add.
Unzione, *unctio*, *ōnis*, f.
Uomicciattolo, *homuncŭlus*, *i*, m.
Uomo, *homo*, *ĭnis*, m. e f. *vir*, *viri*, m. a tutt'uomo, *totis viribus*: mostrarsi uomo, *virum se præbĕre*, vel *ostendĕre*, A.
Uopo, bisogno, *opus*, indecl. far d'uopo, *opus esse*.
Uovo, *ovum*, *i*, n. — fresco, *recens*: — stantio, *vetus*: — sodo, *duratum*: il torlo dell'uovo, *vitellus*: la chiara, *albumen*, *ĭnis*, n. il guscio, *testa*, *æ*, f.
Uovolo, fungo, *boletus*, *i*, m.
Urbanamente, *urbane*, avv.
Urbanità, *urbanitas*, *ātis*, f.
Urbano, *urbanus*, *a*, *um*, add.
Urgente, *urgens*, *entis*, c. add.
Urgenza, *necessitas*, *ātis*, f.
Urlare, *ululo*, *as*, etc. N.
Urlo, *ululatus*, *us*, m.
Urna, *urna*, *æ*, f.
Urtare, *urgeo*, *ges*, *si*, *gēre*, A. *impello*, *ellis*, *uli*, *ulsum*, *ellĕre*, A.

Urto, *impulsio*, *ōnis*, f.
Urtone, *gravis impulsus*, *us*, m.
Usanza, *consuetūdo*, *ĭnis*, f. all' usanza, *de more*, avv.
Usare, *utor*, *ĕris*, *sus*, *ti*, D. per Esser solito, *soleo*, *es*, *ĭtus*, *sum*, *ēre*, N.
Usato, per Solito, V.
Usbergo, *lorica*, *æ*, f.
Usciere, *janĭtor*, *ōris*, m. V. Portinaio.
Uscio, *ostium*, *ii*, n.
Usciolino, *ostiolum*, *i*, n.
Uscire, *exeo*, *is*, *ivi*, vel *ii*, *itum*, *ire*, N. *egredior*, *edĕris*, *essus*, *edi*, D. — d' intrigo, *negotio se expedīre*, A.
Uscita, *exitus*, *us*, m. per Apertura da uscire, *ostium*, *ii*, n. per Spesa, *impensa*, *æ*, f.
Uscito, *egressus*, *a*, *um*, add.
Usignuolo. V. Rosignuolo.
Usitatamente, *usitate*, avv.
Usitato, *usitatus*, *a*, *um*, add.
Uso, *usus*, *us*, m. che non è più in uso, *obsolētus*, *a*, *um*, add. per Usato, V.
Ustorio, che abbrucia, *urens*, *entis*, c. add.
Usuale, *usu obvius*, *a*, *um*, add.
Usufrutto, *usufructus*, *us*, m.
Usufruttuario, *usufructuarius*, *ii*, m.
Usura, *usura*, *æ*, f. *fœnus*, *ŏris*, n. con usura, *fœnerato*: dare ad usura, *fœnerari*, D. prender ad usura, *fœnore accipĕre*, A.
Usuraio (sost.), *fœnerator*, *ōris*, m.
Usurario, usuraio, *fœneratorius*, *a*, *um*, add.
Usureggiamento, *fœneratio*, *ōnis*, f.
Usureggiare, *fœnĕror*, *āris*, *ātus*, *āri*, D.
Usurpare, *usurpo*, *as*, etc. A.
Usurpatore, *invăsor*, *ōris*, m.
Usurpazione, usurpamento, **usurpatio**, *ōnis*, f.
Utello, vasetto da olio, ec. *lecythus*, *i*, f.
Uterino, *uterīnus*, *a*, *um*, add.
Utero, *utĕrus*, *i*, m. *alvus*, *i*, f.
Utile, *utilis*, m. e f. *e*, n. add. essere utile, *juvat*, *abat*, *juvit*: *refert*, *referebat*, etc. *conducit*, *ebat*, etc. *expedit*, *expediebat*, imp.
Utilità, utile, *utilitas*, *ātis*, f. *commodum*, *i*, n.
Utilmente, *utilĭter*, avv.
Uva, *uva*, *æ*, f.
Uvola, ugola, *uva*, *æ*, f.

V

Vacante, **vacans**, **āntis**, **c. vacŭus**, **a**, **um**, add.
Vacanza, *cessatio*, *ōnis*, f. *feriæ*, *ārum*, f. pl.
Vacare, *vaco*, *as*, etc. N.
Vacca, *vacca*, *æ*, f. di vacca, *bubŭlus*, *a*, *um*, add.
Vaccaro, *bubulcus*, *i*, m.
Vacchetta, per Giovenca, V. per Cuoio, *vaccinum corium*, *ii*, n. per Libro da scrivervi giorno per giorno, *ephemeris*, *idis*, f.
Vaccina, carne di vacca, *bubula*, *æ*, f.
Vacillamento, *titubatio*, *ōnis*, f.
Vacillante, *vacillans*, *āntis*, c. add.
Vacillare, *titubo*, *as*, etc. N.
Vacuare, votare, *vacuo*, *as*, etc. A.
Vacuazione, *evacuatio*, *ōnis*, f.
Vacuità, *inanitas*, *ātis*, f.
Vacuo, *vacŭus*, *a*, *um*, add.
Vado. V. Guado.
Vagabondare, *vagor*, *āris*, *ātus*, *āri*, D.
Vagabondo, *erro*, *ōnis*, m. *vagabundus*, *a*, *um*, add.
Vagamente, *belle*, avv.
Vagamento, *vagatio*, *ōnis*, f.
Vagante, *erro*, *ōnis*, m.
Vagare, *vagor*, *āris*, *ātus*, *āri*, D.
Vagheggiamento, *contemplatio*, *ōnis*, f.
Vagheggiare, *contemplor*, *āris*, *ātus*, *āri*, D.
Vagheggiatore, *contemplator*, *ōris*, m.
Vagheggiatrice, *contemplatrix*, *īcis*, f.
Vaghezza, per Voglia, *voluptas*, *ātis*, f. per Bellezza, *pulcritudo*, *ĭnis*, f.
Vagina, guaina, *vagina*, *æ*, f.
Vagire, *vagio*, *is*, *ivi*, *itum*, *ire*, N.
Vagito, *vagitus*, *us*, m.
Vaglia, valore, *pretium*, *ii*, n. uomo di vaglia, *vir eximius*, m.
Vagliare, *cribro*, *as*, etc. *excerno*, *cernis*, *crevi*, *cretum*, *cernĕre*, A.
Vagliatore, *qui cribrat*.
Vagliatura, *excrēta*, *ōrum*, n. pl.
Vaglio, *vannus*, *i*, m. *cribrum*, *i*, n.
Vago, errante, *vagus*, *a*, *um*: per Desideroso, *cupidus*, *a*, *um*: per Leggiadro, *venustus*, *a*, *um*, add.
Vaiuolo, *pustulæ*, *ārum*, f. pl.
Valente, *strenuus*, *a*, *um*, add.
Valentemente, *strenue*, *naviter*, avv.
Valentia. V. Valore.
Valenza, *præstantia*, *æ*, f.
Valere, *valeo*, *es*, *ui*, *itum*, *ēre*, N. — nel dire, nelle armi, *eloquentia*, *armis præstare*, N. per Giovare, V. Valersi di alcuna cosa, *aliqua re uti*, D.
Valevole, *utilis*, m. e f. *e*, n. add.
Valicabile, *pervius*, *a*, *um*, add.
Valicare, *trajicio*, *icis*, *eci*, *ectum*, *icĕre*, A.
Valicatore, *trajiciens*, *entis*, c. add. *transvector*, *ōris*, m.
Valico, *aditus*, *us*, m.
Validamente, *valide*, avv.
Validità, *validitas*, *ātis*, f.
Valido, *validus*, *a*, *um*, add.
Valigia, *bulga*, *æ*, f.
Vallata, valle, *vallis*, *is*, f. per Riparo, *vallum*, *i*, n.
Valletto, *servulus*, *i*: *puer*, *ĕri*, m.
Vallicella, valletta, *vallicula*, *æ*, f.
Valore, per Coraggio, *virtus*, *ūtis*, f. per Prezzo, V.
Valorosamente, *strenue*, avv.
Valoroso, *strenuus*, *a*, *um*, add.
Valsente, valuta, *pretium*, *ii*, n.
Valutare, stimare, *æstimo*, *as*, etc. A.
Vampa, *ardor*, *ōris*, m. *flamma*, *æ*, f.
Vampeggiare, *ardeo*, *des*, *si*, *sum*, *dēre*, N.

Vanagloria, *jactantia, æ*, f.
Vanagloriarsi, *glorior, āris, ātus, āri*, D.
Vanagloriosamente, *jactanter*, avv.
Vanaglorioso, *jactātor, ōris*, m.
Vanamente, *inaniter : frustra*, avv.
Vaneggiante, *delirus, a, um : desipiens, entis*, c. add.
Vaneggiare, *desipio, is, ipui, ipĕre*, N. *deliro, as*, etc. N.
Vanerello, *levis, is*, m.
Vanga, *bipalium, ii*, n.
Vangare, *bipalio fodĕre*, A.
Vangatore, *fossor, ōris*, m.
Vangelista, *evangelista, æ*, m.
Vangelo, Vangelio, *Evangelium, ii*, n.
Vangelizzare. V. Evangelizzare.
Vanguardia, *frons exercitus : prima acies*, f.
Vanità, *vanitas, ātis*, f.
Vanni, ali, *alæ, ārum*, f. pl.
Vano, *vanus, a, um*, add. per Inutile, V. (sost.), *inane, is*, n.
Vantaggiare, avanzare, *excello, is, ui, ĕre*, N. *proficio, is, fēci, fectum, ficĕre*, N. vantaggiarsi, *lucrifacio, ācis, ēci, actum, acĕre*, A.
Vantaggio, *emolumentum, i*, n. *commodum, i*, n.
Vantaggiosamente, *utiliter*, avv.
Vantaggioso, *utilis*, m. e f. *e*, n. add.
Vantare, *jacto, as*, etc. A. vantarsi, *glorior, āris, ātus, āri*, D.
Vantato, *celebratus, a, um*, add.
Vantatore, *jactātor, ōris*, m.
Vantatrice, *ostentātrix, īcis*, f.
Vanto, *jactatio, ōnis*, f. per Lande. V.
Vaporare, *vapōro, as*, etc. A.
Vaporazione, *vaporatio, ōnis*, f.
Vapore, *vapor, ōris*, m.
Vaporoso, *vapidus, a, um*, add.
Varcare. V. Valicare.
Varco, passo, *transitus, us*, m.
Variabile, *mutabilis*, m. e f. *e*, n. add.
Variabilmente, *mutabiliter*, avv.
Variamente, *varie*, avv.
Variare, *vario, as*, etc. A. *discrĕpo, as, ui*, vel *āvi, āre*, N.
Variato, *mutatus : varius, a, um*, add.
Variazione, *variatio, ōnis*, f.
Varietà, *varietas, ātis*, f.
Vario, *varius, a, um*, add. per Volubile, *mutabilis*, m. e f. *e*, n. add.
Vasaio, *figulus, i*, m.
Vasca. V. Conca.
Vascelletto, *navicŭla, æ*, f.
Vascello, *navis, is*, f.
Vase, vaso, *vas, is*, n.
Vasellame, *vasarium, ii*, n.
Vasello, *vascŭlum, i*, n.
Vaso, *vas, is*, n. *vasa, ōrum*, n. pl.
Vassallaggio, servitù dovuta a un signore, *clientēla, æ*, f.
Vassallo, *cliens, clientis, subjectus, i*, m.
Vassolo, *cisticillus, i*, m.
Vastamente, *vaste*, avv.
Vastità, *vastitas, ātis*, f.
Vasto, *vastus, a, um*, add.

Vate, poeta, *vates, is*, m.
Vaticinare, profetare, *vaticĭnor, āris, ātus, āri*, D.
Vaticinazione, vaticinio, *vaticinatio, ōnis*, f.
Vecchia, *anus, us*, f. di vecchia, *anilis*, m. e f. *e*, n. add.
Vecchiaia, vecchiezza, *senectus, ūtis*, f. *senium, ii*, n. morire di vecchiaia, *senio confici*, P.
Vecchiccinola, *anicŭla, æ*, f.
Vecchierello, vecchietto, *vetŭlus, i*, m.
Vecchio, vecchiardo, *senex, nis*, m. e f. di vecchio, *senilis*, add. da vecchio, *seniliter*, avv. — decrepito, *senio confectus : vetustus : antiquus, a, um : vetus, ĕris*, add.
Vecchiomarino, sorta di foca, *phoca, æ*, vel *phoce, es*, f.
Vecchione, *senex capulāris*, m.
Vecchiume, quantità di cose vecchie e mal andate, *scruta, ōrum*, n. pl.
Veccia, sorta di biada, *vicia, æ*, f.
Vecciato, veccioso, *vicia permixtus*, add.
Vece, in vece, *pro*, prep. coll' abl. sostener le veci, *vices gerĕre*, A.
Vedere (verbo), *video, des, di, sum, dēre* : andare a vedere, *invisĕre* : tornare a vedere, *revisĕre* : fingere di non vedere *connivēre, dissimulare* : dare a vedere, *demonstrare*, A. si vede, *patet*, Imp. Per quanto vedo, *quantum intelligo* : — da lontano, *prospicĕre*, A. — bene, *perspicĕre* : — al di dentro, *introspicĕre* : — poco, *caecutire*, N. (sost.), *visus, us*, m.
Vedetta, luogo delle mura onde il soldato fa la guardia, *specŭla, æ*, f. stare alla vedetta, *e specŭla prospicĕre*, A.
Vedova, *vidŭa, æ*, f.
Vedovanza, *viduitas, ātis*, f.
Vedovile, di vedova, *vidŭus, a, um*, add. per Abito da vedova, *vestis pulla*, f.
Vedovo, *vidŭus, a, um*, add.
Veduta, *adspectus, us*, m.
Veemente, *vehĕmens, ĕntis*, c. add.
Veementemente, *vehementer*, avv.
Veemenza, *vehementia, æ*, f.
Vegetabile, *vegetabilis*, m. e f. *e*, n. add.
Vegetare, *vegĕtor, āris, ātus, āri*, D. *provenio, ēnis, ēni, ēntum, enīre*, N.
Vegetazione, *vegetatio, ōnis*, f.
Vegeto, vigoroso, *vegĕtus, a, um*, add.
Veggente, *videns, ĕntis*, c. add. a occhi veggenti, *palam*, avv.
Veglia, vegghia, *vigilia, æ*, f.
Vegliamento, *vigilatio, ōnis*, f.
Vegliare, *vigilo, as*, etc. N. e A.
Vegliato, *vigilatus, a, um*, add.
Vegliatore, *vigil, ĭlis*, c. add.
Vela, *velum, i*, n. andar a vela, *velis navigare*, N. far vela, *pandĕre, explicare vela*, A. a vele gonfie, *plenis velis*, avv.
Velame, *velāmen, ĭnis*, n.
Velare, *velo, as*, etc. A. — una monaca, *virginem inaugurare*, A.
Velatamente, *tecte*, avv.
Veleggiamento, *velificatio, ōnis*, f.

Veleggiare, *velificor*, *āris*, *ātus*, *āri*, D. *velifico*, *as*, etc. A.
Veleggiato, *velificatus*, *a*, *um*, add.
Veleggiatore, *velificans*, *āntis*, c. add.
Velenifero, *venenifer*, *a*, *um*, add.
Veleno, *venēnum*, *i*, n.
Velenosità, ira rabbiosa, *rabies*, *ēi*, f.
Velenoso *venenōsus*: *venenātus*, *a*, *um*, add.
Veletta. V. Vedetta.
Velettaio, chi vende veli, *velorum institor*, *ōris*, m.
Velleità, volere inefficace, *inanis voluntas*, *ātis*, f.
Vello, pelo, *vellus*, *ĕris*, n.
Vellutato, *villosus*, *a*, *um*, add.
Velluto, *villosum sericum*, *i*, n. per Peloso, *villosus*, *a*, *um*, add.
Velo, *velum*, *i*, n. di velo, *velāris*, m. e f. *e*, n. add.
Veloce, *velox*, *ōcis*, c. add.
Velocemente, *velociter*, avv.
Velocità, *velocitas*, *ātis*, f.
Veltro, levriere, *canis leporārius*, m.
Vena, *vena*, *æ*, f. — di acqua, *scaturīgo*, *ĭnis*, f.
Venale, *venālis*, m. e f. *e*, n. add.
Vendemmia, *vindemia*, *æ*, f.
Vendemmiare, *vindemio*, *as*, etc. A.
Vendemmiatore, *vindemiātor*, *ōris*, m.
Vendere, *vendo*, *dis*, *didi*, *ditum*, *dĕre*, A. — spesso, *vendito*, *as*, etc. A.
Vendetta, *vindicta*, *æ*, f. *ultio*, *ōnis*, f.
Vendibile, *vendĭbilis*, m. e f. *e*, n. add.
Vendicare, *vindico*, *as*, etc. A. vendicarsi, *ulciscor*, *ĕris*, *ultus*, *sci*, D.
Vendicativo, *ultor*, *ōris*, m.
Vendicato, *ultus*, *a*, *um*: non vendicato, *inultus*, *a*, *um*, add.
Vendicatore, *ultor*, *ōris*, m.
Vendicatrice, *ultrix*, *īcis*, f.
Vendita, *venditio*, *ōnis*, f. — all'incanto, *licitatio*, *ōnis*, f.
Venditore, *venditor*, *ōris*, m.
Venditrice, *venditrix*, *īcis*, f.
Venduto, *venditus*, *a*, *um*, add.
Veneficio, *veneficium*, *ii*, n.
Venefico, *veneficus*, *a*, *um*, add.
Venerabile, *venerabilis*, m. e f. *e*, n. add.
Venerabilmente, *venerabiliter*, avv.
Venerando, *venerandus*, *a*, *um*, add.
Venerare, *venĕror*, *āris*, *ātus*, *āri*, D.
Venerato, *veneratus*: *observatus*, *a*, *um*, add.
Veneratore, *observator*, *ōris*, m.
Veneratrice, *cultrix*, *īcis*, f.
Venerazione, *veneratio*, *ōnis*, f.
Venerdì, *dies Veneris*.
Venia, indulgenza, *venia*, *æ*, f.
Veniale, perdonabile, *venialis*, m. e f. *e*, n. add.
Venialmente, *leviter*, avv.
Venire, *venio*, *is*, *i*, *tum*, *īre*, N.
Venoso, *venosus*, *a*, *um*, add.
Ventaglio, *flabellum*, *i*, n.
Ventesimo, *vicesĭmus*, *a*, *um*, add

Venti, *viginti*, add. ind. a venti a venti, *viceni*, *æ*, *a*, add. venti volte, *vicies*, avv.
Venticello, *aura levis*, f.
Ventilare, *ventilo*, *as*, etc. A. per Consultare, *perpendo*, *dis*, *di*, *sum*, *dĕre*, A.
Ventilato, *ventilatus*, *a*, *um*, add.
Ventilatore, *ventilātor*, *ōris*, m.
Ventina, *viginti*, ind.
Vento, *ventus*, *i*, m. — favorevole, *secundus*; — contrario, *adversus*, *a*, *um*, add.
Ventola, *flabellum*, *i*, n.
Ventosa, arnese chirurgico, *cucurbitula*, *æ*, f.
Ventosità, *inflatio*, *ōnis*, f.
Ventoso, *ventosus*, *a*, *um*, add.
Ventre, *venter*, *tris*, m.
Ventricolo, *ventricŭlus*, *i*, m.
Ventura, *fortuna*, *æ*, f.
Venturiere, *miles voluntarius*, m.
Venturo, *venturus*, *a*, *um*, add.
Venturoso, *felix*, *īcis*, c. add.
Venustà, leggiadria, *venustas*, *ātis*, f.
Venusto, *venustus*, *a*, *um*, add.
Venuta, *adventus*, *us*, m.
Vepraio, *veprētum*, *i*, n.
Vepre, pruno, *vepres*, *is*, m.
Verace, *verax*, *ācis*, c. *verus*, *a*, *um*, add.
Veracità, *veracitas*, *ātis*, f.
Veramente, Veracemente, *vere*, *sincēre*, avv.
Verbale, di parola, *verbālis*, m. e f. *e*, n. add.
Verbalmente, *verbo*, avv.
Verbena, sorta d'erba, *verbēna*, *æ*, f.
Verbigrazia, per esempio, *verbigratia*, avv.
Verbo, *verbum*, *i*, n. V. Parola.
Verbosità, V. Loquacità.
Verboso, loquace, *verbosus*, *a*, *um*, add.
Verdastro, *subviridis*, m. e f. *e*, n. add.
Verdazzurro, *glaucus*, *a*, *um*, add.
Verde, *viridis*, m. e f. *e*, n. *virens*, *entis*, c. add. divenir verde, *viresco*, *is*, *ĕre*, N (sost.), *viror*, *ōris*, m.
Verdeggiare, *vireo*, *es*, *ui*, *ēre*, N.
Verderame, *ærūgo*, *ĭnis*, f.
Verdura, verdezza, *viriditas*, *ātis*, f.
Verecondia, *verecundia*, *æ*, f.
Verecondo, *verecundus*, *a*, *um*, add.
Verga, *virga*, *æ*, f.
Vergare, *virgis variare*, A. — carta, *scribĕre*, A.
Vergheggiare, percuotere con verga, *virgis cædĕre*, A.
Verghetta, *virgula*, *æ*, f.
Verginale, vergine, *virgineus*, *a*, *um* add.
Vergine (sost.), *virgo*, *ĭnis*, f. come add. V. Verginale.
Verginella, *puella*, *æ*, f.
Verginello, *puellus*, *i*, m.
Vergineo, V. Verginale.
Verginità, *virginitas*, *ātis*, f.
Vergogna, *pudor*, *ōris*, m. *verecundia*, *æ*, f. per Biasimo, *dedĕcus*, *ŏris*, n.
Vergognarsi, *pudet*, *ēbat*, *uit*, *ēre*, imp.

Vergognosamente, per Turpemente, V. per Rispettosamente, V.
Vergognoso, verecundus, a, um, add.
Veridicamente, vere, avv.
Veridico, veridicus, a, um, add.
Verificare, comprŏbo, as. etc. A.
Verisimile, verisimĭlis, m. e f. e, n. add.
Verisimilitudine, verisimiglianza, verisimilitūdo, ĭnis, f.
Verisimilmente, verisimilĭter, avv.
Verità, verĭtas, ātis, f. in verità, per verità, revēra: profecto, avv.
Veritieramente, veritiero. V. Veridicamente, ec.
Verme, vermine, vermis, is, m. — del legno, terēdo, ĭnis, f. — del grano, curculio, ōnis, m. — della seta, bombyx, ycis, m. mal di vermi, verminatio, ōnis, f.
Vermicciuolo, vermicello, vermicŭlus, i, m.
Vermiglio, purpurĕus, a, um, add.
Verminoso, verminosus, a, um, add.
Vernata. V. Invernata.
Verniciare, vernicare, sandarăcham inducĕre alicui rei.
Verniciato, sandarăcha oblĭtus, a, um, add.
Vernice, sandarăcha, vel sandaraca, æ, f.
Verno. V. Inverno.
Vero, verus, a, um, add. (sost.), verum, i, n. lo vero, di vero, da vero, vere, avv.
Versamento, effusio, ōnis, f.
Versare, effundo, ndis, ūdi, ūsum, ndĕre, A. per Praticare, versor, āris, ātus, āri, D.
Versato, effusus, a, um, add. — nelle lettere, litteratus, a, um, add.
Verseggiare, versificare, versifĭco, as, etc. A.
Versificatore, versificator, ōris, m.
Versione, interpretatio, versio, ōnis, f.
Verso, versus, us, m. carmen, ĭnis, n. per Riga di scritto, linĕa, æ, f. Versus, prep. coll'acc.: verso casa, domum versus: verso Dio, erga Deum: verso dove? quorsum? avv.
Vertebra, osso della spina dorsale, vertĕbra, æ, f.
Vertente, vertens, ĕntis, c. add.
Vertice, cima, vertex, ĭcis, f.
Vertigine, capogiro, vertīgo, ĭnis, f.
Vertiginoso, vertiginosus, a, um, add.
Veruno, nemo, nemĭnis, m. per Alcuno. V.
Vescia, fungo, fungus, i, m.
Vescica, vesīca, æ, f.
Vescicante, vesicatorĭum, ii, n.
Vescichetta, vesicŭla, æ, f.
Vescovado, vescovato, episcopatus, us, m.
Vescovile, episcopalis, m. e f. e, n. add.
Vescovo, episcopus, i, m.
Vespa, vespa, æ, f.
Vespaio, vesparum nidus, i, m.
Vespero, Vespro, vesper, ĕris: vesperus, i, m.
Vessare, vexo, as, etc. A.
Vessazione, vexatio, ōnis, f.
Vessillo, stendardo, vexillum, i, n.
Vestaccia, sordĭda vestis, is, f.
Veste, vesta, vestis, is, f. — lunga, talaris: — da casa, domestica: — da viaggio, viatoria, f.
Vestibulo, atrio, vestibŭlum, i, n.
Vesticciuola, parva vestis, is, f.
Vestigio, orma, vestigium, ii, n.
Vestimento. V. Veste.
Vestire, vestio, is, ivi, itum, ire, A. vestirsi, sibi vestem induĕre, A.
Vestito, indūtus: vestitus, a, um, add. per Veste, V.
Veterano, veteranus, a, um, add.
Vetraio, vitrarius, ii, m.
Vetriata. V. Invetriata.
Vetrice, sorta di pianta, vitrex, ĭcis, f.
Vetriuolo, chalcanthum, i, n.
Vetro, vitrum, i, n. di Vetro, vitrĕus, a, um, add.
Vetta, vertex, ĭcis, m. per Ramicello, ramuscŭlus, i, m.
Vettovaglie, annōna, æ, f. — di esercito, commeatus, us, m.
Vettura, vectūra, æ, f.
Vetturale, mulio, ōnis, m.
Vetturino, aurīga, æ: essedarius, ii, m.
Vetustà, antichità, vetustas, ātis, f.
Vetusto, vetustus, a, um, add.
Vezzeggiare, blandior, īris, itus, iri, D.
Vezzo, blanditiæ, ārum, f. pl. per Ornamento da collo, monile, is, n.
Vezzosamente, blande; venuste, avv.
Vezzosetto, venustŭlus, a, um, add.
Vezzoso, venustus, a, um, add.
Via, via, æ, f. per Modo, ratio, ōnis f. per Assai, come, via più, via meglio, longe, multo, avv. per Orsù, eja age, interj.: va via, apăge, avv. (Via sta anche per fia', accorciamento di fiata, volta, come tal fiata, due via quattro ec.)
Viaggetto, brevis iter, itinĕris, n.
Viaggiante, viator, ōris, m.
Viaggiare, iter facĕre, A.
Viaggiatore. V. Viaggiante.
Viaggio, iter, itinĕris, n. da viaggio, viatorius, a, um, add.
Viale, Vialetto, semita, æ, f. trames, ĭtis, m.
Viandante, viator, ōris, m.
Viatico, cibo per viaggio, viaticum, i, n. il santo Viatico, sacra cœna viatica, f.
Vibrare, vibro, as, etc. A.
Vibratore, jaculator, ōris, m.
Vibrazione, vibratio, ōnis, f.
Viburno (pianta), viburnum, i, n.
Vicaria, sedes vicaria, f.
Vicariato, vicarii munus, ĕris, n.
Vicario, vicarius, ii, m.
Viceconsole, proconsul, ŭlis, m.
Vicereggente, vicarius, ii, m.
Vicereggenza, vicaria potestas, ātis, f.
Vicenda, vices, is, f. V. la decl. lat. con traccambio, hostimentum, i, n. mutazione, vicissitūdo, ĭnis, f. a vicenda, vicissim, avv.
Vicendevole, mutuus, a, um, add.
Vicendevolmente, vicissim, alterne, avv.

Vicerè, *prorex*, *gis*, m. *secundus a rege*.
Vicinanza, *vicinitas*, *ātis*, f.
Vicinato, *vicinia*, *æ*, f.
Vicino, *vicinus*, *a*, *um*, add. *proxime*, avv. più vicino, *propius*: da vicino, *cominus*, avv. *ad*: *apud*: *juxta*: *prope*, prep. coll'acc. vicino a sera, *sub vesperum*.
Vico, vicolo, *vicus*, *i*, m.
Vie più, *magis*, *magisque*, avv.
Vietamento, *interdictio*, *ōnis*, f.
Vietare, *veto*, *as*, *ui*, *ĭtum*, *āre*: *prohibeo*, *es*, *ui*, *ĭtum*, *ēre*, A.
Vietato, *vetitus*, *a*, *um*, add.
Vieto, *vietus*, *a*, *um*, add. per Rancido, V.
Vigesimo, *vigesimus*, *a*, *um*, add.
Vigilante, *vigilans*, *āntis*, c. add.
Vigilantemente, *vigilanter*, avv.
Vigilanza, *vigilantia*, *æ*, f.
Vigilare, *vigilo*, *as*, etc. N. e A.
Vigilia, *vigilia*, *æ*, f. — di tutta la notte, *pervigilium*, *ii*, n.
Vigliaccamente, *ignave*, avv.
Vigliaccheria, *ignavia*, *æ*, f.
Vigliacco, *ignavus*, *a*, *um*: *vilis*, m. e f. *e*, n. add.
Viglietto, *epistolium*, *ii*, n.
Vigna, *vinea*, *æ*, f.
Vignaiuolo, vignaio, *vinitor*, *ōris*, m.
Vignare, piantar vigne, *vineas ponĕre*, A.
Vignato, *vitibus consitus*, *a*, *um*, add.
Vigneto, *vinetum*, *i*, n.
Vignetta, vignola, *vinecla*, *æ*, f.
Vigore, *robur*, *ŏris*, n. *vigor*, *ōris*, m. essere in vigore, *vigeo*, *es*, *ui*, *ēre*, N. in vigor della legge, *ex lege*, avv.
Vigorosamente, *viriliter*, avv.
Vigoroso, *fortis*, m. e f. *e*, n. add.
Vile, *vilis*, m. e f. *e*, n. add. divenir vile, *vilesco*, *escis*, *ui*, *escĕre*, N. avere a vile, V. Dispregiare: per Codardo, V.
Vilipendere, ec. V. Dispregiare, ec.
Villa, *rus*, *ris*, n. *villa*, *æ*, f. di villa, *rusticus*, *a*, *um*, add.
Villaggio, *pagus*, *i*, m. chi è pel villaggio, *paganus*, *a*, *um*, add. villaggio per villaggio, *pagatim*, avv.
Villanamente, *inurbane*, avv.
Villaneggiare. V. Ingiuriare.
Villanía, *contumelia*, *æ*, f. *convicium*, *ii*, n.
Villanella, *rusticulus*, *i*, m.
Villano, villanesco, *rusticus*, *a*, *um*, add. (sost.) *rusticus*, *i*, m.
Villeggiare, *rusticor*, *āris*, *ātus*, *ari*, D.
Villeggiatura, *rusticatio*, *ōnis*, f.
Villereccio, villeresco, *rusticanus*, *a*, *um*, add.
Villetta, *villula*, *æ*, f.
Vilmente, *turpiter*, avv.
Viltà, *inertia*, *æ*, f. — d'animo, *animi abjectio*, *ōnis*, f.
Viluppo, *complexio*, *ōnis*, f.
Vimine. V. Vinco.
Vinaccia, *vinaceum*, *i*, n.
Vinacciuolo, *vinaceus*, *i*, m.
Vincastro, *virga*, *æ*, f.
Vincere, *vinco*, *vincis*, *vici*, *victum*, *vincĕre*, A.
Vincibile, *vincibilis*, m. e f. *e*, n. add.
Vincita, *victoria*, *æ*, f.
Vincitore, *victor*, *ōris*, m.
Vincitrice, *victrix*, *īcis*, f.
Vinco, *vimen*, *ĭnis*, n. di vinco, *vimineus*, *a*, *um*, add.
Vincolare. V. Obbligare.
Vincolo, *vinculum*, *i*, n.
Vino, *vinum*, *i*, n. — puro, *merum*, *i*, n. — inacquato, *vinum dilutum*, *i*, n. — gagliardo, *generosum*: — abboccato, *lene*: chi non ne beve, *abstemius*, *a*, *um*, add.
Vinolento, bevitor soverchio, *vinolentus*, *a*, *um*, add.
Vinolenza, *vinolentia*, *æ*, f.
Vinoso, *vinosus*, *a*, *um*, add.
Vinto, *victus*, *a*, *um*, add.
Viola (fiore), *viola*, *æ*, f. — mammola, *purpurea viola*: per Sorta di strumento musicale, V. Lira.
Violaceo, *violaceus*, *a*, *um*, add.
Violare, *violo*, *as*, etc. A.
Violato, *pollutus*: *corruptus*, *a*, *um*, add.
Violatore, *violator*, *ōris*, m.
Violazione, violamento, *violatio*, *ōnis*, f.
Violentare, *cogo*, *gis*, *egi*, *actum*, *gĕre*, A.
Violentatore, violentatrice, *cogens*, *ēntis*, c. add.
Violentemente, *violenter*: *per vim*, avv.
Violento, *violentus*, *a*, *um*, add.
Violenza, *violentia*, *æ*, f. far violenza, V. Violentare.
Violetta, *parva viola*, *æ*, f.
Violetto. V. Violaceo.
Violino, *fidicula*, *æ*, f.
Violone, *barbitos*, *i*, m. e f. *barbitum*, *i*, n.
Viottolo, viottola, *semita*, *æ*, f. *trames*, *ĭtis*, m.
Vipera, *vipera*, *æ*, f.
Viperaio, *viperarum nidus*, *i*, m.
Vipereo, *vipereus*, *a*, *um*, add.
Viperino, (sost.) piccolo parto della vipera, *viperæ catulus*, m. come add. V. Vipereo.
Virginale, ec. V. Verginale.
Virgola, *comma*, *ătis*, n.
Virgulto, *virgultum*, *i*, n.
Virile, *virilis*, m. e f. *e*, n. add.
Virilità, *virilitas*, *ātis*, f.
Virilmente, *strenue*, avv.
Virtù, *virtus*, *ūtis*, f. — nutritiva, *vis nutriendi*.
Virtuale. V. Virtuoso.
Virtuosamente, *fortiter*, avv.
Virtuoso, *virtute præditus*, *a*, *um*, add.
Visaccio, *facies enormis*, f.
Viscere, *viscera*, *um*: *exta*, *ōrum*, n. pl.
Vischio, *viscum*, *i*, n.
Vischioso, *viscosus*, *a*, *um*, add.
Visciola, sorta di ciliegia, *acidum cerasum*, *i*, n.
Visciolo (albero), *cerasus austerior*, f.
Visetto, *vulticulus*, *i*, m.
Visibile, *visibilis*, m. e f. *e*, n. add.
Visibilmente, *palam*: *aperte*, avv.

Visiera, *buccula*, *æ*, f.
Visione, *visum*, *i*, n. In visione, *per visum*, avv.
Visitare, *visito*, *as*, etc. A.
Visitatore, *explorātor*: *inspector*, *ōris*, m.
Visivamente V. Visualmente.
Visivo, *videndi vi præditus*, *a*, *um*, add.
Viso, *vultus*, *us*, m. farlo buono, o cattivo, *hilarem*, *vel tristem vultum præferre*: a viso aperto, *animose*, avv. a viso a viso, *coram*, *palam*, avv.
Vispezza, *alacrĭtas*, *ātis*, f.
Vispo, *alăcer*, *ris*, *re*, add.
Vista, *visus*, *us*, m prima vista, *prima frons*, f. A vista di tutti, *coram omnibus*: per Visione. V. far vista, *simulare*, A mettere in vista, *exponĕre*, A.
Visto, *visus*, *a*, *um*, add.
Vistosamente, *venuste*, avv.
Vistosetto, *venustŭlus*, *a*, *um*, add.
Vistosità, *species*, *ēi*, f.
Vistoso, *speciosus*, *a*, *um*, add.
Visuale, *ad visum pertĭnens*, *ĕntis*, add.
Visualmente, *per oculos*, avv.
Visuccio, *vultŭlus*, *i*, m.
Vita, *vita*, *æ*, f.
Vitale, *vitalis*, m. e f. *e*, n. add.
Vitalità, *vitalĭtas*, *ātis*, f.
Vitare, per Evitare, V.
Vite, *vitis*, *is*, f. di vite, *vitĕus*, *a*, *um*, add. — da torchio, *cochlĕa*, *æ*, f. a vite, *cocleæ instar*.
Vitella, *vitŭla*, *æ*, f.
Vitello, vitellino, *vitulus*, *i*, m. di vitello, *vitulīnus*, *a*, *um*, add.
Viticcio, *capreolus*, *i*, m.
Vitreo, *vitrĕus*, *a*, *um*, add.
Vitriuolo. V. Vetriuolo.
Vittima, *victima*: *hostia*, *æ*, f.
Vitto, *victus*, *us*, m.
Vittoria, *victoria*, *æ*, f.
Vittoriosamente, *vincendo*: *victrici manu*, avv.
Vittorioso, *victor*, *ōris*, m.
Vittrice, *victrix*, *icis*, f.
Vittuaglia. V. Vettovaglia.
Vituperabile, vituperevole, *vituperabĭlis*, m. e f. *e*, n. add.
Vituperare, *vitupero*, *as*, etc. A.
Vituperatore, *vituperator*, *ōris*, m.
Vituperazione, *vituperatĭo*, *ōnis*, f.
Vituporio, vitupero. V. Ignominia.
Vituperosamente. *turpiter*, avv.
Vituperoso, *infamis*, m. e f. *e*, n. add.
Viva, *io*, Interiezione.
Vivace, *vivax*, *ācis*, c. add.
Vivacemente, *alacrĭter*, avv.
Vivacità, *vivacĭtas*: *alacrĭtas*, *ātis*, f.
Vivaio, *vivarium*, *ii*, n.
Vivamente, *vehementer*, avv.
Vivanda, *epŭlæ*, *ārum*: *dapes*, *um*, f. pl.
Vivandiere, *cupedinarius*, *ii*, m.
Vivente, *vivens*, *ĕntis*, c.
Vivere, *vivo*, *vis*, *xi*, *ctum*, *ĕre*, N. (sost.), *annōna*, *æ*, f.
Vivezza. V. Vivacità.
Vivido, *vivĭdus*, *a*, *um*, add.
Vivificare, *vivifico*, *as*, etc. A.
Vivificatore, *vivificātor*, *ōris*, m.
Vivo, *vivus*, *a*, *um*. add.
Viziare, *vitĭo*, *as*, etc. A.
Vizialello. V. Cattivello.
Vizio, *vitium*, *ii*, n.
Viziosamente, *vitiose*, avv.
Viziosità, *vitiosĭtas*, *ātis*, f.
Vizioso, *vitiosus*, *a*, *um*, add.
Vizzo. molle, *flaccĭdus*, *a*, *um*, add.
Vocabolario, *lexĭcum*, *i*, n.
Vocabolo, *vocabŭlum*, *i*, n.
Vocale, *vocalis*, m. e f. *e*, n add.
Vocalmente, a voce, *ore*, avv.
Vocativo, *vocatĭvus*, *i*, m.
Vocazione, *vocatĭo*, *ōnis*, f. *vocatus*, *us*, m.
Voce, *vox*, *cis*, f. ad una voce, *una voce*: *unanimiter*, avv per Voto, *suffragium*, *ii*, n. — di soprano, *phonascus acutior*: — di contralto, *altus*: — di tenore, *melōdus gravior*, m. — di basso, *vox barytŏna*, f. per Fama, *fama*, *æ*: *rumor*, *ōris*, m.
Vociaccia, *vox incondita*, f.
Vociferare, *vocĭferor*, *āris*, *ātus*, *āri*, D. si vocifera, *fama est*.
Vociferazione, *vociferatĭo*, *ōnis*, f.
Vocina, *vocŭla*, *æ*, f.
Voga, *cursus*, *us*, m.
Vogare, *remigo*, *as*, etc. N.
Vogatore, *remex*, *ĭgis*, m.
Voglia, *cupidĭtas*, *ātis*, f. per Volontà, V Di mala voglia, *invito animo*: di buona voglia, *libenter*, avv. per Macchia che si porta dalla nascita. *nota genitiva*, f.
Vogliosamente, *cupide*. avv.
Voglioso, *cupĭdus*, *a*, *um*, add.
Voi. *vos*, *vestrum*, *vobis*, pron. con voi *vobiscum*.
Volare, *volo*, *as*, etc. N. — spesso, *volitare*: volare a un luogo, *advolare*: — fuori, *evolare*: — innanzi, *prævolare* — addietro, *revolare*: — attorno, *circumvolare*: — sotto, *subvolare*, N.
Volata. *volatus*, *us*, m.
Volatile (sost.), *volŭcris*, *is*, c. *volatĭlis*, m e f. *e*. n. add.
Volatore. *volans*, *āntis*, c. add.
Volentieri. *libenter*, avv. molto volentieri *libentissime*: più volentieri, *libentius* avv.
Volere, *voluntas*, *ātis*, f.
Volere (verbo). *volo*, *vis*, *volŭi*, *velle*, N non volere, *nolo*, *non vis*, *nolui*, *nolle* N. — piuttosto, *malo*, *vis*, *lui*, *lle*, N che vuol dir ciò? *quid est hoc?* Dio vogliа! *utinam!* inter., voglio dire, *scilicet*, cong.
Volgare, *vulgāris*, m. e f. *e*, n. add. lingua volgare, *vernacŭla lingua*, *æ*, f. uomo volgare, *illitteratus homo*, m.
Volgarizzamento, *interpretatĭo*, *ōnis*, f.
Volgarizzare, *vernaculo sermone reddĕre*, A.
Volgarizzato, *vernacŭlo sermone redditus*.

Volgarizzatore, *interpres, ĕtis*, m.
Volgarmente, *vulgo*, avv. in lingua volgare, *vernaculo sermone*, avv.
Volgere, *volvo, vis, vi, ūtum, vĕre*, A.
Volgimento, *conversio, ōnis*, f.
Volgo, *vulgus, i*, m. e n.
Volo, *volatus, us*, m. a volo, *volatu*: di volo, di primo volo, *illico*, avv.
Volontà, *voluntas, ātis*, f. di sua propria volontà, *ultro*: *sua sponte*: secondo la volontà, *ex arbitrio*, avv.
Volontariamente, *sponte*, avv.
Volontario, *voluntarius, a, um*, add.
Volonteroso, *cupidus*: *promptus, a, um*, add.
Volpe, *vulpes, is*, f. per Astuto, V.
Volpetta, volpino, *vulpecula, æ*, f.
Vulpigno, volpino, *vulpinus, a, um*, add.
Volpone, *vulpio, ōnis*, m. per Uomo astuto, *vafer, ra, rum*, add.
Volta, *versatio, ōnis*, f. per Muro in arco, *fornix, icis*, m. *absis, idis*, f. fatto a volta, *concameratus*: stanza a volta, *concameratio, ōnis*, f. dar la volta, *terga vertĕre*, A. andare in volta, *vagari*, D. alla volta di Roma, *Romam versus*: per Fiata, vicenda, *vicis* (senza nominat.), *vici, vicem*, etc. in plur. *vices, icĭbus*, f. una, due, tre volte, *semel, itĕrum, tertio*, avv. più e più volte, *sæpius*, avv. il più delle volte, *plerumque*, avv. ogni volta che, *quotiescumque*, avv. qualche volta, *interdum*, avv. quante volte, *quoties*, avv. tante volte, *toties*, avv. poche, rare volte, *raro*, avv.
Voltare, V. Volgere: voltarsi, *volvor, ĕris*, etc. D. voltarsi d'opinione, *de sententia descendĕre*, N. *mutare sententiam*, A.
Voltata, *conversio, ōnis*, f.
Voltato, *conversus, a, um*, add.
Volteggiare, *huc atque illuc verti*, P.
Volto (coll'o stretto), *vultus, us*, m. V. Faccia.
Volto (coll'o largo), *versus, a, um*, add.
Voltolamento, *volutatio, ōnis*, f.
Voltolare, *voluto, as*, etc. A.
Volubile, *volubilis*, m. e f. *e*, n. add.
Volubilità, *volubilitas, ātis*, f.
Volubilmente, *volubiliter*, avv.
Volume, *volūmen, ĭnis*, n.
Voluminoso, *magni voluminis*.
Vomere, *vomer, ĕris*, m.
Vomica, ascesso, suppurazione, *vomica, æ*, f.
Vomitare, *vomo, mis, mui, mĭtum, mĕre*, A. far vomitare, *vomitum ciēre*, A. — spesso, *vomito, as*, etc. A.
Vomitorio, *vomitorium medicāmen, ĭnis*, n.
Vomito, *vomitus, us*, m. *vomitio, ōnis*, f.
Vorace, *vorax, ācis*, c.
Voracità, *voracitas, ātis*, f.
Voragine, *vorāgo, ĭnis*, f.
Vortice, *vortex, ĭcis*, m.
Vorticoso, *verticosus, a, um*, add.
Vostro, *vester, a, um*, pron. il vostro, *res vestræ*, f. pl.

Votamento, *evacuatio, ōnis*, f.
Votare, *vacuo, as*, etc. A. per **Far voto**, *voveo, ves, vi, tum, vēre*, A.
Votato, *exhaustus, a, um*, add. obbligato con voto, *voti reus*, m.
Votatore, *evacuans, āntis*, c. add. per Chi fa voto, *vovens, ĕntis*, c.
Votivo, *votivus, a, um*, add.
Voto (sost.), *votum, i*, n. far voto, *voveo, es, vi, tum, vēre*, A. per Suffragio, V.
Voto (coll'o largo), *vacuus, a, um*, add.

Z

Zacchera, schizzo di fango, *aspergo lutea*, f. *lutum, i*, n. per Cosa di poco pregio, *recula, æ*, f.
Zaccherare, *luto aspergĕre*, A.
Zaccheroso, *lutulentus, a, um*, add.
Zaffata, spruzzo dei liquori quando escon con impeto dei vasi, *aspergo, ĭnis*, f.
Zafferanato, *crocatus, a, um*, add.
Zafferano, *crocus, i*, m.
Zaffiro, pietra preziosa, *sapphirus, i*, m.
Zaffo, per Birro, V. per Turacciolo, *obturamentum, i*, n.
Zaino, saccoccia di pelle da pecoraio, e da soldato, *pera pastoralis*, vel *militaris*, f.
Zampa, *anterior pes, edis*, m.
Zampare, *pedibus impetĕre*.
Zampata, *pedis ictus, us*, m.
Zampetta, zampino, *pediculus, i*, m.
Zampettare, *pedes motare*, A.
Zampillare, *emico, as, ui, āre*, N. *salio, is, lui, ltum, īre*, N.
Zampillo, *aqua exiliens*, f.
Zampogna, *fistula, æ*, f. sonatore di zampogna, *fistulātor, ōris*, m.
Zana, cesta, *cista, æ*, f. per Culla, *cunæ, ārum*, f. pl.
Zanna, *dens exsertus*, m.
Zannata. V. Buffoneria.
Zanni. V. Buffone.
Zannuto, *exsertis dentibus armatus, a, um*, add.
Zanzàra, *culex, ĭcis*, m.
Zanzariere, *conopeum, i*, n.
Zappa, *ligo, ōnis*, m.
Zappare, *fodio*: *perfodio, dis, di, ssum, dĕre*, A.
Zappatore, *fossor, ōris*, m.
Zappetta, *sarculum, i*, n.
Zappettare, *leviter sarrire*, N.
Zapponare, *occo, as*, etc. N.
Zatta, *pepo, ōnis*, m. per Zattera, V.
Zattera, *ratis, is*, f.
Zavorra, savorra, ghiaia o rena che si mette nel fondo della nave, *saburra, æ*, f.
Zazzera, *cæsaries, ēi*, f.
Zazzeraccia, *fœda cæsaries, ēi*, f.
Zazzerina, *brevis cæsaries, ēi*, f.
Zazzerone, *prolixa cæsaries, ēi*, f.
Zazzeruto, *capillatus, a, um*, add.
Zecca, luogo dove si battono le monete,

monetæ officina, *æ*, f. batter in zecca, *pecuniam signare*, A.
Zecchiere, *monetarius*, *ii*, m.
Zecchino, *nummus aureus*, *i*, m.
Zeffiro, vento d' occidente, *zephyrus*, *i*, m.
Zelante, *studiosus*, *a*, *um*, add.
Zelantemente, *studiose*, avv.
Zelatore, *studiosus* : *sollicitus*, *a*, *um*, add.
Zelatrice, *studio ardens*, *entis*, f.
Zelo, *cura*, *æ*, f. *studium*, *ii*, n.
Zeppa, *cuneus*, *i*, m.
Zeppamento, *expletio*, *ōnis*, f.
Zeppare, riempire, *expleo*, *es*, *ēvi*, *ētum*, *ēre*, A.
Zeppo, *plenissimus*, *a*, *um*, add.
Zerbino, *venustulus*, *a*, *um*, add.
Zero, per Niente, *nihil*, add. ind. stimar un zero alcuno, *nihili aliquem facĕre*, A.
Zia, da canto di padre, *amita*, *æ*, f. — del padre, *magna amita*, *æ*, f. — dell' avo paterno, *major amita*, *æ*, f. — del bisavo paterno, *maxima amita*, *æ*, f. — da canto di madre, *matertĕra*, *æ*, f. — della madre, *magna matertĕra*, *æ*, f.
Zibaldone, *miscellanĕa*, *ōrum*, n. pl.
Zibellino (animale), *mus ponticus*, m.
Zibibbo, *uva passa*, f.
Zimarra, *toga*, *æ*, f. *epitogium*, *ii*, n.
Zimbellare, *aves avibus allicĕre*, A.
Zimbello, *illex*, *icis* : *inlex*, *icis*, m. esser zimbello, *fabulam esse*.
Zingano, *præstigiātor*, *ōris*, m.
Zinzino, pochettino, *tantillum*, avv.
Zio, da canto di padre, *patrŭus*, *i*, m. zio del padre, *magnus patrŭus*, m. — dell' avo paterno, *major patrŭus* : — da canto di madre, *avunculus*, *i*, m.
Zipolo, spinello da botte, *epistomium*, *ii*, n.
Zirlo, il fischio del tordo, *turdi sibilus*, *i*, m.
Zirlare, *sibĭlo*, *as*, etc. N.
Zitella, ec. V. Fanciulla, ec.
Zitto, indizio di silenzio, *tace* : zitti zitti, *silete* : star zitto, V. Tacere : per Quieto, V.

Zizzania (erba), *lolium*, *ii*, n. per Discordia, V.
Zoccolante, *sculponeatus*, *a*, *um*, add.
Zoccolo, *sculponĕæ*, *ārum*, f. pl.
Zodiaco, *zodiacus*, *i*, m.
Zolfa, V. Solfa.
Zolfanello, *sulphuratum ramentum*, *i*, n.
Zolfatara, luogo dove si cava o lavora il zolfo, *sulphuraria*, *æ*, f.
Zolfo, *sulphur*, *ŭris*, n.
Zolla, *gleba*, *æ*, f.
Zolletta, *glebŭla*, *æ*, f.
Zolloso, *glebōsus*, *a*, *um*, add.
Zombare, per Battere, V.
Zombatura, *verberatio*, *ōnis*, f.
Zona, fascia, *zona*, *æ*, f.
Zoppetto, *aliquantŭlum claudicans*, *antis*, *c*. add.
Zoppicare, *claudĭco*, *as*, etc. N.
Zoppo, *claudus*, *i*, m. a piè zoppo, *pede claudo*, avv.
Zoticaggine, zotichezza, *rusticitas*, *ātis*, f.
Zoticamente, *rustice*, avv.
Zotichetto, *subrusticus*, *a*, *um*, add.
Zotico, *rusticus*, *a*, *um*, add.
Zucca, *cucurbita*, *æ*, f. per Capo. V. Aver poco sale in zucca, *parum sapĕre*, N.
Zuccherato, *sacchăro conditus*, *a*, *um*, add.
Zuccherino, *mellitus pastillus*, *i*, m.
Zucchero, *sacchărum*, *i*, n.
Zucchetta, zucchettina, *cucurbitula*, *æ*, f.
Zucconare, tosare i capelli della zucca, *detondēre*, A.
Zuccone, tosato fino alla cotenna, *ad cutem tonsus*, *a*, *um*, add.
Zuffa. V. Combattimento.
Zufolamento, *sibilus*, *i*, m.
Zufolare, per Fischiare, V. per Suonare lo zufolo, *fistula canĕre*, A.
Zufolo, *fistula*, *æ* : *tibia*, *æ*, f. per Fischio, V.
Zuppa, *panis jusculo infusus* : — nel vino, *panis offa vino madefacta*, vel *infusa*.
Zurlo, allegria smodata, *lætitia*, *æ*, f.

NOMI

DI PERSONE, PROVINCIE, CITTÀ, MONTI, MARI EC.

—

SPIEGAZIONE DELLE ABBREVIATURE

Le lettere *c.* significano città — *cast.* castello — *co.* comune — *f* femminino — *fi.* fiume — *fort.* fortezza — *is.* isola — *m.* mascolino — *ma.* mare — *mo.* monte — *n.* neutro — *pers.* persona — *p.* paese, provincia — *po.* popolo — *t.* terra.

Abbevillo, c. della Francia, *Abbatis villa, Abbavilla, æ*, f.
Abido, c. nella Turchia Asiatica, *Abydus*, vel *Abydos*, i, m. e f.
Abissinia, vasta regione dell'Affrica, *Æthiopia, æ*, f.
Abissini, po. *Æthiŏpes, um*, m. pl.
Aborigeni, po. dell'antica Italia, *Aborigĭnes, um*, m. pl.
Abruzzesi, po. *Samnites, um*, m. pl.
Abruzzo, p. nel Napoletano, *Samnium, ii*, n.
Acate, pers. *Achātes, æ*, m.
Acheronte, fi. *Achĕron, ontis*, m. D'Acheronte, *Acherontĭus, a, um*, add.
Achille, pers. *Achilles, is*, m. D'Achille, *Achillēus, a, um*, add.
Acqui, c. nel Piemonte, *Statiellæ aquæ, arum*, f. pl.
Acquisgrana, c. nella Prussia, *Aquisgranum, i*, n.
Acri (S. Gio. d'), c. dell'Asia dominata dalla Turchia, *Ptolemāis, idis*, f.
Adda, fi. nella Lombardia, *Addŭa, æ*, f.
Adige, fi. nel Veneto, *Athĕsis, is*, m.
Adria, c. nel Veneto, *Adria, æ*, f. D'Adria, *Adriaticus, a, um*, add.
Adriatico, ma. *Mare Adriatĭcum*, n.
Affrica, p. *Africa, æ*, f. d'Affrica, Affricano, *Africanus, a, um*, add.
Agen, c. della Francia, *Aginnum, i*, n.
Agnese, pers. *Agnes, ētis*, f.
Agostino pers. *Augustinus, i*, m.
Agrippa, pers. *Agrippa, æ*, m.
Aix, c. della Francia, *Aquæ Sextiæ*, f. pl.
Aja, c. dell'Olanda, *Comitum Haga, æ*, f.
Ajace, pers. *Ajax, ācis*, m.
Ajaccio, c. della Corsica, *Adjacium, ii*, n.
Alatri, c. nella Campania Romana, *Alatrium, ii*, n.
Alba, c. nel Piemonte, *Alba, æ*, f. D'Alba, *Albānus, a, um*, add.
Albanesi, po. *Epirōtæ, arum*, m. pl.
Albania, p. della Turchia Europea, *Albania, æ*, f. *Epirus*, i, m.

Albenga, c. nel Piemonte, *Albingaunum, i*, n.
Alberto, pers. *Albĕrtus, i*, m.
Alcala de Henarez, c. della Spagna, *Complūtum, i*, n.
Alemagna, p. *Germania, æ*, f. D'Alemagna, Alemanno, *Germanus, a, um*, add.
Alessandria d'Egitto, c. dell'Affrica, *Alexandria, æ*, f. — della Paglia, *Alexandria Statiellorum*, D'Alessandria, Alessandrino, *Alexandrinus, a, um*, add.
Alessandro, pers. *Alexander, ri*, m.
Algeri, c. dell'Affrica, *Julia Cæsarea*, f.
Alicarnasso, c. della Caria, *Halicarnassus, i*, f. d'Alicarnasso, *Halicarnassēus, a, um*, add.
Alpi, mo. *Alpes, ium*, f. pl. — Cozie, *Alpes Cottiæ*, f. pl.
Alsazia, p. *Alsatia, æ*, f.
Alvernia, p. *Arverniæ, arum*, f. pl.
Amberg, c. della Baviera, *Amberga, æ*, f.
Amalfi, c. nel Napoletano, *Amalphis, is*, f.
Amburgo, c. della Germania, *Hamburgum, i*, n.
Amelia, c. nella provincia Romana, *Ameria, æ*, f.
America, p. *America, æ*, f. d'America, americano, *Americanus, a, um*, add.
Amiens, c. della Francia, *Ambiānum, i*, n.
Amilcare, pers. *Amilcar, ăris*, m.
Amsterdam, c. dell'Olanda, *Amstelodămum, i*, n.
Anagni, c. nella provincia Romana, *Anagnia, æ*, f.
Ancona, c. nelle Marche, *Ancon, ōnis*, m. *Ancōna, æ*, f.
Andalusia, p. della Spagna, *Vandalitia, æ*, f.
Andrea, pers. *Andreas, æ*, m.
Andri, Andria, c. nel Napoletano, *Andria, æ*, f.
Angers, c. della Francia, *Angedāvum, i*, n.
Angiò, p. *Andegavia, æ*, f.
Annecy, c. nella Savoia, *Annecium, ii*, n.
Annibale, pers. *Hannibal, ălis*, m.

Annover, c. della Germania, *Hannovĕra*, *æ*, f.
Anselmo, pers. *Anselmus*, i, m.
Antenore, pers. *Antĕnor*, ŏris, m. di Antenore, *Antenoreus*, a, um, add.
Antibo, c. della Francia, *Antinopŏlis*, is, f.
Anticira, is. *Anticyra*, æ, f.
Antille, is. *Antillæ*, ārum, f. pl.
Antiochia, c. della Siria, *Antiochīa*, æ, f.
Antioco, pers. *Antiŏchus*, i, m.
Antonio, pers. *Antonius*, ii, m.
Anversa, c. nel Belgio, *Antuerpia*, æ, f.
Aosta, c. nel Piemonte, *Augusta prætoria*, f.
Appennino, mo. *Appenninus*, i, m.
Aquila, c. nel Napoletano, *Aquila*, æ, f.
Aquileia, c. nell' Illiria, *Aquileia*, æ, f.
Aquino, c. nel Napoletano, *Aquinum*, i, n.
Aquitania, p. *Aquitania*, æ, f.
Arabi, po. *Arabes*, um, m. pl.
Arabia, p. *Arabia*, æ, f.
Aragona, p. della Spagna, *Celtiberia*, æ, f. Aragonese, *Celtiberĭcus*, a, um, add.
Arasse, fi. dell' Asia, *Araxes*, is, m.
Arcadia, p. *Arcadĭa*, æ, f.
Arcipelago, ma. *Ægeum mare*, is, n.
Ardea, cast. nella campagna Romana, *Ardĕa*, æ, f.
Arezzo, c. nella Toscana, *Aretium*, ii, n.
Argentorato, Argentina, o Strasburgo, c. della Francia, *Argentoratum*, i, n.
Arles, c. della Francia, *Arelāte*, es, f.
Armenia, p. della Turchia Asiatica, *Armenia*, æ, f. Armeno, *Armenius*, a, um, add.
Arno, fi. nella Toscana, *Arnus*, i, m.
Arpino, c. nel Napoletano, *Arpinum*, i, n.
Ascoli, c. nelle Marche, *Picenum Asculum*, i, n.
Asdrubale, pers. *Asdrŭbal*, ălis, m.
Asia, p. *Asia*, æ, f. Asiatico, *Asiaticus*, a, um, add.
Assia, c. nella Germania, *Hassia*, æ, f.
Assiria, p. *Assyria*, æ, f. Assirio, *Assyrius*, a, um, add.
Assisi, c. nell' Umbria, *Assisium*, ii, n.
Asti c. nel Piemonte, *Pompeja Asta*, æ, f.
Asturia, p. della Spagna, *Asturia*, æ, f.
Atene, c. della Grecia, *Athēnæ*, ārum, f. pl. Ateniese, *Atheniensis*, m. e f. e, n. add. *Atticus*, a, um, add.
Atri, c. nel Napoletano, *Atria*, æ, f.
Augusta, Asburgo, c. nella Germania, *Augusta Vindelicorum*, f.
Austria, p. *Austria*, æ, f.
Autun, c. della Francia, *Augustodūnum*, i, n.
Aux, c. *Auscorum Augusta*, æ, f.
Auxerre, c. della Francia, *Autissiodurum*, i, n.
Avellino, c. nel Napoletano, *Abellinum*, i, n.
Avignone, c. della Francia, *Avenio*, ōnis, m.
Avila, c. della Spagna, *Abula*, æ, f.

B

Babilonia, c. nell' Asia, *Babylon*, ōnis, f. Babilonico, *Babylonicus*, a, um, add.
Bacco, pers. *Bacchus*, i, m.
Baden, c. nella Germania, *Inferiores Thermæ*, ārum, f. pl.
Bagnacavallo, cast. nell' Emilia, *Tiberiăcum Caballum*, i, n.
Bagnorea, c. nella provincia Romana, *Novempăgi*, ōrum, f. pl. *Balneoregium*, ii, n.
Baleari, is. *Baleāres*, ium, f. pl.
Bamberga, c. nella Germania, *Bamberga*, æ, f.
Barberia, p. *Mauritania*, æ, f. di Barberia, *Maurusiăcus*, a, um, add.
Barcellona, c. della Spagna, *Barcĭno*, ōnis, f.
Bartolommeo, pers. *Bartolomæus*, i, m.
Basilea, c. nella Svizzera, *Basilĕa*, æ, f.
Basilicata, p. nel Napoletano, *Lucania*, æ, f.
Bassano, c. nel Veneto, *Bassanum*, i, n.
Bastia, c. nella Corsica, *Bastia*, æ, f.
Batavia, p. della Germania, oggidì Olanda, *Batavia*, æ, f.
Baviera, p. *Vindelicia*, æ, f. Bavarese, *Vindelĭcus*, a, um, add.
Bearne, p. *Bearnia*, æ, f.
Beauvais, c. della Francia, *Bellovăci*, ōrum, m. pl.
Beira, p. *Beira*, æ, f.
Belfort, c. nella Francia, *Sulcinum*, i, n.
Belgrado, c. nella Turchia Europea, *Taurunum*, i, n.
Belluno, c. nel Veneto, *Bellunum*, i, n.
Belvedere, p. *Elis*, ĭdis, f.
Benevento, c. nel Napoletano, *Beneventum*, i, n.
Bengala, p. *Bengala*, æ, f.
Beozia, p. *Beotia*, æ, f.
Berecinto, mo. *Berecyntius*, i, m.
Bergamo, c. in Lombardia, *Bergŏmum*, i, n. Bergamasco, *Bergŏmas*, ātis, add.
Berlino, c. nella Prussia, *Berlinum*, i, m. *Berolinum*, n.
Berna, c. nella Svizzera, *Berna*, æ, f.
Besanzone, c. nella Francia, *Vesontio*, ōnis, f. *Vesontium*, ii, n.
Biscaglia, p. della Spagna, *Cantabria*, æ, f.
Bitinia, p. dell' Asia Minore, *Bithynia*, æ, f.
Bitonto, c. nel Napoletano, *Butuntum*, i, n.
Bizanzio, ora Costantinopoli, c. della Turchia, *Byzantium*, ii, n.
Boemia, p. *Bohemia*, æ, f.
Bologna a Mare, c. nella Francia, *Gessoriăcum*, i, n.
Bologna, c. nell' Emilia, *Bononia*, æ, f. Bolognese, *Bononiensis*, m. e f. e, n. add.
Bordeaux, c. della Francia, *Burdigăla*, æ, f.

Borgo S. Donnino, c. nell'Emilia, *Fidentia*, *æ*, f.
Borgo S. Sepolcro, c. in Toscana, *Biturgia*, *æ*, f.
Borgogna, p. *Burgundia*, *æ*, f.
Borgognoni, po. *Burgundienses*, *ium*, m. pl.
Bormio, cast. in Lombardia, *Bormium*, *ii*, n.
Bourges, c. nella Francia, *Bituriges*, *um*, m.
Brabante, p. dei Paesi Bassi nel Belgio, *Brabantia*, *æ*, f.
Braga, c. nel Portogallo, *Augusta Bracarum*: *Bracara*, *æ*, f.
Braganza, c. nel Portogallo, *Brigantia*, *æ*.
Brandeborgo, c. nel reg. di Prussia, *Brandeburgum*, *i*, n.
Brasile, p. *Brasilia*, *æ*, f.
Brenta, fi. nel Veneto, *Medoacus*, vel *Meduacus*, *i*, m. pl.
Brescia, c. in Lombardia, *Brixia*, *æ*, f.
Breslavia, c. nel reg. di Prussia, *Uratislavia*, *æ*, f.
Brest, c. nella Francia, *Brestia*, *æ*, f.
Brettagna, p. *Britannia*, *æ*, f. Britannico, *Britannus*, *a*, *um*, add.
Brindisi, c. nel Napoletano, *Brundusium*, *ii*, n.
Brunswick, c. della Germania, *Brunopŏlis*, *is*, f.
Bruselle, c. nel Belgio, *Bruxellæ*, *ārum*, f. pl.
Bruto, pers. *Brutus*, *i*, m.
Buda, c. nell'Ungheria, *Buda*, *æ*, f.
Bulgaria, p. della Turchia Europea, *Bulgaria*, *æ*, f.
Burgos, c. nella **Spagna**, ***Burgi*, ōrum**, m. pl.
Butrinto, c. della Turchia, *Buthrōtum*, *i*, n. *Buthrōtus*, *i*, m.

C

Caco, pers. *Cacus*, *i*, m.
Cadice, c. nella Spagna, *Gades*, *ium*, f. pl.
Cadore, p. nel Veneto, *Cadubrium*, *ii*, n.
Cagliari, c. nell'is. di Sardegna, *Calăris*, *is*, f.
Cairo, c. nell'Egitto, *Memphis*, *is*, f.
Calabria, p. nel Napoletano *Calabria*, *æ*, f. Calabrese, *Calaber*, *ra*, *rum*, add.
Calais, c. nella Francia, *Calētum*, *i*, n.
Calcedonia, c. nell'Asia, *Calchēdon*, vel *Chalcēdon*, *ŏnis*, f.
Caldeo, po. *Chaldæus*, *i*, m.
Caligola, pers. *Caligula*, *æ*, m.
Cambray, c. nella Francia, *Camerăcum*, *i*, n.
Cambridge, c. nell'Inghilterra, *Cantabrigium*, *ii*, n.
Camerino, c. nelle Marche, *Camerinum*, *i*, n.
Camilla, pers. *Camilla*, *æ*, f.
Camillo, pers. *Camillus*, *i*, m.
Caminate, nella prov. Romana, *Allia*, *æ*, f.
Campagna di Roma, p. *Latium*, *ii*, n.
Campania, p. *Campania Felix*, f.
Canadà, p. *Canăda*, *æ*, f.
Canarie, is. *Fortunatæ Insulæ*, **ārum**, f. pl.
Candia, is. *Creta*, *æ*, f. **Candiotto**, ***Cretensis***, m. e f. *e*, n. add.
Canne, vill. nel Napoletano, *Cannæ*, *ārum*, f. pl. di Canne, *Cannensis*, m. e f. *e*, n. add.
Cantoni Svizzeri, *Helvetiorum pagi*, *ōrum*, m. pl. Cantone di Basilea, *Basiliensis pagus*: — di Berna, *Bernensis*: — di Friburgo, *Friburgensis*: — di Lucerna, *Lucernensis*: — di Sciaffusa, *Scaphusiensis*: — di Soletta o Solura, *Solodorensis*: — di Unterwald, *Sylvaniensis*: — di Uri, *Uraniensis*: — di Zug, *Tugiensis*: — di Zurigo, *Tiguriensis*: — di Ginevra, *Genevensis*, etc.
Capitanata, nel Napoletano, *Daunia*, *æ*, f.
Capo Argentaro, *Gorditanum promontorium*, *ii*, n.
Capo di Buona Speranza, nell'Affrica, *Bonæ spei promontorium*, *ii*, n.
Capo Verde, *Arsinarium*, *ii*, n.
Cappadocia, p. dell'Asia, *Cappadocia*, *æ*, f.
Capua, c. nella Sicilia, *Capŭa*, *æ*, f.
Carlo, pers. *Carŏlus*, *i*, m.
Carmelo, mo. *Carmēlus*, *i*, m.
Carnia, Carniola, p. dell'Austria, ***Carniola***, *æ*, f.
Caronte, pers. *Charon*, *ōntis*, m.
Carrara, nell'Emilia, *Carraria*, *æ*, f.
Cartagena, c. nella Spagna, *Nova Carthago*, *ĭnis*, f.
Cartagine, c. nell'Affrica, *Carthago*, *ĭnis*. Cartaginese, *Carthaginiensis*, m. e f. *e*, n. add.
Casale, c. nel Piemonte, *Casāle*, *is*, n.
Casal Maggiore, **c.** in Lombardia, *Majus Casāle*, *is*, n.
Casale Pusteriengo, **bor. in Lombardia**, *Casale Pistorum*, n.
Caspio, me. *Caspium mare*, *is*, n.
Cassino, mo. *Casinum*, *i*, n.
Cassio, pers. *Cassius*, *i*, m.
Castel Gandolfo, vill. nella prov. Romana *Arx Gandulfi*, f.
Castel Nuovo, c. nell'Emilia, *Novum Castrum*, *i*, n.
Castiglia, p. della Spagna, *Castella*, *æ*, f.
Castiglione delle Stiviere, c. in Lombardia, *Stiveriorum Castilio*, *ōnis*, f.
Catalani, po. *Catalauni*, *ōrum*, m. pl.
Catalogna, p. della Spagna, *Catalaunia*, *æ*, f.
Catania, c. nella Sicilia, *Catina*: ***Catăna***, *æ*: *Catăne*, *es*, f.
Catai, p. *Cataja*, *æ*, f.
Catilina, pers. *Catilina*, *æ*, m.
Catone, pers. *Cato*, *ōnis*, m.
Cattaro, c. nella Dalmazia, *Catărum*, *i*, n.
Caucaso, mo. *Caucăsus*, *i*, m.
Cefalonia, is. *Cephalenia*, *æ*, f. di Cefalonia, *Cephalenus*, *a*, *um*, add.

Celio, pers. *Cælius, ii*, m.
Ceneda, c. nel Veneto, *Acedum, i*, n.
Cesare, pers. *Cæsar, ăris*, m. di Cesare, *Cæsareus, a, um*, add.
Cesarea, c. *Cæsarea, æ*, f.
Cesena, c. nell' Emilia, *Cæsena*, vel *Cæsena, æ*, f.
Ceylan, is. *Ceylanum, i*, n.
Chemberi, c. in Savoia, *Camberium, ii*, n.
Chartres, c. nella Francia, *Carnutum, i*, n.
Chersoneso, p. *Chersonesus, i*, m.
Chiara, pers. *Clara, æ*, f.
China, p. *Sinense imperium, ii*, n.
Chinesi, po. *Sinæ, ārum*, m. pl.
Chiozza, c. nel Veneto, *Clodia Fossa, æ*, f.
Chiusi, c. nella Toscana, *Clusium, ii*, n.
Cicerone, pers. *Cicero, ōnis*, m. Ciceroniano, *Ciceronianus, a, um*, add.
Cilicia, p. dell' Asia Minore, *Cilicia, æ*, f.
Cingoli, c. nella prov. Romana, *Cingulum, i*, n.
Cipro, is. *Cyprus, i*, f.
Cividal del Friuli, c. nel Veneto, *Julii Forum, i*, n.
Civita Castellana, c. nell' Umbria, *Fescennia, æ*, f.
Civita Lavinia, c. nella prov. Romana, *Lavinium, ii*, n.
Civitavecchia, c. nella prov. Romana, *Centumcellæ, ārum*, f. pl.
Claudiano, pers. *Claudianus, i*, m.
Claudio, pers. *Claudius, i*, m.
Coimbra, c. nel Portogallo, *Conimbria, æ*, f.
Coira, c. nella Svizzera, *Curia, æ*, f.
Colombo, pers. *Columbus, i*, m.
Colonia, c. nella Prussia, *Colonia Agrippina, æ*, f.
Comacchio, c. nell' Emilia, *Comaclum, i*, n.
Como, c. nella Lombardia, *Novocomum, i*, n.
Compostella, c. nell' America settentrionale, *Compostella, æ*, f.
Concordia, c. nell' America Settentrionale, *Concordia, æ*, f.
Congo, p. *Æthiopia Superior*, f.
Copenaghen, c. nella Danimarca, *Codania, æ*, f.
Cordova, c. nella Spagna, *Corduba, æ*, f. di Cordova, *Cordubensis*, m. e f. *e*, n. add.
Corfù, is. e c. nella Grecia, *Corcyra, æ*, f. di Corfù, *Corcyræus, a, um*, add.
Corinto, c. della Grecia, *Corinthus, i*, f.
Coriolano, pers. *Coriolanus, i*, m.
Corneto, c. nella prov. Romana, *Cornetum, i*, n.
Corsi, po. *Corsi, ōrum*, m. pl.
Corsica, is. *Corsica, æ*, f. Corso, *Corsicus, a, um*, add.
Cortona, c. nella Toscana, *Cortona, æ*, f.
Costantino, pers. *Constantinus, i*, m.
Costantinopoli, c. nella Turchia Europea, *Byzantium, ii*, n. *Constantinopolis, is*, f.
Cracovia, c. nella Polonia, *Cracovia, æ*, f.
Crema, c. in Lombardia, *Forum Diuguntorum*, m. Cremasco, *Cremensis*, m. e f. *e*, n. add.
Creta, is. V. Candia.
Croazia, p. dell' Austria, *Liburnia, æ*, f. di Croazia, *Liburnicus, a, um*, add.
Cuba, is. *Cuba, æ*, f.
Cuma, cast. nel Napoletano, *Cumæ, ārum*, f. pl.
Cuneo, c. nel Piemonte, *Cuneum, i*, n.
Curzio, pers. *Curtius, ii*, m.
Curzolari, is. *Echinades, um*, f. pl.

D

Dalmazia, p. dell' Austria. *Dalmatia, æ*, f. Dalmatino, *Dalmaticus, a, um*, add.
Damasco, c. nella Turchia Asiatica, *Damascus, i*, f. Damasceno, *Damascenus, a, um*, add.
Danesi, po. *Dani, ōrum*, m. pl.
Danimarca, p. *Dania, æ*, f.
Danubio, fi. in Germania, *Ister, ri*: *Danubius, ii*, m.
Danzica, c. nella Prussia, *Dantiscum, i*, n.
Dardanelli, cast. *Dardania, æ*, f.
Dedalo, pers. *Dædalus, i*, m.
Delfo, c. nella Grecia, *Delphi, ōrum*, m. pl
Delo, is. *Delus, i*, f.
Dieppe, c. nella Francia, *Dieppa, æ*, f.
Digione, c. nella Francia, *Dibio, ōnis*, f.
Dillingen, c. nella Germania, *Dilinga æ*, f.
Dionisio, pers. *Dionysius, ii*, m.
Domiziano, pers. *Domitianus, i*, m.
Don, fi. nella Russia, *Tanais, is*, m.
Dora, nel Piemonte, *Duria, æ*, f.
Douro, fi. nella Spagna. *Durius, ii*, m.
Dresda, c. nella Germania, *Dresda, æ*, f.
Druso, pers. *Drusus, i*, m.
Dublino, c. nell' Irlanda, *Dublinum, i*, n.
Duero. V. Douro.
Durazzo, c. nella Turchia Europea, *Dyrrachium, ii*, n.

E

Ebrei, po. *Hebræi, ōrum*, m. pl.
Ebro, fi. nella Spagna, *Iberus, i*, m.
Efeso, c. nell' Asia Minore, *Ephesus, i*, f. di Efeso, *Ephesius, a, um*, add.
Egitto, p. *Ægyptus, i*, m. Egiziano, *Ægyptius, a, um*, add.
Elba, is. *Ilva, æ*, f.
Elba, fi. nella Germania, *Albis, is*, m.
Elbinga, c. nella Prussia, *Elbinga, æ*, f.
Elena, pers. *Helena, æ*, f.
Elicona, mo. *Helicon, ōnis*, m.
Enea, pers. *Æneas, æ*, m.
Emo, mo. *Emus, i*, m.
Empoli, c. nella Toscana, *Empolia, æ*, f.
Epaminonda, pers. *Epaminondas, æ*, m.
Epiro, p. della Grecia, *Epirus, i*, m.
Ercole, pers. *Hercules, is*, m.
Erice, mo. *Eryx, ycis*, m.
Estremadura, p. *Bætharia, æ*, f.

Etiopia, p. *Æthiopia*, *æ*, f. di Etiopia, Etiopo, *Æthiops*, *is*, add.
Etna, mo. *Ætna*, *æ*, vel *Ætne*, *es*, f.
Eufrate, fi. nell'Asia, *Euphrates*, *is*, m.
Europa, p. *Europa*, *æ*, f. Europeo, *Europæus*, *a*, *um*, add.
Evora, c. nel Portogallo, *Ebora*, *æ*, f.

F

Fabio, pers. *Fabius*, *ii*, m.
Fabriano, c. nelle Marche, *Fabrianum*, *i*, n.
Faenza, c. nella Romagna, *Faventia*, *æ*, f.
Falerno, mo. *Falernus*, *i*, m.
Fano, c. nell'Umbria, *Fanum*, *i*, n.
Faro di Messina, *Fretum siculum*, n.
Farsaglia, p. *Pharsalia*, *æ*, f. di Farsaglia, Farsalico, *Pharsalicus*, *a*, *um*, add.
Febo, pers. *Phœbus*, *i*, m. di Febo, Feboo, *Phœbēus*, *a*, *um*, add.
Felice, pers. *Felix*, *īcis*, m.
Feltre, c. nel Veneto, *Feltria*, *æ*, f.
Fenestrelle, cast. nel Piemonte, *Fenestrellæ*, *ārum*, f. pl.
Fenicia, p. *Phœnicia*, *æ*, f. Fenicio, *Phœnicius*, *a*, *um*, add.
Ferdinando, pers. *Ferdinandus*, *i*, m.
Ferentino, c. nella prov. Romana, *Ferentinum*, *i*, n.
Fermo, c. nelle Marche, *Firmum*, *i*, n.
Ferrara, c. nell'Emilia, *Ferraria*, *æ*, f. Ferrarese, *Ferrariensis*, m. e f. *e*, n. add.
Fiammingo, po. *Belga*, *æ*, m.
Fiandra, p. del Belgio, *Belgium*, *ii*, n.
Fiascone, o Monte Fiascone, c. nella prov. Romana, *Mons Faliscus*, m.
Fidene, antica città presso Roma, *Fidēnæ*, *ārum*, f. pl.
Fidia, pers. *Phidias*, *æ*, m.
Fiesole, c. nella Toscana, *Fæsŭlæ*, *ārum*, f. pl.
Filippi, antica città nella Tracia, *Philippi*, *ōrum*, m. pl.
Filippo, pers. *Philippus*, *i*, m.
Finale, c. nel Genovesato, *Finarium*, *ii*, n. — di Modena, cast. *Finalium*, *ii*, n.
Fiorentino, *Florentinus*, *a*, *um*, add.
Firenze, o Fiorenza, c. nella Toscana, *Florentia*, *æ*, f.
Flaminio, pers. *Flaminius*, *ii*, m.
Flavio, pers. *Flavius*, *ii*, m.
Florida, p. dell'America Settentrionale, *Florida*, *æ*, f.
Foglia, fi. nell'Umbria, *Isaurus*, *i*, m.
Folignati, po. *Fulginates*, *um*, m. pl.
Foligno, o Fuligno, c. nell'Umbria, *Fulginia*, *æ*, f.
Fondi, c. nel Napoletano, *Fundi*, *ōrum*, m. pl.
Forlì, c. nell'Emilia, *Forum Livii*, n. vel *Livia*, *æ*, f.
Fossano, c. nel Piemonte, *Fossanum*, *i*, n.
Fossombrone, c. nelle Marche, *Forum Sempronii*, n.
Francesi. V. Franchi.
Franchi, po. *Franci*, *ōrum*: *Francones*, *um*, m. pl.
Francia, p. *Gallia*, *æ*, f.
Francoforte, c. nella Germania, *Francofurtum*, *i*, n.
Frascati, c. nella prov. Romana, *Tuscŭlum*, *i*, n. di Frascati, *Tuscŭlus*, *a*, *um*, add.
Friburgo, c. nella Svizzera, *Friburgum*, *i*, n.
Frigia, p. dell'Asia Minore, *Phrygia*, *æ*, f. di Frigia, Frigio, *Phrygius*, *a*, *um*, add.
Friuli, p. del Veneto, *Forum Julii*, n.
Frosinone, prov. Romana, *Frusino*, *ōnis*, f.
Fulvio, pers. *Fulvius*, *ii*: di Fulvio, *Fulvianus*, *a*, *um*, add.

G

Gabinio, pers. *Gabinius*, *ii*, m.
Gaeta, c. nel Napoletano, *Caieta*, *æ*, f.
Gaetano, pers. *Cajetanus*, *i*, m.
Galilea, p. *Galilæa*, *æ*, f. di Galilea, *Galilæus*, *a*, *um*, add.
Galizia, p. della Spagna, *Gallæcia*, *æ*, f.
Galles, p. dell'Inghilterra, *Vallia*, *æ*, f.
Gallia. V. Francia.
Gand, c. nel Belgio, *Gandăvum*, *i*, n.
Gange, fi. nell'Asia, *Ganges*, *is*, m.
Gargano, mo. *Garganus*, *i*, m.
Garigliano, fi. nel Napoletano, *Liris*, *is*, m.
Garonna, fi. della Francia, *Garumna*, *æ*, f.
Genova, c. nel Genovesato, *Genŭa*, *æ*, f. di Genova, *Genuensis*, m. e f. *e*, n. add.
Germania, p. *Germania*, *æ*, f.
Gerusalemme, o Gerosolima, c. nella Turchia Asiatica, *Solyma*, *ōrum*, n. pl. *Hierosolymitanus*, *a*, *um*, add.
Gesù, pers. *Jesus*, *u*, m.
Geti, po. *Getæ*, *ārum*, m. pl. dei Geti, *Geticus*, *a*, *um*, add.
Getulia, p. *Getulia*, *æ*, f.
Gheldria, p. dei Paesi Bassi, *Geldria*, *æ*, f.
Giappone, p. *Japonia*, *æ*, f.
Gibilterra, stretto, *Calpe*, *es*, f.
Giordano, fi. della Palestina, *Jordanis*, *is*, m.
Giovanni, pers. *Joannes*, *is*, m.
Giove, pers. *Jupiter*, *Jovis*, m.
Girolamo, pers. *Hieronymus*, *i*, m.
Giudea, p. della Palestina, *Judæa*, *æ*, f.
Giudei, po. *Judæi*, *ōrum*, m. pl. Giudeo *Judæus*, *i*, m.
Giulio, pers. *Julius*, *ii*, m.
Giunio, pers. *Junius*, *ii*, m.
Giunone, pers. *Juno*, *ōnis*, f.
Gnido, c. nella Caria, *Gnidus*, *i*, f.
Golfo di Negroponte, *Eubœus sinus*, *us* — di Tunisi, *Adrumeti sinus*: — di Venezia, *Adriaticus*: — di Bengala, *Gangeticus*: — di Cadice, *Gaditanus*: — di Corinto, *Corinthiacus*: — di Gaeta, *Formianus*: di Napoli, *Puteolānus*, m.

Gorizia, p. *Noreia, æ*, f.
Gottlandia, p. *Gothia, æ*, f.
Granata, c. nella Spagna, *Granata, æ*, f.
Gratz, c. dell' Austria, *Gratium, ii*, n.
Grecia, p. *Græcia, æ*, f. Magna Grecia, *Græcia Magna*, f.
Grenoble, c. nella Francia, ***Gratianopŏlis***, *is*, f.
Grigioni, po. della Svizzera, *Rhæti, ōrum*, m. pl.
Guascogna, p. *Vasconia, æ*, f.
Guasconi, po. *Vascones, um*, m. pl.
Guastalla, c. nell' Emilia, *Guardastallum*, *i*, n.
Guienna, p. ***Aquitania, æ***, f.

H

Hamburg. V. Amburgo.
Hannover. V. Annover.
Hassia. V. Assia.
Haya. V. Aia.

I

Ida, mo. *Ida, æ*, m. d' Ida, *Idæus, a, um*, add.
Idalio, mo. *Idalia, æ*, f. *Idalium, ii*, n.
Idaspe, fi. nell' Asia, *Hydaspes, is*, m.
Ideo, mo. *Mons Idæus*, m.
Idumea, p. *Idumæa, æ*, f.
Imetto, mo. *Hymettus*, vel *Hymettos, i*, m.
Imola, c. nella Romagna, *Forum Cornelii*, n.
India, p. *India, æ*, f. Indiano, *Indus, a, um*, add. *Indi, ōrum*, m. pl.
Indo, fi. nell' Asia, *Indus, i*, m.
Inghilterra, is. *Anglia, æ*, f.
Inglesi, po. *Angli, ōrum*, m. pl. *Anglus, a, um*, add.
Ingolstadt, c. nella **Germania**, ***Ingolstadium***, *ii*, n.
Inspruck, c. nel Tirolo, *Œnipons*, **ontis, f.**
Insubri, po. *Insŭbres, ium*, m. pl.
Insubria, p. *Insubria, æ*, f.
Ippocrene, fonte di Beozia, *Hippocrēne, es*, m.
Irlanda, is. *Hibernia, æ*, f.
Isidoro, pers. *Isidōrus, i*, m.
Islanda, is. *Thule, es*, f.
Ismaro, mo. *Ismărus, i*, m.
Istria, p. dell' Austria, *Istria, æ*, f.
Itaca, is. *Ithaca, æ*, f.
Italia, p. *Italia, æ*, f. Italiano, *Italus, a, um*, add.

J

Jonia, p. *Jonia, æ*, f. Jonio, Jonico, *Jonicus, a, um*, add.

L

Lago di Garda, *Benacus, i*, m. — di Como, *Larius, ii*, m. — di Ginevra, *Lemanus, i*, m. — di Castel Gandolfo, *Albanus*, m. — di Costanza, *Acronius lacus*. — d' Iseo, *Sebinus, i*, m. — di Perugia, *Trasimenus, i*, m. — Maggiore, *Verbanus, i*, m. — di Zell, *Cellensis lacus*, i, — di Zurigo, *Tigurinus, i*, m.
Lambro, fi. in Lombardia, *Lambrus, i*, m.
Langres, c. nella Francia, *Lingŏnes, um*, m. pl.
Lapponia, p. *Lapponia, æ*, f.
Larissa, c. nella Turchia Europea, ***Larissa***, *æ*, f.
Laurento, c. nelle Marche, *Laurentum, i*, n.
Lazio, p. *Latium, i*, n.
Lecce, c. nel Napoletano *Aletium, ii*, n.
Leone, c. nella Spagna, *Legio, ōnis*, f.
Leone, pers. *Leo, ōnis*, m.
Leopoli, c. nell' Austria, *Leopŏlis, is*, f.
Lepanto, c. nella Grecia, *Naupactum*, *i*, n.
Lesbo, is. *Lesbus, i*, f. di Lesbo, **Lesbio**, *Lesbius, a, um*, add.
Leyden, Leida, c. nell' Olanda, *Lugdūnum Batavorum*, n.
Libia, p. *Libya, æ*, f. di **Libia, Libico, *Libycus***, *a, um*, add.
Lidia, p. *Lydia, æ*, f. di Lidia, Lidio, *Lydius, a, um*, add.
Liegi, c. nel Belgio, *Leodium, ii*, n. — di Liegi, Liegese, *Leodiensis*, m. e f. e, n. add.
Ligario, pers. *Ligarius, ii*, m.
Ligure, *Ligur, ŭris*, m.
Liguria, p. *Liguria, æ*, f.
Lilla, c. nella Francia, *Insulæ, arum*, f. pl.
Lima, c. nell' America Meridionale, *Lima, æ*, f.
Limoges, c. **nella Francia, *Lemovices*, um**, m. pl.
Linguadoca, p. *Occitania, æ*, f.
Lione, c. nella Francia, *Lugdūnum, i*, n. di Lione, *Lugdunensis*, m. e f. e, n. add.
Lisandro, pers. *Lysander, ri*, m.
Lisbona, c. nel Portogallo, *Ulyssipo, Olysipo, ōnis*, f.
Lituania, p. *Lithuania, æ*, f.
Livio, pers. *Livius, ii*, m.
Livonia, p. della Russia, *Livonia, æ*, f.
Livorno, c. nella Toscana, *Liburnus Portus, us*, m.
Lodi, c. in Lombardia, *Laus Pompeja*, f. Lodigiano, *Laudensis*, m. e f. e, n. add.
Lodovico, pers. *Ludovicus, i*, m.
Loira, fi. nella Francia, *Liger, gĕris*, m.
Lombardia, p. *Gallia Cisalpina*, f.
Lomellina, p. *Laumellum, i*, n.
Londra, c. nell' Inghilterra, ***Londinum***, *i*, n.
Lorena, p. *Lotaringia, æ*, f.
Lorenzo, pers. *Laurentius, ii*, m.
Loreto, c. nelle Marche, *Lauretum, i*, n.
Lovanio, c. nel Belgio, *Lovanium, ii*, n.
Lublino, c. nella Polonia, *Lublinum, i*, n.
Lucania, p. *Lucania, æ*, f.
Lucca, c. nella Toscana, *Luca, æ*, f.
Lucerna, p. e c. della Svizzera, *Lucerna, æ*, f.

Lugano, c. nella Svizzera, *Lugānum*, *i*, n.
Lusignano, c. nella Francia, *Lusinīcum*, *i*, n.

M

Macedone, po. *Macēdo*, *ŏnis*, m.
Macedonia, p. *Macedonia*, *æ*, f.
Macerata, c. nelle Marche, *Macerata*, *æ*, f.
Madrid, c. nella Spagna, *Madrītum*, *i*, n.
Magonza, c. nella Germania, *Moguntiăcum*, *i*, n.
Malines, c. nel Belgio, *Machlinia*, *æ*, f.
Malta, is. *Melita*, *æ*, f. Maltese, *Melitensis*, m. e f. *e*, n. add.
Manheim, c. nella Germania, *Manhemium*, *ii*, n.
Manfredonia, c. nel Napoletano, *Manfredonia*, *æ*, f.
Manlio, pers. *Manlius*, *ii*, m.
Mantova, c. in Lombardia, *Mantua*, *æ*, f. Mantovano, *Mantuanus*, *a*, *um*, add.
Maratona, c. nella Grecia, *Marăthon*, *ŏnis*, f. di Maratona, *Marathonius*, *a*, *um*, add.
Marca d'Ancona, *Picenum*, *i*, n. della Marca d'Ancona, *Picentīnus*, *a*, *um*, add.
Mare Adriatico, *Hadriaticum mare*, *is*, n. — Baltico, *Balticum*: — Bianco, *mare Album*: — di Genova, *Ligusticum*: — di Marmora, *Propontiacum*: — Mediterraneo, *Mediterraneum*: — Morto [in terra di Lavoro], *Lucrinus lacus*: — Nero, *Ponticum*: — di Provenza, *Gallicum*: — Rosso, *Erythræum*: — di Sardegna, *Sardōum mare*: — di Sicilia, *Siculum*: — di Toscana, *Tyrrhenum*.
Marienburgo, c. nella Prussia, *Marieburgum*, *i*, n.
Marna, fi. nella Francia, *Matrona*, *æ*, f.
Marsiglia, c. nella Francia, *Massilia*, *æ*, f.
Martinica, is. *Martinica*, *æ*, f.
Marziale, pers. *Martialis*, *is*, m.
Masovia, p. *Masovia*, *æ*, f.
Massa di Carrara, c. nell'Emilia, *Carrariæ Massa*, *æ*, f.
Mastricht, c. nell'Olanda, *Trajectum ad Mosam*, n.
Meaco, c. nell'Asia, *Meācum*, *i*, n.
Meaux, c. nella Francia, *Meldæ*, *ārum*, f. pl.
Media, p. *Media*, *æ*, f. di Media, *Medus*, *a*, *um*, add.
Medina, c. nell'Asia, *Methymna*, *æ*, f.
Medina Celi, cast. nella Spagna, *Augustobriga*, *æ*, f.
Medina Sidonia, c. nella Spagna, *Asidonia*, *æ*, f.
Megara, c. nella Grecia, *Megăra*, *æ*, f.
Mesopotamia, p. dell'Asia, *Mesopotamia*, *æ*, f.
Messico, p. e c. nell'America Settentrionale, *Mexicum*, *i*, n.
Messina, c. nella Sicilia, *Messāna*, *æ*, f. Messinese, *Messanensis*, m. e f. *e*, n. add.
Metz, c. nella Francia, *Divodūrum metæ*, *ārum*, f. pl.
Micene, c. del Peloponneso, *Mycenæ*, *ārum*, f. pl.
Milano, c. in Lombardia, *Mediolanum*, *i*, n. Milanese, *Mediolanensis*, m. e f. *e*, n. add.
Mincio, fi. in Lombardia, *Mincius*, *ii*, m.
Mirandola, c. nell'Emilia, *Mirandŭla*, *æ*, f.
Modena, c. nell'Emilia, *Mutĭna*, *æ*, f. Modenese, *Mutinensis*, m. e f. *e*, n. add.
Mogol, p. dell'Asia, *Magni Mogōlis imperium*, *ii*, n.
Montpellier, c. nella Francia, *Agathopŏlis*, *is*, f. *Mons Pessulanus*, m.
Monaco, c. *Monachium*, *ii*, n.
Mondovì, c. nel Piemonte, *Mons regalis*, m.
Monferrato, p. *Monsferrātus*, *i*, m. *Monsferrax*, *ācis*, m.
Mongibello, mo. *Ætna*, *æ*, m.
Montepulciano, c. nella Toscana, *Mons Politianus*, m.
Monza, c. in Lombardia, *Modætia*, *æ*, f.
Moravia, p. dell'Austria, *Moravia*, *æ*, f.
Morea, p. *Peloponnesus*, *i*, m.
Mosa, fi. *Mosa*, *æ*, f.
Mosca, c. in Russia, *Mosca*, *æ*, f.
Moscovia, p. *Moscovia*, *æ*, f.
Moscoviti, po. *Moschi*, *ōrum*, m. pl.
Mosella, fi. *Mosella*, *æ*: *Mosella*, *æ*, f.
Munster, c. nella Prussia, *Monasterium*, *ii*, n.
Murena, pers. *Murēna*, *æ*, m.

N

Namur, c. nel Belgio, *Namurcum*, *i*, n.
Nankino, c. nella Cina, *Nanquinum*, *i*, n.
Nantes, c. nella Francia, *Nannētes*, *um*, m. pl.
Napoli, c. nel Napoletano, *Neapolis*, *is*, f. Napolitano, *Neapolitanus*, *a*, *um*, add.
Narbona, c. nella Francia, *Narbo*, *ōnis*, m.
Narni, c. nell'Umbria, *Narnia*, *æ*, f.
Nassau, c. nella Germania, *Nassovia*, *æ*, f.
Natolia, p. *Natolia*, *æ*, f.
Navarra, p. della Spagna, *Navarra*, *æ*, f.
Negrizia, p. *Nigritia*, *æ*, f.
Negroponte, is. *Eubœa*, *æ*, f.
Nerone, pers. *Nero*, *ōnis*, m.
Nicolò, pers. *Nicolāus*, *i*, m.
Nilo, fi. nell'Affrica, *Nilus*, *i*, m.
Nizza, c. della Francia, *Nicæa*, *æ*, f.
Nocera, c. in Calabria, nel Napoletano, *Terina*, *æ*, f. di Nocera, *Terinæus*.
Nocera, c. nell'Umbria, *Nuceria*, *æ*, f.
Nocera, o. Nucera de' Pagani, c. in Terra di Lavoro, nel Napoletano, *Nuceria*, *æ*, f. di Nocera, *Nucerinus*, *a*, *um*, add.
Nola, c. nel Napoletano, *Nola*, *æ*, f.
Norcia, c. nell'Umbria, *Nursia*, *æ*, f.
Norimberga, p. *Norica*, *æ*, f.

Normandia, p. *Normannia, æ*, f.
Norvegia, p. *Norvegia, æ*, f.
Novara, c. nel Piemonte, *Novaria, æ*, f.
Noyon, c. nella Francia, *Noviodūnum, i*, n.
Numanzia, c. della Spagna, *Numantia, æ*, f.
Numidia, p. dell'Affrica, *Numidia, æ*, f. Numidico, *Numidĭcus, a, um*, add.

O

Offanto, fi. nel Napoletano, *Aufidus, i*, m.
Oglio, fi. in Lombardia, *Ollius, ii*, m.
Olanda, p. *Batavia, æ*, f. Olandese, *Batāvus, a, um*, add.
Olmutz, c. nell'Austria, *Olmutium, ii*, n.
Oranges, c. nella Francia, *Arausio, ōnis*, f.
Orazio, pers. *Horatius, ii*, m.
Orleans, c. nella Francia, *Aurelia, æ*, f. *Aurelianum, i*, n.
Orte, c. nell'Umbria, *Hortīnum, i*, n.
Ortensio, pers. *Hortensius, ii*, m.
Orvieto, c. nell'Umbria, *Vetus urbs, urbis*, m.
Osimo, c. nelle Marche, *Auxĭmus, i*, m.
Ostenda, c. nel Belgio, *Ostenda, æ*, f.
Ostia, c. nella prov. Romana, *Ostia Tiberina*, f. Ostiense, *Ostiensis*, m. e f. *e*, n.
Otranto, c. nel Napoletano, *Hydrūntum, i*, n.
Ottavio, pers. *Octavius, ii*, m.
Oxford, c. nell'Inghilterra, *Oxonium, ii*, n.

P

Padova, c. nel Veneto, *Patavium, ii*, n. Padovano, *Patavīnus, a, um*, add.
Paesi Bassi. V. Fiandra.
Palatinato, p. *Palatinatus, us*, m.
Palermo, c. nella Sicilia, *Panormus, i*, f. *Panormum, i*, n.
Palestina, p. della Turchia Asiatica, *Palæstina, æ*, f.
Palestrina, c. nella prov. Romana, *Prænestĕ is*, n.
Pamplona, c. nella Spagna, *Pompēlo, ōnis*, f.
Panaro, fi. nell'Emilia, *Scultenna, æ*, m.
Paraguai, p. *Paraguaja, æ*, f.
Parigi, c. nella Francia, *Parisii, ōrum*, m. pl. *Lutetia, æ*, f.
Parma, c. nell'Emilia, *Parma, æ*, f.
Parnaso, mo. *Parnassus, i*, m.
Passavia, c. nella Germania, *Patavia, æ*, f.
Pavia, c. in Lombardia, *Ticīnum, i*, n. di Pavia, *Ticinensis*, m. e f. *e*, n. add.
Pekin, Pechino, c. nella Cina, *Pechīnum, i*, n.
Persia, p. *Persia, æ*, f. Persiano, *Persĭcus, a, um*, add.
Persiani, po. *Persæ, ārum*, m. pl.
Perù, p. *Peruvia, æ*, f.
Perugia, c. nell'Umbria, *Perusia, æ*, f. Perugino, *Perusinus, a, um*, add.
Pesaro, c. nelle Marche, *Pisaurum, i*, n. Pesarese, *Pisaurensis*, m. e f. *e*, n. add.
Peteburgo, c. nell'America Settentrionale, *Petroburgum, i*, n.
Petervaradino, c. nell'Austria, *Petrovaradīnum, i*, n.
Petras, mo. *Pelion, ii*, n.
Petronio, pers. *Petronius, ii*, m.
Petzora, fi. *Petzora, æ*, f.
Piacenza, c. nell'Emilia, *Placentia, æ*, f. Piacentino, *Placentinus, a, um*, add.
Piave, fi. nel Veneto, *Anassum, i*, n.
Piccardia, p. *Picardia, æ*, f.
Piemonte, p. *Pedemontium, ii*, n. Piemontese, *Subalpinus, a, um*, add.
Pietroburgo, c. in Russia, *Petropŏlis, is*, f. *Petroburgum, i*, n.
Pindo, mo. *Pindus, i*, m.
Pinerolo, c. nel Piemonte, *Pinarolium, ii*, n.
Piperno, c. nella prov. Romana, *Privernum, i*, n.
Pirenei, mo. *Pyrenæus mons, ontis*, m. *Pyrenæi montes*.
Pisa, c. nella Toscana, *Pisæ, ārum*, f. pl.
Pistoia, c. nella Toscana, *Pistorium, ii*, n.
Pizzighettone, cast. in Lombardia, *Diguntorum Forum, i*, n.
Plata, fi. nell'America Meridionale, *Argenteus fluvius, ii*, m.
Plinio, pers. *Plinius, ii*, m.
Po, fi. nell'Alta Italia, *Padus : Eridănus, i*, m.
Poitiers, c. nella Francia, *Pictavium, ii*, n.
Polidoro, pers. *Polydōrus, i*, m.
Polonia, p. *Polonia, æ*, f. Polacco, *Polōnus, a, um*, add.
Pomerania, p. della Prussia, *Pomerania, æ*, f.
Pompeo, pers. *Pompejus, i*, m.
Pompilio, pers. *Pompilius, ii*, m.
Pontecorvo, c. nel Napoletano, *Fregellæ, ārum*, f. pl.
Ponto, p. *Pontus, i*, m.
Pontremoli, c. nell'Emilia, *Apua, æ*, f.
Portogallo, p. *Lusitānia, æ*, f. Portoghese, *Lusitānus, a, um*, add.
Potenza, c. nel Napoletano, *Potentia, æ*, f.
Pozzuolo, c. nel Napoletano, *Puteŏli, ōrum*, m. pl.
Praga, c. nell'Austria, *Praga, æ*, f.
Prato, c. nella Toscana, *Pratum, i*, n.
Presburgo, c. in Ungheria, *Posonium, ii*, n.
Prosdocimo, pers. *Prosdocimus, i*, m.
Provenza, p. *Narbonensis Gallia, æ*, f. Provenzale, *Narbonensis*, m. e f. *e*, n. add.
Prussia, p. *Borussia, æ*, f.
Prussiani, po. *Borussi, ōrum*, m. pl.
Puglia, p. *Apulia, æ*, f. Pugliese, *Apŭlus, a, um*, add.
Pubblio, pers. *Publius, ii*, m.
Puy, c. nella Francia, *Anicium, ii*, n.

Q

Quebec, c. nell'America Settentrionale, *Quebecum, i*, n.

Quiriti, po. *Quirîtes, um*, m. pl.
Quito, c. nell'America Meridionale, *Quitum, i*, n.

R

Ragusi, c. *Epidaurum, i*, n.
Ratisbona, c. nella Germania, *Ratisbona, æ*, f. *Tiberii Augusta, æ*, f.
Ravenna, c. nelle Romagne, ***Ravenna**, æ*, f.
Recanati, c. **nelle Marche**, ***Recinêtum**, i*, n.
Reggio, di Modena, c. nell'Emilia, *Regium Lepidi*, n.
Reggio, di Calabria, c. nel Napoletano, *Rhegium, ii*, n.
Reims, c. nella Francia, *Rhemi*, vel *Remi, ôrum*, m. pl.
Remo, pers. *Remus, i*, m.
Reno, fl. *Rhenus, i*, m.
Rezia, p. *Rhætia, æ*, f.
Rieti, c. nell'Umbria, *Reâte, is*, n. Lago di Rieti, *Reatina palus*, f.
Rimini, c. nelle Romagne, *Ariminum, i*, n.
Rinaldo, pers. *Rinaldus, i*, m.
Ripatransone, c. nella prov. Romana, *Capra Montana*, f.
Roano, c. nella Francia, *Rothomagum, i*, n.
Rocella, c. nella Francia, *Rupella, æ*, f.
Rodano, fl. nella Francia, *Rhodânus, i*, m.
Rodi, *Rhodus, i*, f. di Rodi, *Rhodius, a, um*, add.
Roma, città capitale **d'Italia**, ***Roma**, æ*: *Urbs, Urbis*, f.
Romagna, p. nell'Emilia, *Romania, æ*: *Flaminia, æ*, f.
Romania, p. *Thracia, æ*, f.
Romani, po. *Romanus, a, um*, add. ***Quirîtes**, ium*, m. pl.
Romolo, pers. *Romûlus, i*, m.
Ronciglione, cast. nella prov. Romana, *Roncilio, ônis*, m.
Rubicone, fl. **nelle Romagne**, *Rubico, ônis*, m.
Russia, p. *Russia æ*, f.
Russi, po. *Roxolâni, ôrum*, m. pl.

S

Sabina, p. *Sabina, æ*, vel *Sabinia, æ*, f. di Sabina, Sabino, *Sabinus, a, um*, add.
Sabini, po. *Sabini*, vel *Sabini, ôrum*, m. pl.
Saguntio, c. nella Spagna, *Saguntum, i*, n.
Salamanca, c. nella Spagna, *Salamantica, æ*, f.
Salerno, c. nel Napoletano, *Salernum, i*, n.
Salisburgo, c. nell'Austria, *Salisburgum, i*, n.
Sallustio, pers. *Sallustius, ii*, m.
Salomone, pers. *Salômon, ônis*, m.
Salonicchi, c. nella Turchia Europea, *Thessalonîca, æ*, f. di Salonicco, *Thessalonicensis*, m. e f. e. n. add.
Saluzzo, c. nel Piemonte, *Salusiæ, ârum*, f. pl.

Samaria, c. nella Palestina, *Samarîa, æ*, f. Samaritano, *Samaritanus, a, um*, add.
Samo, is. *Samos*: *Samus, i*, f.
Samotracia, is. *Samothracia, æ*, f.
Sannio, p. nel Napoletano, *Samnium, ii*, n.
Sanniti, po. *Samnîtes, um*, m. pl.
Santerno, fl. nella prov. Romana, ***Vaternus**, i*, m.
Santo, fl. *Xanthus, i*, m.
Santonge, p. *Santônes, um*, m. pl.
Saona, fl. della Francia, *Arar*: *Arâris, is*, m.
Saraceni, *Saracêni, ôrum*, m. pl.
Saragozza, c. nella Spagna, *Cæsarea Augusta, æ*, f.
Sardegna, is. *Sardinia, æ*, f.
Sardi, po. *Sardi, ôrum*, m. pl.
Sarmazia, p. *Sarmatia, æ*, f. Sarmata, *Sarmaticus, a, um*, add.
Sarsina, c. nella prov. **Romana**, ***Sarsîna**, æ*, f.
Sassari, c. in Sardegna, *Sassâris, is*, f.
Sassoni, po. *Saxônes, um*, m. pl.
Sassonia, p. *Saxonia, æ*, f.
Savoia, p. *Sabaudia, æ*, f. Savoiardo, *Sabaudus, a, um*, add.
Savona, c. nel Genovesato, *Savo, ônis*, m.
Scarpanto, is. *Carpâthus, i*, f.
Schiavoni, po. *Illyrici, ôrum*, m. pl.
Schiavonia, p. *Illyricum, ii*, n.
Sciaffusa, c. nella Svizzera, ***Scaphusia**, æ*, f.
Sciampagna, p. *Campania, æ*, f.
Scio, is. *Chios*: *Chius, i*, f.
Scipione, pers. *Scipio, ônis*, m.
Scizia, p. *Scythia, æ*, f.
Scozia, is. *Scotia, æ*, f. Scozzese, *Scotus, a, um*, add.
Scutari, c. nella Turchia Europea, in Albania, *Scodra, æ*, f. — in Tracia, *Calcedonia, æ*, f.
Secchia, fl. *Gabellus, i*, m.
Seleucia, c. *Seleucia, æ*, f.
Seleuco, pers. *Seleucus, i*, m.
Sempronio, pers. *Sempronius, ii*, m.
Senna, fl. nella Francia, *Sequâna, æ*, f.
Sens, c. nella Francia, *Senônes, um*, m. pl.
Serio, fl. in Lombardia, *Sarius, ii*, m.
Servia, p. *Servia, æ*, f.
Servilio, pers. *Servilius, ii*, m.
Servio, pers. *Servius, ii*, m.
Sesia, fl. nel Piemonte, *Sesia, æ*, f.
Severino (San), cast. nello Stato Pontificio, *Septempêda, æ*, f.
Severo (San), c. nel Napoletano, ***Severopôlis**, is*, f.
Severo, pers. *Severus, i*, m.
Siam, p. *Siâmum, i*, n.
Siberia, p. della Russia, *Syberia, æ*, f.
Sibilla, pers. *Sybilla, æ*, f. Sibillino, *Sybillinus, a, um*, add.
Sicilia, is. *Sicilia, æ*, f. Siciliano, *Sicûlus, a, um*, add.
Siena, c. nella Toscana, *Sena, æ*, f. ***Senæ**, ârum*, f. pl.

Sile, fl. *Silis, is*, m.
Silvia, pers. *Silvia, æ*, f.
Silvio, pers. *Silvius, ii*, m.
Sinai, mo. *Sinai*, m. indecl.
Sinigaglia, c. nelle Marche, *Senogallia, æ*, f.
Siracusa, c. in Sicilia, *Syracusæ, ārum*, f. pl.
Siria, p. della Turchia Asiatica, *Syria, æ*, f. Siriaco, *Syriacus, a, um*, add.
Siviglia, c. nella Spagna, *Hispălis, is*, f.
Slesia, p. della Prussia, *Silesia, æ*, f.
Smirne, c. nella Turchia Asiatica, *Smyrna, æ*, f.
Sofiana, c. *Sophia, æ*, f.
Soissons, c. nella Francia, *Augusta Suessionum*, f.
Somme, fl. nella Francia, *Somma, æ*, m.
Sonna, fl. *Arăris, is*, m.
Soria, p. *Syria, æ*, f.
Sorrento, c. nel Napoletano, *Surrentum, i*, n.
Spagna, p. *Hispania, æ*, f. Spagnuolo, *Hispanus, a, um*, add.
Spalatro, c. nell' Austria, *Spalătum, i*, n.
Sparta, c. nella Grecia, *Sparta, æ, Lacedæmon, ŏnis*, f. Spartano, *Lacedæmonius, a, um*, add.
Spello, c. nell' Umbria, *Hispellum, i*, n.
Spoleto, c. nell' Umbria, *Spolĕtum, i*, n.
Stazio, pers. *Statius, ii*, m.
Stige, fl. *Styx, gis*, f.
Stiria, p. *Styria, æ*, f.
Stoccolma, c. nella Svezia, *Holmia, æ*, f.
Strasburgo, c. nella Francia, *Argentorătum, i*, n.
Stretto di Costantinopoli, *Ponticum os, ŏris*, n. — di Gibilterra, *Gaditanum fretum, i*, n. — di Negroponte, *Eurĭpus, i*, m. — di Sicilia, *Siculum fretum, i*, n.
Stura, fl. nel Piemonte, *Stura, æ*, f.
Subiaco, c. nella prov. Romana, *Sublaquĕum, i*, n.
Suez, c. nell' Affrica, *Suezium, ii*, n.
Susa, c. nel Piemonte, *Segusium, ii*, n.
Sutri, c. nella prov. Romana, *Sutrium, ii*, n.
Svevia, p. *Suevia, æ*, f.
Svezia, p. *Suecia, æ*, f.
Svezzesi, Svedesi, po. *Suiŏnes, um* : *Sueci, ŏrum*, m. pl.
Svizzera, p. *Helvetia, æ*, f.
Svizzeri, po. *Helvetii, ŏrum*, m. pl.

T

Tabacco, is. *Tabăchi insula, æ*, f.
Tabor, mo. *Thabor, ŏris*, m.
Tagliacozzo, c. nel Napoletano, *Taliacotium, ii*, n.
Tago, fl. nella Spagna, *Tagus, i*, m.
Tamigi, fl. nell' Inghilterra, *Thamĕsis*, vel *Tamĕsis, is*, m.
Tanaro, fl. nel Piemonte, *Tanărus, i*, m.
Taranto, c. nel Napoletano, *Tarentum, i*, n. di Taranto, *Tarentinus, a, um*, add.
Taro, fl. nell' Emilia, *Tarus, i*, m.
Tarquinio, pers. *Tarquinius, ii*, m.
Tarragona, c. nella Spagna, *Tarrăco, ōnis*, f.
Tarso, c. nella Turchia Asiatica, *Tarsus, i*, m.
Tartaria, *Scythia, æ*, f. — Europea, *Chersonesus Taurica*, f.
Tartaro, fl. *Tartărus, i*, m.
Tauro, mo. *Taurus, i*, m.
Tebe, c. nella Grecia, *Thebæ, ārum*, f. pl.
Tedeschi, *Germāni, ŏrum*, m. pl.
Tenedo, is. *Tenĕdos, i*, f.
Teodoro, pers. *Theodŏrus, i*, m.
Teofrasto, pers. *Theophrastus, i*, m.
Terenzio, pers. *Terentius, ii*, m.
Terni, c. nell' Umbria, *Interamna, æ*, f.
Terracina, c. nella prov. Romana, *Anxur, ŭris*, m.
Terra di Lavoro, p. nel Napoletano, *Campania, æ*, f.
Tessaglia, p. della Turchia Europea, *Thessalia, æ*, f. Tessalo, *Thessalus, a, um*, add.
Tevere, fl. nell' Italia Centrale, *Tibĕris, is*, m.
Teverone, fl. nella prov. Romana, *Anien, ēnis* : *Anio, ēnis* : *Anienus, i*, m.
Ticino, f. *Ticinus, i*, m.
Tigri, fl. nella Turchia Asiatica, *Tigris, is*, m.
Tirolo, p. dell' Austria, *Tirŏlis, is*, m.
Tito, pers. *Titus, i*, m.
Tivoli, c. nella prov. Romana, *Tibur, ŭris*, n.
Todi, c. nell' Umbria, *Tuder, ertis*, f.
Toledo, c. nella Spagna, *Toletum, i*, n.
Tolentino, c. nelle Marche, *Tolentinum, i*, n.
Tolosa, c. nella Francia, *Tolōsa, æ*, f.
Torino, c. nel Piemonte, *Augusta Taurinorum*, f. Torinese, *Taurinensis*, m. e f. *e*, n. add.
Torquato, pers. *Torquatus, i*, m.
Tortona, c. nel Piemonte, *Dertōna, æ*, f.
Tortosa, c. nella Spagna, *Dertōsa, æ*, f.
Toscana, p. *Thuscia* : *Etruria, æ*, f. Toscano, *Etruscus, a, um*, add.
Tournay, c. nel Belgio, *Tornacum, i*, n.
Transilvania, p. dell' Austria, *Transilvania, æ*, f.
Trebbia, fl. nell' Emilia, *Trebia, æ*, f.
Trento, c. nel Tirolo italiano, *Tridentum, i*, n. Di Trento, *Tridentinus, a, um*, add.
Treviri, c. nella Prussia, *Augusta Trevirorum*, f.
Treviso, c. nel Veneto, *Tarvisium, ii*, n.
Trieste, c. nell' Austria, *Tergeste, is*, n.
Troia, c. della Troade, *Troia, æ*, f. *Ilion* : *Ilium, ii*, n. Troiano, *Troianus, a, um*, add. — nella Capitanata, *Troia, æ*, f.
Tullia, pers. *Tullia, æ*, f.
Tullio, pers. *Tullius, ii*, m. Tulliano, *Tullianus, a, um*, add.
Tunisi, c. nell' Affrica, *Tunes, ētis*, f.
Tunquin, p. *Tunquinium, ii*, n.

Turchi, po. *Turcæ, ārum*, m. pl.
Turchia, p. *Turcarum imperium, ii*, n. Turchesco, *Turcĭcus, a, um*, add.
Turingia, p. *Thuringia, æ*, f.
Turino. V. Torino.

U

Udine, c. nel Veneto, *Utinum, i*, n. Di Udine, *Utinensis*, m. e f. *e*, n. add.
Ulma, c. nella Germania, *Ulma, æ*, f.
Umbria, p. *Umbria, æ*, f.
Ungheria, p. *Pannonia, æ*, f. D' Ungheria, *Pannonius, a, um*, add.
Urbino, c. nelle Marche, *Urbīnum, i*, n.
Utrecht, c. nell' Olanda, *Ultrajĕctum, i*, n. *Trajectum ad Rhenum*, n.

V

Vagliadolid, c. nella Spagna, *Vallisolĕtum, i*, n.
Valacchia, p. *Valachia, æ*, f.
Valentino, pers. *Valentinus, i*, m.
Valenza, c. nella Spagna, *Valentia, æ*, f. — in Italia, *Forum Fulvii*, n.
Valtellina, p. della Lombardia, *Tellina vallis, is*, f.
Vandali, po. *Vandăli, ōrum*, m. pl.
Varrone, pers. *Varro, ōnis*, m.
Varsavia, c. in Polonia, *Varsavia, æ*, f.
Vejenti, po. *Vejentes, tum*, m. pl.
Velletri, c. nella prov. Romana. *Velitræ, ārum*, f. pl.
Venezia, c. nel Veneto, *Venetiæ, ārum*, f. pl.
Veneziani, po. *Venĕti, ōrum*, m. pl.
Vercelli, c. nel Piemonte, *Vercellæ, ārum*, f. pl.
Veroli, c. nella p. Romana, *Verulæ, ārum*, f. pl.
Verona, c. nel Veneto, *Verona, æ*, f.
Versaglies, c. nella Francia, *Versaliæ, ārum*, f. pl.
Vestfalia, p. *Vestphalia, æ*, f.
Vesuvio, mo. *Vesuvius, ii*, m.
Vicenza, c. nel Veneto, *Vicentia, æ*, f. Di Vicenza, *Vicentīnus, a, um*, add.
Vienna, c. nell' Austria, *Vindobōna, æ*: *Vienna, æ*, f.
Ventimiglia, c. nel Piemonte, *Vintimilium, ii*, n.
Virgilio, pers. *Virgilius, ii*, m.
Virtemberga, c. *Virtemberga, æ*, f.
Vistola, fi. *Vistŭla, æ*, f.
Viterbo, c. nella prov. Romana, *Viterbium, ii*, n.
Vivarese, p. *Helvii, ōrum*, m. pl.
Viviers, c. nella Francia, *Vivarium, ii*, n.
Volsci, po. *Volsci, ōrum*, m. pl.
Volterra, c. nella Toscana, *Volaterræ, ārum*, f. pl.
Volturno, fi. nel Napoletano, *Vulturnus, i*, m.
Vormazia, c. nella Germania, *Vormatia, æ*, f.

X

Xanto, fi. *Xanthus, i*, m.

Z

Zaconia, o Laconia, p. *Laconia, æ*, f.
Zante, is. *Zacynthus, i*, f.
Zelanda, is. *Zelandia, æ*, f.
Zurigo, c. *Tigurinus pagus, i*, m.

VOCABOLARIO LATINO-ITALIANO.

A, ab, abs, prep. coll' abl., *da.*
Abactor, ōris, m. *ladro di bestiame.*
Abactum, V. Abigo.
Abactus, a, um, add. *portato via, scacciato.*
Abăcus, i, m. *abbaco, credenza, banco, scacchiere.*
Abalienatĭo, ōnis, f. *alienazione.*
Abaliēno, as, etc. A. *alienare.*
Abăvus, i, m. *trisavolo, arcavolo.*
Abbas, ātis, m. *abate*, abbātis dignĭtas, vel dĭtĭo, f. *badia, abbazia.*
Abbatĭssa, æ, f. *abbadessa, badessa.*
Abdicatĭo, ōnis, f. *abdicazione, renunzia.*
Abdĭco, as, etc. A. *abdicare, diseredare, rigettare.*
Abdīco, cis, xi, ctum, cĕre, A. *ricusare.*
Abdĭte, avv. *nascostamente.*
Abdĭtus, a, um, add. *nascosto.*
Abdo, dis, dĭdi, dĭtum, dĕre, A. *nascondere.*
Abdōmen, ĭnis, n. *ventre, addome.*
Abdūco, cis, xi, ctum, cĕre, A. *disviare, toglier per forza.*
Abductus, a, um, add. *condotto via, tolto per forza.*
Abĕo, is, ĭvi, vel ĭi, ĭtum, ire, N. *partire, andare.*
Abequĭto, as, etc. N. *fuggire a cavallo.*
Aberratĭo, ōnis, f. *diviamento.*
Abĕrro, as, etc. N. e A. *andare errando, vagare.*
Abfore, *esser per mancare, infinito futuro di* Absum.
Abfui, V. Absum.
Abhinc, avv. *da qui.*
Abhorrens, ĕntis, add. *alieno, lontano, dissimile.*
Abhorrĕo, res, rŭi, rēre, N. e A. *abborrire, dissomigliare, discordare.*
Abjecte, avv. *bassamente, vilmente.*
Abjectĭo, ōnis, f. *abbiezione.*
Abjectus, a, um, add. *abbietto.*
Abiĕgnus, a, um, add. *di abete.*
Abies, ĕtis, f. *abete.*
Abĭgo, bĭgis, bēgi, bactum, bigĕre, A. *menar via, scacciare.*
Abjĭcio, ĭcis, ēci, ectum, icĕre, A. *gettar via.*
Abitĭo, ōnis, f. Abĭtus, us, m. *partenza.*

Abjungo, is, xi, unctum, ĕre, A. *disunire.*
Abjudĭco, as, etc. A. *toglier per via di giudizio.*
Abjuratĭo, ōnis, f. *il negar con giuramento una cosa consegnata.*
Abjūro, as, etc. A. *negar con giuramento.*
Ablatīvus, i, m. *caso ablativo.*
Ablatus, a, um, add. da Aufero, *tolto, levato.*
Ablegatĭo, ōnis, f. *licenziamento.*
Ablēgo, as, etc. A. *licenziare, mandar via.*
Abligurĭo, is, ivi, ĭtum, ire, A. *consumare mangiando, scialacquare.*
Ablūdo, dis, si, sum, dĕre, N. *esser dissimile.*
Ablŭo, ŭis, ŭi, ūtum, uĕre, A. *levare.*
Abneco, as, etc. A. *far morire.*
Abnĕgo, as, etc. A. *negare.*
Abnĕpos, ōtis, m. *terzo nipote.*
Abnĕptis, tis, f. *terza nipote.*
Abnŏcto, as, etc. N. *star fuor di casa la notte.*
Abnŏrmis, m. e f. e, n. add. *irregolare.*
Abnŭo, is, ŭi, ūtum, uĕre, A. *far cenno di no.*
Abolĕo, es, ŭi, ēvi, ĭtum, ēre, A. e N. *abolire, annullare.*
Abolĕsco, escis, ēvi, escĕre, N. *annientarsi.*
Abolitĭo, ōnis, f. *abolizione.*
Abominor, āris, ātus, āri, D. *abominare.*
Aborior, ĕris, ortus iri, D. *morire.*
Abortīvus, a, um, add. *abortivo.*
Abōrto, as, etc. N. *abortire.*
Abortus, us, m. *aborto.*
Abrādo, dis, si, sum, dĕre, A. *toglier via radendo, radere.*
Abrāsus, a, um, add. *tolto via radendo, raso.*
Abreptus, a, um, add. *rapito.*
Abripĭo, ĭpis, ipŭi, ĕptum, ipĕre, A. *rapire, prender per forza.*
Abrōdo, dis, si, sum, dĕre, A. *rodere.*
Abrogatĭo, ōnis, f. *annullazione.*
Abrŏgo, as, etc. A. *annullare.*
Abrōsus, a, um, add. *roso.*
Abrumpo, mpis, pi, ptum, mpĕre, A. *rompere, interrompere.*
Abruptĭo, ōnis, f. *rompimento.*
Abruptus, a, um, add. *rotto, interrotto.*

Abs. V. A.
Abscēdo, dis, ssi, ssum, dĕre, N. *andarsene, ritirarsi.*
Abscessio, ōnis, f. *allontanamento.*
Abscessus, us, m. V. Abscessio.
Abscīdo, *vel* Abscīndo, dis, *vel* ndis, di, ssum, dĕre, *vel* ndĕre, A. *troncare, tagliare.*
Abscissio, ōnis, f. *troncamento.*
Abscissus, a, um, add. *tagliato*, ec.
Abscondĭte, *nascostamente.*
Abscondo, is, i, *vel* ĭdi, ĭtum, ĕre, A. *nascondere.*
Absens, entis, c. add. *assente, lontano.*
Absentia, æ, f. *assenza.*
Absimilis, m. e f. e, n. *dissimile.*
Absisto, ĭstis, ĭtĭi, ĭtum, istĕre, N. *star lontano.*
Absolvo, vis, vi, ūtum, vĕre, A. *assolvere, sciogliere.*
Absolute, avv. *assolutamente.*
Absolutio, ōnis, f. *assoluzione.*
Absolūtus, a, um, add. *assolto, compiuto, slegato.*
Absonus, a, um, add. *dissonante.*
Absorbĕo, bes, bŭi, *e* orpsi, ptum, bēre, A. *assorbire.*
Absorptio, ōnis, f. *assorbimento.*
Absque, prep. coll'abl. *senza, fuorchè.*
Abstemius, a, um, add. *chi non beve vino.*
Abstergo, gis, si, sum, gĕre, A. *nettare.*
Abstersus, a, um, add. *asterso.*
Abstĭnens, entis, c. add. *temperante.*
Abstinenter, avv. *con moderazione.*
Abstinentia, æ, f. *astinenza.*
Abstinĕo, ĭnes, inŭi, entum, inēre, A. *astenere, tener lontano.*
Abstiti. V. Absisto.
Abstractus, a, um, add. *distolto, staccato.*
Abstrăho, ăhis, āxi, āctum, ahĕre, A. *staccare, svellere.*
Abstrūdo, dis, si, sum, dĕre, A. *ascondere.*
Abstŭli. V. Aufero.
Absis, ĭdis, f. *volta, tribuna.*
Absum, es, fui, esse, N. *esser lontano.*
Absūmo, is, psi, ptum, ĕre, A. *consumare, ridurre a fine.*
Absurde, avv. *sconciamente, fuor di proposito.*
Absurdus, a, um, add. *assurdo, sconcio.*
Absynthium, *vel* Absinthium, ii, n. *assenzio.*
Abundantia, æ, f. *abbondanza.*
Abunde, abundanter, avv. *abbondantemente.*
Abŭndo, as, etc. N. *abbondare.*
Abusio, ōnis, f. *abuso.*
Abusive, avv. *abusivamente.*
Abūtor, ĕris, sus, sum, D. *abusare, abusarsi.*
Ac, cong. *e, ed.*
Academia, æ, f. *accademia.*
Academicus, i, m. *accademico*, Academicus, a, um, add. *accademico.*
Acānthis, ĭdis, f. *cardellino.*
Acānthus, i, m. *acanto.*
Accēdo, dis, ssi, ssum, dĕre, N. *accostarsi.*

Acceleratio, ōnis, f. *acceleramento.*
Accelĕro, as, etc. A. *affrettare, accelerare.*
Accēndo, dis, di, sum, dĕre, A. *accendere.*
Accensĕo, ses, sŭi, sĭtum, *vel* sum, sēre, A. *annumerare, ascrivere.*
Accensus, i, m. *messo, donzello, soldato arruolato per supplire le legioni.* Accensus, a, um, add. *acceso, infiammato.*
Accentus, us, m. *accento, canto.*
Acceptilatio, ōnis, f. *ricevuta.*
Acceptio, ōnis, f. *accettazione.*
Accepto, as, etc. A. *accettare.*
Acceptor, ōris, m. *accettatore.*
Acceptum, i, n. *ciò che è accettato.*
Acceptus, a, um, add. *accetto, accettevole.*
Accerso, is, ivi, itum, ĕre, A. *chiamare.*
Accessio, ōnis, f. accessus, us, m. *accostamento, accesso.*
Accĭdit, idĕbat, ĭdit, imp. *accadere.*
Accīdo, dis, di, sum, dĕre, A. *tagliare.*
Accĭdo, dis, di, dĕre, N. *cadere appresso.*
Accingo, gis, xi, ctum, gĕre, A. *cingere, apparecchiarsi.*
Accinctus, a, um, add. *cinto, succinto.*
Accio, is, ivi, itum, ire, A. *chiamare.*
Accipio, ĭpis, ēpi, ēptum, ipĕre, A. *ricevere.*
Accipĭter, ris, m. *sparviere.*
Accīsus, a, um, add. *tagliato.*
Acclamatio, ōnis, f. *acclamazione.*
Acclāmo, as, etc. A. *acclamare.*
Acclīnis, m. e f. e, n. add. *inclinato pendente.*
Acclīno, as, etc. A. *piegare, inchinare.*
Acclīvis, m. e f. e, n. acclīvus, a, um, add. *erto, ripido.*
Acclivĭtas, ātis, f. *ripidezza, ertezza.*
Accŏla, æ, m. *abitante, vicino.*
Accŏlo, is, ŭi, ĕre, A. *abitare vicino.*
Accomodatio, ōnis, f. *assettamento, aggiustamento.*
Accommodātus, a, um, add. *aggiustato.*
Accommŏde, avv. *accomodatamente.*
Accommŏdo, as, etc. A. *accomodare, adattare.*
Accommŏdus, a, um, add. *acconcio.*
Accrēsco, escis, ēvi, ētum, escĕre, N. *crescere.*
Accubatio, ōnis, f. *il giacere appoggiandosi sui gomiti, il sedere a tavola.*
Accubĭtus, us, m. V. Accubatio.
Accŭbo, as, ŭi, ĭtum, āre, N. *sedere a tavola.*
Accŭmbo, mbis, bŭi, bĭtum, mbĕre, N. *giacere, stare appresso*, V. Accubo.
Accumulāte, avv. *cumulatamente.*
Accumulātor, ōris, m. *accumulatore.*
Accumŭlo, as, etc. A. *accumulare.*
Accurāte, avv. *accuratamente.*
Accuratio, ōnis, f. *accuratezza.*
Accurātus, a, um, add. *diligente, fatto con cura.*
Accūro, as, etc. A. *fare, preparare, con accuratezza.*
Accŭrro, ris, ri, sum, rĕre, N. *accorrere.*
Accursus, us, m. *concorso.*

Accusātĭo, ōnis, f. *accusa.*
Accusātor, ōris, m. *accusatore.*
Accusatorĭus, a, um, add. *accusatorio.*
Accusātrix, īcis, f. *accusatrice.*
Accūso, as, etc. A. *accusare.*
Acer, ĕris, n. *acero*, (*albero*).
Acer, ris, re, add. *acre, agro.*
Acĕrbe, avv. *acerbamente.*
Acerbĭtas, ātis, f. *acerbità.*
Acĕrbus, a, um, add. *acerbo, immaturo.*
Acĕrnus, a, um, add. *di acero.*
Acĕrra, æ, f. *turibolo, incensiere.*
Acervātim, avv. *a mucchi.*
Acervātĭo, ōnis, f. *ammassamento.*
Acĕrvo, as, etc. A. *ammucchiare.*
Acĕrvus, i, m. *mucchio, cumulo.*
Acēsco, cēscis, cŭi, escĕre, N. *inacetire.*
Acetarĭa, ōrum, n. pl. *erba da insalata.*
Acētum, i, n. *aceto.*
Achātes, æ, f. *agata, pietra preziosa.*
Acĭa, æ, f. *accia, filo.*
Acicŭla, æ, f. *spillo, spilletto.*
Acidŭlus, a, um, add. *acidetto.*
Acĭdus, a, um, add. *acido, acetoso.*
Acies, ēi, f. *punta, filo, taglio, squadra.*
Acinăces, is, m. *scimitarra, pugnale.*
Acinōsus, a, um, add. *pieno d' acini.*
Acĭnum, i, n. acĭnus, i, m. *acino, il granello dell' uva.*
Acipenser, ĕris, m. *pesce storione.*
Aconītum, i, n. *aconito.*
Acor, ōris, m. *acidità.*
Acquiēsco, ēscis, ēvi, ētum, escĕre, N. *acquietarsi, riposarsi.*
Acquīro, ris, sīvi, sītum, rĕre, A. *acquistare, procacciare.*
Acquisitĭo, ōnis, f. *acquisto.*
Acrimonĭa, æ, f. *acrimonia.*
Acrĭter, avv. *agramente, acremente.*
Acroāma, ătis, n. *cosa piacevole a udirsi, sinfonia.*
Acta, æ, f. *lido del mare.*
Acta, ōrum, n. pl. *azioni, fatti.*
Actĭo, ōnis, f. *azione, operazione.*
Actīve, avv. *attivamente.*
Actīvus, a, um, add. *attivo.*
Actor, ōris, m. *operatore, attore.*
Actuariŏlum, i, n. *brigantino, barca veloce.*
Actuarĭus, a, um, add. *leggiero, agile;* actuarĭus, ii, m. *notaio pubblico.*
Actuōsus, a, um, add. *attivo.*
Actus, us, m. *atto, azione.*
Actūtum, avv. *di subito.*
Acŭi. V. Acesco.
Aculeātus, a, um, add. *aguzzo.*
Aculĕus, i, m. *aculeo, pungiglione.*
Acūmen, ĭnis, n. *acutezza, acume.*
Acuminātus, a, um, add. *aguzzo.*
Acŭo, ŭis, ŭi, ūtum, uĕre, A. *aguzzare, affilare, stimolare.*
Acus, ūs, *ago.*
Acus, cĕris, n. *pula, guscio delle biade.*
Acūte, avv. *acutamente.*
Acutŭlus, a, um, add. *sottiletto, aguzzetto.*

Acūtus, a, um, add. *acuto, penetrante.*
Ad, prep. coll' acc. *a, sino, verso.*
Adactĭo, ōnis, f. *costringimento.*
Adāctus, a, um, add. *spinto, conficcato.*
Adæquo, as, etc. A. *uguagliare.*
Adagĭum, ii, n. *proverbio.*
Adamantĭnus, a, um, add. *di diamante.*
Adămas, ăntis, m. *diamante.*
Adāmo, as, etc. A. *amar molto.*
Adaperĭo, ĕris, erŭi, ertum, erīre, A. *aprire, manifestare.*
Adāquo, as, etc. A. *adacquare.*
Adaūctus, a, um, add. *accresciuto, aumentato.*
Adaugēo, ges, xi, ctum, gēre, N. *accrescere.*
Addīco, cis, xi, ctum, cĕre, A. *vendere all' incanto, aggiudicare.*
Addictĭo, ōnis, f. *aggiudicazione.*
Addīctus, a, um, add. *aggiudicato.*
Addĭdi. V. Addo.
Addidĭci. V. Addisco.
Addīsco, scis, dĭci, scĕre, A. *imparare.*
Additamĕntum, i, n. *aggiunta.*
Addĭtĭo, ōnis, f. *aggiunta.*
Addĭtus, a, um, add. *aggiunto.*
Addo, is, dĭdi, ĭtum, ĕre, A. *aggiungere.*
Addubĭto, as, etc. N. *dubitare.*
Addūco, cis, xi, ctum, cĕre, A. *addurre, condurre.*
Addūctus, a, um, add. *addotto, condotto.*
Ademptĭo, ōnis, f. *il togliere, privazione.*
Adēmptus, a, um, add. *tolto, privato.*
Adĕo, avv. *talmente, così, sì, tanto.*
Adĕo, is, ivi, vel ĭi, ĭtum, īre, A. *andare a trovare.*
Adeps, ĭpis, c. *grasso.*
Adeptĭo, ōnis, f. *acquisto.*
Adeptus, a, um, add. *acquistato.*
Adequĭto, as, etc. N. *andar cavalcando verso, o vicino a qualche luogo.*
Adēsdum, interj. *sta qui, vieni qua.*
Adēsus, a, um, add. *consumato, corroso.*
Adeundus, a, um, add. *accessibile.*
Adfēci, vel Affēci. V. Afficio.
Adfīxi, vel Affīxi. V. Affigo.
Adflēvi, vel Afflēvi. V. Affleo.
Adflīxi, vel Afflīxi. V. Affligo.
Adfōdi, vel Affōdi. V. Affodio.
Adfūdi, vel Affūdi. V. Affundo.
Adfūlsi, vel Affūlsi. V. Affulgeo.
Adhærĕo, res, si, sum, rēre, N. *attaccarsi, stare attaccato.*
Adhærēsco, is, ĕre. V. Adhæreo.
Adhæsĭo, ōnis, f. *adesione.*
Adhæsus, a, um, add. *attaccato.*
Adhibĕo, ĭbes, ibŭi, ibĭtum, ibēre, A. *adoperare, usare.*
Adhibĭtus, a, um, add. *adoperato.*
Adhortatĭo, ōnis, f. *esortazione.*
Adhortātor, ōris, m. *esortatore.*
Adhōrtor, āris, ātus, ări, D. *esortare.*
Adhuc, avv. *fin qui, fino al presente.*
Adjacĕo, ăces, acŭi, acēre, N. *giacere appresso, esser vicino.*
Adjectĭo, ōnis, f. *aggiunta.*

Adjectīvus, a, um, add. *aggettivo.*
Adjectus, a, um, add. *aggiunto.*
Adĭgo, ĭgis, ēgi, actum, igĕre, A. *conficcare, costringere.*
Adjĭcio, ĭcis, ēci, ectum, icĕre, A. *aggiungere.*
Adĭmo, ĭmis, ēmi, emptum, imĕre, A. *levare, togliere.*
Adimplĕo, es, ēvi, ētum, ēre, A. *adempiere.*
Adinventus, a, um, add. *trovato, inventato.*
Adipīscor, ipiscĕris, eptus, ipisci, D. *acquistare, conseguire.*
Adĭtĭo, ōnis, f. *andata, accostamento.*
Adĭtus, us, m. *adito, entrata.*
Adĭtus, a, um, add. *incontrato, intrapreso.*
Adjudĭco, as, etc. A. *aggiudicare per sentenza.*
Adjumēntum, i, n. *aiuto.*
Adjunctio, ōnis, f. *aggiunta, addizione.*
Adjunctum, i, n. *circostanza, aggiunto.*
Adjunctus, a, um, add. *aggiunto, unito.*
Adjūngo, gis, xi, ctum, gĕre, A. *aggiungere, unire.*
Adjūro, as, etc. A. *giurar con ardore.*
Adjūtor, ōris, m. *aiutatore.*
Adjutorĭum, ii, n. *aiuto.*
Adjūtrix, īcis, f. *aiutatrice.*
Adjūtus, a, um, add. *aiutato.*
Adjŭvo, vas, vi, tum, vare, A. *aiutare, giovare.*
Adlevi, *vel* Allevi. V. Allino.
Adlēxi, *vel* Allexi. V. Allicio.
Adlisi, *vel* Allisi. V. Allido.
Adminicŭlum, i, n. *sostegno, appoggio.*
Adminĭster, tri, m. *ministro.*
Adminĭstra, æ, f. *amministratrice.*
Administratĭo, ōnis, f. *amministrazione.*
Administrator, ōris, m. *amministratore.*
Adminĭstro, as, etc. A. *amministrare.*
Admirabĭlis, m. e f. e, n. add. *ammirabile.*
Admirabilĭter, avv. *mirabilmente.*
Admirāndus, a, um, add. *maraviglioso.*
Admiratĭo, ōnis, f. *ammirazione.*
Admirātor, ōris, m. *ammiratore.*
Admīror, āris, ātus, āri, D. *maravigliarsi, stupire.*
Admiscĕo, sces, scui, stum, *vel* xtum, scēre, A. *mescolare, mischiare.*
Admissarius, (equus), m. *stallone.*
Admissĭo, ōnis, f. *l'ammettere, l'introdurre:* magister admissionum, *maestro di camera.*
Admissus, a, um, add. *ammesso.*
Admĭtto, ittis, isi, ssum, ittĕre, A. *ammettere, lasciar venire.*
Admixtĭo, ōnis, f. *mescolanza, mistura.*
Admixtus, a, um, add. *mescolato.*
Admŏdum, avv. *affatto, molto, certamente.*
Admōlior, īris, ītus, īri, D. *sforzarsi, tentare, fabbricare.*
Admonĕo, ōnes, onui, onitum, onēre, A. *ammonire, avvisare.*
Admonitĭo, ōnis, f. *ammonizione, ricordo.*
Admonĭtor, ōris, m. *ammonitore.*
Admonĭtum, i, n. V. Admonitio.
Admonĭtus, a, um, add. *ammonito, avvisato.*
Admordĕo, des, di, sum, dēre, A. *mordere.*
Admōrsus, a, um, add. *morso, morsicato.*
Admotĭo, ōnis, f. *accostamento.*
Admovĕo, ōves, ōvi, ōtum, ovēre, A. *avvicinare, appressare.*
Admōtus, a, um, add. *accostato, applicato.*
Admugĭo, is, īvi, ītum, īre, N. *mugghiare.*
Admurmuratĭo, ōnis, f. *mormorio, bisbiglio.*
Admurmŭro, as, etc. N. *far mormorio, bisbigliare.*
Adnăto, as, etc. N. *nuotare a qualche luogo.*
Adnavĭgo, as, etc. N. *navigare a qualche luogo.*
Adnītor, itĕris, īxus, *vel* īsus, īti, D. *appoggiarsi a qualche cosa, sforzarsi.*
Adnīxus, a, um, add. *appoggiato.*
Adno, e Anno, as, avi, atum, are, N. *nuotare a qualche luogo.*
Adnuto, as, etc. N. *far cenno di sì col capo.*
Adolĕo, oles, olui, *vel* olēvi, ultum, olēre, N. *crescere, fiorire.*
Adolēscens, ĕntis, c. *giovane.*
Adolescentĭa, æ, f. *adolescenza.*
Adolescentŭla, æ, f. *giovinetta.*
Adolescentŭlus, i, m. *giovinetto.*
Adolēsco, olēscis, olevi, ultum, olescĕre, N. *crescere:* adolescunt ignibus aræ, *si accendono fuochi sugli altari.*
Adoptator, ōris, m. *adottatore.*
Adoptĭo, adoptatio, ōnis, f. *adozione.*
Adoptīvus, a, um, add. *adottivo.*
Adōpto, as, etc. A. *adottare, scegliere:* adoptat ramus ramum, *s'innesta un ramo ad un altro.*
Adorandus, a, um, add. *adorabile.*
Adoratĭo, ōnis, f. *adorazione, preghiera.*
Adorĕa, æ, f. *provento delle campagne, premio del vincitore.*
Adorĕum, i, n. *farro.*
Adorĕus, a, um, add. *di farro.*
Adorĭor, īris, *vel* ĕris, ortus, īri, D. *assalire.*
Adorno, as, etc. A. *adornare, abbellire:* adornare bellum, *fare apparecchi per la guerra:* — naves, *mettere in ordine le navi.*
Adōro, as, etc. A. *adorare.*
Adortus, a, um, add. *chi ha assaltato.*
Adprĕcor, āris, ātus, āri, D. *pregare.*
Adrĕpo, ēpis, ēpsi, eptum, epĕre, N. *accostarsi pian piano, aggrapparsi.*
Adscīsco, scis, vi, tum, scĕre, A. *prendere, ricevere, aggiungere.*
Adscītus, a, um, add. *preso, ricevuto.*
Adscrībo, bis, psi, ptum, bĕre, A. *ascrivere, arrolare.*
Adscriptĭo, ōnis, f. *aggiunta.*

Adscrīptor, ōris, m. *chi sottoscrive.*
Adscrīptus, a, um, add. *aggiunto, arruolato.*
Adsŏno, as, etc. N. *risuonare.*
Adsto, ās, tĭti, tĭtum, āre, N. *stare, esser presente.*
Adsum, es, fui, esse, N. *esser presente:* Adesse ad judicium, *comparire in giudizio.*
Adulātĭo, ōnis, f. *adulazione.*
Adulātor, ōris, m. *adulatore.*
Adulātōrĭus, a, um, add. *adulatorio.*
Adŭlo, as, etc. V. Adulor.
Adŭlor, āris, ātus, āri, D. *adulare lusingare.*
Adŭlter, ĕri, m. *adultero.*
Adultĕra, æ, f. *adultera.*
Adultĕrātĭo, ōnis, f. *adulterazione.*
Adultĕrātor, ōris, m. *falsificatore.*
Adultĕrīnus, a, um, add. *adulterino, falsificato.*
Adultĕrĭum, ĭi, n. *adulterio.*
Adultĕro, as, etc. A. *falsificare, commettere adulterio.*
Adŭltus, a, um, add. *adulto.*
Adumbrātim, avv. *abbozzatamente.*
Adumbrātĭo, ōnis, f. *adombramento, abbozzo.*
Adumbro, as, etc. A. *adombrare, abbozzare.*
Aduncus, a, um, add. *adunco, uncinato.*
Adurgĕo, ges, si, gēre, A. *spingere, premere.*
Adūro, ris, ssi, stum, rĕre, A. *abbruciare.*
Adusque, prep. coll'acc. *sino a.*
Adustĭo, ōnis, f. *abbruciamento.*
Adŭstus, a, um, add. *abbruciato.*
Advectĭo, ōnis, f. *condotta, trasporto.*
Advecto, as, etc. A. *portare, condurre.*
Advectus, vel Advectitius, a, um, add. *condotto, trasportato.*
Advĕho, ĕhis, ĕxi, ĕctum, ehĕre, A. *condurre, portare.*
Advĕna, æ, c. *forestiere.*
Advenĭo, ĕnis, ĕni, ĕntum, enīre, N. *arrivare.*
Adventitius, a, um, add. *avventizio.*
Advento, as, etc. N. *avvicinarsi.*
Adventus, us, m. *arrivo.*
Adverbĭālĭter, avv. *avverbialmente.*
Adverbĭum, ĭi, n. *avverbio.*
Adversārĭa, æ, f. *avversaria.*
Adversārĭus, ĭi, m. *avversario:* Adversarius, a, um, add. *contrario, opposto.*
Adversātĭo, ōnis, f. *avversione.*
Advĕrsor, āris, ātus, āri, D. *opporsi, resistere.*
Adversus, a, um, add. *avverso, opposto.* — Adversum, prep. coll acc. *verso, contro, a rimpetto.*
Advĕrto, tis, ti, sum, tĕre, A. e N. *volgere, attendere, por mente.*
Advespĕrāscit, scĕbat, vit, scĕre, Imp. *farsi sera.*
Advĭgĭlo, as, etc. N. *vegliare.*
Advŏcātĭo, ōnis, f. *patrocinio, avvocazione.*
Advŏcātus, i, m. *avvocato.*
Advŏco, as, etc. A. *chiamare a sè.*
Advŏlo, as, etc. N. *volare a qualche luogo.*
Advŏlvo, vis, vi, ŭtum, vĕre, A. *avvolgere, volgere verso qualche luogo.*
Advolūtus, a, um, add. *avvolto.*
Adytum, i, n. *sacrario, sagrestia.*
Ædepol, interi. *per mia fè, certamente.*
Ædes, is, f. *tempio.* Ædes, ium, f. plur *casa*
Ædicŭla, æ, f. *casetta, chiesetta.*
Ædĭfĭcātĭo, ōnis, f. *fabbrica, edificazione.*
Ædĭfĭcātĭuncŭla, æ, f. *fabbricuccia.*
Ædĭfĭcātor, ōris, m. *edificatore.*
Ædĭfĭcĭum, ii, n. *edifizio, fabbrica.*
Ædĭfĭco, as, etc. A. *fabbricare, edificare.*
Ædīlis, is, m. *edile, magistrato sopra le fabbriche, ec.*
Ædīlĭtas, ātis, f. *edilità, dignità degli edili.*
Ædĭtŭus, i, m. *sagrestano.*
Æger, ra, rum, add. *malato, infermo.*
Ægis, ĭdis, f. *egida, lo scudo di Giove e di Pallade.*
Ægre, avv. *mal volentieri, difficilmente.*
Ægrĭtūdo, ĭnis, f. *tristezza.*
Ægrōtātĭo, ōnis, f. *infermità.*
Ægrŏto, as, etc. N. *essere infermo, ammalato.*
Ægrōtus, i, m. *ammalato,* ægrotus, a, um, add. *infermo, malsano.*
Ælŭrus, i, m. *gatto.*
Æmŭlātĭo, ōnis, f. *emulazione.*
Æmŭlātor, ōris, m. *emulatore.*
Æmŭlor, āris, ātus, āri, D. *emulare, gareggiare.*
Æmŭlus, i, m. *emulo, rivale.*
Æneus, a, um, add. *di bronzo.*
Ænigma, ătis, n. *enimma.*
Æquābĭlis, m. e f. e, n. add. *equabile.*
Æquābĭlĭtas, ātis, f. *equabilità, eguaglianza.*
Æquābĭlĭter, avv. *equabilmente.*
Æquævus, a, um, add. *coetaneo.*
Æquālis, m. e f. e, n. add. *eguale.*
Æquālĭtas, ātis, f. *egualità, eguaglianza.*
Æquālĭter, avv. *egualmente.*
Æquanimĭtas, ātis, f. *eguaglianza, temperanza d'animo, equanimità.*
Æquanĭmus, a, um, add. *moderato, temperato.*
Æquātĭo, ōnis, f. *equazione, pareggiamento.*
Æquātor, ōris, m. *equatore.*
Æque, æquĭter, avv. *egualmente.*
Æquilibrĭum, ii, n. *equilibrio, contrappeso.*
Æquinoctĭālis, m. e f. e, n. *equinoziale.*
Æquinoctĭum, ii, n. *equinozio.*
Æquĭpăro, as, etc. A. *uguagliare.*
Æquipondĭum, ii, n. *contrappeso.*
Æquĭtas, ātis, f. *equità.*
Æquo, as, etc. A. *spianare, eguagliare.*
Æquor, ŏris, n. *pianura, mare.*
Æquorĕus, a, um, add. *marino, di mare.*
Æquus, a, um, add. *giusto, piano, eguale.*
Aer, ĕris, m. *aere, aria.*
Ærarium, ii, n. *erario.*
Ærārĭus, a, um, add. *di rame.*

Ærātus, a, um, add. *coperto di rame, di bronzo ec.*
Ærĕus, a, um, add. *di bronzo.*
Aerius, *vel* Aerĕus, a, um, add. *aereo, di aria.*
Æruginōsus, a, um, add. *rugginoso.*
Ærūgo, ĭnis, f. *ruggine.*
Ærumna, æ, f. *travaglio, miseria.*
Ærumnōsus, a, um, add. *pieno di travagli.*
Æs, æris, n. *bronzo, rame, ottone, denaro.*
Æsculĕus, a, um, add. *d'ischio.*
Æscŭlus, i, m. *ischio.*
Æstas, ātis, f. *estate.*
Æstimabĭlis, m. *e* f. e, n. add. *stimabile.*
Æstimatio, ōnis, f. *stima.*
Æstimātor, ōris, m. *stimatore.*
Æstĭmo, as, etc. A. *stimare.*
Æstiva, ōrum, n. pl. *quartieri da state.*
Æstivus, a, um, add. *estivo.*
Æstuatio, ōnis, f. *bollimento, calore, agitazione.*
Æstŭo, as, etc. N. *bollire, aver caldo, esser agitato.*
Æstuōsus, a, um, add. *caldo, bollente, procelloso.*
Æstus, us, m. æstuatio, ōnis, f. *bollore, calore, flusso e riflusso del mare.*
Ætas, ātis, f. *età.*
Ætatŭla, æ, f. *tenera età.*
Æternĭtas, ātis, f. *eternità.*
Æterno, as, etc. A. *eternare, perpetuare.*
Æternum, avv. *eternamente.*
Æternus, a, um, add. *eterno.*
Æther, ĕris, m. *cielo, etere.*
Ætherĕus, ætherius, a, um, add. *etereo, celeste.*
Ævum, i, n. *tempo lungo, perpetuità.*
Affabĭlis, m. *e* f. e, n. add. *affabile.*
Affabĭlĭtas, ātis, f. *affabilità.*
Affabĭlĭter, avv. *con affabilità.*
Affăbre avv. *artifiziosamente, con maestria.*
Affătim, avv. *abbondevolmente.*
Affatus, a, um, add. *chi ha parlato.*
Affectatio, ōnis, f. *affettazione.*
Affectātor, ōris, m. *affettatore.*
Affectatio, ōnis, f. *affetto, passione.*
Affecto, as, etc. A. *affettare, cercar con troppa ansietà.*
Affectus, us, m. *affetto, desiderio,* — affectus, a, um, add. *disposto, affannato.*
Affĕro, affers, attŭli, allātum, afferre, A. *apportare,* affertur, P. *si dice.*
Afficio, ĭcis, ēci, fectum, icĕre, A. *fare impressione, muovere, disporre, toccare.*
Affīgo, gis, xi, xum, gĕre, A. *attaccare.*
Affinis, m. *e* f. e, n. add. *affine.*
Affinĭtas, ātis, f. *affinità, parentela.*
Affirmāte, affirmanter, avv. *affermativamente.*
Affirmatio, ōnis, f. *affermazione.*
Affirmo, as, etc. A. *affermare, confermare.*
Affixus, a, um, add. *affisso, attaccato.*
Afflatus, us, m. *soffio, fiato.*
Afflĕo, es, ēvi, ētum, ēre, N. *piangere, lagrimare.*
Afflictatio, ōnis, f. *tribolazione, afflizione.*
Afflictio, ōnis, f. *afflizione.*
Afflicto, as, etc. A. *maltrattare.*
Afflictor, ōris, m. *oppressore, atterritore.*
Afflictus, a, um, add. *afflitto, abbattuto.*
Afflīgo, gis, xi, ctum, gĕre, A. *affliggere, abbattere.*
Afflo, as, etc. N. *spirare, soffiare.*
Afflŭens, entis, c. add. *abbondante.*
Affluenter, avv. *copiosamente.*
Affluentia, æ, f. *profluvio, affluenza.*
Afflŭo, ŭis, ūxi, ūxum, uĕre, N. *abbondare, affluire.*
Affodio, ŏdis, ōdi, ossum, odĕre, A. **scavar vicino,** *fare un fossone, zappare.*
Affrictus, a, um, add. *stropicciato.*
Affrictus, us, m. *stropicciatura.*
Affrĭco, as, cŭi, ictum, are, A. *strofinare, stropicciare.*
Affulgĕo, ges, si, gēre, N. *risplendere.*
Affundo, ndis, ūdi, ūsum, ndĕre, A. *spargere, infondere.*
Affūsus, a, um, add. *infuso, versato.*
Africus, i, m. *affrico, ponente, garbino.*
Agāso, ōnis, m. *mulattiere.*
Age, agite, agĕdum, age, sis, interj. **orsù,** *animo, coraggio, su via.*
Agellus, i, m. *campicello, camperello.*
Ager, ri, m. *campo, podere.*
Agger, ĕris, m. *argine, trincea, parapetto,* — terrenus, *terrapieno.*
Aggĕro, ĕris, essi, estum, erĕre, **A. accumulare,** *aggiungere.*
Aggĕro, as, etc. A. *ammassare.*
Aggestio, aggeratio, ōnis, f. aggĕstus, us, m. *mucchio di terra, o altro.*
Aggĕratus, a, um, add. *ammassato.*
Agglomĕro, as, etc. A. *unire, attaccare.*
Agglutino, as, etc. A. *incollare, saldare.*
Aggrāvo, as, etc. A. *aggravare.*
Aggredior, edĕris, essus, edi, D. *assalire, intraprendere.*
Aggrĕgo, as, etc. A. *aggregare.*
Aggressio, ōnis, f. *assalto.*
Aggressor, ōris, m. *assalitore.*
Aggrĕssus, us, m. *assalto, aggressione;* aggrĕssus, a, um, add. *chi ha assalito, chi ha intrapreso.*
Agĭlis, m. e f. le, n. add. *agile, leggiero.*
Agilĭtas, ātis, f. *destrezza.*
Agilĭter, avv. *agilmente.*
Agitabĭlis, m. *e* f. le, n. add. *leggiero, che si muove qua e là.*
Agitatio, ōnis, f. *agitazione.*
Agitātor, ōris, m. *agitatore, conduttor di animali.*
Agĭto, as, etc. **A. *agitare, condurre, spingere.***
Agmen, ĭnis, n. *esercito.*
Agminātim, avv. *a schiera, in truppa.*
Agna, æ, f. *agnella.*
Agnāti, ōrum, m. pl. *parenti da canto di padre.*
Agnatio, ōnis, f. *agnazione, consanguinità dal canto di padre.*
Agnīna, æ, f. *carne d'agnello.*
Agnīnus, a, um, add. *di agnello.*

Agnitio, ōnis, f. riconoscimento.
Agnĭtus, a, um, add. conosciuto.
Agnōmen, ĭnis, n. cognome.
Agnōsco, oscis, ōvi, ĭtum, oscĕre, A. conoscere.
Agnus, i, m. agnello.
Ago, agis, egi, actum, agĕre, A. condurre, spingere, fare, menare.
Agon, gōnis, m. combattimento, giuoco: nunc agon est, ora la cosa preme.
Agonalĭa, um, vel ōrum, n. pl. feste di Giano.
Agrarius, a, um, add. attenente ai campi.
Agrestis, m. e f. ste, n. add. villereccio, agreste.
Agricŏla, **æ, f. agricŭltor, ōris,** m. agricoltore.
Agricultūra, æ, f. agricoltura.
Ah, interj. ah, deh, aimè.
Ahenēus, vel ahēnus, a, um, add. di bronzo, rame, ottone: signa ahēna, n. pl. statue di bronzo.
Ahēnum, i, n. caldaia, paiuolo.
Ai, vel ahi, interj. ahi!
Aio, ais, N. difet. parlare, affermare, dir di sì.
Ala, æ, f. ala, schiera di soldati.
Alabăster, tri, m. alabăstrum, i, n. alabastro, vaso d'alabastro.
Alabastrites, æ, m. (sorta di pietra somigliante all'alabastro), alabastrite.
Alăcer, ris, re, vel alăcris, m. e f. cre, n. pronto, vivo, attivo, allegro.
Alacrĭtas, ātis, f. prontezza, vivezza.
Alacrĭter, avv. prontamente, alacremente.
Alăpa, æ, f. schiaffo, guanciata.
Alātus, a, um, add. alato, veloce.
Alauda, æ, f. lodola.
Albarium, ii, n. bianco, stucco.
Albarius, ii, m. imbiancatore.
Albātus, a, um, add. imbiancato, vestito di bianco.
Albēdo, ĭnis, f. bianchezza, bianco.
Albĕo, es, ui, ēre, N. esser bianco.
Albēsco, is, ĕre, N. farsi bianco.
Albĭco, as, etc. N. biancheggiare.
Albĭdus, a, um, add. bianchiccio.
Albitūdo, ĭnis, f. bianchezza.
Albor, ōris, m. album, i, n. bianchezza, tavoletta ingessata.
Albūmen, ĭnis, n. chiara d'uovo.
Albus, a, um, add. bianco.
Alcēdo, ĭnis, f. alcione, sorta d'uccello.
Alchimia, æ, f. alchimia.
Alcyone, es, V. Alcēdo.
Alea, æ, f. giuoco di sorte.
Aleātor, ōris, m. giocatore, biscazziere.
Aleatorius, a, um, add. di giuoco.
Alec, alex, halec, ēcis, n. e f. acciuga, sardella, salamoia, salsume.
Ales, ĭtis, m. e f. uccello: ales, ĭtis, add. c. volante, alato.
Alga, æ, f. alga, aliga, sorta d'erba.
Algĕbra, æ, f. algebra.
Algĕo, ges, si, sum, gēre, N. aver freddo.
Algĭdus, a, um, add. assiderato dal freddo, freddo.

Algor, ōris, m. algus, **us, vel i, m. gran** freddo, gelo.
Algōsus, a, um, add. algoso.
Alias, avv. altre volte, altrimenti.
Alibi, avv. altrove, in altro luogo.
Alicŭbi, avv. in qualche luogo.
Alicunde, avv. da qualche luogo.
Alienatio, ōnis, f. alienazione.
Alienigĕna, æ, m. e f. straniero.
Aliēno, as, etc. A. far diverso, alienare.
Aliēnus, a, um, add. alieno: d'altrui.
Alĭger, ĕra, ĕrum, add. aligero.
Alimēntum, i, n. alimento.
Alio, avv. altrove.
Alioqui, alioquin, **avv. per altro, altri**menti.
Aliōrsum, avv. verso un altro luogo.
Alipes, ĕdis, c. chi ha le ali ai piedi.
Aliqua, avv. per qualche luogo.
Aliquandiu, avv. alquanto tempo.
Aliquando, avv. qualche volta, una volta.
Aliquantillus, a, um, add. pochettino.
Aliquantisper, avv. per poco tempo.
Aliquanto, avv. alquanto.
Aliquantŭlum, avv. un pochetto.
Aliquantŭlus, a, um, add. pochetto.
Aliquantus, a, um, add. alquanto.
Aliquid, n. pron. qualche cosa.
Aliquis, a, od, add. alcuno, qualche.
Aliquo, avv. a qualche luogo.
Aliquot, add. ind. pl. alquanti.
Aliquoties, avv. alcune volte.
Aliter, avv. altrimenti, aliter **ac, atque,** quam, ut, etc. altrimenti che.
Alitus, a, um, add. nutrito.
Aliunde, avv. da altro luogo.
Alius, a, ud, add. altri, altro, aliud **ex alio,** una cosa dopo l'altra.
Allābor, bĕris, psus, bi, D. cadere, correr vicino, accostarsi.
Allabōro, as, etc. N. **affaticarsi intorno a** qualche cosa.
Allāpsus, us, m. accostamento, **— a, um,** add. accostato.
Allātro, as, etc. A. abbaiare.
Allecto, as, etc. A. allettare.
Allegatio, ōnis, f. allegazione, ambasciata, citazione.
Allēgo, as, etc. A. inviare, allegare.
Allĕgo, ĕgis, ēgi, ectum, egĕre, A. **aggre**gare, arruolare, eleggere.
Allegoria, æ, f. allegoria.
Allegorice, avv. allegoricamente.
Allegorĭcus, a, um, add. allegorico.
Allevatio, ōnis, f. alzamento, alleggerimento.
Allēvi. V. Allino.
Allĕvo, as, etc. A. levare in alto, alzare, alleggerire.
Allicio, ĭcis, exi, **ectum, icĕre, A.** adescare, allettare.
Allīdo, dis, si, sum, dĕre, A. ammaccare, percuotere insieme, infrangere.
Alligatio, ōnis, f. legatura.
Allĭgo, as, etc. A. legare.
Allĭno, ĭnis, ēvi, ĭtum, inĕre, A. ungere.

Allĭum, ii, n. *aglio.*
Allocutĭo, ōnis; alloquutĭo, ōnis, f. alloquium, ii, n. *discorso, il parlar con altri.*
Allŏquor, oquĕris, cutus, ŏqui, D. *parlare ad alcuno, abboccarsi.*
Allucĕo, ūces, ūxi, ucēre, N. *risplendere.*
Allucĭnor, āris, ātus, āri, D. *sbagliare.*
Allūdo, dis, si, sum, dĕre, N. *scherzare con alcuno, alludere.*
Allŭo, is, i, ĕre, A. *bagnare, scorrer vicino.*
Allŭvies, ei: alluvĭo, ōnis, f. *inondazione.*
Almus, a, um, add. *almo, grande, che dà vita.*
Alnus, i, f. *alno, ontano.*
Alo, is, ŭi, tum, *vel* ĭtum, ĕre, A. *alimentare, nutrire.*
Alŏe, es f. *aloe, erba.*
Alphabētum, i, n. *alfabeto.*
Alpīnus, a, um. add. *alpino, alpigiano.*
Alsiosus, a, um. add. *freddoloso.*
Altāre, is, n. *altare.*
Alte, avv. *altamente, profondamente.*
Alter, a, um, add. *uno di due, altro, secondo.*
Altercatĭo, ōnis, f. *altercazione.*
Altercātor, ōris, m. *contenditore.*
Altercor, āris, ātus, āri, D. *altercare, contendere.*
Alternis, avv. *alternativamente.*
Alterno, as, etc. A. *alternare.*
Alternus, a, um, add. *alterno.*
Alterŭter, ra, rum, add. *o l'uno o l'altro.*
Alterutérque, trăque, trŭmque, add. *l'uno e l'altro dei due.*
Altícinctus, a, um, add. *cinto ai fianchi, faccendiere.*
Altĭlis, m. e f. le, n. add. *atto ad allevarsi per cibo degli uomini.*
Altisŏnus, a, um, add. *altisonante.*
Altitŏnans, antis, add. *altitonante.*
Altitūdo, ĭnis, f. *altezza, profondità.*
Altor, ōris, m. *balio.*
Altrix, īcis, f. *nutrice.*
Altum, i, n. *l'alto mare.*
Altus a, um, add. *alto, profondo.*
Alucinatĭo, ōnis, *e* Hallucinatio, f. *errore, sbaglio.*
Alucĭnor, āris, ātus, āri, D. *sbagliare.*
Alūmen, ĭnis, n. *allume.*
Aluminosus, a, um add. *pieno d'allume.*
Alumnus, i, m. *alunno, allievo.*
Alveare, is, n. alvearium, i, n. *alveare.*
Alvĕus, ei, m. *alveo, canale, lavatoio.*
Alvus, i, f. *ventre, utero, borsa.*
Amabĭlis, m. e f. le, n. add *amabile.*
Amabilĭtas, ātis, f. *amabilità.*
Amabilĭter, avv. *amabilmente.*
Amando, as, etc. A. *mandar via, allontanare.*
Amans, antis, c. *amante, amoroso.*
Amanter, avv. *amorevolmente.*
Amanuensis, is, m. *copista.*
Amaracus, i, m. *amaraco, persa, sorta d'erba.*
Amaranthus, i, m. *amaranto.*
Amāre, avv. *amaramente.*
Amarities, ei, f. *amarezza.*
Amaritūdo, ĭnis, f. *amarezza.*
Amaror, ōris, m. *amarezza.*
Amārus, a, um, add. *amaro.*
Amatĭo, ōnis, f. *innamoramento.*
Amātor ōris, m. *amatore.*
Amatorĭus, a, um, add. *amatorio.*
Amātrix, īcis, f. *amatrice.*
Amāzon, ŏnis, f. *amazzone.*
Ambāges, is, f. *raggiro.*
Ambegi. V. Ambigo.
Ambēsus, a, um, add. da ambedo, is, *corroso, mangiato da ogni parte.*
Ambĭgo, ĭgis, ēgi, igĕre. N. *dubitare.*
Ambigue, avv. *ambiguamente.*
Ambigŭĭtas, ātis, f. *equivoco.*
Ambigŭus, a, um, add. *ambiguo.*
Ambĭo, is, īvi, *vel* ĭi, ĭtum, īre, A. *ambire, girare intorno.*
Ambitĭo, ōnis, f. *ambizione, circondamento, supplica.*
Ambitiōse, avv. *ambiziosamente.*
Ambitiōsus, a, um, add. *ambizioso, che gira o circonda.*
Ambĭtus, us, m. *giro, ambito, broglio.*
Ambo, æ, o, add. *ambi, ambedue.*
Ambrosĭa, æ, f. *ambrosia.*
Ambrosĭus, a, um, add. *d'ambrosia, divino.*
Ambulācrum, ĭi, n. *galleria, loggia, passeggio.*
Ambulatĭo, ōnis, f. *passeggiamento, camminata.*
Ambulatiuncŭla, æ, f. *piccola camminata.*
Ambulātor, ōris, m. *vagabondo.*
Ambŭlo, as, etc. N. *camminare.*
Ambūro, ris, ssi, stum, rĕre, A. *bruciare intorno, abbrustolire.*
Ambustĭo, ōnis, f. *abbrustolitura.*
Ambustus, a, um, add. *abbrustolito.*
Amens, entis, c. add. *mentecatto: amens animi, privo di senno.*
Amentĭa, æ, f. *pazzia, mentecattaggine.*
Amethystus, i, m. *amatista.*
Amianthus, i, m. *amianto.*
Amīce, avv. *amichevolmente.*
Amicio, īcis, icŭi, *vel* xi, ictum, icīre, A. *coprire, vestire.*
Amicitĭa, æ, f. *amicizia:* per amicitia, *una coppia di veri amici.*
Amico, as, etc. A. *farsi amico.*
Amictus, us, m. *sopravveste:* — a, um, add. *coperto, vestito.*
Amicŭla, æ, f. *amichetta.*
Amicŭlum, i, n. *piccola veste.*
Amicŭlus, i, m. *amichetto.*
Amīcus, i, m. *amico:* — a, um, add. *amico, benevolo.*
Amissĭo, ōnis, f. *perdita.*
Amĭta, æ, f. *zia.*
Amitto, ttis, si, ssum, ttĕre, A. *perder, mandar via.*

Amnicŏla, æ, c. *abitante vicino al fiume.*
Amnicŭlus, i, m. *fiumicello.*
Amnis, is, m. *fiume.*
Amo, as, etc. A. *amare.*
Amœbæus, a, um, add. *che si fa a vicenda.*
Amœne, avv. *amenamente.*
Amœnĭtas, ātis, f. *amenità.*
Amœnus, a, um, add. *ameno.*
Amōlior, īris, ītus, īri, D. *rimuovere, cacciare.*
Amor, ōris, m. *amore.*
Amōtio, ōnis, f. *rimovimento.*
Amōtus, a, um, add. *rimosso.*
Amovĕo, ŏves, ōvi, ōtum, ovēre, A. *allontanare, rimuovere.*
Amphibolĭa, æ, f. *equivoco.*
Amphitheātrum, i, n. *anfiteatro.*
Amphŏra, æ, f. *anfora.*
Ample, avv. *ampiamente.*
Amplector, ecteris, exus, ecti: amplexor, exāris, exātus, exāri, D. *abbracciare.*
Amplexus, us, m. *abbracciamento.*
Ampliatio, ōnis, f. *dilazione, proroga.*
Amplificatio, ōnis, f. *amplificazione.*
Amplio, as, etc. A. *ampliare.*
Amplitūdo, ĭnis, f. *ampiezza.*
Amplius, avv. *più, oltre, di più.*
Amplus, a, um, add. *ampio, spazioso.*
Ampulla, æ, f. *ampolla.*
Ampullor, āris, ātus, āri, D. *parlar gonfio, ampolloso.*
Amputatio, ōnis, f. *troncamento.*
Amputo, as, etc. A. *tagliare, potare.*
Amulētum, i, n. *breve, preservativo:* sacrum amulētum, *agnusdeo.*
Amurca, æ, f. *morchia, feccia dell' olio.*
Amussis, is, f. *livello, archipenzolo:* ad amussim, avv. *appuntino.*
Amygdăla, æ, f. amygdălum, i, n. *mandorla.*
Amygdalĭnus, a, um, add. *di mandorla.*
Amygdălus, i, f. *mandorlo.*
An, anne, an vero? cong. *forse?*
Anacephalæōsis, is, f. *ricapitolazione.*
Anachorēta, æ, m. *anacoreta.*
Anaglypta, ōrum, n. p. *opere di basso rilievo.*
Anagnostes, æ, m. *lettore.*
Analogia, æ, f. *analogia.*
Analŏgus, a, um, add. *analogo, proporzionato.*
Anas, ătis, f. *anitra.*
Anaticŭla, æ, f. *anitrella.*
Anathēma, ătis, n. (coll' ē lungo), *dono appeso nel tempio.*
Anathĕma, ătis, n. (coll' ĕ breve), *anatema, scomunica.*
Anceps, ipĭtis, c. *che ha capo da due parti; dubbioso, pericoloso.*
Anchŏra, æ, f. *ancora.*
Anchorarius, a, um, add. *di ancora.*
Ancīle, is, n. *scudo piccolo.*
Ancilla, æ, f. *serva, ancella.*
Ancillaris, m. e f. re, n. add. *di ancella, servile.*
Ancillor, āris, ātus, āri, D. *servire.*
Ancillŭla, æ, f. *fanticella.*
Andron, ōnis, m. *corridoio.*
Anellus, i, m. *anelletto.*
Anēthum, i, n. *aneto (erba odorosa).*
Anfractus, amfractus, us, m. Anfractum, i, n. *anfratto, via tortuosa, giro di parole.*
Angelĭcus, a, um, add. *angelico.*
Angĕlus, i, m. *angelo.*
Angina, æ, f. *angina.*
Angiportus, us, m. angipōrtum, i, n. *via senza uscita, chiasso.*
Ango, gis, xi, ctum, gĕre, A. *affannare, angosciare.*
Angor, ōris, m. *affanno.*
Anguicŭlus, i, m. *serpentello.*
Anguilla, æ, f. *anguilla.*
Anguinĕus, anguīnus, a, um, add. *serpentino.*
Anguis, is, m. e f. *angue, serpente.*
Anguitĕnens, ĕntis, m. *serpentario, segno celeste.*
Angularis, m. e f. re, n. angulātus, a, um, add. *angolare.*
Angŭlus, i, m. *angolo.*
Anguste, avv. *ristrettamente.*
Angustia, æ, f. *angustia, ristrettezza.*
Angusto, as, etc. A. *ristringere, premere.*
Angustus, a, um, add. *angusto.*
Anhelatio, ōnis, f. *ansamento.*
Anhelātor, ōris, m. *ansante, asmatico.*
Anhelĭtus, us, m. *anelito.*
Anhēlo, as, etc. A. e N. *anelare, respirare.*
Anhēlus, a, um, add. *ansante, affannoso.*
Anicētum, i, n. *anice (pianta).*
Anicŭla, anicella, æ, f. *vecchietta, vecchierella.*
Anīlis, m. e f. le, n. *da vecchia.*
Anilĭtas, ātis, f. *vecchiaia.*
Aniliter, avv. *da vecchia.*
Anĭma, æ, f. *anima.*
Animabĭlis, m. e f. le, n. add. *dotato d' anima.*
Animadversio, ōnis, f. *animavversione, riprensione.*
Animadversor, ōris, m. *osservatore: chi punisce.*
Animadversus, a, um, add. *osservato, punito.*
Animadverto, tis, ti, sum, tĕre, A. *considerare, punire.*
Animal, ālis, n. *animale.*
Animalis, m. e f. le, n. add. *animale, animato.*
Anĭmans, āntis, c. *che ha anima e vita.*
Animatio, ōnis, f. animatus, us, m. *animazione.*
Anĭmo, as, etc. A. *animare, far vivo.*
Animōse, avv. *animosamente.*
Animōsus, a, um, add. *animoso, violento, zelante.*
Animŭla, æ, f. *animuccia.*
Animŭlus, i, m. *animuccio.*
Anĭmus, i, m. *fiato, animo, coraggio.*
Anīsum, i, n. *anice (pianta).*
Annalis, m. e f. le, n. add. *di un anno.*

Annāles, lium, m. pl. *annali.*
Annĕcto, ctis, xui, xum, ctĕre, A. *connettere, allacciare.*
Annicŭlus, a, um, add. *di un anno.*
Anniversarius, a, um, add. *anniversario.*
Annona, æ, f. *la grascia, i viveri d' un anno, vettovaglia.*
Annōsus, a, um, add. *vecchio.*
Annotatio, ōnis, f. *annotazione.*
Annotatiuncŭla, æ, f. *breve annotazione.*
Annŏto, as, etc. A. *notare, osservare.*
Annuālis, m. e f. le, n. add. *di un anno, annuo.*
Annumeratio, ōnis, f. *numerazione.*
Annumĕro, as, etc. A. *numerare, ascrivere.*
Annuntiatio, ōnis, f. *annunziazione, annunzio.*
Annuntio, as, etc. A. *far sapere, portar la nuova.*
Annŭo, nis, ui, uĕre, N. *acconsentire, dir di sì.*
Annus, i, m. *anno, stagione:* in annum, vel annum, *per un anno:* anno vertente, *alla fine dell' anno:* ad annum, *dopo un anno:* annis singulis, avv. *annualmente.*
Annŭus, a, um, add. *di un anno.*
Anomalia, æ, f. *anomalia, irregolarità.*
Anomălus, a, um, add. *anomalo.*
Anquīro, is, sivi, itum, ĕre, A. *cercare, inquisire, processare.*
Ansa, æ, f. *manico di vaso, occasione.*
Ansātus, a, um, add. *che ha manico.*
Anser, ĕris, m. *oca, papero.*
Anserculus, i, m. *paperino.*
Anserīnus, a, um, add. *di oca, paperino.*
Ansŭla, æ, f. *picciol manico.*
Antarticus, a, um, add. *antartico.*
Ante, prep. coll' acc. e avv. *avanti, prima.*
Antĕa, avv. *per l' avanti, antecedentemente.*
Anteactus, a, um, add. *passato.*
Antecapio, ăpis, ēpi, eptum, apĕre, A. *preoccupare.*
Antecēdens, entis, c. add. *antecedente.*
Antecēdo, dis, ssi, ssum, dĕre, A. *antecedere, precedere.*
Antecello, is, ui, ĕre, N. *avanzare, superare.*
Anteceptus, a, um, add. *preoccupato.*
Antecessio, ōnis, f. *precedenza.*
Antecessor, ōris, m. *antecessore, foriere, professor di legge.*
Antecursor, ōris, m. *precursore.*
Antedīco, cis, xi, ctum, cĕre, A. *predire.*
Anteeo, is, ivi, itum, ire, A. *andare innanzi, precedere.*
Antefĕro, fers, tuli, latum, ferre, A. *anteporre, preferire.*
Antehabeo, es, ui, itum, ēre, A. *preferire.*
Antehac, avv. *per lo passato.*
Antelucanus, a, um, add. *innanzi dì.*
Antemeridianus, a, um, add. *antemeridiano.*
Antenna, æ, f. *antenna.*
Anteoccŭpo, as, etc. A. *prevenire.*

Antepōno, nis, sui, situm, nĕre, A. *anteporre.*
Antĕquam, antĕaquam, cong. *prima che, avanti che.*
Anterior, ōris, c. anterius, avv. *anteriore.*
Antesignānus, i, m. *soldato di guardia della bandiera, antesignano.*
Antesto, as, etc. N. *esser superiore.*
Antetuli. V. Antefero.
Antevenio, ēnis, ēni, entum, enire, A. *prevenire,* antevenire alicui, *farsegli incontro.*
Anteverto, tis, ti, sum, tĕre, A. *anticipare.*
Antevŏlo, as, etc. A. *volar avanti.*
Anticĭpo, as, etc. A. *fare o prendere anticipatamente.*
Anticus, a, um, add. *anteriore.*
Antidŏtum, i, n. antidŏtus, i, m. *antidoto, contravveleno.*
Antipŏdes, um, m. pl. *gli antipodi.*
Antiquarius, ii, m. *antiquario.*
Antiquatio, ōnis, f. *cassazione.*
Antiquitas, ātis, f. *antichità.*
Antiquitus, antīque, avv. *anticamente.*
Antīquo, as, etc. A. *annullare.*
Antīquus, a, um, add. *antico.*
Antistes, itis, m. *capo, vescovo.*
Antistita, æ, f. *sacerdotessa, presidente.*
Antlia, æ, f. *stromento da cavar acqua.*
Antrum, i, n. *spelonca.*
Anulāris, m. e f. re, n. add. *anulare, di anello.*
Anularius, ii, m. *orefice, che fa anelli.*
Anulātus, a, um, add. *chi porta anello.*
Anŭlus, i, m. *anello.*
Anus, us, f. *vecchia.*
Anxie, avv. *ansiosamente.*
Anxiĕtas, ātis, f. *affanno, ansietà.*
Anxius, a, um, add. *ansioso, ansio.*
Apăge: apăge sis, avv. *va via.*
Apeliōtes, æ, m. *vento di Levante.*
Aper, ri, m. *cinghiale.*
Apĕrio, ĕris, erui, ertum, erire, A. *aprire, manifestare.*
Aperte, avv. *chiaramente.*
Apertūra, æ, aperitio, ōnis, f. *aprimento.*
Apertus, a, um, add. *aperto.*
Apes, is, f. *ape.*
Apex, icis, m. *apice, cima.*
Aphya, æ, f. *acciuga.*
Apiarium, ii, n. *arnia, alveare.*
Apiarius, ii, m. *custode delle api.*
Apicula, æ, f. *ape piccola.*
Apium, ii, n. *appio, (erba).*
Aplūda, æ, f. *pula, loppa.*
Apŏcha, æ, f. *quietanza.*
Apolŏgus, i, m. *apologo, favola.*
Apophthĕgma, ătis, n. *motto breve e sentenzioso.*
Apoplexia, æ, f. *apoplessia.*
Apostēma, ătis, n. *postema.*
Apostolicus, a, um, add. *apostolico.*
Apostŏlus, i, m. *apostolo.*
Apotheōsis, is, f. *apoteosi.*
Apparāte, avv. *con apparecchio.*

Apparatio, ōnis, f. apparātus, us, m. *apparecchio.*
Appāreo, es, ŭi, ĭtum, ēre, N. *apparire.*
Apparitio, ōnis, f. *apparizione.*
Apparĭtor, ōris, m. *fante, ministro del magistrato.*
Appăro, as, etc. A. *apparecchiare, allestire.*
Appellatio, ōnis, f. *appellazione, nome.*
Appellātor, ōris, m. *chi appella, appellante.*
Appello, as, etc. A. *nominare.*
Appello, ellis, ŭli, ŭlsum, ellĕre, A. *accostare, appressare.*
Appendĭcŭla, æ, f. *piccola aggiunta.*
Appendix, ĭcis, f. *appendice.*
Appendo, dis, di, sum, dĕre, A. *appendere, pesare.*
Appĕnsus, a, um, add. *appeso, pesato.*
Appetenter, avv. *con brama.*
Appetītus, us, m. appetītio, ōnis, f. appetentia, æ, f. *appetito, appetenza.*
Appĕto, is, ivi, *vel* ĭi, ītum, ĕre, A. *accostarsi per prendere, assalire, bramare.*
Appiāna mala, ōrum, n. pl. *mele appiole.*
Appingo, ngis, nxi, ictum, ngĕre, A. *dipingere appresso; aggiungere.*
Applaudo, dis, si, sum, dĕre, N. *applaudire.*
Applausor, ōris, m. *chi applaude.*
Applausus, us, m. *applauso.*
Applicatio, ōnis, f. *applicazione.*
Applicĭtus, a, um, add. *unito, vicino.*
Applĭco, as, avi, *vel* ŭi, ātum, *vel* ĭtum, are, A. *applicare, accostare.*
Applicui. V. Applico.
Appōno, nis, sui, sĭtum, nĕre, A. *apporre, imbandire.*
Appŏrto, as, etc. A. *portare, condurre.*
Apposĭte, avv. *acconciamente.*
Appositio, ōnis, f. *il porre appresso, aggiunta.*
Appositum, i, n. *epiteto, aggiunto.*
Appositus, a, um, add. *apposto, atto, posto appresso.*
Apprĕcor, āris, ātus, āri, D. *pregare.*
Apprehĕndo, dis, di, sum, dĕre, A. *afferrare, prendere.*
Apprīme, avv. *sopra ogni altra cosa, piucchè altro.*
Approbatio, ōnis, f. *approvazione.*
Approbo, as, etc. A. *approvare, lodare.*
Appromitto, ittis, īsi, issum, ittĕre, A. *far sicurtà.*
Apprŏpĕro, as, etc. A. *affrettarsi, accelerare.*
Appropinquatio, ōnis, f. *avvicinamento.*
Appropinquo, as, etc. N. *accostarsi.*
Appŭli. V. Appello.
Appulsus, us, m. *avvicinamento, sbarco,* — a, um, add. *avvicinato, approdato.*
Apricatio, ōnis, f. *lo stare al sole.*
Aprīcor, āris, ātus, āri, D. *stare al sole.*
Aprīcus, a, um, add. *aprico, solatio.*
Aprīlis, is, m. *aprile.*
Aptatus, a, um, add. *adattato.*
Apte, avv. *strettamente, acconciamente.*
Apto, as, etc. A. *adattare.*
Aptus, a, um, add. *atto, connesso, acconcio.*
Apud, prep. coll'accus. *appresso, appo, vicino.*
Aqua, æ, f. *acqua.*
Aquæductus, us, m. *acquidotto.*
Aquālis, is, m. *vaso da lavar le mani.*
Aquarium, ii, n. *serbatoio d'acqua.*
Aquarius, a, um, add. *da acqua.*
Aquatĭcus, a, um, aquatĭlis, m. e f. le, n. add. *acquatile, acquatico.*
Aquatio, ōnis, f. *il far acqua.*
Aquator, ōris, m. *chi va per l'acqua.*
Aquila, æ, f. *aquila.*
Aquilĭfer, ĕri, m. *alfiere.*
Aquilīnus, a, um, add. *aquilino.*
Aquilo, ōnis, m. *aquilone, Greco tramontana.*
Aquilonāris, m. e f. re, n. add. *settentrionale.*
Aquor, āris, ātus, āri, D. *far acqua, raccogliere acqua.*
Aquōsus, a, um, add. *acquoso.*
Aquŭla, æ, f. *acquetta.*
Ara, æ, f. *ara, altare.*
Arabĭlis, m. e f. le, n. add. *arabile, arativo.*
Aranĕa, æ, f. *ragno.*
Aranĕŏla, æ, f. araneŏlus, i, m. aranĕus, i, m. *ragnatelo, ragno.*
Aranĕum, i, n. *tela di ragno, ragnatelo.*
Aratio, ōnis, f. *aratura.*
Arātor, ōris, m. *aratore.*
Arātrum, i, n. *aratro.*
Arbĭter, tri, m. *arbitro.*
Arbĭtra, æ, f. *arbitra.*
Arbitrarius, a, um, add. *arbitrario.*
Arbitrātus, us, m. *volontà, arbitrio.*
Arbitrium, ii, n. *giudizio, sentenza dell'arbitro, arbitrio.*
Arbĭtror, āris, ātus, āri, D. *giudicare.*
Arbor, ŏris, f. *albero.*
Arborĕus, a, um, add. *di albero.*
Arbuscŭla, æ, f. *arboscello.*
Arbūstum, i, n. *luogo piantato di alberi, arbusto.*
Arbutĕus, a, um, add. *di corbezzolo.*
Arbŭtum, i, n. *corbezzola.*
Arbŭtus, i, f. *corbezzolo* (pianta).
Arca, æ, f. *arca, cassa.*
Arcano, arcano, avv. *segretamente.*
Arcānum, i, n. *arcano.*
Arcānus, a, um, add. *arcano, segreto.*
Arcĕo, es, ŭi, ĕre, A. *tener lontano.*
Arcessītus, a, um, add. *chiamato.*
Arcesso, is, ivi, ītum, ĕre, A. *chiamare, far venire.*
Archetypum, n. archetypus, i, m. *originale, esemplare.*
Archimandrīta, æ, m. *superiore dei monaci.*
Architectonice, es, f. *architettura.*
Architĕctor, āris, ātus, āri, D. *architettare.*
Architectūra, æ, f. *architettura.*
Architĕctus, i, m. *architetto.*
Architriclīnus, i, m. *preside al convito.*
Archivium, ii, *vel* archīvum, i, n. *archivio.*
Arcitĕnens, ĕntis, c. *arciere.*

Arcte, avv. strettamente.
Arctio, ōnis, f. ristringimento.
Arcto, as, etc. A. stringere.
Arctōus, a, um, add. settentrionale.
Arctus, a, um, add. stretto.
Arcuātim, avv. in arco.
Arcuātus, a, um, add. arcato, fatto in arco.
Arcŭla, æ, f. cassetta.
Arcŭlus, i, m. archetto.
Arcŭo, as, etc. A. piegare in arco.
Arcus, us, m. arco.
Ardĕa, ardeŏla, æ, f. airone, aghirone.
Ardelio, ōnis, m. faccendiere.
Ardenter, avv. ardentemente.
Ardĕo, des, si, sum, dēre, N. ardere.
Ardēsco, is, ĕre, N. accendersi.
Ardor, ōris, m. ardore.
Arduĭtas, ātis, f. salita difficile, ertezza.
Arduus, a, um, add. arduo, difficile.
Ārea, æ, f. aia, piazza.
Arefacio, ficis, ēci, actum, acĕre, A. asciugare, seccare.
Arefactus, a, um, add. asciugato, seccato.
Arēna, æ, f. arena, sabbia.
Arenacĕus, arenōsus, a, um, add. arenoso.
Arens, entis, add. c. arido, secco.
Arenŭla, æ, f. renella.
Arĕo, es, ui, ēre, N. esser secco, arido.
Areŏla, æ, f. aiuola.
Arēsco, escis, ui, escĕre, N. seccarsi.
Argentaria, æ, f. bottega, banco del banchiere.
Argentarius, argentĕus, a, um, add. di argento, argentarius, ii, m. banchiere, cambiatore, argentiere.
Argentum, i, n. argento: — signatum, moneta: — vivum, mercurio: — argenti fodina, æ, f. miniera d'argento.
Argilla, æ, f. creta, argilla.
Argillacĕus, a, um, add. di argilla.
Argumentatio, ōnis, f. argomentazione.
Argumentor, āris, ātus, āri, D. argomentare.
Argumentum, i, n. argomento, prova.
Argŭo, ŭis, ui, ūtum, uĕre, A. accusare, provare.
Argūte, avv. argutamente.
Argūtiæ, ārum, f. pl. arguzia.
Argutiŏla, æ, f. piccola arguzia.
Argūto, as, etc. A. Argūtor, āris, ātus, āri, D. ciarlare, dire arguzie.
Argutŭlus, a, um, add. alquanto arguto.
Argūtus, a, um, add. arguto.
Ariditas, ātis, f. aridità.
Aridŭlus, a, um, add. aridetto.
Aridus, a, um, add. secco, arido.
Aries, ĕtis, m. montone, animale, e macchina da guerra.
Arietatio, ōnis, f. cozzo, urto.
Arietīnus, a, um, add. di montone, d'ariete.
Arieto, as, etc. A. cozzare, urtare.
Arista, æ, f. resta, spiga.
Arithmetica, æ, f. aritmetica.
Arma, ōrum, n. pl. armi.
Armamenta, ōrum, n. pl. munizioni d'armi, corredo, fornimento.

Armamentarium, ii, n. armeria, arsenale.
Armarium, ii, armariolum, i, n. armadio.
Armatūra, æ, f. armatus, us, m. armatura.
Armeniăca malus, i, f. albercocco, albicocco.
Armeniăcum malum, i, n. albicocca.
Armentalis, m. e f. le, n. add. di armento.
Armentarius, ii, m. custode degli armenti: — armentarius, a, um, add. pastoreccio.
Armentum, i, n. armento.
Armiger, armifer, ĕri, m. scudiere.
Armiger, gĕra, gĕrum, add. armigero.
Armilla, æ, f. maniglia, braccialetto.
Armillatus, a, um, add. ornato di maniglie, o braccialetti.
Armilūstrum, i, n. espiazione dell'esercito.
Armipotens, entis, c. potente nelle armi.
Armisŏnus, a, um, add. armisonante.
Armo, as, etc. A. armare.
Armus, i, m. spalla, omero.
Aro, as, etc. A. arare.
Arōma, ătis, V. Aromata.
Arōmata, um, n. pl. aromato, profumi.
Aromaticus, a, um, add. aromatico.
Arquatus morbus, i, m. itterizia.
Arquātus, a, um, add. itterico.
Arrectus, a, um, add. dirizzato, diritto.
Arreptus, a, um, add. acchiappato.
Arrha, æ, f. arrhăbo, ōnis, m. caparra, pegno.
Arridĕo, des, si, sum, dēre, N. arridere, applaudire, approvare ridendo.
Arrigo, igis, exi, ectum, igĕre, A. dirizzare, levare in alto.
Arripio, ipis, ipui, eptum, ipĕre, A. acchiappare, afferrare.
Arrisio, ōnis, f. plauso ridente.
Arrisor, ōris, m. chi applaude.
Arrōdo, dis, si, sum, dĕre, A. rodere intorno.
Arrogans, antis, c. add. arrogante.
Arroganter, avv. arrogantemente.
Arrogantia, æ, f. arroganza.
Arrogatio, ōnis, f. adozione.
Arrŏgo, as, etc. A. arrogare, arrogarsi, adottare, aggiungere.
Ars, tis, f. arte.
Arsenicum, i, n. arsenico.
Arteria, æ, f. arteria.
Arthriticus, i, m. gottoso.
Arthritis, idis, f. gotta.
Articularis, m. e f. re, n. articularius, a, um, add. articolare.
Articulāte, articulātim, avv. articolatamente.
Articulatio, ōnis, f. articolazione.
Articulātus, a, um, add. distinto, articolato.
Articŭlo, as, etc. A. articolare, pronunziare distintamente.
Articŭlus, i, m. articolo, giuntura.
Artifex, ĭcis, m. artefice.
Artificialis, m. e f. le, n. add. artifiziale.
Artificiōse, avv. artificiosamente.

Artificiōsus, a, um, add. *artifizioso*, *affettato*.
Artificium, ii, n. *artifizio*, *arte*, *fattura*.
Artĭo, is, ivi, ītum, ire, A. *inserire*, *cacciar dentro*.
Artocrĕas, ătis, n. *pasticcio*.
Artus, ŭum, m. pl. *membra*.
Arŭla, æ, f. *piccolo altare*.
Arŭncus, i, m. *barba della capra*.
Arundĭfer, ĕra, ĕrum, add. *che produce canne*.
Arundinacĕus, a, um, add. *che ha forma di canna*.
Arundinētum, i, n. *canneto*.
Arundinĕus, a, um, add. *di canna*.
Arundinosus, a, um, add. *pieno di canne*.
Arundo, ĭnis, f. *canna*, *freccia*, *flauto*.
Arvum, i, n. *campo arativo*: arva neptunnia, n. pl *mare*.
Arvus, a, um, add *da arare*.
Arx, arcis, f. *altezza*, *rócca*, *fortezza*.
As, assis, m. *moneta antica*, *baiocco*, *asse*, *eredità*.
Ascēndo, dis, di, sum, dĕre, N. *salire*.
Ascensĭo, ōnis, f. ascēnsus, us, m. *salita*.
Ascēnsus, a, um, add. *asceso*.
Ascĭa, æ, f. *ascia*, *asce*, *scure*, loca ascia, n. pl. *luoghi dove in certi tempi il sole*, *essendo verticale*, *non produce ombra*.
Ascriptio, ōnis, f. *postilla*, *aggiunta*.
Asellus, i, m. *asinello*: *nasello*, *baccalà*, (pesce di mare).
Asella, æ, f. *asinella*.
Asĭlus, i, m. *tafano*.
Asĭna, æ, f *asina*.
Asinīnus, asinarĭus, a, um, add. *asinino*, *d'asino*, *asinario*.
Asĭnus, i, m. *asino*.
Asparăgus, i, m. *sparagio*.
Aspecto, as, etc. A. *guardare spesso*, *o fisso*.
Aspectus, us, m. *sguardo*, *veduta*: aspectus, a, um. add. *guardato*, *mirato*.
Aspĕr, ĕra, ĕrum. add. *aspro*, *rozzo*.
Aspĕre, avv *aspramente*.
Aspērgo, ĭnis, f. *spruzzo*.
Aspērgo, gis, si, sum, gĕre, A. *spruzzare*, *aspergere*.
Asperĭtas, ātis, f. *asprezza*.
Aspernabĭlis, m. e f. le, n. add. *sprezzabile*.
Aspernatĭo, ōnis, f. *disprezzo*, *ributtamento*.
Aspērnor, āris, ātus, āri, D. *ributtare*.
Aspĕro, as, etc. A. *inasprire*.
Aspersĭo, ōnis, f. aspersus, us, m. *aspersione*.
Aspersus, a, um, add. *asperso*.
Aspicĭo, ĭcis, ēxi, ēctum, icĕre, A. *guardare*, *vedere*.
Aspiratĭo, ōnis, f. *aspirazione*.
Aspīro, as, etc. A. *aspirare*, *spirare*.
Aspi[illegible] f. *aspide*.
Asp[illegible] ōnis, f. *il portar via*.
Aspō[illegible] as, etc. A. *portar via*.
Aspr[illegible], asperitūdo, ĭnis, f. *asprezza*.

Assĕcla, æ, m. *seguitatore*, *compagno*.
Assectatĭo, ōnis, f. *accompagnamento*, *corteggio*.
Assectātor, ōris, m. *corteggiatore*, *seguace*.
Assector, āris, ātus, āri, D. *corteggiare*, *accompagnare*.
Assensus, us, m. assensio, ōnis, f. *assenso*, *approvazione*.
Assensus, a, um, add. *approvato*.
Assentatĭo, ōnis, f. *adulazione*.
Assentatiuncŭla, æ, f. *adulazioncella*.
Assentātor, ōris, m. *assentatore*, *adulatore*.
Assentatorie, avv. *adulatoriamente*.
Assentātrix, īcis, f. *adulatrice*.
Assentĭor, iris, sus, iri, D. *assentire*, *acconsentire*.
Assentor, āris, ātus, āri, D. *adulare*, *approvare*.
Assĕquor, equĕris, equutus, ĕqui, D. *conseguire*, *acquistare*, *raggiungere*.
Asser, ĕris, m. *tavola da segare*, *travicello*.
Assercŭlus, i, m. *travicello*.
Assĕro, ĕris, erŭi, ĕrtum, erĕre, A. *liberare*, *affermare*: assererĕ se, *mettersi in libertà*.
Assertĭo, ōnis, f. *asserzione*, *liberazione*.
Assertor, ōris, m. *liberatore*.
Assērvo, as, etc. A *custodire*.
Assessĭo, ōnis, f *assistenza*.
Assessor, ōris, m. *assessore*.
Assessūra, æ, f. *uffizio dell' assessore*.
Asseverate, asseveranter, avv. *asseverantemente*.
Asseveratĭo, ōnis, f. *asseveranza*.
Assevēro, as, etc. A. *asseverare*, *affermare*.
Assidĕo, ides, ēdi, essum, idēre, A. *sedere appresso*.
Assidŭe, avv. *assiduamente*.
Assiduĭtas, ātis, f *assiduità*.
Assidŭus, a, um, add. *assiduo*.
Assignatĭo, ōnis, f. *assegnamento*, *assegnazione*.
Assignātor, ōris, m. *assegnatore*.
Assigno, as, etc. A *assegnare*, *attribuire*.
Assilĭo, ilis, ilŭi, ultum, ilīre, N. *saltare verso qualche cosa*, *assaltare*.
Assimilatĭo, ōnis, f. *somiglianza*.
Assimĭlis, m. e f. le, n. add. *simile*, *somigliante*.
Assimĭliter, avv. *similmente*.
Assimĭlo, as, etc. A. *assomigliare*.
Assimŭlo, as, etc. A. *fingere*.
Assis, is, f. *asse*, *tavola*.
Assisto, sistis, stiti, stitum, sistĕre, N. *stare appresso*, *assistere*.
Assitus, a, um, add. *seminato*, *piantato*.
Asso, as, etc. A. *arrostire*.
Assocĭo, as, etc. A. *accompagnare*.
Assuefacĭo, ăcis, ēci, actum, acĕre, A. *avvezzare*.
Assuefactus, a, um, add. *avvezzato*.
Assuēsco, ēscis, ēvi, ētum, escĕre, N. *assuefarsi*, *avvezzarsi*.

Assuetūdo, ĭnis, f. *assuefazione*.
Assuētus, a, um, add. *avvezzo*.
Assula, æ, f. *scheggia*.
Assultim, avv. *a salti, saltellando*.
Assulto, as, etc. N. e A. *saltare verso qualche luogo*.
Assultus, us, m. *salto verso qualche luogo*.
Assūmo, mis, mpsi, ptum, mĕre, A. *prendere, arrogarsi*.
Assumptio, ōnis, f. *presa, assunzione*.
Assuo, uis, ui, ūtum, uĕre, A. *cucire una cosa ad un' altra*.
Assurgo, gis, rexi, rectum, gĕre, N. *alzarsi in piedi*.
Assurrexi. V. Assurgo.
Assus, a, um, add. *arrostito*.
Ast, at, cong. *ma*.
Asthmaticus, a, um, add. *asmatico*.
Astipulatio, ōnis, f. *conformità di sentimento, affermazione*.
Astipulātor, ōris, m. *chi acconsente*.
Astipulor, āris, ātus, āri, D. *consentire*.
Asto, as, iti, itum, āre, N. *star presente*.
Astricte, avv. *strettamente*.
Astrictus, a, um, add. *stretto, legato*.
Astringo, ngis, nxi, ctum, ngĕre, A. *stringere*.
Astrinxi. V. Astringo.
Astrologia, æ, f. *astrologia*.
Astrologus, i, m. *astrologo*.
Astronomia, æ, f. *astronomia*.
Astronomus, i, m. *astronomo*.
Astrum, i, n. *astro*.
Astruo, uis, uxi, uctum, uĕre, A. *fabbricare appresso, attribuire*.
Astula, æ, f. *scheggiola*.
Asturco, ōnis, m. *giannetto, ginnetto, cavallo*.
Astus, us, m. *astuzia, malizia*.
Astute, avv. *astutamente*.
Astutia, æ, f. *astuzia*.
Astutus, a, um, add. *astuto*.
Asylum, i, n. *asilo, franchigia*.
At, ast, cong. *ma*.
Atavus, i, m. *bisavolo*.
Ater, ra, rum, add. *atro, nero*.
Athēus, i, m. *ateo, ateista, (che non crede nella esistenza di Dio)*.
Athleta, æ, m. *atleta*.
Athleticus, a, um, add. *atletico*.
Atomus, i, m. e f. *atomo*.
Atque, cong. *e, ed*.
Atqui, cong. *ma*.
Atramentum, i, n. *inchiostro*.
Atratus, a, um, add. *fatto nero, vestito a bruno*.
Atriensis, is, m. *portinaio*.
Atriolum, i, n. *piccolo atrio*.
Atrium, ii, n. *corte, cortile della casa, chiostro*.
Atrocitas, ātis, f. *atrocità*.
Atrociter, avv. *atrocemente*.
Atrox, ōcis, c. add. *atroce*.
Attactus, us, m. *toccamento*.
Attagen, ēnis, m. attagena, æ, f. *francolino (uccello)*.

Attamen, cong. *contuttociò*.
Attempĕro, as, etc. A. *accomodare, porre*.
Attendo, dis, di, tum, dĕre, A. *stendere, attendere, badare*.
Attente, avv. *attentamente*.
Attentio, ōnis, f. *attenzione*.
Attento, as, etc. A. *tentare, assalire*.
Attentus, a, um, add. *attento*.
Attenuate, avv. *con attenuazione, con estenuazione*.
Attenuatio, ōnis, f. *attenuazione*.
Attenuo, as, etc. A. *attenuare, estenuare*.
Attĕro, ĕris, rivi, ritum, erĕre, A. *consumare, pestare*.
Attestatio, ōnis, f. *testimonianza*.
Attestor, āris, ātus, āri, D. *attestare, far testimonianza*.
Attexo, is, ui, tum, ĕre, A. *tessere insieme, aggiungere*.
Attigi. V. Attingo.
Attiguus, a, um, add. *contiguo, prossimo*.
Attineo, ines, inui, entum, inēre, A. *trattenere, arrestare*.
Attinet, ēbat, uit, ēre, Imp. *appartenere*.
Attingo, ingis, igi, actum, ingĕre, A. *toccare*.
Attollo, is, ĕre, A. *elevare, alzare*.
Attondeo, des, di, sum, dēre, A. *tosare*.
Attonite, avv. *con istupore*.
Attonitus, a, um, add. *attonito*.
Attŏno, as, ui, itum, āre, A. *render attonito*.
Attonsus, a, um, add. *tosato*.
Attractus, a, um, add. *tirato, rattratto*.
Attrăho, ahis, axi, actum, ahĕre, A. *attrarre, allettare*.
Attractio, ōnis, f. *attrazione, contrazione*.
Attrecto, as, etc. A. *maneggiare, malmenare*.
Attribuo, uis, ui, utum, uĕre, A. *attribuire, assegnare*.
Attributio, ōnis, f. *assegnazione*.
Attritus, a, um, add. *consumato, logoro*.
Attritus, us, m. *stropicciamento, strofinamento*.
Attuli. V. Affero.
Auceps, ŭpis, m. *uccellatore*.
Auctio, ōnis, f. *accrescimento*, **vendita all' incanto**.
Auctiōnor, āris, **ātus, āri, D. *vendere all' incanto***.
Aucto, auctĭto, as, etc. A. *accrescere*.
Auctor, ōris, m. *autore, capo*.
Auctoramentum, i, n. *obbligazione, paga, mercede*.
Auctoratus, **a, um, add. *venduto*, *obbligato***.
Auctoritas, ātis, f. *autorità*.
Auctōro, as, etc. A. *vendere, obbligare con mercede, assoldare*.
Auctus, a, um, add. *accresciuto*.
Auctus, us, m. *accrescimento*.
Aucupatio, ōnis, f. *uccellagione*.
Aucupatorius, a, um, add. *buono per uccellare*.

Aucupium, ii, n. V. Aucupatio.
Aucupo, as, etc. A. *uccellare*.
Aucupor, aris, atus, ari, D. *uccellare*.
Audacia, æ, f. *audacia*.
Audacter, audaciter, avv. *audacemente*.
Audaculus, i, m. *arditello*.
Audax, acis, rudens, entis, c. add. *audace, animoso*.
Audendus, a, um, add. *da intraprendersi*.
Audeo, des, sus, dere; N. *osare, avere ardire*.
Audientia, æ, f. *udienza*.
Audio, is, ivi, itum, ire, A. *udire, ascoltare*.
Auditio, onis, f. *l'udire, udizione*.
Auditor, oris, m. *uditore*.
Auditus, us, m. *udito*.
Aufero, fers, abstuli, ablatum, auferre, A. *portar via*.
Aufugio, ugis, ugi, ugere, N. *fuggir altrove, scampare*.
Augeo, ges, xi, ctum, gere, A. *aumentare, accrescere*.
Augesco, escis, escere, N. *crescere*.
Augmentum, i, n. *aumento, accrescimento*.
Augur, guris, m. *indovino, augure*.
Auguralis, m. *e* f. le, n. add. *augurale*.
Auguratio, onis, f. *auspizio*.
Augurato, avv. *per augurio*.
Auguratus, us, m. *dignità, ufficio dell'augure*.
Augurium, ii, n. *augurio*.
Auguro, as, etc. A. auguror, aris, atus, ari, D. *augurare, predire*.
Auguste, avv. *piamente, santamente*.
Augustus, i, m. *agosto*; — a, um, add. *augusto, venerabile*.
Aula, æ, f. *aula, reggia, corte*; *e anche pignatta, olla*.
Aulæum, i, n. *arazzo*.
Auletes, æ, m. *suonatore di flauto*.
Auleticus, a, um, add. *di, da flauto*.
Aulicus, i, m. *cortigiano*; — a, um, add. *di corte, aulico*.
Aura, æ, f. *aura, venticello*.
Auratus, a, um, add. *dorato, aureo*.
Aureus, a, um, add. *aureo, d'oro*.
Aurichalcum, i, n. *ottone, oricalco*.
Auricilla, æ, f. *orecchietta*.
Auricula, æ, f. *orecchio*.
Auricularis, m. *e* f. re, n. auricularius, a, um, add. *auricolare, dell'orecchio*.
Aurifer, ifera, iferum, add. *che porta o produce oro*.
Aurifex, ificis, m. *orefice*.
Aurifodina, æ, f. *miniera d'oro*.
Auriga, æ, aurigarius, ii, m. *cocchiere*.
Auris, is, f. *orecchio*.
Auriscalpium, ii, n. *stuzzicorecchi*.
Auritus, a, um, add. *orecchiuto, attento*.
Aurora, æ, f. *aurora*.
Aurum, i, n. *oro*.
Auscultatio, onis, f. *ascoltazione*.
Auscultator, oris, m. *ascoltatore*.
Ausculto, as, etc. A. *udire, ascoltare, obbedire*.

Auspex, icis, c. *pronosticatore*.
Auspicalis, m. *e* f. le, n. add. *augurale*.
Auspicato, avv. *con buon augurio*.
Auspicatus, us, m. auspicium, ii, n. *auspizio, augurio*.
Auspico, as, etc. A. auspicor, aris, atus, ari, D. *prendere auspizio*.
Auster, ri, m. *austro, ostro* (vento).
Austere, avv. *austeramente*.
Austeritas, atis, f. *austerità*.
Austerus, a, um, add. *austero*.
Australis, m. *e* f. le, n. austrinus, a, um, add. *australe*.
Austrifer, ifera, iferum, add. *umido, piovoso*.
Ausim, is, it, *invece di* audeam. V. Audeo.
Ausum, i, n. *attentato, impresa ardita*.
Ausus, a, um, add. *chi ha avuto ardire*.
Ausus sum. V. Audeo.
Aut, cong. *o, ovvero*.
Autem, cong. *poi, ma*.
Autenticus, a, um, add. *autentico*.
Autographus, a, um, add. *autografo, originale*.
Automaton, i, n. *automa, macchina che ha movimento*.
Autumnalis, m. *e* f. le, n. add. *autunnale*.
Autumno, as, etc. N. *passar l'autunno*.
Autumnus, i, m. *autunno*.
Autumnus, a, um, add. *di autunno*.
Autumo, as, etc. A. *stimare, giudicare*.
Auxi. V. Augeo.
Auxiliaris, m. *e* f. re, n. add. *ausiliare*.
Auxiliarius, a, um, add. *ausiliario*.
Auxiliator, oris, m. *aiutatore*.
Auxilior, aris, atus, ari, D. *aiutare*.
Auxilium, ii, n. *aiuto*: auxilia nautica *strumenti nautici*: auxilia, n. pl. *truppe ausiliarie*.
Avare, avv. *avaramente*.
Avaritia, æ, avarities, ei, f. *avarizia*.
Avarus, a, um, add. *avaro*.
Ave, imperat. di aveo, *ti saluto, buon dì*.
Avectus, a, um, add. *portato, condotto via*.
Aveho, ehis, exi, ectum, ehere, A. *portar via*.
Avellana, æ, f. *nocciuola, nocella*.
Avello, ellis, elli, *vel* ulsi, ulsum, ellere, A. *avellere, strappare*.
Avena, æ, f. *avena, zampogna*.
Aveo, es, ere, A. *desiderare ardentemente*.
Averro, ris, rere, A. *scopar via*.
Averrunco, as, etc. A. *rimovere, allontanare*.
Aversabilis, m. *e* f. le, n. add. *abbominevole*.
Aversatio, onis, f. *aversione*.
Aversio, onis, f. *il volgere altrove*.
Aversor, aris, atus, ari, D. *volgersi in altra parte, abbominare*.
Aversor, oris, m. *distoglitore, usurpatore*.
Aversus, a, um, add. *avverso, contrario*.
Averto, tis, ti, sum, tere, A. *rimuovere, allontanare, volgere ad altra parte*.

Avĭa, æ, f. *avola, nonna.*
Aviarium, ii, n. *uccelliera.*
Aviarius, ii, m. *pollaiuolo.*
Avicŭla, æ, f. *uccellino.*
Avĭde, avv. *avidamente, golosamente.*
Avidĭtas, ātis, f. *avidità.*
Avĭdus, a, um, add. *avido.*
Avis, is, f. *uccello.*
Avītus, a, um, add. *avito, degli avi.*
Avius, a, um, add. *senza strada, sviato.*
Avocatio, ōnis, f. *ritiramento.*
Avŏco, as, etc. A. *ritirare, distorre.*
Avŏlo, as, etc. N. *volar via.*
Avulsi. V. Avello.
Avulsio, ōnis, f. *staccamento.*
Avulsor, ōris, m. *chi stacca.*
Avulsus, a, um, add. *staccato.*
Avuncŭlus, i, m. *zio materno.*
Avus, i, m. *avo, nonno.*
Axicia, æ, f. *forbicetta da tosare.*
Axicŭlus, i, m. *piccolo asse, tavoletta.*
Axilla, æ, f. *ascella.*
Axiōma, ătis, n. *assioma, verità evidente.*
Axis, is, m. *asse, polo.*
Azymus, a, um, add. *azimo, non fermentato.*

B

Bacca, æ, f. *bacca, coccola, perla.*
Baccātus, a, um, add. *ornato di perle;* monile baccātum, n. *vezzo di perle.*
Bacchanalia, um, ōrum, n. pl. *baccanali, feste di Bacco.*
Bacchans, antis, c. add. *baccante, furioso.*
Bacchatio, ōnis, f. *baccanale, ubriachezza.*
Bacchātus, a, um, add. *infuriato.*
Bacchor, āris, ātus, āri, D. *infuriare, impazzire.*
Bacillum, i, n. bacillus, i, m. *bastoncello.*
Baculum, i, n. baculus, i, m. *bastone.*
Badius, a, um, add. *baio di color baio.*
Bajŭlo, as, etc. A. *portare.*
Bajŭlus, i, m. *facchino.*
Balans, antis, f. *pecora.*
Balănus, i, f. *ghianda, castagna grossa, ostrica.*
Balatro, ōnis, m. *mascalzone.*
Balātus, us, m. *belamento.*
Balbus, a, um, add. *scilinguato.*
Balbutio, ūtis, utivi, utitum, utīre, N. *balbettare.*
Balæna, æ, f. *balena.*
Balneæ, ārum, f. *bagni.*
Balista, æ, f. *spingarda.*
Balnĕa, ōrum, n. pl. *bagni pubblici.*
Balneātor, ōris, m. *bagnaiolo.*
Balneum, i, n. *bagno.*
Balo, as, etc. N. *belare.*
Balsaminus, a, um, add. *di balsamo.*
Balsămum, i, n. *balsamo.*
Baltĕum, i, n. baltĕus, i, m. *tracolla, ciarpa, cintura.*
Baptisma, ătis, baptismum, i, n. baptismus, i, m. *battesimo, lavanda.*
Baptisterium, ii, n. *battisterio.*
Baptizo, as, avi, etc. A. *battezzare, lavare.*
Barāthrum, i, n. *baratro, abisso.*
Barba, æ, f. *barba.*
Barbăre, avv. *barbaramente.*
Barbaria, æ, f. *barbarie.*
Barbarium, ii, n. *schiamazzo d'armata.*
Barbaricus, a, um, add. *barbaro, crudele.*
Barbaries, ēi, f. *barbarie, parlar barbaro, ferità di costumi.*
Barbarismus, i, m. *barbarismo, parlar rozzo.*
Barbărus, a, um, add. *barbaro, inumano.*
Barbatŭlus, a, um, add. *di prima, o poca barba.*
Barbātus, a, um, add. *barbuto.*
Barbĭger, igĕra, igĕrum, add. *chi porta barba.*
Barbĭtos, i, m. e f. barbiton, i, n. *cetra.*
Barbŭla, æ, f. *barbetta.*
Barbus, i, m. *barbo (pesce).*
Bardocucullus, i, m. *cappuccio.*
Bardus, a, um, add. *stupido, balordo.*
Basilica, æ, f. *basilica, casa reale, chiesa principale.*
Basiliscus, i, m. *basilisco.*
Basis, is, f. *base, sostegno.*
Basium, ii, n. *bacio.*
Batillum, i, n. batillus, i, m. *paletta, badile, braciere.*
Beāte, avv. *beatamente.*
Beatĭtas, ātis, beatitūdo, inis, f. *beatitudine, felicità.*
Beātus, a, um, add. *felice, beato.*
Bellaria, ōrum, n. pl. *paste dolci, confetti, frutta.*
Bellātor, ōris, m. *combattente, guerriero.*
Bellatrix, īcis, f. *guerriera.*
Bellax, ācis, bellans, antis, c. *bellicoso, guerreggiatore.*
Belle, avv. *bene, graziosamente.*
Bellicōsus, a, um, add. *bellicoso, guerriero.*
Bellicus, bellĭger, bellĭfer, ĭfĕra, ĭfĕrum, add. *guerriero.*
Belligĕro, as, etc. bello, as, etc. N. *guerreggiare.*
Bellua, æ, f. *belva, bestia.*
Belluinus, a, um, add. *di bestia, bestiale.*
Bellule, avv. *bellino, pulitamente.*
Bellŭlus, a, um, add. *bello, galante.*
Bellum, i, n. *guerra.*
Bellus, a, um, *bello, grazioso.*
Bene, avv. *bene, felicemente, molto.*
Benedīco, cis, xi, ctum, cĕre, A. *benedire.*
Benefacio, ācis, ēci, actum, acĕre, N. *beneficare.*
Benefactum, i, n. *beneficio.*
Benefactus, a, um, add. *ben fatto.*
Beneficentia, æ, f. *beneficenza.*
Beneficium, ii, n. *beneficio.*
Benefĭcus, a, um, add. *benefico.*
Benemereor, ēris, itus, ēri, D. *far bene a qualcuno.*
Benemeritus, a, um, add. *benemerito.*

Beneŏlens, entis, c. add. *di buon odore.*
Benevŏle, avv. *amorevolmente.*
Benevŏlens. V. Benevolus.
Benevolentia, æ, f. *benevolenza.*
Benevŏlus, a, um, benevŏlens, entis, c. add. *benevolo, affettuoso.*
Benīgne, avv. *benignamente.*
Benignitas, ātis, f. *benignità.*
Benīgnus, a, um, add. *benigno.*
Beo, as, etc. A. *beneficare, beare.*
Beryllus, i, m. *berillo* (pietra preziosa).
Bestia, æ, f. *bestia.*
Bestiarius, a, um, add. *bestiale.*
Bestiŏla, æ, f. *bestiola.*
Beta, æ, f. *bietola.*
Bibax, ācis, c. *bevitore, beone.*
Bibliopōla, æ, m. *libraio.*
Bibliothēca, æ, f. *libreria, biblioteca.*
Bibo, is, i, itum, ĕre, A. *bere.*
Bibŭlus, a, um, add. *che beve, o assorbe.*
Biceps, ipitis, c. add. *di due teste.*
Bicŏlor, ōris, c. add. *di due colori.*
Bicorniger, igĕra, igĕrum, bicornis, m. e f. ne, n. add. *bicornuto, che ha due corna.*
Bidens, entis, c. add. *di due denti*, f. *pecora di due anni*, m. *sarchio, marra.*
Bidental, ālis, n. *luogo percosso dal fulmine.*
Biduum, i, n. *spazio di due giorni.*
Biennis, m. e f. ne, n. add. *bienne, di due anni.*
Biennium, i, n. *biennio.*
Bifariam, avv. *in due luoghi o parti, in due maniere.*
Bifĭdus, a, um, add. *bifido, diviso in due parti.*
Bifŏris, m. e f. re, n. add. *che ha due imposte.*
Bifrons, ontis, c. add. *di due fronti, bifronte.*
Bifurcus, a, um, add. *biforcato.*
Bigæ, ārum, f. pl. *carro a due cavalli.*
Bijŭgus, a, um, bijŭgis, c. add. *a due cavalli.*
Bilibra, æ, f. *peso di due libbre.*
Bilibris, m. e f. bre, n. add. *che pesa due libbre.*
Bilinguis, m. e f. e, n. add. *che ha due lingue, ingannatore.*
Biliōsus, a, um, add. *bilioso.*
Bilis, is, f. *bile, collera.*
Bilustris, m. e f. tre, n. add. *bilustre, di due lustri.*
Bimăris, m. e f. re, n. add. *posto fra due mari.*
Bimembris, m. e f. bre, n. add. *bimembre, di doppie membra.*
Bimestris, m. e f. re, n. add. *bimestre.*
Bimŭlus, bimus, a, um, add. *di due anni.*
Bini, æ, a, add. *due, a due a due.*
Bipalium, i, n. *vanga, zappa.*
Bipartio, is, ivi, itum, ire, A. *dividere in due parti.*
Bipartito, avv. *in due parti.*
Bipătens, entis, c. add. *che si apre in due parti.*

Bipedālis, m. e f. le, n. add. *di due piedi.*
Bipedāneus, a, um, add. *di due piedi.*
Bipennifer, ifĕri, m. *chi porta accetta.*
Bipennis, is, f. *bipenne, accetta.*
Bipes, ĕdis, c. *che ha due piedi.*
Birēmis, is, f. *fusta a due ordini di remi.*
Bis, avv. *due volte.*
Bisextus, i, m. *bisesto*: — a, um, add. *bisestile.*
Bisulca, ōrum, n. pl. *animali d'unghia fessa.*
Bisulcus, a, um, add. *che ha le unghie fesse.*
Bisyllabus, a, um, add. *di due sillabe.*
Bitūmen, inis, n. *bitume.*
Bituminĕus, bituminosus, a, um, add. *bituminoso.*
Bivium, ii, n. *bivio, imboccatura di due strade.*
Blæsus, a, um, add. *balbo, scilinguato.*
Blande, avv. *piacevolmente.*
Blandiloquentia, æ, f. *discorso carezzevole.*
Blandilŏquus, blandilŏquus, a, um, add. *lusinghiero.*
Blandimentum, i, n. *lusinga.*
Blandior, īris, itus, īri, D. *accarezzare, adulare.*
Blanditia, æ, f. *lusinga, carezza.*
Blandus, a, um, add. *blando, piacevole.*
Blatĕro, ōnis, m. *ciarlone.*
Blatĕro, as, etc. N. *ciarlare.*
Blatta, æ, f. *tignuola.*
Blitum, i, n. blitus, i, m. *spinace.*
Boletus, i, m. *uovolo, spezie di fungo.*
Bolis, idis, f. *dardo, mandaglio, piombino.*
Bŏlus, i, m. (coll'ŏ breve), *gettamento.*
Bōlus, i, m. (coll'ō lungo), *boccone.*
Bombilo, bombilo, as, etc. N. *mormoreggiare come fanno le api.*
Bombus, i, m. bombilatio, ōnis, f. *il mormorio delle api.*
Bombycinus, a, um, add. *di seta.*
Bombyx, ycis, m. *baco da seta, seta, o veste di seta.*
Bonitas, ātis, f. *bontà.*
Bonum, i, n. *il bene, l'utile, il comodo.*
Bonus, a, um, add. *buono, dabbene.*
Boo, as, etc. N. *muggire.*
Borĕas, æ, m. *borea, tramontana.*
Borĕus, a, um, add. *boreale, settentrionale.*
Bos, bovis, c. *bove, vacca.*
Bovīle, is, n. *stalla dei bovi.*
Bovīnus, a, um, add. *di bue.*
Braca, bracca, æ, f. *brache, calzoni.*
Bracatus, a, um, add. *vestito di brache.*
Brachiāle, is, n. *braccialetto.*
Brachiālis, m. e f. le, n. add. *di braccio.*
Brachiŏlum, i, n. *bracciolo, bracciolino.*
Brachium, ii, n. *braccio.*
Bractĕa, æ, f. *foglio di metallo.*
Brassica, æ, f. *cavolo.*
Bravium, ii, n. *premio.*
Brevi, avv. *brevemente.*
Brevia, um, n. pl. *secche, seccagne.*
Breviarium, ii, n. *breviario, compendio.*
Brevilŏquens, entis, c. add. *di poche parole.*

Breviloquentia, æ, f. breviloquio.
Brevio, as, etc. A. abbreviare.
Brevis, m. e f. ve, n. add. breve, corto.
Brevissime, avv. brevissimamente.
Brevitas, ātis, f. brevità.
Breviter, avv. brevemente.
Brevius, avv. più brevemente.
Bruma, æ, f. bruma, il cuor del verno.
Brumālis, m. e f. le, n. add. brumale, d'inverno.
Brutus, a, um, add. tardo, insensato.
Bubălus, i, m. bufalo.
Bubo, ōnis, m. barbagianni, gufo.
Bubŭla, æ, f. carne di bue.
Bubŭlcus, i, m. bifolco.
Bucca, æ, f. bocca, guancia, boccone.
Buccæ, ārum, f. pl. le guancie.
Buccĕa, æ, f. boccone.
Buccella, æ, f. boccone.
Buccina, bucina, æ, f. tromba, corno.
Buccinātor, ōris, m. trombettiere.
Buccŭla, æ, f. bocchina, visiera.
Bucculentus, a, um, add. di gran bocca.
Bucino, buccino, as, etc. N. suonar di tromba.
Bucinum, buccinum, i, n. tromba, suono di tromba.
Bucolica, ōrum, n. pl. versi pastorali.
Bucolicus, a, um, add. pastorale.
Bucŭla, æ, f. vacchetta, vaccherella.
Bucŭlus, i, m. torello.
Bufo, ōnis, m. botta, rospo.
Bulbus, i, m. bulbo, cipolla.
Bulga, æ, f. bolgia, valigia.
Bulla, æ, f. bolla, gallozzola, medaglia.
Bullatus, a, um, add. che porta medaglia al collo.
Bullio, is, ivi, itum, ire, N. bollire.
Bullŭla, æ, f. bollicina.
Bura, æ, buris, is, f. manico dell' aratro.
Bustum, i, n. luogo dove si abbruciavano i cadaveri, sepolcro.
Butyrum, i, n. butirro, burro.
Buxeus, a, um, add. di bosso, o bosso.
Buxifer, ifĕra, ifĕrum, add. che porta bosso.
Buxum, i, n. buxus, i, f. bosso, busso.
Byrsa, æ, f. cuoio.
Byssinus, a, um, add. di bisso.
Byssus, i, f. bisso (lino finissimo).

C

Cabălla, æ, f. cavalla.
Caballus, i, m. cavallaccio, rozza.
Cacăbus, i, m. pignatta, paiuolo.
Cachinnatio, onis, f. cachinnus, i, m. riso smoderato, sghignazzata.
Cachinnor, āris, ātus, āri, D. ridere smoderatamente.
Cacoëthes, is, n. cattivo costume.
Cacodæmon, ŏnis, m. spirito maligno.
Cacoethes. V. Cacoëthes.
Cacūmen, inis, n. cima, sommità.
Cacuminatus, a, um, add. acuminato.
Cacumino, as, etc. A. aguzzare.
Cadāver, ĕris, n. cadavere.

Cado, dis, cecidi, sum, dĕre, N. cadere.
Caducĕum, i, n. caducĕus, i, m. caduceo, verga di Mercurio.
Cadūcus, a, um, add. caduco, fragile.
Cadurcum, i, n. padiglione, cortinaggio da letto.
Cadus, i, m. barile, caratello.
Cæcias, æ, m. vento greco-levante.
Cæcidi. V. Cado.
Cæcitas, ātis, f. cecità.
Cæco, as, etc. A. accecare.
Cæcutio, as, etc. A. aver mala vista.
Cæcus, a, um, add. cieco, orbo, oscuro.
Cæcutio, ītis, ivi, ītum, ire, N. esser cieco.
Cædes, is, f. strage, uccisione.
Cædo, dis, cĕcīdi, sum, dĕre, A. tagliare, uccidere.
Cæduus, a, um, add. da tagliare.
Cælamen, inis, n. intaglio.
Cælator, ōris, m. intagliatore.
Cælatura, æ, f. intaglio, opera d'intaglio.
Cælatus, a, um, add. scolpito, intagliato.
Cælebs, ibis, c. celibe, che non ha moglie.
Cælestis, m. e f. te, n. cæles, itis, add. celeste.
Cælibatus, us, m. celibato.
Cælicŏlæ, ārum, cælites, um, m. pl. abitatori del cielo.
Cælifer, ifĕra, ifĕrum, add. che porta il cielo.
Cælo, as, etc. A. intagliare, scolpire.
Cælum, i, n. scalpello, cœlum, e cœlum, i, n. al plur. cœli, orum, cielo, aria.
Cæmentum, i, n. tufo, pietra da murare.
Cæmentarius, ii, m. muratore.
Cæpa, æ, f. cæpe, n. indecl. cipolla.
Cærimonia, æ, f. cerimonia.
Cæruleus, cærŭlus, a, um, turchino, ceruleo.
Cæsaries, ei, f. capellatura, chioma, zazzera.
Cæsim, avv. di taglio, per incisi.
Cæsius, a, um, add. azzurro.
Cæsōnes, num, n. pl. fanciulli cavati dal ventre della madre morta.
Cæspes, itis, m. cespuglio, piota.
Cæstus, us, m. cesto (arme dei lottatori).
Cæsura, æ, f. taglio.
Cæsus, a, um, add. tagliato.
Cæter, vel cæterus, a, um, add. altro, il restante.
Calamaria theca, æ, f. pennaiuolo.
Calamister, calamistrus, i, m. calamistrum, i, n. ferro da arricciare i capelli.
Calamistratus, a, um, add. arricciato ad arte.
Calamitas, ātis, f. calamità.
Calamitosus, a, um, add. calamitoso.
Calămus, i, m canna, penna, flauto.
Calantica, æ, f. cuffia, ciarpa.
Calăthus, calathiscus, i, m. cestello.
Calcaneum, ei, n. calcagno.
Calcar, āris, n. sprone.
Calcaria, æ, f. fornace da calcina.
Calcatura, æ, f. calcamento.

Calceamentum, i, n. scarpa, calzare.
Calceo, as, etc. A. premere col piede, calzare.
Calceŏlus, i, m. scarpetta.
Calceus, i, m. scarpa.
Calcitro, as, etc. N. calcitrare, tirar calci.
Calcitrōsus, a, um, add. calcitroso.
Calco, as, etc. A. premere col piede, calcare, disprezzare.
Calculator, ōris, m. calcolatore, computista.
Calcŭlus, i, m. sassolino, mal di pietra, calcolo.
Calefacio, ācis, ēci, actum, acere: calefacto, as, etc. A. riscaldare.
Calefactio, onis, f. riscaldamento.
Calendæ, ārum, f. pl. calende, primo giorno del mese.
Calendarium, ii, n. calendario.
Caleo, es, ŭi, ēre, N. esser caldo.
Calesco, is, ere, N. riscaldarsi.
Calicŭlus, i, m. calicetto.
Calide, avv. fervorosamente, caldamente.
Calidus, a, um, add. caldo.
Calīga, æ, f. calzare.
Caligatio, ōnis, f. oscurità.
Caligatus, a, um, add. calzato.
Caliginosus, a, um, add. caliginoso.
Calīgo, inis, f. caligine.
Caligo, as, etc. N. offuscarsi.
Calix, icis, m. calice, bicchiere.
Calleo, es, ŭi, ēre, N. fare il callo, esser pratico.
Callide, avv. astutamente.
Calliditas, ātis, f. accortezza, astuzia.
Callidus, a, um, add. astuto, dotto.
Callis, is, m. strada stretta.
Callosus, a, um, add. calloso.
Callum, i, n. callus, i, m. callo.
Calo, ōnis, m. saccardo, bagaglione.
Calor, ōris, m. caldo, calore.
Calva, calvaria, æ, f. cranio, teschio.
Calvĕo, es, ēre, N. esser calvo.
Calvesco, escis, escĕre, N. divenir calvo.
Calvities, ei, f. calvitium, i, n. calvezza, calvizie.
Calumnia, æ, f. calunnia, cavillo.
Calumniator, ōris, m. calunniatore.
Calumniatrix, īcis, f. calunniatrice.
Calumnior, āris, ātus, ari, D. calunniare.
Calvus, a, um, add. calvo.
Calx, calcis, f calcina.
Calx, calcis, m. e f. calcio, calcagno.
Calycŭlus, i, m. bottoncino, calicetto dei fiori.
Calyx, ycis, m. bottone dei fiori.
Camēlus, i, m. cammello.
Camēna, æ, f. musa.
Camera, æ, f. volta.
Cameratus, a, um, add. fatto a volta.
Camīnus, i, m. cammino, focolare.
Campester, ris, re, add. campestre.
Campus, i, m. campo.
Canalicŭla, æ, f. cannaletto.
Canaliculatim, avv. V. Caniculatim.
Canaliculātus, a, um, add. fatto a cannaletto.

Canālis, is, m. e f. canale, condotto d'acqua.
Cancelli, ōrum, m. pl. cancelli, grata.
Cancello, as, etc. A. ingraticolare.
Cancer, cri, vel ĕris, m. granchio, cancro, segno celeste.
Cancerōma, ātis, n. canchero, ulcera.
Candefacio, ācis, ēci, actum, acĕre, A. arroventare, imbiancare.
Candēla, æ, f. candela.
Candelābrum, i, n. candelliere.
Candĕo, es, ui, ēre, N. esser bianco o rovente.
Candesco, is, ĕre, N. imbiancarsi, infocarsi.
Candidātus, i, m. candidato, concorrente, vestito di bianco.
Candĭde, avv. candidamente.
Candĭdus, candidŭlus, a, um, add. candido, chiaro, bianchetto.
Candor, ōris, m. candore, sincerità.
Canens, ĕntis, c. add. canuto.
Canens, ĕntis, c. cantante.
Canĕo, es, ŭi, ēre, N. esser canuto, bianco.
Canesco, is, ēre, N. incanutire.
Cani, ōrum, m. pl. canizie.
Canicŭla, æ, f. cagnolina, canicola, segno celeste.
Caninus, a, um, add. canino, verba canina latrare, abbaiar contro alcuno.
Canis, is, m. e f. cane, cagna.
Canister, ri, m. canistrum, i, n. canestro, cesta.
Canities, ei, f. canutezza.
Canna, æ, f. canna.
Cannabĭnus, a, um, add. di canape.
Cannăbis, is, f. canapa.
Cannētum, i, n. canneto.
Cannĕus, a, um, add. di canna.
Cano, ănis, ecĭni, antum, anĕre, A. cantare.
Canon, ŏnis, m. regola, canone.
Canonĭcus, a, um, add. canonico, regolare.
Canōrus, a, um, add. canoro, sonoro.
Cantatio, ōnis, f canzone, canto.
Cantator, ōris, m. cantore, cantatore.
Cantātrix, īcis, f. cantatrice.
Cantātus, a, um, add. celebrato.
Canthăris, ĭdis, f. cantaride.
Canthărus, i, m. fiasco, vaso.
Cantilēna, æ, f. canzone, cantilena.
Cantio, ōnis, f. cantata, canzone, incantesimo.
Cantillo, as, etc. A. canticchiare.
Cantiuncŭla, æ, f. canzoncina.
Canto, as, etc. A. cantare.
Cantor, ōris, m. cantore.
Cantrix, īcis, f. cantatrice.
Cantus, us, m. canto, incantesimo.
Canus, a, um, add. canuto, bianco.
Capacĭtas, ātis, f. capacità, ampiezza.
Capax, ācis, c. add. capace, spazioso.
Capella, æ, f. capretta.
Caper, ri, m. capro, becco.
Capĕro, as, etc. N. increspare la fronte.
Capesso, is, īvi, itum, ĕre, A. intraprendere, eseguire.

Capillacĕus, a, um, add. *simile a' capelli.*
Capillāre, is, n. *unguento pei capelli.*
Capillātus, a, um, add. *capelluto.*
Capillus, i, m. *capello.*
Capio, apis, epi, aptum, apĕre, A. *pigliare, capire, capere, contenere.*
Capistrātus, a, um, add. *incapestrato.*
Capistrum, i, n. *capestro.*
Capitālis, m. e f. le, n. add. *capitale, mortale.*
Capitalĭter, avv. *capitalmente, mortalmente.*
Capitātus, a, um, add. *capitato, che ha gran capo.*
Capitellum, i, n. *capellino, capitello.*
Capitŭlum, i, n. *capitolo.*
Cappăris, is, f. capper, ăris, n. cappări, n. indecl. *cappero.*
Capra, æ, f. *capra.*
Caprarius, ii, m. *capraio.*
Caprĕa, æ, f. *capra salvatica.*
Capreolus, i, m. *capriolo, sarchiello, viticcio.*
Capricornus, i, m. *capricorno, segno celeste.*
Caprificus, i, m. *fico salvatico.*
Caprile, is, n. *stalla di capre.*
Caprimulgus, i, m. *chi munge le capre.*
Caprīnus, a, um, add. *caprino.*
Capripes, ĕdis, c. add. *che ha piedi di capra.*
Capsa, æ, f. *cassa.*
Capsŭla, æ, f. *cassetta.*
Captatio, ōnis, f. *procacciamento, il pigliar con lusinghe.*
Captātor, ōris, m. *adulatore, buscatore, chi va in cerca di checchessia.*
Captio, ōnis, f. *inganno, astuzia, rapimento.*
Captiose, avv. *con inganno, astutamente.*
Captiosus, a, um, add. *ingannevole, dannoso.*
Captivitas, ātis, f. *prigionia, cattività.*
Captivus, a, um, add. *prigione, schiavo.*
Capto, as, etc. A. *pigliare, adescare con lusinghe, ec.*
Captūra, æ, f. *presa, preda.*
Captus, us, m. *capacità, presa, talento.* — a, um, add. *preso, pigliato con inganno.*
Capulāris, m. e f. re, n. add. *vicino a morte, da feretro.*
Capŭlus, i, m. *cataletto; manico della spada.*
Caput, ĭtis, n. *capo, testa.*
Carbasĕus, carbasinus, a, um, add. *di lino.*
Carbăsus, i, f. carbasa, ōrum, n. pl. *lino finissimo, vela.*
Carbo, ōnis, m. *carbone.*
Carbonarius, ii, m. *carbonaio.*
Carbuncŭlus, i, m. *carboncello, carbonchio.*
Carcer, ĕris, m. *prigione, carcere.*
Carcerarius, a, um, add. *delle carceri.*
Carchesium, ii, n. *gabbia della nave, bicchiere.*
Cardiăcus, a, um, add. *cardiaco:* — morbus, *mal di cuore.*
Cardinālis, lis, m. *cardinale,* m. e f. le, n. add. *cardinale, di cardine.*

Cardinātus, a, um, add. *che ha cardini, gangherato.*
Cardo, ĭnis, m. *cardine.*
Carduelis, is, m. *cardellino.*
Cardŭus, i, m. *cardo (erba).*
Care, avv. *a caro prezzo.*
Carĕo, es, ui, ĭtum, ēre. N. *esser privo.*
Caries, ei, f. *putrefazione, tarlo.*
Carīna, æ, f. *fondo della nave, carena.*
Cariosus, a, um, add. *intarlato.*
Caritas, ātis, f. *carestia, carità, amore.*
Carmen, ĭnis, n. *carme, verso, poesia.*
Carminatio, ōnis, f. *lo scardassare, cardatura.*
Carmino, as, etc. A. *pettinare, scardassare.*
Carnifex, ĭcis, m. *carnefice.*
Carnificīna, æ, f. *carneficina.*
Carnificiānus, a, um, add. *del carnefice.*
Carnifico, as, etc. A. *squartare.*
Carnivŏrus, a, um, add. *carnivoro.*
Caro, nis, f. *carne.*
Carpentum, i, n. *cocchio, carro.*
Carpinĕus, a, um, add. *di carpino.*
Carpĭnus, i, f. *carpino (albero).*
Carpo, is, si, tum, ĕre, A. *carpire, pigliare.*
Carptim, avv. *sommariamente, a pezzi.*
Carptor, ōris, m. *morditore, maldico.*
Carptus, a, um, add. *carpito, preso.*
Carrūca, æ, f. carrus, i, m. carrum, i, n. *carrozza, cocchio.*
Cartilaginĕus, cartilaginosus, a, um, add. *cartilaginoso.*
Cartilago, ĭnis, f. *cartilagine.*
Carus, a, um, add. *caro, diletto.*
Caryophyllon, i, n. *garofano.*
Casa, æ, f. *casuccia, capanna.*
Caseāle, lis, n. add. *ove si fa il formaggio.*
Caseum, i, n. caseus, i, m. *formaggio, cacio.*
Casia, æ, f. *cassia.*
Cassĭda, æ, cassis, ĭdis, f. *elmetto, celata.*
Cassis, is, f. *rete.*
Cassita, æ, f. *lodola.*
Cassus, a, um, add. *casso, vuoto, privo.*
Castanĕa, æ, f. *castagno, castagna.*
Caste, avv. *castamente.*
Castellānus, a, um, add. *castellano.*
Castellum, i, n. *castello, rocca.*
Castigāte, avv. *correttamente.*
Castigatio, ōnis, f. *correzione, gastigo.*
Castigo, as, etc. A. *riprendere, correggere.*
Castimonia, æ, f. castitas, ātis, f. *castità, continenza.*
Castor, ŏris, m. *castoro.*
Castorĕus, a, um, add. *di castoro.*
Castra, ōrum, n. pl. *alloggiamento, accampamento.*
Castrametor, āris, ātus, āri, D. *accamparsi.*
Castrensis, m. e f. se, n. add. *castrense.*
Castrum, i, n. *castello, rocca, fortezza.*
Castus, a, um, add. *casto, puro.*
Casu, avv. *a caso, casualmente.*
Casus, us, m. *caso, caduta.*

Catalŏgus, i, m. *catalogo.*
Cataphractus, a, um, add. *che è armato da capo a piè, corazziere.*
Cataplasma, ătis, n. *empiastro.*
Catapulta, æ, f. *catapulta, macchina da guerra.*
Cataracta, æ, f. **cataractes**, æ, m. *cateratta, caduta d'acqua.*
Catarrhus, i, m. *catarro.*
Catasta, æ, f. *luogo dove si vendevano gli schiavi.*
Catastrŏpha, æ, f. **catastrŏphe**, es, f. *catastrofe, cambiamento, mutazione.*
Cate, avv. *accortamente.*
Catella, æ, f. *cagnolina; catenella.*
Catellus, i, m. *cagnuolo, cagnolino.*
Catēna, æ, f. *catena, legame.*
Catērva, æ, f. *caterva, squadra.*
Catervātim, avv. *a schiere.*
Cathĕdra, æ, f. *cattedra, sedia.*
Catillo, as, etc. A. *leccar piatti.*
Catillo, ōnis, m. *leccapiatti, goloso.*
Catillus, i, m, **catillum**, i, n. *piattino, catinella.*
Catinum, i, n. **catinus**, i, m. *piatto, catino.*
Catŭlus, i, m. *cagnolino.*
Catus, a, um, add. *accorto, astuto.*
Cauda, æ, f. *coda.*
Caudex, ĭcis, m. *ceppo, tronco d'albero.*
Caŭla, æ, f. *stalla di pecore.*
Caŭlis, is, m. *gambo, fusto, cavolo.*
Caupo, ōnis, m. *oste.*
Caupōna, **cauponŭla**, æ, f. *osteria, piccola osteria.*
Caupōnor, āris, ātus, āri, D. *far osteria, treccare.*
Caurus, i, m. *coro, vento di ponente, maestro.*
Causa, æ, f. *cagione, motivo.*
Causor, āris, ātus, āri, D. *accagionare, portar per iscusa.*
Caute, avv. *cautamente.*
Cauterium, ii, n. *cauterio.*
Cautes, is, f. *sasso grande e rozzo, rupe.*
Cautio, ōnis, f. *cauzione, sicurtà.*
Cautor, ōris, m. *difensore.*
Cautus, a, um, add. *accorto, prudente.*
Cavea, æ, f. *luogo, gabbia.*
Cavĕo, ves, vi, utum, vēre, N. *guardarsi, schivare*, cavēre testamento, lege, *ordinare nel testamento, nella legge.*
Cavērna, æ, f. *spelonca, tana.*
Cavernōsus, a, um, add. *cavernoso.*
Cavillatio, ōnis, f. *cavillo, sofisticheria.*
Cavillātor, ōris, m. *cavillatore.*
Cavillatrix, īcis, f. *cavillosa, sofistica.*
Cavum, i, n. **cavus**, i, m. *cavità, cava, vuoto.*
Cavus, a, um, add. *vuoto, concavo.*
Cecīdi. V. Cado.
Cecini. V. Cano.
Cedo, dis, ssi, ssum, dĕre, A. *cedere.*
Cedrēus, **cedrinus**, a, um, add. *cedrino, di cedro.*
Cedrus, i, f. *cedro.*
Celātor, ōris, m. *nascenditore.*
Celatus, a, um, add. *nascosto, occulto.*
Celebratio, ōnis, f. *celebrazione, festa.*
Celebrātor, ōris, m. *celebratore, lodatore.*
Celĕber, ris, re, **celebris**, m. e f. re, n. add. *celebre, famoso.*
Celĕbro, as, etc. A. *celebrare, lodare.*
Celer, ĕris, ĕre, add. *celere, veloce.*
Celeritas, ātis, f. *celerità.*
Celeriter, avv. *celeremente.*
Celĕro, as, etc. A. *affrettare, accelerare.*
Cella, æ, f. *cella, dispensa.*
Cellarium, ii, n. *ripostiglio.*
Cellarius, ii, m. *dispensiere, maestro di casa.*
Cellarius, a, um, add. *della dispensa.*
Cellŭla, æ, f. *piccola dispensa, celletta.*
Celo, as, etc. A. *nascondere.*
Celsitas, ātis, **celsitūdo**, ĭnis, f. *altezza.*
Celsus, a, um, add. *alto, eccellente.*
Censĕo, es, ŭi, um, **censum**, ēre, A. *stimare, pensare, giudicare.*
Censio, ōnis, f. *gastigo, riprensione.*
Censor, ōris, m. *censore, critico.*
Censorius, a, um, add. *censorio, di censore.*
Censūra, æ, f. *censura.*
Census, us, m. *censo, rendita.*
Census, a, um, add. *registrato, scritto al registro del censo.*
Centaūrus, i, m. *centauro.*
Centenarius, a, um, add. *centenario.*
Centeni, æ, a, add. *cento, a cento a cento.*
Centesimus, a, um, add. *centesimo.*
Centiceps, ipitis, c. add. *di cento capi.*
Centies, avv. *cento volte.*
Centimanus, a, um, add. *di cento mani.*
Centipes, ĕdis, c. add. *di cento piedi.*
Cento, ōnis, m. *centone, schiavina, specie di veste, componimento di vari versi tolti da più poeti.*
Centrum, i, n. *centro.*
Centŭplex, ĭcis, c. add. *centuplicato.*
Centuria, æ, f. *centuria.*
Centuriālis, m. e f. le, n. add. *di centuria.*
Centuriātim, avv. *a centurie.*
Centuriatus, a, um, add. *diviso in centurie.*
Centurio, as, etc. A. *dividere in centurie.*
Centurio, ōnis, m. *centurione, capo di cento.*
Centussis, is, m. *moneta di cento assi.*
Cepi. V. Capio.
Cera, æ, f. *cera, tavoletta incerata.*
Cerastes, æ, m. *cerasta (serpente).*
Cerăsum, i, n. *ciliegia.*
Cerăsus, i, f. *ciliegio.*
Cerbĕrus, i, m. *Cerbero.*
Cercopithēcus, i, m. *gatto mammone, scimmia.*
Cerdo, ōnis, m. *ciabattino.*
Cerebellum, i, n. *cervelletto.*
Cerebrōsus, a, um, add. *bizzarro.*
Cerĕbrum, i, n. *cervello.*
Cerĕus, a, um, add. *di cera, ceroso.*
Cerĕus, i, m. *cero, torchio, doppiere.*
Cerinus, a, um, add. *color di cera.*
Cerno, nis, crevi, cretum, ĕre, A. *stacciare, crivellare, discernere.*

Cernŭus, a, um, add. *chino, col capo all'ingiù.*
Cero, as, etc. A. *incerare.*
Cerŏsus, a, um, add. *ceroso.*
Cerrus, i, f. *cerro* (albero).
Certāmen, ĭnis, n. *battaglia, contesa, arringo.*
Certātim, avv. *a gara.*
Certatio, ōnis, f. *combattimento, contesa.*
Certe, avv. *certo, certamente.*
Certo, as, etc. A *contendere, guerreggiare.*
Certus, a, um, add. *certo sicuro.*
Cerva, æ, f. *cerva, cervia.*
Cervĭcal, ālis, n. *guanciale.*
Cervicŭla, æ, f. *piccola cervice.*
Cervīnus, cervarius, a, um, add. *di cervo.*
Cervisia, æ, f. *birra, cervogia.*
Cervix, īcis, f. *collo, collottola.*
Cerussa, æ, f. *biacca, belletto.*
Cerussatus, a, um, add. *imbellettato.*
Cervus, i, m. *cervo.*
Cervŭlus, i, m. *cerbiatto.*
Cessatio, ōnis, f. *riposo.*
Cessātor, ōris, m. *ozioso, indugiatore.*
Cessi. V. Cedo.
Cessio, ōnis, f. *cessione.*
Cesso, as, etc. N. *cessare, tardare, desistere.*
Cesticillus, i, m. *cercine.*
Cestus, cestos, i, m. *cintura da donna, legatura.*
Ceter. V. Cæter.
Cetĕri, æ, a, add. *restanti.*
Cetĕro, ceterum, ceteroquin, avv. *nel resto, quanto al resto, per altro.*
Cetus, i, m. e cete, n. pl. indecl. *balena, ceto.*
Ceu, cong. *come, siccome.*
Chalybs, ybis, m. *acciaio.*
Chamæleon, ōnis, ōntis, m. *camaleonte.*
Chaos, n. indecl. *caos, confusione.*
Charăcter, ĕris, m. *carattere, segno.*
Charta, æ, f. *carta.*
Chartaceus, a, um, add. *di carta.*
Chartaria officina, æ, f. *cartiera.*
Chartŭla, æ, f. *foglietto, cartuccia.*
Chelæ, ārum, f. pl. *branche, forbici di gamberi ec.*
Chelydrus, i, m. *testuggine di mare.*
Chelys, is, vel os, f. *lira, liuto.*
Chiliarchus, i, chiliarches, æ, m. *colonnello, capo di mille soldati.*
Chimæra, æ, f. *chimera.*
Chirăgra, æ, f. *chiragra.*
Chirogrăphum, i, n. chirographus, i, m. *scritto di propria mano.*
Chirothēca, æ, f. *guanto.*
Chirurgia, æ, f. *chirurgia.*
Chirurgus, i, m. *cerusico.*
Chlamydatus, a, um, add. *vestito di clamide.*
Chlamys, ydis, f. *clamide* (sorta di veste).
Chorda, æ, f. *corda.*
Chorēa, æ, f. *ballo, danza.*
Chorus, i, m. *coro.*
Chrysolithus, i, m. *crisolito, grisolito.*

Cibaria, ōrum, n. pl. *viveri, alimenti.*
Cibarium, ii, n. *pane inferigno.*
Cibarius, a, um, add. *di cibo, cibale.*
Cibo, as, etc. A. *cibare, alimentare.*
Ciborium, ii, n. *vaso da bere.*
Cibus, i, m. cibatio, ōnis, f. *cibo, vivanda.*
Cicāda, æ, f. *cicala.*
Cicātrix, īcis, f. *cicatrice.*
Cicatricŭla, æ, f. *piccola cicatrice.*
Cicer, ĕris, n. *cece.*
Cicercŭla, æ, f. *cicerchia.*
Cichorēum, ei, cichorium, ii, n. *cicoria, radicchio.*
Cicindēla, æ, f. *lucciola.*
Ciconia, æ, f. *cicogna.*
Cicur, ŭris, c. add. *addimesticato.*
Cicŭro, as, etc. A. *addimesticare.*
Cicūta, æ, f. *cicuta, canna, flauto di canna.*
Cieo, es, vi, tum, ēre, A. *muovere, chiamare.*
Cilicium, ii, n. *cilizio.*
Cilium, ii, n. *ciglio.*
Cimex, icis, m. *cimice.*
Cināra, vel cynara, æ, f. *carciofo.*
Cincinnatus, a, um, add. *ricciuto.*
Cincinnŭlus, i, m. *ricciolino.*
Cincinnus, i, m. *riccio.*
Cinctĭcŭlus, i, m. *grembiale.*
Cinctura, æ, f. *cintura.*
Cinctum, i, n. *cintura.*
Cinctutus, a, um, add. *succinto.*
Cineraceus, cinerĕus, a, um, add. *cenerino.*
Cingo, gis, xi, ctum, gĕre, A. *cingere.*
Cingŭla, æ, f. *cigna, cinghia.*
Cingŭlum, i, n. *cingolo.*
Cinis, ĕris, m. e f. *cenere.*
Cinnabăris, is, f. *cinabro.*
Cinnamōmum, i, n. *cinnamomo, cannella.*
Cinxi. V. Cingo.
Cio, is, vi, tum, re, A. *provocare.*
Cippus, i, m. *ceppo, tronco, colonnetta di sepolcro.*
Circa, prep. coll'acc. e avv. *intorno.*
Circino, as, etc. A. *ritondare, compassare.*
Circinus, i m. *compasso.*
Circiter, prep. coll'acc. *circa, intorno.*
Circuitio, ōnis, f. circuitus, us, m. *circuito, giro.*
Circulātim, avv. *circolarmente.*
Circulatio, ōnis, f. *circolazione.*
Circulātor, ōris, m. *ciarlatano.*
Circulatorius, a, um, add. *di ciarlatano.*
Circulatrix, īcis, f. *ciarlatana.*
Circŭlus, i, m. *circolo.*
Circum, prep. coll'acc. *intorno, attorno.*
Circumactio, ōnis, f. circumactus, us, m. *giramento, il volgersi attorno.*
Circumăgo, ăgis, ēgi, actum, agĕre, A. *menar intorno.*
Circumcīdo, dis, di, sum, dĕre, A. *circoncidere, tagliare all'intorno.*
Circumcisūra, æ, f. *incisione fatta all'intorno.*
Circumclaudo, dis, si, sum, dĕre, A. *serrar d'intorno.*

Circumcludo, dis, etc. V. Circumcludo.
Circumclusus, a, um, add. *serrato d'intorno.*
Circumcŏlo, ŏlis, olŭi, ŭltum, olĕre, A. *abitar d'intorno.*
Circumculco, vel circumcalco, as, etc. A. *calcar intorno.*
Circumcurro, rris, curri, rsum, rrĕre, N. *correre intorno.*
Circumcurso, as, etc. N. *correre in fretta qua e là.*
Circumdĕdi. V. Circumdo.
Circumdo, das, dĕdi, dătum, dare, A. *circondare.*
Circumdūco, cis, xi, ctum, cĕre, A. *condurre intorno.*
Circumductus, us, m. *giro, inganno, circonferenza.*
Circumĕgi. V. Circumago.
Circumĕo, is, ivi, ĭtum, ire, A. *andare intorno, circuire.*
Circumfĕro, fers, tŭli, lātum, ferre, A. *portare intorno.*
Circumflecto, ectis, exi, exum, ectĕre, A. *circumflettere, piegar d'intorno.*
Circumflŭo, flŭis, flŭxi, fluxum, fluĕre, N. *scorrere intorno.*
Circumflŭus, a, um, add. *che scorre intorno.*
Circumforanĕus, a, um, add. *che corre intorno al foro, che va di piazza in piazza.*
Circumfundo, ndis, ndi, usum, ndĕre, A. *sparger d'intorno.*
Circumfusus, a, um, add. *sparso all'intorno.*
Circumjacĕo, ăces, acŭi, acĕre, N. *giacere all'intorno.*
Circumjĭcio, ĭcis, ĕci, ĕctum, ĭcĕre, A. *gittare, lanciare all'intorno.*
Circumjectus, a, um, add. *situato all'intorno.*
Circumjicio, icis, ĕci, ĕctum, icĕre, A. *gettare, circondare.*
Circumlinio, inis, inivi, initum, inire, A. *ungere all'intorno.*
Circumlocutio o Circumloquutio, ōnis, f. *circonlocuzione.*
Circumplector, ectĕris, exus, ecti, D. *abbracciare intorno.*
Circumplexus, us, m. *abbracciamento.*
Circumplĭco, as, etc. A. *attorcigliare.*
Circumquăque, avv. *all'intorno.*
Circumscrībo, bis, psi, ptum, bĕre, A. *circoscrivere.*
Circumscripte, avv. *in ristretto.*
Circumscriptio, ōnis, f. *limitazione, giro.*
Circumscriptor, ōris, m. *ingannatore, falsificatore.*
Circumsedĕo, des, di, ssum, dĕre, A. *sedere intorno.*
Circumsessio, ōnis, f. *assediamento.*
Circumsilio, is, ii, ire, N. *saltare intorno.*
Circumsisto, is, stĕti, ĕre, N. e A. *stare, o porsi intorno.*
Circumsŏno, as, etc. N. *sonar d'intorno.*

Circumspectatrix, icis, f. *donna che guarda d'intorno.*
Circumspecte, avv. *consideratamente.*
Circumspectio, ōnis, f. circumspectus, us, m. *circonspezione.*
Circumspexi. V. Circumspicio.
Circumspĭcio, icis, exi, ectum, icĕre: circumspecto, as, etc. A. *guardare intorno, considerare.*
Circumsto, as, stĕti, stum, are, N. Vedi Circumsisto.
Circumstrĕpo, is, ŭi, ĭtum, ĕre, N. *fare strepito d'intorno.*
Circumstrŭo, ŭis, uxi, uctum, uĕre, A. *fabbricare all'intorno.*
Circumtĕgo, gis, xi, ctum, gĕre, A. *coprire all'intorno.*
Circumtextus, a, um, add. *tessuto all'intorno.*
Circumtŏno, as, ŭi, itum, are, N. *tonare, fare strepito all'intorno.*
Circumtŭli. V. Circumfero.
Circumvado, dis, si, sum, dĕre, A. *assalire d'ogni intorno.*
Circumvallo, as, etc. A. *cingere di bastione.*
Circumvecto, as, etc. A. *portare spesso intorno.*
Circumvĕho, ĕhis, ĕxi, ectum, ehĕre, A. *menare intorno, portare all'intorno.*
Circumvenio, ĕnis, ĕni, ĕntum, enire, A. *venire, o porsi intorno; circumvenire hostem, sorprendere il nemico.*
Circumvĕrto, tis, ti, sum, tĕre, A. *girare attorno.*
Circumundique, circum undique, avv. *da ogni parte.*
Circumvolito, as, etc. A. *andar volando all'intorno.*
Circumvŏlo, as, etc. N. *volar d'intorno.*
Circumvŏlvo, vis, vi, ūtum, vĕre, A. *volgere intorno.*
Circus, i, m. *cerchio, circolo.*
Ciris, is, f. *lodola.*
Cirratus, a, um, add. *ricciuto.*
Cirrus, i, m. *riccio, chioma crespa.*
Cis, citra, prep. coll'acc. *di qua.*
Cisarius, ii, m. *carrettiere, cocchiere.*
Cisium, i, n. *calesso, carrozza a due ruote.*
Cista, cistella, cistŭla, æ, f. *cassa, cassetta, cestella.*
Cisterna, æ, f. *cisterna.*
Citatim, avv. *velocemente.*
Citatus, a, um, add. *mosso, eccitato, veloce.*
Citer, citerior, citimus, add. *posto di qua, citeriore.*
Cithăra, æ, f. *cetera, cetra.*
Citharista, æ, m. *ceterista.*
Citharistria, æ, f. *sonatrice di cetra.*
Citharizo, as, etc. N. *ceterizzare, suonar la cetra.*
Citharœdus, i, V. Citharista.
Citimus, a, um, add. *prossimo, vicinissimo.*
Cito, citius, avv. *presto, più presto.*
Cito, as, etc. A. *citare, chiamare, addurre.*

Citrĕus, citrinus, citrius, a, um, add. cedrino, di cedro.
Citrum, i, n. legno di cedro.
Citrus, i, f. cedro.
Citus, a, um, add. mosso, spinto, pronto, leggiero.
Civi. V. Cieo.
Civicus, a, um, add. cittadinesco.
Civīlis, m. e f. le, n. add. cittadinesco, urbano, civile.
Civilitas, ātis, f. civiltà.
Civiliter, avv. civilmente.
Civis, is, m. e f. cittadino.
Civitas, ātis, f. città, cittadinanza.
Clades, is, f. sconfitta, strage, uccisione.
Clam, avv. e prep. nascostamente.
Clamātor, ōris, m. gridatore, ciarlone.
Clamitatio, ōnis, f. grido, strepito.
Clamito, as, etc. N. e A. gridare spesso.
Clamo, as, etc. A. gridare, dire ad alta voce.
Clamor, ōris, m. grido, clamore.
Clamōsus, a, um, add. che grida.
Clancularius, a, um, add. occulto, segreto.
Clancŭlum, avv. di nascosto.
Clandestīnus, a, um, add. clandestino.
Clango, is, ere, N. sonar la tromba.
Clangor, ōris, m. squillo, suono della tromba.
Clare, avv. chiaramente.
Clareo, es, ŭi, ēre, N. esser chiaro, risplendere.
Clarēsco, is, scere, N. farsi lucido, chiaro.
Clarifico, as, etc. A. far chiaro, chiarire.
Clarificus, a, um, add. chiaro.
Clarigatio, ōnis, f. intimazione di guerra, arresto, rappresaglia.
Clarigo, as, etc. A. dimandar la restituzione di qualche bene usurpato, o la ricompensa di qualche ingiuria.
Clarisŏnus, a, um, add. di chiaro suono.
Claritas, ātis, claritūdo, inis, f. chiarezza.
Claro, as, etc. A. rendere illustre, nobilitare.
Claror, ōris, m. chiarore, chiarezza.
Clarus, a, um, add. chiaro, illustre.
Classiarius, ii, m. soldato di mare.
Classicŭla, æ, f. piccola armata navale.
Classicum, i, n. trombetta, segnale di guerra.
Classicus, a, um, add. navale, classico.
Classis, is, f. armata navale, flotta.
Clathrātus, a, um, add. chiuso con inferriata.
Clathri, ōrum, m. pl. cancello, gelosia.
Clava, æ, f. clava, mazza.
Clavātus, a, um, add. fatto a guisa di chiodo.
Claudeo, es, ēre, N. zoppicare.
Claudico, as, etc. N. zoppicare.
Claudo, dis, si, sum, dere, A. chiudere.
Claudus, a, um, add. zoppo.
Clavicŭla, æ, f. chiavetta, viticcio.
Claviger, ĕri, m. chi porta le chiavi.
Clavis, is, f. chiave.
Claustrum, i, n. chiostro, catenaccio.
Clausŭla, æ, f. clausula, conclusione.
Clavŭlus, i, m. chiavello.
Clavus, i, m. chiodo, timone.
Clemens, ēntis, a. clemente: clementissimus amnis, fiume placidissimo.
Clementer, avv. clementemente.
Clementia, æ, f. clemenza.
Clepsydra, æ, f. clessidra, oriuolo ad acqua.
Clibānus, i, m. fornello, teglia.
Cliens, ēntis, m. clienta, æ, f. cliente.
Clientēla, æ, f. clientela.
Clima, ătis, n. clima, misura di terra di 60 piedi di circuito.
Clinicus, i, m. medico clinico.
Clitellæ, ārum, f. pl. basto, basterna.
Clitellarius, a, um, add. che porta basto, somario.
Clivōsus, a, um, add. erto.
Clivŭlus, i, m. collinetta.
Clivum, i, n. clivus, i, m. clivo, collinetta.
Cloāca, æ, f. cloaca, fogna.
Clunis, is, f. e talvolta m. groppa.
Clypeātus, a, um, add. armato di scudo.
Clypeus, ei, m. scudo, targa.
Coacervatio, ōnis, f. ammassamento.
Coacērvo, as, etc. A. ammassare.
Coacte, avv. in fretta.
Coactio, ōnis, f. radunamento.
Coacto, as, etc. A. sforzare con veemenza.
Coactor, ōris, m. raccoglitore, esattore.
Coactus, us, m. spinta, costringimento, — a, um, add. radunato, ripreso, cacciato a forza.
Coædifico, as, etc. A. fabbricare in qualche luogo.
Coæqualis, m. e f. e, n. add. coetaneo.
Coæquo, as, etc. A. uguagliare, spianare.
Coæquus, a, um, add. uguale.
Coævus, a, um, add. coetaneo.
Coagitatio, ōnis, f. agitazione.
Coagmentatio, ōnis, f. raccolta di più cose insieme, connessione.
Coagmento, as, etc. A. congiungere, connettere.
Coagmēntum, i, n. connessione.
Coagulatio, ōnis, f. coagulazione.
Coagŭlo, as, etc. A. rappigliare, coagulare.
Coagŭlum, i, n. caglio, presame.
Coalēsco, ēscis, ŭi, itum, ēscere, N. unirsi, attaccarsi, crescere.
Coangūsto, as, etc. A. ristringere.
Coarctatio, ōnis, f. stringimento.
Coarcto, as, etc. A. stringere, ristringere.
Coargŭo, ŭis, ŭi, ŭtum, uĕre, A. riprendere, convincere.
Coarto. V. Coarcto.
Coaxo, as, etc. N. gracidare.
Coccineus, coccīnus, a, um, add. di scarlatto, chermisino.
Coccinum, i, n. veste di scarlatto.
Coccum, i, n. cocco, grana, scarlatto.
Cochlea, æ, f. chiocciola, strettoio.
Cochleare, vel cochlear, āris, n. cucchiaio.
Cocles, itis, m. losco.
Coctilis, m. e f. e, n. add. cotto, lateres coctiles, mattoni.
Coctio, ōnis, f. digestione, cottura.

Coctus, a, um, add. cotto.
Codex, icis, m. tronco, libro, codice, letto.
Codicillus, i, m. codicillo, libercolo.
Coegi. V. Cogo.
Coëmo, mis, mi, mptum, mere, A. comprare insieme.
Coëmptio, ōnis, f. compra.
Coëmptor, ōris, m. compratore.
Coëmptus, a, um, add. comprato.
Cœna, æ, f. cena.
Cœnaculum, i, n. cenacolo, soffitto, luogo ove mangiano i poveri.
Cœnaturio, is, ire, N. desiderar di cenare.
Cœnātus, a, um, add. che ha cenato.
Cœno, as, etc. N. e A. cenare.
Cœnobita, æ, m. frate.
Cœnobium, ii, n. cenobio, convento.
Cœnōsus, a, um, add. fangoso.
Cœnŭla, æ, f. piccola cena.
Cœnum, i, n. fango.
Coëo, is, ivi, itum, ire, N. unirsi, andare insieme.
Cœpi, isti, pit, ptum, N. dif. cominciare.
Cœpto, as, etc. A. cominciare.
Cœptum, i, n. cœptus, us, m. principio, impresa.
Cœptus, a, um, add. cominciato.
Coëquito, as, etc. N. cavalcare insieme.
Coerceo, es, ui, itum, ēre, A. cingere, abbracciare, rinserrare.
Coercitio, ōnis, f. raffrenamento, pena.
Cœtus, us, m. unione, congiungimento, adunanza, ceto.
Cogitabilis, m. e f. e, n. add. che può pensarsi.
Cogitabundus, a, um, add. pensieroso.
Cogitāte, cogitatim, avv. consideratamente.
Cogitatio, ōnis, f. cogitātus, us, m. cogitātum, i, n. pensiero, pensamento.
Cogito, as, etc. A. pensare.
Cognatio, ōnis, f. parentela, cognazione.
Cognātus, a, um, add. cognato, congiunto.
Cognitio, ōnis, f. cognizione.
Cognitor, ōris, m. conoscitore, avvocato, giudice.
Cognitus, a, um, add. cognito.
Cognōmen, inis, n. cognomentum, i, n. cognome.
Cognominis, m. e f. e, n. add. che ha il medesimo nome.
Cognomino, as, etc. A. cognominare.
Cognōsco, ōscis, ōvi, itum, oscere, A. conoscere, discernere.
Cogo, gis, egi, āctum, gere, A. spingere, cacciare a forza, radunare.
Cohærarius, ii, m. anitrale.
Cohærens, ēntis, c. add. aderente, attaccato.
Cohæreo, res, si, sum, rēre, A. aver connessione, accordarsi, tenere.
Coherenter, avv. coerentemente.
Coherentia, æ, f. coerenza.
Cohibeo, ibes, ibui, ibitum, ibēre, A. reprimere, contenere.
Cohibitio, onis, f. raffrenamento.
Cohonesto, as, etc. A. onorare, render onorevole.

Cohorrēsco, ēscis, ŭi, escere, N. sentir ribrezzo, spaventarsi.
Cohors, ōrtis, f. coorte.
Cohortatio, ōnis, f. esortazione.
Cohōrtor, āris, ātus, āri, D. esortare.
Coinquino, as, etc. A. imbrattare.
Coitio, ōnis, f. coitus, us, m. coito, congiunzione.
Colāphus, i, m. schiaffo.
Colicus, a, um, add. che patisce colica.
Collabefacio, as, etc. A. distruggere, smuovere.
Collabefāctus, a, um, add. smosso, guasto.
Collabor, abĕris, apsus, abi, D. cadere.
Collacrymatio, ōnis, f. pianto.
Collacrymo, as, etc. N. e A. piangere, lacrimare.
Collāpsus, a, um, add. caduto, rovinato.
Collāre, is, n. collare, collarea, æ, f. anello di ferro che si mette al collo.
Collāris, m. e f. e, n. add. da collo.
Collatio, ōnis, f. contribuzione, confronto.
Collātor, ōris, m. chi attribuisce.
Collātus, a, um, add. conferito, paragonato.
Collaudo, as, etc. A. lodare.
Collēcta, æ, f. colletta.
Collectaneus, a, um, add. collettizio.
Collectio, ōnis, f. raccoglimento, collezione.
Collectitius, collectivus, a, um, add. collettizio, radunaticcio.
Collēctus, a, um, add. raccolto.
Collēga, æ, m. collega, compagno.
Collegium, ii, n. collegio.
Collevi. V. Collino.
Colliculus, i, m. collinetta.
Collido, dis, si, sum, dĕre, A. battere insieme.
Colligatio, ōnis, f. unione.
Colligo, as, etc. A. legare insieme.
Colligo, igis, ēgi, ēctum, igĕre, A. raccogliere.
Collimo, as, etc. N. dar nel segno.
Collino, inis, ēvi, itum, inĕre, A. ungere.
Colliquēsco, ēscis, escĕre, N. liquefarsi.
Collis, is, m. colle.
Collisio, ōnis, f. collisus, us, m. collisione, dibattimento.
Collisus, a, um, add. ammaccato, dibattuto.
Collivi, collevi. V. Collino.
Collocatio, ōnis, f. collocazione, disposizione.
Collŏco, as, etc. A. collocare.
Collocutio, ōnis, f. colloquium, ii, n. colloquio, abboccamento.
Collŏquor, oquĕris, ocūtus, ŏqui, D. abboccarsi.
Colloquutio. V. Collocutio.
Collūceo, es, xi, ēre, N. risplendere.
Colluctatio, ōnis, f. lotta.
Collūctor, āris, ātus, āri, D. lottare, contrastare.
Collūdo, dis, si, sum, dĕre, N. scherzare, fingere lite per ingannare.
Collum, i, n. collo.
Collŭo, ŭis, ŭi, ūtum, uĕre, A. lavare.

Collusio, ōnis, f. collusione, inganno.
Collustro, as, etc. A. illustrare, guardare d' intorno.
Colluvies, ēi, f. colluvio, ōnis, f. radunamento d' immondezze, mescolanza.
Collybus, i, m. cambio di moneta.
Collyrium, ii, n. collirio, (medicamento per gli occhi).
Colo, as, etc. A. colare.
Colo, olis, olŭi, ultum, olĕre, A. adorare, coltivare, abitare.
Colōna, æ, f. contadina.
Colonia, æ, f. colonia.
Colonicus, a, um, add. di colonia, colonico.
Colōnus, i, m. colono, contadino.
Color, ōris, m. colore, pretesto.
Colorātor, ōris, m. coloritore.
Coloro, as, etc. A. colorire.
Colossus, i, m. colosso.
Colŭber, bri, m. serpente.
Colubrīnus, a, um, add. di serpente.
Colum, i, n. colatoio.
Colŭmba, æ, f. colomba.
Columbarium, ii, n. colombaia.
Columbīnus, a, um, add. di colombo.
Columbŭlus, i, m. piccioncino.
Colŭmbus, i, m. colombo, piccione.
Columella, æ, f. colonnetta.
Colŭmen, inis, n. cima, sostegno.
Colŭmna, æ, f. colonna.
Columnātus, a, um, add. colonnato, sostenuto da colonne.
Colus, i, m. e f. colus, us, f. rócca da filare.
Coma, æ, f. chioma, treccia.
Comātus, a, um, comans, āntis, o. add. chiomato, capelluto.
Combĭbo, bis, bi, bitum, bĕre, A. bere in compagnia.
Combūro, ris, ssi, stum, rĕre, A. abbruciare.
Comĕdo, ĕdis, ēdi, ēsum, edĕre, A. mangiare.
Comĕdo, ōnis, m. goloso, prodigo.
Comes, itis, m. e f. compagno, compagna.
Comestūra, æ, f. mangiamento.
Comēstus, comēsus, a, um, add. mangiato, divorato.
Comētes, cometa, æ, m. cometa.
Comicus, a, um, add. comico, da commedia.
Comĭnus, avv. da vicino.
Comis, m. e f. me, n. add. piacevole.
Comissatio, vel comessatio, ōnis, f. gozzoviglia, stravizzo.
Comissātor, ōris, m. chi mangia fuor di tempo.
Comĭssor, āris, ātus, āri, D. gozzovigliare.
Comitas, ātis, f. piacevolezza, benignità.
Comitātus, us, m. compagnia.
Comiter, avv. cortesemente.
Comitia, ōrum, n. pl. congregazione, consiglio.
Comitialis morbus, i, m. mal caduco, epilessia.
Comitium, ii, n. comizio, luogo dell' adunanza.

Comitor, āris, ātus, āri, D. accompagnare.
Comma, ătis, n. virgola, inciso.
Commacŭlo, as, etc. A. macchiare.
Commeātus, us, m. passaggio, congedo, cibaria.
Commemorabilis, m. e f. le, n. add. memorabile.
Commemoratio, ōnis, f. commemorazione.
Commemŏro, as, etc. A. commemorare, far menzione.
Commendabilis, m. e f. e, n. add. commendevole.
Commendatio, ōnis, f. raccomandazione.
Commendatitius, a, um, add. di raccomandazione.
Commendātor, ōris, m. commendatore, lodatore.
Commendātrix, īcis, f. lodatrice.
Commendo, as, etc. A. raccomandare, lodare.
Commentariŏlum, i, n. giornaletto, piccolo registro.
Commentarius, ii, m. commentarium, ii, n. registro, libro di memorie.
Commentatio, ōnis, f. meditazione.
Commentitius, a, um, add. inventato.
Commentor, āris, ātus, āri, D. meditare, inventare.
Commentum, i, n. invenzione.
Commentus, a, um, add. inventato, finto.
Commeo, as, etc. N. andare e venire, passare.
Commercium, ii, n. commercio, traffico.
Commereo, es, ŭi, itum, ēre, A. commereor, ēris, itus, ēri, D. meritare.
Commetior, tiris, nsus, tiri, D. misurare.
Commigro, as, etc. A. andare ad abitare altrove.
Commiles, itis, m. soldato della stessa compagnia.
Commilito, ōnis, m. commilitone.
Commilito, as, etc. N. combattere insieme.
Comminatio, ōnis, f. minaccia.
Comminiscor, iniscĕris, entus, inisci, D. inventare.
Commingo, is, inxi, ictum, ere, A. Spargere di orina.
Comminor, āris, ātus, āri, D. minacciare.
Comminŭo, uis, ui, ūtum, uĕre, A. stritolare, diminuire.
Commisceo, sces, scui, xtum, scēre, A. mescolare.
Commiseratio, ōnis, f. commiserazione.
Commisereor, ēris, itus, ēri, D. aver compassione.
Commissio, ōnis, f. contrasto, gara.
Commissum, i, n. fallo mancamento.
Commissūra, æ, f. commessura.
Commissus, a, um, add. commesso, consegnato, raccomandato.
Committo, ttis, si, ssum, ttere, A. commettere, consegnare, raccomandare.
Commixtura, æ, f. mistura.
Commŏde, avv. comodamente.
Commoditas, ātis, f. comodità, agio.

Commŏdo, as, etc. A. *far piacere, dare in prestito.*
Commŏdum, avv. *comodamente.*
Commŏdum, i, n. *il comodo, l'utile.*
Commŏdus, a, um, add. *comodo, utile.*
Commonefacio, ăcis, ēci, ăctum, acĕre, A. *ammonire, avvertire.*
Commoneo, ŏnes, onui, onitum, onēre, A. *ammonire.*
Commonitio, ōnis, f. *ammonizione.*
Commonstro, as, etc. A. *mostrare.*
Commoratio, ōnis, f. *dimora.*
Commorior, reris, rtuus, ŏri, D. *morire insieme.*
Commoror, ăris, ătus, ări, D. *fermarsi.*
Commotio, ōnis, f. *commozione.*
Commoveo, ŏves, ōvi, ōtum, ovēre, A. *commuovere.*
Commune, is, n. *comunità.*
Communicatio, ōnis, f. *comunicazione.*
Communico, as, etc. A. *comunicare.*
Communio, is, īvi, ītum, īre, A. *fortificare.*
Communio, ōnis, f. *società, comunione.*
Communis, m. e f. ne, add. *comune*; sensus communis, *senso comune.*
Communitas, ātis, f. *società, comunità.*
Communiter, avv. *comunemente.*
Commurmŭro, as, etc. A. commurmŭror, āris, ātus, āri, D. *mormorare.*
Commutabilis, m. e f. e, n. add. *mutabile.*
Commutatio, ōnis, f. *mutazione.*
Commŭto, as, etc. A. *mutare.*
Como, is, psi, ptum, ĕre, A. *pettinare, acconciare.*
Comœdia, æ, f. *commedia.*
Comœdus, i, m. *comico, commediante.*
Compactio, ōnis, f. *congiunzione, connessione.*
Compactus, a, um, add. *connesso, attaccato.*
Compāges, is, compāgo, inis, f. *commettitura.*
Compar, ăris, add. *pari, uguale.*
Comparabilis, m. e f. e, n. add. *paragonabile.*
Comparatio, ōnis, f. *paragone.*
Compareo, ăres, arŭi aritum, arēre, N. *comparire, apparire.*
Compăro, as, etc. A. *paragonare, apparecchiare.*
Compedio, edis, edivi, editum, edire, A. *mettere i ceppi.*
Compegi. V. Compingo.
Compellatio, ōnis, f. *appellazione, sgridamento.*
Compello, ellis, ŭli, ŭlsum, ellere, A. *spingere, costringere.*
Compēllo, as, etc. A. *chiamare, favellare, riprendere.*
Compendiarius, a, um, add. *compendioso, breve.*
Compendifacio, ăcis, ēci, actum, acĕre, A. *abbreviare, risparmiare.*
Compendium, ii, n. *compendio, risparmio, guadagno.*
Compensatio, ōnis, f. *ricompensa.*
Compenso, as, etc. A. *compensare, ricompensare.*
Comperendinatio, ōnis, f. comperendinātus, us, m. *proroga di tre giorni nelle cause forensi.*
Comperendino, as, etc. A. *differire: prorogare.*
Comperio, eris, ĕri, ertum, erīre, A. *ritrovare, conoscere.*
Compes, edis, f. *ceppo.*
Compesco, is, ŭi, ĕre, A. *raffrenare, acquetare.*
Competentia, æ, f. *competenza.*
Competitor, ōris, m. *competitore.*
Competitrix, īcis, f. *concorrente.*
Competo, is, īvi, vel ii, ītum, ĕre, N. e A. *concorrere, dimandare insieme.*
Compilatio, ōnis, f. *furto, spoglio.*
Compilo, as, etc. A. *rubare, spogliare.*
Compingo, ingis, ēgi, actum, ingĕre, A. *cacciare, spingere, legare insieme.*
Compitalis, m. e f. e, n. compitalitius, a, um, add. *dei quadrivii.*
Compitalitia, ōrum, n. pl. *feste che si facevano nei quadrivii, nei crocicchi.*
Compitium, ii, n. *quadrivio.*
Compitum, i, n. *crocicchio.*
Complaceo, ăces, acŭi, acitus sum, acēre, N. *piacere sommamente.*
Complāno, as, etc. A. *appianare, atterrare.*
Complĕctor, ecteris, ēxus, sum, ecti, D. *comprendere, cingere.*
Complementum, i, n. *compimento.*
Compleo, es, ēvi, ētum, ēre, A. *adempire, compire.*
Complexio, ōnis, f. complexus, us, m. *abbracciamento, congiunzione.*
Complicitus, a, um, add. *inviluppato.*
Complico, as, etc. A. *piegare, inviluppare.*
Comploratio, ōnis, f. complorātus, us, m. *pianto, lamento.*
Complōro, as, etc. A. *compiangere.*
Complūres, complura, compluria, plurium, pluribus, add. pl. *più, molti.*
Compluries, avv. *più e più volte.*
Complurimus, a, um, add. *moltissimo.*
Compluvium, ii, n. compluvius, ii, m. *gronda, tetto.*
Compōno, nis, sŭi, situm, nĕre, A. *comporre, accordare.*
Compărto, as, etc. A. *portare, condurre.*
Compos, ŏtis, add. *che ha qualche cosa in suo potere.*
Composite, avv. *quietamente aggiustatamente.*
Compositio, ōnis, f. *composizione, tessitura, accordo.*
Compositor, ōris, m. *compositore.*
Composito, vel ex composito, avv. *d'accordo, di concerto, artificiosamente.*
Compotatio, ōnis, f. *convito.*
Compotio, ōtis, otīvi, otītum, otīre, A. *render soddisfatto, far godere.*
Comprecatio, ōnis, f. *supplicazione.*

Comprecor, āris, ātus, āri, D. *pregare insieme.*
Comprehendo, dis, di, sum, dĕre, A. *comprendere, intendere, prendere.*
Comprehensibilis, m. e f. e n. add. *comprensibile.*
Comprehensio, ōnis, f. *comprensione, intendimento, prendimento.*
Compressio, ōnis, f. *compressione.*
Comprimo, imis, essi, essum, imĕre, A. *comprimere, raffrenare.*
Comprobatio, ōnis, f. *approvazione.*
Comprobātor, ōris, m. *comprovatore, approvatore.*
Comprobo, as, etc. A. *approvare, provare.*
Compromissum, i, n. *compromesso.*
Compromitto, ttis, si, ssum, ttere, A. *compromettere.*
Compte, avv. *ornatamente.*
Comptus, a, um, add. *ornato, acconcio.*
Comptus, us, m. *ornamento.*
Compuli. V. Compello.
Compulsus, a, um, add. *spinto, costretto.*
Compunctio, ōnis, f. *puntura.*
Compungo, gis, xi, ctum, gĕre, A. *pungere, offendere, segnare a punture.*
Computatio, ōnis, f. *computo.*
Computator, ōris, m. *computista.*
Compŭto, as, etc. A. *computare.*
Conāmen, inis, n. conātus, us, m. conātum, i, n. *sforzo, tentativo, disegno.*
Concalĕo, ales, alui, alēre: concalēsco, ēscis, escĕre, N. *esser caldo, riscaldarsi.*
Concalleo, es, ui, ēre, N. *fare il callo.*
Concameratio, ōnis, f. *volta.*
Concamĕro, as, etc. A. *fabbricare a volta.*
Concăvus, a, um, add. *concavo.*
Concēdo, dis, ssi, ssum, dĕre, A. *concedere.*
Concelĕbro, as, etc. A. *celebrare, solennizzare.*
Concentio, ōnis, f. concentus, us, m. *concento, armonia.*
Conceptio, ōnis, f. conceptus, us, m. *concepimento.*
Conceptivae feriae, arum, f. pl. *feste mobili.*
Conceptus, a, um, add. *concepito, ricevuto*; conceptis verbis, *secondo la formola prescritta.*
Concerpo, is, si, tum, ĕre, A. *lacerare.*
Concerptus, a, um, add. *squarciato.*
Concertatio, ōnis, f. *contesa.*
Concertator, ōris, m. *emulo, rivale.*
Concerto, as, etc. N. *contrastare, combattere.*
Concessio, ōnis, f. concessum, i, n. concessus, us, m. *concessione, permesso.*
Concha, ae, f. *conchiglia.*
Conchis, is, f. *fava colla buccia.*
Conchyliatus, a, um, add. *tinto di porpora.*
Conchylium, ii, n. *conchiglia color della porpora.*
Concīdo, dis, di, sum, dĕre, A. *tagliare a pezzi.*
Concĭdo, dis, di, dĕre, N. *cadere, precipitare.*
Concieo, es, vi, tum, ēre, A. concio, is, ivi, itum, ire, A. *convocare, eccitare, commuovere.*
Conciliabulum, i, n. *conciliabolo.*
Conciliatio, ōnis, f. *riconciliazione.*
Conciliator, ōris, m. *conciliatore.*
Conciliatrix, icis, f. *conciliatrice.*
Concilio, as, etc. *condensare, affollare, conciliare.*
Concilium, ii, n. *concilio.*
Concinnatio, ōnis, f. *acconciamento.*
Concinnator, ōris, m. *acconciatore.*
Concinne, concinniter, avv. *acconciamente.*
Concinnitas, atis, concinnitūdo, inis, f. *galanteria.*
Concinno, as, etc. A. *acconciare.*
Concinnus, a, um, add. *adorno, acconcio, faceto.*
Concino, inis, inui, entum, inĕre, A. *cantare insieme, concertare.*
Concio, ōnis, f. *adunanza, concione, discorso al popolo.*
Concionator, ōris, m. *oratore, parlatore.*
Concionor, āris, ātus, āri, D. *parlare in pubblico, predicare.*
Concipio, ipis, ēpi, eptum, ipĕre, A. *concepire, comprendere.*
Concise, avv. *con brevità.*
Concisio, ōnis, f. *tagliamento.*
Concitāte, avv. *prestamente, con impeto.*
Concitatio, ōnis, f. *commozione, impeto.*
Concitātor, concitor, ōris, m. *concitatore, sollevatore.*
Concitātrix, icis, f. *incitatrice.*
Concito, as, etc. A. *concitare, commuovere.*
Concitus, a, um, add. *incitato, provocato.*
Conciuncŭla, ae, f. *piccola concione.*
Conclamatio, ōnis, f. *schiamazzo, grido.*
Conclamatus, a, um, add. *chiamato, spedito.*
Conclamito, as, etc. A. *gridar sovente.*
Conclāmo, as, etc. A. *gridar insieme.*
Conclāve, is, n. *gabinetto.*
Conclūdo, dis, si, sum, dĕre, A. *rinserrare, rinchiudere, conchiudere.*
Conclūse, avv. *a misura.*
Conclusio, ōnis, f. *conclusione.*
Conclusiuncŭla, ae, f. *piccola conclusione.*
Concoctio, ōnis, f. *digestione.*
Concolor, ōris, o. add. *del medesimo colore.*
Concŏquo, quis, xi, ctum, quĕre, A. *digerire.*
Concordia, ae, f. *concordia.*
Concorditer, avv. *concordemente.*
Concordo, as, etc. N. *concordare.*
Concors, ordis, o. add. *concorde.*
Concrebresco, is, ebui, escĕre, N. *crescere, aumentare.*
Concrēdo, dis, dĭdi, ditum, dĕre, A. *credere, affidare.*
Concrĕmo, as, etc. A. *bruciare.*

Concrĕpo, as, ŭi, ĭtum, ārĕ, N. *fare strepito, risonare, crocciare.*
Concresco, scis, vi, tum, scĕre, N. *rappigliarsi, crescere insieme.*
Concretio, ōnis, f. *rappigliamento.*
Concrētus, a, um, add. *condensato.*
Concubīna, æ, f. *concubina.*
Concubĭtus, us, m. *giacimento, concubito.*
Conculcatio, ōnis, f. *conculcamento.*
Concŭlco, as, etc. A. *conculcare, calpestare.*
Concŭpio, ŭpis, upīvi, upītum, upĕre, e concupisco, scis, scĕre, A. *desiderare.*
Concupiscentia, æ, f. *concupiscenza.*
Concurro, rris, curri, rsum, rrĕre, N. *concorrere insieme, ricorrere:* concurrunt milites, *i soldati vengono alle mani.*
Concursatio, ōnis, f. *il correr qua e là.*
Concursator, ōris, m. *chi corre qua e là.*
Concursio, ōnis, f. *concorso, calca.*
Concurso, as, etc. N. e A. *correre qua e là.*
Concursus, us, m. *concorso.*
Concussio, ōnis, f. concussus, us, m. *scossa.*
Concutio, ŭtis, ussi, ussum, utĕre, A. *scuotere, agitare.*
Condecentia, æ, f. *decenza.*
Condĕcet, ebat, uit, ēre, imp. *convenire.*
Condecŏro, as, etc. A. *adornare.*
Condemnatio, ōnis, f. *condanna.*
Condemnātor, ōris, m. *accusatore.*
Condemno, as, etc. A. *condannare.*
Condenso, as, etc. A. *condensare.*
Condīco, cis, xi, ctum, cĕre, A. *intimare.*
Condictio, ōnis, f. *intimazione.*
Condidi. V. Condo.
Condĭgne, avv. *degnamente.*
Condignus, a, um, add. *condegno, degno.*
Condimentum, i, n. *condimento.*
Condio, is, ivi, *vel* ii, itum, ire, A. *condire.*
Condiscipulus, i, m. *condiscepolo.*
Condisco, scis, dici, scĕre, A. *imparare.*
Conditio, ōnis, f. *condizione, patto.*
Condĭtor, ōris, m. *autore, fattore, inventore.*
Condītor, ōris, m. *chi condisce.*
Conditūra, æ, f. *condimento.*
Condĭtus, a, um, add. *riposto, nascosto, fabbricato.*
Condītus, a, um, add. *condito.*
Condo, is, idi, itum, ĕre, A. *fabbricare, nascondere, riporre.*
Condolĕo, ŏles, olēre: condolesco, escis, ui, escere, N. *dolersi.*
Condonatio, ōnis, f. *donazione.*
Condōno, as, etc. A. *donare, perdonare.*
Condūcit, cebat, xit, cĕre, imp. *essere utile, piacevole, conferire.*
Condūco, cis, xi, ctum, cĕre, A. *condurre, pigliar in affitto:* conducĕre aliquem, *prezzolare alcuno.*
Conductio, ōnis, f. *fitto, pigione.*
Conductitiæ operæ, arum, f. pl. *lavoranti presi a giornata.*
Condūctor, ōris, m. *fittaiuolo, conduttore.*
Conductrix, īcis, f. *quella che prende a fitto.*
Conduplicatio, ōnis, f. *raddoppiamento.*
Condŭplico, as, etc. A. *raddoppiare.*
Condus, i, m. *dispensiere, canovaio.*
Confabulatio, ōnis, f. *confabulazione.*
Confabŭlor, aris, atus, ari, D. *favellare, cicalare.*
Confectio, ōnis, f. *fattura, raccolta.*
Confector, ōris, m. *fattore, operaio.*
Confĕro, nfers, ntŭli, llatum, nferre, A. *portare insieme, conferire.*
Conferrumino, as, etc. A. *saldare, attaccare.*
Confert, ferebat, tulit, imp. *essere utile.*
Confertim, avv. *insieme, in mucchio.*
Confertus, a, um, add. *pieno, calcato.*
Confervĕo, ferves, ferbui, fervēre, N. *bollire insieme, scaldarsi.*
Confervesco, escis, escĕre, N. *scaldarsi.*
Confessio, ōnis, f. *confessione.*
Confessus, a, um, add. *confesso, palese.*
Confestim, avv. *senza dimora, subito.*
Conficio, ficis, fēci, fectum, ficĕre, A. *fare, lavorare, terminare.*
Confictio, ōnis, f. *invenzione, finzione.*
Confictus, a, um, add. *finto, contraffatto.*
Confidens, entis, c. add. *ardito.*
Confidenter, avv. *arditamente.*
Confidentia, æ, f. *ardire, fermezza.*
Confīdo, dis, di, *vel* sus, dĕre, N. *confidarsi, sperare.*
Confīgo, figis, fixi, fixum, figĕre, A. *conficcare, trafiggere.*
Configūro, as, etc. A. *formare a somiglianza di, ec.*
Confingo, ngis, nxi, fictum, ngĕre, A. *fingere, inventare.*
Confīnis, m. e f. ne, n. add. *vicino, confinante.*
Confinium, ii, n. *confine, vicinanza.*
Confirmatio, ōnis, f. *conferma, prova.*
Confirmātor, ōris, m. *mallevadore.*
Confirmo, as, etc. A. *approvare.*
Confiscatio, ōnis, f. *confiscazione.*
Confisco, as, etc. A. *confiscare.*
Confisus, a, um, add. *affidato.*
Confitĕor, itēris, essus, itēri, D. *confessare.*
Conflagratio, ōnis, f. *incendio.*
Conflāgro, as, etc. N. *ardere.*
Conflatio, ōnis: conflatura, æ, f. *getto dei metalli.*
Conflātus, a, um, add. *fatto, composto.*
Conflictatio, ōnis, f. *combattimento, urto di una cosa coll'altra.*
Conflictio, ōnis, f. *percossa, contesa.*
Conflicto, as, etc. A. *vessare, travagliare, combattere.*
Conflictor, aris, atus, ari, D. *contendere.*
Conflictus, us, m. *conflitto, percossa.*
Confligo, gis, xi, ctum, gĕre, N. *far fatto d'armi, combattere.*
Conflo, as, etc. A. *soffiare, fondere.*
Confluens, entis, n. *confluente.*
Conflŭo, fluis, fluxi, fluxum, uĕre, N. *concorrere.*

Confodio, ŏdis, ōdi, ossum, odĕre, A. scavare, zappare.
Conformatio, ōnis, f. forma, conformazione.
Confōrmo, as, etc. A. conformare, adattare.
Confossus, a, um, add. trapassato.
Confractus, a, um, add. rotto, spezzato.
Confragōsus, confrăgus, a, um, add. rotto, ruinoso.
Confrĕmo, ĕmis, emŭi, emitum, emĕre, N. fremere, fare strepito.
Confrico, icas, icŭi, ictum, vel ātum, āre, A. stropicciare.
Confringo, ingis, ēgi, actum, ingĕre, A. rompere.
Confudi, V. Confundo.
Confugio, ŭgis, ūgi, ugĕre, N. ricorrere.
Confugium, ii, n. refugio, asilo.
Confundo, ŭndis, ūdi, usum, undĕre, A. spargere insieme, mescolare, confondere.
Confūse, confūsim, avv. confusamente.
Confusio, ōnis, f. confusione, disordine, rossore.
Confusus, a, um, add. confuso, turbato, disordinato: olympus confusus, cielo nuvoloso.
Confutatio, ōnis, f. confutazione.
Confūto, as, etc. A. confutare.
Congelatio, ōnis, f. agghiacciamento.
Congelidus, a, um, add. freddo.
Congelo, as, etc. A. e N. agghiacciare, congelare.
Congĕmino, as, etc. A. raddoppiare.
Congĕmo, ĕmis, emŭi, emitum, emĕre, N. e A. gemere insieme.
Congenĕro, as, etc. A. generare insieme, associare.
Congenitus, a, um, add. congenito, nato insieme.
Congeries, ei, f. massa, cumulo.
Congĕro, ĕris, essi, estum, erĕre, A. accumulare, ammucchiare.
Congessi. V. Congero.
Congestio, ōnis, f. ammassamento.
Congestus, a, um, add. ammucchiato.
Congiarium, ii, n. misura di vino, olio, ec. distribuzione ai soldati.
Congius, ii, m. cogno (misura di liquidi).
Conglaciātus, a, um, add. agghiacciato.
Conglacio, as, avi, atum, are, N. agghiacciarsi, gelarsi.
Conglobatio, ōnis, f. ammassamento.
Conglŏbo, as, etc. A. ammassare, aggomitolare.
Conglomeratio. V. Conglobatio.
Conglomĕro, as, etc. A. aggomitolare.
Conglutinatio, ōnis, f. agglutinazione.
Conglutino, as, etc. A. agglutinare, incollare.
Congratulatio, ōnis, f. congratulazione.
Congratŭlor, āris, ātus, āri, D. congratularsi.
Congredior, edĕris, essus, ĕdi, D. abboccarsi, azzuffarsi, camminare insieme.
Congregabilis, m. e f. le, n. add. sociabile.
Congregatio, ōnis, f. congregazione, adunanza.
Congrego, as, etc. A. adunare, congregare.
Congressio, ōnis, f. congressus, us, m. congresso, azzuffamento.
Congrŭens, entis, c. add. conveniente.
Congruenter, avv. convenientemente.
Congruentia, æ, f. convenienza.
Congrŭo, is, ĕre, N. venire insieme, concordare.
Conjectatio, ōnis, f. congettura.
Conjectio, ōnis, f. congettura, tiro.
Conjecto, as, etc. A. congetturare.
Conjector, ōris, m. interprete dei sogni.
Conjectrix, īcis, f. indovinatrice.
Conjectūra, æ, f. congettura.
Conjectus, us, m. tiro, tratto.
Conjectus, a, um, add. congetturato, gettato, cacciato.
Conjicio, icis, ēci, ectum, icĕre, A. gettare, tirare, congetturare.
Conjugalis, m. e f. le, n. add. coniugale.
Conjugatio, ōnis, f. congiunzione, coniugazione.
Conjugātor, ōris, m. chi unisce, chi lega.
Conjŭgium, ii, n. congiunzione, maritaggio.
Conjŭgo, as, etc. A. congiungere, coniugare, unire.
Conjŭgus, a, um, add. congiunto.
Conjuncte, conjunctim, avv. congiuntamente.
Conjunctus, a, um, add. unito, congiunto.
Conjungo, gis, xi, ctum, gĕre, A. congiungere, legare insieme.
Conjuratio, ōnis, f. congiura.
Conjurātus, a, um, add. congiurato.
Conjūro, as, etc. N. congiurare, cospirare.
Conjux, ŭgis, m. e f. consorte, marito, o moglie.
Connecto, ctis, xŭi, xum, ectĕre, A. unire, allacciare.
Connexio, ōnis, f. connessione.
Connexus, a, um, add. congiunto.
Connitor, itĕris, isus, vel ixus, iti, D. sforzarsi.
Conniventia, æ, f. dissimulazione, connivenza.
Connivĕo, ives, ivi, vel ixi, ivĕre, N. dissimulare.
Connubium, ii, n. matrimonio.
Connumĕro, as, etc. A. annumerare.
Conopeum, i, n. padiglione del letto, cortina.
Conor, āris, ātus, āri, D. sforzarsi, tentare.
Conquasso, as, etc. A. scuotere, conquassare.
Conqueror, ereris, estus, ēri, D. lamentarsi.
Conquestio, ōnis, f. conquestus, us, m. lamento.
Conquiesco, escis, evi, etum, escĕre, N. riposarsi, fermarsi.
Conquinisco, niniscis, uiniscĕre, N. acquattarsi, chinarsi per non essere veduto.

Conquīro, ris, sīvi, sītum, rĕre, A. *cercare con diligenza.*
Conquisitio, ōnis, f. *ricerca.*
Consalutatio, ōnis, f. *saluto scambievole.*
Consalūto, as, etc. A. *salutare scambievolmente.*
Consanguinĕus, a, um, add. *consanguineo, parente di sangue.*
Consanguinitas, ātis, f. *consanguinità.*
Consarcino, as, etc. A. *cucire insieme, affardellare.*
Consaucio, as, etc. A. *ferire, piagare.*
Consceléro, as, etc. A. *profanare, contaminare.*
Conscendo, dis, di, sum, dĕre, N. e A. *montare, salire:* conscendere navem, vel in navem, *imbarcarsi.*
Conscensio, ōnis, f. *salita, imbarco.*
Conscientia, æ, f. *coscienza, cognizione.*
Conscindo, ndis, īdi, ssum, ndĕre, A. *lacerare.*
Conscio, is, īvi, ītum, īre, A. *esser consapevole, complice.*
Conscīsco, scis, vi, tum, scĕre, A. *deliberare, giudicare, recare a sè qualche male.*
Conscius, a, um, add. *conscio, consapevole, complice.*
Conscrībo, bis, psi, ptum, bĕre, A. *scrivere.*
Conscripti Patres, um, m. pl. *senatori.*
Conscriptio, ōnis, f. conscriptum, i, n. *scrittura, coscrizione.*
Consecratio, ōnis, f. *consacrazione.*
Consĕcro, as, etc. A. *consacrare.*
Consectarium, ii, n. *corollario.*
Consectarius, a, um, add. *conseguente.*
Consectatio, ōnis, f. *ricerca, esame.*
Consectio, ōnis, f. *tagliamento.*
Consector, āris, ātus, āri, D. *seguitare, perseguitare.*
Consecutio, ōnis, f. *conseguenza.*
Consecūtus, a, um, add. *chi vien dopo,* (in significato passivo) *conseguito.*
Consenēsco, ēscis, ŭi, scĕre, N. *invecchiare.*
Consensio, ōnis, f. consensus, us, m. *accordo, consenso.*
Consentanĕus, a, um, add. *consentaneo, concorde.*
Consentiens, ēntis, c. add. *consenziente.*
Consentio, tis, si, sum, tīre, N. e A. *consentire, accordarsi.*
Consenui. V. Consenesco.
Conseptum, i, n. *serraglio.*
Conseptus, a, um, add. *chiuso all' intorno.*
Consĕquens, ēntis, c. add. *conseguente, seguente.*
Consequenter, avv. *conseguentemente.*
Consequentia, æ, f. *conseguenza,* consequentia, ium, n. pl. *i conseguenti.*
Consĕquor, equĕris, equutus, e consecutus, equi, D. *conseguire, seguitare.*
Consequutio, ōnis, f. *conseguenza, conseguimento.*
Consĕro, ĕris, ēvi, itum, erĕre, A. *piantare, seminare, innestare.*

Consero, is, ui, tum, ĕre, A. *intrecciare, congiungere, mescolare.*
Conserva, æ, f. *conserva, compagna di servizio.*
Conservatio, ōnis, f. *conservazione.*
Conservator, ōris, m. *conservatore.*
Conservātrix, īcis, f. *conservatrice.*
Conservo, as, etc. A. *conservare, mantenere.*
Consessor, ōris, m. *colui che siede appresso.*
Consessus, us, m. *consesso, adunanza.*
Consevi. V. Consero.
Considerantia, æ, f. *considerazione.*
Considerate, avv. *consideratamente.*
Consideratio, ōnis, f. *considerazione.*
Considerator, ōris, m. *consideratore.*
Considĕro, as, etc. A. *considerare.*
Consīdo, īdis, ēdi, ēssum, idĕre, N. *mettersi a sedere, piantar sede.*
Consignatio, ōnis, f. *scrittura sigillata.*
Consigno, as, etc. A. *sigillare, imprimere.*
Consiliarius, ii, consiliator, ōris, m. *consigliere.*
Consilio, as, etc. A. consilior, āris, ātus, āri. D. *consigliare.*
Consilium, ii n. *consiglio, disegno.*
Consimilis, m. e f. le, n. add. *consimile.*
Consisto, istis, titi, titum, istĕre, N. *fermarsi, consistere.*
Consitio, ōnis, f. *piantagione.*
Consitor, ōris, m. *piantatore, seminatore.*
Consitura, æ, f. *piantagione.*
Consitus, a, um, add. *piantato.*
Consobrīna, æ, f. *cugina.*
Consobrīnus, i, m. *cugino.*
Consocio, as, etc. A. *associare.*
Consolabilis, m. e f. le, n. add. *consolabile.*
Consolatio, ōnis, f. *consolazione.*
Consolatorius, a, um, add. *consolatorio.*
Consolido, as, etc. A. *rassodare.*
Consōlor, āris, ātus, āri, D. *consolare.*
Consŏnans, āntis, c. add. *consonante.*
Consonanter, avv. *concordemente.*
Consonantia, æ, f. *consonanza.*
Consono, as, ŭi, itum, āre, N. *risonare.*
Consŏnus, a, um, add. *risonante, conforme.*
Consors, ōrtis, c. *compagno, compagna, consorte:* generis consortes, *parenti dello stesso sangue;* thalami consors, *compagna di letto.*
Consortio, ōnis, f. consortium, ii, n. *consorzio, compagnia.*
Conspectus, us, m. *veduta, aspetto.*
Conspergo, gis, si, sum, gĕre, A. *spargere.*
Conspersus, a, um, add. *sparso.*
Conspicilium, ii, n. *vedetta, veletta.*
Conspicio, icis, ēxi, ectum, icĕre, A. *vedere, considerare.*
Conspicor, āris, ātus, āri, D. *vedere, rimirare.*
Conspicŭus, a, um, add. *cospicuo.*
Conspiratio, ōnis, f. *cospirazione, concordia, lega.*
Conspīro, as, etc. N. *congiurare, accordarsi.*

Conspŭo, ŭis, ŭi, ŭtum, ŭĕre, A. *sputare addosso.*
Constans, āntis, c. add. *costante.*
Constanter, avv. *costantemente.*
Constantia, æ. f. *costanza.*
Constat, stābat, stitit, stāre, Impers. *esser chiaro, manifesto.*
Consternatio, ōnis, f. *costernazione.*
Consternātus, a, um, add. *sbigottito.*
Consterno, as, etc. A. *spaventare, atterrire, muovere sedizione.*
Consterno, sternis, strāvi, strātum, sternere, A. *coprire, distendere, gettare a terra.*
Constiti. V. Consisto e Consto.
Constitŭo, ŭis, ŭi, ŭtum, uĕre, A. *stabilire, determinare, fabbricare.*
Constitutio, ōnis, f. *costituzione, statuto, complessione.*
Constitutus, a, um, add. *stabilito.*
Consto, as, itī, itum, *vel* ātum, āre, N. *stare insieme, esser composto.*
Constrāvi. V. Consterno.
Constringo, ngis, nxi, ctum, ngĕre, A. *costringere, legare stretto.*
Constructio, ōnis, f. *costruzione, fabbrica.*
Construo, ŭis, ūxi, ūctum, uĕre, A. *costruire, fabbricare*
Consuēsco, ēscis, ēvi, ētum, escĕre, N. *assuefarsi, essere solito.*
Consuetio, ōnis, consuetūdo, īnis, f. *consuetudine, costume.*
Consuetus, a, um, add. *consueto, avvezzo.*
Consul, ŭlis, m. *console.*
Consulāris, m. *e* f. re. n. add. *consolare.*
Consulatus, us. m. *consolato.*
Consŭlo, is, ŭi, tum, ĕre, A. *consigliare, prender consiglio, provvedere* (quando significa *provvedere* è, N.)
Consultatio, ōnis. f. *consulta.*
Consulte, consulto, avv. *consideratamente.*
Consulto, as, etc. A. *consultare, dimandare consiglio.*
Consultor, ōris, m. *consultore, cliente, consigliere.*
Consultum, i, n. consultus, us, m. *decreto, sentenza, consulto.*
Consultus, a, um, add. *consigliato, deliberato.*
Consummatio, ōnis, f. *compimento.*
Consummo, as, etc. A. *compire, sommare.*
Consumo, is, psi, *e* si, ptum, ĕre, A. *consumare, divorare.*
Consumptio, ōnis, f. *consumamento, distruzione.*
Consumptor, ōris, m. *consumatore.*
Consumptum. V. Consumo.
Consumptus, a, um, add. *consumato.*
Consŭo, ŭis, ŭi, ūtum, uĕre, A. *cucire.*
Consŭrgo, gis, rexi, rectum, gĕre, N. *sorgere.*
Consurrectio, ōnis, f. *il levarsi in piedi di più persone.*
Contabefăcio, ăcis, ēci, āctum, acĕre, A. *corrompere.*
Contabēsco, ēscis, ŭi, escĕre, N. *dimagrare, intisichire.*
Contabulatio, ōnis, f. *tavolato, palco.*
Contactus, us, m. *toccamento, contatto.*
Contages, is, f. contagio, ōnis, f. *contagione.*
Contagium, ii, n. V. Contages: naturæ contagium, *simpatia naturale.*
Contaminatio, ōnis, f. *contaminazione.*
Contamĭno, as, etc. A. *contaminare.*
Contĕgo, gis, xi, ctum, gĕre, A. *coprire, nascondere.*
Contemĕro, as, etc. A. *macchiare, bruttare.*
Contĕmno, nis, psi, ptum, nĕre, A. *disprezzare.*
Contemplatio, ōnis, f. *contemplazione.*
Contemplatīvus, a, um, add. *contemplativo.*
Contemplātor, ōris, m. *contemplatore.*
Contemplor, āris, ātus, āri, D. *contemplare, considerare.*
Contemporanĕus, a, um, add. *contemporaneo.*
Contēmptim, avv. *con disprezzo.*
Contemptio, ōnis, f. *disprezzo.*
Contemptor, ōris, m. *sprezzatore.*
Contemptrix, īcis, f. *sprezzatrice.*
Contemptus, us, m. *disprezzo.*
Contĕndo, dis, di, tum, dĕre, N. *contendere, tirare, procurare.*
Contente, avv. *veementemente.*
Contentio, ōnis, f. *contesa, sforzo.*
Contentiōse, avv. *pertinacemente.*
Contentiōsus, a, um, add. *litigioso.*
Contĕntus, a, um, add. *contento, teso.*
Contermĭnus, a, um, add. *confinante.*
Contĕro, ĕris, rīvi, rītum, erĕre, A. *ridurre in polvere.*
Conterrĕo, es, ŭi, ĭtum, ēre, A. *spaventare.*
Conterritus, a, um, add. *atterrito.*
Contestatio, ōnis, f. *testimonianza, intimazione.*
Contestāto, avv. *con testimoni, con protesta.*
Contestātus, a, um, add. *contestato, comprovato.*
Contēstor, āris, ātus, āri, D. *chiamare in testimonio, pregare scongiurando.*
Contexi. V. Contego.
Contĕxo, is, ŭi, tum, ĕre, A. *tessere insieme.*
Contexte, contĕxtim, avv. *unitamente, di seguito.*
Contextus, us, m. *tessitura.*
Conticēsco, ēscis, ŭi, escĕre, N. *tacere, ammutire.*
Conticinium, ii, n. *quella parte della notte che precede l'alba.*
Contigi. V. Contingo.
Contignatio, ōnis, f. *solaio.*
Contigŭus, a, um, add. *contiguo, vicino.*
Contĭnens, ēntis, c. *congiunto, temperante, contiguo.*
Contĭnens, ēntis. f. *terraferma.*
Continenter, avv. *continuamente, temperatamente.*

Continentia, æ, f. *il contenuto, temperanza.*
Contineo, ines, inui, entum, inēre, A. *contenere, trattenere.*
Contingit, ngēbat, git, Imp. *accadere.*
Contingo, ingis, igi, actum, ingĕre, A. *toccare, esser vicino.*
Continuatio, ōnis, *continuamento.*
Continuo, as, etc. A. *continuare.*
Continuus, a, um, add. *continuo.*
Contorqueo, ques, si, tum, quēre, A. *torcere, piegare, girare.*
Contorsio, *vel* contortio, ōnis, f. *contorsione.*
Contra, avv. *per lo contrario,* prep. coll' acc. *contro, dirimpetto.*
Contracte, avv. *in istretto.*
Contractio, ōnis, f. *contrazione.*
Contractus, us, m. *ristringimento, patto, contratto:* — a, um, add. *raccolto, unito, ristretto.*
Contradico, cis, xi, ctum, cĕre, N. *contradire, opporsi.*
Contradictio, ōnis, f. *contradizione.*
Contraho, ahis, axi, actum, ahĕre, A. *ristringere, contrarre.*
Contrapōno, nis, sui, situm, nĕre, A. *contrapporre.*
Contrarie, contrario, avv. *contrariamente.*
Contrarius, a, um, add. *contrario.*
Contravenio, ĕnis, ēni, entum, enīre, N. *contradire, venire all' incontro.*
Contrectatio, ōnis, f. *toccamento.*
Contrecto, as, etc. A. *toccare.*
Contremisco, is, ui, ĕre; contrĕmo, is, ui, ĕre, N. *tremare.*
Contribuo, uis, ui, utum, uĕre, A. *contribuire.*
Contributio, ōnis, f. *contribuzione.*
Contribūtus, a, um, add. *contribuito.*
Contristatus, a, um, add. *tristo, malinconico.*
Contristo, as, etc. A. *contristare.*
Contritio, ōnis, f. *contrizione.*
Contritus, a, um, add. *contrito, pesto.*
Contrivi. V. Contero.
Controversia, æ, f. *controversia.*
Controvĕrsor, aris, atus, ari, D. *disputare.*
Controversus, a, um, add. *litigioso.*
Contrudo, dis, si, sum, dĕre, A. *spignere, cacciar dentro.*
Contrunco, as, etc. A. *troncare.*
Contubernalis, m. *e* f. e, n. add. *compagno di albergo, famigliare.*
Contubernium, ii, n. *convitto, camerata.*
Contuĕor, ēris, itus, ēri, D. *mirare.*
Contuitus, us, m. *sguardo, occhiata.*
Contuli. V. Confero.
Contumacia, æ, f. *contumacia, orgoglio.*
Contumaciter, avv. *arrogantemente.*
Contumax, ācis, o. add. *contumace, disubbidiente.*
Contumelia, æ, f. *contumelia, ingiuria.*
Contumeliose, avv. *villanamente.*
Contumeliōsus, a, um, add. *ingiurioso.*
Contundo, undis, udi, usum, undĕre, A. *ammaccare, pestare.*
Conturbatio, ōnis, f. *turbazione.*
Conturbātor, ōris, m. *turbatore.*
Conturbātus, a, um, add. *turbato.*
Conturbo, as, etc. A. *conturbare, attristare.*
Contus, i, m. *lancia, picca, stanga.*
Contusio, ōnis, f. *contusione, ammaccamento.*
Contusus, a, um, add. *ammaccato.*
Conus, i, m. *cono, cima del cimiero.*
Convalēsco, escis, ui, itum, escere, N. *risanare, guarire.*
Convallātus, a, um, add. *cinto di bastioni.*
Convāllis, is, f. *valle, lunga strada tra poggi.*
Convĕctus, a, um, add. *portato.*
Conveho, ehis, exi, ectum, ehĕre; convĕcto, as, etc. A. *portare.*
Convĕllo, ellis, elli, *vel* ulsi, ellere, A. *sradicare, distruggere.*
Conveniens, entis, c. add. *conveniente.*
Convenienter, avv. *convenevolmente.*
Convenientia, æ, f. *convenienza.*
Convenio, ēnis, ēni, entum, enire, N. *unirsi, radunarsi.*
Convĕnit, eniebat, ēnit, enire, Imp. *convenire.*
Conventio, ōnis, f. convĕntum, i, n. *convenzione, patto.*
Conventus, us, m. *adunanza.*
Conventus, a, um, add. *accordato, convenuto.*
Converse, avv. *politamente.*
Conversio, ōnis, f. *conversione.*
Converso, as, etc. A. *volgere spesso.*
Conversor, aris, atus, ari, D. *conversare.*
Conversus, a, um, add. *cambiato, voltato.*
Converto, tis, ti, sum, tere, A. *mutare, tradurre, convertire.*
Convertor, teris, sus, ti, D. *convertirsi.*
Convestio, is, ivi, itum, ire, A. *coprire, vestire.*
Conveterānus, i, m. *compagno veterano di guerra.*
Convexio, onis, convexĭtas, atis, f. *convessità, piegatura in arco.*
Convexus, a, um, add. *convesso, piegato in arco.*
Conviciātor, oris, m. *ingiuriatore.*
Convicior, aris, atus, ari, D. *ingiuriare, oltraggiare.*
Convicium, ii, n. *ingiuria, oltraggio.*
Convictio, onis, f. *conversazione.*
Convictor, oris, m. *commensale, convittore.*
Convictus, us, m. *il convivere, commercio.*
Convictus, a, um, add. *convinto.*
Convinco, ncis, ci, ctum, ncere, A. *convincere.*
Conviso, sis, si, sere, A. *visitare.*
Conviva, æ, m. *convitato, commensale.*
Convivātor, oris, m. *convivatore, chi fa convito.*
Convivium, ii, n. *convito, banchetto.*
Convivo, vis, xi, ctum, vere, N. *convivere.*
Convivor, aris, atus, ari, D. *far convito, banchettare.*

Convocatio, onis, f. *convocazione.*
Convŏco, as, etc. A. *radunare, convocare.*
Convolo, as, etc. N. *volare, accorrere.*
Convolŭto, as, etc. A. *avviluppare, convolgere.*
Convolvo, vis, vi, olum, vere, A. V. Convoluto.
Convŏmo, omis, omŭi, omitum, omere, A. *sporcar vomitando.*
Convulsio, onis, f. *convulsione.*
Cooperatio, onis, f. *cooperazione.*
Cooperator, oris, m. *cooperatore.*
Cooperio, eris, erŭi, ertum, erire, A. *coprire.*
Coopertus, a, um, add. *coperto.*
Cooptatio, onis, f. *aggregazione.*
Coopto, as, etc. A. *aggregare, eleggere.*
Copia, æ, f. *copia, abbondanza.* V. Copiæ.
Copiæ, copiolæ, ārum, f. pl. *truppe*: pedestres copiæ, *infanteria.*
Copiose, avv. *copiosamente.*
Copiosus, a, um, add. *copioso, abbondante.*
Copŭla, æ, f. *copula, congiungimento, guinzaglio.*
Copulatio, onis, f. *congiunzione.*
Copŭlo, as, etc. A. copŭlor, āris, ātus, āri, D. *accoppiare, congiungere.*
Coqua, æ, f. *cuoca.*
Coquina, æ, f. *cucina.*
Coquino, as, etc.; coquo, quis, xi, ctum, quere, A. *cuocere, cucinare.*
Coquinus, a, um, add. *di cucina.*
Coquus, i, m. *cuoco.*
Cor, cordis, n. *cuore, mente, animo.*
Corallium, ii, n. *corallo.*
Coram, prep. coll' abl. *in presenza, a faccia a faccia.*
Corax, acis, m. *corvo.*
Corbis, is, m. e f. *corba, gabbia.*
Corbŭla, æ, f. *piccola corba.*
Corcŭlum, i, n. *piccolo cuore, coricino.*
Cordatus, a, um, add. *saggio, prudente.*
Cordāte, avv. *prudentemente.*
Cordātus, a, um, add. *saggio, prudente.*
Cordolium, ii, n. *cordoglio.*
Coriandrum, i, n. *coriandro.*
Coriarius, ii, m. *cuoiaio.*
Corium, ii, n. corius, ii, m. *cuoio, pelle.*
Corneus, a, um, add. *di corno, o corniolo.*
Cornicen, inis, m. *suonatore di corno.*
Cornicor, āris, ātus, āri, D. *gracchiare.*
Cornicŭla, æ, f. *piccola cornacchia.*
Cornicŭlum, i, n. *piccolo corno.*
Cornĭger, igera, igerum, add. *cornuto.*
Cornĭpes, edis, o. add. *che ha i piedi duri come il corno.*
Cornix, icis, f. *cornacchia.*
Cornu, nu, n. *corno, tromba.*
Cornum, i, n. *corniola.*
Cornus, i, f. *corniolo.*
Cornūtus, a, um, add. *cornuto.*
Corolla, æ, f. *coroncina.*
Corollarium, ii, n. *appendice, corollario.*
Corona, æ, f. *corona.*
Coronarius, a, um, add. *fatto a foggia di corona.*

Coronis, idis, f. *sommità, cima, fine.*
Corono, as, etc. A. *coronare, cingere.*
Corporatio, onis, f. *corporatura.*
Corporeus, corporātus, a, um: corporalis, m. e f. e, n. add. *corporeo.*
Corpulentus, a, um, add. *corpulento.*
Corpus, oris, n. *corpo.*
Corpusculum, i, n. *corpicciuolo.*
Corrādo, dis, si, sum, dere, A. *radere*: corrasi omnia, *ho portato via tutto.*
Correctio, onis, f. *correzione.*
Corrector, oris, m. *correttore.*
Correctus, a, um, add. *corretto.*
Correpo, is, si, tum, ere, N. *rampicarsi.*
Correptio, onis, f. *abbreviamento.*
Correptor, oris, m. *riprensore.*
Correptus, a, um, add. *tolto, abbreviato.*
Corrigia, æ, f. *correggiuola, striscia.*
Corrĭgo, igis, rexi, ectum, igere, A. *correggere.*
Corripio, ipis, ipŭi, eptum, ipere, A. *prendere per forza, abbreviare.*
Corrivo, as, etc. A. *derivar l'acqua da un fiume ec.*
Corroboro, as, etc. A. *corroborare.*
Corrodo, odis, osi, osum, odere, A. *corrodere.*
Corrogo, as, etc. A. *adunare mendicando.*
Corruda, æ, f. *sparagio.*
Corrŭgo, as, etc. A. *increspare.*
Corrumpo, umpis, pi, ptum, mpere, A. *corrompere.*
Corrŭo, uis, ŭi, utum, uere, N. *andar per terra, cadere.*
Corrŭpte, avv. *corrottamente.*
Corruptela, æ, f. *corruttela.*
Corruptio, onis, f. *corruzione.*
Corrŭptor, oris, m. *corruttore.*
Corruptrix, icis, f. *corruttrice.*
Corrŭptus, a, um, add. *corrotto.*
Cortex, icis, m. *corteccia, scorza.*
Cortina, æ, f. *caldaia da tintore, vaso da scolare l'olio, tripode, sipario.*
Corus, i, m. *coro, vento di ponente, maestro.*
Coruscatio, onis, f. *lampo, splendore.*
Corŭsco, as, etc. N. e A. *balenare, risplendere.*
Corŭscus, a, um, add. *risplendente, brillante.*
Corvinus, a, um, add. *di corvo.*
Corvus, i, m. *corvo.*
Corydălus, i, m. *lodola.*
Corylus, i, f. *avellana, nocciuola.*
Corymbus, i, m. *grappolo dell'ellera.*
Coryphæus, i, m. *corifeo, capo di una setta.*
Corytus, i, m. *turcasso, faretra.*
Cos, cotis, f. *cote.*
Costa, æ, f. *costa,* pl. *fianchi.*
Costātus, a, um, add. *fornito di coste.*
Cothurnātus, a, um, add. *chi porta stivaletti.*
Cothurnus, i, m. *borzacchino, stivaletto.*
Cotoneum, i, n. *cotogna.*
Cotŭrnix, icis, f. *quaglia.*
Coxa, æ, coxendix, icis, f. *coscia, anca.*
Crabro, onis, m. *calabrone.*

Crambe, es, f. *cavolo.*

Crapŭla, æ, f. *crapola.*

Cras, avv. *dimani.*

Crasse, avv. *rozzamente.*

Crassesco, escis, escere, N. *ingrassare.*

Crassitūdo, inis, f. *grassezza.*

Crassus, a, um, add. *grosso, grossolano;* crassa minerva, avv. *grossolanamente.*

Crastinus, a, um, add. *di domane.*

Crater, eris, m. cratera, æ, m. *tazza, coppa.*

Crates, is, f. *graticcio.*

Craticŭla, æ, f. *graticola, gratella.*

Creatio, onis, f. *creazione.*

Creātor, oris, m. *creatore.*

Creātrix, icis, f. *creatrice.*

Creber, ra, rum, add. *frequente.*

Crebresco, is, ere, N. *crescere, aumentarsi.*

Crebritas, atis, crebritūdo, inis, f. *frequenza.*

Credibilis, m. e f. e, n. add. *credibile.*

Credibiliter, avv. *credibilmente.*

Creditor, oris, m. *creditore.*

Creditrix, icis, f. *creditrice.*

Creditum, i, n. *credito.*

Credo, is, idi, itum, ere, A. **credere, consegnare.**

Credulitas, ātis, f. *credulità.*

Credŭlus, a, um, add. *credulo.*

Crematio, ōnis, f. *incendio.*

Cremo, as, etc. A. *abbruciare.*

Creo, as, etc. A. *creare, eleggere.*

Crepida, æ, f. *pianella.*

Crepidātus, a, um, add. *che porta pianelle.*

Crepido, inis, f. *parapetto, sponda.*

Crepidŭla, æ, f. *pianellina.*

Crepitacŭlum, i, n. *campanello.*

Crepito, as, etc. N. *crepitare, crosciare.*

Crepitus, us, m. *strepito, romore.*

Crepo, as, ui, itum, āre, N. *crosciare, **fare** strepito.*

Crepundia, ōrum, n. pl. *trastulli puerili.*

Crepuscŭlum, i, n. *crepuscolo.*

Cresco, scis, vi, tum, scĕre, N. *crescere.*

Creta, æ, f. *creta.*

Cretātus, cretōsus, **a, um, add. *incretato,*** *cretoso.*

Cretus, a, **um, add. *generato, staccialo,*** *crivellato.*

Crevi. V. Cerno, o Cresco.

Cribro, as, etc. A. *crivellare, vagliare.*

Cribrum, i, n. *crivello, vaglio.*

Crimen, inis, n. *delitto, colpa.*

Criminatio, ōnis, f. *accusa.*

Criminātor, ōris, m. *accusatore.*

Criminor, āris, ātus, āri, D. *accusare.*

Criminōse, avv. *criminalmente.*

Criminōsus, a, um, add. *colpevole, peccaminoso.*

Crināle, is, n. *cuffia.*

Crinalis, m. e f. e, n. **add. *che appartiene*** *ai crini.*

Crinis, is, m. *crine, capello.*

Crinītus, a, um, add. *crinito, zazzeruto.*

Crisis, is, f. *crisi, giudizio, sentenza.*

Crispo, as, etc. A. ***raggrinzare,*** *increspare.*

Crispŭlus, a, um, add. *ricciutello.*

Crispus, a, um, add. *ricciuto.*

Crista, æ, f. *cresta.*

Cristātus, a, um, add. *crestato, adorno di cimiero.*

Cristŭla, æ, f. *piccola cresta.*

Criticus, a, um, add. *critico.*

Criticus, i, m. *critico.*

Crocĕus, crocinus, a, um, **add. *di zaffe-*** *rano.*

Crocio, is, ire, N. *gracchiare.*

Crocito, as, etc. N. *crocidare, gracchiare.*

Crocitus, us, m. *canto del corvo.*

Crocodīlus, i, m. *coccodrillo.*

Crocum, i, n. crocus, i, **m. *croco, zaffe-*** *rano.*

Crotālum, i, n. *crotalo, nacchera.*

Cruciamentum, i, n. cruciātus, us, m. *tormento, afflizione.*

Cruciarius, ii, m. *ribaldo da forca.*

Crucifigo, gis, xi, xum, gere, A. *crocifiggere.*

Crucifixus, a, um, add. *crocifisso.*

Crucio, as, etc. A. *affliggere, cruciare.*

Crudēlis, m. e f. e, n. add. *crudele.*

Crudelitas, ātis, f. *crudeltà.*

Crudeliter, avv. *crudelmente.*

Crudesco, escis, escere, N. *incrudirsi, inasprirsi.*

Cruditas, ātis, f. *crudità, crudezza.*

Crūdus, a, um, add. *crudo, indigesto.*

Cruento, as, etc. A. *insanguinare.*

Cruentus, a, um, add. *insanguinato, sanguinolento.*

Crumēna, æ, f. *borsa.*

Crumenisĕca, æ, m. *tagliaborse.*

Cruor, ōris, m. *sangue.*

Crurālis, m. e f. e, n. add. **di gamba.**

Crus, cruris, n. *gamba.*

Crusculum, i, n. *gambetta.*

Crusta, æ, f. *crosta.*

Crusto, as, etc. A. *incrostare, intonacare.*

Crustŭla, æ, f. *piccola crosta.*

Crustum, crustulum, i, n. *ciambella, cialdone, tocco di pane.*

Crux, ucis, f. *croce.*

Crypta, æ, f. *grotta, caverna.*

Crystallum, i, n. crystallus, i, f. *cristallo.*

Crystallinus, a, um, add. *cristallino.*

Cubatio, ōnis, f. *giacimento.*

Cubiculāris, m. e f. e, n. add. *da* ***camera.***

Cubicularius, ii, m. *cameriere:* — a, um add. *da camera.*

Cubicŭlum, i, n. *camera.*

Cubīle, is, n. *letto.*

Cubital, ālis, n. *guancialetto.*

Cubitālis, m. e f. e, n. add. *cubitale.*

Cubitus, i, m. cubitum, i, n. *gomito, cubito (misura).*

Cubitus, us, m. *giacimento.*

Cubo, as, avi, o, ui, itum, āre, N. *giacere dormire, coricarsi.*

Cubus, i, m. *cubo.*

Cucullatus, a, um, add. *incappucciato.*
Cucŭmis, is, *vel* ĕris, m. *cocomero.*
Cucurbita, æ, f. *zucca.*
Cucurri. V. Curro.
Cudo, dis, di, sum, dĕre, A. *battere*, **stampare.**
Cujas, jătis? m. e f. *di qual paese?*
Cujus, a, um? add. *di chi?*
Culcita, æ, *vel* culcitra, f. *coltrice, materasso.*
Culcitella, æ, f. *materassuccio.*
Culeus, i, m. culeum, i, n. *culeo, sacco di cuoio.*
Culex, ĭcis. m. *zanzara.*
Culina, æ, f. *cucina.*
Culinarius, a, um, add. **di cucina.**
Culinarius, ii, m. *cuoco.*
Culmen, ĭnis, n. *cima.*
Culmus, i. m. *gambo, canna.*
Culpa, æ, f. *colpa.*
Culpatio, ōnis, f. *riprensione.*
Culpo, as, etc. A. *incolpare.*
Culte, avv. *con coltura, con eleganza.*
Cultellus, i, culter, tri, m. *coltello.*
Cultor, ōris, m. *coltivatore, cultore, abitatore.*
Cultrix, īcis, f. *coltivatrice, abitatrice.*
Cultūra, æ, cultio, ōnis, f. *coltura, coltivazione.*
Cultus, us, m. *cultura, culto:* — a, um, add. *coltivato, colto.*
Cum, prep. coll'abl. *con:* avv. *quando.*
Cumĕra, æ, f. *bugnola* (vaso da fromento).
Cuminum. V. Cyminum.
Cumulāte, cumulatim, avv. *copiosamente.*
Cumŭlo, as, etc. A. *accumulare.*
Cumŭlus, i, m. *cumolo, mucchio.*
Cunabŭla, ōrum, n. pl. cunæ, ārum, f. pl. *culla.*
Cunctabundus, a, um, add. *tardo, temporeggiatore.*
Cunctanter, avv. *tardamente.*
Cunctatio, ōnis, f. *tardanza, indugio.*
Cunctator, ōris, m. *tardo, indugiatore.*
Cunctor, āris, ātus, āri, D. *tardare, indugiare.*
Cunctus, a, um, cuncti, æ, a, add. *tutto, tutti.*
Cuneātim, avv. *a forma di conio.*
Cuneatus, a, um, add. *fatto a foggia di conio.*
Cunĕo, as, etc. A. *puntellare, coniare, fendere col conio.*
Cunĕus, i, m. *conio, bietta.*
Cunicŭlus, i, m. *coniglio, mina:* — cuniculus contrarius, *contrammina.*
Cupa, æ, f. *botte, tazza.*
Cupedarius, ii, m. V. Cupedinarius.
Cupedia, æ, f. cupediæ, ārum, f. pl. cupedia, ōrum, n. pl. *ghiottonerie, cibi delicati.*
Cupedinarius, ii, m. *civandiere.*
Cupide, avv. *desiderosamente.*
Cupiditas, ātis, cupido, inis, f. *cupidigia.*
Cupidus, a, um, cupiens, ĕntis, o. add. *desideroso.*

Cupio, is, īvi, ītum, ĕre, A. *desiderare.*
Cupitor, ōris, m. *desideroso.*
Cupitus, a, um, add. *desiderato.*
Cupressĕus, cupressinus, a, um, add. *di cipresso.*
Cupressus, i, f. *vel* us, m. *cipresso.*
Cuprĕus, cuprinus, a, um, add. *di rame.*
Cuprum, i, n. *rame.*
Cur? cong. *perchè?*
Cura, æ, f. *cura, pensiero.*
Curate, avv. *diligentemente.*
Curatio, ōnis, f. *cura, amministrazione.*
Curātor, ōris, m. *curatore.*
Curātrix, īcis, f. *curatrice.*
Curculio, ōnis, m. *gorgoglione* (verme).
Curia, æ, f. *curia.*
Curialis, m. e f. e, n. add. *di curia.*
Curio, ōnis, m. *curione, sacerdote della curia.*
Curiōse, avv. *curiosamente.*
Curiositas, ātis, f. *curiosità.*
Curiosus, a, um, add. *curioso,* **desideroso,** *diligente.*
Curo, as, etc. **A. aver cura.**
Curriculum, **i, n. corsa, luogo dove si corre.**
Curro, rris, curri, rsum, rrĕre, N. *correre, andare incontro.*
Currus, us, m. *cocchio.*
Cursim, avv. *correndo.*
Cursio, ōnis, f. *corsa.*
Cursito, as, etc. curso, **as, etc. N.** *correre qua e là.*
Cursor, ōris, m. *corriere.*
Cursus, us, m. *corso, carriera.*
Curtus, a, um, add. *corto, breve, scarso.*
Curvāmen, ĭnis, n. curvatio, ōnis, f. curvatūra, æ, f. *curvità, piegatura.*
Curvo, as, etc. A. *piegare, incurvare.*
Curvus, curvatus, a, um, add. *curvo,* ***piegato.***
Cusor, ōris, m. *coniatore.*
Cuspidātus, a, um, add. *acuto, appuntato.*
Cuspido, as, etc. A. *aguzzare.*
Cuspis, idis, f. *punta.*
Custodia, æ, f. *custodia, guardia.*
Custodio, dis, dīvi, dītum, dīre, A. *custodire.*
Custodite, avv. *con riguardo.*
Custos, ōdis, m. *custode.*
Cuticula, æ, f. *cuticula.*
Cutis, is, f. *cute, pelle.*
Cyathus, i, m. *bicchiere.*
Cyclas, ădis, f. *gonna, simarra.*
Cyclops, ōpis, m. *ciclope.*
Cycneus, a, um, add. *di cigno.*
Cydonium malum, i, n. *cotogno.*
Cygneus, cygneius, a, um, add. *di cigno.*
Cygnus, cycnus, i, m. *cigno.*
Cylindrus, i, m. *cilindro.*
Cyma, æ, f. *broccolo.*
Cymba, æ, f. *barca.*
Cymbalum, i, n. *cembalo.*
Cymbium, ii, n. *nappo,* ***bicchiere a barchetta.***
Cymbula, æ, ***f. barchetta.***

Cyminum, i, n. cumino, cimino, comino.
Cynosūra, æ, f. orsa minore.
Cyparissus, i, f. cipresso.
Cyprinus, i, m. reina (pesce).
Cytisum, i, n. cytisus, i, m. citiso (erba).

D

Dactylus, i, m. *dattero, dattilo.*
Dæmon, ŏnis, m. dæmonium, ii, n. *demonio.*
Dama, æ, f. *damma, daino.*
Damnatio, ōnis, f. *condannagione.*
Damnatorius, a, um, add. *condannatorio.*
Damno, as, etc. A. *condannare.*
Damnose, avv. *dannosamente.*
Damnosus, a, um, add. *dannoso.*
Damnum, i, n. *danno.*
Danista, æ, m. *usuraio, banchiere.*
Dapālis, m. e f. e, n. add. *sontuoso.*
Daps, pis, f. *vivanda.*
Dapsilis, m. e f. e, n. add. *sontuoso.*
Dapsiliter, avv. *sontuosamente.*
Datio, ōnis, f. *il dare.*
Dator, ōris, m. *datore.*
De, prep. coll' abl. *di, da, intorno.*
Dea, æ, f. *dea.*
Dealbātor, ōris, m. *imbiancatore.*
Dealbo, as, etc. A. *imbiancare.*
Deambulatio, ōnis, f. *passeggio.*
Deambulo, as, etc. N. *passeggiare.*
Deāmo, as, etc. A. *amar molto.*
Dearmātus, a, um, add. *disarmato.*
Deaurātor, ōris, m. *doratore.*
Deauro, as, etc. A. *dorare.*
Debacchor, āris, ātus, āri, D. *infuriarsi.*
Debellator, ōris, m. *vincitore.*
Debello, as, etc. A. *debellare.*
Debeo, es, ui, itum, ēre, A. e N. *dovere.*
Debilis, m. e f. e, n. add. *debole.*
Debilitas, ātis, f. *debolezza.*
Debilitatio, ōnis, f. *debilitamento.*
Debiliter, avv. *debolmente.*
Debilito, as, etc. A. *indebolire.*
Debitio, ōnis, f. *debito.*
Debitor, ōris, m. *debitore.*
Debitrix, īcis, f. *debitrice.*
Debitum, i, n. *debito.*
Debitus, a, um, add. *dovuto, meritato.*
Deblatero, as, etc. N *ciarlare.*
Decacumino, as, etc. A. *scapezzare, tagliar la cima degli alberi.*
Decanto, as, etc. A. *divolgare, celebrare.*
Decanus, i, m. *decano.*
Decas, adis, f. *decade, decina.*
Decedo, dis, ssi, ssum, dere, N. *ritirarsi, partirsi, cedere.*
Decem, add. num. indecl. *dieci.*
December, ris, m. *decembre.*
Decempeda, æ, f. *pertica lunga dieci piedi.*
Decempedator, ōris, m. *perticatore, agrimensore.*
Decemplex, icis, add. *dieci volte maggiore.*
Decemplicātus, a, um, add. *moltiplicato per dieci.*
Decemvirālis, m. e f. e, n. add. *che spetta ai decemviri.*
Decemvirātus, us, m. *decemvirato.*
Decemvĭri, ōrum, m. pl. *decemviri, magistrato di dieci uomini.*
Decennis, m. e f. e, n. *decenne, di dieci anni.*
Decens, entis, c. add. *decente.*
Decenter, avv. *decentemente.*
Decentia, æ, f. *decenza, onestà, convenienza.*
Deceptio, ōnis f. *inganno.*
Decēptor, ōris, m. *ingannatore.*
Decēptus, a, um, add. *ingannato.*
Decērno, ernis, rēvi, rētum, ernere, A. *determinare, decretare, conchiudere.*
Decērpo, is, si, tum, ere, A. *cogliere, staccare.*
Decerptus, a, um, add. *colto, staccato.*
Decertatio, ōnis, f. *contesa.*
Decertatus, a, um, add. *conteso.*
Decertatōrius, a, um, add. *litigioso, questionabile.*
Decerto, as, etc. N. *contrastare, contendere.*
Decessi. V. Decedo.
Decessio, ōnis, f. *partita, partenza.*
Decessor, ōris, m. *predecessore.*
Decessus, us, m. *partenza, morte.*
Decet, ēbat, uit, ēre, imp. *convenire, esser nel caso.*
Decīdo, dis, di, sum, dere, A. *recidere, tagliare, stabilire.*
Decĭdo, dis, di, dere, N. *cader giù.*
Deciduus, a, um, add. *caduco, cadente.*
Decies, avv. *dieci volte.*
Decimānus, vel decumanus, a, um, add. *il decimo.*
Decimo, as, etc. A. *decimare, tòrre la decima.*
Decimus, a, um, add. *decimo.*
Decipio, ipis, ēpi, eptum, ipere, A. *ingannare.*
Decisio, ōnis, f. *decisione, accordo.*
Decisus, a, um. add. *tagliato, troncato.*
Declamatio, ōnis, f. *declamazione.*
Declamātor, ōris, m. *declamatore avvocatore.*
Declamatorius, a, um, add. *declamatorio.*
Declāmo, declamito, as, etc. N. e A. *declamare.*
Declaratio, ōnis, f. *dichiarazione.*
Declarātor, ōris, m. *dichiaratore.*
Declāro, as, etc. A. *dichiarare.*
Declinatio, ōnis, f. *declinazione, abbassamento.*
Declīno, as, etc. A. *declinare, abbassare.*
Declīvis, m. e f. e, n. add. *declive, chino.*
Declivitas, ātis, f. *pendio, declività.*
Decoctor ōris, m. *dilapidatore, fallito.*
Decoctum, i, n. decoctura, æ, f. decoctus, us, m. *decotto, decozione.*
Decoctus, a, um, add. *cotto, scemato nel cuocere.*
Decōllo, as, etc. A. *tagliare il collo.*
Decolor, ōris, add. c. *scolorito.*
Decoloratio, ōnis, f. *scolorimento.*
Decolōro, as, etc. A. *scolorare.*

Decŏquo, oquis, oxi, octum, oquere, A. *cuocere, scemar cuocendo, fallire.*
Decor, ōris, m. *decoro, ornamento.*
Decore, avv. *decorosamente, con grazia.*
Decōro, as, etc. A. *decorare, ornare.*
Decorticatio, ōnis, f. *scorticamento.*
Decortico, as, etc. A. *scorticare, scortecciare.*
Decōrum, i, n. *decoro.*
Decōrus, a, um, add. *decoroso.*
Decoxi. V. Decoquo.
Decrementum, i, n. *decremento.*
Decrepitus, a, um, add. *decrepito.*
Decresco, escis, ēvi, ētum, escere, N. *decrescere, calare, impiccolire.*
Decretorius, a, um. add. *decisivo.*
Decretum, i, n. *decreto.*
Decretus, a, um, add. *decretato.*
Decrevi. V. Decerno, o decresco.
Decribro, as, etc. *crivellare*, A.
Decŭbo, as, ui, itum, are, N. *giacere.*
Decubui. V. Decubo o decumbo.
Decŭma, æ, f. *decima.*
Decumānus, a, um, add. *di decimo, grande.*
Decumbo, mbis, bui, bitum, mbere, N. *giacere.*
Decŭplus, a, um, add. *decuplo.*
Decuria, æ, f. *decuria, decina.*
Decuriatio, ōnis, f. decuriatus, us, m. *divisione in dieci.*
Decurio, ōnis, m. *decurione.*
Decŭrro, rris, curri, rsum, rrere, N. *correr giù.*
Decursio, ōnis, f. *scorreria*, decursiones ludicræ, f. pl. *giostre.*
Decursus, us, m. *scorrimento allo ingiù.*
Decursus, a, um, add. *trascorso.*
Decurto, as, etc. A. *scorciare.*
Decus, ŏris, n. *decoro, ornamento.*
Decussatim, avv. *incrocicchiando.*
Decussatio, ōnis, f. *incrocicchiamento.*
Decussis, is, f. *moneta di dieci assi.*
Decusso, as, etc. A. *incrociare.*
Decussus, us, m. *abbattimento*, — a, um, add. *scosso, gettato giù sbattendo.*
Decutio, utis, ussi, ussum, utere, A. *crollare, atterrare scuotendo.*
Dedecet, ebat, uit, ēre, imp. *disconvenire.*
Dedĕcor, ŏris, c. add. *disonesto, infame.*
Dedecoro, as, etc. A. *disonorare.*
Dedecorus, a, um, add. *disonorato, infame.*
Dedecus, ŏris, n. *disonore, infamia.*
Dedicatio, ōnis, f. *dedicazione.*
Dedico, as, etc. A. *dedicare.*
Dedidici. V. Dedisco.
Dedignatio, ōnis, f. *disdegno.*
Dedignor, aris, atus, ari, D. *sdegnare, sprezzare.*
Dedisco, iscis, idici, iscere, A. *disimparare.*
Deditio, ōnis, f. *resa.*
Dedititius, a, um, add. *che si è reso.*
Deditus, a, um, add. *dedito, reso.*
Dedo, dis, didi, ditum, dere, A. *rendere, dare.*

Dedoceo, oces, ocui, octum, ocēre, A. *insegnare al contrario.*
Dedoleo, oles, olui, olitum, olēre, N. *cessar di dolersi.*
Dedolo, as, etc. A. *asciare, pialiare.*
Dedūco, cis, xi, ctum, cere, A. *dedurre, tirar giù.*
Deductio, ōnis, f. *deduzione, condotta, sottrazione.*
Deductor, ōris, m. *conduttore, chi accompagna.*
Dedūctus, a, um, add. *dedotto, tirato giù.*
Deerro, as, etc. N. *smarrirsi, errare, vagare.*
Defæco, as, etc. A. *purgare, levar la feccia.*
Defatigatio, ōnis, f. *stanchezza.*
Defatigo, as, etc. A. *stancare.*
Defectio, ōnis, f. *mancamento, ribellione.*
Defector, ōris, m. *ribelle, disertore.*
Defectus, us. m. *mancamento, ecclisse*, — a, um, add. *mancante, privo.*
Defendo, dis, di, sum, dere, A. *difendere, conservare.*
Defensio, ōnis, f. *difesa, riparo.*
Defensor, ōris, m. *difensore, conservatore.*
Defensus, a, um. add. *difeso, conservato.*
Deferbui. V. Deferveo, o defervesco.
Defero, fers, tuli, latum, ferre, A. *portar giù, deferire, accusare.*
Defervefacio, acis, eci, actum, acere, A. *far bollire, cuocere.*
Deferveo, ves, bui, vēre: defervesco, is, ere, N. *cessar di bollire, raffreddarsi.*
Defessus, a, um, add. *stanco, indebolito.*
Deficio, icis, eci, ectum, icere, N. *venir meno, mancare;* deficere ab aliquo, *ribellarsi.*
Defigo, gis, xi, xum, gere, A. *ficcar giù, piantare, imprimere.*
Defingo, is, nxi, ctum, ere, A. *formare, dar forma.*
Definio, inis, ivi, initum, inire, A. *definire, determinare.*
Definite, avv. *definitivamente.*
Definitio, ōnis, f. *definizione, limitazione.*
Definitivus, a, um, add. *definitivo.*
Definitus, a, um, add. *prescritto.*
Defit, defiat, defieri, imp. *manca, manchi, mancare.*
Defixus, a, um, add. *piantato, attaccato.*
Deflagratio, ōnis, f. *incendio, combustione.*
Deflagro, as, etc. N. *ardere.*
Deflecto, ctis, xi, ctum, ctere, A. *piegare, torcere.*
Defleo, es, evi, etum, ēre, A. *compiangere.*
Defletio, ōnis, f. *pianto.*
Deflexio, ōnis, f. deflexus, us, m. *piegatura.*
Deflexus, a, um, add. *piegato all' ingiù.*
Deflo, as, etc. A. *soffiar via.*
Defloreo, ores, orui, orēre: defloresco, is, ere, N. *sfiorire, perdere il fiore.*
Defloro, as, etc. A. *disflorare, macchiare.*
Defluo, uis, uxi, uxum, uere, N. *scorrere all' ingiù.*

Defodio, odis, odi, ossum, odere, A. scavare.

Deformatio, ōnis, f. abbozzo, disegno, deformazione.

Deformis, m. e f. e, n. add. deforme.

Deformitas, ātis, f. deformità.

Deformiter, avv. deformemente.

Deformo, as, etc. A. sformare, deformare.

Defossus, a, um, add. scavato, dissotterrato.

Defractus, a, um, add. rotto.

Defraudātor, ōris, m. ingannatore, defraudatore.

Defraudo, as, etc. A. defraudare.

Defrenātus, a, um, add. sfrenato.

Defricatus, a, um, add. fregato.

Defrico, as, ŭi, ctum, āre, A. strofinare.

Defrictus, a, um, add. fregato.

Defrigēsco, gēscis, gescĕre, N. raffreddarsi.

Defringo, ingis, ēgi, actum, ingĕre, A. rompere, spezzare.

Defrūto, as, etc. A. far vino cotto.

Defrūtum, i, n. vino cotto.

Defugio, ŭgis, ūgi, ugĕre, A. sfuggire.

Defunctorie, avv. perfuntoriamente, languidamente.

Defunctorius, a, um, add. languido, superficiale.

Defunctus, a, um, add. che ha finito, defunto.

Defundo, ndis, ūdi, ūsum, ndĕre, A. versare, spandere.

Defungor, gĕris, ctus, gi, D. eseguire, finire: defungi vita, morire.

Defūsus, a, um, add. versato, sparso.

Degĕner, enĕris, c. add. tralignante, bastardo.

Degenĕro, as, etc. N. e A. degenerare.

Deglūbro, as, etc. A. scorticciare, pelare.

Deglūbo, bis, psi, ptum, bĕre, A. pelare.

Degluptus, a, um, add. pelato, scorticato.

Deglutino, as, etc. A. staccare cose incollate.

Dego, gis, gi, gĕre, A. fare, vivere.

Degrandinat, ābat, āvit, āre, imp. grandinare.

Degrāvo, as, etc. A. aggravare.

Degredior, edĕris, essus, ĕdi, D. discendere, andar giù.

Degustatio, ōnis, f. assaggiamento.

Degusto, as, etc. A. gustare, assaggiare.

Dehinc, avv. nell' avvenire, dipoi.

Dehisco, is, ĕre, N. aprirsi, spalancarsi.

Dehonestamentum, i, n. deformità, guastamento.

Dehonestus, a, um, add. disonesto.

Dehortor, aris, atus, ari, D. sconsigliare, dissuadere.

Dejectio, ōnis, f. dejectus, us, m. atterramento: dejectus collis, pendio del monte.

Dejectus, a, um, add. abbattuto, atterrato.

Dejĕro, as, etc. N. protestare con giuramento.

Dejicio, icis, ēci, ectum, icĕre, A. abbattere, diroccare.

Deinceps, avv. di poi, di mano in mano.

Deinde, dein, avv. dopoi, quindi.

Dejungo, gis, xi, ctum, gĕre, A. disgiungere.

Delabor, abĕris, apsus, abi, D. cadere.

Delacrymatio, ōnis, f. uscita di lagrime.

Delacrymo, as, etc. A. lagrimare.

Delambo, bis, bi, bĕre, A. leccare.

Delamentor, aris, atus, ari, D. lamentarsi assai.

Delapido, as, etc. A. dilapidare, selciare.

Delapsus, a, um, add. sceso, caduto.

Delapsus, us, m. declivio, scorrimento.

Delasso, as, etc. A. stancare.

Delatio, ōnis, f. delazione, accusa.

Delator, ōris, m. delatore, spia.

Delatus, a, um, add. portato, accusato.

Delebilis, m. e f. e, n. add. delebile.

Delectabilis, m. e f. e, n. add. dilettevole.

Delectabiliter, avv. dilettevolmente.

Delectatio, ōnis, f. delectamentum, i, n. diletto, piacere.

Delecto, as, etc. A. dilettare, compiacere.

Delector, aris, atus, ari, D. dilettarsi.

Delectus, us, m. scelta, — a, um, add. scelto, eletto.

Delegatio, ōnis, f. delegazione.

Delēgo, as, etc. A. delegare, commettere.

Delenitio, ōnis, f. solletico, mitigazione.

Deleo, es, ēvi, ētum, ēre, A. cancellare.

Deletio, ōnis, f. scancellamento.

Deliberabundus, a, um, add. pensoso.

Deliberatio, ōnis, f. deliberazione.

Deliberativus, a, um, add. deliberativo.

Deliberator, ōris, m. chi delibera.

Delibero, as, etc. A. deliberare, risolvere.

Delibo, as, etc. A. assaggiare.

Delibro, as, etc. A. scorticciare.

Delibutus, a, um, add. unto.

Delicate, avv. delicatamente.

Delicatus, a, um, add. delicato, molle.

Deliciæ, deliciŏlæ, arum, f. pl. delicium, ii, deliciolum, i, n. delizie, piaceri.

Delictum, i, n. delitto.

Deligo, as, etc. A. legare.

Deligo, igis, ēgi, ectum, igere, A. eleggere.

Delineo, as, etc. A. delineare, disegnare.

Delinimentum, i, n. delinitio, ōnis, f. carezze, lusinghe.

Delinio, inis, ivi, itum, ire, A. mitigare, placare.

Delinitor, oris, m. mitigatore, lusingatore.

Delinquo, nquis, qui, ctum, nquere, A. peccare, fallare.

Deliquesco, quescis, qui, quescĕre, N. liquefarsi.

Deliramentum, i, n. deliratio, ōnis, f. delirium, ii, n. delirio.

Deliro, as, etc. N. delirare.

Delirus, a, um, add. pazzo, delirante.

Delitesco, tescis, tui, tescere, N. nascondersi.

Delūbrum, i, n. tempio, chiesa.

Deluctor, āris, ātus, āri, D. lottare, contrastare.

Delūdo, dis, si, sum, dĕre, A. *beffare, cessare di combattere.*
Delumbātus, a, um, add. *dilombato.*
Delumbis, m. e f. e, n. add. *direnato, dilombato.*
Delūmbo, as, etc. A. *direnare, slombare.*
Delūsus, a, um, add. *beffato, burlato.*
Demăndo, as, etc. A. *commettere.*
Demens, ĕntis, c. add. *demente, pazzo.*
Dementer, avv. *pazzamente.*
Dementia, æ, f. *demenza.*
Demereo, eres, erui, eritum, erēre, A. *meritare, guadagnare.*
Demereor, ereris, eritus, erēri, D. *farsi merito con alcuno.*
Demergo, gis, si, sum, gere, A. *affondare, sommergere.*
Demeritus, a, um, add. *meritato.*
Demersus, a, um, add. *sommerso.*
Demessui. V. Demeto.
Demĕssus, a, um, add. *mietuto, tagliato.*
Demĕto, tis, ssui, ssum, tere, A. *mietere, tagliare.*
Demigratio, ōnis, f. *partenza.*
Demigro, as, etc. N. *partire.*
Demīror, āris, ātus, āri, D. *maravigliarsi.*
Demīsse, avv. *bassamente, umilmente.*
Demissio, ōnis, f. *bassezza, umiltà.*
Demīssus, a, um, add. *basso, dimesso.*
Demītto, ittis, si, ssum, ttere, A. *abbassare.*
Demo, is, psi, ptum, ere, A. *togliere, levar via.*
Demolior, īris, ītus, īri, D. *demolire.*
Demolitio, ōnis, f. *rovina.*
Demolitor, ōris, m. *spianatore.*
Demonstrabilis, m. e f. e, n. add. *dimostrabile.*
Demonstratio, ōnis, f. *dimostrazione.*
Demonstratīvus, a, um, add. *dimostrativo.*
Demonstrātor, ōris, m. *dimostratore.*
Demōnstro, as, etc. A. *dimostrare.*
Demŏror, āris, ātus, āri, D. *indugiare.*
Demortuus, a, um, add. *morto.*
Demōtus, a, um, add. *mosso, levato via.*
Demoveo, oves, ōvi, ōtum, ovēre, A. *muovere, levar via.*
Demptus, a, um, add. *tolto.*
Demulceo, ces, si, ctum, cēre, A. *lisciare, accarezzare.*
Demum, avv. *finalmente.*
Demūto, as, etc. A. *mutare.*
Denarius, ii, m. *denaro.*
Denārro, as, etc. A. *narrare, raccontare.*
Denāso, as, etc. A. *tagliare il naso.*
Denego, as, etc. A. *negare.*
Deni, æ, a, add. *a dieci a dieci.*
Denigro, as, etc. A. *denigrare, annerire.*
Denĭque, avv. *finalmente.*
Denominatio, ōnis, f. *denominazione.*
Denomino, as, etc. A. *denominare.*
Denoto, as, etc. A. *denotare.*
Dens, tis, m. *dente.*
Densatio, ōnis, f. *condensazione.*
Dense, avv. *densamente.*
Densitas, ātis, f. *densità.*

Denso, as, etc. A. *condensare.*
Densus, a, um, add. *denso, folto.*
Dentāle, is, n. *dentale del vomero.*
Dentātus, a, um, add. *dentato.*
Dentex, icis, m. *dentice (pesce).*
Denticulātus, a, um, add. *fatto a denti.*
Denticulus, i, m. *dentello.*
Dentifricium, ii, n. *nettadenti.*
Dentio, is, īvi, ītum, īre, N. *mettere i denti.*
Dentiscalpium, ii, n. *stuzzicadenti.*
Dentōsus, a, um, add. *dentato, che ha denti.*
Denūbo, bis, psi, ptum, bere, N. *maritarsi.*
Denūdo, as, etc. A. *spogliare, denudare.*
Denuntiatio, ōnis, f. *denunzia, predizione.*
Denuntio, as, etc. A. *intimare, denunziare.*
Denuo, avv. *di nuovo.*
Deonero, as, etc. A. *scaricare.*
Deorsum, avv. *all' ingiù.*
Deosculor, āris, ātus, āri, D. *baciare.*
Depactus, a, um, add. *piantato, ficcato in terra.*
Depāsco, ascis, āvi, āstum, ascere, A. depāscor, eris, astus, asci, D. *pascere, consumare.*
Depāstus, a, um, add. *consumato pascendo, mangiato.*
Depavi. V. Depasco.
Depecto, etis, xi, vel xui, xum, ctere. A. *pettinare.*
Depeculātor, ōris, m. *espilatore, rubatore.*
Depeculātus, us, m. *rubamento.*
Depeculor, āris, ātus, āri, D. *rubare.*
Depēllo, ellis, uli, ulsum, ellere, A. *allontanare, cacciar via.*
Dependeo, des, di, sum, dēre, N. *pendere.*
Depēndo, dis, di, sum, dere, A. *pesare.*
Deperditus, a, um, add. *perduto.*
Depērdo, is, idi, itum, ere, A. *perdere.*
Depereo, eris, erīvi, vel erii, eritum, erīre, N. *perdersi, perire,* A. *amare perdutamente.*
Depēxus, a, um, add. *pettinato.*
Depictus, a, um, add. *dipinto.*
Depilātus, a, um, add. *pelato.*
Depingo, ngis, nxi, ctum, ngere, A. *dipingere.*
Deplanto, as, etc. A. *spiantare, svellere.*
Depleo, es, ēvi, ētum, ēre, A. *votare.*
Deploratio, ōnis, f. *pianto.*
Deplorātus, a, um, add. *disperato, compianto.*
Deplōro, as, etc. A. *compiangere, deplorare.*
Depluit, ēbat, it, ere, imp. *piovere.*
Deplūmis, m. e f. e, n. add. *senza piume.*
Depolitio, ōnis, f. *finimento, perfezione:* — agri, *cultura dei campi.*
Depōno, nis, sui, situm, nere, A. *deporre, metter giù.*
Depontāni, ōrum, m. pl. *vecchi decrepiti.*
Depopōsci. V. Deposco.
Depopulatio, ōnis, f. *saccheggiamento.*
Depopulātor, ōris, m. *saccheggiatore.*
Depopulor, āris, ātus, āri, C. depopulo,

as, etc. A. *essere saccheggiato, saccheggiare.*
Deportatio, ōnis, *f. esilio, trasporto.*
Deporto, as, etc. A. *trasportare esiliare.*
Deposco, scis, pŏsci, scĕre, A. *dimandare con istanza.*
Depositum, i, n. *deposito, deposizione.*
Depositus, a, um, add. *deposto.*
Deprædatio, ōnis, f. *saccheggiamento.*
Deprædor, āris, ātus, āri, D. *saccheggiare.*
Depravāte, avv. *tortamente, malamente.*
Depravatio, ōnis, f. *corruzione.*
Deprāvo, as, etc. A. *depravare corrompere.*
Deprecabŭndus, a, um, add. *supplichevole.*
Deprecatio, ōnis, f. *intercessione, preghiera.*
Deprecātor, ōris, m. *intercessore.*
Deprecātrix, īcis, f. *interceditrice.*
Deprĕcor, āris, ātus, āri, D. *intercedere, supplicare.*
Deprehĕndo, dis, di, sum, dĕre, A. *cogliere sul fatto, sorprendere.*
Deprehensio, ōnis, f. *sorpresa.*
Deprehĕnsus, a, um, add. *sorpreso.*
Depresse, avv. *profondamente, umilmente.*
Deprĕssus, a, um, add. *depresso, abbassato.*
Deprĭmo, imis, essi, essum, imĕre, A. *abbassare, aggravare.*
Deprōmo, is, psi, ptum, ĕre, A. *cavar fuori, metter fuori.*
Depromptus, *vel* depromtus, a, um, add. *cavato fuori.*
Deproperō, as, etc. A. *affrettarsi, far in fretta.*
Depūgno, as, etc. A. *contrastare.*
Depulsio, ōnis, f. *scacciamento.*
Depŭlso, as. etc. A. *scacciare.*
Depŭlsor, ōris, m. *scacciatore.*
Depŭlsus, a, um, add. *scacciato, allontanato.*
Depūrgo, as, etc. A. *purgare, nettare.*
Depŭto, as, etc. A. *potare, fare i conti, stimare.*
Derelictio, ōnis, f. derelictus, us, m. *abbandonamento.*
Derelictus, a, um, add. *derelitto, abbandonato.*
Derelinquo, nquis, qui, ctum, nquĕre, A. *abbandonare, lasciare.*
Derepĕnte, avv. *all' improvviso.*
Derēpo, is, si, tum, ĕre, N. *scendere rampicando.*
Dereptus, a, um, add. *tirato giù, levato via.*
Derideo, ides, isi, isum, idēre, A. *deridere.*
Deripio, ipis, ipui, eptum, ipĕre, A. *tirar giù, staccare.*
Derisor, ōris, m. *derisore.*
Derīsus, us, m. *derisione:* — a, um, add. *deriso, beffato.*
Derivatio, ōnis, f. *derivazione.*
Derīvo, as, etc. A. *derivare*, derivare culpam in aliquem, *buttar la colpa su qualcheduno.*
Derogatio, ōnis, **f. *derogazione.***

Derŏgo, as, **avi, atum, are. A. *derogare, scemare.***
Derōsus, a, um, add. *roso, corroso.*
Desævio, is, i, ītum, īre, N. *incrudelire.*
Descĕndo, dis, di, sum, dĕre, N. *scendere, calare.*
Descensio, ōnis, f. descĕnsus, us, m. *scesa, discesa.*
Desciseo, iscis, ivi, itum, iscĕre, N. *ribellarsi, tradir la propria fede.*
Descrībo, bis, psi, ptum, bĕre, A. ***descrivere**, trascrivere.*
Descriptio, ōnis, f. *descrizione.*
Descrīptus, a, um, add. *descritto.*
Desĕco, as, cui, tum, are, A. *segare.*
Desectio, ōnis, f. *tagliamento.*
Desectus, a, um, add. *tagliato.*
Desĕro, ĕris, erui, ertum, erĕre, A. ***abbandonare**, lasciare.*
Desĕro, ĕris, ēvi, itum, **erĕre, N. *seminare***, *piantare.*
Desertio, ōnis, f. *abbandonamento.*
Desertor, ōris, m. *disertore.*
Desertum, i, n. *deserto:* — a, um, add. *deserto, abbandonato.*
Deservio, vis, vi, *vel* vii, **vitum, vire, N.** *servire, attendere.*
Deses, idis, c. add. *ozioso, pigro.*
Desicco, as, etc. A. *disseccare.*
Desideo, ides, edi, essum, idēre, N. *stare in ozio.*
Desiderabilis, **m. e f. e, n. add. *desiderabile.***
Desiderium, ii, n. *desiderio.*
Desidĕro, as, etc. A. *desiderare.*
Desidia, æ. desidies, ei, f. *pigrizia, infingardaggine.*
Desidiose, avv. *oziosamente.*
Desidiōsus, a, um, add. *pigro.*
Desīdo, idis, idi, essum, idĕre, N. *sprofondarsi, abbassarsi.*
Designatio, ōnis, f. *descrizione, disegno.*
Designātor, ōris, m. *architetto, maestro di cerimonie.*
Designo, as, etc. A. *segnare, notare.*
Desilio, ilis, ilui, *vel* ilii, ultum, ilīre, N. *scender di salto, saltar giù.*
Desino, inis, inivi, *vel* ii, initum, inĕre, N. *cessare, rinunziare.*
Desisto, istis, stiti, stitum, **istĕre, N. *desistere.***
Desitus, a, um, add. *lasciato, omesso.*
Desolo, as, etc. A. *desolare, lasciar solo, distruggere.*
Despecto, as, etc. A. *guardare in giù.*
Despectus, us, m. *disprezzo:* — a, um, add. *disprezzato.*
Desperanter, avv. *disperatamente.*
Desperatio, ōnis, f. *disperazione.*
Desperātus, a, um, add. *disperato.*
Despēro, as, etc. A. *disperare.*
Despicatio, ōnis, f. despicatus, us, m. *disprezzo.*
Despicātus, a, um, add. *disprezzato.*
Despicio, icis, exi, ectum, icĕre, A. *guardare in giù, disprezzare.*

Despolio, as, etc. A. *dispogliare, saccheggiare.*
Despondĕo, ndes, ndi, *vel* spopondi, nsum, ndēre. A. *promettere, scoraggiarsi.*
Desponsus, a, um, add. *promesso.*
Despopondi. V. Despondeo.
Despuo, ŭis, ŭi, ūtum, uĕre, A. *sputare.*
Desquamo, as, etc. A. *scagliare, tôrre le squame.*
Destertĕo, tis, tui, tĕre, N. *finir di russare.*
Destinatio, ōnis, f. *destinazione, deliberazione.*
Destināto, avv. *deliberatamente.*
Destīno, as, etc. A. *destinare, determinare.*
Destiti. V. Desisto.
Destitŭo, uis, ŭi, ūtum, uĕre, A. *abbandonare, lasciar solo, ingannare.*
Destitutio, ōnis, f. *abbandono, mancamento, fallimento.*
Destitūtor, ōris, m. *abbandonatore.*
Destringo, is, inxi, ictum, ĕre, A. *spiccare, svellere.*
Destructio, ōnis, f. *distruzione.*
Destrūctus, a, um, add. *distrutto.*
Destrŭo, ŭis, ūxi, ūctum, uĕre, A. *distruggere.*
Desūdo, as, etc. N. *sudar molto.*
Desuefacio, ăcis, ēci, ăctum, acĕre, A. *divezzare.*
Desuefactus, a, um, add. *divezzato.*
Desuēsco, scis, vi, tum, scĕre, N. *divezzarsi.*
Desuetūdo, ĭnis, f. *disusanza.*
Desuētus, a, um, add. *disusato.*
Desultor, ōris, m. *chi salta da un luogo in un altro.*
Desultorius, a, um, add. *incostante.*
Desum, es, fui, esse, N. *mancare.*
Desūmo, is, psi, ptum, ere, A. *prendere, desumere.*
Desŭper, avv. *di sopra.*
Detectio, ōnis, f. *scoprimento.*
Detĕctus, a, um, add. *scoperto, manifestato.*
Detego, egis, ēxi, ēctum, egere, A. *scoprire, manifestare.*
Detēndo, dis, di, sum, dere, A. *allontanare, sciogliere.*
Detentio, ōnis, f. *ritenzione.*
Detentor, ōris, m. *ritenitore.*
Detentus, a, um, add. *detenuto, ritenuto.*
Detergeo, ges, si, sum, gēre: detergo, gis, si, sum, gĕre, A. *detergere, nettare.*
Deterior, m. e f. us, n. ōris, add. *inferiore, peggiore.*
Deterius, avv. *peggio.*
Determinatio, ōnis, f. *determinazione.*
Determino, as, etc. A. *determinare.*
Detero, eris, trivi, tritum, erĕre, A. *logorare, consumare.*
Deterreo, es, ui, itum, ēre, A. *spaventare.*
Deterritus, a, um, add. *distolto, sconsigliato, rimosso.*
Detestabilis, m. e f. e, n. add. *detestabile.*
Detestatio, onis, f. *detestazione.*
Detēstor, āris, ātus, āri, D. *detestare, chiamare in testimonio.*
Detēxo, is, ui, tum, ere, A. *tessere.*
Detextus, a, um, add. *tessuto.*
Detineo, ines, inui, ĕntum, inēre, A. *trattenere, ritardare.*
Detŏnat, ābat, uit, āre, Imp. *cessare di tonare.*
Detondeo, des, di, sum, dēre, A. *tosare, tagliare.*
Detonsus, a, um, add. *tosato, tagliato.*
Detorqueo, ques, si, tum, quēre, A. *torcere, piegare.*
Detortus, a, um, add. *torto, piegato.*
Detractio, onis, f. *detrazione.*
Detractor, oris, m. *detrattore.*
Detractus, a, um, add. *detratto.*
Detraho, ahis, axi, actum, ahere, A. *detrarre.*
Detrectatio, onis, f. *rifiuto.*
Detrectator, oris, m. *chi fugge, o ricusa.*
Detrecto, as, etc. A. *ricusare, biasimare.*
Detrimentum, i, n. *detrimento.*
Detrītus, a, um, add. *logorato, consumato.*
Detrivi. V. Detero.
Detrudo, dis, si, sum, dere, A. *cacciar per forza.*
Detruncatio, onis, f. *troncamento.*
Detrūnco, as, etc. A. *troncare.*
Detrūsus, a, um, add. *spinto, cacciato per forza.*
Detuli. V. Defero.
Detumesco, escis, ui, ĕre: detumeo, es, ui, ĕre, N. *sgonfiarsi.*
Deturbo, as, etc. A. *gettare abbasso, abbattere.*
Deturgens, ĕntis, c. add. *chi si sgonfia.*
Deunx, cis, c. add. *di undici once.*
Deus, i, m. *Dio, Iddio.*
Devasto, as, etc. A. *devastare.*
Devectus, a, um, add. *portato giù.*
Deveho, ehis, ēxi, ĕctum, ehere, A. *portar giù.*
Devēlo, as, etc. A. *svelare, scoprire.*
Devenio, enis, ēni, ĕntum, enire, N. *scendere, venir giù.*
Deveto, as, etc. A. *proibire.*
Devexĭtas, ātis, f. *piegatura, pendio.*
Devexus, a, um, add. *piegato all' ingiù, declive.*
Devincio, incis, ixi, inctum, incire, A. *legare.*
Devinco, ncis, ci, ctum, ncere, A. *vincere, superare.*
Devito, as, etc. A. *schivare, fuggire.*
Devius, a, um, add. *sviato, che è fuor di strada.*
Devoco, as, etc. A. *chiamare a basso.*
Devŏlo, as, etc. N. *volar giù.*
Devŏlvo, vis, vi, ūtum, vere, A. *rivolger a basso, devolvere.*
Devolūtus, a, um, add. *devoluto, gettato in giù.*
Devŏmo, ŏmis, omui, omitum, omere, A. *vomitare.*
Devŏro, as, etc. A. *divorare, ingoiare.*

Devotio, onis, f. oblazione, consegrazione, voto.
Devotus, a, um, add. consecrato.
Devoveo, oves, ovi, otum, overe, A. fare un voto, esecrare, maledire.
Dextans, antis, c. add. di dieci once.
Dexter, tera, vel tra, terum, vel trum, add. destro, favorevole.
Dextera, dextra, æ, f. mano destra.
Dextere, avv. felicemente.
Dexteritas, atis, f. destrezza, accortezza, attitudine.
Dextrorsum, dextrorsus, avv. a destra.
Diabolus, i, m. diavolo.
Diaconus, i. m. ministro, diacono.
Diadema, atis, n. diadema.
Diæta, æ, f. dieta, regola di vivere, appartamento.
Dialectica, æ: dialectice, es, f. dialettica, logica: arte di ragionare, di discorrere.
Dialectice, avv. dialetticamente.
Dialecticus, i, m. dialettico: — a, um, add. dialettico, logico.
Dialectus, i, f. proprietà di lingua, dialetto.
Dialogus, i, m. dialogo.
Diametrus, diametros, i, f. diametro.
Diarium, ii, n. diario, giornale.
Diatriba, æ, f. diatriba, dissertazione.
Dica, æ, f. citazione, querela.
Dicacitas, atis, f. acutezza, parlar piccante.
Dicax, acis, c. add. satirico, mordace.
Dico, as, etc. A. dedicare.
Dico, cis, xi, ctum, cere, A. dire.
Dictamnus, i, m. dictamnum, i, n. dittamo.
Dictator, oris, m. dittatore.
Dictatura, æ, f. dittatura.
Dictatus, a, um, add. dettato.
Dicterium, ii, n. motto arguto che punge.
Dictio, onis f. voce, parola, modo di parlare.
Dictito, as, etc. A. andar dicendo.
Dicto, as, etc. A. dettare.
Dictum, i, n. detto, parola.
Dictus, a, um, add. detto, pronunziato.
Didici. V. Disco.
Diduco, cis, xi, ctum, cere, A. distaccare, dividere.
Diductio, onis, f. separazione, divisione.
Diductus, a, um, add. staccato, diviso.
Diecula, æ, f. breve giorno.
Dies, ei, m. e f. nel sing. e m. solo nel pl. giorno.
Diffamo, as, etc. A. infamare.
Differentia, æ, f. differenza.
Differo, ffers, stuli, latum, fferre, A. differire, dissomigliare, disperdere.
Diffibulo, as, etc. A. sbottonare.
Difficile, difficiliter, difficulter, avv. difficilmente.
Difficilis, m. e f. e, n. add. difficile, difficoltoso.
Difficultas, atis, f. difficoltà.
Diffidens, entis, c. add. diffidente.
Diffidenter, avv. con diffidenza, senza speranza.
Diffidentia, æ, f. diffidenza.
Diffido, dis, isi, sus, dere, N. diffidare.
Diffindo, ndis, di, ssum, ndere, A. fendere, spaccare.
Diffingo, ngis, nxi, ctum, ngere, A. guastare, dare altra forma.
Diffissus, a, um, add. fesso, spaccato, diviso.
Diffisus, a, um, add. diffidente.
Diffiteor, eris, eri, D. negare.
Difflo, as, etc. A. abbattere soffiando, soffiar via.
Diffluo, uis, uxi, uxum, uere, N. scorrere qua e là.
Diffringo, ngis, egi, actum, ingere, A. frangere in più parti.
Diffugio, ugis, ugi, gere, N. fuggire in diverse parti, sparire.
Diffugium, ii, n. fuga.
Diffundo, ndis, di, sum, ndere, A. diffondere, spargere.
Diffuse, avv. diffusamente.
Diffusio, onis, f. spargimento, diffusione.
Diffusus, a, um, add. diffuso.
Digero, eris, essi, estum, erere, A. digerire, disporre, dilucidare.
Digestio, onis, f. digestione, disposizione, ordine.
Digestus, a, um, add. digerito, disposto, ordinato.
Digitalis, m. e f. e, n. add. della misura di un dito.
Digitulus, i, m. piccolo dito.
Digitus, i, m. dito.
Digladior, aris, atus, ari, D. fare alle coltellate, contendere.
Dignanter, avv. cortesemente.
Dignatio, onis, f. onore, concetto, stima.
Digne, avv. degnamente.
Dignitas, atis, f. dignità, condizione.
Dignor, aris, atus, ari, D. riputare, ed esser riputato degno.
Dignosco, scis, vi, tum, scere, A. discernere.
Dignus, a, um, add. degno.
Digredior, ederis, essus, edi, D. partirsi, scostarsi.
Digressio, onis, f. allontanamento, digressione.
Digressus, us, m. allontanamento: — a, um, add. partito, allontanato.
Dijudicatio, onis, f. giudizio, sentenza.
Dijudico, as, etc. A. giudicare, discernere, definire.
Disjunctio, onis, f. separazione.
Disjunctus, a, um, add. disunito, separato.
Dijungo, gis, xi, ctum, gere, A. dividere, separare.
Dilabor, beris, psus, bi, D. scorrere qua e là.
Dilacero, as: dilanio, as, etc. A. lacerare, dilaniare.
Dilapido, as, etc. A. disperdere, dilapidare.
Dilapsus, a, um, add. disfatto, scolato.

Dilatio, onis, f. *dilazione.*
Dilato, as, etc. A. *dilatare.*
Dilatus, a, um, add. *differito, prolungato, divulgato.*
Dilaudo, as, etc. A. *lodare.*
Dilectus, a, um, add. *amato, diletto.*
Dilexi. V. Diligo.
Dilemma, atis, n. *dilemma.*
Diligens, entis, c. add. *diligente.*
Diligenter, avv. *diligentemente.*
Diligentia, æ, f. *diligenza.*
Diligo, igis, exi, ectum, igere, A. *amare, scegliere.*
Dilorico, as, are, A. *aprire, sciogliere.*
Diluceo, uces, uxi, ucere, N. *risplendere.*
Dilucescit, cescebat, xit, cescere, imp. *farsi giorno.*
Dilucide, avv. ***chiaramente.***
Dilucido, **as, etc. A. *dilucidare,*** *rischiarare.*
Diluculo, avv. *sul far del giorno.*
Diluculum, i, n. *l'alba.*
Diluo, uis, ui, utum, uere, A. *lavare, temperare, confutare.*
Diluvies, ei, f. diluvium, ii, n. *diluvio.*
Dimano, as, etc. N. *scorrere in diverse parti.*
Dimensio, onis, f. *dimensione.*
Dimensus, a, um, add. *misurato.*
Dimetior, tiris, nsus, tiri, D. *misurare.*
Dimicatio, onis, f. *combattimento, battaglia.*
Dimico, as, etc. N. *combattere.*
Dimidiatim, avv. *per metà.*
Dimidiatus, a, um, add. *dimezzato.*
Dimidium, ii, n. *la metà.*
Dimidius, a, um, add. *dimezzato.*
Diminuo, uis, ui, utum, uere, A. ***diminuire,*** *scemare.*
Diminutio, onis, f. *diminuzione.*
Dimissio, onis, f. *licenza, congedo.*
Dimissus, a, um, add. *spedito, licenziato.*
Dimitto, ttis, si, ssum, ttere, A. *mandare in diverse parti, spedire, licenziare.*
Dimotus, a, um, add. *mosso, commosso.*
Dimoveo, oves, ovi, otum, overe, A. *muovere qua e là, agitare, cacciar via.*
Dinumeratio, onis, f. *enumerazione.*
Dinumero, as, etc. A. *numerare, contare.*
Diœcesis, is, f. *diocesi.*
Diota, æ, f. *vaso da due manichi.*
Diphthongus, i, f. *dittongo.*
Diploma, atis, n. *diploma, patente.*
Diræ, arum, f. pl. *imprecazione, furie d'inferno.*
Directe, directo, avv. *dirittamente.*
Directio, onis, f. *indirizzamento.*
Directus, a, um, add. *diretto, diritto.*
Diremptio, diremtio, onis, f. *separazione, proroga.*
Diremptus, a, um, add. *separato, diviso.*
Direptio, onis, f. *rapina.*
Direptor, oris, m. *rubatore, saccheggiatore.*
Direptus, a, um, add. *rubato.*
Diribeo, ibes, ibui, ibitum, ibere, A. *distribuire.*
Diribitor, oris, m. *distributore.*
Dirigeo, iges, igui, igere, N. *farsi immobile, divenir duro, impaurire.*
Dirigo, igis, exi, ectum, igere, A. *drizzare, regolare.*
Dirimo, imis, emi, **emptum, vel emtum,** imere, A. *separare.*
Diripio, ipis, ipui, eptum, **ipere, A. *rubare,*** *saccheggiare.*
Diritas, atis, f. *crudeltà, fierezza.*
Dirumpo, mpis, pi, ptum, mpere, **A. *rompere, interrompere.***
Diruo, uis, ui, utum, **uere, A. *rovinare, disfare.***
Diruptio, onis, f. *rompimento.*
Diruptus, a, um, add. *rotto, allentato.*
Dirus, a, um, add. *fiero, crudele.*
Dirutus, a, um, add. *demolito, diroccato.*
Dis, ditis, m. e f. dite, n. *ricco*; ditior, ditissimus, *più ricco, ricchissimo.*
Discalceatus, a, um, add. *scalzo.*
Discalceo, as, etc. A. *scalzare.*
Discedo, dis, ssi, ssum, dere, **N. *partirsi,*** *aprirsi, ritirarsi.*
Disceptatio, onis, f. *disputa, contesa.*
Disceptator, oris, m. *giudice, arbitro.*
Disceptatrix, icis, f. *arbitra.*
Discepto, as, etc. A. *disputare,* ***contendere.***
Discerno, ernis, revi, **retum, ernere, A.** *discernere, separare.*
Discerpo, is, si, **tum, ere, A. *sbranare,*** *squarciare.*
Discerptus, a, um, **add. *sbranato, squarciato.***
Discessi, **V. Discedo.**
Discessio, **onis, f. *partenza, allontanamento.***
Discessus, us, m. *apertura, fenditura,* ***partenza.***
Discidi. V. Discindo.
Discinctus, a, um, add. *discinto.*
Discindo, ndis, di, ssum, ndere, **A. *squarciare,*** *rompere.*
Disciplina, æ, f. *disciplina.*
Discipulus, i, m. discipulo, æ, **f. *discepolo,*** *discepola.*
Discissus, a, um, add. *squarciato, lacerato.*
Discludo, dis, si, sum, dere, A. *separare.*
Disclusus, a, um, add. *chiuso, separatamente.*
Disco, scis, dici, scere, A. *imparare,* ***apprendere.***
Discoctus, a, um, add. *ben cotto, discotto.*
Discolor, oris, c. add. *di diversi colori.*
Disconvenio, enis, eni, entum, enire, N. *disconvenire.*
Discordia, æ, f. *discordia.*
Discordo, as, etc. N. *discordare.*
Discors, ordis, c. add. *discorde.*
Discrepantia, æ, f. discrepatio, **onis, f. *discrepanza,*** *discordanza.*
Discrepo, as, etc. N. *discordare.*
Discrete, discretim, avv. *separatamente.*
Discretio, onis, f. *discernimento, distinzione, separazione.*

Discretus, a, um, add. *distinto, separato.*
Discrēvi. V. Discerno.
Discrimen, inis, n. *differenza, pericolo, battaglia.*
Discriminatim, avv. *con distinzione.*
Discrimino, as, etc. A. *distinguere, dividere.*
Discrucio, as, etc. A. *tormentare, cruciare.*
Discubitus, us, m. *il sedere a tavola.*
Discubui. V. Discumbo.
Discumbo, mbis, bui, bitum, mbere, N. *sedere a tavola.*
Discupio, upis, upīvi, upītum, upere, A. *desiderare ardentemente.*
Discurro, ris, ri, sum, rere, N. *scorrere, correre qua e là.*
Discurso, as, etc. V. Discurro.
Discursus, us, m. *scorreria.*
Discus, i, m. *disco, piatto.*
Discussio, onis, f. *scuotimento, discussione.*
Discutio, utis, ussi, ussum, utere, A. *scuotere, esaminare.*
Diserte, disertim, avv. *con facondia, eloquentemente.*
Disertus, a, um, add. *facondo, eloquente.*
Disjeci. V. Disjicio.
Disjectus, a, um, add. *disperso, disfatto,* comas disjectus, *capelli sparsi.*
Disjicio, icis, ēci, ectum, icĕre, A. *dissipare, disfare.*
Disjunctio, ōnis, f. *separazione.*
Disjunctus, a, um, add. *diviso, separato.*
Disjungo, gis, xi, ctum, ere, A. *separare, dividere.*
Dispando, dis, di, sum, dĕre, A. *stendere, allargare.*
Dispansus, a, um, add. *allargato, steso.*
Dispar, ăris, c. add. *dispari, dissimile.*
Disparatus, a, um, add. *separato, diviso.*
Dispello, ellis, uli, ulsum, ellĕre, A. *scacciare, rimuovere, disperdere.*
Dispendiosus, a, um, add. *dannoso.*
Dispendium, ii, n. *dispendio, danno.*
Dispensatio, ōnis, f. *il dispensare.*
Dispensātor, ōris, m. *dispensatore.*
Dispenso, as, etc. A. *dispensare, distribuire.*
Dispercĭdi. V. Disperdo.
Disperdo, dis, dĭdi, dĭtum, dĕre, A. *rovinare, dissipare.*
Dispereo, ēris, ĕrii, erītum, erīre, N. *perire, andare a male.*
Dispergo, gis, si, sum, gĕre, A. *spargere qua e là, disperdere.*
Disperse, dispersim, avv. *in qua e in là.*
Dispersio, ōnis, f. dispersus, us, m. *dispersione.*
Dispersus, a, um, add. *disperso, sparso qua e là.*
Dispertio, is, īvi, vel ii, ītum, īre, A. dispertior, iris, ītus, īri, D. *distribuire.*
Dispicio, icis, exi, ectum, icĕre, A. *considerare, discernere.*
Displicentia, æ, f. *dispiacere.*
Displiceo, ices, icui, icitum, icēre, N. *dispiacere.*
Displōdo, dis, si, sum, dĕre, A. *allargare, scoppiare, sparare.*
Displosus, a, um, add. *allargato, scoppiato, sparato.*
Dispolio, as, etc. A. *spogliare.*
Dispōno, nis, sui, sĭtum, nere, A. *disporre, ordinare.*
Disposite, avv. *con disposizione.*
Dispositio, ōnis, f. *disposizione.*
Dispositor, ōris, m. *dispositore, contributore.*
Dispositus, a, um, add. *disposto, ordinato.*
Dispuli. V. Dispello.
Dispulsus, a, um, add. *scacciato, rimosso.*
Dispunctio, ōnis, f. *revisione.*
Dispungo, gis, xi, ctum, gere, A. *computare, numerare.*
Disputabilis, m. e f. e, n. add. *disputabile.*
Disputatio, ōnis, f. *disputa.*
Disputator, ōris, m. *colui che disputa.*
Disputatrix, icis, f. *colei che disputa.*
Disputo, as, etc. N. e A. *disputare.*
Disquiro, ris, sivi, situm, rere, A. *investigare, cercare diligentemente.*
Disquisitio, ōnis, f. *inquisizione, esame.*
Disquisivi. V. Disquiro.
Disrumpo, mpis, pi, ptum, mpere, A. *rompere.*
Disseco, ecas, ecui, ectum, ecare, A. *tagliare in pezzi, sminuzzare.*
Dissectus, a, um, add. *tagliato in pezzi.*
Dissemino, as, etc. A. *disseminare, spargere.*
Dissensio, ōnis, f. *dissensione.*
Dissensus, us, m. *dissensione.*
Dissentaneus, a, um, add. *discordante, contrario.*
Dissentio, tis, si, sum, tīre, N. *dissentire, discordare.*
Dissero, eris, ēvi, dissitum, erere, A. *seminare, spargere.*
Dissero, is, ui, tum, erere, A. *disputare, esporre.*
Dissertatio, dissertio, ōnis, f. *dissertazione, disputa.*
Disserto, as, etc. A. *discorrere, disputare.*
Dissidens, ĕntis, c. add. *discordante.*
Dissidentia, æ, f. *discordia.*
Dissideo, ides, ēdi, essum, idēre, N. *discordare, esser lontano.*
Dissidium, ii, n. *discordia, dissidio.*
Dissilio, ilis, ilivi, vel ilui, ultum, ilīre, N. *saltar qua e là, rompersi, scoppiare.*
Dissimilis, m. e f. e, n. add. *dissimile.*
Dissimiliter, avv. *diversamente.*
Dissimilitudo, inis, f. *dissomiglianza.*
Dissimulanter, avv. *dissimulatamente.*
Dissimulantia, æ; dissimulatio, ōnis, f. *dissimulazione.*
Dissimulātor, ōris, m. *dissimulatore.*
Dissimulo, as, etc. A. *dissimulare.*
Dissipatio, ōnis, f. *dissipazione.*
Dissipo, as, etc. A. *dissipare, spargere qua e là.*

Dissĭtus, a, um, add. *sparso, distante.*
Dissŏciātĭo, ōnis, f. *disgiungimento.*
Dissŏcĭo, as, etc. A. *discompagnare, separare.*
Dissŏlūbĭlis, m. e f. le, n. add. *dissolubile.*
Dissŏlūte, avv. *dissolutamente.*
Dissŏlūtĭo, ōnis, f. *dissoluzione.*
Dissŏlūtus, a, um, add. *dissoluto, sciolto.*
Dissŏlvo, vis, vi, ūtum, vĕre, A. *disciogliere, slacciare.*
Dissŏno, as, avi, atum, are. N. *discordare.*
Dissŏnus, a, um, add. *discordante.*
Dissors, ortis, c. add. *dissimile, di diversa natura.*
Dissuādĕo, uādes, uāsi, uāsum, uādēre, A. *dissuadere.*
Dissuāsĭo, ōnis, f. *dissuasione.*
Dissuāsor, ōris, m. *chi dissuade.*
Dissuāsus, a, um, add. *dissuaso.*
Dissŭo, ŭis, ŭi, ūtum, uĕre, A. *discucire, sdrucire.*
Distans, antis, c. add. *lontano, distante.*
Distantĭa, æ, f. *distanza.*
Distendo, dis, di, sum, dĕre. A. *distendere.*
Distensĭo, ōnis, f. *stendimento.*
Distensus, a, um, add. *occupato, disteso.*
Distentus, us, m. *gonfiamento:* — a, um, add. *disteso, pieno.*
Distermĭno, as, etc. A. *separare, dividere.*
Distichon, *vel* distichon, i, n. *distico.*
Distillātĭo, ōnis, f. *distillazione, catarro.*
Distillo, as, etc. A. e N. *gocciolare, distillare.*
Distincte, avv. *distintamente.*
Distinctĭo, ōnis, f. *distinzione.*
Distinctus, a, um, add. *distinto.*
Distinĕo, ĭnes, inŭi, entum, inēre, A. *occupare, trattenere.*
Distinguo, guis, xi, ctum, guĕre, A. *distinguere, ornare.*
Disto, as, āre, N. *esser distante.*
Distorquĕo, ques, si, tum, quēre, A. *torcere.*
Distorsĭo, ōnis, f. *storcimento.*
Distortus, a, um, add. *distorto, storto.*
Distractĭo, ōnis, f. *separazione, distrazione.*
Distractus, a, um, add. *distratto, distaccato.*
Distrăho, ăhis, āxi, actum, ahĕre, A. *distrarre, separare.*
Distrĭbŭo, uis, ŭi, ūtum, uĕre, A. *distribuire, dividere.*
Distrĭbūte, avv. *distributivamente.*
Distrĭbūtĭo, ōnis, f. *distribuzione.*
Distrĭbūtor, ōris, m. *distributore.*
Districte, avv. *in poche parole, severamente.*
Distringo, ngis, nxi, ctum, ngĕre, A. *stringere, legare.*
Disturbātĭo, ōnis, f. *rovina, distruzione.*
Disturbo, as, etc. A. *disturbare, abbattere.*
Ditesco, escis, escĕre, N. *arricchirsi.*
Dithyrambicus, a, um, add. *ditirambico.*
Dithyrambus, i, m. *ditirambo,* (poesia in onore di Bacco).

Dĭtĭo, ōnis, f. *dominio, impero.*
Dĭtior, ōris, m. e f. ditius, n. più *ricco.*
Dĭto, as, etc. A. *arricchire.*
Dĭu, avv. *lungo tempo, di giorno.*
Dĭum, ii, n. *aria,* sub diu, avv. *al sereno.*
Diurnus, a, um, add. *diurno.*
Dĭus, a, um, add. *divino.*
Diūtĭnus, a, um, add. *continuo, lungo.*
Diūtius, avv. comp. *più lungamente.*
Diūturnĭtas, ātis, f. *lunghezza di tempo, durabilità.*
Diūturnus, a, um, add. *diuturno.*
Dīva, æ, f. *dea, dea.*
Dīvăgor, āris, ātus, āri, D. *divagare, vagare.*
Dīvărĭco, as, etc. A. divaricor, āris, ātus, āri, D. *allargare.*
Dīvello, ellis, elli, *vel* ulsi, ulsum, ellĕre, A. *divellere, svellere.*
Dīverbĕro, as, etc. A. *battere, percuotere, squarciare.*
Dīverbĭum, ii, n. *diverbio, dialogo.*
Dīverse, avv. *diversamente.*
Dīversĭtas, ātis, f. *diversità.*
Dīversor, āris, ātus, āri, D. *alloggiare.*
Dīversor, ōris, m. *albergatore.*
Dīversorium, ii, n. *albergo, locanda:* diversoriŏlum, i, n. *alberghetto.*
Dīversus, a, um, add. *diverso, vario.*
Dīvertĭcŭlum, i, n. *digressione.*
Dīverto, tis, ti, sum, tĕre, N. e A. divertor, teris, sus, ti, D. *divertire, albergare, torcere.*
Dīves, vitis, c. add. *ricco, abbondante.*
Dīvexo, as, etc. A. *affliggere.*
Dīvĭdo, dis, si, sum, dere, A. *dividere.*
Dīvĭdŭus, a, um, add. *divisibile.*
Dīvīnātĭo, ōnis, f. *indovinamento, augurio.*
Dīvīne, avv. *divinamente.*
Dīvīnĭtas, ātis, f. *divinità.*
Dīvīnĭtus, avv. *per istinto divino.*
Dīvīno, as, etc. A. *indovinare.*
Dīvīnus, i, m. *indovino:* — a, um, add. *divino.*
Dīvise, divisim, avv. *divisamente.*
Dīvīsĭo, ōnis, f. *divisione.*
Dīvīsor, ōris, m. *divisore.*
Dīvīsus, a, um, add. *diviso.*
Dīvĭtiæ, ārum, f. pl. *ricchezze.*
Dīvortĭum, ii, n. *divorzio.*
Dīvulgo, as, etc. A. *pubblicare, divulgare.*
Dīvulsus, a, um, add. *divelto, estirpato.*
Dīvus, a, um, add. *divino, santo.*
Dīvus, i, m. diva, æ. f. *Dio, dea.*
Do, das, dedi, datum, dare, A. *dare, donare.*
Dŏcĕo, ces, cŭi, ctum, cēre, A. *insegnare ammaestrare.*
Dŏcĭlis, m. e f. le, n. add. *docile.*
Dŏcĭlĭtas, ātis, f. *docilità.*
Docte, avv. *dottamente.*
Doctor, ōris, m. *dottore, maestro.*
Doctrīna, æ. f. *dottrina, insegnamento.*
Doctus, a, um, add. *dotto.*
Dŏcŭmentum, i, n. *documento, insegnamento.*

Dodrans, antis, c. add. *di nove once, palmo.*
Dogma, ătis. n *dogma, massima.*
Dolabella. æ. f. *piccola accetta.*
Dolābra, æ, f. *accetta.*
Dolatus. a, um. add *polito coll' ascia.*
Dolēdus. a, um. add. *funesto.*
Dolens. entis, c. add. *dolente.*
Dolenter, avv. *dolorosamente.*
Doleo, es, ŭi, ĭtum, ēre, N. *dolersi, attristarsi.*
Doliarium, ii, n. *cantina.*
Doliarius, ii, m *bottaio.*
Doliŏlum, i, n. *botticino, piccola botte.*
Dolium, ii, n. *botte.*
Dolo, as. etc. A. *pulire coll' ascia, togliare.*
Dolo, ōnis. m. *pungiglione.*
Dolor, ōris. m. *dolore.*
Dolose. avv. *astutamente, dolosamente.*
Dolosus, a. um. add. *doloso, astuto.*
Dolus, i, m. *dolo, inganno.*
Domesticus, a, um, add. *famigliare, domestico.*
Domicilium, ii, n. *domicilio, abitazione.*
Domina. æ. f *padrona, signora.*
Dominatio, ōnis, f. *dominazione, dominio.*
Dominātor, ōris, m. *signore, dominatore.*
Domināirix, icis, f. *dominatrice.*
Dominātus, us, m. *impero.*
Dominicus, a, um, add. *domenicale.*
Dominium. ii, n. *dominio.*
Dominor, āris, ātus, āri, D. *dominare, signoreggiare.*
Dominus, i, m. *padrone, signore.*
Domito, as, āre, A. *domare.*
Domitor, ōris, m. *domatore.*
Domitrix, īcis. f. *domatrice.*
Domitus, us, m. *il domare*: — a, um, add. *domato.*
Domo, as, ŭi, itum, āre, A. *domare.*
Domuncula, æ, f *casetta.*
Domus, us, *vel* i, f. *casa.*
Donarium, ii, donatīvum, i, n. *donativo.*
Donatio, ōnis. f. *donazione.*
Donātor, ōris, m. *donatore.*
Donātus, a, um, add. *chi è stato regalato.*
Donec, cong. avv. *finchè, fintantochè.*
Dono, as. etc. A. *donare.*
Donum, i, n. *dono.*
Dorcas, ădis, f. *daino.*
Dormio, is, īvi, *vel* ii, ītum, īre, N. *dormire.*
Dormīsco, is, ere, N. *cominciare a dormire.*
Dormitio, ōnis, f. *il dormire.*
Dormito, as, etc. N. *aver sonno, sonnacchiare.*
Dormitor, ōris, m. *dormitore.*
Dormitorium, ii, n. *dormentorio.*
Dorsuarius, ii, m. *chi porta sul dorso.*
Dorsum, i. n. *dorso, schiena.*
Dorsuōsus, a, um, add. *chi ha dorso.*
Dos, tis, f. *dote.*
Dotālis, m. e f. le, n. add. *dotale.*
Doto, as, etc. A. *dotare, dare, assegnare una dote.*
Dracma, æ, f. *dramma.*

Draco, ōnis, m. *dragone.*
Dromas, ădis, m. *dromedario, specie di cammello.*
Dubie, avv. *dubbiamente.*
Dubitabilis, m. e f. le, n. add. *dubitabile.*
Dubitānter, avv. *dubbiosamente.*
Dubitatio, ōnis, f. *dubitazione, dubbio.*
Dubĭto, as, etc. N. *dubitare.*
Dubĭum, ii, n. *dubbio.*
Dubĭus, a. um, add. *dubbioso.*
Ducatus, i, m. *ducato.*
Ducenarius. a, um. add. *di dugento.*
Duceni, ducenti, æ. a, add. *di dugento.*
Ducentesĭmus, a, um, add. *ducentesimo.*
Ducenties, avv. *dugento volte.*
Duco, cis. xi, ctum, cere, A. *condurre, tirare, attribuire.*
Ductĭlis, m. e f. e, add. *duttile, che si può facilmente stendere.*
Ductĭo, onis. f. ductus, us, m. *condotta.*
Ductito, ducto, as, etc. A. *condurre, menare.*
Ductor, oris, m. *condottiere.*
Dudum, avv *poco fa, testè.*
Duellator, oris, m. *combattente.*
Duellum, i, n. *guerra, combattimento.*
Dulcedo, inis. f. *dolcezza.*
Dulcesco, escis. ui, escĕre, N. *addolcirsi.*
Dulciarius pistor, oris, m. *ciambellaio, pasticciere.*
Dulcis, m. e f. e. n. add. *dolce, soave.*
Dulciter, avv. *dolcemente.*
Dum, avv. *mentre, purchè.*
Dumetum, i, n. *spinaio.*
Dumosus, a, um, add. *spinoso.*
Dumus, i, m. *spina, pruno.*
Duo, æ. o, add. *due.*
Duodecies, avv. *dodici volte.*
Duodecim, avv. *dodici.*
Duodecimus, a, um, add. *duodecimo.*
Duodenarius, a, um. add. *di dodici.*
Duodeni, æ, a: duodenus, a, um, add. *a dodici a dodici.*
Duplex. icis. add. *doppio.*
Duplicatio, onis. f. *duplicamento.*
Duplicato, dupliciter, avv. *doppiamente.*
Duplico, as. etc. A. *raddoppiare.*
Duplio, onis. m. duplum, i, n. *il doppio.*
Duplus. a, um, add. *doppio.*
Dupondius. ii, m. *due libbre, o due assi.*
Durabilis, m. e f. e. n. add. *durevole.*
Duracinus, a, um, add. *duro, che ha durezza*
Duratus, a, um, add. *indurato.*
Dure, duriter, avv. *duramente.*
Duresco, escis, ui, escere, N. *indurire.*
Duritia, æ, duritas, atis, durities, ei, duritudo. inis, f. *durezza, severità.*
Duriuscŭlus. a, um, add. *duretto.*
Duro, as, etc. A. *indurare, far duro.*
Durus, a, um. add. *duro, crudele.*
Duumvir, i, m *duumviro.*
Duumviratus, us, m. *duumvirato.*
Dux, ducis, m. e f. *capitano, guida.*
Dynasta, dynastes, æ, m. *dinasta, principe.*

Dysenteria, æ, f. *flusso di sangue.*
Dyspnoicus, a, um, add. *asmatico.*

E

Eatenus, avv. *intanto, fino a tanto che.*
Ebenum, i, n. ebenus, i, f. *ebano.*
Ebibo, bis, ibi, bitum, bere, A. *bever tutto.*
Ebrietas, atis, f. *ubriachezza.*
Ebriositas, atis, f. *l'abitudine di ubriacarsi.*
Ebriosus, a, um, add. *chi spesso s' ubriaca.*
Ebrius, a, um, add. *ubriaco.*
Ebullio, is, ivi, *vel* ii, itum, ire, N. *bollire.*
Ebur, ŏris, n. *avorio.*
Eburneus, eburnus, a, um, add. *eburneo, d' avorio.*
Ecce, avv. *ecco.*
Ecclesia, æ, f. *chiesa, adunanza.*
Ecdicus, i, m. *sindaco.*
Echidna, æ, f. *vipera femmina.*
Echinus, i, m. *riccio, guscio della castagna, il cardo.*
Echo, f. indecl. *eco.*
Eclipsis, is, f. *ecclisse.*
Ecloga, æ, f. *egloga, poesia pastorale.*
Ecquando? avv. *e quando mai?*
Ecquis, ua, *vel* uæ, uod, uid? *e chi mai?*
Ecquo? avv. *e dove mai?*
Edacitas, atis, f. *voracità.*
Edax, ăcis, c. add. *edace, vorace.*
Edento, as, etc. A. *privare dei denti.*
Edentulus, a, um, add. *adentato.*
Edepol, epol (specie di giuramento), *in verità.*
Edico, icis, ixi, ictum, icĕre, A. *pubblicare, ordinare.*
Edictum, i, n. *bando, editto.*
Edictus, a, um, add. *intimato, comandato.*
Edidici. V. Edisco.
Edidi. V. Edo.
Edisco, scis, dici, scĕre, A. *imparare.*
Edissĕro, ĕris, erui, ĕrtum, erĕre, A. *dichiarare.*
Editio, ōnis, f. *pubblicazione, edizione.*
Editor, ōris, m. *editore, chi pubblica.*
Editus, a, um, add. *pubblicato, nato, alto.*
Edo, dis, di, sum, *vel* stum, dĕre, *vel* sse, A. *mangiare.*
Edo, is, idi, itum, ĕre, A. *pubblicare, generare, pronunziare.*
Edo, ōnis, m. *mangiatore.*
Edoceo, ŏces, ocui, octum, ocēre, A. *ammaestrare, istruire.*
Edoctus, a, um, add. *ammaestrato.*
Edomitus, a, um, add. *domato.*
Edŏmo, as, ui, itum, āre, A. *domare.*
Edormio, is, ivi, itum, ire: edormisco, is, ere, N. *dormire molto.*
Educatio, ōnis, f. *educazione.*
Educator, ōris, m. *educatore, nutricatore.*
Edŭco, as, etc. A. *educare, allevare.*
Edūco, cis, xi, ctum, cere, A. *menar fuori.*
Eductio, ōnis, f. *il tirar fuori.*
Eductus, a, um, add. *tirato fuori.*
Edulco, as, etc. A. *indolcire.*
Edulia, ōrum, n. pl. *companatico.*
Edulis, m. e f. e, n. add. *da mangiare.*
Effabilis, m. e f. e, n. add. *che si può dire, o esprimere.*
Effarcio, arcis, ersi, ertum, arcire, A. *riempire.*
Effatum, i, n. *detto, assioma.*
Effatus, a, um, add. *che ha parlato.*
Effectio, ōnis, f. *operazione.*
Effective, avv. *effettivamente.*
Effector, ōris, m. *operatore.*
Effectrix, icis, f. *operatrice.*
Effectum, i, n. effectus, us, m. *effetto.*
Effectus, a, um, add. *effettuato, fatto.*
Effeminate, avv. *effemminatamente.*
Effeminatus, a, um, add. *effemminato.*
Effemino, as, etc. A. *effemminare.*
Efferatus, a, um, add. *inferito.*
Effercio. V. Effarcio.
Effĕro, as, etc. A. *render fiero.*
Effĕro, ffers, xtuli, lātum, fferre, A. *portar fuori, innalzare.*
Effertus, a, um, add. *riempiuto, pieno.*
Efferveo, ves, vi, *vel* vui, *vel* bui, vēre: effervesco, is, ere, N. *bollire, accendersi.*
Efferus, a, um, add. *fiero, crudele.*
Effetus, a, um, add. *chi ha partorito, spossato.*
Efficacia, æ: efficacitas, ātis, f. *efficacia.*
Efficaciter, avv. *efficacemente.*
Efficax, ācis, c. add. *efficace.*
Efficiens, entis, c. add. *efficiente.*
Efficienter, avv. *effettivamente.*
Efficientia, æ, f. *forza di fare.*
Efficio, icis, eci, ectum, icere, A. *effettuare, fare, operare.*
Effictio, ōnis, f. *il figurare.*
Effictus, a, um, add. *figurato, espresso.*
Effigies, ei, f. *effigie.*
Effingo, ngis, nxi, ctum, ngere, A. *figurare, rappresentare.*
Efflagitatio, ōnis, f. efflagitatus, us, m. *richiesta premurosa.*
Efflagito, as, etc. A. *domandar con istanza.*
Effleo, es, ēvi, ētum, ēre, N. *piangere dirottamente.*
Efflo, as, etc. A. *mandar fuori soffiando.*
Effloresco, escis, ui, escĕre, N. *fiorire.*
Effluentia, æ, f. *spargimento.*
Effluo, uis, uxi, uxum, uere, N. *spargersi.*
Effluvium, ii, n. *effluvio.*
Effodio, ŏdis, ōdi, ossum, odere, A. *scavare.*
Effœminate, avv. *delicatamente.*
Effœminatus, a, um, add. *molle, delicato.*
Effœmino, as, etc. A. *render delicato.*
Effœtus, a, um, add. *partorito, snervato.*
Effossio, ōnis, f. *scavamento.*
Effossus, a, um, add. *scavato.*
Effractus, a, um, add. *franto, spezzato.*
Effrenate, avv. *sfrenatamente.*
Effrenatio, onis, f. *sfrenatezza.*
Effrenatus, effrenus, a, um, effrenis, m. e f. e, n. add. *sfrenato, sregolato.*
Effringo, ingis, egi, actum, ingere, A. *frangere, spezzare.*

Effugio, ugis, ūgi, ugitum, ugere, N. *e* A. *fuggire, scampare.*
Effugium, ii, n. *scampo, fuga.*
Effulgeo, ges, si, gēre, N. *risplendere.*
Effultus, a, um, add *sostenuto, appoggiato.*
Effundo, ndis, di, sum, ndere, A. *spargere, effondere.*
Effūse, avv. *sparsamente, smoderatamente.*
Effusio, ōnis, f. *spargimento.*
Effūsus, a, um, add *versato, sparso.*
Effutio, utis, utivi, utitum, ūtire, A. *vaneggiare, ciarlare.*
Egelidus, a, um, add. *tepido, fresco.*
Egens, entis, c. egenus, a, um, add. *bisognoso, povero, mendico.*
Egeo, ges, ui, ēre. n. *aver bisogno.*
Egero, eris, essi, estum, erere, A. *portar fuori, votare, disporre;* egerere dolorem, *sfogare il dolore.*
Egestas, atis, f. *povertà, bisogno.*
Egestio, onis, f. *votamento.*
Egestus, a, um, add. *votato.*
Egi. V. Ago.
Ego, mei, mihi, me, pron. *io,* egomet, *io stesso.*
Egredior, ederis, essus, edi, D. *uscir fuori.*
Egregie, avv. *egregiamente.*
Egregius, a, um, add. *egregio.*
Egressus, us, m. egressio, onis, f. *uscita, sbarco.*
Egressus, a, um, add. *uscito, sbarcato.*
Eheu! interj. *ah! aimè!*
Eja, eja age, interj. *or su via, su via.*
Ejaculo, as, etc. A. ejaculor, aris, atus, ari, D. *lanciare, avventare.*
Ejectio, onis, f. *il gettar fuori, cacciata.*
Ejecto, as, etc. A. *cacciar fuori.*
Ejectus, a, um, add. *gettato fuori.*
Ejicio, icis, eci, ectum, icere, A. *gettar fuori.*
Ejulatio, onis, f. ejulatus, us, m. *urlo, pianto.*
Ejulo, as, etc. N. *pianger forte, urlare.*
Ejuratio, onis, f. *protesta giurata, rinunzia.*
Ejuro, as, etc. A. *rinunziare, protestare con giuramento.*
Ejusmodi, add. indecl. *di tal maniera, tale.*
Elabor, aberis, apsus, abi, D. *fuggir dalle mani, scorrere.*
Elaboratio, ōnis, f. *fatica, attenzione.*
Elaboro, as, etc. A. *lavorare, affaticarsi.*
Elargior, iris, itus, iri, D. *donar largamente.*
Elate, avv. *altamente.*
Elaterium, ii, n. *molla.*
Elatio, ōnis, f. *altezza, superbia, grandezza.*
Elatus, a, um, add. *sollevato, divulgato, alto.*
Electe, avv. *elettivamente.*
Electio, ōnis, f. electus, us, m. *elezione, scelta.*
Elector, ōris, m. *elettore.*
Electrix, icis, f. *elettrice.*
Electrum, i, n. *ambra, elettro.*
Electus, a, um, add. *eletto, scelto.*
Elegans, antis, c. add. *elegante.*
Eleganter, avv. *elegantemente.*
Elegantia, æ, f. *eleganza.*
Elegia, æ, f. *elegia.*
Elementa, orum, n. pl. *elementi.*
Elementarius, a, um, add. *elementare*
Elementum, i, n. *elemento.*
Elenchus, i, m. *elenco.*
Elephantia, æ, f. *lebbra elefantina.*
Elephanticus, a, um, add. *lebbroso.*
Elephantinus, a, um, add. *di elefante.*
Elephas, antis, elephantus, i, m. *e* f. *elefante.*
Eleusinia, orum, n. pl. *feste in onore di Cerere.*
Elevatio, onis, f. *elevazione, innalzamento.*
Elevo, as, etc. A. *alzare, elevare, sminuire.*
Elicio, icis, icui, icitum, icere, A. *cavare, dedurre.*
Elido, dis, si, sum, dere, A. *elidere, rompere, schiacciare.*
Eligo, igis, egi, ectum, igere, A. *eleggere, scegliere.*
Elimino, as, etc. A. *cacciar fuori.*
Elinguis, m. e f. gue, n. add. *senza lingua.*
Elinguo, as, etc. A. *cavar la lingua.*
Elisus, a, um, add. *fracassato, compresso.*
Elixus, a, um, add. *lesso.*
Ellychnium, ii, n. *stoppino, lucignolo.*
Elocutio, ōnis, f. *elocuzione.*
Elogium, ii, n. *elogio.*
Eloquens, entis, c. add. *eloquente.*
Eloquenter, avv. *eloquentemente.*
Eloquentia, æ, f. *eloquenza.*
Eloquium, ii, n. *eloquio, discorso.*
Elŏquor, eris, utus, i, D. *parlare, dire.*
Eloquutio. V. Elocutio.
Eluceo, ūces, uxi, ucēre, N. *risplendere.*
Eluctabilis, m. e f. e n. add. *che si può superare.*
Eluctor, āris, ātus, āri, D. *uscire con fatica, scampare.*
Elucūbro, as, etc. A. elucūbror, āris, ātus, āri, D. *lavorar al lume di lucerna, far con diligenza.*
Elūdo, dis, si, sum, dĕre, A. *ingannare, finir la giostra, burlare.*
Elumbis, m. e f. e, n. add. *slombato, molle.*
Elŭo, ŭis, ŭi, ŭtum, uĕre, A. *lavare, cancellare.*
Elūsus, a, um, add. *ingannato, deluso.*
Eluvio, ōnis: eluvies, ei, f. *inondazione diluvio.*
Elumbatus, a, um, add. *slogato.*
Elysium, ii, *vel* elysii campi, *l'eliso, o campi elisi.*
Emaceratus, a, um, add. *dimagrato.*
Emacio, as, etc. A. *estenuare, dimagrare.*
Emacrēsco, escis, ŭi, escĕre, N. *smagrire.*
Emancipatio, ōnis, f. *emancipazione.*
Emancipo, as, etc. A. *emancipare.*
Emano, as, etc. N. *stillare, spargersi.*
Embamma, ătis, n. *salsa, guazzetto.*

Emblēma, ătis, n. *opera di musaico, emblema.*
Emendabĭlis, m. *e* f. e, n. add. *emendabile.*
Emendate, avv. *correttamente.*
Emendatĭo, ōnis, f. *emenda, correzione.*
Emendator, ōris, m. *correttore.*
Emendatrix, īcis, f. *correttrice.*
Emendīco, as, etc. A. *mendicare.*
Emendo, as, etc. A. *correggere, emendare.*
Emensus, a, um, add. *misurato.*
Ementĭor, īris, ītus, īri, D. *mentire, fingere, contraffare.*
Ementītus, a um, add. *finto, mentito.*
Emerĕo, es, ŭi, ĭtum, ēre, A. emereor, ēris, ĭtus, ēri, D. *meritare.*
Emērgo, gis, si, sum, gĕre, N. *emergere.*
Emerĭtus, a, um, add. *merito, chi ha merito:* milites emeriti, *soldati veterani.*
Emersus, a, um, add. *emerso, uscito.*
Emetĭor, itris, nsus, iri, D. *misurare.*
Emĭco, as, ŭi, are, N. *risplendere, saltar fuori, comparire.*
Emigro, as, etc. N. *partirsi.*
Emĭnens, entis, c add. *eminente.*
Eminenter, avv. *eminentemente.*
Eminentĭa, æ, f. *eminenza.*
Eminĕo, ĭnes, inŭi, inēre, N. *soprastare, sporgere in fuori, spiccare.*
Emĭnus, avv. *da lontano.*
Emissarĭus, ĭi, m. *messo, spia, emissario:* equus emissarius, *stallone.*
Emissĭo, ōnis, f. *emissione.*
Emissitĭus, a, um, add. *che si manda in qua e in là.*
Emissus, a, um, add. *mandato fuori.*
Emītto, ttis, si, ssum, ttĕre, A. *mandar fuori, scoccare.*
Emo, mis, mi, mptum, mĕre, A. *comprare.*
Emolĭor, īris, ītus, īri, D. *perfezionare, gittar fuori, agitare.*
Emollēsco, is, ĕre, N. *farsi molle.*
Emollĭo, is, īvi, ītum, īre, A. *ammollire, mitigare.*
Emŏlo, is, ŭi, ĕre. A. *macinare, stritolare.*
Emolumĕntum, i, n. *utilità.*
Emonĕo, ones, onŭi, onĭtum, onēre, A. *avvisare.*
Emorĭor, ĕris, tŭus, emŏri, D. *morire.*
Emortŭus, a, um. add. *morto.*
Emōtus, a. um, add. *smosso, rimosso.*
Emovĕo, ŏves, ovi, otum, ēre, A. *smuovere.*
Emplastro, as, etc. A. *impiastrare.*
Emplastrum, i, n. *impiastro.*
Emporium, ĭi, n. *mercato, emporio.*
Emptĭo, ōnis, f. *compra.*
Emptitĭus, a, um, add. *che si compra.*
Emptĭto, as, etc A. *comprare spesso.*
Emptor. ōris, m. *compratore.*
Empturĭo, ūris, urīvi, urītum, urīre, A. *desiderare di comprare.*
Emptus, a, um, add. *comprato.*
Emucĭdus, a, um, add. *muffato.*
Emulgĕo, ges, si, sum, *vel* ctum, gēre, A. *mungere.*
Emunctĭo, ōnis, f. *lo smungere.*
Emŭnctus. a, um, add. *smunto, purgato.*
Emŭndo, as, etc. A. *mondare.*
Emŭngo, gis, xi, ctum, gĕre, A. *nettarsi il naso.*
Emutĭo, is, īvi, ītum, īre, N. *ammutolire.*
En, avv. *ecco, mira, eccoti.*
Enarrabĭlis, m. *e* f. e, n. add. *che può narrarsi.*
Enarratĭo, ōnis, f. *spiegazione.*
Enarrātor, ōris, m. *espositore.*
Enarro, as, etc. A. *raccontare, esporre.*
Enāscor, scĕris, tus, sci, D. *nascere.*
Enavīgo, as, etc. N. *navigare.*
Encarpa, ōrum, n. pl. *festoni, ornamenti di fiori e frutti dipinti o scolpiti.*
Encaŭstes, is, m. *dipintore a fuoco.*
Encaŭsticus, encaustus, a, um, add. *dipinto a fuoco.*
Encaŭstum, i, n. *materia da dipingere a fuoco.*
Endrŏmis, ĭdis, f. *gabbano.*
Enĕco, as, ŭi, *vel* āvi, ctum, *vel* ātum, āre, A. *ammazzare.*
Enectus, a, um, add. *consumato, ammazzato.*
Enervis, m. *e* f. e, n. enervatus, a, um, add. *enervato.*
Enim, cong. *imperocchè.*
Enimvēro, avv. *certamente, veramente.*
Enitĕo, ĭtes, itŭi, itēre, N. enitesco, is, ĕre, N. *risplendere.*
Enītor, itĕris, īxus, *vel* īsus, iti, D. *sforzarsi, partorire.*
Enixe, avv. *con ogni sforzo.*
Enixus, a, um, add. *che si è sforzato, che ha fatto ogni possibile:* mulier enixa, *donna che ha partorito.*
Enodate, avv. *chiaramente.*
Enodatĭo, ōnis, f. *spiegazione.*
Enōdis, m. *e* f. e, n. add. *senza nodi.*
Enōdo, as, etc. A. *snodare, spiegare.*
Enormis, m. *e* f. e, n. add. *enorme, sregolato.*
Enormĭtas, ătis, f. *enormità.*
Enormĭter, avv. *enormemente.*
Ensicŭlus, i, m. *spadino, coltello.*
Ensĭfer, ensiger, i, m. *spadaccino.*
Ensĭfer, a, um, add. *armato di spada.*
Ensis, is, m. *spada, pugnale.*
Enthĕus, a, um, add. *pieno di spirito divino.*
Enthymēma, ătis, n. *entimema,* (forma di argomentazione).
Enucleate, avv. *chiaramente.*
Enucleo, as, etc. A. *snocciolare, spiegare.*
Enumeratĭo, ōnis, f. *enumerazione.*
Enumĕro, as, etc. A. *numerare, raccontare.*
Enuntiatĭo, ōnis, f. enuntiatum, i, n. *proposizione, sentenza.*
Enuntiatīvus, a, um, add. *dichiarativo.*
Enuntĭo, as, etc. A. *enunziare, esprimere, pubblicare.*

Ennūtrĭo, is, ivi, itum, ire, N. *nutrire.*
Eo, is, ivi, *vel* ii, itum, ire, N. *andare.*
Eo, avv. *là, colà*: eōdem, avv. *nel medesimo luogo.*
Eōus, a, um, add. *orientale, d'oriente.*
Epastus, a, um, add. *che si è pasciuto.*
Ephēbus, i, m. *giovinetto di prima barba.*
Ephemĕris, ĭdis, f. *giornale, almanacco.*
Ephippiatus, a, um, add. *che ha sella.*
Ephippĭum, ii, n. *sella.*
Epĭcus, a, um, add. *epico, eroico.*
Epigrămma, ătis, n. *epigramma.*
Epilepsĭa, æ, f. *epilessia.*
Epilŏgus, i, m. *epilogo.*
Epinicĭa, ōrum, n. pl. *feste e canti per vittorie.*
Epiphanīa, æ, f. *epifania.*
Epiphonēma, ătis, n. *epifonema*, (detto sentenzioso).
Epiphŏra, æ, f. *distillazione.*
Episcopālis, m. e f. e, n. add. *episcopale.*
Episcopātus, us, m. *episcopato.*
Episcŏpus, i, m. *vescovo.*
Epistŏla, æ, f. *epistola, lettera.*
Epistolāris, m. e f. e, n. add. *epistolare.*
Epistolĭum, ii, n. *biglietto, letterina.*
Epistylĭum, ii, n. *architrave.*
Epitaphĭum, ii, n. *epitaffio.*
Epithalamĭum, ii, n. *epitalamio.*
Epitogĭum, ii, n. *sopravveste.*
Epitŏme, es, f. *compendio.*
Epŏto, as, etc. A. *bere.*
Epōtus, a, um, add. *bevuto.*
Epulæ, ārum, f. pl. *vivanda, cibo.*
Epulatĭo, ōnis, f. *il banchettare.*
Epŭlo, ōnis, m. *chi fa banchetti.*
Epŭlor, āris, ātus, āri, D. *convitare.*
Epŭlum, i, n. *convito, banchetto.*
Equa, æ, f. *cavalla.*
Equarius, a, um, add. *spettante a cavalli*, — medicus, *maniscalco.*
Eques, ĭtis, m. e f. *soldato a cavallo, cavaliere.*
Equester, ris, re, add. *equestre.*
Equĭdem, avv. *certamente, veramente.*
Equīnus, a, um, add. *di cavallo.*
Equīso, ōnis, m. *domatore di cavalli, scozzone.*
Equitatĭo, ōnis, f. equitātus, us, m. *il cavalcare, equitazione, cavalleria.*
Equitĭum, ii, n. *mandra di cavalli.*
Equĭto, as, etc. A. *cavalcare.*
Equulĕus, i, m. *poledro, cavalletto, tormento.*
Equŭlus, i, m. *cavallino.*
Equus, i, m. *cavallo*: equi sarcinarii, *cavalli da bagaglie.*
Eradĭco, as, etc. A. *sradicare, svellere.*
Erādo, dis, si, sum, dĕre, A. *radere.*
Erectĭo, ōnis, f. *erezione.*
Erectus, a, um, add. *ritto, eretto.*
Erēpo, is, si, tum, ere, N. *rampicarsi.*
Ereptĭo, ōnis, f. *il togliere per forza.*
Ereptor, ōris, m. *rapitore, ladro.*
Erēptus, a, um, add. *rapito.*
Erga, prep. coll' acc. *verso.*
Ergastŭlum, i, n. *ergastolo, prigione.*
Ergăta, æ, f. *argano.*
Ergo, cong. *dunque, per cagione.*
Erĭgo, ĭgis, ēxi, ectum, igere, A. *ergere, sollevare.*
Erĭpĭo, ipis, ipŭi, ēptum, ipere, A. *rapire, togliere.*
Erōdo, dis, si, sum, dere, A. *rodere.*
Erogatio, ōnis, f. *distribuzione.*
Erŏgo, as, etc. A. *distribuire, spendere.*
Erōsus, a, um, add. *roso, corroso.*
Errabundus, a, um, add. *errabondo, vagabondo.*
Errans, ăntis, c. add. *errante, vagabondo.*
Erratĭcus, a, um, add. *erroneo, vagante.*
Erratĭo, ōnis, f. errātum, i, n. *errore, fallo.*
Erro, as, etc. A. *errare, vagare.*
Erro, ōnis, m. *vagabondo.*
Errŏneus, a, um, add. *erroneo.*
Error, ōris, m. *errore, giro.*
Erubescendus, a, um, add. *da vergognarsi.*
Erubēsco, ēscis, ŭi, escere, N. *vergognarsi.*
Erūca, æ, f. *bruco* (verme), *ruchetta* (erba).
Erŭcto, as, etc. A. *mandar fuori, eruttare.*
Erudio, ūdis, udivi, uditum, udire, A. *ammaestrare, erudire.*
Erudite, avv. *dottamente.*
Eruditio, ōnis, f. *erudizione.*
Eruditus, a, um, add. *ammaestrato.*
Erūgo, as, etc. A. *togliere le grinze.*
Ervilia, æ, f. *cicerchia* (legume).
Erumpo, umpis, ūpi, ptum, umpere, N. *uscir fuori con impeto, sboccare.*
Eruo, uis, ui, ŭtum, uere, A. *rovinare, scavare.*
Eruptio, ōnis, f. *uscita impetuosa, eruzione.*
Eruptus, a, um, add. *uscito fuori.*
Erŭtus, a, um, add. *scavato, tirato fuori, rovinato.*
Ervum, i, n. ervus, i, m. *veggiolo* (legume).
Erysipĕlas, ătis, n. *risipola.*
Erythăcus, i, m. *pettirosso* (uccello).
Esca, æ, f. *cibo, esca.*
Escarius, esculentus, a, um, add. *da mangiare.*
Esculentus, a, um, add. *esculento, da mangiare.*
Esĭto, as, etc. A. *mangiare spesso.*
Essedarius, ii, m. *carrettiere.*
Essedum, i, n. *carro da guerra.*
Essentia, æ, f. *essenza, natura.*
Esuriales feriæ, f. pl. *giorni di digiuno.*
Esuries, ei, f. *voglia di mangiare.*
Esurio, ūris, urivi, uritum, urire, N. *aver fame.*
Esuritio, ōnis, f. *fame.*
Esus, us, m. *il mangiare.*
Et, cong. *e, ed, ancora.*
Etenim, cong. *poichè, perciocchè.*
Etesiæ, ārum, m. pl. *etesie* (venti che spirano in tempi determinati).

Ethica, æ, f. *etica.*
Ethicus, a, um, add. *morale.*
Etiam, cong. *ancora, anzi, inoltre.*
Etsi, cong. *benchè, sebbene.*
Etymologĭa, æ, f. *etimologia.*
Euge, interj. *bene, su via.*
Eunūcho, as, etc. A. *castrare.*
Eunūchus, i, m. *eunuco.*
Euripus, i, m. *stretto di mare, canale, gora.*
Eurus, i, m. *euro, vento di levante.*
Evacuo, as, etc. A. *evacuare.*
Evādo, dis, si, sum, dere, N. e A. *diventare, scampare.*
Evagatio, ōnis, f. *vagamento, il vagare.*
Evagīnātus, a, um, add. *sfoderato.*
Evăgor, āris, ātus, āri, D. *andar girando, vagare.*
Evalesco, ēscis, ŭi, escere, N. *rinvigorirsi.*
Evanēsco, ēscis, ui, escere, N. *svanire.*
Evangelicus, a, um, add. *evangelico.*
Evangelista, æ, m. *evangelista.*
Evangelium, ii, n. *evangelo.*
Evangelizo, as, etc. A. *evangelizzare.*
Evanidus, a, um, add. *svanito, vuoto.*
Evaporatio, ōnis, f. *svaporamento.*
Evapōro, as, etc. A. *svaporare.*
Evectus, a, um, add. *portato fuori, innalzato.*
Eveho, ehis, ēxi, ēctum, ehere, A. *portare, innalzare.*
Evello, ēllis, ēlli, vel ulsi, ūlsum, ēllere, *stirpare, svellere.*
Evenio, enis, ēni, ēntum, enire, N. *riuscire, accadere.*
Eventus, us, m. eventum, i, n. *avvenimento, accidente.*
Everriculum, i, n. *rete da pescare.*
Everro, ris, ri, sum, rere, A. *scopare, nettare.*
Eversio, ōnis, f. *distruzione.*
Eversor, oris, m. *distruttore.*
Eversus, a, um, add. *scopato, purgato, distrutto, rovinato.*
Everto, tis, ti, sum, tĕre, A. *subbissare, abbattere.*
Evictus, a, um, add. *convinto.*
Evidens, ēntis, o. add. *evidente.*
Evidenter, avv. *evidentemente.*
Evigilo, as, etc. N. *svegliarsi.*
Evilēsco, ēscis, ŭi, escĕre, N. *divenir vile.*
Evincio, cis, xi, ctum, cire, A. *legare, annodare.*
Evinco, ncis, ci, ctum, ncĕre, A. *vincere.*
Evinctus, a, um, add. *legato, annodato.*
Evirēsco, ēscis, ŭi, escĕre, N. *verdeggiare.*
Eviscĕro, as, etc. A. *sventrare.*
Evitabĭlis, m. e f. e, n. add. *evitabile.*
Evitatio, ōnis, f. *lo schivare.*
Evito, as, etc. A. *evitare.*
Evocatio, ōnis, f. *il richiamare.*
Evocātor, ōris, m. *chi chiama fuori.*
Evŏco, as, etc. A. *chiamare fuori.*
Evohe, evoe, interj. *voci delle Baccanti.*
Evŏlo, evolito, as, etc. N. *volare via.*
Evŏlvo, vis, vi, ūtum, vĕre, A. *svolgere, rivolgere, scoprire.*
Evolutio, ōnis, f. *spiegazione.*
Evolūtus, a, um, add. *rivolto, sviluppato.*
Evŏmo, is, ŭi, ĭtum, ĕre, A. *vomitare.*
Evulgo, as, etc. A. *divulgare.*
Evulsio, ōnis, f. *lo sradicare.*
Evŭlsus, a, um, add. *sradicato.*
Ex, prep. coll' abl. *da.*
Exacerbo, as, etc. A. *irritare, esacerbare.*
Exacesco, is, ĕre, N. *inacetire.*
Exacte, avv. *esattamente.*
Exactio, ōnis, f. *riscossione, scacciamento.*
Exactor, ōris, m. *esattore, scacciatore.*
Exactus, a, um, add. *riscosso, scacciato, esatto, diligente.*
Exacuo, ŭis, ŭi, ūtum uĕre, A. *aguzzare.*
Exacūtus, a, um, add. *aguzzato.*
Exædificatio, ōnis, f. *fabbrica.*
Exædifico, as, etc. A. *fabbricare, cacciar di casa.*
Exæquatio, ōnis, f. *ragguagliamento.*
Exæquo, as, etc. A. *appianare, uguagliare.*
Exæstŭo, as, etc. N. *ondeggiare, esser agitato.*
Exaggeratio, ōnis, f. *accrescimento, amplificazione.*
Exaggĕro, as, etc. A. *esagerare, amplificare.*
Exagitātor, ōris, m. *turbatore.*
Exagito, as, etc. A. *turbare, tormentare.*
Exalbēsco, ēscis, escĕre, N. *impallidire.*
Exalto, as, etc. A. *esaltare.*
Exāmen, ĭnis, n. *esame, sciame, moltitudine.*
Examĭno, as, etc. A. *esaminare.*
Examinatio, ōnis, f. *esame, inquisizione.*
Exanguis, m. e f. e, n. add. *esangue.*
Exanimatio, ōnis, f. *costernazione.*
Exanĭmo, as, etc. A. *costernare.*
Exanĭmus, exanimatus, a, um, exanĭmis, m. e f. me, n. add. *costernato, sbigottito.*
Exardĕo, es, ĕre: exardēsco, dēscis, si, sum, descĕre, N. *ardere, accendersi.*
Exarefio, fis, factus, fiĕri, N. P. *seccarsi, inaridire.*
Exarĕo, ĕres, etc. exarēsco, ēscis, ŭi, escĕre, N. *seccarsi, inaridire.*
Exarmo, as, etc. A. *disarmare.*
Exăro, as, etc. A. *comporre, cavar fuori arando.*
Exaspĕro, as, etc. A. *inasprire.*
Exauctorātus, a, um, add. *licenziato, congedato.*
Exauctōro, as, etc. A. *licenziare, cassar dal ruolo della milizia.*
Exaudio, is, īvi, ītum, īre, A. *esaudire.*
Exauditio, ōnis, f. *esaudimento.*
Exaugĕo, ges, xi, ctum, gēre, A. *accrescere.*
Exauguratio, ōnis, f. *profanità.*
Exaugŭro, as, etc. A. *dissacrare, profanare.*
Excæco, as, etc. A. *accecare, serrare.*

Excalcĕo, as, etc. A. *discalzare.*
Excalefacio, *vel* excalfacio, ācis, ēci, āctum, acĕre, A. *riscaldare.*
Excalefactus, a, um, add. *riscaldato.*
Excandefacio, ācis, ēci, actum, acĕre, A. *arroventare, abbruciare.*
Excandescentia, æ, f. *escandescenza.*
Excandēsco, ēscis, ŭi, escĕre, N. *accendersi.*
Excanto, as, etc. A. *incantare, ammaliare.*
Excavatio, ōnis, f. *scavamento.*
Excăvo, as, etc. A. *scavare.*
Excēdo, dis, ssi, ssum, dĕre, N. *partirsi, uscire.*
Excellens, ēntis, c. add. *eccellente, raro.*
Excellenter, avv. *eccellentemente.*
Excellentia, æ, f. *eccellenza.*
Excĕllo, is, ŭi, ĕre, N. *superare, eccedere.*
Excelse, avv. *eccelsamente, altamente.*
Excelsitas, ātis, f. *altezza.*
Excelsus, a, um, add. *alto, grande, eccelso.*
Exceptio, ōnis, f. *eccezione.*
Excepto, as, etc. A. *accettare, prendere.*
Exceptor, ōris, m. *scrivano.*
Exceptus, a, um, add. *ricevuto, eccettuato.*
Excĕrno, ĕrnis, rēvi, rētum, ernĕre, A. *crivellare, mondare, scaricare il ventre.*
Excĕrpo, is, si, tum, ĕre, A. *scegliere, raccogliere.*
Excerptio, ōnis, f. *scelta.*
Excerptus, a, um, add. *scelto, raccolto.*
Excessus, us, m. *uscita, partenza, misfatto.*
Excidium, ii, n. *eccidio, strage.*
Excĭdo, dis, di, dĕre, N. *cadere.*
Excīdo, dis, si, sum, dĕre, A. *tagliare, rovinare.*
Excio, is, ivi, *vel* ii, itum, ire, A. *muovere, eccitare, chiamar fuori.*
Excipio, ĭpis, ēpi, ēptum, ipĕre, A. *pigliare, accettare, eccettuare.*
Excisio, ōnis, f. *eccidio, sterminio.*
Excisus, a, um, add. *tagliato, distrutto.*
Excito, as, etc. A. *incitare, svegliare.*
Excitus, a, um, add. *mosso, svegliato.*
Exclamatio, ōnis, f. *esclamazione.*
Exclāmo, as, etc. A. *esclamare, gridare.*
Exclūdo, dis, si, sum, dĕre, A. *escludere, ributtare.*
Exclusio, ōnis, f. *esclusione.*
Exclūsus, a, um, add. *escluso.*
Excogitatio, ōnis, f. *pensiero.*
Excogitātor, ōris, m. *inventore.*
Excogito, as, etc. A. *inventare, pensare.*
Excŏlo, ŏlis, olŭi, ŭltum, olĕre, A. *coltivare, ornare, onorare.*
Excŏquo, ŏquis, ōxi, ŏctum, oquĕre, A. *cuocere, preparare.*
Excors, ŏrdis, c. add. *sciocco, vile.*
Excremēntum, i, n. *escremento.*
Excrescentia, æ, f. *escrescenza.*
Excrēsco, ēscis, ēvi, ētum, escĕre, N. *crescere.*
Excruciabilis, m. e f. e, n. add. *da tormentarsi.*
Excrucio, as, etc. A. *cruciare, tormentare.*
Excubatio, ōnis, f. excubitus, us, m. *veglia.*
Excubiæ, ārum, f. pl. excubitor, ōris, m. *sentinella, guardia.*
Excŭbo, as, ŭi, ĭtum, āre, N. *far la guardia, vegliare.*
Excūdo, dis, di, sum, dere, A. *trar fuori percotendo, coniare.*
Excultus, a, um, add. *coltivato, colto.*
Excŭrro, rris, rri, *vel* curri, rsum, rrĕre, N. *trascorrere.*
Excursatio. V. Excursio.
Excursio, ōnis, f. *corsa, scorreria.*
Excursor, ōris, m. *scorridore, esploratore.*
Excursus, us, m. V. Excursio.
Excusabilis, m. e f. e, n. add. *scusabile.*
Excusatio, ōnis, f. *scusa.*
Excūso, as, etc. A. *scusare.*
Excūsor, ōris, m. *coniatore, fonditore.*
Excussus, a, um, add. *scosso, coniato, fuso.*
Excutio, ŭtis, ussi, ussum, utĕre, A. *scuotere, svellere.*
Executio, ōnis, f. *esecuzione.*
Executor, ōris, m. *esecutore.*
Exĕdo, dis, di, sum, dere, A. *mangiare, consumare.*
Exemplar, āris, n. *esemplare.*
Exemplum, i, n. *esempio, copia.*
Exemptio, ōnis, f. *il tôr via, esenzione.*
Exemptor, ōris, m. *chi toglie via.*
Exemptus, a, um, add. *tolto via.*
Exentero, as, etc. A. *sventrare.*
Exeo, is, ivi, *vel* ii, itum, ire, N. *uscire.*
Exequiæ, ārum, f. pl. *esequie.*
Exequialis, m. e f. e, n. add. *di esequie.*
Exequor, equeris, ecūtus, equi, D. *eseguire, adempire.*
Exerceo, es, ŭi, itum, ēre, A. *esercitare.*
Exercitatio, ōnis, f. *esercizio, uso.*
Exercitator, ōris, m. *esercitatore.*
Exercitātrix, īcis, f. *esercitatrice.*
Exercitium, ii, n. *esercizio.*
Exercitus, us, m. *esercito:* — a, um, add. *esercitato.*
Exero, eris, erŭi, ertum, erĕre, A. *trar fuori.*
Exerto, as, etc. A. *trar fuori, mostrare.*
Exēsus, a, um, add. *consumato, mangiato.*
Exhæredatio, ōnis, f. *il diseredare.*
Exhærēdo, as, etc. A. *diseredare.*
Exhæres, ēdis, m. *diseredato.*
Exhalatio, ōnis, f. *esalazione, vapore.*
Exhalo, as, etc. A. *esalare.*
Exhaurio, ris, si, stum, rire, A. *votare, evacuare, dissipare, cancellare.*
Exhaustus, a, um, add. *cavato fuori, votato, evacuato.*
Exhibeo, ibes, ibŭi, ibitum, ibēre, A. *presentare, mostrare.*
Exhibitio, ōnis, f. *presentazione.*
Exhibitus, a, um, add. *presentato, mostrato.*
Exhilăro, as, etc. A. *esilarare.*
Exhinc, avv. *di poi, d'indi in poi.*
Exhorrēsco, ēscis, ŭi, escĕre, N. *inorridire.*
Exhortatio, ōnis, f. *esortazione.*
Exhortor, āris, ātus, ari, D. *esortare.*

Exigo, igis, ēgi, āctum, igĕre, A. *esigere, discacciare, prendere, finire.*
Exigue, avv. *leggermente.*
Exiguitas, ātis, f. *piccolezza.*
Exiguus, a, um, add. *piccolo, esiguo.*
Exilis, m. e f. e, n. add. *esile, sottile.*
Exilitas, ātis, f. *sottigliezza.*
Exiliter, avv. *sottilmente.*
Exilium, ii, n. *esilio, bando.*
Eximie, avv. *eccellentemente, singolarmente.*
Eximius, a, um, add. *esimio.*
Eximo, imis, ēmi, emptum, imere, A. *esimere, cavar fuori.*
Exinanio, is, ivi, itum, ire, A. *vuotare, consumare, ridurre a niente.*
Exinde, avv. *dappoi.*
Existimatio, ōnis, f. *estimazione, stima.*
Existimātor, ōris, m. *estimatore.*
Existimo, as, etc. A. *stimare, giudicare, pensare.*
Existo, istis, titi, titum, istĕre, N. *esistere, essere.*
Exitiabilis, exitialis, m. e f. e, n. exitiosus, a, um, add. *dannoso, esiziale.*
Exitium, ii, n. *ruina, danno.*
Exitus, us, *uscita, esito, fine;* exitus acta probant, *al levar della tenda ce ne avvedremo.*
Exlex, egis, c. add. *senza legge.*
Exoculātus, a, um, add. *senza occhi, cieco.*
Exoculo, as, etc. A. *cavar gli occhi.*
Exolesco, scis, vi, tum, scĕre, N. *invecchiare, non esser più in uso.*
Exoletus, a, um, add. *invecchiato, disusato.*
Exoneratio, ōnis, f. *scarico, discarico.*
Exonĕro, as, etc. A. *scaricare, sgravare.*
Exoptabilis, m. e f. e, n. add. *desiderabile.*
Exopto, as, etc. A. *desiderare.*
Exorātor, ōris, m. *chi pregando ottiene.*
Exorātus, a, um, add. *pregato molto.*
Exorcismus, i, m. *esorcismo.*
Exorcista, æ, m. *esorcista.*
Exorcizo, as, etc. A. *esorcizzare.*
Exordior, diris, sus, diri, D. *cominciare, ordire.*
Exordium, ii, n. *esordio.*
Exorior, iris, tus, iri, D. *nascere, venire, sorgere.*
Exornatio, ōnis, f. *ornamento.*
Exornātor, ōris, m. *chi adorna.*
Exōrno, as, etc. A. *ornare, preparare, addobbare.*
Exōro, as, etc. A. *impetrar pregando.*
Exōrsum, i, n. exōrsus, us, m. *esordio, principio.*
Exōrsus, a, um, add. *chi ha cominciato.*
Exōrtus, us, m. *nascita,* — a, um, add. *nato.*
Exosculatio, ōnis, f. *baciamento.*
Exoscŭlor, āris, ātus, āri, D. *baciare.*
Exōsso, as, etc. A. *disossare.*
Exōsus, a, um, add. *esoso, odiato, chi odia.*
Expallĕo, es, ui, ere: expallesco, is, ĕre, N. *impallidire.*
Expando, ndis, ndi, nsum, vel ssum, ndĕre, A. *spandere, dilatare.*

Expānsus, a, um, add. *dilatato.*
Expavefacio, icis, eci, āctum, acĕre, A. *spaventare, atterrire.*
Expavĕo, ves, vi, vēre: expavesco, is, ĕre, N. *spaventarsi.*
Expedio, ēdis, edivi, editum, edire, A. *spedire, sviluppare, terminare.*
Expedit, iebat, edit, ire, imp. *giovare, tornar conto.*
Expedite, avv. *facilmente.*
Expeditio, ōnis, f. *spedizione.*
Expeditus, a, um, add. *spedito, sbrigato, libero, pronto.*
Expello, ellis, uli, ulsum, ellĕre, A. *scacciare.*
Expēndo, dis, di, sum, dĕre, A. *pesare, considerare, spendere.*
Expēnsa, æ, f. expēnsum, i, n. *spesa.*
Expēnsus, a, um, add. *speso, pesato.*
Expergefacio, ācis, ēci, āctum, acĕre: expergisco, is, ĕre, A. *svegliare, destare.*
Expērgo, gis, rēxi, rēctum, gĕre, A. *svegliare.*
Expergiscor, giscĕris, rēctus, gisci, D. *svegliarsi, destarsi.*
Experiens, ēntis, c. add. *pratico.*
Experientia, æ, f. *esperienza, prova.*
Experimēntum, i, n. *esperimento.*
Experior, iris, tus, iri, D. *esperimentare, provare.*
Experrēctus, a, um, add. *svegliato, desto.*
Expers, ĕrtis, c. add. *privo.*
Expērtus, a, um, add. *esperto.*
Expetibilis, m. e f. e, n. add. *desiderabile.*
Expēto, is, ivi, itum, ĕre, A. *desiderare, domandare istantemente.*
Expiabilis, m. e f. e, n. add. *espiabile.*
Expiatio, ōnis, f. *espiazione.*
Expilatio, ōnis, f. *ruberia, spoglio.*
Expilātor, ōris, m. *ladro, espilatore.*
Expilo, as, etc. A. *rubare, spogliare.*
Expingo, is, inxi, ictum, ere, A. *dipingere al vivo.*
Expinso, is, si, ĕre, A. *pestar nel mortaio, tritare.*
Expio, as, etc. A. *espiare, placare, punire.*
Expiscor, āris, ātus, āri, D. *indagare.*
Explanabilis, m. e f. e, n. add. *intelligibile, chiaro.*
Explanāte, avv. *chiaramente, distintamente.*
Explanatio, ōnis, f. *spianamento, dichiarazione.*
Explanātor, ōris, m. *dichiaratore, interpetre.*
Explāno, as, etc. A. *dichiarare, spiegare.*
Explebilis, m. e f. e, n. add. *saziabile.*
Explĕo, es, ēvi, ētum, ēre, A. *empire, perfezionare, contentare.*
Expletio, ōnis, f. *empimento, compimento.*
Explētus, a, um, add. *riempiuto, perfezionato.*
Explicabilis, m. e f. e, n. add. *che si può spiegare.*

Explicāte, avv. *chiaramente, apertamente.*

Explicatĭo, ōnis, f. *spiegazione.*

Explicātor, ōris, m. *interprete.*

Explicātrix, īcis, f. *dichiaratrice.*

Explicit, *formula appresso gli antichi, che usavano alla fine d' un' opera, e vale : finisce.*

Explicĭtus, a, um, add. *esplicito, dichiarato.*

Explĭco, as, āvi, ātum, *vel* ŭi, ĭtum, āre, A. *spiegare, dichiarare, sbrigare.*

Explōdo, dis, si, sum, dĕre, A. *scaricare, esplodere, scoccar l' arco.*

Explorāte, avv. *certamente.*

Exploratĭo, ōnis, f. *esplorazione.*

Explorātor, ōris, m. *esploratore.*

Explōro, as, etc. A. *esplorare, indagare.*

Explosĭo, ōnis, f. *esplosione.*

Explōsus, a, um, add. *scaricato, scoppiato, rigettato.*

Expolĭo, ōlis, olīvi, ītum, īre, A. *ripulire, adornare, nettare.*

Expolitĭo, ōnis, f. *ornamento.*

Expōno, nis, sŭi, sĭtum, nĕre, A. *esporre, spiegare.*

Expopōsci. V. Exposco.

Exporrĭgo, ĭgis, exi, ectum, igĕre, A. *sporgere in fuori, stendere.*

Exportatĭo, ōnis, f. *trasporto.*

Expŏrto, as, etc. A. *trasportare.*

Expōsco, scis, popōsci, scĭtum, scĕre, A. *domandar con istanza.*

Expositĭo, ōnis, f. *esposizione.*

Exposĭtus, a, um, add. *esposto, spiegato.*

Expostulatĭo, ōnis, f. *istanza, lamento.*

Expostŭlo, as, etc. A. *domandare instantemente, lamentarsi.*

Expresse, expressim, avv. *espressamente.*

Expressĭo, ōnis, f. *lo spremere, stretta, colatura.*

Expressus, a, um, add. *espresso, colato.*

Exprĭmo, ĭmis, essi, essum, imĕre, A. *esprimere, spremere.*

Exprobratĭo, onis, f. *rimprovero.*

Exprobrator, oris, m. *rimproveratore.*

Exprobrātrix, īcis, f. *rimproveratrice.*

Exprobro, as, etc. A. *rimproverare.*

Exprōmo, is, psi, ptum, ĕre, A. *tirar fuori, manifestare.*

Expugnabĭlis, m. e f. le, n. add. *espugnabile.*

Expugnatĭo, onis, f. *espugnazione.*

Expugnator, oris, m. *espugnatore.*

Expugno, as, etc. A. *espugnare.*

Expuli. V. Expello.

Expulsĭo, onis, f. *espulsione.*

Expulso, as, etc. A. *scacciare.*

Expulsor, oris, m. *scacciatore.*

Expulsus, a, um, add. *scacciato.*

Expultrix, icis, f. *scacciatrice.*

Expungo, gis, xi, ctum, gere, A. *cancellare, annullare.*

Expurgatĭo, onis, f. *scusa, spurgamento.*

Expūrgo, as, etc. A. *spurgare, scusarsi.*

Exputēsco, is, ĕre, N. *puzzare.*

Exputresco, escis, ŭi, escere, N. *putrefarsi.*

Exquīro, ris, sivi, situm, rĕre, A. *ricercare.*

Exquisite, exquisitim, avv. *squisitamente.*

Exquisitus, a, um, add. *squisito, scelto.*

Exsatŭro : exsatūro, as, etc. A. *saziare, satollare.*

Exscalpo, is, si, tum, ĕre, A. *scavare, ottenere per sola importunità.*

Exscendo, dis, di, sum, dere, N. *smontare, sbarcare.*

Exscensĭo, onis, f. exscensus, us, m. *discesa, sbarco.*

Exscindo, ndis, di, ssum, ndĕre, A. *rovinare, tagliare.*

Exscreatĭo, onis, f. *spurgo, sputo.*

Exscrĕo, as, etc. A. *spurgare, sputar con forza.*

Exscrībo, bis, psi, ptum, bĕre, A. *copiare.*

Exscriptus, a, um, add. *copiato.*

Exsculpo, is, si, tum, ĕre, A. *scolpire.*

Exsculptus, a, um, add. *scolpito.*

Exsecrabĭlis, m. e f. le, n. add. *esecrabile.*

Exsecrandus, a, um, add. *esecrando.*

Exsecratĭo, onis, f. *esecrazione.*

Exsĕcror, āris, ātus, āri, D. *esecrare.*

Exsecrātus, a, um, add. *maledetto, esecrato.*

Exsectĭo, ōnis, f. *taglimento.*

Exsectus, a, um, add. *tagliato.*

Exsequiae, ārum, f. pl. *esequie.*

Exsequiālis, m. e f. le, n. add. *di esequie.*

Exsequor, ĕris, ūtus, i, D. *eseguire.*

Exsequutĭo, ōnis, f. *esecuzione.*

Exsequutor, ōris, m. *esecutore.*

Exsĕro, is, ŭi, tum, ĕre : exserto, as, etc. A. *tirare, metter fuori.*

Exsertus, a, um, add. *tirato fuori, messo fuori.*

Exsibĭlo, as, etc. A. *cacciar colle fischiate.*

Exsicco, as, etc. A. *seccare.*

Exsilĭo, *vel* exilio, lis, ilīvi, *vel* ilŭi, lii, ultum, līre, N. *saltar fuori, esultare.*

Exsilium, ii, n. *esilio.*

Exsisto, sistis, stiti, stitum, sistere, N. *esistere, essere, apparire.*

Exsŏlvo, vis, vi, ūtum, vĕre, A. *sciorre, pagare.*

Exsolutio, ōnis, f. *pagamento.*

Exsolūtus, a, um, add. *sciolto, liberato.*

Exsŏmnis, m. e f. ne, n. add. *vigilante.*

Exsorbĕo, bes, bŭi, *vel* psi, ptum, bēre, A. *sorbire, trangugiare.*

Exsors, ŏrtis, c. add. *privo.*

Exspatior, āris, ātus, āri, D. *passeggiare, allargarsi, andar qua e là.*

Exspectabĭlis, m. e f. le, n. add. *desiderabile.*

Exspectatio, ōnis, f. *aspettazione.*

Exspēcto, as, etc. A. *aspettare, desiderare, attendere.*

Exspes, add. indecl. *privo di speranza.*

Exspiratio, ōnis, f. *respiro, esalazione.*

Exspīro, as, etc. N. e A. *mandar fuori il fiato, respirare.*

Exspolio, as, etc. A. *spogliare.*

Exspŭo, ŭis, ŭi, ūtum, uĕre, A. *sputar fuori, rigettare.*

Exstantia, æ, f. *eminenza, altezza.*
Exsterno, as, etc. A. *costernare.*
Exstillo, as, etc. A. *stillare.*
Exstimulātor, ōris, m. *stimolatore.*
Exstimŭlo, as, etc. A. *stimolare.*
Exstinctio, ōnis, f. exstinctus, us, m. *estinzione.*
Exstinctus, a, um, add. *estinto.*
Exstinguo, guis, xi, ctum, guĕre, A. *estinguere.*
Exstirpatio, ōnis, f. *estirpazione.*
Exstirpātor, ōris, m. *estirpatore.*
Exstirpo, as, etc. A. *sradicare, estirpare.*
Exstiti. V. Exsisto o Exsto.
Exsto, as, iti, ātum, āre, N. *stare, sporgere in fuori, apparire, sussistere.*
Exstructio, ōnis, f. *fabbrica.*
Exstructus, a, um, add. *fabbricato.*
Exstrŭo, ŭis, ūxi, ūctum, uĕre, A. *fabbricare.*
Exsuccus, a, um, add. *senza succo, secco.*
Exsuctus, a, um, add. *smunto, asciutto.*
Exsūdo, as, etc. A. *mandar fuori per sudore.*
Exsugo, is, uxi, uctum, ugĕre, A. *succiare.*
Exsul, ŭlis, c. add. *esule, bandito.*
Exsulatio, ōnis, f. *esilio, bando.*
Exsŭlo, as, etc. N. *esulare, andare in esilio.*
Exsultanter, avv. *baldanzosamente.*
Exsultantia, æ, exsultatio, ōnis, f. *baldanza, esultanza.*
Exsultim, avv. *saltando.*
Exsulto, as, etc. N. *esultare, saltellare.*
Exsuperantia, æ, f. *eccellenza, esuberanza.*
Exsupero, as, etc. A. *superare.*
Exsurdo, as, etc. A. *assordare.*
Exsurgo, gis, rexi, rectum, gĕre, N. *alzarsi sui piedi, sorgere.*
Exsuscitatio, ōnis, f. *risvegliamento.*
Exsuscito, as, etc. A. *risvegliare, eccitare.*
Exta, ōrum, n. pl. *viscere, interiora.*
Extabesco, escis, bui, escĕre, N. *marcire.*
Extemplo, avv. *subito, incontanente.*
Extemporalis, m. e f. le, n. add. *estemporaneo.*
Extendo, dis, di, sum, vel tum, dĕre, A. *estendere.*
Extensio, ōnis, f. *estensione.*
Extentus, vel extensus, a, um, add. *steso, esteso.*
Extenŭo, as, etc. A. *sminuire, scemare.*
Exter, extĕrus, a, um, add. *straniero, esterno.*
Exterĕbro, as, etc. *trivellare, forare, tirar per forza, cercare.*
Extergeo, ges, si, sum, gēre; extergo, gis, si, sum, gĕre, A. *nettare, forbire.*
Exterior, m. e f. us, n. ōris, add. *esteriore.*
Exterius, avv. *dalla parte di fuori.*
Exterminator, ōris, m. *esterminatore.*
Extermino, as, etc. A. *bandire, esterminare.*
Externus, a, um, add. *esterno, forestiero.*
Extĕro, ĕris, trivi, trītum, erĕre, A. *triturare, pestare.*
Exterreo, es, ui, itum, ēre, A. *spaventare.*
Exterritus, a, um, add. *spaventato.*
Extimeo, imes, imui, imēre: extimesco, escis, ui, escĕre, N. e A. *temere.*
Extimus, a, um, add. *esteriore, superficiale.*
Extinctio, ōnis, f. *estinzione.*
Extinguo, guis, xi, ctum, guĕre, A. *estinguere.*
Extollo, xtollis, xtuli, lātum, xtollĕre, A. *innalzare, lodare, promulgare.*
Extorqueo, ques, si, tum, quēre, A. *estorquere, toglier per forza.*
Extorris, m. e f. re, n. add. *bandito.*
Extortus, a, um, add. *estorto, tolto per forza.*
Extra, prep. coll' acc. *fuori, eccettuato, oltre.*
Extractus, a, um, add. *estratto.*
Extrāho, āhis, āxi, āctum, ahĕre, A. *estrarre, differire.*
Extranĕus, a, um, add. *straniero.*
Extraordinarius, a, um, add. *straordinario.*
Extremitas, ātis, f. *estremità.*
Extrēmo, extrēmum, avv. *ultimamente.*
Extrēmus, a, um, add. *ultimo, finale.*
Extrīco, as, etc. A. *sviluppare, sbrigare.*
Extrinsĕcus, a, um, add. *estrinseco, di fuori.*
Extrītus, a, um, add. *pestato.*
Extrūdo, dis, si, sum, dĕre, A. *cacciar fuori.*
Extrūsus, a, um, add. *cacciato fuori, escluso.*
Extubĕro, as, etc. N. *gonfiarsi.*
Extuli. V. Extollo, o Effero.
Extumeo, ūmes, umui, umēre: extumesco, is, ĕre, N. *gonfiarsi.*
Extundo, ndis, di, sum, ndĕre, A. *far uscire a forza, battere, pestare.*
Exturbo, as, etc. A. *cacciar fuori con violenza.*
Exuberantia, æ, exuberatio, ōnis, f. *abbondanza, esuberanza.*
Exubĕro, as, etc. N. *abbondare.*
Exul, ŭlis, c. *esiliato, esule.*
Exulceratio, ōnis, f. *piaga.*
Exulcĕro, as, etc. A. *impiagare, irritare.*
Exŭlo, as, etc. N. *esulare, andare in esilio.*
Exululatus, a, um, add. *chiamato con urli.*
Exululo, as, etc. N. *urlare.*
Exundatio, ōnis, f. *inondazione.*
Exūndo, as, etc. N. *inondare, traboccare.*
Exungulo, as, etc. A. *tagliar l' unghie.*
Exuo, uis, ui, ūtum, uĕre, A. *spogliare.*
Exūro, ris, ssi, stum, ĕre, A. *abbruciare.*
Exustio, ōnis, f. *abbruciamento.*
Exūtus, a, um, add. *spogliato, privato.*
Exuviæ, ārum, f. pl. *spoglie:* exuviæ leonis, *la pelle del leone.*

F

Faba, æ, f. *fava.*
Fabaginus, a, um, add. *di fava.*
Fabella, æ, f. *favoletta.*
Faber, ri, m. *artefice, fabbro.*

Faber, ra, rum, add. *fabbrile, ingegnoso.*
Fabre, avv. *artifiziosamente.*
Fabrefactus, a, um, add. *fatto con arte.*
Fabrica, æ, fabricatio, ōnis, f. *fabbrica, edifizio.*
Fabricātor, ōris, m. *fabbricatore.*
Fabrĭco, as, etc. A. fabrĭcor, āris, **ātus**, āri, D. *fabbricare, edificare.*
Fabrīlis, m. e f. e, n. fabricus, a, um, add. *fabbrile.*
Fabŭla, æ, f. *favola.*
Fabulātor, ōris, m. *favoleggiatore.*
Fabŭlor, āris, ātus, āri, D. *favoleggiare.*
Fabulōse, avv. *favolosamente.*
Fabulōsus, a, um, add. *favoloso.*
Facesso, is, ivi, vel ii, itum, ĕre, A. *fare, eseguire, partire.*
Facēte, avv. *facetamente.*
Facetiæ, ārum, f. pl. *facezia.*
Facētus, a, um, add. *faceto.*
Facies, ēi, f. *faccia.*
Facile, faciliter, avv. *facilmente.*
Facilis, m. e f. e, n. add. *facile, fattibile, cortese.*
Facilitas, ātis, f. *facilità, piacevolezza.*
Facinorōsus, a, um, add. *scellerato, facinoroso.*
Facinus, ŏris, n. *scelleraggine*, **impresa**, *azione per lo più cattiva.*
Facio, facis, feci, factum, facĕre, A. *fare.*
Factio, ōnis, f. *azione, ordine, fazione.*
Factiōsus, a, um, add. *fazioso.*
Factitius, a, um, add. *fatto a mano, artificiale.*
Factito, as, etc. A. *fare spesso, praticare, usare.*
Factor, oris, m. *facitore, chi* **fa l'olio** *e il vino.*
Factum, i, n. *fatto.*
Factus, a, um, add. *fatto.*
Facŭla, æ, f. *facella.*
Facultas, ātis, f. *facoltà, potenza.*
Facunde, avv. *facondamente.*
Facundia, æ, f. *facondia.*
Facundus, a, um, add. *facondo, eloquente.*
Fæcātus, a, um, add. *tratto dalla feccia.*
Fæcōsus, fæculentus, a, um, add. *fecciosо.*
Fæx, *vel* fex, fecis, f. *feccia.*
Faginĕus, *vel* faginus, a, um, **add.** *di faggio.*
Fagus, i, f. *faggio.*
Falcarius, a, um, add. *armato di falce.*
Falcātus, a, um, add. *falcato.*
Falco, ōnis, m. *falcone.*
Falcŭla, æ, f. *falcetta.*
Falernum, i, n. *vino di Falerno.*
Fallacia, æ, f. *fallacia, inganno.*
Fallaciter, avv. *fallacemente.*
Fallax, ācis, c. add. *fallace.*
Fallo, fallis, fefelli, falsum, fallĕre, **A.** *ingannare, sedurre, errare.*
Falsarius, ii, m. *falsario.*
False, falso, avv. *falsamente.*
Falsilŏquus, a, um, add. *che dice il falso.*
Falsitas, ātis, f. *falsità.*

Falsus, a, um, add. *falso.*
Falx, cis, f. *falce.*
Fama, æ, f. *fama, nome, credito.*
Famelĭcus, a, um, add. *famelico.*
Fames, is, f. *fame.*
Familia, æ, f. *famiglia, casa.*
Familiaris, m. e f. e, n. add. *familiare.*
Familiaritas, ātis, f. *familiarità.*
Familiariter, avv. *familiarmente.*
Famosus, a, um, add. *famoso.*
Famŭla, æ, f. *serva.*
Famularis, m. e f. e, n. add. *servile.*
Famulātus, us, m. *servità.*
Famŭlor, āris, ātus, āri, D. *servire.*
Famŭlus, i, m. *servo.*
Fanaticus, a, um, add. *fanatico.*
Fandus, a, um, add. *da dirsi.*
Fanum, i, n. *tempio, chiesa.*
Far, ris, n. *farro.*
Farcīmen, inis, f. *salsiccia.*
Farcio, cis, si, tum, cīre, A. **riempire al-** *la rinfusa, ingrassare.*
Farina, æ, f. *farina.*
Farracĕus, a, um, add. *di farro.*
Farrāgo, inis, f. *farragine.*
Farrĕus, a, um, add. *di farro.*
Fartim, avv. *a mucchi.*
Fartor, ōris, m. *salsicciaio.*
Fartum, i, n. *ciò che serve ad ingrassare.*
Fartūra, æ, f. *ingrassamento, riempimento.*
Fartus, farctus, a, um, add. *riempito, ingrassato.*
Fas, n. indecl. *il giusto, il lecito* : **fas est**, *è lecito, è possibile.*
Fascia, æ, f. *fascia, benda.*
Fasciculus, i, m. *fascetto, plico.*
Fascinatio, ōnis, f. V. Fascinum.
Fascino, as, etc. A. *ammaliare.*
Fascinum, i, n. *malia.*
Fasciŏla, æ, f. *fascetta.*
Fascis, is, m. *fascio, fastello, fascina.*
Fasti, ōrum, m. pl. *fasti, annali* : dies fasti, *giorni da operare* : nefasti, *in cui non era lecito operare.*
Fastidio, is, ivi, itum, ire, A. *avere in fastidio, sdegnare.*
Fastidiōsus, a, um, add. *fastidioso.*
Fastidiōse, avv. *fastidiosamente.*
Fastidium, ii, n. *fastidio.*
Fastigiātus, a, um, add. *aguzzo.*
Fastigium, ii, n. *fastigio, cima.*
Fastus, us, m. *fasto.*
Fatālis, m. e f. e, n. add. *fatale.*
Fataliter, avv. *fatalmente.*
Fatĕor, tĕris, ssus, tēri, D. *confessare.*
Fatidicus, a, um, add. *fatidico.*
Fatifer, ĕra, ĕrum, add. *mortifero.*
Fatigatio, ōnis, f. *stanchezza.*
Fatigo, as, etc. A. *affaticare, stancare.*
Fatisco, is, ĕre, N. *aprirsi, spaccarsi.*
Fatue, avv. *pazzamente.*
Fatuitas, ātis, f. *pazzia.*
Fatum, i, n. *fato, fatalità.*
Fatuus, a, um, add. *sciocco, fatuo.*
Fauces, cium, f. pl. *fauci, foci.*
Fauste, avv. *faustamente, felicemente.*

Faustus, a, um, add. *fausto.*
Fautor, ōris, m. *fautore.*
Fautrix, icis, f. *fautrice.*
Faux, cis, f. *gola*. V. Fauces.
Faveo, ves, vi, fautum, vēre, N. *favorire.*
Favilla, æ, f. *cenere calda, favilla.*
Favonius, ii, m. *zeffiro, vento.*
Favor, oris, m. *favore, protezione.*
Favorabilis, m. e f. e, n. add. *favorevole.*
Favorabiliter, avv. *favorevolmente.*
Favus, i, m. *favo di miele.*
Fax, cis, f. *face, fiaccola.*
Febricito, as, etc. N. *aver la febbre.*
Febricula, æ, f. *febbricciattola.*
Febriculosus, a, um, add. *febbricitante.*
Febris, is, f. *febbre.*
Februa, orum, n. pl. *sacrifizi pei morti.*
Februarius, ii, m. *febbraio.*
Feciales, ium, m. pl. *feciali, araldi.*
Fecunde, avv. *fecondamente.*
Fecunditas, ātis, f. *fecondità.*
Fecundo, as, etc. A. *fecondare.*
Fecundus, a, um, add. *fecondo.*
Fel, fellis, n. *fiele.*
Feles, felis, is, m. e f. *gatta, gatto.*
Felicitas, ātis, f. *felicità.*
Feliciter, avv. *felicemente.*
Felinus, a, um, add. *di gatto.*
Felix, īcis, c. add. *felice.*
Felleus, a, um, add. *di fiele.*
Fello, vel felo, as, A. *succhiare, poppare.*
Femella, æ, f. *femminella.*
Femen, inis, n. *coscia.*
Femina, æ, f. *femmina.*
Feminalia, femoralia, ium, n. pl. *calzoni.*
Femineus, femininus, a, um, add. *femminino, femminile.*
Femur, femor, ŏris, n. *coscia.*
Feneratio, onis, f. *usura.*
Fenerato, avv. *con usura.*
Fenerator, oris, m. *usuraio.*
Fenĕro, as, etc. A. fenĕror, āris, ātus, āri, D. *dare e ricevere ad usura.*
Fenestra, æ, f. *finestra.*
Fenus, ŏris, n. *usura.*
Fenestrella, æ, f. *finestrino.*
Fenusculum, i, n. *piccola usura.*
Fera, æ, f. *fiera, bestia feroce.*
Feracitas, ātis, f. *fertilità.*
Feraciter, avv. *fertilmente.*
Ferālis, m. e f. e, n. add. *mortale.*
Ferax, ācis, c. add. *fertile.*
Ferculum, i, n. *vivanda, piatto.*
Fere, avv. *quasi, per l' ordinario.*
Ferĕtrum, i, n. *bara, cataletto.*
Feriæ, arum, f. pl. *ferie.*
Feriatus, a, um, add. *ozioso.*
Ferinus, a, um, add. *di fiera.*
Ferio, is, ii, o, ivi, itum, ire, A. *ferire.*
Ferior, āris, ātus, āri, D. *far festa, vacanza.*
Feritas, ātis, f. *fierezza, crudeltà.*
Ferme, avv. *quasi, per l' ordinario.*
Fermento, as, etc. A. *fermentare, far crescere.*
Fermentum, i, n. *lievito, fermento.*

Fero, fers, tuli, latum, ferre, A. *portare, sopportare, ottenere.*
Ferocia, æ, ferocitas, ātis, f. *ferocia, fierezza.*
Ferocio, is, ivi, itum, ire, N. *inferocire.*
Ferociter, avv. *ferocemente.*
Ferox, ocis, c. add. *feroce, altiero, fiero.*
Ferramentum, i, n. *stromenti di ferro per lavorare.*
Ferraria, æ, f. *miniera di ferro.*
Ferrarius faber, ri, m. *fabbro ferraio.*
Ferratus, a, um, add. *ferrato.*
Ferreus, a, um, add. *ferreo, di ferro.*
Ferruginĕus, a, um, add. *rugginoso, di color di ruggine.*
Ferrugo, ĭnis, f. *ruggine.*
Ferrum, i, n. *ferro, spada.*
Ferrūmen, inis, n. ferruminatio, ōnis, f. *saldatura.*
Ferrumino, as, etc. A. *saldare, congiungere.*
Fertĭlis, m. e f. e, n. add. *fertile.*
Fertilitas, ātis, f. *fertilità.*
Fertilĭter, avv. *fertilmente.*
Ferŭla, æ, f. *sferza, bacchetta.*
Ferus, a, um, add. *fiero, feroce.*
Fervens, entis, c. fervĭdus, a, um, add. *fervido, caldo.*
Ferventer, fervĭde, avv. *ferventemente.*
Fervĕo, ves, vi, vel bui, vēre: fervesco, is, ere, N. *fervere, bollire, esser agitato.*
Fervor, ōris, m. *calore, fervore.*
Fessus, a, um, add. *stanco.*
Festinanter, festinate, festinato, avv. *in fretta.*
Festinatio, ōnis, f. *fretta.*
Festino, as, etc. N. e A. *affrettarsi.*
Festīnus, festinatus, a, um, add. *frettoloso, veloce, presto.*
Festīve, festivĭter, avv. *piacevolmente.*
Festivitas, atis, f. *piacevolezza, gentilezza.*
Festīvus, a, um, add. *piacevole, faceto.*
Festūca, æ, f. *festuca.*
Festum, i, n. *festa.*
Festus, a, um, add. *festivo.*
Fetūra, æ, f. *il tempo del parto.*
Fetus, us, m. *parto, feto* — a, um, add. *gravida.*
Fibræ, arum, f. pl. *fibre, viscere.*
Fibratus, a, um, add. *fibroso, che ha fibre.*
Fibŭla, æ, f. *fibbia.*
Fibulatio, ōnis, f. *l' unire insieme con capicchi o arpioni.*
Fibŭlo, as, etc. A. *affibbiare.*
Ficedŭla, æ, f. *beccafico.*
Ficōsus, a, um, add. *pieno di creste.*
Ficte, avv. *fintamente.*
Fictilia, um, n. pl. *stoviglie.*
Fictĭlis, m. e f. e, n. add. *di terra cotta.*
Fictio, ōnis, f. *finzione.*
Fictitius, a, um, add. *fittizio.*
Fictor, ōris, m. *maestro, statuario.*
Fictus. V. Fictilius.
Ficulnus, ficulneus, a, um, add. *di fico.*
Ficus, i, vel us, f. *fico, (albero).*

Ficus, i, m. *fico (frutto).*
Fide, avv. *fedelmente.*
Fideicommissarius, ii, m. *fidecommissario.*
Fideicommissum, i, n. *fidecommesso.*
Fideicommitto, ttis, si, ssum, ttere, A. *commettere all' altrui fede.*
Fidejubĕo, bes, ssi, ssum, bēre, N. *far sicurtà, mallevare.*
Fidejussio, ōnis, f. *sicurtà.*
Fidejussor, ōris, m. *mallevadore.*
Fidelia, æ, f. *vaso di terra.*
Fidēlis, m. e f. e, n. add. *fedele.*
Fidelĭtas, ātis, f. *fedeltà.*
Fidelĭter, avv. *fedelmente.*
Fidens, ēntis, c. add. *animoso, ardito.*
Fidēnter, avv. *arditamente.*
Fidentĭa, æ, f. *fidanza, ardire.*
Fides, ĕi, f. *fede, parola, autorità.*
Fides, ĭum, f. pl. *corde da suono.*
Fidĭcen, ĭnis, m. *sonatore di strumento a corda.*
Fidicĭna, æ, f. *sonatrice.*
Fidicŭla, æ, f. *chitarrino.*
Fidiculæ, ārum, f. pl. *tortura data ai rei.*
Fido, dis, sus, dĕre, N. *fidarsi.*
Fiducĭa, æ, f. *fiducia, pegno.*
Fidus, a, um, add. *fedele.*
Figmēntum, i, n. *finzione.*
Figo, gis, xi, xum, gĕre, A. *ficcare.*
Figŭlus, i, m. *vasaio.*
Figūra, æ, f. *figura, forma, immagine.*
Figuratĭo, ōnis, f. *figurazione.*
Figūro, as, etc. A. *figurare, formare.*
Filĭa, æ, f. *figlia.*
Filiŏla, æ, f. *figliuoletta.*
Filiŏlus, i, m. *figlioletto.*
Filĭus, ii, m. *figlio.*
Filix, ĭcis, f. *felce (erba).*
Filum, i, n. *filo.*
Fimbria, æ, f. *frangia, fimbria.*
Fimbriātus, a, um, add. *fatto a fimbria, frangiato.*
Fimus, i, m. fimum, i, n. *letame.*
Findo, ndis, di, sum, ndĕre, A. *spezzare.*
Fingo, ngis, nxi, ctum, ngĕre, A. *fingere.*
Finio, is, ĭvi, ītum, īre, A. *finire.*
Finis, is, m. e f. *fine, termine, confine.*
Finite, avv. *determinatamente.*
Finitĭmus, a, um, add. *confinante.*
Finitĭo, ōnis, f. *finimento.*
Finĭtor, ōris, m. *terminatore, giudice dei confini, orizzonte.*
Fio, fis, factus, fieri, N. P. *esser fatto.*
Firmamēntum, i, n. *sostegno, firmamento.*
Firme, firmĭter, avv. *fermamente.*
Firmĭtas, ātis, f. *fermezza, costanza.*
Firmo, as, etc. A. *stabilire, confermare.*
Firmus, a, um, add. *fermo, costante.*
Fiscēlla, fiscina, æ, f. fiscēllum, i, n. fiscēllus, i, m. *cestello.*
Fiscus, i, m. *fisco, entrata del principe.*
Fissĭlis, m. e f. e, n. add. *che si può fendere.*
Fissio, ōnis, f. fissūra, æ, f. *fessura.*
Fistūca, æ, f. *stromento da ficcar pali, o assodar terra, festuca.*
Fistŭla, æ, f. *zampogna,* fistŭla ferrĕa, *pistola.*
Fistulator, ōris, m. *trombettiere.*
Fistulatus, fistulosus, a, um, add. *pieno di buchi, di fistole.*
Fixus, a, um, add. *fisso, fermo, stabilito.*
Flabēllum, i, n. *ventaglio.*
Flabĭlis, m. e f. e, n. add. *spirabile.*
Flabrum, i, n. *soffio dei venti.*
Flaccĕo, es, ŭi, ēre: flaccesco, is, ĕre, N. *esser languido.*
Flaccus, a, um, add. *orecchiuto.*
Flagēllo, as, etc. A. *flagellare, percuotere.*
Flagēllum, i, n. *flagello, sarmento, capo delle viti.*
Flagitatĭo, ōnis, f. *dimanda.*
Flagitiose, avv. *sceleratamente.*
Flagitiōsus, a, um, add. *scellerato.*
Flagitĭum, ii, n. *scelleraggine, strepito.*
Flagito, as, etc. A. *dimandare con istanza.*
Flagrans, āntis, c. add. *ardente.*
Flagranter, avv. *ardentemente.*
Flagrantĭa, æ, f. *ardore.*
Flagro, as, etc. N. *ardere.*
Flagrum, i, n. *sferza.*
Flamen, ĭnis, n. *aria, soffio.*
Flamma, æ, f. *fiamma.*
Flammans, āntis, c. add. *ardente, fiammante.*
Flammatus, a, um, add. *infiammato.*
Flammesco, is, ĕre, N. *fiammeggiare.*
Flammĕus, flammĭfer, a, um, add. *fiammeggiante.*
Flammo, as, etc. A. *infiammare.*
Flammŭla, æ, f. *fiammetta.*
Flatus, us, m. *fiato, soffio.*
Flavĕo, ves, ēre: flavesco, is, ĕre, N. *biondeggiare, imbiondire.*
Flavus, a, um, add. *biondo, giallo.*
Flebĭlis, m. e f. e, n. add. *flebile, tristo.*
Flebilĭter, avv. *dolorosamente.*
Flecto, ctis, xi, xum, ctĕre, A. *piegare, voltare, placare.*
Fleo, es, vi, tum, re, N. e A. *piangere.*
Fletus, us, m. *pianto, lacrime, lutto.*
Flexanĭmus, a, um, add. *che si placa, che torce l' animo.*
Flexibĭlis, flexĭlis, m. e f. e, n. add. *pieghevole, mutabile.*
Flexipes, ĕdis, c. add. *che ha i piedi torti.*
Flexuōse, avv. *tortamente.*
Flexuōsus, a, um, add. *tortuoso.*
Flexus, us, m. *piegamento* — a, um, add. *torto.*
Fligo, gis, xi, ctum, gĕre, A. *percuotere.*
Flo, flas, etc. N. *spirare.*
Floccifacĭo, ācis, ēci, āctum, acĕre: floccipendo, dis, di, sum, dĕre, A. *stimar poco.*
Floccŭlus, i, m. *fiocchetto.*
Floccus, i, m. *fiocco.*
Floces, um, f. pl. *feccia del vino.*
Florens, ēntis, c. add. *florido, fiorito.*
Florĕo, es, ui, ēre: floresco, is, ĕre, N. *fiorire.*
Florĕus, florĭdus, a, um, add. *fiorito.*

Florĭfer, ĕra, ĕrum, add. *che produce fiori.*
Florilĕgus, a, um, add. *che coglie fiori.*
Florulentus, a, um, add. *pieno di fiori.*
Flos, floris, m. *fiore.*
Flosculus, i, m. *fiorellino.*
Fluctuatĭo, ōnis, f. *ondeggiamento.*
Fluctŭo, as, etc. N. *ondeggiare, dubitare.*
Fluctuōsus, a, um, add. *ondeggiante.*
Fluctus, us, m. *flutto, onda, agitazione.*
Fluens, entis, c. *che scorre.*
Fluentum, i, n. *corrente.*
Fluĭdus, a, um, add. *fluido, molle.*
Fluĭto, as, etc. N. *galleggiare, essere agitato, titubare.*
Flumen, ĭnis, n. *fiume.*
Flumineus, a, um, add. *di fiume.*
Fluo, is, xi, xum, ĕre, N. *correre, spargersi.*
Fluviālis, fluviatilis, m. e f. e n. add. *di fiume.*
Fluvĭus, ii, m. *fiume.*
Fluxe, avv. *largamente.*
Fluxĭo, ōnis, f. fluxus, us, m. *flusso.*
Fluxus, a, um, add. *fluido, caduco, transitorio.*
Focarĭus, ii, m. *servo che ha cura del fuoco.*
Focillatĭo, ōnis, f. *refocillamento, ristoro.*
Focillo, as, etc. A. focillor, āris, ātus, āri, D. *ristorare.*
Focŭlus, i, m. *focolare, focherello.*
Focus, i, m. *focolare.*
Fodĭco, as, etc. fodio, dis, di, ssum, dĕre, A. *zappare.*
Fodīna, æ, f. *cava, miniera.*
Fœcunde, avv. *fertilmente.*
Fœcundĭtas, ātis, f. *fertilità.*
Fœcundo, as, etc. A. *fecondare, render fertile.*
Fœcundus, a, um, add. *fecondo.*
Fœde, avv. *bruttamente.*
Fœderatus, a, um, add. *confederato.*
Fœdifrăgus, a, um, add. *violator dei patti, mancator di fede.*
Fœdĭtas, ātis, f. *bruttezza.*
Fœdo, as, etc. A. *imbrattare.*
Fœdus, a, um, add. *sporco, contaminato.*
Fœdus, ĕris, n. *patto, lega.*
Fœmĭna, etc. V. Femina, etc.
Fœneratĭo, etc. V. Feneratio, etc.
Fœnĕus, a, um, add. *di fieno.*
Fœnicŭlum, i, n. *finocchio.*
Fœnīle, is, n. *fienile.*
Fœnisĕca, æ, m. *segator di fieno.*
Fœnisecĭum, ii, n. *segatura del fieno.*
Fœnum, i, n. *fieno.*
Fœtĕo, es, ēre, N. *puzzare.*
Fœtĭdus, a, um, add. *puzzolente.*
Fœtor, ōris, m. *fetore, puzzo.*
Fœtūra, æ, f. *tempo del parto.*
Fœtus, us, m. *parto, feto,* — a, um, add. *gravido, pieno.*
Foliacĕus, a, um, add. *fogliaceo, simile alla foglia.*
Foliatus, foliosus, a, um, add. *fogliuto.*
Folĭum, ii, n. *foglio di carta.*

Follicŭlus, i, m. *sacchetto, guscio, palloncino.*
Follis, is, f. *mantice, soffietto, pallone.*
Fomentum, i, n. *fomento, sollievo.*
Fomes, ĭtis, m. *esca, stimolo.*
Fons, fontis, m. *fonte, sorgente.*
Fontālis, m. e f. e, n. fontānus, a, um add. *di fonte.*
Fontĭcŭlus, i, m. *fonticello.*
Forāmen, ĭnis, n. *buco, foro.*
Foras, avv. *fuori.*
Foratus, a, um, add. *bucato.*
Forceps, ĭpis, m. e f. *tanaglia.*
Fore, *dover essere, che sarà.*
Forēnsis, m. e f. se, n. add. *del foro.*
Fores, ium, f. pl. *porta.*
Forfex, ĭcis, f. *forbice, cesoie.*
Forficŭla, æ, f. *forbicina.*
Fori, ōrum, m. pl. *corsia della nave.*
Forĭca, æ, f. *chiavica, fogna.*
Forinsĕcus, avv. *di fuori.*
Foris, avv. *fuori.*
Foris, is, f. *porta.*
Forma, æ, f. *forma, bellezza.*
Formalis, m. e f. e, n. add. *formale.*
Formatĭo, ōnis, f. *formazione, forma.*
Formātor, ōris, m. *formatore.*
Formīca, æ, f. *formica.*
Formicatĭo, ōnis, f. *formicolamento.*
Formicīnus, a, um, add. *simile alla formica, di formica.*
Formīco, as, etc. N. *informicolare.*
Formicōsus, a, um, add. *pieno di formiche.*
Formidabĭlis, m. e f. e, n. add. *formidabile.*
Formīdo, as, etc. N. *aver paura.*
Formidolōsus, a, um, add. *pauroso.*
Formo, as, etc. A. *formare, istruire.*
Formose, avv. *bellamente.*
Formosĭtas, ātis, f. *bellezza.*
Formosŭlus, a, um, add. *bellino.*
Formōsus, a, um, add. *bello.*
Formŭla, æ, f. *formola, maniera.*
Fornacĕus, a, um, add. *di fornace.*
Fornax, ācis, f. *fornace.*
Fornicatĭo, ōnis, f. *fabbrica a volta, fornicazione.*
Fornĭco, as, etc. A. *fabbricare a volta, fornicare.*
Fornix, ĭcis, m. *volta, cupola, bordello.*
Fors, fortis, f. *fortuna.*
Forsan, forsitan, fortasse, fortassis, avv. *forse, a caso.*
Forte, avv. *a caso, per avventura.*
Fortis, m. e f. e, n. add. *forte.*
Fortĭter, avv. *fortemente.*
Fortitūdo, ĭnis, f. *fortezza.*
Fortuĭto, avv. *a caso.*
Fortuĭtus, a, um, add. *casuale.*
Fortūna, æ, f. *fortuna.*
Fortunate, avv. *felicemente.*
Fortunatus, a, um, add. *felice.*
Fortūno, as, etc. A. *felicitare.*
Forŭli, ōrum, m. pl. *armarii da libri scansie.*
Forum, i, n. *piazza, foro.*

Fossa, æ, f. *fossa*.
Fossilis, m. e f. e, n. add. *fossile*.
Fossor, ōris, m. *zappatore*.
Fossūla, æ, f. *fossetta*.
Fossus, a, um, add. *scavato*.
Fotus, a, um, add. *riscaldato*.
Fovĕa, æ, f. *fossa*.
Fovĕo, ves, vi, tum, vēre, A. *riscaldare*, *proteggere*, *difendere*.
Fracidus, a, um, add. *fracido*, *marcio*.
Fractūra, æ, f. *frattura*.
Fractus, a, um, add. *rotto*, *abbattuto*.
Frænātor, ōris, m. *domatore*.
Fræno, as, etc. A. *frenare*, *domare*.
Frænum, i, n. *freno*.
Fraga, ōrum, n. pl. *fravole*.
Fragilis, m. e f. e, n. add. *fragile*, *mortale*.
Fragilitas, ātis, f. *fragilità*.
Fragmen, ĭnis, fragmentum, i, n. *frammento*, *pezzo*.
Fragor, ōris, m. *strepito*.
Fragōse, avv. *strepitosamente*.
Fragōsus, a, um, add. *strepitoso*.
Fraganter, avv. *odorosamente*.
Fragrantia, æ, f. *fragranza*, *buon odore*.
Fragro, as, etc. N. *render buon odore*.
Framĕa, æ, f. *lancia*, *asta*.
Frango, angis, ēgi, actum, angĕre, A. *rompere*, *abbattere*, *reprimere*.
Frater, tris, m. *fratello*.
Fraterculus, i, m. *fratellino*.
Fraterne, avv. *fraternamente*.
Fraternitas, ātis, f. *fraternità*.
Fraternus, a, um, add. *fraterno*.
Fratilli, ōrum, m. pl. *fiocchi pendenti dai tappeti*, *fioidelli*.
Fratria, æ, f. *moglie del fratello*.
Fratricida, æ, m. *fratricida*.
Fraudatio, ōnis, f. *inganno*, *frode*.
Fraudātor, ōris, m. *ingannatore*.
Fraudo, as, etc. A. *gabbare*, *ingannare*.
Fraudolenter, avv. *astutamente*.
Fraudolentia, æ, f. *fraudolenza*, *astuzia*.
Fraudolentus, a, um, add. *fraudolento*.
Fraus, ndis, f. *frode*.
Fraxineus, a, um, add. *di frassino*.
Fraxinus, i, f. *frassino* (albero).
Fregi, V. Frango.
Fremebundus, a, um, add. *fremente*, *furibondo*.
Fremitus, us, m. *strepito*, *rumore*.
Fremo, is, ŭi, itum, ĕre, N. *fremere*.
Frendĕo, ndes, ssum, ndēre; frendo, ndis, ssum, ndĕre, N. *digrignare i denti*.
Freno, as, etc. V. Fræno etc.
Frenum. V. Frænum.
Frequens, entis, c. add. *frequente*, *frequentato*.
Frequentatio, ōnis, f. *frequenza*, *concorso*.
Frequenter, avv. *frequentemente*.
Frequentia, æ, f. *frequenza*.
Frequento, as, etc. A. *frequentare*.
Fretum, i, n. *mare*, *stretto di mare*.
Fretus, a, um, add. *confidato*, *appoggiato*.
Friabilis, m. e f. e, n. add. *che facilmente si rompe*.
Friatus, a, um, add. *rotto*, *infranto*.
Fricatio, ōnis, f. fricatus, us, m. *fregamento*, *stropicciatura*.
Frico, as, etc. A. *stropicciare*.
Frictio, ōnis, f. *frizione*.
Frigĕo, ges, gui, vel xi, gēre, N. *aver freddo*.
Frigēsco, is, ĕre, N. *raffreddarsi*.
Frigide, avv. *freddamente*.
Frigidulus, frigidiuscŭlus, a, um, add. *freddiccio*.
Frigidus, a, um, add. *freddo*.
Frigo, gis, xi, xum, vel ctum, gĕre, A. *friggere*.
Frigus, ŏris, n. *freddo*.
Frigilla, fringilla, æ, f. fringillus, i, m. *fringuello*.
Frio, as, etc. A. *stritolare*, *tritare*.
Fritillus, i, m. *tavola*, *bussola da giuocare ai dadi*.
Frivŏlus, a, um, add. *frivolo*.
Frondatio, ōnis, f. *lo sfrondare*.
Frondator, ōris, m. *sfrondatore*.
Frondĕo, es, ui, ēre; frondesco, is, ĕre, N. *fronzire*, *produrre*, *aver fronde*.
Frondĕus, a, um, add. *di fronde*.
Frondifer, frondosus, a, um, add. *fronzuto*.
Frons, dis, f. *fronde*.
Frons, tis, f. *fronte*, — **exercitus**, *vanguardia*.
Frontale, is, n. add. *frontale*.
Fronto, ōnis, m. *chi ha gran fronte*.
Fructifer, ĕra, erum: fructuosus, fructuarius, a, um, add. *fruttifero*.
Fructus, us, m. *frutto*.
Frugalis, m. e f. le, n. add. *frugale*.
Frugalitas, atis, f. *frugalità*.
Frugaliter, avv. *frugalmente*.
Frugi, add. indecl. *buono*, *utile*, *temperante*.
Frugifer, ĕra, ĕrum, add. *fertile*, *utile*.
Frumentarius, a, um, add. *di frumento*.
Frumentarius, ii, m. frumentator, ōris, m. *mercante di biade*.
Frumentatio, ōnis, f. *raccolta di frumento*.
Frumĕntor, āris, ātus, āri, D. *raccogliere frumento*.
Frumentum, i, n. *frumento*, *grano*.
Fruŏr, ĕris, itus, i, D. *godere*, *fruire*.
Frustatim, frustillatim, avv. *a pezzo a pezzo*.
Frustra, avv. *indarno*.
Frustratio, ōnis, f. frustratus, **us, m.** *successo contrario*, *inganno*.
Frustro, as, etc. A. frustror, āris, ātus, āri, D. *ingannare*.
Frustum, frustulum, i, n. *pezzo*, *pezzetto*.
Frutētum, *vel* fructĭcetum, i, n. *boscaglia*.
Frutex, icis, m. *arboscello*.
Fruticatio, ōnis, f. *germogliamento*.
Frutēsco, is, ĕre, N. frutico, as, etc. N. frutĭcor, āris, ātus, āri, D. *germogliare*.
Frutĭcētum, i, n. *cespuglio*, *boscaglia*.
Fruticosus, a, um, add. *che germoglia*.
Frux, gis, f. *biada*.
Fucatus, fucosus, a, um, add. *imbellettato*, *finto*.

Fuco, as, etc. A. *imbellettare, lisciare.*
Fucus, i, m. *belletto, frode, ape che non fa mele, fuco, pecchione.*
Fuga, æ, f. *fuga, corsa.*
Fugaciter, avv. *fuggendo.*
Fugax, ācis, c. add. *fugace.*
Fugiens, entis, c. add. *fuggitivo.*
Fugio, gis, gi, gitum, gĕre, N. e A. *fuggire, schivare.*
Fugit, ēbat, imp. *scordarsi, non sapere.*
Fugitivus, a, um, add. *fuggitivo.*
Fugito, as, etc. N. *fuggire qua e là,* A. *schivare.*
Fugo, as, etc. A. *mettere in fuga, scacciare.*
Fulcimen, inis, fulcimentum, i, n. *sostegno.*
Fulcio, cis, si, tum, cīre, A. *sostenere, puntellare.*
Fulcrum, i, n. *sostegno.*
Fulgeo, ges, si, gēre, N. *risplendere.*
Fulget, ēbat, imp. *balenare.*
Fulgētrum, i, n. *baleno.*
Fulgidus, a, um, add. *fulgido.*
Fulgor, ōris, m. *splendore, baleno.*
Fulgur, ŭris, n. *fulmine, baleno.*
Fulgŭrat, abat, āvit, āre, imp. *folgorare.*
Fulguratio, ōnis, f. *folgore, lampo.*
Fulica, æ, f. *folaga* (uccello).
Fuligineus, a, um, *fuligginoso.*
Fuligo, inis, f. *fuliggine.*
Fulix, icis, f. *folaga.*
Fullo, ōnis, m. *purgatore, tintore di panni.*
Fulmen, inis, n. *fulmine.*
Fulmineus, a, um, add. *di fulmine.*
Fulminat, ābat, āvit, āre, imp. fulmino, as, etc. A. *fulminare.*
Fultus, a, um, add. *sostenuto, appoggiato.*
Fulvus, a, um, add. *rossiccio, biondo.*
Fumaria, æ, f. *fummosterno* (erba).
Fumeus, a, um, add. *di fumo.*
Fumidus, a, um, add. *affumicato.*
Fumigo, as, etc. A. *affumicare, profumare.*
Fumo, as, etc. N. *fumare.*
Fumōsus, fumifer, ĕra, ĕrum, add. *fumoso.*
Fumus, i, m. *fumo.*
Funāle, lis, n. *torcia, fune.*
Funālis, m. e f. le, n. add. *di fune:* funalis cereus, *torcia.*
Funambŭlus, i, m. *ballerino in corda.*
Functio, ōnis, f. *funzione.*
Functus munere, laboribus, vita etc. *chi ha terminato l' impiego, le fatiche, la vita, ec.*
Funda, æ, f. *fionda, frombola.*
Fundamentum, i, fundāmen, inis, n. *fondamento.*
Fundatio, ōnis, f. *fondazione.*
Fundātor, ōris, m. *fondatore.*
Funditor, ōris, m. *frombatiere.*
Fundĭtus, avv. *dai fondamenti.*
Fundo, as, etc. A. *fondare, stabilire.*
Fundo, ndis, di, sum, ndĕre, A. *fondere, sbaragliare.*
Fundus, i, m. *fondo, possessione di suolo.*
Funĕbris, m. e f. bre, n. add. *funebre, funesto.*
Funereus, a, um, add. *funereo.*
Funĕro, as, etc. A. *far funerale, seppellire.*
Funesto, as, etc. A. *funestare.*
Funestus, a, um, add. *funesto.*
Fungor, gĕris, ctus, gi, D. *esercitare, compiere.*
Fungōsus, a, um, add. *fungoso.*
Fungus, i, m. *fungo, smoccolatura.*
Funiculus, i, m. *cordicella.*
Funis, is, m. e f. *fune, corda:* funis incendiarius, *miccia.*
Funus, ĕris, n. *funerale, mortorio.*
Fur, furis, m. *ladro.*
Furacitas, ātis, f. *inclinazione al rubare.*
Furca, æ, f. *forca, patibolo.*
Furcifer, ĕri, m. *furfante.*
Furcilla, æ, furcŭla, æ, f. *forchetta.*
Furens, entis, c. add. *furioso, infuriato.*
Furenter, avv. *furiosamente.*
Furfur, ŭris, m. *semola, crusca, forfora.*
Furfureus, a, um, add. *di crusca.*
Furfurōsus, a, um, add. *pieno di forfora.*
Furiæ, arum, f. pl. *furie.*
Furialis, m. e f. le, n. add. *di furia.*
Furialiter, avv. *furiosamente.*
Furibundus, furiatus, furiosus, a, um, add. *furibondo.*
Furio, as, etc. A. *mettere in furore.*
Furiose, avv. *furiosamente.*
Furnarius, ii, m. *fornaio.*
Furnus, i, m. *forno.*
Furo, is, ui, ĕre, N. *infuriarsi.*
Furor, aris, atus, ari, D. *rubare, involare.*
Furor, ōris, m. *furore.*
Furtim, furtive, avv. *nascostamente.*
Furtum, i, n. *furto.*
Furuncŭlus, i, m. *ladroncello.*
Furvus, a, um, add. *nero, oscuro.*
Fuscina, æ, f. *tridente.*
Fusco, as, etc. A. *oscurare.*
Fuscus, a, um, add. *fosco, oscuro.*
Fuse, avv. *copiosamente.*
Fusilis, m. e f. le, n. add. *da fondere.*
Fusio, ōnis, f. *effusione, spargimento.*
Fusorium, ii, n. *canale.*
Fustis, is, m. *bastone.*
Fustuarium, ii, n. *bastonata, bastonatura.*
Fusus, i, m. *fuso,* — a, um, add. *fuso, liquefatto.*
Futilis, m. e f. le, n. add. *futile, vano, pieno di fessure.*
Futilitas, atis, f. *leggerezza, pazzia, vanità.*
Futūrus, a, um, add. *futuro.*

G

Gabalus, i, m. *forca, patibolo.*
Gæsum, i, n. *giavellotto proprio dei Galli.*
Galbănum, i, n. *galbano* (droga), galbina, ōrum, n. pl. *galbano, vesta rasa.*
Galea, æ, f. *elmo, celata.*
Galeatus, a, um, add. *che ha la celata.*
Galerita, æ, f. galeritus, i, m. *allodola.*
Galĕrum, i, n. galĕrus, i, m. *cappello.*
Galla, æ, f. *galla, ghianda.*
Gallicæ, arum, f. pl. *zoccoli di legno.*
Gallina, æ, f. *gallina.*

Gallinacĕus, a, um, add. *di gallina.*
Gallinarium, ii, n. *gallinaio, pollaio.*
Gallinarius, ii, m. *pollaiuolo, custode delle galline.*
Gallus, i, m. *gallo.*
Gammărus, i, m. *gambero.*
Ganea, æ, f. ganeum, i, n. *bordello, bettola.*
Ganeo, ōnis, m. *bordelliere, taverniere.*
Gangræna, æ, f. *cancrena.*
Gannio, is, ivi, itum, ire, **N.** *far la voce della volpe.*
Gannitus, us, m. gannitio, ōnis, f. *voce della volpe, gemito.*
Garrio, is, ivi, itum, ire, N. *garrire, ciarlare.*
Garrulitas, atis, f. *garrulità, cicaleccio.*
Garrŭlus, a, um, add. *garrulo, ciarlone.*
Garum, i, n. *salsa.*
Garyophyllon. V. Caryophillon.
Gaudeo, des, gavisus, dēre, **N.** ***rallegrarsi.***
Gaudium, ii, n. *allegrezza.*
Gausape, is, gausapum, i, n. *panno da gabbani e da coltre.*
Gaza, æ, f. *ricchezza.*
Gelide, avv. *freddamente.*
Gelidus, gelatus, a, um, add. *gelido.*
Gelo, as, etc. A. e N. *gelare.*
Gelu, u, n. indecl. gelum, i, n. gelus, i, m. *gelo, ghiaccio.*
Gemebundus, a, um, add. *gemebondo.*
Gemellus, a, um, add. *gemello.*
Geminatio, ōnis, f. *raddoppiamento, ripetizione.*
Gemino, as, etc. A. *raddoppiare.*
Geminus, a, um, add. *gemino, doppio.*
Gemitus, us, m. *gemito, sospiro.*
Gemma, æ, f. *gemma, occhio della vite.*
Gemmeus, gemmatus, a, um, add. *ingemmato.*
Gemmifer, ĕra, ĕrum, add. *che produce gemme.*
Gemmo, as, etc. N. *germogliare.*
Gemo, is, ui, itum, ere, A. e N. *gemere, lamentarsi.*
Gena, æ, f. *guancia, mascella.*
Genealogia, æ, f. *genealogia.*
Gener, i, m. *genero.*
Generalis, m. e f. le, n. add. *generale.*
Generalim, generaliter, avv. *generalmente, in comune genere.*
Generatio, onis, f. *generazione.*
Generator, ōris, m. *generatore.*
Generatrix, icis, f. *generatrice.*
Genĕro, as, etc. A. *generare, concepire.*
Generōse, avv. *nobilmente.*
Generositas, atis, f. *generosità.*
Generōsus, a, um, add. *generoso.*
Genesis, is, f. *nascita, natività, genesi.*
Genialis, m. e f. le, n. add. *geniale.*
Genialiter, avv. *con piacere.*
Genista, æ, f. *ginestra.*
Genitalis, m. e f. le, n. add. ***natio, generativo.***
Genitivus, a, um, add. *naturale.*
Genitor, ōris, m. *genitore, padre.*
Genitrix, icis, f. *genitrice, madre.*
Genitūra, æ, f. *generazione.*
Genitus, a, um, add. *generato.*
Genius, ii, m. *genio, piacere, gusto.*
Gens, gentis, f. *gente, famiglia.*
Gentilis, m. e f. le, n. add. *della medesima famiglia.*
Gentilitas, atis, **f. *lignaggio di una famiglia.***
Gentilitius, a, **um, add. *gentilizio, di una famiglia.***
Genu, u, n. indecl. *ginocchio.*
Genui. V. Gigno.
Genuine, avv. *sinceramente.*
Genuinus, a, um, add. *natio, naturale.*
Genus, ĕris, n. *genere, razza.*
Geographia, æ, f. *geografia.*
Geometra, æ, m. *geometra.*
Geometria, æ, f. *geometria.*
Geometrice, avv. *secondo geometria.*
Georgica, ōrum, n. pl. *georgica, libri di agricoltura.*
Germane, avv. ***sinceramente, da fratello.***
Germanus, a, **um, add. *germano, fratello carnale.***
Germen, inis, n. *germoglio.*
Germinatio, ōnis, f. *il germogliare.*
Germino, as, etc. N. *germogliare.*
Gero, ris, ssi, stum, rĕre, A. *portare, agire, esercitare.*
Gero, onis, gerulus, i, m. *facchino.*
Gerræ, arum, f. pl. *ciance.*
Gesta, orum, n. pl. *gesta, imprese, azioni.*
Gestatio, ōnis, f. *il portare.*
Gestator, ōris, m. *portatore.*
Gestatorium, ii, n. *lettiga.*
Gesticulatio, ōnis, f. *gesto **da commediante.***
Gesticulator, **ōris, m. *giocolatore, buffone.***
Gesticulor, aris, **atus, ari, D.** ***gestreggiare, atteggiare.***
Gestio, is, ivi, itum, **ire, N.** ***far festa, rallegrarsi.***
Gestito : gesto, as, **etc. A.** ***portare.***
Gestuōsus, a, um, **add.** ***che fa molti gesti,*** *comico.*
Gestus, us, m. *gesto* : **— a, um, add.** ***portato, fatto.***
Gibba, æ, f. gibbus, i, m. **gibber, ĕris, m.** *gobba, tumore.*
Gibbus, gibbōsus, a, **um, add.** ***gobbo.***
Gibbus, i, m. *gobbo.*
Giganteus, a, um, add. ***gigantesco, di gigante.***
Gigas, antis, m. *gigante.*
Gigno, ignis, enui, enitum, ignĕre, A. *produrre, generare, partorire.*
Gingiva, æ, f. *gengiva.*
Glaber, ra, rum, add. *liscio, pelato.*
Glabro, as, etc. A. *pelare.*
Glacialis, m. e f. e, n. add. *ghiacciato.*
Glaciatus, a, um, add. *agghiacciato.*
Glacies, ei, f. *ghiaccio.*
Glacio, as, etc. N. *agghiacciare.*
Gladiator, ōris, m. *gladiatore.*

Gladiatorius, a, um, add. *di gladiatore.*
Gladiatūra, æ, f. *la scherma.*
Gladiŏlus, i, m. *coltellino.*
Gladius, ii, m. *spada, coltello.*
Glandifer, ĕra, ĕrum, add. *che produce ghianda.*
Glandŭla, æ, f. *ghiandola, glandula.*
Glans, ndis, f. *ghianda.*
Glarĕa, æ, f. *ghiaia.*
Glareosus, a, um, add. *ghiaioso.*
Glaucus, a, um, add. *verdiccio, glauco.*
Gleba, glebula, æ, f. *zolla, zolletta.*
Glebarius, ii, m. *chi rompe le zolle.*
Glis, ris, m. *ghiro (animale).*
Glisco, is, ĕre, N. *crescere, desiderare.*
Globo, as, avi, atum, are, A. *aggomitolare.*
Globosus, globatus, a, um, add. *fatto a globo, rotondo.*
Globulus, i, m. *pallina.*
Globus, i, m. *globo.*
Glocio, is, ire: glocito, as, etc. N. *chiocciare.*
Glomer, ĕris, m. *gomitolo.*
Glomeratio, ōnis, f. *inviluppo, gruppo.*
Glomero, as, etc. A. *inviluppare, radunare.*
Glomerōsus, a, um, add. *globoso.*
Glomus, i, m. *gomitolo.*
Gloria, æ, f. *gloria, onore, vanità.*
Gloriabundus, a, um, add. *vantatore.*
Gloriatio, ōnis, f. *ostentazione.*
Glorior, āris, ātus, āri, D. *vantarsi.*
Gloriōse, avv. *gloriosamente.*
Gloriōsus, a, um, add. *glorioso.*
Glos, oris, f. *cognata.*
Glossa, æ, f. *interpretazione, chiosa.*
Glubo, bis, bi, bitum, bĕre, A. *scorticare, scorzare.*
Gluma, æ, f. *pula, loppa.*
Gluten, inis: glutinum, i, n. *colla, glutine.*
Glutinātor, ōris, m. *chi incolla.*
Glutino, as, etc. A. *incollare.*
Glutinōsus, a, um, add. *glutinoso, viscoso.*
Glutio, vel glutto, is, ivi, itum, ire, A. *inghiottire, trangugiare.*
Glycyrrhiza, æ, f. *regolizia, liquirizia.*
Gnarus, a, um, add. *dotto, perito, pratico, sciente.*
Gnatus, i, m. *figlio:* gnata, æ, f. *figlia.*
Gnaviter, avv. *diligentemente.*
Gnavus, a, um, add. *diligente, vigilante.*
Gnomon, ŏnis, m. *gnomone, stilo dell'oriolo a sole.*
Gossipium, ii, n. *bambagia, cotone.*
Grabatus, i, m. *letticciuolo.*
Gracilis, m. e f. e, n. add. *gracile, magro.*
Gracilitas, ātis, f. *magrezza, gracilità.*
Graculus, i, m. *cornacchia.*
Gradarius, a, um, add. *che va passo passo.*
Gradātim, avv. *a passo a passo.*
Gradatio, ōnis, f. *gradazione.*
Gradātus, a, um, add. *fatto a gradi.*
Gradior, gradĕris, gressus, gradi, D. *andare, passeggiare.*
Gradus, us, m. *grado, posto, scaglione, condizione.*

Græcanice, græce, avv. *alla greca.*
Græcisso, as, etc. N. græcor, āris, ātus, āri, D. *imitare i Greci nei costumi.*
Grallæ, ārum, f. pl. *trampoli.*
Grallator, ōris, m. *chi va sui trampoli.*
Gramen, inis, n. *gramigna.*
Gramineus, a, um, add. *di gramigna.*
Grammatica, æ, grammatice, es, f. *grammatica.*
Grammatice, avv. *grammaticalmente.*
Grammaticus, a, um, add. *grammatico.*
Granarium, ii, n. *granaio.*
Grandævus, a, um, add. *di molta età.*
Grandesco, is, ĕre, N. *divenir grande.*
Grandilŏquus, a, um, add. *che dice cose grandi.*
Grandinat, ābat, āre, impers. *grandinare.*
Grandio, is, ivi, itum, ire, A. *aggrandire.*
Grandis, m. e f. e, n. add. *grande.*
Granditas, ātis, f. *grandezza.*
Granditer, avv. *grandemente.*
Grandiusculus, grandiculus, a, um, add. *grandicello.*
Grando, inis, f. *grandine, tempesta.*
Granum, i, n. *grano, granello.*
Graphice, es, f. *la pittura, il disegno.*
Graphice, avv. *perfettamente.*
Graphium, ii, n. *stilo da scrivere.*
Graphicus, a, um, add. *fatto da dipingere.*
Grassatio, onis, f. *assassinamento.*
Grassātor, oris, m. *assassino.*
Grassor, āris, ātus, āri, D. *assassinare.*
Grate, avv. *gratamente.*
Grates, ium, f. pl. *grazie.*
Gratia, æ, f. *grazia, favore.*
Gratificatio, onis, f. *gratificazione.*
Gratificor, āris, ātus, āri, D. *graziare, far piacere.*
Gratiose, avv. *graziosamente.*
Gratiosus, a, um, add. *grazioso, favorito.*
Gratis, gratuito, avv. *gratuitamente.*
Grator, āris, ātus, āri, D. *congratularsi.*
Gratuitus, a, um, add. *gratuito.*
Gratulatio, onis, f. *congratulazione.*
Gratulator, oris, m. *chi si congratula.*
Gratulor, aris, atus, ari, D. *congratularsi, rallegrarsi.*
Gratus, a, um, add. *grato, accetto.*
Gravāte, gravātim, avv. *mal volentieri.*
Gravātus, a, um, add. *aggravato, oppresso.*
Gravedinosus, a, um, add. *soggetto a dolor di capo.*
Gravēdo, inis, f. *catarro, gravezza, dolor di capo.*
Graveolens, entis, o. add. *puzzolente.*
Graveolentia, æ, f. *puzzo, cattivo odore.*
Gravesco, is, ere, N. *farsi grave.*
Graviditas, atis, f. *gravidanza.*
Gravidus, a, um, add. *gravido, pieno.*
Gravis, m. e f. e, n. add. *grave, pesante, fomento.*
Gravitas, ātis, f. *gravezza, gravità.*
Graviter, avv. *gravemente, severamente saggiamente.*

Gravo, as, etc. A. *aggravare, caricare.*
Gregalis, m. e f. e, n. **gregarius**, a, um, add. *dello stesso gregge, comune, vile.*
Gregātim, avv. *a schiera.*
Gremium, ii, n. *grembo, seno.*
Gressus, us, m. *passo.*
Grex, gis, m. *gregge, turma.*
Grossus, i, m. e f. *fico immaturo.*
Grumulus, i, m. *monticello.*
Grunnio, is, ivi, itum, ire, N. *grugnire.*
Grunnītus, us, m. *grugnito.*
Grus, is, f. e m. *grue.*
Gryllus, i, m. *grillo.*
Gryphs, phis, **gryphus**, i, m. *grifo, grifone.*
Gubernaculum, i, n. *timone, governo.*
Gubernatio, onis, f. *governo.*
Gubernator, oris, m. *governatore.*
Gubernātrix, icis, f. *governatrice.*
Gubĕrno, as, etc. A. *governare.*
Gula, æ, f. *gola, voracità.*
Gulose, avv. *golosamente.*
Gulosus, a, um, add. *goloso.*
Gummosus, a, um, add. *gommoso.*
Gurges, itis, m. *gorgo.*
Gurgustium, ii, n. *piccola casa, o taverna oscura.*
Gustatio, onis, f. *antipasto.*
Gusto, as, etc. A. *assaggiare, gustare.*
Gustus, **gustatus**, us, m. *gusto, diletto.*
Gutta, æ, f. *goccia, gocciola.*
Guttatim, avv. *a goccia a goccia.*
Guttatus, a, um, add. *sparso di gocciole, pomellato, gocciolato.*
Guttula, æ, f. *gocciola.*
Guttur, uris, n. *gozzo, gola.*
Gutturosus, a, um, add. *di gran gozzo.*
Guttus, i, m. *vaso di collo stretto.*
Gymnasiarcha, æ: **gymnasiarchus**, i, m. *sopraintendente alla lotta, capo del ginnasio.*
Gymnasium, ii, n. *ginnasio, luogo della lotta, scuola.*
Gynæceum, i, n. *appartamento delle donne.*
Gypsum, i, n. *gesso.*
Gyrus, i, m. *giro, circuito.*

H

Habena, æ, f. *briglia, redine, governo.*
Habeo, bes, bui, bitum, bēre, A. *avere, possedere, stimare, intendere.*
Habilis, m. e f. e, n. add. *abile, atto.*
Habilitas, ātis, f. *abilità, attitudine.*
Habiliter, avv. *acconciatamente, facilmente.*
Habitabilis, m. e f. e, n. add. *abitabile.*
Habitaculum, i, n. **habitatio**, onis, f. *abitazione.*
Habitator, oris, m. *abitatore.*
Habito, as, etc. N. *abitare.*
Habitudo, inis, f. *abitudine, abito, complessione.*
Habitus, us, m. *abito, forma, qualità, vestito, disposizione*: — a, um, add. *avuto, trattato, riceruto.*
Hac, avv. *per di qua, per qua.*
Hactenus, avv. *fin qui, finora.*
Hædile, is, n. *stalla da capretti.*
Hædus, **hædulus**, i, m. *capretto.*
Hæreditarius, a, um, add. *ereditario.*
Hæreditas, atis, f. *eredità.*
Hæreo, res, si, sum, rēre, N. *essere attaccato, essere dubbioso.*
Hæres, ēdis, m. *erede, successore.*
Hæresis, is, f. *eresia.*
Hæsitabundus, a, um, add. *dubbioso.*
Hæsitantia, æ, f. *balbuzie, esitanza.*
Hæsitatio, onis, f. *dubbio.*
Hæsito, as, etc. N. *dubitare, esitare, dimorare.*
Halitus, us, m. *fiato, spirito.*
Hallucinatio, onis, f. *abbaglio, errore.*
Hallucinor, **alucinor**, aris, atus, ari, D. *abbagliarsi, ingannarsi.*
Halo, as, etc. N. *spirare odore.*
Halo, onis, f. *alone, corona di lume intorno ai pianeti.*
Hamatus, a, um, add. *uncinato.*
Hamus, **hamulus**, i, m. *amo, catenella, uncino.*
Hara, æ, f. *porcile.*
Hariolatio, onis, f. *indovinazione.*
Hariolor, aris, atus, ari, D. *indovinare.*
Hariolus, i, m. *indovino, profeta.*
Harmonia, æ, f. *armonia.*
Harmonicus, a, um, add. *armonico, armonioso.*
Harpăgo, onis, m. *uncino.*
Harpe, es, f. *sorta di scimitarra.*
Harpyiæ, arum, f. pl. *arpie.*
Haruspex, icis, m. *indovino.*
Haruspica, æ, f. *indovinatrice.*
Haruspicina, æ, f. *aruspicio, arte d'indovinare.*
Haruspicinus, a, um, add. *degli indovini.*
Haruspicium, ii, n. *augurio, aruspicio.*
Hasta, æ, f. *asta, lancia*: — **bipennis**, *alabarda*; subire sub hasta, *vendere all'incanto.*
Hastatus, a, um, add. *che porta l'asta.*
Hastile, is, n. *asta, bastone dell'asta.*
Haud, part. neg. *non, non mica*; haud dubium, *non è punto*; haud dubie, *senza dubbio*; haud immerito, *non senza ragione.*
Haurio, ris, si, stum, ire, A. *cavare, consumare, attingere, bere.*
Haustus, us, m. *cavamento, sorso*: — a, um, add. *cavato, tratto.*
Hebdomada, æ, f. *settimana.*
Hebeo, es, ēre, N. *essere ottuso.*
Hebes, ĕtis, m. add. *spuntato, ottuso, pigro, stupido.*
Hebesco, is, ĕre, n. *divenire stupido.*
Hebetatio, onis, f. *ottusità.*
Hebeto, as, etc. A. *spuntare, rintuzzare, indebolire.*
Hecatombe, es, f. *ecatombe, sacrifizio di cento vittime.*
Hedera, æ, f. *ellera.*

Hederaceus, a, um, add. di ellera.
Hederosus, a, um, add. pieno di ellera.
Hei, mihi, interi. oimè! povero me!
Heliotropium, ii, n. girasole.
Helluatio, ōnis, f. voracità.
Helluo, vel Heluo, ōnis, m. mangione.
Helluor, āris, ātus, āri, D. mangiare con voracità.
Hem, interi. oh! ah!
Hemerodrŏmi, ōrum, m. pl. corrieri, lacchè.
Hemicyclium, i, n. hemicyclos, i, m. semicircolo, sala da discorrere, in cui le sedie eran disposte in semicircolo.
Hemina, æ, f. mina, metà dello staio.
Hemisphærium, ii, n. emisfero.
Hemistichium, ii, n. mezzo verso.
Hemitonium, ii, n. semituono.
Hendecasyllabus, a, um, add. endecasillabo.
Hepar, ătis, n. fegato.
Hera, æ, f. padrona.
Herba, æ, f. erba.
Herbaceus, a, um, add. erbaceo.
Herbarius, ii, m. erbaiuolo, botanico: — a, um, add. erbaceo.
Herbesco, is, ĕre, N. inerbarsi, divenir erba.
Herbeus, a, um, add. di color di erba.
Herbidus, a, um, add. erboso.
Herbifer, ĕra, ĕrum, add. che produce erba.
Herbosus, a, um, add. erboso.
Herbula, æ, f. erbetta.
Hercle, hercŭle, avv. per Ercole, certamente.
Heres, etc. V. Hæres, etc.
Heri, o here, avv. ieri.
Herilis, m. e f. e, n. add. del padrone.
Herma, æ, f. statua di Mercurio, senza mani e senza piedi.
Heroina, æ, f. eroina.
Heroicus, a, um, add. eroico.
Heroine, æ, heroïs, idis, f. donna illustre.
Heros, ōis, m. eroe, campione.
Herous. V. Heroicus.
Herpes, ētis, m. erpete, malattia della pelle.
Herus, i, m. padrone.
Hespĕrus, i, m. hesperugo, inis, f. stella di Venere, Espero.
Hesternus, a, um, add. di ieri.
Heu! interi. oimè! ahi!
Heus! interi. olà! ahi!
Hexagŏnum, i, n. hexagŏnus, i, m. esagono, di sei angoli.
Hexamĕter, tra, trum, add. esametro, di sei piedi (verso).
Hexaphŏron, i, n. lettiga portata da sei uomini.
Hiatus, us, m. apertura, iato.
Hibĕrna, hibernacŭla, ōrum, n. pl. quartieri d'inverno.
Hibĕrno, as, etc. N. svernare, passar l'inverno.
Hibĕrnus, a, um, add. vernale.
Hic, hæc, hoc, pron. questi, questa, questo.
Hic, avv. qui, in questo luogo.
Hiccine? hæccine? hoccine? è questi, è questa, è questo?
Hiemalis, m. e f. e, n. add. iemale, invernale.
Hiematio, ōnis, f. invernata.
Hiemo, as, etc. N. svernare.
Hiems, ĕmis, f. verno, invernata, tempesta.
Hieroglyficus, a, um, add. geroglifico, scrittura figurata, e simbolica.
Hilaresco, is, ĕre, N. allegrarsi.
Hilaris, m. e f. e, n. add. ilare, giocondo.
Hilaritas, ātis, f. ilarità.
Hilariter, avv. allegramente.
Hilaro, as, etc. A. rallegrare.
Hillæ, ārum, f. pl. intestini, salsiccia, midolla.
Hilum, i, n. nero della fava, nulla.
Hinc, avv. di qui, di qua, quindi, hinc et illinc, di qua e di là.
Hinnio, is, ivi, itum, ire, N. nitrire.
Hinnitus, us, m. nitrito.
Hinnulĕus, i, m. cervo di un anno.
Hinnŭlus, i, m. muletto.
Hinnus, i, m. mulo.
Hio, as, etc. N. sbadigliare, aver la bocca aperta.
Hippocentaurus, i, m. ippocentauro, mezzo uomo e mezzo cavallo.
Hippodrŏmus, i, m. luogo della corsa dei cavalli.
Hippomănes, is, m. ippomane, umore nelle anguinaie della cavalla, sorta d'erba irritante, pezzo di carne nella fronte dei cavalli appena nati.
Hippopotămus, i, m. ippopotamo (animale).
Hircinus, a, um, add. di becco.
Hircōsus, a, um, add. che sa di becco.
Hircus, i, m. becco, caprone.
Hirsūtus, hirtus, a, um, add. peloso, ispido, irsuto.
Hirundo, inis, f. mignatta.
Hirundo, inis, f. rondine.
Hisco, is, scĕre, N. sbadigliare, tener la bocca aperta.
Hispidus, a, um, add. ispido, irsuto.
Historia, æ, f. storia.
Historice, avv. storicamente.
Historĭcus, a, um, add. storico.
Histrĭcus, a, um, add. di commediante.
Histrio, ōnis, m. istrione, commediante.
Histrionalis, m. e f. e, n. add. di commediante.
Hiulco, as, etc. A. aprire, spaccare.
Hiulcus, a, um, add. aperto, spaccato.
Hodie, avv. oggi, oggidì, adesso.
Hodiernus, a, um, add. odierno, di questo giorno.
Homicīda, æ, m. omicida.
Homicidium, ii, n. omicidio.
Homo, inis, m. e f. uomo e donna.
Homŭlus, homuncŭlus, i, homuncio, ōnis, m. omiciattolo.
Honestamentum, i, n. ornamento, decoro.
Honestas, ātis, f. onestà, onore, decoro.
Honeste, avv. onestamente.

Honesto, as, etc. A. *onorare, ornare.*
Honestus, a, um, add. *onesto, decoroso.*
Honor, honos, ōris, m. *onore, dignità.*
Honorabilis, m. e f. e, n. add. *onorevole.*
Honorarium, ii, n. *onorario, stipendio, regalo.*
Honorarius, a, um, add. *onorario, d'onore;* honorarii bellatores, *soldati venturieri.*
Honorifice, avv. *onorevolmente.*
Honorificus, a, um, add. *onorifico, onorevole.*
Honōro, as, etc. A. *onorare, rispettare.*
Honōrus, a, um, add. *onorevole.*
Hora, æ, f. *ora, tempo.*
Horarius, a, um, add. *di un'ora.*
Hordeacĕus, a, um, add. *di orzo.*
Hordearius, a, um, add. *chi vive di orzo.*
Hordĕum, i, n. *orzo.*
Horizon, ŏntis, m. *orizzonte.*
Hornus, a, um, add. *di un anno.*
Horologium, ii, n. *orologio.*
Horoscŏpus, i, m. *oroscopo, ascendente.*
Horrendus, a, um, add. *orrendo.*
Horrĕo, es, ui, ēre, N. *avere orrore, temere.*
Horresco, is, ere, N. *tremar di paura.*
Horrĕum, i, n. *granaio.*
Horribilis, m. e f. e, n. add. *orribile, spaventoso.*
Horride, avv. *orridamente.*
Horridŭlus, a, um, add. *alquanto orrido.*
Horridus, a, um, add. *orrido.*
Horrifer, ĕra, ĕrum, add. *che fa spavento.*
Horrifico, as, etc. A. *fare orrore, spaventare.*
Horrificus, a, um, add. *che fa orrore.*
Horrisŏnus, a, um, add. *di suono orribile.*
Horror, ōris, m. *orrore, spavento.*
Horsum, avv. *verso qua.*
Hortamen, inis, hortamentum, i, n. *esortazione, conforto.*
Hortatio, ōnis, f. *esortazione.*
Hortātor, ōris, m. *esortatore.*
Hortātrix, icis, f. *esortatrice.*
Hortātus, us, m. *esortazione.*
Hortensis, m. e f. e, n. hortensus, a, um, add. *ortense, di orto.*
Hortor, āris, ātus, āri, D. *esortare, incitare.*
Hortus, hortŭlus, i, m. *orto, giardino, orticello.*
Hospes, itis, m. e f. *ospite, albergatore, forestiere.*
Hospita, æ, f. *ostessa, albergatrice.*
Hospitālis, m. e f. e, n. add. *ospitale, che riceve ospiti.*
Hospitalitas, ātis, f. *ospitalità.*
Hospitaliter, avv. *cortesemente.*
Hospitium, ii, n. *ospizio, albergo.*
Hospitor, āris, ātus, āri, D. *alloggiare.*
Hostia, æ, f. *ostia, vittima.*
Hosticus, a, um, hostilis, m. e f. e, n. add. *nemico, ostile.*
Hostilis, m. e f. e, n. add. *ostile, nemico.*
Hostilitas, ātis, f. *ostilità.*
Hostiliter, avv. *ostilmente.*
Hostimentum, i, n. *ricompensa.*
Hostis, is, m. e f. *nemico, avversario.*
Huc, avv. *qua;* hucusque, *fin qua;* huc adde, huc pertinet, huc accēdit, *aggiungi a questo.*
Hujusmŏdi, hujuscemŏdi, add. ind. *di questa maniera.*
Humāne, humaniter, avv. *cortesemente.*
Humanitas, ātis, f. *umanità, amorevolezza, cortesia.*
Humanitus, avv. *umanamente.*
Humānus, a, um, add. *umano, cortese.*
Humatio, ōnis, f. *seppellimento.*
Humecto, as, etc. A. *bagnare, inumidire.*
Humĕo, es, ui, ēre, N. *esser umido.*
Humerāle, lis, n. *arnese da coprire le spalle.*
Humerosus, a, um, add. *di spalle larghe.*
Humĕrus, i, m. *spalla, omero.*
Humesco, is, ĕre, N. *inumidirsi.*
Humidŭlus, a, um, add. *umidetto.*
Humidus, a, um, add. *umido.*
Humilis, m. e f. e, n. add. *umile, basso, ecc.*
Humilitas, ātis, f. *umiltà, bassezza.*
Humiliter, avv. *umilmente, bassamente.*
Humo, as, etc. A. *sotterrare.*
Humor, ōris, m. *umore, liquore.*
Humus, i, vel os, f. *terra.*
Hyacinthinus, a, um, add. *di giacinto.*
Hyacinthus, i, m. *giacinto (fiore).*
Hyades, um, f. pl. *iadi, costellazione.*
Hyæna, æ, f. *iena, sorta di fiera.*
Hydra, æ, f. hydrus, i, m. *idra (serpente).*
Hydrargyrum, i, n. hydrargyrus, i, m. *argento vivo.*
Hydraulicus, a, um, add. *idraulico, da acqua.*
Hydraulus, i, m. *macchina da trarre acqua.*
Hydria, æ, f. *brocca, vaso per acqua.*
Hydropicus, a, um, add. *idropico.*
Hymnus, i, m. *inno.*
Hyperbŏle, es, f. *iperbole, eccesso.*
Hypocaustum, i, n. *stufa.*
Hypocrisis, is, f. *ipocrisia.*
Hypocrita, æ, hypocrites, æ, m. *ipocrita.*
Hypogæum, i, n. *luogo sotterraneo, volta.*
Hypomochlium, ii, n. *manovella, stanga per mettere a leva.*
Hypothēca, æ, f. *pegno, ipoteca.*
Hypothecarius, ii, m. *colui che impresta con pegno;* — a, um, add. *di ipoteca, ipotecario.*
Hypothĕsis, is, f. *ipotesi.*
Hyssōpum, i, n. hyssōpus, i, m. *issopo (erba).*
Hystericus, a, um, add. *chi ha male di utero, isterico.*
Hystrix, icis, f. *porco spinoso, istrice.*

I

Ibi, avv. *ivi, in quel luogo, quivi.*
Ibidem, avv. *nel medesimo luogo.*
Ibrida, æ, m. e f. add. *prodotto da animali o piante di diversa specie, o paese, ibrido.*
Ichnographia, æ, f. *disegno di un edifizio.*

Ico, cis, ci, ctum, cĕre, A. *percuotere, ferire, colpire.*
Icon, ŏnis, f. *immagine.*
Ictericus, a, um, add. *itterico, che ha l'itterizia.*
Ictus, us, m. *colpo, percossa*: — a, um, add. *percosso.*
Iconcŭla, æ, f. *piccola immagine.*
Id, add. *ciò.*
Idcirco, cong. *perciò.*
Idĕa, æ, f. *idea, forma, immagine.*
Idem, eădem, idem, add. *il medesimo, la medesima.*
Identidem, avv. *sovente, spesse fiate.*
Idĕo, cong. *per la qual cosa, perciò.*
Idest, cong. *cioè, vale a dire.*
Idiōta, æ, m. *idiota, semplice.*
Idiotismus, i, m. *idiotismo, proprietà di lingua.*
Idolatria, æ, f. *idolatria.*
Idōlum, i, n. *idolo, simulacro.*
Idonĕe, avv. *idoneamente.*
Idonĕus, a, um, add. *idoneo, atto.*
Idus, iduum, idibus, f. pl. *idi, cioè il giorno decimoquinto nei mesi di marzo, maggio, luglio, e ottobre, e il decimoterzo negli altri mesi.*
Igitur, cong. *dunque.*
Ignārus, a, um, add. *non consapevole.*
Ignave, ignavĭter, avv. *pigramente.*
Ignavia, æ, f. *pigrizia, codardia.*
Ignāvus, a, um, add. *pigro.*
Ignesco, is, ĕre, N. *infiammarsi.*
Ignĕus, a, um, add. *di fuoco, igneo.*
Igniarium, ii, ignitabulum, i, n. *focile.*
Ignicŭlus, i, m. *focherello, stimolo.*
Ignifer, ĕra, ĕrum, add. *che porta fuoco.*
Ignipŏtens, ĕntis, c. add. *potente sul fuoco.*
Ignis, is, m. *fuoco, ardore.*
Ignitus, a, um, add. *infuocato.*
Ignobilis, m. e f. e, n. add. *ignobile, vile.*
Ignobilitas, ātis, f. *ignobilità.*
Ignobilĭter, avv. *bassamente, ignobilmente.*
Ignominia, æ, f. *ignominia, infamia.*
Ignominiōsus, a, um, add. *ignominioso.*
Ignōrans, antis, c. add. *ignorante.*
Ignorantia, æ: ignoratio, ōnis, f. *ignoranza.*
Ignōro, as, etc. A. *ignorare, non sapere.*
Ignoscibilis, m. e f. e, n. add. *degno di perdono.*
Ignosco, ŏscis, ōvi, ōtum, ŏscere, N. *perdonare, dimettere.*
Ignotus, a, um, add. *ignoto.*
Ilex, icis, f. *leccio.*
Ilia, um, n. pl. *fianchi.*
Ilias, ădis, f. *Iliade, poema di Omero.*
Ilicet, avv. *subito, certamente.*
Ilicĕus, a, um, add. *d'elce.*
Illābor, bĕris, psus, bi, D. *cadere, penetrare.*
Illaborātus, a, um, add. *fatto senza fatica.*
Illabōro, as, etc. N. *lavorare.*
Illac, avv. *per quel luogo.*
Illacessītus, a, um, add. *non provocato.*
Illacrymabilis, m. e f. e, n. add. *non compianto, inesorabile.*

Illacrymo, as, etc. N. illacrymor, āris, ātus, ari, D. *piangere, lagrimare.*
Illæsus, a, um, add. *illeso.*
Illapsus, a, um, add. *caduto, penetrato.*
Illapsus, us, m. *caduta.*
Illaquĕo, as, etc. A. *allacciare, ingannare.*
Illatio, ōnis, f. *illazione, il portar dentro.*
Illatus, a, um, add. *portato.*
Illaudabilis, m. e f. e, n. illaudatus, a, um, add. *indegno di lode.*
Ille, illa, illud, pron. *quegli, quella, quello, colui, colei.*
Illecĕbræ, ārum, f. pl. *lusinghe.*
Illecebrōsus, a, um, add. *lusinghevole.*
Illectus, a, um, add. *allettato.*
Illepĭde, avv. *senza grazia.*
Illepĭdus, a, um, add. *sgraziato.*
Illex, illĕgis, add. c. *senza legge.*
Illibātus, a, um, add. *illibato, puro, intatto.*
Illiberalis, m. e f. e, n. add. *incivile.*
Illiberalitas, ātis, f. *inciviltà.*
Illiberalĭter, avv. *incivilmente.*
Illic, avv. *là, colà, in quel luogo.*
Illicio, icis, ēxi, ĕctum, icĕre, A. *lusingare, indurre.*
Illicitus, a, um, add. *illecito.*
Illĭco, avv. *subito.*
Illīdo, dis, si, sum, dĕre, A. *rompere, urtare.*
Illĭgo, as, etc. A. *legare.*
Illimis, m. e f. e, n. add. *puro, senza fango.*
Illinc, avv. *di là, da quel luogo.*
Illinio, inis, inivi, initum, inīre: illino, inis, ēvi, itum, inĕre, A. *ungere, intonicare.*
Illiquefactus, a, um, add. *liquefatto.*
Illīsus, us, m. *urto*: — a, um, add. *spinto, rotto.*
Illiteratus, a, um, add. *ignorante.*
Illitus, a, um, add. *unto.*
Illo, avv. *là.*
Illōtus, a, um, add. *immondo, non lavato.*
Illuc, avv. *a quel luogo, colà.*
Illucĕo, es, uxi, ēre, illucesco, ucēscis, ūxi, ucescĕre, N. *risplendere, farsi chiaro.*
Illūdo, dis, si, sum, dĕre, A. *beffare, burlare.*
Illūmino, as, etc. A. *illuminare, schiarire.*
Illusio, ōnis, f. *illusione, ironia.*
Illustratio, ōnis, f. *illustrazione, chiarezza.*
Illustris, m. e f. e, n. add. *illustre, celebre.*
Illūstro, as, etc. A. *illustrare.*
Illūsus, a, um, add. *burlato, deriso.*
Illuvies, ēi, f. *sozzura, inondazione.*
Imaginatio, ōnis, f. *immaginazione, fantasia.*
Imaginor, āris, ātus, āri, D. *immaginare.*
Imāgo, inis, f. *immagine, sembianza, simulacro.*

Imaguncŭla, æ, f. *immaginetta.*
Imbecillis, m. e f. e, n. add. *imbecille.*
Imbecillitas, ātis, f. *imbecillità, debolezza.*
Imbecilliter, avv. *con imbecillità, debolmente.*
Imbecillus, a, um, add. *imbecille.*
Imbellis, m. e f. e, n. add. *imbelle, debole.*
Imber, ris, m. *pioggia, lagrime.*
Imberbis, m. e f. e, n. add. *senza barba.*
Imbibo, bis, bi, bitum, bĕre, A. *bere, inzuppare.*
Imbrex, icis, m. imbricium, ii, n. *embrice, tegolo.*
Imbrico, as, etc. A. *coprir di tegole.*
Imbrifer, ĕra, ĕrum, add. *che apporta pioggia.*
Imbŭo, ŭis, ŭi, ūtum, uĕre, A. *empire, tingere, istruire.*
Imitabilis, m. e f. e, n. add. *imitabile.*
Imitāmen, inis, n. V. Imitatio.
Imitamentum, i, n. *imitazione.*
Imitatio, ōnis, f. *imitazione.*
Imitātor, ōris, m. *imitatore.*
Imitātrix, īcis, f. *imitatrice.*
Imitor, āris, ātus, āri, D. *imitare.*
Immaculātus, a, um, add. *immacolato.*
Immadĕo, des, dui, dēre; immadēsco, is, ĕre, N. *essere umido.*
Immānis, m. e f. e, n. add. *smisurato, crudele.*
Immānitas, ātis, f. *crudeltà, fierezza, grandezza.*
Immaniter, avv. *crudelmente, molto.*
Immansuētus, a, um, add. *indomito.*
Immatūre, avv. *avanti tempo.*
Immaturĭtas, ātis, f. *crudezza, immaturità, fretta.*
Immatūrus, a, um, add. *immaturo.*
Immedicabilis, m. e f. e, n. add. *incurabile.*
Immĕmor, ŏris, c. add. *scordevole, immemore.*
Immemorabilis, m. e f. e, n. add. *immemorabile.*
Immemorātus, a, um, add. *non mai udito.*
Immensitas, ātis, f. *immensità, smisuratezza.*
Immensus, a, um, add. *immenso.*
Immĕrens, entis, c. add. *che non merita, innocente.*
Immerenter, avv. *senza aver meritato.*
Immergo, gis, si, sum, gĕre, A. *immergere, tuffare.*
Immerito, avv. *a torto, immeritamente.*
Immeritus, a, um, add. *che non merita.*
Immersabilis, m. e f. e, n. add. *che non si può sommergere.*
Immersus, a, um, add. *attuffato.*
Immigro, as, etc. N. *andare ad abitare.*
Imminens, entis, c. add. *imminente.*
Immineo, es, ui, ēre, N. *sovrastare, essere imminente.*
Imminuo, uis, ui, ūtum, uĕre, A. *diminuire, alleggerire.*
Imminutio, ōnis, f. *diminuzione.*
Immiscĕo, sces, scui, stum, vel xtum, scēre, A. *mischiare.*
Immiserabilis, m. e f. e, n. add. *non compatito, abbandonato.*
Immisericordia, æ, f. *durezza di cuore, inumanità.*
Immisericorditer, avv. *senza misericordia.*
Immisericors, ōrdis, c. add. *spietato.*
Immissio, ōnis, f. *introducimento.*
Immissus, a, um, add. *mandato.*
Immistus, a, um, add. *mescolato.*
Immitis, m. e f. e, n. add. *crudele, empio.*
Immitto, ttis, si, ssum, ttĕre, A. *mandare, introdurre, lasciare.*
Immixtus. V. Immistus.
Immobilis, m. e f. e, n. add. *immobile.*
Immoderāte, avv. *smoderatamente.*
Immoderatio, ōnis, f. *intemperanza.*
Immoderātus, a, um, add. *smoderato, intemperante.*
Immodestia, æ, f. *immodestia.*
Immodĕstus, a, um, add. *immodesto.*
Immodice, avv. *smoderatamente.*
Immodicus, a, um, add. *eccessivo.*
Immolatio, ōnis, f. *sacrifizio.*
Immolātor, ōris, m. *sacrificatore.*
Immŏlo, as, etc. A. *sacrificare, immolare.*
Immorior, orĕris, ortuus, ori, D. *morire sopra, o dentro a qualche cosa.*
Immŏror, aris, atus, ari, D. *trattenersi.*
Immortālis, m. e f. e, n. add. *immortale.*
Immortalitas, ātis, f. *immortalità.*
Immortaliter, avv. *eternamente.*
Immortŭus, a, um, add. *morto sopra.*
Immōtus, a, um, add. *fermo, immobile.*
Immugio, gis, gii, gitum, gire, N. *muggire, rimbombare, risuonare.*
Immulgeo, es, ĕre, A. *mungere.*
Immunditia, æ, f. *immondezza, bruttura.*
Immundus, a, um, add. *immondo, sucido.*
Immunio, is, ivi, itum, ire, A. *fortificare.*
Immūnis, m. e f. e, n. add. *immune, esente.*
Immunitas, ātis, f. *esenzione, franchigia.*
Immunītus, a, um, add. *non fortificato.*
Immurmuro, as, etc. N. *mormorare.*
Immutabilis, m. e f. e, n. add. *immutabile.*
Immutabilitas, ātis, f. *immutabilità.*
Immutabiliter, avv. *immutabilmente.*
Immutatio, ōnis, f. *mutazione.*
Immutēsco, ēscis, ui, escĕre, N. *ammutolire.*
Immūto, as, etc. A. *mutare, variare.*
Imo, vel immo, cong. *anzi, piuttosto.*
Impacātus, a, um, add. *inquieto, querelore.*
Impactio, ōnis, f. *urto, collisione.*
Impactus, a, um, add. *spinto.*
Impallēsco, ēscis, lui, escĕre, N. *impallidire.*
Impar, ăris, c. add. *dispari, disuguale.*
Imparātus, a, um, add. *non preparato.*
Impariter, avv. *disugualmente.*
Impastus, a, um, add. *non pasciuto, digiuno.*

Impatiens, entis, c. add. *impaziente.*
Impatientia, æ, f. *impazienza.*
Impavide, avv. *arditamente, senza paura.*
Impavidus, a, um, add. *coraggioso.*
Impeccabilis, m. e f. e, n. add. *impeccabile.*
Impedimentum, i, n. *impedimento*: impedimenta, ōrum, n. pl. *bagagli.*
Impedio, is, ivi, itum, ire, A. *impedire, sturbare.*
Impeditio, ōnis, f. *ingombro, ostacolo.*
Impello, ellis, ūli, ūlsum, ellĕre, A. *spingere, sollecitare, incitare, empire.*
Impegi. V. Impingo
Impendĕo, des, di, sum, dēre, N. *sovrastare, essere imminente.*
Impendiōsus, a, um, add. *dispendioso.*
Impendium, ii, n. *spesa, usura.*
Impendo, dis, di, sum, dĕre, A. *spendere, investigare, impiegare.*
Impenetrabilis, m. e f. e, n. add. *impenetrabile.*
Impēnsa, æ, f. *spesa, costo.*
Impēnse, avv. *con molta diligenza, molto.*
Impēnsus, a, um, add. *speso, impiegato*: cura impensior, *maggiore diligenza.*
Imperātor, ōris, m. *capitano, generale, imperatore.*
Imperatorius, a, um, add. *imperatorio, imperiale.*
Imperatrix, icis, f. *imperatrice.*
Imperatum, i, n. *comando, ordine.*
Imperceptus, a, um, add. *non compreso.*
Imperfectus, a, um, add. *imperfetto.*
Imperite, avv. *ignorantemente.*
Imperitia, æ, f. *ignoranza.*
Imperito, as, etc. N. *comandare.*
Imperitus, a, um, add. *ignorante.*
Imperium, ii, n. *impero, comando.*
Impermissus, a, um, add. *illecito.*
Impero, as, etc. A. *comandare, signoreggiare.*
Imperterritus, a, um, add. *intrepido.*
Impertio, is, ivi, vel ii, itum, ire, A. Impertior, iris, itus, iri, D. *dare, comunicare.*
Imperturbatus, a, um, add. *intrepido.*
Impervius, a, um, add. *inaccessibile.*
Impetīgo, ginis, f. *volatica, scabbia.*
Impĕto, is, ivi, vel ii, itum, ĕre, A. *assaltare, fare impeto.*
Impetrabilis, m. e f. e, n. add. *che si può impetrare.*
Impetratio, ōnis, f. *impetrazione.*
Impetro, as, etc. A. *impetrare.*
Impetuōsus, a, um, add. *impetuoso.*
Impĕtus, us, m. *impeto, urto.*
Impexus, a, um, add. *non pettinato, incolto.*
Impie, avv. *empiamente.*
Impietas, atis, f. *empietà.*
Impiger, ra, rum, add. *valoroso, diligente, esatto, pronto.*
Impigre, avv. *diligentemente.*
Impigritas, atis, f. *sollecitudine, prontezza, diligenza.*

Impingo, ngis, ēgi, actum, ingĕre, A. *spingere, urtare.*
Impius, a, um, add. *empio, crudele.*
Implacabilis, m. e f. e, n. add. *implacabile.*
Implacabiliter, avv. *implacabilmente.*
Implacatus, a, um, add. *non placato.*
Implacidus, a, um, add. *inquieto, feroce.*
Implĕo, es, ēvi, ētum, ēre, A. *empire, compiere.*
Implēxus, a, um, add. *intrigato, involto.*
Implicatio, ōnis, f. Implēxus, us, m. *inviluppo, involto.*
Implicite, avv. *implicitamente.*
Implicitus, a, um, add. *intrigato.*
Implico, as, avi, vel ui, atum, vel itum, are, A. *intrigare, avviluppare.*
Imploratio, onis, f. *invocazione.*
Implōro, as, etc. A. *implorare, invocare.*
Implūmis, m. e f. e, n. add. *senza piume.*
Impluvium, ii, n. *cortile ove cade la pioggia dal tetto.*
Impœnitens, entis, c. add. *impenitente.*
Impœnitentia, æ, f. *impenitenza.*
Impœnitus: impunitus, a, um, add. *impunito.*
Impolite, avv. *rozzamente.*
Impolitus, a, um, add. *rozzo, ruvido.*
Impollūtus, a, um, add. *non macchiato, incontaminato.*
Impōno, nis, sui, situm, nĕre, A. *imporre, gabbare.*
Impōrto, as, etc. A. *portar dentro, apportare.*
Importunitas, ātis, f. *importunità.*
Importūnus, a, um, add. *molesto.*
Importuōsus, a, um, add. *senza porto.*
Impos, ŏtis, c. add. *impotente.*
Impositio, ōnis, f. *imposizione.*
Impositor, ōris, m. *chi impone.*
Impositus, a, um, add. *imposto.*
Impōstor, ōris, m. *ingannatore.*
Impostūra, æ, f. *frode, impostura.*
Impŏtens, entis, c. add. *impotente, sfrenato.*
Impotēnter, avv. *dissolutamente.*
Impotentia, æ, f. *impotenza, prepotenza.*
Impræsentiarum, avv. *al presente, adesso.*
Imprānsus, a, um, add. *che non ha pranzato.*
Imprecatio, ōnis, f. *maledizione.*
Imprĕcor, āris, ātus, āri, D. *maledire.*
Impressio, ōnis, f. *violenza, impeto, impressione.*
Imprimo, imis, essi, essum, imĕre, A. *imprimere, stampare.*
Improbabilis, m. e f. e, n. add. *improbabile.*
Improbatio, ōnis, f. *riprensione.*
Imprŏbe, avv. *malvagiamente.*
Improbitas, ātis, f. *malvagità.*
Imprŏbo, as, etc. A. *disapprovare, rimproverare.*
Improbŭlus, a, um, add. *cattivello.*
Imprŏbus, a, um, add. *malvagio, cattivo.*
Imprōmptus, a, um, add. *non pronto.*

Improperātus, improperus, a, um, add. *lento.*
Improperō, as, etc. A. *rimproverare, affrettare.*
Impropriē, avv. *impropriamente.*
Improprius, a, um, add. *improprio.*
Improvide, avv. *imprudentemente.*
Improvidus, a, um, add. *imprudente, incauto.*
Improvise, improviso, avv. *all' improvviso.*
Improvisus, a, um, add. *improvviso.*
Imprūdens, entis, c. add. *imprudente.*
Imprudenter, avv. *imprudentemente.*
Imprudentia, æ, f. *imprudenza.*
Impūbes, is, o impūbis, m. e f. e, n. add. impūber, eris, m. *che è senza barba, giovinetto.*
Impŭdens, entis, c. add. *impudente, sfacciato.*
Impudenter, avv. *sfacciatamente.*
Impudentia, æ, f. *impudenza.*
Impudicitia, æ, f. *impudicizia.*
Impudīcus, a, um, add. *impudico, disonesto.*
Impugnatio, ōnis, f. *impugnazione.*
Impugnator, ōris, m. *impugnatore.*
Impūgno, as, etc. A. *impugnare, contrariare.*
Impuli. V. Impello.
Impŭlsor, ōris, m. *istigatore.*
Impŭlsus, a, um, add. *spinto.*
Impŭlsus, us, m. impulsio, ōnis, f. *impulso, spinta.*
Impūne, avv. *impunemente.*
Impūnis, m. e f. e, n. impunitus, a, um, add. *impunito.*
Impunitas, ātis, f. *impunità.*
Impūre, avv. *lordamente.*
Impurītas, ātis, f. *impurità.*
Impūrus, a, um, add. *lordo, impuro.*
Imputator, ōris, m. *imputatore.*
Impŭto, as, etc. A. *imputare, attribuire.*
Imputrēsco, ēscis, ŭi, escĕre, N. *marcire.*
Imus, a, um, add. *infimo, basso, imo, ultimo.*
In, prep. coll' abl. e talvolta coll' acc. *in, nel, contro, verso.*
Inaccēssus, a, um, add. *inaccessibile.*
Inacesco, is, acui, acere, N. *inacetire.*
Inædifico, as, etc. A. *fabbricare.*
Inæqualis, m. e f. e, n. add. *disuguale.*
Inæqualitas, ātis, f. *disuguaglianza.*
Inæqualiter, avv. *inegualmente.*
Inæquo, as, etc. A. *uguagliare.*
Inæstimabilis, m. e f. e, n. add. *inestimabile.*
Inæstuo, as, etc. N. *accendersi, scaldarsi.*
Inalbēsco, is, ēre, N. *divenir bianco.*
Inamobilis, m. e f. e, n. add. *immobile.*
Inambulatio, ōnis, f. *passeggio.*
Inambŭlo, as, etc. N. *passeggiare.*
Inamœnus, a, um, add. *spiacevole.*
Inane, is, n. *vacuo.*
Inanimātus, inanimus, a, um, add. *inanimato.*
Inānis, m. e f. e, n. add. *vuoto, vano.*
Inanitas, ātis, f. *vacuità, vanità.*
Inaniter, avv. *a vuoto, indarno.*
Inapertus, a, um, add. *non esposto.*
Inarātus, a, um, add. *non arato.*
Inardeo. V. Ardeo.
Inardēsco. V. Ardesco.
Inarefactus, a, um, add. *inaridito.*
Inarēsco, ēscis, ŭi, escĕre, N. *inaridirsi.*
Inargentātus, a, um, add. *inargentato.*
Inassatus, a, um, add. *arrostito.*
Inassuetus, a, um, add. *non avvezzo.*
Inaudax, ācis, c. add. *timido.*
Inaudio, is, ivi, vel ii, itum, ire, A. *udire.*
Inaudītus, a, um, add. *inaudito, straordinario.*
Inaugurātus, a, um, add. *dopo aver preso gli augurii.*
Inaugŭro, as, etc. A. *consecrare, dedicare, inaugurare.*
Inauratus, a, um, add. *indorato.*
Inauris, ris, f. *orecchino.*
Inaŭro, as, etc. A. *indorare.*
Inauspicato, avv. *senza aver preso gli auspicii.*
Inauspicatus, a, um, add. *di cattivo augurio, funesto.*
Inausus, a, um, add. *non tentato.*
Incalēsco, ēscis, ŭi, escĕre, N. *riscaldarsi.*
Incalefacio, ācis, ēci, actum, acĕre, A. *scaldare.*
Incallidus, a, um, add. *non astuto.*
Incandēsco, ēscis, ŭi, escĕre, N. *infuocarsi.*
Incanēsco, ēscis, ŭi, escĕre, N. *incanutire.*
Incantamēntum, i, n. *incanto, sortilegio.*
Incanus, a, um, add. *canuto.*
Incassum, avv. *invano, inutilmente.*
Incastigatus, a, um, add. *impunito.*
Incāvo, as, etc. A. *cavare, incavare.*
Incaute, avv. *incautamente.*
Incautus, a, um, add. *incauto.*
Incēdo, ēdis, essi, essum, edĕre, N. *andare, passeggiare.*
Incelebratus, a, um, add. *non pubblicato.*
Incelĕbris, m. e f. e, n. add. *non celebre.*
Incendiarius, ii, m. *incendiario,* — a, um, add. *d' incendio.*
Incendium, ii, n. *incendio.*
Incendo, dis, di, sum, dere, A. *accendere, instigare.*
Incensio, ōnis, f. *incendimento.*
Incensus, a, um, add. *acceso.*
Inceptio, ōnis, f. *cominciamento.*
Incepto, as, etc. A. *cominciare.*
Inceptor, ōris, m. *incominciatore.*
Inceptus, a, um, add. *cominciato, intrapreso.*
Inceptus, us, m. inceptum, i, n. *principio, impresa.*
Incerno, ernis, revi, retum, ernere, A. *crivellare.*
Incero, as, etc. A. *incerare.*
Incertus, a, um, add. *incerto, dubbioso.*
Incesso, is, ii, vel ivi, itum, ĕre, A. *irritare, molestare, provocare.*

Incessus, us, m. andatura, l'andare a passo grave e maestoso.
Inceste, avv. impuramente.
Incesto, as, etc. A. violare, contaminare.
Incestum, i, n. incestus, us, m. incesto.
Incestus, incestuosus, a, um, add. impuro, incestuoso.
Incohoo, as, etc. A. principiare.
Incido, dis, di, sum, dere, A. tagliare, incidere.
Incido, ĭdis, ĭdi, casum, ĭdere, N. cadere.
Incingo, gis, xi, ctum, gĕre, A. cingere, attorniare.
Incio, is, ivi, itum, ire, A. muovere.
Incipio, pis, cepi, ceptum, ipere, A. incominciare, intraprendere.
Incise, incisim, avv. minutamente.
Incisio, ōnis, f. incisūra, æ, f. taglio, incisione.
Incisus, a, um, add. tagliato, inciso.
Incitamentum, i, n. stimolo.
Incitate, avv. con veemenza.
Incitatio, ōnis, f. stimolo.
Incito, as, etc. A. incitare.
Incitus, a, um, add. spinto, incitato, ad incitas, vel incito redigi, esser ridotto alle strette.
Inciviliter, avv. incivilmente.
Inclamo, inclamito, as, etc. A. chiamare ad alta voce.
Inclaresco, es, ui, ēre: Inclaresco, escis, ui, escere, N. farsi celebre.
Inclēmens, entis, c. add. severo, aspro.
Inclementer, avv. aspramente.
Inclementia, æ, f. asprezza, rigore.
Inclinabilis, m. e f. e, n. add. pieghevole.
Inclinatio, ōnis, f. inclinazione, propensione.
Inclino, as, etc. A. inchinare, piegare, N. inclinare, propendere.
Inclūdo, dis, si, sum, dere, A. rinchiudere.
Inclusio, ōnis, f. rinchiudimento, carcerazione.
Inclitus, a, um, add. celebre.
Incoactus, a, um, add. non isforzato.
Incoctilia, ium, n. pl. vasi di metallo stagnati.
Incŏctus, a, um, add. non cotto, mal cotto.
Incœnatus, a, um, add. che non ha cenato.
Incogitans, āntis, c. add. inconsiderato.
Incogitantia, æ, f. inavvertenza.
Incogitatus, a, um, add. inconsiderato.
Incogito, as, etc. A. pensare.
Incognitus, a, um, add. incognito, sconosciuto.
Incŏla, æ, m. e f. abitatore, abitatrice.
Incolatus, us, m. abitazione, dimora.
Incŏlo, ŏlis, olui, ultum, olĕre, A. abitare, dimorare.
Incolŭmis, m. e f. e, n. add. sano e salvo.
Incolumitas, atis, f. salvezza.
Incomitatus, a, um, add. non accompagnato.
Incommendatus, a, um, add. non raccomandato.
Incommŏde, avv. con incomodo.
Incommoditas, ātis, f. incomodità.
Incommŏdo, as, etc. A. incomodare.
Incommŏdum, i, n. incomodo.
Incommŏdus, a, um, add. incomodo, noioso.
Incomparabilis, m. e f. e, n. add. incomparabile.
Incompĕrtus, a, um, add. sconosciuto.
Incomposite, avv. senza ordine.
Incompositus, a, um, add. incomposto, disordinato.
Incomprehensibilis, m. e f. e, n. add. incomprensibile.
Incomprehēnsus, a, um, add. non inteso.
Incōmptus, a, um, add. disadorno, rozzo.
Inconcēssus, a, um, add. non concesso, illecito.
Inconcinnitas, ātis, f. rozzezza.
Inconcinnus, a, um, add. rozzo.
Inconcŭssus, a, um, add. immobile.
Incondite, avv. confusamente, sconciamente.
Inconditus, a, um, add. incondito, rozzo, confuso.
Inconfēssus, a, um, add. che non ha confessato.
Incongrŭens, ēntis, c. Incongrŭus, a, um, add. disconvenevole.
Inconscius, a, um, add. non consapevole.
Inconsiderantia, æ, f. inconsideratezza.
Inconsiderāte, avv. inavvedutamente.
Inconsiderātus, a, um, add. inconsiderato.
Inconsolabilis, m. e f. e, n. add. inconsolabile.
Inconstans, āntis, c. add. incostante.
Inconstānter, avv. incostantemente.
Inconstāntia, æ, f. incostanza.
Inconsuētus, a, um, add. non avvezzo, insolito.
Inconsūlto, Inconsūlte, avv. inconsideratamente.
Inconsūltus, a, um, add. sconsigliato, non consigliato.
Incontaminātus, a, um, add. non contaminato, puro, sincero.
Incontinens, ēntis, c. add. incontinente.
Incontinēnter, avv. dissolutamente.
Incontinentia, æ, f. incontinenza.
Inconveniens, ēntis, c. add. disdicevole.
Incŏquo, quis, xi, ctum, quĕre, A. cuocere dentro a qualche cosa.
Incorporalis, m. e f. e, n. add. incorporĕus, a, um, add. incorporeo.
Incorrēctus, a, um, add. scorretto.
Incorrūptus, a, um, add. incorrotto puro.
Incredibilis, m. e f. e, n. add. incredibile.
Incredibiliter, avv. incredibilmente.
Incredŭlus, a, um, add. incredulo.
Incremēntum, i, n. accrescimento.
Increpito, as, etc. A. riprendere, rimproverare.
Incrĕpo, ĕpas, epui, vel epavi, epitum, epatum, epare, N. fare strepito, sgridare.

Incrēsco, escis, ēvi, ētum, escĕre, N. **crescere.**
Incruēntus, a, um, add. **incruento,** *senza spargimento di sangue.*
Incrūsto, as, etc. A. *incrostare.*
Incubātus, incubĭtus, us, m. incubātio, ōnis, f. *covazione, covatura, il coricarsi, il dormire.*
Incŭbo, as, ŭi, ĭtum, āre, N. e A. **covare,** *star sopra, coricarsi.*
Incŭlco, as, etc. A. *inculcare.*
Inculpabĭlis, m. e f. e, n. inculpātus, a, um, add. *senza colpa, innocente.*
Incūlte, avv. *rozzamente.*
Incūltus, a, um, add. *incolto, rozzo.*
Incūmbo, mbis, bŭi, bĭtum, mbĕre, N. **ap-***poggiarsi, attendere.*
Incunabŭla, ōrum, n. pl. *cuna.*
Incurātus, a, um, add. *non curato.*
Incuria, æ, f. *negligenza.*
Incuriōse, avv. *negligentemente.*
Incuriōsus, incuriſus, a, um, add. **negli-***gente.*
Incŭrro, ris, ri, *vel* curri, sum, rĕre, N. *correre contro, incorrere.*
Incursio, ōnis, f. incūrsus, **us, m.** *scorreria, urto.*
Incurso, as, etc. N. *correre incontro.*
Incurvatio, ōnis, f. *curvamento.*
Incūrvo, as, etc. A. *curvare, torcere.*
Incūrvus, a, um, add. *curvo, curvato.*
Incus, ūdis, f. *incudine.*
Incusatio, onis, f. *accusa.*
Incuso, as, etc. A. *incolpare.*
Incustodītus, a, um, add. *non custodito.*
Incutio, ūtis, ussi, ussum, utĕre, A. *percuotere, mettere.*
Indagatio, ōnis, f. *ricerca.*
Indagātor, ōris, m. *inquisitore.*
Indagātrix, īcis, f. *investigatrice.*
Indāgo, as, etc. A. *indagare, cercare con diligenza.*
Indāgo, inis, f. *indagine.*
Inde, cong. *indi* avv. *da quel luogo.*
Indebĭtus, a, um, add. *non dovuto.*
Indĕcens, ēntis, c. add. *indecente.*
Indecēnter, avv. *indecentemente.*
Indecentia, æ, f. *inconvenienza, indecenza.*
Indeclinabĭlis, m. e f. e, n. add. *indeclinabile, immutabile.*
Indeclinātus, a, um, add. *invariabile.*
Indĕcor, m. = indecōris, m. e f. e, n. ōris, add. *indecente, indegno.*
Indecōre, avv. *vituperosamente.*
Indecōrus, a, um, add. *disconveniente.*
Indefatigātus, a, um, add. *indefesso.*
Indefēnsus, a, um, add. *non difeso.*
Indefēssus, a, um, add. *indefesso.*
Indeficiens, ēntis, c. add. *che non manca.*
Indefinītus, a, um, add. *indeterminato.*
Indeflētus, a, um, add. *non pianto.*
Indejectus, a, um, add. *non rovinato.*
Indelebĭlis, m. e f. e, n. add. *indelebile.*
Indemnātus, a, um, add. *non condannato.*
Indēmnis, m. e f. e, n. add. *indenne, senza danno.*
Indesinēnter, avv. *sempre, continuamente.*
Index, ĭcis, m. *indice, pietra di paragone, relatore, segno.*
Indicatio, ōnis, f. *stima, tassa.*
Indicātor, ōris, m. *manifestatore.*
Indicium, ii, n. *indizio, segno, accenno.*
Indĭco, as, etc. A. *manifestare, accusare, denunziare.*
Indīco, cis, xi, ctum, cĕre, A. *dichiarare, pubblicare, ordinare.*
Indĭcum, i, n. *indaco.*
Indĭdem, avv. *da quell' istesso luogo.*
Indiffĕrens, ēntis, c. add. *indifferente.*
Indifferēnter, avv. *indifferentemente.*
Indifferentia, æ, f. *indifferenza, somiglianza.*
Indĭgena, æ, m. e f. *paesano.*
Indĭgens, ēntis, c. add. *indigente.*
Indigentia, æ, f. *indigenza.*
Indĭgeo, iges, igŭi, igēre, N. *aver bisogno.*
Indigēstus, a, um, add. *indigesto, disordinato.*
Indĭgetes, um, m. pl. *Dei indigeti, o, santi tutelari di un paese.*
Indignabŭndus, a, um, add. *dispettoso.*
Indignatio, ōnis, f. *sdegno, ira.*
Indīgne, avv. *indegnamente.*
Indignĭtas, ātis, f. *indegnità.*
Indignor, āris, ātus, āri, D. *sdegnarsi, adirarsi.*
Indignus, a, um, add. *indegno, crudele.*
Indĭguus, a, um, add. *bisognoso.*
Indīligens, ēntis, c. add. *trascurato.*
Indiligēnter, avv. *negligentemente.*
Indirēctus, a, um, add. *mal regolato.*
Indiscrēte, avv. *alla rinfusa, confusamente.*
Indiscrētus, **a, um, add. confuso,** *indiscreto.*
Indiscriminātim, avv. *indifferentemente.*
Indispositus, a, um, add. *senz' ordine.*
Indissolubĭlis, m. e f. e, n. add. *indissolubile.*
Indissolūtus, a, um, add. *legato.*
Indistīncte, avv. *confusamente.*
Indistīnctus, a, um, add. *indistinto.*
Indĭtus, a, um, add. *imposto.*
Individŭus, indivīsus, a, um, add. **insepa-***rabile, indiviso.*
Indo, is, ĭdi, ĭtum, ĕre, A. **imporre.**
Indocĭlis, m. e f. e, n. add. ***indocile, rozzo.***
Indŏcte, avv. *rozzamente.*
Indoctus, a, um, add. *ignorante, rozzo.*
Indolentia, æ, f. *indolenza.*
Indŏles, is, f. *indole.*
Indolēsco, escis, ŭi, escĕre, N. *dolersi.*
Indomabĭlis, m. e f. e, n. indomĭtus, a, um, add. *indomito, indomabile.*
Indormio, is, ivi, ītum, īre, N. *dormire, addormentarsi.*
Indotātus, a, um, add. *senza dote, indotato.*
Indubitabĭlis, m. e f. e, n. indubitātus, indubius, a, um, add. *indubitabile, certo.*
Indubitāte, indubitanter, avv. *certamente.*
Induciæ, *vel* indutiæ, ārum, f. pl. *tregua.*
Indūco, ūcis, uxi, uctum, ucĕre, A. *introdurre, indurre.*

Inductio, ōnis, f. *induzione.*
Inductus, us, m. *persuasione;* — a, um, add. *introdotto, indotto.*
Indulgens, ĕntis. c. add. *indulgente.*
Indulgenter, avv. *piacevolmente.*
Indulgentia, æ, f. *condiscendenza, indulgenza.*
Indulgĕo, ges, si, tum, gēre, A. *e* N. *condiscendere.*
Indumentum, i, n. *vestimento.*
Indŭo, uis, ŭi, ŭtum, uĕre, A. *vestire coprire.*
Indurēsco, ēscis, ŭi, escēre, N. *divenir duro, indurire.*
Indusium, ii, n. *camicia.*
Industria, æ, f. *industria.*
Industriōse, avv. *industriosamente.*
Industriōsus, industrius, a, um, add. *industrioso.*
Indŭtus, us, m. *veste, vestimento:* — a, um, add. *vestito.*
Inebrio, as, etc. A. *inebriare.*
Inedia, æ, f. *dieta, astinenza, inedia.*
Ineditus, a, um, add. *non pubblicato.*
Ineffabilis, m. *e* f. e, n. add. *ineffabile, indicibile.*
Inefficax, ācis, c. add. *inefficace.*
Inelaborātus, a, um, add. *mal lavorato, rozzo.*
Inelĕgans, āntis, c. add. *senza grazia.*
Ineleganter, avv. *sconciamente.*
Ineluctabilis, m. *e* f. e, n. add. *inevitabile.*
Inemendabilis, m. *e* f. e, n. add. *incorreggibile.*
Inemptus, a, um, add. *non comprato.*
Inenarrabilis, m. *e* f. e, n. add. *indicibile.*
Inenarrabiliter, avv. *indicibilmente.*
Inenarrātus, a, um, add. *non espresso.*
Inĕo, is, ivi, *vel* ii, itum, ire, N. *entrare.*
Inepte, avv. *scioccamente.*
Ineptiæ, ārum, f. pl. Ineptitudo, inis, f. *inezia, sciocchezza.*
Ineptio, is, ivi, itum, īre, N. *fare inezie, o sciocchezze.*
Ineptus, a, um, add. *inetto, sciocco.*
Inermis, m. *e* f. e, n. add. *inerme, disarmato.*
Inerro, as, etc. N. *andare qua e là, errare.*
Iners, ĕrtis, c. *pigro, ozioso.*
Inertia, æ, f. *inerzia, pigrizia.*
Ineruditē, avv. *rozzamente.*
Inerudītus, a, um, add. *ignorante, rozzo.*
Inesco, as, etc. A. *adescare, ingannare.*
Inevitabilis, m. *e* f. e, n. add. *inevitabile.*
Inexcogitatus, a, um, add. *impensato.*
Inexcusabilis, m. *e* f. e, n. add. *inescusabile.*
Inexercitatus, inexercitus, a, um, add. *non esercitato.*
Inexhaustus, a, um, add. *inesausto.*
Inexorabilis, m. *e* f. e, n. add. *inesorabile.*
Inexpertus, a, um, add. *inesperto.*
Inexpiabilis, m. *e* f. e, n. add. *inespiabile.*
Inexplebilis, m. *e* f. e, n. add. *insaziabile.*
Inexplētus, a, um, add. *non finito, non saziato.*

Inexplicabilis, m. *e* f. e, n. add. *inesplicabile.*
Inexplorātus, a, um, add. *incerto, oscuro.*
Inexpugnabilis, m. *e* f. e, n. add. *invincibile.*
Inexspectātus, a, um, add. *inaspettato.*
Inexsuperabilis, m. *e* f. e, n. add. *insuperabile.*
Inexstinctus, a, um, add. *non estinto.*
Inexstinguibilis, m. *e* f. e, n. add. *inestinguibile.*
Inexstirpabilis, m. *e* f. e, n. add. *che non si può estirpare.*
Inextricabilis, m. *e* f. e, n. add. *inestricabile.*
Infabre, avv. *rozzamente.*
Infacundia, æ, f. *mancanza di eloquenza.*
Infacūndus, a, um, add. *non facondo.*
Infamia, æ, f. *infamia.*
Infamis, m. *e* f. e, n. add. *infame.*
Infamo, as, etc. A. *infamare.*
Infandus, a, um, add. *da non dirsi.*
Infans, āntis, m. *e* f. *fanciullo, bambino.*
Infantia, æ, f. *infanzia, difficoltà nel parlare.*
Infantilis, m. *e* f. e, n. add. *infantile.*
Infarcio, cis, si, tum, cire, A. *empire.*
Infatigabilis, m. *e* f. e, n. add. *infaticabile.*
Infatŭo, as, etc. A. *fare impazzire.*
Infaustus, a, um, add. *infausto, infelice.*
Infector, ōris, m. *tintore.*
Infectus, a, um, add. *non fatto, non finito.*
Infecunditas, ātis, f. *sterilità.*
Infecūndus, a, um, add. *sterile.*
Infelicitas, ātis, f. *infelicità.*
Infeliciter, avv. *infelicemente.*
Infelix, icis, add. *infelice.*
Infense, avv. *da nemico.*
Infensus, a, um, add. *nemico.*
Inferi, ōrum, m. pl. *inferno.*
Inferiæ, ārum, f. pl. *esequie, sacrifizi pei morti.*
Inferior, m. *e* f. ius, n. ōris, *inferiore.*
Inferius, avv. *più a basso.*
Inferne, avv. *dalla parte inferiore.*
Infernus, a, um, add. *infernale.*
Infero, infers, intŭli, illatum, inferre, A. *portar dentro, inferire.*
Infervĕo, ves, vŭi, vēre, N. Infervesco, is, escēre, N. *riscaldarsi.*
Infestator, ōris, m. *infestatore.*
Infesto, as, etc. A. *molestare, infestare.*
Infestus, a, um, add. *contrario, nemico.*
Inficias ire, N. *negare.*
Inficiatio, ōnis, f. *negazione.*
Inficiator, ōris, m. *chi nega.*
Inficio, icis, ēci, ectum, icēre, A. *colorire, tingere, infettare.*
Inficior, āris, ātus, āri, D. *negare.*
Infidēlis, m. *e* f. e, n. add. *infedele.*
Infidelitas, ātis, f. *infedeltà.*
Infidus, a, um, add. *infido.*
Infigo, gis, xi, ctum, gēre, A. *conficcare, ficcar dentro.*
Infimus, a, um, add. *basso, infimo.*
Infinitas, ātis, f. *infinità.*

Infinite, infinito, avv. *infinitamente.*
Infinitus, a, um, add. *infinito.*
Infirmatio, ōnis, f. *indebolimento, confutazione.*
Infirme, avv. *debolmente.*
Infirmitas, ātis, f. *infermità, debolezza.*
Infirmo, as, etc. A. *indebolire, confutare.*
Infirmus, a, um, add. *debole, infermo.*
Infit, Difett. *incomincia.*
Infixus, a, um, add. *conficcato.*
Inflammatio, ōnis, f. *infiammazione.*
Inflammo, as, etc. A. *infiammare.*
Inflate, avv. *superbamente.*
Inflatio, ōnis, f. *gonfiagione, tumore.*
Inflātus, a, um, add. *gonfio, superbo.*
Inflatus, us, m. *soffio, inspirazione.*
Inflecto, ectis, exi, exum, ectĕre, A. *piegare, curvare, inchinare.*
Inflētus, a, um, add. *non pianto.*
Inflexibilis, m. e f. e, n. add. *inflessibile.*
Inflexio, ōnis, f. inflexus, us, m. *piegamento.*
Inflīgo, gis, xi, ctum, gĕre, A. *percuotere, ferire.*
Inflo, as, etc. A. *soffiare, gonfiare, insuperbire.*
Influo, is, uxi, uxum, uĕre, N. *inondare, scorrere.*
Infodio, dis, di, ssum, dĕre, A. *scavare, piantare.*
Informatio, ōnis, f. *informazione, abbozzo.*
Informis, m. e f. e, n. add. *deforme, brutto.*
Informo, as, etc. A. *informare, instruire, abbozzare.*
Infortunātus, a, um, add. *infelice.*
Infortunium, ii, n. *disgrazia.*
Infossus, a, um, add. *cavato dentro, sepolto.*
Infra, prep. coll' accus. *sotto, di sotto, dopo.*
Infractio, ōnis, f. *abbattimento.*
Infractus, a, um, add. *rotto, abbattuto.*
Infragilis, m. e f. e, n. add. *che non si può spezzare.*
Infrēgi. V. Infringo.
Infrĕmo, is, ui, itum, ĕre: infrendeo, des, dui, dēre, N. *fremere.*
Infrēnis, m. e f. e, n. infrēnus, a, um, add. *sfrenato.*
Infrēno, as, etc. A. *frenare, contenere.*
Infrequens, entis, c. add. *poco frequente.*
Infrequentia, æ, f. *infrequenza.*
Infringo, ingis, ēgi, actum, ingĕre, A. *rompere, frangere.*
Infrons, ondis, c. add. *senza fronde.*
Infructuōsus, a, um, add. *infruttuoso.*
Infūco, as, etc. A. *imbellettare.*
Infŭla, æ, f. *diadema, mitra, infula.*
Infulatus, a, um, add. *chi ha diadema, o mitra, mitrato.*
Infundibulum, i, n. *imbottatoio, imbuto.*
Infundo, undis, di, sum, ndĕre, A. *infondere.*
Infusco, as, etc. A. *offuscare, macchiare.*
Infusio, ōnis, f. *infusione.*
Infusus, a, um, add. *infuso, sparso.*
Ingemĭno, as, etc. A. *raddoppiare.*
Ingemisco, is, ĕre, N. ingemo, is, ui, itum, ĕre, A. e N. *piangere, lamentarsi.*
Ingenero, as, etc. A. *generare.*
Ingeniose, avv. *ingegnosamente.*
Ingeniosus, a, um, add. *ingegnoso.*
Ingenitus, a, um, add. *generato, innato.*
Ingenium, ii, n. *ingegno, indole.*
Ingens, entis, c. add. *grande.*
Ingenue, avv. *sinceramente, con verità.*
Ingenuitas, ātis, f. *nobiltà, bontà.*
Ingenuus, a, um, add. *ingenuo, nobile, libero.*
Ingĕro, ĕris, essi, estum, erĕre, A. *portar dentro.*
Ingestus, a, um, add. *messo dentro.*
Inglorius, a, um, add. *senza gloria.*
Ingluvies, ēi, f. *golosità.*
Ingluviosus, a, um, add. *ghiottone.*
Ingrāte, avv. *ingratamente.*
Ingratia, æ, f. *spiacevolezza.*
Ingratiis, ingratis, avv. *contro voglia.*
Ingratus, a, um, add. *ingrato.*
Ingravesco, is, ĕre, N. *divenir più grave.*
Ingrāvo, as, etc. A. *aggravare, molestare.*
Ingredior, edĕris, essus, edi, D. *entrare, introdursi, incominciare, camminare.*
Ingressio, ōnis, f. ingressus, us, m. *entrata, introito.*
Ingruo, uis, ui, uĕre, N. *assalire, sopraslare.*
Ingurgito, as, etc. A. *mangiare, o bere con troppa voracità.*
Ingustatus, a, um, add. *non gustato.*
Inhabilis, m. e f. e, n. add. *inabile.*
Inhabitabilis, m. e f. e, n. add. *inabitabile.*
Inhabito, as, etc. A. *abitare, dimorare.*
Inhæreo, res, si, sum, rēre: inhæresco, is, ĕre, N. *stare attaccato, attaccarsi.*
Inhālo, as, etc. A. *spirare.*
Inhibeo, es, ui, itum, ēre, A. *impedire, arrestare, moderare.*
Inhibitio, ōnis, f. *lo spinger indietro.*
Inhio, as, etc. A. e N. *stare colla bocca aperta, desiderare.*
Inhoneste, avv. *disonestamente.*
Inhonesto, as, etc. A. *disonorare.*
Inhonestus, a, um, add. *disonesto, brutto.*
Inhonoratus, a, um, add. *disonorato.*
Inhonorificus, a, um, add. *che non fa onore.*
Inhonōrus, a, um, add. *ignobile.*
Inhorreo, es, ui, ēre, A. e N. *esser orrido.*
Inhorresco, escis, ui, escĕre, A. e N. *inorridire.*
Inhospitalis, m. e f. e, n. add. *inospitale.*
Inhospitalitas, ātis, f. *inospitalità.*
Inhospitus, a, um, add. *solitario, barbaro.*
Inhumane, inhumaniter, avv. *crudelmente, scortesemente.*
Inhumanitas, ātis, f. *inumanità.*
Inhumanus, a, um, add. *inumano, scortese.*
Inhumatus, a, um, add. *insepolto.*
Inhŭmo, as, etc. A. *seppellire.*
Inibi, avv. *ivi, in quell' istesso luogo.*
Iniens, euntis, c. add. *che comincia.*
Inimice, avv. *inimichevolmente.*
Inimicitia, æ, f. *inimicizia.*
Inimicus, i, *nemico*: — a, um, add. *nemico, contrario, avversario.*

Inique, avv. *iniquamente*.
Iniquitas, ātis, f. *iniquità*.
Iniquus, a, um, add. *iniquo, ingiusto*.
Initiatus, a, um, add. *consecrato*.
Initio, as, etc. A. *consecrare, ordinare*.
Initium, ii, n. *principio*.
Initus, a, um, add. *principiato, intrapreso*.
Injectio, ōnis, f. *il mettere avanti, dentro*.
Injectus, a, um, add. *gettato dentro*.
Injicio, jicis, jēci, jectum, jicĕre, A. *mettere, gittar dentro*.
Injucunde, avv. *spiacevolmente*.
Injucundus, a, um, add. *spiacevole*.
Injungo, gis, xi, ctum, gĕre, A. *unire, imporre, commettere*.
Injuratus, a, um, add. *che non ha giurato*.
Injuria, æ, f. *ingiuria, torto*.
Injuriose, avv. *ingiuriosamente, ingiustamente*.
Injuriosus, **Injurius**, a, um, add. *ingiurioso*.
Injussus, a, um, add. *non comandato, spontaneo*.
Injuste, avv. *ingiustamente*.
Injustitia, æ, f. *ingiustizia*.
Injustus, a, um, add. *ingiusto*.
Innabilis, m. e f. e, n. add. *che non si può navigare*.
Innascor, scĕris, tus, sci, D. *nascere dentro*.
Innato, as, etc. A. e N. *nuotare, galleggiare*.
Innatus, a, um, add. *innato, naturale*.
Innavigabilis, m. e f. e, n. add. *che non può navigarsi*.
Innecto, ctis, xui, xum, ctĕre, A. *legare, intessere*.
Innitor, tĕris, sus, vel xus, ti, D. *appoggiarsi, attaccarsi*.
Inno, as, etc. A. e N. *nuotare dentro*.
Innocens, ēntis, c. add. *innocente*.
Innocenter, avv. *innocentemente*.
Innocue. V. Innocenter.
Innocuus, a, um, add. *innocuo, che non nuoce*.
Innotesco, ēscis, ui, escĕre, N. *farsi conoscere*.
Innovo, as, etc. A. *rinnovare*.
Innoxius. V. Innocuus.
Innubo, bis, psi, ptum, bĕre, N. *maritarsi*.
Innubus, a, um, add. *non maritato, celibe*.
Innumerabilis, m. e f. e, n. add. *innumerabile*.
Innumerabilitas, ātis, f. *infinità*.
Innumerabiliter, avv. *innumerabilmente*.
Innumerus, a, um, add. *innumerabile*.
Innuo, uis, ui, utum, uĕre, A. *accennar colla testa, dimostrare*.
Innuptus, a, um, add. *non maritato*.
Innutrio, is, ivi, itum, ire, A. *nudrire*.
Inobsequens, ēntis, c. add. *irriverente*.
Inobservabilis, m. e f. e, n. add. *inosservabile*.
Inobservantia, æ, f. *inosservanza*.
Inobservatus, a, um, add. *non custodito*.
Inoculo, as, etc. A. *innestare a occhio, ingemmare*.
Inodoro, as, etc. A. *profumare, dare odore*.
Inodorus, a, um, add. *senza odore, che non ha odore*.
Inoffensus, a, um, add. *non offeso*.
Inofficiōsus, a, um, add. *scortese*.
Inolesco, ēscis, ēvi, itum, escĕre, N. *crescere*, A. *inserire*.
Inominatus, a, um, add. *di mal augurio, infelice*.
Inopia, æ, f. *bisogno, disagio, mancanza*.
Inopinans, āntis, c. add. *che non pensa a ciò che gli può accadere*.
Inopinato, **inopinanter**, **inopinate**, avv. *all' improvviso*.
Inopinatus, **Inopinus**, a, um, add. *improvviso*.
Inopportūnus, a, um, add. *improprio, inopportuno*.
Inops, ŏpis, c. add. *povero, bisognoso*.
Inordinatus, a, um, add. *confuso*.
Inornatus, a, um, add. *disadorno, rozzo*.
In postĕrum, avv. *per l' avvenire, d' ora in poi*.
In præsentia, avv. *al presente, adesso*.
In primis, avv. *primieramente*.
Inquam. V. Inquio.
Inquies, etis, add. *inquieto, senza riposo*.
Inquietatio, onis, f. *dibattimento, l' agitare*.
Inquiete, avv. *senza intermissione*.
Inquieto, as, etc. A. *inquietare, agitare*.
Inquietūdo, inis, f. *inquietudine*.
Inquietus, a, um, add. *inquieto*.
Inquilinus, i, m. *pigionale*.
Inquinamentum, i, n. *lordura*.
Inquinate, avv. *lordamente*.
Inquino, as, etc. A. *imbrattare*.
Inquio, vel **inquam**, is, it, N. Dif. *io dico ec.*
Inquiro, ris, sivi, situm, rĕre, A. *cercare, investigare*.
Inquisite, avv. *con diligenza*: **inquisitius**, *con maggior diligenza*.
Inquisitio, onis, f. *inquisizione, ricerca*.
Inquisitor, ōris, m. *investigatore*.
Insalūbris, m. e f. e, n. add. *insalubre*.
Insalubritas, ātis, f. *cattiva aria*.
Insalutatus, a, um, add. *non salutato*.
Insanabilis, m. e f. e, n. add. *incurabile*.
Insane, avv. *pazzamente, grandemente*.
Insania, æ, f. *pazzia, furore*.
Insanio, is, ivi, itum, ire, N. *impazzire*.
Insanitas, ātis, f. *malattia*.
Insānus, a, um, add. *pazzo, folle*.
Insatiabilis, m. e f. e, n. add. *insaziabile*.
Insatiabilitas, ātis, f. *insaziabilità*.
Insatiabiliter, avv. *insaziabilmente*.
Insatiatus, a, um, add. *non sazio*.
Insciens, ēntis, c. add. *ignorante*.
Inscienter, **inscite**, **inscie**, avv. *ignorantemente*.
Inscientia, **Inscitia**, æ, f. *ignoranza*.
Inscitus, **inscius**, a, um, add. *ignorante, goffo*.
Inscribo, bis, psi, ptum, bĕre, A. *scrivere sopra, intitolare*.
Inscriptio, ōnis, f. *iscrizione*.

Insculpo, is, si, tum, ĕre, A. *scolpire.*
Insĕco, as, ui, ectum, āre, A. *tagliare, intagliare.*
Insecta, ōrum, n. pl. *insetti.*
Insectatio, ōnis, f. *persecuzione, ricerca.*
Insectator, ōris, m. *persecutore, ricercatore.*
Insector, aris, atus, ari, D. *perseguitare, incalzare.*
Insectūra, æ, f. *taglio, incisione.*
Insectus, a, um, add. *tagliato.*
Insedi. V. Insideo.
Insenēsco, escis, ui, escĕre, N. *invecchiare.*
Inseparabilis, m. e f. e, n. add. *inseparabile.*
Inseptus, a, um, add. *circondato.*
Insepultus, a, um, add. *non sepolto.*
Insequor, equĕris, equutus, equi, D. *perseguitare, venir dietro.*
Insĕro, eris, erui, ertum, erĕre, A. *inserire, mescolare:* negotiis alienis se inserĕre, *ingerirsi negli affari altrui.*
Insĕro, eris, ēvi, itum, erĕre, A. *seminare, piantare, innestare.*
Inserto, as, etc. A. *por dentro.*
Insertus, a, um, add. *inserito, posto dentro.*
Inservio, is, ivi, itum, ire, N. *servire, studiare, attendere.*
Insibilo, as, etc. A. *soffiar dentro.*
Insicia, æ, f. Insicium, ii, n. *salsiccia.*
Insideo, ides, edi, essum, idēre, A. e N. *seder sopra, occupare, fermarsi, abitare.*
Insidiæ, ārum, f. pl. *insidie, agguati.*
Insidiātor, ōris, m. *insidiatore.*
Insidior, aris, atus, ari, D. *insidiare.*
Insidiose, avv. *insidiosamente.*
Insidiosus, a, um, add. *insidioso.*
Insīdo, idis, edi, essum, idĕre, N. *seder sopra, riposarsi.*
Insigne, is, n. *insegna, segno.*
Insignio, is, ivi, itum, ire, A. *ornare, render insigne.*
Insignis, m. e f. e, n. add. *insigne, celebre, nobile.*
Insigniter, insignite, avv. *segnalatamente, sommamente.*
Insilio, ilis, ilui, *vel* ilivi, ilii, ultum, ilire, N. *saltar sopra.*
Insimul, avv. *insieme.*
Insimulatio, ōnis, f. *accusa, imputazione.*
Insimulo, as, etc. A. *accusar falsamente, simulare.*
Insinuatio, ōnis, f. *insinuazione.*
Insinuo, as, etc. A. *insinuare, intromettersi.*
Insipidus, a, um, add. *insipido, sciocco.*
Insipiens, entis, c. add. *pazzo, sciocco.*
Insipienter, avv. *insipidamente, scioccamente.*
Insipientia, æ, f. *sciocchezza.*
Insisto, istis, titi, titum, istere, A. e N. *star sopra, fermarsi, insistere.*
Insitio, ōnis, f. Insitum, ii, n. *innestamento.*
Insititius; Insitivus, a, um, add. *innestato.*
Insitor, ōris, m. *innestatore.*
Insitus, a, um, add. *innestato, inserito.*
Insociabilis, m. e f. e, n. add. *che non ha compagno.*
Insolabiliter, avv. *inconsolabilmente.*
Insolens, entis, c. add. *insolito, ardito.*
Insolenter, avv. *di rado, insolentemente.*
Insolentia, æ, f. *insolenza.*
Insolesco, is, ĕre, N. *insuperbirsi.*
Insolidus, a, um, add. *non sodo, molle.*
Insolitus, a, um, add. *insolito, non avvezzo.*
Insolubilis, m. e f. e, n. add. *insolubile.*
Insolutus, a, um, add. *non pagato.*
Insomnia, æ, f. *vigilia, veglia.*
Insomnis, m. e f. e, n. add. *vigilante.*
Insomnium, ii, n. *sogno, visione.*
Insŏno, as, ui, itum, are, A. *risuonare.*
Insons, ontis, c. add. *innocente.*
Inspectio, inspectatio, ōnis, f. *ispezione, considerazione.*
Inspecto, as, etc. A. *guardare con diligenza, osservare.*
Inspector, ōris, m. *visitatore, ispettore.*
Inspectus, a, um, add. *considerato, visitato.*
Insperabilis, m. e f. e, n. add. *che non si può sperare.*
Insperans, antis, c. add. *che non spera, senza speranza.*
Insperato, avv. *contro ogni speranza.*
Insperātus, a, um, add. *non isperato.*
Inspergo, gis, si, sum, gĕre, A. *sparger sopra.*
Inspicio, icis, exi, ectum, icĕre, A. *guardare, esaminare.*
Inspiratio, ōnis, f. *inspirazione.*
Inspiro, as, etc. A. *inspirare, soffiare.*
Inspuo, uis, ui, uĕre, A. *sputar sopra.*
Instabilis, m. e f. e, n. add. *instabile, incostante.*
Instabilitas, ātis, f. *instabilità, incostanza.*
Instans, antis, c. add. *istante, presente, imminente.*
Instanter, avv. *istantemente.*
Instantia, æ, f. *istanza.*
Instar, n. indec. *a guisa, similitudine, esemplare.*
Instauratio, ōnis, f. *rinnovazione.*
Instauro, as, etc. A. *rinnovare, riparare.*
Instĕrno, ernis, rāvi, rātum, ernĕre, A. *stender sopra, coprire.*
Instigatio, ōnis, f. *instigazione.*
Instigator, ōris, m. *instigatore.*
Instigatrix, icis, f. *instigatrice.*
Instigo, as, etc. A. *stimolare, instigare.*
Instillatio, ōnis, f. *infusione, instillazione.*
Instillo, as, etc. A. *instillare.*
Instimulator, ōris, m. *instigatore.*
Instimulo, as, etc. A. *stimolare.*
Instinctor, ōris, m. *istigatore.*
Instinctus, us, m. *istinto:* — a, um, add. *instigato, inspirato.*
Institi. V. Insisto e Insto.
Institor, ōris, m. *agente, fattore di mercante, trafficante.*

Instituo, uis, ui, utum, uĕre, A. decretare, deliberare, stabilire, instruire.
Institutio, ōnis, f. istituzione.
Institūtum, i, n. instituto.
Institūtus, a, um, add. instrutto, piantato, cominciato.
Insto, as, iti, ĭtum, āre, N. soprastare, instare.
Instragŭlum, instrātum, i, n. coperta.
Instrātus, a, um, add. coperto.
Instrĕpo, is, ui, itum, ĕre, N. fare strepito.
Instructio, ōnis, f. instructus, us, m. instruzione, ordinazione.
Instructor, ōris, m. apparecchiatore, instruttore.
Instructus, a, um, add. instrutto, fornito.
Instrumentum, i, n. stromento.
Instrŭo, uis, uxi, uctum, uĕre, A. fornire, instruire.
Instupĕo, es, ui, ēre, N. stupire, istupidire.
Insuāvis, m. e f. e, n. add. disgustevole.
Insuāvitas, ātis, f. noia, scipitezza.
Insuefactus, a, um, add. assuefatto.
Insuēsco, ēscis, ēvi, ētum, escĕre, N. assuefarsi, A. assuefare.
Insuētus, a, um, add. non avvezzo.
Insŭla, ae, f. isola.
Insulānus, i, m. isolano, abitatore di isola.
Insulēnsis, m. e f. e, n. insolanus, a, um, add. isolano, d'isola.
Insulse, avv. scioccamente.
Insulsus, a, um, add. sciocco, insulso.
Insultatio, ōnis, f. insulto.
Insulto, as, A. e N. insultare, beffeggiare.
Insum, ines, infui, inesse, A. nom. essere, trovarsi, comparire.
Insūmo, is, psi, ptum, ĕre, A. consumare, spendere.
Insuo, uis, ui, ūtum, uĕre, A. cucire dentro, unire, aggiungere.
Insuper, cong. inoltre, oltre a ciò.
Insuperabilis, m. e f. e, n. add. insuperabile.
Insurgo, gis, rexi, rectum, gĕre, N. insorgere, levarsi su.
Insusurro, as, etc. A. mormorare.
Insūtus, a, um, add. cucito.
Intabēsco, ēscis, ui, escĕre, N. immagrire, illanguidirsi, liquefarsi.
Intactus, a, um, add. intatto, non tocco.
Intaminatus, a, um, add. incontaminato, innocente.
Intectus, a, um, add. non coperto.
Intĕger, ra, rum, add. intero, illeso.
Integerrimus, a, um, add. integerrimo.
Intĕgo, egis, exi, ectum, egĕre, A. coprire.
Integratio, ōnis, f. rinnovazione.
Integre, avv. interamente.
Integritas, atis, f. integrità, innocenza.
Intĕgro, as, etc. A. rinnovare.
Integumentum, i, n. coprimento, coperta.
Intellectio, ōnis, f. intendimento.
Intellēctus, us, m. intelletto.
Intelligĕnter, avv. intelligibilmente, con intelligenza.
Intelligentia, ae, f. intelligenza.
Intelligibilis, m. e f. e, n. add. intelligibile.
Intellĭgo, igis, exi, ectum, igĕre, A. intendere.
Intemeratus, a, um, add. incorrotto.
Intempĕrans, antis, c. add. intemperante.
Intemperanter, avv. intemperantemente.
Intemperantia, ae, f. intemperanza.
Intemperate. V. Intemperanter.
Intemperatus, a, um, add. intemperato.
Intemperies, ei: intempestas, atis, f. intemperie.
Intempestive, avv. intempestivamente, fuor di tempo.
Intempestivus, intempestus, a, um, add. intempestivo, fuor di tempo.
Intendo, dis, di, sum, dere, A. stendere, drizzare.
Intensio, ōnis, f. intenzione, estensione.
Intentatus, a, um, add. non tentato.
Intente, avv. diligentemente.
Intentio, ōnis, f. intenzione, sforzo, tensione.
Intento, as, etc. A. stendere, minacciare, intentare.
Intentus, intensus, a, um, add. steso, intento, attento.
Intepeo, epes, epui, epēre: intepesco, is, ere, N. essere, divenir tepido.
Inter, prep. coll'acc. fra, tra, in, dentro.
Interamnus, a, um, add. che sta fra due fiumi.
Interanea, ōrum, n. pl. interiori, interiora.
Intercalaris, m. e f. e, n. add. intercalare, bisestile.
Intercalatio, ōnis, f. bisesto, il bisestare.
Intercalo, as, etc. A. interporre, bisestare.
Intercapedo, inis, f. intervallo, spazio di tempo che passa fra due cose: Intercapedo jurisdictionis, sospensione di giurisdizione.
Intercedo, dis, ssi, ssum, dere, A. e N. interporsi, impedire, assicurare.
Interceptio, ōnis, f. sorpresa.
Interceptus, a, um, add. sorpreso, intercettato.
Intercessio, ōnis, f. opposizione, sicurtà.
Intercessor, ōris, m. intercessore, oppositore.
Intercessus, us, m. intervento.
Intercido, dis, di, sum, dere, A. tagliar per mezzo.
Intercĭdo, idis, idi, isum, idere, N. cadere, perire.
Intercino, is, ui, ere, A. cantare in mezzo, interporre il canto.
Intercipio, ipis, epi, eptum, ipere, A. intercettare, sorprendere.
Interceptus, a, um, add. intercetto.
Intercise, avv. a pezzi.
Intercisio, ōnis, f. taglio, il tagliare, rodimento.
Intercisus, a, um, add. tagliato a pezzi.
Intercludo, dis, si, sum, dere, A. chiudere, impedire.
Interclusio, ōnis, f. impedimento.

Interclūsus, a, um, add. *chiuso, impedito.*

Intercŭrro, ris, ri, sum, rere, N. *sopravvenire.*

Intercurso, as, are, N. *correre in mezzo.*

Intercūrsus, us, m. *intervenio.*

Intercus, ŭtis, c. add. *intercutaneo* : intercus aqua, *idropisia.*

Interdīco, cis, xi, ctum, cere, A. *interdire, proibire.*

Interdictio, ōnis, f. Interdictum, i, n. *interdetto.*

Interdictus, a, um, add. *interdetto.*

Interdiu, avv. *di giorno.*

Interdum, avv. *alcuna volta.*

Interea, cong. *frattanto.*

Interemptio, ōnis, f. *uccisione.*

Interemptor, ōris, m. *uccisore.*

Interemptus, a, um, add. *ucciso, ammazzato.*

Intereo, is, ii, itum, ire, N. *morire, perire.*

Interest, erat, fuit, esse, Imp. *importare, appartenere.*

Interfectio, ōnis, f. *uccisione.*

Interfector, ōris, m. *ammazzatore.*

Interfectrix, icis, f. *uccidatrice.*

Interfectus, a, um, add. *ammazzato.*

Interficio, icis, eci, ectum, icere, A. *ammazzare.*

Interflŭo, uis, ūxi, ūxum, uere, N. *scorrere per mezzo.*

Interflŭus, a, um, add. *che scorre per mezzo.*

Interfulgeo, ges, si, gēre, N. *risplendere fra mezzo a qualche cosa.*

Interfūsus, a, um, add. *sparso di mezzo.*

Interim, avv. *intanto, intrattanto* : interim dum, *mentre che.*

Interĭmo, imis, emi, emptum, imere, A. *uccidere, distruggere.*

Interior, m. e f. us, n. ōris, *interiore.*

Interitio, ōnis, f. interitus, us, m. *morte, rovina, distruzione.*

Interitus, us, sost. m. *morte, distruzione.*

Interitus, a, um, add. *estinto.*

Interius, avv. *interiormente.*

Interjaceo, es, ui, ēre, N. *giacere in mezzo.*

Interjacio, acis, eci, ectum, acere, A. *frammischiare.*

Interjectio, ōnis, f. interjectus, us, m. *interiezione, interposizione.*

Interjectus, a, um, add. *interposto.*

Interjĭcio, icis, eci, ectum, icere, A. *frapporre.*

Interjungo, gis, xi, ctum, gere, A. *congiungere.*

Interlego, is, egi, ectum, ere, A. *coglier qua e là.*

Interlĭno, inis, evi, itum, inere, A. *cancellare, ungere.*

Interlitus, a, um, add. *cancellato, unto.*

Interluceo, ces, uxi, cēre, N. *tralucere.*

Interlunium, ii, n. *spazio di tempo fra luna e luna.*

Interluo, uis, ui, ūtum, uere, A. *scorrere in mezzo bagnando.*

Intermedius, a, um, add. *intermedio, che è framezzo.*

Intermeo, as, etc. N. *scorrere fra mezzo.*

Interminatus, a, um, add. *interminato, sterminato, proibito.*

Intermino, as, etc. A. Interminor, aris, atus, ari, D. *minacciare.*

Intermisceo, isces, iscui, istum, iscēre, A. *frammischiare.*

Intermissus, us, m. Intermissio, ōnis, f. *intermissione, tralasciamento.*

Intermitto, ittis, isi, issum, ittere, A. *intermettere, tralasciare.*

Intermixtus, a, um, add. *intermisto.*

Intermorior, eris, tuus, i, D. *morire, perire.*

Intermortuus, a, um, add. *tramortito.*

Interne, avv. *internamente.*

Internecinus, vel internecivus, a, um, add. *sanguinoso* ; Internecivum bellum, *guerra sanguinosa.*

Internecio, ōnis, f. *eccidio, disfatta.*

Interneco, as, etc. A. *uccidere.*

Internodium, ii, n. *spazio fra due nodi, connetto.*

Internōsco, scis, vi, tum, scĕre, A. *discernere.*

Internuncius, ii, m. *messaggiero, internunzio.*

Internus, a, um, add. *interno, interiore.*

Intero, ĕris, rivi, ritum, erĕre, A. *tritare.*

Interpellatio, ōnis, f. *interrompimento.*

Interpellator, ōris, m. *interruttore.*

Interpello, as, etc. A. *interrompere, disturbare.*

Interpolatio, ōnis, f. *rinnovazione.*

Interpolatus, a, um, add. *raffazzonato, racconciato.*

Interpolis, m. e f. e, n. add. *ripulito, rappezzato.*

Interpŏlo, as, etc. A. *racconciare, interporre, interpolare.*

Interpōno, nis, sui, situm, nĕre, A. *interporre, frammettere.*

Interpositio, ōnis, f. interpositus, us, m. *interposizione, interposto, parentesi.*

Interpositus, a, um, add. *frapposto.*

Interpres, ĕtis, m. *interprete, espositore.*

Interpretatio, ōnis, f. *spiegazione, interpretazione.*

Interprĕtor, aris, atus, ari, D. *spiegare, interpretare.*

Interpunctio, ōnis, f. *interpunzione.*

Interpūnctus, a, um, add. *distinto, punteggiato.*

Interpūngo, gis, xi, ctum, gĕre, A. *punteggiare, far punti e virgole.*

Interrēgnum, i, n. *interregno.*

Interrex, ēgis, m. *vicerè.*

Interritus, a, um, add. *intrepido.*

Interrogatio, ōnis, f. *interrogazione.*

Interrogativus, a, um : interrogans, antis, c. add. *interrogativo.*

Interrŏgo, as, etc. A. *interrogare.*

Interrŭmpo, mpis, pi, ptum, mpĕre, A. *interrompere.*

Interrupte, avv. *interrottamente.*
Interruptio, ōnis, f. *interruzione.*
Interruptus, a, um, add. *interrotto.*
Interscribo, bis, psi, ptum, bĕre, A. *scrivere tra linea e linea.*
Interseco, as, etc. A. *intersecare, tagliare a mezzo.*
Intersepio, epis, si, tum, ire, A. *frammezzare, circondare.*
Interseptus, a, um, add. *serrato, chiuso.*
Intersero, ĕris, ēvi, itum, erĕre, A. *piantare, o seminare in mezzo.*
Intersisto, istis, titi, tātum, istĕre, N. *fermarsi a mezzo.*
Intersitus, a, um, add. *situato in mezzo, seminato in mezzo.*
Interspiratio, ōnis, f. *respiro, respirazione.*
Interspiro, as, etc. N. *respirare.*
Interstitium, ii, n. *interstizio, intervallo.*
Intersum, interes, fui, ĕsse, N. *esser presente, in mezzo.*
Intertextus, a, um, add. *tessuto, tessuto in mezzo.*
Intervallum, i, n. *intervallo.*
Intervenio, ĕnis, ēni, ĕntum, enīre, N. *intervenire, sopravvenire.*
Interventor, ōris, m. *chi sopravviene.*
Interventus, us, m. *intervento.*
Intestabilis, m. *e* f. e, n. add. *intestabile, che non può far testamento, infame.*
Intestato, avv. *senza testamento.*
Intestatus, a, um, add. *intestato, senza testamento.*
Intestina, ōrum, n. pl. *intestini.*
Intestinum, i, n. *intestino.*
Intestinus, a, um, add. *intestino, interno.*
Intexo, is, ui, tum, ĕre, A. *intessere, tessere.*
Intextus, us, m. *tessitura, intrecciatura,* — a, um, add. *tessuto, intrecciato.*
Intime, avv. *intimamente.*
Intimus, a, um, add. *intimo, familiare.*
Intinctus, us, m. *condimento, sapore, salsa:* — a, um, add. *intinto.*
Intingo, gis, xi, ctum, gĕre, A. *intingere, bagnare.*
Intolerabilis, m. *e* f. e, n. add. *intollerabile.*
Intolerabiliter, avv. *intollerabilmente.*
Intolerandus, a, um, add. *impaziente, intollerando.*
Intolerans, ăntis, c. add. *impaziente, intollerante.*
Intoleranter, avv. *impazientemente.*
Intolerantia, æ, f. *intolleranza.*
Intondeo, des, di, sum, dĕre, A. *tosare all'intorno.*
Intono, nas, nui, nāre, A. *e* N. *tuonare.*
Intonsus, a, um, add. *non tosato.*
Intorqueo, ques, si, tum, quēre, A. *lanciare, torcere.*
Intra, prep. coll'acc. *dentro:* intra modum, *meno che mezzanotte.*
Intractabilis, m. *e* f. e, n. add. *intrattabile.*
Intractatus, a, um, add. *non trattato, indomito.*
Intremisco, is, ĕre: intrĕmo, is, ui, ere, N. *tremare.*

Intrepide, avv. *intrepidamente.*
Intrepidus, a, um, add. *intrepido.*
Intricatus, a, um, add. *imbrogliato.*
Intrico, as, etc. A. *imbrogliare, avviluppare.*
Intrinsecus, avv. *intrinsecamente.*
Intro, as, etc. N. *entrare, insinuarsi.*
Intro, avv. *dentro, entro.*
Introduco, cis, xi, ctum, cĕre, A. *introdurre.*
Introductio, ōnis, f. *introduzione.*
Introductus, a, um, add. *introdotto.*
Introeo, ĭs, oivi, *vel* ii, oitum, oire, N. *entrare.*
Introgredior, edĕris, ĕssus, ĕdi, D. *entrare.*
Introitus, us, m. *entrata, ingresso, introito.*
Intromissus, a, um, add. *intromesso.*
Intromitto, ttis, si, ssum, ttĕre, A. *intromettere.*
Introrsum, introrsus, avv. *dentro, verso.*
Introspicio, icis, ĕxi, ĕctum, icĕre, A. *guardar dentro.*
Intrudo, dis, si, sum, dĕre, A. *cacciar dentro, introdurre, ingerirsi.*
Intubum, i, n. intubus, intybus, i, m. *indivia (erba).*
Intueor, ĕris, itus, ĕri, D. *guardare, osservare.*
Intuitus, us, m. *guardatura.*
Intumesco, ĕscis, ui, escĕre, N. *gonfiarsi.*
Intumulatus, a, um, add. *insepolto.*
Intus, avv. *dentro, di dentro.*
Inultus, a, um, add. *invendicato.*
Inumbro, as, etc. A. *far ombra.*
Inunctio, ōnis, f. *unzione.*
Inundatio, ōnis, f. *inondazione.*
Inundo, as, etc. A. *inondare.*
Inungo, gis, xi, ctum, gĕre, A. *ungere.*
Inurbanus, a, um, add. *inurbano.*
Inuro, ris, ssi, stum, rere, A. *marcare con ferro rovente.*
Inusitate, inusitato, avv. *inusitatamente.*
Inusitatus, a, um, add. *inusitato, insolito.*
Inustus, a, um, add. *bruciato, impresso.*
Inutilis, m. *e* f. e, n. add. *inutile.*
Inutilitas, ātis, f. *inutilità.*
Inutiliter, avv. *inutilmente.*
Invado, dis, si, sum, dĕre, A. *e* N. *entrare, assalire, affrontare.*
Invaleo, es, ui, ĕre: invalesco, ĕscis, escĕre, N. *divenir più forte.*
Invaletudo, inis, f. *debolezza, infermità.*
Invalide, avv. *invalidamente.*
Invalidus, a, um, add. *invalido, debole.*
Invectio, ōnis, f. invectus, us, m. *il portar dentro.*
Inveho, ĕhis, ĕxi, ĕctum, ehĕre, A. *portar dentro, condurre.*
Invehor, heris, ctus, bi, D. *inveire, scagliarsi.*
Invenio, enis, ēni, entum, enire, A. *ritrovare.*
Inventio, ōnis, f. inventus, us, m. *invenzione.*
Inventor, ōris, m. *inventore.*
Inventrix, īcis, f. *inventrice.*

Inventum, i, n. *invenzione.*
Inventus, a, um, add. *ritrovato.*
Invenŭstus, a, um, add. *sgarbato, senza grazia.*
Inverecunde, avv. *sfacciatamente.*
Inverecundus, a, um, add. *inverecondo.*
Invergo, gis, gere, A. *versare.*
Inversio, ōnis, f. *stravolgimento.*
Inversus, a, um, add. *rivoltato, rovesciato.*
Inverto, tis, ti, sum, tĕre, A. *rovesciare.*
Invesperascit, ebat, imp. *farsi sera.*
Investigabilis, m. e f. e, n. add. *imperscrutabile, che non si può vedere.*
Investigatio, ōnis, f. *investigazione.*
Investigator, ōris, m. *investigatore.*
Investigatrix, īcis, f. *investigatrice.*
Investigo, as, etc. A. *investigare, cercar con diligenza.*
Inveterasco, is, ere, N. *invecchiare.*
Inveteratio, ōnis, f. *antichità.*
Inveterātus, a, um, add. *invecchiato, antico, vecchio.*
Invĭa, ōrum, n. pl. *luoghi inaccessibili.*
Invĭcem, avv. *scambievolmente.*
Invictus, a, um, add. *invitto, invincibile.*
Invidens, ĕntis, c. add. V. Invidiosus.
Invidentia, æ, f. V. Invidia.
Invideo, des, di, sum, dēre, A. e N. *invidiare.*
Invĭdia, æ, f. *invidia.*
Invidiose, avv. *invidiosamente.*
Invidiosus, invidus, a, um, add. *invidioso.*
Invidus, i, m. *invidiatore.*
Invigilo, as, etc. N. *invigilare.*
Invincibilis, m. e f. e, n. add. *invincibile.*
Inviolabilis, m. e f. e, n. add. *inviolabile.*
Inviolate, avv. *inviolabilmente.*
Inviolātus, a, um, add. *inviolato.*
Invisibilis, m. e f. e, n. add. *invisibile.*
Inviso, sis, si, sum, ĕre, A. *visitare, andare a vedere.*
Invīsus, a, um, add. *non veduto, odiato, invidiato.*
Invitatio, ōnis, f. *invito.*
Invitātor, oris, m. *invitatore.*
Invite, avv. *di mala voglia.*
Invito, as, etc. A. *invitare.*
Invītus, a, um, add. *di mala voglia.*
Invius, a, um, add. *senza strada, disastroso.*
Invocatio, ōnis, f. *invocazione.*
Invŏco, as, etc. A. *invocare.*
Involĭto, as, etc. N. *svolazzar sopra.*
Invŏlo, as, A. e N. *volar dentro, involare.*
Involucris, m. e f. e, n. add. *che non può volare.*
Involŭcrum, i, n. *involto.*
Invŏlvo, vis, vi, ūtum, vĕre, A. *involgere, coprire.*
Involūtio, ōnis, f. *involgimento, chiocciola.*
Involūtus, a, um, add. *involto.*
Invulnerabilis, m. e f. e, n. add. *invulnerabile.*
Invulnerātus, a, um, add. *non ferito.*
Io, interj. di gioia, o di dolore, *viva! ohimè.*

Ipse, ipsa, ipsum, pron. *esso, essa, esso.*
Ira, æ, f. *collera, ira*: iram contundere, cohibēre, *calmar la collera.*
Iracunde, avv. *iracondamente.*
Iracundia, æ, f. *iracondia.*
Iracundus, a, um, add. *iracondo, collerico.*
Irāscor, sceris, tus, sci, D. *sdegnarsi.*
Irāte. V. Iracunde.
Irātus, a, um, add. *adirato.*
Iris, idis, f. *iride, arcobaleno, giglio paonazzo, ghiaggiuolo.*
Ironīa, æ, f. *ironia.*
Ironice, avv. *ironicamente.*
Irradio, as, etc. A. *illuminare, irraggiare.*
Irrationalis, irrationabilis, m. e f. e, n. add. *irragionevole.*
Irraucio, ces, si, cēre: irraucēsco, cescis, cescere, N. *divenir rauco, fioco.*
Irredivivus, a, um, add. *irreparabile.*
Irredux, ūcis, c. add. *chi più non torna.*
Irregularis, m. e f. e, n. add. *irregolare.*
Irreligio, ōnis, f. *irreligione.*
Irreligiōse, avv. *irreligiosamente.*
Irreligiōsus, a, um, add. *irreligioso.*
Irremeabilis, m. e f. e, n. add. *irremeabile, d'onde non si può tornare indietro.*
Irremediabilis, m. e f. e, n. add. *irrimediabile.*
Irreparabilis, m. e f. e, n. add. *irreparabile.*
Irrepertus, a, um, add. *non trovato.*
Irrēpo, is, si, tum, ere, N. *rampicarsi, insinuarsi.*
Irreprehensus, a, um, add. *irreprensibile.*
Irrepto, as, etc. N. *rampicarsi dentro.*
Irrequiētus, a, um, add. *irrequieto.*
Irretio, is, ivi, itum, ire, A. *ravvolger nelle reti, lusingare.*
Irretortus, a, um, add. *diritto.*
Irreverenter, avv. *irreverentemente.*
Irreverentia, æ, f. *irreverenza.*
Irrevocabilis, m. e f. e, n. add. *irrevocabile.*
Irrevocatus, a, um, add. *non richiamato.*
Irrideo, des, isi, isum, idēre, A. *beffare.*
Irrigatio, ōnis, f. *irrigazione.*
Irrigo, as, etc. A. *irrigare.*
Irriguus, a, um, add. *innaffiato.*
Irrisio, ōnis, f. *derisione, scherno.*
Irrisor, ōris, m. *schernitore.*
Irrisus, a, um, add. *schernito.*
Irritāmen, inis: irritamentum, i, n. Irritatio, ōnis, f. *irritamento, irritazione.*
Irritātor, oris, m. *irritatore, provocatore.*
Irrīto, as, etc. A. *irritare.*
Irrĭtus, a, um, add. *irrito, vano.*
Irrogatio, onis, f. *imposizione.*
Irrŏgo, as, etc. A. *imporre.*
Irrōro, as, etc. A. *bagnare.*
Irrūgo, as, etc. A. *increspare.*
Irrŭmpo, mpis, pi, ptum, mpere: irruo, uis, ui, ūtum, uere, N. *avventarsi, irrompere.*
Irruptio, onis, f. *impeto, irruzione.*
Is, ea, id, pron. *egli, colui, costui, tale, ella, ciò.*
Ischias, ădis, f. *sciatica, (malattia).*

Isicium, ii, n. *polpetta.*
Istac, vel isthac, avv. *per costà.*
Iste, ista, istud, pron. *questo, cotesto.*
Isthmus, i, m. *istmo, lingua di terra fra due mari.*
Istic, vel isthic, avv. *costì.*
Istinc, vel isthinc, avv. *di costà.*
Isto, vel istuc, avv. *costà.*
Ita, cong. *così:* quid ita? *perchè così?* ita si, *con questo se:* ita se res habet, *questo è lo stato dell' affare.*
Itāque, cong. *pertanto.*
Item, avv. *similmente, ancora.*
Iter, itineris, n. *viaggio, strada.*
Iteratio, onis, f. *ripetizione.*
Iterato, avv. *iteratamente.*
Itero, as, etc. A. *iterare, ripetere.*
Iterum, avv. *di nuovo, la seconda volta.*
Itidem, avv. *similmente, altresì.*
Itinerarium, ii, n. *itinerario.*
Itio, ōnis, f. itus, us, m. *andata.*
Ito: itito as, etc. N. *andare spesso.*
Itūrus, a, um, add. *che è per andare.*

J

Jacēo, es, ŭi, ēre, N. *giacere.*
Jacĭo, ĭcis, ēci, actum, acĕre, A. *lanciare, gittare, spargere.*
Jactanter, avv. *con ostentazione.*
Jactatĭo, ōnis, jactantĭa, æ, f. jactatus, us, m. *iattanza, vanto, pompa.*
Jactātor, ōris, m. *millantatore, ostentatore.*
Jactĭto, as, etc. A. *andar dicendo, lanciare.*
Jacto, as, etc. A. *lanciare, vantare, agitare.*
Jactūra, æ, f. *perdita, danno.*
Jactus, us, m. *tiro, getto, salto:* — a, um, add. *lanciato.*
Jaculabĭlis, m. *e* f. e, n. add. *che si può lanciare.*
Jaculatĭo, ōnis, f. *lanciamento, il lanciare.*
Jaculātor, ōris, m. *saettatore.*
Jaculātrix, īcis, f. *saettatrice.*
Jacŭlor, āris, ātus, āri, D. *lanciare, tirare.*
Jacŭlum, i, n. *dardo, saetta.*
Jam, avv. *già, ora:* jampridem, *già da gran tempo:* jam vero, *ora poi.*
Jamdiu, avv. *gran tempo fa.*
Jamdudum, avv. *da molto tempo, or ora, in questo istante.*
Janĭtor, ōris, m. *portinaio.*
Janŭa, æ, f. *porta.*
Januarĭus, ii, m. *gennaio.*
Japyx, ygis, m. *iapige, vento occidentale.*
Jaspis, ĭdis, m. *diaspro.*
Jecur, ŏris, vel jecinŏris, n. *fegato.*
Jecuscŭlum, i, n. *fegatello.*
Jejune, avv. *seccamente, a digiuno.*
Jejunĭum, ii, n. jejunĭtas, ātis, f. *digiuno.*
Jejūnus, a, um, add. *digiuno, debole.*
Jentacŭlum, i, n. *colezione, antipasto.*
Jento, as, etc. N. *far colezione.*
Jocatio, ōnis, f. *scherzo.*
Jocor, āris, ātus, āri, D. *burlare, scherzare.*
Jocōse, avv. *giocosamente.*
Jocōsus, a, um, add. *giocoso.*
Jocularis, m. *e* f. e, n. jocularius, a, um, add. *giochevole.*
Joculātor, ōris, m. *giocolatore.*
Jocŭlor, āris, ātus, āri, D. *motteggiare.*
Jocŭlus, i, m. *scherzetto.*
Jocus, i, m. joci, ōrum, m. pl. joca, ōrum, n. pl. *scherzo, giuoco.*
Juba, æ, f. *crine, chioma dei cavalli e dei leoni.*
Jubar, āris, n. *splendore.*
Jubātus, a, um, add. *che ha chioma, capelluto.*
Jubĕo, bes, ssi, ssum, bēre, A. *comandare, commettere, fare.*
Jubilo, as, etc. N. *giubilare.*
Jubĭlum, i, n. *giubilo, allegrezza.*
Jucunde, avv. *giocondamente.*
Jucundĭtas, ātis, f. *giocondità.*
Jucundus, a, um, add. *giocondo.*
Judex, ĭcis, m. *e* f. *giudice.*
Judicatĭo, ōnis, f. *il giudicare.*
Judicialis, m. *e* f. e, n. add. *giudiciale.*
Judicĭum, ii, n. *giudizio.*
Judico, as, etc. A. *giudicare.*
Jugālis, m. *e* f. e, n. add. *di giogo, o da giogo.*
Jugĕrum, i. n. jugĕra, um, n. pl. *iugero, (misura di terreno).*
Jugis, m. *e* f. e, n. add. *continuo, perenne.*
Jugiter, avv. *continuamente.*
Juglans, andis, f. *noce.*
Jugo, as, etc. A. *congiungere, aggiogare.*
Jugōsus, a, um, add. *montuoso.*
Jugulatio, ōnis, f. *scannamento, uccisione.*
Jugŭlo, as, etc. A. *scannare.*
Jugŭlum, i. n. *gola.*
Jugum, i, n. *giogo, cima dei monti.*
Julius, ii, m. *luglio:* — a, um, add. *di luglio.*
Jumentarius, a, um, add. *di giumento.*
Jumentum, i, n. *giumento:* jumenta sarcinaria, n. pl. *giumenti per bagaglio.*
Juncĕus, a, um, add *di giunco.*
Junctio, ōnis, junctūra, æ, f. *congiungimento, congiunzione.*
Junctus, a, um, add. *congiunto.*
Juncus, i, m. *giunco.*
Jungo, gis, xi, ctum, gĕre, A. *congiungere, annodare.*
Junior, ōris, m. *il più giovane.*
Junipĕrus, i, f. *ginepro.*
Junius, ii, m. *giugno.*
Juramentum, i, n. *giuramento.*
Jurātus, a, um, add. *giurato, o che ha giurato.*
Jure, avv. *con ragione, meritamente.*
Jurgiōsus, a, um, add. *contenzioso.*
Jurgium, ii, n. *contesa.*
Jurgo, as, etc. A. jurgor, āris, ātus, āri, D. *contendere, litigare.*
Juridĭcus, jurisconsultus, jurisperitus, i, m. *giurista, giureconsulto.*
Juridicus, a, um, add. *giuridico.*
Jurisdictio, ōnis, f. *giurisdizione.*

Jurisprudentia, æ, f. *giurisprudenza.*
Juro, as, etc. A. *e* N. *giurare.*
Jus, juris, n. *brodo, legge, diritto, ragione.*
Juscŭlum, i, n. *brodetto, guazzetto.*
Jusjurandum, jurisjurandi, n. *giuramento.*
Jussio, ōnis, f. *comando.*
Jussum, i, n. jussus, us, m. *comando.*
Jussus, a, um, add. *comandato.*
Justa, ōrum, n. pl. *esequie, funerali.*
Juste, avv. *giustamente.*
Justitia, æ, f. *giustizia.*
Justitium, ii, n. *vacanze del foro, ferie.*
Justus, a, um, add. *giusto.*
Juvamen, inis, n. *giovamento.*
Juvat, ābat, it, imp. *giovare, piacere.*
Juvencus, i, m. *giovenco.*
Juvenēsco, is, ĕre, N. *ingiovanire.*
Juvenīlis, m. *e* f. e, n. add. *giovanile.*
Juveniliter, avv. *giovanilmente.*
Juvĕnis, is, m. *giovane.*
Juvĕnis, m. *e* f. e, n. add. *giovane.*
Juvenor, āris, atus, āri, D. *folleggiare.*
Juvēnta, æ, juventus, ūtis, f. *gioventù.*
Juvo, vas, vi, tum, vāre, A. *giovare.*
Juxta, prep. coll' acc. *appresso, vicino,* avv. *egualmente.*
Juxtim, avv. *appresso, vicino.*

L

Labans, āntis, c. add. *cadente.*
Labāsco, is, ĕre, N. *star per cadere.*
Labecŭla, æ, f. *piccola macchia.*
Labefacio, ăcis, ēci, actum, acĕre, A. *rompere, indebolire.*
Labefactatio, labefactio, ōnis, f. *crollamento, rovina, distruzione.*
Labefacto, as, etc. A. *atterrare, guastare, corrompere.*
Labellum, i, n. *labbricciuolo.*
Labens, ēntis, c. add. *cadente.*
Labes, is, f. *ruina, danno, macchia.*
Labilis, m. *e* f. e, n. add. *labile.*
Labiōsus, a, um, add. *labbrone, che ha labbra grosse.*
Labium, ii, n. *labbro, linazza.*
Labo, as, etc. N. *vacillare.*
Labor, bĕris, psus, bi, D. *scorrere, sdrucciolare.*
Labor, labos, ōris, m. *fatica, travaglio.*
Laboriōse, avv. *laboriosamente.*
Laboriōsus, a, um, add. *laborioso.*
Laboro, as, etc. N. *affaticarsi, esser malato.*
Labrum, i, n. *labbro, linazza.*
Labrūsca, æ, f. *lambrusca* (vite salvatica).
Labyrinthus, i, m. *laberinto.*
Lac, lactis, n. *latte.*
Lacer, ĕra, ĕrum, add. *lacero, lacerato.*
Laceratio, ōnis, f. *lacerazione.*
Lacerna, æ, f. *mantello.*
Lacernatus, a, um, add. *mantellato.*
Lacĕro, as, etc. A. *lacerare, ingiuriare.*
Lacerta, æ, f. lacertus, i, m. *lucertola.*
Lacertōsus, a, um, add. *robusto, muscoloso.*
Lacertus, i, m. *braccio, vigore.*
Lacesso, is, ivi, *vel* ii, itum, ĕre, A. *provocare.*
Lacinia, æ, f. *lembo, frangia.*
Laconicus, a, um, add. *laconico.*
Laconismus, i, m. *laconismo.*
Lacryma, æ, f. *lagrima, pianto.*
Lacrymabilis, m. *e* f. e, n. add. *lagrimevole.*
Lacrymabundus, a, um, add. *piangente.*
Lacrymatio, ōnis, f. *il piangere, lagrimazione.*
Lacrymatus, a, um, add. *distillato, compianto.*
Lacrymo, as, etc. A. *e* N. lacrymor, āris, ātus, āri, D. *piangere.*
Lacrymose, avv. *lagrimosamente.*
Lacrymōsus, a, um, add. *lagrimoso.*
Lacrymŭla, æ, f. *lagrimetta.*
Lactans, āntis, c. add. *che ha, o dà latte.*
Lactarius, ii, m. *lattaiuolo;* — a, um, add. *che ha latte, o è di latte.*
Lactatus, us, m. *il lattare.*
Lactens, ēntis, c. add. *lattante.*
Lactĕo, es, ĕre, N. *lattare, allattare, poppare.*
Lacteŏlus, a, um, add. *bianco come il latte.*
Lactes, ium, f. pl. *animelle.*
Lacteus, a, um, add. *latteo, di latte.*
Lactito, as, etc. A. *dar latte, lusingare.*
Lacto, as, etc. A. *lattare.*
Lactūca, æ, f. *lattuga.*
Lacūna, æ, f. *laguna.*
Lacūnar, āris, n. *volta, soffitta.*
Lacunōsus, a, um, add. *concavo.*
Lacus, us, m. *lago,* lacusculus, i, m. *piccolo lago, laghetto.*
Lædo, dis, si, sum, dĕre, A. *offendere.*
Læsio, ōnis, f. *offesa, lesione.*
Læsus, a, um, add. *leso, offeso.*
Lætabundus, a, um, add. *allegro.*
Lætāmen, inis, n. *letame.*
Læte, avv. *lietamente.*
Lætifico, as, etc. A. *letificare, rallegrare.*
Lætitia, æ, f. *letizia, allegrezza.*
Lætor, āris, ātus, āri, D. *rallegrarsi.*
Lætus, a, um, add. *lieto.*
Læva, æ, f. *mano sinistra.*
Læve, avv. *sinistramente.*
Lævigo, as, etc. A. *levigare.*
Lævis, m. *e* f. e, n. add. *liscio, levigato.*
Lævitas, ātis, f. *levigazione, leggerezza.*
Lævus, a, um, add. *sinistro, mancino.*
Laganum, i, n. *lasagna.*
Lagēna, æ, f. *fiasco, fiasca.*
Laguncŭla, æ, f. *fiaschetta, fiaschetto.*
Lama, æ, f. V. Lamina.
Lambella, lambellŭla, æ, f. *piastrella.*
Lambo, bis, bi, ĕre, A. *lambire, leccare.*
Lamentabilis, m. *e* f. e, n. add. *lamentabile, lamentevole.*
Lamentatio, ōnis, f. *lamento, lamentazione.*
Lamentor, āris, ātus, āri, D. *lamentarsi.*
Lamentum, i, n. *lamento.*
Lamiæ, ārum, f. pl. *streghe, fattucchiere.*
Lamina, æ, f. *lamina, lama.*

Lampas, ădis, f. *lampada, face.*
Lana, æ, f. *lana.*
Lanarius, ii, m. *lanaiuolo,* — a, um, add. *appartenente alla lana.*
Lanātus, a, um, add. *lanoso, di lana.*
Lancĕa, æ, f. *lancia.*
Laneus, a, um, add. *di lana.*
Langueo, ues, ui, uēre: languesco, is, ĕre, N. *languire.*
Languide, avv. *languidamente.*
Languidŭlus, a, um, add. *languidetto.*
Languidus, a, um, add. *languido.*
Languor, ōris, m. *languore.*
Laniatio, ōnis, f. laniatus, us, m. *strazio, squarciamento.*
Laniēna, æ, f. *macello.*
Lanificium, ii, n. *lanifizio.*
Lanificus, a, um, add. *che fila la lana.*
Laniger, ĕra, ĕrum, add. *lanigero, che porta lana.*
Lanio, as, etc. A. *straziare, lacerare.*
Lanio, ōnis, lanius, ii, m. *macellaio.*
Lanista, æ, m. *maestro di scherma.*
Lanōsus, a, um, add. *lanoso, lanuto.*
Lanuginōsus, a, um, add. *lanuginoso.*
Lanūgo, inis, f. *lanugine.*
Lanx, cis, f. *lancia, bilancia, piatto.*
Lapicida, æ, f. lapidarius, ii, m. *scalpellino.*
Lapicidina, æ, f. *cava di pietre.*
Lapidarius, a, um, add. *lapidario, di pietra.*
Lapidat, abat. V. Lapido.
Lapidatio, ōnis, f. *lapidazione.*
Lapidātor, ōris, m. *lapidatore.*
Lapidēsco, is, ĕre, N. *divenir pietra.*
Lapidĕus, a, um, add. *lapideo.*
Lapido, as, etc. A. *lapidare.*
Lapidōsus, a, um, add. *sassoso.*
Lapillŭlus, lapillus, i, m. *sassolino.*
Lapis, idis, m. *pietra, sasso, lapida.*
Lapsio, ōnis, f. *caduta.*
Lapsus, us, m. *caduta:* — a, um, add. *caduto.*
Laquĕar, āris, n. *casa, focolare, soffitto.*
Lares, ium, m. pl. *lari* (Dei tutelari delle case).
Lardum, i, n. *lardo.*
Large, largiter, avv. *in abbondanza.*
Largificus, a, um, add. *abbondante.*
Largior, īris, ītus, īri, D. *dare, donare largamente.*
Largitas, ātis, f. *liberalità.*
Largitio, ōnis, f. *donazione.*
Largĭtor, ōris, m. *donatore, prodigo.*
Largus, a, um, add. *abbondante.*
Larva, æ, f. *maschera.*
Larvæ, ārum, f. pl. *ombre, spettri.*
Larvatus, a, um, add. *spiritato, fuor di sè.*
Lascive, avv. *lascivamente.*
Lascivia, æ, f. *lascivia.*
Lascivio, vis, vīvi, *vel* vii, vītum, vīre, N. *lussureggiare.*
Lascīvus, a, um, add. *lascivo, petulante.*
Lassēsco, is, ĕre, N. *stancarsi.*
Lassitūdo, inis, f. *stanchezza.*
Lasso, as, etc. A. *stancare.*
Lassus, lassŭlus, a, um, add. *stanco, stanchetto.*
Late, avv. *largamente.*
Latebræ, ārum, f. pl. *nascondiglio, spelonca.*
Latebrōsus, a, um, add. *pieno di nascondigli.*
Latens, ĕntis, c. add. *nascosto, occulto.*
Latenter, avv. *nascostamente.*
Lateo, es, ui, ēre, N. *nascondersi.*
Later, eris, m. *mattone.*
Laterālis, m. e f. e, n. add. *laterale.*
Latericius, laterarius, a, um, add. *di mattone.*
Laterna, æ, f. *lanterna.*
Laternarius, ii, m. *chi porta la lanterna.*
Latesco, is, ere, N. *allargarsi, dilatarsi, occultarsi.*
Latet, ebat, uit, ēre, Imp. *non sapere.*
Latex, icis, m. *fonte, liquore.*
Latibŭlum, i, n. *nascondiglio.*
Latifundium, i, n. *podere grande.*
Latine, avv. *latinamente.*
Latinitas, ātis, f. *latinità.*
Latinus, a, um, add. *latino.*
Latito, as, etc. N. *starsi nascosto.*
Latitudo, inis, f. *latitudine, larghezza.*
Lator, ōris, m. *portatore, corriere, porta lettere.*
Latrabilis, m. e f. e, n. add. *latrabile, che latra.*
Latrātor, ōris, m. *abbaiatore.*
Latratus, us, m. *latrato.*
Latrina, æ, f. *latrina.*
Latro, as, etc. A. e N. *latrare.*
Latro, ōnis, m. *ladro, assassino.*
Latrocinatio, ōnis, f. latrocinium, ii, n. *latrocinio.*
Latrocinor, aris, atus, ari, D. *rubare.*
Latrunculi, ōrum, m. pl. *scacchi da giuocare.*
Latrunculus, i, m. *ladroncello.*
Latus, ĕris, n. *lato, fianco.*
Latus, a, um, add. *lato, largo, spazioso.*
Laudabilis, m. e f. e, n. add. *lodevole.*
Laudabiliter, laudate, avv. *lodevolmente.*
Laudatio, ōnis, f. *lode, laude:* laudatio funebris, *orazione funebre.*
Laudātor, ōris, m. *lodatore.*
Laudatrix, īcis f. *lodatrice.*
Laudo, as, etc. A. *lodare.*
Laurĕa, æ, f. *laurea, corona di lauro.*
Laureātus, a, um, add. *laureato.*
Laureŏla, æ, f. *laureola, corona trionfale.*
Laureus, a, um, add. *di alloro.*
Lauricŏmus, a, um, add. *lauricomo.*
Laurifer, lauriger, ĕra, ĕrum, add. *che porta o produce alloro.*
Laurus, i, *vel* us, f. *lauro, alloro, corona di lauro.*
Laus, dis, f. *lode, vanto.*
Lauter, avv. *lautamente.*
Lautitia, æ, f. *lautezza, splendidezza.*
Lautus, a, um, add. *lauto, splendido.*

Lavacrum, i, n. *lavatoio, lavacro, bagno.*
Lavatio, ōnis, f. *lavatura, bagno.*
Lavo, as, etc. lavo, vis, vi, lotum, vare, A. *lavare, purgare.*
Laxatus, a, um, add. *aperto, allargato.*
Laxe, avv. *alla larga, largamente.*
Laxo, as, etc. A. *rallentare, allargare.*
Laxus, a, um, add. *rallentato, largo, ampio.*
Leæna, æ, f. *lionessa.*
Lebes, ētis, m. *paiuolo, caldaia.*
Lectīca, æ, f. *lettiga.*
Lecticarius, ii, m. *lettighiere.*
Lecticŭla, æ, f. *lettighetta.*
Lectio, ōnis, f. *lezione.*
Lectito, as, etc. A. *andar leggendo.*
Lectiuncula, æ, f. *lezioncina.*
Lector, ōris, m. *lettore.*
Lectorātus, us, m. *lettorato.*
Lectulus, i, m. *lettuccinolo.*
Lectus, i, m. *letto:* — a, um, add. *letto, scelto, distinto.*
Lecythus, i, f. *vasello, ampolla da olio.*
Legālis, m. e f. e, n. add. *legale.*
Legatarius, ii, m. *legatario.*
Legatio, ōnis, f. *legazione, ambasceria.*
Legātor, ōris, m. *testatore.*
Legātum, i, n. *legato, lascito.*
Legātus, i, m. *ambasciatore.*
Legens, ĕntis, c. add. *leggitore, leggitrice.*
Legio, ōnis, f. *legione.*
Legionarius, a, um, add. *legionario, di legione.*
Legislātor, ōris, m. *legislatore.*
Legitime, avv. *legittimamente.*
Legitimus, a, um, add. *legittimo, giusto.*
Lego, as, etc. A. *mandare ambasciatore, lasciare per eredità.*
Lego, gis, gi, ctum, gĕre, A. *leggere scegliere:* oram, *vel* litus, *costeggiar la spiaggia.*
Leguleius, i, m. *legista.*
Legūmen, ĭnis, n. *legume.*
Lembus, i, m. *brigantino, barca.*
Lemniscus, i, m. *fiocco, nastro.*
Lemŭres, um, m. pl. *fantasmi.*
Lene, avv. *soavemente, mollemente.*
Lenimen, ĭnis: lenimentum, i, n. *mitigamento, lenimento.*
Lenio, is, ivi, *vel* ii, itum, ire, A. *mitigare, alleggerire.*
Lenis, m. e f. e, n. add. *piacevole, molle.*
Lenitas, ātis, lenitudo, ĭnis, f. *piacevolezza.*
Leniter, avv. *mollemente, piacevolmente.*
Lenocinium, ii, n. *lenocinio, attrattive.*
Lenocinor, āris, ātus, āri, D. *accarezzare, allettare, mettere in credito.*
Lens, dis, f. *lendine.*
Lens, tis, f. *lente, lenticchia.*
Lente, avv. *lentamente.*
Lentesco, is, ere, N. *ammollirsi, divenir molle.*
Lenticŭla, æ, f. *lentiggine, lenticchia.*
Lentitūdo, ĭnis, f. *lentezza, tardanza.*
Lento, as, etc. A. *piegare, allentare.*
Lentus, a, um, add. *lento, pieghevole.*
Leo, ōnis, m. *leone.*
Leoninus, a, um, add. *leonino, leonesco.*
Leopardus, i, m. *leopardo.*
Lepĭde, avv. *lepidamente.*
Lepidus, a, um, add. *lepido, grazioso.*
Lepor, *vel* lepos, ōris, m. *grazia, garbo.*
Leporīnus, a, um, add. *di lepre, leprino.*
Lepræ, ārum, f. pl. *lebbra.*
Lepus, ŏris, m. *lepre.*
Lepuscŭlus, i, m. *leprettino.*
Letalis, m. e f. e, n. add. *mortale.*
Letaliter, avv. *mortalmente.*
Lethargicus, a, um, add. *che ha letargo.*
Lethargus, i, m. *letargo, sonno continuo e profondo.*
Letifer, ĕra, ĕrum, add. *mortifero.*
Letum, i, n. *morte.*
Leucæ, æ, f. *lega.*
Levāmen, ĭnis, levamĕntum, i, n.: levatio, ōnis, f. *sollievo, riposo.*
Levigatio, ōnis, f. *lisciamento.*
Levir, leviri, m. *cognato, fratello del marito, o della moglie.*
Levis, m. e f. e, n. add. *leggiero, lieve.*
Levĭtas, ātis, f. *levità, leggerezza.*
Levĭter, avv. *leggermente.*
Levo, as, etc. A. *alzare, levare, alleggerire.*
Lex, legis, f. *legge, regola.*
Libāmen, ĭnis: libamĕntum, i, n.: libatio, ōnis, f. *saggio, assaggio, sacrifizio, libazione.*
Libella, æ, f. *piccola libbra, livello.*
Libellus, i, m. *libretto, polizza, libello.*
Libens: lubens, ĕntis, c. add. *facile, volontario.*
Libenter, avv. *volentieri.*
Liber, ri, m. *libro, scorza.*
Liber, ĕri, m. *figliuolo.*
Liber, ĕra, ĕrum, add. *libero, sincero.*
Liberalis, m. e f. e, n. add. *liberale, ingenuo.*
Liberalĭtas, ātis, f. *liberalità, ingenuità.*
Liberalĭter, avv. *liberamente.*
Liberatio, ōnis, f. *liberazione.*
Liberātor, ōris, m. *liberatore.*
Libere, avv. *liberamente.*
Libĕri, ōrum, m. pl. *figliuoli, nipoti.*
Libĕro, as, etc. A. *liberare.*
Liberta, æ, f. *liberta, schiava fatta libera.*
Libĕrtas, ātis, f. *libertà.*
Libĕrtus, libertinus, i, m. *liberto, schiavo fatto libero.*
Libet, ēbat, ŭit, ĭtum, ēre, Imp. *piacere.*
Libidinose, avv. *libidinosamente.*
Libidinōsus, a, um, add. *libidinoso.*
Libīdo, ĭnis, f. *libidine, cupidigia, capriccio.*
Libitum, i, n. *piacere, volontà, ciò che piace.*
Libo, as, etc. A. *libare, assaggiare, sacrificare.*
Libra, æ, f. *libbra.*
Libralis, m. e f. e, n. add. *di libbra.*
Librāmen, ĭnis, libramĕntum, i, n. *equilibrio, livello.*

Librarius, ii, m. *scrivano, copista*: — a, um, add. *di libro.*
Libratio, ōnis, f. *adequazione, libramento.*
Librātor, ōris, m. *chi livella.*
Libro, as, etc. A. *pesare, esaminare, lanciare.*
Libum, i, n. *focaccia.*
Liburna, liburnĭca, æ, f. *brigantino.*
Libŭrnum, i, n. *sorta di lettiga.*
Licenter, avv. *licenziosamente.*
Licentia, æ, f. *sfrenatezza.*
Licentiōsus, a, um, add. *licenzioso.*
Liceo, es, ui, vel itum, ēre, N. *esser venduto all' incanto.*
Liceor, ēris, itus, ēri, D. *comprare, mettere all' incanto, offerire il prezzo.*
Licet, cēbat, cuit, citum est, cēre, Imp. *essere lecito.*
Licet, cong. *benchè, pure.*
Licia, ōrum, n. pl. *licci, i fili della trama.*
Licitatio, ōnis, f. *offerta all' incanto.*
Licitātor, ōris, m. *chi offre all' incanto.*
Licitor, āris, ātus, āri, D. *offerire all' incanto, comprare, mettere all' incanto.*
Licitus, a, um, add. *lecito, permesso.*
Lictor, ōris, m. *littore.*
Lien, ēnis: liēnis, is, m. *milza.*
Ligāmen, inis, ligamĕntum, i, n. ligatūra, æ, ligatio, ōnis, f. *legame.*
Lignarius, ii, m. *legnaiuolo*: — a, um, add. *di legno*: faber lignarius, *legnaiuolo.*
Lignatio, ōnis, f. *il far legna.*
Lignātor, ōris, m. *soldato che va a far legna.*
Ligneus, a, um, add. *di legno.*
Lignor, āris, ātus, āri, D. *far legna.*
Lignōsus, a, um, add. *legnoso.*
Lignum, i, n. *legno, legname.*
Ligo, as, etc. A. *legare.*
Ligo, ōnis, m. *zappa, marra.*
Ligula, lingŭla, æ, f. *linguetta, correggia.*
Ligurio, is, ivi, itum, ire, A. *mangiar tutto il suo, rubar con inganno.*
Liguritio, ōnis, f. *gran desiderio di mangiare.*
Ligustrum, i, n. *ligustro.*
Liliētum, i, n. *giglieto, luogo di gigli.*
Lilium, ii, n. *giglio.*
Lima, æ, f. *lima.*
Limātus, a, um, add. *limato, pulito, ornato.*
Limax, ācis, m. e f. *lumaca.*
Limbus, i, m. *lembo.*
Limen, inis, n. *limitare, soglia.*
Limes, itis, m. *sentiero, termine.*
Limitāris, m. e f. e, n. add. *che serve di limite.*
Limitatio, ōnis, f. *limitazione.*
Limito, as, etc. A. *limitare, segnare i limiti.*
Limo, as, etc. A. *limare, pulire.*
Limōsus, a, um, add. *limaccioso, pien di fango.*
Limpĭdus, a, um, add. *limpido.*
Limpitūdo, inis, f. *limpidezza.*
Limus, i, m. *limo, fango.*

Limus, a, um: limis, m. e f. e, n. add *obliquo, torto.*
Linarius, ii, m. *linaiuolo.*
Linea, æ, f. *linea, riga, filo di lino, spago.*
Lineamentum, i, n. *lineamento, fattezza.*
Lineatio, ōnis, f. *il tirar linee, lineamento.*
Lineātus, a, um, add. *disegnato.*
Lineo, as, etc. A. *delineare.*
Lineŏla, æ, f. *lineetta.*
Linĕus, a, um, add. *di lino.*
Lingo, gis, xi, ctum, gere, A. *leccare.*
Lingua, æ, f. *lingua.*
Linguax, ācis, c. add. *linguacciuto.*
Lingŭla. V. Ligula.
Liniger, ĕra, ĕrum, add. *vestito di lino.*
Linio, is, ivi, itum, ire: lino, nis, vi vel levi, litum, nĕre, A. *ungere, impiastrare.*
Linitus, us, m. *unzione, lambimento.*
Linquo, nquis, qui, nquĕre, A. *lasciare, abbandonare.*
Lintearius, ii, m. *venditor di panni lini.*
Linteātus, a, um, add. *vestito di lino.*
Linter, tris, m. e f. *barchetta, tinozza.*
Linteum, linteolum, i, n. *panno lino, lenzuolo, sudario, asciugatoio.*
Linteus, a, um, add. *di lino.*
Lippio, is, ivi, itum, ire, N. *divenir lippo, aver gli occhi crepati.*
Lippus, a, um, add. *che ha gli occhi lagrimosi.*
Liquāmen, inis, n. *liquamento.*
Liquatus, a, um, add. *liquefatto, strutto.*
Liquefacio, ācis, ēci, actum, acĕre, A. *liquefare.*
Liquefactus, a, um, add. *liquefatto.*
Liquesco, is, ĕre, N. *divenir liquido.*
Liquet, ēbat, ēre, Imp. *esser chiaro, manifesto.*
Liquidus, a, um, add. *liquido, chiaro.*
Liquo, as, etc. A. *liquefare, colare.*
Liquor, ōris, m. *liquore.*
Liquor, eris, liqui, P. *liquefarsi, sciogliersi.*
Liræ, ārum, f. pl. *bugattalla.*
Liro, as, etc. A. *far solchi.*
Lis, litis, f. *lite, controversia.*
Litatio, ōnis, f. *il placar gli Dei.*
Litera, æ, f. *lettera, carattere.*
Literæ, ārum, f. pl. *lettere, epistola, scienza.*
Literate, avv. *elegantemente.*
Literator, ōris, m. *letterato, erudito.*
Literatura, æ, f. *letteratura.*
Literatus, a, um, add. *scrittore, scrivano.*
Literula, æ, f. *letterina.*
Litigator, ōris, m. *litigante.*
Litigiōsus, a, um, add. *litigioso.*
Litigium, ii, n. *lite, litigio.*
Litigo, as, etc. N. *litigare.*
Lito, as, etc. A. *placar con sacrifizi, soddisfare.*
Litoralis, m. e f. e, n.: litorĕus, a, um, add. *di lido, littorale.*
Littera, litterarius, litteratus, etc. V. Litera, etc.
Litterate, avv. *con pratica di scrivere, dottamente.*

Litura, æ, f. untura, cancellatura.
Litus, ŏris, n. lido, spiaggia.
Litus, a, um, add. unto, tinto.
Lituus, i, m. trombo, bacchetta curva.
Liveo, es, ēre, N. esser livido, invidiare.
Livesco, is, ĕre, N. diventar livido.
Livide, avv. di color livido, invidiosamente.
Lividus, a, um, add. livido, invidioso.
Livor, ŏris, m. livore, lividezza, invidia, astio.
Lixivia, æ, f. ranno.
Locatio, ōnis, f. fitto, affitto.
Locator, ōris, m. locatore.
Loco, as, etc. A. affittare.
Locellus, i, m. cassetta, scrignetto.
Loculus, i, m. luoghetto, borsa da denaro, bara, cataletto: nel pl. tramezzi, barre.
Locuples, ētis, c. facoltoso, ricco.
Locupleto, as, etc. A. arricchire.
Locus, i, m. pl. loci, m. loca, ōrum, n. pl. luogo, terra.
Locusta, æ, f. locusta, cavalletta.
Locutio, ōnis, f. ragionamento.
Locutor, ōris, m. parlatore.
Lodix, īcis, f. coltre, sargia.
Logice, es, f. logica, dialettica.
Loligo, inis, f. calamaio, (pesce di mare).
Lolium, ii, n. loglio, zizzania.
Longævus, a, um, add. vecchio, di lunga età.
Longe, avv. lungo, lontano.
Longinquitas, ātis, f. lontananza.
Longinquus, a, um, add. lontano, remoto, lungo, straniero.
Longitudo, inis, f. lunghezza.
Longulus, a, um, add. lunghetto.
Longus, a, um, add. lungo, prolisso.
Loquacitas, ātis, f. loquacità.
Loquaciter, avv. loquacemente.
Loquax, ācis, c. add. loquace, chiacchierone.
Loquela, æ, f. loquela, favella.
Loquor, quĕris, cūtus, qui, D. parlare.
Loquutio, ōnis, f. locuzione.
Loquutor, ōris, m. parlatore.
Lora, æ, f. acquerello.
Lorica, æ, f. lorica, corazza.
Loricatus, a, um, add. loricato, vestito di lorica.
Lorico, as, etc. A. incrostare, vestir di lorica, o corazza.
Loripes, ĕdis, m. chi ha il piè torto.
Lorum, i, n. coreggia, briglia.
Lotio, ōnis, f. lavamento.
Lotium, ii, n. orina.
Lotus, us, m. lotūra, æ, f. lavamento.
Lotus, a, um, add. lavato, mondato.
Lubens, entis, V. Libens.
Lubrico, as, etc. A. far lubrico, liscio.
Lubricus, a, um, add. lubrico, sdrucciolevole.
Lucanica, æ, f. salsiccia.
Lucellum, i, n. guadagnuccio.
Luceo, ces, xi, cēre, N. risplendere.
Lucerna, æ, f. lucerna.
Lucesco, is, ĕre, N. farsi giorno, risplendere.

Lucide, avv. lucidamente.
Lucidus, a, um, add. lucido, chiaro.
Lucifer, eri, m. lucifero, stella.
Lucifer, ĕra, ĕrum, add. che porta luce.
Lucifugus, a, um, add. che fugge la luce.
Lucrifacio, ācis, ēci, āctum, acere, A. lucror, āris, ātus, āri, D. guadagnare, acquistare.
Lucrōsus, a, um, add. lucroso, utile.
Lucrum, i, n. guadagno.
Luctāmen, inis, n. luctatio, ōnis, f. lotta.
Luctātor, ōris, m. lottatore.
Luctificus: luctifer, era, erum, add. funesto, fatale.
Luctor, āris, ātus, āri, D. lottare.
Luctuose, avv. luttuosamente.
Luctuōsus, a, um, add. luttuoso.
Luctus, us, m. pianto, lutto.
Lucubratio, ōnis, f. veglia, fatica fatta in veglia.
Lucubrātus, a, um, add. fatto a lume di lucerna.
Lucūbro, as, etc. A. lavorare a lume di lucerna, vegliando.
Luculĕnte: luculenter, avv. chiaramente, ottimamente.
Luculĕntus, a, um, add. illustre, chiaro.
Lucus, i, m. bosco, selva.
Ludibrium, ii, n. scherno, ludibrio.
Ludibūndus, a, um, add. scherzoso, allegro.
Ludicer, ra, rum, add. da giuoco.
Ludificatio, ōnis, f. burla, scherno, frode.
Ludificātor, ōris, m. burlatore, schernitore.
Ludifico, as, etc. ludifacio, acis, ēci, āctum, acere, A. burlare, beffare.
Ludificus, a, um, ludificabilis, m. e f. le, n. add. scherzevole.
Ludimagister, ri, m. maestro di scuola.
Ludio, ōnis: ludius, ii, m. giocolatore.
Ludo, dis, si, sum, dere, A. e N. burlare, giuocare: ludere in numerum, ballare a tempo di suono.
Ludus, i, m. giuoco, burla, scuola.
Lues, is, f. lue, peste.
Lugeo, ges, xi, ctum, gēre, A. e N. piangere, deplorare.
Lugūbris, m. e f. bre, n. lugubre.
Lumbus, i, m. lombo.
Lumen, inis, n. lume, luminare.
Lumināre, is, n. luminare.
Luminosus, a, um, add. luminoso, lucente.
Luna, æ, f. luna.
Lunāris, m. e f. re, n. add. lunare.
Lunaticus, a, um, add. lunatico.
Lunātus, a, um, add. curvo a foggia di luna.
Lunula, æ, f. lunetta.
Luo, is, i, itum, ere, A. pagare, soddisfare.
Lupa, æ, f. lupa.
Lupānar, āris, n. lupanare, bordello.
Lupātum, i, n. freno, morso.
Lupinus, i, m. lupinum, i, n. lupino (legume).
Lupinus, a, um, add. lupigno, di lupo.
Lupus, i, m. lupo.

Lurco, ōnis, m. *lurcone, goloso.*
Luridus, a, um, add. *pallido, lurido.*
Luscinia, æ, f. *rosignuolo.*
Luscus, a, um, add. *losco, cieco da un occhio.*
Lusio, ōnis, f. *giuoco, scherzo.*
Lusito, as, etc. N. *giuocare.*
Lusor, ōris, m. *giocatore, compositore.*
Lusorius, a, um, add. *da giuoco.*
Lustrālis, m. e f. le, n. add. *lustrale, purgativo.*
Lustratio, ōnis, f. *lustrazione, sacrifizio espiatorio.*
Lustro, as, etc. A. *espiare, purgare.*
Lustrum, i, n. *lustro* (spazio di cinque anni), *tana, spelonca.*
Lusus, a, um, add. *burlato, deriso.*
Lusus, us, m. *giuoco, burla.*
Luteŏlus, a, um, add. *gialletto.*
Luteus, a, um, add. *giallo, di fango, vile.*
Lutosus: lutulentus, a, um, add. *fangoso.*
Lutum, i, n. *loto, fango.*
Lux, cis, f. *luce, splendore.*
Luxo, as, etc. A. *slogare.*
Luxuria, æ, luxuries, ei, f. *lussuria, lusso.*
Luxurio, as, etc. N. luxurior, āris, ātus, āri, D. *lussureggiare.*
Luxuriose, avv. *lussuriosamente.*
Luxuriosus, a, um, add. *lussurioso.*
Luxus, us, m. *lusso:* — a, um, add. *slogato.*
Lyceum, i, n. *liceo, scuola.*
Lychnus, i, m. *lucerna.*
Lympha, æ, f. *acqua.*
Lymphaticus, a, um, add. *linfatico, furioso.*
Lymphatio, onis, f. *costernazione di mente, spavento.*
Lympho, as, etc. A. *fare impazzire.*
Lymphor, āris, ātus, āri, D. *spiritare.*
Lynceus, a, um, add. *di vista acuta, perspicace.*
Lyra, æ, f. *lira,* (strumento musicale).
Lyricus, a, um, add. *lirico.*

M

Macellarius, ii, m. *macellaio.*
Macellum, i, n. *macello.*
Macer, ra, rum, add. *magro, macilento.*
Maceratio, onis, f. *macerazione.*
Maceria, æ, f. *mucchio di sassi, maceria.*
Macero, as, etc. A. *macerare, indebolire.*
Macēsco, is, ere, N. *divenir magro.*
Machina, æ, f. *macchina, invenzione.*
Machinalis, m. e f. le, n. add. *meccanico.*
Machinatio, ōnis, f. *macchinamento, macchinazione.*
Machinātor, ōris, m. *macchinatore, ingegnere.*
Machinātrix, īcis, f. *macchinatrice.*
Machinor, āris, ātus, āri, D. *macchinare, inventare.*
Machinōsus, a, um, add. *fatto con artifizio.*
Macies, ei, f. *macilenza, magrezza.*
Macrēsco, is, ēre, N. *immagrire, divenire magro.*
Mactātor, ōris, m. *uccisore.*
Macto, as, etc. A. *uccidere, sacrificare.*
Mactus, a, um, add. *accresciuto:* macte virtute; macti animo estote, formule che significano: *coraggio, su via; la vostra virtù; il vostro ingegno si faccia più grande, più felice.*
Macŭla, æ, f. *macchia, maglia.*
Macŭlo, as, etc. A. *macchiare, disonorare.*
Maculōsus, a, um, add. *macchiato, sporco.*
Madefacio, ācis, ēci, actum, acere, A. *bagnare.*
Madefactus, a, um, add. *bagnato.*
Madĕo, des, dŭi, dēre: madesco, is, ere, N. *esser umido, bagnato.*
Madens, entis, c. madĭdus, a, um, add. *bagnato, molle, umido.*
Madidus, a, um, add. *bagnato, molle.*
Madifico, as, etc. A. *bagnare.*
Mæander, *vel* mæandrus, i, m. *meandro, rigiro, andirivieni.*
Magalia, um, n. pl. *capanne.*
Magīa, æ, f. *magia.*
Magĭcus, a, um, add. *magico.*
Magis: mage, avv. *più:* magis magisque, *sempre più.*
Magister, ri, m. *maestro.*
Magisterium, ii, n. *magistero.*
Magistra, æ, f. *maestra.*
Magistrātus, us, m. *magistrato.*
Magnanimĭtas, ātis, f. *magnanimità.*
Magnanĭmus, a, um, add. *magnanimo.*
Magnes, etis, m. *calamita.*
Magnifice, avv. *magnificamente.*
Magnificentia, æ, f. *magnificenza.*
Magnifico, as, etc. A. *magnificare.*
Magnificus, a, um, add. *magnifico.*
Magniloquentia, æ, f. *magniloquenza.*
Magnilŏquus, a, um, add. *chi usa linguaggio esagerato nel parlare.*
Magnitūdo, ĭnis, f. *grandezza.*
Magnopēre, avv. *sommamente.*
Magnus, a, um, add. *grande.*
Magus, i, m. *mago.*
Majalis, is, m. *maiale, porco castrato.*
Majestas, ātis, f. *maestà.*
Major, m. e f. us, n. ōris, add. *maggiore.*
Majus, ii, m. *maggio.*
Majuscŭlus, a, um, add. *grandicello, alquanto più grande.*
Mala, æ, f. *mascella, guancia.*
Malacia, æ, f. *bonaccia, calma del mare.*
Male, avv. *malamente.*
Maledicentia, æ, f. *maldicenza.*
Maledīco, cis, xi, ctum, cere, A. *maledire, dir male.*
Maledictio, ōnis, f. *maledizione, maldicenza.*
Maledictum, i, n. *ingiuria.*
Maledictus, a, um, add. *maledetto.*
Maledĭcus, a, um, add. *maledico.*
Malefacio, ācis, eci, actum, acere, N. *fare ogni male.*
Malefactum, i, n. *cattiva azione.*
Malefice, avv. *maliziosamente.*
Maleficium, ii, n. *malefizio.*
Malefĭcus, a, um, add. *malefico.*

Malevolentia, æ, f. malevoglienza.
Malevŏlus, a, um, add. malevolo.
Maligne, avv. malignamente.
Malignitas, ātis, f. malignità, malizia.
Malignus, a, um, add. maligno, malevolo.
Malitia, æ, f. malizia.
Malitiōse, avv. maliziosamente con frode.
Malitiōsus, a, um, add. malizioso.
Malleŏlus, i, m. martelletto, magliuolo, margotta.
Mallĕus, i, m. martello, maglio.
Malluvium, ii, n. bacino.
Malo, vis, lŭi, lle, N. voler piuttosto.
Malum, i, n. male, malattia, pomo, mela.
Malus, i, f. melo (albero); m. albero di nave.
Malus, a, um, add. cattivo, nocivo.
Malva, æ, f. malva.
Malvacĕus, a, um, add. di malva.
Mamilla, æ, f. mammella.
Mamillāre, is, n. velo che copre le mammelle.
Mamma, æ, f. poppa, mammella, tetta.
Mammosus, a, um, add. che ha grosse mammelle.
Mammŭla, æ, f. mammellina.
Manceps, ipis, m. appaltatore del pubblico, gabelliere, incettatore, mallevadore.
Mancipatio, onis, f. alienazione, vendita.
Mancipatus, a, um, add. alienato, venduto.
Mancipium, ii, n. schiavo, servo, dominio, proprietà.
Mancipo, as, etc. A. alienare, vendere, farsi schiavo.
Mancus, a, um, add. monco, storpio.
Mandatum, i, n. commissione, ordine.
Mando, as, etc. A. ordinare.
Mando, dis, di, sum, dere, A. masticare.
Mandra, æ, f. mandra, stalla, quadretti dello scacchiere.
Mandūco, as, etc. A. masticare, mangiare.
Mane, n. indecl. la mattina.
Maneo, es, si, sum, ēre, A. e N. rimanere, fermarsi.
Manes, ium, m. pl. anime dei morti.
Manicæ, arum, f. pl. maniche, guanti, manette.
Manicatus, a, um, add. che ha maniche.
Manicŭla, æ, f. manina.
Manifestatio, onis, f. manifestazione.
Manifeste: manifesto, avv. manifestamente.
Manifesto, as, etc. A. manifestare.
Manifestus, a, um, add. manifesto.
Manipularis, m. e f. re, n. add. manipolario.
Manipulatim, avv. in fascetti, in manipoli.
Manipŭlus, i, m. manipolo, brancata.
Manna, æ, f. manna, grano d'incenso.
Mannŭlus, i, m. puledro, ronzino.
Mannus, i, m. cavallino.
Mano, as, etc. N. stillare, colare.
Mansio, onis, f. dimora, soggiorno.
Mansuefacio, acis, eci, actum, acere, A. addomesticare.
Mansuefactus, a, um, add. mansuefatto.
Mansuesco, is, ere, N. addomesticarsi.
Mansuete, avv. con mansuetudine.
Mansuetūdo, īnis, mansuetudine.
Mansuētus, a, um, add. mansueto.
Mansus, a, um, add. masticato, (da mando).
Mantile, is, n. tovagliuola.
Mantīca, æ, f. bisaccia, borsa.
Manticularius, ii, m. tagliaborse.
Manuālis, m. e f. e, n. manuarius, a, um, add. da mano.
Manubiæ, ārum, f. pl. spoglie del nemico.
Manubrium, ii, n. manico.
Manufactus, a, um, add. artificiale.
Manumissio, ōnis, f. liberazione dal servizio.
Manumissus, a, um, add. manomesso, liberato.
Manumitto, ttis, si, ssum, ttĕre, A. manomettere, far libero.
Manupretium, ii, n. manifattura.
Manus, us, f. mano, potestà: manus valida, potente armata.
Mapalia, um, n. pl. capanne.
Mappa, æ, f. tovagliuolo, salvietta.
Marceo, es, ŭi, ēre: marcēsco, is, ĕre, N. marcire.
Marcidus, a, um, add. languido, marcio.
Mare, is, n. mare.
Margarita, æ, f. margaritum, i, n. perla.
Margino, as, etc. A. orlare, far margine.
Margo, īnis, m. e f. margine, orlo.
Marīnus, a, um, add. marino.
Marisca, æ, f. fico insipido.
Maritalis, m. e f. e, n. add. maritale.
Maritimus, a, um, add. marittimo.
Marito, as, etc. A. maritare.
Maritus, i, m. sposo: — a, um, add. di moglie, maritale.
Marmor, ŏris, n. marmo.
Marmorarius, ii, m. chi lavora in marmo.
Marmorātum, i, n. stucco, incrostatura di marmo.
Marmorātus, a, um, add. coperto di marmo.
Marmorĕus, a, um, add. marmoreo, di marmo.
Marmorōsus, a, um, add. che ha la natura del marmo.
Marra, æ, f. marra, zappa.
Marrubium, ii, n. marrubbio (pianta).
Marsupium, ii, n. borsa.
Martes, is, f. martora (animale).
Martialis, m. e f. e, n. martius, a, um, add. guerriero, marziale.
Martius, ii, m. marzo.
Mas, ris, m. maschio.
Masculīnus, a, um, add. mascolino.
Mascŭlus, i, m. maschio: — a, um, add. maschio, virile.
Massa, æ, f. massa, pasta.
Mastice, es, f. mastice.
Matella, æ, f. matŭla, æ, f. orinale.
Mater, tris, f. madre.
Matercŭla, æ, f. mammina.
Materfamilias, trisfamilias, f. madre di famiglia.
Materia, æ, materies, ēi, f. materia.
Materiarius, a, um, add. di falegname.
Maternus, a, um, add. materno.
Matertĕra, æ, f. zia, sorella della madre.
Mathematica, æ, f. matematica.

Mathematicus, a, um, add. *matematico.*
Mathēsis, is, f. *matematica.*
Matricīda, æ, m. *matricida.*
Matricidium, ii, n. *matricidio.*
Matricŭla, æ, f. *matricola.*
Matrimoniālis, m. e f. e, n. add. *matrimoniale.*
Matrimonium, ii, n. *matrimonio.*
Matrīmus, a, um, add. *che ha la madre ancor viva.*
Matrix, īcis, f. *matrice.*
Matrōna, æ, f. *matrona.*
Matronālis, m. e f. e, n. add. *matronale, da matrona.*
Maturāte, avv. *per tempo, prestamente.*
Maturatio, ōnis, f. *maturazione, prestezza.*
Maturātus, a, um, add. *maturo.*
Matūre, avv. *maturatamente, per tempo.*
Maturesco, escis, ui, escĕre, N. *maturarsi, divenir maturo.*
Maturĭtas, ātis, f. *maturità.*
Matūro, as, etc. A. *maturare, affrettarsi.*
Matūrus, a, um, add. *maturo, maturato.*
Matutīnus, a, um, add. *mattutino, della mattina.*
Mausolēum, i, n. *mausoleo, sepolcro sontuoso.*
Maxilla, æ, f. *mascella.*
Maxillaris, m. e f. e, n. add. *mascellare.*
Maxīme, avv. *massimamente.*
Maximopĕre, avv. *grandemente.*
Maxĭmus, a, um, add. *massimo.*
Meabĭlis, m. e f. e, n. add. *che facilmente penetra.*
Meātus, us, m. *meato, poro.*
Mechanĭcus, i, m. *meccanico:* — a, um, add. *meccanico.*
Medēla, æ, f. *medicina, rimedio.*
Medens, ĕntis, m. *medico.*
Medĕor, ēris, ēri, D. *medicare, rimediare.*
Mediastīnus, i, m. *guattero.*
Medicabĭlis, m. e f. e, n. add. *che si può medicare.*
Medicāmen, ĭnis, medicamĕntum, i, n. *medicamento.*
Medicamentarius, i, m. *farmacista, speziale.*
Medicatio, ōnis, f. *medicatura.*
Medicātus, a, um, add. *medicato, condito, tinto, avvelenato.*
Medicīna, æ, f. *medicina.*
Medicinālis, m. e f. e, n. add. *medicinale.*
Medĭco, as, etc. A. medicor, āris, ātus, āri, D. *medicare, sanare.*
Medĭcus, i, m. *medico:* — a, um, add. *medicinale.*
Medĭĕtas, ātis, f. *metà, mezzo.*
Mediŏcris, m. e f. e, n. add. *mediocre.*
Mediocrĭtas, ātis, f. *mediocrità.*
Mediocrĭter, avv. *mediocremente.*
Meditāte, avv. *pensatamente.*
Meditatio, ōnis, f. *meditazione.*
Meditātus, a, um, add. *meditato, pensato.*
Mediterranĕus, a, um, add. *mediterraneo.*
Medĭtor, āris, ātus, āri, D. *meditare, pensare.*

Medium, ii, n. *mezzo,* medium diei, *mezzodì.*
Medius, a, um, add. *mezzo, posto in mezzo.* medius fidius, avv. *in verità.*
Medulla, æ, f. *midolla.*
Medullĭtus, avv. *intimamente.*
Mehercŭle, avv. *per Ercole, certamente.*
Meio, is, ĕre, N. *orinare.*
Mel, mellis, n. *mèle, miele.*
Melancholia, æ, f. *malinconia.*
Melancholĭcus, a, um, add. *melanconico.*
Melimēla, ōrum, n. pl. *pomi dolci.*
Melior, m. e f. us, n. ōris, add. comp. *migliore.*
Melis, meles, is, f. *tasso, animale quadrupede.*
Melius, avv. *meglio.*
Meliuscŭle, avv. *alquanto meglio.*
Meliuscŭlus, a, um, add. *alquanto migliore.*
Mellarium, ii, n. *melario, alveare.*
Mellarius, ii, m. *chi fa lavori di miele.*
Mellĕus, a, um, add. *di miele.*
Mellĭfer, ĕra, ĕrum, add. *che produce miele.*
Mellītus, a, um, add. *melato, dolce.*
Melos, i, n. *canto, melodia.*
Membrāna, æ, f. *membrana, cartapecora.*
Membranĕus, a, um, add. *di membrana.*
Membranŭla, æ, f. *piccola membrana.*
Membrātim, avv. *a membro a membro.*
Membrum, i, n. *membro.*
Memĭni, isti, isse, N. dif. *ricordarsi.*
Memor, ŏris, c. add. *ricordevole, memore.*
Memorabĭlis, m. e f. e, n. add. *memorabile.*
Memorandus, a, um, add. *memorando.*
Memorātor, ōris, m. *chi fa menzione.*
Memorātus, us, m. *commemorazione:* — a, um, add. *raccontato.*
Memoria, æ, f. *memoria.*
Memoriŏla, æ, f. *memoriella.*
Memorĭter, avv. *a mente.*
Memŏro, as, etc. A. *raccontare, ricordare.*
Menda, æ, f. *difetto, macchia.*
Mendacium, ii, n. *bugia.*
Mendax, ācis, o. add. *bugiardo.*
Mendicatio, ōnis, f. *mendicagione.*
Mendīce, avv. *poveramente.*
Mendicĭtas, ātis, f. *mendicità.*
Mendīco, as, etc. A. mendīcor, āris, ātus, āri. D. *mendicare.*
Mendīcus, a, um, add. *mendico.*
Mendōse, avv. *scorrettamente.*
Mendōsus, a, um, add. *scorretto.*
Mendum, i, n. *fallo, errore.*
Mens, mentis, f. *mente.*
Mensa, æ, f. *mensa, tavola.*
Mensarius, ii, m. *cassiere, banchiere:* — a, um, add. *della mensa.*
Mensio, ōnis, f. *misura.*
Mensis, is, m. *mese.*
Mensor, ōris, m. *misuratore.*
Menstruālis, m. e f. e, n. menstruus, a, um, add. *mestruale, mestruo, mensuale.*
Mensŭla, æ, f. *tavoletta, tavolino.*

Mensūra, æ, f. *misura*.
Mensus, a, um, add. *misurato*.
Menta, æ, f. *menta*.
Mentio, ōnis, f. *menzione*.
Mentior, īris, ītus, īri, D. *mentire, contraffare, simulare*.
Mentītus, a, um, add. *falso, contraffatto*.
Mentum, i, n. *mento*.
Meo, as, etc. N. *andare, passare*.
Mephītis, is, m. *puzzo*.
Merācus, a, um, add. *puro*.
Mercabilis, m. e f. e, n. add. *che si può comprare*.
Mercatio, ōnis, mercatura, æ, f. *mercatura*.
Mercātor, ōris, m. *mercante*.
Mercatorius, a, um, add. *mercantile*.
Mercatus, us, m. *mercato, fiera*: — a, um, add. *che ha, od è stato comprato*.
Mercenarius, a, um, add. *mercenario*.
Merces, ēdis, f. *mercede, salario*.
Mercimonium, ii, n. *merce, mercanzia*.
Mercor, āris, ātus, āri, D. *negoziare, mercare*.
Mere, avv. *meramente*.
Merenda, æ, f. *merenda, colezione*.
Merĕo, es, ui, itum, ēre: merĕor, ēris, itus, ēri, D. *meritare*.
Meretricius, a, um, add. *meretricio*.
Meretrīcor, aris, atus, ari, D. *fornicare*.
Meretrix, īcis, f. meretricula, æ, f. *meretrice*.
Merges, itis, f. *fascio di spighe*.
Mergo, gis, si, sum, gĕre, A. *immergere, tuffare*.
Mergus, i, m. *smergo*, (uccello).
Meridiānus, a, um, add. *meridiano, di mezzodì*.
Meridiano, avv. *a mezzogiorno*.
Meridie, avv. *di meriggio*.
Meridies, ēi, m. *meriggio*.
Meridio, as, etc. N. meridior, āris, atus, ari, D. *dormire sul mezzodì*.
Merito, avv. *meritamente, giustamente*.
Merito, as, etc. A. *guadagnare*.
Meritum, i, n. *merito, favore*.
Meritus, a, um, add. *che ha meritato*.
Mersito: merso, as, etc. A. *immergere spesso*.
Mersus, a, um, add. *sommerso*.
Merula, æ, f. *merla, merlo*.
Merum, i, n. *vino puro*.
Merus, a, um, add. *puro, sincero, solo*.
Merx, cis, f. *merce*.
Mespilum, i, n. *nespola*.
Mespilus, i, f. *nespolo*.
Messis, is, f. *messe, raccolta, mietitura*.
Messor, ōris, m. *mietitore*.
Messus, a, um, add. *mietuto, tagliato*.
Meta, æ, f. *meta, termine*.
Metallicus, a, um, add. *metallico*.
Metallum, i, n. *metallo*.
Metamorphōsis, is, f. *metamorfosi*.
Metaphora, æ, f. *metafora*.
Metaphysica, æ, f. *metafisica*.
Metaphysice, avv. *metafisicamente*.
Metaphysicus, a, um, add. *metafisico*.
Metatio, ōnis, f. *misuramento*.
Metātor, ōris, m. *misuratore*.
Metaxa, mataxa, æ, f. *matassa*.
Meteora, æ, f. *meteora*.
Methodicus, a, um, add. *metodico*.
Methodus, i, f. *metodo*.
Meticulōsus, a, um, add. *pauroso*.
Metior, tiris, nsus, tiri, D. *misurare*.
Meto, tis, ssui, ssum, tĕre, A. *mietere*.
Metor, aris, atus, ari, D. *misurare*.
Metricus, a, um, add. *metrico*.
Metropolis, is, f. *metropoli*.
Metrum, i, n. *metro, misura*.
Metuo, uis, ui, uere, A. *temere*.
Metus, us, m. *timore*.
Meus, a, um, pron. *mio*.
Mica, micula, æ, f. *granellino, briciola*.
Mico, as, ui, are, N. *tremolare, risplendere*: micare digitis, *fare alla mora*.
Migratio, ōnis, f. *partenza*.
Migro, as, etc. A. e N. *partire per andare ad abitare altrove*.
Miles, itis, m. *soldato*.
Miliaria, æ, f. *ortolano* (uccello).
Miliarius, a, um, add. *di miglio*.
Militāris, m. e f. e, n. add. *militare*: militaris agger, *trincea*.
Militariter, avv. *militarmente*.
Militia, æ, f. *milizia*.
Milito, as, etc. N. *militare*.
Milium, ii, n. *miglio*.
Mille, ia, ium, ibus, add. *mille, migliaio*.
Millesimus, a, um, add. *millesimo*.
Milliare, is: milliarium, ii, n. *migliaio*.
Milliarius, a, um, add. *di mille*.
Millies, avv. *mille volte*.
Millus, i, m. *collare di cane*.
Milvus, i: milvius, ii, m. *nibbio*.
Mima, æ, f. *commediante, comica*.
Mimicus, a, um, add. *comico, mimico*.
Mimus, i, m. *commediante, buffone*.
Mina, æ, f. *mina, peso, misura*.
Minaciter, minanter, avv. *minacciosamente*.
Minæ, ārum, f. pl. minatio, ōnis, f. *minaccia*: — minæ murorum, *i merli delle mura*.
Minax, ācis, c. add. *minaccioso*.
Mingo, gis, xi, ctum, gere, N. *pisciare*.
Miniatus, miniatulus, a, um, add. *miniato, tinto di minio*.
Minime, avv. *no, non mai, non punto*; minime omnium, *meno di tutti*.
Minimum, avv. *pochissimo*.
Minimus, a, um, add. *minimo*: minimus natu, *il più giovane*.
Minister, ri, m. *ministro*.
Ministerium, ii, n. *ministero*.
Ministra, æ, f. *ministra*.
Ministrator, ōris, m. *ministratore*.
Ministro, as, etc. A. *ministrare*.
Minitabundus, a, um, add. *minaccioso*.
Minitor, aris, atus, ari, D. minor, aris, atus, ari, D. *minacciare*.
Minium, ii, n. *minio*.

Minor, m. *e* f. us, n. ōris, add. *minore*: minores, *i più giovani, i posteri*.
Minor, aris, atus ari, V. Minitor.
Minuo, uis, ui, ūtum, uere, A. *diminuire*.
Minus, avv. *meno*.
Minusculus, a, um, add. *alquanto minore*.
Minutātim, minūtē, avv. *minutamente*.
Minutiæ, æ, f. *minuzie*.
Minutio, ōnis, f. *diminuzione*.
Minutulus, a, um, add. *piccolino*.
Minutus, a, um, add. *minuto, sminuito*.
Mirabilis, m. *e* f. e, n. add. *mirabile*.
Mirabiliter, avv. *mirabilmente, a meraviglia*.
Mirabundus, a, um, add. *pieno di maraviglia*.
Miraculum, i, n. *miracolo*.
Mirandus, mirificus, a, um, add. *mirabile*.
Miratio, ōnis, f. *maraviglia*.
Mirātor, ōris, m. *ammiratore*.
Miratrix, icis, f. *ammiratrice*.
Mire, mirifice, avv. *maravigliosamente*.
Miror, aris, atus, ari, D. *ammirare, maravigliarsi*.
Mirus, a, um, add. *mirabile, meraviglioso*.
Miscellaneus, a, um, add. *mescolato*.
Misceo, sces, scui, xtum, vel stum, scēre, A. *mescolare*.
Misellus, miserŭlus, a, um, add. *meschinello*.
Miser, a, um, add. *misero*.
Miserabilis, m *e* f. e, n. add. *miserabile*.
Miserabiliter, miseranter, avv. *miserabilmente*.
Miserandus, a, um, add. *degno di compassione*.
Miseratio, ōnis, f. *compassione*.
Misere, avv. *meschinamente*.
Misereo, es, ui, tum ēre; miseresco, is, ere, N. misereor, ēris, tus, ēri, D. miseret, ebat, ēre, imp. *aver misericordia, compassione*.
Miseria, æ, f. *miseria*.
Misericordia, æ, f. *misericordia*.
Misericors, ordis, c. add. *misericordioso*.
Miseror, aris, atus, ari, D. *commiserare*.
Missilia, um, n. pl. *dardi*.
Missilis, m. *e* f. e, n. add. *da lanciarsi*.
Missio, ōnis, f. *missione, spedizione, licenza*.
Missito, as, etc. A. *mandare spesso*.
Missor, ōris, m. *speditore*.
Missus, us, m. *spedizione, portata di vivande*; — a, um, add. *mandato*.
Mistio, ōnis, f. *mescolamento*.
Mistura, æ, f. *mistura*.
Mistus, a, um, add. *mescolato*.
Mitesco, is, ere, N. *farsi mansueto, maturarsi*.
Mitigatio, ōnis, f. *mitigazione*.
Mitigo, as, etc. A. *mitigare, digerire*.
Mitis, m. *e* f. e, n. add. *mite, maturo, tenero*.
Mitra, æ, f. *mitra*.
Mitrātus, a, um, add. *mitrato*.

Mitto, ttis, si, ssum, ttĕre, A. *mandare, spedire, lanciare*.
Mixtio, mixtura, etc. V. Mistio, etc.
Mobilis, m. *e* f. e, n. add. *mobile, incostante*.
Mobilitas, ātis, f. *mobilità*.
Mobiliter, avv. *mobilmente*.
Moderabilis, m. *e* f. e, n. add. *che si può moderare*.
Moderāmen, inis, n. *governo, regola*.
Moderate, avv. *moderatamente*.
Moderatio, ōnis, f. *moderazione*.
Moderator, ōris, m. *moderatore*.
Moderātrix, icis, f. *moderatrice*.
Moderātus, a, um, add. *moderato, regolato*.
Modĕror, aris, atus, ari, D. *moderare*.
Modeste, avv. *modestamente*.
Modestia, æ, f. *modestia*.
Modestus, a, um, add. *modesto, moderato*.
Modice, avv. *moderatamente*.
Modicus, a, um, add. *modico, moderato*.
Modiŏlus, i, m. *mozzo, ruota*.
Modius, ii, m. *moggio*.
Modo, avv. *ora, poco fa, solo, purchè*.
Modulate, avv. *con misura*.
Modulatio, ōnis, f. modulamen, inis, n. modulatus, us, m. *misura, modulazione*.
Modulator, ōris, m. *modulatore, cantore, misuratore*.
Modulātrix, icis, f. *modulatrice*.
Modulor, aris, atus, ari, D. *modulare, cantare, misurare*.
Modulus, i, m. *modello, norma*.
Modus, i, m *modo, misura, foggia*.
Mœchor, aris, atus, ari, D. *fornicare, adulterare*.
Mœchus, i, m. *adultero*.
Mœnia, um, n. pl. *mura, muraglia*.
Mœrens, entis, c. add. *malinconico*.
Mœreo, es, ui, ēre, N. *rattristarsi, esser malinconico*.
Mœror, ōris, m. *malinconia, tristezza*.
Mœste, avv. *dolorosamente*.
Mœstitia, æ, f *mestizia*.
Mœstus, a, um, add. *mesto*.
Mola, æ, f. *macina, mola*.
Molaris, m. *e* f. e, n. *e* molarius, a, um, add. *da mulino*: dens molaris, *dente mascellare*.
Molendinarius, a, um, add. *da molino*.
Moles, is, f. *mole, grandezza*.
Molestia, æ, f. *molestia, fastidio*.
Molestus, a, um, add. *molesto*.
Moletrina, æ, f. *molino, macina*.
Molimen, inis, n. *sforzo*.
Molior, iris, itus, iri, D. *macchinare, intraprendere, tentare*.
Molitio, ōnis, f. *sforzo, fabbrica*.
Molitor, ōris, m. *fabbricatore*.
Molitus, a, um, add. *che ha macchinato*.
Molitus, a, um, add. *macinato*.
Mollesco, is, ĕre, N. *ammollirsi*.
Molliculus, molliculus, a, um, add. *mollicello*.
Mollimentum, i, n. *mollificamento*.

Mollio, is, ivi, itum, ire, A. *mollificare, mitigare.*
Mollis, m. e f. e, n. add. *molle, delicato.*
Molliter, avv. *mollemente, teneramente.*
Mollitia, æ: mollities, ēi: mollitūdo, inis, f. *morbidezza.*
Molo, is, ui, itum, ĕre, A. *macinare.*
Molossus, i, m. *molosso, mastino.*
Momentum, i, n. *momento, peso, importanza.*
Momŏrdi. V. Mordeo.
Monachicus, a, um, add. *monacale.*
Monachus, i, m. *monaco.*
Monedula, æ, f. *gazza, mulacchia (uccello).*
Moneo, es, ui, itum, ēre, A. *ammonire, avvertire.*
Monēta, æ, f *moneta.*
Monile, is, n. *monile, collana.*
Monitio, ōnis, f. *monizione, ammonizione.*
Monitor, ōris, m. *ammonitore, consigliere.*
Monitum, i, n. monitus, i, m. *avviso, ammonizione.*
Monitus, a, um, add. *ammonito, avvertito.*
Monocĕros, ōtis, m. *liocorno (animale).*
Monopolium, ii, n. *monopolio, appalto.*
Monosyllăbus, a, um, add. *monosillabo.*
Mons, montis, m. *monte.*
Monstratio, ōnis, f. *dimostrazione, mostra.*
Monstrātor, ōris, m. *dimostratore.*
Monstro, as, etc. A. *mostrare.*
Monstrum, i, n. *mostro, prodigio.*
Monstruosus, a, um, add. *mostruoso.*
Montānus, a, um, add. *montano, di monte.*
Monticŏla, æ, c. *montanaro.*
Montivăgus, a, um, add. *che vaga pei monti.*
Montuōsus, a, um, add. *montuoso.*
Monumentum, i, n. *monumento.*
Mora, æ, f. *dimora, tardanza.*
Morātor, ōris, m. *dimoratore, indugiatore.*
Morātus, a, um, add. *costumato.*
Morbidus, a, um, add. *morbido.*
Morbōsus, a, um, add. *morboso, malsano.*
Mordacitas, ātis, f. *mordacità.*
Mordax, ācis, c. add. *mordace.*
Mordĕo, ĕdes, momordi, rsum, dēre, A. *mordere.*
Mordicus, avv. *coi denti, ostinatamente.*
Moribundus, a, um, add. *moribondo.*
Morigĕror, āris, ātus, ari, D. *compiacere, obbedire.*
Morigĕrus, a, um, add. *compiacente.*
Morior, rĕris, rtŭus, ri, D. *morire.*
Moror, aris, atus, ari, D. *dimorare, tardare.*
Morōse, avv. *fastidiosamente.*
Morositas, ātis, f. *fisicosticheria.*
Morōsus, a, um, add. *incontentabile, fastidioso.*
Mors, tis, f. *morte.*
Morsus, us, m. *morso:* — a, um, add. *morsicato.*
Mortāles, ium, m. pl. *i mortali, gli uomini.*
Mortālis, m. e f. e, n. add. *mortale.*
Mortalitas, ātis, f. *mortalità.*
Mortarium, ii, n. *mortaio.*
Morticinus, a, um, add. *morticino, morto da sè.*
Mortifer, mortifĕrus, a, um, add. *mortifero.*
Mortualia, um, n. pl. *canto funebre, da morto.*
Mortŭus, a, um, add. *morto.*
Morum, i, n. *moro (frutto).*
Morus, i, f. *moro (albero).*
Mos, moris, m. *costumanza.*
Motio, ōnis, f. *mozione, moto.*
Moto, as, etc. A. *muovere spesso.*
Motor, ōris, m. *motore.*
Motus, us, m. *movimento:* — a, um, add. *mosso.*
Movĕo, ves, vi, tum, vēre, A. *muovere, agitare.*
Mox, avv. *tosto, subito, da qui a poco.*
Mucĕo, es, ui, ēre: mucēsco, is, ĕre, N. *muffare, esser muffo.*
Mucidus, a, um, add. *mucido, muffato.*
Mucōsus, muccōsus, a, um, add. *muccoso.*
Mucro, ōnis, m. *punta, spada.*
Mucus, muccus, i, m. *muco, moccio.*
Mugil, ĭlis, m. *muggine, cefalo.*
Muginor, aris, atus, ari, D. *stare a bada, trastullarsi.*
Mugio, is, ivi, vel ii, itum, ire, N. *muggire.*
Mugītus, us, m. *muggito.*
Mula, æ, f. *mula.*
Mulcĕo, ces, si, sum, cēre, A. *addolcire, mitigare.*
Mulco, as, etc. A. *battere, percuotere.*
Mulctra, æ, f. *secchia in cui si mugne.*
Mulgeo, ges, xi, vel si, ctum, vel sum, gēre, A. *mugnere.*
Muliēbris, m. e f. e, n. add. *donnesco, femminile.*
Muliebriter, avv. *femminilmente.*
Mulier, ĕris, f. *donna, femmina.*
Muliercŭla, æ, f. *donnicciuola.*
Mulio, ōnis, m. *mulattiere.*
Mullus, i, m. *triglia.*
Mulsum, i, n. *vino melato.*
Mulsus, a, um, add. *dolce, soave.*
Multa, mulcta, æ: multatio, ōnis, f. *pena, condanna, multa.*
Multicŏlor, ōris, add. *di molti colori.*
Multifariam, multifārie, avv. *in molti luoghi, in molte maniere.*
Multifarius, a, um, add. *di più sorti, moltiplice.*
Multifidus, a, um, add. *fesso in più parti.*
Multiformis, m. e f. e, n. add. *moltiforme.*
Multiformiter, avv. *in diverse maniere.*
Multigĕnus, a, um, add. *di molti generi.*
Multimŏdus, a, um, add. *vario, di varie guise.*
Multipes, ĕdis, c. *di molti piedi.*
Multiplex, icis, c. add. *moltiplice.*
Multiplicabilis, m. e f. e, n. add. *moltiplicabile.*
Multiplicatio, ōnis, f. *moltiplicazione.*

Multipliciter, avv. *moltiplicatamente.*
Multiplico, as, etc. A. *moltiplicare.*
Multisonus, a, um, add. *di molti suoni.*
Multitūdo, inis, f. *moltitudine.*
Multo, as, etc. A. *condannare, punire.*
Multopĕre, avv. *sommamente.*
Multoties, avv. *molte volte.*
Multum, multo, avv. *molto.*
Multus, a, um, add. *molto, grande assai.*
Mulus, i, m. *mulo, uomo stupido.*
Mundānus, a, um, add. *mondano.*
Munde, munditer, avv. *mondamente.*
Munditia, æ, mundities, ēi, f. *nettezza.*
Mundo, as, etc. A. *mondare.*
Mundus, i, m. *mondo:* — a, um, add. *mondo, pulito.*
Munĕro, as, etc. A.: munĕror, āris, ātus, āri, D. *rimunerare, donare, presentare.*
Munia, ōrum, n. pl. *cariche, uffizi.*
Municeps, ipis, c. *di municipio, che gode privilegi di una città.*
Municipalis, m. e f. e, n. add. *municipale.*
Municipium, ii, n. *municipio.*
Munifice, avv. *con munificenza.*
Munificentia, æ, f. *munificenza.*
Munificus, a, um, add. *munificente, liberale.*
Munimen, inis: munimentum, i, n. *fortificazione.*
Munio, is, ivi, itum, ire, A. *fortificare.*
Munitio, ōnis, f. *fortificazione, munizione.*
Munitor, ōris, m. *fortificatore.*
Munus, ĕris, n. *dono, carica, impiego:* tui muneris est, *tocca a te.*
Munusculum, i, n. *piccol dono.*
Muræna, æ, f. *murena* (pesce).
Murālis, m. e f. e, add. *murale, di muro.*
Murex, icis, m. *murice, porpora.*
Muria, æ, f. *salamoia, salsa.*
Murmur, uris, n.: murmuratio, ōnis, f. *mormorio, brontolio.*
Murmuro, as, etc. A. *mormorare, bisbigliare.*
Murus, i, m. *muro, muraglia.*
Mus, ris, m. e f. *sorcio, topo.*
Musa, æ, f. *musa, canzone.*
Musca, æ, f. *mosca.*
Muscarium, ii, n. *paramosche, moscaiuola.*
Muscipula, æ, f. *trappola.*
Muscōsus, a, um, add. *muscoso.*
Musculōsus, a, um, add. *muscoloso.*
Muscŭlus, i, m. *topolino, muscolo.*
Muscus, i, m. *muschio:* muscus marinus, *erba corallina.*
Musēum, i, n. *museo.*
Musice, es: musica, æ, f. *musica.*
Musice, avv. *musicalmente.*
Musicus, i, m. *musico:* — a, um, add. *musicale.*
Mussito, as, etc. musso, as, etc. A. *parlar sotto voce, brontolare.*
Mustēla, æ, f. *donnola.*
Mustēus, a, um, add. *mostoso.*
Mustum, i, n. *mosto.*
Mutabilis, m. e f. e, n. add. *mutabile.*
Mutabilitas, ātis, f. *mutabilità.*
Mutabiliter, avv. *mutabilmente.*
Mutatio, ōnis, f. *mutazione.*
Mutātor, ōris, m. *mutatore.*
Mutilatio, ōnis, f. *mutilazione.*
Mutilo, as, etc. A. *mutilare, troncare.*
Mutilus, a, um, add. *tronco, mutilato.*
Mutio, is, ivi, itum, ire, N. *barbottare, parlare fra' denti, fiatare.*
Muto, as, etc. A. *mutare, variare.*
Mutuatio, ōnis, f. *prestito.*
Mutuo, mutuo, avv. *scambievolmente.*
Mutuor, aris, atus, ari, D. *pigliare in prestito, a mutuo.*
Mutus, a, um, add. *muto.*
Mutŭus, a, um, add. *scambievole:* dare mutuum, *dare a mutuo, ad imprestito.*
Myopāro, ōnis, m. *fusta, fregata.*
Myrica, æ, f. *tamarisco.*
Myropōla, æ, m. *profumiere.*
Myropolium, ii, n. *profumeria.*
Myrrha, æ, f. *mirra* (specie di gomma).
Myrrhĕus, a, um, add. *di mirra.*
Myrtētum, i, n. *mirteto, luogo di mirti.*
Myrtĕus, a, um, add. *di mirto.*
Myrtus, i, vel us, f. *mirto, mortella.*
Mysta, vel mystes, æ, m. *sacerdote.*
Mysterium, ii, n. *mistero.*
Mystice, avv. *misteriosamente.*
Mysticus, a, um, add. *misterioso, mistico.*

N

Nactus, a, um, add. *che ha trovato, da nanciscor.*
Næ, avv. *certamente, veramente.*
Nævus, i, m. *neo, macca.*
Nam, namque, cong. *perciocchè, conciossiachè.*
Nanciscor, scisceris, ctus, cisci, D. *trovare.*
Nanus, i, m. *nano.*
Napus, i, m. *navone, sorta di rapa.*
Narcissus, i, m. *narciso* (fiore).
Nardus, i, m. *nardo, spigo.*
Nares, ium, ibus, f. *narici, naso.*
Narrabilis, m. e f. e, n. add. *raccontabile.*
Narratio, ōnis, f. narrātus, us, m. *racconto.*
Narratiuncŭla, æ, f. *breve racconto.*
Narrātor, ōris, m. *narratore.*
Narro, as, etc. A. *raccontare.*
Nascor, ecĕris, tus, sci, D. *nascere, comparire, spuntare.*
Nassa, æ, f. *nassa, rete da pescare.*
Nasus, i, m. nasum, i, n. *naso.*
Nasūte, avv. *mordacemente, acutamente.*
Nasūtus, a, um, add. *nasuto, accorto.*
Natāles, ium, m. pl. *natali, parentado.*
Natalis, m. e f. e, n.: natalitius, vel natalicius, a, um, add. *natalizio.*
Natatio, ōnis, f. *nuoto.*
Natātor, ōris, m. *nuotatore.*
Natio, ōnis, f. *nazione, razza, origine.*
Nativitas, ātis, f. *natività, nascimento.*
Natīvus, a, um, add. *nativo, naturale.*
Nato, as, etc. A. e N. *nuotare.*
Natu, del nome natus, us, *nascimento,* e non si usa che nell'abl. sing. minimus natu, *il più giovane:* grandis, vel gran-

dior natu, *adulto*: major natu, *avanzato in età*: maximus natu, *il più vecchio, il primogenito.*
Natūra, æ, f. *natura, proprietà, inclinazione naturale.*
Naturālis, m. e f. e, n. add. *naturale.*
Naturalĭter, avv. *naturalmente.*
Natus, i, m.: nata, æ, f. *figlio, figlia.*
Natus, us, m. *nascita*: — a, um, add. *nato.*
Nauclērus, clēri, m. *padrone di nave.*
Naufragium, ii, n. *naufragio.*
Naufrăgus, a, um, add. *naufrago, naufragato.*
Naulum, i, n. *nolo, porto.*
Naumachia, æ, f. *combattimento navale.*
Nausĕa, æ, f. *nausea.*
Nauseabundus, a, um, add. *stufo, annoiato.*
Nauseātor, ōris, m. *nauseante.*
Nauseo, as, etc. A. *nauseare.*
Nauseōsus, a, um, add. *stomachevole.*
Nauta, æ, m. *marinaro.*
Nautĭcus, a, um, add. *nautico, marinaresco.*
Navāle, is, n. *arsenale.*
Navālis, m. e f. e, n. add. *navale.*
Navarchus, i, m. *capitano di nave.*
Navicŭla, æ, f. *navicella.*
Navicularia, æ, f. *marineria.*
Navicularius, ii: naviculātor, ōris, m. *padrone di nave, marinaro.*
Navigabilis, m. e f. e, n. add. *navigabile.*
Navigatio, ōnis, f. *navigazione.*
Navigātor, ōris, m. *navigatore.*
Navigium, ii, n. *naviglio.*
Navigo, as, etc. A. e N. *navigare.*
Navis, is, f. *nave, barca.*
Navita, æ, f. *marinaro.*
Navĭter, avv. *diligentemente.*
Navo, as, etc. A. *fare con diligenza, applicare.*
Navus, a, um, add. *diligente.*
Ne, cong. *acciocchè non, che non.*
Nebŭla, æ, f. *nebbia, caligine.*
Nebŭlo, ōnis, m. *cerretano, impostore.*
Nebulōsus, a, um, add. *nebbioso.*
Nec, cong. *nè, e non.*
Necdum, *non ancora.*
Necessario, necessarie, avv. *necessariamente.*
Necessarius, a, um, add. *necessario, amico, confidente.*
Necesse, necessum, indecl. *necessario di necessità.*
Necessitas, ātis, f. *necessità.*
Necessitūdo, inis, f. *parentela, famigliarità, necessità.*
Necne, cong. *si o no.*
Necnon, cong. *anche, ansi.*
Neco, as, āvi, vel ui, ātum, āre, A. *ammazzare.*
Necopinans, āntis, c. add. *colto all'improvviso.*
Necopinus, a, um, add. *improvviso.*
Nectar, ăris, n. *nettare.*
Nectarĕus, a, um, add. *di nettare.*
Necto, ctis, xui, vel xi, xum, ctĕre, A. *legare insieme, intrecciare.*

Nedum, cong. *non che, molto meno.*
Nefandus, a, um, add. *nefando, da non dirsi.*
Nefarie, avv. *sceleratamente.*
Nefarius, a, um, add. *nefario, scellerato.*
Nefas, n. indecl. *scelleraggine.*
Nefastus, a, um, add. *scellerato, infausto.*
Negatio, ōnis, f. *negazione.*
Negatīvus, a, um, add. *negativo.*
Neglectus, a, um, add. *trascurato.*
Neglectus, us, m. neglectio, ōnis, f. *trascuranza, dispresso.*
Negligens, ēntis, c. add. *trascurato.*
Negligenter, avv. *negligentemente.*
Negligentia, æ, f. *negligenza.*
Neglĭgo, igis, ēxi, ēctum, igĕre, A. *trascurare.*
Nego, as, etc. A. *negare.*
Negotiatio, ōnis, f. *traffico.*
Negotiātor, ōris, m. *negoziante.*
Negotiatrix, īcis, f. *mercantessa.*
Negotior, āris, ātus, āri, D. *trafficare.*
Negotiōsus, a, um, add. *affaccendato.*
Negotium, ii, n. *negozio, affare.*
Nemo, ĭnis, add. *niuno, nessuno.*
Nemoralis, m. e f. le, n. add. *boschereccio.*
Nemorōsus, a, um, add. *selvoso.*
Nempe, cong. *cioè, appunto.*
Nemus, ŏris, n. *bosco.*
Nenia, æ, f. *canto lugubre, canzone volgare.*
Neo, es, ēvi, etum, ēre, A. *filare.*
Nepos, otis, m. *nipote.*
Nepotŭlus, i, m. *nipotino.*
Neptis, is, f. *nipote, scipone.*
Nequam, add. ind. *da niente, inutile, cattivo, malvagio*: avv. *iniquamente.*
Nequāquam, avv. *non già, a niun modo.*
Neque, cong. *e non, nè.*
Nequĕo, is, ivi, itum, ire. N. *non potere.*
Nequicquam, avv. *invano.*
Nequis, qua, quod, quid, add. *acciocchè non alcuno.*
Nequĭter, avv. *iniquamente.*
Nequitia, æ, f. *dappocaggine, malvagità.*
Nervōse, avv. *nervosamente, con energia.*
Nervōsus, a, um, add. *nervoso, vigoroso.*
Nervŭlus, i, m. *nervetto.*
Nervus, i, m. *nervo, vigore, muscolo, corda d'arco, cetra.*
Nescio, is, ivi, vel ii, itum, ire, A. *non sapere.*
Nescius, a, um, add. *che non sa, ignorante.*
Netus, a, um, add. *filato.*
Neŭter, tra, um, add. *nè l'uno, nè l'altro.*
Neutralĭter, avv. *in genere neutro.*
Neutro, avv. *nè dell'una, nè dell'altra parte.*
Neve, neu, cong. *e non, acciocchè non, nè.*
Nex, cis, f. *morte.*
Nexo, as, etc. *intrecciare, aggruppare.*
Nexus, us, m. *legame, vincolo*: — a, um, add. *legato insieme, intrecciato.*
Ni, nisi, cong. *se non.*
Nictatio, ōnis, f. *cenno cogli occhi.*
Nicto, as, etc. N.: nictor, āris, ātus, āri, D. *accennare cogli occhi.*
Nidifĭco, as, etc. N. *fare il nido.*

Nidor, ōris, m. *odor dei cibi.*
Nidŭlus, i, m. *niduzzo.*
Nidus, i, m. *nido.*
Nigellus, a, um, add. *negretto.*
Niger, ra, rum, add. *nero, negro, oscuro.*
Nigrans, antis: nigricans, antis, c. add. *nereggiante.*
Nigredo, inis, f. *annerimento, brunezza.*
Nigreo, es, ui, ēre, N. *esser nero o fosco.*
Nigresco, escis, escĕre, N. *annerirsi, oscurarsi.*
Nigrities, ēi: nigritia, æ: nigritūdo, inis, f. nigror, ōris, m. *nerezza.*
Nil, nihil, nihilum, i, n. *nulla, niente.*
Nihilominus, cong. *nientedimeno.*
Nimbifer, ĕra, ĕrum, add. *che apporta nembi.*
Nimbōsus, a, um, add. *piovoso.*
Nimbus, i, m. *nembo.*
Nimirum, cong. *certamente, cioè.*
Nimis, nimium, avv. *troppo*: nimium quantum, *moltissimo.*
Nimium, ii, n. nimiĕtas, ātis, f. *il soverchio, superfluità.*
Nimius, a, um, add. *troppo eccessivo.*
Ningit, gebat, xit, gere, impers. *nevicare.*
Nisi, cong. *se non.*
Nisus, us, m. *sforzo*: — a, um, add. *appoggiato.*
Niteo, es, ui, ēre: nitesco, is, scĕre, N. *risplendere.*
Nitide, avv. *splendidamente, con nitidezza.*
Nitidus, a, um, add. *nitido.*
Nitor, ōris, m. *splendidezza, luce.*
Nitor, tĕris, sus, vel xus, i, D. *sforzarsi, appoggiarsi, fidarsi.*
Nitrum, i, n. *nitro.*
Nitrōsus, a, um, add. *nitroso.*
Nivālis, m. e f. e, n. add. *nevoso, di neve.*
Nivātus, a, um, add. *nevato.*
Nivĕus, a, um, add. *di neve, bianco.*
Nivōsus, a, um, add. *nevoso.*
Nix, vis, f. *neve.*
Nixus, us, m. *appoggio, sforzo*: — a, um, add. *appoggiato.*
No, nas, navi, natum, nare, N. *nuotare.*
Nobilis, m. e f. e, n. add. *nobile, insigne, conosciuto.*
Nobilitas, atis, f. *nobiltà.*
Nobiliter, avv. *nobilmente.*
Nobilito, as, etc. A. *nobilitare, render illustre.*
Nocens, entis, c. add. *nocivo.*
Nocenter, avv. *nocevolmente.*
Noceo, es, ui, itum, ēre, O. *nuocere.*
Nocivus, a, um, add. *nocivo.*
Noctescit, ebat, ere, imp. *annottare.*
Noctifer, ĕra, ĕrum, add. *che apporta notte.*
Noctivăgus, a, um, add. *che gira di notte.*
Noctu, avv. *di notte.*
Noctua, æ, f. *nottola, civetta.*
Nocturnus, a, um, add. *notturno.*
Nocuus, a, um, add. *nocevole.*
Nodōsus, a, um, add. *nodoso.*
Nodus, i, m. *nodo, laccio.*
Nola, æ, f. *campana.*
Nolo, non vis, non vult, nolui, nolle, N. *non volere.*

Nomen, inis, n. *nome, fama.*
Nomenclātor, ōris, m. *suggeritore di nomi.*
Nomenclatūra, æ: nomenclatio, ōnis, f. *nomenclatura, il chiamar per nome.*
Nominālis, m. e f. e, n. add. *nominale.*
Nominatim, avv. *nominatamente.*
Nominatio, ōnis, f. *nominazione, nomina.*
Nominatīvus, i, m. *nominativo.*
Nominatus, a, um, add. *nominato.*
Nomino, as, etc. A. *nominare.*
Non, avv. *non, no.*
Nonæ, ārum, f. pl. *none, il giorno quinto o settimo del mese.*
Nonagenarius, ii, m. *vecchio di novanta anni.*
Nonagēni, æ, a, add. *a novanta a novanta.*
Nonagesimus, a, um, add. *novantesimo.*
Nonagies, avv. *novanta volte.*
Nonaginta, add. *novanta.*
Nondum, avv. *non ancora.*
Nongenti, æ, a, add. *novecento.*
Noningenties, nongenties, avv. *novecento volte.*
Nonne? avv. *forse non?*
Nonnihil, avv. *qualche cosa, alquanto.*
Nonnullus, a, um, add. *alcuno.*
Nonnunquam, avv. *alle volte.*
Nonnusquam, avv. *in qualche luogo.*
Nonus, a, um, add. *nono.*
Norma, æ, f. *norma.*
Nos, nostrum, vel nostri, pron. *noi, di noi, ec.*
Nosco, scis, vi, tum, scĕre: noscito, as, etc. A. *conoscere.*
Nosocomium, ii, n. *spedale.*
Noster, ra, rum, pron. *nostro.*
Nostras, ātis, c. add. *del nostro paese, nostrale.*
Nota, æ, f. *nota, infamia, lettera, abbreviatura.*
Notabĭlis, m. e f. e, n. add. *notabile.*
Notatio, ōnis, f. *annotazione.*
Notātor, ōris, m. *notatore.*
Notatus, a, um, add. *segnato.*
Notesco, escis, tui, escĕre, N. *farsi conoscere.*
Nothus, i, m.: — a, um, add. *bastardo.*
Notifico, as, etc. A. *notificare, manifestare.*
Notio, ōnis, f. *cognizione, significazione.*
Notitia, æ, f. *notizia.*
Noto, as, etc. A. *segnare, notare.*
Notus, i, m. *noto vento, australe.*
Notus, a, um, add. *conosciuto, pubblico.*
Novacŭla, æ, f. *rasojo.*
Novālis, is, m.: novale, is, n. *maggiatica, maggese.*
Novātor, ōris, m. *novatore, rinnovatore.*
Novatrix, icis, f. *rinnovatrice.*
Novātus, a, um, add. *rinnovato.*
Novellus, a, um, add. *novello.*
Novem, add. indecl. *nove.*
Novembĕr, ris, m. *novembre.*
Novendecim, add. indecl. *diciannove.*
Novendiālis, m. e f. e, n. add. *che si fa per nove giorni continui.*
Novēni, æ, a, add. *a nove a nove.*
Noverca, æ, f. *matrigna.*

Novercalis, m. e f. e, n. add. *di matrigna*.
Novies, avv. *nove volte*.
Novissime, avv. *ultimamente*.
Novissimus, a, um, add. *novissimo, ultimo*.
Novitas, ātis, f. *novità*.
Novitius, a, um, add. *nuovo*.
Novo, as, etc. A. *rinnovare*.
Novus, a, um, add. *nuovo, novello*.
Nox, ctis, f. *notte*.
Noxa, æ, f. *colpa, danno, perdita*.
Noxius, a, um, add. *nocivo, colpevole*.
Nubecula, æ, f. *nuvoletta*.
Nubes, bis, f. *nuvola*.
Nubifer, ĕra, ĕrum, add. *che porta nuvole*.
Nubilis, m. e f. e, n. add. *nubile, da marito*.
Nubilum, i, n. *nuvola*.
Nubilus, a, um, add. *nuvoloso*.
Nubo, bis, psi, *vel* plus sum, **ptum, bĕre**, N. *maritarsi*.
Nuceus, a, um, add. *di noce*.
Nucleus, i, m. *nocciolo*.
Nudatio, ōnis: nudĭtas, ātis, f. *nudità*.
Nudius tertius, avv. *per l'altro*, nudius quartus, *tre giorni fa* ecc.
Nudo, as, etc. A. *nudare, spogliare*.
Nudus, nudatus, a, um, add. *nudo, spogliato*.
Nugæ, ārum, f. pl. *ciance, bagattelle*.
Nugalis, m. e f. e, n. add. *pieno di ciance*.
Nugator, ōris, m. *cianciatore*.
Nugax, ācis, c. add. *chiacchierone*, ***motteggiatore***.
Nugor, āris, ātus, āri, D. *scherzare, cianciare*.
Nullus, a, um, add. *niuno*.
Num, cong. *forse?* ovvero *se* (dubitativo).
Numen, inis, n. *cenno, volontà degli dei, nume*.
Numerabilis, m. e f. e, n. add. *numerabile*.
Numeratio, ōnis, f. *novero, numerazione*.
Numerato, avv. *a contanti*.
Numeratus, a, um, add. *contato*.
Numĕro, as, etc. A. *numerare, annoverare*.
Numerōse, avv. *numerosamente, con armonia*.
Numerōsus, a, um, add. ***numeroso, armonioso***.
Numĕrus, i, m. *numero, armonia*.
Numisma, ătis, n. *moneta, medaglia*.
Nummatio, ōnis, f. *abbondanza di denaro*.
Nummatus, a, um, add. *danaroso*.
Nummularius, ii, m. *banchiere*.
Nummus, i, m. *denaro*.
Numquam, avv. *mai, non mai*.
Numquid, avv. *se, forse?*
Numquis, æ, od, add. *se alcuno*.
Nunc, avv. *ora*.
Nuncupatio, ōnis, f. *appellazione*.
Nuncŭpo, as, etc. A. *nominare, dire a voce*.
Nundinæ, ārum, f. pl. *fiera, mercato*.
Nundinarum forum, i, n. *piazza di mercato*.
Nundinarius, a, um, add. *da mercato*.
Nundinatio, ōnis, f. *traffico*.
Nundinor, āris, ātus, āri, D. *vendere o comperare al mercato*.
Nunquam, nunquid, nunquis, etc. V. Numquam, numquid, etc.

Nuntiator, ōris, m. *annunziatore*.
Nuntio, nuncio, as, etc. A. *annunziare*.
Nuntium, ii, n. *nuova, novella*.
Nuntius, ii, m. *nuova, messaggiero, nunzio*. — a, um, add. *che significa*.
Nuper, avv. *poco fa, testè*.
Nuperrime, avv. *ultimamente*.
Nuperus, a, um, add. *nuovo*.
Nupta, æ, f. *sposa, moglie*.
Nuptiæ, ārum, f. pl. *nozze*.
Nuptialis, m. e f. e, n. add. *nuziale*.
Nuptus, us, m. *maritaggio*: — a, um, add. *maritato*.
Nurus, us, f. *nuora*.
Nusquam, nuspiam, avv. *in nessun luogo*.
Nutabundus, a, um, add. *vacillante*.
Nutatio, ōnis, f. *crollamento*.
Nuto, as, etc. A. *vacillare, crollare*, ***accennar col capo***.
Nutricium, ii, n. *nutrizione*.
Nutricius, ii, m. *balio, aio*.
Nutrico, as, etc. A. nutricor, **āris, ātus**, āri, D. *nutrire, allattare*.
Nutrimen, inis: nutrimentum, i, n.: nutricatio, ōnis, f.: nutritus, us, m. *nutrizione, nutrimento*.
Nutrio, is, ivi, *vel* nutrii, itum, ire, **A.** ***nutrire***.
Nutritor, ōris, m. *nutritore*.
Nutrix, icis, f. *nutrice*.
Nutus, us, m. *cenno*.
Nux, cis, f. *noce* (frutto e albero).
Nympha, æ, f. *ninfa*.

O

O, o (particella che si mette innanzi al vocativo): *oh!* inter.
Ob, prep. coll' acc. *per*, ***per cagione***, vale anche *davanti*, **ob oculos**, ***davanti agli occhi***.
Obambulatio, ōnis, f. *passeggio*.
Obambŭlo, as, etc. N. *passeggiare*.
Obcæcatio, ōnis, f. *accecamento*.
Obcæco, as, etc. A. *accecare, offuscare*.
Obditus, a, um, add. *serrato, chiuso*.
Obdo, dis, didi, ditum, dĕre, A. *opporre, mettere avanti, chiudere*.
Obdormio, is, ivi, itum, ire, N. *dormire*.
Obdormisco, iscis, ivi, iscĕre, N. *addormentarsi*.
Obdūco, cis, **xi, ctum, cĕre, A.** ***coprire***, *serrare*.
Obductio, ōnis, f. *incappucciamento*.
Obdurēsco, escis, ui, escĕre, N. *indurire, divenir duro*.
Obdūro, as, etc. N. *indurare*.
Obediens, entis, c. add. *obbediente*.
Obedienter, avv. *obbedientemente*.
Obedientia, æ, f. *obbedienza*.
Obedio, ēdis, edivi, editum, edire, **N.** ***obbedire***.
Obeliscus, i, m. *obelisco*.
Obeo, is, ivi, *vel* ii, itum, ire, N. ***andare***, *girare, circondare, morire*.
Obequito, as, etc. N. *cavalcare intorno*.

Oberro, as, etc. N. *girare intorno, errare, fallare*.
Obēsus, a, um, add. *grasso, corpulento*, e talora per antifrasi, *gracile, esile*.
Obex, icis, m. e f. *sbarra, stanga, ostacolo*.
Obfirmate, avv. *ostinatamente*.
Obfirmatus, a, um, add. *ostinato*.
Obfirmo, as, etc. A. *assodare, persistere*.
Obfŭturo, ras, al, sum, rēre, N. *allacciarsi*.
Obgicia ōrum, n. pl. *le obiezioni*: diluere objecta, *sciogliere le obiezioni*.
Objecto, as, etc. A. *rinfacciare, esporre*.
Objectus, us, m. *opposizione*: — a, um, add. *opposto, esposto, rinfacciato*.
Objicio, icis, ēci, ēctum, icĕre, A. *obiettare, mettere innanzi*.
Obiter, avv. *di passaggio, a caso*.
Obitus, us, m. *morte, occaso*.
Obitus, a, um, add. *defunto, compiuto*.
Objurgatio, ōnis, f. *riprensione*.
Objurgātor, oris, m. *riprensore*.
Objurgo, as, etc. A. *riprendere, rinfacciare*.
Oblatro, re; oblātro, as, etc. A. e N. *obbaiare contro*.
Oblatus, a, um, add. *offerto*.
Oblectamĕntum, i: oblectāmen, ĭnis, n.: oblectatio, ōnis, f. *diletto, piacere*.
Oblĕcto, as, etc. A. *dilettare, sollazzare*.
Oblĕctor, āris, ātus, āri, D. *dilettarsi, compiacersi*.
Obligatio, ōnis, f. *obbligazione*.
Obligātus, a, um, add. *dovuto, astretto*.
Obligo, as, etc. A. *obbligare*.
Obligurio, īris, urīvi, urītum, urīre, A. *trangugiare, divorare*.
Oblīmo, as, etc. A. *infangare*.
Oblino, inis, ēvi, itum, inĕre, A. *ungere all'intorno*.
Oblique, avv. *obliquamente*.
Obliquitas, ātis, f. *obliquità*.
Obliquus, a, um, add. *obliquo*.
Oblitēsco, ēscis, ŭi, escĕre, N. *nascondersi*.
Obliteratio, ōnis, f. *cancellamento, abolizione*.
Oblitĕro, as, etc. A. *cancellare, dimenticare*.
Oblitus, a, um, add. *dimenticato*.
Oblītus, a, um, add. *unto*.
Oblivio, ōnis, f.: oblivium, ii, n. *oblio, dimenticanza*.
Obliviōsus, a, um, add. *smemorato*: vinum obliviosum, *vino che fa dimenticare*.
Oblivīscor, visceris, vitus, visci, D. *dimenticarsi*.
Oblōngus, a, um, add. *lungo*.
Oblŏquor, oquĕris, oquūtus, ŏqui, D. *interrompere il discorso, mormorare*.
Oblŭctor, āris, ātus, āri, D. *sforzarsi all'incontro*.
Obmurmŭro, as, etc. N. *mormorare*.
Obmutēsco, ēscis, ŭi, escĕre, N. *ammutolire*.
Obnitor, itĕris, ixus, vel ĭsus, iti, D. *sforzarsi, resistere*.
Obnixe, avv. *con ogni sforzo*.
Obnīxus, a, um, add. *fermo*.
Obnoxie, avv. *timidamente*.
Obnoxius, a, um, add. *soggetto, abbietto*.
Obnubilo, as, etc. A. *annuvolare*.
Obnubilus, a, um, add. *oscuro*.
Obnūbo, ŭbis, ūpsi, ūptum, ubĕre, A. *coprire, imbacuccare*.
Obnuntio, as, etc. A. *dar cattive nuove*.
Obolĕo, ōles, olŭi, olēre, N. *render cattivo odore*.
Obŏlus, i, m. *obolo* (piccola moneta).
Oborier, ĕris, tus, iri, D. *nascere*.
Obŏrtus, a, um, add. *nato*.
Obrēpo, ēpis, ēpsi, ēptum, epĕre, N. *insinuarsi, penetrare, sopraggiungere*.
Obrigeo, iges, igŭi, igēre: obrigēsco, is, ere, N. *irrigidire*.
Obrogatio, ōnis, f. *derogazione*.
Obrŏgo, as, etc. A. *derogare*.
Obrŭmpo, umpis, upi, uptum, umpere, A. *rompere*.
Obrŭo, ŭis, ŭi, ŭtum, uere, A. *coprir di terra, ingombrare, opprimere*.
Obrŭtus, a, um, add. *coperto, ingombrato*.
Obryzum, i, n. *oro fino, oro di coppella*.
Obscenitas, ātis, f. *oscenità*.
Obscenus, a, um, add. *osceno*.
Obscuratio, ōnis, f. *oscurazione*.
Obscuritas, ātis, f. *oscurità*.
Obscūro, as, etc. A. *oscurare*.
Obscūrus, a, um, add. *oscuro*.
Obsecratio, ōnis, f. *scongiuro, preghiera*.
Obsecro, as, etc. A. *supplicare, pregare*.
Obsecŭndo, as, etc. A. *secondare*.
Obsedi. V. Obsideo.
Obsepio, epis, epsi, eptum, epīre, A. *circondar di siepi*.
Obsequens, entis, c. add. *obbediente, ossequente*.
Obsequenter, avv. *ossequiosamente*.
Obsequentia, æ, f. *condiscendenza*.
Obsequiōsus, a, um, add. *ossequioso*.
Obsequium, i, n. *ossequio*.
Obsequor, equeris, equūtus, vel ecūtus, equi, D. *condiscendere, secondare*.
Obsero, as, etc. A. *chiudere*.
Obsĕro, is, evi, itum, ere, A. *seminare, piantare*.
Observans, āntis, c. add. *osservante, rispettoso*.
Observantia, æ, f. *osservanza, rispetto*.
Observate, avv. *accuratamente*.
Observatio, ōnis, f. *osservazione*.
Observator, oris, m. *osservatore*.
Observatrix, īcis, f. *osservatrice*.
Observo, as, etc. A. *osservare*.
Obses, idis, m. e f. *ostaggio*.
Obsessio, ōnis, f. *assedio*.
Obsessor, ōris, m. *assediatore*.
Obsideo, ides, ēdi, essum, idēre, A. *assediare, cingere*.
Obsidio, onis, f.: obsidium, ii, n. *assedio*.
Obsidionalis, m. e f. e, n. add. *di assedio*: obsidionalis corōna, *corona data in premio al liberatore di città assediata*.
Obsido, idis, edi, essum, idere, *assediare*.
Obsigno, as, etc. A. *sigillare*.
Obsisto, istis, titi, titum, istere, N. *resistere*.

Obsitus, a, um, add. *seminato, involto.*
Obsoleo, oles, olui, *vel* olevi, oletum, olēre, N. *non essere più in uso.*
Obsolesco, is, ere, N. *andare in disuso.*
Obsolete, avv. *all'antica.*
Obsoletus, a, um, add. *disusato.*
Obsonator, oris, m. *spenditore.*
Obsonium, ii, n. *companatico.*
Obsono, as, etc. A.; obsonor, aris, atus, ari, D. *comprare il companatico.*
Obstacŭlum, i. n. *ostacolo, impedimento.*
Obstetrix, icis, f. *ostetrice, levatrice.*
Obstināte, avv. *ostinatamente.*
Obstinatio, ōnis, f. *ostinazione.*
Obstino, as, etc. N. *ostinarsi.*
Obsto, stas, stĭti, stitum, *vel* stātum, āre, N. *opporsi, impedire.*
Obstrĕpo, ĕpis, epŭi, epitum, epĕre, N. *fare strepito intorno.*
Obstringo, ngis, nxi, ctum, ngĕre, A. *legare, stringere.*
Obstructio, ōnis, f. *il turare.*
Obstrŭo, uis, uxi, uctum, uĕre, A. *turare.*
Obstrusus, a, um, add. *astruso, nascosto.*
Obstupefacio, ācis, ēci, āctum, acĕre, A. *stupefare, rendere stupido.*
Obstupēsco, ēscis, ui, escere, N. *divenire stupido.*
Obsum, es, fui, esse, N. *nuocere.*
Obsurdēsco, ēscis, ui, escĕre, N. *divenire sordo.*
Obtēctus, a, um, add. *coperto.*
Obtego, is, exi, ctum, ere, A. *coprire, nascondere.*
Obtemperatio, ōnis, f. *ubbidienza.*
Obtempĕro, as, etc. N. *ubbidire.*
Obtendo, dis, di, sum, dĕre, A. *stendere, opporre, coprire.*
Obtēntus, us, m. *estensione, pretesto.*
Obtentus, a, um, add. *disteso, ottenuto.*
Obtero, is, trivi, ritum, ere, A. *pestare, calpestare.*
Obtestatio, ōnis, f. *preghiera.*
Obtēstor, aris, atus, ari, D. *pregare.*
Obtineo, ines, inui, entum, inēre, A. *ottenere, vincere.*
Obtingit, ngēbat, git, ngĕre, I. *accadere.*
Obtorpĕo, es, *vel* obtorpēsco, ēscis, ui, ēre, *vel* escĕre, N. *impigrire, aggranchiare.*
Obtrectatio, ōnis, f. *maldicenza.*
Obtrectātor, ōris, m. *maledico.*
Obtrecto, as, etc. A. *dir male, biasimare.*
Obtrītus, a, um, add. *pesto.*
Obtrudo, dis, si, sum, dĕre, A. *spinger con forza.*
Obtruncatio, ōnis, f. *troncamento.*
Obtrŭnco, as, etc. A. *troncare.*
Obtuli. V. Offero.
Obtundo, undis, di, sum, ndĕre, A. *spuntare, rintuzzare, percuotere.*
Obtūro, as, etc. A. *turare.*
Obtuse, avv. *rozzamente, goffamente.*
Obtūsus, a, um, add. *ottuso, goffo, percosso.*
Obtutus, us, m. *sguardo.*
Obŭmbro, as, etc. A. *adombrare.*
Obustus, a, um, add. *abbruciato.*
Obvenio, ēnis, ēni, ēntum, enīre, N. *venire incontro, toccare in sorte.*
Obvērsor, aris, atus, ari, D. *stare innanzi a qualcuno.*
Obversus, a, um, add. *rivoltato in faccia.*
Obverto, tis, ti, sum, tĕre, A. *volgere in faccia.*
Obviam, avv. *incontro.*
Obvio, as, etc. N. *andare incontro.*
Obvius, a, um, add *che viene incontro.*
Obvŏlvo, vis, vi, ūtum, vĕre, A. *coprire, involgere, fasciare.*
Occa, æ, f. *erpice.*
Occalesco, *vel* ocallēsco, ēscis, ui, escĕre, N. *fare il callo.*
Occasio, ōnis, f. *occasione.*
Occasus, us, m. *occaso, ponente, caduta.*
Occentus, us, m. *canto.*
Occidens, ēntis, m. *occidente, sera:* — add. *cadente.*
Occidentalis, m. e f. e, n. add. *occidentale.*
Occĭdo, idis, idi, āsum, idĕre, N. *cadere, morire, tramontare.*
Occīdo, dis, di, sum, dĕre, A. *percuotere, uccidere.*
Occiduus, a, um, add. *occidentale, che tramonta.* senecta occidua, *vecchiaia cadente.*
Occino, inis, inui, entum, inere, N. *cantare, cantar contro.*
Occipio, ipis, ēpi, ēptum, ipĕre, A. *principiare.*
Occipitium, ii: occiput, ipitis, n. *nuca, coppa.*
Occisio, ōnis, f. *uccisione.*
Occisor, ōris, m. *uccisore.*
Occisus, a, um, add. *ucciso.*
Occlūdo, dis, si, sum, dĕre, A. *chiudere, serrare.*
Occo, as, etc. A. *erpicare.*
Occŭbo, as, ui, itum, are, N. *giacere, morire.*
Occulo, ulis, ului, ultum, ulere, A. *occultare, nascondere.*
Occultāte, avv. *occultamente.*
Occultatio, ōnis, f. *nascondimento.*
Occultātor, ōris, m. *nascondītore.*
Occulte, avv. *nascostamente.*
Occŭlto, as, etc. A. *occultare.*
Occultus, a, um, add. *segreto, nascosto.*
Occŭmbo, mbis, bui, bitum, mbĕre, N. *cadere, tramontare, morire.*
Occupatio, ōnis, f. *occupazione, preoccupazione.*
Occupo, as, etc. A. *occupare, invadere.*
Occŭrro, rris, curri, rsum, rrĕre, N. *andare incontro.*
Occursatio, ōnis, f. *il correre qua e là.*
Occursio, ōnis, f. *incontramento.*
Occurso, as, etc. N. *farsi incontro.*
Occursus, us, m. *incontramento.*
Oceănus, i, m. *Oceano.*
Ocĕllus, i, m. *occhietto.*
Ocimum, i, n. *bassilico.*

Ocior, vel ocyor, ōris, m. e f. us, n. *più presto, veloce.*
Ocissime, avv. *velocissimamente.*
Ocissimus, a, um, add. *prestissimo.*
Ocius, avv. *più velocemente.*
Ocrĕa, æ, f. *gambale, stivale.*
Ocreatus, a, um, add. *stivalato.*
Octāvus, a, um, add. *ottavo.*
Octies, avv. *otto volte.*
Octingentesimus, a, um, add. *ottocentesimo.*
Octingenti, æ, a, add. *ottocento.*
Octingenties, avv. *ottocento volte.*
Octipes, ĕdis, m. e f. add. *di otto piedi.*
Octo, add. indecl. *otto.*
Octōber, bris, m. *ottobre.*
Octogenarius, a, um, add. *ottuagenario.*
Octogēni, æ, a, add. *a ottanta a ottanta.*
Octogesimus, a, um, add. *ottantesimo.*
Octogies, avv. *ottanta volte.*
Octoginta, add. indecl. *ottanta.*
Octoni, æ, a, add. *a otto a otto, otto per uno.*
Octophŏrum, i, n. *lettiga portata da otto.*
Octuagies, avv. *ottanta volte.*
Ocularis, m. e f. e, n. : ocularius, a, um, add. *oculare, degli occhi.*
Oculātus, oculĕus, a, um, add. *occhiuto.*
Ocŭlus, i, m. *occhio, vista.*
Ocyor, ocyus, etc. V. Ocior, Ocius, etc.
Ode, es, f. *ode, canzone.*
Odēum, i, n. *luogo destinato agli esercizi di musica.*
Odi, isti, it, isse, A. Dif. *odiare.*
Odiose, avv. *odiosamente.*
Odiōsus, a, um, add. *odioso, tedioso.*
Odium, ii, n. *odio.*
Odor, ōris, m. *odore.*
Odoramentum, i, n. *cosa odorifera.*
Odoratio, ōnis, f. *odoramento, odorato.*
Odoratus, a, um, add. *odorato.*
Odorifer, ĕra, ĕrum, add. *odorifero.*
Odōro, as, etc. A. *profumare, dare odore.*
Odoror, aris, atus, ari, D. *odorare, presentire.*
Odōrus, a, um, add. *odoroso.*
Œconomia, æ, f. *economia, disposizione.*
Œconomicus, a, um, add. *economico.*
Œconomus, i, m. *economo.*
Œnophŏrum, i, n. *fiasco, borraccia.*
Ofella, æ, f. *pezzuola di carne, od altra cosa comestibile.*
Offa, æ, f. *schiacciata, focaccia, frittella* : offa panis, *un pezzo di pane.*
Offatim, avv. *a pezzi.*
Offendiculum, i, n. *impedimento.*
Offendo, dis, di, sum, dĕre, A. *offendere, urtare.*
Offensa, æ, f. *offesa.*
Offensatio, ōnis, f. *l'inciampare.*
Offensio, ōnis, f. *offesa, inciampo.*
Offensiuncŭla, æ, f. *piccola offesa.*
Offenso, as, etc. A. *urtare.*
Offensus, a, um, add. *offeso.*
Offĕro, ffers, btuli, blatum, ffĕrre, A. *portare, mettere innanzi, presentare.*
Officina, æ, f. *bottega.*
Officio, icis, ēci, ectum, icĕre, N. *nuocere, impedire.*
Officiose, avv. *cortesemente.*
Officiōsus, a, um, add. *cortese, obbligante.*
Officium, ii, n. *dovere, obbligo, uffizio, usanza, cortesia.*
Offundo, ndis, di, sum, ndĕre, A. *gittare, spargere d'intorno.*
Offusco, as, etc. A. *offuscare.*
Offusus, a, um, add. *sparso d'innanzi.*
Oh! interj. *oh! ah! ohe! olà!*
Olea, æ, f. *olivo, oliva.*
Oleacĕus : oleaginĕus : oleaginus, a, um, add. *d'olivo.*
Olearis, m. e f. e, n. : olearius, a, um, add. *da olio.*
Oleāster, tris, m. *ulivo salvatico.*
Oleo, es, ui, itum, ēre, N. *olezzare.*
Oleōsus, a, um, add. *olioso.*
Oleum, i, n. *olio.*
Olfacio, ăcis, eci, actum, acĕre ; olfacio, as, etc. A. *odorare, fiutare.*
Olfactus, us, m. *odorato.*
Olĭdus, a, um, add. *di cattivo odore.*
Olim, avv. *per lo passato, una volta, già.*
Olitor, ōris, m. *ortolano.*
Olīva, æ, f. *olivo, oliva.*
Olivētum, i, n. *oliveto.*
Olivum, i, n. *olio di oliva.*
Olla, æ, f. *olla, pentola, pignatta.*
Ollŭla, æ, f. *piccola pentola.*
Olor, ōris, m. *cigno.*
Olorinus, a, um, add. *di cigno.*
Olui. V. Oleo.
Olus, ĕris, n. *erbaggio.*
Oluscŭla, ōrum, n. pl. : olusculum, i, n. *erbe minute.*
Olympias, ădis, f. *olimpiade, spazio di quattro anni.*
Olympicus, a, um, add. *olimpico.*
Omasum, i, n. *budello, trippa.*
Omen, inis, n. *augurio.*
Ominātor, ōris, m. *indovino, augure.*
Ominor, aris, atus, ari, D. *augurare, presagire.*
Ominōsus, a, um, add. *di cattivo augurio.*
Omitto, ttis, si, ssum, ttĕre, A. *lasciare, omettere.*
Omnifariam, avv. *in ogni parte.*
Omnigĕnus, a, um, add. *di ogni sorta.*
Omnimode, avv. *di ogni modo.*
Omnino, avv. *affatto, totalmente.*
Omnipărens, ĕntis, c. *che produce tutto.*
Omnipŏtens, ĕntis, c. *onnipotente.*
Omnis, m. e f. e, n. add. *ogni, ciascuno, tutti.*
Omnivăgus, a, um, add. *vagabondo.*
Omphacium, ii, n. *agresto.*
Onager, ri : onăgrus, i, m. *onagro, asino salvatico.*
Onerarius, a, um, add. *da carico, da trasporto.*
Onĕro, as, etc. A. *caricare.*
Onerōsus, a, um, add. *gravoso.*

Onus, ĕris, n. *peso, carico.*
Onŭstus, a, um, add. *carico.*
Onyx, ychis, m. *calcedonio, gemma, vaso di alabastro.*
Opacitas, ātis, f. *opacità.*
Opāco, as, etc. A. *adombrare, oscurare.*
Opācus, a, um, add. *opaco, oscuro.*
Opella, æ, f. *operetta.*
Opĕra, æ, f. *opera, fatica.*
Operarius, ii, m. *operaio.*
Operatio, ōnis, f. *operazione.*
Operculum, i, n. *coperchio.*
Operimentum, i, n. *coprimento.*
Operio, ĕris, erui, ertum, erire, A. *chiudere, coprire.*
Opĕror, aris, atus, ari, D. *operare, affaticarsi, sacrificare.*
Operose, avv. *operosamente.*
Operositas, ātis, f. *fatica, travaglio.*
Operōsus, a, um, add. *faticoso, operoso.*
Opertus, a, um, add. *coperto.*
Opes, um, f. pl. *ricchezze, forze.*
Opifer, ĕra, ĕrum, add. *che porta aiuto.*
Opifex, icis, m. *artefice, fabbro.*
Opificium, ii, n. *fattura, fabbrica.*
Opilio, ōnis, m. *pecoraio.*
Opime, avv. *riccamente.*
Opimus, a, um, add. *ricco, abbondante, grasso, fertile.*
Opinatio, ōnis, f. *opinione.*
Opinātor, ōris, m. *chi ha opinione.*
Opinio, ōnis, f. *opinione, parere.*
Opinor, aris, atus, ari, D. *avere opinione.*
Opipăre, avv. *sontuosamente.*
Opipărus, a, um, add. *sontuoso.*
Opitulatio, ōnis, f. *aiuto.*
Opitŭlor, aris, atus, ari, D. *aiutare.*
Opium, vel opion, ii, n. *oppio.*
Oportet, ēbat, uit, ēre, impers. *esser di bisogno.*
Opperior, iris, tus, vel itus, iri, D. *aspettare.*
Oppĕto, is, ivi, vel ii, itum, ĕre, A. *andare incontro.*
Oppidānus, a, um, add. *castellano, municipale.*
Oppidātim, avv. *di castello in castello.*
Oppido, avv. *molto, grandemente.*
Oppidum, i, n. *castello.*
Oppignero, as, etc. A. *impegnare, dare in pegno.*
Oppilatus, a, um, add. *chiuso.*
Opplĕo, es, ēvi, ētum, ēre, A. *empire, riempire.*
Opplētus, a, um, add. *pieno.*
Oppōno, nis, sui, situm, nĕre, A. *opporre, contrapporre.*
Opportune, avv. *a tempo e luogo.*
Opportunitas, ātis, f. *opportunità, occasione.*
Opportunus, a, um, add. *opportuno.*
Oppositio, ōnis, f. *opposizione.*
Oppositus, a, um, add. *opposto.*
Oppressio, ōnis, f. *oppressione.*
Oppressor, ōris, m. *oppressore.*
Opprimo, imis, essi, essum, imĕre, A. *opprimere.*
Opprobrium, ii, n. *obbrobrio, disonore.*
Oppugnatio, ōnis, f. *assalto.*
Oppugnātor, ōris, m. *assalitore, oppugnatore.*
Oppugno, as, etc. A. *assalire, combattere, dar l' assalto.*
Ops, is, f. *aiuto.*
Optabilis, m. e f. e, n. add. *desiderabile.*
Optabiliter, avv. *desiderabilmente.*
Optatio, ōnis, f. *scelta, elezione.*
Optatum, i, n. *brama, desiderio.*
Optātus, a, um, add. *desiderato.*
Optimates, um, vel ium, m. pl. *primati, magnati.*
Optime, avv. *ottimamente.*
Optimus, a, um, add. *ottimo.*
Optio, ōnis, f. *elezione, scelta.*
Opto, as, etc. A. *scegliere, volere.*
Opulenter, avv. *riccamente.*
Opulentia, æ: opulentitas, ātis, f. *opulenza, ricchezza.*
Opŭlens, ĕntis, c.: opulentus, a, um, add. *ricco.*
Opus, ĕris, n. *opera, lavoro.*
Opus, n. indecl. *uopo, bisogno*: opus est, *fa d' uopo.*
Opusculum, i, n. *operetta.*
Ora, æ, f. *spiaggia, orlo, margine.*
Oraculum, i, n. *oracolo.*
Oratio, ōnis, f. *orazione, discorso.*
Oratiuncŭla, æ, f. *orazioncella.*
Orātor, ōris, m. *oratore.*
Oratorie, avv. *oratoriamente.*
Oratorius, a, um, add. *oratorio.*
Oratrix, īcis, f. *oratrice.*
Oratus, us, m. *preghiera.*
Orbator, ōris, m. *chi priva, chi toglie.*
Orbatus, a, um, add. *privato, privo.*
Orbiculātim, avv. *in giro.*
Orbicŭlus, i, m. *circoletto.*
Orbicus, orbiculatus, a, um, add. *tondo.*
Orbis, is, m. *circolo, cerchio.*
Orbita, æ, f. *rotaia, carreggiata.*
Orbitas, atis, f. *privazione, orfanezza, orbezza.*
Orbo, as, etc. A. *privare.*
Orbus, a, um, add. *privo, orfano.*
Orca, æ, f. *orca (pesce), vaso di creta.*
Orcus, i, m. *Orco, Inferno, Plutone, morte.*
Ordinarius, a, um, add. *ordinario.*
Ordinate, ordinatim, avv. *ordinatamente.*
Ordinatio, ōnis, f. *ordinazione, regola.*
Ordinator, ōris, m. *ordinatore.*
Ordino, as, etc. A. *disporre, ordinare.*
Ordior, diris, sus, diri, D. *ordire, cominciare.*
Ordo, inis, m. *ordine, disposizione.*
Orexis, is, f. *fame, appetito.*
Organicus, a, um, add. *organico, strumentale.*
Organum, i, n. *organo, macchina.*
Oricilla, æ, f. *piccola orecchia.*
Oriens, ĕntis, c. add. *sorgente, nascente.*
Origo, inis, f. *origine.*
Orior, ĕris, tus, iri, D. *nascere, sorgere.*
Oriundus, a, um, add. *nativo, discendente.*

Ornamentum, i, n. *ornamento.*
Ornate, avv. *ornatamente.*
Ornator, ōris, m. *colui che adorna.*
Ornatrix, īcis, f. *colei che adorna.*
Ornatus, us, m.: ornatio, ōnis, f. *ornamento.*
Orno, as, etc. A. *ornare, abbellire.*
Ornus, i, f. *orno* (albero).
Oro, as, etc. A. *dire, parlare, pregare.*
Orsus, us, m.: orsa, ōrum, n. pl. *incominciamento, principio.*
Orsus, a, um, add. *che ha incominciato.*
Orthographia, æ, f. *ortografia, lo scrivere corretto.*
Ortus, us, m. *nascimento, natività*: — a, um, add. *nato, venuto.*
Oryza, æ, f. *riso.*
Os, oris, n. *bocca.*
Os, ossis, n. *osso.*
Oscillum, i, n. *bocchina, altalena.*
Oscitabundus, a, um, add. *oscitante, sbadigliante.*
Oscitanter, avv. *negligentemente, sbadigliando.*
Oscitatio, ōnis, f. *sbadigliamento.*
Oscito, as, etc. N.: oscitor, aris, atus, ari, D. *sbadigliare.*
Osculatio, ōnis, f. *baciamento.*
Osculor, aris, atus, ari, D. *baciare.*
Osculum, i, n. *bacio, boccuccia.*
Osor, ōris, m. *odiatore, nemico.*
Osseus, a, um, add. *di osso.*
Ossiculum, i, n. *ossicino, ossetto.*
Ostendo, dis, di, sum, dĕre, A. *mostrare, far conoscere.*
Ostensus, a, um, add. *mostrato.*
Ostentatio, ōnis, f. *ostentazione, vanto.*
Ostentator, ōris, m. *millantatore.*
Ostento, as, etc. A. *mostrare, far valere, millantare.*
Ostentum, i, n. *prodigio, miracolo.*
Ostentus, us, m. *scherno, vanto, spettacolo.*
Ostiatim, avv. *di porta in porta.*
Ostiolum, i, n. *porticella.*
Ostium, ii, n. *porta, uscio.*
Ostracismus, i, m. *ostracismo, esilio.*
Ostrea, æ, f.: ostreum, i, n. *ostrica.*
Ostrifer, ĕra, ĕrum, add. *abbondante di ostriche.*
Ostrum, i, n. *ostro, porpora.*
Otior, aris, atus, ari, D. *stare in ozio.*
Otiosus, a, um, add. *ozioso.*
Otium, ii, n. *ozio.*
Ovatio, ōnis, f. *trionfo minore.*
Ovatus, a, um, add. *ovato, ovale.*
Ovicula, æ, f. *pecorella.*
Ovile, is, n. *ovile.*
Ovilius, ovinus, a, um, add. *pecorino, di pecora.*
Ovis, is, f. *pecora.*
Ovo, as, etc. N. *trionfare a piedi, o con un solo cavallo, esultare.*
Ovum, i, n. *uovo.*

P

Pabulatio, ōnis, f. *pascolo, foraggio.*
Pabulator, ōris, m. *foraggiere.*
Pabulor, aris, atus, ari, D. *pascolare, foraggiare.*
Pabulum, i, n. *pascolo, cibo.*
Pacate, avv. *pacatamente.*
Pacator, ōris, m. *pacificatore.*
Pacatus, a, um, add. *tranquillo, quieto.*
Pacifer, ĕra, ĕrum, add. *che porta pace.*
Pacificatio, ōnis, f. *il rappacificare.*
Pacificator, ōris, m. *paciere.*
Pacifico, as, etc. A. *pacificare.*
Pacificus, a, um, add. *pacifico.*
Paciscor, iscĕris, tus, isci, D. *pattuire.*
Paco, as, etc. A. *pacificare, mitigare.*
Pactio, ōnis, f. *patto, convenzione.*
Pactor, ōris, m. *mezzano.*
Pactum, i, n. *patto, accordo.*
Pactus, a, um, add. *pattuito, accordato*; da pango, *conficcato.*
Pæan, ānis, m. *peana, inno in onore di Apollo.*
Pædagogus, i, m. *pedagogo.*
Pædor, ōris, m. *sordidezza.*
Pæne, e pene, avv. *quasi per poco.*
Pæninsula, æ, f. *penisola.*
Pænula, æ, f. *mantello, palandrano.*
Pænulatus, a, um, add. *inferraiolato.*
Pænultimus, a, um, add. *penultimo.*
Pætus, a, um, add. *guercio, losco.*
Pagella, paginula, æ, f. *paginetta.*
Pagina, æ, f. *pagina, foglio, facciata.*
Pagnula, æ. V. Pagella.
Pagus, i, m. *villaggio, borgo.*
Pala, æ, f. *pala, badile.*
Palæstra, æ, f. *lotta, palestra.*
Palæstrice, avv. *da lottatore.*
Palæstricus, a, um, add. *da lotta.*
Palæstrita, æ, m. *lottatore.*
Palam, avv. *palesemente*, prep. coll'abl. *alla presenza.*
Palans, antis, c. add. *vagabondo.*
Palatio, ōnis, f. *palafitta.*
Palatium, ii, n. *monte Palatino, palazzo.*
Palatum, i, n. *palato.*
Palatus, a, um, add. *palificato, disperso qua e là.*
Palea, æ, f. *paglia, pula.*
Palearium, ii, n. *pagliaio.*
Palinodia, æ, f. *palinodia, ritrattazione.*
Palimpsestus, i, m. *membrana rasa e nuovamente scritta.*
Palla, æ, f. *gonna, veste, talare.*
Palleo, es, ui, ēre: pallesco, is, ĕre, N. *impallidirsi, scolorarsi.*
Pallidus, a, um: pallens, entis, c, add. *pallido, scolorito.*
Palliolum, i, n. *mantelletto.*
Pallium, ii, n. *mantello, cappa.*
Pallor, ōris, m. *pallidezza.*
Palma, æ, f. *palma della mano, palmo, palmizio.*
Palmaris, m. e f. e, n. add. *di un palmo.*
Palmaritus, a, um, add. *degno della palma.*

Palmātus, a, um, add. *intessuto di palme.*
Palmes, itis, m. *tralcio, palmite.*
Palmētum, i, n. *palmeto.*
Palmĕus, a, um, add. *di palma.*
Palmŭla, æ, f. *palo, parte piana del remo.*
Palmus, i, m. *palmo, sorta di misura.*
Palor, aris, etc. D. *andare vagando qua e là.*
Palpatio, onis, f. *carezza di mano, palpamento.*
Palpātor, ōris, m. *adulatore.*
Palpĕbra, æ, f.: palpĕbræ, ārum, f. pl. *palpebre.*
Palpitatio, ōnis, f. *palpitazione.*
Palpĭto, as, etc. N. *palpitare.*
Palpo, as, etc. A. *palpare, adulare.*
Palpum, i, n. *adulazione.*
Paludamentum, i, n. *paludamento, sorta di veste.*
Paludātus, a, um, add. *vestito di paludamento.*
Paludosus, a, um, add. *paludoso.*
Palumba, æ, f. *colombella.*
Palumbes, is, m. e f.: palumbus, i, m. *colombo selvatico.*
Palus, i, m. *palo, pertica.*
Palus, ūdis, f. *palude.*
Palūster, tris, tre: palustris, m. e f. e, n. add. *palustre, di palude.*
Pampinaceus, a, um, *simile al pampino.*
Pampinarius, pampinĕus, a, um, add. *di pampino.*
Pampinātus, a, um, add. *spampanato.*
Pampino, as, etc. A. *spampanare.*
Pampinōsus, a, um, add. *pampinoso.*
Pampinus, i, m. *pampano, pampino.*
Panacēa, æ, f. *panacea (erba).*
Panarium, ii, n. *paniere del pane.*
Pando, dis, di, sum e passum, dĕre, A. *aprire, manifestare.*
Pandus, a, um, add. *aperto, curvo.*
Panegyris, is, f. *panegirico, discorso laudativo.*
Pango, gis, xi, vel pepigi, pactum, pangĕre, A. *piantare, pattuire*: pangere poemata, *fare poesie, comporre.*
Panicŭla, æ, f. *pannocchia, spiga.*
Panicum, i, n. *panico.*
Panificium, ii, n. *il fare pane.*
Panis, is, m. *pane.*
Panniculus, i, m. *pannicello.*
Pannōsus, a, um, add. *cencioso*, **vestito** *di panno rozzo.*
Pannus, i, m. *panno.*
Pansus, a, um, add. *aperto, allargato.*
Panthēra, æ, f. *pantera, lonza.*
Pantomimus, i, m. *pantomimo, mimo.*
Papæ (inter.), *capperi!*
Papāver, ĕris, n. *papavero.*
Papavereus, a, um, add. *di papavero.*
Papilio, ōnis, m. *farfalla.*
Papilla, æ, f. *capezzolo.*
Papŭla, æ, f. *pustula, bollicella.*
Papyraceus, a, um, add. *di papiro.*
Papyrus, i, f. *papiro (pianta).*
Par, paris, n. *paio, coppia*, c. add. *pari, eguale.*
Parabilis, m. e f. e, n. add. *facile ad aversi, pronto, alla mano.*
Parabŏla, æ, f. *parabola, comparazione, similitudine.*
Paradŏxum, i, n. *paradosso, ciò che è contro la comune opinione.*
Paralysis, is, f. *paralisia.*
Paralyticus, a, um, add. *paralitico.*
Parasitatio, ōnis, f. *adulazione.*
Parasitor, āris, ātus, āri, D. *scroccare.*
Parasitus, i, m. *parassito, scroccone.*
Parāte, avv. *prontamente.*
Paratio, ōnis, f.: paratus, us, m. *apparecchio.*
Parce, avv. *parcamente.*
Parcitas, ātis, f. *risparmio.*
Parco, cis, peperci, citum, cĕre, A. e N. *lasciare, risparmiare, aver riguardo, perdonare.*
Parcus, a, um, add. *parco, scarso.*
Pardălis, is, f. *pantera.*
Pardus, i, m. *pardo, leopardo.*
Parens, ĕntis, c. *padre e madre.*
Parentalia, ium, n. pl. *esequie, funerale.*
Parentalis, m. e f. e, n. add. *di esequie.*
Parento, as, etc. N. *far le esequie.*
Parĕo, es, ŭi, itum, ēre, N. *apparire, obbedire.*
Paries, ĕtis, m. *muro, parete.*
Parietinæ, ārum, f. pl. *muri vecchi, rovinati.*
Parilis, m. e f. e, n. add. *pari, uguale.*
Pario, paris, pĕpĕri, partum, parĕre, A. *partorire, acquistare.*
Pariter, avv. *parimente.*
Parma, parmŭla, æ, f. *targa, rotella, scudo.*
Paro, as, etc. A. *apparecchiare.*
Parochia, parœcia, æ, f. *parrocchia.*
Parŏchus, i, m. *parroco.*
Parŏpsis, ĭdis, f. *piatto, catino.*
Parricida, æ, m. *parricida.*
Parricidium, ii, n. *parricidio.*
Pars, partis, f. *parte, partito.*
Parsimonia, æ, f. *parsimonia, risparmio.*
Particeps, cĭpis, c. add. *partecipe.*
Participo, as, etc. A. *partecipare.*
Particŭla, æ, f. *particella, particola.*
Partim, avv. *parte, in parte.*
Partio, is, īvi, ītum, īre, A. **partior, īris**, ītus, īri, D. *dividere.*
Partite, partitim, avv. *partitamente.*
Partitio, ōnis, f. *divisione, partizione.*
Partitor, ōris, m. *divisore.*
Partitus, a, um, add. *diviso.*
Parturio, is, īvi, ītum, īre, A. *partorire.*
Partus, us, m. *parto, prole*: — a, um, add. *partorito, acquistato.*
Parum, avv. *poco.*
Parumper, avv. *per poco tempo.*
Parvipendo, dis, di, sum, dĕre, A. *stimar poco, vilipendere.*
Parvĭtas, ātis, f. *piccolezza, pochezza.*
Parvŭlus, a, um, add. *piccolino.*
Parvus, a, um, add. *piccolo, lieve, poco.*
Pascha, æ, f. pascha, ătis, n. *Pasqua.*
Paschalis, m. e f. e, n. add. *di Pasqua.*

Pasco, scis, vi, stum, scĕre, A. pascor, scĕris, stus, sci, D. pascere, mangiare, pascolare.
Pascŭum, i, n. pascolo, pastura.
Pascŭus, a, um, add. da pascolo.
Passer, ĕris, m. passero, passera: — marinus, struzzo (pesce)
Passercŭlus, i, m. passerotto.
Passim, avv. qua e là, da per tutto.
Passus, us, m. passo.
Passus, a, um, add. che ha patito: ; anche steso, spiegato, da altra radice.
Pastillus, i, m. pastello.
Pastino, as, etc. A. zappare, cavar la terra.
Pastinum, i, n. pastino, stromento da pastinare, piantare.
Pastio, ōnis, f. pastura, pascolo.
Pastor, ōris, m. pastore.
Pastorālis, m. e f. e, n. pastoritius: pastorius, a, um, add. pastorale, pastoreccio.
Pastus, us, m. pastura: — a, um, add. pasciuto.
Patefacio, ăcis, ēci, actum, acĕre, A. palesare, aprire.
Patefactio, ōnis, f. aprimento.
Patefio, is, actus, iĕri, N. P. essere aperto, aprirsi.
Patella, æ, f. padella.
Patens, entis, c. add. patente, aperto.
Patenter, avv. apertamente.
Patĕo, es, ŭi, ēre, N. essere aperto, chiaro.
Pater, tris, m. padre, genitore, autore.
Patĕra, æ, f. tazza.
Paternus, a, um, add. paterno.
Patesco, is, ĕre, N. aprirsi.
Patibulum, i, n. patibolo.
Patiens, entis, c. add. paziente.
Patienter, avv. pazientemente.
Patientia, æ, f. pazienza.
Patĭna, æ, f. tegame, piattello.
Patior, tĕris, passus, ti, D. patire.
Patrator, ōris, m. autore.
Patratus, a, um, add. perfezionato, eseguito.
Patria, æ, f. patria.
Patricius, a, um, add. patrizio.
Patrimonium, ii, n. patrimonio.
Patrimus, a, um, add. che ha il padre vivo.
Patrius, a, um, add. paterno, patrio.
Patro, as, etc. A. fare, eseguire.
Patrocinium, ii, n. patrocinio.
Patrocinor, āris, ātus, āri, D. proteggere, patrocinare.
Patrōnus, i, m. patrono, protettore.
Patruelis, is, m. e f. cugino, cugina.
Patrŭus, i, m. zio paterno.
Patŭlus, a, um, add. largo, aperto.
Pauci, æ, a, add. pl. pochi.
Paucitas, ātis, f. pochezza.
Paucus, a, um, add. raro, poco.
Paulatim, avv. a poco a poco.
Paulisper, avv. per un poco.
Paullo, vel paulo, avv. un poco, poco.
Paullulum, paulum, avv. un pochetto.

Pauper, ĕris, m. povero.
Pauperculus, i, m. poverino.
Pauperies, ei: paupertas, ātis, f. povertà.
Pausa, æ, f. pausa.
Pauso, as, etc. N. cessare.
Pauxillus, a, um, add. pochino.
Pavefactus, a, um, add. spaventato.
Paveo, ves, vi, vēre: pavito, as, etc. A. e N. temere, paventare.
Pavesco, is, ĕre, N. spaventarsi.
Pavide, avv. timidamente.
Pavidus, a, um, add. timoroso.
Pavimentum, i, n. pavimento.
Pavo, ōnis, m. pavone.
Pavor, ōris, m. paura.
Pax, cis, f. pace, perdono, quiete.
Paxillus, i, m. palo, paletto.
Peccatum, i, n. peccato.
Pecco, as, etc. A. peccare.
Pecorinus, a, um, add. pecorino, di pecora.
Pecorōsus, a, um, add. abbondante di bestiame.
Pecten, ĭnis, m. pettine, archetto, plettro.
Pectinātus, a, um, add. pettinato.
Pecto, ctis, xi, vel xui, xum, vel ctitum, ctĕre, A. pettinare, scardassare.
Pectus, ŏris, n. petto, animo.
Pecuaria, æ, f. pastorizia.
Pecuaria, ōrum, n. pl. gregge di pecore.
Pecuarius, a, um, add. da pecore.
Pecuarius, ii, m. pastore, pecoraio.
Peculator, ōris, m. rubator del denaro pubblico.
Peculatus, us, m. peculato, furto del denaro pubblico.
Peculiaris, m. e f. e, n. add. proprio, particolare.
Peculiariter, avv. particolarmente.
Peculiatus, peculiosus, a, um, add. denaroso.
Peculium, ii, n. peculio.
Pecunia, æ, f. denaro, ricchezze.
Pecuniarius, a, um, add. pecuniario.
Pecuniōsus, a, um, add. denaroso.
Pecus, ŏris, n. bestiame.
Pecus, ŭdis, f. pecora.
Pedalis, m. e f. e, n.: pedaneus, a, um, add. di un piede.
Pedes, itis, m. pedone, fante.
Pedester, ris, re: pedestris, m. e f. e, n. add. pedestre, pedone.
Pedetentim, avv. passo passo, insensibilmente.
Pedĭca, æ, f. laccio, pastoia.
Pedicōsus, pediculōsus, a, um, add. pidocchioso.
Pedicularis, m. e f. e, n. add. di pidocchio.
Pediculus, i, m. piccolo piede, pidocchio.
Pedisequus, vel pedissequus, i, m. servo a piedi.
Peditatus, us, m. fanteria.
Pedulis, m. e f. e, n. add. del piede.
Pedum, i, n. pastorale, bastone.
Pegma, ătis, n. macchina.
Pejero, as, etc. A. spergiurare.
Pejor, m. e f. us, n. ōris, add. peggio.

Pejus, avv. *peggio.*
Pelagus, i, m *mare.*
Pellacia, æ, f. *inganno, seduzione.*
Pellax, acis, c add *ingannatore.*
Pellicio, icis, exi, ectum, icere, A. *lusingare, ingannare.*
Pelliceus, a, um, add. *di pelle.*
Pellicula, æ, f. *pellicina.*
Pellis, is, f. *pelle, cuoio.*
Pellitus, a, um, add. *pelliceiato.*
Pello, pellis, pepuli, pulsum, pellere, A. *scacciare, spingere.*
Pelluceo, ces, xi, cere, N. *trasparire.*
Pellucidus, a, um, add. *trasparente.*
Pelta, æ, f. *piccolo scudo, targa.*
Pelvis, is, f. *conca, catino.*
Penaria cella, æ, f. *dispensa, guardaroba.*
Pendeo, es, pependi, ndēre, A. e N. *pendere.*
Pendo, is, pependi, ensum, ndĕre, A. *pesare, pagare, considerare, stimare.*
Pendulus, a, um, add. *pendente.*
Pene. V. Pæne.
Penes, avv. o prep. coll' acc. *appresso, in potere.*
Penetrabilis, m. e f. e, n. add. *penetrabile, penetrativo.*
Penetrale, is, n. *gabinetto.*
Penetralis, m. e f. e, n. add. *rimoto.*
Penetro, as, etc A. *penetrare, internarsi.*
Penicillum, i, n.: penicillus, i, m. *pennello.*
Peniculus, i, m *scopetta, pennellino.*
Peninsula, æ, f. *penisola.*
Penitus, a, um, add. *interno, intimo.*
Penitus, avv. *del tutto, intimamente.*
Penna, æ, f. *penna.*
Pennatus, penniger, era, erum, add. *pennuto.*
Pennula, æ, f. *pennetta.*
Pensilis, m. e f. e, n. add *pendente.*
Pensio, ōnis, f. *pensione, pagamento, il pesare.*
Penso; pensito, as, etc. A. *pesare,* **stimare,** *considerare.*
Pensum, i, n. *compito, penso, pennecchio.*
Pensus, a, um, add *pesato, stimato.*
Pentagonus, a, um, add. *pentagono.*
Pentāmeter, ra, rum, add. *pentametro.*
Penuria, æ, f *penuria, carestia.*
Penum, i, n. penus, i, vel us, m. penus, oris: penu, u, n. *vettovaglia, provvisione.*
Pependi, V. Pendeo, e pendo.
Peperci. V. Parco.
Peperi, V. Pario.
Pepigi. V. Pango.
Peplum, i, n.: **peplus, i, m.** *veste da donna.*
Pepo, ōnis, m. *popone.*
Pepuli. V. Pello
Per, prep. coll' acc *per, per mezzo.* Il *per* premesso agli aggettivi, ne accresce la forza, come *perdifficile*, molto difficile, *perdiligens*, molto diligente, ecc. e lo stesso fa unito ai verbi, che accenna la intensità, o la continuità dell' azione, come *perlego*, legger da capo a fondo, legger con attenzione, ecc.
Pera, æ, f *bisaccia, tasca.*
Peracerbus, a, um, add. *molto acerbo.*
Peractio, ōnis, f *compimento.*
Peractus, a um, add *compiuto.*
Peracutus, a, um, add *molto acuto.*
Peræquus, a, um, add. *molto eguale, giusto.*
Perago, agis, egi, actum, agĕre, A. *compire, finire, eseguire.*
Peragratio, ōnis, f. *il girare.*
Peragro, as, etc, A. *andar girando, viaggiare.*
Peramanter, avv. *affettuosissimamente.*
Perambulo, as, etc N. *passeggiare.*
Peramplus, a, um, add. *molto ampio.*
Perantiquus, a, um, add. *molto antico.*
Perardŭus, a, um, add *molto difficile.*
Perattente, avv. *molto attentamente.*
Perbeatus, a, um, add *felicissimo.*
Perbelle; perbene, avv *molto bene.*
Perbenigne, avv. *molto cortesemente.*
Perbĭbo, bis, bi, bĭtum, bĕre, A. *bever bene.*
Perblandus, a, um, add *graziosissimo.*
Perbrevis, m. e f. e, n. add. *molto breve.*
Percārus, a, um, add. *molto caro.*
Percelebris, m. e f. e, n. add. *molto celebre.*
Perceleriter, avv. *velocissimamente.*
Percello, cĕlis, cŭli, *vel* culsi, culsum, cellĕre, A. *percuotere, abbattere.*
Percenseo, es, ui, ēre, A. *contare, raccontare.*
Perceptio, ōnis, f. *raccolta, intendimento*
Percipio, ĭpis, ēpi, eptum, ipĕre, A. *prendere, raccogliere, imparare.*
Percitus a, um add *commosso, incitato.*
Percolo, ŏlis, olŭi, ultum, olĕre, A. *rispettar molto, onorare.*
Percōmis, m. e f. e, n. add. *molto gentile, cortese, affabile.*
Percommŏdus, a, um, add *comodissimo.*
Percontatio, ōnis, f *dimanda.*
Percontor, āris, ātus, āri, D. *cercare diligentemente, informarsi.*
Percrebresco, rēscis, rŭi, *vel* **bui, rescĕre,** N. *divulgarsi.*
Perculi V. Percello.
Perculsus, a, um, add. *commosso,* **alterato.**
Percupidus, a, um, add *bramosissimo.*
Percurro, curris, cucri, *vel* cucurri, cursum, currĕre, N. *correre assai.*
Percursatio; percursio, ōnis, f. *scorsa, scorreria.*
Percurso, as, etc. A *fare scorrerie.*
Percursus, a, um, add *scorso.*
Percussio, ōnis, f.: percussus, us, m. *percossa*
Percussor, ōris, m. *percussore.*
Percussus, a, um, add *percosso, ferito.*
Percutio, ŭtis, ussi, ussum, utĕre, A. *percuotere.*
Perdiligens, ēntis, c. add. *molto diligente.*

Perdiligenter, avv. molto diligentemente.

Perdisco, scis, dici, scĕre, A. imparar bene.

Perdite, avv. perdutamente.

Perditio, ōnis, f. perdita.

Perditor, ōris, m. rovinatore, distruggitore.

Perditus, a, um, add. rovinato, traviato.

Perdiu, avv. molto tempo.

Perdix, īcis, m. e f. pernice.

Perdo, is, idi, itum, ĕre, A. perdere, rovinare.

Perdoctus, a, um, add. molto dotto.

Perdolĕo, ōles, olŭi, olitum, olēre, N. esser molto afflitto, dolersi.

Perdomitus, a, um, add. domato.

Perdūco, cis, xi, ctum, cĕre, A. condurre, menare.

Perductor, ōris, m. instigatore al male.

Perdūdum, avv. molto tempo fa.

Perduellio, ōnis, f. delitto di lesa maestà.

Perdurēsco, ēscis, ŭi, escĕre, N. indurire.

Perdūro, as, etc. N. durare fino al fine.

Perĕgre, avv. da lontano, lungi.

Peregrinatio, ōnis, f. pellegrinaggio.

Peregrinator, ōris, m. pellegrino.

Peregrinor, āris, ātus, āri, D. pellegrinare.

Peregrinus, a, um, add. pellegrino, straniero.

Perelĕgans, āntis, c. add. molto elegante.

Peremptor, ōris, m. uccisore.

Peremptus, a, um, add. tolto, abolito, estinto.

Perendie, avv. posdomani, dopo domani.

Perendinus dies il giorno dopo domani.

Perennia, ōrum, n. pl. cerimonie sacre solite a farsi ogni anno.

Perennis, m. e f. e, n. add. perenne, continuo.

Perennitas, ātis, f. perpetuità.

Perenno, as, etc. A. e N. durare, perseverare, conservare.

Perĕo, is, ivi, vel ii, itum, ire, N. perire.

Pererro, as, etc. N. andare errando.

Perēsus, a, um, add. corroso, consumato.

Perexigŭus, a, um, add. molto poco.

Perfacile, avv. molto facilmente.

Perfamiliaris, m. e f. e, n. add. famigliarissimo.

Perfecte, avv. perfettamente.

Perfectio, ōnis, f. perfezione.

Perfector, ōris, m. compitore.

Perfectrix, īcis, f. colei che perfeziona.

Perfectus, a, um, add. perfetto, compito.

Perfĕro, fers, tŭli, latum, ferre, A. sopportare, portare fino a un certo segno.

Perficio, icis, ēci, ēctum, icĕre, A. finire, perfezionare.

Perfide, perfidiōse, avv. perfidamente.

Perfidia, æ, f. perfidia, fellonia.

Perfidiōsus, perfĭdus, a, um, add. disleale, fellone.

Perflabilis, m. e f. e, n. add. sottile, che si può soffiare, che può esser penetrato dal vento.

Perflatus, us, m. soffio, vento.

Perflo, as, etc. N. soffiare per tutto.

Perflŭo, ŭis, ūxi, ūxum, uere, N. scorrere.

Perfodio, ŏdis, ōdi, ossum, odere, A. forare.

Perfŏro, as, etc. A. traforare.

Perfossus, a, um, add. trapassato.

Perfractus, a, um, add. fracassato.

Perfregi. V. Perfringo.

Perfrico, as, etc. A. stropicciare.

Perfrigidus, a, um, add. molto freddo.

Perfringo, ingis, ēgi, actum, ingere, A. spezzare.

Perfrŭor, uĕris, uitus, ui, D. godere pienamente.

Perfŭga, æ, m. disertore.

Perfugio, ŭgis, ūgi, ugere, A. rifuggire.

Perfugium, ii, n. rifugio, ricovero.

Perfunctio, ōnis, f. il fare, lo adempiere uffizio, o dovere, amministrazione.

Perfunctus, a, um, add. chi ha finito.

Perfundo, undis, di, sum, ndere, A. spargere.

Perfungor, geris, ctus, gi, D. fare, esercitare.

Perfusio, ōnis, f. aspersione.

Perfūsus, a, um, add. sparso, bagnato.

Pergamēna charta, æ, f. pergamena, carta pecora.

Pergo, gis, rēxi, rēctum, gere, N. andare, continuare.

Pergrātus, a, um, add. molto grato.

Pergravis, m. e f. e, n. add. molto grave.

Pergraviter, avv. gravissimamente.

Pergŭla, æ, f. pergola, ringhiera.

Perhibeo, ibes, ibŭi, ibitum, ibēre, A. esibire, dare, presentare.

Perhonorifice, avv. con molto onore.

Perhonorificus, a, um, add. onorevolissimo.

Perhorreo, es, ŭi, ēre: perhorresco, is, ere, N. inorridire.

Perhorridus, a, um, add. orridissimo.

Perhumaniter, avv. molto cortesemente.

Perhumānus, a, um, add. molto cortese.

Periclitatio, ōnis, f. esperienza.

Periclitatus, a, um, add. provato.

Periclitor, āris, ātus, āri, D. fare esperienza, pericolare, andare a rischio.

Periculōse, avv. pericolosamente.

Periculōsus, a, um, add. pericoloso.

Periculum, i, n. pericolo, prova, cimento.

Perillustris, m. e f. e, n. add. molto illustre.

Perimbecillus, a, um, add. debolissimo.

Perimo, imis, ēmi, ēmptum, imere, A. togliere, abolire, estinguere.

Perincommŏde, avv. assai fuori di proposito.

Perincommŏdus, a, um, add. di molto incomodo.

Perinde, cong. quasi, come: perinde ut, ac, atque, come se, non altrimenti che.

Periniquus, a, um, add. molto ingiusto.

Perinjurius, a, um, add. molto ingiurioso.

Perinvīsus, a, um, add. *odiatissimo.*
Perinvītus, a, um, add. *molto mal volentieri.*
Periodĭcus, a, um, add. *periodico.*
Periŏdus, i, f. *periodo.*
Periphrăsis, is, f. *circonlocuzione.*
Perirātus, a, um, add. *molto adirato.*
Peristrōma, ătis, n. *tappeto, arazzo.*
Peristylium, ii, n. *peristilio, colonnato.*
Perīte, avv. *dottamente.*
Perītia, æ, f. *perizia, maestria.*
Perītus, a, um, add. *perito, pratico.*
Perjucundus, a, um, add. *assai piacevole.*
Perjurium, ii, n. *spergiuro.*
Perjūro, as, etc. N. *giurare il falso.*
Perjūrus, a, um, add. *spergiuro.*
Perlăbor, ăberis, ăpsus, ābi, D. *passar sopra, cadere.*
Perlatus, a, um, add. *portato.*
Perlĕgo, egis, ēgi, ēctum, egere, A. *legger tutto, contemplare.*
Perlevis, m. e f. e, n. add. *molto leggiero.*
Perleviter, avv. *molto leggermente.*
Perlibĕnter, avv. *ben volentieri.*
Perlinio, inis, inivi, initum, inīre: perlino, inis, ēvi, vel ivi, initum, inere. A. *ungere, strofinare.*
Perlitus, a, um, add. *unto, sparso.*
Perlongus, a, um, add. *molto lungo.*
Perlŭo, ŭis, ŭi, ūtum, uere, A. *lavar bene.*
Perlūstro, as, etc. A. *osservare, ricercare diligentemente.*
Permāgnus, a, um, add. *molto grande.*
Permale, avv. *assai malamente.*
Permaneo, ānes, ānsi, ānsum, anēre, N. *durare, mantenersi.*
Permāno, as, etc. N. *scorrere, penetrare, trapelare.*
Permansio, ōnis, f. *durata.*
Permensus, a, um, add. *ben misurato.*
Permeo, as, etc. A. *penetrare.*
Permetior, iris, ensus, īri, D. *misurare esattamente.*
Permisceo, isces, iscui, xtum, iscēre, A. *mescolare.*
Permissio, ōnis, f.: permissum, i, n.: permissus, us, m. *permissione, facoltà.*
Permīste, avv. *mescolatamente.*
Permistio, ōnis, f. *miscuglio.*
Permistus, a, um, add. *mescolato.*
Permitto, ittis, isi, issum, ittĕre, A. *permettere, concedere.*
Permixte, permixtio, etc. V. Permiste, Permistio etc.
Permodĭcus, a, um, add. *molto piccolo.*
Permolĕste, avv. *assai malvolentieri.*
Permōtus, a, um, add. *mosso, agitato.*
Permovĕo, ŏves, ōvi, ōtum, ovēre, A. *smuovere, turbare.*
Permulcĕo, ces, si, sum, cēre, A. *palpeggiare, ammollire, mitigare.*
Permulti, æ, a, add. pl. *moltissimi.*
Permŭlto, permultum, avv. *moltissimo.*
Permultus, a, um, add. *moltissimo.*
Permunio, is, ivi, itum, ire, A. *fortificare.*
Permutatio, ōnis, f. *mutazione, cambio.*
Permūto, as, etc. A. *mutare, cambiare.*
Perna, æ, f. *prosciutto.*
Pernecessarius, a, um, add. *molto necessario, amico intrinseco.*
Pernicies, ēi, f. *danno, rovina.*
Perniciōse, avv. *dannosamente.*
Perniciōsus, a, um, add. *pernicioso.*
Pernīcitas, ātis, f. *velocità.*
Perniciter, avv. *velocemente.*
Perno, ōnis, m. *pedignone.*
Pernix, īcis, c. add. *veloce, presto.*
Pernobĭlis, m. e f. e, n. add. *nobilissimo.*
Pernocto, as, etc. N. *pernottare, vegliare.*
Pernōsco, scis, vi, tum, scĕre, A. *conoscer molto.*
Pernōtus, a, um, add. *assai noto.*
Pernox, octis, c. add. *che dura tutta la notte.*
Pernoxius, a, um, add. *molto dannoso.*
Pernumĕro, as, etc. A. *numerare.*
Perobscūrus, a, um, add. *oscurissimo.*
Perofficiōse, avv. *molto cortesemente.*
Peropportunus, a, um, add. *opportunissimo.*
Peroratio, ōnis, f. *perorazione, conclusione.*
Perōro, as, etc. A. *perorare, disputare.*
Perōsus, a, um, add. *che ha in odio.*
Perparce, avv. *molto parcamente.*
Perpārum, avv. *molto poco.*
Perpastus, a, um, add. *ben pasciuti.*
Perpauci, æ, a, add. pl. *pochissimi.*
Perpaullum, perpauxillum, avv. *molto poco, un pochettino.*
Perpello, ellis, ŭli, ulsum, ellĕre, A. *muovere, spingere, indurre.*
Perpendicŭlum, i, n. *perpendicolo, pendolo.*
Perpendo, dis, di, sum, dĕre, A. *considerare, esaminare.*
Perpēnsus, a, um, add. *esaminato, considerato.*
Perpĕram, avv. *perversamente, a torto.*
Perpessio, ōnis, f. *sofferenza.*
Perpēssus, a, um, add. *che ha sofferto.*
Perpetior, teris, essus, ti, D. *soffrire.*
Perpĕtro, as, etc. A. *fare, compire, effettuare.*
Perpetuĭtas, ātis, f. *perpetuità.*
Perpetŭo, as, etc. A. *perpetuare.*
Perpetŭo: perpetuum, avv. *perpetuamente.*
Perpetŭus, a, um, add. *perpetuo.*
Perplaceo, āces, acui, acitum, acēre, N. *piacer molto.*
Perplĕxe, avv. *dubbiosamente.*
Perplĕxus, a, um, add. *dubbioso, intricato.*
Perpolio, ōlis, olivi, olitum, olīre, A. *pulire.*
Perpolitio, ōnis, f. *abbellimento.*
Perpotatio, ōnis, f. *bevimento.*
Perpōto, as, etc. A. *bere molto.*
Perpuli. V. Perpello.
Perquam, avv. *molto.*
Perquīro, ris, sivi, situm, sīre, A. *cercare diligentemente.*
Perquīsĭte, avv. *diligentemente.*
Perquisitor, ōris, m. *ricercatore, investigatore.*
Perquisītus, a, um, add. *ricercato.*

Perrāro, avv. *rarissime volte.*
Perrārus, a, um, add. *rarissimo.*
Perrexi V. Pergo.
Perridicule, avv. *molto ridicolosamente.*
Perridiculus, a, um, add. *molto ridicolo.*
Perrumpo, mpis, pi, ptum, mpĕre, A. *rompere, spezzare.*
Persæpe, avv. *spessissimo.*
Persalūto, as, etc. A. *salutare estremamente.*
Persancte, avv. *religiosissimamente.*
Persāno, as, etc. A. *sanar del tutto.*
Persapienter, avv. *con molta saviezza.*
Perscindo, ndis, di, ssum, ndĕre, A. *tagliar per mezzo, spezzare.*
Perscitus, a, um, add. *manifesto, noto.*
Perscribo, bis, psi, ptum, bĕre, A. *scrivere con diligenza, registrare.*
Perscriptio, ōnis, f. *scrittura, registro.*
Perscriptor, ōris, m. *scrittore, scrivano, notaio.*
Perscriptus, a, um, add. *scritto, registrato.*
Perscrūtor, aris, atus, ari, D. *indagare, cercar con diligenza.*
Persĕco, ĕcas, ecui, ĕctum, ecāre, A. *tagliare.*
Persecutio, ōnis, f. *il procedere per via di giudizio, l'andar dietro.*
Persentio, tis, si, sum, tire: persentisco, is, ĕre, A. *accorgersi, comprendere.*
Persĕquor, equĕris, equūtus, *vel* ecūtus, ĕqui, D. *seguire, perseguitare.*
Persequutio V. Persecutio.
Perseveranter, avv. *perseverantemente.*
Perseverantia, æ, f. *perseveranza.*
Persevēro, as, etc. N. *perseverare.*
Persica malus, i, f. *persico, pesco (albero).*
Persicum malum, i, n. *pesca.*
Persīdĕo, ides, ēdi, essum, idēre, N. *rimanere.*
Persimilis, m. e f. e, n. add. *molto simile.*
Persisto, istis, stĭti, stitum, istĕre, N. *persistere, durare.*
Persolvo, vis, vi, ūtum, vĕre, A. *pagare, soddisfare.*
Persona, æ, f. *persona, maschera da commedianti.*
Personātus, a, um, add. *mascherato.*
Persŏno, sŏnas, sonui, onitum, onāre, N. *sonare molto, risonare.*
Perspĭcāce avv. *perspicacemente.*
Perspecto, as, etc. A. *guardare, osservare minutamente.*
Perspectus, a, um, add. *bene osservato.*
Perspicacia, perspicientia, æ: perspicacitas, ātis, *perspicacità.*
Perspicax, ācis, c. add. *perspicace, acuto.*
Perspicio, icis, exi, ectum, icĕre, A. *vedere, discernere.*
Perspicue, avv. *chiaramente.*
Perspicuitas, ātis, f. *chiarezza, perspicacità.*
Perspicuus, a, um, add. *chiaro, manifesto.*
Persto, as, stĭti, stitum, *vel* ātum, āre, N. *durare.*
Perstrenue, avv. *con molto coraggio.*

Perstrĕpo, ĕpis, epui, epitum, epere, N. *fare strepito.*
Perstringo, ingis, inxi, ictum, ingĕre, A. *stringere assai, toccar brevemente e di passaggio.*
Persuadeo, des, si, sum, dēre, A. *persuadere.*
Persuasibilis, m. e f. e, n. add. *persuadevole, persuasivo, probabile.*
Persuasio, ōnis, f.: persuāsus, us, m. *persuasione.*
Persuasus, a, um, add. *persuaso.*
Pertæsus, a, um, add. *annoiato.*
Pertædet, dēbat, sum est, dēre, N. *attediarsi molto, rincrescere assai.*
Pertento, as, etc. A. *tentare bene, provare, commuovere.*
Pertĕrebro, as, etc. A. *trapanare.*
Pertero, ĕris, rivi, ritum, erere, A. *pestare.*
Perterrefacio, acis, eci, actum, acere: perterreo, es, ui, itum, ēre, A. *sbigottire, atterrire, spaventare assai.*
Pertexo, ĕxis, exui, extum, exĕre, A. *finire di tessere, terminare.*
Pertica, æ, f. *pertica.*
Pertimesco, escis, ui, escere, A. *temere molto.*
Pertinacia, æ, f. *pertinacia.*
Pertinaciter, avv. *ostinatamente.*
Pertinax, ācis, c. add. *ostinato, pertinace.*
Pertineo, ines, inui, inēre, N. *arrivare, stendersi.*
Pertinet, ēbat, uit, ēre, imp. *appartenere.*
Pertingo, ngis, gi, ngĕre, A. *arrivare.*
Pertracto, as, etc. A. *toccare, maneggiare.*
Pertraho, ahis, axi, actum, ahĕre, A. *tirare a forza.*
Pertranseo, is, ivi, *vel* ii, itum, ire, N. *passare, oltrepassare.*
Pertritus, a, um, add. *ben pesto.*
Pertuli. V. Perfero.
Pertundo, undis, udi, usum, undere, A. *forare, traforare, spezzare.*
Perturbāte, avv. *confusamente.*
Perturbatio, ōnis, f. *confusione, turbamento.*
Perturbator, ōris, m. *perturbatore.*
Perturbatrix, īcis, f. *turbatrice.*
Perturbo, as, etc. A. *turbare, sconcertare.*
Pertūsus, a, um, add. *traforato.*
Perūnctus, a, um, add. *unto bene.*
Perungo, gis, xi, ctum, gĕre, A. *ungere.*
Perūro, ris, ssi, stum, rĕre, A. *abbruciare interamente.*
Perustus, a, um, add. *abbruciato.*
Perutilis, m. e f. e, n. add. *molto utile.*
Pervado, dis, si, sum, dĕre, N. *trapassare, entrare.*
Pervăgor, aris, atus, ari, D. *andar vagando, divulgarsi.*
Pervalidus, a, um, add. *molto gagliardo.*
Pervāsto, as, etc. A. *saccheggiare.*
Perveho, ehis, exi, ectum, ehere, A. *condurre, portare.*

Pervello, ellis, elli, *vel* ulsi, ulsum, ellere, A. *strappare, stirare.*

Pervenio, enis, eni, entum, enire, N. *arrivare.*

Perverse, avv. *stravoltamente, empiamente.*

Perversitas, ātis, f. *malvagità.*

Perversus, a, um, add. *malvagio, stravolto.*

Perverto, tis, ti, sum, tere, A. *rovesciare, pervertire.*

Pervestigo, as, etc. A. *investigare.*

Pervetus, eris, c.: pervetustus, a, um, add. *molto vecchio.*

Pervicacia, æ, f. *ostinazione.*

Pervicaciter, avv. *ostinatamente.*

Pervicax, ācis, c. add. *ostinato, caparbio.*

Pervideo, ides, idi, isum, idere, A. *veder bene.*

Pervigil, igilis, c. add. *vigilante.*

Pervigilium, ii, n.: pervigilatio, ōnis, f. *veglia di tutta la notte.*

Pervigilo, as, etc. A. *vegliare tutta la notte.*

Pervinco, ncis, ci, ctum, ncĕre, A. *vincere, ottenere.*

Pervius, a, um, add. *aperto, facile, accessibile.*

Pervŏlo: pervolito, as, etc. N. *volare, correre assai.*

Pervŏlo, vis, volui, velle, A. anom. *volere ardentemente.*

Pervŏlvo, vis, vi, utum, vĕre: pervoluto, as, etc. A. *volgere da ogni parte.*

Pervŭlgo, as, etc. A. *divulgare, pubblicare.*

Pes, dis, m. *piede.*

Pessime, avv. *pessimamente.*

Pessimus, a, um, add. *pessimo.*

Pessŭlus, i, m. *chiavistello, catenaccio.*

Pessum, avv. *in fondo, a basso.*

Pessŭmdo, das, dedi, dătum, dare, A. *mandare a fondo, in malora.*

Pestifer, era, erum: pestilens, ĕntis, c. add. *pestifero.*

Pestilentia, æ: pestis, is, f. *peste, pestilenza.*

Petăso, ōnis, m. *prosciutto.*

Petăsus, i, m. *cappello.*

Petitio, ōnis, f. *petizione, domanda.*

Petītor, ōris, m. *petitore, attore, domandatore.*

Petītrix, īcis, f. *addomandatrice.*

Peto, is, ivi, *vel* ii, itum, ere, A. *chiedere, assalire, andare, avviarsi.*

Petra, æ, f. *rupe, pietra, scoglio.*

Petroselīnum, i, n. *prezzemolo.*

Petrōsus, a, um, add. *pietroso.*

Petulans, antis, c. add. *insolente, proterva.*

Petulanter, avv. *insolentemente.*

Petulantia, æ, f. *protervia, insolenza.*

Petulcus, a, um, add. *insolente, lascivo.*

Pexus, a, um, add. *pettinato.*

Phalanx, angis, f. *falange, squadrone.*

Phalĕræ, arum, f. pl. *bardatura, fornimento del cavallo.*

Phaleratus, a, um, add. *fornito, bardato.*

Phantasia, æ, f. *fantasia, immaginazione.*

Phantasma, ătis, n. *fantasma.*

Pharĕtra, æ, f. *faretra, turcasso.*

Pharmacopōla, æ, m. *speziale.*

Pharmăcum, i, n. *medicina, veleno.*

Phasēlus, i, m. e f. *barchetta.*

Phaseolus: faseolus, i, m. *fagiuolo.*

Phasiānus, i, m. *fagiano.*

Phiăla, æ, f. *tazza, coppa, caraffa.*

Philologia, æ, f. *filologia, studio di belle lettere e di erudizione.*

Philolŏgus, i, m. *uomo erudito.*

Philomela, æ, f. *usignuolo.*

Philosophia, æ, f. *filosofia.*

Philosophĭcus, a, um, add. *filosofico.*

Philosŏphor, aris, atus, ari, D. *filosofare.*

Philosŏphus, i, m. *filosofo.*

Phoca, æ, f. *foca (animal marino).*

Phœnix, īcis, f. *fenice.*

Phosphŏrus, i, m. *Lucifero, stella di Venere.*

Phrenēsis, is, f. *frenesia.*

Phrenetĭcus, a, um, add. *frenetico.*

Phrygiānus, a, um, add. *ricamato.*

Phrygio, ōnis, m. *ricamatore.*

Phrygium opus, eris, n. *ricamo.*

Phthisĭcus, a, um, add. *tisico.*

Phthisis, is, f. *tisi, tisichezza.*

Physĭca, æ, f. *fisica.*

Physĭcus, a, um, add. *fisico.*

Physiognōmon, ŏnis, m. *fisionomista.*

Piacularis, m. e f. e, n. add. *espiatorio.*

Piacŭlum, i, n. *delitto, sacrifizio di espiazione, purgazione.*

Piatio, ōnis, f. *espiazione.*

Pica, æ, *pica, gazza.*

Piceus: picĕatus, a, um, add. *impeciato.*

Picea, æ, f. *picea (albero che dà la pece).*

Picĕus, a, um, add. *di pece, nero come pece.*

Pico, as, etc. A. *impegolare.*

Pictor, ōris, m. *pittore.*

Pictūra, æ, f. *pittura.*

Pictus, a, um, add. *dipinto.*

Picus, i, m. *picchio (uccello).*

Pie, avv. *divotamente.*

Piĕtas, ātis, f. *pietà, divozione.*

Piger, ra, rum, add. *pigro, tardo.*

Piget, ebat, uit, *vel* itum est, ēre, imp. *rincrescere.*

Pigmentarius, ii, m. *droghiere, profumiere.*

Pigmentum, i, n. *belletto, liscio.*

Pignĕro, as, etc. A. *dare in pegno.*

Pignĕror, aris, atus, ari, D. *ingaggiare, prendere il pegno.*

Pignus, ŏris, n. *pegno.*

Pigre, avv. *pigramente.*

Pigrēsco, is, ere, N. *divenir pigro, impigrirsi.*

Pigritia, æ, f. *pigrizia.*

Pila, æ, f. *mortaio, pilastro, palla, globo.*

Pileatus, a, um, add. *coperto di cappello.*

Pilentum, i, n. *cocchio delle matrone Romane.*

Pileolus, i, m. *cappelletto, berretta.*

Pileus, i, m. pileum, i, n. *cappello.*

Pilōsus, a, um, add. *peloso.*

Pilŭla, æ, f. *palletta, pillola.*

Pilum, i, n. *pestello, dardo.*
Pilus, i, m. *pelo, vello.*
Pinacothēca, æ, f. *galleria.*
Pincerna, æ, m. *coppiere.*
Pinētum, i, n. *pineta, selva di pini.*
Pinĕus, a, um, add. *di pino.*
Pingo, ngis, nxi, ctum, ngĕre, A. *dipingere.*
Pinguēdo, inis, f. *grassezza.*
Pinguēsco, is, ĕre, N. *ingrassarsi.*
Pinguis, m. e f. e, n. add. *grasso, rozzo.*
Pinguiter, avv. *grassamente, alla grossa.*
Pinifer, ĕra, ĕrum, add. *che produce pini.*
Pinna, æ, f. *penna, merli dei muri, ala dei pesci.*
Pinnātus, a, um, add. *pennuto, merlato.*
Pinnŭla, æ, f. *pennuzza.*
Pinsĭtus, a, um, add. *pestato nel mortaio.*
Pinso, nsis, nsi, vel nsui, nsum, vel nsitum, vel stum, nsĕre: pinsito, as, etc. A. *pestare nel mortaio, percuotere col becco.*
Pinus, i, f. *pino.*
Pio, as, etc. A. *espiare, purgare.*
Piper, ĕris, n. *pepe.*
Pipio, is, ire: pipo: pipilo, as, etc. N. *pigolare.*
Pirata, æ, m. *pirata, corsaro.*
Piratĭcus, a, um, add. *di pirata, di corsale.*
Pirum, i, n. *pera.*
Pirus: pyrus, i, f. *pero.*
Piscaria, æ, f. *pescheria.*
Piscārius, ii, m. *pescivendolo:* — a, um, add. *di pesca.*
Piscātor, ōris, m. *pescatore.*
Piscatorius, a, um, add. *di pesca, di pescatore.*
Piscātrix, īcis, f. *pescatrice.*
Piscātus, us, m.: piscatio, ōnis, f. *pesca, pescagione.*
Piscicŭlus, i, m. *pesciolino.*
Piscīna: piscinŭla, æ, f. *peschiera, piccola peschiera.*
Piscis, i, m. *pesce.*
Piscor, āris, atus, āri, D. *pescare.*
Piscōsus, a, um, add. *pescoso, abbondante di pesce.*
Pistillum, i, n.: pistillus, i, m. *pestello.*
Pistor, ōris, m. *fornaio.*
Pistorius, a, um, add. di *fornaio.*
Pistrinum, i, n.: pistrina, æ, f. *molino.*
Pistus, a, um, add. *pestato.*
Pisum, i, n. *pisello.*
Pituīta, æ, f. *flemma, catarro.*
Pituitōsus, a, um, add. *catarroso.*
Pius, a, um, add. *pio, buono.*
Pix, picis, f. *pece.*
Placabĭlis, m. e f. e, n. add. *placabile.*
Placabilĭtas, ātis, f. *clemenza.*
Placabilĭter, placate, avv. *pacificamente.*
Placatio, ōnis, f. *placazione.*
Placenta, æ, f. *schiacciata, torta.*
Placĕo, es, ui, itum, ēre, N.: placet, ebat, uit, itum est, ēre, imp. *piacere.*
Placĭde, avv. *placidamente.*
Placidĭtas, ātis, f. *placidezza.*
Placĭdus, a, um, add. *placido, piacevole.*

Placĭtum, i, n. *dogma, opinione, volere.*
Placĭtus, a, um, add. *piaciuto, grato.*
Placo, as, etc. A. *placare, mitigare.*
Plaga, æ, f. *percossa, piaga, piaggia, clima, paese, rete.*
Plagiarius, a, um, add. *chi ruba gli scritti altrui, ed anche i diritti.*
Plagŭla, æ, f. *cortina, tenda, fascicolo di carta.*
Planctus, us, m. *schiamazzo, pianto.*
Plane, avv. *apertamente, onninamente.*
Planēta, æ, m. *pianeta.*
Plango, gis, xi, ctum, gĕre, A. *percuotere,* N. *piangere, lamentarsi.*
Plangor, ōris, m. *pianto, percossa con lamento.*
Planitia, æ: planities, ēi, f. *pianura.*
Planta, æ, f. *pianta, ramoscello, pollone.*
Plantatio, ōnis, f. *piantagione, il piantare.*
Planto, as, etc. A. *piantare.*
Planus, a, um, add. *piano, chiaro, eguale.*
Plastes, æ, m. *chi fa lavori di terra cotta.*
Platănus, i, f. *platano.*
Platĕa, æ, f. *piazza.*
Plaudo, dis, si, sum, dĕre, N. *applaudire, percuotere.*
Plausibĭlis, m. e f. e, n. add. *plausibile.*
Plausor, ōris, m. *chi fa plauso.*
Plaustrum, i, n. *carro.*
Plausus, us, m. *plauso, applauso, percossa.*
Plausus, a, um, add. *percosso, applaudito.*
Plebecŭla, æ, f. *gentaglia.*
Plebējus, a, um, add. *plebeo.*
Plebicŏla, æ, m. *popolare.*
Plebiscītum, i, n. *decreto del popolo.*
Plebs, plebis, f. *plebe.*
Plecto, ctis, ctĕre, A. *battere, punire.*
Plectrum, i, n. *plettro, archetto da suonare.*
Plene, avv. *pienamente, affatto.*
Plenilunium, ii, n. *plenilunio.*
Plenitudo, inis, f. *pienezza.*
Plenus, a, um, add. *pieno.*
Plerique, æque, ăque, add. pl. *molti, la maggior parte.*
Plerumque, avv. *il più delle volte.*
Pleurītis, idis, m. *pleuritide.*
Plexus, a, um, add. *attortigliato.*
Plicatūra, æ, f. *piegatura.*
Plico, as, avi, atum, vel ui, itum, āre, A. *piegare.*
Plorabilis, m. e f. e, n. add. *lagrimevole.*
Plorabundus, a, um, add. *piangente.*
Plorātor, ōris, m. *piangitore.*
Plorātus, us, m. *pianto:* — a, um, add. *compianto.*
Ploro, as, etc. A. e N. *piangere.*
Pluit, ebat, it, vel vit, ĕre, imp. *piovere.*
Pluma, æ, f. *piuma.*
Plumātus, a, um, add. *piumato, pennuto.*
Plumbĕus, a, um, add. *di piombo.*
Plumbo, as, etc. A. *impiombare.*
Plumbum, i, n. *piombo.*
Plumēsco, is, ĕre, N. *far le piume, mettersi.*
Plumeus, a, um, add. *di piuma.*
Plumĭger, ĕra, ĕrum, add. *coperto di piume.*
Plumōsus, a, um, add. *che ha molte piume.*

Pluries, avv. più volte.

Plurimum, avv. assaissimo.

Plurimus, a, um, add. moltissimo.

Plus, avv. più, plus, uris, c. add. più.

Pluteus, i, m. parapetto, riparo, macchina per batter le mura, scansia.

Pluvia, æ, f. pioggia.

Pluvius, a, um. add. piovoso.

Pneumaticus, a, um. add. pneumatico, che si muove a forza di vento.

Pocillator, ōris, m. coppiere.

Pocillum, i, m. tazzetta, piccolo bicchiere.

Poculentus, a, um, add. da bere.

Poculum, i, n. bicchiere.

Podagra, æ, f. podagra, gotta.

Podagricus, podagrōsus, a, um, add. podagroso, gottoso.

Poëma, ătis, n. poema, poesia.

Pœna, æ, f. pena, gastigo.

Pœnalis, m. e f. e, n. add. penale.

Pœnitendus, a, um, add. da pentirsene.

Pœnitens, entis, c. add. penitente.

Pœnitentia, æ, f penitenza, pentimento.

Pœnitet, ebat, uit, ēre, imp. pentirsi.

Poēsis, is, f. poesia.

Poeta, æ, m. poeta.

Poetice, es, f. poetica.

Poetice, avv. poeticamente.

Poeticus, a, um, add. poetico.

Poetria, æ, f. poetessa.

Polenta, æ, f. polenta.

Polio, is, ivi, itum, ire, A. pulire, nettare.

Polite, avv. elegantemente.

Politio, ōnis, f. politezza, politura.

Politus, a, um, add. pulito, lisciato.

Pollen, inis, n. fiore di farina.

Polleo, es, ēre, N. potere, avere potenza.

Pollex, icis, m. pollice, dito grosso.

Pollicĕor, ēris, ĭtus, ēri: polliceor, iceris, icitus, iceri, D. promettere.

Pollicitatio, ōnis, f.: pollicitum, i, n. promessa.

Pollinctor, ōris, m. becchino.

Pollinctus, a, um, add. unto.

Pollingo, is, inxi, inctum, ere, A. ungere i corpi morti.

Pollubrum: polubrum, i, n. catino, bacino da lavar le mani.

Polluo, uis, ui, ūtum, uere, A. macchiare, violare.

Polus, i, m. polo.

Polypus, i, m. polpo, polipo, escrescenza nel naso.

Pomarium, ii, n. pomiere, pometo.

Pomarius, ii, m. fruttaiuolo: — a, um, ad. di pomo.

Pomeridianus, a, um, add. pomeridiano, di dopo mezzodì.

Pomifer, era, erum, add. pomifero.

Pomōsus, a, um, add. abbondante di alberi fruttiferi o di pomi.

Pompa, æ, f. pompa, apparato.

Pomum, i, n. pomo (frutto).

Pomus, i, f. pomo, albero fruttifero.

Ponderatio, ōnis, f. il pesare, il ponderare.

Pondero, as, etc. A. pesare, ponderare.

Ponderōsus, a, um, add. pesante, grave.

Pondo, n. indecl. peso di libbra.

Pondus, eris, n. peso.

Pone, avv. e prep. coll'accus. dietro, appresso.

Pono, nis, sui, situm, nere, A. mettere, porre.

Pons, tis, m. ponte.

Ponticulus, i, m. ponticello.

Pontifex, icis, m. pontefice, papa.

Pontificalis, m. e f. e, n. add. pontificale, papale

Pontificatus, us, m. pontificato.

Pontificium, ii, n. l'autorità del pontefice.

Pontificius, a, um, add. pontificio.

Pontus, i, m. mare.

Popellus, i, m. popolaccio.

Popina, æ, f. taverna, bettola.

Popinarius, ii, m. taverniaio.

Poples, itis, m. poplite, garetto, ginocchio.

Poposci. V. Posco.

Populabundus, a, um, add. che va saccheggiando.

Popularis, m. e f. e, n. add. popolare.

Popularitas, ātis, f. popolarità.

Populariter, avv. popolarmente.

Populatio, ōnis, f. saccheggio, guasto.

Populator, ōris, m. saccheggiatore.

Populatrix, icis, f. saccheggiatrice.

Populeus, a, um, add. di pioppo.

Populiscitum, i, n. ordinanza del popolo.

Populo, as, etc. A.: populor, aris, atus, ari, C. saccheggiare.

Populōsus, a, um, add. popolato.

Populus, i, m. popolo.

Populus, i, f. pioppo.

Porca, æ, f. scrofa, porca, spazio di terra fra solco e solco.

Porcarius, a, um, add. di porco.

Porcellus, i: porculus, i, m. porcello.

Porcinus, a, um, add. porcino.

Porculatio, ōnis, f. l'ingrassar porci.

Porculator, ōris, m. chi ingrassa porci.

Porcus, i, m porco.

Porphyrites, æ, m. porfido (pietra).

Porrectio, ōnis, f. estensione, allungamento.

Porrectus, a, um, add. allungato, esteso, disteso.

Porrigo, inis, f. forfora, tigna.

Porrigo, igis, exi, ectum, igere, A. porgere, sporgere, stendere.

Porro, avv. certamente, da lungi, avanti.

Porrum, i, n. porro.

Porta, æ, f. porta.

Portatus, us, m.: portatio, ōnis, f. il portare.

Portendo, dis, di, tum, dere, A. presagire, mostrare da lungi.

Portentōsus, a, um, add. portentoso.

Portentum, i, n. prodigio, miracolo.

Porticus, us, f. portico.

Portio, ōnis, f. porzione.

Portitor, oris, m. gabelliere, barcaiuolo.

Portiuncula, æ, f. porzioncella.

Porto, as, etc. A. portare.

Portorium, ii, n. nolo del barcaiuolo.

Portulaca: porilaca, æ, f. *porcellana* (erba).
Portus, us, m. *porto, ricovero.*
Porus, i, m. *poro, meato, canale.*
Posco, scis, poposci, scere, A. *chiedere, domandare.*
Positio, ōnis: positura, æ, f.: positus, us, m. *positura.*
Positor, ōris, m. *fondatore, istitutore.*
Positus, a, um, add. *posto.*
Possessio, ōnis, f. *possesso, podere.*
Possessor, ōris, m. *possessore.*
Possessus, a, um, add. *posseduto.*
Possibilis, m. e f. e, n. add. *possibile.*
Possideo, ides, edi, essum, idēre, A. *possedere.*
Possum, tes, tui, sse, N. *potere.*
Post, avv. e prep. coll'acc. *dopo, dietro.*
Postquam, cong. *poichè, dappoichè.*
Postea, avv. *dappoi;* posteaquam, *poichè.*
Posteri, ōrum, m. pl. *posteri, eredi.*
Posterior, m. e f. ius, n. ōris, add. *posteriore.*
Posteritas, ātis, f. *posterità, discendenza.*
Posterius, avv. *dopo.*
Posterus, a, um, add. *seguente.*
Posthabeo, es, ui, itum, ēre, A. *posporre.*
Posthac, avv. *per l'avvenire.*
Posthæc, avv. *dopo.*
Posthinc, avv. *appresso, quinci.*
Posthumus, a, um, add. *nato dopo morto il padre.*
Posticum, i, n. *l'uscio di dietro.*
Posticus, a, um, add. *posteriore.*
Postis, is, m. *stipite della porta.*
Postmodo: postmodum, avv. *dipoi, poscia.*
Postpōno, nis, sui, situm, nēre, A. *posporre.*
Postquam, avv. *dopo che.*
Postremo: postremum, avv. *finalmente.*
Postremus, a, um, add. *ultimo nato.*
Postridie, avv. *il giorno dopo.*
Postulatio, ōnis, f. *dimanda, supplica.*
Postulator, ōris, m. *dimandatore.*
Postulatum, i, n. *domanda, supplica.*
Postulo, as, etc. A. *dimandare, richiedere, accusare.*
Postumus, a, um, add. *ultimo.*
Potatio, ōnis, f. *il bere, gozzoviglia.*
Potator, ōris, m. *bevitore.*
Potens, entis, c. add. *potente.*
Potenter, avv. *potentemente.*
Potentia, æ, f. *potenza, possibilità.*
Potestas, ātis, f. *potestà, autorità.*
Potio, ōnis, f. *bevanda.*
Potior, īris, itus, iri, D. *impadronirsi, ottenere.*
Potior, m. e f. ius, n. ōris, add. *migliore.*
Potis, add. indecl. *che può;* potis est, *può;* potis sunt, *possono.*
Potissimum, potissime, avv. *principalmente.*
Potissimus, a, um, add. *principale.*
Potius, avv. *piuttosto, meglio.*
Poto, as, etc. A. *bere.*
Potor, ōris, m. *bevitore.*
Potus, us, m. *bevanda.*
Potus, a, um, add. *che ha bevuto.*
Præ, prep. coll'abl. *avanti, dinanzi.*

Præbeo, es, ui, itum, ēre, A. *dare.*
Præcaveo, ves, vi, utum, vēre, A. *prevedere, guardarsi.*
Præcautus, a, um, add. *preveduto.*
Præcedo, dis, ssi, ssum, dĕre: præcello, is, ĕre, A. *precedere, superare.*
Præceps, ipitis, c. add. *precipitoso.*
Præceptio, ōnis, f. *insegnamento.*
Præceptor, ōris, m. *precettore, maestro.*
Præceptrix, icis, f. *maestra.*
Præceptum, i, n. *comando, ammaestramento.*
Præceptus, a, um, add. *comandato.*
Præcerpo, is, si, tum, ĕre, A. *cogliere avanti, carpire.*
Præcido, dis, di, sum, dĕre, A. *tagliare, troncare.*
Præcingo, gis, xi, ctum, gĕre, A. *circondare, cingere.*
Præcino, inis, inui, entum, inĕre, A. *precedere col canto, col suono, intonare, predire.*
Præcipio, ipis, epi, eptum, ipĕre, A. *prendere innanzi, comandare, istruire.*
Præcipitans, antis, c. add. *cadente.*
Præcipitanter, avv. *precipitosamente.*
Præcipitatio, ōnis, f. *precipitazione.*
Præcipitium, ii, n. *precipizio, caduta precipitosa.*
Præcipito, as, etc. A. e N. *precipitare.*
Præcipue, avv. *particolarmente.*
Præcipuus, a, um, add. *particolare.*
Præcise, avv. *succintamente.*
Præcisus, a, um, add. *tagliato, troncato.*
Præclare, avv. *molto chiaramente, egregiamente.*
Præclarus, a, um, add. *molto chiaro, eccellente, egregio.*
Præcludo, dis, si, sum, dĕre, A. *chiudere in faccia, impedire.*
Præclusio, ōnis, f. *serramento.*
Præclusus, a, um, add. *chiuso in faccia.*
Præco, ōnis, m. *banditore.*
Præcogito, as, etc. A. *pensare innanzi.*
Præcognitus, a, um, add. *antiveduto.*
Præconceptus, a, um, add. *concepito avanti.*
Præconium, ii, n. *preconio, uffizio del banditore.*
Præcoquo, oquis, oxi, octum, oquĕre, A. *cuocere avanti.*
Præcordia, ōrum, n. pl. *diaframma.*
Præcox, ōcis, c. add. *precoce, primaticcio.*
Præcurro, rris, rri, vel curri, rsum, rrĕre, A. *correre innanzi.*
Præcursor, ōris, m. *precursore.*
Præda, æ, f. *preda, bottino.*
Prædabundus, a, um, add. *che va predando.*
Prædator, ōris, m. *predatore.*
Prædatorius, a, um, add. *di predatore.*
Prædatrix, icis, f. *predatrice.*
Prædicabilis, m. e f. e, n. add. *predicabile, degno di lode.*
Prædicatio, ōnis, f. *lode, pubblicazione.*
Prædicator, ōris, m. *lodatore, pubblicatore.*

Prædĭco, as, etc. A. *pubblicare, lodare.*
Prædīco, cis, xi, ctum, cĕre, A. *predire, dire innanzi.*
Prædictio, ōnis, f. *predizione, pronostico.*
Prædictus, a, um, add. *predetto, stabilito.*
Prædiŏlum, i, n. *poderino.*
Prædisco, scis, dĭci, scĕre, A. *imparare avanti.*
Præditus, a, um, add. *ornato, fornito.*
Prædīves, ĭtis, c. add. *molto ricco.*
Prædium, ii, n. *podere.*
Prædo, ōnis, m. *ladro, corsale.*
Prædŏctus, a, um, add. *molto istruito.*
Prædor, āris, ātus, āri, D. *rubare, predare.*
Prædūlcis, m. e f. e, n. add. *assai dolce.*
Prædūrus, a, um, add. *assai duro.*
Præĕo, is, īvi, ĭtum, īre, N. *andare innanzi, precedere.*
Præfor, āris, ātus, āri, D. *premettere parlando.*
Præfatio, ōnis, f. *prefazione, preambolo.*
Præfectūra, æ, f. *prefettura.*
Præfĕctus, i, m. *prefetto, governatore.*
Præfero, fers, tŭli, latum, fĕrre, A. *preferire.*
Præferox, ōcis, c. add. *molto feroce.*
Præfica, æ, f. *donna pagata per piangere i morti.*
Præficio, ĭcis, ēci, ectum, icere, A. *dare il comando, il governo, deputare.*
Præfĭdens, ĕntis, c. add. *molto ardito.*
Præfīgo, gis, xi, gere, A. *ficcare innanzi.*
Præfinio, inis, inivi, initum, inīre, A. *prescrivere, limitare.*
Præfīxus, a, um, add. *attaccato, conficcato davanti.*
Præflŭus, a, um, add. *che scorre avanti.*
Præfŏco, as, etc. A. *soffocare.*
Præfodio, ŏdis, ōdi, ossum, odere, A. *scavare innanzi.*
Præfrācte, avv. *ostinatamente.*
Præfrāctus, a, um, add. *ostinato.*
Præfrigidus, a, um, add. *molto freddo.*
Præfringo, ingis, ēgi, actum, ingere, A. *rompere, spezzare.*
Præfulcio, cis, si, tum, cīre, A. *sostentare, sostenere.*
Præfulgeo, ges, si, gēre, N. *risplendere assai.*
Prægelidus, a, um, add. *assai freddo.*
Prægestio, is, īvi, itum, īre, N. *saltare per allegrezza, bramar molto.*
Prægnans, āntis, c. add. *gravida, incinta.*
Prægnatio, ōnis, f. *gravidanza.*
Prægrandis, m. e f. e, n. add. *assai grande.*
Prægredior, ederis, essus, edi, D. *andare innanzi, precedere, superare.*
Prægressio, ōnis, f. *precedimento.*
Prægūsto, as, etc. A. *assaggiare, gustare innanzi.*
Præjudicātus, a, um, add. *giudicato innanzi.*
Præjudicium, ii, n. *giudizio anticipato, pregiudizio, danno.*
Præjudico, as, etc. A. *giudicare, sentenziare anticipatamente, pregiudicare.*

Prælābor, abĕris, apsus, abi, D. *scorrere innanzi.*
Prælambo, is, ĕre, A. *assaggiare innanzi.*
Prælatio, ōnis, f. *preferimento.*
Prælātus, a, um, add. *anteposto, preferito.*
Prælectio, ōnis, f. *lezione d' apertura delle scuole.*
Prælĕctor, ōris, m. *lettore, maestro.*
Prælĕgo, ĕgis, ēgi, ectum, egĕre, A. *leggere innanzi, spiegare nelle scuole.*
Præliātor, ōris, m. *combattente.*
Prælĭbo, as, etc. A. *assaggiare.*
Prælior, āris, ātus, āri, D. *combattere.*
Prælocutio: prœloquutio, ōnis, f. *prefazione, esordio, proemio.*
Prælōngus, a, um, add. *assai lungo.*
Prælŏquor, oquĕris, ocūtus, ŏqui, C. *parlare innanzi, premettere parlando.*
Prælūceo, ūces, ūxi, ucēre, N. *far lume, risplender molto.*
Prælucidus, a, um, add. *brillante.*
Præludium, ii, n.: prælusio, ōnis, f. *preludio, prova.*
Prælūdo, dis, si, sum, dĕre, A. e N. *provarsi, prepararsi a fare qualche cosa.*
Præmando, as, etc. A. *commettere, comandare.*
Præmatūre, avv. *avanti tempo.*
Præmaturus, a, um, add. *primaticcio, immaturo.*
Præmeditatio, ōnis, f. *antivedimento, premeditazione.*
Præmeditātus, a, um, add. *premeditato.*
Præmeditor, āris, ātus, āri, D. *premeditare.*
Præmitto, ittis, isi, issum, ittĕre, A. *premettere.*
Præmium, ii, n. *salario, premio, guiderdone.*
Præmoneo, ōnes, onŭi, onitum, onēre, A. *ammonire anticipatamente.*
Præmonĭtus, us, m.: præmonĭtum, i, n. *premonizione.*
Præmonstrātor, ōris, m. *chi mostra innanzi.*
Præmōnstro, as, etc. A. *insegnare innanzi, presagire.*
Præmorior, orĕris, ortŭus, ŏri, D. *morire prima.*
Præmortŭus, a, um, add. *morto innanzi.*
Præmunio, īnis, univi, unitum, unīre, A. *premunire.*
Præmunitio, ōnis, f. *preparazione.*
Prænarro, as, etc. A. *raccontare innanzi.*
Prænōmen, ĭnis, n. *antinome, prenome.*
Prænōsco, is, ĕre, A. *conoscere avanti.*
Prænotio, ōnis, f. *preconoscenza.*
Prænuntio, as, etc. A. *predire.*
Prænuntius, a, um, add. *che presagisce.*
Præoccupatio, ōnis, f. *preoccupazione.*
Præoccŭpo, as, etc. A. *preoccupare, prevenire.*
Præopto, as, etc. A. *voler piuttosto.*
Præparatio, ōnis, f. *preparazione.*
Præpāro, as, etc. A. *apparecchiare, allestire.*

Præpedio, ēdis, edīvi, editum, edīre, A. *impedire.*

Præpedītus, a, um, add. *legato, inceppato.*

Præpes, ĕtis, o. add. *veloce, leggiero.*

Præpinguis, m. e f. e, n. add. *molto grasso.*

Præpondĕro, as, etc. A. *preponderare.*

Præpōno, nis, sŭi, situm, nĕre, A. *premettere, preporre.*

Præpositio, ōnis, f. *preposizione.*

Præpositum, i, n. *premessa.*

Præpositus, i, m. *capo, prefetto:* — a, um, add. *anteposto, preposto.*

Præpostĕre, avv. *a rovescio.*

Præpostĕrus, a, um, add. *rovescio.*

Præpŏtens, ĕntis, c. add. *molto potente.*

Præprŏpĕrus, a, um, add. *molto frettoloso.*

Prærapidus, a, um, add. *molto rapido, celere.*

Prærēptus, a, um, add. *rapito, tolto.*

Præripio, ĭpis, ipŭi, ēptum, ipĕre, A. *togliere innanzi, levar per forza.*

Prærogatīva, æ, f. *prerogativa, privilegio.*

Prærōsus, a, um, add. *roso, mangiato innanzi.*

Prærŭmpo, mpis, pi, ptum, mpere, A. *rompere, spezzare.*

Prærŭptus, a, um, add. *scoscesa, dirupata.*

Præs, dis, m. *mallevadore, sicurtà.*

Præsāgio, īgis, agīvi, agitum, agire, A. *presagire.*

Præsagium, ii, n.: præsagitio, ōnis, f. *presagio, pronostico.*

Præsāgus, a, um, add. *presago, indovino.*

Præscio, is, ivi, itum, ire: præscisco, is, ĕre, A. *presagire.*

Præscius, a, um, add. *che sa, o vede il futuro.*

Præscribo, bis, psi, ptum, bĕre, A. *prescrivere, scrivere innanzi.*

Præscriptio, ōnis, f. *prescrizione, titolo.*

Præscriptum, i, n. *regola, norma.*

Præseco, as, ui, atum, *vel* ectum, are, A. *tagliare, troncare.*

Præsegmen, inis, n. *ritaglio, tagliatura.*

Præsens, ĕntis, c. add. *presente.*

Præsensio, ōnis, f. *antivedimento.*

Præsensus, a, um, add. *presentito.*

Præsentia, æ, f. *presenza.*

Præsentio, tis, si, sum, tire: præsentisco, is, ĕre, A. *presentire.*

Præsēpe, is, n. *presepio, stalla, mangiatoia.*

Præsepio, is, si, tum, ire, A. *serrar d'intorno.*

Præsertim, avv. *specialmente.*

Præses, idis, m. *presidente.*

Præsideo, ides, ēdi, ēssum, idēre, N. *presedere.*

Præsidiarius, a, um, add. *di presidio.*

Præsidium, ii, n. *presidio, guardia:* præsidiarii milites, *soldati di guarnigione.*

Præstabilis, m. e f. e, n.: præstans, antis, c. add. *eccellente.*

Præstantia, æ, f. *eccellenza, valore.*

Præstat, abat, itit, are, imp. *esser meglio.*

Præstigia, ōrum, n. pl.: præstigiæ, ārum, f. pl. *prestigi, giuochi di mano.*

Præstigiātor, ōris, m. *prestigiatore, giocoliere.*

Præstigiātrix, icis, f. *incantatrice.*

Præsto sum, es, fui, esse, N. *aiutare, esser pronto.*

Præsto, as, iti, itum, āre, A. e N. *stare innanzi, superare, fare.*

Præstōlor, āris, atus, āri, D. *aspettare.*

Præstringo, ngis, nxi, ctum, ngĕre, A. *stringere assai:* præstringere oculos, *abbagliare.*

Præsul, ŭlis, m. *presidente, prelato.*

Præsum, es, fui, esse, N. *presiedere.*

Præsūmo, is, psi, ptum, ĕre, A. *presumere, preoccupare.*

Præsumptio, ōnis, f. *presunzione, credenza.*

Prætĕgo, gis, xi, ctum, gĕre, A. *coprire.*

Prætendo, dis, di, sum, dere, A. *stendere, porre innanzi, pretendere.*

Prætento, as, etc. A. *tastare innanzi, brancolare.*

Prætensus, a, um, add. *steso innanzi, esteso.*

Prætentus, us, m. *tastamento.*

Prætenŭis, m. e f. e, n. add. *molto sottile.*

Præter, prep. coll'acc. *oltre, eccetto, innanzi, lungo, appresso.*

Præterea, cong. *inoltre, di più.*

Prætereo, ēris, erīvi, *vel* erii, eritum, erire, A. *passare oltre.*

Præterflŭo, is, xi, xum, ĕre, A. e N. *scorrere avanti, passare.*

Prætergredior, gredĕris, grĕssus, grĕdi, D. *passar oltre, superare.*

Præteritus, a, um, add. *passato, andato.*

Præterlābor, aberis, āpsus, ābi, D. *passar oltre, sfuggire, svanire.*

Prætermissio, ōnis, f. *ommissione.*

Prætermitto, ttis, si, ssum, ttĕre, A. *tralasciare, omettere.*

Præterquam, cong. *fuorchè, eccettochè.*

Prætervectio, ōnis, f. *passaggio, l'andar oltre.*

Prætervĕctus, a, um, add. *che è passato oltre.*

Prætervehor, eheris, ĕctus, ehi, D. *passar oltre costeggiando.*

Prætervŏlo, as, etc. N. *passar volando.*

Prætĕxo, is, ŭi, tum, ĕre, A. *intessere, coprire.*

Prætĕxta, æ, f. *pretesta, toga che si portava nella puerizia con lista di porpora.*

Prætextātus, a, um, add. *vestito di pretesta.*

Prætextus, us, m. *pretesto, scusa.*

Prætextus, a, um, add. *tessuto, intessuto.*

Prætor, ōris, m. *pretore, podestà.*

Prætoria navis, is, f. *la nave capitana.*

Prætoriānus, a, um, add. *del pretore, pretoriano.*

Prætorium, ii, n. *pretorio, palazzo del pretore, casa reale.*

Prætūra, æ, f. *pretura.*

Prævaleo, ăles, alui, ĕre, N. *prevalere.*
Prævalidus, a, um: **prævălens, entis, c.** add. *molto forte.*
Prævehor, ehĕris, **ectus, ehi, D.** *avanzarsi.*
Prævenio, ēnis, ēni, entum, **enīre, A.** *prevenire, venire innanzi.*
Prævĕntus, a, um, add. *prevenuto.*
Præverto, tis, ti, sum, tĕre, A.: præverlor, tĕris, sus, ti, D. *preporre, preoccupare, anticipare.*
Prævideo, ĭdes, idi, isum, idēre, A. *prevedere.*
Prævius, a, um, add. *che va innanzi.*
Prævolo, as, etc. N. *volare avanti.*
Præustus, a, um, add. *abbrustolato.*
Prandĕo, des, di *vel* pransus sum, dēre, N. *desinare.*
Prandium, ii, n. *pranzo, refezione.*
Pransus, a, um, add. *che ha desinato.*
Pratensis, m. *e* f. e, n. add. *di prato.*
Pratum, i, n. *prato.*
Prave, avv. *malamente, malvagiamente.*
Pravĭtas, ātis, f. *difetto, malvagità.*
Pravus, a, um, add. *malvagio, difettoso.*
Precario, avv. *per via di preghiera.*
Precarius, a, um, add. *ottenuto con preghiere, o in prestito.*
Precatio, ōnis, f. *preghiera.*
Precātor, ōris, m. *intercessore.*
Precor, aris, atus, ari, D. *pregare.*
Prehendo, dis, di, sum, dĕre, A. *prendere, afferrare.*
Prehensio, ōnis, f. *presa.*
Prehenso, *vel* prenso, **as, etc. A.** ***prendere,*** *acchiappare.*
Prelum, i, n. *torchio.*
Premo, mis, ssi, ssum, **mĕre, A.** ***premere,*** *calcare.*
Prensatio, ōnis, f. *broglio.*
Presse, avv. *brevemente.*
Pressio, ōnis: pressūra, æ, f.: **pressus, us,** m. *pressione, premitura.*
Pretiōsus, a, um, add. *prezioso.*
Pretium, ii, n. *prezzo.*
Prex, cis, f. *preghiera.*
Pridem, avv. *poco fa, non è molto.*
Pridianus, a, um, add. *di ieri.*
Pridie, avv. *il giorno innanzi.*
Primævus, a, um, add. *giovinetto, primogenito.*
Primatus, us, m. *primato, maggioranza.*
Primipilus, i, m. *capo della prima centuria.*
Primitiæ, ārum, f. pl. *primizie.*
Primĭtus, avv. *la prima volta.*
Primo: primum, avv. *primieramente.*
Primogenĭtus, i, m. *primogenito.*
Primordia, ōrum, n. pl. *principii.*
Primoris, m. *e* f. e, n. is, add. *primo, anteriore.*
Primus, a, **um, add.** ***primo.***
Princeps, **ipis, c.** ***principe, capo, principale.***
Principalis, m. *e* f. e, n. add. *principale.*
Principatus, us, m. *principato.*

Principium, ii, n. *principio.*
Prior, m. *e* f. us, n. ōris, add. *anteriore.*
Priscus, a, um, add. *antico, vecchio.*
Pristinus, a, um, add. *primiero.*
Prius, avv. *prima, avanti.*
Private, privatim, avv. *privatamente.*
Privatio, ōnis, f. *privazione.*
Privatīvus, a, um, add. *privativo.*
Privatus, a, um, add. *privato, particolare.*
Privignus, i, m.: privigna, æ, f. *figliastro, figliastra.*
Privilegium, ii, n. *privilegio, legge.*
Privo, as, etc. A. *privare.*
Privus, a, um, add. *uno, singolare, particolare.*
Pro, prep. **coll' abl.** ***per, avanti, dinanzi,*** *secondo.*
Pro, proh! interj. *oh! oh!*
Proavus, i, m. *bisavolo.*
Probabĭlis, m. *e* f. e, n. add. *probabile.*
Probabilĭtas, ātis, f. *probabilità.*
Probabilĭter, avv. *probabilmente.*
Probatio, ōnis, f. *prova, approvazione.*
Probātor, ōris, m. *approvatore.*
Probe, avv. *bene, benissimo.*
Probĭtas, ātis, f. *bontà.*
Problema, ătis, n. *problema.*
Probo, as, etc. A. *provare, approvare.*
Proboscis, ĭdis, f. *proboscide, naso dell'elefante.*
Probrōsus, a, um, add. *vituperoso.*
Probrum, i, n. *vituperio.*
Probus, a, um, add. *probo,* ***buono, dabbene.***
Procacĭtas, ātis, f. *sfrontataggine.*
Procacĭter, avv. *insolentemente.*
Procax, ācis, c. *petulante, sfacciato.*
Procēdo, dis, ssi, ssum, dĕre, N. *andare innanzi.*
Procella, æ, f. *procella, tempesta.*
Procellōsus, a, um, add. *tempestoso.*
Procĕres, um, m. pl. *magnati, maggiorenti.*
Procerĭtas, ātis, f. *altezza, lunghezza.*
Procērus, a, um, add. *lungo, alto.*
Proci, ōrum, m. pl. *proci, quelli che ambiscono le nozze di alcuna donna.*
Procĭdo, is, ĭdi, ĕre, N. *cadere innanzi.*
Procinctus, us, m. *apparecchio.*
Proclamātor, ōris, m. *banditore.*
Proclāmo, as, etc. A. *gridare.*
Proclīvis, m. *e* f. e, n. add. *proclive, chino.*
Proclivĭtas, ātis, f. *propensione, pendio.*
Proclivĭter, avv. *facilmente.*
Proconsul, ŭlis, m. *proconsole.*
Procrastinatio, ōnis, f. *dilazione.*
Procrastino, as, etc. A. *prolungare, differire.*
Procreator, ōris, m. *genitore.*
Procreatrix, īcis, f. *genitrice.*
Procrĕo, as, etc. A. *generare.*
Procŭbo, as, ŭi, ĭtum, āre, **N.** ***coricarsi,*** *stendersi.*
Procūdo, dis, di, sum, dĕre, **A.** ***aguzzare,*** *coniare, battere.*
Procul, avv. *lungi, da lungi.*

Proculcatio, ōnis, f. *conculcamento.*
Procūlco, as, etc. A. *calpestare.*
Procūmbo, mbis, bŭi, bĭtum, **mbĕre**, N. *prostrarsi.*
Procuratio, ōnis, f. *procurazione, amministrazione.*
Procurator, ōris, m. *procuratore.*
Procuratrix, īcis, f. *procuratrice.*
Procūro, as, etc. A. *aver cura, governare.*
Procurro, rris, rri, *vel* curri, rsum, rrĕre, N. *correre innanzi.*
Procursator, ōris, m. *scorridore.*
Procursatio, ōnis, f. *scorsa, scorreria.*
Procursio, onis, f. *corsa, digressione.*
Procūrso, as, etc. N. *far una scorreria, scaramucciare.*
Procursus, us, m. *scorreria, scaramuccia.*
Procus, i, m. *pretendente.*
Prodĕo, is, ivi, *vel* ii, itum, ire, N. *uscir fuori, comparire.*
Prodige, avv. *prodigamente, profusamente.*
Prodigentia, æ, f. *prodigalità.*
Prodigiose: prodigialiter, avv. *prodigiosamente.*
Prodigiosus, a, um, add. *prodigioso.*
Prodigium, ii, n. *prodigio.*
Prodĭgo, igis, ēgi, actum, igĕre, A. *menare, cacciar fuori, scialacquare.*
Prodigus, a, um, add. *prodigo, scialacquatore.*
Proditio, ōnis, f. *tradimento, manifestazione, proroga, comparsa.*
Proditor, ōris, m. *traditore.*
Proditus, a, um, add. *tradito, pubblicato.*
Prodo, is, ĭdi, ĭtum, ĕre, A. *manifestare, tradire, scoprire.*
Prodrŏmus, i, m. *foriere, precursore.*
Prodūco, cis, xi, ctum, cĕre, A. *metter fuori, allungare, presentare, produrre, differire.*
Prœliaris, m. e f. e, n. add. *da battaglia.*
Prœliātor, ōris, m. *battagliere.*
Prœlior, aris, atus, ari, D. *far battaglia.*
Profāno, as, etc. A. *profanare.*
Profānus, a, um, add. *profano.*
Profatus, us, m. *il parlare.*
Profectio, ōnis, f. *partenza.*
Profecto, avv. *certamente, per verità.*
Profectus, us, m. *profitto:* — a, um, add. *partito.*
Profĕro, fers, tŭli, lātum, fĕrre, A. *portare, proferire, cavar fuori, dare.*
Professio, ōnis, f. *professione, istituto, censo.*
Profĕssor, ōris, m. *professore, maestro.*
Professus, a, um, add. *che ha professato.*
Profestus, a, um, add. *non festivo.*
Proficio, icis, ēci, ectum, icĕre, *fare profitto, giovare.*
Proficiscor, iciscĕris, ectus, icisci, D. *partire.*
Profitĕor, itĕris, essus, itēri, D. *professare, far professione.*
Proflatus, us, m. *soffio*, **vento**, — a, um, add. *liquefatto.*
Profligator, ōris, m. *scialacquatore.*
Profligo, as, etc. A. *abbattere.*
Proflo, as, etc. A. *soffiare.*
Profluens, ēntis, c. add. *corrente.*
Profluenter, avv. *speditamente*, **copiosamente.**
Profluentia, æ, f. *profluvio, corso.*
Proflŭo, is, xi, xum, uĕre, N. *scorrere.*
Profluvium, ii, n. *profluvio.*
Profugio, ugis, ugi, ugĕre, A. e **N.** ***fuggir lungi, scampare.***
Profugium, ii, n. *rifugio, ritiro.*
Profŭgus, a, um, add. *profugo, fuggitivo.*
Profundo, undis, ūdi, usum, undĕre, A. *spargere copiosamente.*
Profundum, i, n. *profondità.*
Profundus, a, um, add. *profondo.*
Profūse, avv. *prodigamente.*
Profusio, ōnis, f. *scialacquamento.*
Profūsus, a, um, add. *sparso in copia, prodigo.*
Progeneratio, ōnis, f. *generazione.*
Progenero, as, etc. N. *generare.*
Progenies, ēi, f. *progenie, stirpe.*
Progenitor, ōris, m. *avo, bisavolo.*
Progermino, as, etc. N. *germogliare.*
Progĭgno, ignis, enŭi, enitum, ignĕre, A. *generare, produrre.*
Prognātus, a, um, add. *nato, discendente.*
Prognostica, ōrum, n. pl.: prognosticum, i, n. *pronostico.*
Progredior, edĕris, essus, ĕdi, **D.** ***avanzarsi.***
Progrĕssus, us, m.: progressio, ōnis, f. *avanzamento, profitto.*
Prohibĕo, ibes, ibui, ibitum, **ibĕre, A.** *proibire, vietare.*
Prohibitio, ōnis, f. *proibizione.*
Prohibitorius, a, um, add. *proibitorio.*
Prohibitus, a, um, add. *proibito.*
Projectus, us, m. *estensione:* — a, um, add. *gettato innanzi, sdraiato.*
Projicio, icis, ēci, ectum, icĕre, A. *gettare, scagliare.*
Proinde, cong. *perciò:* **proinde ac**, *quasi che.*
Prolābor, **bĕris, psus, bi, D.** ***scorrere innanzi.***
Prolapsio, **ōnis, f.** ***caduta, sdrucciolamento.***
Prolāpsus, a, um, add. *caduto, trascorso.*
Prolatatio, ōnis, f. *ritardamento.*
Prolatio, ōnis, f. *estensione, dilazione.*
Prolāto, as, etc. A. *dilatare, differire.*
Prolātus, a, um, add. *prolungato, differito.*
Prolecto, as, etc. A. *lusingare.*
Proles, is, f. *prole.*
Prolĭbo, as, etc. A. *offerire, assaggiare.*
Prolixus, a, um, add. *lungo, prolisso.*
Prolŏgus, i, m. *prologo, proemio.*
Proloquium, ii, n. *proposizione, sentenza.*
Prolŏquor, oquĕris, ocūtus, ŏqui, D. *parlare, dire.*
Prolūdo, dis, si, sum, dĕre, N. *provarsi.*
Prolŭo, uis, ŭi, utum, uĕre, A. *lavare, bagnare.*
Prolusio, ōnis, f. *prolusione.*
Prolūtus, a, um, add. *lavato.*

Proluvies, ēi: proluvio, onis, f. *piena, crescenza d'acque.*

Promercālis, m. e f. e, n. add. *da vendere, venale.*

Promerĕo, ēres, erui, eritum, erēre, A.: promĕreor, erēris, eritus, erēri, D. *meritare.*

Promeritum, i, n. *merito, beneficio.*

Promĭnens, entis, c. add. *prominente.*

Promĭnentĭa, æ, f. *prominenza.*

Promĭnĕo, ines, inui, inēre, N. *sporgere in fuori.*

Promiscue, avv. *alla rinfusa.*

Promiscuus, a, um, add. *mescolato, confuso.*

Promissio, onis, f. *promessa.*

Promissor, oris, m. *promettitore.*

Promissum, i, n. *promessa.*

Promissus, a, um, add. *promesso.*

Promitto, ittis, isi, issum, ittĕre, A. *promettere, gettar lontano.*

Promo, is, psi, ptum, ĕre, A. *metter fuori, esporre.*

Promontorium, ii, n. *promontorio.*

Promotus, a, um, add. *promosso.*

Promovĕo, oves, ovi, otum, ovēre, A. *promuovere.*

Prompte, avv. *prontamente.*

Promptus, a, um, add. *pronto.*

Promulgatio, onis, f. *promulgazione.*

Promulgo, as, etc. A. *pubblicare.*

Promus, i, m. *dispensiere.*

Pronepos, otis, m.: proneptis, is, f. *pronipote.*

Pronomen, inis, n. *pronome.*

Pronubus, a, um, add. *che presiede alle nozze.*

Pronuntiatio, ōnis, f. *pronunzia.*

Pronuntiātor, oris, m. *narratore.*

Pronuntiātum, i, n. *proposizione.*

Pronuntio, as, etc. A. *pronunziare.*

Pronus, a, um, add. *prono, chino.*

Prooemium, ii, n. *proemio.*

Propagatio, onis, f. *propagazione.*

Propagātor, oris, m. *propagatore.*

Propāgo, as, etc. A. *propagare, propaginare.*

Propāgo, inis, f. *propaggine, razza.*

Propălam, avv. *apertamente.*

Propatulus, a, um, add. *aperto, pubblico.*

Prope, avv. quasi, prep. coll'acc. *appresso.*

Propediem, avv. *in breve, presto.*

Propello, ellis, uli, ulsum, ellĕre, A. *cacciar lontano.*

Propemŏdum, avv. *quasi.*

Propendeo, des, di, sum, dēre, N. *pendere, inclinare.*

Propensio, onis, f. *propensione, inclinazione.*

Propensus, a, um, add. *propenso, inclinato.*

Properanter: propere: properato, avv. *in fretta.*

Properantia, æ: properatio, onis, f. *fretta.*

Properātus, a, um, add. *fatto in fretta.*

Propero, as, etc. A. e N. *affrettarsi.*

Properus, a, um, add. *frettoloso.*

Propheta, æ, m. *profeta.*

Propinatio, onis, f. *brindisi, invito al bere.*

Propino, as, etc. A. *far brindisi, dare a bere.*

Propinque, avv. *da vicino.*

Propinquitas, atis, f. *vicinanza, parentela.*

Propinquo, as, etc. A. e N. *avvicinarsi.*

Propinquus, a, um, add. *vicino, parente.*

Propior, m. e f. ius, n. ioris, add. *più vicino.*

Propitiatio, onis, f. *sacrifizio.*

Propitius, a, um, add. *propizio.*

Propius, avv. *più da vicino.*

Propōla, æ, m. *rigattiere.*

Propono, nis, sui, situm, nĕre, A. *proporre, esporre, stabilire.*

Proportio, onis, f. *proporzione.*

Propositio, onis, f. *proposizione.*

Propositum, i, n. *proposito, intenzione.*

Propositus, a, um, add. *proposto, prefisso.*

Proprætor, oris, m. *vicepretore.*

Proprie, avv. *propriamente.*

Proprietas, atis, f. *proprietà, natura.*

Proprius, a, um, add. *proprio, particolare.*

Propter, prep. coll'accus. *appresso, vicino, per cagione.*

Propterea, cong. *per questo.*

Propugnaculum, i, n. *bastione, riparo.*

Propugnatio, onis, f. *difesa, protezione.*

Propugnātor, oris, m. *difensore.*

Propugno, as, etc. N. *combattere in difesa, difendere.*

Propŭli. V. Propello.

Propulsatio, onis, f. *ributtamento.*

Propŭlso, as, etc. A. *respingere.*

Propulsus, a, um, add. *respinto.*

Prora, æ, f. *prora, la parte anteriore della nave.*

Prorepo, is, si, tum, ĕre, N. *rampicarsi, uscire fuori.*

Proripio, ipis, ipui, eptum, ipĕre, A. *rapire, tirar fuori.*

Prorogatio, onis, f. *proroga.*

Prorŏgo, as, etc. A. *prorogare, differire.*

Prorsus, prorsum, avv. *direttamente, del tutto.*

Prorumpo, mpis, pi, ptum, mpĕre, A. e N. *prorompere.*

Proruo, uis, ui, utum, uĕre, A. *rovesciare.*

Prosa, æ, f. *prosa.*

Prosaicus, a, um, add. *prosaico.*

Prosapia, æ, f. *prosapia.*

Proscenium, ii, n. *proscenio.*

Proscindo, ndis, di, ssum, ndĕre, A. *fendere.*

Proscissio, onis, f. *il rompere la terra, il fendere.*

Proscribo, bis, psi, ptum, bĕre, A. *proscrivere, bandire, confiscare, pubblicare in iscritto.*

Proscriptio, onis, f. *proscrizione, confiscazione.*

Proscriptor, oris, m. *proscrittore, chi confisca.*

Proseco, as, ui, tum, are, A. *tagliare.*

Prosectus, a, um, add. *tagliato.*

Prosequor, equeris, equutus, equi, D. *proseguire, seguitare, accompagnare.*

Prosilio, ilis, ilui, *vel* ilivi, *vel* ilii, ultum, ilire, N. *saltar fuori.*
Prospecto, as, etc. A. *mirare di lontano, guardare.*
Prospectus, us, m. *veduta, vista.*
Prosper, era, erum, add. *felice, prospero.*
Prospere, avv. *felicemente.*
Prosperitas, atis. f. *prosperità.*
Prosperus, a, um, add. *favorevole.*
Prospicio, icis, exi, ectum, icĕre, A. *vedere, prevedere, provvedere.*
Prospicuus, a, um, add. *che si vede da lontano.*
Prosterno, ernis, ravi, atum, ernĕre, A. *gettare a terra, sottoporre.*
Prostituo, uis, ui, utum, uĕre, A. *prostituire, diffamare.*
Prosto, as, iti, itum, are, N. *essere in vendita.*
Prostratus, a, um, add. *atterrato.*
Prosum, des, fui, desse, N. *giovare.*
Protego, gis, xi, ctum, gĕre, A. *proteggere.*
Protendo, dis, di, sum, *vel* tum, dĕre, A. *stendere innanzi.*
Protero, eris, rivi, ritum, erĕre, A. *calpestare, metter sotto i piedi.*
Proterreo, es, ui itum, ĕre, A. *discacciare spaventando.*
Proterve, avv. *sfacciatamente.*
Protervitas, atis, f. *sfacciataggine.*
Protervus, a, um, add. *sfacciato.*
Protestor, aris, atus, ari, D. *protestare, esser testimonio.*
Protinus, avv. *tosto, subito.*
Protraho, ahis, axi, actum, ahĕre, A. *protrarre, differire.*
Protrudo, udis, usi, usum, udĕre, A. *spingere innanzi.*
Proturbo, as, etc. A. *scacciare.*
Proveho, ehis, exi, ectum, ehĕre, A. *portare, condurre oltre.*
Provenio, enis, eni, entum, enire, N. *provenire, nascere, accadere.*
Proventus, us, m. *entrata.*
Proverbium, ii, n. *proverbio.*
Provide, avv. *provvidamente.*
Providenter, avv. *provvidentemente.*
Prout, cong. *secondochè.*
Providentia, æ, f. *provvidenza, antivedimento.*
Provideo, ides, idi, isum, idĕre, A. *provvedere, prevedere, schivare.*
Providus, a, um, add. *prudente.*
Provincia, æ, f. *provincia.*
Provincialis, m. e f. e, n. add. *provinciale, di provincia.*
Provisio, onis, f. *provvisione, previsione.*
Provisor, oris, m. *antivedìtore, provveditore.*
Provisus, a, um, add. *provveduto, preveduto.*
Provocatio, onis, f. *provocazione, disfida, appello.*
Provoco, as, etc. A. *provocare, sfidare, appellare.*
Provolo, as, etc. N. *volare oltre.*
Provolvo, vis, vi, utum, vĕre, A. *rivoltare.*
Provolutus, a, um, add. *caduto voltoloni, prostrato.*
Proxeneta, æ, m. *mezzano, sensale.*
Proxime, avv. *prossimamente.*
Proximitas, atis, f. *vicinanza, somiglianza.*
Proximo, as, etc. N. *avvicinarsi.*
Proximus, a, um, add. *prossimo.*
Prudens, entis, c. add. *prudente.*
Prudenter, avv. *prudentemente.*
Prudentia, æ, f. *prudenza.*
Pruina, æ, f. *brina, brinata.*
Pruinosus, a, um, add. *abbondante di brina.*
Pruna, æ, f. *bracia.*
Prunum, i, n. *susina, prugna.*
Prunus, i, f. *prugno, susino.*
Prurigo, inis, f. *prurito, pizzicore.*
Prurio, is, ivi, itum, ire, N. *aver prurito.*
Pruritus, us, m. *prurito, pizzicore.*
Psallo, is, i, ĕre, N. *sonare, cantare.*
Psalterium, ii, n. *salterio.*
Psaltes, æ: psaltrius, ii, m.: psaltria, æ, f. *chi suona o canta.*
Psittacus, i, m. *pappagallo.*
Psora, æ, f. *rogna.*
Pubertas, atis, f. *pubertà.*
Puber: pubes, eris, c. *chi è nella pubertà.*
Pubesco, is, ĕre, N. *cominciare ad essere nella pubertà.*
Publicana, æ, f. *gabelliera.*
Publicanus, i, m. *gabelliere.*
Publicatio, onis, f. *pubblicazione, confiscazione.*
Publice, avv. *pubblicamente.*
Publico, as, etc. A. *pubblicare, confiscare.*
Publicus, a, um, add. *pubblico, comune.*
Pudendus, a, um, add. *vergognoso.*
Pudens, entis, c. add. *modesto, verecondo.*
Pudenter, avv. *vergognosamente, con modestia.*
Pudeo, es, ui, itum, ĕre, N.: pudet, ebat, uit, *vel* itum, ĕre, imp. *vergognarsi.*
Pudibundus, a, um, add. *vergognoso.*
Pudice, avv. *pudicamente.*
Pudicitia, æ, f. *pudicizia.*
Pudicus, a, um, add. *pudico, casto.*
Pudor, oris, m. *rossore, pudore.*
Puella, æ, f. *fanciulla.*
Puellariter, avv. *da fanciulla.*
Puellula, æ, f. *fanciulletta.*
Puellus: puerulus, i, m. *fanciulletto.*
Puer, eri, m. *fanciullo.*
Puerilis, m. e f. e, n. add. *puerile.*
Puerilitas, atis, f. *puerilità.*
Pueriliter, avv. *puerilmente.*
Puerilia, æ, f. *puerizia.*
Puerpera, æ, f. *donna di parto.*
Puerperium, ii, n. *tempo del parto, puerperio.*
Puerulus. V. Puellus.
Pugil, ilis, m. *pugillatore, atleta.*
Pugilatio, onis, f.: pugilatus, us, m. *pugillata, pugilato, giuoco di pugni.*
Pugillares, ium, m. pl. *tavolette da scrivere biglietti.*
Pugillus, i, m. *pugnetto, pizzico.*

Pugio, ōnis, m. *pugnale.*
Pugiuncŭlus, i, m. *pugnaletto.*
Pugna, æ, f. *zuffa.*
Pugnacĭter : pugnanter, avv. *pugnacemente.*
Pugnātor, ōris, m. *combattente.*
Pugnax, ācis, c. add. *bellicoso.*
Pugno, as, etc. N. *combattere.*
Pugnus, i, m. *pugno.*
Pulcher, ra, rum, add. *bello.*
Pulchre, avv. *eccellentemente, bene.*
Pulchritūdo, inis, f. *bellezza.*
Pulex, icis, m. *pulce.*
Pulicōsus, a, um, add. *pieno di pulci.*
Pullāstra, æ, f. *pollastra.*
Pullatio, ōnis, f. *covata.*
Pullātus, a, um, add. *vestito a bruno.*
Pullŭlo, as, etc. N. *germogliare, pullulare.*
Pullus, i, m. *pollo : —* equinus, *polledro : —* gallinacĕus, *pulcino.*
Pullus, a, um, add. *di colore oscuro.*
Pulmentarium, ii, n. *torta, pietanza.*
Pulmentarius, ii, m. *torta.*
Pulmentum, i, n. *minestra, cibo.*
Pulmo, ōnis, m. *polmone.*
Pulmonĕus, a, um, add. *polmonare.*
Pulpa, æ, f. *polpa.*
Pulpamentum, i, n. *intingolo, polpetta.*
Pulpitum, i, n. *pulpito, palco.*
Puls, tis, f. *polenta, minestra.*
Pulsatio, ōnis, f. *pulsazione.*
Pulsātor, ōris, m. *suonatore di cetera.*
Pulso, as, etc. A. *percuotere, sonare.*
Pulsus, a, um, add. *urtato, spinto, cacciato.*
Pulverĕus, a, um, add. *di polvere.*
Pulverulentus, a, um, add. *polveroso.*
Pulvillus : pulvinŭlus, i, m. *guancialetto.*
Pulvinar, āris, n. : pulvinus, i, m. *guanciale, piumaccio.*
Pulvis, eris, m. e f. *polvere :* **pulvis bellicus,** *polvere d'archibuso.*
Pulviscŭlus, i, m. *polvere finissima.*
Pumex, icis, m. e f. *pomice.*
Pumicĕus, a, um, add. *di pomice.*
Pumilio, ōnis : pumilus, i, m. *pigmeo.*
Punctim, avv. *di punta, di stoccata.*
Punctio, ōnis, f. : punctus, us, m. *puntura.*
Punctiuncŭla, æ, f. *piccola puntura.*
Punctŭlum, i, n. *puntino.*
Punctum, i, n. *puntura, punto.*
Punctus, a, um, add. *punto.*
Pungo, ngis, pupugi, nctum, **ngĕre,** A. *pungere.*
Punicum malum, i, n. *melagranata.*
Punica malus, i, f. *melagrana.*
Punicĕus, a, um, add. *rosseggiante.*
Punio, is, īvi, ītum, īre, A. : punior, īris, ītus, iri, D. *punire.*
Punitio, ōnis, f. *punizione.*
Punitor, ōris, m. *punitore.*
Pupa, æ, f. *fanciulla, bambola.*
Pupilla, æ, f. *pupilla.*
Pupillāris, m. e f. e, n. add. *pupillare.*
Pupillus, i, m. *pupillo, fanciullino.*
Puppis, is, f. *poppa.*
Pupugi. V. Pungo.

Pupŭla, æ, f. *pupilletta, pupilla degli occhi.*
Pupŭlus, i, m. *bambolino.*
Pupus, i, m. *bambino.*
Pure : pariter, avv. *puramente.*
Purgabilis, m. e f. e, n. add. *che facilmente si purga.*
Purgamen, inis : **purgamentum, i, n.** *immondezze.*
Purgatio, ōnis, f. *purga, scusa.*
Purgo, as, etc. A. *purgare, scusare.*
Purificatio, ōnis, f. *purificazione.*
Purifico, as, etc. A. *purificare, espiare.*
Purĭtas, ātis, f. *purità.*
Purpŭra, æ, f. *porpora.*
Purpurātus, a, um, add. *porporato, vestito di porpora.*
Purpurĕus, a, um, add. *porporino, purpureo.*
Purulentus, a, um, add. *marcio.*
Purus, a, um, add. *puro, mondo, schietto.*
Pus, puris, n. *marcia.*
Pusillum, avv. *un pochettino.*
Pusillus, a, um, add. *piccolino.*
Pusio, ōnis, m. *fanciullo.*
Pustŭla, æ, f. *pustula.*
Pustulātus : pusulātus, a, um, add. *pieno di pustole.*
Putamen, inis, n. *guscio, scorza.*
Putatio, ōnis, f. *potagione, stima, computo.*
Putatīvus, a, um, add. *putativo.*
Putātor, ōris, m. *potatore.*
Putĕal, ālis, n. *coperchio del pozzo.*
Puteālis, m. e f. e, n. add. *di pozzo.*
Putĕo, es, ui, ēre : putesco, is, escĕre, N. *puzzare.*
Putĕus, ei, m. *pozzo.*
Putide, avv. *affettatamente, spiacevolmente.*
Putidus : putidŭlus, a, um, add. *puzzolente, affettato.*
Puto, as, etc. A. ***potare, stimare, considerare.***
Putredo, inis, f. *putredine.*
Putrefactus, a, um, add. *putrefatto.*
Putrĕo, es, ui, ēre, N. *esser putrido.*
Putresco, is, ĕre, N. *putrefarsi.*
Putridus, a, um : putris, m. e f. e, n. : puter, tris, re, add. *putrido, fracido.*
Pycta : pyctes, æ, m. *atleta.*
Pyra, æ, f. *rogo.*
Pyramidātus, a, **um, add.** ***fatto a piramide.***
Pyramis, idis, f. *piramide.*
Pyrites, æ, m. *pietra focaia.*
Pyrōpus, i, m. *piropo* (pietra preziosa).
Pyrrhica, æ, f. *moresca, danza guerriera.*
Pyxis, idis, pyxidŭla, æ, f. *pisside, bussolotto, cassetta.*

Q

Qua, avv. *per dove.*
Quacūmque, avv. *per qualunque parte.*
Quadra, æ, f. *un quadrato, mensa, pezzo.*
Quadragenarius, a, um, add. *quadragenario.*

Quadrageni, æ, a, add. *a quaranta a quaranta.*
Quadragesimus, a, um, add. *quarantesimo.*
Quadragies, avv. *quaranta volte.*
Quadraginta, add. indecl. *quaranta.*
Quadrangulus, a, um, add. *quadrangolare.*
Quadrans, antis, m. *quadrante, un quarto.*
Quadratio, ōnis, f. *quadratura.*
Quadrātum, i, n. *quadrato.*
Quadrātus, a, um, add. *quadrato.*
Quadriennis, m. e f. e, n. add. *quadrienne, di quattro anni.*
Quadriennium, ii, n. *quadriennio, spazio di quattro anni.*
Quadrifariam, avv. *in quattro parti.*
Quadrifidus, a, um, add. *fesso in quattro parti.*
Quadrigæ, ārum, f. pl. *cocchio a quattro cavalli.*
Quadrigarius, ii, m. *cocchiere.*
Quadrijugus, a, um, add. *tirato da quattro cavalli.*
Quadrimulus : quadrimus, a, um, add. *di quattro anni.*
Quadringenti, æ, a, add. *a quattro cento.*
Quadringentesimus, a, um, add. *quattrocentesimo.*
Quadringenties, avv. *quattrocento volte.*
Quadripartitus, a, um, add. *diviso in quattro parti.*
Quadriremis, is, f. *galera a quattro ordini di remi.*
Quadrivium, ii, n. *quadrivio.*
Quadro, as, etc. A. *squadrare, quadrare.*
Quadrum, i, n. *quadro.*
Quadrupes, ĕdis, c. add. *quadrupede.*
Quadruplator, ōris, m. *spia, accusatore pubblico.*
Quadruplex, ĭcis, c. add. *quadruplice.*
Quadruplicatio, ōnis, f. *quadruplicazione.*
Quadruplico, as, etc. A. *quadruplicare.*
Quadruplus, a, um, add. *quadruplo.*
Quæritio, as, etc. A. *cercare spesso, guadagnare.*
Quæro, ris, sivi, situm, rĕre, A. *cercare, dimandare.*
Quæsitio, ōnis, f. *cercamento, richiesta.*
Quæsitor, ōris, m. *cercatore, giudice criminale.*
Quæsitum, i, n. *questia, domanda.*
Quæsitus, a, um, add. *cercato, esquisito.*
Quæso, is, ivi, vel ii, itum, ĕre, A. *cercare, richiedere.*
Quæso, sig. : **quæsŭmus, pl.** avv. *di grazia.*
Quæstio, ōnis, f. *questione.*
Quæstiuncŭla, æ, f. *questioncella.*
Quæstor, ōris, m. *tesoriere, questore.*
Quæstorius, a, um, add. *di questore.*
Quæstuarius, a, um, add. *mercenario.*
Quæstuōse, avv. *con guadagno.*
Quæstuōsus, a, um, add. *guadagnoso, utile.*
Quæstūra, æ, f. *questura.*

Quæstus, us, m. *guadagno.*
Qualibet, avv. *per qualunque luogo.*
Qualis, m. e f. e, n. add. *quale:* qualiscumque, *qualunque.*
Qualitas, ātis, f. *qualità.*
Qualiter, avv. *come, qualmente.*
Qualus, i, m. *cesta, corba.*
Quam, cong. *che, di quello che, quanto.*
Quamdiu, avv. *quanto tempo.*
Quamlibet, cong. *per quanto.*
Quamobrem, cong. *per la qual cosa, il perchè.*
Quamplūres : quamplurimus, a, um, add. *moltissimi.*
Quampridem, avv. *quanto tempo prima.*
Quamprimum, avv. *quanto prima.*
Quamquam, quamvis, cong. *benchè, sebbene.*
Quandiu, avv. *per quanto tempo.*
Quando, cong. *quando, giacchè.*
Quandocumque, avv. *in qualunque tempo.*
Quandoque, avv. *una volta, alle volte.*
Quandoquidem, cong. *giacchè.*
Quantillum, avv. *quanto poco.*
Quantillus, a, um, add. *quanto piccolo.*
Quantisper, avv. *per quanto tempo.*
Quantitas, ātis, f. *quantità.*
Quanto, avv. *quanto.*
Quantocius, avv. *quanto più presto si può.*
Quantopĕre, avv. *quanto.*
Quantulus, a, um, add. *quanto piccolo, quanto poco.*
Quantuluscumque, acumque, umcumque, add. *per quanto piccolo, o poco che sia.*
Quantum, avv. *quanto :* — i, n. *quanto.*
Quantumvis, cong. *quanto tu vuoi.*
Quantus, a, um, add. *quanto grande.*
Quantuscumque, acumque, umcumque, *quanto grande si è.*
Quantuslibet, alibet, umlibet, add. *quanto grande tu vuoi.*
Quantusvis, avis, **umvis,** add. ***grande*** *quanto tu vuoi.*
Quapropter, cong. *per la qual cosa.*
Quaque, avv. *in qualunque parte :* — versus, avv. *da qualunque parte.*
Quare, cong. *perchè, per qual ragione.*
Quartana, æ, f. *febbre quartana.*
Quarto, avv. *in quarto luogo.*
Quartum, avv. *la quarta volta.*
Quartus, a, um, add. *quarto.*
Quartusdecimus, a, um, add. *quattordicesimo.*
Quasi, cong. *come se, quasi.*
Quasillus, i, m. : quasillum, i, n. *canestrino.*
Quassio, as, etc. A. ***rompere, sbattere, scuotere.***
Quassus, a, um, add. *rotto, smosso.*
Quatĕnus, avv. *sino a quanto, sin dove, in quanto.*
Quater, avv. *quattro volte.*
Quaterni, æ, a, add. *a quattro a quattro.*
Quatio, is, ĕre, A. *scuotere, dimenare.*
Quatriduum, i, n. *spazio di quattro giorni.*
Quatuor, add. indecl. *quattro.*

Quatuordecies, avv. *quattordici volte.*
Quatuordecim. avv. *quattordici.*
Quemadmodum, cong. *come, siccome.*
Queo, is, ivi, itum, ire, N. *potere.*
Quercus, us, f. *quercia.*
Querela : querimonia, æ, f. *lamento, querela.*
Queribundus, a, um, add. *querulosο.*
Quernus : querneus, a, um, add. *di quercia.*
Queror, reris, stus, ri, D. *lagnarsi.*
Querulus. V. Queribundus.
Questus, us, m. *lamento* : — a, um, add. *che si lamenta.*
Qui, quæ, quod. pron. *il quale, la quale.*
Qui? avv. *come? in qual modo?*
Quia : quod, cong. *perchè.*
Quicumque, quæcumque, quodcumque, add. *chiunque, checchessia.*
Quid? *che cosa? qual cosa?*
Quidam, quædam, quoddam, *vel* quiddam, add. *un certo, alcuno.*
Quidem. cong. *pure, per verità.*
Quidni? avv. *perchè no?*
Quidquid. V. Quisquis.
Quies, ētis, f. *quiete, riposo.*
Quiesco, ēscis, ēvi, ētum, scĕre, N. *riposare.*
Quiētus, a, um. add. *quieto, tranquillo.*
Quilibet, quælibet, quodlibet, *vel* quidlibet, add. *qualsivoglia.*
Quin, avv. *perchè non? anzichè non, che non.*
Quinam, quænam, quodnam, *vel* quidnam, add. *checchessia, qualsiasi.*
Quinarius, a, um, add. *quinario, di cinque.*
Quindecies, avv. *quindici volte.*
Quindecim, add. indecl. *quindici.*
Quindeni, æ, a, add. *a quindici a quindici.*
Quingeni : quingenti, æ, a, add. *cinquecento.*
Quingentesimus, a, um, add. *cinquecentesimo.*
Quingenties, avv. *cinquecento volte.*
Quini, æ, a. add. *a cinque a cinque.*
Quinimo, cong. *anzi.*
Quinquagenarius, a, um, add. *di cinquanta.*
Quinquageni, æ, a, add. *a cinquanta a cinquanta.*
Quinquagesimus, a, um, add. *cinquantesimo.*
Quinquagies, avv. *cinquanta volte.*
Quinquaginta, add. indecl. *cinquanta.*
Quinque, add. indecl. *cinque.*
Quinquennis, m. e f. e, n. add. *di cinque anni.*
Quinquennium, ii, n. *quinquennio.*
Quinquerēmis, is, f. *galera di cinque ordini di remi.*
Quinquies, avv. *cinque volte.*
Quintilis, is, m. *Luglio.*
Quintum : quinto, *in quinta volta.*
Quintus, a, um, add. *quinto.*
Quintusdecimus, a, um, add. *quindicesimo.*
Quippe, cong. *essendo che, come, certamente.*
Quis, quæ, quod, *vel* quid? *chi? qual'è? qual cosa?*
Quisnam, *vel* quinam, quænam, quodnam, *vel* quidnam? add. *chi? chi mai? quale mai?*
Quispiam, quæpiam, quodpiam, *vel* quidpiam : quisquam, etc. *alcuno.*
Quisque, quæque, quodque, *vel* quidque, add. *alcuno, ciascuno.*
Quisquiliæ, ārum, f. pl. *mondiglia.*
Quisquis, quæque, quicquid, *vel* quidquid, add. *qualunque, chiunque.*
Quivis, quævis, quodvis, *vel* quidvis, add. *chiunque, qualunque.*
Quo, avv. *dove, a qual fine, a qual luogo.*
Quoad : quoadusque, avv. *sino che.*
Quocirca, cong. *per la qual cosa.*
Quocumque, avv. *dovunque.*
Quod, avv. *quanto a, il che,* cong. *perchè.*
Quodammŏdo, avv. *in certo modo.*
Quolibet, avv. *verso qual luogo ti piace.*
Quominus, cong. *sicchè non, che non.*
Quomŏdo, avv. *come, in che modo.*
Quomodocumque, avv. *in qualunque modo.*
Quonam? avv. *in qual luogo?*
Quondam, avv. *tempo fa, una volta.*
Quoniam, cong. *poichè.*
Quoque, cong. *ancora, eziandio.*
Quoquo, avv. *in qualunque luogo.*
Quoquo versus, avv. *verso ogni parte.*
Quorsum : quorsus, avv. *verso che luogo.*
Quot, add. pl. indecl. *quanti.*
Quotannis, avv. *ogni anno.*
Quotidianus, a, um, add. *quotidiano.*
Quotidie, avv. *ogni dì.*
Quotiens, ēntis, m. *quoziente.*
Quoties, avv. *quante volte.*
Quotiescumque, avv. *ogni qual volta che.*
Quotquot, add. pl. indecl. *quanti.*
Quotus, a, um, add. *quanto, di che ordine, di che numero* : hora quota est? *che ora è?*
Quotuscumque, ăcumque, umcumque, add. *qualunque si sia d'un numero.*
Quotusquisque, aquæque, umquodque, add. *quanto pochi*
Quovis : quoviscumque, avv. *in qualsivoglia luogo.*
Quousque, avv. *fino a quando.*

R

Rabbinus, i, m. *rabbino.*
Rabide : rabidse, avv. *rabbiosamente.*
Rabidus : rabiosus, a, um, add. *rabbioso.*
Rabies, ei, f. *rabbia, ira.*
Rabŭla, æ, m. *avvocatastro, ciarlone.*
Racemifer, ĕra, ĕrum, add. *che produce grappoli.*
Racēmus, i, m. *grappolo.*
Radians, antis, c. add. *raggiante.*
Radiatio, ōnis, f. *irraggiamento.*
Radiatus, a, um, add. *cinto di raggi.*
Radicitus, avv. *radicalmente.*
Radicor, aris, ātus, āri, D. *radicarsi.*

Radicōsus, a, um, add. *che ha molte radici.*
Radicŭla, æ, f. *radicella.*
Radio, as, etc. N. *raggiare.*
Radiŏlus, i, m. *piccola oliva bislunga.*
Radiōsus, a, um, add. *raggiante.*
Radius, ii, m. *verga, spola, raggio.*
Radix, īcis, f. *radice.*
Rado, dis, si, sum, dĕre, A. *radere.*
Radŭla, æ, f. *radimadia, raschiatoio.*
Ramentum, i, n. *raschiatura.*
Ramĕus, a, um, add. *di ramo.*
Ramex, ĭcis, m. *pertica, ernia.*
Ramōsus, a, um, add. *ramoruto, ramoso.*
Ramŭlus, i : ramuscŭlus, i, m. *ramicello.*
Ramus, i, m. *ramo.*
Rana, æ, f. *rana.*
Rancidŭlus, a, um, add. *rancidetto.*
Rancĭdus, a, um, add. *rancido.*
Rancŏr, ōris, m. *rancidume.*
Ranuncŭlus, i, m. *ranuncolo.*
Rapa, æ. V. Rapum.
Rapacĭtas, ātis, f. *rapacità.*
Rapax, ācis, c. add. *rapace.*
Raphănus, i, m. *ramolaccio.*
Rapĭde, avv. *velocemente.*
Rapidĭtas, atis, f. *rapidità.*
Rapĭdus, a, um, add. *veloce, presto.*
Rapina, æ, f. *rapina.*
Rapio, is, ŭi, tum, ĕre, A. **pigliare con** *forza.*
Raptim, avv. *in fretta, con rapina.*
Rapto, as, etc. A. *strascinare.*
Raptor, ōris, m. *rapitore.*
Raptus, us, m. : raptio, ōnis : raptūra, æ, f. *rapimento, ratto.*
Raptus, a, um, add. *rapito.*
Rapum, i, n. *rapa.*
Rarefacio, ācis, ēci, actum, acĕre, A. *diradare.*
Rarefactus, a, um, add. *rarefatto.*
Raresco, is, ĕre, N. *rarefarsi.*
Rarĭtas, ātis, f. *rarità, rarezza.*
Raro, avv. *di rado.*
Rarus, a, um, add. *raro.*
Rasilis, m. e f. e, n. add. *che si può radere, liscio.*
Rastellus, i, m. *sarchiello.*
Rastrum, i, n. *rastro, rastrello.*
Ratio, ōnis, f. *ragione, maniera.*
Ratiocinatio, ōnis, f. *raziocinio, discorso.*
Ratiocinātor, ōris, m. *computista.*
Ratiocinium, ii, n. *conto, conteggio, raziocinio.*
Ratiocĭnor, āris, ātus, āri, D. *raziocinare, far conti.*
Rationabilis, m. e f. e, n. add. *ragionevole.*
Rationabilĭter, avv. *ragionevolmente.*
Rationalis, m. e f. e, n. add. *ragionevole.*
Rationalĭter, avv. *ragionevolmente.*
Rationarium, ii, n. *registro, libro de' conti.*
Ratis, is, f. *zatta, fodero, nave.*
Ratiuncŭla, æ, f. *ragioncella.*
Ratus, a, um, add. *stabile, approvato, fermo, fisso, costante,* particip. di reor, *pensando.*
Raucĭtas, ātis, f. *raucedine.*
Raucus, a, um, add. *roco, fioco.*
Ravis, is, f. *raucedine.*
Ravus : ravidus, a, um, add. *di color leonato, scuro, o torbo.*
Rea, æ, f. *rea.*
Reædifico, as, etc. A. *riedificare.*
Reapse, avv. *realmente.*
Rebellatio : rebellio, ōnis, f. *ribellione.*
Rebellis, m. e f. e, n. add. *ribelle.*
Rebello, as, etc. N. *ribellarsi.*
Rebŏo, as, etc. N. *rimbombare.*
Recalcĭtro, as, etc. N. *ricalcitrare.*
Recalco, as, etc. A. *ricalcare.*
Recalĕo, ēs, alui, alēre : recalesco, is, ere, N. *riscaldarsi, scaldarsi di nuovo.*
Recandĕo, andes, andui, andēre : recandesco, is, ĕre, N. *riaccendersi, rimbianchirsi.*
Recanto, as, etc. A. *ricantare, disdirsi.*
Recēdo, dis, ssi, ssum, dĕre, N. *ritirarsi.*
Recens, entis, c. add. *recente, fresco.*
Recensĕo, es, ŭi, itum, ēre, A. *riconoscere, rassegnare.*
Recensio, ōnis, f. *rassegna.*
Recensitus : recensus, a, um, add. *rassegnato.*
Recenter, avv. *recentemente.*
Recentiōres, ōrum, m. pl. *i moderni.*
Receptacŭlum, i, n. *ricetto.*
Receptacŭla, ōrum, n. pl. *ridotti.*
Receptio, ōnis, f. *ricevimento.*
Recepto, as, etc. A. *ricettare, ricoverare, accogliere.*
Receptor : receptātor, ōris, m. *ricettatore.*
Receptrix, īcis, f. *ricettatrice.*
Receptum, i, n. *promessa.*
Receptus, us, m. *ritiro;* — a, um, add. *ricevuto.*
Recessio, ōnis, f. : recessus, us, m. *ritiramento.*
Recidīvus, a, um, add. *recidivo.*
Recīdo, īdis, di, isum, dĕre, A. **recidere,** *tagliare.*
Recĭdo, ĭdis, ĭdi, asum, idĕre, N. *ricadere.*
Recinctus, a, um, add. *sciolto, slegato.*
Recino, is, ŭi, ĕre, N. *ricantare, ridire.*
Recipio, ĭpis, ēpi, eptum, ipĕre, A. *ricettare, ripigliare, contenere, promettere.*
Reciprŏco, as, etc. A. *rivolgere, muovere, mandare innanzi e indietro, dipendere scambievolmente.*
Reciprŏcus, a, um, add. *reciproco, che va e viene.*
Recisio, ōnis, f. *taglio.*
Recisus, a, um, add. *tagliato.*
Recitatio, ōnis, f. *recita.*
Recitātor, ōris, m. *recitatore.*
Recito, as, etc. A. *recitare.*
Reclamatio, ōnis, f. *grido replicato, contraddizione.*
Reclamito : reclāmo, as, etc. A. *reclamare, contraddire gridando.*
Reclinis, m. e f. e, n. add. *inclinato, coricato.*

Reclūdo, dis, si, sum, dĕre, A. *aprire, schiudere.*
Reclūsus, a, um, add. *disserrato.*
Recōgĭto, as, etc. A. *ripensare.*
Recognĭtĭo, ōnis, f. *ricognizione, riconoscimento.*
Recognĭtus, a, um, add. *riconosciuto.*
Recognosco, ōscis, ōvi, ĭtum, oscĕre, A. *riconoscere.*
Recollĭgo, ĭgis, ēgi, ēctum, igĕre, A. *raccogliere, adunare.*
Recŏlo, ŏlis, olŭi, ŭltum, olĕre, A. *ricoltivare, rinnovare.*
Reconcĭlĭatĭo, ōnis, f. *riconciliazione.*
Reconcĭlĭātor, ōris, m. *riconciliatore.*
Reconcĭlĭo, as, etc. A. *riconciliare.*
Reconcinno, as, etc. A. *rifare, racconciare.*
Recondidi. V. Recondo.
Recondĭtus, a, um, add. *recondito, riposto.*
Recondo, is, ĭdi, ĭtum, ĕre, A. *riporre, nascondere.*
Recŏquo, ŏquis, ōxi, ŏctum, oquĕre, A. *ricuocere.*
Recordatĭo, ōnis, f. *ricordo, ricordanza.*
Recordor, āris, ātus, āri, D. *ricordarsi.*
Recreatĭo, ōnis, f. *ricreazione.*
Recrĕo, as, etc. A. *riprodurre, ricreare.*
Recrudēsco, ēscis, ŭi, escĕre, N. *innasprirsi, incrudirsi.*
Recta, avv. *dirittamente.*
Recte, avv. *rettamente.*
Rectĭo, ōnis, f. *governo, reggimento.*
Rector, ōris, m. *reggitore, rettore.*
Rectrix, īcis, f. *reggitrice.*
Rectum, i, n. *il giusto, l'onesto.*
Rectus, a, um, add. *retto, giusto.*
Recŭbo, as, ŭi, ĭtum, āre, A. *ricoricarsi.*
Recucurri. V. Recurro.
Recūdo, ūdis, ūdi, ūsum, udĕre, A. *ribattere.*
Recŭla, æ, f. *cosarella.*
Recŭmbo, mbis, bŭi, ĭtum, mbĕre, N. *giacere.*
Recuperatĭo, ōnis, f. *ricuperazione.*
Recuperātor, ōris, m. *ricuperatore.*
Recupĕro, as, etc. A. *ricuperare, riscattare.*
Recŭrro, rris, rri, *vel* curri, rsum, rrĕre N. *ricorrere, correr di nuovo.*
Recurso, as, etc. N. *correre innanzi e indietro.*
Recursus, us, m. *ritorno.*
Recurvo, as, etc. A. *curvare, torcere.*
Recurvus, a, um, add. *ricurvo.*
Recusatĭo, ōnis, f. *rifiuto.*
Recūso, as, etc. A. *ricusare, rifiutare.*
Redactus, a, um, add. *ridotto.*
Redămo, as, etc. A. *riamare.*
Redargŭo, ŭis, ŭi, ūtum, uĕre, A. *riprendere.*
Reddidi. V. Reddo.
Redditĭo, ōnis, f. *restituzione.*
Reddo, is, ĭdi, ĭtum, ĕre. A. *restituire.*
Redemptĭo, ōnis, f. *redenzione, compera, appalto.*
Redemptor, ōris, m. *redentore, appaltatore.*
Redemptrix, īcis, f. *redentrice.*

Redēmptus, a, um, add. *riscattato, preso in appalto.*
Redĕo, is, īvi, *vel* ĭi, ĭtum, īre, N. *ritornare.*
Redhĭbeo, es, ui, itum, ēre, A. *far riavere, restituire.*
Redĭgo, ĭgis, ēgi, āctum, igĕre, A. *ridurre, ricondurre.*
Redimicŭlum, i, n. *fascia, cuffia.*
Redimio, imis, imīvi, imītum, imīre, A. *cingere, inghirlandare.*
Redĭmo, ĭmis, ēmi, ēmptum, imĕre, A. *riscattare, ricomprare.*
Redintegratĭo, ōnis, f. *redintegrazione, rinnovamento.*
Redintĕgro, as, etc. A. *redintegrare.*
Reditĭo, ōnis, f. *ritorno.*
Redĭtus, us, m. *ritorno, entrata, rendita.*
Redivīvus, a, um, add. *redivivo, risuscitato.*
Redolĕo, ōles, olŭi, olĭtum, olēre, N. *rendere odore.*
Redōno, as, etc. A. *ridonare.*
Redormio, is, ītum, īre, N. *dormire di nuovo.*
Redūco, cis, xi, ctum, cĕre, A. *ricondurre, rimenare.*
Reductĭo, ōnis, f. *riduzione.*
Redūctus, a, um, add. *ricondotto, ridotto, rimoto.*
Redundanter, avv. *soprabbondantemente.*
Redundantĭa, æ: redundatĭo, ōnis, f. *ridondanza*: redundatio stomăchi, *sconvolgimento di stomaco.*
Redūndo, as, etc. N. *ridondare, traboccare.*
Redux, ŭcis, c. add. *che è di ritorno.*
Refectĭo, ōnis, f. *refezione, ristoro.*
Refector, ōris, m. *rifacitore.*
Refectus, a, um, add. *rifatto, ristorato.*
Refĕllo, is, i, ĕre, A. *confutare.*
Refercio, cis, si, tum, cīre, A. *riempire.*
Refĕro, fers, tŭli, lātum, fĕrre, A. *riferire, riportare.*
Refert, ferēbat, tŭlit, fĕrre, Imp. *importare, rilevare.*
Refertus, a, um, add. *ripieno.*
Referveo, es, ēre: refervēsco, is, ĕre, N. *bollire.*
Refĭcio, ĭcis, ēci, ēctum, icĕre, A. *rifare.*
Refīgo, gis, xi, xum, gĕre, A. *staccare.*
Refixus, a, um, add. *staccato.*
Reflagĭto, as, etc. A. *ridomandare.*
Reflecto, ctis, xi, xum, ctĕre, A. *riflettere, ritorcere.*
Reflo, as, etc. N. *soffiar contro.*
Reflorēsco, ēscis, ŭi, escĕre, N. *rifiorire.*
Reflŭo, ŭis, ūxi, ūxum, uĕre, N. *refluire, scorrere indietro.*
Reflŭus, a, um, add. *che scorre indietro.*
Refocĭllo, as, etc. A. *ristorare.*
Refŏdio, ŏdis, ōdi, ŏssum, odĕre, A. *dissotterrare, scavare.*
Reformātor, ōris, m. *riformatore.*
Reformidatĭo, ōnis, f. *timore.*
Reformīdo, as, etc. A. *temere molto.*
Refōrmo, as, etc. A. *riformare.*
Refossus, a, um, add. *scavato, dissotterrato.*

Refoveo, ōves, ōvi, ōtum, ovēre. A. *riscaldare, ristorare.*
Refractarius, a, um, add. *ostinato, resistente.*
Refractus, a, um, add. add. *rifratto, rotto.*
Refragātor, ōris, m. *avversario.*
Refrāgor, āris, ātus, āri, D. *ripugnare, resistere.*
Refrenatio, ōnis, f. *raffrenamento.*
Refrēno, as, etc. A. *raffrenare.*
Refrico, as, ui, tum, āre, A. *stropicciar di nuovo.*
Refrigeratio, ōnis, f. *rinfrescamento, refrigerio.*
Refrigeratorius, a, um, add. *refrigerativo, rinfrescativo.*
Refrigero, as, etc. A. *refrigerare.*
Refrigēsco, gēscis, xi, gescere, N. *raffreddarsi.*
Refringo, ingis, ēgi, āctum, ingĕre, A. *rompere, fracassare, riflettere.*
Refrixi, V. Refrigesco.
Refugio, gis, gi, gĭtum, gĕre, A. e N. *rifuggire.*
Refugium, ii, n. *rifugio.*
Refŭgus, a, um, add. *fuggitivo.*
Refulgeo, ges, si, gēre, N. *risplendere.*
Refundo, ndis, di, sum, ndĕre, A. *rifondere.*
Refūsus, a, um, add. *sparso, traboccante.*
Refutatio, ōnis, f. *rifiuto, confutazione.*
Refŭto, as, etc. A. *refutare, confutare.*
Regālis, m. e f. e, n. add. *reale, regio.*
Regaliter, avv. *regalmente.*
Regenĕro, as, etc. A. *rigenerare.*
Regĕro, ĕris, essi, estum, erĕre, A. *portare indietro, rigettare.*
Regia, æ, f. *reggia.*
Regificus, a, um, add. *sontuoso, magnifico.*
Regimen, inis, n. *governo.*
Regina, æ, f. *regina.*
Regio, ōnis, f. *regione, contrada.*
Regionatim, avv. *di contrada in contrada.*
Regius, a, um, add. *reale.*
Regnātor, ōris, m. *regnante.*
Regnātrix, īcis, f. *regnatrice.*
Regnatus, a, um add. *posseduto da un re.*
Regno, as, etc. A. e N. *regnare.*
Regnum, i, n. *regno.*
Rego, gis, xi, ctum, gĕre, A. *reggere.*
Regredior, edĕris, essus, edi, D. *ritornare.*
Regressio, ōnis, f. : regressus, us, m. *ritorno, retrocessione.*
Regula, æ, f. *regola, legge.*
Regulāris, m. e f. e, n. add. *regolare.*
Regulariter, avv. *secondo la regola.*
Regŭlus, i, m. *regolo.*
Reiteratio, ōnis, f. *replica.*
Rejectio, ōnis, f. *rigettamento.*
Rejecto, as, etc. A. *rigettare.*
Rejectus, us, m. V. Rejectio ; — a, um, add. *rigettato.*
Rejicio, icis, ēci, ectum, **icĕre, A.** *rigettare.*
Relābor, abĕris, apsus, abi, D. *ricadere.*
Relatio, ōnis, f. *relazione, racconto.*

Relātor, ōris, m. *relatore.*
Relātus, a, um, add. *riportato, riferito.*
Relaxatio, ōnis, f. *ricreamento, sollievo.*
Relaxo, as, etc. A. *rilasciare, ricreare, allargare.*
Relectus, a, um. add. *riletto.*
Relegatio, ōnis, f. *relegazione.*
Relēgo, as, etc. A. *rilegare.*
Relĕgo, egis, egi, ectum, egere, A. *rileggere, raccogliere.*
Relevo, as, etc. A. *sollevare, ricreare.*
Relictus, a, um, add. *lasciato, abbandonato.*
Religatio, ōnis, f. *rilegamento.*
Religio, ōnis, f. *religione.*
Religiōse, avv. *religiosamente.*
Religiōsus, a, um, add. *religioso, divoto.*
Religo, as, etc. A. *rilegare, legare, sciogliere.*
Relino, inis, ēvi, itum, **inere, A.** *aprire, sturare.*
Relinquo, nquis, qui, ctum, nquere, A. *lasciare, abbandonare.*
Reliquiæ, ārum, f. pl. *reliquie, avanzo.*
Reliquium, ii : reliquum, i, n. *resto.*
Reliquus, a, um, add. *restante.*
Reluceo, ūces, ūxi, ucēre, N. *risplendere.*
Relūctor, aris, atus, ari, D. *ripugnare.*
Remaneo, anes, ansi, ansum, anēre, N. *rimanere.*
Remansio, ōnis, f. *il rimanere.*
Remeabilis, m. e f. e, n. add. *che può ritornare.*
Remedium, ii, n. *rimedio.*
Remensus, a, um, add. *rimisurato.*
Remeo, as, etc. N. *ripassare, ritornare.*
Remetior, tiris, nsus, tiri, D. *rimisurare, ricompensare.*
Remex, igis, m. *rematore.*
Remigatio, ōnis, f. *il remare.*
Remigium, ii, n. *remeggio.*
Remigo, as, etc. N. *remigare, vogare.*
Reminiscor, iscĕris, isci, D. *rammentarsi.*
Remisceo, isces, iscui, ixtum, iscēre, A. *rimescolare.*
Remisse, avv. *rimessamente.*
Remissio, ōnis, f. *remissione, rilassamento.*
Remissus, a, um, add. *rimesso, allentato, allargato.*
Remitto, ttis, si, ssum, ttĕre, A. *rimandare, rimettere, perdonare, rallentare.*
Remixtus, a, um, add. *rimescolato.*
Remolior, iris, iri, D. *smuovere, muovere di forza.*
Remollio, is, ivi, itum. ire, A. *ammollire.*
Remŏra, æ, f. *remora, ritardo.*
Remordeo, ordes, ordi, orsum, ordēre, A. *rimordere.*
Remŏror, aris, atus, ari, D. *ritardare.*
Remote, avv. *rimotamente.*
Remotio, ōnis, f. *rimozione.*
Remōtus, a, um, add. *remoto.*
Removeo, oves, ovi, otum, ovēre, A. *rimuovere.*
Remugio, is, ii, itum, ire, N. *rimugghiare.*
Remulceo, es, ēre, A. *mitigare.*
Remulco, as, etc. A. *rimorchiare.*

Remulcum, i, n.: remulcus, i, m. *rimorchio.*
Remuneratio, ōnis, f. *rimunerazione.*
Remunĕro, as, etc. A: remunĕror, aris, atus, ari, etc. D. *rimunerare.*
Remus, i, m. *remo.*
Renarro, as, etc. A. *narrar di nuovo.*
Renascor, ascĕris, tus, sci, D. *rinascere.*
Renatus, a, um, add. *rinato.*
Renavĭgo, as, etc. N. *rinavigare.*
Renes, um, m, pl. *reni.*
Renidĕo, ides, idēre, N. *risplendere.*
Renitens, entis, c. add. *renitente.*
Renītor, tĕris, xus, ti, D. *resistere, opporsi.*
Renovatio, ōnis, f. *rinnovazione.*
Renŏvo, as, etc. A. *rinnovare.*
Renuntiatio, ōnis, f. *pubblicazione.*
Renuntio, as, etc. A. *rinunziare, riportare.*
Renŭo, uis, ui, uĕre, N. *far cenno di no.*
Reor, eris, atus, eri, D. *pensare, stimare.*
Repagŭlum, i, n. *chiavistello.*
Repandus, a, um, add. *ripiegato all' insù.*
Reparabilis, m. e f. e, n. add. *reparabile.*
Reparatio, ōnis, f. *riparazione.*
Reparator, ōris, m. *ristoratore.*
Repăro, as, etc. A. *risarcire.*
Repello, ellis, uli, ulsum, ellĕre, A. *respingere, ributtare.*
Rependo, dis, di, sum, dĕre, A. *ricompensare, pagare.*
Repente, avv. *repentinamente.*
Repentīnus, a, um: repens, entis, c. add. *repentino.*
Repercussio, ōnis, f. *ripercotimento.*
Repercussus, us, m. *riflesso, ribattimento:* — a, um, add. *ripercosso.*
Repercutio, utis, ussi, ussum, utĕre, A. *ripercuotere.*
Reperio, eris, eri, ertum, erire, A. *ritrovare.*
Repertor, ōris, m. *ritrovatore, inventore.*
Repertorium, ii, n. *repertorio.*
Repertus, a, um, add. *ritrovato.*
Repetitio, ōnis, f. *ripetizione.*
Repetitor, ōris, m. *ripetitore.*
Repeto, etis, etivi, vel etii, etitum, etĕre, A. *ridomandare, ripigliare.*
Repetundæ, arum, f. pl. *cose usurpate e ridomandate, estorsioni.*
Replĕo, es, evi, etum, ĕre, A. *riempire.*
Repletus, a, um, add. *riempito.*
Replĭco, as, etc. A. *ripiegare, torcere.*
Repo, is, psi, tum, ĕre, N. *strisciare.*
Repōno, nis, sui, situm, nĕre, A. *riporre.*
Repoposci. V. Reposco.
Reporto, as, etc. A. *riportare.*
Repŏsco, scis, pŏsci, scĕre, A. *ridomandare, ripetere.*
Repositorium, ii, n. *ripostiglio.*
Repositus: repostus, a, um, add. *riposto, appartato.*
Repræsentatio, ōnis, f. *rappresentazione.*
Repræsento, as, etc. A. *rappresentare.*
Reprehendo, dis, di, sum, dĕre, A. *ripigliare, ritenere, biasimare.*
Reprehensio, ōnis, f. *riprensione.*
Reprehensor, ōris, m. *riprensore.*
Reprehensus, a, um, add. *ripreso, biasimato.*
Repressor, ōris, m. *chi reprime, vendicatore.*
Repressus, a, um, add. *represso.*
Reprĭmo, imis, essi, essum, imĕre, A. *reprimere.*
Reprŏbo, as, etc. A. *riprovare, rifiutare.*
Repromissio, ōnis, f. *ripromissione.*
Repromitto, ittis, si, ssum, ittĕre, A. *ripromettere.*
Reptatio, ōnis, f. *l' andar carpone.*
Repto, as, etc. N. *andar carpone.*
Repuerasco, is, ĕre, N. *ringiovanire.*
Repudio, as, etc. A. *ripudiare.*
Repudium, ii, n. *ripudio.*
Repuerasco, is, ĕre, N. *rimbambire.*
Repugnans, antis, c. add. *repugnante.*
Repugnanter, avv. *con ripugnanza.*
Repugnantia, æ, f. *ripugnanza.*
Repŭgno, as, etc. A. *ripugnare.*
Repuli. V. Repello.
Repullŭlo, as, etc. N. *rigermogliare.*
Repulsa, æ, f. *ripulsa.*
Repulsus, us, m. *ripercotimento:* — a, um, add. *rigettato.*
Repurgo, as, etc. A. *ripurgare.*
Reputatio, ōnis, f. *considerazione.*
Repŭto, as, etc. A. *pensare, considerare.*
Requies, ētis, vel ei, f. *riposo, posa.*
Requiesco, escis, evi, etum, escĕre, N. *riposarsi.*
Requietus, a, um, add. *che riposa, cheto.*
Requievi. V. Requiesco.
Requīro, ris, sivi, situm, rĕre, A. *ricercare.*
Requisitus, a, um, add. *ricercato.*
Requisivi. V. Requiro.
Res, rei, f. *cosa, affare:* res cibaria, *vettovaglia.*
Resævio, is, ire, N. *incrudelir di nuovo.*
Resalūto, as, etc. A. *risalutare.*
Resarcio, cis, si, sum, cīre, A. *risarcire.*
Rescindo, ndis, di, ssum, ndĕre, A. *tagliare, annullare.*
Rescio, is, ivi, vel ii, itum, ire: rescisco, is, ĕre, A. *risapere.*
Rescissus, a, um, add. *tagliato.*
Rescribo, bis, psi, ptum, bĕre, A. *rescrivere.*
Rescriptum, i, n. *rescritto.*
Rescriptus, a, um, add. *rescritto.*
Resĕco, ecas, ecui, ectum, ecāre, A. *risecare.*
Resectio, ōnis, f. *taglio.*
Resectus, a, um, add. *reciso.*
Resegmen, inis, n. *ritaglio.*
Resĕro, as, etc. A. *schiudere, manifestare.*
Resero, eris, evi, situm, erĕre, A. *riseminare.*
Reservo, as, etc. A. *riserbare.*
Reses, idis, c. add. *tardo, pigro.*
Resideo, ides, edi, essum, idēre, N. *risedere.*
Resīdo, idis, edi, essum, idĕre, N. *cessare, sedere.*
Residuus, a, um, add. *residuo, residuale.*
Resigno, as, etc. A. *restituire, dissigillare.*

Resilio, ilis, ilui, *vel* ilii, ultum, ilire, N. *risaltare, ritirarsi.*
Resina, æ, f. *resina.*
Resinōsus, a, um, add. *resinoso.*
Resipisco, is, ĕre, N. *ravvedersi, risentirsi.*
Resisto, istis, titi, titum, istĕre, N. *resistere.*
Resolvo, vis, vi, ūtum, vĕre, A. *risolvere.*
Resolutio, ōnis, f. *risoluzione.*
Resolūtus, a, um, add. *risoluto, sciolto.*
Resŏnans, antis, o.: resonabilis, m. e f. e, n. add. *risonante.*
Resŏno, as, etc. N. *rimbombare, risonare.*
Resŏnus, a, um, add. *risonante.*
Resorbĕo, bes, bui, *vel* psi, ptum, bĕre, A. *risorbire.*
Respĕcto, as, etc. A. *riguardare indietro.*
Respectus, us, m. *sguardo, riguardo, rispetto.*
Respergo, gis, si, sum, gĕre, A. *spargere, aspergere.*
Respersio, ōnis, f. *spargimento.*
Respersus, a, um, add. *asperso, bagnato.*
Respicio, icis, exi, ectum, icĕre, A. *riguardare, considerare.*
Respirāmen, inis, n. *respiro.*
Respiratio, ōnis, f. *respirazione.*
Respīro, as, etc. A. e N. *respirare.*
Resplendĕo, endes, endui, endĕre, N. *risplendere.*
Respondĕo, des, di, sum, dĕre, A. *rispondere.*
Responsio, ōnis, f. *risposta.*
Responso, as, etc. A. *rispondere.*
Responsum, i, n. *risposta.*
Responsus, us, m. *corrispondenza.*
Respublica, reipublicæ, f. *repubblica.*
Respŭo, uis, ui, utum, uĕre, A. *ricusare, sprezzare.*
Restăgno, as, etc. N. *ristagnare.*
Restauro, as, etc. A. *ristorare.*
Restinctio, *vel* restinxio, ōnis, f. *estinzione.*
Restinctus, a, um, add. *spento, estinto.*
Restinguo, guis, xi, ctum, guĕre, A. *spegnere.*
Restis, is, f. *fune.*
Restiti. V. Resisto, *vel* Resto.
Restitŭo, uis, ui, utum, uĕre, A. *restituire.*
Restitutio, ōnis, f. *restituzione.*
Restitūtor, ōris, m. *restitutore.*
Resto, as, iti, itum, āre, N. *fermarsi.*
Restrictus, a, um, add. *ristretto.*
Restringo, ngis, nxi, ctum, ngĕre, A. *ristringere, legare fortemente, impedire.*
Resulto, as, etc. N. *risultare, risonare.*
Resūmo, is, psi, ptum, ĕre, A. *riassumere.*
Resupīnus, a, um, add. *rovescio, colla faccia in su.*
Resurgo, gis, rexi, rectum, gĕre, N. *risorgere.*
Resurrectio, ōnis, f. *risurrezione.*
Resurrexi. V. Resurgo.
Resuscito, as, etc. A. *risuscitare.*
Retardatio, ōnis, f. *dimora, indugio.*
Retardo, as, etc. A. *ritardare, ritenere.*

Rete, is, n.: retia, pl.: retis, is, m. e f. *rete.*
Retectus, a, um, add. *scoperto.*
Retego, egis, exi, ectum, egere, A. *scoprire, manifestare.*
Retendo, dis, di, sum, dĕre, A. *rallentare.*
Retensus, a, um, add. *rallentato.*
Retentio, ōnis, f. *ritensione.*
Retento, as, etc. A. *ritentare.*
Retentus, a, um, add. *ritentato, rallentato.*
Retexo, is, ui, tum, ĕre, A. *stessere, disfare.*
Retextus, a, um, add. *disfatto.*
Reticĕo, ices, icui, icĕre, N. *tacere.*
Reticulātus, a, um, add. *fatto a rete.*
Reticŭlum, i, n.: reticulus, i, m. *reticella, rete o cuffia di maglia, tasca, cancello, grata.*
Retina, æ, f. *retina.*
Retinacŭlum, i, n. *ritegno, legame.*
Retinĕo, nes, inui, entum, inĕre, A. *ritenere.*
Retorquĕo, ques, si, tum, quĕre, A. *ritorcere.*
Retorridus, a, um, add. *arido, secco, raggrinzato.*
Retŏrtus, a, um, add. *ritorto.*
Retractatio, ōnis, f. *ritrattazione.*
Retracto, as, etc. A. *ritrattare, trattar di nuovo, disdirsi.*
Retractus, a, um, add. *ritratto.*
Retrăho, ahis, axi, actum, ahĕre, A. *ritirare.*
Retribŭo, uis, ui, utum, uĕre, A. *rimunerare.*
Retro, avv. *di dietro, addietro.*
Retroăgo, agis, egi, actum, agĕre, A. *ritirare indietro.*
Retrocēdo, dis, ssi, ssum, dĕre, A. *retrocedere.*
Retroĕo, ois, oivi, oitum, oire, A.: retrogredior, edĕris, essus, edi, D. *tornare indietro.*
Retrogrădus, a, um, add. *retrogrado.*
Retrorsum, retrorsus, avv. *indietro, all'indietro.*
Retroversus, a, um, add. *volto all'indietro.*
Retŭli. V. Refero.
Retundo, ndis, di, tusum, ndĕre, A. *rintuzzare, spuntare.*
Retūsus, a, um, add. *rintuzzato.*
Reus, i, m. *reo.*
Revalesco, escis, ui, escĕre, N. *risanarsi.*
Revanesco, is, ĕre, N. *svanire, venir meno.*
Revectus, a, um, add. *riportato, ricondotto.*
Revĕho, ehis, exi, ectum, ehĕre, A. *riportare, ricondurre.*
Revello, ellis, elli, *vel* ulsi, ulsum, ellĕre, A. *svellere.*
Revēlo, as, etc. A. *rivelare.*
Revenio, enis, eni, entum, enire, N. *ritornare, rinvenire.*
Reverbĕro, as, etc. A. *riverberare.*

Reverendus, a, um, add. *reverendo.*
Reverens, entis, c. add. *riverente.*
Reverenter, avv. *riverentemente.*
Reverentia, æ, f. *rispetto, riverenza.*
Revereor, ēris, ĭtus, ēri, D. *riverire, rispettare.*
Reversio, ōnis, f. *ritorno.*
Reversus, a, um, add. *ritornato.*
Reverto, tis, ti, sum, tĕre, N. *ritornare,* A. *rivolgere nell' animo.*
Revertor, teris, sus, ti, D. *ritornare.*
Revincio, cis, xi, ctum, cīre, A. *legare, attaccare.*
Revinco, ncis, ci, ctum, ncĕre, A. *convincere.*
Reviresco, escis, ŭi, escĕre, N. *riverdeggiare, ringiovanire.*
Reviso, sis, si, sum, sĕre, A. *rivedere.*
Revivisco, viscis, xi, ctum, viscĕre, N. *rivivere.*
Revixi. V. Revivisco.
Revocabilis, m. e f. e, n. add. *rivocabile.*
Revocatio, ōnis, f. *rivocazione, richiamata.*
Revocātor, ōris, m. *richiamatore.*
Revŏco, as, etc. A. *rivocare, richiamare.*
Revŏlo, as, etc. N. *rivolare.*
Revŏlvo, vis, vi, ŭtum, ĕre, **A. rivolgere,** *riandare.*
Revolūtus, a, um, add. *rivolto.*
Revŏmo, ŏmis, omŭi, omĭtum, omĕre, A. *rivomitare.*
Revulsio, ōnis, f. *staccamento.*
Revulsus, a, um, add. *staccato.*
Rex, regis, m. *re.*
Rheda, æ, f. *cocchio, carro.*
Rhedarius, ii, m. *cocchiere.*
Rhetor, ōris, m. *retore, rettorico.*
Rhetorica, æ, f. *rettorica.*
Rhetorice, avv. *rettoricamente.*
Rhetoricus, a, um, add. *rettorico.*
Rheumatismus, i, m. *reumatismo.*
Rheumaticus, a, um, add. *reumatico.*
Rhinoceros, ōtis, m. *rinoceronte.*
Rhombus, i, m. *rombo* (pesce).
Rhoncus, i, m. *il russare, derisione.*
Rhythmus, i, m. *ritmo.*
Rictus, us, m. *ceffo, muso.*
Rideo, des, si, sum, dēre, N. *ridere.*
Ridicŭle, avv. *ridicolosamente.*
Ridicŭlum, i, n. *motto, facezia.*
Ridicŭlus, a, um, add. *ridicolo.*
Rigens, entis, c. add. *irrigidito, aspro.*
Rigeo, ges, gŭi, gēre; rigesco, is, ĕre, N. *irrigidire.*
Rigide, avv. *rigidamente.*
Rigidus, a, um, add. *rigido.*
Rigo, as, etc. A. *adacquare.*
Rigor, ōris, m. *rigore, freddo.*
Riguus, a, um, add. *adacquato.*
Rima, æ, f. *fessura, foro.*
Rimor, āris, ātus, āri, D. ***indagare, fendere,*** *aprire.*
Rimōsus, a, um, add. *pieno di fessure.*
Rimula, æ, f. *piccola fessura.*
Ringor, geris, gi, D. *ringhiare.*

Ripa, æ, f. *riviera, ripa.*
Risus, us, m. *riso, beffa.*
Rite, avv. *secondo il costume.*
Ritus, us, m. *rito, cerimonia.*
Rivālis, m. e f. e, n. add. *di rivo.*
Rivālis, is, m. *rivale.*
Rivalitas, ātis, f. *rivalità.*
Rivŭlus, i, m. *ruscelletto.*
Rivus, i, m. *rivo, ruscello.*
Rixa, æ, f. *contesa, rissa.*
Rixātor, ōris, m. *contenditore.*
Rixor, āris, ātus, āri, D. *contendere, contrastare.*
Rixosus, a, um, add. *rissoso.*
Roboreus, a, um, add. *di rovere.*
Robŏro, as, etc. A. *fortificare.*
Robur, ōris, n. *rovere, robustezza, forza.*
Robūstus, a, um, add. *robusto.*
Rodo, dis, si, sum, dĕre, A. *rodere.*
Rogatio, ōnis, f. *preghiera, interrogazione, legge.*
Rogātor, ōris, m. *chi prega, chi propone una legge.*
Rogātus, us, m.: rogatum, **i, n. *domanda,*** *preghiera.*
Rogito, as, etc. **A. *pregare, o domandare*** *spesso.*
Rogo, as, etc. A. *domandare, pregare.*
Rogus, i, m. *rogo, pira.*
Rorālis, m. e f. e, n. add. *di rugiada.*
Rorans, antis, c. add. *bagnato.*
Rorātus, a, um, add. *che cade a guisa di rugiada.*
Rorifer, era, erum, add. *rugiadoso, che apporta rugiada.*
Roro, as, etc. A. *irrorare, bagnare* **: N.** *essere asperso di rugiada, stillare.*
Ros, roris, m. *rugiada.*
Rosa, æ, f. *rosa.*
Rosaceus, a, um, add. *rosaceo.*
Rosarium, ii, n. *rosario, roseto.*
Roscidus, a, um, add. *rugiadoso.*
Rosētum, i, n. *roseto, rosaio.*
Roseus, a, um, add. *roseo, di rosa.*
Rosio, ōnis, f. *rodimento.*
Rosmarinus, rorismarini, m.: **rosmarinum,** i, n. *ramerino.*
Rostra, ōrum, n. pl. *rostri.*
Rostrātus, a, um, add. *rostrato.*
Rostrum, i, n. *rostro, becco.*
Rota, æ, f. *ruota.*
Rotatio, ōnis, f. *rotamento.*
Rotātus, a, um, add. *rotato in giro.*
Rotŭnde, avv. *aggiustatamente, rotondamente.*
Rotunditas, ātis, f. *rotondità.*
Rotŭndo, as, etc. A. *ritondare.*
Rotŭndus, a, um, add. *rotondo.*
Rubefactus, a, um, add. *tinto di rosso.*
Rubefacio, ācis, ēci, actum, acĕre, A. *tinger di rosso.*
Rubeo, es, ŭi, ēre, N. *arrossire, rosseggiare.*
Ruber, ra, rum, add. *rosso, rosseggiante.*
Rubētum, i, n. *roveto.*
Rubeus, a, um, add. *rosso.*

Rubicundus, a, um, add. *rubicondo.*
Rubidus, a, um, add. *rosso, oscuro.*
Rubigo, inis, f. *rubigine.*
Rubor, ōris, m. *rossore, verecondia.*
Rubrīca, æ, f. *rubrica, terra rossa.*
Rubus, i, m. *rovo.*
Ructor, āris, ātus, ari, D. *ruttare.*
Ructus, us, m. *rutto.*
Rudens, entis, m. e f. *canapo, corda.* Come particip. da rudo, *che raggia.*
Rudera̅tus, a, um, add. *pieno di rottami.*
Rudimĕntum, i, n. *rudimento.*
Rudis, is, f. *verga, bacchetta.*
Rudis, m. e f. e, n. add. *rozzo.*
Rudo, is, udi, vel rudivi, ĕre, vel ire, N. *ragliare.*
Rudus, ĕris, n. *rottami d' edifizi.*
Ruens, entis, c. add. *chi cade, che rovina.*
Ruga, æ, f. *crespa, ruga.*
Rugo, as, etc. N. *incresparsi.*
Rugōsus, a, um, add. *rugoso.*
Ruīna, æ, f. *rovina.*
Ruinōsus, a, um, add. *rovinoso.*
Rumīno, as, etc. A.: ruminor, āris, ātus, ari, D. *ruminare.*
Rumor, ōris, m. *fama, rumore.*
Rumpo, mpis, pi, ptum, mpĕre, A. *rompere, dividere.*
Runco, as, etc. A. *sterpare.*
Ruo, is, i, tum, ĕre, A. *rovinare.*
Rupes, is, f. *rupe, balza.*
Ruptim, avv. *senza ordine.*
Ruptio, ōnis, f. *rompimento.*
Ruptor, ōris, m. *rompitore.*
Ruptus, a, um, add. *rotto, crepato.*
Rurālis, m. e f. e, n. add. *rurale.*
Rurĭcŏla, æ, m. *contadino.*
Rursum; rursus, avv. *di nuovo, indietro.*
Rus, ruris, n. *villa, contado.*
Rusticānus, a, um, add. *rusticano.*
Rusticatio, ōnis; rusticātus, us, m. *villeggiatura, cura delle cose di villa.*
Rustĭce, avv. *rusticamente.*
Rusticĭtas, ātis, f. *rustichità.*
Rusticor, āris, ātus, ari, D. *villeggiare.*
Rusticŭlus, i, m. *villanello.*
Rustĭcus, i, m. *contadino*: — a, um, add. *villereccio, villano.*
Ruta, æ, f. *ruta* (erba).
Rutilo, as, etc. A. *risplendere.*
Rutĭlus, a, um, *rosseggiante, risplendente.*

S

Sabbătum, i, n. *sabato.*
Sabīna, æ, f. *sabina* (erba).
Sabulōsus, a, um, add. *sabbioso.*
Sabŭlum, i, n. *sabbia.*
Saburra, æ, f. *zavorra.*
Saccharum, i, n. *zucchero.*
Saccŭlus, i, m. *sacchetto.*
Saccus, i, m. *sacco.*
Sacellum, i, n. *cappella, cella, santuario.*
Sacer, ra, rum, add. *sacro.*
Sacerdos, dōtis, m. e f. *sacerdote, sacerdotessa.*

Sacerdotālis, m. e f. e, n. add. *sacerdotale.*
Sacerdotium, ii, n. *sacerdozio.*
Sacramentum, i, n. *Sacramento, giuramento.*
Sacrarium, ii, n. *sacrario.*
Sacrātus, a, um, add. *consacrato.*
Sacrificium, ii, n. *sacrifizio.*
Sacrificulus, e sacrificus, i, m. *sacrificatore, sacerdote*; — a, um, add. *di sacrifizio.*
Sacrilegium, ii, n. *sacrilegio.*
Sacrilĕgus, a, um, add. *sacrilego.*
Sacro, as, etc. A. *sacrare, consacrare.*
Sacrosanctus, a, um, add. *sacrosanto.*
Sacrum, i, n. *sacrifizio, cosa sacra.*
Sæcularis, m. e f. e, n. add. *secolare.*
Sæculum, i, n. *secolo.*
Sæpe, avv. *spesso*: — numero, *spesse volte.*
Sæpissime, avv. *spessissimo.*
Sæpius, avv. *più spesso.*
Sæve, avv. *crudelmente.*
Sævio, vis, vii, vitum, vire, N. *incrudelire.*
Sævitia, æ, f. *crudeltà.*
Sævus, a, um, add. *crudele.*
Saga, æ, f. *strega.*
Sagacitas, ātis, f. *sagacità.*
Sagaciter, avv. *sagacemente.*
Sagax, ācis, c. add. *sagace.*
Sagena, æ, f. *rete da pescare.*
Sagina, æ, f. *cibo da ingrassare.*
Saginatio, ōnis, f. *ingrassamento.*
Saginātus, a, um, add. *ingrassato.*
Sagino, as, etc. A. *ingrassare.*
Sagitta, æ, f. *saetta.*
Sagittarius, ii, m. *sagittario, saettatore.*
Sagittifer, ĕra, ĕrum, add. *che porta saette.*
Sagitto, as, etc. A. *saettare.*
Sagulum, i, n. *saietta* (sorta di veste militare).
Sagum, i, n. *saio.*
Sal, is, m. e n. nel sing. e solo m. nel pl. *sale.*
Salamandra, æ, f. *salamandra.*
Salarium, ii, n. *salario.*
Salarius, ii, m. *pizzicagnolo.*
Salarius, a, um, add. *di sale.*
Salebræ, ārum, f. pl. *passo difficile.*
Salebrōsus, a, um, add. *difficile, aspro.*
Salictum, i, n. *saleto.*
Saliens, entis, c. add. *saltellante.*
Salientes, tium, m. pl. *condotti d' acqua.*
Salignus: salignĕus, a, um, add. *di salice.*
Salillum, i, n. *piccola saliera.*
Salīna, æ, f. *salina.*
Salīnum, i, n. *saliera.*
Salio, is, ivi, ii, vel lui, saltum, ire, A. *saltare, salire.*
Salio, is, ivi, ītum, īre, A. *salare.*
Salītus, a, um, add. *salato.*
Saliva, æ, f. *saliva, bava.*
Salivo, as, etc. A. *sputare.*
Salix, ĭcis, f. *salice.*
Salmo, ōnis, m. *salamone, sermone* (pesce).
Salsamentarius, ii, m. *pizzicagnolo*: — a, um, add. *di salume.*

Salamentum, i, n. *salume.*
Salse, avv. *acutamente, con facezia.*
Salsitūdo, inis, f. *salsedine.*
Salsus, a, um, add. *facelo, salso.*
Saltatio, ōnis, f. *ballo.*
Saltātor, ōris, m. *ballerino.*
Saltatorius, a, um, add. *da ballo.*
Saltatrix, īcis, f. *ballerina.*
Saltem, avv. *almeno, pure.*
Saltito, as, etc. A. *saltellare.*
Salto, as, etc. A. *saltare, ballare.*
Saltuōsus, a, um, add. *selvoso, alpestre.*
Saltus, us, m. *salto, bosco.*
Saluber, bris, bre: salūbris, m. e f. bre, n. add. *salubre, salubifero.*
Salubritas, ātis, f. *salubrità.*
Salubriter, avv. *salubremente.*
Salum, i, n. *mare, l'alto mare.*
Salus, ūtis, f. *salute, sanità.*
Salutāris, m. e f. e, n. add. *salutare.*
Salutariter, avv. *salutevolmente.*
Salutatio, ōnis, f. *saluto.*
Salutātor, ōris, m. *salutatore.*
Salutifer, ĕra, ĕrum, add. *salutifero.*
Salūto, as, etc. A. *salutare.*
Salve, sing.: salvete, pl. *addio.*
Salvĕo, es, ēre, N. *esser sano,* **goder** *salute.*
Salvia, æ, f. *salvia.*
Salvo, as, etc. *salvare, conservare.*
Salvus, a, um, add. *sano, salvo.*
Sambucĕus, a, um, add. *di sambuco.*
Sambūcus, i, f. *sambuco.*
Sanabilis, m. e f. e, n. add. *sanabile.*
Sanatio, ōnis, f. *guarigione.*
Sancio, cis, xi, *vel* civi, citum, *vel* ctum, cire, A. *stabilire, decretare, confermare.*
Sancte, avv. *santamente.*
Sanctimonia, æ, f. *santità.*
Sanctio, ōnis, f. *conferma, ratificazione.*
Sanctuarium, ii, n. *santuario.*
Sanctus, a, um, add. *santo, stabilito,* **ra**-*tificato.*
Sandalium, ii, n. *pianella, sandalo.*
Sandapila, æ, f. *bara.*
Sane, avv. *in verità, sanamente.*
Sanguinarius, a, um, add. *sanguinario.*
Sanguinĕus, a, um, add. *sanguigno.*
Sanguinolentus, a, um, add. *sanguinolento.*
Sanguis, inis, m. *sangue.*
Sanguisūga, æ, f. *sanguisuga.*
Sanies, ēi, f. *marcia.*
Saniōsus, a, um, *marcioso.*
Sanitas, ātis, f. *sanità.*
Sanna, æ, f. *scherno.*
Sannio, ōnis, m. *buffone.*
Sano, as, etc. A. *sanare.*
Sanus, a, um, add. *sano.*
Sapide, avv. *saporitamente.*
Sapidus, a, um, add. *saporito.*
Sapiens, entis, c. add. *sapiente, savio.*
Sapienter, avv. *sapientemente.*
Sapientia, æ, f. *sapienza, saviezza.*
Sapio, is, ivi, *vel* ii, *vel* ui, ĕre, A. e N. *aver sapore, aver giudizio.*
Sapo, ōnis, m. *sapone.*
Sapor, ōris, m. *sapore.*
Sapphirus, i, m. *zaffiro.*
Sarcina, æ, f. *soma, bagaglio.*
Sarcinarius, a, um, add. *da soma.*
Sarcinātor, ōris, m. *sartore.*
Sarcinātrix, īcis, f. *sarta, cucitrice.*
Sarcinula, æ, f. *fardellino.*
Sarcio, cis, si, tum, cire, A. *risarcire.*
Sarcophăgus, i, m. *pietra sepolcrale.*
Sarculatio, ōnis, f. *sarchiatura.*
Sarcŭlo, as, etc. A. *sarchiare.*
Sarcŭlum, i, n.: sarcŭlus, i, m. *sarchiello*
Sarda, æ: sardinia, æ, f. *sardella.*
Sardŏnix, īcis, m. *sardonico, corniola, (pietra).*
Sarissa, æ, f. *asta, lancia.*
Sarmenticius, a, um, add. *di sarmenti.*
Sarmentōsus, a, um, add. *sarmentoso.*
Sarmentum, i, n. *sarmento.*
Sarrio, is, ivi, itum, ire, A. *sarchiare.*
Sarritor, ōris, m. *sarchiatore.*
Sartago, inis, f. *padella.*
Sartor, ōris, m. *sartore.*
Sartura, æ, f. *rappezzamento.*
Sartus, a, um, add. *da sarcio, rifatto, rappezzato*: sartus tectus, sarta tecta, sartum tectum, *conservato in buon grado, intero.*
Sat, *lo stesso che* satis, *abbastanza.*
Sata, ōrum, n. pl. *i seminati, le biade.*
Satăgo, ăgis, ĕgi, agĕre. N. *essere attento, fare con diligenza, impacciarsi.*
Satanas, æ, m. *satanasso.*
Satelles, itis, c. *satellite, sgherro.*
Satietas, ātis, f. *sazietà, disgusto.*
Satio, as, etc. A. *saziare.*
Satio, ōnis, f. *seminagione.*
Satis: sat, avv. *bastantemente.*
Satisdatio, ōnis, f. *sicurtà.*
Satisdator, ōris, m. *mallevadore.*
Satisfacio, ăcis, ēci, actum, acĕre, A. *soddisfare.*
Satisfactio, ōnis, f. *soddisfazione.*
Satius, avv. *meglio, più utile.*
Sativus, a, um, add. *che si semina,* **salivo.**
Sator, oris, m. *seminatore.*
Satrăpes, æ, *vel* is, m. *satrapo.*
Satur, ŭra, ŭrum, add. *sazio.*
Saturitas, ātis, f. *sazietà.*
Satŭro, as, etc. A. *saziare.*
Satus, a, um, add. *seminato, nato.*
Satyra, æ, f. *satira.*
Satyricus, a, um, add. **satirico.**
Satyrus, i, m. *satiro.*
Sauciatio, onis, f. *ferita.*
Saucio, as, etc. A. *ferire.*
Saucius, a, um, add. *ferito.*
Saxĕus, a, um, add. *di sasso.*
Saxifrăgus, a, um, add. *che spezza sassi.*
Saxosus, a, um, add. *sassoso.*
Saxum: saxŭlum, i, n. *sasso, sassolino.*
Scabellum, i, n. *sgabello.*
Scaber, ra, rum, add. *scabroso.*
Scabies, ēi, f. *rogna, scabbia, stizza.*
Scabiosus, a, um, add. *rognoso, scabbioso.*
Scabo, is, i, ĕre, A. *grattare.*

Scabrities, ei, f. *scabrosità*.
Scabrosus, a, um, add. *scabroso*.
Scæva, æ, f. *augurio*, m. *mancino*.
Scævus, a, um, add. *infausto*, *stolido*.
Scalæ, ārum, f. pl. *scala*.
Scalmus, i, m. *palischermo*, *caviglia*.
Scalpellum, i, n. *scalpelletto*, *lancetta da cavar sangue*.
Scalpo, is, si, tum, ĕre, A. *intagliare*, *grattare*.
Scalprum, i, n. *scalpello*.
Scalptor, oris, m. *scultore*.
Scalptus, a, um, add. *intagliato*.
Scamnum, i, n. *scanno*, *sgabello*.
Scando, dis, di, sum, dĕre, A. *salire*.
Scapha, æ, f. *barchetta*.
Scapulæ, ārum, f. pl. *spalle*.
Scapulāre, is, n. *scapolare*.
Scapus, i, m. *fusto*, *gamba*, *quinterno di carta*.
Scarabæus, i, m. *scarafaggio*.
Scarificatio, ōnis, f. *scarnamento*, *scalfittura*.
Scarifico, as, etc. A. *scarnare*.
Scarus, i, m. *scaro* (*pesce*).
Scatĕbra, æ, f. *sorgente*.
Scateo, es, ui, ēre, N. *scaturire*, *esser pieno*.
Scaturigo, inis, f. *scaturigine*, *polla*.
Scaturio, V. Scateo.
Scaurus, a, um, add. *chi ha i talloni grossi*.
Scelerāte, avv. *scelleratamente*.
Scelerātus : scelestus, a, um, add. *scellerato*.
Scelĕro, as, etc. A. *macchiare*.
Sceleste, avv. *scelleratamente*.
Scelus, ĕris, n. *scelleraggine*.
Scena, æ, f. *scena*, *frascato*.
Scenice, avv. *scenicamente*.
Scenicus, a, um, add. *scenico*.
Scenicus, i, m. *commediante*.
Sceptrum, i, n. *scettro*.
Scheda : schedula, æ, f. *biglietto*, *polizza*, *cartella*, *scheda*.
Schema, ătis, n. *figura*, *abito*.
Schœnobătes, æ, m. *ballerino da corda*.
Schola, æ, f. *scuola*.
Scholasticus, a, um, add. *scolastico*.
Scholium, ii, n. *interpetrazione*, *postilla*.
Sciens, ĕntis, c. add. *intendente*.
Scienter, avv. *scientemente*.
Scientia, æ, f. *scienza*.
Scilicet, cong. *certamente*, *appunto*, *cioè*.
Scindo, ndis, di, ssum, ndĕre, A. *tagliare*.
Scintilla, æ, f. *scintilla*.
Scintillatio, ōnis, f. *scintillamento*.
Scintillo, as, etc. N. *scintillare*.
Scintillula, æ, f. *scintilletta*.
Scio, is, ivi, itum, ire, A. *sapere*.
Scipio, ōnis, m. *bastone*.
Scirpus, i, m. *giunco*.
Scirrhus, i, m. *scirro*.
Sciscitatio, ōnis, f. *interrogazione*.
Sciscitor, āris, ātus, āri, D. *informarsi*.
Scisma, ătis, n. *scisma*.
Scismaticus, a, um, add. *scismatico*.
Scissor, ōris, m. *trinciante*.
Scissūra, æ, f. *scissura*, *fenditura*.
Scissus, a, um, add. *fesso*, *spaccato*.
Scite, avv. *dottamente*.
Scitulus, a, um, add. *graziosetto*.
Scitum, i, n. *statuto decreto*.
Scitus, a, um, add. *accorto*, *dotto*, *grazioso*.
Sclopus, i, m. *scoppio*.
Scobina, æ, f. *raspa*, *lima*.
Scobs, vel scobis, bis, f. *limatura*, *segatura*.
Scomber, ri, m. *sgombro* (*pesce*).
Scopæ, ārum, f. pl. : scopula, æ, f. *scopa*.
Scoparius, ii, m. *scopatore*.
Scopulosus, a, um, add. *scoglioso*, *difficile*.
Scopulus, i, m. *scoglio*.
Scopus, i, m. *scopo*, *bersaglio*.
Scoria, æ, f. *scoria* (parte impura de' metalli.)
Scorpio, ōnis : scorpius, ii, m. *scorpione*, *segno celeste*.
Scortĕus, a, um, add. *di pelle*.
Scortum, i, n. *pelle*, *meretrice*.
Screo, as, etc. A. *sputare*.
Scriba, æ, m. *notaio*, *scrivano*.
Scribo, bis, psi, ptum, bĕre, A. *scrivere*.
Scrinium, ii, n. *scrigno*.
Scriptio, ōnis, f. *iscrizione*.
Scriptito, as, etc. A. *scrivere spesso*.
Scriptor, ōris, m. *scrittore*.
Scriptorius, a, um, add, *scritturale*.
Scriptum, i, n. *scritto*, *scrittura*.
Scriptūra, æ, f. *iscrizione*, *scrittura*.
Scriptus, a, um, add. *scritto*.
Scrobicŭlus, i, m. *fossetta*.
Scrobs, is : scrobis, is, f. *fossa*.
Scrofa, æ, f. *scrofa*.
Scrupĕda, æ, m. e f. *chi cammina malamente*, *sciancato*.
Scrupĕus, a, um, add. *sassoso*.
Scrupulōse, avv. *scrupolosamente*.
Scrupulōsus, a, um, add. *scrupoloso*.
Scrupulus, i, m. *scrupolo*.
Scrupus, i, m. *il giuoco della dama*.
Scrutarius, ii, m. *ferravecchio*.
Scrutatio, ōnis, f. *esame*, *ricerca*.
Scrutator, ōris, m. *scrutinatore*.
Scrutor, āris, ātus, āri, D. *scrutinare*.
Sculpo, is, si, tum, ĕre, A. *scolpire*.
Sculptor, ōris, m. *scultore*.
Sculptura, æ, f. *scultura*.
Sculptus, a, um : sculptilis, m. e f. e, n. add. *scolpito*, *scolto*.
Scurra, æ, m. *buffone*.
Scurrilis, m. e f. e, n. add. *scurrile*, *buffonesco*.
Scurrilitas, ātis, f. *scurrilità*.
Scurriliter, avv. *buffonescamente*.
Scurror, āris, ātus, āri, D. *buffoneggiare*.
Scutātus, a, um, add. *che porta scudo*.
Scutella, æ, f. *scodella*.
Scutica, æ, f. *frusta*, *sferza*.
Scutŭla, æ, f. *scodella*.
Scutulātus, a, um, add. *a foggia di scodella*, *pomellato* : scutulata vestis, *veste a scacchi*.
Scutum, i, n. *scudo*.
Scyphus, i, m. *tazza*, *bicchiere*.

Sebaceus, a, um, add. di sevo.
Sebōsus, a, um, add. pieno di sevo.
Sebum, i, n. sevo.
Secale, is, n. segala.
Secēdo, dis, ssi, ssum, dĕre, N. appartarsi, ritirarsi.
Secerno, ernis, crevi, cretum, ernĕre, A. separare.
Secessio, ōnis, f. : secessus, us, m. partenza, ritiramento.
Secius, avv. altrimenti.
Seclūdo, dis, si, sum, dĕre, A. separare, chiudere a parte.
Seclusus, a, um, add. separato, chiuso a parte.
Seco, as, ui : sectum, āre, A. segare, tagliare.
Secretio, ōnis, f. separazione.
Secreto, avv. segretamente.
Secrētum, i, n. segreto, luogo solingo.
Secrētus, a, um, add. segreto, separato.
Secta, æ, f. setta, scisma.
Sectātor, ōris, m. seguace.
Sectilis, m. e f. e, n. add. segaticcio.
Sectio, ōnis, f. segamento, divisione.
Sector, ōris, m. segatore.
Sector, āris, ātus, āri, D. seguitare, perseguitare.
Sectus, a, um, add. tagliato.
Secubitus, us, m. il dormir solo.
Secŭbo, as, ui, itum, āre, N. dormir solo o in disparte.
Secundæ, ārum, f. pl. le seconde parti, il seconda parte.
Secundarius, a, um, add. secondario.
Secunde, avv. felicemente.
Secundo, as, etc. A. secondare.
Secundo, avv. secondamente, secondariamente.
Secundum, prep. coll'acc. appresso, conforme, in favore.
Secundus, a, um, add. secondo, favorevole.
Secure, avv. sicuramente.
Securifer, era, erum, add. che porta scure.
Securis, is, f. scure, mannaia.
Securitas, ātis, f. sicurezza.
Secūrus, a, um, add. sicuro, tranquillo.
Secus, prep. coll'acc. appresso, lungo, avv. altrimenti: non secus ac, non altrimenti che se, ecc.
Sed, cong. ma, anzi.
Sedāte, avv. sedatamente.
Sedatio, ōnis, f. quiete, calma.
Sedecies, avv. sedici volte.
Sedecim : sexdecim, add. indecl. sedici.
Sedeo, des, di, ssum, dēre, N. sedere.
Sedes, is, f. sedia, sede.
Sedile, is, n. sedile.
Seditio, ōnis, f. sedizione.
Seditiōse, avv. sediziosamente.
Seditiosus, a, um, add. sedizioso.
Sedo, as, etc. A. sedare.
Sedūco, cis, xi, ctum, cĕre, A. sedurre, trarre in disparte.
Seductio, ōnis, f. il trarre in disparte, seduzione.

Seductus, a, um, add. tirato in disparte, sedotto.
Sedulitas, ātis, f. diligenza.
Sedŭlo : sedŭle, avv. accuratamente.
Sedŭlus, a, um, add. diligente, attento.
Seges, ĕtis, f. biada.
Segmen, ĭnis : segmentum, i, n. fetta, pezzo.
Segnis, m. e f. e, n. add. pigro, lento, tardo.
Segniter, avv. pigramente.
Segnitia, æ : segnities, ei, f. pigrizia.
Segrēgo, as, etc. A. separare.
Sejŭges, um, m. pl. muli a sei.
Sejunctio, ōnis, f. separazione.
Sejunctus, a, um, add. disgiunto, sequestrato.
Sejungo, gis, xi, ctum, gĕre, A. sequestrare, disgiungere.
Selectio, ōnis, f. scelta.
Selectus, a, um, add. scelto.
Selibra, æ, f. mezza libbra.
Seligo, igis, ēgi, ectum, igĕre, A. scegliere.
Sella, æ, f. sedia.
Semel, avv. una volta sola.
Semen, ĭnis, n. : sementis, is, f. seme, semenza.
Semento, as, etc. A. produr seme.
Semestris, m. e f. e, n. add. semestre, di sei mesi.
Semēsus, a, um, add. mezzo mangiato.
Semiadapertus, a, um, add. socchiuso.
Semianimis, m. e f. e, n. add. mezzo morto.
Semiapertus, a, um, add. mezzo aperto.
Semibos, ŏvis, add. mezzo bue.
Semicircularis, m. e f. e, n. add. semicircolare.
Semicircŭlus, i, m. semicircolo.
Semicoctus, a, um, add. mezzo cotto.
Semideus, i, m. semideo.
Semidoctus, a, um, add. semidotto.
Semihomo, inis, m. e f. mezz'uomo.
Semihora, æ, f. mezz'ora.
Semimortuus, a, um, add. mezzo morto.
Seminālis, m. e f. e, n. add. seminale.
Seminarium, ii, n. seminario, semenzaio.
Seminatio, ōnis, f. il seminare.
Seminator, ōris, m. seminatore.
Semino, as, etc. A. seminare.
Seminūdus, a, um, add. mezzo nudo.
Semis, n. indecl. mezzo, la metà.
Semisŏmnis, m. e f. e, n. : semisopitus, a, um, add. mezzo addormentato.
Semissis, is, f. mezzo asse, mezza libbra.
Semita, æ, f. sentiero, viottolo.
Semivir, viri, m. mezzo uomo, eunuco.
Semivivus, a, um, add. semivivo.
Semodius, ii, m. mezzo moggio.
Semōtus, a, um, add. segregato.
Semoveo, ŏves, ōvi, otum, ovēre, A. segregare, separare.
Semper, avv. sempre.
Sempiternum, avv. sempiternamente.
Sempiternus, a, um, add. sempiterno.

Semuncia, æ, f. *mezz'oncia.*
Senarius, a, um, add. *senario, di sei piedi.*
Senātor, ōris, m. *senatore.*
Senatorius, a, um, add. *senatorio.*
Senatus, us, m. *senato.*
Senecta, æ, f.: senectus, ūtis, f. *vecchiaia.*
Senesco, nescis, nui, nescĕre, N. *invecchiare.*
Senex, is, m. *vecchio.*
Seni, æ, a, add. *sei, a sei a sei.*
Senīlis, m. *e* f. e, n. add. *senile, di vecchio.*
Seniliter, avv. *da vecchio.*
Senior, ōris, m. *più vecchio, anziano.*
Senium, ii, n. *decrepitezza.*
Sensibilis, m. *e* f. e, n. add. *sensibile.*
Sensim, avv. *a poco a poco, adagio.*
Sensum, i, n.: sensus, us, m. *sentimento, sensazione, senso.*
Sententia, æ, f. *sentenza, parere.*
Sententiōse, avv. *sentenziosamente.*
Sententiosus, a, um, add. *sentenzioso.*
Senticetum, i, n. *spinaio.*
Sentina, æ, f. *sentina, fogna.*
Sentio, tis, si, sum, tīre, A. *sentire, intendere, accorgersi.*
Sentis, is, m. *spina, pruno.*
Sentus, a, um, add. *orrido, aspro.*
Seorsim: seorsum: seorsus, avv. *separatamente, diversamente.*
Separabilis, m. *e* f. e, n. add. *separabile.*
Separātim, avv. *separatamente.*
Separatio, ōnis, f. *separazione.*
Sepăro, as, etc. A. *separare.*
Sepelio, elis, elivi, ultum, elire, A. *seppellire, occultare.*
Sepes, is, f. *siepe, fratta.*
Sepia, æ, f. *seppia* (pesce).
Sepimentum, i, n. *steccato, serraglio.*
Sepio, is, si, tum, ire, A. *siepare, circondare.*
Sepōno, nis, sui, situm, nĕre, A. *separare, metter da parte.*
Sepositus, a, um, add. *messo a parte, riposto.*
Septem, add. indecl. *sette.*
September, ris, m. *settembre.*
Septemdĕcim, add. indecl. *diciassette.*
Septemplex, icis, add. *raddoppiato sette volte, o che ha sette parti.*
Septemvĭri, ōrum, m. pl. *magistrato di sette.*
Septenarius, a, um, add. *settenario.*
Septēni, æ, a, add. *a sette a sette.*
Septennis, m. *e* f. e, n. add. *di sette anni.*
Septentrio, ōnis, m. *settentrione.*
Septentrionalis, m. *e* f. e, n. add. *settentrionale.*
Septies, avv. *sette volte.*
Septimum, avv. *la settima volta.*
Septimus, a, um, add. *settimo.*
Septingenti, æ, a, add. *settecento.*
Septingentesimus, a, um, add. *settecentesimo.*
Septingenties, avv. *settecento volte.*
Septuagenarius, a, um, add. *settuagenario.*

Septuagēni, æ, a, add. *a settanta a settanta.*
Septuagesima, æ, f. *settuagesima.*
Septuagesimus, a, um, add. *settuagesimo.*
Septuagies, avv. *settanta volte.*
Septuaginta, add. indecl. *settanta.*
Septum, i, n. *steccato, sbarra.*
Septus, a, um, add. *sbarrato, cinto.*
Sepulcrālis, m. *e* f. e, n. add. *sepolcrale.*
Sepulcrētum, i, n. *sepolcreto.*
Sepulcrum, i, n. *sepolcro.*
Sepultūra, æ, f. *sepoltura.*
Sepultus, a, um, add. *sepolto.*
Sequax, ācis, a. *seguace.*
Sequēla, æ, f. *sequela.*
Sequester, tri, vel tris, m. *mediatore, mezzano, depositario.*
Sequestratio, ōnis, f. *sequestro.*
Sequestris, m. *e* f. e, n. add. *mezzano, intromesso.*
Sequestro, as, etc. A. *sequestrare.*
Sequestro, avv. *in sequestro.*
Sequior, m. *e* f.: sequius, n. ōris, add. *minore, peggiore.*
Sequor, queris, quūtus, qui, D. *seguire.*
Sera, æ, f. *serratura.*
Serenitas, ātis, f. *serenità.*
Sereno, as, etc. A. *serenare, rasserenare.*
Serēnus, a, um, add. *sereno.*
Sericatus, a, um, add. *vestito di seta.*
Sericum, i, n. *seta.*
Series, ēi, f. *serie.*
Serio, avv. *seriamente.*
Serius, a, um, add. *serio, grave.*
Sermo, ōnis, m. *discorso.*
Sermocinatio, ōnis, f. *ragionamento.*
Sermocinor, aris, atus, ari, D. *parlare, discorrere.*
Sero, eris, evi, satum, erĕre, A. *seminare.*
Sero, is, ui, tum, ĕre, A. *tessere.*
Sero, avv. *tardi, di sera:* serius, *più tardi.*
Serotīnus, a, um, add. *serotino.*
Serpens, entis, m. *e* f. *serpe, serpente.*
Serpentīnus, a, um, add. *di serpente.*
Serpo, is, si, tum, ĕre, N. *serpeggiare.*
Serpyllum, i, n. *serpillo.*
Serra, æ, f. *sega.*
Serratim, avv. *in modo di sega.*
Serrātus, a, um, add. *fatto a sega.*
Serrūla, æ, f. *seghetta.*
Sertum, i, n. *serto, corona, ghirlanda.*
Serum, i, n. *siero.*
Serus, a, um, add. *tardo:* serum diei, *la sera tardi:* in serum, avv. *alla sera.*
Serva, æ, f. *serva.*
Servabilis, m. *e* f. e, n. add. *conservabile.*
Servatio, ōnis, f. *cautela, riguardo.*
Servātor, ōris, m. *salvatore.*
Servātrix, īcis, f. *salvatrice.*
Servilis, m. *e* f. e, n. add. *servile.*
Serviliter, avv. *servilmente.*
Servio, is, ivi, itum, ire, N. *servire.*
Servitium, ii, n.: servitus, ūtis, f. *servitù, servigio.*
Servo, as, etc. A. *conservare, salvare.*

Servŭla, æ, f. *schiavetta*; servŭlus, i, m. *schiavetto*.
Servus, i, m. *servo, schiavo*: — a, um, add. *servo, soggetto*.
Sesqui, add. indecl. *una volta e mezzo*.
Sesquihōra, æ, f. *un' ora e mezzo*.
Sesquipedālis, m. e f. e, n, add. *di un piede e mezzo*.
Sessilis, m. e f. e, n. add. *atto a sedere, che siede in basso*.
Sessor, ōris, m. *seditore*.
Sestertium, ii, n.; sestertius, ii, m. *sesterzio, moneta romana*.
Seta, æ, f. *setola*.
Setĭger, era, erum: setōsus, a, um, add. *setoloso*.
Seu, cong. *ovvero, o sia, o*.
Severe, avv. *severamente*.
Severitas, ātis, f. *severità*.
Sevērus, a, um, add. *severo*.
Sevoco, as, etc. A. *chiamar da parte, ritirare*.
Sevum, i, n. *sevo*.
Sex, add. indecl. *sei*.
Sexagenarius, a, um, add. *sessagenario*.
Sexagēni, æ, a, add. *a sessanta a sessanta*.
Sexagesimus, a, um, add. *sessagesimo*.
Sexagies, avv. *sessanta volte*.
Sexaginta, add. indecl. *sessanta*.
Sexceni, æ, a, add. *a seicento a seicento*.
Sexcentesimus, a, um, add. *seicentesimo*.
Sexcenti, æ, a, add. *a seicento a seicento*.
Sexcenties, avv. *seicento volte*.
Sexdecies: sedecies, avv. *sedici volte*.
Sexdecim. V. Sedecim.
Sexennis, m. e f. e, n. add. *di sei anni*.
Sexennium, ii, n. *lo spazio di sei anni*.
Sexies, avv. *sei volte*.
Sextans, ăntis, m. *due once*.
Sextarius, ii, m. *sestiero, staio*.
Sextilis, is, m. *agosto*.
Sextus, a, um, add. *sesto*.
Sexus, us, m. *sesso*.
Si, cong. *se, poichè, benchè*.
Sibilo, as, etc. N. *fischiare*.
Sibilus, i, m.: sibilum, i, n. *fischio, sibilo*.
Sibilus, a, um, add. *che fischia, fischiante*.
Sic, cong. *così, in tal modo*.
Sica, æ, f. *stilo, stiletto*.
Sicarius, ii, m. *sicario*.
Siccatio, ōnis, f. *asciugamento*.
Sicce, avv. *seccamente, brevemente*.
Siccesco, is, ĕre, N. *seccarsi*.
Sicine? cong. *così? così eh?*
Siccitas, ātis, f. *siccità*.
Sicco, as, etc. A. *seccare*.
Siccus, a, um, add. *secco, asciutto*.
Sicubi, avv. *se in qualche luogo*.
Sicunde, avv. *se da qualche luogo*.
Sicut, cong. *siccome*.
Sideratio, ōnis, f. *costellazione*.
Sideratus, a, um, add. *assiderato, attratto*.
Sidereus, a, um, add. *stellato*.
Sido, dis, di, dĕre, N. *posarsi, cessare, arrenarsi*.
Sidus, ĕris, n. *costellazione, stella*.

Sigillātim, avv. *partitamente*.
Sigillātus, a, um, add. *ornato di figurine*.
Sigillum, i, n. *sigillo, figurina, diminutivo di signum*.
Signāte, avv. *espressamente*.
Signātor, ōris, m. *segnatore*.
Signatūra, æ, f. *segnatura, il sigillare*.
Signĭfer, ĕri, m. *alfiere*.
Significanter, avv. *espressamente*.
Significatio, ōnis, f. *significazione*.
Significo, as, etc. A. *significare*.
Signo, as, etc. A. *segnare, coniare, sigillare*.
Signum, i, n. *segno, sigillo, statua, insegna*.
Silens, ĕntis, c. add. *silenzioso*.
Silentium, ii, n. *silenzio*.
Sileo, es, ui, ēre: silesco, is, ĕre, N. *tacere*.
Silex, ĭcis, m. e f. *selce*.
Siliceus, a, um, add. *di selce*.
Siligineus, a, um, add. *di siligine*.
Silīgo, ĭnis, f. *siligine, segala*.
Siliqua, æ, f. *guscio, baccello*.
Silus, a, um, e silo, ōnis, add. *che ha il naso rincagnato*.
Silva, æ, f. *selva*.
Silvaticus, a, um, add. *inselvatichito*.
Silvesco, is, ĕre, N. *inselvatichire*.
Silvester, ris, re: silvestris, m. e f. e, n. add. *selvatico*.
Silvicŏla, æ, m. e f. *abitatore, o coltivatore di selve*.
Silvōsus, a, um, add. *boscoso*.
Silvŭla, æ, f. *selvetta*.
Simia, æ, f. *scimia, scimmia*.
Simila, æ: simĭlāgo, ĭnis, f. *fior di farina*.
Simĭlis, m. e f. e, n. add. *simile*.
Simĭlĭter, avv. *similmente*.
Similitūdo, ĭnis, f. *similitudine*.
Simiŏlus, i, m. *scimiotto*.
Simius, ii, m. *scimione*.
Simplex, ĭcis, c. add. *semplice, schietto*.
Simplicitas, ātis, f. *semplicità*.
Simplicĭter, avv. *semplicemente*.
Simplus, a, um, add. *scempio, semplice*.
Simul, avv. *insieme, unitamente*.
Simulācrum, i, n. *simulacro*.
Simulate, avv. *simulatamente*.
Simulatio, ōnis, f. *simulazione*.
Simulātor, ōris, m. *simulatore*.
Simŭlo, as, etc. A. *fingere*.
Simultas, ātis, f. *odio occulto, inimicizia*.
Sin, cong. *ma se, che se, se poi*.
Sināpi, n. indecl. sināpis, is, f. *senapa*.
Sincēre, avv. *sinceramente*.
Sinceritas, ātis, f. *sincerità*.
Sincērus, a, um, add. *sincero*.
Sincĭput, itis, n. *sincipite, la parte anteriore del capo*.
Sine, prep. coll'abl. *senza*.
Singillātim. V. Sigillatim.
Singulāris, m. e f. e, n. add. *singolare*.
Singulariter, avv. *singolarmente*.
Singŭli, æ, a, add. *ciascheduno*.
Singultim, avv. *singhiozzando*.
Singulto, as, etc. A. *singhiozzare*.

Singultus, us, m. *singhiozzo.*
Sinister, ra, rum, add. *sinistro, contrario.*
Sinistra, æ, f. *la mano manca:* — avv. *a parte sinistra.*
Sinistre, avv. *sinistramente.*
Sinistrorsum: sinistrōrsus, avv. *a sinistra, verso la sinistra.*
Sino, nis, vi, tum, nĕre, A. *permettere, concedere.*
Sinŭo, as, etc. A. *curvare, piegare.*
Sinuōsus, a, um, add. *torto.*
Sinus, us, m. *grembo, seno di mare.*
Siparium, ii, n. *sipario, tenda, cortina.*
Sipho, ōnis, m. *canale, cannello.*
Siquāndo, avv. *se mai, se una volta.*
Siquidem, avv. *poichè, perchè.*
Siquis, qua, quod, *vel* quid, add. *se alcuno.*
Siquo, avv. *se in qualche luogo.*
Siren, ēnis, f. *sirena.*
Sirius, ii, m. *sirio, canicola.*
Siser, eris, m. *e* n. *sisaro, carota.*
Sisto, is, iti, stātum, ĕre, A. *fermare, arrestare,* N. *fermarsi.*
Sistrum, i, n. *sistro.*
Siticulōsus, a, um, add. *che induce sete.*
Sitiens, entis, c. add. *sitibondo.*
Sitienter, avv. *ardentemente.*
Sitio, is, ivi, itum, ire, A. *aver sete.*
Sitis, is, f. *sete, gran desiderio.*
Sitŭla, æ, f. *secchia, urna da estrar le sorti.*
Situs, us, m. *sito, situazione, puzzore.* — a, um, add. *situato.*
Sive, cong. *o se, o sia.*
Smaragdinus, a, um, add. *di smeraldo.*
Smaragdus, i, m. *smeraldo.*
Sobŏles, is, f. *stirpe.*
Sobrie, avv. *parcamente.*
Sobrietas, ātis, f. *sobrietà.*
Sobrina, æ, f. *cugina.*
Sobrinus, i, m. *cugino.*
Sobrius, a, um, add. *sobrio.*
Soccus, i, m. *socco, zoccolo.*
Socer, ĕris, m. *suocero.*
Socia, æ, f. *compagna.*
Sociabilis, m. *e* f. e, n. add. *sociabile.*
Socialis, m. *e* f. e, n. add. *sociale.*
Societas, ātis, f. *società, compagnia.*
Socio, as, etc. A. *associare.*
Socius, ii, m. *socio, compagno:* — a, um, add. *confederato, compagno.*
Socordia, æ, f. *codardia.*
Socordĭter, avv. *negligentemente.*
Socors, ŏrdis, c. add. *codardo.*
Socrus, us, f. *suocera.*
Sodalis, is, m. *compagno, amico, confratello.*
Sodalitas, ātis, f. *compagnia, amicizia.*
Sodalitium, ii, n. *confraternita.*
Sodes, avv. *di grazia, se ti piace.*
Sol, solis, m. *sole, giorno.*
Solāmen, inis, n. *sollievo, ristoro.*
Solaris, m. *e* f. e, n. add. *solare.*
Solarium, ii, n. *orologio da sole, terrazzo.*
Solatiolum, i, n. *piccolo sollievo.*
Solatium, ii, n. *sollazzo.*
Solator, ōris, m. *consolatore.*
Solea, æ, f. *scarpa, sogliola.*
Soleātus, a, um, add. *in pianelle.*
Solemnis, m. *e* f. e, n. add. *solenne.*
Solemnitas, ātis, f. *solennità.*
Solemniter, avv. *solennemente.*
Soleo, es, ui, *vel* itus sum, ēre, N. *essere solito.*
Solers, *vel* sollers, ĕrtis, c. add. *perito, sagace, ingegnoso.*
Solērter, avv. *sottilmente, ingegnosamente.*
Solertia, æ, f. *ingegno, sottigliezza.*
Solide, avv. *saldamente.*
Solidĭpes, ĕdis, c. add. *che ha ai piedi l' unghia intera come il cavallo ecc.*
Soliditas, ātis, f. *solidità.*
Solido, as, etc. A. *assodare.*
Solidus, a, um, add. *solido.*
Solitarius, a, um, add. *solitario.*
Solitūdo, inis, f. *solitudine.*
Solitus, a, um, add. *solito.*
Solium, ii, n. *soglio, trono.*
Sollicitatio, ōnis, f. *sollecitazione.*
Sollicitātor, ōris, m. *instigatore.*
Sollicite, avv. *sollecitamente.*
Sollicito, as, etc. A. *sollecitare.*
Sollicitūdo, inis, f. *sollecitudine, pensiero, cura.*
Sollicitus, a, um, add. *sollecito, pieno d' affanno.*
Solœcismus, i, m. *solecismo, errore in grammatica.*
Solor, āris, ātus, āri, D. *consolare, sollevare.*
Solstitiālis, m. *e* f. e, n. add. *solstiziale.*
Solstitium, ii, n. *solstizio, e specialmente quello di estate.*
Solubilis, m. *e* f. e, n. add. *solubile.*
Solum, i, n. *suolo, terreno, fondo.*
Solum: solummŏdo, avv. *solamente.*
Solvo, vis, vi, ūtum, vĕre, A. *sciogliere, pagare.*
Solus, a, um, add. *solo.*
Solūte, avv. *sciolgamente.*
Solutio, ōnis, f. *soluzione, scioglimento, pagamento.*
Solūtus, a, um, add. *sciolto, pagato.*
Somniātor, ōris, m. *sognatore.*
Somniculōsus, a, um, add. *sonnacchioso.*
Somnifer, ĕra, ĕrum: somnifĭcus, a, um, add. *sonnifero, che induce sonno.*
Somnio, as, etc. A. *e* N. *sognare.*
Somnium, ii, n. *sogno.*
Somnus, i, m. *sonno, sopore.*
Sonabilis, m. *e* f. e, n. add. *sonante.*
Sonipes, ĕdis, c. add. *risonante col piede, cavallo.*
Sonitus, us, m. *suono.*
Sono, as, ui, itum, are, A. *sonare.*
Sonōre, avv. *sonoramente.*
Sonōrus, a, um, add. *sonoro.*
Sons, tis, c. add. *colpevole.*
Sonticus, a, um, add. *grave, nocivo.*
Sonus, i, m. *suono.*
Sophisma, ătis, n. *sofisma, falso argomento.*

Sophistes, *vel* sophista, æ, m. *sofista.*
Sophisticus, a, um, add. *sofistico.*
Sophus, i, m. *sapiente, dotto.*
Sopio, is, ivi, itum, ire, A. *sopire, addormentare.*
Sopor, ōris, m. *sopore, sonno.*
Soporifer, ĕra, ĕrum, add. *soporifero.*
Sopōro, as, etc. A. *addormentare.*
Sopōrus, a, um, add. *sonnolento.*
Sorbeo, bes, bui, *vel* psi, bitum, bēre, A. *sorbire.*
Sorbilis, m. *e* f. e, n. add. *facile da inghiottire.*
Sorbillo, as, etc. A. *sorsare.*
Sorbitio, ōnis, f. *il sorbire, sorbetto, bevanda.*
Sorbum, i, n. *sorba.*
Sorbus, i, f. *sorbo.*
Sordeo, es, ui, ēre, N. *esser sordido, essere a vile.*
Sordes, is, f. *sordidezza.*
Sordesco, is, ĕre, N. *divenir sordido.*
Sordide, avv. *sordidamente.*
Sordidus, a, um, add. *sporco, sordido.*
Soror, ōris, f. *sorella.*
Sororcŭla, æ, f. *sorellina.*
Sororius, a, um, add. *di sorella.*
Sors, tis, f. *sorte, capitale, eredità.*
Sortes, ium, f. pl. *biglietti a sorte.*
Sortilegium, ii, n. *sortilegio, incantamento.*
Sortilĕgus, a, um, add. *pieno d' incantesimi.*
Sortior, iris, itus, iri, D. *tirare a sorte, sortire.*
Sortitio, ōnis, f. *il tirare a sorte.*
Sortito, avv. *a sorte, per sorte.*
Sortitor, ōris, m. *chi tragge a sorte.*
Sortitus, a, um, add. *che ha avuto a sorte.*
Sospes, itis, c. add. *sano e salvo.*
Sospita, æ, f. *liberatrice.*
Sospito, as, etc. A. *conservar sano e salvo, salvare.*
Soter, ēris, m. *salvatore.*
Spargo, gis, si, sum, gĕre, A. *spargere.*
Sparsim, avv. *qua e là.*
Sparsus, a, um, add. *sparso, versato.*
Spartum, i, n. *sparto, ginestra di Spagna di cui si fanno funi.*
Spasmus, i, m. *spasimo.*
Spatha, æ, f. *spatola.*
Spatiator, ōris, m. *vagabondo.*
Spatior, āris, ātus, āri, D. *passeggiare.*
Spatiōse, avv. *ampiamente.*
Spatiōsus, a, um, add. *spazioso, grande.*
Spatium, ii, n. *spazio.*
Specialis, m. *e* f. e, n. add. *particolare.*
Specialiter, avv. *specialmente.*
Species, ēi, f. *immagine, apparenza, bellezza.*
Specificus, a, um, add. *specifico.*
Specimen, inis, n. *saggio, mostra, modello.*
Speciōse, avv. *pomposamente.*
Speciōsus, a, um, add. *bello, vistoso.*
Spectabilis, m. *e* f. e, n. add. *ragguardevole.*
Spectacŭlum, i, n. *spettacolo.*

Spectatio, ōnis, f. *il guardare.*
Spectator, ōris, m. *spettatore.*
Spectatrix, īcis, f. *spettatrice.*
Specto, as, etc. A. *guardare, mirare.*
Spectrum, i, n. *spettro.*
Specŭla, æ, f. *piccola speranza, vedetta, specola.*
Speculabundus, a, um, add. *che sta specolando.*
Specularia, um, *vel* ōrum, n. pl. *invetriata.*
Speculator, ōris, m. *specolatore, esploratore.*
Speculatorius, a, um, add. *che serve per speculare, o spiare.*
Speculatrix, īcis, f. *osservatrice.*
Specŭlor, āris, ātus, āri, D. *specolare.*
Speculum, i, n. *specchio, immagine.*
Specus, us, m. *talora* f. *e* n.: spelunca, æ, f.: spelæum, ĕi, n. *spelonca, antro.*
Sperabilis, m. *e* f. e, n. add. *sperabile.*
Sperno, ĕrnis, rēvi, rētum, ernĕre, A. *sprezzare, ributtare.*
Spero, as, etc. A. *sperare.*
Spes, ĕi, f. *speranza.*
Sphæra, æ, f. *sfera, globo.*
Spica, æ, f. *spiga.*
Spiceus, a, um, add. *di spiga.*
Spicifer, ĕra, ĕrum, add. *che porta spiga.*
Spicilegium, ii, n. *spigolamento.*
Spiculator, ōris, m. *alabardiere, guardia.*
Spicŭlum, i, n. *dardo, giavellotto.*
Spina, æ, f. *spina.*
Spineus, a, um, add. *di spine.*
Spinōsus, a, um, add. *spinoso.*
Spinther, ēris, n. *braccialetto.*
Spinus, i, m. *e* f. *spino, prugnolo.*
Spira, æ, f. *spira.*
Spirabilis, m. *e* f. e, n. add. *spirabile.*
Spiracŭlum: spiramentum, i: spiramen, inis n. *spiraglio.*
Spiritalis, m. *e* f. e, n. add. *spirituale.*
Spiritaliter, avv. *spiritualmente.*
Spiritus, us, m. *spirito, soffio.*
Spiro, as, etc. A. *e* N. *spirare, soffiare.*
Spisse, avv. *densamente.*
Spissitas, ātis, f. *spessezza.*
Spisso, as, etc. A. *condensare.*
Spissus, a, um, add. *spesso, denso.*
Splen, splenis, m. *milza.*
Splendens, entis, c. add. *risplendente.*
Splendeo, es, ui, ēre, N. *splendere.*
Splendesco, is, ĕre, N. *farsi lucente.*
Splendide, avv. *splendidamente.*
Splendidus, a, um, add. *splendido.*
Splendor, ōris, m. *splendore.*
Spoliatio, ōnis, f. *spogliamento.*
Spoliator, ōris, m. *spogliatore.*
Spoliatrix, īcis, f. *spogliatrice.*
Spolio, as, etc. A. *spogliare, saccheggiare.*
Spolium, ii, n. *spoglia.*
Sponda, æ, f. *sponda, letto.*
Spondæus, i, m. *spondeo, piede di due sillabe lunghe.*
Spondeo, ndes, pŏndi, nsum, ndēre, A. *promettere.*

Spongia, æ, f. *spugna.*
Spongiōsus, a, um, add. *spugnoso.*
Sponsa, æ, f. *sposa, novizia.*
Sponsalia, um, n. pl. *sponsali.*
Sponsālis, m. e f. e, n. add. *sponsale, di sposalizio.*
Sponsio, ōnis, f. *promessa, scommessa.*
Sponsor, ōris, m. *mallevadore, promettitore.*
Spōnsus, i, m. *sposo.*
Spōnsus, a, um, add. *promesso.*
Spontanĕus, a, um, add. *spontaneo.*
Sponte, avv. *spontaneamente.*
Spondēi. V. Spondeo.
Sporta, æ, f. *sporta.*
Sportella, æ, f. *sportellina, sportula.*
Spretor, ōris, m. *spregiatore.*
Spretus, a, um, add. *rifiutato.*
Spuma, æ, f. *schiuma.*
Spumans, āntis, c.: spumĕus: spumosus, a, um, add. *spumoso, schiumoso.*
Spumo, as, etc. N. *spumare.*
Spuo, uis, ui, ūtum, uĕre, N. *sputare.*
Spurce, avv. *sporcamente.*
Spurcitia, æ, f. *sporcizia.*
Spurco, as, etc. A. *sporcare.*
Spurcus, a, um, add. *lordo, sozzo.*
Spurius, a, um, add. *illegittimo.*
Sputo, as, etc. A. *sputare.*
Sputum, i, n. *sputo.*
Squalens, ēntis, c. add. *squallido.*
Squalĕo, es, ui, ēre, N. *essere squallido.*
Squalide, avv. *lordamente, grossolanamente.*
Squalidus, a, um, add. *squallido.*
Squalor, ōris, m. *squallore.*
Squama, æ, f. *scaglia.*
Squamatim, avv. *a squame.*
Squamĕus: squamosus, a, um, add. *scaglioso.*
Stabilio, Tis, ivi, itum, ire, A. *assodare.*
Stabilis, m. e f. e, n. add. *stabile, saldo.*
Stabilitas, ātis, f. *stabilità.*
Stabiliter, avv. *stabilmente.*
Stabulo, as, etc. N.: stabulor, āris, ātus, ari, D. *abitare nella stalla.*
Stabulum, i, n. *stalla.*
Stadium, ii, n. *stadio.*
Stagno, as, etc. N. *inondare, stagnare, star fermo.*
Stagnum, i, n. *stagno, laguna.*
Stamen, inis, n. *ordito, stame.*
Staminĕus, a, um, add. *di stame.*
Stannĕus, a, um, add. *di stagno.*
Stannum, i, n. *stagno* (metallo).
Stans, stantis, c. add. *che sta in piedi.*
Stapia, æ, f. *staffa.*
Stat, bat, tum est, re, imp. *avere stabilito nella mente.*
Statēra, æ, f. *stadera.*
Statim, avv. *subito.*
Statio, ōnis, f. *stazione, dimora, quartiere.*
Statīvus, a, um, add. *che sta fermo*: præsidium statīvum, *guarnigione*: stativa castra, *campo.*

Stator, ōris, m. *famiglio, serviente.*
Statua, æ, f. *statua.*
Statuaria, æ, f. *statuaria.*
Statuarius, ii, m. *scultore.*
Statuarius, a, um, add. *statuario.*
Statuo, uis, ui, ūtum, uĕre, A. *stabilire, statuire.*
Statura, æ, f. *statura.*
Status, us, m. *stato positura*: — a, um, add. *fisso, decretato, stabilito.*
Statutus, a, um, add. *eretto, stabilito.*
Stella, æ, f. *stella, astro.*
Stellans, āntis, c.: stellatus, a, um, add. *stellato.*
Stellio, ōnis, m. *tarantola.*
Stemma, ătis, n. *stemma, insegna gentilizia.*
Stercoratio, ōnis, f. *il concimare.*
Stercoro, as, etc. A. *concimare.*
Stercor: stercus, ŏris, n. *sterco, concime.*
Sterilēsco, is, ere, N. *sterilire.*
Sterilis, m. e f. e, n. add. *sterile.*
Sterilitas, ātis, f. *sterilità.*
Steriliter, avv. *sterilmente.*
Sterno, ernis, ravi, ratum, ernĕre, A. *sdraiare, atterrare.*
Sternuo, uis, ui, uĕre, N. *starnutare.*
Sternutamentum, i, n. *starnuto.*
Sternuto, as, etc. A. *starnutare.*
Sterquilinium, ii, n. *letamaio*
Sterto, is, ui, ĕre, N. *russare*
Steti. V. Sto.
Stibium, ii, n. *antimonio* (minerale).
Stigma, ătis, n.: stigmata, um, n. pl. *stimate.*
Stilla, æ, f. *stilla, goccia.*
Stillatim, avv. *a stilla a stilla.*
Stillicidium, ii, n. *stillicidio, grondaia.*
Stillo, as, etc. A. *stillare, gocciolare.*
Stilus, i, m. *stilo, stile.*
Stimulatio, ōnis, f. *instigazione.*
Stimulator, ōris, m. *stimolatore.*
Stimulatrix, īcis, f. *instigatrice.*
Stimulo, as, etc. A. *stimolare.*
Stimulus, i, m.: stimulium, i, n. *stimolo.*
Stipatio, ōnis, f. *addensamento, folla, corteggio.*
Stipator, ōris, m. *guardia.*
Stipendiarius, a, um, add. *tributario*: stipendiarius miles, *soldato stipendiato.*
Stipendium, ii, n. *stipendio, paga.*
Stipes, itis, m. *stipite, tronco, ceppo.*
Stipo, as, etc. A. *stipare, stivare.*
Stips, is, f. *moneta minuta, mancia, elemosina.*
Stipula, æ, f. *stoppia, paglia.*
Stipulatio, ōnis, f. *stipulazione.*
Stipulator, ōris, m. *chi stipula.*
Stipulor, aris, ātus, ari, D. *stipulare.*
Stiria, æ, f. *stilla, goccia gelata.*
Stirpitus, avv. *sino dalle radici.*
Stirps, pis, f. *stirpe, sterpo.*
Stiti. V. Sisto.
Stiva, æ, f. *stiva, manico dell'aratro.*
Sto, stas, steti, statum, stare, N. *stare, fermarsi in piedi.*
Stola, æ, f. *stola* (veste da donna).

Stolĭde, avv. *stolidamente.*
Stolidĭtas, ātis, f. *stolidezza.*
Stolĭdus, a, um, add. *stolido.*
Stomăchor, āris, ātus, āri. D. *stomacarsi, adirarsi.*
Stomachōse, avv. *con isdegno.*
Stomachus, i, m. *stomaco, collera, sdegno.*
Storĕa, æ, f. *stuoja.*
Strabo, ōnis, m. *guercio.*
Strages, is, f. *strage.*
Stragŭlum, i, n. *coperta da letto.*
Stramen, ĭnis, n. : stramentum, i, n. *strame, paglia.*
Stramineus, a, um, add. *di strame.*
Strangulatio, ōnis, f. *strangolazione.*
Strangulo, as, etc. A. *strangolare.*
Stranguria, æ, f. *difficoltà di orinare.*
Strata, æ, f. *strada, selciato.*
Stratagĕma, ătis, n. *stratagemma.*
Stratum, i, n. *strato, letto.*
Stratus, a, um, add. *sdraiato, atterrato lastricato.*
Stravi. V. Sterno.
Strenue, avv. *coraggiosamente.*
Strenuĭtas, ātis, f. *valentia, bravura.*
Strenuus, a, um, add. *valente.*
Strepĭtus, us, m. *strepito.*
Strepo, is, ui, ĭtum, ĕre. N. *strepitare.*
Stria, æ, f. *stria, scanalatura delle colonne.*
Striatura, æ, f. *scanalatura.*
Striatus, a, um, add. *scanalato.*
Strictim, stricte, avv. *strettamente.*
Strictus, a, um, add. *stretto, angusto.*
Strideo, es, ēre : strido, dis, di, dĕre, N. *stridere.*
Stridor, ōris, m. *stridore.*
Stridŭlus, a, um, add. *stridulo.*
Strigĭlis, is, f. *stregghia.*
Strigōsus, a, um, add. *macilento.*
Stringo, ngis, nxi, ctum, ngĕre, A. *stringere.*
Strio, as, ec. A. *scanalare.*
Strix, strigis, f. *scanalatura*, **strige (uccello)**, *strega.*
Stropha, æ, vel strophe, es, f. *strofa, cavillo.*
Structor, ōris, m. *scalco, muratore.*
Structūra, æ, f. *fabbrica, costruzione.*
Structus, a, um, add. *costruito, disposto.*
Strues, is, f. *catasta.*
Struma, æ, f. *scrofola.*
Strumōsus, a, um, add. *che ha scrofole.*
Struo, is, xi, ctum, ĕre, A. *fabbricare, accatastare, disporre.*
Studeo, es, ui, ēre, A. e N. **studiare**, *attendere, favorire.*
Studiōse, avv. *con diligenza.*
Studiōsus, a, um, add. *studioso.*
Studium, ii, n. *genio, studio, favore.*
Stulte, avv. *stoltamente.*
Stultiloquium, ii, n. *stoltiloquio.*
Stultitia, æ, f. *stoltezza.*
Stultus, a, um, add. *stolto.*
Stupa : stuppa, æ, f. *stoppa.*
Stupefacio, ăcis, ēci, actum, acĕre, A. *stupefare.*
Stupefactus, a, um, add. *stupefatto.*
Stupens, entis, c. add. *stupido, istupidito.*
Stupeo, es, ui, ēre : stupesco, is, ĕre, N. *stupire.*
Stupeus : stuppeus, a, um, add. *di stoppa.*
Stupidĭtas, ātis, f. *stupidità.*
Stupĭdus, a, um, add. *stupido.*
Stupor, ōris, m. *stupore.*
Stupro, as, etc. A. *stuprare, violare.*
Stuprum, i, n. *stupro.*
Sturnus, i, m. *storno (uccello).*
Styrax, ăcis, m. *storace (albero).*
Suadeo, des, si, sum, dēre, A. e N. *persuadere.*
Suasio, ōnis, f. *persuasione.*
Suasor, ōris, m. *esortare.*
Suasorius, a, um, add. *esortatorio, persuasivo.*
Suasus, a, um, add. *persuaso.*
Suaveolens, entis, c. add. *di odor soave.*
Suaviatio, ōnis, f. *baciamento.*
Suavilŏquens, entis, c. : suavilŏquus, a, um, add. *chi parla soave.*
Suaviloquentia, æ, f. *parlar dolce.*
Suaviŏlum, i, n. *bacicchio.*
Suavior, āris, ātus, āri, D. *baciucchiare.*
Suavis, m. e f. e, n. add. *soave.*
Suavĭtas, ātis, f. *soavità.*
Suavĭter, avv. *soavemente.*
Suavium, ii, n. *bacio.*
Sub, prep. coll'abl. e coll'acc. *sotto, verso*; il *sub* premesso a molti aggettivi di qualità ne diminuisce la forza, come *subobscurus, subacidus*, etc. *alquanto oscuro alquanto, un poco, acido.*
Subacĭdus, a, um, add. *acidetto.*
Subactio, ōnis, f. *esercizio, coltura, lo stemperare.*
Subactus, a, **um, add.** ***intriso, domato, lavorato.***
Subaudio, is, **ivi, itum, ire, A. *sottintendere.***
Subcisivus. V. Subsecivus.
Subdiaconatus, us, m. *suddiaconato.*
Subdiacŏnus, i, m. *suddiacono.*
Subdialis, m. e f. e, n. add. *posto allo scoperto.*
Subdidi. V. Subdo.
Subditĭtius : subditīvus, a, um, add. *finto, supposto.*
Subdĭtus, a, um, add. *suddito, soggetto.*
Subdo, dis, didi, ditum, dĕre, A. *metter sotto, sostituire.*
Subdŏle, avv. *con inganno.*
Subdŏlus, a, um, add. *ingannatore, ingannevole.*
Subduco, cis, xi, ctum, cĕre, A. *sottrarre, tirar da sotto in su, rubare, ammainare, calcolare.*
Subductio, ōnis, f. *sottrazione, calcolo.*
Subductus, a, um, add. *sottratto, calcolato.*
Subeo, is, ivi, *vel* ii, itum, ire, N. *andar sotto, succedere.*
Suber, ĕris, n. *sughero.*
Subflāvus, a, um, add. *biondetto.*
Subfuscus, a, um, add. *nericcio.*

Subgrunda, æ: subgrundatio, onis, f.: subgrundium, ii, n. *gronda, grondaia.*
Subjaceo, aces, acui, acēre, N. *soggiacere.*
Subjectio, onis, f. *soggezione.*
Subjecto, as, etc. A. *sottoporre, gettar da sotto in su.*
Subjectus, a, um, add. *sottoposto, soggetto, subalterno.*
Subigo, igis, egi, actum, igĕre, A. *soggiogare, stemperare, masticare, arare.*
Subjicio, icis, eci, ectum, icĕre, A. *sottomettere, sostituire, coltivare, soggiungere.*
Subinde, avv. *di poi, di quando in quando.*
Subirātus, a, um, add. *alquanto adirato.*
Subitaneus, a, um, add. *subitaneo.*
Subito, avv. *subito.*
Subitus, a, um, add. *subito, repentino.*
Subjugo, as, etc. A. *soggiogare.*
Subjungo, gis, xi, ctum, gĕre, A. *soggiungere.*
Sublāpsus, a, um, add. *scaduto.*
Sublāte, avv. *altamente.*
Sublatio, onis, f. *innalzamento.*
Sublātus, a, um, add. *innalzato, tolto via, superbo.*
Sublĕgo, egis, egi, ectum, egĕre: A. *raccogliere di sotto, ascoltare di nascosto, sostituire.*
Sublevo, as, etc. A. *sollevare, aiutare.*
Subligaculum, i, n. *mutande.*
Sublime, avv. *in alto, in aria.*
Sublimis, m. e f. e, n. add. *sublime.*
Sublimitas, atis, f. *sublimità, altezza.*
Sublimiter, avv. *altamente, sublimemente.*
Sublūstris, m. e f. e, n. add. *un poco chiaro.*
Submergo, gis, si, sum, gere, A. *sommergere.*
Submersus, a, um, add. *sommerso.*
Subministro, as, etc. A. *somministrare.*
Submisse, avv. *sommessamente.*
Submissio, onis, f. *sommissione.*
Submissus, a, um, add. *sommesso.*
Submitto, ttis, si, ssum, ttere, A. *sottomettere, abbassare.*
Submolĕstus, a, um, add. *alquanto dispiacevole.*
Submotus, a, um, add. *rimosso.*
Submoveo, oves, ovi, otum, ovēre, A. *rimuovere.*
Subnecto, ctis, xui, xum, ctere, A. *soggiugnere, allacciare.*
Subniger, ra rum, add. *negretto.*
Subnixus, a, um, add. *appoggiato, che si confida.*
Suboleo, oles, olui, olēre, N. *aver sentore, presentire.*
Suborior, oreris, ortus, oriri, D. *sopravvenire.*
Suborno, as, etc. A. *subornare.*
Subrĕctus, a, um, add. *ritto.*
Subrēpo, epis, epsi, vel surrepsi, tum, ere, A. *insinuarsi di soppiatto, introdursi.*
Subreptitius, a, um, add. *surrettizio.*
Subrideo, ides, isi, isum, idēre, A. *sogghignare.*
Subrigo, igis, exi, ectum, igĕre, A. *alzar ritto.*
Subrŏgo, as, etc. A. *surrogare.*
Subrŭber, ra, rum, add. *rossiccio.*
Subruo, uis, ui, utum, uĕre, A. *scavar sotto, rovinare.*
Subrusticus, a, um, add. *rustichetto.*
Subscribo, bis, psi, ptum, bĕre, A. *sottoscrivere.*
Subscriptio, onis, f. *sottoscrizione.*
Subscriptor, oris, m. *chi sottoscrive.*
Subscriptus, a, um, add. *sottoscritto.*
Subsecivus, a, um, add. *restante, residuo.*
Subseco, as, ui, ctum, are, A. *segare, tagliare.*
Subsellium, ii, n. *sedile, sedia.*
Subsĕquens, entis, c. add. *susseguente.*
Subsideo, ides, edi, essum, idēre, N. *fermarsi, appiattarsi, andare al fondo.*
Subsidiarius, a, um, add. *sussidiario.*
Subsidium, ii, n. *sussidio.*
Subsido, idis, idi, idĕre, A. *andare al fondo, sommergersi.*
Subsigno, as, etc. A. *sottoscrivere.*
Subsilio, ilis, ilui, vel ilivi, ultum, ilire, N. *saltare in su.*
Subsisto, sistis, stiti, stitum, sistĕre, A. *fermare, trattenere*, N. *star saldo.*
Subsolānus, i, *vento di Levante.*
Substantia, æ, f. *sostanza.*
Substantiālis, m. e f. e, n. add. *sostanziale.*
Substantivus, a, um, add. *sostantivo.*
Substerno, ernis, ravi, ratum, ernĕre, A. *stendere sotto, sottoporre.*
Substiti, V. Subsisto e substo.
Substituo, uis, ui, utum, uĕre, A. *sostituire.*
Substitutus, a, um, add. *sostituito.*
Substo, as, āre, N. *star fermo, star sotto.*
Substratus, a, um, add. *disteso sotto.*
Substrictus, a, um, add. *ristretto, represso.*
Substringo, ngis, nxi, ctum, ngĕre, A. *stringere reprimere.*
Substructio, onis, f. *fondamento.*
Substructus, a, um, add. *fabbricato.*
Substruo, uis, uxi, uctum, uĕre, A. *fare i fondamenti.*
Subsultim, avv. *a salti.*
Subsulto, as, etc. N. *saltellare.*
Subsum, es, esse, N. *esser sotto, esser vicino*
Subsūtus, a, um, add. *cucito sotto.*
Subtectus, a, um, add. *coperto.*
Subtegmen, inis, n. *trama.*
Subter, prep. coll'abl. e coll'acc. *sotto.*
Subterfluo, uis, uxi, uxum, uĕre, N. *scorrer sotto.*
Subterfugio, ugis, ugi, ugĕre, A. *fuggir di nascosto.*
Subterlābor, aberis, apsus, abi, D. *scorrer sotto.*
Subterranĕus, a, um, add. *sotterraneo.*
Subtĕxo, exis, exui, extum, exĕre, A. *tessere sotto, coprire, soggiugnere.*
Subtilis, m. e f. e, n. add. *sottile, acuto.*

Subtilitas, ātis, f. *sottigliezza.*
Subtiliter, avv. *sottilmente, acutamente.*
Subtractus, a, um, add. *sottratto.*
Subtraho, ahis, axi, actum, ahĕre, A. *to-gliere di sotto mano, sottrarre.*
Subtus, avv. *di sotto.*
Subucula, æ, f. *camicia da uomo.*
Subulcus, i, m. *porcajo.*
Suburbanum, i, n. *podere vicino alla città.*
Suburbānus, a, um, add. *vicino alla città.*
Subvĕcto, as, etc. A. *portare, condurre in alto.*
Subvĕctus, a, um, add. *portato in alto.*
Subveho, ehis, exi, ectum, ehĕre, A. *in-nalzare.*
Subvenio, enis, eni, entum, enīre, N. *so-pravvenire, sovvenire.*
Subvereor, eris, itus, eri, D. *temere un poco.*
Subversor, oris, m. *distruggitore.*
Subversus, a, um, add. *rovesciato.*
Subverto, tis, ti, sum, tĕre, A. *sovvertire, distruggere.*
Subviridis, m. e f. e, n. add. *verdiccio.*
Subvolo, as, etc. N. *volare in su.*
Succedaneus, a, um, add. *sostituito.*
Succedo, dis, ssi, ssum, dĕre, N. *succe-dere, entrar sotto, riuscir bene.*
Succendo, ndis, ndi, nsum, ndĕre. A. *dar fuoco di sotto.*
Succenseo, es, ui, ēre, N. *adirarsi, cor-rucciarsi.*
Succensus, a, um, add. *infiammato.*
Successio, onis, f. *successione.*
Successor, oris, m. *successore.*
Successus, us, m. *avvicinamento, riuscita felice*: — a, um, add. *successo.*
Succīdo, dis, di, sum, dĕre, A. *tagliare.*
Succĭdo, idis, idi, dĕre, N. *cader sotto.*
Succiduus, a, um, add. *cadente.*
Succinctus, a, um, add. *succinto, agile.*
Succineus, a, um, add. *d' ambra.*
Succingo, gis, xi, ctum, gĕre, A. *succin-gere.*
Succino, inis, inui, inĕre, N. *cantar dopo un altro.*
Succinum, i, n. *elettro, ambra.*
Succisus, a, um, add. *tagliato.*
Succlamatio, onis, f. *acclamazione.*
Succlamo, as, etc. A. *acclamare, applau-dire.*
Succo, onis, m. *usuraio.*
Succosus, a, um, add. *sugoso.*
Succresco, escis, evi, etum, escĕre, N. *cre-scere.*
Succumbo, mbis, bui, bitum, mbĕre, N. *cader sotto.*
Succurro, ris, ri, sum, rĕre, N. *correr sotto, sovvenire.*
Succus, *vel* sucus, i, m. *sugo.*
Succussio, onis, f. *scossa.*
Succussus, us, m. *scotimento di cavallo che trotta.*
Succutio, utis, ussi, ussum, utĕre, A. *scuo-tere.*
Sucula, æ, f. *procellaria.*

Suculus, i, m. *porcellino.*
Sudarium, i, n. *sciugatoio.*
Sudatio, onis, f. *il sudare.*
Sudātor, oris, m. *chi suda.*
Sudes, *vel* sudis, is, f. *pertica.*
Sudo, as, etc. A. *sudare.*
Sudum, i, n. *cielo, tempo sereno.*
Sudus, a, um, add. *asciutto, sereno.*
Sueo, es, evi, etum, ēre, N. *usare, costu-mare.*
Suesco, escis, evi, etum, escĕre, N. *esser solito, assuefarsi.*
Suetus, a, um, add. *assuefatto.*
Suffectus, a, um, add. *sostituito.*
Suffero, ffers, stuli, blatum, fferre, A. *sop-portare, soffrire.*
Sufficiens, entis, c. add. *sufficiente.*
Sufficienter, avv. *bastantemente.*
Sufficio, icis, eci, ectum, icĕre, A. *sostitui-re, somministrare.* N. *bastare.*
Suffigo, gis, xi, xum, gĕre, A. *ficcare, at-taccare.*
Suffimen, inis: suffimentum, i, n.: suffitio, ōnis, f.: suffitus, us, m. *suffumicamento, profumo.*
Suffitus, a, um, add. *profumato.*
Sufflo, as, etc. A. *soffiare, gonfiare.*
Suffocatio, ōnis, f. *soffocazione, affogamento.*
Suffōco, as, etc. A. *soffocare, affogare.*
Suffodio, ōdis, odi, ossum, odĕre, A. *mina-re, scavare.*
Suffossus, a, um, add. *scavato.*
Suffragatio, ōnis, f. *raccomandazione, fa-vore.*
Suffragātor, oris, m. *fautore, chi dà il suo voto.*
Suffragium, ii, n. *suffragio, voto.*
Suffrāgor, aris, atus, ari, D. *dare il voto, favorire.*
Suffugio, is, i, itum, ĕre, A. *fuggir di s. p-piatto.*
Suffugium, ii, n. *rifugio.*
Suffulcio, cis, si, tum, cire, A. *sostenere.*
Suffultus, a, um, add. *sostenuto.*
Suffumigo, as, etc. A. *profumare.*
Suffundo, ndis, di, sum, ndĕre, A. *spargere di nascosto.*
Suffūror, āris, ātus, āri, D. *rubar di na-scosto.*
Suffusio, ōnis, f. *spargimento.*
Suffusus, a, um, add. *sparso, asperso.*
Suggero, eris, essi, estum, erĕre, A. *sugge-rire, somministrare.*
Suggestum, i, n.: suggestus, i, m. *pulpito, luogo elevato.*
Suggillo: sugillo, as, etc. A. *ammaccare, far livido, infamare.*
Sugo, gis, xi, ctum, gĕre. A. *succhiare.*
Suillus: suinus, a, um, add. *porcino.*
Sulco, as, etc. A. *solcare.*
Sulcus, i, m. *solco.*
Sulphur, uris, n. *solfo, zolfo.*
Sulphurātum, i, n.: sulphurāta, ōrum, n. pl. *solfanello.*
Sulphureus: sulphurātus, a, um, add. *sul-fureo, di zolfo.*

Sum, es, fui, esse, N. *essere, essere stimato.*
Sumen, inis, n. *il grasso del porco.*
Summa, æ, f. *somma.*
Summarium, ii, n. *sommario.*
Summātim, avv. *sommariamente.*
Summe: summopere, avv. *sommamente.*
Summitas, ātis, f. *sommità.*
Summum, avv. *al più.*
Summus, a, um, add. *sommo, il più alto.*
Sumo, mis, mpsi, mptum, měre, A. *pigliare, arrogarsi.*
Sumptuarius, a, um, add. *appartenente a spese.*
Sumptuōsus, a, um, add. *sontuoso, dispendioso.*
Sumptus, us, m. *spesa.*
Suo, is, tum, ěre, A. *cucire.*
Supellex, ectilis, f. *masserizie, suppellettili.*
Super, prep. coll' acc. *sopra,* coll' abl. *intorno.*
Superabilis, m. e f. e, n. add. *superabile.*
Superabundo, as, etc. N. *soprabbondare.*
Superaddo, is, idi, itum, ěre. A. *aggiungere sopra.*
Superātor, ōris, m. *vincitore.*
Superbia, æ, f. *superbia.*
Superbio, is, ivi, itum, ire, N. *insuperbire, invanire.*
Superbus, a, um, add. *superbo.*
Supercilium, ii, n. *sopracciglio.*
Superdūco, cis, xi, ctum, cere, A. *condurre di più.*
Supereminco, nes, inui, inēre. A. *soprastare.*
Superficies, ei, f. *superficie.*
Superfluo, uis, uxi, uxum, uěre, N. *soperchiare.*
Superfundo, ndis, di, sum, nděre, A. *sparger sopra.*
Supergrěssus, a, um, add. *eccedente.*
Superimpōno, nis, sui, situm, něre, A. *soprapporre, imporre di più.*
Superindūctus, a, um, add. *gettato sopra.*
Superinfūsus, a, um, add. *sparso sopra.*
Superior, m. e f. us, n. ōris, add. *superiore.*
Superius, avv. *di sopra.*
Superjěctus, a, um, add. *gettato sopra, traboccante.*
Superjěctus, us, m. *salto di sopra.*
Superlatio, ōnis, f. *iperbole (figura rettorica).*
Superlatus, a, um, add. *innalzato.*
Supěrne, avv. *di sopra.*
Supěrnus, a, um, add. *superiore.*
Supěro, as, etc. A. *superare, vincere, eccedere.*
Supersedeo, ēdes, edi, essum, edēre, N. *soprassedere.*
Superstes, itis, c. *superstite.*
Superstitio, ōnis, f. *superstizione.*
Superstitiōse, avv. *superstiziosamente.*
Superstitiōsus, a, um, add. *superstizioso.*
Supersto, as, iti, ātum, āre, N. *stare sopra.*
Supersum, es, fui, esse, N. *rimanere in vita.*
Superus, a, um, add. *superiore, alto.*
Supervacaneus, a, um, add. *superfluo, vano.*
Supervacuus, a, um, add. *inutile.*
Supervado, dis, si, sum, děre, N. *sormontare, ascendere.*
Supervěctus, a, um, add. *portato sopra.*
Supervenio, enis, eni, entum, enire, A. *sopraggiungere.*
Superventus, us, m. *sopravvenimento.*
Supervŏlo, as, etc. N. *sorvolare.*
Supine, avv. *negligentemente, compostura supina.*
Supinus, a, um, add. *supino, rovesciato all'insù.*
Suppeditatio, ōnis, f. *abbondanza.*
Suppedito, as, etc. A. *somministrare,* N. *bastare, abbondare, durare.*
Suppetiæ, ārum, f. pl. *soccorso.*
Suppěto, is, ěre, N. *bastare.*
Supplanto, as, etc. A. *gettare a terra, soppiantare.*
Supplementum, i, n. *supplemento, recluta.*
Supplěo, es, evi, etum, ēre, A. *empire, compire, reclutare.*
Supplex, icis, c. add. *supplichevole.*
Supplicatio, ōnis, f. *preghiera pubblica.*
Suppliciter, avv. *supplichevolmente.*
Supplicium, ii, n. *supplica, supplizio.*
Supplico, as, etc. N. *supplicare.*
Supplōdo, dis, si, sum, děre, A. *batter coi piedi.*
Suppōno, nis, sui, situm, něre, A. *mettere sotto, sottoporre, sostituire.*
Suppŏrto, as, etc. A. *portare, condurre di volta in volta.*
Suppositio, ōnis, f. *il sostituire, il metter sotto.*
Suppositus: suppositititius, a, um, add. *sostituito.*
Supprimo, imis, essi, essum, iměre, A. *sopprimere, raffrenare, nascondere.*
Suppŭdet, děbat, duit, imp. *vergognarsi alquanto.*
Suppuratorius, a, um, add. *che fa marcire.*
Suppŭro, as, etc. N. *marcire.*
Supputatio, ōnis, f. *conto, computo.*
Supra, avv. e prep. coll' accus. *sopra, su.*
Suprema, ōrum, n. pl. *mortorio.*
Supremo: supremum, avv. *per l'ultima volta.*
Supremus, a, um, add. *supremo, sommo, ultimo.*
Sura, æ, f. *polpa della gamba.*
Surculus, i, m. *germoglio, innesto.*
Surdaster, ra, rum, add. *sordastro.*
Surde, avv. *sordamente.*
Surditas, ātis, f. *sordità.*
Surdus, a, um, add. *sordo.*
Surgo, gis, rexi, rectum, gěre, A. e N. *sorgere.*
Surreptus, a, um, add. *rubato.*
Surripio, ipis, ipui, eptum, ipěre, A. *togliere di nascosto.*

Sursum, avv. *in su.*
Sus, suis, m. e f. *porco, porca.*
Susceptio, ōnis, f.: susceptum, i, n. *impresa.*
Suscipio, ipis, epi, eptum, ipĕre; A. *imprendere, accettare, usurpare.*
Suscito, as, etc. A. *alzare, eccitare.*
Suspectio: suspicio, ōnis, f. *sospetto.*
Suspecto, as, etc. A. *guardare in su, sospettare.*
Suspectus, us, m. *il guardare in alto*: — a, um, add. *sospetto.*
Suspendium, ii, n. *appiccamento.*
Suspendo, dis, di, sum, dĕre, A. *sospendere, appendere.*
Suspensus, a, um, add. *sospeso, dubbioso.*
Suspicax, ācis, c. add. *sospettoso.*
Suspicio, icis, exi, ectum, icĕre, A. *guardare in su, ammirare, sospettare.*
Suspiciōse, avv. *sospettosamente.*
Suspiciōsus, a, um, add. *sospettoso.*
Suspicor, aris, atus, ari, D. *sospettare.*
Suspiratio, ōnis, f. *sospiro.*
Suspiriōsus, a, um, add. *asmatico.*
Suspirium, ii, n. *sospiro, respiro, asma.*
Suspiro, as, etc. A. *sospirare.*
Sustentaculum, i, n. *sostegno.*
Sustentatio, ōnis, f. *dilazione.*
Sustento, as, etc. A. *sostentare, sostenere.*
Sustineo, ines, inui, entum, inĕre, A. *sostenere, conservare.*
Sustollo, stollis, stuli, sublatum, stollĕre, A. *alzare, sollevare, tor via.*
Sustuli. V. Suffero, Sustollo.
Susurratio, ōnis, f. *mormorio.*
Susurro, as, etc. A. *mormoreggiare, susurrare.*
Susurrus, i, m. *bisbiglio, susurro.*
Sutilis, m. e f. e, n. add. *che si può cucire, unire insieme.*
Sutor, ōris, m. *calzolaio.*
Sutorius: sutrīnus, a, um, add. *da calzolaio.*
Sutrīna, æ, f. *bottega da calzolaro.*
Sutūra, æ, f. *cucitura, commessura.*
Sutus, a, um, add. *cucito.*
Suus, a, um, add. *suo, proprio.*
Sycophanta, æ, m. *calunniatore, furbo.*
Syllaba, æ, f. *sillaba.*
Syllabatim, avv. *sillaba per sillaba.*
Syllogismus, i, m. *sillogismo.*
Symbola, æ, f. *rata, scotto.*
Symbolice, avv. *simbolicamente.*
Symbolum, i, n. *simbolo.*
Sympathia, æ, f. *simpatia.*
Symphonia, æ, f. *sinfonia.*
Symposium, ii, n. *convito.*
Syngrăpha, æ, f. *scrittura, cedola.*
Syngrăphus, i, m. *passaporto, salvacondotto.*
Synodus, i, f. *concilio, sinodo.*
Synŏpsis, is, f. *compendio, inventario.*
Syntăxis, is, f. *sintassi, costruzione.*
Syrma, æ, f. vel ătis, n. *veste con strascico.*
Syrtis, is, f. *secca, banco, scoglio sottomarino.*

T

Tabella, æ, f. *tavoletta da scrivere, scrittura.*
Tabellārius, ii, m. *corriere, portalettere.*
Tabĕo, es, ui, ēre, N. *liquefarsi.*
Taberna, æ, f. *bottega, osteria.*
Tabernacŭlum, i, n. *padiglione, tabernacolo.*
Tabernarius, ii, m. *bottegaio.*
Tabes, is, f. *marcia, liquore marcioso.*
Tabesco, is, ui, ĕre, N. *disfarsi.*
Tabĭdus, a, um, add. *marcio, liquefatto.*
Tablīnum, i, n. *archivio, galleria.*
Tabŭla, æ, f. *tavola, quadro, scrittura.*
Tabularium, ii, n. *archivio, cancelleria.*
Tabularius, ii, m. *computista.*
Tabulatio, ōnis, f.: tabulātum, i, n. *palco, solaio.*
Tabulātus, a, um, add. *coperto di tavole.*
Tabum, i, n. *sangue corrotto, marcia.*
Tacĕo, es, ui, itum, ēre, A. e N. *tacere.*
Tacĭte, avv. *tacitamente.*
Taciturnitas, ātis, f. *taciturnità.*
Tacitūrnus, a, um, add. *taciturno.*
Tacĭtus, a, um, add. *tacente, tacito.*
Tactio, ōnis, f. *toccamento.*
Tactus, us, m. *tatto*: — a, um, add. *toccato.*
Tæda, æ, f. *fiaccola.*
Tædet, dēbat, sum est, dēre, imp. *rincrescere.*
Tædium, ii, n. *tedio, noia.*
Tænia, æ, f. *fascia*: tæniola, æ, f. *fascetta.*
Talaris, m. e f. e, n. add. *talare, dei talloni.*
Talentum, i, n. *talento* (somma di denaro).
Talio, ōnis, f. *taglione* (pena pari al misfatto.)
Talis, m. e f. e, n. add. *tale, così fatto.*
Taliter, avv. *talmente.*
Talpa, æ, f. *talpa* (animale).
Talus, i, m. *tallone, aliosso, dado.*
Tam, avv. *tanto, così.*
Tamdiu, avv. *da tanto tempo.*
Tamen, cong. *nulladimeno.*
Tametsi, cong. *benchè, se bene.*
Tamquam, cong. *come se, tanto, quanto.*
Tandem, avv. *finalmente.*
Tango, ăngis, etĭgi, actum, angĕre, A. *toccare.*
Tantīdem, avv. *altrettanto.*
Tantīllum avv. *tanto poco.*
Tantillus, a, um, add. *tanto piccolo.*
Tantīsper, avv. *tanto tempo, poco tempo.*
Tantopĕre, avv. *sì grandemente.*
Tantŭlum, avv. *un tantino.*
Tantŭlus, a, um, add. *sì piccolo, sì poco.*
Tantum, avv. *tanto, solamente.*
Tantummŏdo, avv. *solamente.*
Tantus, a, um, add. *così grande.*
Tantusdem, ădem, umdem, add. *altrettanto.*
Tapes, ētis, m.: tapēte, is: tapētum, i, n. *tappeto.*

Tarde, avv. *tardamente.*
Tardigradus, a, um, add. *tardo, lento.*
Tardipes, ĕdis, c. add. *tardo nel camminare.*
Tardĭtas, ātis, f. *tardezza, pigrizia.*
Tardiuscŭlus, i, m. *alquanto tardo.*
Tardo, as, etc. A. e N. *tardare.*
Tardus, a, um, add. *tardo, lento.*
Tartăra, ōrum, n. pl. : tartărus, i, m. *inferno.*
Tartarĕus, a, um, add. *infernale.*
Taurīnus, a, um, add. *di toro.*
Taurus, i, m. *toro, bue.*
Taxillus, i, m. *dado.*
Taxus, i, f. *tasso* (albero).
Techna, æ, f. *artifizio, furberia.*
Tecte, avv. *occultamente.*
Tector, ōris, m. *chi incrosta i muri.*
Tectum, i, n. *tetto.*
Tectus, a, um, add. *coperto.*
Teda, V. Tæda.
Tegimen : tegmen : tegŭmen, ĭnis : tegumentum : tegmentum, i, n. *coprimento.*
Tego, gis, xi, ctum, gĕre, A. *coprire.*
Tegŭla, æ, f. *tegola.*
Tegumentum, V. Tegimen.
Tela, æ, f. *tela.*
Tellus, ūris, f. *terra.*
Telum, i, n. *dardo.*
Temerarius, a, um, add. *temerario.*
Temerātor, ōris, m. *violatore.*
Temĕre, avv. *temerariamente.*
Temerĭtas, ātis, f. *temerità.*
Temĕro, as, etc. A. *violare.*
Temētum, i, n. *vino.*
Temno, nis, psi, ptum, nĕre, A. *disprezzare.*
Temperanter, avv. *temperantemente.*
Temperantia, æ, f. *temperanza.*
Temperāte, avv. *temperantemente.*
Temperatio, ōnis, f. *tempera, mescolanza.*
Temperātor, ōris, m. *regolatore.*
Temperātus, a, um, add. *temperato, mescolato.*
Temperies, ēi, f. *temperie, temperamento.*
Tempĕro, as, etc. A. *temperare, regolare.*
Tempestas, ātis, f. *tempesta, tempo, stagione.*
Tempestive, avv. *a tempo.*
Tempestivus, a, um, add. *opportuno, fatto a suo tempo.*
Templum, i, n. *tempio.*
Temporālis, m. e f. e, n. : temporarius, a, um, add. *temporaneo.*
Tempus, ŏris, n. *tempo.*
Tempŏra, um, n. pl. *tempie.*
Temulentia, æ, f. *ubriachezza.*
Temulentus, a, um, add. *ubriaco.*
Tenacĭtas, ātis, f. *tenacità.*
Tenacĭter, avv. *tenacemente.*
Tenax, ācis, c. add. *tenace, tegnente.*
Tendo, ndis, tendi, nsum, ndĕre, A. *tendere, distendere.*
Tenĕbræ, ārum, f. pl. *tenebre.*
Tenebricōsus : tenebrōsus, a, um, add. *tenebroso.*

Tenellus : tenellŭlus, a, um, add. *tenerello.*
Tenĕo, es, ui, tum, ēre, A. *tenere.*
Tener, a, um, add. *tenero.*
Tenĕre, avv. *teneramente.*
Tenerĭtas, ātis; teneritūdo, ĭnis, f. *tenerezza.*
Tenor, ōris, m. *tenore, accento.*
Tensio, ōnis, f. *tensione.*
Tensus, a, um, add. *teso, tirato.*
Tentabundus, a, um, add. *che va brancolone.*
Tentāmen, ĭnis : tentamentum, i, n. : tentatio, ōnis, f. *esperimento, prova, tentazione.*
Tentātor, ōris, m. *tentatore.*
Tento, as, etc. A. *tentare, provare, cercare.*
Tentorium, ii, n. *padiglione.*
Tentus, a, um, add. *teso.*
Tenuis, m. e f. e, n. add. *tenue.*
Tenuĭtas, ātis, f. *sottigliezza.*
Tenuĭter, avv. *tenuemente.*
Tenuo, as, etc. A. *assottigliare, estenuare.*
Tenus, prep. coll'abl. a cui si pospone, se il nome è sing. : col genit., a cui parimente si pospone, se il nome è plur. *sino a.*
Tepefacio, ăcis, ēci, actum, acĕre, A. *intepidire.*
Tepens, entis, c. add. *tepido.*
Tepĕo, es, ui, ēre, N. *essere alquanto caldo.*
Tepesco, is, ĕre, N. *divenir tepido.*
Tepide, avv. *tepidamente.*
Tepĭdus, a, um, add. *tepido.*
Tepor, ōris, m. *tepore.*
Ter, avv. *tre volte.*
Tercentum, add. indecl. *trecento.*
Tercenti, æ, a, add. *trecento.*
Terdecies, avv. *tredici volte.*
Terdeni, æ, a, add. *a trenta a trenta.*
Terebinthus, i, m. *terebinto* (albero).
Terĕbra, æ, f. *trapano, succhiello.*
Terĕbro, as, etc. A. *trapanare.*
Teredo, ĭnis, f. *tarlo, tignuola.*
Teres, ĕtis, c. *lungo e rotondo, unito e liscio.*
Tergemĭnus, a, um, add. *triplice, triplicato.*
Tergiversatio, ōnis, f. *tergiversazione.*
Tergiversātor, ōris, m. *chi cerca sotterfugi.*
Tergiversor, āris, ātus, āri, D. *ricusare, schivare.*
Tergo, gis, gĕre : tergĕo, ges, si, sum, gēre, A. *nettare, forbire.*
Tergum, i, n. *schiena.*
Tergus, ŏris, n. *cute, pelle del dorso.*
Termes, ĭtis, m. *ramo d' ulivo.*
Terminatio, ōnis, f. *il terminare, determinazione.*
Termino, as, etc. A. *terminare, limitare.*
Terminus, i, m. *termine, confine.*
Ternarius, a, um, add. *ternario.*
Terni, æ, a, add. *a tre a tre.*

Terndeni, æ, a, add. *trelici.*
Tero, ēris, rivi, ritum, erĕre, A. *tritare, consumare.*
Terra, æ, f. *terra.*
Terræmotus, i, m. *terremoto.*
Terrenus, a, um, add *terreno, di terra.*
Terrĕo, es, ŭi, itum, ēre, A. *atterrire.*
Terrester, tris, re: terrestris, m. e f. e, n. add. *terrestre.*
Terrĕus, a, um, add. *di terra.*
Terribĭlis, m. e f. e, n. add. *terribile.*
Terrifĭcus, a, um, add. *terribile.*
Terrigĕna, æ, m. e f. *chi è nato dalla terra.*
Territo, as, etc. A. *atterrire.*
Territorium, ii, n. *territorio, distretto.*
Terror, ōris, m. *terrore.*
Tersus, a, um, add. *terso, netto.*
Tertiana febris, is, f. *la febbre terzana.*
Tertianus, a, um, add. *che avviene ogni tre giorni.*
Tertio: tertium, avv. *la terza volta.*
Tertius, a, um, add. *terzo.*
Teruncius, ii, m, *moneta, quarta parte dell'asse.*
Tessella, æ, f. *tassello, scacco.*
Tessellatus, a, um, add. *scaccato.*
Tessĕra, æ, f. *cubo, dado, contrassegno.*
Testa, æ, f *vaso di terra cotta.*
Testacĕus, a, um, add. *di terra cotta.*
Testamentarius, a, um, add. *testamentario.*
Testamentum, i, n. *testamento.*
Testatio, ōnis, f. *testimonianza.*
Testato, avv. *alla presenza dei testimoni.*
Testātor, ōris, m. *testatore.*
Testatus, a, um, add. *certo, manifesto.*
Testificatio, ōnis, f. *testificazione.*
Testificor, āris, ātus, āri, D. *esser testimonio, affermare.*
Testimonium, ii, n. *testimonianza.*
Testis, is, m. *testimonio, testimone.*
Testor, āris, ātus, āri, D. *testificare, testare.*
Testudineus, a, um, add. *di testuggine.*
Testūdo, inis, f. *testuggine, volta, cetera.*
Teter, *vel* tæter, ra, rum, add. *tetro, brutto, molesto.*
Tetrarcha, æ, m.: tetrarches, æ, m. *tetrarca, signore della quarta parte di un regno.*
Tetrarchia, æ, f. *tetrarchia, quarta parte di un regno.*
Tetrĭcus, a, um, add. *accigliato, severo.*
Texo, is, ŭi, tum, ĕre, A. *tessere, comporre.*
Textĭlis, m. e f. e, n. add. *tessuto.*
Textor, ōris, m. *tessitore.*
Textorius, a, um, add. *che appartiene al tessitore.*
Textrīna, æ, f. *bottega, arte del tessitore.*
Textrinum, i, n. *arsenale.*
Textrinus, a, um, add. *che appartiene all'arte del tessitore, al tessere.*
Textrix, icis, f. *tessitrice.*
Textūra, æ, f.: textus, us, m. *tessitura.*
Textus, a, um, add. *tessuto.*
Thalămus, i, m. *talamo, nozze,* **camera da letto,** *letto coniugale.*
Theatralis, m. e f. e, n. add. *teatrale.*
Theatrum, i, n. *teatro.*
Theca, æ, f. *borsa, guaina.*
Thema, ătis, n. *tema, argomento.*
Theologia, æ, f. *teologia.*
Theolŏgus, i, m. *teologo.*
Theorēma, ătis, n. *teorema, speculazione.*
Theriăca, æ, f. *triaca.*
Thermæ, ārum, f. pl. *terme.*
Thesaurus, i, m. *tesoro.*
Thesis, is, f *tesi, quistione.*
Tholus, i, m *volta, cupola.*
Thorax, ācis, m *torace, petto.*
Thronus, i, m. *trono.*
Thymiama, ătis, n. *profumo.*
Thymum, i, n. *timo* (erba odorosa).
Thynnus, i, m. *tonno.*
Thyrsus, i, m. *tirso.*
Tiara, æ, f. *mitra, tiara.*
Tibia, æ, f *stinco, flauto, piva.*
Tibiale, is, n. *calza.*
Tibīcen, inis, m. *suonator di flauto.*
Tibicina, æ, f. *suonatrice di flauto.*
Tigillum, i, n. *travicello, perticone.*
Tignum, i, n. *asse, tavola, trave.*
Tigris, is, *vel* idis, f. *tigre.*
Tilia, æ, f. *tiglio.*
Timĕo, es, ŭi, ēre, A. *temere.*
Timiditas, ātis, f. *timidezza.*
Timĭdus, a, um, add. *timido.*
Timor, ōris, m. *timore.*
Tinctūra, æ, f. *tintura, tinta.*
Tinctus, a, um, add. *tinto.*
Tinĕa, æ, f. *tignuola, tarma.*
Tingo, gis, xi, ctum, gĕre, A. *tingere, bagnare.*
Tinnio, is, ivi, *vel* ii, ire, N. *squillare, suonare.*
Tinnitus, us, m. *tintinno, squillo.*
Tinnulus, a, um, add. *risonante.*
Tintinnabŭlum, i, n. *campanello.*
Tiro, ōnis, m. *novizio.*
Tirocinium, ii, n. *noviziato.*
Tirunculus, i, m. *novizietto.*
Titillo, as, etc. A. *solleticare.*
Titio, ōnis, m. *tizzone, tizzo.*
Titubanter, avv. *vacillando.*
Titubatio, ōnis, f. *vacillamento.*
Titŭbo, as, etc. N. *vacillare, esitare.*
Titŭlus, i, m. *titolo, dignità, inscrizione.*
Tofus, *vel* tophus, i, m. *tufo* (pietra).
Toga, æ, f. *toga.*
Togatus, a, um, add. *togato.*
Tolerabilis, m. e f. e, n. add. *tollerabile.*
Tolerabiliter: toleranter, avv. *tollerabilmente.*
Tolerantia, æ: toleratio, ōnis, f. *tolleranza.*
Tolĕro, as, etc. A. *tollerare, patire.*
Tollo, tollis, sustŭli, sublatum, tollĕre, A. *alzare, pigliare, togliere.*
Tolūtim, avv. *di portante.*

Tomentum, i, n. *cimatura, borra.*
Tonatio, ōnis, f. *il tonare.*
Tondĕo, ndes, tondi, nsum, ndēre, A. *tosare, mietere.*
Tonitrus, us, m.: tonitrum, i, n. *tuono.*
Tono, as, ŭi, are, N. *tonare, rimbombare.*
Tonsilis, m. e f. e, n. add. *che si può tosare.*
Tonsillæ, ārum, f. pl. *tonsille, glandule delle fauci, gavigne.*
Tonsio, ōnis, f. *tonsura, tosatura.*
Tonsor, ōris, m. *barbiere.*
Tonsorius, a, um, add. *di barbiere.*
Tonstrina, æ, f. *barbieria.*
Tonsūra, æ, f. *tonsura.*
Tonsus, a, um, add. *tosato.*
Tonus, i, m. *suono di musica.*
Topazion, ii, n.: topazius, ii, f. *topazio* (pietra preziosa).
Torcŭlar, āris: torculārium, ii, n. *torchio, strettoio.*
Torcularius, a, um, add. *che appartiene a torchio.*
Toreŭma, ătis, n. *basso rilievo.*
Tormentum, i, n. *tormento, tortura, artiglieria:* tormenta obsidionalia, *cannoni da batteria.*
Tormina, um, n. pl. *dissenteria.*
Tornatus, a, um, add. *lavorato al tornio.*
Torno, as, etc. A. *torniare, ritondare.*
Tornus, i, m. *tornio.*
Torōsus, a, um, add. *carnoso, nerboruto.*
Torpēdo, inis, f. *torpore, pigrizia, torpedine.*
Torpĕo, es, ŭi, ēre: torpesco, is, ĕre, N. *intorpidire, instupidire.*
Torpidus, a, um, add. *pigro, stupido.*
Torpor, oris, m. *torpore, pigrizia.*
Torquĕo, ques, si, tum, quēre, A. *torcere, piegare, lanciare, martoriare.*
Torques, quis, *vel* quĕtis: torquis, is, m. e f. *collana.*
Torrens, ĕntis, m. *torrente,* e. add. *che abbrustolisce.*
Torreo, rres, rrŭi, stum, rrēre, A. *abbrustolire.*
Torrĕsco, is, ĕre, N. *abbrustolirsi.*
Torridus, a, um, add. *secco, arido.*
Torris, is, m. *tizzone.*
Tortilis, m. e f. e, n. add. *torto.*
Tortor, ōris, m. *carnefice.*
Tortuosus, a, um, add. *torto, bistorto.*
Tortus, a, um, add. *torto, torturato.*
Torve, avv. *con occhio bieco.*
Torvitas, ătis, f. *aspetto severo.*
Torus, i, m. *letto, nozze.*
Torvus, a, um, add. *torvo, cipiglioso.*
Tostus, a, um, add. *secco, abbrustolito.*
Tot, add. pl. indecl. *tanti.*
Totidem, add. pl. indecl. *altrettanti.*
Toties, avv. *tante volte.*
Totum, i, n. *il tutto.*
Totus, a, um, add. *tutto, intiero.*
Toxicum, i, n. *tossico, veleno.*
Trabālis, m. e f. e, n. add. *da trave.*
Trabea, æ, f. *veste di porpora.*
Trabeatus, a, um, add. *vestito di porpora.*
Trabs, is, f. *trave.*
Tractābilis, m. e f. e, n. add. *maneggevole, pieghevole.*
Tractatio, onis, f. *maneggio, trattamento.*
Tractātor, oris, m.: tractātrix, īcis, f. *chi maneggia.*
Tracto, as, etc. A. *trattare, maneggiare.*
Tractus, us, m. *tratto:* — a, um, add. *tirato, strascinato.*
Traditio, ōnis, f. *tradizione, il consegnare.*
Traditor, ōris, m. *traditore, insegnatore.*
Trado, is, ĭdi, ĭtum, ĕre, A. *consegnare, tramandare.*
Tradūco, cis, xi, ctum, cĕre, A. *trasferire, tradurre, beffeggiare.*
Traductio, ōnis, f. *traslazione, derisione:* traductio temporis, *il corso del tempo.*
Tradūctor, ōris, m. *traduttore, chi trasporta.*
Traductus, a, um, add. *trasportato, condotto.*
Tragice, avv. *tragicamente.*
Tragicus, a, um, add. *tragico.*
Tragœdia, æ, f. *tragedia.*
Tragœdus, i, m. *tragedo, chi recita tragedie.*
Traha, æ, f. *treggia.*
Traho, his, xi, ctum, hĕre, A. *trarre, tirare.*
Trajectio, ōnis, f. *tragitto.*
Trajicio, icis, ēci, ēctum, icĕre, A. *lanciare oltre, tragittare.*
Trama, æ, f. *tessitura.*
Trames, ĭtis, m. *sentiero, tramite.*
Trano, as, etc. A. *passar nuotando.*
Tranquillitas, ātis, f. *tranquillità.*
Tranquillo, as, etc. A. *calmare, tranquillare.*
Tranquillus, a, um, add. *tranquillo, quieto.*
Trans, prep. coll'acc. *di là, oltre.*
Transactio, ōnis, f. *aggiustamento.*
Transactor, ōris, m. *chi compone liti.*
Transactus, a, um, add. *terminato, fatto.*
Transadigo, igis, ēgi, actum, igĕre: A. *passare da banda a banda.*
Transalpinus, a, um, add. *transalpino.*
Transcēndo, dis, di, sum, ndĕre, A. *passar oltre.*
Transcribo, bis, psi, ptum, bĕre, A. *trascrivere, copiare.*
Transcŭrro, rris, rri, *vel* curri, rsum, rrĕre, A. *trascorrere.*
Transcursio, ōnis, f. *trascorrimento.*
Transĕo, is, ĭvi, *vel* ii, itum, īre, N. *passare.*
Transfero, fers, tŭli, lātum, fĕrre, A. *trasportare.*
Transfigo, gis, xi, xum, gĕre, A. *trafiggere.*
Transfiguratio, ōnis, f. *trasformazione.*
Transfigūro, as, etc. A. *trasfigurare.*
Transfodio, ŏdis, odi, ossum, odĕre, A. *trapassare, trafiggere.*
Transformo, as, etc. A. *trasformare.*
Transfossus, a, um, add. *trafitto da parte a parte.*

Transfretatio, ōnis, f. *passaggio di uno stretto di mare.*
Transfrĕto, as, etc. A. *tragittare.*
Transfŭga, æ, m. *disertore.*
Transfugio, is, gi, ĕre, N. *disertare.*
Transfundo, ndis, di, sum, ndĕre, A. *trasfondere.*
Transfusio, ōnis, f. *travasamento.*
Transgredior, ederis, essus, edi, D. *passar oltre.*
Transgressio, ōnis, f.: transgressus, us, m. *passaggio, trasposizione.*
Transigo, igis, egi, actum, igĕre, A. *passar da parte a parte, terminare.*
Transilio, ilis, ilŭi, *vel* ilii, ilĭtum, ilīre, A. *saltare oltre, eccedere.*
Transitio, ōnis, f.: transitus, us, m. *passaggio.*
Transitus, a, um, add. *passato.*
Translatio, ōnis, f. *trasporto.*
Translātor, ōris, m. *chi trasporta.*
Translātus, a, um, add. *trasferito.*
Transluceo, ces, xi, cēre, N. *tralucere, trasparire.*
Translucidus, a, um, add. *trasparente.*
Transmarīnus, a, um, add. *oltre marino.*
Transmeo, as, etc. N. *passar oltre.*
Transmīgro, as, etc. N. *mutar paese, o casa.*
Transmissio, ōnis, f. *tragitto.*
Transmissus, a, um, add. *trasportato.*
Transmitto, ittis, isi, issum, ittĕre, A. *trasmettere.*
Transmoveo, oves, ovi, otum, ovēre, A. *trasportare.*
Transmutatio, ōnis, f. *trasmutazione.*
Transmŭto, as, etc. A. *trasmutare.*
Transnato, *vel* trano, as, etc. N. *passar a nuoto.*
Transportatio, ōnis, f. *trasporto.*
Transporto, as, etc. A. *trasportare.*
Transtra, ōrum, n. pl.: transtrum, i, n. *banchi dei rematori.*
Transvectio, ōnis, f. *tragitto.*
Transvĕho, ĕhis, exi, ectum, ehĕre, A. *tragittare.*
Transvērsa: transvērsa: transversim, avv. *a traverso.*
Transvērsus, a, um, add. *trasversale.*
Transvŏlo: transvolĭto, as, etc. A. *trapassar volando.*
Trapezīta, æ, m. *banchiere.*
Trecēni: trecenti: trecenteni, æ, a, add. *trecento.*
Trecentesĭmus, a, um, add. *trecentesimo.*
Trecenties, avv. *trecento volte.*
Tredecies. V. Terdecies.
Tredĕcim, avv. *tredici volte.*
Tredecĭmus, a, um, add. *tredicesimo.*
Tremebundus, a, um, add. *tremante.*
Tremefacio, is, eci, actum, ĕre, A. *atterrire.*
Tremendus, a, um, add. *terribile.*
Tremens, entis, c. add. *tremante.*
Tremo, is, ui, ĕre: tremisco, is, ĕre, N. *tremare.*
Tremor, ōris, m. *tremore.*
Tremŭlus, a, um, add. *tremolante.*
Trepidatio, ōnis, f. *paura, fretta.*
Trepĭde: trepidanter, avv. *timorosamente.*
Trepĭdo, as, etc. A. e N. *far presto e con paura, correr frettoloso.*
Trepĭdus, a, um, add. *sbigottito.*
Tres, *vel* treis, *vel* tris, m. e f.: tria, n. trium, tribus, pl. add. *tre.*
Triangulāris, m. e f. e, n. add. *triangolare.*
Triangŭlum, i, n. *triangolo.*
Triarii, ōrum, m. pl. *soldati veterani posti per combattere al bisogno nella terza linea.*
Tribūlis, m. e f. e, n. add. *della stessa tribù.*
Tribŭlo, as, etc. A. *trebbiare.*
Tribŭlum, i, n. *trebbia.*
Tribŭlus, i, m. *tribolo* (erba spinosa).
Tribūnal, ālis, n. *tribunale.*
Tribunatus, us, m. *tribunato.*
Tribunicius, a, um, add. *tribunizio.*
Tribūnus, i, m. *tribuno.*
Tribŭo, uis, ui, ūtum, uĕre, A. *dare.*
Tribus, us, f. *tribù.*
Tributarius, a, um, add. *tributario.*
Tribūtim, avv. *per tribù.*
Tribūtum, i, n. *tributo.*
Tribūtus, a, um, add. *dato.*
Tricæ, ārum, f. pl. *baie, bagattelle.*
Tricēni, æ, a, add. *a trenta a trenta.*
Triceps, ipitis, c. *di tre capi.*
Trigesimus, a, um, add. *trentesimo.*
Tricies, avv. *trenta volte.*
Triclinium, ii, n. *letto da tre persone per desinare, refettorio.*
Tricor, āris, ātus, āri, D. *cianciare.*
Tricŏrpor, ŏris, c. *di tre corpi.*
Tricŭspis, idis, c. *di tre punte.*
Tridens, entis, m. *tridente.*
Tridŭum, i, n. *spazio di tre giorni.*
Triennium, ii, n.: trietēris, idis, f. *triennio.*
Triens, entis, m. *peso di quattr' oncie.*
Trietericus, a, um, add. *triennale.*
Trifariam, avv. *in tre parti o modi, o luoghi.*
Trifaux, ucis, c. add. *di tre bocche.*
Trifĭdus, a, um, add. *diviso in tre.*
Trifolium, ii, n. *trifoglio* (erba).
Trifŏrmis, m. e f. e, n. add. *di tre forme, e figure.*
Trifurcifer, ĕri, m. *faccia d' impiccato.*
Trifŭrcus, a, um, add. *trifurcuto.*
Trigemini, æ, a, add. *tre nati ad un parto.*
Trigeminus, a, um, add. *triplice, triplicato.*
Trigesimus, a, um, add. *trentesimo.*
Trigōnus, a, um, add. *triangolare.*
Trigōnum, i, n. *triangolo.*
Trilibris, m. e f. e, n. add. *di tre libbre.*
Trilīnguis, m. e f. e, n. add. *di tre lingue.*
Trilix, īcis, c. *di tre fila.*
Trimēstris, m. e f. e, n. add. *di tre mesi.*

Trimus, a, um, add. *di tre anni.*
Trinŏdis, m. e f. e, n. add. *di tre nodi.*
Trinus, a, um, add. *di tre anni, trino.*
Triobolus, i, m. *moneta di tre oboli.*
Triōnes, um, m. pl. *le due orse celesti.*
Tripartīto, avv. *in tre parti.*
Tripartītus, a, um, add. *diviso in tre parti.*
Tripes, ĕdis, c. *di tre piedi.*
Triplex, icis: triplicātus; triplus, a, um, add. *triplo, triplicato.*
Triplico, as, etc. A. *triplicare.*
Tripudio, as, etc. N *tripudiare.*
Tripudium, ii, n. *tripudio, ballo.*
Tripus, ŏdis, m. *tripode, treppiede.*
Trirēmis, is, f. *nave a tre ordini di remi.*
Tristificus, a, um, add. *che apporta malinconia.*
Tristis, m. e f. e, n. add. *malinconico.*
Tristitia, æ, f. *malinconia.*
Tristor, āris, ātus, āri, D. *attristarsi.*
Trisulcus, a, um, add. *di tre punte.*
Tritavus, i, m. *quintavolo.*
Triticeus, a, um, add. *di formento.*
Triticum, i, n *grano, formento.*
Tritus, a, um, add. *pesto.*
Triumphālis, m. e f. e, n. add. *trionfale.*
Triumpho, as, etc. A. *trionfare.*
Triumphus, i, m. *trionfo.*
Triumvir, iri, m. *triumviro.*
Triviālis, m. e f. e, n. add. *triviale, volgare.*
Trivium, ii, n *trivio, luogo di tre strade.*
Trochus, i, m *palco, trottola.*
Trophæum, i, n. *trofeo.*
Trucidatio, ōnis, f. *strage.*
Trucido, as, etc. A. *trucidare, tagliare a pezzi.*
Truculenter, avv. *crudelmente.*
Truculentus, a, um, add. *truce, crudele.*
Trudo, dis, si, sum, dĕre, A. *spignere.*
Trulla, æ, f. *tazza, boccale.*
Trunco, as, etc. A. *troncare.*
Truncus, i, m. *tronco.*
Truncus, a, um, add. *troncato.*
Trusatilis, m. e f. e, n. add. *che si gira.*
Trusito, as, etc. A. *cacciare.*
Trusus, a, um, add. *spinto.*
Trutina, æ, f. *bilancia.*
Trux, cis, c. add. *terribile, feroce.*
Tu, tui, tibi, te, pron. *tu, di te,* ecc.
Tuba, æ, f. *tromba, tuba.*
Tuber, ĕris, n. *tumore, tartufo.*
Tuberculum, i, n. *tumoretto.*
Tubicen, inis, m. *trombettiere.*
Tubulus, i, m *canaletto.*
Tubus, i, m. *canale.*
Tueor, ēris, itus, ēri, D. *guardare, difendere.*
Tugurium, ii, n. *tugurio.*
Tuitio, ōnis, m. *difesa, custodia.*
Tum, cong. cor. el. *inoltre, allora.*
Tumefactus, a, um, add. *gonfiato.*
Tumeo, es, ui, ēre, N. *esser gonfio.*
Tumesco, is, ĕre, N. *gonfiarsi.*
Tumidus, a, um; tumens, entis, c. add. *gonfio, superbo.*
Tumor, ōris, m. *tumore, enfiagione.*
Tumulo, as, etc. A. *seppellire.*
Tumultuarius, a, um, add. *fatto in fretta.*
Tumultuatio, ōnis, f. *tumulto.*
Tumultuo, as, etc. N. *tumultuare.*
Tumultuor, āris, ātus, āri, D. *tumultuare.*
Tumultuōsus, a, um, add. *tumultuario.*
Tumultus, us, m. *tumulto.*
Tumulus, i, m *monticello, sepolcro.*
Tunc, avv. *allora.*
Tundo, ndis, di, sum, vel nsum, ndĕre, A. *percuotere, pestare.*
Tunica, æ, f. *tonaca, gonna.*
Tunicatus, a, um, add. *vestito di tonaca.*
Tunsus, a, um, add. *battuto, pestato.*
Turba, æ, f. *turba, folla, romore.*
Turbatio, ōnis, f. *scompiglio.*
Turbātor, ōris, m. *perturbatore.*
Turbatrix, icis, f. *turbatrice.*
Turbide, avv. *torbidamente.*
Turbidus, a, um, add. *torbido, confuso.*
Turbinatus, a, um, add *di figura conica.*
Turbo, inis, m. *turbine, trottola.*
Turbo, as, etc. A. *turbare, confondere.*
Turbulenter, avv. *torbidamente.*
Turbulentus, a, um, add. *turbolento, sedizioso.*
Turdus, i, m. *tordo.*
Turēus, a, um, add. *d' incenso.*
Turgeo, ges, si, gēre: turgesco, is, ere, N. *gonfiarsi.*
Turgidus; turgidulus, a, um, add. *gonfio, alquanto gonfio.*
Turibulum, i, n *incensiere.*
Turma, æ, f *truppa, turba.*
Turmatim, avv. *a schiere.*
Turpis, m. e f. e, n.; turpiculus, a, um, add. *turpe.*
Turpiter, avv. *turpemente.*
Turpitūdo, inis, f. *turpitudine.*
Turpo, as, etc. A. *sporcare.*
Turricula, æ, f. *torricella.*
Turris, is, f. *torre.*
Turritus, a, um, add *che ha torri.*
Turtur, ŭris, m. *tortora*
Tus, e thus, ris, n. *incenso.*
Tussio, is, ivi, itum, ire, N. *tossire.*
Tussis, is, f. *tosse:* tussicula, æ, f. *tossetta.*
Tusus, a, um, add. *pestato.*
Tutamen, inis: tutamentum, i, n. *difesa, tutela.*
Tute: tuto, avv. *sicuramente.*
Tutela, æ, f. *tutela.*
Tutor, ōris, m. *tutore.*
Tutor, āris, ātus, āri, D. *difendere.*
Tutus, a, um, add. *sicuro, munito.*
Tuus, a, um, pron. *tuo.*
Tympanum, i, n. *timpano, tamburo.*
Typhon, ōnis, m. *turbine di vento.*
Typus, i, m. *forma, tipo.*
Tyrannicus, a, um, add. *tirannesco.*
Tyrannis, idis, f. *tirannia.*
Tyrannus, i, m. *tiranno, sovrano.*

U

Uber, ĕris, n. *mammella:* — o. add. *fertile.*
Uberius, avv. *più abbondantemente;* uberrime, *copiosissimamente.*
Ubertas, ātis, f. *fertilità.*
Ubertim, avv. *abbondantemente.*
Ubi, avv. *dove:* ubi ubi, *dovunque.*
Ubicumque, avv. *dovunque.*
Ubinam? avv. *in qual luogo?*
Ubīque, avv. *in ogni luogo.*
Ubivis, avv. *in qualsivoglia luogo.*
Udus, a, um, add. *umido, bagnato.*
Ulceratio, ōnis, f. *ulcerazione.*
Ulcĕro, as, etc. A. *ulcerare, impiagare.*
Ulcerōsus: ulcerātus, a, um, add. *ulcerato, piagato.*
Ulciscor, ciscĕris, tus, cisci, D. *vendicarsi.*
Ulcus, ĕris, n. *piaga, ulcera.*
Uligo, ĭnis, f. *uligine, umidità.*
Ullus, a, um, add. *alcuno.*
Ulmeus, a, um, add. *di olmo.*
Ulmus, i, f. *olmo.*
Ulna, æ, f. *braccia, cubito.*
Ulterior, m. *e* f. us, n. ōris, add. *ulteriore.*
Ulterius, avv. *più oltre.*
Ultimo, avv. *ultimamente.*
Ultimum, avv. *ultima volta.*
Ultimus, a, um, add. *ultimo.*
Ultio, ōnis, f. *vendetta.*
Ultor, ōris, m. *vendicatore.*
Ultra, prep. *di là:* avv. *d' avvantaggio.*
Ultrix, īcis, f. *vendicatrice.*
Ultro, avv. *spontaneamente,* ultro citroque, *di qua e di là.*
Ultus, a, um, add. *vendicato.*
Ulŭla, æ, f. *allocco (uccello).*
Ululātus, us, m. *urlo.*
Ulŭlo, as, etc. N. *urlare.*
Umbella, æ, f. *ombrello.*
Umbilicus, i, m. *ombelico.*
Umbo, ōnis, m. *scudo.*
Umbra, æ, f. *ombra.*
Umbracŭlum, i, n. *ombracolo, frascato.*
Umbratĭcus, a, um, add. *che sta all' ombra.*
Umbratilis, m. *e* f. e, n. add. *ombratile.*
Umbrifer, ĕra, erum, add. *ombrifero, ombroso.*
Umbro, as, etc. A. *far ombra.*
Umbrosus. V. Umbrifer.
Una, avv. *insieme.*
Unanĭmis, m. *e* f. e, n. add. *unanime.*
Unanimitas, ātis, f. *unanimità.*
Unanĭmus, a, um, add. *unanime.*
Uncia, æ, f. *oncia.*
Unciālis, m. *e* f. e, n. add. *di oncia.*
Unciarius, a, um, add. *di oncia.*
Unciātim, avv. *a oncia a oncia.*
Uncinātus, a, um, add. *uncinato.*
Uncīnus, i, m. *uncino.*
Unctio, ōnis, f. *unzione.*
Unctor, ōris, m. *untore.*
Unctus, a, um, add. *unto.*
Uncus, i, m. *uncino, rampino.*
Uncus, a, um, add. *adunco, curvo.*
Unda, æ, f. *onda, flutto.*
Undātim, avv. *a onda.*
Undātus, a, um, add. *fatto a onde.*
Unde, avv. *onde, donde.*
Undecēni, æ, a, add. *novantanove.*
Undecentesĭmus, a, um, add. *novantesimonono.*
Undecies, avv. *undici volte.*
Undecĭmus, a, um, add. *undecimo.*
Undecŭmque, avv. *da qualunque luogo.*
Undēni, æ, a, add. *a undici a undici.*
Undeoctaginta, add. indecl. *settantanove.*
Undevicēni, æ, a, add.: unde viginti, add. indecl. *diciannove.*
Undique, avv. *dappertutto.*
Undo, as, A. *e* N. *ondeggiare, inondare.*
Undōsus, a, um, add. *ondoso.*
Undulātus, a, um, add. *fatto a onde.*
Ungo, gis, xi, ctum, gĕre, A. *ungere.*
Unguen, ĭnis, n. *unguento, grasso.*
Unguentaria, æ, f. *arte di preparare unguenti.*
Unguentarius, ii, m. *profumiere.*
Unguentarius, a, um, add. *d' unguento.*
Unguentum, i, n. *unguento.*
Unguicŭlus, i, m. *unghietta.*
Unguis, is, m. *unghia, artiglio.*
Ungŭla, æ, f. *unghia delle bestie.*
Unice, avv. *unicamente.*
Unicŏlor, ōris, o. add. *di un solo colore.*
Unicornis, m. *e* f. e, n. add. *che ha un sol corno.*
Unicus, a, um, add. *unico, solo.*
Unio, ōnis, f. *unione, perla.*
Unitas, ātis, f. *unità.*
Unitus, a, um, add. *unito.*
Universālis, m. *e* f. e, n. add. *universale.*
Univĕrse: universim, avv. *generalmente.*
Universitas, ātis, f. *università.*
Universus, a, um, add. *universo, tutto.*
Unquam, avv. *alcuna volta.*
Unus, a, um, add. *uno, uno solo.*
Unusquilibet, aquælibet, umquodlibet: unusquisque, aquæque, umquodque, add. *ciascuno, ognuno.*
Upilio, ōnis, V. Opilio.
Upŭpa, æ, f. *upupa (uccello).*
Urbāne, avv. *urbanamente.*
Urbanitas, ātis, f. *urbanità.*
Urbānus, a, um, add. *urbano, di città, cortese, civile.*
Urbs, is, f. *città.*
Urceŏlus, i, m. *orciuolo.*
Urceus, i, m. *orcio, boccale.*
Urēdo, ĭnis, f. *ardore, prurito.*
Urgeo, ges, si, gēre, A. *spignere.*
Urīna, æ, f. *orina.*
Urinātor, ōris, m. *chi va sott' acqua.*
Urna, æ, f. *urna, secchia:* urnŭla, æ, *piccola secchia.*
Uro, ris, ssi, stum, rĕre, A. *abbruciare.*
Ursa, æ, f. *orsa.*
Ursīnus, a, um, add. *di orso.*
Ursus, i, m. *orso.*
Urtica, æ, f. *ortica.*

Urus, i, m. *bue salvatico.*
Usitatus, a, um, add. *usato, solito, consueto.*
Uspiam: usquam, avv. *in qualche luogo.*
Usque, prep. coll' acc. *sino, infino.*
Usque, avv. *continuamente.*
Usquequaque, avv. *d' ogni intorno.*
Ustio, ōnis, f. *scottatura, bruciamento.*
Ustor, ōris, m. *chi abbrucia.*
Ustus, a, um, add. *abbruciato.*
Usucapio, ōnis, f. *acquisto di un fondo in virtù di possesso pacifico pel tempo voluto dalla legge.*
Usucapio, apis, epi, aptum, apĕre, A. *usucapere, far suo un fondo posseduto pacificamente pel tempo voluto dalla legge.*
Usufructuarius, a, um, add. *usufruttuario.*
Usūra, æ, f. *usura, interesse.*
Usurpatio, ōnis, f. *usurpazione.*
Usūrpo, as, etc. A. *usurpare, appropriarsi.*
Usus, us, m. *uso:* — a, um, add. *che ha usato.*
Ususfructus, us, m. *usufrutto.*
Usuvĕnit, veniēbat, vēnit, venire, Imper. *accadere.*
Ut, avv. *siccome:* cong. *tostochè, acciocchè.*
Utcumque, avv. *comunque.*
Utendus, a, um, add. *da servirsene.*
Utensilia, um, n. pl. *utensili.*
Uter, ris, m. *otre.*
Uter, ra, rum, add. *qual dei due.*
Uterinus, a, um, add. *uterino, fratello dal lato di madre.*
Uterlibet, ralibet, rumlibet: utervis, utravis, utrumvis, *qual di due tu vuoi.*
Uterque, utrăque, utrŭmque, add. *l' uno e l' altro.*
Utĕrus, vel uter, ĕri, m. *utero, ventre.*
Uti, avv. *come.*
Utilis, m. e f. e, n. add. *utile.*
Utilĭtas, ātis, f. *utilità.*
Utilĭter, avv. *utilmente.*
Utinam! interj. *Dio voglia! Dio volesse!*
Utique, avv. *certamente, senza fallo.*
Utor, teris, usus, ti, D. *usare, servirsi.*
Utpote qui, *come quegli il quale.*
Utricŭlus, i, m. *otricello.*
Utrinque, avv. *dall' una e dall' altra parte.*
Utro, avv. *verso quale delle due parti.*
Utrobique, avv. *nell' uno e nell' altro luogo.*
Utrolibet, avv. *in qual dei due luoghi tu vuoi.*
Utrōque, avv. *all' uno ed all' altro luogo.*
Utrum, cong. *se, se forse.*
Uva, æ, f. *uva.*
Uvidus, a, um, add. *umido, acquidoso.*
Uxor, ōris, f. *moglie, consorte.*
Uxorius, a, um, add. *della moglie, dedito alla moglie.*

V

Vacat, ābat, āvit, āre, Imp. ***aver tempo.***
Vacatio, ōnis, f. ***vacanza.***
Vacca, æ, f. ***vacca.***
Vaccinium, ii, n. *giacinto, viola.*
Vacillatio, ōnis, f. *vacillamento.*
Vacillo, as, etc. N. *vacillare.*
Vaco, as, etc. N. *esser vuoto, esser libero, esser privo.*
Vacuĭtas, ātis, f. *voto, vacuità.*
Vacuo, as, etc. A. *vuotare.*
Vacuus, a, um, add. *vuoto.*
Vadatus, a, um, add. *che ha citato in giudizio.*
Vadimonium, ii, n. *malleveria, sicurtà.*
Vado, as, A. *guadare, passare a guado.*
Vado, dis, si, sum, dere, N. *andare.*
Vador, āris, ātus, āri, D. *obbligare a comparire in giudizio.*
Vadum, i, n. *guado, acqua bassa.*
Væ! interj. *ahi! guai!*
Vafer, ra, rum, add. *astuto.*
Vafre, avv. *astutamente.*
Vagabundus, a, um, add. *vagabondo.*
Vagatio, ōnis, f. *il vagare qua e là.*
Vage, avv. *qua e là.*
Vagina, æ, f. *fodero, guaina, vagina.*
Vagio, is, ivi, itum, ire, N. *vagire.*
Vagor, āris, ātus, āri, D. *vagare.*
Vah! interj. *ah! ah!*
Valde, avv. *molto, grandemente.*
Vale, sing. *addio, sta sano,* Valēte, pl. *addio, state sani.*
Valedīco, cis, xi, ctum, cĕre, N. *salutare, dire addio.*
Valens, ēntis, c. add. *sano, gagliardo.*
Valenter, avv. *valorosamente.*
Valĕo, es, ŭi, ĭtum, ēre, N. *essere sano, valere.*
Valēsco, is, ĕre, N. *rinforzarsi.*
Valetudinarium, ii, n. *infermeria.*
Valetudinarius, a, um, add. *infermiccio.*
Valetūdo, inis, f. *complessione, malattia.*
Valgus, a, um, add. *sbilenco, storto.*
Valide, avv. *fortemente.*
Validus, a, um, add. *valido, gagliardo.*
Vallis, is, f. *valle.*
Vallo, as, etc. A. *cingere con trincea, fortificare.*
Vallum, i, n. *fortificazione, bastione.*
Vallus, i, m. *palo, steccone.*
Valor, ōris, m. *valore, prezzo.*
Valvæ, ārum, f. pl. *imposte dell' uscio.*
Vanēsco, ēscis, ŭi, escĕre, N. *svanire.*
Vaniloquus, a, um, add. *bugiardo, millantatore.*
Vanitas, ātis, f. *vanezza, vanità.*
Vannus, i, m. *vaglio, crivello.*
Vanus, a, um, add. *vano, voto.*
Vapidus, a, um, add. *vaporoso, insipido.*
Vapor, ōris, m. *vapore, fumo.*
Vaporatio, ōnis, f. *esalazione.*
Vapōro, as, etc. A. *profumare, riscaldare.*
Vappa, æ, f. *vino svanito.*
Vapŭlo, as, etc. N. *esser battuto.*
Variatio, ōnis, f. *variazione.*
Varicus: varus, a, um, add. *varo, coi piedi torti.*
Varie, avv. *variamente.*
Variĕtas, ātis, f. *varietà.*

Vario, as, etc. A. *variare, varieggiare.*
Varius, a, um, add. *di diversi colori, vario.*
Varus. V. Varius.
Vas, adis, m. *mallevadore.*
Vas, vasis, n. *vaso:* vasa, ōrum, n. pl. *vasi.*
Vascularius, ii, m. *orefice, fabbricatore di vasi d' oro e di argento.*
Vascŭlum, i, n. *vasetto.*
Vastatio, ōnis, f. *guastamento, saccheggio.*
Vastātor, ōris, m. *guastatore, devastatore.*
Vastātrix, icis, f. *guastatrice.*
Vaste, avv. *largamente.*
Vastitas, ātis, f. *ampiezza, saccheggiamento.*
Vasto, as, etc. A. *desolare, saccheggiare.*
Vastus, a, um, add. *ampio, spazioso.*
Vates, is, m. e f. *profeta, poeta.*
Vaticinatio, ōnis, f. *profezia.*
Vaticinātor, ōris, m. *indovino.*
Vaticinium, ii, n. *predizione.*
Vaticinor, āris, ātus, āri, D. *predire, indovinare.*
Vecordia, æ, f. *viltà, stoltezza.*
Vecors, ōrdis, c. add. *vile, stolto.*
Vectigal, ālis, n. *gabella, dazio.*
Vectigalis, m. e f. e, n. add. *tributario.*
Vectio, ōnis, f. *condotta, il vetturreggiare.*
Vectis, is, m. *leva, chiavistello, stanga.*
Vecto, as, etc. A. *condurre, portare.*
Vector, ōris, m. *conduttore, navigante, passeggiero.*
Vectorius, a, um, add. *da trasporto.*
Vectūra, æ, f. *vettura.*
Vectus, a, um, add. *portato.*
Vegĕtus, a, um, add. *vegeto, vigoroso.*
Vehemens, ēntis, c. add. *impetuoso.*
Vehementer, avv. *veementemente.*
Vehementia, æ, f. *veemenza.*
Vehes: vehis, is, f. *carro, treggia.*
Vehicularius, a, um, add. *di carro.*
Vehicŭlum, i, n. *carro, veicolo.*
Veho, his, xi, ctum, hĕre, A. *portare, condurre.*
Vel, cong. *o, ovvero.*
Velāmen, inis: velamentum, i, n. *velo, coprimento.*
Velifico, as, etc. A.: velificor, āris, ātus, āri, D. *far vela, navigare.*
Velitatio, ōnis, f. *scaramuccia.*
Velites, um, m. pl. *soldati armati alla leggiera.*
Velivŏlus, a, um, add. *che va a vele.*
Vellicatio, ōnis, f.: vellicatus, us, m. *pizzicotto.*
Vellico, as, etc. A. *pizzicare, pelazzare, mordere, biasimare.*
Vello, ellis, elli, vel vulsi, ulsum, ellĕre, A. *svellere, strappare.*
Vellus, ĕris, n. *lana, pelo.*
Velo, as, etc. A. *velare, coprire.*
Velocitas, ātis, f. *velocità.*
Velociter, avv. *velocemente.*
Velox, ōcis, c. add. *veloce.*
Velum, i, n. *velo, vela, cortina, tenda.*
Velut: velŭti, avv. *come, siccome.*

Vena, æ, f. *vena, natura, indole.*
Venalis, m. e f. e, n, add. *venale, da vendere.*
Venaliter, avv. *di una maniera venale.*
Venaticus: venatorius, a, um, add. *di caccia.*
Venatio, ōnis, f.: venātus, us, m. *caccia.*
Venātor, ōris, m. *cacciatore.*
Venatrix, icis, f. *cacciatrice.*
Vendibilis, m. e f. e, n. add. *vendibile.*
Vendicatio, ōnis, f. *millanteria.*
Vendicator, ōris, m. *millantatore.*
Venditio, ōnis, f. *vendita.*
Vendito, as, etc. A. *desiderare di vendere, ostentare.*
Venditor, ōris, m. *venditore.*
Vendo, dis, didi, ditum, dĕre, A. *vendere.*
Venefica, æ, f. *strega, maliarda.*
Veneficium, ii, n. *malia, incantesimo.*
Veneficus, i, m. *stregone:* — a, um, add. *venefico.*
Venenosus, a, um, add. *velenoso.*
Venēnum, i, n. *veleno.*
Veneo, is, ivi, vel ii, um, ire, N. *esser venduto:* venum ire, *essere esposto alla vendita.*
Venerabilis, m. e f. e, n. add. *venerabile.*
Venerabundus, a, um. add. *riverente.*
Venerandus, V. Venerabilis.
Veneratio, ōnis, f. *venerazione.*
Venerātor, ōris, m. *veneratore.*
Veneror, āris, ātus, āri, D. *venerare.*
Venia, æ, f. *perdono, licenza.*
Venio, is, ni, tum, ire, N. *venire.*
Venor, āris, ātus, āri, D. *andare a caccia.*
Venter, tris, m. *ventre.*
Ventilābrum, i, n. *vaglio, crivello, ventola.*
Ventilātor, ōris, m. *ventilatore.*
Ventilo, as, etc. A. *sventolare, far vento.*
Ventito, as, etc. N. *venire spesso.*
Ventōsus, a, um, add. *ventoso.*
Ventralis, m. e f. e, n. add. *di ventre.*
Ventricŭlus, i, m. *ventricolo.*
Ventriōsus, a, um, add. *panciuto.*
Ventŭlus, i, m. *venticello.*
Ventus, i, m. *vento.*
Venum, i, n.: venu, u, n. indecl. *da vendere.*
Venumdo, das, dĕdi, dătum, dăre, A. *vendere.*
Venustas, ātis, f. *venustà, leggiadria.*
Venuste, avv. *leggiadramente.*
Venustus, a, um, add. *bello, grazioso.*
Vepres, vel vepris, is, m. *pruno, spino.*
Veprētum, i, n. *spineto, macchione.*
Ver, veris, n. *primavera.*
Verax, ācis, c. add. *verace.*
Verbēna, æ, f. *verbena, ramo d'albero sacro.*
Verber, ĕris, n. *bacchetta.*
Verberatio, ōnis, f. *sferzata.*
Verbĕro, as, etc. A. *battere, sferzare.*
Verbōse, avv. *con molte parole.*
Verbōsus, a, um, add. *loquace, ciarlone.*
Verbum, i, n. *parola, verbo.*
Vere, avv. *veramente.*
Verecunde, avv. *con verecondia.*

Verecundia, æ, f. *verecondia.*
Verecundus, a, um. add. *rispettoso.*
Verēdus, i, m. *cavallo da posta.*
Verendus, a, um, add. *venerando.*
Vereor, reris, ritus, rēri, D. *rispettare, temere, dubitare.*
Vergo, gis, gĕre, A. *volgere, piegare.*
Veridicus, a, um, add. *veridico.*
Verisimilis, m. e f. e, n. add. *verisimile.*
Verisimilitūdo, inis, f. *verisimiglianza.*
Veritas, ātis, f. *verità.*
Vermicŭlor, āris, ātus, āri, D.: vermino, as, etc. N. *far vermi.*
Vermicŭlus, i, m. *vermicciuolo.*
Verminatio, ōnis, f. *inverminamento.*
Verminōsus, a, um, add. *verminoso.*
Vermis, is, m. *verme.*
Verna, æ, m. e f. *servo, serva nata in casa.*
Vernacŭlus, a, um, add. *domestico, natio.*
Verniliter, avv. *servilmente.*
Vernilis, m. e f. e, add. *servile.*
Verno, as, etc. N. *far primavera, germogliare.*
Vernus, a, um, add. *di primavera.*
Vero, as, are, N. *dire il vero.*
Vero, cong. *ma, poi.*
Verres, is, m. *porco.*
Verricŭlum, i, n. *rete da pescare.*
Verro, ris, rĕre, A. *spazzare, tirare, strascinare.*
Verruca, æ, f. *porro.*
Verrucōsus, a, um, add. *pieno di porri.*
Versabilis, m. e f. e, n. add. *mutabile.*
Versatilis, m. e f. e, n. add. *girevole.*
Versatio, ōnis, f. *giramento.*
Versatus, a, um, add. *girato, pratico.*
Versicŏlor, ōris, c. add. *di color cangiante.*
Versicŭlus, i, m. *versetto.*
Versificatio, ōnis, f. *il verseggiare.*
Versificātor, ōris, m. *verseggiatore.*
Versipellis, is, m. *chi muta pelle, uomo astuto.*
Verso, as, etc. A. *voltare, girare.*
Versor, āris, ātus, āri, D. *praticare, stare, occuparsi.*
Versūra, æ, f. *conversione, voltamento, danaro a usura.*
Versus, us, m. *verso, riga:* — a, um, add. *voltato.*
Versus: versum, prep. coll' acc. *verso.*
Versūtus, a, um, add. *ingegnoso, furbo.*
Vertebræ, ārum, f. pl. *vertebre.*
Vertex, ĭcis, m. *sommità, cima.*
Vertiginōsus, a, um, add. *che patisce vertigine.*
Vertīgo, ĭnis, f. *vertigine, capogiro.*
Verto, tis, ti, sum, tĕre, A. *volgere, girare.*
Veru, veru, n. indecl. al sing. *spiedo.*
Vervex, ēcis, m. *castrone.*
Verum, i, n. *verità, il vero.*
Verum, avv. *ma sì, veramente.*
Veruntāmen, cong. *ma, nondimeno.*
Verus, a, um, add. *vero, verace.*
Verūtum, i, n. *verrettone, sorta di dardo.*
Vesania, æ, f. *pazzia.*
Vesānus, a, um, add. *furioso, pazzo.*

Vescor, ēris, i, D. *cibarsi.*
Vesica, æ, f. *vescica.*
Vesicŭla, æ, f. *vescichetta.*
Vespa, æ, f. *vespa.*
Vesper, eris: vespĕrus, i, m. *il pianeta di Venere, il vespro, la sera.*
Vespĕra, æ, f. *sera.*
Vesperāscit, ēbat, ĕre, imper. *farsi sera.*
Vespĕre: vesperi, avv. *la sera, di sera.*
Vespertilio, ōnis, m. *pipistrello.*
Vespertīnus, a, um, add. *di sera.*
Vespillo, ōnis, m. *becchino.*
Vester, ra, rum, pron. *vostro, vostra.*
Vestiarium, ii, n. *vestiario, guardaroba.*
Vestiarius, a, um, add. *da veste.*
Vestibŭlum, i, n. *vestibulo, ingresso.*
Vestigatio, ōnis, f. *inquisizione.*
Vestigātor, ōris, m. *investigatore.*
Vestigium, ii, n. *vestigio, orma.*
Vestīgo, as, etc. A. *investigare.*
Vestimentum, i, n. *vestimento.*
Vestio, is, ivi, itum, ire, A. *vestire.*
Vestis, is, f.: vestītus, us, m. *vestimento, abito.*
Vestītus, a, um, add. *vestito, coperto.*
Veteramentarius sutor, oris, m. *ciabattino.*
Veteranus, a, um, add. *veterano.*
Veterāsco, scis, scĕre, N. *invecchiarsi.*
Veterātor, ōris, m. *astuto, bugiardo.*
Veterinarius, ii, m. *maniscalco.*
Veternōsus, a, um, add. *dormiglione.*
Veternus, i, m. *letargo.*
Vetitum, i, *divieto, interdizione.*
Vetitus, a, um, add. *proibito.*
Veto, as, ui, itum, are, A. *proibire.*
Vetŭla, æ, f. *vecchierella.*
Vetŭlus, i, m. *vecchierello.*
Vetus, eris, c. add. *antico, vecchio.*
Vetustas, ātis, f. *antichità.*
Vetustus, a, um, add. *antico, vecchio.*
Vexatio, ōnis, f. *agitazione, molestia.*
Vexator, ōris, m. *infestatore.*
Vexillatio, ōnis, f. *gonfalonata, squadra.*
Vexillum, i, n. *vessillo, bandiera.*
Vexo, as, etc. A. *vessare, travagliare.*
Via, æ, f. *via, strada.*
Vialis, m. e f. e, n.: viarius, a, um, add. *di strada.*
Viaticum, i, n. *viatico, provvigione da viaggio.*
Viaticus, a, um, add. *da viaggio.*
Viator, ōris, m. *viaggiatore.*
Viatorius, a, um, add. *da viaggio.*
Vibex, īcis, f. *lividura.*
Vibrissæ, ārum, f. pl. *peli delle narici.*
Vibro, as, etc. A. *scuotere, vibrare.*
Vibūrnum, i, n. *viburno (sorta di frutice).*
Vicarius, ii, m. *vicario:* — a, um, add. *che fa le altrui veci.*
Vicatim, avv. *di borgo in borgo.*
Vicenarius, a, um, add. *di venti.*
Vicēni, æ, a, add. *a venti a venti.*
Vicesimus, a, um, add. *ventesimo.*
Vicies, avv. *venti volte.*
Vicinia, æ, f.: vicinitas, ātis, f. *vicinanza, vicinato.*

Vicīnus, a, um, add. *vicino.*
Vicis, is, ci, cem, ce, *ed il pl.* ces, cibus, f. *vicenda.*
Vicissim, avv. *a vicenda.*
Vicissitūdo, inis, f. *vicissitudine, vicenda.*
Victima, æ, f. *vittima.*
Victĭto, as, etc. N. *vivere, alimentarsi.*
Victor, ōris, m. *vincitore.*
Victoria, æ, f. *vittoria.*
Victoriosus, a, um, add. *vittorioso.*
Victrix, icis, f. *vincitrice.*
Victus, us, m. *vitto* : — a, um, add. *vinto.*
Vicus, i, m. *borgo* : vicŭlus, i, m. *borghetto.*
Videlicet, avv. *veramente, certamente, cioè.*
Video, des, di, sum, dēre, A. *vedere.*
Videor, deris, sus, deri, P. *esser veduto*, D. *sembrare.*
Vidŭa, æ, f. *vedova.*
Vidŭĭtas, ātis, f. *vedovanza.*
Vidulus, i, m. *valigia, sacchetto di cuoio.*
Vidŭo, as, etc. A. *privare, spogliare.*
Vidŭus, a, um, add. *privo, spogliato.*
Viĕtus, a, um, add. *vieto, languido, molle.*
Vigēni, V. Viceni.
Vigeo, es, ŭi, ēre, N. *esser in vigore.*
Vigesimus, a, um, add. *ventesimo.*
Vigil, ĭlis : vigilans, antis, c. add. *vigilante.*
Vigilanter, avv. *attentamente.*
Vigilantia, æ, f. *vigilanza.*
Vigiles, um, m. pl. *guardie, sentinelle notturne.*
Vigilia, æ, f. : vigĭlium, ii, n. *veglia, vigilia.*
Vigilo, as, etc. A. *e* N. *vegliare.*
Vigĭnti, add. indecl. *venti.*
Vigor, ōris, m. *vigore, gagliardia.*
Vilipĕndo, dis, di, sum, dĕre, A. *vilipendere.*
Vilis, m. *e* f. e, n. add. *vile, spregevole.*
Vilitas, ātis, f. *buon mercato.*
Villa, æ, f. *villa.*
Villĭca, æ, f. *contadina.*
Villĭcor, āris, ātus, āri, D. *fare il fattore di villa.*
Villĭcus, i, m. *fattor di villa, contadino, gastaldo.*
Villōsus, a, um, add. *peloso.*
Villŭla, æ, f. *villetta.*
Villus, i, m. *pelo, fiocco di peli.*
Vimen, inis, n. *vinco.*
Vimineus, a, um, add. *di vinco.*
Vinacĕus, i, m. *vinacciuolo.*
Vinarius, ii, m. *bettoliere.*
Vincibilis, m. *e* f. e, n. add. *vincibile.*
Vincio, cis, xi, ctum, cire, A. *legare.*
Vinco, ncis, ci, ctum, ncĕre, A. *vincere.*
Vinctus, a, um, add. *legato.*
Vinculum, i, n. *legame.*
Vindemia, æ, f. *vendemmia.*
Vindemiator : vindemĭtor, ōris, m. *vendemmiatore.*
Vindemio, as, etc. A. *vendemmiare.*
Vindex, ĭcis, c. add. *vendicatore.*

Vindicatio, ōnis, f. *vendetta.*
Vindĭco, as, etc. A. *punire, usurpare, liberare.*
Vindicia, æ, f. *vendetta, gastigo.*
Vinea, æ, f. *vigna.*
Vineālis, m. *e* f. e, n. : vineaticus, a, um, add. *di vigna.*
Vinetum, i, n. *vigna, vignelo.*
Vinĕus, a, um, add. *di vino.*
Vinĭtor, ōris, m. *vignaiuolo.*
Vinolentia, æ, f. *ubriachezza.*
Vinolentus, a, um, add. *ubriaco, che sa di vino.*
Vinosus, a, um, add. *amante del vino.*
Vinum, i, n. *vino.*
Viŏla, æ, f. *viola, violetta.*
Violabilis, m. *e* f. e, n. add. *violabile.*
Violacĕus, a, um, add. *violaceo, di viola.*
Violatio, ōnis, f. *violazione.*
Violātor, ōris, m. *violatore.*
Violenter, avv. *violentemente.*
Violentia, æ, f. *violenza.*
Violentus, a, um : viŏlens, entis, c. add. *violento.*
Viŏlo, as, etc. A. *violare, profanare.*
Vipĕra, æ, f. *vipera.*
Viperĕus : viperinus, a, um, add. *di vipera.*
Vir, viri, m. *uomo forte, eroe.*
Virāgo, ĭnis, f. *donna d'animo virile, forte.*
Virens, entis, c. add. *verdeggiante.*
Virĕo, es, ŭi, ēre : viresco, is, ĕre, N. *verdeggiare.*
Vires, ium, ibus, f. pl. *forze.* V. Vis.
Virētum, i, n. *luogo di verdura.*
Virga, æ, f. *verga, ramoscello.*
Virgātus, a, um, add. *vergolato.*
Virgĕus, a, um, add. *di verga.*
Virginalis, m. *e* f. e, n. : virginĕus, a, um, add. *virgineo, verginale.*
Virginĭtas, ātis, f. *verginità.*
Virgo, ĭnis, f. *vergine, donzella.*
Virgŭla, æ, f. *verghetta.*
Virgultum, i, n. *virgulto.*
Virguncŭla, æ, f. *verginella.*
Virĭdans, antis, c. add. *verdeggiante.*
Viridarium, ii, n. *orto, giardino.*
Viridis, m. *e* f. e, n. add. *verde.*
Viridĭtas, ātis, f. *verdura.*
Virīlis, m. *e* f. e, n. add. *virile.*
Virilĭtas, ātis, f. *virilità, fortezza.*
Virilĭter, avv. *virilmente.*
Virītim, avv. *ad uno per uno, a testa.*
Virtus, ūtis, f. *virtù, valore.*
Virulentus, a, um, add. *velenoso.*
Virus, i, n. *sugo, veleno, umore.*
Vis, vis, vi, vim, etc. f. *forza.*
Viscĕra, um, n. pl. *viscere.*
Viscus, ĕris, n. *interiora, viscere.*
Viscum, i, n. : viscus, i, m. *visco, vischio.*
Visibilis, m. *e* f. e, n. add. *visibile.*
Visio, ōnis, f. *vista, visione.*
Visĭto, as, etc. A. *visitare, vedere spesso.*
Viso, is, i, um, ĕre, A. *visitare, andare a vedere.*
Visum, i, n. *visione.*

Visus, a, um, add. *veduto.*
Visus, us, m. *vista, sguardo.*
Vita, æ, f. *vita.*
Vitabilis, m. e f. e, n. add. *da schifarsi, evitarsi.*
Vitabundus, a, um, add. *che schiva.*
Vitālis, m. e f. e, n. add. *vitale.*
Vitatio, ōnis, f. *schivamento.*
Vitĕus: vitiginĕus, a, um, add. *di vite.*
Vitex, ĭcis, f. *vetrice.*
Vitiarium, ii, n. *vigneto.*
Vitiatio, ōnis, f. *corruzione.*
Vitiātor, ōris, m. *corruttore.*
Vitiatus, a, um, add. *corrotto, guasto.*
Viticŭla, æ, f. *vitucella.*
Vitifer, era, erum, add. *che produce viti.*
Vitio, as, etc. A. *corrompere, guastare.*
Vitiōse, avv. *viziosamente.*
Vitiositas, ātis, f. *viziosità.*
Vitiōsus, a, um, add. *vizioso.*
Vitis, is, f. *vite.*
Vitium, ii, n. *vizio, difetto.*
Vito, as, etc. A. *schivare.*
Vitreus, a, um, add. *di vetro.*
Vitrarius, ii, m. *vetraio.*
Vitrum, i, n. *vetro.*
Vitta, æ, f. *benda.*
Vittātus, a, um. add. *bendato.*
Vitŭla, æ, f. *vitella.*
Vitulinus, a, um. add. *di vitello.*
Vitŭlus, i, m. *vitello.*
Vituperabilis, m. e f. e, n. add. *biasimevole.*
Vituperatio, ōnis, f. *biasimo.*
Vituperātor, ōris, m. *biasimatore.*
Vituperium, ii, n. *vitupero.*
Vitupĕro, as, etc. A. *biasimare.*
Vivacitas, ātis, f. *vivacità.*
Vivax, ācis, c. add. *vivace, di lunga vita.*
Vivens, entis, c. add. *vivente.*
Vividus, a, um, add. *vegeto, vivo.*
Vivo, vis, xi, ctum, vĕre, N. *vivere.*
Vivus, a, um, add. *vivo, vegeto.*
Vix, avv. *appena, a stento.*
Vocabŭlum, i, n. *vocabolo, voce.*
Vocālis, m. e f. e, n. add. *vocale, sonoro.*
Vocatio, ōnis, f.: vocātus, us, m. *invito, vocazione.*
Vocātor, ōris, m. *chi invita.*
Vociferatio, ōnis, f. *grido, schiamazzo.*
Vocifero, as, etc. N.: vociferor, āris, ātus, āri, D. *gridar forte.*
Voco: vocito, as, A. *chiamare, invitare.*
Vocŭla, æ, f. *vocina, parolina.*
Vola, æ, f. *palma della mano, e cavità sotto il piede.*
Volatĭlis, m. e f. e, n. add. *volatile, volante.*
Volātus, us, m. *volo.*
Volens, entis, c. add. *che vuole.*
Volito, as, etc. N. *svolazzare.*
Volo, as, etc. N. *volare.*
Volo, vis, volŭi, velle, A. *volere.*
Volubilis, m. e f. e, n. add. *volubile.*
Volubilĭtas, ātis, f. *volubilità.*
Volubilĭter, avv. *volubilmente.*
Volŭcer, cris, cre, add. *volante, veloce.*
Volŭmen, ĭnis, n. *volume.*
Voluntarie: voluntario, *volontariamente.*
Voluntarius, a, um, add. *volontario.*
Voluntas, ātis, f. *volontà, volere.*
Volvo, vis, vi, ŭtum, vĕre, A. *volgere, voltare.*
Voluptarius, a, um, *voluttuoso, dilettevole: voluptariæ possessiones, luoghi di delizia.*
Volŭptas, ātis, f. *voluttà, diletto.*
Voluptuōsus, a, um, *voluttuoso, dilettevole.*
Volutābrum, i, n. *pozzanghera, pantano.*
Volutatio, ōnis, f. *volgimento.*
Volŭto, as, etc. A. *voltare, rivoltare.*
Volŭtus, a, um, add. *rivoltato.*
Vomer, ĕris, m. *vomero.*
Vomica, æ, f. *postema.*
Vomitio, ōnis, f.: vomitus, us, m. *vomito.*
Vomitor, ōris, m. *chi vomita.*
Vomitorius, a, um, *vomitatorio, vomitivo.*
Vomo, is, ŭi, itum, ĕre, A. *vomitare.*
Voracitas, ātis, f. *voracità.*
Vorāgo, ĭnis, f. *voragine.*
Vorax, ācis, c. add. *vorace.*
Voro, as, etc. A. *divorare.*
Vortex, ĭcis, m. *vortice.*
Votivus, a, um, add. *votivo.*
Votum, i, n. *voto, promessa a Dio.*
Votus, a, um, add. *promesso in voto.*
Vovĕo, ves, vi, tum, vĕre, A. *far voto.*
Vox, vocis, f. *voce, parola.*
Vulgaris, m. e f. e, n. add. *volgare.*
Vulgariter, avv. *volgarmente.*
Vulgātor, ōris, m. *pubblicatore.*
Vulgo, avv. *comunemente.*
Vulgo, as, etc. A. *divulgare.*
Vulgus, i, n. ed anche m. *volgo, plebe.*
Vulneratio, ōnis, f. *ferita.*
Vulnĕro, as, etc. A. *ferire.*
Vulnus, ĕris, n. *ferita.*
Vulpecŭla, æ, f. *volpicina.*
Vulpes, is, f. *volpe.*
Vulpinus, a, um, add. *di volpe.*
Vulsūra, æ, f. *lo svellere.*
Vulsus, a, um, add. *svelto.*
Vulticŭlus, i, m. *visetto.*
Vultuōsus, a, um, add. *affettato.*
Vultur, ŭris, m. *avvoltoio.*
Vultus, us, m. *volto, faccia.*
Vulva, æ, f. *vulva, utero.*

X

Xenium, ii, n. *regalo, donativo agli sposi.*
Xenodochium, ii, n. *spedale.*
Xylinum, ii, n. *bambagia, cotone.*
Xystus, i, m.: xystum, i, n. *portico, loggia.*

Z

Zelōtes, æ, m. *zelante, geloso.*
Zelotypia, æ, f. *gelosia.*
Zelōtypus, i, m. *geloso.*
Zelus, i, m. *zelo, emulazione.*
Zephyrus, i, m. *zefiro, vento di ponente.*
Zizanium, ii, n. *zizzania, loglio.*
Zodiacus, i, m. *zodiaco.*
Zona, æ, f. *zona, fascia.*
Zonarius, a, um, add. *tagliaborse.*
Zonŭla, æ, f. *cinturetta.*
Zythum, i, n. *birra, bevanda d'orzo.*

NOMINA

PERSONARUM, PROVINCIARUM, URBIUM, MONTIUM, MARIUM, ETC.

SPIEGAZIONE DELLE ABBREVIATURE

Le lettere *cast.* significano castello — *f.* femminino — *fl.* fiume — *fort.* fortezza — *is.* isola — *m.* mascolino — *ma.* mare — *mo.* monte — *n.* neutro — *pers.* persona — *p.* provincia — *po.* popolo — *t.* terra. — *c.* città.

Abbatia, æ, f. *Badia*, c. nel Veneto.
Abbevilla, æ, f. *Abbeville*. c. della Francia.
Abdŭa, æ. f. *Adda*, fl. nella Lombardia.
Abellīnum, i, n. *Avellino*, c. nel Napoletano.
Abŭla, æ, f. *Avila*, c. della Spagna.
Acēdum, i, n. *Ceneda*, c. nel Veneto.
Acēlum, i, n. *Asolo*, c. nel Veneto.
Achātes, æ, m. *Acate*, pers.
Acheron, ontis, m. *Acheronte*, fl.
Acherontius, a, um, add. d' *Acheronte*.
Achilles, is, m. *Achille*, pers.
Achilleus, a, um, add. d' *Achille*.
Acronicus lacus, us, m. *lago di Costanza*.
Adjacium, ii, n. *Aiaccio*, c. della Corsica.
Adria, æ, f. *Adria*, c. nel Veneto.
Adriaticum mare, is, n. *golfo di Venezia*.
Adriaticus, a, um, add. d' *Adria*.
Æduorum Flavia, æ, f. *Autun*, c. della Francia.
Ægæum mare, is, n. *Arcipelago*, ma.
Ægyptius, a, um, add. *di Egitto*, *Egiziano*.
Ægyptus, i, m. *Egitto*, p.
Ænēas, æ, m. *Enea*, pers.
Æthiopia, æ, f. *Etiopia*, *Abissinia*, vasta regione dell' Affrica.
Æthiŏps, is, add. *di Etiopia*, *Etiope*, *di Abissinia*.
Ætna, æ, f. *Mongibello*, mo. in Sicilia.
Africa, æ, f. *Affrica*, p.
Africānus, a, um, add. d' *Affrica*, *Affricano*.
Agnes, tis, f. *Agnese*, pers.
Agrippa, æ, m. *Agrippa*, pers.
Agrippina Colonia, æ, f. *Colonia*, c. nella Prussia.
Ajax, cis, m. *Aiace*, pers.
Alba, æ, f. *Alba*, c. nel Piemonte.
Albanus, a, um, add. d' *Alba*.
Albertus, i, m. *Alberto*, pers.
Albis, is, m. *Elba*, fl. nella Germania.
Album mare, is, n. *mar Bianco*.
Alcibiădes, is, m. *Alcibiade*, pers.
Alētha, æ, f. *S. Malò*, c. della Francia.
Aletium, ii, n. *Lecce*, c. nel Napoletano.
Alexănder, ri, m. *Alessandro*, pers.
Alexandria, æ, f. *Alessandria dell' Egitto*, c. dell' Affrica: — Statielliorum, *Alessandria della Paglia*, c. del Piemonte.
Alexandrinus, a, um, add. d' *Alessandria*, *Alessandrino*.
Alsatia, æ, f. *Alsazia*, p.
Ambianum, i, n. *Amiens*, c. della Francia.
Ameria, æ, f. *Amelia*, c. nella prov. Romana.
America, æ, f. *America*, p.
Americānus, a, um, add. d' *America*, *americano*.
Americus, i, m. *Americo*, pers.
Amilcar, is, m. *Amilcare*, pers.
Amstelodămum, i, n. *Amsterdam*, c. dell' Olanda.
Anagnia, æ, f. *Anagni*, c. nella prov. Romana.
Anassum, i, n. *Piave*, fl. nel Veneto.
Ancōna, æ, f. *Ancona*, c. nelle Marche.
Andegavia, æ, f. *Angiò*, p.
Andrēas, æ, m. *Andrea*, pers.
Andria, æ, f. *Andri*, *Andria*, c. nel Napoletano.
Anglia, æ, f. *Inghilterra*, is.
Anglus, a, um, add. d' *Inghilterra*, *inglese*.
Anicium, ii, n. *Puy*, c. nella Francia.
Annesium, ii, n. *Annesi*, c. nella Savoia.
Annibal, is, m. *Annibale*, pers.
Anselmus, i, m. *Anselmo*, pers.
Antēnor, is, m. *Antenore*, pers.
Antenŏreus, a, um, add. di *Antenore*, *Antenoreo*.
Anticyra, æ, f. *Anticira*, is.
Antiochia, æ, f. *Antiochia*, c. della Soria.
Antiŏchus, i, m. *Antioco*, pers.
Antissiodŏrum, i, n. *Auxerre*, c. della Francia.
Antonius, ii, m. *Antonio*, pers.
Anxur, is, m. e n. *Terracina*, c. nella prov. Romana.

Apennīnus, i, m. *Appennino*, mo.
Apulia, æ, f. *Puglia*, p. nel Napoletano.
Apūlus, a, um, add. *di Puglia*, *pugliese*.
Aquæ sextiæ, arum, f. pl. *Aix*, c. della Francia.
Aquila, æ, f. *Aquila*, c. nel Napoletano.
Aquilēja, æ, f. *Aquileia*, c. nell' Illiria.
Aquīnum, i, n. *Aquino*, c. nel Napoletano.
Aquisgrānum, i, n. *Aquisgrana*, c. della Prussia Renana.
Aquitania, æ, f. *Aquitania*, p. *Guienna*.
Aquitānus, a, um, add. *di Aquitania, di Guienna*.
Arābes, um, m. pl. *Arabi*, po.
Arabia, æ, f. *Arabia*, p.
Arăris, is, m. *Sonna*, fi.
Arausio, ōnis, f. *Oranges*, c. nella Francia.
Arcadia, æ, f. *Arcadia*, p.
Ardea, æ, f. *Ardea*, cast. nella prov. Romana.
Arelas, tis, f. *Arles*, c. nella Francia.
Aretium, ii, n. *Arezzo*, c. nella Toscana.
Argentorātum, i, n. *Argentina*, c. *Strasburgo*, c. nella Francia.
Arimĭnum, i, n. *Rimini*, c. nella Romagna.
Armenia, æ, f. *Armenia*, p.
Armenius, a, um, add. *d' Armenia*, *Armeno*.
Arnus, i, m. *Arno*, fi. nella Toscana.
Arpīnum, i, n. *Arpino*, c. nel Napoletano.
Asdrŭbal, is, m. *Asdrubale*, pers.
Asia, æ, f. *Asia*, p.
Asiaticus, a, um, add *d' Asia*, *asiatico*.
Assisium, ii, n. *Assisi*, c. nell' Umbria.
Assyria, æ, f. *Assiria*, p.
Assyrius, a, um, add. *di Assiria*.
Asturia, æ, f. *Asturia*, p della Spagna.
Athēnæ, arum, f. pl. *Atene*, c. della Grecia.
Atheniensis, m. e f. e, n. add. *di Atene*, *ateniese*, *attico*.
Athĕsis, is, m. *Adige*, fi. nel Veneto.
Atticus, a, um, add. *attico, di Atene*, *ateniese*.
Augustīnus, i, m. *Agostino*. pers.
Aurelia, æ, f. *Orleans*, c. nella Francia.
Aurelianensis, m. e f. e. n. add. *d'Orleans*.
Auscorum Augusta, æ, f. *Aux*, c.
Austria, æ, f. *Austria*, p.
Austriăcus, a, um, add. *d' Austria*, *austriaco*.
Auximum, i, n. *Osimo*, c. nelle Marche.
Avaricum, i, n. *Burges*, c. della Francia.
Avenio, ōnis, f. *Avignone*, c. della Francia.
Avorniæ, ārum, f. pl. *Alvernia*, p.

B

Babylon, ōnis, f. *Babilonia*, c. nell'Asia.
Babylonĭcus, a, um, add. *babilonese*, *babilonico*.
Bacchus, i, m. *Bacco*, pers.
Baleāres, ium, f. pl. *Baleari*, is.
Baltĭcum mare, is, n *mar Baltico*.
Bambergum, æ, f. *Bamberga*, c. nella Germania.

Barcīno, nis, f. *Barcellona*, c. della Spagna.
Bartholomæus, i, m. *Bartolommeo*, pers.
Basilea, æ, f. *Basilea*, c. nella Svizzera.
Basileensis pagus, i, m. *canton di Basilea*.
Bassānum, i, n. *Bassano*, c. nel Veneto.
Bastia, æ, f *Bastia*, c. nella Corsica.
Batavia, æ, f. *Olanda*, p.
Batavus, a, um, add. *d' Olanda*, *olandese*.
Bearnia, æ, f. *Bearne*, c.
Bechīnum, i, n. *Bechin*, c.
Beira, æ, f. *Beira*, p. nel Portogallo.
Bellūnum, i, n. *Belluno*, c. nel Veneto.
Benācus, i, m. *lago di Garda*.
Beneventum, i, n. *Benevento*, c. nel Napoletano.
Bengăla, æ, f. *Bengala*, p.
Berecynthius, a, um, add. *di Berecinto*.
Berecynthus, i, m. *Berecinto*, mo.
Bergŏmum, i, n. *Bergamo*, c. in Lombardia.
Bergŏmas, tis, add. *di Bergamo*, *bergamasco*.
Berlīnum, i, n. *Berlino*, c. nella Prussia.
Berna, æ, f. *Berna*, c. nella Svizzera.
Bernardus, i, m. *Bernardo*, pers.
Bernensis pagus, i, m. *canton di Berna*.
Bithynia, æ, f. *Bitinia*, p. dell' Asia Minore.
Bituntum, i, n. *Bitonto*, c. nel Napoletano.
Biturgia, æ, f. *Borgo S. Sepolcro*, c. nella Toscana.
Bituriges, um, c. *Bourges*, c. nella Francia.
Bœotia, æ, f. *Beozia*, p.
Bœotius, a, um, add. *di Beozia*.
Bojĕmum, i, n. *Boemia*, p.
Bonæ Spei promontorium, ii, n. *capo di Buona Speranza*, nell' Affrica.
Bononia, æ, f. *Bologna*, c. nell' Emilia.
Bononiensis, m. e f. e, n. add. *di Bologna*, *bolognese*.
Bormium, ii, n. *Bormio*, c. nella Lombardia.
Borussi, ōrum, m. pl. *di Prussia*, *prussiani*, po.
Borussia, æ, f. *Prussia*, p.
Brabantia, æ, f. *Brabante*, c. dei Paesi Bassi nel Belgio.
Bracharum Augusta, æ, f. *Braga*, c. nel Portogallo.
Brandebūrgum, i, n. *Brandeburgo*, c. nel regno di Prussia.
Brasilia, æ, f. *Brasile*, p.
Brestia, æ, f. *Brest*. c. nella Francia.
Britannia, æ, f. *Brettagna*, p.
Britannus, a, um, add. *di Brettagna*, *bretannico*, *britannico*.
Brixia, æ, f. *Brescia*, c. in Lombardia.
Brixiensis, m. e f. e, n. add. *di Brescia*, *bresciano*.
Brundusium, ii, n. *Brindisi*, c. nel Napoletano.
Brutus, i, m. *Bruto*, pers.
Bruxellæ, arum, f. pl. *Bruxelle*, c. nel Belgio.

Buda, æ, f. *Buda*, c. nell'Ungheria.
Bulgaria, æ, f. *Bulgaria*, p. della Turchia Europea.
Burdigăla, æ, f. *Bordeaux*, c. nella Francia.
Burgi, ōrum, m. pl. *Burgos*, c. nella Spagna.
Burgundĭa, æ, f. *Borgogna*, p.
Burgundienses, ium, m pl *Borgognoni*, po.
Buthrōtum, i, n. *Butrinto*, c. della Turchia Europea.
Byzantium, ii, n. *Bisanzio*, ora *Costantinopoli*, c. della Turchia Europea.

C

Cacus, i, m. *Caco*, pers.
Cadubrium, ii, n. *Cadore*, c. nel Veneto.
Cæsar, is, m. *Cesare*, pers.
Cæsaraugusta, æ, f. *Saragozza*, c. nella Spagna.
Cæsarēa, æ, f. *Cesarea*, c.
Cæsarēa Julia, æ, f. *Algeri*, c. dell'Affrica.
Cæsarĕus, a, um, add. *di Cesare, cesareo*.
Cæsena, æ, f. *Cesena*, c. nella Romagna.
Cajēta, æ, f. *Gaeta*, c. nel Napoletano.
Cajetānus, i, m. *Gaetano*, pers.
Cajetānus, a, um, add. *di Gaeta*.
Calaber, ra, rum, add. *di Calabria, calabrese*.
Calabria, æ, f. *Calabria*, p. nel Napoletano.
Calaris, is, f. *Cagliari*, c. nell'is. di Sardegna.
Calaritanus, a, um, add. di *Cagliari*.
Calētum, i, n. *Calais*, c. nella Francia.
Caligŭla, æ, m. *Caligola*, pers.
Camberium, ii, n. *Chambert*, *Sciamberi*, c. nella Savoja.
Cameracum, i, n. *Cambray*, c. nella Francia.
Camerinum, i, n. *Camerino*, c. nell'Umbria.
Camilla, æ, f. *Camilla*, pers.
Camillus, i, m. *Camillo*, pers.
Campania, æ, f. *Sciampagna*, p. — *Terra di lavoro*, p. nel Napoletano.
Canada, æ, f. *Canadà*, p.
Cannæ, arum, f. pl. *Canne*, vill. nel Napoletano.
Cannensis, m. e f. e, n. add. *di Canne*.
Cantabrigium, ii, n. *Cambridge*, c. nell'Inghilterra.
Cappadocia, æ, f. *Cappadocia*, p. dell'Asia.
Capua, æ, f. *Capua, Capoa*, c. nel Napoletano.
Carmēlus, i, m. *Carmelo*, mo.
Carniola, æ, f. *Carnia, Carniola*, p. dell'Austria.
Carnūtum, i, n. *Chartres*, c. nella Francia.
Carōlus, i, m. *Carlo*, pers.
Carpathus, i, f. *Scarpanto*, is.
Carraria Massa, æ, f. *Massa Carrara*, c. nel Modenese.
Carthāgo, ĭnis, f. *Cartagine*, c. nell'Affrica.
Carthaginensis, m. e f. e, n. add. *di Cartagine, cartaginese*.
Casale, is, n. *Casale*, c. nel Piemonte.
Casinas, tis, add. di *Cassino, casinate*.
Casinum, i, n. *Cassino*, mo.
Caspium mare, is, n. *Caspio, mar Caspio*.
Caspius, a, um, add. *del mar Caspio*.
Cassius, ii, m. *Cassio*, pers.
Castella, æ, f. *Castiglia*, p. della Spagna.
Catajo, æ, f. *Catay*, p.
Catalaūni, ōrum, m. pl. *Catalani*, po.
Catalaunia, æ, f. *Catalogna*, p. della Spagna.
Catārum, i, n. *Cattaro*, c. nella Dalmazia.
Catilīna, æ, m. *Catilina*, pers.
Catina, æ, f. *Catania*, c. nella Sicilia.
Cato, ōnis, m. *Catone*, pers.
Caucăsus, i, m. *Caucaso*, mo.
Celtiberia, æ, f. *Aragona*, c. della Spagna.
Celtiberius, a, um, add. *d'Aragona, aragonese*.
Centumcellæ, arum, f. pl. *Civitavecchia*, c. nella prov. Romana.
Cephallenes, um, m pl. *di Cefalonia, cefalonese*.
Cephallenia, æ, f. *Cefalonia*, is.
Celanum, i, n. *Ceylan*, is.
Chalcedonia, æ, f. *Scutari*, c. in Tracia.
Chalcedonius, a, um, add. *di Scutari*.
Chaldæus, a, um, add. *Caldeo*, po.
Charon, ontis, m. *Caronte*, pers.
Chersonēsus, i, f. *Chersoneso*, p.
Chius, ii, f. *Scio*, is.
Cicero, ōnis, m. *Cicerone*, pers.
Ciceroniānus, a, um, add. *di Cicerone, ciceroniano*.
Cilicia, æ, f. *Cilicia*, p. dell'Asia Minore.
Cilicus, a, um, add. *di Cilicia*.
Cimo, ōnis, m. *Cimone*, pers.
Cisalpina Gallia, æ, f. *Lombardia*, p. nell'alta Italia.
Clara, æ, f. *Chiara*, pers.
Claudianus, i, m. *Claudiano*, pers.
Claudius, ii, m. *Claudio*, pers.
Claudius, a, um, add. *di Claudio*.
Clodia Fossa, æ f. *Chioggia*, c. nel Veneto.
Clusium, ii, n. *Chiusi*, c. nella Toscana.
Codania, æ, f. *Copenaghen*, c. nella Danimarca.
Cœlius, ii, m. *Celio*, pers.
Comaclium, i, n. *Comacchio*, c. nella prov. Romana.
Comitum Haga, æ, f. *Aja*, c. dell'Olanda.
Complūtum, i, n. *Alcala de Henarz*, c. della Spagna.
Compostella, æ, f. *Compostella*, c. nell'America settentrionale.
Concordia, æ, f. *Concordia*, c. nell'America settentrionale.
Conimbria, æ, f. *Coimbra*, c. nel Portogallo.
Constantīnus, i, m. *Costantino*, pers.
Corcyra, æ, f. *Corfù*, is. e c. nella Grecia.
Corcyræus, a, um, add. *di Corfu, corfuese*.
Cordŭba, æ, f. *Cordova*, c. nella Spagna.

Cordubĕnsis, m. e f. e, n. add. *di Cordova.*
Corinthus, i, f. *Corinto,* c. nella Grecia.
Coriolānus, i, m. *Coriolano,* pers.
Cornelii Forum, i, n. *Imola,* c. nella Romagna.
Cornelius, ii, m. *Cornelio,* pers.
Corsica, æ, f. *Corsica,* is.
Corsicus, a, um, add. *di Corsica, corsico.*
Cortōna, æ, f. *Cortona,* c. nella Toscana.
Cottiæ Alpes, ium, f. pl. *Alpi Cozie,* mo.
Cracovia, æ, f. *Cracovia,* c. nella Polonia.
Crema, æ, f. *Crema* c. nella Lombardia.
Cremensis, m. e f. e, n. add. *di Crema, cremasco.*
Cremona, æ, f. *Cremona,* c. nella Lombardia.
Cremonensis, m. e f. e, n. add. *di Cremona, cremonese.*
Creta, æ, f. *Candia, Creta,* is.
Cretensis, m. e f. e, n. add. *di Candia, candiotto.*
Cuba, æ, f. *Cuba,* is.
Cumæ, arum, f. pl. *Cuma,* cast. nel Napoletano.
Curia, æ, f. *Coirn,* c. nella Svizzera.
Curtius, ii, m. *Cursio,* pers.
Cypricus, a, um, add. *di Cipro, cipriotto.*
Cyprus, i, f. *Cipro,* is.

D

Dacia, æ, f. *Dacia,* p.
Dædălus, i, m. *Dedalo,* pers.
Dalmatia, æ, f. *Dalmazia,* p. dell' Austria.
Dalmaticus, a, um, add. *di Dalmazia, dalmatino.*
Damascēnus, a, um, add. *di Damasco, damasceno.*
Damascus, i, f. *Damasco,* c. nella Turchia Asiatica.
Dani, orum, m. pl. *Danesi,* po.
Dania, æ, f. *Danimarca,* p.
Dantiscum, i, n. *Danzica,* c. nella Prussia.
Dardania, æ, f. *Dardanelli,* cast.
Delphi, orum, m. pl. *Delfo,* c. nella Grecia.
Delus, i, f. *Delo,* is.
Dertōna, æ, f. *Tortona,* c. nella prov. Piemontese.
Dertonensis, m. e f, e, n. add. *di Tortona, tortonese.*
Dertōsa, æ, f. *Tortosa,* c. nella Spagna.
Dilinga, æ, f. *Dillingen,* c. nella Germania.
Dionysius, ii, m. *Dionisio,* pers.
Diodurum, i, n. *Metz,* c. nella Francia.
Diguntorum Forum, i, n. *Pizzighettone,* cast. in Lombardia.
Domitianus, i, m. *Domiziano,* pers.
Dresda, æ, f. *Dresda,* c. nella Germania.
Drusus, i, m. *Druso,* pers.
Dublinum, i, n. *Dublino,* c. nell' Irlanda.
Duria, æ, f. *Dora,* fl. nel Piemonte.
Durius, ii, m. *Duero,* fl. nella Spagna.
Dyrrhacium, ii, n. *Durazzo,* c. nella Turchia Europea.

E

Ebŏra, æ, f. *Evora,* c. nel Portogallo.
Epaminondas, æ, m. *Epaminonda,* pers.
Ephesius, a, um, add. *di Efeso.*
Ephĕsus, i, f. *Efeso,* c. nell'Asia Minore.
Epidaurum, i, n. *Ragusi,* c. nella Dalmazia.
Epirōtæ, arum, m. pl. *Albanesi,* po.
Epīrus, i, f. *Epiro, Albania,* p. della Grecia.
Erythræum mare, is, n. *mare Rosso.*
Etruria, æ, f. *Toscana,* p. nell' Italia centrale.
Etruscus, a, um, add. *di Toscana, Toscano.*
Eubœa, æ, f. *Negroponte,* is.
Eubœcus, a, um, add. *di Negroponte.*
Euboicus sinus, us, m. *golfo di Negroponte.*
Euphrātes, is, m. *Eufrate,* fl. nell' Asia.
Eurīpus, i, m. *stretto di Negroponte.*
Europa, æ, f. *Europa,* p.
Europæus, a, um, add. *di Europa, Europeo.*

F

Fabianus, a, um, add. *di Fabio.*
Fabius, ii, m. *Fabio,* pers.
Fanum, i, n. *Fano,* c. nella Romagna.
Faventia, æ, f. *Faenza,* c. nella Romagna.
Felix, cis, m. *Felice,* pers.
Feltria, æ, f. *Feltre,* c. nel Veneto.
Fenestrellæ, arum, f. *Fenestrelle,* cast. nel Piemonte.
Ferdinandus, i, m. *Ferdinando,* pers.
Ferentum, i, n. *Ferento, ora Forenza,* cast. nel Napoletano.
Ferraria, æ, f. *Ferrara,* c. nell' Emilia.
Ferrariensis, m. e f. e, n. add. *di Ferrara, Ferrarese.*
Fesulæ, arum, f. pl. *Fiesole,* c. nella Toscana.
Fidentia, æ, f. *Borgo S. Donnino,* c. nella prov. Parmense.
Finalium, ii, n. *Finale di Modena,* cast.
Firmum, i, n. *Fermo,* c. nelle Marche.
Flaminius, ii, m. *Fluminio,* pers.
Flavianus, a, um, add. *di Flavio.*
Flavius, ii, m. *Flavio,* pers.
Florentia, æ, f. *Fiorenza, Firenze,* c. nella Toscana.
Florentīnus, a, um, add. *di Fiorenza, Fiorentino.*
Florida, æ, f. *Florida,* p. dell' America settentrionale.
Fortunatæ Insulæ, arum, f. pl. *Canarie,* is.
Franci, orum, m. pl. *Franchi,* po.
Franciscus, i, m. *Francesco,* pers.
Francofurtum, i, n. *Francoforte,* c. nella Germania.
Friburgensis pagus, i, m. *cantone di Friburgo,* nella Svizzera.

Fulvianus, a, um, add. *di Fulvio.*
Fulvius, ii, m. *Fulvio*, pers.

G

Gabinianus, a, um, add. *di Gabinio.*
Gabinius, ii, m. *Gabinio*, pers.
Gades, ium, f. pl. *Cadice*, c. nella Spagna.
Gaditanus, a, um, add. *di Cadice.*
Gætulia, æ, f. *Getulia*, p.
Gallæcia, æ, f. *Galizia*, p. della Spagna.
Gallia, æ, f. *Francia, Gallia*, p.: Narbonensis, *la Provenza*, p.: Celtica, *il lionése*, p.: Aquitanica, *l' Aquitania*, p. Belgica, *Gallia Belgica*, p.: Subalpina, *Piemonte*, p.: Cispadāna, *Lombardia di qua del Po*, p.: Transpadāna, *la Lombardia di là del Po*, p.
Galilæa, æ, f. *Galilea*, p.
Gallicum mare, is, n. *golfo di Lione, mare di Provenza*, ma.
Gallus, a, um, add. *di Francia, Francese.*
Gandăvum, i, n. *Gand*, c. nel Belgio.
Gandia, æ, f. *Gandia*, c. nella Spagna.
Ganges, is, m. *Gange*, fi. nell' Asia.
Gangeticus sinus, us, m. *golfo di Bengala.*
Genua, æ, f. *Genova*, c. nel Piemonte.
Genuensis, m. e f. e, n. add. *di Genova, Genovese.*
Germania, æ, f. *Alemagna, Germania*, p.
Germānus, a, um, add. *d' Alemagna, Alemanno, Germanico.*
Gessoriacum, i, n. *Bologna a Mare*, c. nella Francia.
Getæ, arum, m. pl. *Geti*, po.
Geticus, a, um, add. *dei Geti, Getico.*
Getulia. V. Gætulia.
Gnidus, i, f. *Gnido*, c. nella Caria.
Gothia, æ, f. *Gollandia*, p.
Græcia, æ, f. *Grecia*, p.
Græcium, ii, n. *Gratz*, c. dell' Austria.
Granāta, æ, f. *Granata*, c. nella Spagna.
Gratianopŏlis, is, f. *Grenoble*, c. nella Francia.
Gregorius, ii, m. *Gregorio*, pers.
Guardestallum, i, n. *Guastalla*, c. nella prov. Parmense.
Gueldria, æ, f. *Gheldria*, p. dei Paesi Bassi.

H

Halicarnassæus, a, um, add. *d' Alicarnasso.*
Halicarnassus, i, f. *Alicarnasso*, c. della Caria.
Hamburgum, i, n. *Amburgo*, c. della Germania.
Hamilcar, is, m. *Amilcare*, pers.
Hannovēra, æ, f. *Annover*, c. della Germania.
Hassia, æ, f. *Assia*, p.
Hebræi, orum, m. pl. *Ebrei*, po.
Helena, æ, f. *Elena*, pers.
Helvetii, orum, m. pl. *Svizzeri*, po.
Helvetiorum pagi, orum, m. pl. *cantoni Svizzeri.*
Helvii, orum, m. pl. *Vivarese*, p.
Hercules, i, m. *Ercole*, pers.
Hibernia, æ, f. *Irlanda*, is.
Hieronymus, i, m. *Girolamo*, pers.
Hierosolymitanus, a, um, add. *Gerusolimitano.*
Hippocrēne, es, m. *Ippocrene*, fonte di Beozia.
Hispălis, is, f. *Siviglia*, c. nella Spagna.
Hispania, æ, f. *Spagna*, p.
Hispanus, a, um, add. *di Spagna, Spagnuolo.*
Holmia, æ, f. *Stocolma*, c. nella Svezia.
Horatius, ii, m. *Orazio*, pers.
Hortensius, ii, m. *Ortensio*, pers.
Hunni, orum, m. pl. *Unni*, po.
Hydruntum, i, n. *Otranto*, c. nel Napoletano.

I

Ibērus, i, m. *Ebro*, fi. nella Spagna.
Ida, æ, m. *Ida*, mo.
Idæus, a, um, add. *d' Ida, Ideo.*
Idumæa, æ, f. *Idumea*, p.
Illyricum, i, n. *Schiavonia*, p.
Illyricus, a, um, add. *di Schiavonia.*
Ilva, æ, f. *Elba*, is.
India, æ, f. *India*, p.
Indus, a, um, add. *di India, Indiano.*
Indus, i, m. *Indo*, fi. nell' Asia.
Insulæ, arum, f. pl. *Lilla*, c. nella Francia.
Ingolstadium, ii, n. *Ingolstad*, c. nella Germania.
Insŭber, ra, rum, add. *d' Insubria, Insubre.*
Insubria, æ, f. *Insubria*, p.
Interamnia, æ, f. *Terni*, c. nelle prov. Romane.
Isidorus, i, m. *Isidoro*, pers.
Ister, ri, m. *Danubio*, fi. in Germania.
Istria, æ, f. *Istria*, p. dell' Austria.
Italia, æ, f. *Italia*, Regno.
Itălus, a, um, add. *d' Italia, Italiano.*
Ithăca, æ, f. *Itaca*, is.

J

Jacobus, i, m. *Giacomo*, pers.
Japonia, æ, f. *Giappone*, p.
Jesus, us, m. *Gesù*, pers.
Joannes, is, m. *Giovanni*, pers.
Jonia, æ, f. *Jonia*, p.
Jonicus, a, um, add. *d' Jonia, Jonio, Jonico.*
Jordanus, i, m. *Giordano*, fi. nella Palestina.
Joseph, m. indecl. *Giuseppe*, pers.
Judæa, æ, f. *Giudea*, p. della Palestina.
Judæi, orum, m. pl., *della Giudea, Giudei*, po.
Julii Forum, i, n. *Friuli*, p. del Veneto.
Julius, ii, m. *Giulio*, pers.
Junius, ii, m. *Giunio*, pers.
Juno, ōnis, f. *Giunone*, pers.

Jupiter, Jovis, m. *Giove*, pers.

L

Labro, önis, m. ***Livorno***, c. nella Toscana.

Lacedæmon, is, f. *Sparta*, c. nella Grecia.

Lacedæmonius, a, um, add. *di Sparta, Spartano*.

Lambrus, i, m. *Lambro*, fl. in Lombardia.

Larius, ii, m. *lago di Como*.

Latinus, a, um, add. *Latino, del Lazio*.

Latium, ii, n. *Lazio*, p. (campagna di Roma).

Laudēnsis, m. *e* f. e, n. add. *di Lodi, Lodigiano*.

Laumēllium, i, n. ***Lomellina***, p. del Piemonte.

Laurentius, ii, m. *Lorenzo*, pers.

Laurēntum, i, n. *Laurento*, c. nella prov. Romana.

Laurētum, i, n. ***Loreto***, c. nelle Marche.

Legio, önis, f. *Leone*, c. nella Spagna.

Lemanus, i, m. *lago di Ginevra*.

Lemovicum, i, n. *Limoges*, c. nella Francia.

Leo, önis, m. *Leone*, pers.

Leodium, ii, n. *Liegi*, c. nel Belgio.

Leodiēnsis, m. *e* f. e, n. add. *di Liegi, Liegese*.

Lesbius, a, um, add. *di Lesbo, Lesbio*.

Lesbus, i, f. *Lesbo*, is.

Liburnia, æ, f. *Croazia*, p. dell' Austria.

Liburnicus, a, um, add. *di Croazia*.

Libya, æ, f. *Libia*, p.

Libycus, a, um, add. *di Libia, Libico*.

Ligarius, ii, m. *Ligario*, pers.

Liger, is, m. *Loira*, fl. nella Francia.

Ligur, is, add. *di Liguria, Ligure*.

Liguria, æ, f. *Liguria*, p.

Ligusticum mare, is, n. *mare di Genova*.

Lima, æ, f. *Lima*, c. nell' America Meridionale.

Lithuania, æ, f. *Lituania*, p.

Livii forum, i, n. *Forlì*, c. nella Romagna.

Livius, ii, m. *Livio*, pers.

Livonia, æ, f. *Livonia*, p. della Russia.

Londinum, i, n. *Londra*, c. nell' Inghilterra.

Lotharingia, æ, f. *Lorena*, p.

Lovanium, ii, n. *Lovanio*, c. nel Belgio.

Lublinum, i, n. *Lublino*, c. nella Polonia.

Luca, æ, f. *Lucca*, c. nella Toscana.

Lucas, æ, m. *Luca*, pers.

Lucania, æ, f. *Basilicata*, p. nel Napoletano.

Lucensis, m. *e* f. e, n. add. *di Lucca, Lucchese*.

Lucernensis pagus, i, m. *canton di Lucerna*.

Lucrinus lacus, us, m. *mare Morto*.

Ludovicus, i, m. *Lodovico*, pers.

Luganum, i, n. *Lugano*, c. nella Svizzera.

Lugdunum, i, n. *Lione*, c. nella Francia.

Lugdunensis, m. *e* f. e, n. add. *di Lione*.

Lusitania, æ, f. *Portogallo*, p.

Lusitanus, a, um, add. *di Portogallo, Portoghese*.

Lutetia, æ, f. *Parigi*, c. nella Francia.

Lydia, æ, f. *Lidia*, p.

Lydius, a, um, add. *di Lidia, Lidio*.

Lysander, ri, m. *Lisandro*, pers.

M

Macedo, önis, ad. *di Macedonia, Macedone*.

Macedonia, æ, f. *Macedonia*, p.

Macerata, æ, f. *Macerata*, c. nelle Marche.

Machlinia, æ, f. *Malines*, c. nel Belgio.

Madēra, æ, f. *Madera*, is.

Magni Mogölis imperium, ii, n. ***Mogol***, p. dell' Asia.

Maguntia, æ, f. ***Magonza***, c. nella Germania.

Majus Casale, is, n. *Casal Maggiore*, c. in Lombardia.

Manhemium, ii, n. *Manheim*, c. nella Germania.

Manlius, ii, m. *Manlio*, pers.

Mantūa, æ, f. *Mantova*, c. in Lombardia.

Mantuanus, a, um, add. *di Mantova, Mantovano*.

Marathon, is, f. *Maratona*, c. nella Grecia.

Marathonius, a, um, add. *di Maratona*.

Marcus, i, m. *Marco*, pers.

Mariæbūrgum, i, n. *Mariemburgo*, c. nella Prussia.

Martialis, is, m. *Marziale*, pers.

Massilia, æ, f. *Marsiglia*, c. nella Francia.

Matritum, i, n. *Madrid*, c. nella Spagna.

Matrōna, æ, f. *Marna*, fl. nella Francia.

Mauritania, æ, f. *Barberia*, p.

Maurusiacus, a, um, add. *di Barberia*.

Mazovia, æ, f. *Masovia*, p. della Polonia.

Media, æ, f. *Media*, p. dell' Asia.

Mediolanēnsis, m. *e* f. e, n. add. *di Milano, Milanese*.

Mediolanum, i, n. *Milano*, c. in Lombardia.

Medoacus, i, m. *Brenta*, fl. nel Veneto.

Medus, a, um, add. *di Media*.

Megara, æ, f. *Megara*, c. nella Grecia.

Melita, æ, f. *Malta*, is.

Melitensis, m. *e* f. e, n. add. *di Malta, Maltese*.

Memphis, is, f. *Cairo*, c. nell' Egitto.

Mesopotamia, æ, f. *Mesopotamia*, p. dell' Asia.

Messana, æ, f. ***Messina***, c. nella Sicilia.

Messanēnsis, m. *e* f. e, n. add. *di **Messina**, Messinese*.

Mexicana Provincia, æ, f. *Messico*, p. nell' America Settentrionale.

Mincius, ii, m. *Mincio*, fl. in Lombardia.

Mirandūla, æ, f. *Mirandola*, c. nel Modenese.

Modœtia, æ, f. *Monza*, c. in Lombardia.

Monachium, ii, n. *Monaco*, c. nella Baviera.

Monasterium, ii, n. *Munster*, c. nella Prussia.

Monsferratus, us, m. *Monferrato*, p.

Mosa, æ, f. *Mosa*, fi.
Mosca, æ, f. *Mosca*, c. in Russia.
Moschi, ōrum, m. pl. *quelli di Mosca, Moscoviti*, po.
Moscovia, æ, f. *Moscovia*, p.
Mosella, æ, f. *Mosella*, fi.
Muræna, æ, m. *Murena*, pers.
Mutina, æ, f. *Modena*, c. nel Modenese.
Mutinēnsis, m. e f. e, n. add. *di Modena, Modenese.*
Mycēnæ, arum, f. pl. *Micene*, c. del Peloponneso.

N

Nambrcum, i, n. *Namur*, c. nel Belgio.
Nannetes, um, m. pl. *Nantes*, c. nella Francia.
Nanquīnum, i, n. *Nankin*, c. della Cina.
Narbo, ōnis, m. *Narbona*, c. della Francia.
Narbonēnsis, m. e f. e, n. add. *di Provenza.*
Narbonēnsis Gallia, æ, f. *Provenza*, p.
Narnia, æ, f. *Narni*, c. nella prov. Romana.
Nassovia, æ, f. *Nassau*, c. nella Germania.
Natolia, æ, f. *Natolia*, p. della Turchia Asiatica.
Navarra, æ, f. *Navarra*, p. della Spagna.
Naupactum, i, n. *Lepanto*, c. nella Grecia.
Neapolis, is, f. *Napoli*, c. nel Napoletano.
Neapolitānus, a, um, add. *di Napoli, Napolitano.*
Nepos, ōtis, m. *Nipote*, pers.
Nero, ōnis, m. *Nerone*, pers.
Nicæa, æ, f. *Nizza*, c. nella contea Nizzarda.
Nicolāus, i, m. *Niccolò*, pers.
Nigritia, æ, f. *Negrizia*, p. dell' Affrica.
Nilus, i, m. *Nilo*, fi. nell' Affrica.
Nola, æ, f. *Nola*, c. nel Napoletano.
Noreia, æ, f. *Gorizia*, c. dell' Austria.
Norica, æ, f. *Norimberga*, c. nella Baviera.
Noricus ager, ri, m. *Norico*, p.
Normannia, æ, f. *Normandia*, p.
Norvegia, æ, f. *Noregia*, p.
Novaria, æ, f. *Novara*, c. nel Piemonte.
Novariēnsis, m. e f. e, n. add. *di Novara, Novarese.*
Novocōmum, i, n. *Como*, c. in Lombardia.
Novum Castrum, i, n. *Castel nuovo*, c. nel ducato di Modena.
Numantia, æ, f. *Numanzia*, c. della Spagna.
Numantīnus, a, um, add. *di Numanzia, Numantino.*
Numidia, æ, f. *Numidia*, p. dell' Affrica.
Numidicus, a, um, add. *di Numidia, Numidico.*

O

Occitania, æ, f. *Linguadoca*, p.
Octaviānus, i, m. *Ottaviano*, pers.
Octavius, ii, m. *Ottavio*, pers.
Oenipons, ōntis, f. *Inspruk*, c. nel Tirolo.
Ollius, ii, m. *Oglio*, fi. in Lombardia.
Olmutium, ii, n. *Olmutz*, c. nell'Austria.
Ostia, æ, f. *Ostia*, c. nella prov. Romana.
Ostiēnsis, m. e f. e, n. add. *d'Ostia, Ostiense.*
Oxonium, ii, n. *Oxford*, c. nell'Inghilterra

P

Padus, i, m. *Po*, fi. nell' Italia.
Palæstīna, æ, f. *Palestina*, p. della Turchia Asiatica.
Palatinātus, us, m. *Palatinato*, p.
Pampēlo, ōnis, f. *Pamplona*, c. nella Spagna.
Pannonia, æ, f. *Ungheria*, p.
Pannonius, a, um, add. *di Ungheria, Unghero.*
Panormum, i, n. *Palermo*, c. nella Sicilia.
Paraguaja, æ, f. *Paraguay*, p.
Parisii, ōrum, m. pl. *Parigi*, c. nella Francia.
Parma, æ, f. *Parma*, c. nell' Emilia.
Parnāssus, i, m. *Parnaso*, mo.
Patavia, æ, f. *Passavia*, c. nella Germania.
Patavīnus, a um, add. *di Padova, Padovano.*
Patavium, ii, n. *Padova*, c. nel Veneto.
Pausanias, æ, m. *Pausania*, pers.
Pechīnum, i, n. *Pekin*, c. nella Cina.
Pedemontānus, a, um, add. *di Piemonte, Piemontese.*
Peloponnēsus, i, f. *Morea*, p.
Persia, æ, f. *Persia*, p.
Persicus, a, um, add. *di Persia, Persiano.*
Perusia, æ, f. *Perugia*, c. nell' Umbria.
Perusinus, a, um, add. *di Perugia, Perugino.*
Peruvia, æ, f. *il Perù*, p.
Peruviānus, a, um, add. *del Perù.*
Pessulus mons, tis, m. *Monpellieri*, c. nella Francia.
Petrobūrgum, i, n. *Pietroburgo*, c. in Russia.
Petronius, ii, m. *Petronio*, pers.
Petrovaradinum, i, n. *Petervaradino*, c. nell' Austria.
Phædrus, i, m. *Fedro*, pers.
Pharsalicus, a, um, add. *di Farsaglia, Farsalico.*
Pharsalus, i, m. *Farsaglia*, c.
Phidias, æ, m. *Fidia*, pers.
Philippi, ōrum, m. pl. *Filippi*, c. antica nella Tracia.
Philippus, i, m. *Filippo*, pers.
Phœbēus, a, um, add. *di Febo, Febeo.*
Phœbus, i, m. *Febo*, pers.
Phœnicia, æ, f. *Fenicia*, p.
Phœnicius, a, um, add. *di Fenicia, Fenicio.*
Phrygia, æ, f. *Frigia*, p. dell' Asia Minore.
Phrygius, a, um, add. *di Frigia, Frigio.*
Picardia, æ, f. *Picardia*, p.
Picentinus, a, um, add. *della Marca di Ancona.*
Picenum, i, n. *Marca d' Ancona.*
Picenum Asculum, i, n. *Ascoli*, c. nelle Marche.
Pictavium, ii, n. *Poitiers*, c. della Francia

Pinarolium, ii, n. *Pinerolo*, c. nel Piemonte.
Pindus, i, m. *Pindo*, mo.
Pisaurensis, m. *e* f. e, n. add. *di Pesaro, Pesarese*.
Pisaurum, i, n. *Pesaro*, c. nelle Marche.
Pisæ, ārum, f. pl. *Pisa*, c. nella Toscana.
Pistorium, ii, n. *Pistoia*, c. nella Toscana.
Pistorium Casale, is, n. *Casale Pusterlengo*, bor. in Lombardia.
Placentia, æ, f. *Piacenza*, c. nel Parmense.
Placentinus, a, um, add. *di Piacenza, Piacentino*.
Plinius, ii, m. *Plinio*, pers.
Polydōrus, i, m. *Polidoro*, pers.
Polonia, æ, f. *Polonia*, p.
Polōnus, a, um, add. *di Polonia, Polacco*.
Pomerania, æ, f. *Pomerania*, p. della Prussia.
Pompeia Asta, æ. f. *Asti*, c. nel Piemonte.
Pompeiānus, a, um, add. *di Pompeo, Pompeiano*.
Pompeius, i, m. *Pompeo*, pers.
Pompilius, ii, m. *Pompilio*, pers.
Pompilius, a, um, add. di *Pompilio*.
Ponticum mare, is, n. *mar Nero*.
Ponticum os, ris, n. *stretto di Costantinopoli*.
Pontus, i, m. *Ponto*, p.
Posonium, ii, n. *Presburgo*, c. in Ungheria.
Prænĕste, es, f. *Palestrina*, c. nella prov. Romana.
Praga, æ, f. *Praga*, c. nella Boemia.
Propontiăcum, mare, is, n. *mar di Marmora*.
Prosdocimus, i, m. *Prosdocimo*, pers.
Brunopŏlis, is, f. *Brunswik*, c. della Germania.
Publius, ii, m. *Publio*, pers.
Puteŏli, ōrum, m. pl. *Pozzuolo*, c. nel Napoletano.
Pyrenæus, i, m. *Pireneo*, mo.

Q

Quadi, ōrum, m. pl. *Moravia*, p. dell' Austria.
Quintilius, ii, m. *Quintilio*, pers.

R

Ravenna, æ, f. *Ravenna*, c. nella Romagna.
Recinetum, i, n. *Recanati*, c. nelle Marche.
Remus, i, m. *Remo*, pers.
Rhæti, orum, m. pl. *Grigioni*, po. della Svizzera.
Rhætia, æ, f. *Rezia*, p.
Rhegium, ii, n. *Reggio*, c. nel Napoletano.
Rhemi, ōrum, m. pl. *Reims*, c. nella Francia.
Rhenus, i, m. *Reno*, fi.
Rhodănus, i, m. *Rodano*, fi. nella Francia.
Rhodiginus, a, um, add. di *Rovigo*.
Rhodigium, ii, n. *Rovigo*, c. nel Veneto.
Rhodius, a, um, add. di *Rodi*.
Rhodus, i, f. *Rodi*, is.
Rinaldus, i, m. *Rinaldo*, pers.
Roma, æ, f. *Roma*, c. capitale d' Italia.
Romānus, a, um, add. di *Roma*, *Romano*.
Romŭlus, i, m. *Romolo*, pers.
Rothomăgum, i, n. *Roano*, c. nella Francia.
Rubico, ōnis, f. *Rubicone*, fi. nelle Marche.
Rupella, æ, f. *Roccella*, c. della Francia.
Russia, æ, f. *Russia*, p.

S

Sabaudia, æ, f. *Savoia*, p.
Sabaudus, a, um, add. di *Savoia*, *Savoiardo*.
Sabina, æ, f. *Sabina*, p.
Sabinus, a, um, add. *di Sabina, Sabino*.
Salamantica, æ, f. *Salamanca*, c. nella Spagna.
Salernum, i, n. *Salerno*, c. nel Napoletano.
Salisburgum, i, n. *Salisburgo*, c. nell' Austria.
Sallustius, ii, m. *Sallustio*, pers.
Salomon, is, m. *Salomone*, pers.
Samaria, æ, f. *Samaria*, c. nella Palestina.
Samius, a, um, add. *di Samo, Samio*.
Samnites, um, m. pl. *Sanniti, Abruzzesi*, po.
Samnium, ii, n. *Abruzzo*, c. nel Napoletano.
Samothracia, æ, f. *Samotracia*, is.
Samus, i, f. *Samo*, is.
Saracēni, ōrum, m. pl. *Saraceni*, po.
Sardi, ōrum, m. pl. *Sardi*, po.
Sardinia, æ, f. *Sardegna*, is.
Sarmatia, æ, f. *Sarmazia*, p.
Sarmaticus, a, um, add. di *Sarmazia*.
Sassăria, æ, f. *Sassari*, c. nell' is. di Sardegna.
Saluntiorum, o Jauntorum Forum, i, n. *Crema*, c. in Lombardia.
Savo, ōnis, m. *Savona*, c. nel Piemonte.
Saxonia, æ, f. *Sassonia*, p.
Saxŏnes, um, m. pl. *Sassoni*, po.
Scipio, ōnis, m. *Scipione*, pers.
Scodra, æ, f. *Scutari*, c. in Albania.
Scotia, æ, f. *Scozia*, is.
Scotus, a, um, add. *di Scozia, Scozzese*.
Scythæ, ārum, m. pl. *Sciti, Tartari*, po.
Scythia, æ, f. *Scizia, Tartaria*, p.
Segusianus, a, um, add. di *Susa*.
Segusium, ii, n. *Susa*, c. nel Piemonte.
Seleucia, æ, f. *Seleucia*, c.
Seleŭcus, i, m. *Seleuco*, pers.
Sempronius, ii, m. *Sempronio*, pers.
Senæ, ārum, f. pl. *Siena*, c. nella Toscana.
Senensis, m. *e* f. e, n. add. *di Siena, Senese*.
Senogallia, æ, *Sinigaglia*, c. nelle Marche.
Serius, ii, m. *Serio*, fi. in Lombardia.
Servilianus, a, um, add. *di Servilio*.
Servilius, ii, m. *Servilio*, pers.
Servius, ii, m. *Servio*, pers.
Severiānus, a, um, add. *di Severo*.
Severus, i, m. *Severo*, pers.

Sevinus, i, m. *lago d' Iseo.*
Siānum Regnum, i, n. *Siam*, p.
Siberia, æ, f. *Siberia*, p. della Russia.
Sibylla, æ, f. *Sibilla*, pers.
Sibyllīnus, a, um, add. *di Sibilla, Sibillino.*
Sicilia, æ, f. ***Sicilia*, isola nell' Italia meridionale.**
Sicŭlus, a, um, add. *di Sicilia, Siciliano.*
Sicŭlum Fretum, i, n. *Faro di Messina, stretto di Sicilia.*
Silesia, æ, f. *Silesia*, p.
Silis, is, m. *Sile*, fi.
Silvia æ, f. *Silvia*, pers.
Silvius, ii, m. *Silvio*, pers.
Sinai, m. indecl. *Sinai*, mo.
Sinæ, ārum, m. pl. *Chinesi*, po.
Sinense Imperium, ii, n. *China*, p.
Sinensis, m. *e* f. e, n. add. *di China, Chinese.*
Solyma, ōrum, n. pl. *Gerusalemme*, c. nella Turchia Asiatica.
Spalātum, i, n. *Spalatro*, c. nella Dalmazia.
Sparta, æ, f. *Sparta*, c. nella Grecia.
Spartānus, a, um, add. *di Sparta, Spartano.*
Sperchius, ii, m. *Sperchio*, fi. in Tessaglia.
Spolētum, i, n. *Spoleto*, c. nelle Marche.
Statiellæ Aquæ, arum, f. pl. *Aqui*, c. nel Piemonte.
Statiellorum Alexandria, æ, f. *Alessandria della Paglia*, c. nel Piemonte.
Statius, ii, m. *Stazio*, pers.
Stephanus, i, m. *Stefano*, pers.
Stiria, æ, f. *Stiria*, p.
Stiveriorum Castilio, ōnis, m. *Castiglione delle Stiviere*, c. in Lombardia.
Stura, æ, f. *Stura*, fi. nel Piemonte.
Styx, gis, m. *Stige*, fi.
Subalpina Gallia, æ, f. *Piemonte*, p. d'Italia.
Subelnum, i, n. *Belforte*, c. nella Francia.
Suecia, æ, f. *Svezia*, p.
Suesium, ii, n. *Suez*, c. nell' Affrica.
Suetonius, ii, m. *Svetonio*, pers.
Suevia, æ, f. *Svevia*, p.
Suiōnes, um, n. pl. *di Svezia, Svezzesi*, po.
Superior Æthiopia, æ, f. *Congo*, p.
Superiores Thermæ, ārum, f. pl. *Ober Baden*, c. della Germania.
Syracusæ, ārum, f. pl. *Siracusa*, c. nella Sicilia.
Syracusanus, a, um, add. *di Siracusa, Siracusano.*
Syria, æ, f. *Siria*, p. della Turchia Asiatica.
Syrius, a, um, add. *di Siria, Siriaco.*

T

Taburnus, i, m. *Taburno*, mo.
Tacitus, i, m. *Tacito*, pers.
Tagus, i, m. *Tago*, fi. nella Spagna.
Tamēsis, is, m. *Tamigi*, fi. nell' Inghilterra.
Taprobāna, æ, f. *Ceylan*, is.
Tarentīnus, a, um, add. *di Taranto, Tarantino.*
Tarentum, i, n. *Taranto*, c. nel Napoletano.
Tarquinius, ii, m. *Tarquinio*, pers.
Tarus, i, m. *Taro*, fi. nel Parmense.
Tarrāco, ōnis, f. *Tarragona*, c. nella Spagna.
Tarraconensis, m. *e* f. e, n. add. *di Tarragona, Tarragonese.*
Tartarus, i, m. *Tartaro*, fi.
Tarvisinus, a, um, add. *di Treviso, Trevigiano.*
Tarvisium, ii, n. *Treviso*, c. nel Veneto.
Tatius, ii, m. *Tazio*, pers.
Taurinōrum Augusta, æ, f. *Torino*, c. nel Piemonte.
Taurinus, a, um, add. *di Torino, Torinese.*
Taurunum, i, n. *Belgrado*, c. nella Turchia Europea.
Tellina Vallis, is, f. *Valtellina*, p. della Lombardia.
Teophrastus, i, m. *Teofrasto*, pers.
Terentia, æ, f. *Terenzia*, pers.
Terentianus, a, um, add. *di Terenzio.*
Terentius, ii, m. *Terenzio*, pers.
Tergeste, is, f. *Trieste*, c. nell' Austria.
Thabor, is, m. *Tabor*, mo.
Thales, ētis, m. *Talete*, pers.
Thebæ, arum, f. pl. *Tebe*, c. nella Grecia.
Thebanus, a, um, add. *di Tebe, Tebano.*
Theodōrus, i, m. *Teodoro*, pers.
Theopompus, i, m. *Teopompo*, pers.
Thessalia, æ, f. *Tessaglia*, p. della Turchia Europea.
Thessalonica, æ, f. *Salonicchi*, c. della Turchia Europea.
Thessalonicensis, m. *e* f. e, n. add. *di Salonicco.*
Thessālus, a, um, add. *di Tessaglia, Tessalo.*
Thule, is, f. *Islanda*, is.
Thuringia, æ, f. *Turingia*, p.
Tiberiacum Gabēum, i, n. *Bagnacavallo*, cast. nelle Romagne.
Tiberii Augusta, æ, f. *Ratisbona*, c. nella Germania.
Tibur, is, n. *Tivoli*, c. nella prov. Romana.
Ticinensis, m. *e* f. e, n. add. *di Pavia.*
Ticinum, i, n. *Pavia* c. nella Lombardia.
Tigurinus pagus, i, m. *canton di Zurigo.*
Tigūrum, i, n. *Zurigo*, c. nella Svizzera.
Tirolis, is, m. *Tirolo*, p. dell' Austria.
Titius, ii, m. *Tizio*, pers.
Titus, i, m. *Tito*, pers.
Tolentinum, i, n. *Tolentino*, c. nelle Marche.
Toletum, i, n. *Toledo*, c. nella Spagna.
Tolosa, æ, f. *Tolosa*, c. nella Francia.
Tolosanus, a, um, add. *di Tolosa, Tolosano.*
Tornacum, i, n. *Tournay*, c. nel Belgio.
Torquatus, i, m. *Torquato*, pers.
Transilvania, æ, f. *Transilvania*, p. dell' Austria.
Trebatius, ii, m. *Trebazio*, pers.

Trebia, æ, m. *Trebbia*, fl. nel Parmense.
Trevirorum, Augusta, æ, f. *Treviri*, c. nella Prussia.
Tridentinus, a, um, add. *di Trento*, *Trentino*.
Tridentum, i, n. *Trento*, c. nel Tirolo Italiano.
Troas, dis, f. *Troade*, p.
Troja, æ, f. *Troia*, c. della Troade.
Troilus, i, m. *Troilo*, pers.
Trojanus, a, um, add. *di Troia*, *Troiano*.
Tuder, Tudertis, n. *Todi*, c. nell'Umbria.
Tullia, æ, f. *Tullia*, pers.
Tullianus, a, um, add. *di Tullio*, *Tulliano*.
Tullius, ii, m. *Tullio*, pers.
Tunes, ētis, f. *Tunisi*, c. nell'Affrica.
Tuntobriga, æ, f. *Braganza*, c. nel Portogallo.
Turcarum Imperium, ii, n. *Turchia*, p.
Turcæ, arum, m. pl. *Turchi*, po.
Turcicus, a, um, add. *di Turchia*, *Turchesco*.
Tuscŭlum, i, n. *Frascati*, c. nella prov. Romana.
Tusculus, a, um, add. *di Frascati*.

U

Ulma, æ, f. *Ulma*, c. nella Germania.
Ultrajectum, i, n. *Utrech*, c. nell'Olanda.
Ulissipo, onis, f. *Lisbona*, c. nel Portogallo.
Ulissiponĕnsis, m. *e* f. e, n. add. *di Lisbona*.
Umber, ra, rum, add. *dell'Umbria*.
Umbria, æ, f. *Umbria*, p. nell'Italia Centrale.
Uratislavia, æ, f. *Breslavia*, c. nel regno di Prussia.
Urbinātes, um, m. pl. *Urbinati*, po. *quei di Urbino*.
Utica, æ, f. *Utica*, c. dell'Affrica, ora *Biserta*.
Uticĕnsis, m. *e* f. e, n. add. *d'Utica*.
Utinĕnsis, m. *e* f. e, n. add. *di Udine*.
Utinum, i, n. *Udine*, c. nel Veneto.

V

Vagiennorum Augusta, æ, f. *Saluzzo*, c. nel Piemonte.
Valachia, æ, f. *Valacchia*, p.
Vallia, æ, f. *Galles*, p. dell'Inghilterra.
Valentia, æ, f. *Valenza*, c. nella Spagna.
Valentīnus, i, m. *Valentino*, pers.
Valentinus, a, um, add. *di Valenza*.
Valerius, ii, m. *Valerio*, pers.
Vandāli, orum, m. pl. *Vandali*, po.
Vangionum Augusta, æ, f. *Vormazia*, c. nella Germania.
Varro, ōnis, m. *Varrone*, pers.
Varsavia, æ, f. *Varsavia*, c. in Polonia.
Varus, i, m. *Varo*, pers.
Vascŏnes, um, m. pl. *di Guascogna*, *Guasconi*, po.
Vasconia, æ, f. *Guascogna*, p.
Vejentānus, a, um, add. *dei Veienti*.
Vejentes, ium, m. pl. *Veienti*, po.
Velitræ, ārum, f. pl. *Velletri*, c. nella prov. Romana.
Venetiæ, arum, f. pl. *Venezia*, c. nel Veneto.
Venĕtus, a, um, add. *di Venezia*, *Veneto*, *Veneziano*.
Vercellæ, ārum, f. pl. *Vercelli*, c. nel Piemonte.
Vercellensis, m. *e* f. e, n. add. *di Vercelli*, *Vercellese*.
Verōna, æ, f. *Verona*, c. nel Veneto.
Veronensis, m. *e* f. e, n. add. *di Verona*, *Veronese*.
Vesontio, ōnis, f. *Besanzone*, c. nella Francia.
Vestphalia, æ, f. *Vesfalia*, p.
Vesuvius, ii, m. *Vesuvio*, mo.
Vetus Urbs, Veteris Urbis, f. *Orvieto*, c. nell'Umbria.
Vicentia, æ, f. *Vicenza*, c. nel Veneto.
Vicentīnus, a, um, add. *di Vicenza*, *Vicentino*.
Viĕnna, æ, f. *Vienna*, c. in Francia.
Vincentius, ii, m. *Vincenzo*, pers.
Vindelicia, æ, f. *Baviera*, p.
Vindelicus, a, um, add. *di Baviera*, *Bavarese*.
Vindobōna, æ, f. *Vienna*, c. in Austria.
Virgilius, ii, m. *Virgilio*, pers.
Vistula, æ, f. *Vistola*, fl.
Viterbium, ii, n. *Viterbo*, c. nella prov Romana.
Vivarium, ii, n. *Viviers*, c. nella Francia.
Volcæ, ārum, m. pl. *Linguadoca*, p
Volsci, ōrum, m. pl. *Volsci*, po.

X

Xanthus, i, m. *Xanto*, *Santo*, fl.
Xenophon, tis, m. *Senofonte*, pers.
Xerxes, is, m. *Serse*, pers.

Z

Zacynthus, i, f. *Zante*, is.
Zelandia, æ, f. *Zelanda*, p.

FINE

www.ingramcontent.com/pod-product-compliance
Lightning Source LLC
Chambersburg PA
CBHW032318280326
41932CB00009B/853

* 9 7 8 3 7 4 2 8 1 5 8 8 0 *